ENCICLOPÉDIA DE TERMOS
LÓGICO-FILOSÓFICOS

ENCICLOPÉDIA DE TERMOS LÓGICO-FILOSÓFICOS

Edição de
João Branquinho
Desidério Murcho
Nelson Gonçalves Gomes

*Copyright © 2006, Livraria Martins Fontes Editora Ltda.,
São Paulo, para a presente edição.*

1ª edição 2006
2ª edição 2020

Acompanhamento editorial
Helena Guimarães Bittencourt
Preparação do original
Letícia Castelo Branco Braun
Revisões
Alessandra Miranda de Sá
Ana Maria de O. M. Barbosa
Dinarte Zorzanelli da Silva
Produção gráfica
Geraldo Alves
Paginação
Studio 3 Desenvolvimento Editorial
Capa
Adriana Maria Porto Tranlatti
Imagem da capa
Hans Holbein o Jovem, Os embaixadores franceses na corte inglesa (detalhe). The National Gallery, Londres

Dados Internacionais de Catalogação na Publicação (CIP)
(Câmara Brasileira do Livro, SP, Brasil)

Branquinho, João
  Enciclopédia de termos lógico-filosóficos / João Branquinho, Desidério Murcho, Nelson Gonçalves Gomes. – 2ª ed. – São Paulo : Editora WMF Martins Fontes, 2020.

  ISBN 978-65-86016-43-7

  1. Enciclopédias e dicionários 2. Filosofia I. Murcho, Desidério. II. Gomes, Nelson Gonçalves. III. Título.

20-52206   CDD-103

Índices para catálogo sistemático:
1. Filosofia : Enciclopédias 103

Aline Graziele Benitez - Bibliotecária - CRB-1/3129

Todos os direitos desta edição reservados à
Editora WMF Martins Fontes Ltda.
*Rua Prof. Laerte Ramos de Carvalho, 133 01325-030 São Paulo SP Brasil
Tel. (11) 3293.8150 e-mail: info@wmfmartinsfontes.com.br
http://www.wmfmartinsfontes.com.br*

Índice

Prefácio **VII**

Apresentação da edição brasileira **XI**

Autores **XIII**

Enciclopédia de A a Z **1**

Prefácio

Esta enciclopédia abrange, de forma introdutória mas desejavelmente rigorosa, uma diversidade de conceitos, temas, problemas, argumentos e teorias localizados numa área relativamente recente de estudos, os quais têm sido habitualmente qualificados como "estudos lógico-filosóficos". De forma apropriadamente genérica, e apesar de o território teórico abrangido ser extenso e de contornos por vezes difusos, podemos dizer que na área se investiga um conjunto de questões fundamentais acerca da natureza da linguagem, da mente, da cognição e do raciocínio humanos, bem como questões acerca das conexões destes com a realidade não mental e extralingüística. A razão daquela qualificação é a seguinte: por um lado, a investigação em pauta é qualificada como filosófica em virtude do elevado grau de generalidade e abstração das questões examinadas (entre outras coisas); por outro, a investigação é qualificada como lógica em virtude de ser logicamente disciplinada, no sentido de nela se fazer um uso intenso de conceitos, técnicas e métodos provenientes da disciplina de lógica.

O agregado de tópicos que constitui a área de estudos lógico-filosóficos já é visível, pelo menos em parte, no *Tractatus logico-philosophicus* de Ludwig Wittgenstein, obra publicada em 1921. E uma boa maneira de ter uma idéia sinóptica do território disciplinar abrangido por esta enciclopédia, ou pelo menos de uma porção substancial dele, é extrair do *Tractatus* uma lista dos tópicos mais importantes aí discutidos; a lista incluirá certamente tópicos dos seguintes gêneros, muitos dos quais se podem encontrar ao longo desta enciclopédia: fatos e estados de coisas; objetos; representação; crenças e estados mentais; pensamentos; a proposição; nomes próprios; valores de verdade e bivalência; quantificação; funções de verdade; verdade lógica; identidade; tautologia; o raciocínio matemático; a natureza da inferência; o ceticismo e o solipsismo; a indução; as constantes lógicas; a negação; a forma lógica; as leis da ciência; o número.

Desse modo, a área de estudos lógico-filosóficos abrange não apenas aqueles segmentos da lógica propriamente dita (liberalmente concebida), que são direta ou indiretamente relevantes para a investigação filosófica sobre a natureza da linguagem, do raciocínio e da cognição (incluindo, p. ex., aspectos da teoria dos conjuntos e da teoria da recursão), como também determinadas classes de disciplinas filosóficas – ou melhor, de segmentos disciplinares – cuja relevância para aqueles fins é manifesta e que se caracterizam pelo fato de serem logicamente disciplinadas (no sentido antes aludido). Entre estas últimas contam-se as seguintes disciplinas: 1) aquelas que foram originariamente constituídas como extensões da lógica, ou seja, disciplinas como a filosofia da linguagem executada na tradição analítica, a filosofia da lógica, a filosofia da matemática, alguma filosofia da mente mais recente, etc.; 2) aquelas cujo desenvolvimento foi de algum modo motivado ou estimulado por desenvolvimentos surgidos no interior da lógica, como certas seções da atual metafísica, ontologia, teoria do conhecimento, etc.

Com respeito à lógica propriamente dita, é bom notar que houve uma preocupação central no sentido de que a enciclopédia abrangesse de forma exaustiva as noções e os princípios mais elementares ou básicos da disciplina. Muito em particular, a exigência de completude deveria ser naturalmente satisfeita com respeito ao material essencial – conceitos, princípios, regras de inferência, etc. – da lógica clássica de primeira ordem (e também da lógica aristotélica); a título de ilustração, de tópicos como as leis de De Morgan, o princípio *ex falso quodlibet*, os paradoxos da implicação material e a falácia da ilícita menor não poderiam obviamente deixar de ser aqui contempladas. Pensamos que esse *desideratum* foi, em termos gerais, realizado; com efeito, temos um número substancial de artigos dedicados a esse fim e não parece haver lacunas significativas na área. Em relação ao material restante de lógica, o guia utilizado para a sua inclusão foi o da relevância ou significado, direto ou indireto, do material para a investigação filosófica (ou melhor, para a investigação lógico-filosófica na acepção anterior). Assim se explica, p. ex., a quantidade substancial de artigos dedicados à teoria dos conjuntos; e assim se percebe como a enciclopédia contém textos extremamente técnicos, mas cujas conexões filosóficas são evidentes, como os verbetes sobre as relações recursivas e o problema da paragem. O guia utilizado está bem longe de constituir um critério preciso: certamente é vago, admite graus, autoriza grande número de casos de fronteira; mas nem por isso deixou de ser útil para o efeito.

Uma característica importante desta enciclopédia é a sua dimensão interdisciplinar. Com efeito, as conexões existentes entre o território teórico por ela abrangido e os domínios de muitas outras disciplinas científicas são bastante estreitas, fazendo a área de estudos lógico-filosóficos ser, por excelência, vocacionada para a investigação pluridisciplinar. Basta reparar que muitos dos segmentos da área são naturalmente convergentes com disciplinas que têm contribuído decisivamente para o estudo de aspectos importantes da linguagem, da mente, do raciocínio e da cognição humanos; esse é, em especial, o caso das chamadas "ciências cognitivas", de disciplinas como a lingüística teórica, a psicologia cognitiva e do desenvolvimento, as ciências da computação, a inteligência artificial, etc. A convergência em questão é, em muitos casos, bidirecional, com a investigação nas outras disciplinas simultaneamente alimentando e sendo alimentada pela investigação lógico-filosófica.

Outra característica importante da enciclopédia, ou do modo de encarar a filosofia que lhe está subjacente, é a maior atenção dada ao valor intrínseco das teorias, argumentos e problemas examinados, e a concomitante menor atenção dada a quem propõe a teoria, o argumento ou o problema, ou às circunstâncias históricas e pessoais em que o fez. Isto explica em parte o fato de esta ser uma enciclopédia de termos, e logo uma enciclopédia primariamente acerca de conceitos (os conceitos associados a esses termos). Por conseguinte, nela não estão incluídos os habituais artigos sobre personalidades e grandes figuras do pensamento lógico e lógico-filosófico. Todavia, note-se que o fato de não conter nenhum artigo sobre dada figura (p. ex., Gottlob Frege ou Willard Quine) não impede de forma alguma que as principais idéias e teses dessa figura sejam contempladas (p. ex., uma das mais célebres distinções de Frege, a distinção entre função e objeto, é o tema do artigo "conceito/objeto"; e um dos mais célebres argumentos antiessencialistas de Quine, o argumento do matemático ciclista, é também contemplado). A outra razão para a exclusão de nomes é inteiramente contextual: o projeto não foi, desde o início, concebido nesse sentido; em particular, as competências que deveriam ser reunidas para o efeito seriam outras. Na verdade, o plano inicial previa um modesto glossário, no qual os termos fundamentais seriam definidos com brevidade. Mas o entusiasmo dos autores cedo ultrapassou em muito aquilo que estava previsto, e muitos artigos constituem verdadeiros ensaios, em que o estado atual da discussão de um tópico ou problema é minuciosamente descrito. A extensão dos artigos varia enormemente, podendo ir de poucas linhas a muitas páginas; mas a desproporção é em geral justificada, uma vez que resulta muitas vezes da natureza ou da importância atual do conceito ou tópico tratado.

Este volume é uma edição revista e aumentada do volume publicado em 2001 (Lisboa: Gradiva). Da edição original mantiveram-se todos os artigos, dos quais se eliminaram muitas falhas tipográficas; alguns artigos foram ligeira ou substancialmente revistos; e acrescentaram-se vários artigos, nomeadamente de autores brasileiros. Os termos em VERSALETE indicam a presença de artigos relevantes para o tema em causa, se bem que o verbete possa não ser exatamente igual ao termo destacado, mas uma variação. P. ex., apesar de o termo UNIVERSAIS surgir em versalete em alguns artigos, não há um verbete "universais" mas sim "universal", o que parece razoável.

Procuramos dar aos verbetes principais sua designação mais comum, exceto quando uma inversão poderia ser informativa por agrupar várias definições (como é o caso dos paradoxos ou das teorias da verdade). Em qualquer caso, procuramos dar conta de todas as variações possíveis, remetendo para o local adequado.

Em geral, optamos por não usar aspas ao mencionar símbolos, pois raramente tal prática dá lugar a ambigüidades, além de ter a vantagem de evitar que o texto fique excessivamente carregado de aspas. Uma vez que a → não pertence à língua portuguesa, não há o risco, geralmente, de se pensar que → está sendo usada, quando a estamos apenas mencionando. Todavia, há situações em que tal ambigüidade pode surgir; nesses casos, recorremos às aspas.

O conteúdo dos artigos é de responsabilidade dos seus autores. As pequenas definições não assinadas são de responsabilidade dos organizadores portugueses do volume.

João Branquinho
Desidério Murcho

Apresentação da edição brasileira

A presença da filosofia no Brasil não é recente, uma vez que ela se dá já nos primórdios do nosso ensino. Entretanto, apesar da significativa obra de muitas pessoas e da formação de alguns importantes departamentos pioneiros, foi apenas a partir dos anos 1970 que a filosofia passou por um processo de ampla profissionalização no país. Isso se deve, sobretudo, à política de bolsas de doutorado que, na época, foi posta em prática pelas principais agências governamentais. A participação de brasileiros nesta enciclopédia tem por objetivo mostrar algo do trabalho que vem sendo feito no Brasil ao longo das últimas três décadas. A amostragem não é exaustiva, mas pode servir de exemplo dos interesses de vários profissionais de filosofia no Brasil de hoje.

As sementes plantadas nos anos 1970 começam a dar frutos. Presentemente, existem no país trinta programas de pós-graduação, com mestrados ou doutorados. Outros programas estão sendo propostos, de modo que a tendência é de crescimento. Além disso, o número de publicações nas diversas áreas da filosofia tem aumentado de maneira significativa. Por fim, a organização de colóquios especializados torna-se freqüente. Parece claro que, no Brasil, a filosofia profissional está em franco processo de institucionalização. Isso possibilita algum otimismo, pois, num quadro quantitativamente favorável, aumenta a probabilidade de progressos qualitativos. No Brasil, o grande desafio que a filosofia enfrenta é precisamente este: ganhar cada vez mais qualidade. No passado, alguns filósofos de valor surgiram nos quadros da intelectualidade brasileira, sem que se saiba como ou por quê. Os esforços que hoje são realizados tendem a fazer da filosofia um elemento constante no ensino e na vida deste país, para que a presença do bom filósofo entre nós se torne regular, e não ocasional ou fortuita. A *Enciclopédia de termos lógico-filosóficos*, lançada pela Martins Fontes Editora em tão boa hora, pode contribuir para que a filosofia profissional no Brasil se torne não apenas maior, mas, sobretudo, cada vez melhor.

Nas últimas três décadas, a produção filosófica fez significativos avanços não somente no Brasil, mas também em Portugal. Cabe enfatizar que esta enciclopédia, na sua primeira versão, é fruto do trabalho de colegas portugueses e de alguns colaboradores de outras nacionalidades, por eles selecionados. Como a presente edição contém, adicionalmente, dezesseis verbetes de autores brasileiros, ela espelha uma boa parte do que se pesquisa em Portugal e no Brasil, em filosofia, em lógica e em áreas afins.

Apresentação da edição brasileira

A edição brasileira mantém algumas opções de linguagem da primeira edição portuguesa. Nesse sentido, merecem destaque os seguintes itens:

1. na maior parte dos verbetes, a expressão *mundo atual* é tomada como designação da maneira como as coisas efetivamente são, e não apenas do presente estado de coisas. Algo análogo vale para expressões como *atualmente*, *atualismo* e outras do mesmo gênero, cujos significados são esclarecidos nos correspondentes verbetes;
2. esta edição manteve a regência do verbo *referir*, tal como consta na mencionada edição portuguesa, em frases do tipo *X refere Y*;
3. as expressões *ebf* e *fbf*, que ocorrem em alguns verbetes, foram preservadas. Elas são abreviações de, respectivamente, *expressão bem-formada* e *fórmula bem-formada*.

Quanto ao mais, cabe-nos esperar que esta versão da *Enciclopédia de termos lógico-filosóficos* seja um marco de colaboração mais ampla e duradoura entre filósofos e lógicos de língua portuguesa dos dois lados do Atlântico.

Brasília, 15 de abril de 2006
NELSON GONÇALVES GOMES

Autores

ACD Ana Cristina Domingues
Universidade de Lisboa

ACP Agnaldo Cuoco Portugal
Universidade de Brasília

AHB António Horta Branco
Universidade de Lisboa

AJFO A. J. Franco de Oliveira
Universidade de Évora

AM António Marques
Universidade Nova de Lisboa

ASG Adriana Silva Graça
Universidade de Lisboa

AZ António Zilhão
Universidade de Lisboa

CAM Cezar A. Mortari
Universidade Federal de Santa Catarina

CC Christopher Cherniak
Universidade de Maryland

CT Charles Travis
Universidade de Northwestern

CTe Célia Teixeira
King's College London

DdJ Dick de Jongh
Universidade de Amsterdam

DM Desidério Murcho
King's College London

DMa Danilo Marcondes
Pontifícia Universidade Católica do Rio de Janeiro

DP David Papineau
King's College London

FF Fernando Ferreira
Universidade de Lisboa

FM Fernando Martinho
Sociedade Portuguesa de Filosofia

FRN Fernando Raul de Assis Neto
Universidade Federal de Pernambuco

FTS Frank Thomas Sautter
Universidade Federal de Santa Maria

GI Guido Imaguire
Universidade Federal do Ceará

JB João Branquinho
Universidade de Lisboa

JC José Carmo
Instituto Superior Técnico de Lisboa

JF João Fonseca
Universidade Nova de Lisboa

JPM João Pavão Martins
Instituto Superior Técnico de Lisboa

JS João Sàágua
Universidade Nova de Lisboa

LD Luiz Henrique de A. Dutra
Universidade Federal de Santa Catarina

MR Marco Ruffino
Universidade Federal do Rio de Janeiro

MF Miguel Fonseca
Universidade de Lisboa

MS Mark Sainsbury
Universidade do Texas, Austin, e do King's College London

MSL M. S. Lourenço
Universidade de Lisboa

NGG Nelson Gonçalves Gomes
Universidade de Brasília

NdC Newton C. A. da Costa
Universidade de São Paulo

NG Narciso Garcia
Instituto Superior Técnico de Lisboa

OB Otávio Bueno
Universidade da Carolina do Sul

PB Paul Boghossian
Universidade de Nova York

PF Paulo Faria
Universidade Federal do Rio Grande do Sul

PG Pedro Galvão
Universidade de Lisboa

PH Paul Horwich
City University of New York

PJS Plínio Junqueira Smith
Universidade São Judas Tadeu

PS Pedro Santos
Universidade do Algarve

SS Samuel Simon
Universidade de Brasília

SFB Sara Farmhouse Bizarro
Universidade de Lisboa

TM Teresa Marques
Universidade de Lisboa

TW Timothy Williamson
Universidade de Oxford

WAC Walter A. Carnielli
Universidade Estadual de Campinas

a dicto secundum quid ad dictum simpliciter

(lat., da afirmação qualificada para a inqualificada) Também conhecida como falácia conversa do acidente, o erro de raciocínio que consiste em retirar uma restrição, qualificação ou acidente que não pode ser retirada: "os números pares são divisíveis por 2; logo, os números são divisíveis por 2".

a dicto simpliciter ad dictum secundum quid

(lat., da afirmação inqualificada para a qualificada) Também conhecida como falácia do acidente, o erro que resulta de introduzir uma restrição, qualificação ou acidente que não pode ser introduzido: "alguns números primos são ímpares; logo, o primeiro número primo é ímpar".

a posteriori

(lat.) Ver A PRIORI.

a priori

1. A distinção entre conhecimento *a priori* e *a posteriori* é uma distinção entre modos de conhecer. Conhecemos uma proposição *a priori* quando isso acontece independentemente da experiência, ou pelo pensamento apenas. P. ex., a proposição de que dois mais dois é igual a quatro, ou a de que chove ou não chove, são proposições que podemos conhecer independentemente da experiência, ou pelo pensamento apenas. Isto é, não precisamos recorrer ao uso das nossas capacidades perceptivas para saber que dois mais dois é igual a quatro ou que chove ou não chove; basta pensar. Já para sabermos que Descartes foi um filósofo, ou que o céu é azul, precisamos recorrer à experiência, isto é, ao uso das nossas capacidades perceptivas.

É importante não confundir o modo como conhecemos certa proposição com o modo como adquirimos os conceitos necessários para sua compreensão. P. ex., para sabermos que todo o objeto vermelho é colorido não precisamos olhar para os objetos vermelhos e ver se estes são ou não coloridos. Para sabermos tal coisa basta pensar um pouco; percebemos logo que se um objeto é vermelho, então é colorido. Contudo, foi por meio da experiência que adquirirmos o conceito de vermelho e de colorido. Por outras palavras, tivemos de olhar para o mundo empírico para saber o que é um objeto vermelho e o que é um objeto colorido. Será que isto torna dependente da experiência, isto é, *a posteriori*, o nosso conhecimento de que todos os objetos vermelhos são coloridos? Não. É verdade que temos de possuir os conceitos relevantes para saber que todos os objetos vermelhos são coloridos. É também verdade que para adquirir esses conceitos temos de recorrer à experiência. Contudo, uma coisa é adquirir o conceito de vermelho e outra coisa é o que está envolvido quando o possuímos ou o ativamos. É só no primeiro caso que precisamos de informação empírica. Por outras palavras, do fato de termos adquirido certo conceito pela experiência não se segue que não possamos usá-lo na aquisição de conhecimento *a priori*. O que está em causa na distinção entre conhecimento *a priori* e *a posteriori* é o modo como conhecemos certa proposição, e não o modo como adquirimos os conceitos relevantes para a conhecermos.

Temos assim a seguinte caracterização de *a priori*: uma proposição é *conhecível a priori* por um agente particular se, e somente se, esse agente *pode* conhecê-la independentemente da experiência, pelo pensamento apenas.

Um aspecto interessante na caracterização de conhecimento *a priori* é o fato de ela conter um elemento positivo e um elemento negativo (Bonjour, 1998, pp. 6-11). O elemento positivo diz-nos que uma proposição é conhecível *a priori* se, e somente se, pode ser conhecida pelo pensamento apenas. O elemento negativo diz-nos que uma proposição é conhecível *a priori*, se, e somente se, pode ser conhecida independentemente de qualquer informação empírica. É comum encontrar caracterizações do *a priori* apenas com o elemento negativo. Mas o elemento positivo pode ajudar a decidir, em casos-limite, o que conta como conhecível *a priori*. Isso porque o que caracterizamos como *a priori* ou *a posteriori* depende do que queremos dizer por "experiência". Numa caracterização mais estrita, "experiência" significa experiência perceptiva do mundo exterior, excluindo a percepção dos estados internos ao sujeito que conhece. Numa caracterização mais lata, "experiência" significa qualquer tipo de experiência, quer o seu objeto seja exterior ou interior ao sujeito. De acordo com a primeira caracterização, "Doem-me as costas" conta como *a priori*. De acordo com a segunda caracterização, "Doem-me as costas" conta como *a posteriori*. Se adicionarmos o elemento positivo da caracterização, podemos excluir a proposição expressa pela frase "Doem-me as costas" como *a priori* pelo fato de eu não poder descobrir tal coisa pelo pensamento apenas – isto supondo que a introspecção não conta como pensamento. Assim, pode-se argumentar que, de modo a compatibilizar ambos os elementos da caracterização de *a priori*, temos de interpretar o elemento negativo de modo lato.

Outro aspecto importante da caracterização de conhecimento *a priori* é a ocorrência da palavra "pode" (Kripke, 1980, pp. 34-5). O "pode" permite-nos distinguir entre uma proposição que é efetivamente conhecida *a posteriori* por um agente, apesar de ele poder conhecê-la *a priori*. P. ex., acabei de descobrir *a posteriori*, usando o computador, que 125 × 32 = 4.000. Mas se em vez de ter usado o computador tivesse sido eu mesma a fazer os cálculos, poderia ter um conhecimento *a priori* do resultado. São inúmeras as proposições que poderiam ter sido conhecidas *a priori* por nós, mas que viemos efetivamente a conhecer *a posteriori* – p. ex., na escola, pela leitura de um livro, pelo uso de um computador ou perguntando a alguém. Contudo, não há maneira de descobrir *a priori* que a neve é branca. Por mais que reflitamos sobre a neve e a brancura, é simplesmente impossível para nós, ou para qualquer ser com capacidades cognitivas semelhantes às nossas, descobrir, pelo pensamento apenas, que a neve é branca, e isto verifica-se no caso de todas as proposições observacionais. Desse modo, a maioria das proposições conhecidas *a priori* por um agente poderia ser conhecida *a posteriori* por esse agente; mas nem todas as proposições conhecíveis *a posteriori* por um agente poderiam ser conhecidas *a priori* por esse agente.

Afirmei que a maioria das proposições conhecidas *a priori* por um agente poderia ser conhecida *a posteriori* por esse agente porque as proposições que se referem ao sujeito da elocução que as exprime, isto é, proposições como a de que eu existo ou a de que eu estou pensando, às quais o agente tem um acesso privilegiado, só podem ser conhecidas *a priori*. Estou supondo, claro, que tais proposições são efetivamente conhecíveis *a priori* por qualquer ser humano. Afinal, é muitíssimo implausível que alguém possa descobrir por testemunho, p. ex., que existe. Mesmo que alguém nunca tivesse pensado sobre o assunto, parece pouco provável que não o soubesse já. É difícil imaginar que alguém fique surpreso perante a afirmação proferida por terceiros de que existe. E isso porque essa pessoa já o sabia. E se já o sabia, sabia-o, argumentavelmente, *a priori*. E portanto "Eu existo" exprime uma proposição conhecível *a priori* e que é impossível ser conhecida *a posteriori*. E o mesmo se aplica às restantes proposições a que o agente tem um acesso privilegiado.

2. Diz-se que um argumento é *a priori* se, e somente se, todas as suas premissas são *a priori*. Diz-se que um argumento é *a posteriori* se, e somente se, pelo menos uma das suas premissas é *a posteriori*.

3. Ao longo da história, a noção de *a priori* surgiu conectada às de necessidade, irrevisibilidade e analiticidade. É no entanto importante não confundir tais noções. Comecemos pela noção de necessidade.

Ao introduzir a noção de conhecimento *a priori*, Immanuel Kant equacionou-a com a de necessidade estabelecendo a seguinte equivalência: uma proposição é conhecível *a priori* se, e somente se, for necessária. Foi preciso esperar até 1972 para que alguém questionasse tal conexão. Essa conexão foi praticamente refutada por Saul Kripke no clássico *Naming and Necessity*. Contudo, ainda permanecem alguns resistentes. Mesmo que não se aceitem os argumentos de Kripke, também não se pode admitir a conexão sem argumentos, como até então se fazia. Em primeiro lugar, é preciso notar que a distinção entre conhecimento *a priori* e *a posteriori* é uma distinção epistêmica acerca de modos de conhecer, ao passo que a distinção entre necessário e contingente é uma distinção metafísica acerca de tipos de verdade.

Os argumentos de Kripke contra a conexão são muito simples nos seus traços mais gerais. Comecemos pela primeira tese contida na conexão: Se uma proposição é conhecível *a priori*, então é necessária. O argumento por trás dessa tese é basicamente o seguinte: Se alguém sabe que *P a priori*, então sabe que *P* independentemente de qualquer informação empírica. Mas se sabe que *P* independentemente de qualquer informação empírica é porque a verdade de *P* é independente de qualquer característica do MUNDO ATUAL. Mas se a verdade de *P* é independente do mundo atual, então *P* é necessária, é verdadeira em qualquer mundo possível. Será que esse argumento está correto?

O primeiro passo ilegítimo desse argumento é a idéia de que, se *P* é conhecível independentemente de qualquer informação sobre o mundo atual, então *P* não pode ser acerca do mundo atual. Ora, isto é falso. P. ex., sei independentemente de qualquer informação sobre o mundo atual que nenhum solteiro é casado (note-se que, como vimos, o fato de ter adquirido os conceitos de *solteiro* e *casado* empiricamente é irrelevante para a questão). Mas daqui não se segue que essa verdade não seja acerca do mundo atual. Pelo contrário, essa verdade é sobre solteiros e casados, que fazem parte deste mundo. E porque os solteiros têm a propriedade de serem não-casados é verdade que nenhum solteiro é casado. Poderíamos replicar a essa objeção defendendo que sabemos isso *a priori* porque sabemos que, por definição, "solteiro" significa "não-casado". Assim, esse não é primariamente um fato acerca de solteiros e não-casados, mas acerca de as expressões "solteiro" e "não-casado" terem o mesmo significado. Mas essa resposta também não é satisfatória. Afinal, estamos apenas dizendo que temos de compreender o significado dos termos "solteiro" e "casado" para saber que os solteiros não são casados. Mas isso é basicamente o mesmo que dizer que temos de saber independentemente da experiência, e, logo, *a priori*, que não há solteiros casados. Mas a frase "Nenhum solteiro é casado" só pode ser verdadeira se efetivamente, no mundo atual, nenhum solteiro é casado. Um contra-exemplo simples e eficaz contra a conexão é o da minha elocução presente de "Eu existo". O fato de eu saber independentemente de qualquer informação acerca do mundo atual que existo não implica que a frase "Eu existo" não seja sobre mim e o fato de eu existir no mundo atual; obviamente que é. E é porque eu existo agora (no mundo atual) que essa frase é verdadeira. Se eu não existisse neste mundo possível, a frase seria falsa. Uma vez que eu não sou um ser necessário, há muitos mundos possíveis nos quais eu não existo, e logo essa não é uma verdade necessária.

a priori

O segundo passo ilegítimo é a idéia de que, se *P* for conhecível independentemente de qualquer informação acerca do mundo atual, então tem de ser verdadeira em todos os mundos possíveis. A idéia é que, se *P* fosse conhecida independentemente de qualquer informação acerca do mundo atual, então o mesmo tipo de justificação que nos legitima em acreditar em *P* no mundo atual tem de estar disponível em qualquer mundo possível. E se está disponível em qualquer mundo possível, então *P* é verdadeira em todos os mundos possíveis, e, logo, necessária.

Para ver o erro nesse argumento, suponhamos novamente a minha elocução presente de "Eu existo". A proposição expressa por essa frase é tal que não há nenhuma situação possível em que eu acredite nela e esteja errada. Logo, ela é verdadeira nesses mundos possíveis em que eu acredito nela. Mas isto não significa que a proposição seja verdadeira em todos os mundos possíveis, pois há mundos possíveis nos quais não existo. Portanto, apesar de não existir um mundo possível no qual eu acredite que exista e esteja enganada, há mundos possíveis nos quais a proposição expressa é falsa – eu não existo nesses mundos.

A outra tese contida na conexão é a seguinte: se uma proposição é necessária, então é conhecível *a priori*. O argumento por trás dessa tese é o seguinte: "Se uma proposição for necessária, então é verdadeira em todos os mundos possíveis. Portanto, a sua verdade não depende de nenhuma característica particular de um mundo possível, em especial do mundo atual. Mas os nossos processos de justificação do conhecimento *a posteriori* dependem de informação acerca do mundo atual. Assim, não podemos conhecer verdades necessárias *a posteriori*. Logo, todas as verdades necessárias têm de ser conhecíveis *a priori*."

Kripke forneceu uma bateria de contra-exemplos a essa tese. Um dos mais simples é o seguinte: uma descoberta astronômica importante foi a de que aquele corpo celeste que aparece de manhã e a que chamamos "Estrela da Manhã" e aquele corpo celeste que surge ao anoitecer e a que chamamos "Estrela da Tarde" é afinal o mesmo corpo celeste, nomeadamente, o planeta Vênus. Como dissemos, isto foi efetivamente uma descoberta astronômica; como tal, algo que descobrimos *a posteriori*.

Contudo, dado que a Estrela da Manhã é o mesmo objeto que a Estrela da Tarde, nomeadamente o planeta Vênus, a frase "A Estrela da Manhã é a Estrela da Tarde" exprime uma verdade necessária. A idéia é que um objeto é necessariamente idêntico a si mesmo. O fato de usarmos nomes diferentes para referir o mesmo objeto é irrelevante; o que é relevante é que se trata do mesmo objeto. Logo, necessariamente, esse objeto é igual a si próprio. Podemos pensar que é possível imaginar uma situação na qual a Estrela da Manhã não é a Estrela da Tarde. Mas essa não é uma situação em que a Estrela da Manhã não é a Estrela da Tarde, e sim uma situação em que o nome "Estrela da Manhã" refere um objeto diferente do objeto que "Estrela da Tarde" refere. Se a Estrela da Manhã é a Estrela da Tarde, então, necessariamente, a Estrela da Manhã é a Estrela da Tarde. Essa é a tese da necessidade da identidade, a qual ninguém disputa (até porque é um teorema da lógica). A idéia é que se os objetos *a* e *b* são idênticos, então são necessariamente idênticos.

Vejamos a conexão entre irrevisibilidade e *a priori*. Tanto quanto sei, essa conexão tem origem na idéia racionalista segundo a qual os nossos sentidos são fonte de ilusão, e a razão, fonte de certeza. De acordo com os racionalistas tradicionais, temos uma capacidade racional que, quando exercida, nos dá acesso direto à estrutura necessária da realidade. Como sabemos que *P* ou não *P*? Porque temos essa capacidade que nos permite de algum modo "ver" que *P* ou não *P*. Contrariamente à percepção sensorial, argumentam os racionalistas tradicionais, a "percepção" racional garante-nos sempre a correção do resultado assim obtido, não existindo lugar para ilusões racionais. Uma vez que a intuição racional é a fonte do conhecimento *a priori*, este é infalível e o resultado irrevisível (no sentido de não se poder descobrir que é falso).

Com a descoberta das geometrias não-euclidianas, o racionalismo foi praticamente abandonado. Isto porque as geometrias euclidianas tinham sido, alegadamente, descobertas *a priori*, por meio de intuições racionais. Logo, não poderíamos descobrir que eram falsas. Após a descoberta da estrutura não-euclidiana do espaço, muitas pessoas tomaram esse fato como uma refutação das geometrias euclidianas e, logo, como uma forte objeção ao racionalismo. Apesar dos vários ataques a essa corrente ocorridos após essas descobertas, a conexão entre *a priori* e irrevisibilidade manteve-se, continuando a acompanhar a idéia de conhecimento *a priori*. É curioso notar que, apesar de essa conexão ser tomada como óbvia pelos racionalistas tradicionais, embora os atuais a rejeitem, como Laurence Bonjour, muitos filósofos continuam a aceitá-la sem discussão, mesmo que não aceitem a sua motivação racionalista. E o mais curioso é o fato de alguns filósofos não racionalistas partirem dessa conexão para extraírem resultados filosóficos substanciais contra a existência do conhecimento *a priori*, ou contra a idéia de que certo fragmento de conhecimento é *a priori*, em vez de tomarem esses resultados como uma *reductio* de tal conexão.

Diz-se que uma proposição é irrevisível (ou infalível) se, e somente se, nada houver que nos possa levar a rejeitá-la ou revê-la. A expressão "revisão de crenças" é habitualmente usada no sentido de rejeição com base em indícios que refutem a crença em causa. Existem dois tipos de indícios que nos podem levar à rejeição de uma crença: indícios *a priori*, descobertos por mero raciocínio, ou indícios retirados da experiência. Os mais discutidos, para refutar o caráter *a priori* de algo, são os indícios empíricos. Os indícios obtidos *a priori* são, hoje, aceitos como não-problemáticos para o conhecimento *a priori*. É prática comum revermos com base no pensamento apenas resultados obtidos *a priori* – é o que faz qualquer lógico ou matemático. O que alguns filósofos tendem a rejeitar é a idéia de que uma crença obtida *a priori* possa ser refutada por indícios empíricos. Assim, a tendência atual é enfraquecer a conexão, interpretando-a apenas no sentido de refutação empírica.

Por vezes, a expressão "revisão de crenças" também é usada num sentido mais psicológico, como "é possível não ter esta crença" ou "não quero ter esta crença". Nesse último sentido, é fácil rejeitar a conexão. P. ex., é possível a muitas pessoas, por motivos emocionais, acreditar que existe vida além da morte. Mas daqui não se segue que elas saibam tal coisa, mesmo que isso venha a se revelar verdadeiro. De modo inverso, é óbvio que se for possível saber *a priori* que Deus não existe, isto continua a ser verdadeiro mesmo que todo o mundo se recusasse a acreditar em tal coisa. E mesmo que interpretemos a expressão "revisão de crenças" numa acepção psicológica um pouco mais sofisticada, como "é racionalmente adequado rejeitar esta crença", a conexão entre *a priori* e irrevisível continuaria a ser problemática. Posso rejeitar racionalmente a crença de que Deus existe por não haver provas da sua existência, mas daí não se segue que isso seja verdade, e logo que não possa descobrir *a priori* que Deus existe. De modo inverso, mesmo que seja possível descobrir *a priori* que Deus não existe, pode ser racionalmente aconselhável acreditar na sua existência, p. ex., para evitar problemas emocionais.

Agora imagine-se que, por causa de um erro sistemático de raciocínio, revíssemos a nossa crença de que 726 + 234 = 960 e passássemos a acreditar que 726 + 234 = 961. Estamos racionalmente justificados a acreditar que 726 + 234 = 961; afinal, conferimos os cálculos várias vezes. Contudo, é falso que 726 + 234 = 961. Será que daqui se segue que não conhecemos *a priori* que 726 + 234 = 960, uma vez que revimos a nossa crença nessa verdade e passamos a acreditar na falsidade de que 726 + 234 = 961? Não. Do fato de por engano revermos uma verdade não se segue que essa verdade não tenha sido conhecida *a priori*. Essa proposição foi efetivamente conhecida *a priori*, e depois rejeitada por motivos igualmente de caráter *a priori*.

Uma forma de fortalecer a conexão é interpretar "revisão de crenças" no sentido de podermos vir a *descobrir*, por meios empíricos, que certa crença é falsa. A idéia é a seguinte: como pode uma crença adquirida por mero raciocínio ser refutada com base na experiência? À primeira vista, parece que nada poderá acontecer no mundo que refute, p. ex., o *modus ponens*. Contudo, W. V. Quine, no seu famoso argumento da teia de crenças (Quine, 1951), desafiou essa idéia, defendendo que tudo é empiricamente revisível, inclusive as verdades da lógica.

Será que, se tudo for empiricamente revisível, não existe conhecimento *a priori*, como nos diz a conexão entre *a priori* e irrevisibilidade? Argumentavelmente, não. Julgo existir aqui uma confusão entre revisão de crenças e conhecimento, por um lado, e revisão de crenças e aquisição de crenças, por outro. Comecemos pela primeira confusão. Se a conexão fosse tomada literalmente, no sentido de que, se algo é *conhecido a priori*, então não é revisível (e vice-versa), seria trivialmente verdadeira. E o mesmo tipo de conexão se poderia equacionar para o conhecimento *a posteriori*. Isto porque o conhecimento é factivo, ou seja, se sabemos que certa proposição é verdadeira, então não podemos descobrir que é falsa. Dizer que o conhecimento é factivo é dizer que não podemos conhecer falsidades. Logo, para retirar a conexão da sua trivialidade há que reformulá-la do seguinte modo: uma crença (verdadeira ou falsa) é adquirida *a priori* se, e somente se, for empiricamente irrevisível.

Isto leva-nos à confusão entre aquisição (ou justificação de crenças) e revisão de crenças. Suponhamos que, ao jeito de Quine (1951, p. 43), as novas descobertas em mecânica quântica levassem à refutação da lei do terceiro excluído e, com isso, à revisão da nossa crença de que essa lei é correta. Será que isto mostra que a nossa crença não tinha sido primariamente adquirida *a priori*? Claro que não. Uma coisa é a forma como adquirimos a nossa crença na verdade da lei do terceiro excluído; outra coisa é o modo como revemos essa crença. A distinção entre *a priori* e *a posteriori* é sobre modos de aquisição de crenças e não sobre modos de sua revisão. E o processo de aquisição de crenças é completamente distinto do de revisão de crenças. Uma condição necessária para certa crença ser revista é ela já ter sido adquirida: não posso rever crenças que não possuo. A minha teia de crenças é composta por um conjunto de crenças adquiridas, ou justificadas, de diferentes modos – umas *a priori* e outras *a posteriori*. Sucintamente, a distinção entre conhecimento *a priori* e *a posteriori* diz respeito ao modo de aquisição de crenças; a noção de revisibilidade diz respeito à revisão de crenças; revisão de crenças e aquisição de crenças são processos diferentes; ninguém forneceu um argumento que mostre uma conexão entre revisão e aquisição de crenças; logo, é errado limitarmo-nos a pressupor tal conexão para argumentar que não há crenças *a priori* porque elas não são irrevisíveis. Note-se que ainda há alguns defensores dessa conexão. Mas tais defensores não se limitam a pressupor a conexão; defendem-na argumentos para a estabelecer. E é só isto que está em causa: não se pode assumir uma ligação entre o *a priori* e o irrevisível; é preciso mostrar que essa conexão existe.

A conexão entre o *a priori* e o analítico é a mais forte de todas. Essa conexão tem sido amplamente defendida pelos empiristas como maneira de explicar o conhecimento *a priori*.

A noção de conhecimento *a priori* tem sido alvo de um longo e atual debate. O argumento mais usado contra a noção de conhecimento *a priori* é que não faz sentido dizer que se pode conhecer o que quer que seja sobre o mundo pelo pensamento apenas, sem olharmos para o mundo. Os racionalistas defendem que é possível conhecermos algo sobre o mundo pelo pensamento apenas; os empiristas defendem que tal coisa não é possível. Aos racionalistas compete a difícil tarefa de explicar como podemos conhecer coisas sobre o mundo sem olhar para ele, pelo pensamento apenas. Aos empiristas compete a difícil tarefa de recusar a forte intuição de que não precisamos olhar para o mundo para sabermos que dois objetos mais dois objetos são quatro, ou que todo objeto vermelho é colorido. Essa é ainda uma das discussões mais centrais em epistemologia.

Há várias teorias racionalistas, mas praticamente todas apelam a uma capacidade especial responsável pelo nosso conhecimento *a priori*. Por meio dessa capacidade, a que tradicionalmente se chama "intuição racional", podemos descobrir coisas acerca do mundo pelo pensamento apenas.

Já as posições empiristas dividem-se, basicamente, em duas. De um lado há os empiristas que defendem que não existe, em absoluto, conhecimento *a priori*. Essa posição é encabeçada por W. V. Quine, mas é a menos popular das duas posições empiristas. De acordo com a posição mais moderada de empirismo, popular entre os positivistas lógicos e renovada por filósofos como Paul Boghossian, existe conhecimento *a priori*, mas é um mero conhecimento de convenções lingüísticas, ou significados dos termos, ou de relações entre os nossos conceitos: é um mero conhecimento de verdades analíticas (*ver* ANALÍTICO). **CTe**

BOGHOSSIAN, P. "Analyticity", *in* Hale, B. e Wright, C. *Blackwell Companion to the Philosophy of Language*. Oxford: Blackwell, 1997.
BONJOUR, L. *In Defense of Pure Reason*. Cambridge: Cambridge University Press, 1998.
KRIPKE, S. *Naming and Necessity*. Oxford: Blackwell, 1980.
PLANTINGA, A. *The Nature of Necessity*. Oxford: Oxford University Press, 1974, cap. 1.
QUINE, W. V. O. "Two Dogmas of Empiricism" [1951], *in From a Logical Point of View*. Cambridge: Harvard University Press, 1953, pp. 20-46.

a priori, história da noção de

Usualmente entende-se por conhecimento *a priori* aquele que ocorre de forma independente da experiência. Na tradição filosófica esse é o tipo de conhecimento que geralmente se associa à verdade e à necessidade. Autores há, como Hume (1711-1776), que separam radicalmente os conhecimentos de certas verdades necessárias (que não precisam da confirmação da experiência), entendidas como mera relação entre idéias de todos os outros conhecimentos, relativos ao domínio dos fatos. A partir de Kant (1724-1804), a discussão acerca dos conhecimentos *a priori* alterou-se substancialmente, já que estes, para além da característica da independência relativamente à experiência, passaram a ser eles próprios considerados condições de possibilidade da própria experiência. É claro que surge de imediato o problema de saber qual o significado do termo "experiência" e se não se incorre em círculo ao definir o *a priori* como condição de possibilidade daquilo que já se pressupõe. Mas se, tal como Kant pretende, for possível especificar qual o sentido em que certos conhecimentos são condições de possibilidade daquilo a que ele chama experiência, um passo muito importante se dá, tanto na compreensão do *a priori* como na relação deste com todos os outros conhecimentos empíricos. De certo modo poderia então falar-se aqui num CÍRCULO VIRTUOSO.

Para reformular essa relação, Kant teve de introduzir distinções no interior do próprio conjunto dos conhecimentos *a priori*. Alguns haverá que, sendo *a priori*, não podem ser considerados condições de possibilidade de quaisquer outros conhecimentos de tipo empírico. A esses Kant chama ANALÍTICOS. São conhecimentos que se baseiam na IDENTIDADE entre sujeito e predicado, ou então, como também Kant diz, aqueles em que o predicado já está incluído na compreensão do sujeito. "Todos os juízos analíticos assentam inteiramente no princípio da contradição e são, segundo a sua natureza, conhecimentos *a priori*, os quais são conceitos que lhe servem de matéria e podem ser ou não conceitos empíricos" (Kant, *Crítica da razão pura*, B11). Exemplos do próprio Kant: "todos os corpos são extensos" e "o ouro é amarelo". Independentemente do acerto de tais exemplos, o que importa reter é que os predicados, quer da extensibilidade, quer da cor amarela, entram supostamente na definição dos sujeitos respectivos e de tal modo que a experiência nunca poderá apresentar contra-exemplos. No entanto, não será esse tipo de *a priori*, baseado na analiticidade, o mais sugestivo e pertinente do ponto de vista filosófico. Kant defende que será mais sugestivo filosoficamente conhecer *a priori* que entre *a* e *b* há uma relação R, não baseada na analiticidade, ou seja, que R*ab* não é verdadeira *a priori*, unicamente pelo fato de *b* de algum modo estar contido ou fazer parte da definição de *a*. Será muito mais pertinente filosoficamente mostrar que é possível conhecer *a priori* proposições do tipo R*ab*, desconhecendo-se de início R como relação de identidade, simplesmente por meio da análise de *a* ou de *b*. Estaremos então perante uma relação sintética *a priori*, a cuja demonstração, na *Crítica da razão pura*, Kant dedica argumentos variados e desigualmente convincentes. Em grande parte essa argumentação vem da geometria, da matemática e da mecânica newtoniana, cujos princípios e axiomas estarão repletos de proposições daquele tipo. Assim $2 + 3 = 5$ será uma relação sintética *a priori*, pois que da análise de 5 não posso retirar necessariamente $2 + 3$. No entanto, a sua relação, isto é, a sua igualdade é da ordem da necessidade, característica que para Kant seria extremamente significativa. Nomeadamente a experiência em geral deveria conformar-se a esses conhecimentos fundamentais e deles depender. Por outro lado, a consciência desses conhecimentos sintéticos *a priori* representa um alargamento do nosso conhecimento fundamental acerca do mundo: não se trata apenas de alargar os nossos conhecimentos empíricos, mas sobretudo o âmbito daqueles que não dependem da experiência e até a fundamentam. Desse ponto de vista, o significado do *a priori* implica o da necessidade da ligação entre conceitos que não se implicam analiticamente e que de algum modo é assumida como um elemento indispensável do nosso sistema conceptual. Veja-se, p. ex., como, no domínio moral prático, Kant relaciona necessariamente dois conceitos, o de autonomia e o de dever. Essa ligação é caracterizada como sintética, já que da análise do sentido de cada termo (dever, liberdade) não se pode inferir o outro. À demonstração de que eles se ligam necessariamente e de que, para além disso, são condição de possibilidade da identificação de atos com valor moral, chama Kant, na *Crítica da razão prática*, a dedução transcendental da lei moral. O *a priori* possui, pois, uma zona de aplicação que ultrapassa o domínio dos conhecimentos objetivos. No domínio moral assume uma qualidade eminentemente prática, no sentido de que, assumindo aquela ligação necessária, sob a forma de imperativo categórico, me é possível falar de atos livres.

Sobre a equivalência entre *a priori* e necessidade, Saul Kripke (1980, pp. 36-7) apresenta uma perspectiva diferente. De fato os termos não são equivalentes ou co-extensivos. Se *a priori* parece requerer a possibilidade de se conhecer algo independentemente da experiência, tal é possível, muitas vezes, para quem já confirmou pela experiência uma verdade, então qualificada como necessária. Nesse caso o mais correto é falar de verdades necessárias *a posteriori*. Uma mente finita não pode de uma só vez examinar as qualidades matemáticas necessárias e contingentes dos números e a verdade de uma conjectura como a de Goldbach, segundo a qual qualquer número par maior que 2 é a soma de dois primos deverá ser considerada mediante cálculo, não sendo possível *a priori* saber se a conjectura estaria certa. O interesse de Kripke é colocar-se de um ponto de vista metafísico e não epistemológico (Kripke, 1980, p. 35), o que o leva a ver uma discrepância entre "necessidade" e "*a priori*". Paralelamente ele admite a existência de verdades contingentes *a priori*. Nesse caso, Kripke considera aquelas descrições e definições que servem para fixar referentes, como, p. ex., "a barra B tem um metro no tempo *t*". Essa é uma definição de metro, e sempre que uso a palavra "metro" sei *a priori* que me refiro àquele comprimento e não a outro. Essa é em alguns casos a maneira de fixar uma referência mediante uma descrição. O sistema métrico é definido e a partir daí um sem-número de verdades contingentes *a priori* serão conhecíveis (Kripke, 1980, pp. 56-7). **AM**

KANT, I. *Crítica da razão pura* [1787]. Trad. M. P. dos Santos *et al*. Lisboa: Gulbenkian, 1985.

KRIPKE, S. *Naming and Necessity*. Oxford: Blackwell, 1980.

ab esse ad posse valet consequentia

(lat., a conseqüência do ser para o possível é válida) Designação tradicional para o princípio elementar do raciocínio modal que estabelece ser sempre legítimo inferir a possibilidade, aquilo que pode ser o caso, a partir do ser, aquilo que é o caso. Por outras palavras, se uma frase ou proposição *p* é verdadeira, então a sua possibilitação, a frase ou proposição *é possível que p*, será também verdadeira.

Em símbolos, o princípio garante a validade de qualquer inferência da forma $p \therefore \Diamond p$. Do ponto de vista da semântica de MUNDOS POSSÍVEIS, a validade do princípio exige apenas que a relação de possibilidade relativa ou ACESSIBILIDADE entre mundos possíveis seja REFLEXIVA: se *p* é verdadeira num mundo *w*, então *p* será verdadeira em pelo menos um mundo *w'* acessível a partir de *w*, ou seja, o próprio *w*. *Ver também* INTRODUÇÃO DA POSSIBILIDADE. **JB**

abdução

Termo introduzido por Charles Sanders Peirce (1839-1914) para referir uma INFERÊNCIA com o seguinte aspecto:

$$\frac{\text{Se A, então B}}{B}$$
$$\therefore A$$

Embora uma abdução tenha a estrutura ora apresentada, nem todas as inferências com tal estrutura são abduções. O aspecto crucial na caracterização da abdução é então o de determinar o que distingue as inferências realizadas de acordo com essa estrutura que admitem ser consideradas abduções, daquelas que não o admitem. O esclarecimento dessa questão vem junto com a necessidade de distinguir entre uma inferência abdutiva e uma FALÁCIA DA AFIRMAÇÃO DA CONSEQÜENTE. Com efeito, a estrutura formal apresentada em nada parece distinguir-se da formulação que caracteriza essa falácia.

Há, todavia, uma distinção, que consiste em que a expressão "se..., então..." da primeira premissa do esquema em questão deva ser entendida como referindo não a função de verdade IMPLICAÇÃO material, mas antes a relação de causalidade. Considera-se por isso que uma inferência realizada de acordo com este esquema é uma abdução se, e somente se, a primeira premissa daquela estabelecer a existência de uma relação de causalidade entre A e B (de A para B).

Repare-se que, mesmo nas circunstâncias antes descritas, a abdução estabelece apenas a probabilidade da conclusão da inferência e não necessariamente a sua verdade. Na realidade, um mesmo efeito pode ser o efeito de diferentes causas e, por conseguinte, a simples constatação da presença de um dado efeito B em determinadas circunstâncias junto com o conhecimento

abdução

de que, nessas circunstâncias, a putativa presença do acontecimento A teria constituído uma causa da ocorrência do acontecimento B pode não ser suficiente para permitir a identificação categórica daquela de entre as suas possíveis causas que efetivamente originaram a presença de B.

Para ilustrar essa idéia, consideremos o seguinte argumento: "Se choveu, a rua estará molhada; a rua está molhada; logo, choveu." Embora ambas as premissas possam ser verdadeiras em determinada circunstância, é perfeitamente possível que a causa de a rua estar molhada nessa circunstância tenha sido a passagem do caminhão-pipa de ruas e não a queda de chuva. Para que a inferência abdutiva possa ter um grau de confiabilidade aceitável é então necessário, de modo geral, identificar previamente outros efeitos habitualmente produzidos por A e verificar se a presença desses outros efeitos é concomitante com a presença de B.

No caso do exemplo antes apresentado, para que a inferência abdutiva fosse confiável seria então necessário ter identificado outros efeitos habitualmente produzidos pela queda de chuva (como, p. ex., o fato de os telhados das casas ficarem molhados, um efeito da queda de chuva que não teria podido ser causado, em circunstâncias normais, pela passagem do caminhão-pipa e ter verificado a sua presença concomitante com o fato de a rua estar molhada.

Assim, uma formulação mais geral da estrutura de uma inferência abdutiva tem, na realidade, o seguinte aspecto (em que $0 \leq i \leq n-1$):

$$\begin{array}{c} \text{Se A, então } B_1, \\ \text{Se A, então } B_2, \\ \vdots \\ \text{Se A, então } B_n, \\ B_1, \\ B_2, \\ \vdots \\ \underline{B_{n-1}} \\ \therefore A \end{array}$$

Esse esquema da estrutura de uma inferência abdutiva não constitui todavia ainda uma formalização rigorosa, uma vez que não fornece nenhuma indicação acerca nem de qual o valor de i abaixo do qual a inferência deixa de ser confiável nem de qual o valor de i acima do qual a inferência passa a ser confiável. Infelizmente, não parece existir nenhuma receita infalível para a determinação de tais valores em casos de dados insuficientes. Por outro lado, mesmo naqueles casos em que a massa de dados disponíveis a favor de dada hipótese é tão grande quanto poderíamos desejar, é sempre possível imaginar consistentemente que uma outra causa originou o conjunto de efeitos conhecido.

No caso do exemplo antes referido, a hipótese de que uma nave extraterrestre gigante tenha pairado por momentos, sem que ninguém a tivesse observado, sobre a área molhada e a tenha borrifado com o objetivo de proceder a uma experiência para determinar melhor as características do meio ambiente da Terra pode ser tão compatível com os dados disponíveis como a suposição da chuva. A seleção de dada hipótese causal como a melhor tem então sempre de depender também de outros critérios de escolha, tais como a simplicidade da explicação a que dá origem ou o seu caráter conservador. Por isso, esse método de inferência é também conhecido como "inferência para a melhor explicação".

Seja como for, quando se alcança uma identificação da causa da ocorrência de dado efeito ou conjunto de efeitos, diz-se que essa identificação permite explicar a ocorrência desse efeito ou conjunto de efeitos. O objetivo de um processo abdutivo é assim o de alcançar uma explicação para determinado ACONTECIMENTO ou conjunto de acontecimentos. A abdução pode portanto ser vista como um gênero de inferência por meio do uso da qual se podem gerar explicações de acontecimentos. *Ver também* INFERÊNCIA; *CETERIS PARIBUS*, LEIS; INDUÇÃO. **AZ**

Dancy, J. e Sosa, E. (orgs.). *A Companion to Epistemology*. Oxford: Blackwell, 1992.
Peirce, C. S. *Collected Papers*. Cambridge: Harvard University Press, 1931-1935.
Ruben, D.-H. *Explaining Explanation*. Londres: Routledge, 1990.

aberta, fórmula

Ver FÓRMULA ABERTA.

aberta, frase

Ver FÓRMULA ABERTA.

absorção, lei da

Princípio da TEORIA DOS CONJUNTOS segundo o qual, para quaisquer conjuntos X e Y, se tem a seguinte IDENTIDADE: $X = X \cup (X \cap Y)$. A designação também é empregue para referir a seguinte TAUTOLOGIA da lógica proposicional: $p \leftrightarrow (p \vee (p \wedge q))$. JB

abstração, axioma da

Ver ABSTRAÇÃO, PRINCÍPIO DA.

abstração, princípio da

Princípio da teoria dos conjuntos que permite formar o CONJUNTO de todas as entidades, e só daquelas entidades, que possuem dada propriedade Px – esse conjunto denota-se simbolicamente por $\{x : Px\}$. O princípio da abstração está implícito na lei básica V de *Grundgesetze der Arithmetik* (1893) de Gottlob Frege (1848-1925). O uso irrestrito do princípio da abstração leva a situações paradoxais (*ver* PARADOXO DE RUSSELL). *Ver também* TEORIA DOS CONJUNTOS; PARADOXO DE BURALI-FORTI; PARADOXO DE CANTOR; CLASSE. FF

abstracta

(lat., entidades abstratas) De acordo com uma respeitável tradição, tornou-se habitual distinguir em filosofia entre, de um lado, entidades concretas (*concreta*) como mesas e cadeiras, e, do outro lado, entidades abstratas (*abstracta*) como qualidades e números. Todavia, essa distinção, apesar de ser útil para certos propósitos, é freqüentemente deixada num estado bastante impreciso. E talvez uma das consequências de tal situação seja a fusão incorreta (veja-se a seguir) que é muitas vezes feita de *abstracta* com universais e de *concreta* com particulares, sendo dessa maneira aquela classificação confundida com outra classificação com profundas raízes na tradição, a divisão entre UNIVERSAIS e PARTICULARES. As duas classificações pertencem por excelência à província da metafísica; e, dada a importância que a disciplina tem readquirido na filosofia mais recente (materializada em livros como Armstrong, 1997), elas têm sido objeto de estudo intenso.

Tal como sucede relativamente a outras classificações, talvez a melhor maneira (muito provavelmente a única) de introduzir os conceitos a distinguir consista simplesmente em listar um conjunto de ilustrações paradigmáticas daquilo que é por eles subsumido. Com efeito, é extremamente difícil proporcionar definições estritas para os termos "abstrato" e "concreto" aplicados a objetos.

Exemplos tradicionalmente apresentados como típicos de (subcategorias de) objetos abstratos são os seguintes: a) Propriedades ou atributos de particulares, como a brancura e a honestidade (e também propriedades de propriedades, como a propriedade de ser uma qualidade rara); b) Relações entre particulares, como a semelhança e a amizade; c) Proposições, como a proposição que os homens são todos iguais perante a lei, e estados de coisas (ou fatos), como o estado de coisas (ou o fato) de Teeteto estar sentado; d) Classes de particulares, como a classe dos políticos corruptos e a classe dos barbeiros que não fazem sua própria barba; e) Números, como o número 7 e o número das luas de Marte; f) Instantes e intervalos de tempo, como o momento presente e o mês de setembro de 1997; g) Tropos, ou seja, propriedades consideradas indissociáveis dos particulares que as exemplificam, como, p. ex., a honestidade de Sócrates, a brancura desta peça de roupa e a elegância de Jacqueline Kennedy.

E exemplos tradicionalmente apresentados como típicos de (subcategorias de) objetos concretos são os seguintes: a) Particulares espaciotemporais de dimensões variáveis, bem como as suas partes componentes (caso as tenham), como pedras, asteróides, planetas, galáxias, pessoas e outros animais, partículas atômicas, etc.; b) Acontecimentos no sentido de acontecimentos-ESPÉCIME, como o naufrágio do Titanic, a queda do Império Romano e a reunião de ontem do Conselho de Ministros; c) Lugares, como a cidade de Edimburgo, o meu quarto e o Algarve; d) Agregados mereológicos de objetos físicos, como a soma mereológica daquela mesa com esse computador e o agregado mereológico de Júlio César e Brutus; e) Segmentos temporais de particulares materiais, como estádios temporais de coelhos (p. ex., os discutidos por Quine), de pessoas (p. ex., o corte temporal na existência de Napoleão, que corresponde ao período em que ele foi imperador), de estátuas (p. ex., esta estátua de Golias desde que foi comprada até o momento em que foi roubada), etc.

A consideração da lista de exemplos *supra* introduzidos é por si só suficiente para bloquear qualquer assimilação da distinção concreto-abstrato à distinção particular-universal; de fato, basta reparar que objetos como classes ou proposições exemplificam a categoria de particulares abstratos. A incorreção da assimilação em questão reflete-se na ambigüidade com a qual são por vezes caracterizados certos pontos de vista em Ontologia, pontos de vista esses definidos pela rejeição ou pela postulação de determinadas categorias de objetos. Assim, p. ex., o NOMINALISMO tanto é caracterizado pela rejeição de *abstracta* como a doutrina de que apenas há objetos concretos. Ele é caracterizado como consistindo na rejeição de universais, como a doutrina de que apenas há particulares; analogamente, o ponto de vista rival do nominalismo, habitualmente designado como REALISMO, tanto é caracterizado como consistindo na admissão de *abstracta* (ao lado de *concreta*), como é caracterizado como consistindo na admissão de universais (ao lado de particulares). P. ex., em filosofia da matemática, o FORMALISMO, que é a variedade do nominalismo na área, tanto é descrito como consistindo na rejeição de classes e outros objetos abstratos como consistindo na rejeição de universais (cf. Quine, 1980, pp. 14-5). Naturalmente, tais caracterizações estão longe de ser equivalentes.

Como já foi dito, é difícil encontrar um princípio, ou um conjunto de princípios, que permitam discriminar rigorosamente entre as duas putativas grandes categorias de entidades ou objetos. Todavia, os três parâmetros seguintes têm sido sugeridos, conjunta ou separadamente, como bases para a classificação.

I. Localização Espacial – Os objetos abstratos, ao contrário dos concretos, são aqueles que não podem em princípio ocupar qualquer região no espaço; *grosso modo*, x é um objeto abstrato se, e somente se, x não tem nenhuma localização no espaço (presume-se que os predicados "concreto" e "abstrato" são mutuamente exclusivos e conjuntamente exaustivos de objetos). A proposição de que Londres é maior que Lisboa não está ela própria em Londres, ou em Lisboa, ou em qualquer outro sítio; e o mesmo sucede com o atributo da brancura e com a classe das cidades européias, muito embora os exemplos daquele e os elementos desta possam ter uma localização espacial. Associada a essa característica está a inacessibilidade de objetos abstratos à percepção sensível (mesmo quando esta é tomada como ampliada por meio do uso de certos dispositivos e aparelhos); proposições, atributos ou classes não se podem ver, ouvir, cheirar, sentir ou saborear. Um problema com o parâmetro I é que uma entidade como Deus, se existisse, não estaria no espaço; mas também não seria, por razões óbvias, um objeto abstrato. Essa objeção milita contra a suficiência do parâmetro I, não contra a sua necessidade.

II. Existência Necessária – Os objetos abstratos, ao contrário dos objetos concretos, são aqueles cuja existência é não-contingente, ou seja, aqueles que existem em todos os mundos possíveis, situações contrafactuais, ou maneiras como as coisas poderiam ter sido; *grosso modo*, *x* é um objeto abstrato se, e somente se, *x* existe necessariamente. Em contraste com isto, a existência de objetos concretos ou particulares materiais é caracteristicamente contingente: eles poderiam sempre não ter existido caso as coisas fossem diferentes daquilo que de fato são. A proposição de que Londres é maior que Lisboa, ao contrário daquilo que se passa com os objetos acerca dos quais a proposição é, ou seja, as cidades de Londres ou Lisboa, é um existente necessário; e o mesmo sucede com o atributo da brancura e com a classe das cidades européias, muito embora os exemplos daquele e os elementos desta gozem apenas de uma existência contingente. Um problema com o parâmetro II é o de que, segundo alguns pontos de vista acerca de proposições, algumas delas existem contingentemente. A razão é basicamente a de que tal existência é vista como dependendo da existência dos particulares materiais acerca dos quais essas proposições são, e essa última existência é manifestamente contingente. Todavia, as proposições em questão não deixam por isso de ser *abstracta*.

Assim, a adoção do parâmetro II teria o efeito imediato de excluir os pontos de vista sob consideração. Essa objeção milita contra a necessidade do parâmetro II, não contra a sua suficiência.

III. Interação Causal – Os objetos abstratos, ao contrário dos objetos concretos, são aqueles que não são capazes de figurar em cadeias causais, aqueles objetos que nem estão em posição de ter algo como causa nem estão em posição de ter algo como efeito; *grosso modo*, *x* é um objeto abstrato se, e somente se, *x* não tem poderes causais. Em contraste com isto, objetos concretos ou particulares materiais são, por excelência, suscetíveis de interagir causalmente com outros objetos, igualmente concretos, de figurar em eventos que são causas ou efeitos de outros eventos. Um problema com o parâmetro III é o de que determinados pontos de vista atribuem certos poderes causais, designadamente aqueles que são requeridos para efeitos de explicação científica, a objetos abstratos como propriedades. Essa objeção milita contra a necessidade do parâmetro III, não contra a sua suficiência. *Ver também* PROPRIEDADE; NOMINALISMO. **JB**

ARMSTRONG, D. *A World of States of Affairs*. Cambridge: Cambridge University Press, 1997.

QUINE, W. V. O. "On What There is" [1948], *in From a Logical Point of View*. Cambridge: Harvard University Press, 1980. Trad. port. "Sobre o que há", *in* Quine/Alonzo/Church/Tarski/Donald Davidson. *Existência e linguagem: ensaios de metafísica analítica*. Trad., org. e prefácio J. Branquinho. Lisboa: Presença, 1990, pp. 21-39.

absurdo, redução ao

Ver REDUCTIO AD ABSURDUM.

absurdo, símbolo do

Ver SÍMBOLO DO ABSURDO.

acessibilidade

(ou possibilidade relativa) Noção central da semântica dos mundos possíveis de Saul Kripke (1940-). A idéia intuitiva é que nem tudo o que é possível em termos absolutos é possível relativamente a toda e qualquer circunstância; ou seja, uma dada proposição pode ser possível, mas pode não ser necessário que seja possível. P. ex., é possível viajar mais depressa do que o som, dadas as leis da física. Mas talvez nos mundos possíveis com leis da física diferentes não seja possível viajar mais depressa do que o som.

A acessibilidade, ou possibilidade relativa, é uma relação entre mundos possíveis.

Um mundo w' é acessível a partir de um mundo w (ou um mundo w' é possível relativamente a w) quando qualquer proposição verdadeira em w' é possível em w. Intuitivamente, diz-se por vezes que w "vê" w'. Assim, seja p "Alguns objetos viajam mais depressa do que o som". Essa é uma verdade no mundo atual. Mas se p não for possível noutro mundo possível, diz-se que o mundo atual não é acessível a esse mundo possível. E nesse caso $\Diamond p$ é verdadeira, mas $\Box\Diamond p$ é falsa porque $\Diamond p$ não é verdadeira em todos os mundos possíveis.

Essa noção permite sistematizar as diferenças entre as várias lógicas modais. Se definirmos a acessibilidade entre o mundo atual e os outros mundos possíveis como reflexiva, obteremos o sistema T; se a definirmos como reflexiva e transitiva, obteremos S4; se a definirmos como reflexiva e simétrica, obteremos B; se a definirmos como reflexiva, transitiva e simétrica, obteremos S5. A acessibilidade é uma noção puramente lógica, e não epistêmica. *Ver também* LÓGICA MODAL, SISTEMAS DE; FÓRMULA DE BARCAN. **DM**

FORBES, G. *The Metaphysics of Modality*. Oxford: Clarendon Press, 1985.
KRIPKE, S. "Semantical Considerations on Modal Logic", *in Acta Philosophica Fennica*, 16, 1963, pp. 83-94. Reimp. *in* Leonard Linsky (org.). *Reference and Modality*. Oxford: Oxford University Press, 1971.

acidental, propriedade

Ver PROPRIEDADE ESSENCIAL/ACIDENTAL.

acidente

Ver PROPRIEDADE ESSENCIAL/ACIDENTAL.

acidente, falácia do

Ver FALÁCIA DO ACIDENTE.

acontecimento

Um acontecimento – ou, em um modo de falar talvez mais formal mas filosoficamente irrelevante, um evento – é algo que ocorre, toma lugar, ou sucede, em determinada região do espaço ao longo de determinado período de tempo. Desse modo, exemplos de acontecimentos são a erupção do Etna, o jogo no qual Pelé fez seu milésimo gol, o assassinato de John Kennedy, o comportamento do imperador alemão quando foi forçado a renunciar em 1918, a Batalha de Aljubarrota, o naufrágio do Titanic, o casamento de Édipo com Jocasta, o assassínio de Júlio César por Bruto, a partida de xadrez entre Kasparov e o computador Deep Blue, etc. Acontecimentos tanto podem ser instantâneos ou de curta duração, como erguer do braço direito para chamar um táxi ou de uma elocução por alguém da expressão "Arre!", como de longa duração, como é o caso da tomada de Constantinopla pelos turcos ou de certas reuniões de determinados Departamentos de Filosofia.

A palavra "acontecimento" é, tal como a palavra "palavra", ambígua entre uma interpretação em que é tomada no sentido daquilo a que é usual chamar "acontecimento-tipo", e uma interpretação em que é tomada no sentido do que é usual chamar "acontecimento-espécime" (*ver* TIPO-ESPÉCIME). Acontecimentos-tipo são entidades universais, no sentido de repetíveis ou exemplificáveis, e abstratas, no sentido de não localizáveis no espaço-tempo. Acontecimentos-tipo são, p. ex., a Maratona Anual de Boston e o Grande Prêmio de Portugal de F1; ou seja, aquilo que todas as realizações da maratona na cidade de Boston em cada ano têm em comum, respectivamente aquilo que todas as corridas de bólides de F1 que tomam lugar no autódromo de Estoril em cada ano têm em comum. Um tipo de acontecimento pode ser assim visto simplesmente como certa classe de acontecimentos específicos (ou, se preferirmos, certa propriedade de acontecimentos específicos); dizer que o Grande Prêmio de Portugal de F1 vai deixar de ter lugar é o mesmo que dizer que, a partir de certa ocasião futura, a classe de acontecimentos específicos identificada com esse acontecimento-tipo deixará de ter mais elementos, pelo menos elementos atuais (ou, se preferirmos, que a propriedade de acontecimentos específicos com ele identificada deixará de ser exemplificada, pelo menos por acontecimentos atuais). Acontecimentos-exemplar são por sua vez entidades particulares, no sentido de irrepetíveis ou não exemplificáveis, e concretas, no sentido de datáveis e situáveis no espaço; exemplos de acontecimentos-espécime são, pois, uma edição particular, p. ex., a edição de 1995 do Grande Prêmio de Portugal de F1 e a edição de 1997 da Maratona de Boston. Naquilo que se segue, e dado que a discussão filosófica sobre acontecimentos procede assim em geral, tomamos o termo "acontecimento" apenas no sentido de acontecimento-exemplar.

Outra maneira de classificar acontecimentos consiste em distinguir entre acontecimentos gerais e acontecimentos particulares. Essa distinção está longe de ser precisa, e o mesmo sucede com as distinções que se lhe seguem; mas o recurso a ilustrações é suficiente para dar uma idéia geral daquilo que se pretende. Quando, p. ex., no contexto de um jogo, todas as pessoas vestidas de vermelho correm atrás de uma (pelo menos uma) pessoa vestida de azul, aquilo que temos é um acontecimento (puramente) geral; de modo aproximado, dizemos que um acontecimento é (puramente) geral quando a sua descrição não envolve a presença de nenhum termo singular, isto é, de nenhum dispositivo de identificação de objetos particulares. Quando, p. ex., no contexto de um treino às escondidas desenrolado em Buenos Aires, o centro-avante é censurado pelo treinador, aquilo que temos é um acontecimento particular. Por outro lado, é também possível classificar acontecimentos em acontecimentos simples e acontecimentos complexos. Quando, p. ex., Carlos e Carolina sobem a colina em certa ocasião, ou quando Pedro ou Paulo disparam contra Gabriel, ou ainda (mais controversamente) quando Carolina não sobe a colina, aquilo que temos são acontecimentos complexos (os quais, por sinal, são também particulares); de um modo aproximado, dizemos que um acontecimento é complexo quando a sua descrição envolve a presença de pelo menos um operador frásico ou CONECTIVO (uma frase como "Carlos e Carolina esmurraram-se" não contém uma referência a um acontecimento complexo nesse sentido, pois a conjunção não ocorre aí como operador frásico). Quando, p. ex., o mais alto espião do mundo (quem quer que seja) dispara sobre o mais baixo filósofo português (quem quer que seja), aquilo que temos é um acontecimento simples (o qual, por sinal, é também um acontecimento geral; supomos, evidentemente, que descrições definidas em uso ATRIBUTIVO não são dispositivos de referência singular). No entanto, há quem não queira admitir de forma alguma certos gêneros de acontecimentos complexos, em especial acontecimentos putativos negativos, como a não-subida da colina por Carolina. Em todo o caso, é ainda possível distinguir entre acontecimentos atuais e acontecimentos meramente possíveis. Os primeiros são acontecimentos que ou ocorreram, ou estão ocorrendo, ou virão a ocorrer. Os segundos são acontecimentos que nem ocorreram, nem estão ocorrendo, nem virão a ocorrer, mas que poderiam ter ocorrido, ou poderiam estar ocorrendo, ou poderiam vir a ocorrer. Suponha-se que eu nunca atravessei até o momento, nem virei a atravessar no futuro, o rio Tejo a nado; então a minha travessia do Tejo a nado é um exemplo de um acontecimento meramente possível. Todavia, mais uma vez, há também quem não admita de forma alguma acontecimentos meramente possíveis, e apenas considere como um acontecimento algo que de fato ocorreu, está ocorrendo, ou virá a ocorrer; por outras palavras, há quem defenda a idéia de que só os fatos, isto é, os ESTADOS DE COISAS atuais, são acontecimentos. Finalmente, é também possível dividir os acontecimentos em acontecimentos contingentes e acontecimentos não-contingentes. Um acontecimento contingente é simplesmente um acontecimento que ocorreu, mas que poderia não ter ocorrido (se as

acontecimento

coisas tivessem sido outras); p. ex., a dor no calcanhar esquerdo que eu senti ontem à tarde é um acontecimento contingente: num mundo possível certamente melhor do que este ela não existiria. Um acontecimento não-contingente é simplesmente um acontecimento que não só ocorreu, como também não poderia não ter ocorrido (por muito diferentes que as coisas tivessem sido); para muitos deterministas, fatalistas e pessoas do gênero, certos fatos históricos (p. ex., a Batalha das Termópilas) são acontecimentos não-contingentes. De novo, há quem não admita de forma alguma acontecimentos não-contingentes, pelo menos no que diz respeito ao caso de acontecimentos simples, e quem defenda a idéia de que só os fatos contingentes são acontecimentos.

Entre outras razões, o tópico dos acontecimentos é de grande importância para a filosofia, e em particular para a metafísica, porque a relação de causalidade é normalmente considerada uma relação que tem acontecimentos como *relata*. Quando, p. ex., se diz que o gato acordou porque o Manuel bateu com a porta, ou que o bater da porta pelo Manuel causou o acordar do gato, é plausível ver a relação causal como uma relação entre dois acontecimentos: um acontecimento que é uma causa (o bater da porta) e um acontecimento que é um seu efeito (o acordar do gato). Para obtermos uma concepção adequada acerca da natureza da causalidade, precisamos assim, presumivelmente, dispor de uma noção apropriada de acontecimento. De particular relevância para a atual filosofia da mente é o problema da causalidade mental, em especial a questão da aparente existência de relações causais entre, de um lado, acontecimentos mentais (não observáveis) e, do outro, comportamentos e ações (acontecimentos observáveis). P. ex., *prima facie* existe uma conexão causal entre o meu pensamento ocorrente de que vai chover daqui a pouco (um acontecimento mental), tomado em conjunto com o meu desejo ocorrente de não me molhar (outro acontecimento mental), e determinado acontecimento físico, o qual pode ser descrito como consistindo em eu ir buscar uma capa no armário; é natural dizer-se que, dada a presença daquele desejo, a ocorrência do pensamento em questão é uma causa de tal comportamento. Outra razão pela qual o tópico dos acontecimentos é central para a metafísica e para a filosofia da mente reside no fato de o PROBLEMA DA MENTE-CORPO ser muitas vezes formulado num vocabulário de acontecimentos. Em particular, as identidades psicofísicas defendidas pelo FISICALISMO são freqüentemente formuladas em termos de acontecimentos e propriedades de acontecimentos: segundo o fisicalismo tipo-tipo, propriedades de acontecimentos mentais, p. ex., a propriedade de ser uma dor, são identificadas com propriedades de acontecimentos físicos (no cérebro), p. ex., a propriedade de ser um disparar de tal e tal neurônio; segundo o fisicalismo exemplar-exemplar, acontecimentos mentais específicos, p. ex., a dor de dente que uma pessoa sente a certa altura, são identificados com acontecimentos físicos específicos, p. ex., o disparar de tal e tal neurônio no cérebro dessa pessoa nessa ocasião.

Os tópicos centrais da filosofia dos acontecimentos, um segmento importante da metafísica, parecem ser os seguintes dois (os quais não são certamente independentes um do outro): a) O problema da existência: existem de fato acontecimentos? Será que precisamos admitir tal categoria de entidades na nossa ontologia? b) O problema da identidade: Quine ensinou-nos que não há entidade sem identidade. O que são então acontecimentos? Como é que se individualizam e contam acontecimentos? Em particular, quando é que temos um acontecimento, e não dois?

Em relação à questão da existência, uma linha de argumentação familiar introduzida por Donald Davidson (veja-se Davidson, 1980) pretende estabelecer a necessidade da admissão de acontecimentos na nossa ontologia a partir de observações acerca da forma lógica correta para determinado fragmento de frases de uma língua natural. A idéia é, pois, a de que uma porção importante do nosso esquema conceptual estaria comprometida com a existência de acontecimentos. As frases em questão são paradigmaticamente frases que contêm verbos de ação. Tome-se para o efeito a frase "A Claudia Schiffer caiu aparatosamente na cozinha." E suponha-se, o que é bem razoável, que muitas frases desse gênero (incluindo esta) são verdadeiras. Então, *grosso modo*, há duas pretensões que são avançadas a seu respeito. A primeira é a de que a forma lógica dessas frases é aquela propriedade das frases que é *inter alia* responsável pelo seu papel inferencial, pela sua posição em certa estrutura de inferências válidas. Assim, a forma lógica da frase "A Claudia Schiffer caiu aparatosamente na cozinha" tem de ser tal que seja em virtude dela que, p. ex., a frase seguinte é uma sua conseqüência lógica: "A Claudia Schiffer caiu." Com base em determinado gênero de inferência para a melhor explicação, Davidson e outros argumentam em seguida que a melhor maneira (senão mesmo a única!) de acomodar a validade intuitiva de inferências daquele tipo é atribuir a uma frase como "A Schiffer caiu aparatosamente na cozinha" a forma lógica de uma quantificação existencial sobre acontecimentos do seguinte gênero (ignoro certas complicações irrelevantes): $\exists e$ (e é uma queda $\wedge$ e foi dada pela Schiffer $\wedge$ e foi aparatosa $\wedge$ e ocorreu no banheiro). A variável e toma valores em um domínio de acontecimentos (no sentido de acontecimentos-exemplar), e a modificação adverbial é interpretada como se consistisse em predicados de acontecimentos. Por meio de lógica elementar, segue-se a conclusão $\exists e$ (e é uma queda $\wedge$ e foi dada pela Schiffer), a qual é (simplificadamente) a regimentação da frase "A Schiffer caiu." A segunda pretensão consiste simplesmente na aplicação do critério quiniano de COMPROMISSO ONTOLÓGICO e na constatação do fato de que, de maneira a que afirmações daquele gênero possam ser verdadeiras, é necessário que entidades como acontecimentos estejam entre os valores das nossas variáveis quantificadas. Por conseguinte, existem acontecimentos; ou, antes, o nosso esquema conceptual – a "teoria" incorporada na nossa linguagem – diz que há acontecimentos.

Apesar de esse gênero de argumento ser bastante influente, há quem não se deixe impressionar. Com efeito, pode-se simplesmente ser cético em relação a quaisquer inferências que pretendam, a partir de considerações lingüísticas, de observações acerca da forma lógica de certas frases, chegar a conclusões metafísicas; em especial, pode-se ser em geral cético em relação à doutrina davidsoniana de que uma identificação das propriedades centrais da linguagem nos dá uma identificação das características centrais da realidade. Por outro lado, e mais modestamente, é sempre possível objetar à análise lógica particular proposta para frases com verbos de ação e resistir assim à inferência associada para a melhor explicação; ou pode-se simplesmente rejeitar o próprio critério quiniano de EXISTÊNCIA. Todas essas linhas de oposição são, naturalmente, possíveis. Mas não se segue, naturalmente, que elas sejam plausíveis; e o que é certo é que, tanto na filosofia da mente e da linguagem como na semântica lingüística e em outras disciplinas, a introdução de acontecimentos tem se revelado extremamente vantajosa do ponto de vista teórico (veja-se, p. ex., Parsons, 1990).

Quanto ao problema da identidade, a questão de saber que gênero de coisas são acontecimentos, é possível distinguir na recente filosofia dos acontecimentos dois pontos de vista principais. Em um desses pontos de vista, subscrito por Davidson e outros, os acontecimentos são particulares concretos, entidades no espaço-tempo, semelhantes em muitos aspectos a objetos materiais. Assim, o que é um e o mesmo acontecimento pode ser identificado por meio de uma diversidade de descrições. Considere-se, p. ex., aquilo que sucedeu no senado romano, durante os Idos de Março, e que envolveu Bruto e César. O acontecimento em questão tanto pode ser identificado por meio da descrição definida "O assassínio de César por Bruto" como por meio da descrição "O esfaquear de César no peito por Bruto"; essas descrições de acontecimentos, bem como outras descrições apropriadas, são correferenciais, designam o mesmo acontecimento (no sentido de acontecimento-exemplar, claro). E isto sucede de um modo análogo ao modo pelo qual um e o mesmo objeto material, p. ex., Vênus, pode ser identificado por meio do uso de uma variedade de descrições correferenciais ("A Estrela da Manhã", "A Estrela da Tarde", etc.). A idéia geral é a de que a identidade de um acontecimento, aquilo que um acontecimento é, é determinado pela posição particular que o acontecimento ocupa no espaço e pelo intervalo particular de tempo ao longo do qual ocorre; por outras palavras, a propriedade de ter determinada localização espacio-temporal é uma propriedade constitutiva de cada acontecimento. Considere-se, p. ex., eu erguer o meu braço esquerdo; então qualquer erguer do meu braço esquerdo que ocorra numa ocasião diferente é um acontecimento diferente (por muito qualitativamente idêntico que seja àquele acontecimento). *Grosso modo*, o princípio de individuação de acontecimentos aqui sugerido é o seguinte: *e* e *e'* são o mesmo acontecimento (acontecimento-exemplar) se, e somente se, *e* e *e'* ocupam exatamente a mesma região do espaço durante exatamente o mesmo período de tempo. Uma vantagem conspícua desse ponto de vista é a de que, assim concebidos, os acontecimentos são entidades adequadas para desempenhar o papel de *relata* da relação de causalidade; pois é natural ver essa relação como uma relação entre particulares concretos no mundo. Mas esse ponto de vista tem sido criticado com base no fato de discriminar entre acontecimentos de uma maneira que não é suficientemente fina. Suponha-se que certa ocasião eu espirro, e que, simultaneamente, ergo o braço direito. Em seguida, um táxi pára para eu entrar. É o meu espirro o mesmo acontecimento que o meu erguer do braço direito? Se sim, então, supondo que ter certos efeitos (bem como ter certas causas) é uma característica de cada acontecimento, seríamos obrigados a dizer que o meu espirro causou a parada do táxi. Ora, isto não parece estar em ordem. Presumivelmente, diríamos que o táxi parou porque eu ergui o braço, mas não diríamos que o táxi parou porque espirrei. E, supondo que, quando o táxi pára, alguém diz "Saúde!", diríamos que essa elocução teve lugar porque eu espirrei e não porque eu ergui o braço.

Eu um ponto de vista diferente, subscrito por Jaegwon Kim e outros, os acontecimentos são particulares abstratos, entidades mais semelhantes a PROPOSIÇÕES do que a objetos materiais. Uma posição habitual nesse sentido consiste em identificar acontecimentos com estados de coisas, ou seja, com exemplificações de ATRIBUTOS por seqüências de objetos em ocasiões dadas. No caso mais simples, o caso de acontecimentos como a subida da colina por Carolina numa certa altura, um acontecimento seria simplesmente identificado com a exemplificação de uma propriedade, a propriedade de subir a colina, por um indivíduo, Carolina, numa ocasião. Na notação de conjuntos, é habitual representar estados de coisas como ênuplas ordenadas de n-1 objetos e um atributo (com n maior ou igual a 2); assim, p. ex., o acontecimento que consistiu no assassínio de César por Bruto em certa ocasião t pode ser identificado com o estado de coisas representado pelo quádruplo ordenado <Bruto, César, *assassinar*, t> (em que *assassinar* é o atributo diádico de assassinar). Obtemos assim um princípio de individuação de acontecimentos bastante mais fino do que o anteriormente proposto. *Grosso modo*, *e* e *e'* são o mesmo acontecimento quando, e somente quando, o mesmo atributo é exemplificado pelos mesmos objetos na mesma ocasião. Por conseguinte, à luz do princípio, o casamento de Édipo com Jocasta e o casamento de Édipo com a sua mãe constituiriam um e um só acontecimento, identificado por meio do quádruplo ordenado <Édipo, Jocasta, *casar*, *t*> (em que *casar* é a relação de casar). Todavia, em contraste com o ponto de vista anterior, a proposta impõe restrições severas sobre as descrições que podem ser usadas corretamente para identificar um dado acontecimento. P. ex., o nosso acontecimento do senado romano já não pode ser indiferentemente especificado por meio das descrições "O assassínio de César por Bruto" e "O esfaquear de César por Bruto"; por outras palavras, temos aqui não um acontecimento, mas dois acontecimentos: um representado pelo quádruplo ordenado <Bruto, César, *assassinar*, *t*>, o outro pelo quádruplo <Bruto, César, *esfaquear*, *t*> (supõe-se, natural e razoavelmente, que os atributos diádicos *assassinar* e *esfaquear* são atributos distintos). Uma vantagem conspícua desse ponto de vista é a de que ele discrimina onde é razoável discriminar. P. ex., permite distinguir entre o acontecimento que consiste no meu espirro e o acontecimento que consiste no meu erguer do braço esquerdo (propriedades distintas, acontecimentos distintos); logo, o ponto de vista acomoda a aparente intuição no sentido de dizer que o segundo acontecimento, mas não o primeiro, causou a parada do táxi. Mas o ponto de vista tem sido criticado com base no fato de, em relação a certos casos, discriminar entre acontecimentos de maneira demasiadamente fina. Por outro lado, é difícil ver como é que, concebidos como particulares abstratos, acontecimentos podem ser entidades adequadas para desempenhar o papel de *relata* da relação de causalidade. JB

BENNETT, J. *Events and Their Names*. Oxford: Blackwell, 1988.
DAVIDSON, D. *Essays on Actions and Events*. Oxford: Oxford University Press, 1980.
HORGAN, T. "The Case Against Events", *in* *Philosophical Review*, LXXXVII, 1978, pp. 28-37.
KIM, J. "Events as Property Exemplifications", *in* Brand, M. e Walton, D. (orgs.). *Action Theory*. Dordrecht: Reidel, 1976.
PARSONS, T. *Events in the Semantics of English*. Cambridge: MIT Press, 1990.
STRAWSON, P. F. *Individuals*. Londres: Methuen, 1959.

ad infinitum, regressus

Ver REGRESSÃO AD INFINITUM.

adequação, teorema da

Ver TEOREMA DA CORREÇÃO.

adequação material

Ver CONDIÇÃO DE ADEQUAÇÃO MATERIAL.

adição, regra da

Qualquer uma das seguintes duas inferências: 1) p; logo, p ou q; 2) p; logo, q ou p. Na maioria dos sistemas de DEDUÇÃO NATURAL essa inferência é uma das regras primitivas e é conhecida como INTRODUÇÃO DA DISJUNÇÃO.

adjetivo pseudoqualificativo

Quando se afirma que o João é uma potencial vítima, isso não implica que o João seja de fato uma vítima. Chama-se "pseudoqualificativo" ao adjetivo "potencial", uma vez que não qualifica realmente o substantivo. Esse tipo de adjetivos contrasta com adjetivos como "constante": se se afirmar que o João é uma vítima constante, o João é uma vítima. A noção aplica-se igualmente a qualquer modificador (nomeadamente advérbios) que seja não-FACTIVO.

Em geral, um modificador M de um termo t é factivo quando Mt implica t: "O João é uma vítima constante" implica "O João é uma vítima". M é contrafactivo quando Mt implica não-t: "Os gregos tiveram uma vitória aparente" implica "Os gregos não tiveram uma vitória". M é não-factivo quando Mt não implica t: "O João é o alegado criminoso" não implica "O João é o criminoso".

É defensável que "logicamente" é um termo não-factivo, dado que "logicamente possível" não implica "possível": apesar de ser logicamente possível que Sócrates se transforme numa borboleta, tal não é possível. **DM**

afirmação

O termo geral "afirmação" está sujeito à seguinte AMBIGÜIDADE ATO/OBJETO. Por um lado, o termo pode aplicar-se a determinado ATO DE FALA, o ato de afirmar algo, o qual consiste na produção de uma elocução (ou inscrição) assertiva de uma frase declarativa. Por outro lado, o termo pode aplicar-se ao resultado ou produto de tal ato, ou seja, àquilo que é dito ou afirmado por meio de uma elocução desse gênero. Porém, mesmo que consideremos apenas esse último significado do termo, é ainda possível distinguir entre as seguintes duas coisas: 1) uma afirmação no sentido de um item lingüístico, uma frase declarativa (entendida como um UNIVERSAL, uma frase-tipo); e 2) uma afirmação no sentido de aquilo que é expresso por, ou o CONTEÚDO de, uma elocução (ou inscrição) de uma frase declarativa em certas circunstâncias.

Assim, a mesma frase-tipo (afirmação no sentido 1), p. ex., a frase "Hoje estou doente", dita por mim hoje e dita pelo leitor amanhã, pode ser utilizada para fazer diferentes afirmações (afirmações no sentido 2), uma acerca do meu estado de saúde em certo dia e a outra acerca do estado de saúde de uma pessoa distinta em outro dia. *Grosso modo*, dois usos de dada frase-tipo, ou duas frases-espécime do mesmo tipo, exprimem a mesma afirmação somente se predicam a mesma coisa do mesmo objeto (ou seqüência de objetos); uma afirmação nessa acepção está bastante próxima de uma PROPOSIÇÃO. **JB**

afirmação da antecedente

Ver MODUS PONENS.

afirmação da conseqüente

Ver FALÁCIA DA AFIRMAÇÃO DA CONSEQÜENTE.

afirmativa, proposição

Ver PROPOSIÇÃO AFIRMATIVA.

agência

Aristóteles definiu o homem como o animal racional. *Prima facie*, um animal é racional se, e somente se, de maneira geral, age racionalmente. Mas o que é agir racionalmente?

A resposta aristotélica a essa pergunta encontra-se na *Ética a Nicômaco*. Aí Aristóteles delineia os contornos da sua teoria da ação racional. Esta pode ser resumida por meio da seguinte tese. Uma ação é racional se, e somente se, pode ser representada como se constituísse o resultado da exemplificação por um dado agente A do seguinte silogismo prático:

α tem um desejo δ, o conteúdo do qual é ε;
α tem uma crença γ, o conteúdo da qual é que fazer θ é a melhor maneira de alcançar ε;

$\therefore \alpha$ faz θ.

Um indivíduo cujas ações admitem ser derivadas de acordo com esse algoritmo é então um indivíduo que age racionalmente ou um agente racional. Por outro lado, um indivíduo acerca do qual as premissas do silogismo prático são, em cada circunstância, verdadeiras, mas que, nas circunstâncias nas quais elas são verdadeiras, não se comporta de acordo com sua conclusão é um indivíduo que age irracionalmente; não é, portanto, um agente racional.

A avaliação dessa teoria coloca-nos perante uma encruzilhada fundamental: será que, dada a natureza das nossas atribuições de crenças e desejos, é possível determinar em cada caso o valor de verdade das premissas de modo independente da determinação do valor de verdade da conclusão? Ou será que a teoria tem uma validade *a priori* e que é apenas por intermédio da sua pressuposição que atribuímos crenças e desejos aos agentes?

A opção por uma resposta afirmativa à primeira pergunta coloca-nos dois novos e difíceis problemas. Primeiramente, quais são as condições de verdade das frases que ocorrem nas premissas? Em segundo lugar, se não somos obrigados pelo nosso próprio quadro conceptual a associar a verdade das premissas à verdade da conclusão, então, e uma vez que a conexão entre elas não é uma conexão lógica, a verdade das premissas e a verdade da conclusão do silogismo prático deveriam encontrar-se entre si numa relação apenas contingente.

Comecemos por considerar esse segundo problema. Se a relação entre as premissas e a conclusão do silogismo prático é apenas contingente, então deveria ser possível, pelo menos, colocar a hipótese de que a teoria poderia ser falsa a nosso respeito. Mas a consideração dessa última possibilidade parece, por seu turno, conduzir-nos à seguinte alternativa indesejável: ou se pode dar o caso de que seres racionais sejam os protagonistas de ações irracionais, ou se pode dar o caso de que o homem não seja racional. Ora, o primeiro termo dessa alternativa tem um toque de paradoxo e o seu segundo termo parece pôr em causa os fundamentos da nossa concepção do humano. O primeiro problema, por seu lado, tem alimentado todo um ramo de investigação filosófica sem que se tenha chegado a qualquer acordo substancial sobre a questão.

A opção por uma resposta afirmativa à segunda pergunta da encruzilhada mencionada anteriormente leva-nos também para caminhos difíceis. Com efeito, a seleção desse termo da alternativa parece levar a que se tenha de pôr em causa o valor psicológico da teoria. Na realidade, se a teoria é válida *a priori* e se é apenas por ela constituir o quadro conceptual por intermédio do qual percepcionamos os comportamentos humanos como ações de sujeitos racionais que podemos, em cada caso, transformar as frases abertas das premissas em frases propriamente ditas, então a teoria torna-se psicologicamente vazia. Isto é, se esse é o caminho correto para sair da encruzilhada, então quando dizemos que o fulano A fez T porque A tinha um desejo D o conteúdo do qual era E e A tinha uma crença C o conteúdo da qual era que fazer T seria a melhor maneira de agir para alcançar E, não estaremos dizendo outra coisa senão que A é uma pessoa, o comportamento da qual nós somos, *ipso facto*, levados a interpretar como o de um sujeito racional. A causa eficiente das movimentações observáveis de A fica, porém, totalmente por esclarecer e, portanto, a teoria não tem valor empírico.

A despeito dessa dificuldade, Platão parece ter favorecido a opção por algo como esse caminho. Com efeito, ele considera no *Protágoras* que não é possível imaginar que alguém dotado de desejos e crenças possa agir contra a sua própria crença acerca de qual é a melhor maneira de agir em dada ocasião para satisfazer o seu desejo. Isto é, que alguém acerca de quem algo como as premissas do silogismo prático possam ser consideradas verdadeiras possa não agir de acordo com o que Aristóteles veio a julgar ser a conclusão dele é uma hipótese considerada por Platão como destituída de sentido. A satisfação da condição da racionalidade parece, portanto, ser vista por ele como necessária para que dado comportamento seja considerado uma ação. Um comportamento que, por qualquer razão, não seja enquadrável na teoria que Aristóteles veio a codificar no algoritmo do silogismo prático não seria, pura e simplesmente, uma ação e, portanto, não contaria como contra-exemplo à validade da teoria, a qual deveria ser entendida como uma teoria da ação e não como uma teoria geral do comportamento.

A despeito das dificuldades mencionadas antes, Aristóteles parece inclinar-se mais para o primeiro caminho definido na encruzilhada citada anteriormente do que para o segundo. Com efeito, ele aceita como plausível a idéia de que indivíduos racionais possam por vezes agir em desarmonia com a doutrina codificada no silogismo prático. Ele considera, em particular, duas situações nas quais isso é possível: a situação da fraqueza da vontade, na qual o indivíduo racional tem um mau momento e se deixa dominar por impulsos sensíveis que determinam que ele desempenhe uma ação que ele próprio não considera a melhor para atingir os seus fins; e a situação na qual o agente aplica incorretamente o princípio geral a um caso particular, isto é, aquela situação na qual o agente pretende, de fato, agir de acordo com o conteúdo da sua crença, mas na qual a ação que ele de fato leva a cabo não constitui realmente um caso particular do gênero de ação que ele pretendia ter levado a cabo. Ora, se situações como essas são imagináveis, isto tem de significar que as frases constantes nas premissas do silogismo prático têm um valor de verdade intrínseco, que deverá ser acessível independentemente do nosso uso interpretativo da teoria.

O toque de paradoxo associado à idéia de que seres racionais poderiam agir irracionalmente é combatido por Aristóteles com a introdução daquilo a que se poderia chamar uma concepção disposicionalista da ação. Isto é, para Aristóteles, comportamentos irracionais poderiam também ser considerados ações, desde que fossem comportamentos de indivíduos que, em geral, agem, ou tenham a disposição para agir, racionalmente. Em todo o caso, convém salientar que, a menos que um agente racional seja vítima momentânea de alguma das insuficiências cognitivas tipificadas anteriormente, Aristóteles, tal como Platão, tampouco parece conceber a possibilidade de que um agente racional possa realmente agir contra a sua crença acerca de qual é a melhor maneira de agir. Isto é, os casos de irracionalidade considerados por Aristóteles são, na realidade, ou casos de desvios pulsionais ou casos de uso inadequado de termos gerais, e não genuínos contra-exemplos, mesmo que apenas imaginários, à validade necessária do silogismo prático para seres como nós.

Isto é insatisfatório porque, das duas, uma: ou a conexão entre a verdade das premissas e a verdade da conclusão do silogismo prático é realmente uma conexão necessária, ou essa conexão não é necessária. No primeiro caso, dado que essa conexão não é uma conexão lógica, isso implica que ela é conceptualmente determinada por uma teoria interpretativa implícita, como defende o ponto de vista platônico. Mas nessas circunstâncias torna-se difícil conceber como seria então possível determinar de forma independente o valor de verdade das premissas.

No segundo caso, teria de ser possível imaginar, mesmo que isso fosse empiricamente falso, que seres como nós poderiam agir contra a sua própria crença acerca da melhor maneira de agir em dada ocasião, hipótese essa que Aristóteles parece não aceitar. Saliente-se, ainda, que Aristóteles não esclarece de todo como determinar quais possam ser as condições de verdade sob as quais as premissas de um silogismo prático poderiam ser verificadas, respectivamente, falsificadas, de modo independente.

As posições expostas no *Protágoras* e na *Ética a Nicômaco* cristalizam o essencial dos pontos de vista posteriormente exemplificados pelos diferentes intervenientes no debate da tradição filosófica ocidental em torno do problema da ação racional (nomeadamente, Tomás de Aquino, Kant, Dray, Hempel ou Von Wright, apenas para citar alguns). Mais recentemente, todavia, no artigo "How is weakness of the will possible?", Davidson defendeu, tanto contra Platão como contra Aristóteles, que é não apenas possível como factual que um indivíduo racional (nomeadamente, um ser humano) aja contra a sua crença acerca de qual é a melhor forma de agir sem ser vítima ou de um assalto incontrolável das suas pulsões instintivas ou de um erro de identificação ou de qualquer outro fenômeno psicológico que o diminua como agente. Nesse caso, o agente racional estará, pura e simplesmente, agindo de maneira irracional.

A posição de Davidson sobre essa questão pode, todavia, ser vista como uma extensão da posição disposicionalista de Aristóteles. Com efeito, aquele considera, tal como este, que um comportamento dirigido de um ser que é, *prima facie*, racional é uma ação, mesmo que seja irracional. Por outro lado, desde que as ações irracionais constituam a exceção e não a regra, um agente não deixa de ser racional por, de vez em quando, agir irracionalmente. De modo um pouco paradoxal, porém, Davidson combina essa sua tese com a adesão à perspectiva platônica de acordo com a qual dada teoria adequada da ação racional (que, no caso de Davidson, não é a teoria do silogismo prático, mas uma versão particular da teoria bayesiana da decisão) tem uma validade *a priori* para a explicação da ação humana, constituindo, por conseguinte, a rede interpretativa no interior da qual é possível, e fora da qual não é possível, desenvolver um trabalho fecundo de explicação psicológica. **AZ**

ARISTÓTELES. *Ética a Nicômaco*. Trad. ingl. David Ross, *The Nichomachean Ethics*. Oxford: Oxford University Press, 1925.
CHURCHLAND, P. "The Logical Character of Action-Explanations", *in The Philosophical Review*, 79, 1970.
DAVIDSON, D. "Actions, Reasons and Causes" [1963], *in Essays on Actions and Events*. Oxford: Clarendon Press, 1980.
____. "Could There Be a Science of Rationality?", *in Journal of Philosophical Studies*, 3, 1995.
____. *Essays on Actions and Events*. Oxford: Clarendon Press, 1980.
____. "How is Weakness of the Will Possible?" [1970], *in Essays on Actions and Events*. Oxford: Clarendon Press, 1980.
____. "Psychology as Philosophy" [1974], *in Essays on Actions and Events*. Oxford: Clarendon Press, 1980.
DRAY, W. H. "The Historical Explanation of Actions Reconsidered" [1963], *in* Gardiner (org.). *The Philosophy of History*. Oxford: Oxford University Press, 1974.
HEMPEL, C. "Aspects of Scientific Explanation" [1965], *in Aspects of Scientific Explanation*. Nova York: Free Press, 1970.
KANT, I. *Fundamentação da metafísica dos costumes* [1785]. Trad. Paulo Quintela. Lisboa: Edições 70, 1991.
PLATÃO. *Protágoras*, *in* Hamilton, E. e Cairns, H. (orgs.). *The Collected Dialogues of Plato*. Nova York: Pantheon, 1966.
TOMÁS DE AQUINO, *Summa theologiae*, Parte II, Q. 11, Art. 2, resposta à objeção 4. T. Gilby *et al.* (orgs.). Londres: Blackfriers and Eyre and Spottiswoode, 1964-1966.
VON WRIGHT. *Explanation and Understanding*. Londres: Routledge, 1971.

aglomeração

Diz-se que um operador frásico O é governado por um princípio de aglomeração quando, dadas premissas da forma Op, Oq (em que "p" e "q" são frases), é legítimo inferir uma conclusão da forma $O(p \wedge q)$. Por outras palavras, a aglomeração é válida para a operação associada quando ela é fechada sob deduções feitas por meio da regra da INTRODUÇÃO DA CONJUNÇÃO (*ver* FECHO). Há operadores para os quais a aglomeração é manifestamente válida. Um exemplo é o operador clássico de negação: se se tem $\neg p$ e $\neg q$, tem-se necessariamente $\neg(p \wedge q)$. E há operadores para os quais a aglomeração não é manifestamente válida. Um exemplo é o operador modal de possibilidade: de premissas $\Diamond p$ e $\Diamond q$ não se segue em geral a conclusão $\Diamond(p \wedge q)$. Mas os casos filosoficamente interessantes são os daqueles operadores em relação aos quais há disputa sobre se obedecem ou não à aglomeração. Um exemplo é o operador de CRENÇA: não é claro que, dadas premissas da forma ⌜x acredita que p⌝ e ⌜x acredita que q⌝, se possa inferir uma conclusão da forma ⌜x acredita que $p \wedge q$⌝. Suponha-se que p e q são proposições inconsistentes; presumivelmente, uma pessoa racional pode ter um par de crenças inconsistentes (entre si), sem que no entanto tenha uma crença em uma inconsistência. JB

alcance

(de um operador) *Ver* ÂMBITO.

álefe

Primeira letra do alfabeto hebraico, ℵ, conhecida em lógica e matemática por ter sido escolhida para denotar os números CARDINAIS infinitos, o menor dos quais (a cardinalidade dos números naturais) é denotado por $\aleph_0$. Como é evidente, há uma hierarquia de infinitos, sendo uns maiores do que outros. O conjunto infinito dos números cardinais naturais é menor do que o conjunto infinito dos números reais, p. ex.

alético

(do gr. *alêtheia*, verdade) Que diz respeito à verdade. Uma verdade pode ser possível, necessária ou contingente; a negação de uma verdade necessária é uma impossibilidade. Essas modalidades são apropriadamente conhecidas como "aléticas", pois trata-se de modos da verdade. As modalidades aléticas, por vezes também conhecidas como metafísicas, contrastam com as modalidades epistêmicas, como o *A PRIORI*, e com as modalidades semânticas, como o ANALÍTICO.

álgebras da lógica

A utilização de leis lógicas ou tautologias notáveis (como as leis distributivas, as leis de De Morgan, etc.) permite manipular "algebricamente" as fórmulas para obter fórmulas logicamente equivalentes, utilizando a transitividade da relação de equivalência lógica: se $P \leftrightarrow Q$ e $Q \leftrightarrow R$, então $P \leftrightarrow R$. P. ex.: $(P \rightarrow Q) \wedge \neg R \leftrightarrow (\neg P \vee Q) \wedge \neg R \leftrightarrow (\neg P \wedge \neg R) \vee (Q \wedge \neg R)$.

A sistematização e desenvolvimento desse processo é um dos aspectos característicos da chamada "lógica algébrica", que trata do estudo da lógica do ponto de vista algébrico, e foi iniciada em meados do século XIX por G. Boole (1815-1864) (*ver* ÁLGEBRAS DE BOOLE) e seguida por A. De Morgan (1806-1871), C. S. Peirce (1839-1914) e outros. Já nos nossos dias, o assunto foi retomado com grande fôlego por A. Lindenbaum (jovem matemático polonês falecido em 1941, durante o cerco de Varsóvia), A. Tarski (1901/2-1983), P. Halmos, D. Monk e também pelo português António A. R. Monteiro.

Um exemplo muito simples de algebrização é o respeitante à lógica proposicional clássica. A primeira coisa a fazer é considerar os conectivos proposicionais como operações algébricas no conjunto F de todas as fórmulas proposicionais. Quer dizer, encara-se F como uma "álgebra", na qual distinguimos as seguintes operações: as operações binárias usuais de disjunção ($\vee$), conjunção ($\wedge$), uma operação unária de negação ($\neg$), e duas constantes ou operações 0-árias menos familiares, $\bot$ e $\top$. Intencionalmente, $\top$ representa uma fórmula válida (sempre verdadeira) e $\bot$ uma contradição (sempre falsa). À estrutura (F, $\vee$, $\wedge$, $\neg$, $\bot$, $\top$) chama-se "álgebra das fórmulas proposicionais". Identificando fórmulas logicamente equivalentes nessa estrutura obtém-se um exemplo de ÁLGEBRA DE BOOLE, a álgebra das proposições. Processos análogos a esse podem ser efetuados para outras lógicas, nomeadamente, para a lógica intuicionista e alguns subsistemas da lógica proposicional clássica. *Ver também* ÁLGEBRAS DE BOOLE. **AJFO**

HALMOS, P. R. "The Basic Concepts Of Algebraic Logic", *in American Mathematical Monthly*, 53, 1956, pp. 363-87.

RASIOWA, H. *An Algebraic Approach to Non-Classical Logics*. Amsterdam: North-Holland, 1974.

—— e SIKORSKI, R. *The Mathematics of Metamathematics*. Varsóvia, 1963.

álgebras de Boole

Uma analogia entre as operações lógicas de disjunção e conjunção e as operações aritméticas ou algébricas de adição e multiplicação de números foi reconhecida por Leibniz (1646-1716) no século XVII, mas a formulação precisa dessa analogia e o estabelecimento de um cálculo lógico semelhante a uma álgebra simbólica (mas com propriedades ou leis nem sempre comuns às leis vulgares da álgebra dos números) foi realizada por George Boole (1815-1864) em 1847. As álgebras de Boole são as estruturas matemáticas que, modernamente, correspondem às idéias de Boole sobre a algebrização da lógica, nomeadamente, da lógica proposicional. São álgebras da forma (B, +, ·, −, 0, 1) − ou da forma (B, ∨, ∧, −, 0, 1), se quisermos sublinhar o parentesco com a lógica −, onde B é um conjunto de objetos de natureza qualquer, 0 e 1 são elementos de B, + e · são operações binárias em B e − é uma operação unária em B, com as propriedades seguintes, chamadas "axiomas das álgebras de Boole": para quaisquer elementos a, b, c de B,

$a + (b + c) = (a + b) + c$
$a \cdot (b \cdot c) = (a \cdot b) \cdot c$
$a + b = b + a$
$a \cdot b = b \cdot a$
$a + (b \cdot c) = (a + b) \cdot (a + c)$
$a \cdot (b + c) = (a \cdot b) + (a \cdot c)$
$a + 0 = a$
$a \cdot 1 = a$
$a + (-a) = 1$
$a \cdot (-a) = 0$
$0 \neq 1$

Entre os muitos exemplos de álgebras de Boole são de mencionar especialmente os seguintes:

1) A álgebra de Boole dos valores lógicos, ou álgebra de Boole minimal, onde B contém somente os valores lógicos 0 (falsidade) e 1 (verdade), e as operações são definidas por:

$0 + 0 = 0$
$0 + 1 = 1 + 0 = 1 + 1 = 1$
$0 \cdot 0 = 0 \cdot 1 = 1 \cdot 0 = 0$
$1 \cdot 1 = 1$
$-0 = 1$
$-1 = 0$

2) A álgebra das proposições, ou álgebra de Lindenbaum, onde B se obtém a partir do conjunto das fórmulas de uma linguagem proposicional "identificando" fórmulas logicamente equivalentes, e as operações definem-se de maneira natural; p. ex., se a = [P], b = [Q] são as classes de fórmulas logicamente equivalentes às fórmulas P e Q, respectivamente, então $-a$ = [¬P] é a classe das fórmulas equivalentes à negação ¬P e $a + b$ = [P ∨ Q] é a classe das fórmulas equivalentes à disjunção P ∨ Q.

3) As álgebras de conjuntos, que são da forma (B, ∪, ∩, −, ∅, I), onde B é um conjunto de subconjuntos de um conjunto dado I, ∅ ∈ B, I ∈ B e B é fechado sob as operações conjuntistas de união (∪), interseção (∩) e complementação com respeito a B (B−), quer dizer, se X, Y ∈ B, então X ∪ Y, X ∩ Y e B−X também são membros de B. Em particular, B poderá ser o conjunto de todos os subconjuntos de I, ℘(I).

As álgebras de Boole como as do exemplo 3 são típicas, na medida em que se pode demonstrar (teorema de Stone) que toda a álgebra de Boole é isomorfa a uma álgebra de conjuntos.

O trabalho de Boole foi apenas a primeira etapa de uma investigação sobre a algebrização da lógica (clássica e não só), que se prolonga até os nossos dias e encontra aplicações diversas em outras áreas matemáticas. Um dos desenvolvimentos mais recentes é a chamada "teoria das álgebras cilíndricas", que estão para o cálculo de predicados (de primeira ordem) como as álgebras de Boole estão para o cálculo proposicional clássico. *Ver também* TEORIA DOS CONJUNTOS; CÁLCULO PROPOSICIONAL. **AJFO**

BOOLE, G. *An Investigation of the Laws of Thought, on which are Founded the Mathematical Theory of Logic and Probabilities.* Londres, 1854.
____. *The Mathematical Analysis of Logic*, Oxford, 1847.
HENKIN, L., MONK, J. D. e TARSKI, A. *Cylindric Algebras.* Part I, Amsterdam: North-Holland, 1971.
WHITESITT, J. E. *Boolean Algebra and its Applications*, Reading: Addison-Wesley, 1961.

algoritmo

Termo introduzido em nome do matemático persa Mûusâ al-Khowârizm, cujas tábuas trigonométricas, redigidas em 835, foram introduzidas no Ocidente em 1126. Um algoritmo é uma seqüência de instruções ou regras cuja aplicação permite dar uma resposta definitiva a um dado problema. A soma vertical de números com vários algarismos é um exemplo simples de algoritmo. Um algoritmo opõe-se a um processo heurístico. Esse último não consiste em um conjunto de regras precisas para resolver um problema, mas em uma maneira mais ou menos *ad hoc* de tentar fazê-lo. O método da tentativa e erro é um exemplo simples de um processo heurístico. A principal diferença entre um processo heurístico e um algoritmo é o fato de o primeiro não garantir um resultado, ao passo que o segundo garante. Quando seguimos o algoritmo da soma de parcelas temos a garantia de que chegaremos à solução correta – desde que não nos enganemos na execução do algoritmo.

Em termos mais precisos, um algoritmo é um processo efetivo que, ao ser aplicado a certo conjunto de símbolos, produz um, e um só, conjunto determinado de símbolos. Os algoritmos têm cinco propriedades cruciais: 1) Um algoritmo define-se por um conjunto finito de instruções e não pelos poderes causais do agente que segue as instruções; 2) Um agente de computação é capaz de seguir as instruções: não existem instruções ambíguas, mas apenas ordens claras; 3) Para seguir as instruções de um algoritmo é necessário poder computar, armazenar e ler informação; 4) Os algoritmos são discretos: as suas instruções têm de ser apresentadas passo a passo; e 5) A computação que resulta de um algoritmo pode ser levada a cabo de modo determinista.

O conceito de algoritmo, tal como os conceitos de "computabilidade efetiva" e "processo efetivo", não é formal, mas intuitivo. A TESE DE CHURCH afirma que a classe dos algoritmos, dos processos efetivos e do que é efetivamente computável é idêntica à classe das FUNÇÕES RECURSIVAS. **DM**

algum

O QUANTIFICADOR existencial, $\exists$, que afirma a existência de pelo menos um objeto; pode ler-se como "algum".

alternada, negação

Ver NEGAÇÃO ALTERNADA.

alternativa

Em lógica, o mesmo que DISJUNÇÃO EXCLUSIVA.

alternativas do dilema

Ver DILEMA.

ambigüidade

Uma expressão é ambígua quando se encontra associada a mais de um SIGNIFICADO. A ambigüidade é, por conseguinte, o tipo de relação entre forma e significado recíproca da relação de SINONÍMIA.

Os seguintes exemplos ilustram diferentes tipos de ambigüidade, respectivamente, ambigüidade lexical, estrutural e de ÂMBITO: 1) "O Pedro escolheu o canto." 2) "O Pedro viu a Maria com os binóculos." 3) "Todas as pessoas são amadas por alguém."

No exemplo 1 a ambigüidade resulta de a palavra "canto" poder ser interpretada como designadora ou de determinado lugar em um espaço interior ou de certa atividade musical: a frase 1 pode ser usada, p. ex., para informar acerca do lugar que o Pedro escolheu para se sentar, ou para informar acerca da demonstração de perícia que o Pedro escolheu em um concurso televisivo.

Em 2 a ambigüidade resulta da posição relativa em que o sintagma "com os binóculos" ocorre na frase. Essa frase pode ser interpretada como se descrevesse a situação em que o Pedro usou os binóculos para ver a Maria ou como descrevendo a situação em que a Maria levava os binóculos quando o Pedro a viu. Repare-se que, colocando o referido sintagma em outra posição relativa, no início da frase, p. ex., a frase resultante deixa de apresentar essa ambigüidade: "Com os binóculos, o Pedro viu a Maria" descreve apenas a primeira das duas situações atrás referidas.

O exemplo 3 ilustra um caso de ambigüidade que resulta da co-ocorrência na mesma frase de mais de um DETERMINANTE quantificacional. A frase 3 pode ser interpretada como se descrevesse a situação em que cada pessoa é amada pelo seu amante, o qual pode ser distinto de qualquer dos amantes das pessoas restantes, ou como descrevendo a situação em que existe um amante universal que ame todas as pessoas.

Cabe notar que a ambigüidade é em regra uma propriedade ausente das linguagens artificiais e que, no uso que fazem das LÍNGUAS NATURAIS, os falantes dispõem de meios para eliminar os efeitos eventualmente nocivos da ambigüidade sobre a eficiência do processo comunicativo. Estes podem usar paráfrases não ambíguas em vez das expressões ambíguas: podem usar "O Pedro viu que a Maria levava os binóculos" em vez de usar a frase 2 para descrever uma das situações descritas por essa última. Podem contar com o contexto para que a interpretação pretendida seja adequadamente selecionada: uma eventual apresentadora de um concurso televisivo usará a frase 1 sabendo que, naquele contexto, essa frase terá como interpretação mais razoável aquela em que se informa que o Pedro irá em breve começar a cantar. E podem ainda explicitamente pedir instruções ao locutor do enunciado no sentido de este clarificar qual a interpretação originalmente pretendida.

Cabe notar ainda que importa distinguir ambigüidade de VAGUEZA, se bem que, em muitos casos, essa distinção seja difícil de estabelecer com objetividade. *Ver também* ÂMBITO; DETERMINANTE; ESTRUTURA PROFUNDA; GRAMÁTICA GENERATIVA; LÍNGUA NATURAL; SIGNIFICADO; SINONÍMIA; VAGUEZA. **AHB**

ambigüidade ato-objeto

O termo "pensamento", p. ex., sofre de uma ambigüidade ato-objeto: tanto pode ser usado para referir o ato ou o processo de pensar, como para referir o resultado desse ato ou processo, ou seja, um PENSAMENTO no sentido de uma PROPOSIÇÃO.

ambigüidade de âmbito

Ver ÂMBITO.

ambigüidade lexical

Ver AMBIGÜIDADE.

ambigüidade sistemática

Na TEORIA DOS TIPOS, Bertrand Russell (1872-1970) teve de admitir uma ambigüidade sistemática em símbolos como =, pois em uma fórmula como $a = b$, em que a e b são objetos de tipo 0, o símbolo = tem de ter um significado diferente mas relacionado com o significado do símbolo que ocorre em A = B, em que A e B são objetos de tipo 1.

Em geral, a ambigüidade sistemática surge quando uma palavra ou expressão tem um significado se aplicada a coisas de certo gênero e um significado diferente, mas relacionado, se aplicada a coisas de outro gênero. É o caso da palavra "saudável", quando aplicada a pessoas e quando aplicada a alimentos. Foi nesse sentido que Aristóteles discutiu a ambigüidade sistemática. *Ver* TEORIA DOS TIPOS. **DM**

ambigüidade tipo-espécime

Ver TIPO-ESPÉCIME.

âmbito

O âmbito (ou alcance, ou escopo) de um operador em uma frase ou fórmula – ou, para sermos mais precisos, o âmbito de uma ocorrência de um operador numa frase ou fórmula – pode ser informalmente caracterizado como se consistisse no operador junto com a menor subfrase ou subfórmula, aberta ou fechada, governada pelo

âmbito

operador (ou pela ocorrência em questão do operador). Uma definição formal da noção pode ser dada para linguagens cuja sintaxe é caracterizável de modo preciso (*ver* SINTAXE LÓGICA). Em geral, o âmbito atribuível a um operador em uma frase ou fórmula é explicitamente indicado por meio do emprego de símbolos de pontuação ou de agrupamento, como parênteses e outros dispositivos similares.

No caso mais simples, o dos conectivos da lógica proposicional, a noção de âmbito de um operador é facilmente ilustrável. P. ex., o âmbito do operador proposicional monádico $\neg$ na fórmula $\neg(p \to q)$ (em que p e q são quaisquer fórmulas) é toda a fórmula; o âmbito do operador proposicional diádico $\to$ na mesma fórmula é apenas o segmento $p \to q$. Em contraste com isto, na fórmula $\neg p \to q$, o âmbito de $\to$ é toda a fórmula; e o âmbito de $\neg$ é apenas a subfórmula $\neg p$ (uma convenção usual para o operador de negação é a de que, na ausência de parênteses, ele deve ser tomado como governante da menor subfórmula possível).

Uma noção útil é a de âmbito longo, respectivamente curto, de uma ocorrência de um operador em uma fórmula relativamente a ocorrências de outros operadores na fórmula. Diz-se que uma ocorrência o de um operador O numa fórmula tem âmbito longo, respectivamente curto, relativamente a uma ocorrência o' de um operador O' (pode-se ter O = O') quando o' está no âmbito de o na fórmula, respectivamente, quando o está sob o âmbito de o' na fórmula. Assim, na fórmula $\neg(p \lor \neg q)$, a primeira ocorrência de $\neg$ tem âmbito longo relativamente quer à única ocorrência de $\lor$ quer à segunda ocorrência de $\neg$; e essas ocorrências dos operadores têm âmbitos curtos relativamente àquela. Enquanto, na fórmula $\neg p \lor \neg q$, a primeira e a segunda ocorrências de $\neg$ têm âmbitos curtos relativamente à ocorrência de $\lor$, e esta tem âmbito longo relativamente àquelas (os âmbitos dessas últimas não estão, no entanto, relacionados entre si dessa maneira).

Nas linguagens naturais, a inexistência, em muitos casos, de indicadores explícitos de âmbito gera ambigüidades sintáticas ou estruturais de certo gênero, as quais são conhecidas como "ambigüidades de âmbito" (*ver* AMBIGÜIDADE). Um exemplo é dado em uma frase como 1) "Vou ao centro da cidade e bebo uma cerveja ou leio um livro." 1 é estruturalmente ambígua, podendo receber duas interpretações distintas: a) uma na qual se atribui ao operador frásico "ou" âmbito longo relativamente ao operador frásico "e", e cuja simbolização pode ser dada em 1a) $(A \land B) \lor C$; b) outra na qual se atribui ao operador "ou" âmbito curto relativamente ao operador "e", e cuja simbolização pode ser dada em 1b) $A \land (B \lor C)$. Nesse caso, mas não em todos, o fenômeno da ambigüidade de âmbito tem conseqüências semânticas. A interpretação de âmbito longo 1a e a interpretação de âmbito curto 1b diferem em condições de verdade e logo em valor de verdade potencial: p. ex., uma situação em que eu não vou ao centro da cidade e fico em casa lendo um livro é suficiente para tornar 1a verdadeira; mas 1b é claramente falsa nessa situação.

Ambigüidades de âmbito podem igualmente surgir em relação aos seguintes tipos de frases: I) frases que contêm quantificação múltipla, isto é, mais do que um QUANTIFICADOR (os quantificadores clássicos, $\forall$ e $\exists$, são operadores monádicos sobre frases abertas); II) frases que contêm operadores frásicos modais ou temporais (os quais são operadores monádicos sobre frases abertas ou fechadas); III) frases que contêm DESCRIÇÕES DEFINIDAS (o operador descritivo é um operador monádico sobre frases abertas que gera termos singulares complexos); e IV) frases que combinam alguns ou todos esses gêneros de operadores. Tome-se, como exemplo do primeiro caso, a frase: 2) "Todos os rapazes do grupo estão apaixonados por uma moça." 2 é ambígua entre duas interpretações distintas: a) uma em que se atribui ao quantificador universal âmbito longo em relação ao quantificador existencial, e cuja simbolização pode ser dada em 2a) ∀x [Rapaz(x) → ∃y [Moça(y) ∧ Estar-Apaixonado(x,y)]] (em que os valores das variáveis são as pessoas no grupo de pessoas em questão); b) outra em que se atribui a esse quantificador âmbito curto, e cuja simbolização pode ser dada em 2b) ∃y [Moça(y) ∧ ∀x [Rapaz(x) → Estar-Apaixonado(x,y)]]. Intuitivamente, a interpretação de âmbito longo estabelece que qualquer rapaz no grupo está apaixonado por alguma (esta ou aquela) moça; a interpretação de âmbito curto estabelece a existência de determinada moça pela qual todos os rapazes no grupo estão apaixonados. Como exemplo do último caso (e logo também do segundo), tome-se a frase 3) "Alguém descobrirá a Fonte da Juventude", empregue em uma certa ocasião, digamos t. 3 é ambígua entre as seguintes duas interpretações: a) uma em que se atribui ao operador temporal subjacente ao verbo âmbito longo em relação ao quantificador existencial (restrito a pessoas), e cuja simbolização é 3a) F ∃x [Descobrir (x, a Fonte da Juventude)] (em que F é o operador temporal de futuro); b) outra em que se atribui ao operador temporal âmbito curto, e cuja simbolização é 3b) ∃x [F Descobrir(x, a Fonte da Juventude)]. Mais uma vez, a ambiguidade de âmbito resulta aqui em diferenças semânticas notórias: a interpretação de âmbito longo é verdadeira (relativamente à ocasião t) se, e somente se, em certa ocasião $t' > t$, pelo menos uma pessoa existente em t' descobre em t' a Fonte da Juventude; enquanto a interpretação de âmbito curto é verdadeira (relativamente a t) se, e somente se, pelo menos uma pessoa existente em t descobre a Fonte da Juventude em certa ocasião $t' > t$.

Finalmente, é possível introduzir uma noção de âmbito intermédio de um operador em uma frase ou fórmula relativamente aos âmbitos de outros operadores na frase ou fórmula. Considere-se a frase 4) "Necessariamente, algo possivelmente existe." 4 é ambígua entre duas interpretações (supondo, para simplificar, que o operador modal de necessidade é o operador dominante ou de maior âmbito): a) uma em que se atribui ao QUANTIFICADOR existencial âmbito longo em relação ao operador modal de possibilidade, e cuja simbolização é 4a) □ ∃x [◊Existe(x)]; b) outra em que se atribui ao quantificador existencial âmbito curto, e cuja simbolização é 4b) □◊ ∃x [Existe(x)]. Em 4b o operador de possibilidade tem âmbito intermédio em relação ao operador de NECESSIDADE e ao quantificador; em 4a é o quantificador que tem âmbito intermédio em relação aos operadores modais. Note-se que 4b é uma VERDADE LÓGICA na semântica S5 para a LÓGICA MODAL quantificada, enquanto 4a não o é. *Ver também* CONECTIVO; DE DICTO/DE RE; SINTAXE LÓGICA; AMBIGUIDADE. **JB**

anáfora

Expressão de uma LÍNGUA NATURAL de SIGNIFICADO variável cuja REFERÊNCIA é estabelecida a partir do significado de outras expressões, as quais são designadas por "antecedentes" (das anáforas). Vejam-se os seguintes exemplos ilustrativos. 1a) "*A Maria* não gosta de si própria." 1b) "*A Cristina* não gosta de si própria." 2a) "O Pedro prometeu *que ofereceria a sua fortuna à Santa Casa da Misericórdia*, mas não o fez." 2b) "O Pedro prometeu *que saltaria da ponte sobre o Tejo no Dia dos Namorados*, mas não o fez."

As propriedades anafóricas da expressão "si própria" são colocadas em evidência pelo par de frases 1a-1b. Na primeira frase, "si própria" refere a pessoa que é referida por "a Maria", enquanto na segunda refere outra pessoa, no caso aquela que é referida por "a Cristina". "A Maria" e "a Cristina" são portanto as expressões antecedentes da anáfora "si própria" nessas duas frases.

Também as propriedades anafóricas da expressão "o" são colocadas em evidência pelo par 2a-2b. Na primeira frase, a interpretação de "o" refere o evento descrito pelo seu antecedente nessa frase, a oração "que ofereceria a sua fortuna à Santa Casa da Misericórdia", enquanto na segunda frase depende da interpretação da oração "que saltaria da ponte sobre o Tejo no Dia dos Namorados".

É usual encontrar autores que preferem usar os termos "expressão de referência dependente", "expressão anafórica" (*anaphor*), ou outros para classificarem o tipo de expressões atrás apresentadas, a fim de reservar o termo "anáfora" (*anaphora*) para referir a relação entre a expressão anafórica e o seu antecedente ou antecedentes. Nessa linha, pode-se ainda encontrar a distinção entre anáfora e catáfora. Ao invés do que acontece na primeira, na segunda, a ocorrência da expressão anafórica precede a ocorrência do seu antecedente, como é o caso entre "o" e "o assassino" no exemplo seguinte: "Apesar de a polícia *o* ter apanhado em flagrante, *o assassino* nunca confessou ser o autor do crime."

Cabe também referir outros tipos de anáfora, diferentes das ilustradas nos exemplos anteriores.

Anáfora Associativa (ou Indireta): nesse tipo de relação anafórica, a expressão anafórica denota algo tipicamente associado à referência do seu antecedente. No exemplo 3) "Nesse dia, o João entrou pela primeira vez *no seu novo gabinete. A janela* encontrava-se aberta para a cidade", a referência da expressão anafórica "a janela" é estabelecida a partir da denotação do seu antecedente, "o seu novo gabinete", denotando a janela do novo gabinete do João, ou seja, algo que não é referido pelo antecedente, mas que se encontra tipicamente associado à referência dele.

Anáfora de Tipo E (*E-Type*): nesse caso, considera-se que a expressão anafórica tem por antecedente um sintagma nominal quantificacional e a sua referência é, *grosso modo*, o conjunto que resulta da interseção entre as denotações que são relacionadas pela denotação do respectivo determinante. 4) "*A maioria dos deputados* rejeitou a última proposta do governo. *Eles* acharam que a proposta era inconstitucional." A expressão "eles", que ocorre na segunda frase do exemplo 4, refere os deputados que rejeitaram a proposta do governo, os quais são a maioria dos deputados, como se ficou sabendo pela primeira frase.

Anáfora Ligada (*Bound*): também aqui a expressão anafórica tem por antecedente um sintagma nominal quantificacional. Nesse caso, a expressão anafórica não denota nenhuma entidade ou conjunto de entidades em particular, apresentando antes um comportamento semântico semelhante ao das VARIÁVEIS ligadas das linguagens lógicas. 5) "Naquele departamento, *cada um dos professores* idolatra-se a *si próprio*".

Anáfora Ramificada (*Split*): nesse caso a expressão anafórica depende de mais de um antecedente, sendo a sua referência o resultado da combinação da referência dos antecedentes. É o que acontece no exemplo seguinte, em que "eles" refere o João, a Maria e a Cristina: 6) "Foi *o João* que informou *a Maria e a Cristina* de que *eles* tinham sido designados pelo chefe para negociar a aquisição do novo escritório."

Ver também INDEXICAIS; REFERÊNCIA; DENOTAÇÃO. **AHB**

análise

As expressões "análise", "análise lógica" e "análise conceptual" partilham com o termo "filosofia" de uma multiplicidade de sentidos que tornam em todos os casos impossível produzir uma definição válida para todos os sentidos envolvidos. A análise não é um corpo de doutrina, mas antes um estilo que se caracteriza por valorizar o detalhe contra a generalidade, o rigor contra a ambiguidade e por focar a estrutura dos, e as implicações entre, os conceitos do esquema conceptual em uso. Torna-se assim necessário adotar antes um ponto de vista descritivo e procurar enumerar os métodos propostos pelas diversas concepções.

Sistemas de Análise baseados na Técnica da Definição Explícita: Na história da filosofia um uso consciente do termo "análise" é já característico no século XIX. O sucesso do método analítico na química estimulou a analogia de que um método de estudo válido para a solução de um problema filosófico seria uma decomposição que revelasse a estrutura das suas partes, as funções destas e as relações relevantes entre elas. É nesse sentido que a expressão "pensamento analítico" é usada depreciativamente por F. H. Bradley (1846-1924) em 1893 no seu livro *Appearance and Reality*. Para Bradley, a decomposição ou a análise constitui uma falsificação da realidade, uma vez que esta, na sua teoria, é constituída em uma percepção de unidade, de tal modo que a exibição das suas partes constituintes torna a realidade ininteligível. Esse "pensamento analítico" encontrou a sua representação inicialmente em Bertrand Russell (1872-1970), para quem a realidade consistia precisamente na existência independente de termos, predicados e relações. A análise revela uma estrutura compósita, constituída pelos pares de conceitos físico e mental, particular e UNIVERSAL. Russell conseguiu refutar a teoria monista de Bradley por meio da sua conhecida defesa da realidade das relações externas. Uma relação é externa se não é redutível a propriedades dos seus argumentos (*relata*) ou da totalidade argumentos-relação. Para Bradley, uma proposição relacional, p. ex., uma relação binária Rxy, deve ser concebida como uma proposição acerca da totalidade formada pelos argumentos x e y, de modo que todas as relações são apenas relações internas no sentido de redutíveis as propriedades dos seus argumentos. Nos *Principles of Mathematics*, Russell refuta a concepção de Bradley obtemperando que as relações Rxy e Ryx contêm exatamente os mesmos argumentos e constituem a mesma totalidade e não são, no entanto, a mesma relação, se R for uma relação ASSIMÉTRICA. Em outra passagem dos *Principles of Mathematics*, Russell introduz de fato a expressão "análise conceitual" para defender justamente a sua exeqüibilidade contra o suposto caráter subjetivo dessa análise diante da decomposição real em partes. Mas para Russell toda a complexidade é conceptual, e a rejeição da análise por esta não fazer justiça à noção de totalidade é, para ele, apenas uma desculpa daqueles que não querem se submeter aos rigores do trabalho analítico.

Vale a pena suspender aqui a exposição da contribuição de Russell para o desenvolvimento do método da análise para referir o trabalho de G. E. Moore (1873-1958) e a sua concepção. Moore define o seu conceito de análise usando o formato e adaptando a terminologia da teoria da definição, exigindo que a análise seja um modo de definição. O objeto da definição ou análise é um conceito ou uma proposição, e não a sua expressão verbal. Essencial na técnica de Moore é que o conceito a analisar, chamado por isso *analysandum*, tem de ser logicamente equivalente ao *analysans*, o conceito ou proposição ao qual o *analysandum* é reduzido. Moore conseguiu isolar três condições necessárias da análise de um conceito que se podem representar nas proposições seguintes: I. Extensionalidade: não se pode saber que um objeto x pertence à extensão do *analysandum* sem saber que x pertence à extensão do *analysans*. II. Verificabilidade: não se pode verificar a validade do *analysandum* sem verificar a validade do *analysans*. III. Sinonímia: qualquer expressão que represente o *analysandum* tem de ser sinônima de qualquer expressão que represente o *analysans*.

Moore deixou vários exemplos de análise, um dos quais é útil para formular o chamado PARADOXO DA ANÁLISE. Trata-se da análise do conceito de "irmão" para a formulação, do qual adotamos a convenção de que os filhos de uma pessoa P constituem a classe dos co-descendentes de P. Nesses termos, a análise do conceito de "irmão" pode ser representada por qualquer das seguintes proposições: 1) Os conceitos "ser um irmão" e "ser um co-descendente masculino" são idênticos. 2) As funções proposicionais "X é um irmão" e "X é um co-descendente masculino" são idênticas.

3) Afirmar que uma pessoa é um irmão é o mesmo que afirmar que ela é um co-descendente masculino. 4) Ser um irmão e ser um co-descendente masculino são a mesma coisa.

É fácil verificar que as proposições 1 a 4 satisfazem as condições I a III. Supondo agora que a proposição 4 é verdadeira e ainda a substituição *salva veritate* de termos idênticos, a proposição 4 é idêntica à proposição "Ser um irmão e ser um irmão são a mesma coisa." Mas é óbvio que as duas proposições não são idênticas e que, enquanto a primeira é uma análise do conceito de "irmão", a segunda não é. Moore não encontrou uma solução para esse paradoxo e tornou a solução ainda mais difícil de encontrar ao insistir na identidade de conceitos entre o *analysandum* e o *analysans*. Em todo o caso, a sua concepção distingue-se pela separação entre palavras e conceitos ser rigorosamente prosseguida e só estes serem suscetíveis de análise. Existe uma forma verbal padrão que toda a análise tem de seguir e tal que a expressão do *analysandum* é equivalente à expressão sinônima (maior e mais explícita) do *analysans*. Mas nos *Principia Ethica* e sobretudo na sua "Refutação do idealismo" Moore pratica um modo de análise igualmente apoiado na teoria da definição, mas sem o recurso às condições I a III. Esse modo de análise segue precisamente a estrutura da definição real. O que é suscetível de análise não é, p. ex., nem a palavra "sensação" nem o conceito de "sensação", mas o complexo "sensação de azul", o qual Moore analisa ou decompõe nas suas partes constituintes, que para ele são a cor azul, a sua percepção e uma relação unívoca entre a percepção e a cor. Na sua defesa contra Bradley da existência de relações externas, também a concepção de análise empregada é a da definição real e não a pura elucidação de conceitos como descrita nas condições I a III.

Em contraste com Moore, o âmbito da análise praticada por Bertrand Russell inclui não só entidades não-linguísticas, mas também entidades linguísticas. Porém as técnicas da teoria da definição usadas por Russell são empregadas literalmente no caso da definição contextual, a eliminabilidade de um conjunto de símbolos por outro, e em sentido lato no caso da definição real. Esta tem de ser interpretada como se proporcionasse uma enumeração das várias partes constituintes de objetos complexos que existem independentemente. A análise revela assim a realidade ou alguns aspectos dela como formada a partir de partes atômicas, no sentido de que estas já não podem ser analisadas ou decompostas. No seu vocabulário acerca de análise, Russell tem expressões recorrentes, como "análise verdadeira", "análise falsa", "análise completa", as quais dependem para o seu sentido da concepção da definição real como uma decomposição de um objeto complexo nas suas partes constituintes. Mas essa decomposição pode depois ser também captada em uma definição contextual. Exemplo: a análise da proposição "O tempo consiste em instantes." O processo de análise pode ser executado em três passos: 1) A verificação de que não existem objetos simples que sejam a denotação dos termos "tempo" e "instante"; 2) A enumeração das partes constituintes dos conceitos expressos por "tempo" e "instante"; essas partes são acontecimentos, propriedades de acontecimentos e relações entre acontecimentos; 3) A representação da proposição na sua forma de definição contextual, cuja formulação é a seguinte: "Para qualquer acontecimento A, qualquer acontecimento que é completamente posterior a qualquer contemporâneo de A é completamente posterior a um contemporâneo inicial de A." (Para uma extensão dessa análise à filosofia da física é útil ler a discussão em *Principles of Mathematics*, § 445 do conceito de ocupar um lugar no tempo.) Nessas condições, a análise produz uma descrição da estrutura fundamental da linguagem e da realidade, revelando os diversos processos de composição subjacentes.

A esse sistema está associada uma técnica de análise que Russell vinha desenvolvendo desde 1905 ("On Denoting"), subseqüentemente incorporada nos *Principia Mathematica* e nas "Conferências sobre o atomismo lógico". O conceito-chave é o conceito de forma, que Russell define por meio do conceito de forma proposicional. Esse é o modo como as partes constituintes de uma proposição são ligadas. A forma proposicional é revelada quando as partes constituintes são substituídas por variáveis. Nessas condições, qual é a análise de uma proposição como "O maior número inteiro não existe"? Não só é uma proposição com sentido como é também uma proposição verdadeira, embora o sujeito gramatical "o maior número inteiro" refira um objeto inexistente. A solução de Russell para a análise desse gênero de proposições consistiu em distinguir os símbolos constituintes de uma proposição em duas classes separadas: os nomes próprios e as descrições (*ver* TEORIA DAS DESCRIÇÕES). Um nome próprio é um símbolo simples que denota um particular, o qual constitui o sentido do nome: representa o particular com o qual se está em contato. Os verdadeiros nomes próprios são na verdade apenas "isto" e "isso", mas em sentido lato "Camões" é também um nome próprio, um símbolo simples que denota um particular diretamente, o qual é o sentido do símbolo. Essencial para a análise é o fato de esse sentido ser independente do contexto e resultar em algo ainda quando o símbolo ocorre isoladamente. Em contraste com o nome próprio, a descrição é um símbolo complexo, como "o poeta de *Os Lusíadas*", o qual não denota um particular diretamente e é por isso classificado por Russell como um símbolo incompleto, cujo sentido só pode ser estabelecido em um contexto de outros símbolos, e não isoladamente, como o nome próprio. As descrições são símbolos incompletos também pelo fato de que os objetos que supostamente denotam não são partes constituintes da proposição. Quando uma proposição contém uma ocorrência de uma descrição, não é a existência da parte constituinte da proposição onde ocorre a descrição que é afirmada. É por isso que é possível fazer asserções verdadeiras e com sentido sobre a inexistência de um objeto como "o maior número inteiro não existe". Adaptando o exemplo conhecido de Russell, a análise da proposição "O autor de *Os Lusíadas* era um poeta" mostra como o significado existencial do símbolo complexo "o autor de *Os Lusíadas*" pode ser esclarecido. Para a análise usa-se o cálculo de predicados com identidade, definindo o predicado unário Lx, que se interpreta como "x escreveu *Os Lusíadas*" e o predicado unário Px, que se interpreta como "x era um poeta". Nessas condições, a proposição "O autor de *Os Lusíadas* era um poeta" pode ser analisada como a conjunção das três proposições seguintes: 1) Existe pelo menos um x que é autor de *Os Lusíadas*; 2) O x tal que Lx é único, isto é, para quaisquer x e y, Lx e Ly implica $x = y$; 3) Px. Se uma dessas três fórmulas, nas quais já não ocorre a descrição, não é satisfeita, a proposição "O autor de *Os Lusíadas* era um poeta" é falsa. Se agora substituirmos "x escreveu *Os Lusíadas*" por Fx, qualquer proposição sobre "o x tal que Fx" exige as fórmulas 1 e 2, isto é, que pelo menos um objeto satisfaça F e que no máximo um objeto satisfaça F. Ambas são equivalentes à fórmula "Existe um c tal que x satisfazer F é equivalente a $x = c$." Desta forma, "o x tal que Fx" foi completamente eliminado, não sendo assim a representação direta de um objeto. Essa mesma técnica da decomposição de um símbolo descritivo em proposições do cálculo de predicados com identidade pode ser usada também na análise de proposições acerca de objetos inexistentes, uma vez que a análise revelará que essas proposições, ao ser reformuladas, não implicam a existência de tais objetos. Por isso, o método de análise da teoria das descrições foi usado por Russell na filosofia da matemática e na filosofia da física, na sua tentativa de esclarecer o estatuto ontológico de alguns dos conceitos empregados, como classe, número, relação, instante, partícula, etc. Os seus símbolos passam a ser tratados também como símbolos incompletos, destituídos de sentido fora de contexto, não sendo por isso nomes próprios. As proposições em que ocorrem podem ser analisadas, com a técnica descrita, em termos de proposições cujos termos têm uma denotação.

Sistemas de Análise com Definição Implícita: Um resultado óbvio da análise de proposições em que ocorrem termos descritivos como "o x tal que Fx" é o contraste entre a forma gramatical da proposição antes da análise e a sua forma analisada. Esse contraste sugere a interpretação filosófica de que a forma gramatical não revela a forma lógica da proposição. Nesses termos é fácil ver de que forma se pode postular como objetivo da análise a descoberta da forma lógica correta de uma proposição, para lá da sua aparência gramatical. Esse objetivo foi prosseguido e realizado pelo Círculo de Viena, como parte de um programa geral de redefinição da filosofia que incluía, além da teoria da verificabilidade do sentido, da rejeição da metafísica, do convencionalismo na lógica e na matemática e da concepção da linguagem como um cálculo, a identidade entre a filosofia e a análise lógica. Dois sistemas de análise lógica, no entanto, eram usados no Círculo, um proveniente do *Tractatus Logico-Philosophicus* (1922), de Wittgenstein (1889-1951), e outro proveniente da *Sintaxe lógica da linguagem* (1934), de Carnap (1891-1970). Embora Wittgenstein não ofereça uma definição de análise lógica, infere-se do seu tratamento do cálculo proposicional que o objetivo da análise é também a decomposição, nesse caso de proposições complexas nas suas partes constituintes, as proposições elementares. Uma análise completa poderia ser descrita nos passos seguintes: 1) A proposição complexa P é decomposta nas proposições elementares $P_1,..., P_n$; 2) Cada proposição elementar P_i é decomposta nas suas partes constituintes, os nomes $N_1,..., N_n$; 3) A justaposição de todos os nomes de todas as proposições P_i termina a análise de P.

Essa técnica de análise, expressa no § 4.221 do *Tractatus Logico-Philosophicus*, é teoricamente apoiada pelo princípio de que qualquer proposição P ou é uma proposição elementar ou é uma função de verdade cujos argumentos são proposições elementares. As unidades atômicas no sistema de Wittgenstein são assim os nomes, cuja denotação são aquilo a que nesse sistema se chama objetos. O nome, por sua vez, já não pode ser analisado por meio de uma definição: é um símbolo primitivo, não analisável. Em relação a uma proposição P, a análise de P tem a propriedade da univocidade, e assim existe uma única decomposição de P que revela a sua estrutura. Embora Wittgenstein no *Tractatus* reconheça que o mérito de Russell tenha consistido em mostrar que a forma gramatical de uma proposição não é ainda a sua forma lógica, o sistema de análise proposto no *Tractatus* não explora o efeito de tal dicotomia. Em contraste, o sistema proposto por Carnap na *Sintaxe lógica da linguagem* apresenta a mesma dicotomia sob uma nova faceta. A inspiração imediata de Carnap foi, no entanto, a filosofia formalista de Hilbert (1862-1943) (*ver* PROGRAMA DE HILBERT), em especial a sua concepção da metamatemática. Em 1934 Carnap concebia a linguagem como um sistema formal, e deste apenas a sua sintaxe. O objetivo da análise é a descoberta das regras por meio das quais a linguagem (ou a sua sintaxe) é construída. No instrumentário conceptual da *Sintaxe lógica da linguagem*, o papel principal é desempenhado pela teoria de sentido do sistema, segundo a qual uma proposição com sentido é ou uma proposição empírica ou uma proposição sintática. As proposições empíricas pertencem ao domínio das ciências e as proposições sintáticas ao domínio da lógica ou da matemática. Exemplos: 1) O sal é pesado; 2) A palavra "sal" denota um objeto. Enquanto 1 é um exemplo de uma proposição empírica, 2 é um exemplo de uma proposição sintática. Entre esses dois extremos existe uma terceira possibilidade, a das proposições pseudo-empíricas, que aparentam ser, pela forma gramatical, como as proposições empíricas e, pelo seu conteúdo, como as proposições sintáticas. Exemplo: 3) O sal é um objeto.

As proposições sintáticas são formuladas no que Carnap chama o MODO FORMAL, enquanto as proposições pseudo-empíricas, no chamado MODO MATERIAL. A generalidade dos problemas filosóficos tradicionais resulta da inconsciência acerca do seu caráter apenas quase-sintático, tipicamente expresso pelo recurso ao modo material. O método de análise promove uma solução desses problemas por meio de uma tradução de proposições formuladas no modo material em proposições formuladas no modo formal. É no § 78 da *Sintaxe lógica da linguagem* que Carnap desenvolve e discute a confusão causada na filosofia pelo uso do modo material. Em particular, é de notar a sua idéia de que o uso do modo material conduz a subestimar a dependência das proposições filosóficas da linguagem em que são formuladas. As proposições da filosofia não são absolutas, mas relativas a uma linguagem. Supondo agora que um filósofo logicista propõe a tese L) "Os números são classes de classes de objetos" e que um filósofo formalista propõe a tese F) "Os números pertencem ao conjunto primitivo de objetos", uma decisão sobre o que é na verdade um número nunca será atingida. A tradução das proposições L e F para o modo formal permite conciliar as duas teses. A tradução de L seria: L*) "As expressões numéricas são expressões de segunda ordem que denotam classes." A tradução de F seria: F*) "As expressões numéricas são expressões de primeira ordem."

As diversas alternativas para a tradução de uma proposição em uma forma equivalente não são entre si inconsistentes. Nesses termos, uma disputa entre as teses L e F é uma disputa acerca de pseudoteses, causada pelo uso do modo material.

Precisamente contemporâneo da *Sintaxe lógica da linguagem* é o ensaio de John Wisdom (1904-1993) "É a análise um método útil na filosofia?", o qual constitui também uma primeira sistematização dos métodos em curso. Esses métodos são separados em duas formas básicas, a partir de uma categorização dos objetos intervenientes entre primitivos, ou de grau 0, e derivados, os quais têm um grau maior do que 0. Se o grau dos objetos é igual, resultam duas formas de análise: a análise material, de que serve de paradigma o tipo de definição usado nas ciências, e a análise formal, o exemplo melhor da qual é a teoria das descrições de Russell, tratada anteriormente. Se o grau dos objetos é diferente, tem-se uma análise de proposições sobre objetos de um dado grau em proposições acerca de objetos de um grau menor. Esse gênero de análise, chamado por Wisdom "filosófica", é típico, p. ex., na análise de proposições acerca de objetos materiais. Se se postular como primitivo, ou de grau 0, o conceito de *sense datum*, então o conceito de objeto material tem um grau maior, e diz-se que uma análise de proposições acerca de objetos materiais consiste na sua redução aos objetos primitivos, os *sense data*. O método da análise filosófica de Wisdom reflete um aspecto da definição implícita, tal como é empregado na formulação do método axiomático. É a essa técnica que Gödel (1906-1978) chama "análise conceptual". Trata-se da caracterização de um conceito por meio de um conjunto de axiomas. O passo crucial é a escolha dos conceitos primitivos à custa dos quais o conceito a definir é caracterizável. Dos dois exemplos positivos de análise conceptual apontados por Gödel é útil considerar o de Dedekind (1831-1916). O conceito a analisar era o conceito de "número natural", e a descoberta de Dedekind foi que três conceitos primitivos eram suficientes para o fazer: o conceito de 0, de "número" e de "sucessor". Os axiomas a que essa escolha deu origem são conhecidos: A_1: 0 é um número; A_2: 0

não é um sucessor; A_3: O sucessor de um número é um número; A_4: O sucessor de um número é único; A_5: Se F(0) e se para todo o número n, F(n) implica F(sucessor de n) então para qualquer número x, F(x).

Supondo que o sentido da expressão "refletir acerca de" é bem definido, a análise conceptual para Gödel é o resultado da reflexão acerca de uma proposição ou de um conjunto de proposições. Nos seus exemplos, a essência da análise conceptual é a reflexão sobre as proposições da matemática. Gödel distingue a lógica da lógica matemática, fazendo com que a primeira seja a teoria dos conceitos e a segunda, a sua formulação precisa e completa. A experiência mostra que em geral se tem boas idéias em lógica antes de se proceder à sua formulação precisa e completa. A análise conceptual é precisamente uma das maneiras de obter tal formulação. Dois objetivos podem ser alcançados com o uso da análise conceptual: 1) A descoberta de axiomas; 2) A solução sistemática de problemas a partir dos axiomas encontrados.

Embora Gödel não tenha produzido uma enumeração dos conceitos primitivos da lógica (como teoria dos conceitos), pode-se inferir que qualquer entidade é para Gödel ou um conceito ou um objeto ou um conjunto, isto é, um objeto matemático. Nessas condições, a lógica teria na verdade três conceitos primitivos: 1) conceito; 2) objeto; 3) conjunto.

Existe uma caracterização axiomática da teoria de Gödel sobre conceitos que se deve a Hao Wang. O ponto de partida é a idéia de que qualquer conjunto é a extensão de certo conceito. Se essas extensões tiveram uma cardinalidade moderada, será possível obter o conceito de conjunto e os axiomas acerca de conjuntos a partir da teoria dos conceitos. O sistema de Wang é obtido do sistema de Zermelo-Fraenkel, substituindo a relação primitiva de pertença pela nova relação primitiva de aplicabilidade A(x, y), "x aplica-se a y". Para a fórmula A(x, y), Wang exige que: E) "se k é o tipo de x, então k + 1 seja o tipo de y"; em geral, se A(x, y) contém apenas ocorrências de termos primitivos, então todas as ocorrências da mesma variável são atribuídas ao mesmo tipo. Uma fórmula que satisfaz essa condição diz-se estratificada. A análise de Wang tem o seguinte aspecto: Axioma I: Se a fórmula Fx está estratificada, então existe um conceito y tal que $\forall x$ Ayx ↔ Fx. Definição 1: Y é um conjunto, que se denota por My, significa que y é extensional e fundado. Axioma II: $x \in y$ ↔ Mx ∧ My ∧ Ayx. Axiomas III: Os axiomas de Zermelo-Fraenkel, com os quantificadores restritos a conjuntos. **MSL**

BRADLEY, F. H. *Appearence and Reality* [1893] 2.ª ed. Oxford: Clarendon Press, 1968.
CARNAP, R. *The Logical Syntax of Language*. Londres: Routledge, 1959. Ed. orig. al.: *Logische Syntax der Sprache*. Viena: Julius Springer, 1934.
GÖDEL, Kurt *et al*. *O teorema de Gödel e a hipótese do contínuo*. Trad. e org. M. S. Lourenço. Lisboa: Gulbenkian, 1979.
MOORE, G. E. *Some Main Problems of Philosophy*. Londres: Routledge, 1953.
RUSSELL, B. *The Principles of Mathematics*. Londres: George Allen and Unwin, 1956.
____ e WHITEHEAD, A. *Principia Mathematica*. Cambridge: Cambridge University Press, 1962.
URMSON, J. O. *Philosophical Analysis*. Oxford: Oxford University Press, 1956.
WANG, H. *Reflections on Gödel*. Harvard: MIT Press, 1988.
WISDOM, John. "Is Analysis a Useful Method in Philosophy?", *in Proceedings of the Aristotelean Society, Suppl.* 13 (1934): 65-89.
WITTGENSTEIN, L. *Tractatus Logico-Philosophicus*. Trad. C. K. Ogden e F. P. Ramsey. Londres, 1922. Ed. orig. al.: "Logisch-philosophische Abhandlung", *in Annalen der Naturphilosophie*, 1921. Trad. bras. *Tractatus Logico-Philosophicus*. Trad., apres. e ensaio introdutório Luiz Henrique Lopez dos Santos. São Paulo: Edusp, 1994.

análise, paradoxo da

Ver PARADOXO DA ANÁLISE.

analítico

Uma frase é analítica se, e somente se, a compreensão do seu significado é suficiente para determinar o seu valor de verdade. Uma frase é sintética caso a compreensão do seu significado não seja suficiente para determinar o seu valor de verdade. P. ex., a frase "A neve é branca" é sintética, dado que compreender o seu significado não é suficiente para determinar se a frase é verdadeira ou falsa. Já a frase "Ou a neve é branca ou a neve não é branca" é uma verdade analítica, dado que compreender o seu significado é suficiente para determinar que é verdadeira. A distinção entre analítico/sintético não deve ser confundida com a distinção entre *a priori/a posteriori*. A primeira é uma distinção semântica acerca de tipos de frases, e a segunda é uma distinção epistemológica acerca de tipos de modos de conhecer. Também não se deve confundir a distinção entre analítico/sintético com a distinção entre necessário/contingente (*ver* NECESSIDADE). A segunda é uma distinção metafísica acerca de modos de verdade. E mesmo que se verifique que todas as verdades analíticas são necessárias e que todas as verdades sintéticas são contingentes, essa é uma tese filosófica substancial e não mera convenção.

A noção de analiticidade foi introduzida por Immanuel Kant (1724-1804). Contudo, Kant pressupunha que todas as frases eram do tipo sujeito-predicado, isto é, da forma A é B, definindo as frases analíticas (a que ele chamava "juízos") como aquelas em que o sujeito está contido no predicado (1787, A6-7, B10). Ao longo da história da filosofia, a noção foi refinada de modo a eliminar as deficiências da definição kantiana. Mais adiante iremos considerar três das definições mais importantes. Mas antes é preciso compreender um pouco melhor a importância dessa noção.

Além de essa noção captar um fenômeno semântico em si importante, ela desempenhou e desempenha um papel central na discussão entre racionalistas e empiristas sobre a existência do conhecimento *a priori*. A idéia basilar do empirismo é que todo o conhecimento substancial deriva da experiência. Contudo, a maioria dos empiristas aceita também a intuição de que o modo como conhecemos as verdades da lógica e da matemática, p. ex., é diferente do modo como conhecemos as verdades empíricas. A maneira como os empiristas conciliam ambas as idéias consiste em defender que todas as verdades *a priori* são analíticas. Se o conhecimento *a priori* for mero conhecimento de verdades analíticas, então o conhecimento *a priori*, argumentam os empiristas, é mero conhecimento lingüístico. E conhecimento lingüístico é algo que os empiristas podem aceitar, pois não é conhecimento substancial acerca do mundo, mas mero conhecimento de significados, ou convenções lingüísticas, ou de relações entre os nossos conceitos. E isso não colide com a tese empirista basilar de que todo o conhecimento substancial é conhecimento que deriva da experiência. Desse modo, argumentando que todas as verdades *a priori* são verdades analíticas, os empiristas conseguem explicar o *a priori* sem apelar à capacidade de intuição racional dos racionalistas.

Como dissemos, foram várias as propostas de definir analiticidade. Mas são apenas três as definições mais importantes, usadas pelos empiristas de modo a explicar o *a priori*. Vejamos então quais são essas definições (Boghossian, 1997):

Analiticidade Metafísica: Uma frase é uma verdade analítica se, e somente se, a sua verdade depender unicamente do seu significado.

Analiticidade de Frege: Uma frase é uma verdade analítica se, e somente se, for uma verdade lógica ou puder ser transformada em uma verdade lógica pela substituição de sinônimos por sinônimos.

Analiticidade Epistemológica: Uma frase é uma verdade analítica se, e somente se, a

analítico

mera apreensão do seu significado for suficiente para nos justificar a tomá-la como verdadeira.

Comecemos pela analiticidade de Frege. De acordo com essa definição, uma frase é uma verdade analítica se, e somente se, for uma verdade lógica ou transformável em uma verdade lógica pela substituição de sinônimos por sinônimos. Tomem-se as seguintes frases:

Ou chove ou não chove.
Nenhum solteiro é casado.

Sob a definição de analiticidade de Frege, essas frases são verdades analíticas. A primeira é uma verdade lógica; logo, satisfaz a definição de analiticidade. A segunda pode ser reduzida a uma verdade lógica se substituirmos o termo "solteiro" pela expressão sinônima "não-casado"; logo, também satisfaz essa noção de analiticidade. O problema óbvio que essa definição enfrenta é o fato de não ser suficientemente lata para abranger todas as frases que intuitivamente consideramos analíticas. P. ex., as verdades matemáticas seriam excluídas (se aceitarmos que a matemática não pode ser reduzida à lógica, o que hoje praticamente todos os matemáticos aceitam, mas que Frege rejeitava); e verdades conceptuais como a de que todo objeto vermelho é colorido seriam igualmente excluídas. Houve algumas tentativas para salvar essa definição de modo a acomodar os casos difíceis (nomeadamente, as verdades matemáticas), mas não foram muito convincentes. Além disso, essa definição tem outra dificuldade: limita-se a pressupor que as verdades lógicas são verdades analíticas, mas não explica por quê.

As definições metafísica e epistemológica de analiticidade são as que mais se aproximam da intuição semântica original. São também as mais populares e aquelas às quais os empiristas recorrem de modo a explicar o *a priori*. A diferença entre ambas é sutil e ainda hoje pouco conhecida.

Foi detectada por Paul Boghossian no seu artigo "Analiticity". A diferença é a seguinte: Considere-se a frase analítica "Nenhum solteiro é casado." De fato, compreender o seu significado parece suficiente para determinar o seu valor de verdade. Mas uma coisa é o modo como determinamos o seu valor de verdade, outra o que é que faz essa frase verdadeira. A noção epistemológica define analiticidade do primeiro modo: a frase é tal que compreender o seu significado é suficiente para determinar o seu significado e, portanto, suficiente para nos justificar a tomá-la como verdadeira.

A noção metafísica, como o nome indica, diz-nos que as frases analíticas são verdadeiras, unicamente, em *virtude* do significado. Ou seja, o que torna a frase verdadeira é, unicamente, o fato de dizer aquilo que diz – os significados são assim inteiramente responsáveis pelo valor de verdade de certas frases. Boghossian mostra que a definição metafísica de analiticidade deve ser rejeitada, pois é de dúbia coerência. Um truísmo acerca da relação de verdade é que uma frase é verdadeira se diz o que é o caso. Contudo, esse truísmo não é respeitado pela definição metafísica de analiticidade, pois, segundo a definição, não é por dizer o que é o caso que a frase é verdadeira, mas por ter o significado que tem. P. ex., a frase "Nenhum solteiro é casado" é verdadeira porque nenhum solteiro é casado, e não apenas porque *diz* que nenhum solteiro é casado. Resumidamente, o que torna uma frase verdadeira ou falsa é o mundo, e não o significado apenas. Claro que a frase tem de ter significado para ser verdadeira, mas isso é trivial e algo que tem de se verificar com todas as frases verdadeiras, sejam analíticas ou sintéticas. A frase "A neve é branca", apesar de não ser analítica, também deve a sua verdade parcialmente ao fato de dizer que a neve é branca. Afinal, se em vez de dizer que a neve é branca dissesse que a neve é preta, seria falsa. Mas o que torna a frase verdadeira é o fato de a neve ser branca, e não o mero fato de dizer que a neve é branca. E o mesmo se verifica no caso das verdades analíticas.

Apesar de a noção epistemológica de analiticidade ser suficientemente robusta para acomodar a nossa intuição do que são frases analíticas e de não ter os problemas que a definição metafísica tem, os empiristas enfrentam ainda a árdua tarefa de mostrar que todas as verdades *a priori* são meras verdades analíticas. CTe

BOGHOSSIAN, P. "Analyticity", *in* Hale, B. & Wright, C. *Blackwell Companion to the Philosophy of Language.* Oxford: Blackwell, 1997.
KANT, I. *Crítica da razão pura* [1787]. Trad. M. P. dos Santos *et al.* Lisboa: Gulbenkian, 1985.
QUINE, W. V. O. "Two Dogmas of Empiricism" [1951], *in From Logical Point of View.* Cambridge: Harvard University Press, 1980.

analítico, história da noção de

A discussão à volta do par conceptual analítico/sintético encontra-se prefigurada nas obras de filósofos modernos como Leibniz (1646-1716), Hume (1711-1776) ou Kant (1724-1804). Em Leibniz aquele par corresponde, *grosso modo*, à diferença entre verdades da razão e verdades de fato, sendo aquelas definidas como verdades em qualquer MUNDO POSSÍVEL e estas como verdades contingentes, e por isso não ocorrendo necessariamente em outro mundo possível. Kant aplicou a distinção entre analítico e sintético aos juízos ou às formas de expressão predicativas "S é P" em geral e considerou analítico todo o ato predicativo em que o conceito do predicado esteja A PRIORI contido no conceito do sujeito. "Em todos os juízos, nos quais se pensa a relação entre um sujeito e um predicado (apenas considero os juízos afirmativos, porque é fácil depois a aplicação aos negativos), essa relação é possível de dois modos. Ou o predicado B pertence ao sujeito A como algo que está contido (implicitamente) nesse conceito A, ou B está totalmente fora do conceito A, embora em ligação com ele" (Kant, *Crítica da razão pura*, B10). "Este corpo é extenso" exemplifica um juízo analítico, na medida em que a extensão está contida *a priori* no conceito de corpo. Assim o predicado não fará mais do que tornar explícito o conteúdo ou, se quisermos, o conjunto de significados que pertencem ao significado global do conceito do sujeito. Por seu lado, as predicações sintéticas acrescentam algo ao conceito do sujeito, mas não possuem o valor *a priori* das analíticas, e por isso a sua qualidade epistêmica é diferente. No entanto, é de referir que a parte mais significativa da filosofia de Kant consiste na sua demonstração da existência de juízos sintéticos que não deixam, por isso, de ter uma qualidade *a priori*. Assim, juízos analíticos e sintéticos *a priori* possuem em comum a característica de o seu valor de verdade não depender da experiência.

Torna-se fácil imaginar que a forma como o conceito de analítico é exposto na tradição filosófica moderna (incluindo aí a exposição mais elaborada de Kant), envolvendo freqüentemente metáforas, como conceitos incluídos em outros ou significados integrando outros mais extensos, etc., tenha colocado problemas e sofrido alguma erosão na filosofia contemporânea da linguagem e da lógica. Uma das contribuições mais relevantes para a discussão do conceito foi o artigo de Quine (1908-2000) intitulado "Two Dogmas of Empiricism", publicado em 1951 na revista *Philosophical Review*. Os pressupostos envolvidos nas chamadas verdades analíticas tornar-se-ão mais claros se distinguirmos duas classes de proposições analíticas: as logicamente verdadeiras, como "Nenhum homem não-casado é casado" e aquelas que serão verdadeiras por sinonímia, como "Nenhum solteiro é casado." A analiticidade da primeira proposição assenta no fato de ela ser verdadeira e permanecer como tal, sob todas as interpretações e reinterpretações dos seus componentes que não sejam as partículas lógicas "não", "ou", "e", "se..., então...", etc. A analiticidade da segunda proposição decorre de substituição de um termo por outro considerado sinônimo;

nesse caso, na substituição de "homem não-casado" por "solteiro". Será que a analiticidade apresentada na segunda proposição se deixa reduzir à da primeira? Isto é, será a operação de sinonímia que ocorre nas proposições do segundo tipo um ingrediente irrelevante na consideração da analiticidade? A verdade é que assim se fará depender o caráter analítico de uma proposição ou de um juízo de um conceito de sinonímia, o qual precisa, ele próprio, ser clarificado.

Uma sugestão mais forte a favor da sinonímia, como base da analiticidade, é a que define aquela como substituição mútua de dois termos em todos os contextos, sem que se altere o valor de verdade, ou, nos termos de Leibniz, *salva veritate*. No entanto, proposições em que a sinonímia cognitiva funcionará, do tipo "Necessariamente, todos e apenas os solteiros são homens não-casados" (em que a substituição mútua *salva veritate* parece óbvia) pressupõem uma linguagem suficientemente rica para que essa operação seja possível: nesse caso, a existência de um advérbio como "necessariamente", cuja aplicação gera afinal a verdade e a analiticidade. Mas essa aplicação pressupõe, em vez de explicar, o conceito de analítico. Em outro sentido, a substituição *salva veritate* poderá ser entendida extensionalmente, isto é, quaisquer dois predicados concordantes do ponto de vista da extensão poderiam substituir-se em qualquer contexto, sem perda do valor de verdade. Porém o ponto de vista da extensionalidade não cobre satisfatoriamente os requisitos daquilo a que Quine chama a sinonímia cognitiva. "Necessariamente, todos e apenas os solteiros são homens não-casados" fica sujeito às mesmas dificuldades de "Necessariamente a criatura com rins é a mesma que a criatura com fígado", referindo-nos ao homem. A substituição dos dois termos da proposição funciona do ponto de vista da extensionalidade, mas não se pode dizer que se tenha obtido a sinonímia. Assim, para Quine, "temos que reconhecer que a substituição mútua *salva veritate*, se construída em relação a uma linguagem extensional, não é uma condição suficiente de sinonímia cognitiva, no sentido necessitado para derivar a analiticidade [...]. Se uma linguagem contém um advérbio intensional, "necessariamente", no sentido antes notado, ou outras partículas para o mesmo efeito, então a substituição mútua *salva veritate* em tal língua fornece uma condição suficiente de sinonímia cognitiva; mas uma tal língua é apenas inteligível, na medida em que a noção de analiticidade é antecipadamente compreendida" (Quine, 1951, p. 31).

A hipótese de explicar a analiticidade nos limites de linguagens artificiais simples, com a aplicação de regras semânticas, a partir das quais se derivem todas as possíveis proposições analíticas, é também rejeitada por Quine. Então S é P é analítico em L, dada a regra R. O que então acontecerá é que compreendemos a que expressões é que essas regras atribuem analiticidade, mas precisamente e por definição R aplica-se apenas em L, uma linguagem específica. O equívoco das verdades analíticas reside para Quine na crença metafísica de verdades separadas da experiência ou de verdades cognoscíveis *a priori* pelo simples conhecimento de uma particular relação semântica entre os termos de uma proposição ou de um juízo. É por isso que uma fronteira estrita entre o analítico e o sintético não foi estabelecida, já que, para ser estabelecida, ela própria teria de ser *a priori*. No entanto, é fácil verificar como de fato o analítico é um pressuposto do funcionamento da língua, da qual dependem as mais elementares operações de sinonímia e definição. **AM**

KANT, I. *Crítica da razão pura* [1787]. Trad. M. P. dos Santos *et al*. Lisboa: Gulbenkian, 1985.

QUINE, W. V. O. "Two Dogmas of Empiricism", [1951], *in From a Logical Point of View*. Cambridge: Harvard University Press, 1980.

analogia

Estabelece-se uma analogia quando se afirma uma semelhança entre duas coisas. *Ver* ARGUMENTO POR ANALOGIA.

analogia, argumento por

Ver ARGUMENTO POR ANALOGIA.

analysandum

(lat.) Termo ou conceito sob análise ou a ser analisado. *Ver* ANÁLISE.

analysans

(lat.) Termo ou conceito ao qual se reduz outro termo ou conceito por meio de um processo de análise. *Ver* ANÁLISE.

ancestral

A RELAÇÃO ancestral de uma relação dada R é o conjunto de todos os PARES ORDENADOS <a, b>, tais que ou Rab ou há um número finito de objetos $c_1, c_2,..., c_n$, tais que R$ac_1 \wedge$ R$ac_2 \wedge ... \wedge$ Rac_n.

anfibolia

(do gr., *amphibolos*, fala incerta) É um caso de falácia da ambigüidade. A anfibolia ocorre quando quem argumenta interpreta mal uma premissa devido a uma ambigüidade estrutural desta e daí retira uma conclusão baseada nessa má interpretação. Exemplo: João disse ao Pedro que ele tinha feito um erro. Segue-se que João tem a coragem de admitir os seus próprios erros. ("Ele" é usado de modo anfibológico como referindo-se a João em vez de ao Pedro.) **JS**

anfibologia

Ver ANFIBOLIA.

antecedente

Em uma frase ou proposição CONDICIONAL, "se p, então q", chama-se antecedente à frase p. Diz-se que o antecedente de uma frase condicional introduz uma CONDIÇÃO SUFICIENTE.

O termo tem também outro significado: o antecedente de uma expressão ANAFÓRICA, em uma frase dada, é aquela expressão de cujo significado ou referência depende o significado ou referência da expressão anafórica.

antecedente

(de uma expressão) *Ver* ANÁFORA.

antilogismo

(ou anti-silogismo) Conjunto de três proposições categóricas, duas das quais são as premissas de um SILOGISMO válido e a terceira das quais é a proposição CONTRADITÓRIA da conclusão desse silogismo. Naturalmente, tal conjunto é necessariamente um conjunto inconsistente de proposições: se dado silogismo é válido, então é impossível que as suas premissas sejam verdadeiras e a sua conclusão seja falsa. Logo, é impossível que as premissas do silogismo e a contraditória da sua conclusão sejam todas verdadeiras. De modo inverso, se um trio de proposições categóricas forma uma coleção inconsistente, então qualquer silogismo obtido ao se tomar duas delas como premissas e a contraditória da restante como conclusão é um silogismo válido. Um teste de validade silogística freqüentemente utilizado, o qual foi inventado por Christine Ladd-Franklin em 1883 (tal como relatado em H. Kahane, 1990), consiste em atestar a validade de um silogismo verificando a inconsistência do antilogismo que lhe corresponde.

Um exemplo de um antilogismo é dado no seguinte trio inconsistente de proposições categóricas: 1) Alguns peixes não são carnívoros; 2) Todos os peixes têm guelras; 3) Tudo o que tem guelras é carnívoro. O silogismo cujas premissas maior e menor são (respectivamente) as proposições 3 e 2, e cuja conclusão é a contraditória de 1, ou seja, a proposição "Todos os peixes são carnívoros", é um silogismo válido da 1ª figura, modo BARBARA. Alternativamente, o silogismo cujas premissas maior e menor são (respectivamente) as proposições 1 e 2, e cuja conclusão é a contraditória de 3, ou seja, a proposição "Algo que tem guelras não é carnívoro", é um silogismo válido da 3.ª figura, modo Bocardo.

Como é referido em W. e M. Kneale (1962, pp. 78 ss.), Aristóteles parece ter utilizado a idéia de um antilogismo para reduzir a validade de alguns dos modos da 2.ª e da 3.ª figuras à validade de certos modos da 1.ª figura, a qual ele considerava central. O método de redução concebido por Aristóteles é conhecido como *reductio per impossibile*. P. ex., a fim de validar o modo Bocardo da 3.ª figura, tal como exemplificado por 1 e 2 como premissas (maior e menor) e a contraditória de 3 como conclusão, poder-se-ia proceder da seguinte maneira. Tomando 3 e 2 como premissas, obtemos, de acordo com o modo Barbara da 1.ª figura, a conclusão válida "Todos os peixes são carnívoros", a qual é a contraditória de 1. Assim, se 3 e 2 fossem ambas verdadeiras, então 1 seria falsa. Logo, se 1 e 2 fossem ambas verdadeiras, então 3 seria falsa e a sua contraditória seria verdadeira (o que nos dá o exemplo de Bocardo antes introduzido). *Ver também* silogismo; quadrado de oposição; inconsistência; validade. **JB**

Kahane, H. *Logic and Philosophy*. Belmont: Wadsworth, 1990.
Kneale, W. e Kneale, M. *O desenvolvimento da lógica* [1962]. Trad. M. S. Lourenço. Lisboa: Gulbenkian, 1974.

antinomia

Em lógica, o mesmo que paradoxo.

antinomia das classes

Ver paradoxo de Russell.

antinomia do mentiroso

Ver paradoxo do mentiroso.

anti-realismo

Ver realismo.

anti-silogismo

Ver antilogismo.

anti-simetria

Ver simetria.

apodítico

(do gr. *apodeiktikós*, evidente) Tradicionalmente, diz-se que as frases apodíticas afirmam a necessidade. Contrastam com as assertivas, que afirmam a atualidade, e com as problemáticas, que afirmam a possibilidade.

apodítico, juízo

(do gr. *apodeiktikós*, demonstrativo) Tradicionalmente, dizia-se que os juízos apodícticos afirmam a necessidade, contrastando com os assertivos, que afirmam a atualidade (*ver* atual), e com os problemáticos, que afirmam a possibilidade. Por exemplo, "Sócrates era grego" exprime um juízo assertivo, porque Sócrates era efetivamente grego (era grego no mundo atual); "Sócrates era um ser humano" exprime um juízo apodíctico, se aceitarmos que Sócrates era necessariamente um ser humano (era um ser humano em todos os mundos possíveis em que tenha existido); e "Sócrates era chinês" exprime um juízo problemático, se aceitarmos que Sócrates era possivelmente chinês, apesar de ter sido efetivamente grego (no mundo atual Sócrates era grego, mas há alguns mundos possíveis nos quais era chinês). Esta terminologia foi usada por Kant e outros filósofos do passado, mas caiu em desuso. **DM**

apódose

O conseqüente de uma frase condicional.

aporia

Grave dificuldade filosófica ou lógica, podendo tratar-se ou não de um paradoxo.

argumento

Presume-se que os argumentos ilustram o modo mais conspícuo daquilo a que vulgarmente se chama "raciocínio". Deixa-se em aberto a possibilidade de existirem raciocínios que não sejam argumentos – p. ex., "Se não foges, o leão come-te" é uma frase que expressa um raciocínio, mas não um argumento (talvez seja uma forma ultra-abreviada de ENTIMEMA; *ver* LÓGICA INFORMAL). No que se segue, falaremos apenas de raciocínios que tenham a forma de um argumento.

É habitual, e correto, distinguir dois gêneros de raciocínio: indutivo e dedutivo. A característica mais conspícua dos raciocínios indutivos reside no fato de partirem de certas frases e chegarem a uma outra que generaliza, de algum modo, sobre as frases de que se partiu. Os raciocínios dedutivos têm como característica mais conspícua o fato de o seu propósito ser o de partir de certas frases para chegar a outra que extrai das primeiras informação que elas, de algum modo, já continham. Os exemplos I e II ilustram, respectivamente, cada um desses dois gêneros.

I
A) Até 1995 nenhuma mulher foi presidente da República portuguesa.
B) Nunca uma mulher será presidente da República portuguesa.

II
A) Até 1995 nenhuma mulher foi presidente da República portuguesa.
B) Dona Maria II, sendo mulher, não foi presidente da República portuguesa até 1995.

Note-se que a frase A é comum a I e II. Pode-se, pois, construir um raciocínio indutivo ou, em alternativa, dedutivo, a partir de uma mesma frase, ou conjunto de frases.

Em geral, o problema, comum a ambos os gêneros de raciocínios, consiste em justificar o processo por meio do qual se passa das frases "de que se parte" para as frases "a que se chega". No caso de I, p. ex., há a intuição de que essa passagem não se justifica, de que a generalização feita de A para B é abusiva. Ao passo que a passagem de A para B em II parece justificável (se bem que não tenha sido por nós justificada). No entanto, muitos outros raciocínios indutivos parecem conter fortes razões para a generalização que propõem. P. ex.:

III
A) 100% das amostras estudadas, contendo vírus da hepatite B, revelaram que estes vírus são resistentes à penicilina.
B) O vírus da hepatite B é resistente à penicilina.

Como há também inúmeros raciocínios dedutivos nos quais as frases "de que se parte" não parecem justificar de modo suficiente a frase "a que se chega". Aqui está um:

IV
A) Saramago é escritor; e
B) Alguns escritores são ricos; logo
C) Saramago é rico.

Um argumento, dedutivo ou indutivo, é composto por um conjunto de frases a que chamamos premissas, por uma frase a que chamamos conclusão e por uma expressão que representa a relação que se reclama existir entre as premissas e a conclusão, p. ex., a expressão "logo" – a qual traduz a expressão latina "ergo". Essa expressão que representa a relação entre premissas e conclusão, seja ela "logo", seja outra do gênero, ocorre mais comumente nos argumentos dedutivos. No entanto, algo que se lhe assemelhe deve de igual modo estar presente nos argumentos indutivos, visto que, nestes também, se reclama existir uma relação entre premissas e conclusão.

Dos exemplos I a IV podemos, desde já, extrair a forma geral de um argumento: $\{P_1,..., P_n\}$ ∴ C. Onde $\{P_1,..., P_n\}$ representa um conjunto finito de frases chamadas premissas; C uma frase chamada conclusão; e ∴ simboliza a expressão que descreve o tipo de relação que se afirma existir entre as premissas e a conclusão. É óbvio que raros são os argumentos com que cotidianamente nos deparamos que apresentam essa forma. Mas isso não é de admirar. Eles são construídos para servir a comunicação em contexto e, amiúde, para servir dois dos objetivos desta: justificar uma crença, científica ou comum, ou persuadir um público. Contudo, para fins lógicos, eles podem, com maior ou menor esforço, ser reconduzidos à forma geral que acabamos de lhes atribuir.

As premissas de um argumento devem ser entendidas como conjunções. Como se estivessem ligadas pela expressão "e" em um dos seus usos típicos em português, ou pelo símbolo ∧ (ou outro que represente a CONJUNÇÃO), se o argumento estiver escrito numa LINGUAGEM FORMAL. Digamos que, quando se avança um argumento que satisfaça a forma geral dada anteriormente, se está afirmando: "Dado que temos P_1 e temos P_2... e temos P_n, logo (ou: segue-se que) temos C." Há também muitas vezes a pretensão de que as premissas sejam CONSISTENTES, visto que, para muitos, um conjunto inconsistente de premissas seria, no mínimo, um ponto de partida algo duvidoso para um argumento (*ver*, no entanto, *REDUCTIO AD ABSURDUM*).

Argumentos	
Indutivos Fortes/Fracos	Dedutivos Válidos/Inválidos (incluindo os falaciosos)
Convincente/não convincente	Correto/Incorreto

Quando se constrói um argumento, há a pretensão de que as premissas sejam relevantes para a conclusão. Com efeito, de acordo com tal pretensão, se as premissas forem desgarradas da conclusão (p. ex., se tratarem de um assunto distinto do desta) apenas impropriamente se pode chamar a essa coleção de frases um argumento; nesses casos, a expressão que representa a relação entre premissas e conclusão ocorre vacuamente.

Será que a expressão que representa a relação entre premissas e conclusão, ou o símbolo ∴, representa um CONECTIVO entre as premissas e a conclusão? Não. A sua função é metalingüística. Ela é usada para referir certa relação lógica que se reclama existir entre as premissas e a conclusão. Como se afirmássemos: "As frases P_1,..., P_n são uma boa justificação desta outra, C." Deve ser claro que, em uma afirmação desse tipo, as frases P_1,..., P_n e C estão sendo mencionadas. De igual modo, a expressão "uma boa justificação de" está, nessa frase, sendo usada para afirmar que dada relação se verifica entre as frases mencionadas, as premissas e a conclusão (*ver* USO/MENÇÃO, METALINGUAGEM).

Um argumento é, como temos visto, composto de frases. Tomadas individualmente, cada uma das frases que o compõe é verdadeira ou falsa (pelo menos na versão clássica, que adotamos aqui, a qual assume a BIVALÊNCIA). Mas essas designações não convêm aos argumentos que as frases conjuntamente constituem. As propriedades lógicas que podem ser atribuídas aos argumentos são as que se encontram representadas na classificação anterior.

Comecemos pelos argumentos indutivos. Um argumento indutivo forte é um argumento tal que, se as premissas forem assumidas como verdadeiras, então é provável que a conclusão o seja. Um argumento indutivo fraco é um argumento tal que, se as premissas forem assumidas como verdadeiras, então (mesmo assim) não é provável que a conclusão o seja. Como vemos, esses dois tipos de argumentos indutivos, fortes e fracos, não dependem da verdade ou falsidade das premissas – visto que em ambos os casos se assume que estas são verdadeiras –, mas do padrão de acordo com o qual se obteve, por generalização, a conclusão a partir das premissas. Nomeadamente, de esse padrão obedecer (respectivamente não obedecer) a certas regras. Intuitivamente, diremos que é isso que se deve passar com o nosso exemplo III e que não se passa com o nosso exemplo I. Quais sejam essas regras, isso é o que deve ser estabelecido pela lógica indutiva.

Um argumento indutivo forte é convincente (respectivamente não-convincente) se as suas premissas são (respectivamente não são) verdadeiras. E esse aspecto, sim, depende da verdade ou falsidade das premissas.

Agora consideremos os argumentos dedutivos. Um argumento dedutivo é válido se todas as interpretações que tornam verdadeiras as premissas tornam também verdadeira a conclusão. E é inválido se existe pelo menos uma interpretação que torna verdadeiras as premissas e falsa a conclusão. Também aqui deve ser claro que o conceito de validade de um argumento é independente da verdade das suas premissas nesta acepção: não se exige que as suas premissas sejam de fato verdadeiras, mas sim que todas as interpretações que as tornem tal tornem também verdadeira a conclusão.

Dada essa definição de argumento válido, temos os seguintes fatos acerca da relação entre verdade (ou falsidade) das premissas e conclusão e da validade (ou invalidade) do argumento: A) Um argumento válido pode ter: 1. Premissas verdadeiras e conclusão verdadeira (é o caso do nosso exemplo II); 2. Premissas falsas e conclusão falsa; 3. Premissas falsas e conclusão verdadeira. B) Um argumento válido não pode ter: 1. Premissas verdadeiras e conclusão falsa. C) Um argumento inválido pode ter: 1. Premissas verdadeiras ou falsas com conclusão verdadeira ou falsa. (O caso mais conspícuo, o do argumento inválido com premissas e conclusão verdadeiras, está exemplificado antes por IV.)

Estabelecidos esses fatos, deve agora ser óbvio que a validade de um argumento depende essencialmente da forma lógica de cada uma das suas premissas e da sua conclusão. P. ex., todos os argumentos cujas premissas tenham a seguinte forma lógica: $p \to q$; $q \to r$, e cuja conclusão tenha a forma lógica: $p \to r$, são argumentos válidos. A FORMA LÓGICA de um argumento (dedutivo) consiste na relação que existe entre a forma lógica das suas premissas e a forma lógica da sua conclusão. Podemos assim ter formas lógicas de argumentos que são válidas e formas lógicas de argumentos que são inválidas. Os argumentos V e VI que se dão de seguida têm a mesma forma lógica:

V
A) Todas as baleias são mamíferos.
B) Todos os mamíferos respiram por pulmões. Logo,
C) Todas as baleias respiram por pulmões.

VI
A) Todos os poetas são indivíduos inquietantes.
B) Todos os indivíduos inquietantes prendem a nossa atenção. Logo,
C) Todos os poetas prendem a nossa atenção.

Essa forma lógica é:

VII
A) $\forall x\, (Px \to Gx)$.
B) $\forall x\, (Gx \to Fx)$.
C) $\therefore\ \forall x\, (Px \to Fx)$

Essa é uma forma lógica válida, e todos os argumentos que a particularizem são, portanto, válidos. Note-se, todavia, que não é verdade que todos os argumentos que particularizem dada forma lógica inválida sejam inválidos. P. ex., o argumento "Maria é mais alta do que Joana; logo, Joana é mais baixa do que Maria" é válido, apesar de exemplificar uma forma proposicional inválida: $p \therefore q$.

Diz-se que um argumento dedutivo válido é correto (respectivamente incorreto) se todas as suas premissas são (respectivamente nem todas são) de fato verdadeiras. E é claro que esse aspecto depende agora da verdade das premissas.

Por fim, é importante motivar a diferença que existe entre considerar intuitivamente que um argumento é válido (respectivamente inválido) ou demonstrar formalmente que um argumento é válido. No primeiro caso o argumento em questão pode parecer válido sem o ser (*ver* FALÁCIA). No segundo caso a demonstração formal de validade de um argumento é absolutamente segura, uma vez aceita a correção do método pelo qual ele foi demonstrado (e salvo falha humana na sua aplicação). A lógica que, essencialmente, estuda as formas lógicas dos argumentos dedutivos constrói métodos de acordo com os quais deve, em princípio, ser possível demonstrar a validade (ou invalidade) dos argumentos por meio de considerações que dizem exclusivamente respeito à forma lógica que estes têm, e não ao assunto particular de que estes tratam. JS

argumento *ad baculum*

(apelo à força) É um caso particular de FALÁCIAS de relevância, isto é, quando as razões aduzidas são logicamente irrelevantes para o que se pretende estabelecer, embora possam ser psicologicamente relevantes; p. ex., quando se ameaça o interlocutor. JS

argumento *ad hominem*

(argumento contra a pessoa) É um caso particular de FALÁCIAS de relevância, isto é, quando as razões aduzidas são logicamente irrelevantes para o que se pretende estabelecer, embora possam ser psicologicamente relevantes. Quando se pretende argumentar contra um argumento promovido por alguém argumentando contra o proponente do argumento (p. ex., apresentando-o com um hipócrita, *tu quoque*), e não contra o argumento. JS

argumento *ad ignorantiam*

(apelo à ignorância) É um caso particular de FALÁCIAS de relevância, isto é, quando as razões aduzidas são logicamente irrelevantes para o que se pretende estabelecer, embora possam ser psicologicamente relevantes. Argumentar que algo é verdade porque não se provou que não o é ou vice-versa. P. ex., argumentar que o mundo exterior não existe porque não se consegue demonstrar que existe. JS

argumento *ad misericordiam*

(apelo à misericórdia) É um caso de FALÁCIAS da relevância, isto é, quando as razões aduzidas são logicamente irrelevantes para o que se pretende justificar, embora possam ser psicologicamente relevantes. Quando se procura comover o ouvinte (p. ex., provocando-lhe pena ou simpatia pela "causa"). JS

argumento *ad populum*

(apelo ao povo) É um caso particular de FALÁCIAS de relevância, isto é, quando as razões aduzidas são logicamente irrelevantes para o que se pretende estabelecer, embora possam ser psicologicamente relevantes. Quando se procura persuadir alguém de algo, seja despertando o "espírito das massas" (apelo direto), seja fazendo apelo a sentimentos que se supõe ser comuns à generalidade das pessoas (apelo indireto). JS

argumento *ad verecundiam*

(apelo a uma autoridade não qualificada) É um caso particular de FALÁCIAS de relevância, isto é, quando as razões aduzidas são logicamente irrelevantes para o que se pretende estabelecer, embora possam ser psicologicamente relevantes. Quando para justificar algo se recorre a uma autoridade que não é digna de confiança ou que não é uma autoridade no assunto para o qual a sua opinião é convocada. JS

argumento circular

Ver PETITIO PRINCIPII.

argumento da batalha naval

Ver BATALHA NAVAL, ARGUMENTO DA.

argumento da catapulta

Também conhecido como argumento de Frege-Church, é um argumento de alguma importância na filosofia da linguagem e na semântica. O argumento foi introduzido por Kurt Gödel (1906-1978; veja-se Gödel, 1944) e também, de modo independente, por Alonzo Church (1903-1995; veja-se Church, 1943). Gödel atribui o argumento a Gottlob Frege (1848-1925), mas essa atribuição tem sido bastante discutida. Church, por seu lado, introduz o argumento para servir de base à sua teoria semântica, a qual é de forte inspiração fregiana. A designação "argumento da catapulta" (*slingshot argument*) foi proposta de maneira irônica por Jon Barwise e John Perry (vejam-se Barwise e Perry,

1983); e deve-se ao fato de o argumento, a partir de um pequeno conjunto de premissas aparentemente inócuas, conseguir aparentemente "catapultar" uma conclusão substantiva. O argumento tem sido submetido a diversas formulações; aquela que é exposta em seguida está mais perto da versão original de Gödel (a formulação oferecida está restrita a frases simples com a estrutura de predicações monádicas, mas é facilmente generalizável a outros tipos de frases).

A conclusão que o argumento da catapulta pretende estabelecer é uma tese condicional do seguinte gênero: C) Se as frases declarativas (FECHADAS) têm uma REFERÊNCIA, então essa referência é o seu VALOR DE VERDADE (caso possuam um). Assim, assumindo a BIVALÊNCIA, todas as frases verdadeiras têm a mesma referência, sendo o seu referente comum o valor "Verdade", ou, mais platonicamente, o Verdadeiro; e todas as frases falsas têm a mesma referência, sendo o seu referente comum o valor de verdade "Falsidade", ou, mais platonicamente, o Falso. Por outras palavras, adotando a suposição usual de que a EXTENSÃO de uma frase declarativa é o seu valor de verdade, a conclusão do argumento é a tese de que, se uma noção de referência é de algum modo aplicável a frases, então segue-se que o referente de uma frase será a extensão da frase. De uma forma que se tornou célebre, Gödel a descreve como uma doutrina eleática da referência: todas as frases verdadeiras apontam para, ou denotam, um único objeto abstrato: o Verdadeiro; e todas as frases falsas apontam para, ou denotam, um único objeto abstrato: o Falso.

Vale a pena notar ainda que têm sido construídas várias versões do argumento para expressões de outras categorias, em especial para PREDICADOS. Nesse caso, a conclusão visada pelo argumento da catapulta é do seguinte gênero (considerando apenas predicados de GRAU um): se predicados têm uma referência, então o referente de um predicado é a sua extensão, ou seja, a classe de todos aqueles, e só daqueles, itens aos quais o predicado se aplica. Assim, todos os predicados coextensionais são correferenciais.

As premissas utilizadas com vista a estabelecer aquela conclusão são os seguintes três princípios semânticos: P1) As expressões logicamente equivalentes são correferenciais. P2) Uma expressão complexa preserva a sua referência quando uma expressão componente é substituída por outra com a mesma referência. P3) Se y é o único objeto que satisfaz uma CONDIÇÃO ϕ, então uma descrição definida singular da forma $(\iota x)\phi$ (O x tal que ϕ) refere-se a y.

Essas três premissas parecem ter um elevado grau de plausibilidade. P1 estabelece que a equivalência lógica é uma condição suficiente da correferencialidade: se expressões E e E' são logicamente EQUIVALENTES, então têm a mesma referência, ou seja, $Ref(E) = Ref(E')$. Em particular, se frases S e S' são logicamente equivalentes, isto é, se a frase bicondicional S $\leftrightarrow$ S' é uma verdade lógica, então $Ref(S) = Ref(S')$ (supondo que frases têm uma referência). P2 é um PRINCÍPIO DE COMPOSICIONALIDADE bastante razoável para a referência de expressões. Segundo tal princípio, a referência de uma expressão complexa é determinada apenas pela referência das expressões constituintes e pelo modo como elas estão combinadas na expressão. Por outras palavras, seja E uma expressão complexa da forma "... e...", em que e é uma expressão constituinte com uma ou mais ocorrências em certos pontos da estrutura de E. Seja e' uma expressão tal que $Ref(e') = Ref(e)$. E seja E' a expressão que resulta de E pela substituição de pelo menos uma ocorrência de e por e': E' terá assim a forma "... e'...". P2 assegura então que $Ref(E) = Ref(E')$. Em particular, a substituição em uma frase S de uma expressão componente e por uma expressão e' tal que $Ref(e) = Ref(e')$ dá origem a uma frase S' tal que $Ref(S) = Ref(S')$ (de novo, supondo que frases têm uma referência). P3 estabelece que o referente de uma descrição definida será aquele objeto que satisfaz a frase aberta que se segue ao operador descritivo, caso exista tal objeto; se não existir, a descrição não terá nenhuma referência. Assim, supondo que Sócrates, e apenas Sócrates, satisfaz a frase aberta "x é um filósofo e x bebeu a cicuta", então Sócrates será o referente da descrição "O filósofo que bebeu a cicuta."

O argumento da catapulta pode então ser representado como se consistisse na seguinte seqüência de passos:

1. Tomemos duas predicações monádicas quaisquer Fa e Gb cujos sujeitos (a e b) sejam itens distintos, e suponhamos que tais frases são verdadeiras. Por outras palavras, sejam 1) Fa, 2) ¬a = b, e 3) Gb, frases verdadeiras e logo coextensionais. (Da suposição que as frases 1 e 2 são falsas, os mesmos resultados poderiam ser obtidos por meio de reajustamentos simples no argumento.) Dado que *ex hypothesi* as frases têm em geral uma referência, supõe-se que cada uma daquelas frases tem uma referência; ou seja, que dada entidade, cuja identidade está naturalmente por determinar, pode ser atribuída a cada uma das frases como o seu referente.

2. Considere-se a frase 4) a = (ιx) (x = a ∧ Fx). As frases 1 e 4 são logicamente equivalentes. Logo, pelo princípio P1, são frases correferenciais. Assim, tem-se o seguinte: *Ref*(4) = *Ref*(1).

3. E considere-se a frase 5) a = (ιx)(x = a ∧ ¬x = b). As frases 2 e 5 são logicamente equivalentes. Logo, por P1, são frases correferenciais; e assim *Ref*(5) = *Ref*(2).

4. Mas sucede que as descrições definidas que ocorrem nas frases 4 e 5, designadamente (ιx) (x = a ∧ Fx) e (ιx) (x = a ∧ ¬x = b), são ambas satisfeitas por um e o mesmo objeto, digamos y, e apenas por esse objeto. Logo, pelo princípio P3, ambas as descrições têm y como referente.

5. Logo, pelo princípio P2, as frases 4 e 5 são correferenciais: *Ref*(4) = *Ref*(5). E podemos assim concluir que *Ref*(1) = *Ref*(2).

6. Por outro lado, considere-se a frase 6) b = (ιx)(x = b ∧ Gx). As frases 6 e 3 são logicamente equivalentes e, por conseguinte, correferenciais: *Ref*(6) = *Ref*(3).

7. E considere-se a frase 7) b = (ιx)(x = b ∧ ¬x = a). As frases 7 e 2 são logicamente equivalentes e, por conseguinte, correferenciais: *Ref*(7) = *Ref*(2).

8. Mas sucede que as descrições definidas que ocorrem nas frases 6 e 7, designadamente (ιx) (x = b ∧ Gx) e (ιx) (x = b ∧ ¬x = a), são ambas satisfeitas por um e o mesmo objeto, digamos z, e apenas por esse objeto. Logo, pelo princípio P3, ambas as descrições têm z como referente.

9. Logo, pelo princípio P2, as frases 6 e 7 são correferenciais: *Ref*(6) = *Ref*(7). E podemos assim concluir que *Ref*(2) = *Ref*(3).

10. Por conseguinte, juntando 5 e 9, obtemos a conclusão geral desejada: *Ref*(1) = *Ref*(3).

E, pelo mesmo gênero de argumento, se 1 e 3 fossem predicações monádicas falsas (acerca de itens diferentes), então teriam necessariamente a mesma referência: *Ref*(1) = *Ref*(3). Logo, generalizando, quaisquer frases que tenham o mesmo valor de verdade são correferenciais, e assim a referência de uma frase deve ser identificada com o seu valor de verdade.

Uma das características mais importantes do argumento da catapulta é a seguinte. Se fosse um argumento correto, então teria o efeito de excluir definitivamente como inapropriadas certas categorias de entidades que têm sido propostas em determinadas teorias semânticas para desempenhar o papel de referentes ou *designata* de frases declarativas. Entre tais entidades contam-se notoriamente ESTADOS DE COISAS, isto é, estruturas de itens e atributos, os quais têm sido utilizados em diversas teorias para servir como referência para frases declarativas. P. ex., uma dessas teorias contaria predicações monádicas verdadeiras como "Vênus é um planeta" e "Alfa Centauro é uma estrela" como não sendo frases correferenciais, uma vez que os estados de coisas (ou fatos) por elas referidos não são idênticos (dado que são compostos por diferentes itens e diferentes propriedades). Se considerarmos o argumento da catapulta como convincente, seremos obrigados a rejeitar quaisquer teorias dessa natureza, pois são manifestamente inconsistentes com a conclusão extraída no argumento.

O argumento da catapulta está, naturalmente, longe de situar-se acima de qualquer suspeita e tem sido objeto de intensa crítica. Como o argumento é válido, a crítica assume obviamente a forma de um ataque às premissas do argumento. Uma primeira linha de oposição consiste simplesmente em rejeitar a idéia geral subjacente ao argumento de que uma noção de referência é aplicável a frases declarativas; alguns filósofos sustentam que, estritamente falando, a noção é apenas aplicável a nomes próprios ou termos singulares: estendê-la a outras categorias de expressões, e muito especialmente a frases, é proceder a uma analogia ilegítima. Em segundo lugar, é igualmente possível, concedendo aquela noção de referência, desafiar a premissa P1 do argumento, ou então a premissa P2 do argumento (ou então ambas). Tal é certamente possível; pois tem sido de fato feito, sobretudo em relação a P2. Com efeito, a composicionalidade em geral tem sido objeto de ataques episódicos. Mas, pelo menos na opinião de quem está escrevendo, não é muito razoável fazê-lo. A premissa P1 pode ser vista como verdadeira por estipulação; e, quanto a P2, os custos envolvidos em uma rejeição da composicionalidade seriam demasiado elevados: a composicionalidade é considerada por muita gente como não sendo simplesmente negociável, para usar uma expressão de Jerry Fodor.

Onde o argumento da catapulta é vulnerável, ou pelo menos mais vulnerável, é na sua premissa P3, a qual estabelece que descrições definidas singulares (em uso ATRIBUTIVO) são termos singulares cujos referentes são os únicos objetos que as satisfazem. Essa inclusão de DESCRIÇÕES DEFINIDAS na categoria dos DESIGNADORES pode ser plausivelmente rejeitada; e o é, em particular, por aqueles que adotam uma teoria estritamente russelliana das descrições e as incluem antes na categoria dos QUANTIFICADORES (essa linha de crítica ao argumento da catapulta é desenvolvida em Neale, 1995). A força do argumento da catapulta parece ser assim parcialmente dependente do tipo de tratamento semântico a dar a descrições definidas singulares, tópico acerca do qual está longe de haver um consenso. *Ver também* EXTENSÃO/INTENSÃO; REFERÊNCIA; COMPOSICIONALIDADE, PRINCÍPIO DA; ESTADO DE COISAS. JB

BARWISE, J. e PERRY, J. *Situations and Attitudes*. Cambridge: MIT Press, 1983.
CARNAP, R. *Meaning and Necessity*. Chicago: University of Chicago Press, 1947.
CHURCH, A. "Review of Carnap's *Introduction to Semantics*", *in Philosophical Review*, 56, 1943, pp. 298-304.
GÖDEL, K. "Russell's Mathematical Logic", *in* Schillp, P. A. (org.). *The Philosophy of Bertrand Russell*. Evanston/Chicago: Northwestern University Press, 1944, pp. 125-53.
NEALE, S. "The Philosophical Significance of Gödel's Slingshot", *in Mind*, 104, 1995, pp. 761-825.

argumento da linguagem privada

Ver LINGUAGEM PRIVADA, ARGUMENTO DA.

argumento de autoridade

Um argumento baseado na opinião de um especialista. Os argumentos de autoridade têm geralmente a seguinte forma lógica (ou são a ela redutíveis): "*a* disse que *P*; logo, *P*". P. ex.: "Aristóteles disse que a Terra é plana; logo, a Terra é plana." Um argumento de autoridade pode ainda ter a seguinte forma lógica: "Todas as autoridades dizem que *P*; logo, *P*."

A maior parte do conhecimento que temos de física, matemática, história, economia ou qualquer outra área baseia-se no trabalho e na opinião de especialistas. Os argumentos de autoridade resultam dessa necessidade de nos apoiarmos nos especialistas. Por isso, uma das regras a que um argumento de autoridade tem de obedecer para poder ser bom é esta: 1) O especialista (a autoridade) invocado tem de ser um bom especialista da matéria em causa. Essa é a regra violada no seguinte argumento de autoridade: "Einstein disse que a maneira de acabar com a guerra era ter um governo mundial; logo, a maneira de acabar com a guerra é ter um governo mundial." Dado que Einstein era um especialista em física, mas não em filosofia política, esse argumento é mau.

Contudo, apesar de Marx ser um especialista em filosofia política, o seguinte argumento de autoridade é mau: "Marx disse que a maneira de acabar com a guerra era ter um governo mundial; logo, a maneira de acabar com a guerra é ter um governo mundial." Nesse caso, é mau porque viola outra regra: 2) Os especialistas da matéria em causa não podem discordar significativamente entre si quanto à afirmação em causa. Dado que os especialistas em filosofia política discordam entre si quanto à afirmação em causa, o argumento é mau. É em virtude dessa regra que quase todos os argumentos de autoridade sobre questões substanciais de filosofia são maus: porque os filósofos discordam entre si sobre questões substanciais. Poucas são as afirmações filosóficas substanciais que todos os filósofos aceitam unanimemente, e por isso não se pode usar a opinião de um filósofo para provar seja o que for de substancial em filosofia. Fazer isso é falacioso.

Os seguintes argumentos contra Galileu são igualmente maus: "Aristóteles disse que a Terra está imóvel; logo, a Terra está imóvel" e "A Bíblia diz que a Terra está imóvel; logo, a Terra está imóvel." O primeiro é mau porque nem todos os grandes especialistas em astronomia, entre os quais se contava o próprio Galileu, concordavam com Aristóteles – o argumento viola a regra 2. O segundo é mau porque os autores da Bíblia não eram especialistas em astronomia – o argumento viola a regra 1.

Considere-se o seguinte argumento: "Todos os especialistas afirmam que a teoria de Einstein está errada; logo, a teoria de Einstein está errada." Qualquer pessoa poderia ter usado esse argumento quando Einstein publicou pela primeira vez a teoria da relatividade. Esse argumento é mau porque é derrotado pela força dos argumentos independentes que sustentam a teoria de Einstein. A regra violada é a seguinte: 3) Só podemos aceitar a conclusão de um argumento de autoridade se não existirem outros argumentos mais fortes ou de força igual a favor da conclusão contrária. Poderíamos eliminar 2, pois 3 faz o seu trabalho. Não se aceita um argumento de autoridade baseado em um filósofo quando há outros argumentos de igual força, baseados em outro filósofo, a favor da conclusão contrária. Mas 3 abrange o tipo de erro presente no último argumento sobre Einstein, ao passo que 2 não o faz. No caso do argumento de Einstein, o erro consiste no fato de o argumento de autoridade baseado em todos os especialistas em física ser mais fraco do que os próprios argumentos físicos e matemáticos que sustentam a teoria de Einstein.

Considere-se o seguinte argumento: "O psiquiatra X defende que todos devem ir ao psiquiatra pelo menos três vezes por ano; logo, todos devem ir ao psiquiatra pelo menos três vezes por ano." Admita-se que todos os especialistas em psiquiatria concordam com X, que é um grande especialista na área. A regra 3 diz-nos que esse argumento é fraco porque há outros argumentos que colocam em causa a conclusão: dados estatísticos, p. ex., que mostram que a porcentagem de curas efetuadas pelos psiquiatras é diminuta, o que sugere que essa prática médica é muito diferente de outras práticas cujo sucesso real é muitíssimo superior. Além disso, esse argumento viola outra regra: 4) Os especialistas da matéria em causa, no seu todo, não podem ter fortes interesses pessoais na afirmação em causa. Quando Einstein afirma que a teoria da relatividade é verdadeira, tem certamente muito interesse pessoal na sua teoria. Mas os outros físicos não têm nenhum interesse em que a teoria da relatividade seja verdadeira; pelo contrário, até têm interesse em demonstrar que é falsa, pois nesse caso seriam eles a ficar famosos, e não Einstein. Mas nenhum psiquiatra tem interesse em refutar o que diz X. E, por isso, a sua afirmação não tem nenhum valor – porque é a comunidade dos especialistas, no seu todo, que tem tudo a ganhar e nada a perder em concordar com X.

Os argumentos de autoridade são vácuos ou despropositados quando invocam correctamente um especialista para sustentar uma conclusão que pode ser provada por outros meios mais diretos. P. ex.: "Frege afirma que o *modus ponens* é válido; logo, o *modus ponens* é válido." Dado que a validade do *modus ponens* pode ser verificada por outros meios mais diretos, esse argumento é vácuo ou despropositado. Os argumentos de autoridade devem ser usados unicamente quando não se podem usar outras maneiras argumentativas mais diretas.

Usa-se muitas vezes a expressão "argumento de autoridade" como sinônimo de "argumento mau de autoridade". Todavia, nem todos os argumentos de autoridade são maus; o progresso do conhecimento é impossível sem recorrer a argumentos de autoridade; e podem-se distinguir com alguma proficiência os bons dos maus argumentos de autoridade, atendendo às regras dadas. *Ver* LÓGICA INFORMAL. **DM**

WALTON, D. *Informal Logic*. Cambridge: Cambridge University Press, 1989.

argumento de Frege-Church

Ver ARGUMENTO DA CATAPULTA.

argumento de uma função

Ver FUNÇÃO.

argumento do matemático ciclista

Argumento clássico aduzido por Willard Quine (1908-2000) – veja-se Quine, 1960, p. 119 – contra a lógica modal quantificada e os alegados compromissos desta com as doutrinas do essencialismo e da modalidade *de re*. A contenção principal do argumento é a de que não faz nenhum sentido atribuir diretamente predicados modalizados, predicados como "é necessariamente racional" e "é contingentemente bípede", a um indivíduo ou particular. Pois a correção ou incorreção de tais atribuições varia forçosamente em função dos modos específicos que escolhermos para descrever (lingüisticamente) os particulares em questão; e, argumentavelmente, nenhum dos modos disponíveis tem um estatuto privilegiado em relação aos outros. O descrédito é assim aparentemente lançado sobre a inteligibilidade da noção de uma modalidade – necessidade, possibilidade, contingência, etc. – presente nas coisas elas mesmas, *in rerum natura*; e, conseqüentemente, sobre a doutrina do ESSENCIALISMO, a qual pressupõe a inteligibilidade de tal noção. A modalidade é antes invariavelmente *de dicto*, nada mais do que um aspecto do nosso esquema conceptual, um resultado de algumas das nossas maneiras convencionais de classificar coisas.

O argumento do matemático ciclista desenvolve-se da seguinte maneira. Tome-se uma pessoa, Wyman, que é simultaneamente matemático e ciclista. Descrito como matemático, Wyman tem aparentemente a propriedade de ser necessariamente racional, pois todos os matemáticos são necessariamente racionais. Mas, descrito como ciclista, ele não tem aparentemente essa propriedade, pois nenhum ciclista é necessariamente racional (os ciclistas são apenas contingentemente racionais). Logo, e como nenhuma das descrições de Wyman pode ser plausivelmente selecionada como a mais adequada, é destituída de sentido qualquer predicação de atributos modais ao indivíduo Wyman considerado em si mesmo, independentemente de qualquer modo de identificação. Mais em detalhe, o argumento quiniano convida-nos a considerar as conclusões mutuamente contraditórias dos seguintes dois argumentos intuitivamente válidos:

Argumento I – Premissa maior: Todo matemático é necessariamente racional. Premissa menor: Wyman é um matemático. Conclusão: Wyman é necessariamente racional.

Argumento II – Premissa maior: Nenhum ciclista é necessariamente racional. Premissa menor: Wyman é um ciclista. Conclusão: Wyman não é necessariamente racional.

Naturalmente, o resultado é intencionado como uma *reductio ad absurdum* da doutrina da modalidade *de re*: como o defensor da doutrina tem de aceitar as premissas maiores como verdadeiras, e como os argumentos são válidos, ele é forçado a aceitar ambas as conclusões.

Todavia, apesar de Quine, trabalhos importantes sobre a modalidade realizados por Arthur Smullyan (veja-se Smullyan, 1948) e Ruth Barcan Marcus (veja-se Marcus, 1993, pp. 54-5), entre outros, têm convencido muita gente de que os argumentos antiessencialistas quinianos, como o argumento do matemático ciclista, são falaciosos; e as falácias neles cometidas resultam de indistinções relativas aos âmbitos dos operadores modais envolvidos. Assim, p. ex., a premissa maior do argumento I é ambígua entre uma interpretação que dá âmbito longo ao operador modal, representada na fórmula $\Box \forall x$ (Matemático $x \to$ Racional x), e uma interpretação que lhe dá âmbito curto, representada na fórmula $\forall x$ (Matemático $x \to \Box$ Racional x). Ora sucede que o argumento I só é válido se a sua premissa maior receber essa última interpretação (ele é inválido se ela receber a primeira interpretação). Mas não é essa a interpretação que acomoda a intuição de que a premissa maior é verdadeira (é a primeira interpretação que o faz); e, nesse caso, o defensor da modalidade *de re* não está de todo obrigado a reconhecer a premissa maior do argumento I como verdadeira, e logo não está de todo obrigado a aceitar a conclusão desse argumento (*mutatis mutandis* em relação ao argumento II). *Ver também* DE DICTO/DE RE; ESSENCIALISMO; PROPRIEDADE ESSENCIAL/ACIDENTAL. **JB**

BARCAN MARCUS, R. "Essential Attribution", *in Modalities*. Oxford: Oxford University Press, 1993, pp. 54-70.
QUINE, W. V. O. *Word and Object*. Cambridge: MIT Press, 1960.
SMULLYAN, A. "Modality and Description", *in Journal of Symbolic Logic*, XIII, 1948, pp. 31-7.

argumento do um-em-muitos

Ver UNIVERSAL.

argumento ontológico

O argumento ontológico pretende demonstrar a existência de Deus por meios puramente conceptuais. Primeiramente formulado por Anselmo de Aosta (1033-1109) no século XI, encontram-se diferentes variantes dele em Tomás de Aquino (1225-1274), Descartes (1596-1650) e Leibniz (1646-1716). A estrutura do argumento é basicamente a seguinte:

1. Deus é o ser acima do qual nada de maior pode ser pensado.
2. A idéia de ser acima do qual nada de maior pode ser pensado existe na nossa consciência.
3. Se o ser correspondente a essa idéia não existisse, teria de faltar um predicado à sua idéia, a saber, o predicado da existência, pelo que, nessas condições, essa idéia já não seria a do ser acima do qual nada de maior pode ser pensado, uma vez que seria lícito pensar-se em um outro ser que tivesse exatamente os mesmos predicados que o anterior e, para além desses, também o da existência.
4. Logo, se a idéia de ser acima do qual nada de maior pode ser pensado existe, então o ser que lhe corresponde tem também de existir, pois, se esse não for o caso, a idéia em causa deixa de ser a idéia que é, o que constitui uma contradição.

Um contemporâneo de Anselmo de Aosta, o monge Gaunilo de Marmoutiers, elaborou uma refutação do argumento de Anselmo por meio de uma REDUCTIO AD ABSURDUM. A *reductio* de Gaunilo tem o seguinte aspecto:

1. Perdida é a ilha paradisíaca mais perfeita e agradável que qualquer outra.
2. A idéia de ilha paradisíaca mais perfeita e agradável que qualquer outra existe na nossa consciência.
3. Se a ilha real a que essa idéia corresponde não existisse, teria de faltar um predicado à idéia, a saber, o predicado da existência, pelo que então essa idéia já não se-

ria a idéia da ilha paradisíaca mais perfeita e agradável que qualquer outra, uma vez que seria possível pensar-se em uma outra ilha que tivesse exatamente as mesmas propriedades de Perdida e ainda a propriedade da existência.

4. Logo, se a idéia de ilha paradisíaca mais perfeita e agradável que qualquer outra existe, então o objeto que lhe corresponde tem também de existir, pois, se esse não for o caso, a idéia em causa deixa de ser a idéia que é, o que constitui uma contradição.

A reformulação do argumento de Anselmo por Gaunilo mostra-nos as conclusões inaceitáveis que se podem extrair de tal estrutura argumentativa, mas não diagnostica o vício subjacente a ele. Um primeiro diagnóstico da natureza desse vício foi efetuado por Hume (1711-1776) e tornado célebre por Kant (1724-1804). Consiste na consideração de que o termo "existir" não é adequadamente utilizado no argumento, uma vez que ele é aqui tratado como se referisse a um predicado, quando a existência não é um predicado. Não sendo a existência um predicado, a atribuição de existência à idéia ou representação de um objeto ou ser não lhe acrescenta nenhum predicado, pelo que a idéia ou representação de um dado objeto ou ser concebido como existente não pode ser considerada maior ou mais perfeita, no sentido referido antes de reunidora de maior número de predicados, do que a mesma idéia ou representação concebida como de um objeto ou ser inexistente. Daí que a idéia de Deus concebida como realizada em um ser particular em nada pode diferir da mesma idéia de Deus concebida como não-realizada por qualquer ser.

Mais tarde, Frege (1848-1925) refinou a análise do conceito de existência, defendendo a tese de que a existência seria um predicado de 2.ª ordem, isto é, um predicado que apenas poderia ser atribuído a conceitos, e não a objetos ou seres. (Há, porém, autores modernos que defendem novas versões da tese tradicional; *ver* EXISTÊNCIA.) Desse modo, o que a proposição "Deus existe" faria seria atribuir ao conceito de Deus a propriedade de não ser vazio. Pressupondo a não-contraditoriedade do conceito de Deus, uma decisão acerca da verdade de tal proposição só poderia ser alcançada por intermédio da descoberta de um processo por meio do qual fosse possível determinar, de maneira empírica, se algum ser satisfaria efetivamente todos os predicados de primeira ordem por meio da conjunção dos quais o conceito de Deus seria definido. Como a existência, enquanto predicado de 2.ª ordem, não poderia ser um desses predicados, o contraste entre as duas idéias introduzidas no argumento de Anselmo não poderia estabelecer-se, e o argumento seria improcedente. Assim, a nova definição de existência introduzida por Frege não traz nenhuma modificação à rejeição do argumento determinada por Hume e Kant. **AZ**

AOSTA, Anselmo de. "Proslógion", *in Opúsculos selectos de filosofia medieval*. Trad. A. S. Pinheiro. Braga: Faculdade de Filosofia, 1984.

FREGE, G. 1884. *Os fundamentos da aritmética*. Trad. A. Zilhão. Lisboa: Imprensa Nacional Casa da Moeda, 1992.

MARMOUTIERS, Gaunilo de. *Liber pro insipiente* (Livro em favor do insensato). Texto publicado em espanhol e latim, como anexo ao ensaio de Anselmo "Liber apologeticus contra Gaunilonem respondentem pro insipienti" (Livro apologético contra a resposta de Gaunilo em favor do insensato), *in Obras completas de San Anselmo*. Madri: Biblioteca de Autores Cristianos, 1952-1953, vol. I.

HUME, D. *A Treatise of Human Nature* [1739-40]. Oxford: Oxford University Press, 1978. Trad. port. *Tratado da natureza humana*. Lisboa: Fundação Calouste Gulbenkian, 2002.

KANT, I. *Crítica da razão pura* [1787]. Trad. M. P. dos Santos *et al*. Lisboa: Gulbenkian, 1985.

argumento ontológico gödeliano

Kurt Gödel (1906-1978) é conhecido por resultados notáveis nos domínios dos fundamentos da matemática, dos fundamentos da lógica, dos fundamentos da ciência da computação e dos fundamentos da física: o teorema de completude da lógica elementar clássica (1929), os teoremas de incompletude da aritmética elementar clássica (1930), o teorema de equiconsistência das aritméticas clássica e intuicionista (1933), a definição de função recursiva geral (1934), o teorema de consistência da hipótese generalizada do contínuo (1937), um modelo cosmológico para as equações de campo de Einstein (1949), etc. No entanto, ele se interessou também pelas questões clássicas da metafísica. Às três idéias constitutivas da metafísica (em nota de rodapé ao § 395 da 2.ª edição da *Crítica da razão pura*, Kant afirma que essas três idéias constituem o objeto de investigação da metafísica) – Deus, liberdade e imortalidade –, Gödel oferece seu ponto de vista (Gödel não trata diretamente da questão da imortalidade, mas somente da questão associada sobre vida após a morte. Em um manuscrito intitulado "Meu ponto de vista filosófico" ele afirma que "o mundo no qual vivemos não é o único em que viveremos ou em que tenhamos vivido") (cf. Wang, 1996, p. 316).

Em correspondências datadas do início da década de 1960, Gödel utiliza um análogo do princípio leibniziano de razão suficiente segundo o qual "o mundo e tudo o que nele há têm sentido (*Sinn*, em alemão) e razão (*Vernunft*, em alemão)" (Wang, 1996, p. 108), para concluir que há vida após a morte (p. 105). Segundo Gödel, caso não houvesse vida após a morte, o mundo não seria "racionalmente construído e não teria sentido" [pp. 105-6; "Qual sentido haveria em criar um ser (o homem), que tem uma ampla gama de possibilidades para seu desenvolvimento e para relacionamentos com os outros, e então não permitir que realize sequer um milésimo dessas possibilidades?"], mas o mundo é racionalmente construído porque "tudo é permeado pela máxima regularidade e ordem" e "ordem é uma forma de racionalidade" (p. 106).

Quanto à questão da liberdade, Gödel sugere ser possível adaptar os seus teoremas de incompletude da aritmética elementar clássica para demonstrar que "uma sociedade completamente isenta de liberdade (isto é, uma sociedade procedendo em tudo segundo regras estritas de 'conformidade') será, em seu comportamento, ou inconsistente ou incompleta, isto é, incapaz de resolver determinados problemas, talvez de importância vital. Ambos podem, naturalmente, pôr em perigo sua sobrevivência em uma situação difícil. Uma observação similar aplicar-se-ia também a seres humanos considerados em suas individualidades" (p. 4).

O ataque de Gödel à questão sobre a natureza e existência de Deus é elaborado a partir de uma adaptação do argumento ontológico leibniziano. Esse argumento está inserido em um projeto mais amplo, apenas esboçado por Gödel, para fundar a metafísica como uma ciência exata, preferencialmente sob forma de uma monadologia na qual Deus é a mônada central (cf. Gierer, 1997, pp. 207-17. Nesse texto Gierer transcreve e comenta um diálogo ocorrido em 13 de novembro de 1940 entre Gödel e Rudolf Carnap, no qual Gödel sustenta a exeqüibilidade de tal projeto).

Há, entre os espólios de Gödel, esboços do argumento ontológico datando de *c.* 1941, mas a versão definitiva é datada de 10 de fevereiro de 1970. Gödel é conhecido por sua relutância em publicar resultados que não considerasse definitivos; basta lembrar que sua obra publicada em vida não perfaz mais do que trezentas páginas. Isso talvez explique por que seu argumento ontológico ficou inédito até 1987, quando Jordan Howard Sobel o publicou (Sobel, 1987, pp. 241-61).

Em fevereiro de 1970 Gödel discutiu seu argumento ontológico com Dana Scott. Disso resultou uma versão do argumento ontológico gödeliano produzida por Scott, cujo tratamento formal é mais simples do que o tratamento da versão original de Gödel. Por manter intactas as noções fundamentais e os passos principais da versão original de Gödel, costuma-se utilizar essa versão de Scott na discussão do argumento ontológico gödeliano. Adotamos, aqui, essa prática.

Contudo, para compreender o argumento proposto por Gödel é preciso analisar previamente o argumento ontológico leibniziano.

O argumento de Leibniz é parte de uma crítica mais geral à epistemologia cartesiana. Leibniz, contra Descartes, ressalta o valor do conhecimento simbólico, e a crítica ao argumento ontológico cartesiano constitui um exemplo dessa diferença entre Leibniz e Descartes.

Leibniz esquematiza o argumento da Quinta Meditação cartesiana do seguinte modo: "Deus é um ser que possui todas as perfeições, e, conseqüentemente, ele possui existência, que é uma perfeição. Portanto, ele existe" (cf. Leibniz, 1989, p. 237. Trata-se de um excerto de carta, provavelmente endereçada à condessa Elisabete, provavelmente escrita em 1678). Segundo Leibniz, o argumento não é um sofisma, mas está incompleto. O que falta ao argumento é a demonstração da consistência da noção de Deus, ou seja, falta a demonstração da COMPOSSIBILIDADE das perfeições. O que Leibniz solicita é que seja demonstrado que a noção de Deus é uma noção adequada e não apenas distinta, que é possível fornecer uma definição real e não apenas nominal de Deus (cf. Leibniz, 1982, pp. 271-8; trata-se do texto "Meditações sobre o conhecimento, a verdade e as idéias", de 1684, no qual Leibniz distingue entre noções claras/obscuras, distintas/confusas, adequadas/inadequadas, intuitivas/simbólicas, e esboça uma teoria da definição a partir dessas dicotomias).

No texto "Que o Ser Perfeitíssimo existe" (Leibniz, 1982, pp. 148-50), de 1676, Leibniz demonstra a compossibilidade das perfeições a partir da caracterização delas como qualidades simples, positivas e absolutas. Dessas, apenas a positividade mantém-se como nota das perfeições no período maduro da filosofia leibniziana.

No argumento ontológico gödeliano as propriedades positivas realizam o papel das perfeições; elas constituem as notas da noção de Deus. O argumento ontológico gödeliano nada mais é do que uma axiomatização da noção de propriedade positiva, uma definição implícita daquilo que se entende por propriedade positiva.

Dividimos o argumento ontológico gödeliano em quatro blocos: definições, axiomas, resultados e metateoria.

a) Definições:

1. Um indivíduo tem a propriedade de semelhança a Deus (*Gottähnlich*, em alemão) se, e somente se, ele possui todas as propriedades positivas. – Gödel também a denomina de propriedade de ser divino (*Göttlich*, em alemão).

2. Uma propriedade é essência de um indivíduo se, e somente se, o indivíduo possui essa propriedade e essa propriedade é necessariamente subordinada a todas as propriedades do indivíduo. – Gödel utiliza indiferentemente as expressões alemãs *Essenz* e *Wesen* para a essência de um indivíduo. Entende-se que uma propriedade é subordinada a outra quando a extensão da primeira é um subconjunto da extensão da segunda. Essa noção de essência corresponde à noção leibniziana de conceito completo de um indivíduo.

3. Um indivíduo tem a propriedade da existência necessária (*Notwendige Existenz*, em alemão) se, e somente se, todas as essências do indivíduo são necessariamente exemplificadas. – Gödel toma o cuidado para não fazer da existência um predicado não-trivial de primeira ordem. Aqui ele faz eco à proposta de Norman Malcolm (1960), para quem a existência necessária, ou seja, a impossibilidade lógica da inexistência, é um predicado não-trivial de primeira ordem, embora a existência *simpliciter* não o seja.

b) Axiomas:

1. Qualquer que seja a propriedade de indivíduos, ou ela é positiva ou sua nega-

ção é positiva. – Entende-se que a negação de uma propriedade de indivíduos é aquela propriedade de indivíduos cuja extensão é o complemento, relativo ao domínio de indivíduos, da extensão da propriedade de indivíduos.

2. Quaisquer que sejam as propriedades P e Q, se P é positiva e necessariamente sempre que um indivíduo tem a propriedade P também tem a propriedade Q, então Q é positiva.

3. A propriedade de semelhança a Deus é positiva.

4. Qualquer que seja a propriedade de indivíduos, se ela é positiva, então necessariamente ela é positiva.

5. A propriedade da existência necessária é positiva.

Os axiomas 1, 2 e 4 estão relacionados a uma estrutura algébrica denominada ultrafiltro (filtro primo). Na versão original de Gödel isso é ainda mais evidente. O primeiro axioma da versão original de Gödel afirma que a conjunção de uma quantidade arbitrária de propriedades positivas é uma propriedade positiva; esse axioma é uma generalização da cláusula imposta aos ultrafiltros segundo a qual os conjuntos de um ultrafiltro são fechados por interseções finitas. O segundo axioma da versão original de Gödel corresponde ao primeiro axioma da versão de Scott; esses axiomas correspondem à cláusula de maximalidade imposta aos ultrafiltros. O quarto axioma da versão original de Gödel corresponde ao segundo axioma da versão de Scott; esses axiomas correspondem à cláusula de fecho por superconjuntos imposta aos ultrafiltros. Finalmente, os axiomas segundo os quais as propriedades de semelhança a Deus e de existência necessária são propriedades positivas correspondem à cláusula de não-vacuidade imposta aos ultrafiltros. Essa caracterização algébrica das propriedades positivas é reveladora das intuições e intenções de Gödel: é usual interpretar um ultrafiltro como uma família de conjuntos muito grandes. Se essa interpretação esti-

ver correta, Gödel está afirmando que as propriedades divinas são aquelas exemplificadas por uma quantidade muito grande de indivíduos, o que estaria em conformidade com teses leibnizianas acerca da criação e constituição do mundo real como o melhor dos mundos possíveis (cf. Sautter, 2000. O capítulo 4 desse trabalho contém uma discussão detalhada dessa leitura dos axiomas. Nele é proposta uma formulação sucinta do argumento ontológico gödeliano, baseada na utilização de um quantificador aplicado a propriedades de indivíduos, cuja interpretação recorre a ultrafiltros).

Gödel também oferece uma caracterização puramente sintática das propriedades positivas. Em um "Caderno de notas filosóficas" (cf. Adams, 1995, p. 436) afirma que "as propriedades positivas são precisamente aquelas que podem ser formadas a partir das propriedades elementares por intermédio das operações &, ∨, ⊃ e, em nota de rodapé à sua versão do argumento, Gödel afirma que as propriedades positivas são aquelas cuja "forma normal disjuntiva em termos de propriedades elementares contêm um membro sem negação" (cf. Adams, 1995, p. 404). Aqui é admitido que algumas propriedades positivas são simples (as propriedades elementares) e, portanto, não contêm negação, e que todas as demais propriedades positivas são obtidas das propriedades elementares por intermédio de operações booleanas nas quais não precisa intervir a negação. Essa possibilidade de caracterização decorre dos seguintes resultados acerca da lógica proposicional clássica (LPC), cuja demonstração envolve aplicação de indução matemática:

1. (Teorema) Para toda proposição P da LPC, existe uma proposição Q da LPC tal que Q é tautologicamente equivalente a P e os conectivos de Q pertencem a {&, ∨, ⊃} ou Q é a negação de uma proposição cujos conectivos pertencem a {&, ∨, ⊃}.

2. (Corolário) Para toda proposição P da LPC, tal que a forma normal disjuntiva de P contém pelo menos um disjuntivo sem ne-

gação, existe uma proposição Q da LPC, tal que Q é tautologicamente equivalente a P e os conectivos proposicionais de Q pertencem a {&, ∨, ⊃}.
3. (Teorema) Se P é uma proposição da LPC tal que os conectivos de P pertencem a {&, ∨, ⊃}, a forma normal disjuntiva de P contém pelo menos um disjuntivo sem negação.

Há duas objeções principais à noção de propriedade positiva: na primeira alega-se que a distinção entre positivo e não-positivo não é absoluta, como pretende Gödel, mas sempre relativa à escolha de um sistema de conceitos; na segunda alega-se que a noção de propriedade positiva não tem relevância teológica.

A primeira objeção é formulada por André Fuhrmann do seguinte modo: "Propriedades não são em si mesmas positivas ou negativas, mas sempre somente em vista de outras propriedades. Desse modo, poder-se-ia, p. ex., considerar *duro* uma propriedade simples e analisar *mole* como *não-duro*; o inverso é, naturalmente, igualmente possível. Por conseguinte, isso indica que possivelmente pode haver mais de uma análise, ao fim das quais figuram classes de propriedades simples bem distintas e incompatíveis" (Fuhrmann, 2005). Aqui, Fuhrmann compara a situação da distinção positivo/negativo (não-positivo) com a situação da distinção simples/complexo (não-simples). Embora a controvérsia não se restrinja aos seus aspectos formais, Otto Muck (1992, pp. 65-6) forneceu um critério natural de prioridade ontológica com o qual, pelo menos formalmente, é possível mostrar que uma propriedade positiva sempre tem prioridade ontológica sobre sua negação.

A segunda objeção é ainda mais contundente: em que medida as propriedades tradicionalmente atribuídas a Deus – onipotência, onisciência, onibenevolência, etc. – são propriedades positivas segundo a caracterização oferecida por Gödel? Aqui, novamente, Otto Muck (p. 61) encontra uma resposta: ele observa que a caracterização de propriedade positiva tem grande similaridade com a caracterização de *perfectio pura* da tradição da teologia filosófica. Por oposição às *perfectione mixtae*, as *perfectione purae* são os atributos divinos nessa tradição.

c) Resultados:

1. (Teorema) Se uma propriedade é positiva, então possivelmente ela é exemplificada. – Esse passo da demonstração é realizado utilizando somente os Axiomas 1 e 2.

2. (Corolário) A propriedade de semelhança a Deus possivelmente é exemplificada. – Esse passo da demonstração corresponde ao passo que Leibniz alega faltar no argumento ontológico cartesiano: a demonstração de compossibilidade dos atributos divinos. Esse passo da demonstração é realizado utilizando o Teorema 1 e o Axioma 3.

3. (Teorema) Se um indivíduo tem a propriedade de semelhança a Deus, então ela é a essência desse indivíduo. – Esse passo da demonstração é realizado utilizando somente o Axioma 1.

4. (Nota) Duas essências de um indivíduo são necessariamente idênticas.

5. (Nota) A essência de um indivíduo necessariamente não é propriedade de outro indivíduo. – Esse resultado, junto com o Teorema 1, demonstra a unicidade divina, quer dizer, existe no máximo um ser com a propriedade da semelhança a Deus.

6. (Teorema) Necessariamente existe um indivíduo com a propriedade de semelhança a Deus. – Esse passo da demonstração é realizado utilizando o Corolário 2 ao Teorema 1 e o seguinte resultado auxiliar: se a propriedade de semelhança a Deus possivelmente é exemplificada, então é possível que ela seja necessariamente exemplificada. Esse último resultado é, por sua vez, demonstrado com auxílio do Axioma 4 e da proposição batizada por Charles Hartshorne de princípio de Anselmo. Esse princípio afirma que, se existe um ente com a propriedade da semelhança a Deus, então necessariamente existe um ente com a propriedade da semelhança a Deus. Essa denominação de "princí-

pio de Anselmo" parece se relacionar ao fato de Anselmo da Cantuária demonstrar, por redução ao absurdo, não apenas a existência de um ser tal que não se pode pensar nada maior (Deus), mas também que necessariamente existe tal ser (cf. Macedo, 1996. A demonstração, por redução ao absurdo, no capítulo 2 do *Proslogion*, conclui que um ser tal que não se pode pensar nada maior existe; a demonstração, também por redução ao absurdo, no capítulo 3 do *Proslogion*, conclui, utilizando a mesma definição de Deus como ser tal que não se pode pensar nada maior, que necessariamente ele existe; finalmente, no capítulo 15 do *Proslogion*, Anselmo conclui que Deus sequer pode ser pensado, quer dizer, Deus é incognoscível).

d) Metateoria:

Sobel sugeriu que o argumento ontológico gödeliano sofria de um grave problema formal, a saber, o colapso de modalidades, ou seja, tudo aquilo que é verdadeiro também é necessário. Desde então diversas modificações das noções e axiomas originais de Gödel foram propostas para contornar essa dificuldade (o artigo *Summum bonum* de Nelson Gomes, de 2006, além de fazer uma exposição pormenorizada do argumento ontológico gödeliano, tanto nos seus aspectos histórico-filosóficos como em seus aspectos formais, contém uma apresentação das principais propostas de sua alteração). Contudo, Petr Hájek mostrou que, adotando uma interpretação não-*standard* do universo das propriedades de indivíduos segundo a qual as propriedades são fechadas por operações booleanas [a formação arbitrária de propriedades (interpretação *standard*) é uma das causas do colapso das modalidades no argumento ontológico gödeliano], e adotando o sistema de lógica modal S5 como lógica subjacente, é possível demonstrar a consistência do argumento ontológico gödeliano, a independência mútua de seus axiomas e o não-colapso de suas modalidades (o detalhamento desses resultados encontra-se em Sautter, 2000, capítulo 3). **FTS**

ADAMS, Robert Merrihew. "Appendix B: Texts Relating to the Ontological Argument", *in* Feferman, Solomon *et al*. (org.). *Kurt Gödel, Collected Works*. Nova York: Oxford, 1995, vol. III, p. 436.

———. "Introductory Note to *1970", *in* Feferman, Solomon *et al*. (orgs.). *Kurt Gödel, Collected Works*. Nova York: Oxford, 1995, vol. III, p. 404.

COSTA MACEDO, J. M. *Proslogion, de Santo Anselmo, seguido do Livro em favor de um insensato, de Gaunilo, e do Livro apologético*. Porto: Porto Editora, 1996.

FUHRMANN, André. "Existenz und Notwendigkeit – Kurt Gödels axiomatische Theologie", *in* W. Spohn *et. al*. (orgs.). *Logik in der Philosophie*. Heidelberg: Synchron, 2005, pp. 349-74.

GIERER, Alfred. "Gödel Meets Carnap: a Prototypical Discourse on Science and Religion", *in Zygon*, vol. 32, n.º 2, 1997, pp. 207-17.

GOMES, Nelson. "Summum bonum", *in Analytica* 10/1, 2006, pp. 13-74.

HÁJEK, Petr. *Der Mathematiker und die Frage der Existenz Gottes (betreffend Gödels ontologischen Beweis)*, trabalho acadêmico. Praga: Institute of Computer Science, Czech Academy of Sciences, s/d.

KANT, I. *Crítica da razão pura* [1781]. 3.ª ed. Trad. M. P. dos Santos e A. F. Morujão. Lisboa: Gulbenkian, 1994.

LEIBNIZ, Gottfried Wilhelm. *Escritos filosóficos*. Org. e trad. Ezequiel Olaso. Buenos Aires: Charcas, 1982.

———. *Philosophical Essays*. Org. e trad. Roger Ariew e Daniel Garber, Indianápolis: Hackett, 1989.

MALCOLM, Norman. "Anselm's Ontological Arguments", *in The Philosophical Review*, 69, 1960, pp. 41-62.

MUCK, Otto. "Eigenschaften Gottes im Licht des Gödelschen Arguments", *in Theologie und Philosophie*, 67, 1992, pp. 65-6.

SAUTTER, Frank Thomas. *O argumento ontológico gödeliano*. Tese de doutorado. Campinas: Unicamp, 2000.

SOBEL, Jordan Howard. "Gödel's Ontological Proof", *in* Thomson, Judith Jarvis (org.). *On Being and Saying*. Cambridge: MIT Press, 1987.

WANG, Hao. *A Logical Journey*. Cambridge: MIT Press, 1996.

argumento *per analogiam*

Ver ARGUMENTO POR ANALOGIA.

argumento por analogia

Um argumento que infere a satisfação de uma propriedade Φ por um objeto B, na base da analogia que se verifica existir entre o objeto B e um dado objeto A, que sabemos previamente satisfazer a propriedade Φ. A analogia existente entre os objetos A e B deixa-se, por sua vez, esclarecer em termos do fato de existir certo grupo de propriedades que é satisfeito tanto por A como por B.

A hipotética validade ou invalidade de tal argumento não pode ser estabelecida A PRIORI. Com efeito, a validade de um argumento desse gênero depende essencialmente da relevância que a analogia que se detecta existir entre A e B possa ter para a compreensão da satisfação de propriedades como Φ por objetos do gênero de A e de B. Porém, seja qual for essa relevância, um argumento por analogia é sempre um argumento indutivo e nunca dedutivo, isto é, trata-se de um argumento que da verdade das premissas infere a conclusão como provavelmente verdadeira, e não de um argumento no qual a verdade da conclusão se segue necessariamente da verdade das premissas. Formalmente, podemos representar o aspecto geral de um raciocínio por analogia por meio de uma expressão do seguinte gênero:

$$\Psi_1(y) \wedge \Psi_2(y) \wedge \Psi_3(y) \wedge \ldots \wedge \Psi_n(y)$$
$$\Psi_1(x) \wedge \Psi_2(x) \wedge \Psi_3(x) \wedge \ldots \wedge \Psi_n(x)$$
$$\Phi(x)$$
$$\therefore \Phi(y)$$

No caso da filosofia da mente, uma posição filosófica cujas teses dependem essencialmente da validade ou invalidade, extremamente disputada, de determinado raciocínio por analogia é o empirismo clássico. Um dos problemas que essa doutrina tem de enfrentar é, com efeito, o de que parece ser possível extrair indesejáveis conclusões solipsistas do seu princípio segundo o qual a experiência sensorial detém a primazia epistemológica na validação do conhecimento. Em conseqüência, alguns filósofos empiristas tentam evitar esse resultado por intermédio da apresentação de um argumento por analogia no qual a existência de outras consciências é inferida.

Esse argumento, cuja validade é defendida por John Stuart Mill (1806-1873) e Bertrand Russell (1872-1970), entre outros, tem basicamente o seguinte aspecto: as minhas percepções de figuras humanas revelam-me que existe uma grande semelhança entre os corpos que as constituem e o meu próprio corpo, tal como me é dado à minha percepção; por outro lado, o modo como esses corpos se movem e intervêm no espaço físico parece ser também extremamente semelhante ao modo como o meu próprio corpo intervém e se movimenta no espaço físico; sei também por experiência própria que os meus movimentos no espaço físico são, de modo regular, precedidos, acompanhados e seguidos de determinados estados mentais; posso, por conseguinte, inferir que, por analogia com o meu próprio caso, também no caso das outras figuras humanas que percepciono, determinados estados mentais análogos aos meus ocorrem nelas em associação com aqueles movimentos e comportamentos físicos que elas realizam e que são semelhantes aos que eu próprio realizo em associação com aqueles mesmos estados mentais; todas as generalizações psicofísicas que sei serem verdadeiras a meu respeito são, por conseguinte, provavelmente verdadeiras também a respeito dos outros.

Esse argumento tem sido alvo de duas linhas de crítica. A primeira linha é a seguida pelo ceticismo, que não aceita que raciocínios por analogia, quaisquer que eles sejam, possam dar origem a verdadeiro conhecimento. A segunda linha é a seguida tanto por Wittgenstein (1889-1951) como pelos filósofos do Círculo de Viena, e consiste na negação de que o argumento apresentado anteriormente constitua um verdadeiro raciocínio por analogia. Essa segunda crítica é assim substancialmente mais forte do que a primeira, a qual se deixa reconduzir, em última análise, à discussão clássica acerca da validade ou invalidade cognitiva do raciocínio indutivo. A idéia fundamental subjacente ao segundo gênero de crítica é a tese expressa por Wittgenstein no *Tractatus Logico-Philosophicus*, de acordo com a qual o sujeito da experiência não é, ele próprio, um objeto da experiência. Essa tese, cuja primeira formulação se pode encontrar já em David Hume (1711-1776), decorre da constatação fenomenológica de que as experiências mentais presentes à consciência não são dadas a esta como experiências de um portador qualquer. Se se tomar essa tese como premissa, e se se lhe juntar a premissa, típica do empirismo clássico, que afirma que os termos descritivos da linguagem têm necessariamente de se reportar, em última instância, a objetos dados na experiência, segue-se, com efeito, a conclusão de que o termo que no raciocínio por analogia antes descrito designa a entidade por comparação com a qual a atribuição de experiências a outrem é supostamente legitimada (o termo "eu") é um termo ao qual não pode ser atribuída nenhuma referência. Nessas condições, o raciocínio em causa torna-se realmente ilegítimo. *Ver também* ESTADO MENTAL; ARGUMENTO; INDUÇÃO. **AZ**

CARNAP, R. "Psychologie in physikalischer Sprache", *in Erkenntnis*, 3, 1932-1933.
HUME, D. *A Treatise of Human Nature* [1739-1740]. Oxford: Oxford University Press, 1978. Trad. port. *Tratado da natureza humana*. Lisboa: Fundação Balouste Gulbenkian, 2002.
HUSSERL, E. *Cartesianische Meditationen*. Tübingen: Mohr, 1929.
LOCKE, J. "Ensaio sobre o entendimento humano" [1690], *in* Nidditch, P. H. (org.). *An Essay Concerning Human Understanding*. Oxford: Clarendon Press, 1975.
LOURENÇO, M. S. *Espontaneidade da razão*. Lisboa: Imprensa Nacional Casa da Moeda, 1986.
MILL, J. S. *A System of Logic* [1843]. Londres: Longman, 1970.
RUSSELL, B. *Human Knowledge*. Londres: Unwin, 1948.
____. "The Relation of Sense-Data to Physics" [1917], *in Mysticism and Logic and Other Essays*. Londres: Unwin, 1976.
WITTGENSTEIN, L. *Tratado lógico-filosófico* [1922]. Trad. M. S. Lourenço. Lisboa: Gulbenkian, 1987.
____. *The Blue and Brown Books*. Oxford: Blackwell, 1958.
ZILHÃO, A. "Cogito *Ergo* Sum?", *in Crítica*, 10, 1993, pp. 59-84.
____. *Linguagem da filosofia e filosofia da linguagem*. Lisboa: Colibri, 1993.
____. "Ludwig Wittgenstein and Edmund Husserl", *in* Meggle, G. e Wessels, U. (orgs.). *Analyomen* 1. Berlim/Nova York: Walter De Gruyter, 1994, pp. 956-64.

argumento transcendental

Um argumento transcendental tem a seguinte forma genérica: o conhecimento de um objeto qualquer ou acontecimento *a* ou de qualquer relação R entre *a* e outro objeto ou acontecimento *b* pressupõe necessariamente uma proposição, que não se obtém pela generalização de *a* ou de R*ab* e se assume como fundamento transcendental (FT) do conhecimento de *a* ou de R*ab*. Assim, a proposição de que todo o ser dotado de pulmões não sobrevive em um meio sem oxigênio não pode ser assumida como FT da seguinte proposição: "Este ser dotado de pulmões entrou em um meio sem oxigênio e daí a sua morte." Algumas especificações se tornam ainda necessárias para compreender o estatuto do FT e o seu tipo de relação com *a* ou com R*ab*.

Em primeiro lugar, o FT deve tornar possível o conhecimento de *a* ou R*ab* e o recíproco não é verdadeiro. P. ex., se a proposição que é belo tudo o que, pela simples percepção da forma, suscita em mim um sentimento de prazer, o qual simultaneamente considero um comprazimento universal, é assumida como FT e justifica a atribuição da qualidade da beleza a um objeto qualquer, não é verdade que, em sentido inverso, essa atribuição justifique a proposição referida, com a qualidade de FT.

Em segundo lugar, toda proposição assumida como FT é a primeira condição de possibilidade do conhecimento de *a* ou R*ab*, ainda que toda uma série de generalizações empíricas possa ocorrer, por assim dizer entre o espaço que medeia entre o FT e *a* ou R*ab*. P. ex., o fato de este ser em particular, dotado de pulmões, não ter sobrevivido em um ambiente sem oxigênio explica-se pela lei empírica segundo a qual nenhum ser com pulmões sobrevive em um meio sem oxigênio, mas essa lei ainda requer uma regra ou lei segundo a qual a existência de qualquer ACONTECIMENTO em um contínuo espaciotemporal requer a existência de outro que é assumido como causa do primeiro. Essa regra tem o valor de FT.

Em terceiro lugar, a possível objetividade do conhecimento de *a* ou de R*ab* apenas é permitida pelo FT. No exemplo anterior, a relação R só adquire objetividade quando o FT (no caso: "em contínuo espaciotemporal o acontecimento *a* pressupõe necessariamente a ocorrência de um acontecimento *b*, o qual é colocado como causa do primeiro") é assumido como válido universalmente. Sem essa espécie de sentimento de uma validade para qualquer outra mente, nem o FT nem *a* ou R*ab* possuiriam qualquer objetividade.

Em quarto lugar, o conjunto de FT não constitui um quadro de características convencionais que organizará pragmaticamente os objetos da experiência. O objetivo da argumentação transcendental é explicar os objetos, acontecimentos e relações, por meio da invocação de uma proposição de realidade universal. P. ex., no domínio prático-moral, e recorrendo ao tipo de argumentação que se encontra sobretudo em

Kant (1724-1804), qualquer ato só é objetivamente livre quando é realizado em conexão com a consciência de um dever desinteressado. A expressão desse dever, sob a forma de um imperativo categórico, é assumida como FT nesse domínio.

Essas características do argumento transcendental ocorrem indistintamente nas três Críticas de Kant. Pode-se falar a seu respeito em um estilo transcendental de pensar, assente sobretudo na necessidade de provar que certas proposições são condições de possibilidade de qualquer experiência corrente e válida objetivamente. Esse estilo passa muito pelo tipo de demonstração que ele pretende fornecer a respeito de certos conceitos e pode considerar-se tal argumentação o cerne do que Kant designa por dedução transcendental dos conceitos puros do entendimento. Mas outras argumentações de estilo transcendental podem ser encontradas em obras recentes. Se o traço comum de maneiras ou estilos diferentes de argumentar transcendentalmente se encontrar no fato de assumir como possibilidade de conhecer *a* ou R*ab* a prova de uma proposição válida universalmente (FT), então argumentações como a de P. F. Strawson, em *Individuals*, a propósito da possibilidade de um único sistema espaciotemporal das coisas materiais ou a propósito da posse por um sujeito de experiências particulares, podem considerar-se uma reformulação daquela maneira de argumentar.

O objetivo de Strawson é demonstrar que, para possuirmos esquemas conceptuais capazes de organizar a nossa experiência coerentemente, teremos de admitir certas condições genéricas que são verdadeiras condições de possibilidade de uma experiência acerca de indivíduos. Considere-se, em primeiro lugar, a experiência como um único sistema de coisas materiais. Essa é a situação de fato e, apesar das eventuais diferenças, todos nós nos movimentamos nesse sistema que supomos único, todos nós somos capazes de realizar descrições que pressupõem essa unicidade. Mas o cético encontrará facilmente motivos para a pôr em causa: a continuidade espaciotemporal é ilusória e acreditamos nela porque temos uma necessidade de assumir as nossas observações como contínuas e, por sua vez, essa necessidade tem um fundamento biológico qualquer. Mas na realidade é somente uma ficção da imaginação. Esse terá sido mais ou menos o tipo de argumento cético de Hume (1711-1776). A partir desse argumento a própria identidade dos objetos, acontecimentos ou mentes passa a ser também ela ficcional: nunca poderemos conhecer ao certo as indefinidas modificações sutis de um objeto. No entanto, o cético contradiz-se ao aceitar, por um lado, a realidade de um esquema conceptual (este dá-se como um fato) que nos permite falar de um mesmo sistema de objetos materiais ou de acontecimentos e, por outro lado, ao qualificar como ilusório aquilo que permite o esquema conceptual que ele próprio utiliza, na sua argumentação cética. Para Strawson o FT que permite que haja unicidade de esquema conceptual é a identidade de particulares, nomeadamente corpos materiais. "Ora, a meu ver, a *condição* para termos esse esquema conceptual é a aceitação inquestionável da identidade de particulares em ao menos alguns casos de observação não-contínua. Suponhamos por um momento que *nunca* estamos dispostos a introduzir a identidade de particulares em tais casos. Então é como se tivéssemos a idéia de um sistema espacial novo e diferente para cada novo segmento de observação" (Strawson, 1979, p. 35).

Os argumentos transcendentais são dirigidos na sua maior parte contra argumentos céticos, os quais hoje finalmente tomam a forma de relativismo e etnocentrismo. A demonstração de que existem proposições que assumimos serem FT (mais ou menos com as características antes referidas) continua, no entanto, a ser o núcleo daquela argumentação. O que nos leva à questão: é possível a demonstração da existência de proposições que assumimos como FT? Se essa demonstração for entendida como verificação, nesse caso fica aberta a porta ao cético, já que nada me garante que no futuro qualquer acontecimento não desminta aquilo que eu assumo como FT (Stroud, 1982, p. 129). Mas se a prova da existência de tais FT é tão problemática, o assumir de FT parece conduzir a um procedimento simplesmente pragmático. Qual a importância de argumentos transcendentais? Demonstravelmente o seu valor reside no fato de refletirmos sobre a natureza, particularmente a objetividade, dos nossos esquemas conceptuais. Atualmente é provável que o seu valor cresça com o paralelo aumento dos argumentos céticos que afastam a possibilidade de qualquer FT e defendem de diversos modos o relativismo e o etnocentrismo. **AM**

GRAYLING, A. C. "Transcendental Arguments", in *A Companion to Epistemology*. Oxford: Blackwell, 1992, pp. 506-9.
KANT, I. *Crítica da razão pura* [1787]. Trad. M. P. dos Santos *et al*. Lisboa: Gulbenkian, 1985.
MARQUES, A. "L'argumentation kantienne dans la 'deduction transcendentale'", in *Akten des 7. Internationalen Kant-Kongress*. Mainz: Walter De Gruyter, 1992.
STRAWSON, P. F. *Individuals*. Londres: Methuen, 1979.
STROUD, Barry. *Transcendental Arguments in Kant on Pure Reason*. Org. Ralph C. S. Walker. Oxford: Oxford University Press, 1982, pp. 117-31.

aridade

A relação "x é pai de y" é uma relação binária, ou de aridade 2. As relações "x apresentou y a z" e "x é belo" têm, respectivamente, aridades 3 e 1. As relações de aridade 1 (relações unárias) – como no exemplo citado – são mais conhecidas por PROPRIEDADES. As funções também têm aridades: assim, as funções "a mãe de x" e "o produto de x por y" têm aridades 1 e 2, respectivamente. Uma relação (ou uma função) de aridade n diz-se uma relação (ou função) n-ária.

Na linguagem do cálculo de predicados, os símbolos relacionais e os símbolos funcionais vêm munidos de determinada aridade. Alguns autores permitem até mesmo aridades iguais a 0. Um símbolo funcional de aridade 0 não é mais do que uma constante. Um símbolo relacional de aridade 0 não é mais do que uma letra proposicional. Os autores que permitem símbolos relacionais de aridade 0 têm geralmente, na sua linguagem do cálculo de predicados, dois símbolos lógicos especiais para denotar as duas únicas relações (em extensão) de aridade 0: um para a verdade (geralmente o símbolo ⊤) e outro para a falsidade (geralmente o símbolo ⊥). Por vezes, em vez de se falar na aridade de um predicado, fala-se no seu grau. *Ver também* relação; função; cálculo de predicados. FF

aritmética

O objeto de estudo da aritmética é não só os números naturais como também outros conjuntos de objetos definíveis categoricamente, como, p. ex., os números inteiros ou os números racionais, de modo que uma teoria acerca de um desses conjuntos de objetos é usualmente designada também por uma aritmética. Em geral os objetos estudados são considerados indivíduos, no sentido em que não podem ser ulteriormente analisados como compostos a partir de outros objetos. Pode, no entanto, suceder que uma suspensão desse princípio seja tolerada, quando, p. ex., as propriedades básicas dos números racionais positivos são expostas a partir de uma representação desses como pares de números naturais. A palavra "aritmética" é também usada para denotar a investigação de algumas operações particulares, como a soma, a multiplicação e conceitos afins, em contraste com a expressão "teoria dos números", em que o domínio de conceitos é bastante vasto. Finalmente, uma extensão dessa terminologia ocorre quando se fala de aritmética para denotar, p. ex., a teoria da adição de conjuntos de números não-enumeráveis, em contextos como "a aritmética dos números cardinais transfinitos".

Embora a reflexão filosófica sobre o conceito de número natural seja tão antiga como a própria filosofia, só no início do século XX foi possível passar a um tratamento científico dessa reflexão com a obra de Dedekind (1831-1916) e de Frege (1848-1925). É importante reparar que a nova orientação introduzida se traduziu por um ainda maior significado filosófico para a aritmética, como se vê pela discussão à volta dos teoremas de Löwenheim (1878-1948) e de Gödel (1906-1978) e pelo problema especificamente filosófico da definição da natureza do juízo aritmético.

A primeira caracterização do conceito de número que Dedekind apresentou em 1901 é claramente captada nas seguintes asserções: 1) 0 é um número; 2) Se x é um número, então existe um outro número, N(x), chamado o sucessor de x; 3) Não existe um número de que 0 seja o sucessor; 4) Se dois números têm o mesmo sucessor, então são iguais; 5) Se P é uma propriedade aritmética e se 0 tem a propriedade P e se sempre que um número x tem a propriedade P, então N(x) tem a propriedade P, segue-se que todos os números têm a propriedade P.

Uma medida do valor dessas asserções é que, uma vez agregadas à teoria dos conjuntos, elas permitem a derivação não só da teoria dos números naturais como também da teoria dos números racionais, reais e complexos.

As proposições 1-5 não podem ser consideradas um sistema axiomático no sentido de uma teoria formal, em virtude da ocorrência nelas de termos como "propriedade", de modo que se torna útil passar para uma versão formal da teoria de Dedekind, cujos traços essenciais se devem originariamente a Hilbert e Bernays (1968). Trata-se agora de uma teoria elementar à qual vamos chamar Z (a primeira letra da palavra alemã para "número") e que tem uma única letra predicativa I(m, n), que, em geral, se escreve apenas como $m = n$. Existem três letras funcionais f, g, h e, em vez de $f(m)$, usa-se a notação usual $N(m)$, e para $g(m, n)$, a notação $m + n$ e para $h(m, n)$, a notação $m . n$. Existe uma única constante individual que se representa por 0. Os axiomas próprios da teoria Z são os seguintes: Z1: $(x_1 = x_2) \to [(x_1 = x_3) \to (x_2 = x_3)]$; Z2: $(x_1 = x_2) \to [N(x_1) = N(x_2)]$; Z3: $\neg[0 = N(x_1)]$; Z4: $[N(x_1) = N(x_2)] \to (x_1 = x_2)$; Z5: $x_1 + 0 = x_1$; Z6: $x_1 + N(x_2) = N(x_1 + x_2)$; Z7: $x_1 . 0 = 0$; Z8: $x_1 . N(x_2) = (x_1 . x_2) + x_1$; Z9: Para qualquer fórmula bem formada $\xi(x)$ de Z, $\xi(0) \to \{\forall x \{\xi(x) \to \xi[N(x)]\} \to \forall x \, \xi(x)\}$.

Os axiomas Z1 e Z2 explicitam propriedades da relação de igualdade entre os objetos de Z e os seus sucessores, enquanto Z3 e Z4 correspondem às asserções 3 e 4 de Peano (1848-1932). As asserções 1 e 2 são representadas em Z por meio da constante individual e da letra funcional unária f. Z9 difere das restantes proposições (Z1-Z8), de modo particular em virtude de estas serem formuladas em Z e Z9 ser um esquema axiomático: ele não corresponde exatamente ao princípio da indução matemática da asserção 5, uma vez que este se refere a propriedades em número não-enumerável dos números naturais e Z9 se refere apenas a um número enumerável de propriedades dos números naturais, precisamente aquelas que são definidas por meio de fórmulas bem-formadas de Z. Assim é na base desse esquema que se procede às demonstrações por indução em Z: o objetivo é derivar $\forall x \, \xi(x)$ a partir das premissas $\xi(0)$ e $\forall x \{\xi(x) \to \xi[N(x)]\}$. Mas, uma vez que Z9 é um axioma, duas aplicações de *modus ponens* conduzem à fórmula $\forall x \, \xi(x)$.

Com base nesse sistema de axiomas e em particular com os axiomas Z5 a Z8, é possível demonstrar em Z os resultados conhecidos da aritmética a respeito da adição e da multiplicação: a divisibilidade, a existência e univocidade do quociente e do resto deixam-se demonstrar também em termos dos conceitos já introduzidos. A relação de ordem é igualmente definível em Z, e com ela o princípio da indução completa e os resultados associados. Assim, diz-se que t é menor que s se, e somente se, existe um número m diferente de 0 tal que $t + m = s$. A lógica subjacente à teoria Z torna possível a demonstração dos resultados usuais sobre a relação de ordem nos números naturais, de modo que o princípio da indução completa é igualmente definível: se P é uma propriedade tal que, para todo o x, P é satisfeita por todos os números naturais menores do que x, então P é satisfeita por x. O princípio da indução completa permite concluir que P é satisfeita por todos os números naturais. A regra da indução, já mencionada, permite demonstrar o princípio da indução completa como um teorema de Z. A mesma regra permite também demonstrar como teorema de Z o mínimo de uma propriedade aritmética, sob a forma de que se existem números naturais que satisfazem uma propriedade P, então existe o menor número que a satisfaz. Nesses termos, do ponto de vista sintático, a teoria Z é uma teoria de primeira ordem com igualdade. Um modelo para essa teoria é uma interpretação que satisfaça as seguintes condições: 1. O domínio da interpretação é o conjunto dos inteiros não-negativos; 2. O inteiro 0 é a interpretação do símbolo 0 de Z; 3. A interpretação da letra funcional unária é "o sucessor de x"; 4. A interpretação da letra funcional binária $g(m, n)$ é a adição $m + n$; 5. A interpretação da letra funcional binária $h(m, n)$ é a multiplicação $m.n$; 6. A interpretação da letra predicativa $I(m, n)$ é a identidade $m = n$.

Essa interpretação é um modelo normal para Z e designa-se por isso modelo-padrão. Nessa terminologia, um modelo M para Z que não seja isomórfico ao modelo apresentado chama-se por isso um modelo-apadrão para Z. Se se aceita a interpretação apresentada como um modelo para a teoria Z, então, do ponto de vista semântico, a teoria Z é consistente. Para o ver, basta considerar que os axiomas de Z são verdadeiros na interpretação apresentada, e assim também os teoremas de Z o são. O problema de saber se, usando apenas os meios da teoria Z, é possível fazer a demonstração da sua consistência foi negativamente resolvido por Gödel em 1931. No mesmo trabalho, Gödel demonstrou a existência de proposições verdadeiras no modelo e que não são demonstráveis em Z.

Quanto aos termos da teoria Z, 0, N(0), N(N(0)) ... são conhecidos pelo nome de numerais. São denotados por $0, \overline{1}, \overline{2},$ ... e em geral, se n é um inteiro não negativo, $\overline{n}$ representa o numeral correspondente. MSL

DEDEKIND, R. *Was Sind und was Sollen die Zahlen?* [1888] 6.ª ed. Braunschweig: Vieweg und Sohn, 1930.
FREGE, G. *Os fundamentos da aritmética* [1884]. Trad. A. Zilhão. Lisboa: Imprensa Nacional-Casa da Moeda, 1992.
HILBERT, D. e BERNAYS, P. *Grundlagen der Mathematik*. 2.ª ed. Berlim: Springer, 1968.

aritmético, conjunto

Ver CONJUNTO ARITMÉTICO.

árvores semânticas

O método das árvores semânticas elabora-se e justifica-se a partir de considerações acerca da verdade (ou falsidade) das fórmulas, considerações que têm por base a idéia de interpretação dos símbolos das fórmulas e não simplesmente a forma estrutural dessas últimas. É por essa razão que esse método tem um caráter semântico e não sintático.

Qualquer fórmula pode ser composta de duas classes de símbolos: aqueles que representam constantes lógicas e aqueles que representam os elementos não-lógicos da fórmula. Dá-se seguidamente o elenco completo das constantes lógicas (ou seja, dos símbolos que as representam) relevantes para este método: ¬, ∧, ∨, →, ↔, ∀, ∃, =. Os símbolos que representam os elementos não-lógicos nas fórmulas são constituídos por letras esquemáticas (ou, em alternativa, por letras de abreviatura) para frases, predicados ou constantes individuais. Admite-se o caso-limite de uma fórmula só ter símbolos não-lógicos (as frases simples, descritas mais adiante). E também admite-se o caso inverso de uma fórmula só ter símbolos que representem constantes lógicas (p. ex., a constante para a falsidade, ⊥).

A interpretação de uma fórmula faz-se fixando os valores semânticos de cada um dos seus símbolos não-lógicos e de cada um dos seus símbolos lógicos. O valor semântico de uma frase é o seu valor de verdade, verdadeiro ou falso (visto que se assume a BIVALÊNCIA). O valor semântico de um predicado de grau n é a sua EXTENSÃO, o conjunto de seqüências de n indivíduos de um dado domínio que satisfazem esse predicado. O valor semântico de uma constante individual é a sua DENOTAÇÃO, o indivíduo de um dado domínio que é referido por essa constante individual. Fixar o valor semântico de uma frase é estabelecer se ela é verdadeira ou falsa nessa interpretação. Fixar o valor semântico de um predicado é dizer qual é a sua extensão nessa interpretação. Fixar o valor semântico de uma constante individual é dizer qual é a sua denotação nessa interpretação. O valor semântico de um símbolo lógico é o modo como a operação que ele representa contribui para determinar a verdade ou falsidade das frases nas quais ocorre. Fixar o valor semântico de um símbolo lógico é dizer como ele determina o valor de verdade das frases em que ocorre para cada uma das diferentes interpretações possíveis das expressões às quais o símbolo se aplica.

Na interpretação de uma fórmula, assume-se que o valor semântico dos seus símbolos não-lógicos pode variar; é precisamente isso que é fixado por uma dada interpretação. A fórmula A ∧ ¬B, p. ex., será verdadeira ou falsa de acordo com a interpretação que fixarmos para os seus símbolos não-lógicos (A, B). De fato, ela só será verdadeira para a interpretação que atribui Verdadeiro a A e Falso a B.

As constantes lógicas são, como se disse, operações que se efetuam sobre as expressões (símbolos lógicos ou não-lógicos) às quais se aplicam. A constante lógica representada pelo símbolo ¬, p. ex., é a operação de negação. Ela pode ser feita sobre símbolos não-lógicos, como em ¬B, ou sobre expressões governadas por símbolos lógicos, como em ¬∀, p. ex., na fórmula ¬∀xPx. Enquanto o valor semântico dos símbolos não-lógicos pode, como vimos, variar de interpretação para interpretação, o valor semântico dos símbolos que representam constantes lógicas é mantido fixo. Ele é dado de uma vez por todas quando se estabelece a semântica das constantes lógicas. A negação, p. ex., opera sobre frases sempre da seguinte maneira: se o valor semântico da frase for verdadeiro, a negação dessa frase dará uma frase cujo valor é falso; se for falso, dará uma frase cujo valor é verdadeiro.

A conjunção desses dois aspectos, variabilidade do valor semântico dos símbolos não-lógicos de uma fórmula em função das interpretações e invariabilidade do valor semântico dos símbolos lógicos que ocorrem nessa fórmula, é essencial para a noção de verdade da fórmula. Uma fórmula será verdadeira ou falsa para dada interpretação, como vimos já a propósito da fórmula A ∧ ¬B. Existem, no entanto, dois casos-limite: o caso em que uma fórmula é verdadeira para todas as interpretações, como em ¬(A ∧ ¬A), ou falsa para todas elas, como em A ∧ ¬A. Conseqüentemente, o fato de se assumir que uma fórmula, ou um conjunto delas, é, ou são, verdadeira(s) impõe restrições às interpretações possíveis para os seus símbolos não-lógicos. Como vimos antes, se assumirmos que A ∧ ¬B é verdadeira, então somos obrigados a assumir que A é verdadeira e B é falsa, sendo dada a semântica das constantes lógicas ∧ e ¬ que intervêm na fórmula, semântica essa que se supõe fixa. Nos casos-limite supramencionados, poderemos assumir todas as interpretações ou, respectivamente, nenhuma.

Esse último aspecto (as restrições impostas às interpretações possíveis dos símbolos não-lógicos de uma fórmula pelo fato de se pressupor que ela é verdadeira) é crucial para a compreensão do método das árvores semânticas. Esse método constrói-se precisamente em função do seguinte raciocínio: considere-se que a seguinte frase (ou frases) é (são) verdadeira(s); quais são as interpretações dos seus símbolos não-lógicos que a(s) torna(m) tal?

O Método como Teste de Consistência, de Implicação e de Equivalência – O conceito base desse método é o de CONSISTÊNCIA: um conjunto de fórmulas é consistente se existe pelo menos uma interpretação dos seus símbolos não-lógicos que torna verdadeiros todos os membros desse conjunto (isto é, todas as fórmulas que o constituem). Esse conjunto pode ser singular, isto é, ter só um membro; e, assim, essa definição de consistência aplica-se também a uma só fórmula.

O conceito complementar do de consistência é o de INCONSISTÊNCIA: um conjunto de fórmulas é inconsistente se não existe pelo menos uma interpretação dos símbolos que torne verdadeiros todos os membros desse conjunto (isto é, todas as fórmulas que o constituem). Dada a semântica da NEGAÇÃO, deve ser óbvio que o conjunto {X, ¬X} é inconsistente (assumindo a bivalência) seja qual for a fórmula que substitua X.

É óbvio que um processo que permita testar a consistência de um conjunto de fórmulas, dando uma resposta pela afirmativa ou pela negativa, é também um processo que permite testar a respectiva eventual inconsistência: uma resposta negativa acerca da primeira implica uma resposta positiva acerca da segunda e vice-versa.

Com base nessas definições de consistência e de inconsistência temos os seguintes resultados, em relação à implicação, à equivalência e à validade dos argumentos:
A) Uma fórmula X implica logicamente a fórmula Y se, e somente se, o conjunto {X, ¬Y} é inconsistente (X e Y estão sendo usadas, aqui e sempre que ocorrem mais adiante, como metavariáveis para referir

qualquer fórmula da linguagem objeto). B) Uma fórmula X é logicamente equivalente à fórmula Y se, e somente se, os conjuntos {X, ¬Y} e {¬X, Y} são ambos inconsistentes; e C) se Θ é um argumento válido cujas premissas são os únicos membros do conjunto {X_1, ..., X_n} (para *n* finito) e cuja conclusão é Y, então o conjunto {X_1, ..., X_n, ¬Y} é inconsistente (Θ é uma metavariável que refere um argumento qualquer da linguagem objeto).

Dados esses resultados, podemos concluir que, se tivermos um método que determine se dado conjunto de fórmulas é, ou não, consistente, podemos também determinar a propósito de quaisquer duas fórmulas se elas satisfazem ou não quer a relação lógica de implicação, quer a de equivalência, de acordo o expresso anteriormente em A e B; e podemos também determinar a validade ou invalidade de qualquer argumento dedutivo de acordo com o expresso anteriormente em C.

O método das árvores semânticas opera com base nesses resultados. É um método para determinar diretamente a consistência de um conjunto de fórmulas e indiretamente, por *reductio ad absurdum*, as noções lógicas de implicação e de equivalência, e a validade de argumentos.

Descrição do Método – O método das árvores semânticas é analítico, no sentido em que procede por decomposição. É um método cujas regras permitem, dada uma fórmula X, gerar novas fórmulas, digamos, Y e Z, a partir de X, que têm as seguintes propriedades: A) Y e Z são implicadas logicamente por X (isto é, serão verdadeiras se X o for); e B) Y e Z têm menor complexidade que X.

Para o propósito que aqui temos em vista, podemos definir (sintaticamente) a relação expressa em B do seguinte modo: a fórmula Y tem menor complexidade que a fórmula X se, e somente se, X tem (pelo menos) um símbolo a mais que Y.

Uma observação sobre A, a propriedade de X implicar Y e Z: nesse método, quando se afirma que Y e Z são implicadas por X, têm-se em vista dois gêneros de casos mutuamente exclusivos. O primeiro ocorre quando a fórmula X implica conjuntamente Y e Z, como no caso em que X é ¬(A ∨ B) e Y e Z são, respectivamente, ¬A e ¬B. O segundo ocorre quando X implica a alternativa Y ou Z, como no caso em que X é ¬(A ∧ B) e Y e Z são, respectivamente, ¬A e ¬B. Nesse último caso é claro que a alternativa não é exclusiva. Os dois gêneros de casos são, em certo sentido, relações de implicação entre X, por um lado, e Y e Z, por outro. Esse sentido é o seguinte: no primeiro caso, a implicação é, digamos, suficientemente forte para implicar separadamente as fórmulas Y e Z; no segundo caso ela implica a sua disjunção. Na apresentação dos seus resultados o método terá, por isso, de ter a virtualidade de poder representar diferentemente esses dois gêneros de casos. Assim, o método possui dois tipos diferentes de regras: em lista, para o primeiro gênero de casos, e em ramos (digamos, por análise dicotômica), para o segundo gênero.

A primeira das duas fórmulas que referimos antes seria analisada em lista, como se segue:

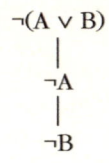

$$\begin{array}{c} \neg(A \vee B) \\ | \\ \neg A \\ | \\ \neg B \end{array}$$

A segunda das duas fórmulas que referimos antes antes analisada em ramos, como se segue:

$$\begin{array}{c} \neg(A \wedge B) \\ \swarrow \qquad \searrow \\ \neg A \qquad \qquad \neg B \end{array}$$

Como técnica, o método das árvores semânticas consiste basicamente em um conjunto de regras que nos permitem analisar (no sentido recém-fixado), passo a passo, todas as fórmulas, à exceção das fórmulas simples (também chamadas literais) e das suas negações. Para o fim que temos aqui em vista, podemos definir (sintaticamente) uma fórmula simples como uma fórmula na qual não ocorre nenhuma constante lógica, à exceção talvez de = (exemplos: A, G*a*, R*ac*). A negação de uma fórmula simples é uma fórmula simples à qual foi prefixada ¬ (exemplos: ¬A, ¬G*a*, ¬R*ac*).

Ora, considerando o elenco das constantes lógicas dado em 1, vemos que, para além das fórmulas simples, só podemos ter as seguintes fórmulas: negações, conjunções, disjunções, condicionais, bicondicionais, quantificações universais e quantificações existenciais. Além dessas, podemos ainda ter a negação de qualquer uma delas, p. ex., a negação de uma negação, a negação de uma conjunção, a negação de uma quantificação universal, etc. Determinamos se uma fórmula é uma conjunção, uma disjunção, uma quantificação universal, ou outra, identificando o símbolo lógico dominante, ou de maior ÂMBITO, nessa fórmula. Determinamos se uma fórmula é a negação de qualquer uma destas identificando qual é o símbolo lógico dominante nessa fórmula (que será sempre a negação) e qual é o que imediatamente se lhe subordina (se uma outra negação, se uma conjunção, se um quantificador universal, etc.). P. ex., as fórmulas 1) (A ∨ ¬B) ∧ C; 2) (A ∧ ¬B) ∨ C; 3) ∀*x*F*x* → ¬∀*x*(G*x* ∧ ¬H*x*), são, respectivamente, uma conjunção, uma disjunção e uma condicional. Vemos que, em geral, uma fórmula pode ser composta de outras. A fórmula 1 é uma conjunção entre uma disjunção, cujo segundo disjunto é uma negação de uma fórmula simples, e uma fórmula simples. A fórmula 3 é uma disjunção entre uma conjunção, cujo segundo conjunto é uma negação de uma fórmula simples, e uma fórmula simples. A fórmula 3 é uma condicional cuja antecedente é uma quantificação universal e cuja conseqüente é uma negação de uma quantificação universal.

Depois dessas considerações, deve ser óbvio que se tivermos regras para analisar todos os tipos de fórmulas e as suas negações (à exceção das negações de frases simples) poderemos fazer uma análise progressiva de qualquer fórmula, de modo a obtermos como resultados últimos dessa análise apenas frases simples ou negações de frases simples. Quando tal acontece, a análise diz-se acabada.

Para ilustrar esse aspecto, vamos estabelecer duas regras em lista para analisar respectivamente fórmulas cuja forma seja ¬(X ∨ Y) e ¬¬X. A primeira dará a seguinte lista:

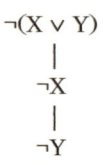

¬(X ∨ Y)
|
¬X
|
¬Y

e a segunda dará, simplesmente:

¬¬X
|
X

Mas uma análise progressiva da fórmula ¬[(A ∨ B) ∨ ¬C] daria, primeiro, uma lista com as seguintes fórmulas: ¬(A ∨ B); ¬¬C; depois uma lista com as seguintes fórmulas: ¬A; ¬B; ¬¬C; e, por fim, uma lista com as seguintes fórmulas: ¬A; ¬B; C. Esta última é uma análise acabada da fórmula inicial.

Um outro aspecto interessante desse método é o seu aspecto cumulativo, expresso no fato de permitir analisar em simultâneo várias fórmulas conjugando os resultados dessa análise. Para tal escrevem-se no início da árvore todas as fórmulas que desejamos analisar conjuntamente. Quando isso é feito, aquilo que obtemos é o tronco comum da árvore semântica para essas fórmulas. As fórmulas que assim dão origem ao tronco comum podem designar-se fórmulas em teste. Depois analisam-se progressivamente e, passo a passo, cada uma das fórmulas do tronco comum. Se as regras que precisamos usar para essa análise forem todas do tipo lista, então o que obteremos é uma extensão do tronco comum da árvore, sem ramos. Se algumas das regras que precisamos usar forem do tipo ramos, então a nossa árvore conterá ramos (subordinados ao tronco comum) e eventualmente sub-ramos (subordinados ao tronco comum e aos ramos que lhes estão acima), sub-sub-ramos (subordinados ao tronco comum e aos ramos e sub-ramos que lhes estão acima), etc. Nesse caso todos os resultados das análises de fórmulas que estejam acima de ramos, de sub-ramos, etc., devem ser escritos em todos os ramos, sub-ramos, etc. subordinados (ver, mais adiante, ilustrações do método).

Quando fazemos uma análise acabada das fórmulas em teste, uma de duas coisas pode acontecer: ou precisamos usar apenas regras do tipo lista, ou precisamos usar também (ou só) regras do tipo ramo. No primeiro caso, nunca chegaremos a criar ramos e, então, o conjunto de fórmulas que analisa as primeiras será um só. No segundo caso criaremos ramos, e eventualmente sub-ramos, sub-sub-ramos, etc., e, nesse caso, existirão vários conjuntos diferentes de fórmulas que analisam, em alternativa, as fórmulas em teste; cada ramo, sub-ramo, etc. será um desses conjuntos, pelo menos em princípio (acontece, por vezes, existirem dois ramos com exatamente as mesmas frases simples e as mesmas negações de frases simples).

Agora, o aspecto mais sutil do método das árvores semânticas é, sem dúvida, o seguinte: se tivermos um conjunto de fórmulas em teste que sejam consistentes, então não se dá o caso de todos os conjuntos de fórmulas que analisem as primeiras serem inconsistentes; isto é, existirá sempre – no tronco comum, ou em um dos ramos, sub-ramos, etc. – pelo menos um conjunto consistente de fórmulas que representa a análise acabada do conjunto inicial. Se esse conjunto não existir, isto é, se todos os conjuntos que analisam as fórmulas em teste forem inconsistentes – no sentido de conterem uma frase e a sua negação –, então é porque o conjunto inicial é inconsistente.

A razão lógica subjacente a cada uma das regras do método está representado nos seguintes fatos acerca da interpretação das fórmulas (no que se segue, V abrevia "verdadeiro" e F "falso"):

I) X é V se, e somente se, $\neg X$ é F;
II) $\neg\neg X$ é V se, e somente se, X é V;
III) $X \wedge Y$ é V se, e somente se, X é V e Y é V;
IV) Se $X \vee Y$ é V, então X é V ou Y é V;
V) Se $X \rightarrow Y$ é V, então X é F ou Y é V;
VI) Se $\neg(X \wedge Y)$ é V, então $\neg X$ é V ou $\neg Y$ é V;
VII) $\neg(X \vee Y)$ é V se, e somente se, $\neg X$ é V e $\neg Y$ é V;
VIII) $\neg(X \rightarrow Y)$ é V se, e somente se, X é V e $\neg Y$ é V;
IX) $\forall x\, \Phi x$ é V se, e somente se, Φk é V para todo o $k \in U$;
X) $\exists x\, \Phi x$ é V se, e somente se, Φk é V para algum $k \in U$;
XI) $\neg\forall x\, \Phi x$ é V se, e somente se, $\exists x\, \neg\Phi x$ é V;
XII) $\neg\exists x\, \Phi x$ é V se, e somente se, $\forall x\, \neg\Phi x$ é V.

Explicação de IX e X: x é uma variável metalingüística que refere qualquer variável de indivíduo da linguagem objeto; Φx é uma frase aberta em x (ver FÓRMULA ABERTA); k é uma variável metalingüística que denota qualquer constante individual ou parâmetro da linguagem objeto; Φk resulta da substituição em Φx de todas as ocorrências (livres) de x por k (e conseqüente eliminação de $\forall$ em IX ou de $\exists$ em X); $\in$ expressa a relação de pertença a um conjunto e só é usado na metalinguagem; e U designa o domínio no qual as variáveis de indivíduo da linguagem objeto recebem valores, domínio que se supõe não ser vazio. (A aceitação da possibilidade de o domínio ser vazio obrigar-nos-ia a outras elaborações que se excluíram por limites de espaço. Também por razões de espaço omitiram-se anteriormente os fatos e adiante as regras respeitantes a ↔ e a =.)

Todos os fatos I a X decorrem da semântica das constantes lógicas que neles são consideradas (ver os artigos respeitantes a cada uma delas).

Em geral e com base nos fatos I a XII, a representação diagramática da análise de uma fórmula se fará de acordo com uma regra que apresenta em uma lista a(s) fórmula(s) que a analisam, ou apresenta em um ramo as duas fórmulas que a analisam.

A título de ilustração dão-se seguidamente as regras baseadas nos fatos III, IV, V, VIII, IX e X:

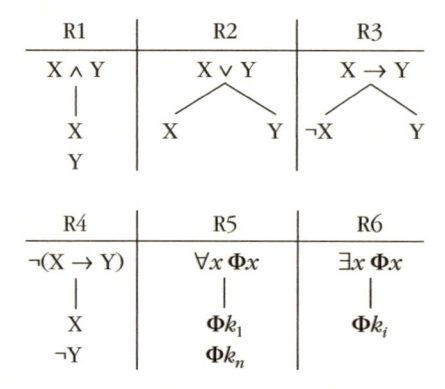

R1	R2	R3
$X \wedge Y$	$X \vee Y$	$X \rightarrow Y$
|	╱╲	╱╲
X	X Y	¬X Y
Y		

R4	R5	R6
$\neg(X \rightarrow Y)$	$\forall x\, \Phi x$	$\exists x\, \Phi x$
|	|	|
X	Φk_1	Φk_i
¬Y	Φk_n	

Em relação à regra R5, note-se que é a única cuja aplicação a uma fórmula não cancela a fórmula de partida. Em relação à regra R6, há uma restrição à sua aplicação: k_i tem de ser uma constante individual (ou parâmetro) que não ocorreu antes. Explicação: suponha-se que tínhamos as seguintes fórmulas em uma lista: $\exists x\, \Phi x$ e $\exists x\, \neg\Phi x$. Vamos proceder à sua análise de acordo com R6, mas sem a restrição:

$$\exists x\, \Phi x$$
$$\exists x\, \neg\Phi x$$
$$|$$
$$\Phi k_1$$

(por aplicação de R6 à primeira fórmula)

$$|$$
$$\neg\Phi k_1$$

(por aplicação de R6 à segunda fórmula)

Obtivemos assim uma contradição (Φk_1 e $\neg\Phi k_1$), ou seja, o método provou-nos que é inconsistente afirmar simultaneamente $\exists x\, \Phi x$ e $\exists x\, \neg\Phi x$. Interpretemos agora Φx como "x é grego". Então as fórmulas analisadas dizem-nos respectivamente que "existe um x que é grego" e que "existe um x que não é grego". É óbvio que não existe contradição. Essa última foi falaciosamente criada quando, depois de na análise da primeira fórmula termos nomeado esse x como

k_1 (ou, individuado esse x por meio do parâmetro k_1), repetimos essa nomeação (ou essa individuação) para a segunda fórmula.

Quando uma fórmula foi analisada, ela diz-se esgotada, e não voltaremos a ela ao longo da elaboração do nosso quadro semântico; quando uma fórmula ainda não foi analisada, ou se se tratar de uma fórmula simples, ou de uma negação de uma fórmula simples, a fórmula diz-se ativa. As quantificações universais analisam-se conforme R5, mas não se cancelam (razão lógica: veja-se o que estabelece o fato IX citado).

Como já sabemos, ao longo da nossa elaboração de um quadro semântico precisaremos eventualmente recorrer mais de uma vez a regras que criam ramos, e, como os resultados da nossa análise progressiva devem ser cumulativos, teremos então a necessidade de criar sub-ramos (sub-sub-ramos, etc.). Exemplo:

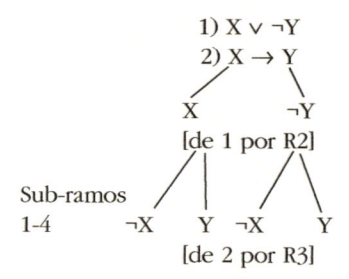

1) $X \vee \neg Y$
2) $X \rightarrow Y$

╱╲
X   ¬Y
[de 1 por R2]

Sub-ramos 1-4: ¬X Y ¬X Y
[de 2 por R3]

Quando todas as fórmulas forem analisadas em dada tabela, então ficaremos apenas com frases simples ou negações de frases simples (e eventualmente com quantificações universais). A tabela diz-se então estar fechada. Nessa altura uma de duas situações se nos depara: ou temos contradições em todos os ramos e então o conjunto de fórmulas analisado é inconsistente e a tabela fechada; ou existem ramos por fechar e o conjunto é consistente e a tabela aberta nos ramos nos quais não se geraram contradições. No exemplo anterior a tabela está aberta (nos segundo e terceiros sub-ramos), embora tendo o primeiro e o quarto ramos fechados.

Uma Ilustração do Método – A título de ilustração, iremos testar o seguinte argumento: Premissa 1 – Todos os homens são mamíferos; Premissa 2 – Todos os mamíferos são mortais; Conclusão – Se Sócrates é homem, Sócrates é mortal. Dadas as formalizações óbvias temos, respectivamente: $\forall x\,(Hx \rightarrow Mx)$; $\forall x\,(Mx \rightarrow Fx)$; $Hs \rightarrow Fs$.

Testamos esse argumento, por *reductio*, listando as premissas junto com a negação da conclusão. Temos assim:

1) $\forall x\,(Hx \rightarrow Mx)$ ✓(s)
2) $\forall x\,(Mx \rightarrow Fx)$ ✓ (s)
3) $\neg(Hs \rightarrow Fs)$ ✓

4) Hs (de 3)
5) $\neg Fs$ (de 3)
6) $Hs \rightarrow Ms$ ✓   (de 1)
7) $Ms \rightarrow Fs$ ✓   (de 2)

8) $\underline{\neg Hs}$ Ms (de 6)

9) $\neg Ms$ $\underline{Fs}$ (de 7)

Descrição dos resultados: a) a tabela está esgotada: todas as fórmulas foram decompostas; b) as fórmulas sem o sinal ✓ não foram usadas e das que foram usadas as 3, 6 e 7 estão esgotadas e as 1 e 2 não; c) há contradições em todos os ramos e sub-ramos, assinaladas por meio do traço de sublinhado; d) a tabela está fechada; e) o argumento é válido, visto que se demonstrou que o conjunto constituído pelas premissas e pela negação da conclusão é inconsistente.

Algumas das tabelas semânticas que contêm fórmulas quantificadas nunca terminam. Se uma tabela tem um ramo que nunca termina (p. ex., um ramo no qual está a fórmula seguinte: $\forall x \exists y\, Gxy$, e no qual não há contradições entre outras fórmulas), então o ramo ficará aberto e a tabela também. Nas tabelas semânticas que contêm certas classes de fórmulas quantificadas (as quais contêm simultaneamente generalidade múltipla e relações) não existe nenhum processo efetivo para determinar se a tabela irá ou não se esgotar. *Ver também* COMPLETUDE; DECIBILIDADE; SEMÂNTICA LÓGICA; SINTAXE; VALOR DE VERDADE; ELIMINAÇÃO DA IDENTIDADE. JS

FORBES, G. *Modern Logic*. Oxford: Oxford University Press, 1994.
HODGES, W. *Logic*. Londres: Penguin, 1977.
KAHANE, H. *Logic and Philosophy*. Belmont: Wadsworth, 1990.
SMULLYAN, R. M. *First-Order Logic*. Berlim: Springer, 1968.
WILSON, J. K. *Introductory Symbolic Logic*. Belmont: Wadsworth, 1992.

ascensão semântica

Ver DESCITAÇÃO.

asserção

Em sentido lato, um ato lingüístico analisável nas suas componentes LOCUTÓRIA, ILOCUTÓRIA e PERLOCUTÓRIA e sujeito a CONDIÇÕES DE FELICIDADE; em sentido estrito, um ato lingüístico (dito de tipo assertivo) que consiste em o locutor comprometer-se com o valor de verdade da frase que profere (*ver* ATO ILOCUTÓRIO). O termo pode ainda ser usado como tradução de *statement*, que Strawson distinguiu de *sentence* (frase) na sua análise PRESSUPOSICIONAL das DESCRIÇÕES DEFINIDAS – embora uma alternativa menos equívoca a este uso do termo seja "frase-ESPÉCIME". *Ver também* ATO ILOCUTÓRIO; ATO LOCUTÓRIO; ATO PERLOCUTÓRIO; CONDIÇÕES DE ASSERTIBILIDADE; CONDIÇÕES DE FELICIDADE; PRESSUPOSIÇÃO. PS

asserção, símbolo de

Ver SÍMBOLO DE ASSERÇÃO.

assertibilidade

Ver CONDIÇÕES DE ASSERTIBILIDADE.

assertivo, juízo

Tradicionalmente, dizia-se que os juízos assertivos afirmam a atualidade (*ver* ATUAL), contrastando com os apodícticos, que afirmam a NECESSIDADE, e com os problemáticos, que afirmam a POSSIBILIDADE. Por exemplo, "Sócrates era grego" exprime um juízo assertivo, porque Sócrates era efetivamente grego (era grego no MUNDO ATUAL); "Sócrates era um ser humano" exprime um juízo apodíctico, se aceitarmos que Sócrates era necessariamente um ser humano (era um ser humano em todos os MUNDOS POSSÍVEIS em que tenha existido); e "Sócrates era chinês" exprime um juízo problemático, se aceitarmos que Sócrates era possivelmente chinês, apesar de ter sido efetivamente grego (no mundo atual Sócrates era grego, mas há alguns mundos possíveis nos quais era chinês). Esta terminologia foi usada por Kant e outros filósofos do passado, mas caiu em desuso. DM

assimetria

Ver SIMETRIA.

associatividade, leis da

A fórmula $(p \land q) \land r$ é logicamente equivalente à fórmula $p \land (q \land r)$. Equivalentemente, a fórmula $(p \land q) \land r \leftrightarrow p \land (q \land r)$ é uma tautologia. De igual modo, $(p \lor q) \lor r$ é logicamente equivalente a $p \lor (q \lor r)$. Essas são as assim chamadas leis associativas da conjunção e, respectivamente, da disjunção. As leis associativas também são válidas na LÓGICA INTUICIONISTA.

Essa noção de associatividade está intimamente ligada à noção de operação associativa. Uma operação binária, $*$, de um conjunto A para ele próprio diz-se que é uma operação associativa se, para todos os elementos $a, b, c \in A$, $(a * b) * c = a * (b * c)$. Em tal caso não é ambíguo omitir os parênteses e escrever $a * b * c$. *Ver também* CÁLCULO PROPOSICIONAL; TAUTOLOGIA; ÁLGEBRA DE BOOLE; LÓGICA INTUICIONISTA. FF

assunção

Ver SUPOSIÇÃO.

atitude proposicional

Termo cunhado por Bertrand Russell (1872-1970) para designar uma das duas categorias centrais de estados e acontecimentos psicológicos em que se tornou habitual dividir a totalidade dos fenômenos mentais; talvez em virtude do papel que desempenham na explicação do comportamento racional, considera-se usualmente que as crenças e os desejos são estados mentais paradigmáticos da categoria das atitudes proposicionais.

A outra classe de estados mentais é a classe das experiências; ou, usando um termo um pouco mais restritivo mas também freqüente, a classe das sensações. Esse gênero de bipartição dos fenômenos mentais reflete, pelo menos de modo aproximado, a distinção tradicional entre cognição e sensação. Nessa última categoria incluem-se não apenas os diversos tipos de experiências perceptivas obtidas por meio das diversas modalidades sensoriais (p. ex., experiências auditivas, como o acontecimento que consiste em ouvir certa sinfonia de Beethoven, experiências visuais, como o acontecimento que consiste em ver um lápis vermelho, experiências olfativas, experiências táteis, etc.), como também sensações em sentido estrito (p. ex., sensações álgicas), certas emoções e outros acontecimentos psicológicos. (É muito provável que essa taxonomia do mental em termos de atitudes e experiências não seja suficientemente precisa e que existam casos de fronteira; todavia, isso não faz com que ela não seja uma classificação útil.)

A razão para a escolha do termo "atitude proposicional" é, tal como indicado pela sua estrutura, dupla. Por um lado, trata-se de estados psicológicos atitudinais, pelo menos se considerarmos apenas os estados paradigmáticos mencionados e outros estados que lhes são de alguma maneira próximos. Tal significa que se trata de estados que envolvem de algum modo uma "tomada de posição" em relação a algo: aceitar, rejeitar, hesitar, ser indiferente, duvidar, etc. Por outro lado, o objeto dos estados mentais – aquilo que é aceito, rejeitado, etc. – é identificado como uma PROPOSIÇÃO, ou seja, algo que é semanticamente avaliável e que possui um VALOR DE VERDADE de uma forma absoluta, não relativizada por nenhum contexto ou propósito.

Exemplos de atitudes proposicionais são, assim, para além de crenças e desejos, pensamentos, juízos, receios, perplexidades, ansiedades, esperanças, memórias, conhecimentos, etc. Alguns desses estados psicológicos, como é em geral o caso de juízos e pensamentos, são estados ocorrentes, ou seja, episódios mentais conscientes e imediatos (como, p. ex., o pensamento que acabou de me ocorrer de que hoje é feriado); outros, como é em geral o caso de crenças e receios, são estados meramente disposicionais, ou seja, estados normalmente inconscientes e de mais longa duração que consistem em propensões (não necessariamente manifestadas) para aceitar, rejeitar, recear, etc., algo (a crença de que a Torre Eiffel é maior do que o dedo mindinho de Gottlob Frege, p. ex., é um estado mental que me pode seguramente ser atribuído; muito embora, até o momento, eu nunca tenha pensado nisso).

De acordo com uma concepção familiar acerca das atitudes, à qual se pode chamar relacional, o estado psicológico em que eu estou quando acredito que a Claudia Schiffer é boa pessoa envolve certa RELAÇÃO (de índole positiva) – a relação de acreditar – a qual se estabelece entre mim e certa proposição, a proposição de que a Schiffer é boa pessoa. A relação em questão não é entre mim e um objeto físico, a Schiffer em carne e osso (caso contrário, muita gente talvez procurasse, só por essa razão, estar imediatamente em tal estado psicológico!); a relação é entre mim e um objeto abstrato, aquela proposição. Da proposição diz-se que é o CONTEÚDO (ou o SIGNIFICADO) da minha crença; e essa será uma crença verdadeira se, e somente se, a proposição for uma proposição verdadeira. Analogamente, o estado mental em que eu estou quando quero que a Claudia Schiffer se molhe da cabeça aos pés envolve certa relação (igualmente de índole positiva, mas de diferente natureza) – a relação de desejar –, a qual se estabelece entre mim e certa proposição, a proposição que a Schiffer se molhe da cabeça aos pés; diz-se da proposição que é o conteúdo do meu desejo, e este será um desejo realizado se, e somente se, a proposição for uma proposição verdadeira. Do mesmo modo, o estado em que estou quando duvido que Deus exista envolve certa relação (dessa vez de índole negativa, pelo menos à luz de certo conceito de dúvida) – a relação de duvidar – que se estabelece entre mim e certa proposição, a de que Deus existe; diz-se da proposição que é o conteúdo da minha dúvida, e ela será uma dúvida fundada ou legítima se, e somente se, a proposição for uma proposição falsa. Em alguns versões do ponto de vista relacional, as atitudes proposicionais são relações diretas, não mediadas, entre pessoas (organismos, etc.) e proposições. Em outras versões, as atitudes proposicionais são relações indiretas entre pessoas (organismos, etc.) e proposições, mediadas por um terceiro tipo de entidades; essas entidades podem ser diversas coisas, conforme a teoria particular defendida: representações mentais, frases de uma linguagem natural, frases da "linguagem do pensamento", etc.

A concepção relacional das atitudes proposicionais é vista por muitos filósofos e lingüistas como fortemente apoiada por considerações relativas à forma lógica e à semântica das frases que empregamos usualmente para atribuir atitudes proposicionais a pessoas e a outros organismos. Os estados mentais supramencionados poder-me-iam ser lingüisticamente atribuídos por alguém (que falasse português) por meio do uso de frases como (respectivamente) "O JB acredita que a Claudia Schiffer é boa pessoa", "O JB quer que a Claudia Schiffer se molhe da cabeça aos pés", e "O JB duvida que Deus exista." A idéia é então a de considerar tais relatos de atitudes como se tivessem a forma lógica de predicações diádicas. Tal como uma frase como "A Claudia Schiffer detesta a Naomi Campbell" deve ser vista como formada a partir do preenchimento de um predicado diádico, o predicado "__ detesta __", por um par ordenado de termos singulares, os nomes "A Claudia Schiffer" e "A Naomi Campbell", também uma frase como "O JB acredita que a Claudia Schiffer é boa pessoa" deve ser vista como formada a partir do preenchimento de um predicado diádico, o verbo psicológico "__ acredita __", por um par ordenado de termos singulares, o nome "O JB", e o termo complexo "que a Claudia Schiffer é boa pessoa".

O discernimento de uma estrutura dessa natureza nas frases de atitude é muitas vezes justificado com base em observações acerca do comportamento inferencial das frases. P. ex., tal como uma conseqüência lógica (por generalização existencial) da frase "A Claudia Schiffer detesta a Naomi Campbell" é a frase "A Claudia Schiffer detesta alguém", também uma conseqüência lógica (por generalização existencial) da frase "O JB acredita que a Claudia Schiffer é boa pessoa" é a frase "O JB acredita em algo"; e essa última frase, tomada em conjunção com uma frase como "O Richard Gere acredita que a Claudia Schiffer é boa pessoa", tem como conseqüência lógica a frase "Há algo em que o JB e o Gere ambos acreditam." Ora, alega-se que a validade de inferências desse tipo ficaria por explicar se uma estrutura daquele gênero não fosse reconhecida nas frases originais. Sem entrar em certos refinamentos e complicações irrelevantes para os nossos fins, a forma geral de uma atribuição de atitude é tomada como dada no esquema ⌜s V que p⌝, em que a letra esquemática s é substituível por um termo singular (p. ex., "O JB"), V por um verbo de atitude (p. ex., "acredita"), e p por uma frase (p. ex., "A Schiffer é boa pessoa"); desse modo, ⌜que p⌝ é a forma geral de um termo obtido pela prefixação do operador monádico "que" a uma frase p. E, pelo seu lado, a semântica das frases de atitude tem naturalmente de respeitar esses fatos acerca da sua estrutura. Assim, a referência do termo singular que substitui s é um sujeito apropriado de atitudes (pessoa, organismo, sistema), a referência do predicado diádico que substitui V é uma relação psicológica (p. ex., a relação de crença), e a referência do termo singular que substitui ⌜que p⌝ é uma proposição, a proposição que p. Por conseguinte, uma frase de atitude ⌜s V que p⌝ é verdadeira se, e somente se, a pessoa (organismo, etc.) referida por s estiver na relação psicológica referida por V com a proposição referida pelo termo ⌜que p⌝.

Em suma, considerações desse teor acerca da forma lógica e da semântica de frases de atitude são tomadas por muitos filósofos como sancionado o ponto de vista relacional sobre as atitudes. Deve-se, no entanto, dizer que isso está longe de ser consensual. Por um lado, há filósofos que não consideram de forma alguma legítimo inferir observações acerca da metafísica das atitudes a partir de observações acerca da forma lógica e da semântica de frases de atitude. Por outro lado, outros filósofos rejeitam simplesmente a análise sintático-semântica antes esboçada para atribuições de atitude.

Há duas características importantes das atitudes proposicionais que as tornam distintas das experiências e sensações.

A primeira é a de que as atitudes são estados psicológicos que envolvem necessariamente a cognição, no seguinte sentido particular: um organismo estar em um desses estados implica a posse e o exercício pelo organismo de determinados conceitos. P. ex., eu só posso ser corretamente descrito como estando no estado mental de acreditar que os pingüins são peixes se possuir o conceito de um peixe (e o conceito de um pingüim); ou seja, se eu de alguma maneira souber o que é um peixe (o que é um pingüim). E uma pessoa só pode ser corretamente classificada como querendo que a neve seja removida da estrada se possuir *inter alia* o conceito de neve, se de algum modo souber o que é a neve. Por isso é que, para tomar um caso extremo, não seria correto atribuir a um antigo general romano (digamos) uma crença cujo conteúdo fosse especificado por meio de uma frase em português como "A aritmética pura é incompleta" ou "A água é H₂O". Em contraste com isso, a presença de ingredientes conceptuais não é de maneira alguma exigida, em geral, para que um organismo seja corretamente descrito como estando em um estado psicológico pertencente à outra categoria de estados, como tendo certa experiência ou sensação. P. ex., uma criatura (p. ex., um corvo) pode ser corretamente descrita como estando em certa ocasião vendo a neve ser removida da estrada, sem que a fruição de tal experiência visual implique qualquer posse pelo organismo do conceito de neve. Isso permite distinguir o acontecimento mental de *ver*, uma experiência, do acontecimento mental de *ver que*, uma atitude proposicional. Uma criatura pode ver a neve caindo sem saber o que é a neve, mas não pode ver que a neve está caindo sem possuir o conceito de neve. Ambos os acontecimentos mentais são cognitivos no sentido genérico em que ambos envolvem a aquisição e o processamento de informação proveniente do meio ambiente; mas só o segundo acontecimento envolve a cognição no sentido particular antes utilizado.

Outra distinção interessante do mesmo gênero é aquela que se pode fazer entre: a) A memória proposicional, um estado mental em que uma pessoa está quando, p. ex., se lembra que ontem choveu; e b) A memória de acontecimentos, um estado em que uma pessoa está quando, p. ex., se lembra de ontem estar chovendo.

Uma pessoa pode estar no primeiro estado sem estar no segundo; e há animais que, apesar de poder presumivelmente estar no segundo estado, não possuem um repertório conceptual que os habilite a estar no primeiro.

A segunda característica distintiva das atitudes é a sua já aludida propriedade de ser invariavelmente possível atribuir-lhes conteúdos proposicionais, itens aos quais a verdade e a falsidade são primariamente atribuíveis. A minha crença de que a Schiffer é boa pessoa, a dúvida do leitor de que a Schiffer seja boa pessoa e o desejo da mãe da Schiffer de que ela seja boa pessoa são estados psicológicos diversos que ocorrem em criaturas igualmente diversas, mas que têm em comum determinado conteúdo: a proposição que a Schiffer é boa pessoa. E a propriedade que cada um daqueles estados mentais tem de ter essa proposição como conteúdo é uma propriedade essencial, ou constitutiva, do estado mental em questão, no sentido em que ele deixaria de ser o estado que é se não tivesse o conteúdo que de fato tem.

Em contraste com isso, sensações e experiências não têm (muitas vezes) nenhum conteúdo proposicional. Considere-se o estado mental em que eu estive quando, durante algum tempo, senti uma dor lancinante no joelho esquerdo ao descer umas escadas; não tem nenhum sentido atribuir um conteúdo semanticamente avaliável a um estado mental desse gênero. O que é maximamente relevante para estados mentais dessa classe, e praticamente irrelevante para atitudes proposicionais, é antes a sua fenomenologia: a maneira como uma dor é sentida, como é ter determinada sensação ou experiência. Com efeito, experiências e sensações parecem ser identificáveis, pelo menos parcialmente, com base em considerações relativas à sua fenomenologia, às características puramente subjetivas desses estados. Há certamente casos mistos. Presumivelmente, de um lado, há ansiedades proposicionais (digamos), como a ansiedade da Schiffer de que a passarela não se desmorone subitamente; e, do outro lado, há ansiedades não proposicionais, como é talvez o caso da ansiedade súbita da Schiffer por um sorvete (ou então, mais plausivelmente, o caso de ansiedades sem nenhum objeto identificável). Do mesmo modo, existe o "amor" proposicional ou o "gostar que", um estado em que uma pessoa está quando, p. ex., gosta que a Schiffer pinte às vezes os lábios de púrpura; mas existe também a variedade mais vulgar de amor, o amor objetual ou o gostar de, um estado em que uma pessoa está quando, p. ex., simplesmente gosta da Schiffer. O primeiro gênero de ansiedade ou de amor seria presumivelmente classificável como uma atitude proposicional; o segundo não. Em todo caso, a aparente existência de experiências e sensações com um conteúdo proposicional não milita contra o princípio de discriminação proposto: ter uma proposição como conteúdo é apenas uma condição necessária para um estado mental ser uma atitude proposicional. E a aparente existência de atitudes com alguns elementos fenomenológicos também não milita contra o princípio de discriminação proposto: ter certa fenomenologia é apenas uma condição necessária para um estado mental pertencer à classe das experiências.

Algumas das considerações precedentes sugerem a seguinte metodologia mínima para a individuação de atitudes proposicionais. Podemos discriminar entre atitudes com base nos seguintes dois parâmetros: A) Em termos do conteúdo das atitudes; B) Em termos do modo psicológico das atitudes.

O parâmetro A é aquele que está operativo quando, p. ex., distinguimos entre os seguintes estados: a crença do Gere de que a Schiffer é boa pessoa, a crença da Schiffer de que a Campbell é boa pessoa e a crença da Campbell de que o Gere é bom sujeito (dessa vez, eu não entro na história!); apesar de esses estados pertencerem ao mesmo modo ou tipo psicológico – todos eles são crenças, são estados mentais distintos em virtude de terem conteúdos distintos (e têm conteúdos distintos em virtude de serem acerca de pessoas distintas: Schiffer, Campbell e Gere). O princípio genérico utilizado é o seguinte: uma condição necessária para a identidade de atitudes é a identidade de conteúdo proposicional. Por outro lado, o parâmetro B é aquele que está operativo quando, p. ex., distinguimos entre os seguintes estados: a crença do Gere de que a Schiffer é boa pessoa, o desejo da mãe da Schiffer de que a Schiffer seja boa pessoa e a dúvida da Campbell de que a Schiffer seja boa pessoa; apesar de esses estados terem o mesmo conteúdo – a proposição de que a Schiffer é boa pessoa –, são estados diferentes em virtude de estar subsumidos por modos psicológicos distintos (crença, desejo, dúvida). O princípio genérico utilizado é o seguinte: uma condição necessária para a identidade de atitudes é a identidade de modo psicológico. Uma questão interessante, e bastante debatida, consiste em determinar se os parâmetros mencionados, para além de introduzirem condições necessárias para a identidade de atitudes, introduzem também condições suficientes; ou seja, se a identidade de modo psicológico e a identidade de conteúdo, para além de separadamente necessárias, são também conjuntamente suficientes para a identidade de atitudes.

A distinção TIPO-ESPÉCIME, a qual é notoriamente aplicável ao caso de itens lingüísticos como palavras e frases, aplica-se igualmente a estados ou acontecimentos mentais em geral e a atitudes proposicionais em particular. Ela dá assim origem a uma distinção importante entre universais mentais (estados-tipo ou acontecimentos-tipo) e particulares mentais (estados-espécime ou acontecimentos-espécime). Eis dois exemplos que ilustram a distinção. Em primeiro lugar, considere-se o pensamento, que eu tenho em certa ocasião, de que a Schiffer é boa pessoa; e o pensamento, que a Campbell tem em certa ocasião, de que a Schiffer é boa pessoa; e ainda o pensamento, que o Gere tem em certa ocasião, de que a Schiffer é boa pessoa. Pode-se dizer que há aqui três estados ou acontecimentos mentais particulares, três pensamentos-espécime, que ocorrem em mentes distintas e em ocasiões possivelmente distintas. Tais acontecimentos-espécime são particulares mentais, entidades irrepetíveis, parcialmente individualizáveis pela identidade da mente em que ocorrem e pelo intervalo de tempo durante o qual ocorrem. Dito de outra maneira, tais acontecimentos-espécime são os valores da variável livre x ao figurar em frases abertas como "x é um pensamento de que a Schiffer é boa pessoa". Por outro lado, pode-se também dizer que há aí um único tipo de estado ou acontecimento mental, apenas um pensamento-tipo, o pensamento de que a Schiffer é boa pessoa, o qual é exemplificado por aqueles três pensamentos-espécime. Pensamentos-tipo são universais mentais, entidades repetíveis (no sentido de exemplificáveis) e abstratas, que não têm nenhuma localização em uma mente particular e nenhuma duração no tempo. Em geral, tipos ou categorias mentais, tipos de acontecimentos ou de estados mentais, são simplesmente classes de particulares mentais, classes de acontecimentos-espécime ou estados-espécime (atuais e possíveis). Ou, se preferirmos, tipos mentais são PROPRIEDADES, algo exemplificável por estados ou acontecimentos mentais específicos; por outras palavras, trata-se de propriedades como aquela que é expressa ou referida por um predicado ou frase aberta como "x é um pensamento de que a Schiffer é boa pessoa", designadamente a propriedade de ser um pensamento de que a Schiffer é boa pessoa (e essa propriedade é predicável de cada um dos três estados-espécime antes mencionados). Em segundo lugar, podemos ter tipos mentais mais inclusivos do que aquele. Considere-se o pensamento, que eu tenho em certa ocasião, de que a Schiffer é boa pessoa; e o pensamento, que tenho em outra ocasião, de que o prazo para entregar este ensaio já terminou; e ainda o pensamento, que tenho em ocasião distinta, de que a conjectura de Goldbach é falsa. Há aqui três acontecimentos mentais particulares, três pensamentos-espécime (os valores da variável livre x em uma frase aberta como "x é um pensamento"), mas um único tipo de acontecimento mental, o tipo pensamento (a propriedade expressa ou referida por um predicado ou frase aberta como "x é um pensamento", a propriedade de ser um pensamento). Esses tipos mentais são mais inclusivos do que os anteriores, no sentido em que a classe de particulares mentais que consiste em todos aqueles, e só naqueles, pensamentos de

que a Schiffer é boa pessoa está incluída na classe de particulares mentais que consiste em, e apenas em, pensamentos. (É agora claro que a discussão anterior acerca do modo como atitudes devem ser individualizadas diz respeito a atitudes no sentido de atitudes-tipo; isto é, a questão era a de determinar sob que condições duas atitudes-espécime devem ser agrupadas sob o mesmo tipo ou categoria.)

A distinção entre tipos de estado mental e estados-espécime é notoriamente utilizada para discriminar entre as duas variedades habituais de FISICALISMO (ou de materialismo) acerca do PROBLEMA DA MENTE-CORPO: o fisicalismo tipo-tipo e o fisicalismo exemplar-exemplar. Segundo a doutrina fisicalista tipo-tipo, cada tipo de estado ou acontecimento mental (p. ex., o tipo DOR) é idêntico a certo tipo de estado ou acontecimento físico no corpo ou no cérebro (p. ex., o disparar de tal e tal neurônio); se preferirmos, aquilo que é identificado no fisicalismo tipo-tipo são PROPRIEDADES: propriedades mentais, como a propriedade de ser uma dor, e propriedades físicas, como a propriedade de ser um disparar de tal e tal neurônio. Segundo a doutrina fisicalista exemplar-exemplar, cada estado ou acontecimento-espécime que ocorre na mente (p. ex., determinada dor que sinto em certa altura) é idêntico a certo estado ou acontecimento-espécime que ocorre no corpo ou no cérebro (p. ex., determinado disparar de tal e tal neurônio no meu cérebro naquela ocasião); se preferirmos, aquilo que é identificado no fisicalismo exemplar-exemplar são particulares: particulares mentais e particulares físicos. (Obviamente, a primeira doutrina é mais forte do que a segunda: se propriedades mentais são idênticas a propriedades físicas, então determinam uma e a mesma classe de particulares, e assim o fisicalismo exemplar-exemplar é verdadeiro.)

Finalmente, há que referir uma última característica importante das atitudes proposicionais (todavia, trata-se dessa vez de uma característica que partilham com as experiências e sensações). É a propriedade que cada uma das atitudes proposicionais possui de ter certo papel funcional, de associar-se a certa estrutura de causas e efeitos. O papel funcional de uma atitude é a rede característica de conexões causais em que ela entra, a maneira como ela interatua causalmente com dados provenientes do meio ambiente, com outros estados mentais e com o comportamento. Considere-se, p. ex., a crença que eu tenho de que daqui a pouco vai chover. *Grosso modo*, o papel funcional dessa crença seria especificado por meio da consideração de fatos do seguinte gênero: a) o fato de a crença ser normalmente causada por certo tipo de *input* sensorial (p. ex., a minha percepção visual de nuvens cinzentas no céu); b) o fato de a crença ser usualmente uma causa de, bem como um efeito de, certos outros estados mentais (p. ex., um efeito da crença de que nuvens cinzentas no céu prenunciam chuva); e c) o fato de a crença, em interação com outros estados mentais (em particular, certos desejos), dar normalmente origem a certo comportamento: tomada em conjunção com o desejo de não me molhar (e com outros estados mentais), ela pode levar-me a ir buscar um guarda-chuva.

Diversas posições teóricas são possíveis em relação ao estatuto a desempenhar por tal noção de papel funcional no âmbito de uma teoria das atitudes e de outros estados mentais. Um ponto de vista influente é o de que o papel funcional de uma atitude determina inteiramente a identidade dessa atitude: nada mais há a dizer acerca da atitude do que aquilo que é dito em uma caracterização do seu papel funcional. Essa concepção, que recebe a designação de FUNCIONALISMO, está normalmente associada a uma doutrina HOLISTA acerca da atribuição de estados mentais: só é possível classificar uma criatura como se estivesse em certo estado mental com base na identificação de uma galáxia de outros estados mentais, intenções de comportamento, etc. Em outro ponto de vista, mais fraco, a idéia é a de que os papéis funcionais servem apenas para determinar a identidade dos tipos ou categorias mentais; p. ex., servem apenas para caracterizar a propriedade geral de ser uma crença, aquilo que todas as crenças têm em comum. Em particular, nesse ponto de vista, os papéis funcionais das atitudes não são vistos como determinantes dos conteúdos das atitudes. *Ver também* ESTADO MENTAL; PROPRIEDADE; TIPO-ESPÉCIME; FUNCIONALISMO; PROPOSIÇÃO; CONTEÚDO; FISICALISMO. **JB**

DRETSKE, F. *Explaining Behaviour*. Cambridge: MIT Press, 1993.
FODOR, J. *Psychosemantics*. Cambridge: MIT Press, 1987.
HARMAN, G. *Thought*. Princeton: Princeton University Press, 1973.
MCGINN, C. *The Character of Mind*. Oxford: Oxford University Press, 1982.

ato compromissivo

Na taxonomia de John Austin, os atos compromissivos formam uma subclasse dos ATOS DE FALA ilocutórios comunicativos. Exemplos típicos são as promessas, as ofertas e as apostas.

ato constativo

Na taxonomia de John Austin, os atos constativos formam uma subclasse dos ATOS DE FALA ilocutórios comunicativos. Exemplos típicos são as asserções, as previsões e as respostas.

ato de fala

J. L. Austin (1911-1960), em *How to do Things with Words*, analisa os atos que consistem na elocução de certas seqüências de palavras em uma língua natural – os quais são por isso usualmente designados de "atos de fala". A teoria dos atos de fala de Austin parte da observação de que existem frases nas línguas naturais que, apesar da sua aparência gramatical de frases declarativas indicativas, não podem ser consideradas como se fizessem ASSERÇÕES. Exemplos de tais frases são "quero convidá-la (a si) para ir ao cinema esta noite", ou "prometo entregar o material dentro do prazo" ou ainda "aposto que o Real Madrid perde em Roma" enquanto proferidas por alguém num contexto conversacional qualquer. O fato de tais frases, apesar da sua forma gramatical assertórica, não funcionarem assertoricamente, implica que não podem ser avaliadas quanto à sua veracidade ou falsidade e que talvez sejam boas candidatas a serem recusadas como asserções malsucedidas ou pseudo-asserções e, assim, produções lingüísticas destituídas de sentido. Mas, diz Austin, elas só poderiam ser consideradas asserções malsucedidas se as pessoas que as proferem pretendessem de fato produzir asserções, isto é, se tivessem por objetivo descrever certo estado de coisas ou transmitir informação acerca de fatos. Mas acontece que não têm. Ao proferi-las, as pessoas não pretendem transmitir nenhuma informação factual acerca de si mesmas, como seria o caso se dissessem outras frases com o verbo na primeira pessoa, como "prometo poucas coisas" ou "quero o bem de minha pátria". Pretendem, respectivamente, convidar alguém para ir ao cinema, prometer algo e fazer uma aposta. Logo, conclui Austin, tais frases não podem ser recusadas como se constituíssem pseudo-asserções.

Essa descoberta de Austin não foi destituída de alcance filosófico. Com efeito, ela infirma o argumento, usual no POSITIVISMO LÓGICO, que leva a classificar como sem sentido quaisquer produções lingüísticas que sejam gramaticalmente (isto é, pela sua forma gramatical declarativa) assertóricas, mas não produzam nenhuma asserção. Esse argumento não pode, nesses casos, ser usado. As produções lingüísticas exemplificadas antes são de fato gramaticalmente assertóricas e não exprimem nenhuma asserção – mas, crucialmente, não estão sendo usadas para fazer asserções. De fato, observa Austin, a característica distintiva da elocução de tal frase é a de ser um "ato" lingüístico diferente daqueles que consistem em produzir uma frase declarativa capaz de descrever um estado de coisas (designadamente, pelo contrário, é o ato de convidar, ou de prometer, ou de apostar). Embora seja verdade que descrever um estado de coisas é também um ato lingüístico, o argumento de Austin de que muitas vezes dizer coisas é fazer coisas diferentes de descrever estados de coisas parece, na presença dos indícios mencionados, razoável.

Um contra-argumento que, no entanto, vale a pena considerar é o seguinte. Parece também haver bons motivos para dizer que produções lingüísticas como as exemplificadas anteriormente nada fazem, além de descrever estados de coisas. P. ex., "prometo entregar o material dentro do prazo" pode aparentemente ser classificada como a descrição de um estado de coisas mental que consiste, ele sim, no ato de prometer entregar o material dentro do prazo. Desse modo, poder-se-ia dizer que "prometo entregar o material dentro do prazo" exprime de fato uma asserção susceptível de ser classificada como verdadeira ou falsa, consoante a pessoa que a profere tenha ou não realizado o ato mental de prometer entregar o material dentro do prazo. E o mesmo raciocínio aplicar-se-ia a seqüências iniciadas por "quero convidá-la(o) para...", "aposto que..." ou outras do gênero.

Esse argumento é discutido e refutado pelo próprio Austin. É possível observar, diz ele, que a realização de certos atos (p. ex., convidar, prometer) consiste em não mais do que a elocução de certas frases. P. ex., o procedimento básico por meio do qual pratico o ato de convidar alguém para jantar resume-se a proferir uma seqüência de palavras como "quero convidá-la para jantar esta noite" ou outra semelhante. Isto é, se eu não tiver proferido tal seqüência de palavras, não é simplesmente o caso de que não reportei o convite que fiz; se eu não a tiver proferido, então não fiz nenhum convite. E exatamente o mesmo raciocínio se aplica, p. ex., aos casos de promessas. Mesmo que a elocução de certas seqüências de palavras como as iniciadas por "prometo" nem sempre seja uma condição suficiente da realização bem-sucedida do ato de prometer, é certamente uma condição necessária, de modo que somos levados a concluir que o ato lingüístico que consiste em proferir tal seqüência de palavras, em vez de descrever o que quer que seja (p. ex., o ato mental de prometer entregar o material dentro do prazo), realiza (pelo menos em parte) o ato de prometer (p. ex., entregar o material dentro do prazo). Por outras palavras, em casos como os exemplificados, não há nenhum ato (mental ou não) independente da elocução de certa seqüência de palavras (p. ex., uma seqüência iniciada por "prometo" ou por "convido-a") que possa estar sendo descrita por tais seqüências – de modo que se tem de concluir que é essa mesma elocução que realiza os atos de prometer, de convidar ou de apostar.

Se aceitarmos esse argumento de Austin seremos levados, portanto, a distinguir a elocução de seqüências como as exemplificadas da elocução de seqüências genuinamente assertóricas. As primeiras têm forma declarativa, mas contêm como verbo principal – tipicamente na primeira pessoa do presente do indicativo – ou único um "verbo performativo", isto é, um verbo cuja elocução "faz" qualquer coisa diferente de descrever um estado de coisas, resultando em que a elocução das frases de que faz parte não tenham também esse caráter. Se V for um verbo não performativo, é evidente que se eu proferir uma seqüência do tipo "eu V-o" pode muito bem acontecer que, com tal seqüência, eu esteja descrevendo erradamente a realidade e, portanto, que eu não V-o. Mas se V for um verbo performativo (como "prometer", "apostar", "convidar", etc.), então o fato de eu dizer "eu V-o" num contexto conversacional implica (em princípio) que eu V-o (p. ex., a minha elocução de "prometo entregar o material dentro do prazo" implica que eu prometi entregar o material dentro do prazo, ao passo que a minha elocução de "eu detesto ser pontual" nas mesmas circunstâncias não implica que eu deteste ser pontual: eu posso estar mentindo). Jamais se pode dar o caso de a seqüência de palavras proferida por mim ser falsificada pelos fatos, visto que, justamente, eu não estou proferindo uma genuína asserção – por outros termos, uma seqüência de palavras suscetível de ser descrita ou como verdadeira ou como falsa, isto é, como condizendo ou não com os fatos.

O conceito de ato de fala e a tese associada de que a elocução de certas seqüências de palavras em língua natural equivale à prática de atos que podem não ser o ato de descrever ou "constatar" um estado de coisas (sendo, segundo a dicotomia que Austin viria a abandonar depois, "performativas" e não "constativas") aplicam-se não só a frases gramaticalmente assertóricas na primeira pessoa do singular do presente do indicativo, mas, de maneira óbvia, a frases interrogativas e imperativas, as quais constituem evidência particularmente ilustrativa da referida tese. A elocução de frases dessas variedades é um exemplo evidente dos atos lingüísticos referidos, visto que não pode, nem sequer pela forma, ser confundida com a constatação de um fato. Assim, o ATO ILOCUTÓRIO que consiste num pedido de ajuda tanto pode ser realizado por meio da elocução da seqüência "peço-te que me ajudes a abrir a garrafa" como da seqüência – gramaticalmente na forma imperativa – "ajuda-me a abrir a garrafa". O interesse particular de Austin no primeiro tipo de frases – frases na primeira pessoa do presente do indicativo que contêm verbos "performativos" como "prometer" ou "convidar" ou "pedir" – justifica-se basicamente de duas maneiras. Em primeiro lugar, ele achava (e aparentemente tinha razão) que elas mereciam uma análise mais sofisticada do que aquela que as caracterizava como frases destituídas de sentido; como vimos, a sua teoria dos atos de fala pode ser vista como se proporcionasse justamente tal análise. Em segundo lugar, elas tornam explícito que a idéia de que dizer coisas é fazer coisas é ilustrada por um conjunto muito mais vasto de produções lingüísticas do que a elocução de frases na forma interrogativa e imperativa.

O fato de que, em geral, a elocução de uma "performativa" (não necessariamente usando um verbo performativo, como quando se promete asserindo "vou entregar o material dentro do prazo") não é uma condição suficiente para a realização do ato respectivo (p. ex., prometer ou convidar) – apesar de, na medida em que esse ato é lingüístico, ser uma condição necessária – leva à observação de que certo número de requisitos têm de ser respeitados para que um ato de fala possa ser considerado "bem conseguido" ou "feliz" (*felicitous*). E esses requisitos são válidos para qualquer tipo de ato de fala, incluindo aqueles que não pretendam mais do que descrever estados de coisas (daí que Austin tenha, ainda em *How to do Things with Words*, abandonado a dicotomia entre "performativas" e "constativas": as segundas são um subconjunto próprio das primeiras). Tal como o ato de fala que consiste em descrever um estado de coisas qualquer só é feliz se descrever corretamente esse estado de coisas (isto é, se exprimir uma asserção verdadeira), também um ato de fala que consista em prometer algo ou em convidar alguém para alguma coisa só é feliz se a pessoa que promete ou que convida tencionar, de fato (respectivamente), cumprir a promessa ou levar a cabo o convite. Grande parte do argumento restante de Austin em *How to do Things with Words* é dedicado à análise das "infelicidades" que podem acometer os diferentes tipos de atos de fala e à discussão dos requisitos que tais infelicidades mostram infringir (*ver* CONDIÇÕES DE FELICIDADE).

A teoria dos atos de fala de Austin foi retomada e sofisticada pelo trabalho posterior de John Searle (1932-), cuja análise é mais sistemática e mais obviamente enquadrável numa "teoria" propriamente dita. Searle defende a tese forte de que a componente ilocutória da linguagem (ou o fato de que usar a linguagem é sempre praticar um tipo específico de ato ilocutório) é o aspecto fundamental da (para usar uma formulação de inspiração chomskiana de uma tese que Chomsky não subscreveria) competência lingüística – o que por sua vez milita a favor da tese de que a teoria dos atos de fala é conceptualmente mais básica do qualquer outro ramo da filosofia da linguagem e (forçando um pouco a nota) talvez mesmo da lingüística. A tipologia de Searle dos atos ilocutórios é, por outro lado, mais solidamente argumentada do que a original de Austin, defendendo ele que esses atos se dividem em exatamente cinco tipos básicos, de acordo com a força e o objetivo ilocutório que têm (*ver* ATO ILOCUTÓRIO).

A análise de Searle é também mais atenta às implicações filosóficas do próprio conceito de ato de fala – designadamente no que diz respeito à necessidade do recurso a conceitos mentais como CRENÇA e INTENÇÃO para o analisar (na linha do trabalho pioneiro de Grice (1913-1988) sobre o conceito de SIGNIFICADO). A descoberta de conexões desse gênero tem levado a que, por vezes, se defenda que a investigação dos atos de fala deve ser vista como se pertencesse ao domínio da filosofia da mente – uma tese que, conjugada com a tese da prioridade conceptual da teoria dos atos de fala em filosofia da linguagem (ou pelo menos em teoria do significado), parece comprometer-se com o ponto de vista de que a filosofia da linguagem (ou pelo menos a teoria do significado) é um ramo da filosofia da mente. *Ver também* ATO ILOCUTÓRIO; ATO PERLOCUTÓRIO; CRENÇA; INTENÇÃO; POSITIVISMO LÓGICO; PRAGMÁTICA; CONDIÇÕES DE FELICIDADE. **PS**

AUSTIN, J. L. *How to do Things with Words*. Oxford: Clarendon Press, 1962. Trad. bras. *Quando dizer é fazer*. Trad. Danilo M. de Souza Filho. Porto Alegre: Artes Médicas, 1990.
GRICE, H. P. *Studies in the Way of Words*. Cambridge: Harvard University Press, 1989.
LEVINSON, S. *Pragmatics*. Cambridge: Cambridge University Press, 1983.
SEARLE, J. *Speech Acts*. Cambridge: Cambridge University Press, 1969.

ato diretivo

Na taxonomia de John Austin, os atos diretivos formam uma subclasse dos ATOS DE FALA ilocutórios comunicativos. Exemplos típicos são as ordens, as permissões e os pedidos.

ato ilocutório

Ato lingüístico praticado quando, ao proferir uma frase gramatical e com significado (isto é, ao praticar um ATO LOCUTÓRIO), o falante é bem-sucedido na sua intenção de tornar clara a função que a sua elocução cumpre no contexto em que foi produzida, isto é, em tornar clara a força ilocutória – p. ex., de prometer ou ameaçar –, conseguindo assim tornar claro também o seu objetivo ilocutório – p. ex., comprometer-se com a realização de certa ação futura. Enquanto o tipo de ato locutório praticado depende de fatores estritamente lingüísticos (designadamente aqueles que determinam o conteúdo proposicional da elocução), o tipo de ato ilocutório praticado depende do tipo de função que lhe tenha sido dada pelo locutor num contexto de elocução específico, isto é, da força ilocutória e do objetivo ilocutório que lhes estão associados.

Austin e Searle apresentaram tipologias que visam discriminar as várias categorias de atos ilocutórios. A tipologia de Searle, que resulta de uma crítica da de Austin e é normalmente aceita como canônica, integra as seguintes categorias: atos assertivos (os que, como o de declarar, têm por objetivo comprometer o locutor com a veracidade da frase proferida), diretivos (os que, como o de pedir ou ordenar, têm por objetivo tornar claro ao alocutário que ele deve proceder de certo modo), compromissivos (os que, como o de prometer, comprometem o locutor com a prática de uma ação futura), expressivos (os que, como o de agradecer ou lamentar, pretendem exprimir um estado psicológico relativo ao estado de coisas expresso pelo conteúdo proposicional da frase, cuja veracidade é PRESSUPOSTA), declarativos (os que, como o de nomear ou excomungar, criam um estado de coisas novo por meio da correspondência que induzem entre o conteúdo proposicional da frase produzida e a realidade) e os declarativos assertivos (os que, como o de declarar alguém inapto para o serviço militar, reúnem os objetivos ilocutórios de asserções e de declarações).

A intenção de praticar certo tipo de ato ilocutório está sujeita a um conjunto de CONDIÇÕES DE FELICIDADE, cuja infração conduz a diversos tipos de dificuldades. *Ver também* ATO DE FALA; ATO LOCUTÓRIO; ATO PERLOCUTÓRIO; ASSERÇÃO; CONDIÇÕES DE ASSERTIBILIDADE; CONDIÇÕES DE FELICIDADE; PRAGMÁTICA. **PS**

AUSTIN, J. L. *How to do Things with Words*. Oxford: Clarendon Press, 1962. Trad. bras. *Quando dizer é fazer*. Trad. Danilo M. de Souza Filho. Porto Alegre: Artes Médicas, 1990.

SEARLE, J. *Expression and Meaning*. Cambridge: Cambridge University Press, 1979. Trad. bras. *Expressão e significado*. 2.ª ed. Trad. Ana Cecília de Camargo e Ana Luiza M. Garcia. São Paulo: Martins Fontes, 2002.

ato locutório

Ato lingüístico que consiste na elocução de uma seqüência de sons (ou de sinais gráficos, se aplicarmos a noção à linguagem escrita) identificável com uma frase-ESPÉCIME gramatical e com significado. O fato de tais seqüências terem significado faz as suas elocuções ter (convencionalmente) associadas a si uma força ilocutória específica. Por outras palavras, quando alguém pratica um ato locutório está também praticando um tipo específico de ATO ILOCUTÓRIO. P. ex., quando profiro a seqüência "Prometo chegar pontualmente amanhã" estou, por um lado, emitindo um conjunto de sons identificável com uma frase correta da língua portuguesa e, por outro, comprometendo-me com um comportamento futuro por meio da força ilocutória associada à elocução dessa frase (e visível a partir do significado do verbo "prometer"). E quando eu profiro a seqüência "Ontem cheguei pontualmente" estou, de novo, quer praticando o ato locutório de proferir uma frase da língua portuguesa com significado, quer praticando o ato ilocutório de descrever um estado de coisas passado (ou, equivalentemente, o ato ilocutório de me comprometer com a veracidade da frase que descreve esse estado de coisas). Essa conexão entre atos locutórios e ilocutórios ilustra o *dictum* de Austin segundo o qual "dizer (qualquer coisa com sentido) é fazer (qualquer coisa)". *Ver também* ATO DE FALA; ATO ILOCUTÓRIO; ATO PERLOCUTÓRIO. PS

ato perlocutório

O ato lingüístico praticado quando, ao proferir uma frase gramatical e com significado (isto é, ao praticar um ATO LOCUTÓRIO) com certa força ilocutória associada (praticando assim também um ATO ILOCUTÓRIO), o falante de uma língua produz, além disso, efeitos específicos em quem o ouve. P. ex., quando profiro "prometo chegar pontualmente amanhã", estou, em primeiro lugar, emitindo uma frase gramatical com significado e, em segundo lugar, comprometendo-me com um comportamento futuro específico; mas, se esses meus atos locutório e ilocutório forem eficazes, estou também produzindo o efeito no(s) meu(s) interlocutor(es) que consiste em levá-lo(s) a acreditar que esse comportamento vai ter lugar – caso em que estarei praticando o ato perlocutório de o(s) persuadir disso mesmo. O caráter condicional dessa caracterização sugere corretamente que, apesar de cada ato perlocutório específico ser uma conseqüência da (no sentido de estar tipicamente associado à) prática de um tipo específico de ato ilocutório, um ato ilocutório pode ser praticado com sucesso sem que o ato perlocutório respectivo o seja. P. ex., com a minha elocução de "prometo chegar pontualmente amanhã", posso (se satisfiz as CONDIÇÕES DE FELICIDADE associadas a tal elocução) ter tido sucesso em prometer chegar no horário amanhã, mas posso não ter persuadido os meus interlocutores de que isso vai acontecer de fato. A diferença entre as condições de sucesso dos dois tipos de ato decorre diretamente da diferença entre as intenções que lhes estão associadas (p. ex., a intenção de prometer algo, por um lado, e a intenção de persuadir alguém de algo, por outro) e do fato de que uma condição suficiente da satisfação do primeiro, mas não do segundo tipo de intenção, é ser reconhecida como tal pelo interlocutor. *Ver também* ATO DE FALA; ATO ILOCUTÓRIO; ATO PERLOCUTÓRIO; CONDIÇÕES DE FELICIDADE. PS

ato/objeto

Ver AMBIGÜIDADE ATO/OBJETO.

atômica, frase

Ver FRASE ATÔMICA.

atomismo

Ver HOLISMO.

atomismo lógico

O Problema Básico – Este verbete tem um duplo objetivo. Em primeiro lugar, caracterizar aquilo que ficou conhecido por "filosofia do atomismo lógico" de Bertrand Russell; em segundo, mostrar como algumas das idéias cruciais daquela filosofia inspiram a corrente da semântica contemporânea segundo a qual não é eliminável da linguagem a função semântica puramente referencial. Note-se que essa idéia contraria a forma mais comum de interpretar a Filosofia do Atomismo Lógico. Segundo essa forma, a mais usual, de interpretar a Filosofia do Atomismo Lógico, extraem-se da filosofia de Russell argumentos que mostram justamente o resultado inverso daquele que queremos estabelecer, a saber, que é possível eliminar a função referencial da linguagem. Mais adiante, justificaremos como aparentemente se torna possível que a Filosofia do Atomismo Lógico conduza à extração de dois resultados contraditórios.

Análise Lógica da Linguagem – A expressão "filosofia do atomismo lógico" foi a designação que Russell deu aos resultados da sua filosofia – em particular, nos domínios da Filosofia da Linguagem, da Filosofia do Conhecimento e da Ontologia – compreendidos entre os anos de 1905, data da publicação de "On Denoting", e 1918, data da publicação de "The Philosophy of Logical Atomism". Assim, essa designação cobre na verdade um conjunto vasto de doutrinas e de teses que, no entanto, se entrecruzam para constituir certo ponto de vista filosófico consistente. Entre essas doutrinas e teses, vamos selecionar aquelas que nos parecem ser as mais importantes para atingir o nosso objetivo. Em particular, a conexão que nos parece ser determinante para a nossa temática é a que se obtém entre a Filosofia da Linguagem e a Filosofia do Conhecimento, que caracteriza de resto um dos pontos cruciais da Filosofia do Atomismo Lógico russelliana.

A concepção básica que preside à Filosofia do Atomismo Lógico é a concepção segundo a qual é possível e desejável fazer uma análise lógica da linguagem corrente, de tal forma que se determinem quais os "átomos" lingüísticos, quais aqueles termos que são simples e já não mais analisáveis, que por sua vez correspondem a entidades, a "átomos", igualmente simples, no mundo extralingüístico. Dizíamos que essa análise é possível e desejável dado que: a) existe uma identidade estrutural entre a estrutura da nossa linguagem (quando completamente analisada) e a estrutura da realidade extralingüística que supostamente representa (o que explica a possibilidade da análise); e que b) a realização da paráfrase da linguagem corrente em uma linguagem logicamente perfeita – na qual consiste a análise – lança luz sobre a estrutura real, escondida por baixo da estrutura aparente, da linguagem corrente (o que explica a desejabilidade da análise).

Russell considera assim que a estrutura gramatical da linguagem que usamos todos os dias não coincide normalmente com a sua estrutura lógica e que, assim sendo, é necessário proceder-se à análise lógica da linguagem, a qual supostamente torna manifesta a verdadeira, real e profunda estrutura da linguagem que usamos para falar acerca do mundo. A estrutura gramatical de uma frase é então encarada como enganadora, aparente e superficial, ao contrário da sua estrutura lógica, que se encontra após a análise, e que é então, como dizíamos, verdadeira, real e profunda.

Átomos Lógicos e Termos Simples – Tanto a linguagem (assim analisada) quanto a realidade (que é a sua contraparte extralingüística e aquilo relativamente ao qual a linguagem não é mais do que uma imagem) são concebidas por Russell como constituídas por átomos lógicos, o que decorre do fato de existir uma identidade estrutural entre elas. Qualquer proposição completamente analisada (no sentido antes especificado) é composta por constituintes, que são termos simples, no sentido de que não são suscetíveis de análise posterior. A esses constituintes últimos da proposição – os termos simples – correspondem, na realidade extralingüística, os átomos lógicos que fazem parte do mundo extralingüístico. O mundo é assim construído a partir de átomos lógicos – que são expressos por termos simples –, de fatos compostos por esses átomos, isto é, de fatos atômicos – que são expressos por proposições não mais analisáveis nas quais não existem conectivos lógicos – e de fatos compostos a partir desses fatos, isto é, de fatos moleculares.

A idéia de que o mundo é composto a partir de átomos é muito antiga na História da Filosofia, mas a idéia de que esses átomos são lógicos, o que significa – como decorre do que fica dito – que eles são a contraparte extralingüística do resultado da análise lógica da linguagem, é inteiramente nova. Relativamente a eles, as perguntas filosóficas típicas são: i) Qual a natureza dos átomos lógicos?; e ii) Como é possível conhecer esses átomos?

De igual modo, a idéia de que os átomos que constituem o mundo têm como imagem, ou representantes lingüísticos, termos simples também é muito antiga na História da Filosofia, mas a idéia de que esses termos simples são os últimos resíduos da análise lógica da linguagem, os sujeitos últimos da predicação, é inteiramente nova. As perguntas filosóficas típicas relativamente a eles são: iii) O que é o sentido dos termos simples?; iv) Como é possível a apreensão individual do sentido desses termos?; e v) Como contribui o sentido dos termos simples para o sentido das proposições nas quais eles ocorrem?

As questões i e ii, respectivamente, acerca de qual a natureza dos átomos lógicos que constituem o mundo e acerca de como é possível conhecê-los, têm as suas respostas dadas nos seguintes termos. i) Os elementos simples, os átomos, a partir dos quais o mundo é constituído são *sense data* (dados dos sentidos), caracterizados como entidades físicas, isto é, não-mentais, privadas, isto é, não-públicas (aos quais só uma pessoa tem em princípio acesso), e, conseqüentemente, passageiras e momentâneas. ii) O acesso cognitivo a esse tipo de entidades é direto, imediato e não suscetível de erro. Dos *sense data* tem-se um tipo de conhecimento direto, por contato. É de fato impossível alguém se enganar acerca dos seus próprios dados dos sentidos, e, por isso, o conhecimento por contato é caracterizado como irrefutável. Na verdade, o conhecimento por contato é o único conhecimento acerca do qual a dúvida cética, do tipo "será que o meu conhecimento não pode estar errado?", não se pode estender; não se pode duvidar da existência daquilo com o que se está em contato. Os átomos lógicos são assim "pequenos pedaços de cor ou sons, coisas momentâneas... predicados ou relações e por aí em diante". Os átomos lógicos a partir dos quais o mundo é constituído são assim entidades espaciotemporalmente identificáveis, concretas, como, p. ex., o meu *sense datum* relativo ao computador no qual estou trabalhando, mas também entidades como as suas propriedades ou relações, como, p. ex., o meu *sense datum* relativo ao fato de o computador ter cor preta, que exemplifica uma propriedade que o meu computador tem, ou o meu *sense datum* relativo ao fato de ele estar em cima da mesa, que exemplifica uma relação na qual o meu computador está.

O princípio do contato (*principle of acquaintance*), máxima epistemológica da filosofia russelliana, estipula então que toda a proposição que podemos compreender deve ser inteiramente composta por constituintes com os quais estamos em contato. Essa máxima decorre da concepção russelliana de "átomo lógico" como o ingrediente mais simples a partir do qual o mundo extralingüístico é constituído, que vimos desenvolvendo, e da tradição empirista inglesa, segundo a qual todo conhecimento é construído a partir de dados dos sentidos, à qual Russell se filia. Todo conhecimento humano tem assim como base o conhecimento por contato. Note-se que o princípio do contato só pode ser formulado se for suposta a possibilidade de conhecer universais diretamente (ou por contato): qualquer proposição contém, pelo menos, um termo geral (não-singular) que designa um universal, e se, para compreender uma proposição, tenho de estar em contato com todos os seus constituintes, segue-se que, se eu a compreendo, então tenho conhecimento por contato do (pelo menos um) universal que a constitui.

Relativamente a esse aspecto, o de ser possível a existência de conhecimento por contato, não só de particulares (entidades espaciotemporalmente identificáveis), mas também de universais (as propriedades daquelas entidades e as relações nas quais elas estão entre si), há a fazer duas notas importantes. A primeira, e que mereceria uma discussão mais extensa que no entanto nos conduziria para fora do nosso tópico, é que não há conhecimento por contato dos universais considerados independentemente dos objetos que os exemplificam.

Esse conhecimento direto de universais é o de universais enquanto eles existem (estão exemplificados) nos meus *sense data*. Por outras palavras, o que eu conheço por contato não é a propriedade de ser preto em geral, a qual não é considerada por Russell como tendo existência independente dos objetos concretos, mas sim a propriedade de ser preto que o *sense datum* do meu computador tem. A segunda, que nos conduz para as questões iii a v, é reparar que a possibilidade de conhecer universais por contato tem de ser admitida por Russell por razões que não são epistemológicas e que decorrem do seu ponto de vista na Filosofia da Linguagem, em particular do seu ponto de vista segundo o qual, e como dissemos, a) é possível e desejável fazer a análise lógica de qualquer proposição, e b) qualquer proposição completamente analisada é composta por termos simples – os constituintes da proposição – que são os representantes lingüísticos de entidades no mundo extralingüístico.

Passemos então às questões restantes. Recapitulando, o que é o sentido dos termos completamente analisados que compõem uma proposição? Como é possível a apreensão individual do seu sentido? Como contribui o sentido desses termos simples para o sentido das proposições nas quais eles ocorrem? Respectivamente, temos os seguintes resultados. iii) O sentido de qualquer termo simples que compõe uma proposição – ou seja, dos seus constituintes – é o objeto no mundo extralingüístico por ele representado – ou seja, *sense data* são a referência dos constituintes de uma proposição completamente analisada. iv) Compreender o sentido de um termo simples é saber qual o particular do qual ele é nome. A apreensão individual do sentido de um termo simples corresponde a conhecer qual o particular que lhe corresponde e a saber que ele é um nome desse particular. Finalmente, v) não há sentido para a proposição no seu conjunto, a menos que a cada termo simples que a constitui possa ser feito corresponder a entidade que representa no mundo extralingüístico. Por outras palavras, se "n" for um termo não-analisável (simples) e "G" um predicado monádico, então "n" determina a proposição expressa pela frase "n é G", ou seja, utilizando essa terminologia, "n" é um constituinte dessa proposição. Isso significa que a proposição expressa por "n é G" é dependente da identidade do objeto que "n" representa, é objeto-dependente. Logo, para compreender a nossa proposição é condição necessária identificar o referente de "n" e, se "n" não tiver referente, então nenhuma proposição é expressa.

Convém agora dar um exemplo de proposição atômica completamente analisada. A ela vai necessariamente corresponder um fato atômico; a representação lingüística de um fato atômico é uma frase atômica na qual não existem conectivos lógicos. "Isto é vermelho" é o exemplo russelliano típico de uma proposição atômica. Note-se que qualquer uso do termo "isto" não tem falha de referência, sendo o sentido desse termo identificável com o *sense datum* que lhe corresponde no mundo extralingüístico. O sentido de "isto é vermelho" depende da identidade do objeto referido por "isto", sendo por isso objeto-dependente, e é então possível compreender o sentido de "isto" quando, e só quando, se tem conhecimento por contato do objeto (*sense datum*) por seu intermédio referido.

Sintetizando os resultados i a v, estamos de fato diante do cruzamento de teses de natureza semântica e epistemológica que convergem para a seguinte idéia: compreender o sentido de um termo simples corresponde ao conhecimento por contato do objeto que o termo representa no mundo lingüístico. Por outras palavras ainda: uma expressão é compreendida exatamente nas mesmas circunstâncias em que o seu sentido é conhecido ou apreendido.

Uma condição necessária e suficiente para identificar os resíduos últimos da análise lógica da linguagem é encontrar os termos simples, definidos pelos nossos resultados que dão as respostas às questões i a

v. Nessas condições, podemos dizer que os termos simples, e só eles, são os representantes lingüísticos de átomos lógicos no mundo exterior e que a relação que eles têm com esses átomos é a relação de os referir. A referência é, assim, a relação semântica que existe entre um átomo lógico e termo simples que é o seu representante lingüístico, na qual este (termo simples) é dito referir aquele (átomo lógico extralingüístico).

Nomes Próprios Aparentes e Genuínos – Até agora, tudo bem. Como acabamos de ver, um termo simples não contém partes, requer a existência de um objeto no mundo extralingüístico do qual seja representante, é compreendido quando, e só quando, aquele objeto for conhecido por contato, ou seja, quando, e só quando, aquele objeto for um *sense datum*, e a proposição expressa por meio de uma frase na qual o termo ocorre é objeto-dependente. A referência de um termo simples é um átomo lógico, o qual corresponde a um *sense datum* e, como tal, não persiste no tempo.

O problema começa quando tentamos encontrar um exemplo lingüístico de um termo simples, mais especificamente, de um termo que ocupe a posição de sujeito de uma frase, que tenha com o objeto a relação semântica de referir e que não seja o termo "isto". Alarguemos agora a terminologia. Termos simples são os resíduos últimos da análise lógica da linguagem, são termos já não mais analisáveis, são o que se pode chamar (para o caso do termo sujeito da proposição) "nomes logicamente próprios" (*logically proper names*). Pelo que fica exposto, é fácil ver por que é que os termos singulares simples têm essa designação. Sendo esses termos aqueles que se encontram em uma proposição completamente analisada e sendo essa última aquela que torna manifesta a estrutura lógica ou real de qualquer frase da linguagem corrente, então os termos singulares simples são aqueles que são realmente, genuinamente ou logicamente, nomes próprios. Por outras palavras, termos simples são aqueles que funcionam como nomes próprios de fato, são as únicas entidades lingüísticas com a capacidade semântica de referir. O nosso problema é agora o seguinte. São os nomes comuns, como "Aristóteles", "Maria", "João" ou "Lisboa", termos que possam ser considerados nomes logicamente próprios?

Regressemos ao início deste verbete e à idéia aí apresentada de que é possível e desejável fazer a análise lógica da linguagem corrente. Na verdade, ao fazer a paráfrase das frases da linguagem corrente em uma linguagem logicamente perfeita, traz-se à superfície a sua estrutura lógica ou real (que está por trás da estrutura gramatical ou aparente dessas frases). Assim, o nosso problema pode ser reformulado da seguinte maneira: são os nomes próprios da linguagem corrente nomes logicamente próprios? Ou ainda: são os nomes comuns, de fato, constituintes das proposições nas quais ocorrem?

Expressões Denotativas – Para enfrentar esse problema, talvez o melhor seja começar por verificar o nosso critério de há pouco, segundo o qual nomes logicamente próprios são aqueles e todos aqueles que executam a função semântica de referir algo no mundo extralingüístico, são os representantes lingüísticos de átomos lógicos, e termos que referem são termos simples caracterizáveis por meio das respostas às questões i a v. Analisemos os nomes comuns ("Aristóteles", "Maria", "João" ou "Viena"), tendo em vista as nossas cinco questões. O resultado, podemos já antecipar, é negativo. Em particular, para todas as questões i a v, os resultados obtidos para os nomes comuns são diferentes dos já estabelecidos para o caso de termos simples ou de nomes logicamente próprios. Segue-se que Russell é obrigado a concluir que os nomes próprios da linguagem corrente (ou, abreviadamente, os nomes comuns) não são nomes próprios em uma linguagem logicamente perfeita (ou, abreviadamente, não são nomes logicamente próprios).

A primeira observação a fazer é que "Aristóteles", "Viena", etc. não representam *sense data* no mundo extralingüístico, mas sim objetos físicos. Russell, como qualquer filósofo empirista inglês, parte da distinção irredutível entre o *sense datum* e o objeto físico que lhe corresponde. Enquanto termos simples representam necessariamente *sense data*, nomes comuns são relativos a objetos físicos. Em relação a esses últimos, o nosso acesso cognitivo não é direto ou por contato, mas sim indireto ou por descrição. Enquanto conheço por contato um *sense datum*, já não o posso dizer relativamente a um objeto físico. Esse último é conhecido por meio de um tipo de conhecimento indireto por descrição. Ao contrário do conhecimento por contato, é possível alguém enganar-se acerca do conhecimento por descrição, e, por isso, relativamente a este, a dúvida cética pode ser estendida: o uso de um nome comum não garante a existência do objeto por seu intermédio indicado.

O contraste entre conhecimento por contato e por descrição pode ser elucidado da seguinte maneira. Ao contrário de um *sense datum*, que é um átomo lógico, ao qual tenho – em princípio – acesso cognitivo direto, um objeto físico não é um átomo lógico e eu não tenho, relativamente a ele, um acesso cognitivo direto. Consideremos a cidade de Viena. Posso dizer que conheço Viena unicamente por descrição. Ou seja, sei muitas coisas acerca de Viena, algumas das quais são verdadeiras, outras falsas, mas não conheço Viena. Assim sendo, um nome comum de um objeto físico é mera abreviatura de uma ou várias descrições acerca do objeto e, logo, um nome comum não é de fato um termo simples.

As respostas às nossas questões i e ii, para o caso de nomes comuns, estão então dadas; resumindo: i) o objeto indicado por meio de um nome próprio na linguagem corrente não é um *sense datum*, mas sim um objeto físico; e ii) o acesso cognitivo a esse tipo de entidades, aos objetos físicos, é indireto, mediato e suscetível de erro. Dos objetos físicos só se pode ter um tipo de conhecimento indireto por descrição. É de fato possível alguém enganar-se acerca desse conhecimento e, por isso, o conhecimento por descrição é caracterizado como refutável. A dúvida cética, do tipo antes considerado, "será que o meu conhecimento não pode estar errado?", pode-se, nesse caso, colocar, e assim o conhecimento por descrição dos objetos físicos não garante sua existência.

Se considerarmos agora as questões iii, iv e v, relativas ao sentido dos nomes comuns, confirmamos os mesmos resultados: eles só aparentemente, na gramática de superfície que corresponde às frases na linguagem corrente que os contêm, podem ser considerados nomes próprios, não o sendo de fato. Quando se procede à análise lógica dessas frases, e elas são reescritas em uma linguagem logicamente perfeita, torna-se manifesto esse resultado. Quanto a iii, o sentido (ou a forma como tem significado) de um nome comum depende do sentido dos universais usados para proceder à identificação do objeto físico que lhe corresponde, uma vez que, como vimos, o nome comum é mera abreviatura de uma ou várias descrições acerca do objeto por seu intermédio apresentado. Um nome comum não é um termo simples e, logo, o seu sentido não consiste no objeto (*sense datum*) por ele referido. Relativamente a iv, a apreensão individual do sentido de um nome comum corresponde não ao conhecimento por contato, mas sim ao conhecimento por descrição do putativo objeto por seu intermédio apresentado. Finalmente, v é encarada da seguinte maneira. A proposição expressa por "n é G", quando "n" não é um nome próprio genuíno, é objeto-independente e, logo, há sentido para a proposição no seu conjunto mesmo quando ao nome comum não pode ser feito corresponder qualquer objeto físico. Por outras palavras, se "n" for um termo analisável, isto é, um nome próprio unicamente na gramática de superfície, e "G", um predicado monádico, então "n" não determina a proposição expressa pela frase "n é G", ou seja, "n" não é um constituinte dessa proposição. Isso significa que a proposição expressa por "n é G" é independente da identidade do objeto por meio de "n" identificável, ou seja, é objeto-independente. Na verdade, e como vimos, "n é G" é semanticamente equivalente a "o F é G", sendo "o F" a descrição definida por meio da qual é identificado o objeto físico que o nome comum identifica. Logo, para compreender a nossa proposição não é necessário identificar o objeto físico identificado por meio de "n" e, se esse objeto não existir, ainda assim é expressa uma proposição.

Talvez seja conveniente considerar dois casos concretos. A frase "Aristóteles é um filósofo conhecido", de acordo com os nossos resultados, não é uma proposição completamente analisada, uma vez que o termo "Aristóteles" não é um termo simples: "Aristóteles", na gramática de superfície ou na linguagem corrente, é considerado um nome próprio, mas a análise mostra que ele é de fato uma forma abreviada de exprimir um termo que na verdade não é simples. "Aristóteles" é uma abreviatura de "o maior filósofo da Antiguidade", de "o autor da *Metafísica*", e/ou de "o discípulo de Platão", etc. "Aristóteles" é de fato uma abreviatura de uma (ou mais) descrição definida, e o sentido dessa última depende do sentido dos termos nela envolvidos. A compreensão do termo "Aristóteles" não equivale ao conhecimento por contato do objeto por seu intermédio identificado, mesmo porque ele nem sequer existe; equivale simplesmente ao conhecimento por descrição do putativo objeto. Por paridade de forma, Russell estende a sua análise a todos os nomes comuns (nomes próprios na linguagem corrente, não-analisada), quer eles identifiquem objetos não-existentes, como no caso agora considerado, quer identifiquem objetos existentes. A frase "Viena é uma cidade bonita" é igualmente não-analisada e, debaixo de análise, mostra-se que o termo "Viena" não é simples e é na verdade substituível pela(s) descrição(ões) definida(s) que corresponde(m) ao conhecimento descritivo que se tem da cidade de Viena.

O sentido dos nomes próprios da linguagem corrente é reconduzido ao sentido das descrições definidas que permitem a identificação indireta do objeto mencionado, e o sentido dessas últimas é dado pelo sentido dos predicados envolvidos na descrição, pelas razões que acabamos de expor. A teoria que proporciona o esclarecimento do sentido de termos descritivos é a Teoria das Descrições Definidas, e é então à sua luz que é elucidado o sentido dos nomes próprios da linguagem corrente, que são encarados como descrições definidas abreviadas. Para os efeitos pretendidos neste verbete, basta dizer que a Teoria das Descrições Definidas visa essencialmente mostrar que os termos descritivos, da forma "o/a tal-e-tal", bem como os nomes comuns que as abreviam, não são nomes lógica ou genuinamente próprios (uma vez que a análise revela que eles não são simples), não podendo esses termos ser então considerados constituintes das proposições nas quais ocorrem. A análise mostra que eles se desvanecem e, em sua substituição, aparecem como constituintes da proposição completamente analisada os predicados contidos na descrição.

O resultado fundamental, relativo às descrições definidas e aos nomes comuns que para todos os efeitos as abreviam, é o seguinte: mesmo quando existe e é único o objeto que satisfaz a descrição, ou seja, mesmo quando a descrição definida é univocamente satisfeita, o termo descritivo não é dito referir o objeto em causa. A relação entre o termo descritivo e esse objeto não é uma relação direta, mas indireta: o objeto é identificado por meio da satisfação unívoca dos predicados contidos na descrição. A relação semântica de referir, que caracterizamos anteriormente, está assim vedada aos termos descritivos que são antes ditos denotar ou descrever o objeto por seu intermédio apresentado. Russell introduz uma nova relação semântica, por meio da qual é possível elucidar o sentido de termos denotativos, vistos por ele como todos aqueles que não são nomes logicamente próprios. O fenômeno semântico por meio do qual é possível referir um objeto extralingüístico é diferente do fenômeno semântico por meio do qual é possível denotar um objeto extralingüístico: das duas, só a primeira requer a existência do objeto como condição necessária para que a expressão lingüística tenha um sentido.

Estamos agora confrontados com o seguinte problema: como é que o princípio do contato, que exige contato com todos os constituintes de uma proposição como condição necessária para a sua compreensão, se aplica a toda a proposição? Aparentemente, não fica explicado como é que se pode compreender qualquer uma das nossas duas frases, uma vez que, quer "Aristóteles", quer "Viena", não são termos simples nem constituintes das frases nas quais ocorrem. A resposta de Russell é a seguinte: apesar de não poder ser encontrado o objeto simples extralingüístico (o *sense datum*) que fizesse dos termos em causa, "Aristóteles" e "Viena", seus representantes lingüísticos, igualmente simples, suscetíveis de ser considerados constituintes das frases nas quais ocorrem, isso não significa que não se possam encontrar os constituintes das nossas proposições "Aristóteles é um filósofo conhecido" ou "Viena é uma cidade bonita". Os constituintes das frases com os quais temos de estar em contato para que elas possam ser compreendidas são nada mais nada menos do que os predicados usados nas descrições definidas por meio dos quais é possível identificar qual o objeto de que se está falando. Mais uma vez, Russell tem de supor a possibilidade de conhecer universais (a denotação dos predicados e relações) por contato. O conhecimento descritivo de qualquer objeto físico é elucidado à custa do conhecimento por contato dos universais que correspondem aos termos gerais (predicados e relações) usados para apresentar indiretamente esse objeto.

Resolução do Problema Básico – É por os nomes comuns não serem termos simples ou nomes logicamente próprios que se atribui a Russell a idéia de que é possível dispensar da linguagem a função semântica referencial. Os nomes comuns são, como vimos, termos que executam uma função semântica denotativa e não referencial e, logo, pode ser inspirada na filosofia russelliana a idéia de que, não existindo (na linguagem corrente) praticamente nomes logicamente próprios, fica, de fato e para todos os efeitos, dispensada da linguagem a função semântica puramente referencial.

Estamos então agora em condições de fundamentar a tese apresentada no início deste ensaio e de desfazer a aparente contradição de, a partir da Filosofia do Atomismo Lógico russelliana, se poder extrair dois resultados contraditórios.

Para desfazer a aparente contradição é necessário distinguir os dois níveis conceptuais nos quais os dois resultados se situam, em particular, ter em conta o seguinte aspecto: o fato de não existirem praticamente na linguagem corrente, segundo Bertrand Russell, nomes genuinamente próprios, não significa que tenhamos de abandonar a idéia central da sua Filosofia do Atomismo Lógico, segundo a qual, na base da análise, temos que encontrar termos genuinamente referenciais.

Trazemos de Russell, primariamente, a tese de que, no limite, é necessário que existam termos simples, cujo sentido consiste no objeto que esses termos representam no mundo extralingüístico, isto é, cuja função semântica é puramente referencial, a qual é irredutível a qualquer outro gênero de função semântica. Essa é a idéia básica da Filosofia do Atomismo Lógico.

Consideramos de importância relativamente menor a tese de Russell segundo a qual aquilo que tomamos normalmente como nomes próprios não o são de fato, visto, debaixo de análise, eles não resistirem, isto é, se revelarem ser não mais que expressões denotativas ou descritivas camufladas. A importância dessa tese é, em relação à tese anterior, menor, dado que independentemente do fato de ela ser ou não verdadeira, ou seja, independentemente de quais considerarmos ser os termos simples da nossa linguagem – se são os nomes próprios tais como normalmente usados, se são os nomes logicamente próprios de Russell, ou se são quaisquer outros que a investigação filosófica proponha – a intuição básica do pensamento de Russell deve ser mantida. Essa intuição, que julgamos desejável conservar, é a de que o fenômeno semântico que consiste em referir diretamente algo no mundo extralingüístico existe, não é redutível a qualquer outro, e é o fenômeno semântico primitivo e mais básico de qualquer linguagem. *Ver também* ANÁLISE; REFERÊNCIA; DENOTAÇÃO; DESCRIÇÕES DEFINIDAS; NOME PRÓPRIO; UNIVERSAIS. **ASG**

NEALE, S. *Descriptions*. Cambridge: MIT Press, 1990.
RUSSELL, B. "On Denoting" [1905], *in* Marsh, R. C. (org.). *Logic and Knowledge. Essays 1901-1950*. Londres: Allen and Unwin, 1956, pp. 41-56.
____. "The Philosophy of Logical Atomism" [1918], *in* Marsh, R. C. (org.). *Logic and Knowledge. Essays 1901-1950*. Londres: Allen and Unwin, 1956, pp. 177-281.
____. "The Relation of Sense Data to Physics" [1917], *in Mysticism and Logic*. Londres: Allen and Unwin, pp. 140-72.
WITTGENSTEIN, L. *Tractatus Logico-Philosophicus* Trad. C. K. Ogden e F. P. Ramsey. Londres, 1922. Ed. orig. al.: "Logisch-Philosophische Abhandlung", *in Annalen der Naturphilosophie*, 1921. Trad. bras. *Tractatus Logico-Philosophicus*. Trad., apres. e ensaio introdutório Luiz Henrique Lopes dos Santos. São Paulo: Edusp, 1994.

atributivo/referencial

A distinção entre o uso atributivo e o uso referencial de uma DESCRIÇÃO DEFINIDA foi introduzida por Keith Donnellan no artigo "Reference and Definite Descriptions". Uma descrição é usada atributivamente se o seu conteúdo descritivo for relevante para estabelecer ou "fixar" o referente da descrição, caso em que a descrição ocorre "essencialmente", isto é, nenhuma outra maneira de designar o seu referente preservaria o significado da frase em que a descrição ocorre. Além disso, no uso atributivo, uma descrição é interpretada como se identificasse aquele único indivíduo que satisfaz o seu conteúdo descritivo. Assim, se não houver exatamente um indivíduo que o satisfaça (mas nenhum ou pelo menos dois), isto é, se a condição de unicidade não for satisfeita, então a descrição não tem referência (é imprópria) e (se não ocorrer num contexto referencialmente opaco; *ver* OPACIDADE REFERENCIAL) qualquer frase em que ocorra é ou falsa (se adotarmos a teoria das descrições de Russell) ou destituída de valor de verdade (se formos strawsonianos acerca do assunto). Pelo contrário, uma descrição é usada referencialmente se a conformidade com o seu conteúdo descritivo não for uma condição necessária para a identificação do seu referente – isto é, se essa identificação se der, não por meio desse conteúdo descritivo, mas da verificação de condições contextuais que permitam tornar clara a intenção do locutor de se referir, por meio da descrição, a um indivíduo específico. Quando uma descrição está sendo usada referencialmente, portanto, ela não tem de satisfazer a condição de unicidade para que as frases em que ocorre possam ser verdadeiras; e o significado dessas frases seria preservado se a ocorrência da descrição nelas fosse substituída por qualquer outra maneira de designar o seu referente. A descrição, nesse caso, é não mais do que um substituto lingüístico do gesto de apontar. Um dos exemplos que Donnellan usa para contrastar esses dois tipos de interpretação é o da asserção de "O assassino de Smith é louco", feita ora no contexto da descoberta do cadáver de Smith – um bom homem, barbaramente assassinado por alguém que não se sabe quem é –, ora no contexto da observação do comportamento excêntrico do assassino confesso de Smith (digamos, Jones) em tribunal. No primeiro caso, o que a frase quer dizer é que quem quer que tenha assassinado Smith é louco, dada a maneira bárbara como levou a cabo o assassinato; no segundo, o que a frase quer dizer é apenas que Jones é louco (como se comprova pelo seu comportamento em tribunal). Outro exemplo (talvez o mais citado) é o da descrição "o homem que tem um copo de martíni na mão". Suponhamos (adaptando o exemplo) que eu e um amigo conversamos em um bar e eu uso a mencionada descrição na frase "o homem que tem um martíni na mão é o presidente da Federação de Futebol". É possível que a descrição esteja sendo usada atributivamente, isto é, no sentido de "o homem que tem um martíni na mão, quem quer que ele seja, é o presidente da Federação de Futebol" (eu posso ter indicações seguras de que há, em algum lugar daquele bar, exatamente um homem com um martíni na mão e que ele é o presidente da Federação de Futebol e posso estar exprimindo a PROPOSIÇÃO de que isso é o caso). A minha asserção é então verdadeira se, e somente se, houver, no contexto relevante, exatamente um homem com um martíni na mão e esse homem for o presidente da Federação de Futebol. Mas uma interpretação diferente (e mais imediata) para a mesma frase é a de que avistei um homem em um canto segurando um copo que me parece de martíni e estou informando o meu amigo de que ele é o presidente da Federação de Futebol. Se o homem a que me estou referindo for o presidente da Federação de Futebol, então a minha frase é verdadeira, mesmo que ele esteja de fato segurando um suco de maçã ou mesmo que haja outros homens, no contexto relevante, segurando copos de martíni (por outras palavras, mesmo que a descrição seja imprópria). Tal como no exemplo de há pouco, a sua identificação como referente da descrição não advém da computação do seu conteúdo descritivo – daí que a condição de unicidade não tenha de ser satisfeita. Tudo o que é necessário para que a minha asserção exprima uma proposição verdadeira é que a descrição usada identifique o indivíduo que pretendo referir por meio dela, e que esse indivíduo satisfaça o predicado de ser o presidente da Federação de Futebol. E tudo o que o meu interlocutor necessita para captar essa identificação (e assim entender o significado da asserção) é perceber qual é o indivíduo que eu, na circunstância, pretendi referir por meio da descrição.

Em resumo, ao contrário do uso atributivo, o uso referencial de uma descrição definida é compatível com a inadequação descritiva da descrição que está sendo usada para "fixar" certa referência. Suponhamos que se descobre que Smith afinal não foi assassinado, tendo se suicidado; nesse caso, não existe um assassino que seja adequadamente identificado pela descrição; mas pode muito bem acontecer que, sabendo eu e o meu interlocutor que isso é o caso, mantenhamos por facilidade o uso da descrição "o assassino de Smith" para conversar acerca de Jones. Tudo o que é necessário é que ambos a estejamos usando (e saibamos que o outro a está usando) como meio para identificar Jones. Pelo contrário, se a descrição estiver sendo usada atributivamente (isto é, com o significado de "quem quer que tenha assassinado Smith"), então o seu conteúdo descritivo é altamente relevante para determinar acerca de que pessoa específica estamos falando e, em particular (ainda sob a suposição de que Smith se suicidou), para determinar que não estamos falando acerca de ninguém – caso em que a nossa frase "o assassino de Smith é louco" porá o mesmo tipo de problemas que a frase de Russell "o Rei de França é careca" (*ver* TEORIA DAS DESCRIÇÕES DEFINIDAS).

A questão de saber se a distinção uso atributivo/uso referencial de uma descrição é SEMÂNTICA OU PRAGMÁTICA tem sido objeto de debate. À primeira vista, é razoável defender que ela é pragmática, e que o uso (ou interpretação) atributivo é determinado por fatores semânticos (decorrentes do contributo que uma descrição faz para a proposição expressa pelas frases em que ocorre e, logo, do contributo que faz para as suas condições de verdade), ao passo que o uso (ou interpretação) referencial é determinado por fatores relativos à "intenção do locutor" de se referir a um indivíduo específico, independentemente do referente (se existir) semanticamente determinado pela descrição – isto é, independentemente de ele satisfazer o conteúdo semântico da descrição. Segundo esse ponto de vista (defendido, designadamente, em Kripke, 1977), frases como as exemplificadas anteriormente só seriam verdadeiras se a condição de unicidade fosse satisfeita pelas respectivas descrições e os indivíduos que as satisfizessem fossem, respectivamente, louco e o presidente da Federação de Futebol; em contextos específicos, no entanto, e dada a presumível intervenção de princípios de interação conversacional (*ver* MÁXIMAS CONVERSACIONAIS), é possível que, mesmo que elas sejam literalmente falsas ou destituídas de valor de verdade (designadamente por o indivíduo em causa não satisfazer o conteúdo descritivo da descrição relevante ou por ninguém ou mais do que um indivíduo o satisfazer), possam ser reinterpretadas como referindo-se ao indivíduo pretendido pelo locutor e, assim, como exprimindo proposições (verdadeiras) acerca desse indivíduo. Por outras palavras, o fato de uma descrição definida poder ter uma interpretação atributiva e outra referencial não constitui motivo suficiente para dizer que as descrições (e as frases em que ocorrem) são AMBÍGUAS, uma vez que a interpretação referencial não é, segundo esse ponto de vista, atribuível à descrição propriamente dita – sendo obtida a partir da intenção do locutor de se referir a certo indivíduo e da percepção que o ouvinte tem dessa intenção. Não é, portanto, como se a descrição, ela própria, tivesse duas; ela apenas é usada de dois modos diferentes.

A essa tese é possível opor a de que a distinção entre uso atributivo e uso referencial de uma descrição é de caráter semântico, isto é, a de que a componente semântica da gramática das línguas põe à disposição dos falantes dois tipos de descrições. Uma conseqüência imediata desse novo ponto de vista é que as frases até aqui discutidas seriam intrinsecamente ambíguas, de modo que a sua interpretação referencial não necessitaria ser explicada pela intervenção de nenhum princípio de interação conversacional; e isso, por sua vez, tem o resultado óbvio de que tais frases são, no seu uso referencial, verdadeiras se o referente da descrição pretendido pelo locutor satisfizer o predicado (p. ex., se Jones, seja ele ou não o assassino de Smith, for louco). Em resumo, desse ponto de vista, as descrições definidas contribuem de dois modos diferentes para as CONDIÇÕES DE VERDADE das frases em que ocorrem, consoante o seu referente seja identificável por meio do conteúdo descritivo delas ou não. Isso parece, por sua vez, comprometer essa tese semântica com o ponto de vista de que existem dois tipos semânticos de artigos definidos, correspondendo cada um deles aos dois usos mencionados das descrições; com efeito, se as descrições são ambíguas, não parece razoável identificar essa ambigüidade com qualquer outro item lingüístico em frases como as que vimos discutindo. Ao contrário do que se poderia pensar em uma primeira análise, esse ponto de vista não é absurdo. De fato, existem línguas (p. ex., o português, o grego e o alemão) nas quais é possível usar artigos definidos quer com descrições (definidas) em uso atributivo, quer com nomes próprios (de uso tipicamente referencial); existe, assim, alguma motivação empírica para o ponto de vista de que os artigos definidos possam, em todas as línguas, e quando ocorrem em descrições, ter quer uma interpretação atributiva, quer uma interpretação referencial.

A tese pragmática tem, aparentemente, atrativos metodológicos que poderiam torná-la preferível em relação à semântica. Em primeiro lugar, parece ter a vantagem metodológica de tornar a componente semântica da análise das línguas naturais mais simples, uma vez que atribui a geração da interpretação referencial à componente pragmática, em particular conversacional, a qual é de qualquer modo necessária para explicar outro tipo de fenômenos (*ver* IMPLICATURA CONVERSACIONAL). Além disso, só ela parece ser capaz de explicar que a distinção uso atributivo/uso referencial se verifique também em nomes próprios usados sem artigo (p. ex., em inglês), como quando se diz "Smith is knocking on the door" quando o referente de "Smith" é Jones (suponhamos que o falante se enganou na pessoa, ou simplesmente trocou os nomes). Parece inevitável que, literalmente, a frase é acerca de Smith (uma vez que não parece razoável defender que os nomes próprios sejam ambíguos); e parece, portanto, que temos de recorrer à intenção do locutor – inferível conversacionalmente pelos seus interlocutores – para explicar que, em contextos como o exemplificado, ela possa ser interpretada como sendo acerca de Jones.

Um proponente da tese semântica poderia, no entanto, contra-argumentar do seguinte modo (vejam-se Larson e Segal, 1995). Em primeiro lugar, a atribuição de uma interpretação semântica às descrições *per se* é também independentemente motivada, uma vez que identifica a semântica das descrições, na sua interpretação referencial, com a de expressões demonstrativas (*ver* INDEXICAIS). Por outro lado, a tese pragmática deixa inexplicado o funcionamento das descrições incompletas (designadamente o uso referencial delas), como a que ocorre na frase "a porta está aberta" proferida em um contexto em que há mais de uma porta, mas em que de qualquer modo é inequívoco qual é a porta que está sendo referida pela descrição. De fato, se o mecanismo que torna esse referente inequívoco fosse de caráter conversacional, então ele deveria poder ser descrito como uma implicatura conversacional, resultante da aplicação das máximas conversacionais; mas não parece claro como poderia tal descrição ser obtida. Além disso, e mais problematicamente, se, como se viu, há línguas em que é razoável defender que o artigo definido é ambíguo, pelo menos para essas seria necessário adotar a tese semântica; e, por um critério razoável de economia explicativa, seria defensável adotá-la também para quaisquer línguas em que haja artigos definidos e descrições definidas. Por último, existem contextos sintáticos em que as descrições definidas em uso referencial apresentam um comportamento semântico idêntico a pronomes e expressões demonstrativas (isto é, itens apenas com interpretação referencial) e contrastante com expressões quantificacionais, como em "A mãe de um rapaz ama esse rapaz / o rapaz / *um rapaz": a interpretação ANAFÓRICA é possível para o sintagma nominal demonstrativo e para a descrição definida, mas não para a descrição indefinida, de valor quantificacional. Isso parece ser um indício de que a interpretação referencial das descrições definidas nesses contextos resulta de elas terem um significado intrinsecamente referencial, não dependente da intervenção de nenhum princípio conversacional.

Esses argumentos a favor da tese semântica deixam, no entanto, por explicar a ocorrência da (ou de algo pelo menos bastante semelhante à) distinção atributivo/referencial em nomes próprios sem artigo. De modo que é prudente dizer que nenhuma das duas teses discutidas parece ainda sustentada em argumentação suficientemente conclusiva para a estabelecer como verdadeira em detrimento da outra. *Ver também DE DICTO/DE RE*; IMPLICATURA CONVERSACIONAL; MÁXIMAS CONVERSACIONAIS; PRAGMÁTICA; PRESSUPOSIÇÃO; SEMÂNTICA; TEORIAS DAS DESCRIÇÕES. **PS**

DONNELLAN, K. "Reference and Definite Descriptions", *in Philosophical Review*, 75, 1966, pp. 281-304.

KRIPKE, S. "Speaker Reference and Semantic Reference", *in* French, P. *et al.* (orgs.). *Contemporary Perspectives in the Philosophy of Language*. University of Minnesota Press, 1977, pp. 6-27.

LARSON, R. e SEGAL, G. *Knowledge of Meaning*. Cambridge: MIT Press, 1995, cap. 9.

atributo

Em um uso relativamente restrito do termo, mais freqüente na literatura filosófica tradicional, atributo é simplesmente a qualidade ou PROPRIEDADE de um objeto. No modo lingüístico ou semântico, trata-se daquilo que é expresso – ou, em certos pontos de vista, daquilo que é referido – por um PREDICADO monádico. Exemplos de atributos são assim a Brancura, ou o atributo de ser branco, e a Onipotência, ou o atributo de ser onipotente.

Em uma aplicação mais genérica, que é mais freqüente na literatura lógico-filosófica e semântica contemporâneas, o termo "atributo" é empregado para cobrir quer propriedades, quer RELAÇÕES. No modo lingüístico ou semântico, trata-se daquilo que é expresso – ou, em certos pontos de vista, daquilo que é referido – por um predicado de grau ou ARIDADE n (com $n > 0$). Assim, temos os seguintes gêneros de atributos: atributos monádicos ou propriedades, que podem ser exemplificados por objetos; atributos diádicos ou relações binárias, como o atributo de ser semelhante, que podem ser exemplificados por seqüências de dois objetos (Joana e Paula exemplificam tal atributo se, e somente se, Joana é semelhante a Paula); atributos triádicos ou relações ternárias, como o atributo de ser mais semelhante, que podem ser exemplificados por seqüências de três objetos (Joana, Paula e Marta exemplificam um tal atributo se, e somente se, Joana é mais semelhante a Paula do que a Marta); e assim por diante. *Ver* PROPRIEDADE. JB

atual

Na semântica de mundos possíveis, o mundo atual – no sentido metafísico de mundo real e não no sentido temporal de mundo no momento presente – é aquele mundo possível particular que é selecionado, de entre uma coleção dada de mundos possíveis, para desempenhar o papel de *ponto de referência* para efeitos de avaliação semântica, ou determinação de condições de verdade, das frases de uma linguagem (em especial, de uma linguagem com operadores modais).

Informalmente, o mundo atual é simplesmente a maneira como as coisas de fato são: a totalidade dos fatos ou estados de coisas disponíveis (no passado, presente e futuro), ou a totalidade das exemplificações verificadas de atributos por seqüências de objetos existentes (passados, presentes e futuros). Assim, o mundo atual contém (presumivelmente) o estado de coisas que consiste na exemplificação da propriedade de ter bebido a cicuta por Sócrates, mas não contém (certamente) o estado de coisas que consiste na exemplificação da relação "ser mais alto do que" pelo par ordenado de Mont Blanc e do Everest.

O mundo atual é habitualmente designado pelo símbolo @, o qual é uma constante individual metalingüística, pertencente à linguagem na qual a semântica é formulada. Na semântica estandardizada de mundos possíveis, há duas maneiras pelas quais o mundo atual @ funciona como ponto de referência para a avaliação de frases.

Em primeiro lugar, a noção (não relativizada) de verdade é analisada em termos de uma noção de verdade relativizada ao mundo atual: dizer que uma frase P é verdadeira (ou falsa) *tout court* é uma maneira abreviada de dizer que P é verdadeira (ou falsa) em @. Desse modo, p. ex., uma frase modalizada – uma necessidade da forma "Necessariamente, P", ou uma possibilidade da forma "Possivelmente, P" – é verdadeira se, e somente se, a frase necessitada, respectivamente a frase possibilitada, P é verdadeira em todos os mundos possíveis, respectivamente em alguns mundos possíveis, acessíveis a partir do mundo atual; por conseguinte, o valor de verdade de uma frase modalizada depende, em certa medida, de determinadas características do mundo atual (pois são elas que determinam quais os mundos possíveis que lhe são acessíveis). De particular interesse é o caso de frases cujo operador dominante é um quantificador. Supondo que a quantificação é atualista, o valor de verdade de uma frase quantificada depende em parte daquilo que se passa com objetos existentes no mundo atual @, uma vez que as variáveis quantificadas tomam valores em (e apenas em) objetos em @. P. ex., a frase "Algo é possivelmente onisciente" é verdadeira se, e somente se, pelo menos um indivíduo existente em @ satisfaz o predicado "é onisciente", em pelo menos um mundo possível acessível a partir do mundo atual.

Em segundo lugar, e com respeito a linguagens modais que incluem no seu léxico o operador de atualidade, a avaliação semântica de frases que contêm esse operador relativamente a um mundo possível arbitrário tem o efeito de nos reenviar para o mundo atual @. Por conseguinte, o valor de verdade de tais frases depende crucialmente daquilo que se passa no mundo atual. O operador de atualidade, usualmente denotado pelo símbolo A, é um operador frásico monádico, o qual, quando prefixado a uma frase (ABERTA ou fechada) P, gera uma frase mais complexa, AP. E uma frase da forma AP (que se lê "Atualmente, P" ou "No mundo atual, P") é verdadeira em um mundo possível w se, e somente se, a frase P for verdadeira em @. Assim, p. ex., a frase "É possível que algo seja atualmente onisciente" é verdadeira num mundo w se, e somente se, há um mundo w' (acessível a partir de w), tal que pelo menos um dos objetos existentes no mundo atual @ é onisciente. Isto tem uma aplicação interessante ao caso de DESCRIÇÕES DEFINIDAS (tomadas em uso ATRIBUTIVO). Uma descrição definida como "O filósofo que bebeu a cicuta" (em símbolos, $\iota x\, Fx$) é um designador flácido do seu referente atual: relativamente ao mundo atual, a descrição designa Sócrates; mas, relativamente a um mundo não-atual w, ela designará a pessoa em w que satisfaz univocamente o predicado "filósofo que bebeu a cicuta", a qual pode ser alguém diferente de Sócrates (ou pode simplesmente não existir). Porém a descrição "O filósofo que atualmente bebeu a cicuta" (em símbolos, $\iota x\, AFx$) já é um DESIGNADOR RÍGIDO do seu referente atual: relativamente a um mundo não-atual w, ela designará aí a pessoa que no mundo atual satisfaz univocamente o predicado "filósofo que bebeu a cicuta" (assim, a descrição designará o seu referente atual, Sócrates, em todos os mundos possíveis em que Sócrates exista). Desse modo, e em geral, a prefixação do operador de atualidade a uma descrição não rígida tem o efeito de a converter em uma descrição rígida. *Ver* MUNDOS POSSÍVEIS; LÓGICA MODAL; OPERADOR; ACESSIBILIDADE. **JB**

atualidade

Ver ATUAL.

atualismo

Em geral, a doutrina metafísica segundo a qual, necessariamente, só os objetos atuais existem. O atualismo acerca de indivíduos é a doutrina de que, NECESSARIAMENTE, só os indivíduos atuais existem; e o atualismo acerca de MUNDOS POSSÍVEIS é a doutrina de que, necessariamente, só o MUNDO ATUAL OU REAL existe. Na sua maneira contemporânea, essa doutrina surgiu no âmbito de discussões recentes em torno da LÓGICA MODAL e dos seus fundamentos filosóficos e metafísicos; entre os defensores da doutrina contam-se filósofos como Alvin Plantinga, Kit Fine e Robert Stalnaker.

Uma maneira de representar, na habitual linguagem da lógica modal quantificada, a doutrina atualista acerca de indivíduos é por meio da fórmula A) $\Box \forall x\, AEx$, em que E é o predicado monádico de EXISTÊNCIA e A é o operador unário de atualidade. *Grosso modo*, a semântica do operador A é a seguinte: uma fórmula Ap (atualmente, p) é verdadeira em um mundo possível w se, e somente se, a subfórmula p é verdadeira naquele mundo possível que se selecionou para desempenhar o papel de mundo atual. E a semântica do predicado E é a seguinte: uma fórmula Ex (x existe) é verdadeira num mundo w, sob uma atribuição s de valores às variáveis, se, e somente se, o indivíduo atribuído por s a x é um dos existentes em w. A fórmula A estabelece assim que, para qualquer mundo possível dado, todo indivíduo existente nesse mundo é um indivíduo atualmente existente (isto é, que existe no mundo atual).

A doutrina metafísica que se opõe ao atualismo é conhecida sob a designação de "possibilismo" e tem sido defendida (embora de maneiras bem diferentes) por filósofos como David Lewis e David Kaplan. O possibilismo é, em geral, o ponto de vista segundo o qual há objetos (indivíduos, mundos) que são meramente possíveis (*ver* POSSIBILIA); ou seja, há objetos que atualmente não existem mas que poderiam ter existido (se as coisas tivessem sido apropriadamente diferentes). Uma maneira de representar, na habitual linguagem da lógica modal quantificada, a doutrina possibilista acerca de indivíduos é por meio da fórmula P) $\Diamond \exists x \neg AEx$; ou, de forma equivalente, por meio da fórmula $\Diamond \exists x A \neg Ex$. P estabelece que há mundos possíveis tais que pelo menos um indivíduo neles existente atualmente não existe (isto é, não existe no mundo atual).

É também usual caracterizar a oposição entre o atualismo e o possibilismo por meio das diferentes interpretações dadas nessas doutrinas à quantificação objetual (todavia, é bom reparar que esta maneira de desenhar a oposição não é equivalente à anteriormente feita). A semântica para o chamado QUANTIFICADOR existencial atualista é (simplificadamente) a seguinte: uma fórmula $\exists x\ Fx$ é verdadeira em um mundo possível w se, e somente se, pelo menos um indivíduo existente em w satisfaz o predicado F (em w). E a semântica para o chamado quantificador universal atualista é (simplificadamente) a seguinte: uma fórmula $\forall x\ Fx$ é verdadeira em um mundo possível w se, e somente se, todo o indivíduo existente em w satisfaz F (em w). A cada mundo possível w é feito corresponder certo conjunto de indivíduos, digamos o conjunto $d(w)$, cujos elementos são os indivíduos existentes em w; no ponto de vista atualista, $d(w)$ funciona como DOMÍNIO de quantificação e recebe a designação de "domínio interior" do mundo em questão. O conjunto de indivíduos, digamos D, que resulta da união dos domínios interiores de todos os mundos (pertencentes a uma coleção de mundos dada) forma o chamado "domínio exterior" ou "inclusivo." Assim, em uma semântica atualista para os quantificadores, o valor de verdade em um mundo possível de uma fórmula quantificada depende unicamente de como as coisas são relativamente aos indivíduos existentes nesse mundo; estes, e somente estes, são admitidos como valores das variáveis ligadas. Note-se que a interpretação que antes demos dos quantificadores universal e existencial nas fórmulas A e P é assim uma interpretação atualista.

Em contraste com isto, a semântica para a chamada "quantificação existencial possibilista" é (simplificadamente) a seguinte: uma fórmula $\exists x\ Fx$ é verdadeira em um mundo possível w se, e somente se, pelo menos um indivíduo pertencente a D satisfaz F (em w). E a semântica para a chamada quantificação universal possibilista é (simplificadamente) a seguinte: uma fórmula $\forall x\ Fx$ é verdadeira num mundo possível w se, e somente se, todo o indivíduo pertencente a D satisfaz F (em w). Assim, é o conjunto D, e não o conjunto $d(w)$, que é aqui tomado como o (único) domínio de quantificação; do ponto de vista possibilista, o valor de verdade em um mundo possível w de uma fórmula quantificada depende de como as coisas são relativamente aos indivíduos em D, os quais (pelo menos na maioria das versões da semântica possibilista) não pertencem todos necessariamente a $d(w)$. Para evitar a ambigüidade, é conveniente ter símbolos diferentes para os quantificadores atualistas e possibilistas; é usual utilizar os símbolos canônicos $\forall$ e $\exists$ para os primeiros e os símbolos Π e Σ para os segundos (respectivamente). É natural que o valor de verdade de uma quantificação atualista relativamente a um mundo possa divergir do da quantificação possibilista correspondente (relativamente a esse mundo). P. ex., poder-se-ia tomar a quantificação atualista $\exists x\ x$ *é onisciente* como falsa relativamente ao mundo atual, supondo que nenhuma das criaturas atualmente existentes é onisciente.

Mas tal suposição é consistente com a possibilidade de que certo mundo possível não atual contém pelo menos uma criatura (não atual) onisciente; e assim a quantificação possibilista $\Sigma x\ x\ é\ onisciente$ será verdadeira relativamente ao mundo atual. As quantificações atualistas podem, no entanto, ser definidas em termos de quantificações possibilistas restritas com a ajuda do predicado monádico de existência; as definições são as seguintes: $\forall x\ \Phi x$ é definível em termos de $\Pi x\ (Ex \to \Phi x)$; $\exists x\ \Phi x$ é definível em termos de $\Sigma x\ (Ex \wedge \Phi x)$. Esse resultado tem sido visto por alguns filósofos possibilistas como militando a favor do possibilismo. Dado que não se tem aparentemente o mesmo resultado por parte do atualismo, e dada em particular a alegada incapacidade de uma linguagem atualista para exprimir certos fatos metafísicos e modais importantes, uma linguagem possibilista seria mais recomendável em virtude do seu maior poder expressivo; tudo aquilo que é exprimível numa linguagem atualista seria representável numa linguagem possibilista, mas a conversa não seria verdadeira.

A doutrina expressa na fórmula A pode ser representada por meio da fórmula mais simples $\Pi x\ Ex$, a qual é uma fórmula inválida numa semântica possibilista (ou na maioria das versões desta); e a doutrina expressa na fórmula P pode ser representada por meio da fórmula mais simples $\Sigma x\ \neg Ex$, que é uma fórmula válida numa semântica possibilista. Por outro lado, a fórmula A torna-se uma verdade lógica à luz de uma semântica para a lógica modal quantificada em que os quantificadores sejam atualistas e em que, para além disso, se estipule que o conjunto dos indivíduos existentes em qualquer mundo possível ACESSÍVEL a partir do mundo real esteja necessariamente incluído no conjunto de indivíduos atualmente existentes; e, obviamente, P torna-se uma falsidade lógica nessa semântica. Podemos chamar a uma semântica desse gênero de fortemente atualista.

Todavia, aquela estipulação, apesar de ser tecnicamente satisfatória, não é filosoficamente plausível para alguns filósofos (mesmo para aqueles de inclinação atualista). Com efeito, a seguinte afirmação geral parece ser não apenas inteligível, mas intuitivamente verdadeira: poderiam ter existido mais indivíduos (p. ex., mais pessoas) do que aqueles que de fato existem. Assim, e ainda de um ponto de vista atualista, há quem pense que uma semântica kripkiana para a lógica modal quantificada é filosoficamente mais adequada. Essa semântica, que podemos classificar como moderadamente atualista, caracteriza-se por combinar quantificadores atualistas com um abandono da estipulação antes mencionada e com a conseqüente admissão de mundos possíveis cujos domínios interiores contêm indivíduos que atualmente não existem. O resultado é que se torna possível introduzir interpretações nas quais a fórmula P é verdadeira (no mundo atual) e nas quais a fórmula A é falsa (no mundo atual). Desse modo, a semântica kripkiana nem valida A, uma fórmula que tomamos como definidora do atualismo acerca de indivíduos, nem invalida P, uma fórmula que tomamos como definidora do possibilismo acerca de indivíduos. Por conseguinte, pode-se legitimamente perguntar se uma semântica moderadamente atualista, apesar de se basear numa interpretação atualista dos quantificadores, não seria na verdade uma semântica possibilista. Para além disso, o seguinte gênero de crítica tem sido erguido contra a semântica kripkiana: embora na linguagem objeto os quantificadores sejam atualistas, na metalinguagem – ou seja, na linguagem na qual a semântica é formulada – a quantificação parece ser possibilista: as variáveis metalingüísticas quantificadas tomam aparentemente valores em um único domínio inclusivo, que abrange todos os domínios interiores dos mundos.

As considerações precedentes sugerem o seguinte dilema para o filósofo atualista: ou ele rejeita liminarmente indivíduos meramente possíveis, adotando uma semântica fortemente atualista e exigindo que o domínio interior de cada mundo acessível contenha apenas indivíduos atuais; ou então encontra uma maneira satisfatória de reduzir a quantificação possibilista a uma quantificação que seja, na verdade, executável apenas sobre objetos atuais. O primeiro ramo do dilema é, como vimos, metafisicamente implausível; embora alguns filósofos atualistas (veja-se, p. ex., Ruth Barcan Marcus, 1994) estejam preparados para o defender. Quanto ao segundo ramo do dilema, diversas tentativas têm sido feitas (veja-se, p. ex., Fine, 1977) no sentido de tomar indivíduos meramente possíveis como simples construções lógicas, feitas a partir de certas categorias de objetos atualmente existentes: tipicamente, objetos abstratos como propriedades, ou conjuntos, ou proposições. E o mesmo tipo de estratégia reducionista tem sido ensaiada em relação a mundos possíveis não-atuais, os quais têm sido igualmente tomados como simples construções lógicas feitas a partir de certos objetos atuais: objetos abstratos como certas propriedades modais do mundo atual, ou certos conjuntos maximamente consistentes de proposições. Não é, no entanto, claro que as reduções propostas do discurso possibilista ao discurso atualista sejam técnica ou metafisicamente satisfatórias; mas também não é claro que uma redução técnica ou metafisicamente satisfatória não possa vir a ser alcançada. *Ver também* FÓRMULA DE BARCAN; MUNDO POSSÍVEL; QUANTIFICADOR; EXISTÊNCIA. JB

ADAMS, R. M. "Theories of Actuality", *in* Loux, M. (org.). *The Possible and the Actual*. Ithaca: Cornell University Press, 1979, pp. 190-209.
BARCAN MARCUS, R. *Modalities*. Oxford: Oxford University Press, 1994.
FINE, K. "Prior on the Construction of Possible Worlds and Instants". Postscript to A. N. Prior e K. Fine, *in Worlds, Times and Selves*. Amherst: University of Massachusetts Press, 1977, pp. 116-61.
FORBES, G. *Languages of Possibility*. Oxford: Blackwell, 1989.
KAPLAN, D. "Trans-World Heir Lines" [1979], *in* Loux, M. (org.). *The Possible and the Actual*. Ithaca: Cornell University Press, 1979, pp. 88-109.
KRIPKE, S. "Semantical Considerations on Modal Logic", *in Acta Philosophica Fennica*, 16, 1963, pp. 83-94.
LEWIS, D. *On the Plurality of Worlds*. Oxford: Blackwell, 1986.
LOUX, M. (org.). *The Possible and the Actual*. Ithaca: Cornell University Press, 1979.
PLANTINGA, A. *The Nature of Necessity*. Oxford: Clarendon Press, 1974.
STALNAKER, R. *Inquiry*. Cambridge: MIT Press, 1988.

Aussonderungsaxiom

Ver AXIOMA DA SEPARAÇÃO.

autocontradição

Informalmente, acusa-se alguém de se autocontradizer quando nega algo que afirmou antes, ou quando afirma algo que o conduz à inconsistência. Uma proposição é autocontraditória se, e somente se, implica uma proposição da forma $q \wedge \neg q$. Muitas vezes, os filósofos defendem que certas teorias ou posições são autocontraditórias nesse sentido: implicam uma contradição. *Ver também* CONTRADIÇÃO; CONSISTÊNCIA.

auto-inconsistência

Uma frase ou uma proposição diz-se ser auto-inconsistente, ou simplesmente inconsistente, quando não pode ser verdadeira (ou quando é necessariamente falsa). Exemplos de auto-inconsistências são assim frases como "2 + 2 = 5", "A lógica de primeira ordem com identidade é decidível", "Cícero não é Túlio" e "Sócrates não é um mamífero" (os dois últimos casos não são totalmente incontroversos). *Ver também* CONTRADIÇÃO; CONSISTÊNCIA.

autológica

Palavra que se aplica a si mesma: a palavra "curta" é, ela própria, curta; mas a palavra "banana" não é, ela própria, uma banana. Contrasta com HETEROLÓGICA. *Ver* PARADOXO DE GRELLING; USO/MENÇÃO.

autoridade, argumento de

Ver ARGUMENTO DE AUTORIDADE.

axioma

Tradicionalmente, um axioma era encarado como uma proposição evidente, da qual outras proposições poderiam ser derivadas recorrendo a meios adequados. Era nesse sentido que Euclides entendia os seus axiomas. Hoje, em termos formais, um axioma é uma proposição de um sistema formal que não é derivável, nesse sistema, a partir de nenhuma outra proposição (supondo a INDEPENDÊNCIA do sistema em causa), contrastando por isso com os TEOREMAS, que resultam dos axiomas pela aplicação de regras de inferência. Do ponto de vista formal, qualquer proposição pode ser aceita como um axioma. Mas a noção tradicional continua a ser essencial, pois um axioma, para ser aceitável, tem de ser claramente plausível. Note-se que a lógica não tem de ser axiomática: *ver* DEDUÇÃO NATURAL, REGRAS DE. **DM**

axioma da abstração

Ver ABSTRAÇÃO, PRINCÍPIO DA.

axioma da compreensão

Ver AXIOMA DA ABSTRAÇÃO. *Ver* ABSTRAÇÃO, PRINCÍPIO DA.

axioma da escolha

Em 1883 Georg Cantor (1845-1918), o criador da TEORIA DOS CONJUNTOS, conjecturou que todo conjunto pode ser bem-ordenado (*ver* BOA ORDEM) e considerou essa propriedade uma lei fundamental do pensamento (*Denkgesetz*). Em parte, Cantor foi levado a essa conjectura pela sua crença na HIPÓTESE DO CONTÍNUO, segundo a qual o CONTÍNUO real é equipotente (*ver* CARDINAL) a $\aleph_1$ e, portanto, pode ser bem-ordenado. Apesar das várias tentativas de Cantor para demonstrar essa lei fundamental, só em 1904 – com um pequeno artigo de Zermelo (1871-1953) – a situação se esclarece. Nesse artigo, Zermelo demonstra que todo conjunto pode ser bem-ordenado desde que se pressuponha determinado princípio, que ficou conhecido por axioma da escolha.

Seja x um conjunto de conjuntos não-vazios. Uma função f de domínio x diz-se um seletor para x se, para todo $w \in x$, $f(w) \in w$. O axioma da escolha diz que todo conjunto de conjuntos não-vazios tem (pelo menos) um seletor. Esse axioma também é conhecido por "axioma da multiplicatividade", pois a existência de um seletor é um modo de dizer que o produto cartesiano de todos os elementos de x é um conjunto não-vazio. Uma maneira equivalente de formular o axioma da escolha é a seguinte (essa é a formulação original de Zermelo). Seja x um conjunto de conjuntos não-vazios, disjuntos dois a dois (isto é, dois a dois com interseção vazia). Um sistema de representantes para x é um conjunto w (exige-se, geralmente, que $w \subseteq \cup\, x$), tal que para todo $y \in x$, o conjunto $w \cap y$ é singular (isto é, consiste em um único elemento – o representante de y). O axioma da escolha garante que, nas condições anteriores, existe sempre um sistema de representantes. Eis uma forma simbólica de o formular: $\forall x\, (\forall y\, \forall z\, (y \in x \land z \in x \to y \cap z = \emptyset) \to \exists w\, \forall y\, (y \in x \land y \neq \emptyset \to \exists u\, (w \cap y = \{u\})))$.

O axioma da escolha é um axioma de existência (da existência de um seletor, ou de um sistema de representantes, conforme a formulação), tal como o são outros axiomas da TEORIA DOS CONJUNTOS. Mas, ao contrário de, p. ex., o axioma da união, o axioma da escolha não define o conjunto cuja existência garante: limita-se a postular a existência de conjuntos que verificam certas especificações. A garantia da existência de um conjunto sem, simultaneamente, providenciar um modo de o construir ou de o definir tem sido objeto de polêmica e crítica por parte de idéias simpáticas ao CONSTRUTIVISMO. Como já observamos, o axioma da escolha permite bem ordenar o contínuo real; ora desde os finais do século XIX que se tentava definir tal ordem, sem êxito. Foi se adquirindo a idéia de que não o era possível fazer e, de fato, em 1965, Solomon Feferman demonstra que, na teoria dos conjuntos ZFC, não existe nenhuma definição de boa ordem nos reais. Isto não contradiz o axioma da escolha – apenas põe em evidência o seu caráter fundamentalmente não-construtivo.

Ainda assim, o construtivismo tem várias tonalidades. Com efeito, alguns construtivistas, como foi o caso do matemático francês Emile Borel, aceitavam o axioma numerável da escolha, isto é, o axioma da escolha para o caso em que o domínio do seletor (ou o conjunto de representantes) é NUMERÁVEL (deve-se observar que o caso finito do axioma da escolha demonstra-se, por indução matemática, em ZF). O axioma numerável da escolha já permite mostrar que uma união numerável de conjuntos numeráveis ainda é um conjunto numerável, ou que um conjunto finito à Dedekind – um conjunto para o qual não existe uma função injetiva dele em uma sua parte própria – é realmente finito (ver CONJUNTO INFINITO).

O axioma da escolha é utilizado amiúde pelos matemáticos, usualmente por meio do LEMA DE ZORN, que é sua formulação equivalente. Na teoria dos conjuntos, o axioma da escolha tem um papel importante na aritmética cardinal, sendo equivalente à asserção de que o produto de um cardinal infinito por ele próprio é ele próprio. Também é equivalente a dizer que dois quaisquer conjuntos são comparáveis (isto é, ou há uma função injetiva do primeiro para o segundo, ou do segundo para o primeiro). Esse último resultado está estreitamente ligado ao fato, já mencionado, de que todo conjunto pode ser bem-ordenado desde que se pressuponha o axioma da escolha. A existência de boas ordenações para conjuntos arbitrários permite associar a cada conjunto a sua cardinalidade no sentido técnico de Von Neumann (1903-1957).

Apesar da utilidade e naturalidade do axioma da escolha, não se devem deixar de mencionar algumas conseqüências contra-intuitivas desse axioma. P. ex., o axioma da escolha permite decompor uma esfera em um número finito de pedaços que, depois de convenientemente montados, dão origem a duas esferas do mesmo tamanho da esfera de partida – esse teorema é conhecido por paradoxo de Banach-Tarski, apesar de não ser um paradoxo no sentido estrito do termo.

O problema da consistência do axioma da escolha e da sua negação foi resolvido por Kurt Gödel (1938) e Paul Cohen (1963), respectivamente (*ver* TEORIA DOS CONJUNTOS). *Ver também* BOA ORDEM; CARDINAL; LEMA DE ZORN; HIPÓTESE DO CONTÍNUO; TEORIA DOS CONJUNTOS. **FF**

COHEN, Paul. "The Independence of the Continuum Hypothesis", *in Proceedings of the National Academy of Science*, 50, 1963, pp. 1143-8; 51, 1964, pp. 105-10.

GÖDEL, Kurt. "The Consistency of the Axiom of Choice and of the Generalized *Continuum* Hypothesis", *in Proceedings of the National Academy of Science*, 24, 1938, pp. 556-57.

MOORE, G. H. *Zermelo's Axiom of Choice*. Berlim: Springer, 1982.

ZERMELO, E. "Beweis, dass jede Menge wohlgeordnet werden kann", *in Mathematische Annalen*, 59, 1904, pp. 514-6. Trad. ingl. "Proof that Every Set can be Well-Ordered", *in* Van Heijenoort, J. (org.). *From Frege to Gödel*. Cambridge: Harvard University Press, 1967.

axioma da extensionalidade

É, em parceria com o PRINCÍPIO DA ABSTRAÇÃO, o princípio fundamental sobre a noção de CONJUNTO. O axioma da extensionalidade diz-nos como individuar conjuntos, ou seja, fornece-nos um critério de identidade para conjuntos: dois conjuntos são iguais se tiverem os mesmos elementos. Em notação simbólica: $\forall z (z \in x \leftrightarrow z \in y) \rightarrow x = y$. Deve-se contrastar a clareza da noção de identidade para conjuntos com as dificuldades em obter uma noção de identidade (se é que tal é possível) para propriedades (*ver* EXTENSÃO/INTENSÃO).

Sem embargo, nas teorias de conjuntos em que falha o axioma da fundação, o axioma da extensionalidade não determina a igualdade entre conjuntos. P. ex.: que conjuntos verificam a equação $x = \{x\}$? *Ver também* CONJUNTO; PRINCÍPIO DA ABSTRAÇÃO; EXTENSÃO/INTENSÃO. **FF**

FRANCO DE OLIVEIRA, A. J. *Teoria dos conjuntos*. Lisboa: Livraria Escolar Editora, 1982.
HRBACEK, K. e JECH, T. *Introduction to Set Theory*. Nova York: Marcel Dekker, 1984.

axioma da extração

Ver AXIOMA DA SEPARAÇÃO.

axioma da fundação

Este axioma, também conhecido por "axioma da regularidade", é um axioma da TEORIA DOS CONJUNTOS que diz que o universo dos conjuntos é bem fundado (*ver* BOA ORDEM) para a relação de pertença. Em notação simbólica: $\forall x\, (x \neq \emptyset \to \exists y\, (y \in x \land \forall z\, (z \in x \to z \notin y)))$.

O axioma da fundação (*Fundierungs-axiom*) impede que um conjunto seja membro de si próprio e, mais geralmente, previne círculos para a relação de pertença: situações como a seguinte não ocorrem na presença do *Fundierungsaxiom*, $x_0 \in x_n \in x_{n-1} \in \ldots \in x_1 \in x_0$. Também evita que ocorram seqüências infinitas descendentes para a relação de pertença. Ou seja, o axioma da fundação exclui situações do gênero: $\ldots \in x_4 \in x_3 \in x_2 \in x_1 \in x_0$. Por vezes formula-se o axioma da fundação por meio da exclusão de seqüências infinitas descendentes como a anterior. Essa formulação do axioma é equivalente à original na presença dos outros axiomas da teoria dos conjuntos (incluindo o axioma da escolha).

O *Fundierungsaxiom* espelha na teoria formal a denominada concepção iterativa da noção de conjunto (*ver* TEORIA DOS CONJUNTOS), sendo consistente relativamente aos outros axiomas.

Recentemente, tem havido algum interesse em considerar teorias dos conjuntos que contradizem o axioma da fundação, como é o caso da teoria dos conjuntos que se obtém de ZFC substituindo o axioma da fundação pelo denominado axioma da antifundação (AFA), devido a Forti e Honsell (1983) e, independentemente, a Peter Aczel (1984). Esse axioma permite, p. ex., a formação de um conjunto Ω tal que $\Omega = \{\Omega\}$. A teoria dos conjuntos com AFA em vez do axioma da fundação tem servido para modelizar situações auto-referenciais ou com círculos viciosos.

O axioma da antifundação vai claramente contra a concepção iterativa dos conjuntos. AFA é, porém, consistente relativamente aos axiomas (excluindo o da fundação) da teoria dos conjuntos. *Ver também* TEORIA DOS CONJUNTOS; BOA ORDEM. **FF**

ACZEL, P. "Non-Well-Founded Sets", *in Number 14 in CSLI Lecture Notes*. Stanford: Center for the Study of Languages and Information, 1988.
BARWISE, J. e MOSS, L. *Vicious Circles*. Cambridge: CSLI/Cambridge University Press, 1996.
FORTI, M. e HONSELL, F. "Set Theory with Free Construction Principles", *in Annali Scuola Normale Superiore di Pisa*, Cl. Sc., vol. IV, 10, 1983, pp. 493-522.
FRANCO DE OLIVEIRA, A. J. *Teoria dos conjuntos*. Lisboa: Livraria Escolar Editora, 1982.
KUNEN, K. *Set Theory. An Introduction to Independence Proofs*. Amsterdam: North Holland, 1980.

axioma da multiplicatividade

Ver AXIOMA DA ESCOLHA.

axioma da reducibilidade

Princípio da teoria ramificada dos tipos de Bertrand Russell (1872-1970). O axioma da reducibilidade estabelece que a qualquer FUNÇÃO PROPOSICIONAL de qualquer ordem e de qualquer tipo corresponde uma função proposicional de primeira ordem que lhe é formalmente equivalente (ou seja, uma função que gera valores de verdade idênticos para os mesmos argumentos). *Ver* TEORIA DOS TIPOS. JB

axioma da regularidade

Ver AXIOMA DA FUNDAÇÃO.

axioma da separação

Princípio da TEORIA DOS CONJUNTOS que estabelece que, dados um conjunto x e uma condição ou propriedade φ, existe um conjunto y que tem como elementos todos aqueles (e só aqueles) elementos de x que satisfazem φ. Em símbolos: $\forall x \, \exists y \, \forall v \, (v \in y \leftrightarrow v \in x \wedge \varphi(v))$.

Este axioma foi proposto por Zermelo em substituição do tradicional AXIOMA DA COMPREENSÃO, o qual conduz ao PARADOXO DE RUSSELL. A restrição por ele imposta sobre a geração de conjuntos a partir de condições torna aparentemente o axioma da separação (*Aussonderungsaxiom*) imune ao paradoxo. JB

axioma da substituição

Princípio da TEORIA DOS CONJUNTOS que estabelece, informalmente, que qualquer FUNÇÃO cujo DOMÍNIO seja um conjunto tem um CONTRADOMÍNIO que é igualmente um conjunto. O axioma foi adicionado por Abraham Fraenkel (1891-1965) aos axiomas de Zermelo (1871-1953) para a teoria dos conjuntos, formando como resultado a conhecida teoria ZF (Zermelo-Fraenkel). JB

axioma da união

Princípio da TEORIA DOS CONJUNTOS que estabelece que, dado um conjunto x de conjuntos, existe um conjunto y tal que y contém tudo o que pertence a cada elemento de x; em símbolos, $\forall x \, \exists y \, \forall v \, [\exists a \, (v \in a \wedge a \in x) \to v \in y]$.

axioma das partes

É o axioma da TEORIA DOS CONJUNTOS que diz que, dado um conjunto x, se pode formar um conjunto que inclua como elementos todos os subconjuntos (ou partes) de x. Em notação simbólica: $\forall x \, \exists y \, \forall z \, (z \subseteq x \to z \in y)$.

A partir desse axioma podemos obter, por meio do axioma da separação, o conjunto $\mathcal{P}x$ de todos os subconjuntos de x. Se x é um conjunto finito de n elementos, então $\mathcal{P}x$ tem 2^n elementos. Caso x seja infinito surgem problemas quanto ao cálculo da cardinalidade do conjunto $\mathcal{P}x$. A HIPÓTESE DO CONTÍNUO diz que a cardinalidade do conjunto $\mathcal{P}\omega$ (cujos elementos são os subconjuntos do conjunto ω dos números naturais) é $\aleph_1$, a segunda menor cardinalidade infinita, isto é, a cardinalidade que vem imediatamente a seguir à cardinalidade $\aleph_0$ do conjunto dos números naturais.

O axioma das partes é usado freqüentemente em matemática, notavelmente na construção do CONTÍNUO real. Há, porém, várias escolas fundacionais (p. cx., o PREDICATIVISMO) que não aceitam o axioma das partes. *Ver também* TEORIA DOS CONJUNTOS; CARDINAL; CONTÍNUO; HIPÓTESE DO CONTÍNUO; PREDICATIVISMO. FF

FRANCO DE OLIVEIRA, A. J. *Teoria dos conjuntos*. Lisboa: Livraria Escolar Editora, 1982.
HRBACEK, K. e JECH, T. *Introduction to Set Theory*. Nova York: Marcel Dekker, 1984.

axioma do infinito

Em TEORIA DOS CONJUNTOS os números naturais são, habitualmente, os ORDINAIS (no sentido de Von Neumann) finitos. O primeiro ordinal finito é o conjunto vazio $\emptyset$, que é – literalmente – o número natural zero. Dado um conjunto x, chama-se sucessor de x ao conjunto $x \cup \{x\}$. Um conjunto diz-se indutivo se tiver o zero como membro e se sempre que um conjunto é seu membro, então o sucessor desse conjunto também o é. Com essa terminologia, o axioma do infinito diz que existem conjuntos indutivos. Simbolicamente: $\exists x \, (\emptyset \in x \wedge \forall y \, (y \in x \to y \cup \{y\} \in x))$.

O conjunto ω dos números naturais é, por definição, o menor conjunto indutivo (o qual se obtém a partir do axioma do infinito, por meio de uma aplicação do axioma da separação). Desse modo, o axioma do infinito garante-nos a existência do conjunto de todos os números naturais. Esse conjunto ω é formado pelos seguintes elementos:

0: ∅
1: {∅}
2: {∅, {∅}}
3: { ∅, {∅}, {∅, {∅}}}
...

Observe-se que 1 é o sucessor de 0 (no sentido técnico descrito anteriormente), 2 é o sucessor de 1, etc. Observe-se, também, que com a definição de Von Neumann (1903-1957), um número natural n é menor que o número natural m se, e somente se, $n \in m$ (isto é, a definição de Von Neumann foi concebida de modo a que a ordem usual dos naturais coincida com a relação de pertença). As duas propriedades dos números de Von Neumann que acabamos de mencionar são apenas uma questão de conveniência, havendo modos alternativos de introduzir os números naturais em teoria dos conjuntos (*vide* adiante a proposta original de Zermelo). No entanto, a maneira de introduzir o conjunto ω na teoria de conjuntos já não é mera questão de conveniência. Seguindo uma idéia de Dedekind (1831-1916), o princípio de indução matemática é verdadeiro por definição de ω, pois a asserção do princípio de indução matemática (a qual diz que se um conjunto x de números naturais tem o 0 e se, sempre que tem um natural, também tem o seu sucessor, então x é o conjunto ω) é conseqüência de se ter definido ω como o menor conjunto indutivo.

Como se disse, essa não é a única maneira de introduzir o conjunto infinito dos números naturais. Na sua axiomática de 1908, Zermelo (1871-1953) vê os números naturais do seguinte modo:

0: ∅
1: {∅}
2: {{∅}}
3: {{{∅}}}
...

E o seu axioma do infinito toma uma formulação consentânea: $\exists x\ (\emptyset \in x \wedge \forall y\ (y \in x \to \{y\} \in x))$.

O axioma do infinito não se pode demonstrar a partir dos restantes axiomas (desde que estes sejam consistentes), e devemos a Zermelo a percepção da sua necessidade. *Ver também* INFINITO; TEORIA DOS CONJUNTOS; ORDINAL. **FF**

BENACERRAF, P. "What Numbers Could Not Be", in *Philosophical Review*, 74, 1965, pp. 47-73. Reimp. *in* Putnam, H. e Benacerraf, P. (orgs.). *Philosophy of Mathematics*. Cambridge: Cambridge University Press, 1983, pp. 272-94.
DEDEKIND, R. *Was sind und was sollen die Zahlen?* Braunschweig: Vieweg [1988]. Trad. ingl. *Essays on the Theory of Numbers*. Nova York: Dover, 1963.
FRANCO DE OLIVEIRA, A. J. *Teoria dos conjuntos*. Lisboa: Livraria Escolar Editora, 1982.
KUNEN, K. *Set Theory*. Amsterdam: North-Holland, 1980.

axioma dos pares

Princípio da TEORIA DOS CONJUNTOS que estabelece que, dados quaisquer conjuntos x e y, existe um conjunto z que tem como elementos exatamente os conjuntos x e y. Em símbolos, $\forall x\ \forall y\ \exists z\ \forall v\ (v \in z \to v = x \vee v = y)$. **JB**

azerde

Ver PARADOXO DE GOODMAN.

B, sistema de lógica modal

Ver LÓGICA MODAL, SISTEMAS DE.

Banach-Tarski, paradoxo de

Ver AXIOMA DA ESCOLHA.

barba de Platão

Ver EXISTÊNCIA.

Barbara

Dada a sua simplicidade, talvez o mais célebre silogismo válido. Trata-se do modo silogístico válido da primeira figura dado no esquema MAP, SAM ∴ SAP (M, P, S são os termos médio, maior e menor do silogismo; e a letra A indica a combinação em uma proposição da qualidade afirmativa com a quantidade universal). Um exemplo do esquema é o conhecido argumento: "Todos os humanos são mortais. Todos os gregos são humanos. *Ergo*, todos os gregos são mortais." O silogismo Barbara é representável, na LÓGICA DE PRIMEIRA ORDEM, por meio do seqüente válido $\forall x\,(Mx \to Px) \vdash \forall x\,(Sx \to Mx)\,\forall x\,(Sx \to Px)$. JB

barbeiro, paradoxo do

Ver PARADOXO DO BARBEIRO.

Barcan, fórmula de

Ver FÓRMULA DE BARCAN.

barra de Sheffer

CONECTIVO diádico e VEROFUNCIONAL representado por | e que expressa a negação alternada das frases sobre as quais opera. $p \mid q$ lê-se "não é verdade que (ambos) p e q", tendo a negação maior alcance que a conjunção. A sua semântica deixa-se representar na tabela de verdade apresentada a seguir (com ⊤ por Verdadeiro e ⊥ por Falso). Por outras palavras: $p \mid q$ é verdadeira se, e somente se, p é falsa ou q é falsa.

Junto com a NEGAÇÃO CONJUNTA, ↓, é o único conectivo isoladamente adequado, no sentido de permitir representar qualquer FUNÇÃO DE VERDADE com n argumentos. JS

$p\ q$	$p \mid q$
⊤ ⊤	⊥
⊤ ⊥	⊤
⊥ ⊤	⊤
⊥ ⊥	⊤

base da indução

Ver INDUÇÃO MATEMÁTICA.

básica, proposição

Ver PROPOSIÇÃO PROTOCOLAR.

batalha naval, argumento da

Exemplo escolhido por Aristóteles ao tratar do problema dos futuros contingentes. A frase seguinte é necessariamente verdadeira: "Ou amanhã haverá uma batalha naval ou não." Essa frase não deve ser confundida com "Amanhã haverá necessariamente uma batalha naval ou não", que é claramente falsa; *ver* ÂMBITO. Da necessidade da primeira frase parece seguir-se que o futuro já está determinado, quer haja ou não uma batalha naval amanhã. Esse argumento baseia-se na FALÁCIA □($p \vee q$) ∴ □$p \vee$ □q, já detectada por Aristóteles. Só a possibilidade distribui sobre a DISJUNÇÃO; a NECESSIDADE só distribui sobre a CONJUNÇÃO. *Ver* IMPORTAÇÃO. DM

bayesianismo

Ver TEORIA DA DECISÃO.

bayesianismo e crença religiosa

Os desenvolvimentos teóricos inspirados no teorema de Bayes do cálculo de probabilidades foram aproveitados em vários campos de investigação filosófica. Entre os mais importantes estão a TEORIA DA DECISÃO, em que o cálculo probabilístico se propõe como algoritmo regulador da ação racional; e a teoria da confirmação, em que o teorema de Bayes é proposto como instrumento de interpretação do raciocínio indutivo envolvido na confirmação de uma hipótese por um conjunto de proposições factuais. No presente verbete, veremos a teoria bayesiana da confirmação aplicada a temas de epistemologia da crença religiosa.

Bayesianismo como Teoria Probabilística da Justificação Epistêmica – Entende-se por bayesianismo uma teoria da justificação epistêmica segundo a qual a veracidade de uma proposição é questão de grau de probabilidade. Uma proposição verdadeira (ou conhecimento, pura e simplesmente) teria probabilidade 1, enquanto uma falsa teria probabilidade 0. Entre estes valores extremos, haveria vários graus de incerteza dentre os quais 0,5 marcaria o limite entre as crenças prováveis (cuja probabilidade fosse maior que 50%) e as improváveis (de probabilidade menor que 0,5). Assim, em termos bayesianos, uma crença seria racionalmente sustentada na medida em que 1) seu grau de aceitação, medido em termos probabilísticos, é coerente, no sentido de obedecer aos axiomas do cálculo de probabilidades; 2) atualiza-se em vista de um dado em conformidade com o teorema de Bayes; 3) é a crença mais provável entre as que estão sendo consideradas.

A teoria bayesiana da justificação epistêmica se constitui em torno de um teorema do cálculo de probabilidades, cujo nome é homenagem ao Rev. Thomas Bayes, que, em 1763, teve um texto seu submetido à Royal Society britânica, no qual defendia a análise de certo problema de teoria probabilística com base na idéia de probabilidade prévia, um conceito crucial que ficará mais claro a seguir. A formalização do teorema que levou seu nome foi feita por autores posteriores a Bayes e tem três formulações básicas equivalentes, cuja mais fundamental é:

$$P(h/e.k) = \frac{P(e/h.k)}{P(e/k)} \times P(h/k)$$

Onde:

h: hipótese sob avaliação, ou seja, o objeto da crença.

e: dado ou indício em vista do qual a hipótese será julgada.

k: conhecimento de fundo (o que se sabe à exceção de *e* e *h*), um valor que pode ser ignorado em apresentações mais simples do teorema.

$P(h/e.k)$: a probabilidade da hipótese *h* dado o fenômeno *e* e conhecimento de fundo *k*, o valor a que se quer chegar, também denominado *probabilidade posterior* de *h*.

$P(e/h.k)$: a probabilidade do fenômeno *e* dada a hipótese *h* e conhecimento de fundo *k*.

$P(e/k)$: a probabilidade prévia do fenômeno *e* ou grau de expectativa de sua ocorrência, dado apenas o conhecimento de fundo *k*.

$\frac{P(e/h.k)}{P(e/k)}$: poder explicativo do fenômeno *e* pela hipótese *h*.

$P(h/k)$: a probabilidade prévia ou inicial da hipótese *h*.

Em termos matemáticos, o teorema de Bayes é consensual, dado que se deduz do terceiro axioma do cálculo de probabilidades, também conhecido como lei da multiplicação. Assim:

$P(h \& e) = P(h/e) \times P(e)$ (axioma 3)
$P(e \& h) = P(e/h) \times P(h)$ (axioma 3)

Mas $P(h \& e) = P(e \& h)$ (por comutatividade)

Portanto, $P(h/e) \times P(e) = P(e/h) \times P(h)$, daí o teorema de Bayes:

$$P(h/e) = \frac{P(e/h) \times P(h)}{P(e)}$$

A tese de que se podem atribuir valores probabilísticos a crenças, porém, é objeto de controvérsias. O principal argumento dos defensores do bayesianismo é que o teorema se constitui em uma expressão formal do raciocínio indutivo, que parte de determinada expectativa acerca de um estado de coisas (a probabilidade prévia) e se modifica em vista da ocorrência ou não de fatos relacionados a esse estado de coisas. Assim, tome-se o exemplo de um médico que tem diante de si um paciente que reclama de problemas respiratórios. Para simplificar nossa análise, admitamos que, do relato do paciente, o médico entenda que o caso seja ou de bronquite ou de pneumonia. Com base nos registros médicos e em sua própria experiência, o médico avalia que a probabilidade prévia de o paciente estar com pneumonia é cem vezes menor do que a de ele ter bronquite, que é uma ocorrência muito mais comum. Nesse caso, a probabilidade inicial de o paciente ter bronquite em vez de pneumonia é consideravelmente mais alta. Em nosso exemplo, bronquite ocorre cem vezes mais freqüentemente do que pneumonia, o que significa em termos matemáticos que $P(Br/k)$ = 100/101 e $P(Pn/k)$ = 1/100, sendo "$P(Br/k)$" a probabilidade inicial da hipótese de o paciente ter bronquite e "$P(Pn/k)$" a probabilidade de ele ter pneumonia. Digamos, porém, que, após exames clínicos, o médico conclua que os resultados são muito mais bem explicados em vista da hipótese de pneumonia do que da de ser uma bronquite. Suponhamos que o paciente manifeste um sintoma que ocorre em um a cada dois pacientes com pneumonia, mas apenas em um a cada quinhentos com bronquite, ou seja, $P(e/Pn)$ = 1/2 e $P(e/Br)$ = 1/500.

Para o caso de avaliação de mais de uma hipótese, precisamos de uma versão do teorema de Bayes mais sofisticada que a anteriormente apresentada, qual seja:

$$P(h/e.k) = \frac{P(e/h.k)P(h/k)}{\sum P(e/hi.k)P(hi/k)}$$

Nessa fórmula, ignora-se a expectativa da ocorrência do evento e ($P(e/k)$), pois seu valor é o mesmo para as diferentes hipóteses (hi) em consideração. Entram, para o cálculo da probabilidade de uma hipótese h, o produto de sua probabilidade inicial ($P(h/k)$) e da probabilidade dos dados obtidos em função da hipótese ($P(e/h.k)$), dividido pelo somatório do mesmo produto para todas as hipóteses de explicação dos dados em vista ($\sum P(e/hi)P(hi)$).

No nosso exemplo, temos:

$$P(Pn/e.k) = \frac{P(e/Pn.k)P(Pn/k)}{P(e/Pn.k)P(Pn/k) + P(e/Br.k)P(Br/k)}$$

Aplicando os valores expostos à fórmula anterior, temos que a probabilidade de pneumonia ser a explicação correta para o que está acontecendo com o paciente é de mais de 70%, enquanto a de bronquite é de menos de 30%. Nesse sentido, a alternativa mais racional para o médico seria adotar o diagnóstico "pneumonia" em vez de "bronquite", apesar de inicialmente a probabilidade de bronquite ter sido muito maior.

Do ponto de vista bayesiano, o tipo de inferência que se tem em um diagnóstico médico é tipicamente indutivo, e seus elementos básicos são claramente captados pelo teorema de Bayes. Em um raciocínio indutivo, atualizamos nossa crença anterior em função dos dados que captamos e que sejam relevantes para a hipótese que temos em vista. Essa atualização da crença se dá de acordo com o que os bayesianos chamam de "regra da condicionalização", segundo a qual a probabilidade posterior de uma hipótese atualizada em vista de um dado torna-se a probabilidade inicial dessa mesma hipótese quando ela for confrontada com novos dados, ou, em termos formais: $P(h/e2.k) = P(e2/h.e1.k) / P(e2/e1.k) \times P(h/e1.k)$. Assim, o agente bayesiano racional é aquele que adota a tese que for mais provável em vista das informações de que disponha no momento, mas que, além disso, esteja aberto a modificar seu grau de crença na mesma proporção em que novos dados confirmadores ou não forem surgindo.

É exatamente no tocante ao ato de interromper a busca por novos dados que testem uma hipótese que a teoria bayesiana da confirmação se liga à teoria bayesiana da decisão. Ou seja, pode-se empregar o princípio da máxima utilidade esperada a fim de decidir quanto à interrupção de um processo ativo de busca de instâncias de teste para uma hipótese. Em todo caso, do ponto de vista bayesiano, a probabilidade de uma hipótese é sempre sujeita a modificação em vista de testes futuros, bastando para isso que sua probabilidade inicial seja maior que zero.

Indução Bayesiana e o Problema dos Milagres – O emprego da interpretação bayesiana do raciocínio indutivo em questões relativas à crença religiosa tem seu início já no século XVIII, por obra de um colaborador bem próximo do próprio Thomas Bayes, o Rev. Richard Price. Em 1767, Price publicou um conjunto de dissertações, entre as quais uma intitulada *On the Importance of Christianity and the Nature of Historical Evidence, and Miracles* ("Da importância do cristianismo e da natureza dos dados históricos e dos milagres"). Nesse trabalho, é formulado um vigoroso ataque à posição defendida por Hume na famosa seção 10 do *Enquiry Concerning Human Understanding* (Investigação acerca do entendimento humano), publicado inicialmente em 1748.

Para Hume, se entendermos um milagre como uma violação das leis naturais, então nenhuma prova testemunhal terá força suficiente para tornar provável a ocorrência de tal fenômeno. A razão disso está no fato de que, segundo esse autor, as leis naturais se baseiam na experiência firme e inalterável acumulada ao longo dos anos. Diante de uma experiência assim uniforme em favor da regularidade das leis da natureza, nenhum testemunho humano teria força sequer de conferir nenhuma probabilidade a um milagre, muito menos de demonstrá-lo. Assim, não só a experiência direta tem mais força comprobatória do que o testemunho, mas principalmente a percepção uniformemente corrobora a regularidade das leis naturais. Sendo assim, nenhuma pessoa racional – que ajuste suas crenças aos dados – poderia aceitar a tese da ocorrência de milagres. Em outras palavras, para Hume, a experiência forneceria uma prova inteira e cabal contra a existência de qualquer milagre, o que tornaria a crença neles algo insustentável para qualquer pessoa racional. A crença religiosa teria, inexoravelmente, de assentar em outras bases.

A crítica de Price se concentrou na regra de indução implicitamente adotada no raciocínio humano. Na rejeição humana dos milagres é crucial a tese de que, da observação de uma constância uniforme de acontecimentos passados, depreende-se que eles se repetirão invariavelmente no futuro, o que exclui qualquer possibilidade de um acontecimento extraordinário. De fato, admite Price, quanto mais um evento acontece segundo determinado padrão, maior a probabilidade de que o mesmo padrão seja seguido no futuro, justificando nossa crença de que a ocorrência em questão tenha uma natureza mais fixa e pouco sujeita a alterações por causas opostas. No entanto, por maiores que sejam a uniformidade e a freqüência de um fato observado no passado, isso não constitui uma prova de que ele acontecerá no futuro nem confere nenhuma probabilidade à tese de que a ocorrência *sempre* se dará da mesma maneira.

Em termos formais, a tese de que, quanto maior o número de exemplos n passados de que um evento E apresentou a qualidade B (p. ex., de que comer pão alimenta), maior a probabilidade de sua próxima ocorrência r é representada pela regra de sucessão de Laplace, dedutível do teorema de Bayes (cf. Earman, 2000, p. 28). Assim, representando-se a repetição de um resultado n do evento E por $E(n,n)$ e a hipótese de que a próxima ocorrência r terá a mesma qualidade, por $H(r)$, temos:

$$P(H(r)/E(n,n)) = \frac{n+1}{n+r+1}$$

A fórmula anterior se aplica a eventos cuja ocorrência é independente, ou seja, o fato de que um aconteça não interfere na ocorrência dos outros. Desse modo, se o evento E ocorreu uma vez da mesma forma que antes ($n = 1$), apresentando a qualidade B, a probabilidade de que isso se dê mais uma vez de maneira independente é de 2/3 (aproximadamente 66%), ao passo que, se E já ocorreu dez vezes da mesma maneira, a probabilidade de que o próximo r repetirá a mesma característica (ou seja, $r = 1$) aumenta para 11/12, o que é mais de 91%. Assim, à medida que n tende ao infinito, a probabilidade da hipótese de que o próximo evento r terá a qualidade B tende ao valor máximo 1.

No entanto, a mesma regra de sucessão indutiva bayesiana permite ver que a probabilidade da hipótese de que o próximo evento terá as mesmas características dos eventos passados nunca será igual a 1. Em outras palavras, por mais que a experiência passada sugira uniformemente que um evento de tipo E sempre apresentou a qualidade B, isso não permite ter certeza de que o próximo evento também terá a mesma característica. Além disso, a probabilidade de que os eventos futuros E *sempre* terão as mesmas qualidades dos exemplos passados n significa atribuir a r valor tendente ao infinito ($r \to \infty$), o que formalmente resulta em uma probabilidade 0 para $H(r)$. Em outras palavras, conforme sustentou Price, a probabilidade de que os fenômenos futuros *sempre* repetirão os passados é simplesmente nula.

Assim, em conformidade com o cálculo de probabilidades e o teorema de Bayes, temos fortes razões para acreditar que os eventos naturais que observamos acontecerem de modo regular no passado devem continuar acontecendo. Por outro lado, estaríamos inteiramente errados em crer que essa regularidade jamais pudesse ser quebrada em sequer um evento. Desse modo, sustentou Price, devemos entender um milagre não como evento contrário à experiência, tal como sugerido por Hume, mas como uma ocorrência *diferente* das que usualmente percebemos. Em verdade, a afirmação de que o curso da natureza continuará sempre o mesmo não é passível de experiência. Sendo assim, a tese de Hume de que um testemunho referendando um milagre representa uma prova fraca (o testemunho) contra uma bem mais forte e incompatível com aquele (a experiência) não tem sustentação.

Em todo caso, defendeu o crítico de Hume, o fato de que uma ocorrência é improvável não diminui por si só a capacidade de um testemunho ser verdadeiro, a menos que se confunda improbabilidade com impossibilidade. Nesse particular, os milagres, por mais inesperados e pouco prováveis que possam ser em vista do que usualmente percebemos, não podem ser classificados como impossíveis apenas porque são eventos inteiramente fora do comum.

Em suma, segundo Richard Price, se empregarmos um padrão de raciocínio indutivo em conformidade com o cálculo de probabilidades e o teorema de Bayes, veremos que é um erro colocar a inexistência dos milagres como inteiramente comprovada pela experiência de uniformidade de ocorrências naturais passadas. Portanto, a crença em milagres com base no testemunho não poderia ser condenada como irracional pelas razões apresentadas por David Hume.

Bayesianismo e Probabilidade da Hipótese Teísta – Contemporaneamente, o filósofo britânico Richard Swinburne propõe um emprego da interpretação bayesiana do raciocínio indutivo em questões relativas à crença religiosa que vai muito além da defesa da crença em milagres com base no testemunho. Fundado em desenvolvimentos formais ainda desconhecidos nos tempos de Price, Swinburne usou o teorema de Bayes como estrutura inferencial de seu argumento em defesa da tese de que Deus, tal como entendido tradicionalmente pelas grandes religiões monoteístas, existe. Em termos gerais, o que temos é uma redução dos argumentos tradicionais sobre a existência de Deus (*ver* EXISTÊNCIA DE DEUS, ARGU-

MENTOS SOBRE A) a uma forma indutiva, uma vez que, segundo Swinburne, os eventos que eles apresentam (existência do universo, presença de regularidade nos eventos naturais e o problema do mal, p. ex.) não constituem prova dedutiva a favor nem contra a tese de que Deus existe. À exceção do argumento ontológico, que ele não considera em sua proposta, o máximo que os argumentos da teologia natural podem nos fornecer é um argumento indutivo cumulativo no qual os fenômenos (tomados como eventos independentes uns dos outros) contribuem para a confirmação da probabilidade da hipótese teísta.

Em termos bayesianos, como vimos antes, esse argumento cumulativo implica uma avaliação do quanto cada fenômeno ei é explicado pela hipótese h de que Deus existe, ou seja, qual o valor de $P(ei/h.k)$. Aos fenômenos apresentados pelos argumentos tradicionais da teologia natural, Swinburne acrescenta os fatos de que: o universo é constituído de tal forma que possibilita a existência de seres vivos; de que entre esses seres vivos há seres racionais; além de acontecimentos extraordinários na história e da ocorrência de experiência religiosa. Quanto maior $P(ei/h.k)$, ou seja, quanto mais o teísmo for capaz de explicar os fenômenos em questão e quanto menor for o grau de expectativa desses fenômenos (ou seja, de $P(ei/k)$), maior é o incremento de cada um deles para o valor da probabilidade inicial da hipótese teísta ($P(h/k)$).

Em conformidade com o teorema de Bayes, além do cálculo do poder explicativo do teísmo em vista de cada fenômeno elencado (ou seja, $P(ei/h.k)$ dividida por $P(ei/k)$), Swinburne precisa estimar uma probabilidade inicial para a hipótese teísta. Quando se trata de situações em jogos de azar, como aquelas das quais Bayes se ocupou em seu famoso artigo, não há grande dificuldade em determinar a probabilidade prévia de uma hipótese, pois o número de resultados possíveis e a proporção entre eles são bastante definidos. O mesmo se pode dizer dos contextos nos quais há dados estatísticos relativos à tese em questão, como no exemplo do diagnóstico médico apresentado anteriormente. A rigor, porém, a atribuição de probabilidade prévia a uma hipótese é um dos pontos mais controversos da teoria da confirmação bayesiana, um tópico que chega a dividir essa corrente epistemológica em dois grupos principais.

De um lado, temos aqueles, como Ian Ramsey e Bruno de Finetti, que defendem ser a probabilidade inicial de uma proposição apenas uma medida do grau de crença de um indivíduo, com base em suas intuições subjetivas e nas informações de que este dispõe. De outro, há autores, como o primeiro Carnap e o próprio Swinburne, que defendem o uso de critérios objetivos universais *a priori* para o estabelecimento desse valor. Diferentemente de Carnap (cf. 1950), que postulou a dedução de probabilidades prévias da estrutura lógica de uma linguagem formal de primeira ordem que contivesse as proposições científicas, Swinburne sugeriu critérios impessoais e universais para a atribuição de valores probabilísticos iniciais a proposições teóricas. Como critérios para escolha de teorias científicas, os parâmetros sugeridos por Swinburne não seriam verdades lógicas analiticamente dedutíveis nem se justificariam apenas pelo uso que se fez deles ao longo da história. Para esse autor, tais critérios seriam condições de possibilidade de avaliação comparativa de hipóteses em bases racionais e não arbitrárias. Em outras palavras, na atribuição de probabilidade a uma hipótese anterior à consideração dos eventos aos quais esta se refere, ou admitimos critérios objetivos e impessoais ou caímos em um irracionalismo que não exprime a compreensão comum da atividade científica.

Assim, Swinburne sugere três critérios para a estimativa da probabilidade prévia de uma hipótese: 1) adequação ao conhecimento de fundo; 2) amplitude; e 3) simplicidade (cf. Swinburne, 2004, pp. 53 ss.). Quanto mais uma hipótese se conforma ao conhecimento já estabelecido na comunidade científica relevante, maior a sua probabilidade prévia, ou seja, maior o seu grau de plausibilidade. Por outro lado, quanto maior a amplitude de uma teoria, ou seja, quanto maior for o número de objetos aos quais ela se referir (quanto mais ela "falar sobre o mundo"), menor será sua probabilidade inicial, pois maior será a probabilidade de ela ser falsa.

Para Swinburne, porém, entre os três critérios anteriores, o mais importante para a avaliação da hipótese teísta e para a seleção de teorias em bases *a priori* é o critério de simplicidade, que estabelece que quanto mais simples for uma hipótese, mais provável ela será. Esse autor define simplicidade segundo um conjunto de facetas que têm como denominador comum a economia teórica; ou seja, uma teoria será tanto mais simples quanto menos informações adicionais ela necessitar, menos parâmetros de cálculo exigir, menos objetos, propriedades e tipos postular.

Assim, com base no critério de simplicidade, Swinburne conclui que o teísmo como hipótese explicativa tem uma probabilidade prévia considerável, pois postula a existência de uma única entidade, cujos atributos têm grande afinidade uns com os outros e que, por serem em grau infinito (dentro do que logicamente se pode dizer quanto a onipotência, onisciência, onipresença e bondade infinita), exigem menos informação adicional do que a que seria necessária caso tivessem um valor definido (cf. Swinburne, 2004, pp. 96-100). No entender de Swinburne, qualquer valor definido requer uma justificação muito mais pormenorizada do que a exigida para zero e infinito. Por outro lado, sendo uma hipótese de larga escala, que pretende explicar a existência do próprio universo, o teísmo não poderia ser avaliado quanto ao critério de conhecimento de fundo, pois não haveria teorias vizinhas com as quais ele pudesse ser comparado. Além disso, Swinburne considera que o alto grau de simplicidade do teísmo supera sua baixa avaliação no tocante ao critério de amplitude.

Desse modo, temos, por um lado, que o critério de simplicidade dá ao teísmo uma probabilidade prévia considerável. Por outro lado, o teísmo teria um alto poder de explicação dos fenômenos apresentados anteriormente. Assim, tendo uma boa probabilidade prévia em termos dos critérios objetivos que ele propõe e tendo um alto poder de explicação dos fenômenos, esse autor conclui que a tese de que Deus existe seria mais provável do que sua negação, ou seja, sua probabilidade posterior estaria acima de 50%, o que permitiria uma crença justificada em termos bayesianos (cf. Swinburne, 2004, p. 342).

Apesar de engenhoso, o trabalho de Swinburne é passível de crítica sob vários aspectos. Em primeiro lugar, o método bayesiano de análise da probabilidade de uma hipótese exige que se levem em conta todas as alternativas de explicação do conjunto de fenômenos em discussão, de modo que o somatório delas seja 1. Swinburne descarta doutrinas politeístas e a tese de um deus com poderes limitados por conta do critério de simplicidade, e termina por considerar apenas a tese materialista, que nega a tese teísta na explicação dos fenômenos que ele aponta como argumentos em favor da crença em Deus. Tecnicamente, porém, isso permite apenas uma conclusão acerca da probabilidade relativa do teísmo em comparação à do materialismo, e não um resultado de sua probabilidade posterior absoluta, pois, mesmo aceitando que outras hipóteses tenham baixa probabilidade em relação ao critério de simplicidade, elas não podem ser desconsideradas pura e simplesmente.

No entanto, o que mais chama a atenção na tentativa de Swinburne de aplicar o bayesianismo à justificação do teísmo é a importância que tem o conceito de simplicidade em sua epistemologia. De fato, esse é o aspecto mais criticado da proposta desse autor, seja por ter uma enorme quantidade de significados nem sempre compatíveis uns com os outros (cf. Prevost, 1990, p. 50), seja porque a aplicação desse critério em contextos de seleção de teorias não é tão direta, universal e objetiva quanto Swinburne parece sugerir (cf. Sober, 1988, p. 69), seja porque este não apresenta uma maneira satisfatória de interpretar o princípio de simplicidade em termos do formalismo bayesiano. Além disso, não são poucos os que levantam objeções à aplicação do princípio ao argumento em defesa do teísmo. Por um lado, é no mínimo discutível dizer que um ser que tenha certos atributos em grau infinito seja simples (cf. Fawkes e Smithe, 1996). Além disso, em termos ontológicos, o materialismo é certamente mais econômico do que o teísmo, pois não postula a existência de nenhum ser sobrenatural na explicação dos fenômenos elencados por Swinburne. Por fim, sem contar a dificuldade, do ponto de vista da religião, de considerar a crença em Deus uma hipótese a ser avaliada, a redução do conceito de infinito aos seus aspectos matemáticos corre o risco de descaracterizar por completo o entendimento de Deus tal como é visto nas grandes religiões monoteístas (cf. Le Blanc, 1993, p. 62).

Na verdade, por trás desses problemas, na proposta de Swinburne está a teoria da probabilidade bayesiana que ele adota em sua análise. A chamada teoria lógica da probabilidade tem hoje poucos adeptos nos meios bayesianos, devido à enorme dificuldade em cumprir o propósito de atribuir probabilidades prévias a hipóteses em termos puramente objetivos e universais. A todo momento surgem situações nas quais se faz necessário o emprego de juízos informais que extrapolam os critérios propostos pelo filósofo britânico. Por outro lado, Swinburne tem bons argumentos para rejeitar a teoria subjetiva da probabilidade. Uma alternativa poderia ser uma proposta intermédia, como a da teoria intersubjetiva da probabilidade, sugerida por Donald Gillies (1991) e pressuposta por Wesley Salmon (1991) em sua aplicação do bayesianismo a problemas de filosofia da ciência inspirados na obra de Thomas Kuhn. Tal opção, porém, acarretaria importantes diferenças em relação à análise bayesiana da racionalidade da crença teísta feita por Swinburne.

Em suma, esse autor deu continuidade de forma criativa a uma linha de pesquisa em filosofia da religião que ainda tem um potencial significativo para ser desenvolvido. Se ainda há lugar para os argumentos da teologia natural na discussão do teísmo, então parece mais adequado apresentá-los como argumentos indutivos de inferência pela melhor explicação. Nesse caso, o bayesianismo se apresenta como uma alternativa instigante de interpretação do raciocínio indutivo, embora, certamente (como quase tudo de interessante em filosofia), não seja destituído de problemas. **ACP**

CARNAP, Rudolf. *Logical Foundations of Probability*. Londres: Routledge, 1950.
EARMAN, John. *Hume's Abject Failure: the Argument against Miracles*. Oxford: OUP, 2000.
FAWKES, Don e SMYTHE, Tom. "Simplicity and Theology", *in Religious Studies*, 32, 1996, pp. 259-70.
GILLIES, Donald. "Intersubjective Probability and Confirmation Theory", *in British Journal for the Philosophy of Science*, 42, 1991, pp. 513-33.
HUME, David. *Uma investigação acerca do entendimento humano e os princípios da moral* [1748]. São Paulo: Unesp, 2004.
LE BLANC, Jill. "Infinity in Theology and Mathematics", *in Religious Studies*, 29, 1993, pp. 51-62.
PREVOST, Robert. *Probability and Theistic Explanation*. Oxford: Clarendon, 1990.
PRICE, Richard. "Four Dissertations, Dissertation IV, 'On the Importance of Christianity and the Nature of Historical Evidence, and Miracles'" [1768], *in* Earman, John. *Hume's Abject Failure: the Argument against Miracles*. Oxford: OUP, 2000.
SALMON, Wesley. "Rationality and Objectivity in Science or Tom Kuhn Meets Tom Bayes". Reimp. *in* Curd, M. e Cover, J. A. (orgs.). *Philosophy of Science: the Central Issues*. Nova York/Londres: W. W. Norton & Company, 1998.
SOBER, Elliot. *Reconstructing the Past*. Cambridge: MIT Press, 1988.
SWINBURNE, Richard. *Será que Deus existe?* Lisboa: Gradiva, 1998.
____. *The Existence of God*. 2.ª ed. Oxford: Clarendon, 2004.

Bedeutung

(al., significado, referência) No sentido técnico dado ao termo por Gottlob Frege (1848-1925), e que se tornou corrente na literatura lógico-filosófica, a *Bedeutung* de uma expressão lingüística (de um termo singular, de um predicado, de uma frase, etc.) é a referência da expressão, o correlato da expressão no mundo.

Para Frege, a *Bedeutung* de um termo singular é o objeto ou indivíduo (se existe) por ele designado; a *Bedeutung* de um predicado monádico de primeira ordem é o CONCEITO associado ao predicado, no sentido fregiano de uma função de objetos para valores de verdade; e a *Bedeutung* de uma frase declarativa é um dos dois valores de verdade, os objetos abstratos T (o Verdadeiro) e ⊥ (o Falso). Note-se que só nos casos de termos singulares e de frases é que a noção de *Bedeutung* tem uma aplicação idêntica à da habitual noção semântica de extensão: a extensão de um termo singular é o objeto por ele designado, e a extensão de uma frase é o seu valor de verdade. No caso de predicados, há uma divergência a assinalar: a *Bedeutung* de um predicado, conceito no sentido fregiano de uma função, distingue-se da extensão do predicado, da classe dos objetos que caem sob o conceito em questão. Assim, p. ex., os predicados "... é um número par primo" e "... é uma raiz quadrada positiva de 4" têm a mesma extensão, nomeadamente a classe {2}; mas diferem quanto à *Bedeutung*: a função referida pelo primeiro, a função ξ *é um número par primo*, consiste em um processo de fazer corresponder valores de verdade a números, que é distinto daquele presente na função referida pelo segundo predicado, a função ξ *é uma raiz quadrada positiva de 4*. Para Frege, a *Bedeutung* de um predicado (monádico e de primeira ordem) é uma função, uma entidade incompleta e não saturada, um mero processo de computar objetos (valores de verdade) como valores para dados objetos como argumentos; enquanto a extensão de um predicado é um objeto, uma entidade completa e saturada, a classe daqueles objetos aos quais aquela função faz corresponder o valor de verdade T.

A *Bedeutung* de uma expressão distingue-se de um outro gênero de valor semântico que a expressão pode ter, ao qual Frege chama o *Sinn* (sentido) da expressão. Termos singulares correferenciais, p. ex., "Adolfo Rocha" e "Miguel Torga", podem estar associados a modos distintos de identificação (*Sinne*) do seu referente comum. *Ver também* CONCEITO/OBJETO; SENTIDO/REFERÊNCIA. JB

Begriff

(al., conceito) *Ver* CONCEITO/OBJETO.

Begriffsschrift

(al., escrita conceptual) Notação conceptual, linguagem artificial concebida por Gottlob Frege (1848-1925) com o propósito de representar de forma perspícua a essência da dedução ou da inferência válida, sendo esta vista como uma seqüência de passos que consistem na manipulação de expressões dadas apenas de acordo com a sua forma e segundo um conjunto de regras previamente estabelecidas. Essa linguagem foi pela primeira vez introduzida no livro *Begriffsschrift* (Frege, 1879); e o sistema de lógica aí desenvolvido continha já, entre outras coisas, aquilo a que hoje se chama LÓGICA DE PRIMEIRA ORDEM, O CÁLCULO PROPOSICIONAL e O CÁLCULO DE PREDICADOS de primeira ordem com IDENTIDADE. JB

FREGE, G. *Begriffsschrift, eine der arithmetischen nachgebildete Formelsprache des reinen Denkens*. Halle A/S: Louis Nebert [1879], *in* Angelelli, I. (org.). *Begriffsschrift und andere Aufsätze*. Hildesheim: George Olms, 1964. Trad. ingl. J. van Heijenoort (org.). *From Frege to Gödel*. Cambridge: Harvard University Press, 1967.

behaviorismo

Termo (do inglês *behavior*, comportamento) usado em associação com duas doutrinas diferentes: um programa de investigação em psicologia empírica e uma teoria filosófica acerca do sentido de frases e expressões com conteúdo psicológico. Normalmente, a distinção entre esses diferentes usos do termo é marcada pelo emprego dos adjetivos "metodológico" e "lógico". Assim, a primeira doutrina é usualmente referida como behaviorismo metodológico, e a segunda, como behaviorismo lógico.

O behaviorismo metodológico foi primeiro sistematizado no livro *Psychology from the Standpoint of a Behaviorist*, publicado em 1919 pelo psicólogo americano John Watson (1878-1958). O grande objetivo que Watson pretendia alcançar era o de transformar a psicologia em uma ciência natural semelhante à física. Defendeu, por isso, a idéia de que o objeto de estudo da psicologia teria de ser constituído por fenômenos públicos e objetivamente observáveis, e não por fenômenos privados e inacessíveis a uma investigação objetiva. A psicologia deveria, assim, dedicar-se ao estudo e à classificação de comportamentos, e não de estados e processos mentais e das relações existentes entre eles. Todavia, a simples mudança do caráter dos objetos a serem alvo de estudo e classificação pela psicologia não poderia, só por si, permitir alcançar o objetivo pretendido, caso a explicação de dado comportamento só pudesse ser obtida por meio da sua derivação a partir de estados e processos mentais ocorridos anteriormente a ele e de leis causais que conectassem esses estados e processos mentais com o comportamento em causa. Watson defendeu por isso também a tese de que os antecedentes causais de dado comportamento são, também eles, fenômenos públicos e objetivamente observáveis, e que as leis que permitem a derivação de dado comportamento a partir dos seus antecedentes causais referem igualmente apenas fenômenos públicos e objetivamente observáveis. Sentimentos, pensamentos e outros fenômenos mentais dados à consciência seriam assim apenas epifenômenos de importância científica irrelevante. Determinado comportamento seria, assim, explicado de acordo com este ponto de vista, como uma resposta, exemplificada por meio de uma cadeia de reflexos a estímulos incidentes sobre o organismo.

O fato de determinado estímulo ou conjunto de estímulos desencadear uma resposta específica seria, por sua vez, explicado na maioria dos casos em termos de aprendizagem. A aprendizagem, por sua vez, deixar-se-ia explicar em termos de condicionamento. Criar um condicionamento consistiria em introduzir no organismo o conjunto de reflexos ou automatismos que produzissem o comportamento pretendido quando o organismo estivesse na presença do estímulo ou estímulos relevantes. O estudo dos processos por meio dos quais seria possível produzir condicionamentos tendentes a melhorar o comportamento dos indivíduos constituiria, assim, um dos grandes objetivos da psicologia behaviorista.

A compreensão, no interior do paradigma behaviorista, do esquema causal subjacente à produção de dado comportamento foi, mais recentemente, reformulada por um outro psicólogo americano, B. F. Skinner (1904-1990). A sua principal contribuição para o desenvolvimento desse ponto de vista consistiu na apresentação de uma teoria geral do condicionamento. Em traços largos, Skinner defende que o comportamento não pode ser visto apenas como o último elo da cadeia causal iniciada com o estímulo ou estímulos e prosseguida com os reflexos. De modo geral, argumenta Skinner, um comportamento não se esgota na sua execução, mas dá origem ao desencadeamento de consequências, que poderão ser agradáveis ou desagradáveis para o organismo. Ora, é precisamente a existência de um padrão de conseqüências agradáveis ou desagradáveis para o organismo associado à produção de determinado comportamento em determinadas circunstâncias que, de acordo com Skinner, gera uma história que condiciona o comportamento futuro. Essa é então em grande medida uma função do padrão de conseqüências gerado pelo comportamento passado. A produção de determinado comportamento em dada ocasião deve, assim, ser compreendida não apenas em termos da sua história causal imediata (estímulo + cadeia de reflexos + comportamento), mas também em termos de uma história causal remota. De acordo com essa última, comportamentos que, no passado, tiveram conseqüências agradáveis para o organismo em situações determinadas são selecionados e continuam a ocorrer no futuro, enquanto comportamentos cujas conseqüências foram desagradáveis são eliminados do repertório do organismo. A manipulação repetida das conseqüências de determinados comportamentos permitiria assim condicionar positivamente a produção de comportamentos futuros considerados desejáveis.

O modo como os mecanismos de condicionamento descritos pela teoria behaviorista de Skinner se distinguem dos mecanismos de condicionamento descritos pela teoria behaviorista de Watson pode ser descrito por meio do recurso à distinção entre mecanismos instrutivos e mecanismos seletivos de mudança. Essa distinção, originariamente introduzida na filosofia da biologia (veja-se Godfrey-Smith, 1996), tem como objetivo descrever em termos gerais o modo como os mecanismos evolutivos descritos por Darwin (1809-1882) se distinguem dos mecanismos evolutivos descritos por Lamarck (1744-1829). Com efeito, esse último baseou sua descrição dos mecanismos evolutivos no pressuposto de que o meio ambiente desempenharia um papel diretamente orientador na definição do sentido das mudanças comportamentais ou orgânicas; esses mecanismos seriam assim instrutivos. A descrição dos mecanismos evolutivos levada a efeito por Darwin baseia-se no pressuposto de que o papel orientador do meio ambiente é apenas indireto; com efeito, de acordo com Darwin, as mutações orgânicas ou comportamentais são produzidas independentemente dos padrões ambientais envolvidos e não revelam nenhuma relação sistemática com eles; na realidade, os padrões ambientais desempenhariam apenas um papel de seleção na determinação de quais mutações teriam sucesso biológico. Os mecanismos evolutivos seriam assim seletivos, e não instrutivos. Usando esse sistema de classificação, os mecanismos de condicionamento descritos por Skinner podem ser considerados seletivos, uma vez que são mecanismos de seleção e não de geração de tipos de comportamento, enquanto os mecanismos de condicionamento descritos pelo behaviorismo tradicional têm um caráter claramente instrutivo, por serem mecanismos de geração de comportamentos pela introdução de cadeias de reflexos apropriadas.

Como foi referido, o behaviorismo metodológico está interessado em apresentar um programa de investigação em psicologia científica, e não em interpretar as expressões com conteúdo psicológico usadas na linguagem natural, as quais ele considera irrelevantes. O behaviorismo lógico, todavia, pretende precisamente apresentar uma interpretação do sentido de tais expressões compatível com um princípio de verificação intersubjetivamente acessível. Essa posição filosófica foi inicialmente elaborada pelos filósofos do Círculo de Viena e constitui uma parte importante da sua renovação das teses tradicionais do empirismo clássico.

A idéia fundamental subjacente às teses do behaviorismo lógico é a de que o sentido de uma expressão é dado pelo seu método de verificação. O método de verificação de uma expressão, por sua vez, é constituído pelo conjunto de processos que é necessário levar a efeito para determinar se a expressão em causa é verdadeira ou falsa. Dada a postulação de que esses processos tenham de ter um caráter intersubjetivo, o behaviorismo lógico considera que o único modo pelo qual é possível determinar se dada expressão que atribui a alguém a ocorrência de estados ou processos mentais é verdadeira ou falsa é a observação do comportamento e dos estados físicos da pessoa em causa. A expressão com conteúdo mental não seria assim mais do que uma abreviatura de uma complicada descrição fisiológico-comportamental. Assim, enquanto o empirismo tradicional considerava que a relação existente entre um estado ou processo mental M e o comportamento C que normalmente o acompanha era empírica, o behaviorismo lógico considera que a única relação que na realidade existe nesse contexto é a relação lingüística entre uma expressão mentalista M e uma expressão fisiológico-comportamental C. Com efeito, para o empirismo tradicional, a relação entre o comportamento C e o estado mental M consistia em que a ocorrência do fenômeno observável C era considerada um efeito da ocorrência prévia do fenômeno inobservável M, o qual seria, assim, a causa de C; para o behaviorismo lógico, tal relação causal é simplesmente inexistente: tanto a expressão mental como a expressão fisiológico-comportamental referem o mesmo fenômeno, que é de natureza fisiológico-comportamental.

Após um período em que foi claramente dominante, o paradigma behaviorista foi quase inteiramente submergido pelo agora dominante paradigma cognitivista. O principal arauto desse último ponto de vista foi um lingüista: Noam Chomsky. A recensão extremamente crítica que ele publicou em 1959 do livro de Skinner, *Verbal Behavior*, é normalmente considerada o início do fim do predomínio do paradigma behaviorista nos estudos psicológicos. *Ver também* ESTADO MENTAL; FISICALISMO; FUNCIONALISMO. AZ

CARNAP, R. "Psychologie in physikalischer Sprache", *in Erkenntnis*, Bd. III, 1932-1933. Trad. esp. "Psicología en lenguaje fisicalista", in Ayer, A. J. (org.). *El positivismo lógico*. México: Fondo de Cultura Económica, 1965, pp. 171-204.

CHOMSKY, N. "Review of Skinner's *Verbal Behavior*", *in Language*, 35, 1959, pp. 26-58.

GODFREY-SMITH, P. *Complexity and the Function of Mind in Nature*. Cambridge: Cambridge University Press, 1996.

HEMPEL, C. G. "The Logical Analysis of Psychology", in Feigl, H. e Sellars, W. (orgs.). *Readings in Philosophical Analysis*. Nova York: Appleton Century Crofts, 1949.

SKINNER, B. F. *Science and Human Behavior*. Nova York: Macmillan, 1953. Trad. bras. *Ciência e comportamento humano*. Trad. J. C. Todorov e R. Azzi, 5.ª ed. São Paulo: Martins Fontes, 1981.

SKINNER, B. F. *Verbal Behavior*. Nova York: Appleton Century Crofts, 1957. Trad. bras. *O comportamento verbal*. Trad. Maria da Penha Villa Lobos. São Paulo: Cultrix/Edusp, 1978.

WATSON, J. B. *Psychology from the Standpoint of a Behaviorist*. Filadélfia: Lippincott, 1919.

behaviorismo radical

O behaviorismo radical de B. F. Skinner alcançou o estatuto de principal programa de pesquisa em psicologia experimental até hoje formulado. Ele pretende ser, ao mesmo tempo, crítico e continuador da abordagem que caracterizou o behaviorismo metodológico de John Watson – o primeiro programa de investigações em psicologia experimental como análise do comportamento manifesto, que foi seguido por outros, além do de Skinner, como os de E. R. Guthrie, C. L. Hull e E. C. Tolman. Em sua primeira fase, ao enfocar a relação entre o comportamento do organismo e seu ambiente, o behaviorismo foi profundamente marcado pelas investigações em fisiologia animal, como as de I. P. Pavlov. A noção central de que se ocupa o behaviorismo de Watson é a de comportamento respondente, isto é, a relação entre um estímulo ambiental e a resposta que ele provoca da parte do organismo. Segundo essa abordagem, o organismo é condicionado por eventos ambientais, de tal sorte que os mesmos estímulos provocam nele as mesmas respostas. Por tal razão, essa abordagem ficou conhecida como *psicologia do estímulo-resposta*.

O behaviorismo radical de Skinner também assume a continuidade entre a psicologia animal e a psicologia humana, mas fundamenta-se em noções mais elaboradas que a de comportamento respondente e da psicologia do estímulo-resposta. A partir da idéia fundamental contida na *lei do efeito*, formulada por E. L. Thorndike (segundo a qual, quando uma resposta do organismo é premiada, aumenta a probabilidade de respostas similares), uma das principais inovações conceituais de Skinner está na noção de *comportamento operante* (ou *operante*, simplesmente).

Para Skinner, o comportamento operante é emitido pelo organismo, e não produzido (ou nele provocado) pelo ambiente, e o que modela o comportamento são suas conseqüências (premiadoras e também punitivas). Quando o organismo responde a um estímulo ambiental e as conseqüências de sua resposta são premiadoras, aumenta a probabilidade de ocorrer respostas similares; e quando as conseqüências de tal resposta são punitivas, diminui tal probabilidade. É desse modo que as variáveis ambientais modelam o comportamento dos indivíduos, em um processo de *condicionamento operante*.

Outro aspecto particularmente importante da oposição que, de maneira geral, o behaviorismo faz ao mentalismo tradicional e aos programas em psicologia experimental nele fundamentados diz respeito à introspecção. A psicologia tradicional admite como legítimo o fato de um indivíduo relatar seus estados mentais, e confere valor objetivo e experimental a tais relatos. A partir de Watson, os behavioristas fizeram oposição a esse método, restringindo o âmbito de estudos da psicologia apenas aos fatores ambientais (ainda que alguns, como Tolman, ao enfatizar a necessidade de contextualizar o comportamento, dessem margem ao uso dos relatos dos indivíduos sobre seu próprio comportamento). A este respeito, Skinner também apresenta uma inovação importante, ao formular a noção de *comportamento encoberto*. Para ele, a psicologia experimental também pode estudar *aquilo que está sob a pele*, para utilizarmos sua própria expressão. Mas o que está sob a pele, por sua vez, não são nem entidades mentais nem estruturas neurofisiológicas, mas comportamento encoberto. Essa posição restaura para a psicologia a possibilidade de estudar os eventos privados, mas não no mesmo sentido do mentalismo tradicional. Os eventos privados de um indivíduo humano não são a causa de seu comportamento manifesto, diz Skinner, mas, ao contrário, eventos regidos pelas mesmas variáveis ambientais que controlam o comportamento manifesto.

O programa do behaviorismo radical era bastante ambicioso em suas linhas gerais. Embora o próprio Skinner e seus colaboradores mais próximos tenham se dedicado especificamente a experimentos com animais e a padrões mais simples de comportamento (como aqueles que são estudados por meio da *caixa de Skinner*), seu escopo era o de poder, progressivamente, estender os resultados da análise experimental do comportamento aos elementos mais característicos do comportamento humano em sociedade, como a linguagem, o conhecimento e a ciência e as próprias instituições sociais. Mesmo apresentando resultados ainda modestos, em seu livro *Verbal Behavior*, o próprio Skinner enfrentou o desafio de lidar com a linguagem a partir da perspectiva do behaviorismo radical. Mas em relação aos outros pontos mencionados, suas idéias de uma análise aplicada do comportamento em contextos sociais mais amplos ficaram apenas em estágio embrionário, como linhas gerais de uma filosofia da natureza humana que se opõe às concepções tradicionais, tal como Skinner discute em *Beyond Freedom and Dignity* e tal como ele procura, no romance *Walden Two*, de maneira dramatizada, relatar a respeito de uma sociedade ideal, regida por princípios behavioristas.

As limitações teóricas e experimentais impostas pelos behavioristas à psicologia, em um primeiro momento, restringiram fortemente sua possibilidade de conferir respostas convincentes para as grandes questões de que a filosofia da mente e a psicologia tradicional se ocupavam, e por isso foram fortes as críticas que o behaviorismo radical recebeu, tanto dos mentalistas tradicionais quanto de outras posições mais recentes, como a da psicologia cognitiva e a dos defensores da abordagem intencional. É de se destacar a esse respeito a crítica de Chomsky ao *Verbal Behavior*, ainda que ela seja feita de um ponto de vista externo e a partir de pressupostos cognitivistas que, de saída, negam os princípios do behaviorismo radical. Skinner, que não tinha o costume de se envolver em polêmicas nem de responder pormenorizadamente às críticas que recebia, enfrentou de modo indireto a oposição dos cognitivistas com seus comentários, em *Contingencies of Reinforcement*, sobre a diferença entre os comportamentos pautados por regras e aqueles dependentes das contingências do reforço. O comportamento de seguir regras, cuja análise é fundamental para compreendermos a linguagem e o conhecimento humano, diz Skinner, é uma forma econômica de comportamento, mas deve ser explicada com referência última às contingências do reforço, isto é, às circunstâncias de estímulo ambiental, resposta do organismo e reforço que foram vividas antes que uma regra fosse formulada a partir de tais fatos comportamentais. O indivíduo que aprende uma regra e a segue não precisa ser exposto às mesmas contingências do reforço que aqueles que, tendo sido a ela expostos, formularam a regra; mas a tarefa da psicologia, diz Skinner, continua a ser a de estudar aquelas contingências, e não as regras que delas possam derivar.

No que diz respeito aos aspectos mais gerais da vida social, uma das noções mais importantes do behaviorismo radical – e também das mais mal interpretadas e controvertidas – é aquela de *controle*. O estudo dos processos de condicionamento operante abre a possibilidade de controlar o comportamento dos indivíduos, na medida em que o controlador (o experimentador, em primeiro lugar, mas também outros agentes controladores, como pais, professores, policiais e governantes) possui os meios materiais para premiar determinados comportamentos e punir outros. Isso levou muitos críticos a pressupor que, ao contrário do que o próprio Skinner tinha delineado em sua utopia humanista de *Walden Two*, o behaviorismo radical teria consequências sociais extremamente indesejáveis e levaria a regimes políticos opressivos. Skinner aborda esse ponto em *Beyond Freedom and Dignity*, ao explicar que, de seu ponto de vista, as formas e os mecanismos de controle são um fato inegável da vida em sociedade; que, na medida em que temos os meios para isso, controlamos e somos controlados por nossos semelhantes; e que, por fim, o mais importante é percebermos que, correlativamente às formas de controle, existem aquelas de *contracontrole*. Por essa razão, diz Skinner, o behaviorismo radical é plenamente compatível com uma sociedade pluralista e democrática, uma vez que a democracia seria resultado do uso adequado de formas de contracontrole, para mitigar os efeitos dos mecanismos sociais de controle.

Os sucessos de aplicação no controle do comportamento com base nos resultados experimentais do behaviorismo radical foram expressivos, p. ex., na recuperação de pacientes em hospitais psiquiátricos (que não respondiam bem a outras formas de terapia), na reeducação de detentos e no controle do comportamento em outros ambientes fechados, como as linhas de produção das fábricas tradicionais e certas escolas (como internatos). Entretanto, alguns críticos do behaviorismo radical argumentam que suas técnicas não podem funcionar em contextos sociais ordinários, não obstante o otimismo de Skinner a esse respeito, nem explicar o comportamento humano em tais contextos, nos quais não há mecanismos de controle efetivo de todas as variáveis ambientais relevantes.

Essas preocupações conduziram alguns neo-skinnerianos à elaboração de novos programas de pesquisa, com inovações importantes, desenvolvidas nas últimas décadas, dando novo vigor à abordagem behaviorista e desmentindo a alegação comum de que o behaviorismo estaria morto. Entre os diversos programas de pesquisa dignos de menção, podemos citar aquele de R. J. Herrnstein e seus colaboradores, sobre a lei de igualação (ou proporção – *matching law*), e outros que se desenvolveram posteriormente, como o ***behaviorismo teleológico*** de H. Rachlin e a teoria da estrutura relacional (*relational frame theory*) de S. C. Hayes e seus colaboradores. No caso desse último, procura-se complementar a perspectiva básica de Skinner com outros elementos (experimentais e teóricos) que permitam uma explicação mais convincente da linguagem e do conhecimento humano. Por sua vez, o behaviorismo teleológico de Rachlin procura associar o ponto de vista de Skinner a uma teoria dos contextos sociais nos quais determinados padrões de comportamento se encaixam. Em parte, Rachlin procura estender também os resultados das pesquisas de Herrnstein sobre a lei de igualação, que possuem uma aplicação relevante na microeconomia.

De maneira geral, tanto o programa de Skinner propriamente dito quanto os programas neo-skinnerianos mencionados, entre outros, estão fundamentados na idéia geral que o comportamento (humano e animal) é um conjunto de fenômenos nomológicos, isto é, passíveis de descrição por meio de leis, ainda que talvez, em seu estágio atual de desenvolvimento, nossas análises do comportamento não possam chegar a formular tais leis em toda sua complexidade, em parte porque não temos os meios para dar conta de todas as variáveis envolvidas nos contextos sociais ordinários. Mas, metodologicamente, o behaviorismo radical se vê a esse respeito na mesma situação das outras ciências naturais, que sempre são obrigadas a reduzir experimentalmente as variáveis que vão estudar, tal como ocorre até mesmo nos ramos mais desenvolvidos da física. Grande parte das críticas hoje feitas ao behaviorismo radical e aos programas neo-skinnerianos por defensores de uma perspectiva intencional (para a qual o comportamento humano escapa a qualquer tentativa de descrição nomológica) perde de vista esse aspecto epistemológico, que é fundamental sob o prisma behaviorista em geral, isto é, a idéia de que o comportamento humano é um fenômeno natural que deve receber uma explicação científica tanto quanto outros fenômenos naturais, estudados por outras ciências. LD

HAYES, S. *et al.* (orgs.). *Relational Frame Theory. A Post-Skinnerian Account of Human Language and Cognition.* Nova York: Kluwer Academic/Plenum, 2001.

HERRNSTEIN, R. J. *The Matching Law. Papers in Psychology and Economics*, *in* Rachlin, H. e Laibson, D. I. (orgs.). Cambridge/Londres: Harvard University Press, 1997.

RACHLIN, H. *Behavior and Mind. The Roots of Modern Psychology.* Nova York/Oxford: Oxford University Press, 1994.

SCHWARTZ, B. e LACEY, H. *Behaviorism, Science, and Human Nature.* Nova York/Londres: Norton, 1982.

SKINNER, B. F. *About Behaviorism.* Nova York: Vintage, 1976. Trad. bras. *Sobre o behaviorismo.* Trad. Maria da Penha Villalobos. São Paulo; Cultrix/Edusp, 1982.

_____. *Beyond Freedom and Dignity* [1972]. Nova York: Bantam, 1990. Trad. bras. *O mito da liberdade.* 2.ª ed. Trad. Elisane Reis Barbosa Rebelo. São Paulo: Summus, 1983.

_____. *Contingencies of Reinforcement.* Nova Jersey: Prentice-Hall, 1969. Trad. bras. "Contingências do reforço: uma análise teórica", *in Skinner / Piaget*. Coleção Os Pensadores. Trad. Rachel Moreno. São Paulo: Abril Cultural, 1975.

_____. *Science and Human Behavior.* Nova York: MacMillan, 1953. Trad. bras. *Ciência e comportamento humano.* 5.ª ed. Trad. J. C. Todorov e R. Azzi. São Paulo: Martins Fontes, 1981.

_____. *Verbal Behavior* [1957]. Acton: Copley, 1992. Trad. bras. *O comportamento verbal.* Trad. Maria da Penha Villalobos. São Paulo: Cultrix/Edusp, 1978.

_____. *Walden Two* [1948]. Englewood Cliffs: Prentice Hall, 1976. Trad. bras. *Walden II: uma sociedade do futuro.* 2.ª ed. Trad. Rachel Moreno e Nelson Raul Saraiva. São Paulo: EPU, 1978.

STADDON, J. *The New Behaviorism. Mind, Mechanism and Society.* Filadélfia: Taylor & Francis, 2001.

WATSON, J. *Behaviorism* [1930]. Nova York/Londres: Norton, 1970.

bet

Ver CARDINAL; HIPÓTESE DO CONTÍNUO.

Beweistheorie

(al., teoria da demonstração) *Ver* PROGRAMA DE HILBERT.

bicondicional

Uma frase ou proposição do tipo $p \leftrightarrow q$, informalmente, p se, e somente se, q. Abrevia-se por vezes como p sse q. *Ver* CONECTIVO.

bicondicional, eliminação do

Ver ELIMINAÇÃO DO BICONDICIONAL.

bicondicional, introdução do

Ver INTRODUÇÃO DO BICONDICIONAL.

bicondicional de Tarski

Ver FRASE V.

bijeção

Ver CORRESPONDÊNCIA BIUNÍVOCA.

biunívoca, correspondência

Ver CORRESPONDÊNCIA BIUNÍVOCA.

bivalência, princípio da

O princípio da bivalência, tomado como aplicado a frases indicativas e dotadas de sentido de uma linguagem L, estabelece o seguinte: há exatamente dois valores de verdade, Verdade e Falsidade, e, para qualquer frase (simples ou complexa) S de L, ou S tem o valor de verdade Verdade ou S tem o valor de verdade Falsidade (mas não ambos).

Dizer que S tem o valor de verdade Verdade, respectivamente o valor de verdade Falsidade, é uma maneira de dizer que S é verdadeira, respectivamente falsa.

As linguagens formais da lógica clássica, e em particular a familiar linguagem da LÓGICA DE PRIMEIRA ORDEM, obedecem naturalmente ao princípio da bivalência; ou seja, para qualquer frase bem-formada S de uma dessas linguagens e para qualquer interpretação i de S, tem-se o seguinte: ou S é verdadeira em i ou S é falsa em i (se S é uma frase aberta, com variáveis livres, então uma interpretação i de S incluirá uma atribuição de valores às variáveis livres de S). No caso da LÓGICA PROPOSICIONAL clássica, o princípio é simplesmente assumido na construção das TABELAS DE VERDADE definidoras de cada um dos CONECTIVOS ou operadores proposicionais clássicos (negação, conjunção, disjunção, condicional material e bicondicional material). Por implicação, existem igualmente sistemas de lógica, não-clássica ou não-*standard*, nos quais o princípio da bivalência é rejeitado; o mais conhecido desses sistemas é o da lógica INTUICIONISTA.

Obedecerão as linguagens naturais ao princípio da bivalência? Essa questão tem suscitado alguma controvérsia. Há dois fenômenos característicos dessas linguagens cuja consideração nos poderia inclinar em direção a uma resposta negativa àquela questão (naturalmente, os fenômenos em questão jamais ocorrem nas linguagens artificiais da lógica).

O primeiro fenômeno é a presença de termos singulares vácuos ou vazios, expressões às quais nenhum objeto pode ser atribuído como seu referente ou seu valor semântico. Tome-se uma frase como "Pégaso voa". Se adotarmos o princípio de que o valor semântico de uma frase, isto é, o seu valor de verdade, é determinado pelos valores semânticos das palavras que a compõem (bem como pela sintaxe da frase), e se tomarmos o valor semântico de um designador como o objeto por ele referido, então a nossa frase (bem como a sua negação, "Pégaso não voa") não possuirá um valor de verdade determinado e constituirá um aparente contra-exemplo ao princípio da bivalência. Porém, há aparentemente (pelo menos) duas maneiras de bloquear esse gênero de resultados e preservar o princípio.

A primeira consiste em seguir a política, talvez imputável a Frege (1848-1925), de atribuir por estipulação a todos os designadores vazios certo objeto arbitrário, p. ex., o conjunto vazio ∅, como o seu valor semântico comum; assim, a frase "Pégaso voa" seria agora avaliada como falsa (e a sua negação como verdadeira): o valor semântico de "Pégaso", isto é, Ø, não pertence ao valor semântico do predicado monádico "voa", que poderíamos considerar a sua EXTENSÃO (o conjunto de todos aqueles, e só daqueles, objetos aos quais o predicado se aplica). Todavia, e apesar de não haver nada de tecnicamente objetável em tal decisão, uma das suas conseqüências alegadamente contra-intuitivas é obtida ao considerarmos uma frase como "Pégaso é o autor do livro *Principia Mathematica*", que receberia o valor de verdade Verdade (supondo que a política é igualmente aplicável a designadores descritivos vácuos).

A segunda réplica consiste em seguir a política, imputável a Russell (1872-1970), de tratar em geral nomes próprios correntes (vácuos ou não) como abreviando certas descrições definidas; e analisar frases que as contenham por meio dos métodos da TEORIA DAS DESCRIÇÕES de Russell. Assim, poderíamos tomar a frase "Pégaso voa" como essencialmente uma contração de uma frase como, p. ex., "O cavalo alado montado por Belerofonte voa"; e, à luz da teoria de Russell, atribuir-lhe o valor de verdade Falsidade (e à sua negação o valor de verdade Verdade, desde que tomemos o operador de negação como tendo âmbito longo em relação à descrição). Uma dificuldade notória dessa política é a de ser extremamente controversa, pelo menos no caso de nomes não-vazios, a doutrina que afirma que nomes próprios correntes são simplesmente abreviaturas de certas descrições definidas (*ver* REFERÊNCIA, TEORIAS DA).

O segundo fenômeno é o da presença nas linguagens naturais de frases INDEXICAIS, isto é, frases que contêm palavras ou expressões (p. ex., pronomes pessoais no singular em usos não-ANAFÓRICOS), cujos valores semânticos podem variar em função das circunstâncias extralingüísticas em que as frases são usadas. Tome-se uma frase como "Agora está chovendo". Ou dizemos de uma frase desse gênero que ela não tem *per se* nenhum valor de verdade, ou então dizemos que ela tem os dois valores de verdade (pois é verdadeira em umas ocasiões e falsa noutras); em ambos os casos, o princípio da bivalência parece ser violado. Uma réplica usualmente dada a esse tipo de considerações consiste em substituir a idéia de que as entidades portadoras de valores de verdade são frases, no sentido de frases-tipo, pela idéia de que tais entidades são primariamente elocuções de frases por falantes em contextos dados (ou, se quisermos, frases-espécime: *ver* TIPO-ESPÉCIME). Assim, o princípio da bivalência poderia ser (simplificadamente) reformulado da seguinte maneira (com respeito a uma linguagem natural dada L): para qualquer frase S de L, e para qualquer elocução *e* de S por um falante de L em um contexto *c*, ou *e* é verdadeira (com respeito a *c*) ou *e* é falsa (com respeito a *c*). Como um dos parâmetros usuais de um contexto extralingüístico de uma elocução *e* é a ocasião ou o instante de tempo em que *e* é produzida, qualquer elocução de uma frase indexical como "Agora está chovendo" satisfaz o princípio da bivalência.

Note-se, no entanto, que essa estratégia de substituir frases por elocuções como itens possuidores de valores de verdade é ineficaz relativamente ao fenômeno (antes mencionado) da existência de designadores simples vácuos. Para dar conta desse fenômeno e preservar a bivalência, poderíamos seguir a política alternativa de introduzir entidades extralingüísticas e abstratas como PROPOSIÇÕES – no sentido daquilo que é expresso por, ou afirmado em, elocuções de frases declarativas em contextos dados – para desempenhar o papel de itens aos quais valores de verdade são primariamente atribuíveis. Conseqüentemente, o princípio da bivalência deixaria de ser relativo a uma linguagem e poderia ser (simplificadamente) reformulado do seguinte modo: para cada proposição *p*, ou *p* é verdadeira ou *p* é falsa (mas não ambas as coisas). Se adotarmos o ponto de vista, algo controverso, de que nenhuma proposição é expressa por uma elocução de uma frase como "Pégaso voa" (no sentido de que nada é dito ou afirmado em tal elocução), então frases com ocorrências de nomes vazios deixariam presumivelmente de constituir violações àquele princípio; e, em relação ao caso de designadores descritivos vácuos, poderíamos ainda dizer que elocuções de frases que os contenham exprimem de fato proposições determinadas, as quais possuem no entanto um e um só dos dois valores de verdade (usando para o efeito a teoria das descrições de Russell). (Um problema que subsiste mesmo para essa última manobra surge em frases como "Pégaso não existe", que parecem exprimir proposições determinadas: intuitivamente, algo é dito ou afirmado na elocução de uma dessas frases, designadamente algo que é uma verdade.)

É conveniente distinguir o princípio da bivalência de dois princípios que com ele podem ser facilmente confundidos: o PRINCÍPIO DO TERCEIRO EXCLUÍDO (*tertium non datur*) e o PRINCÍPIO DA NÃO-CONTRADIÇÃO. O primeiro estabelece que a disjunção de qualquer frase indicativa (dotada de sentido) com a sua negação é sempre verdadeira; o segundo estabelece que a conjunção de qualquer frase indicativa (dotada de sentido) com a sua negação é sempre falsa. Assim, uma linguagem L obedece ao princípio do terceiro excluído se todos os exemplos do esquema ⌜S ou não-S⌝ (em que S é substituível por uma frase de L) são frases verdadeiras de L. E L obedece ao princípio da não-contradição se todos os exemplos do esquema ⌜não-(S e não-S)⌝ são frases verdadeiras de L. A linguagem da lógica clássica de primeira ordem satisfaz ambos os princípios: qualquer fórmula da forma $S \vee \neg S$ é uma verdade lógica, e qualquer fórmula da forma $\neg(S \wedge \neg S)$ também o é; para além disso, os princípios do terceiro excluído e da não-contradição são aí princípios equivalentes, uma vez que as fórmulas em questão são logicamente equivalentes na lógica clássica. De novo, por implicação, há igualmente sistemas de lógica não-clássica nos quais o princípio do terceiro excluído é rejeitado (mas não o princípio da não-contradição, que já não lhe é em geral logicamente equivalente); o mais conhecido desses sistemas é o da lógica INTUICIONISTA.

Finalmente, sob certas suposições adicionais, na lógica clássica (mas não em certas lógicas não-clássicas), o princípio da bivalência é equivalente ao princípio do terceiro excluído. Suponhamos que introduzimos na linguagem da lógica clássica um operador monádico T sobre frases, tal que se S é uma frase bem-formada, então TS será também uma frase bem-formada; e que interpretamos TS como "É verdade que S" (ou "S é verdadeira") e ¬TS como "É falso que S" (ou "S é falsa"). Suponhamos ainda que a frase bicondicional TS↔S, a chamada tese da redundância da verdade, é uma verdade lógica nessa linguagem. Então o princípio da bivalência, que recebe a formulação $TS \vee \neg TS$, é logicamente equivalente ao princípio do terceiro excluído, que recebe a formulação $S \vee \neg S$. *Ver também* LÓGICA POLIVALENTE; EXTENSÃO/INTENSÃO. **JB**

boa ordem

Noção da TEORIA DOS CONJUNTOS. Uma ORDEM parcial estrita (C, <) diz-se uma boa ordem se todo o subconjunto não-vazio de C tem um elemento mínimo. Formalmente: $\forall X (X \subseteq C \wedge X \neq \emptyset \rightarrow \exists u (u \in X \wedge \forall x (x \in X \wedge x \neq u \rightarrow u < x)))$. P. ex., os números naturais estão bem-ordenados pela ordem "ser menor que". Toda a boa ordem (C,<) é uma ordem total com as seguintes propriedades: 1) a ordem tem um elemento mínimo, desde que haja elementos em C; 2) dado um elemento $x \in C$, que não seja máximo, há sempre um elemento imediatamente a seguir a x (denominado o sucessor de x); e 3) todo o segmento inicial próprio de C, sem máximo, tem um supremo (estes supremos constituem os elementos-limite da boa ordem). É um teorema importante o fato de que, dadas duas quaisquer boas ordens, ou bem elas são isomorfas ou, não o sendo, uma delas é isomorfa a um segmento inicial próprio da outra.

Georg Cantor (1845-1918) acreditava que todo conjunto podia ser bem-ordenado, considerando isso uma lei fundamental do pensamento (*Denkgesetz*). O principal indício para considerar essa lei válida é o seguinte "argumento": tome-se um elemento arbitrário de C para primeiro elemento; dos restantes (se houver), tome-se um outro qualquer para segundo elemento; depois (se ainda restarem elementos de C), um outro para terceiro; se, ao fim de um número infinito de passos, ainda sobram elementos, tome-se um desses como o próximo elemento; e assim sucessivamente, até exaurir o conjunto C. Apesar das tentativas de Cantor para tornar esse argumento convincente, coube a Ernst Zermelo (1871-1953), em 1904, dar uma forma rigorosa ao argumento e, simultaneamente, patentear a sua parte delicada, nomeadamente o uso do AXIOMA DA ESCOLHA. Em boa verdade, o axioma da escolha e a asserção de que todo conjunto pode ser bem-ordenado são equivalentes na presença dos outros axiomas da teoria dos conjuntos.

A noção de conjunto bem-fundado constitui uma generalização da noção de boa ordem. Uma relação binária R em C diz-se bem-fundada se todo subconjunto não-vazio de C tem um elemento mínimo. Simbolicamente: $\forall X (X \subseteq C \land X \neq \emptyset \to \exists u (u \in X \land \forall x (x \in X \to \neg xRu)))$. Na presença do axioma da escolha, essa caracterização é equivalente a excluir a existência de sucessões infinitas $x_0, x_1, x_2, x_3,...$ tais que $x_{i+1}Rx_i$, para todo número natural i. Uma boa ordem é, precisamente, uma ordem total estrita bem-fundada. *Ver também* ORDENS; ORDINAL; AXIOMA DA FUNDAÇÃO; AXIOMA DA ESCOLHA; TEORIA DOS CONJUNTOS. FF

Boole, álgebra de

Ver ÁLGEBRA DE BOOLE.

Brouwersche, axioma

Ver IDENTIDADE, NECESSIDADE DA.

Burali-Forti, paradoxo de

Ver PARADOXO DE BURALI-FORTI.

Buridano, fórmula de

Ver FÓRMULA DE BURIDANO.

cálculo de frases

O mesmo que CÁLCULO PROPOSICIONAL ou CÁLCULO SENTENCIAL.

cálculo de predicados

Ver LÓGICA DE PRIMEIRA ORDEM.

cálculo de seqüentes

Cálculo cuja origem remonta a Gerard Gentzen (1909-1945) e que pode, no essencial, ser compreendido como uma variante do cálculo por DEDUÇÃO NATURAL.

A origem desse cálculo pode ser esquematicamente descrita como se segue. Quando Gentzen examinou as características próprias do seu cálculo por dedução natural, conjecturou que seria possível reconduzir todas as demonstrações puramente lógicas a certa "forma normal" na qual todos os conceitos usados na demonstração apareceriam de algum modo na sua conclusão. Esse é o famoso *Hauptsatz* de Gentzen, também conhecido como "teorema da eliminação". Para conseguir formular e demonstrar a *Hauptsatz* simultaneamente para a LÓGICA DE PRIMEIRA ORDEM (clássica) e para a LÓGICA INTUICIONISTA, Gentzen foi levado a abandonar seu cálculo de dedução natural e a construir um cálculo de seqüentes no qual as regras de dedução (isto é, as regras de inferência) se encontram divididas em regras estruturais e operacionais. O *Hauptsatz* refere-se então ao fato de, nas demonstrações puramente lógicas, uma das regras estruturais, o corte, poder ser eliminado (teorema da eliminação do corte).

A forma geral de um seqüente pode ser representada por $\Gamma: A$, onde Γ simboliza um conjunto finito (talvez vazio) de fórmulas que exibe a estrutura de um conjunto de premissas e A é uma fórmula que exibe a estrutura da conclusão. Γ é dito ser a antecedente do seqüente e A é dito ser o respectivo sucedente.

No cálculo de seqüentes a derivação apresenta-se em forma de árvore e os seqüentes iniciais são seqüentes básicos com a forma $A \to A$, onde A representa qualquer fórmula.

As regras estruturais de inferência são (onde $\Gamma, \Delta, \Theta, \Lambda$ representam quaisquer seqüências de fórmulas, talvez vazias, separadas por vírgulas; A e B representam quaisquer fórmulas; e a barra horizontal indica que a inferência é feita a partir do esquema de cima para o de baixo):

Enfraquecimento

no antecedente   no sucedente

$$\frac{\Gamma: \Theta}{A, \Gamma: \Theta} \qquad \frac{\Gamma: \Theta}{\Gamma: \Theta, A}$$

Contração

no antecedente   no sucedente

$$\frac{A, A, \Gamma: \Theta}{A, \Gamma: \Theta} \qquad \frac{\Gamma: \Theta, A, A}{\Gamma: \Theta, A}$$

Comutação

no antecedente   no sucedente

$$\frac{\Delta, A, B, \Gamma: \Theta}{\Delta, B, A, \Gamma: \Theta} \qquad \frac{\Gamma: \Theta, A, B, \Lambda}{\Gamma: \Theta, B, A, \Lambda}$$

Corte

$$\frac{\Gamma: \Theta, A \quad A, \Delta: \Lambda}{\Gamma, \Delta: \Theta, \Lambda}$$

Quanto às regras operacionais, elas são simplesmente as regras de introdução e de eliminação reescritas com uma nova notação. As regras de INTRODUÇÃO DA CONJUNÇÃO (I∧) e de ELIMINAÇÃO DO CONDICIONAL (E→), p. ex., seriam representadas assim no cálculo de seqüentes:

$$\frac{\Gamma: A \quad \Gamma: B}{\Gamma: A \wedge B} \, I\wedge$$

$$\frac{\Gamma: A \to B \quad \Gamma: A}{\Gamma: B} \, E\to$$

Esse modo de apresentação, em árvore, das regras pode ser linearizado, usando ⊢ em vez da barra vertical e adotando mais algumas convenções. Mas o estilo original de Gentzen é o que aqui se apresentou. Ele persiste em filósofos e lógicos intuicionistas como Michael Dummett (1925-), que, compreensivelmente, preferem falar de cálculo de seqüentes em vez de cálculo de dedução natural. Mas, regra geral, quando o intuicionismo ou o *Hauptsatz* não estão em questão, a dedução natural (sem necessidade de recorrer às regras estruturais) é favorecida pela maioria dos autores, mesmo quando na exposição desse método se utiliza o termo "seqüente".

Esse método é, como o de dedução natural, sintático: as suas inferências dependem de regras que consideram apenas a estrutura das fórmulas, e não a sua interpretação. JS

DUMMETT, M. *The Logical Basis of Metaphysics*. Londres: Duckworth, 1991.
FORBES, G. *Modern Logic*. Oxford: Oxford University Press, 1994.
GENTZEN, Gerhard. *The Collected Papers of Gerhard Gentzen*. Amsterdam: North Holland, 1969.
SZABO, M. E. "Introduction", *in* Gentzen, Gerhard. *The Collected Papers of Gerhard Gentzen*. Amsterdam: North Holland, 1969.

cálculo lógico

Ver LINGUAGEM FORMAL.

cálculo proposicional

O cálculo proposicional (ou cálculo de proposições, ou ainda cálculo sentencial ou teoria das funções de verdade) é o domínio mais elementar da lógica e fornece a base para os restantes, que o incluem. Limitar-nos-emos aqui ao cálculo proposicional da lógica clássica, o que significa que: 1) só se considerarão operadores lógicos (ou constantes lógicas) os CONECTIVOS proposicionais enquanto associados a funções de verdade; e que 2) só se tomam como VALORES DE VERDADE os valores "verdadeiro" (V) e "falso" (F).

A primeira restrição implica, p. ex., que não se têm em conta as MODALIDADES ou o tempo como fatores com pertinência lógica suficiente para a introdução de operadores próprios, ao contrário do que acontece com a lógica proposicional modal ou temporal (*ver* LÓGICA MODAL; LÓGICA TEMPORAL). A segunda restrição deve ser entendida como implicando quer uma admissão do princípio do TERCEIRO EXCLUÍDO (ao contrário da lógica intuicionista), quer uma rejeição de valores de verdade complementares ou intermédios (ao contrário das lógicas multivalentes). Uma outra característica maior da lógica clássica é o fato de ser rigorosamente extensional, o que, brevemente e no caso da lógica proposicional, se pode caracterizar dizendo que o valor de verdade de uma proposição é exclusivamente determinado pelos valores de verdade das proposições que a compõem. Isso significa que é sempre possível substituir uma proposição por outra com o mesmo valor de verdade sem que se altere o valor de verdade da proposição de que faz parte. Os contextos lingüísticos intensionais não possuem essa propriedade, ficando assim excluídos do objeto de análise da lógica clássica. O problema de saber se essa exclusão representa uma limitação séria das lógicas extensionais, e em particular da lógica clássica, tem a maior importância filosófica.

A lógica é por vezes definida como a ciência que estuda a validade das INFERÊNCIAS; nessa acepção, o cálculo proposicional será o fragmento da lógica que se ocupa das formas de inferência cuja validade depende apenas das funções de verdade – daí a designação possível de "lógica (ou teoria) das funções de verdade". Chamando "proposições" às expressões de uma linguagem passíveis de atribuição de um valor de verdade, e "simples" às proposições que não integram outras proposições, o cálculo proposicional distingue-se, desde logo, dos fragmentos mais avançados da lógica (e em primeiro lugar do CÁLCULO DE PREDICADOS) por não incluir no seu âmbito uma análise das proposições simples: dessas, só tem em conta o valor de verdade como fator logicamente relevante. Assim, a análise lógica de uma proposição não se estende às suas constituintes simples, das quais retém apenas o valor de verdade. Por outro lado, todas as proposições não-simples (chamemos-lhes compostas) em cuja composição não intervêm apenas conectivos verofuncionais (conectivos a que correspondem funções de verdade) são igualmente deixadas por analisar, sendo necessário, se quisermos nos conservar no âmbito do cálculo, tratá-las como simples. Uma vez que a validade de uma inferência em que intervenha uma dessas proposições pode não depender apenas do seu valor de verdade, isso significa que existem inferências válidas que não são contempladas no cálculo proposicional. Este é por vezes caracterizado como uma lógica de proposições não-analisadas – a designação de "cálculo de proposições" ou "cálculo proposicional" decorre precisamente do fato de os elementos irredutíveis com que se "calcula" serem proposições não-analisadas, no sentido que acabamos de exemplificar. (O termo "cálculo" pode ser reservado para uma teoria ou sistema formal. Neste artigo ele é utilizado em um sentido mais amplo, que engloba igualmente um tratamento mais intuitivo.) Esse fato reflete-se nos tratamentos mais formais do cálculo, em que as únicas variáveis (ou letras esquemáticas) utilizadas são precisamente variáveis (letras) proposicionais, ou seja, aquelas que ocupam o lugar de proposições.

Na linguagem comum existem múltiplos dispositivos para construir frases complexas a partir de frases mais simples. Entre esses dispositivos contam-se partículas como "não", "e", "ou", "mas", "porque", etc., na medida em que ou se juntam às frases ou funcionam como elos entre elas, merecendo por isso a designação de conectivos. O cálculo proposicional apenas tem em conta processos de composição de proposições a partir de conectivos desse tipo, os conectivos proposicionais. O critério para saber se um conectivo da linguagem comum desempenha o papel de conectivo lógico é o da verofuncionalidade: a proposição composta a que deu origem deve ser tal que o seu valor de verdade varie apenas em função dos valores de verdade, e não do conteúdo, das proposições iniciais. Assim, o critério da verofuncionalidade é, no cálculo proposicional, equivalente ao critério antes referido de extensionalidade. Conectivos como "porque" não são extensionais (e portanto não são lógicos), pois a verdade ou a falsidade de uma proposição que exprime uma relação causal entre estados de coisas depende da natureza desses estados de coisas e não apenas da verdade ou falsidade das frases, ligadas pelo "porque", que afirmam ou negam a sua ocorrência. A verdade ou a falsidade da proposição "O chão está molhado porque choveu" não pode ser firmada simplesmente com base nos valores de verdade de "choveu" e de "o chão está molhado". Mas isso já seria possível se na proposição composta ocorresse "e" ou "ou" em vez de "porque", por isso "e" e "ou" são conectivos proposicionais.

A verofuncionalidade é a propriedade de representar uma função de verdade. As funções de verdade são aquelas com a particularidade de tomarem valores de verdade quer como argumentos, quer como valores. Sendo o cálculo proposicional bivalente (isto é, não comportando mais do que dois valores de verdade), é fácil definir essas funções por meio de quadros que exibem os valores das funções para todas as seqüências possíveis de argumentos. Tais quadros têm o nome de TABELAS DE VERDADE. No artigo CONECTIVOS são definidas as funções de verdade para os conectivos proposicionais mais comuns: NEGAÇÃO; CONJUNÇÃO; DISJUNÇÃO; CONDICIONAL (IMPLICAÇÃO); BICONDICIONAL (EQUIVALÊNCIA).

A verofuncionalidade estrita dos conectivos proposicionais não permite captar todas as formas do seu uso comum e, em certos casos, afasta-se mesmo desse uso. O caso mais contra-intuitivo e mais controverso é o do condicional. Os problemas que suscita são por vezes chamados PARADOXOS DA IMPLICAÇÃO MATERIAL ("implicação material" é outra designação para a condicional). De fato, com uma proposição da forma "se p, então q" queremos vulgarmente exprimir uma relação causal entre os estados de coisas representados pelas proposições p e q. Mas, se o condicional for tomado como uma função de verdade, podemos substituir p ou q por quaisquer outras proposições com igual valor de verdade, produzindo facilmente proposições absurdas. Por outro lado, se o antecedente (p) for falso, parece não ser possível ou não fazer sentido atribuir um valor de verdade à proposição na sua globalidade. Finalmente, a aparência "paradoxal" da implicação material é reforçada quando esta forma de composição é interpretada como a expressão de uma relação de conseqüência lógica, isto é, quando se julga exprimir a idéia de que q se segue logicamente de p, porque então uma proposição verdadeira seguir-se-ia logicamente de qualquer proposição e de uma proposição falsa poder-se-ia inferir logicamente qualquer proposição.

Do ponto de vista do cálculo proposicional, uma proposição composta não é mais do que uma função de verdade cujos argumentos são os valores de verdade das proposições ligadas pelo conectivo principal; sabendo os valores de verdade delas pode-se encontrar o valor de verdade da proposição principal, uma vez que a função de verdade que ela representa está definida para todas as combinações possíveis de valores dos argumentos, como se pode verificar nas tabelas definidoras. Se alguma das proposições componentes for também ela composta, o que se acaba de dizer é igualmente válido no seu caso, desde que considerada separadamente da proposição principal. No artigo TABELAS DE VERDADE encontra-se descrito um método para determinar o valor de verdade de uma proposição composta para todas as atribuições possíveis de valores de verdade às suas proposições elementares, as únicas cujo valor não é determinado pelo cálculo.

Existem dois casos especiais de proposições do cálculo proposicional: as TAUTOLOGIAS – que são proposições sempre verdadeiras – e as suas negações, as CONTRADIÇÕES – que são proposições sempre falsas. A noção de tautologia tem especial relevância, uma vez que constitui a base para uma definição da noção de inferência válida na lógica proposicional, que se pode formular da seguinte maneira: os condicionais cujo antecedente é a conjunção das premissas de uma inferência válida (na lógica proposicional) e cujo conseqüente é a conclusão dessa inferência são tautologias. Em uma formalização do cálculo proposicional com axiomas, estes devem ser tautologias precisamente porque são elas que constituem as verdades ou leis da lógica proposicional. O cálculo proposicional é CONSISTENTE, COMPLETO E DECIDÍVEL, no sentido em que é possível encontrar um SISTEMA FORMAL para o cálculo que possua estas propriedades. *Ver também* CONECTIVOS; VALOR DE VERDADE; PRINCÍPIO DO TERCEIRO EXCLUÍDO; INFERÊNCIA; TABELAS DE VERDADE; TAUTOLOGIA; FORMA NORMAL; SISTEMA FORMAL; CONSISTÊNCIA; COMPLETUDE; DECIDIBILIDADE. **FM**

Cambridge, propriedade
Ver PROPRIEDADE CAMBRIDGE.

campo
Ver CONTRADOMÍNIO.

Cantor, paradoxo de
Ver PARADOXO DE CANTOR.

cantos
Ver PARA-ASPAS.

caráter

Em semântica, o caráter de uma expressão (a noção deve-se a David Kaplan) é uma FUNÇÃO que faz corresponder, a cada contexto de uso da expressão, o CONTEÚDO da expressão relativamente ao contexto. Muitos filósofos e lingüistas identificam o caráter de uma expressão, ou algo do gênero, com o SIGNIFICADO lingüístico da expressão; significados lingüísticos seriam assim representáveis como PARES ORDENADOS de contextos e conteúdos.

O caráter de uma frase é uma função que determina, para cada contexto de elocução (ou inscrição) da frase, a PROPOSIÇÃO expressa pela frase com respeito ao contexto em questão. No caso de frases eternas, como, p. ex., "A neve é branca", tal função é constante: determina sempre a mesma proposição para todo o contexto de emprego da frase. No caso de frases não-eternas ou indexicais, como, p. ex., "Você está me magoando", a função é variável: pode determinar proposições diferentes para contextos diferentes. Se eu emprego a frase e você é o interlocutor, a proposição expressa é acerca de mim e de você; se a Claudia Schiffer emprega a frase e o Richard Gere é o interlocutor, a proposição expressa é distinta, pois é acerca de pessoas distintas (ela e ele). O caráter de um predicado de ARIDADE n é uma função de contextos de uso do predicado para ATRIBUTOS n-ádicos; no caso de um predicado monádico, o valor da função é uma PROPRIEDADE (supõe-se, por questão de conveniência, que o conteúdo, ou o valor proposicional, de um predicado relativamente a um contexto é um atributo; há quem o identifique antes com MODO DE APRESENTAÇÃO de um atributo). Finalmente, o caráter de um termo singular é função que determina, para cada contexto de uso do termo, o objeto (se existe) referido pelo termo relativamente ao contexto em questão (supõe-se, por questão de conveniência, que o conteúdo, ou o valor proposicional, de um termo singular relativamente a um contexto é, pelo menos no caso de termos sintaticamente simples, o objeto referido pelo termo; há quem o identifique antes com um MODO DE APRESENTAÇÃO desse objeto). No caso de nomes próprios, p. ex., o nome "Claudia Schiffer", o caráter é uma função constante: determina o mesmo objeto para contextos distintos. No caso de termos INDEXICAIS, p. ex., o pronome pessoal "eu", o caráter é uma função variável: pode determinar objetos diferentes (pessoas diferentes como eu, a Schiffer, o Gere, etc.) para contextos diferentes. O caráter de um termo indexical é singularizado quando se especifica a regra de referência que lhe está associada, ou seja, o processo sistemático por ele introduzido de identificar um objeto (o referente do indexical) para cada contexto de uso. Assim, p. ex., o caráter do pronome pessoal "eu" pode ser (aproximadamente) dado na seguinte regra de referência: para qualquer elocução e de "eu" em um contexto c tal que e é produzida por uma pessoa s em um local l e em um tempo t, a referência de e em c é s. Regras desse gênero são freqüentemente vistas como captando o significado lingüístico do indexical, aquilo que é constante ao longo de contextos de uso.

A noção de caráter é plausivelmente governada por um princípio de COMPOSICIONALIDADE do seguinte teor: o caráter de uma expressão complexa é determinado pelos caracteres das expressões constituintes e pela sintaxe da expressão. Assim, p. ex., o caráter da frase "Ela é boa pessoa", isto é, a função que projeta contextos de uso da frase em proposições, depende do caráter do predicado monádico "... é boa pessoa", uma função constante de contextos para a propriedade de ser boa pessoa, e do caráter do pronome "ela", uma função variável de contextos para pessoas do sexo feminino (bem como da sintaxe da frase, do fato de ela ter a estrutura de uma predicação monádica). *Ver* INDEXICAIS. **JB**

cardinal

Dois conjuntos têm a mesma cardinalidade – ou o mesmo cardinal – se existe uma CORRESPONDÊNCIA BIUNÍVOCA entre um e outro. Também se diz que têm a mesma potência, que são eqüipotentes, ou que têm o mesmo número de elementos. Segundo Cantor (1845-1918), cada conjunto M tem uma potência ou cardinal bem determinados (denotada por $\bar{\bar{M}}$ na terminologia de Cantor), que se obtém do conjunto em questão por meio de uma operação de dupla abstração: abstraindo-nos da ordem pela qual os elementos do conjunto são dados e, também, da própria natureza dos elementos. O grande interesse da teoria da cardinalidade de Cantor consiste na análise do INFINITO que ela faculta. Segundo essa análise, o conjunto dos números pares tem a mesma cardinalidade que o conjunto de todos os números naturais: o todo não tem de ser maior do que as partes, ao arrepio da visão tradicional. O aspecto mais revolucionário da teoria do infinito de Cantor é o seu célebre teorema: nenhum conjunto x é eqüipotente ao conjunto $\mathcal{P}x$ das suas partes. O caso finito não é novidade: se x tem n elementos, então $\mathcal{P}x$ tem 2^n elementos (observe-se que $n < 2^n$, para todo o número natural n). No caso infinito, o teorema de Cantor tem implicações revolucionárias. Assim, o conjunto dos números naturais ω não tem a mesma cardinalidade que o conjunto das suas partes $\mathcal{P}\omega$ – em um sentido que se pode precisar, o primeiro conjunto tem cardinalidade estritamente inferior à do segundo. Ou seja: há infinitos de diferentes cardinalidades.

A visão de Cantor das cardinalidades infinitas (ou transfinitas) assenta sobre três pilares. Primeiro, há uma cardinalidade infinita mínima: a cardinalidade $\aleph_0$ dos números naturais ω. Segundo, a toda a cardinalidade segue-se imediatamente uma nova cardinalidade: para Cantor, à cardinalidade de um conjunto x segue-se imediatamente a cardinalidade do conjunto $\mathcal{P}x$ das partes de x. Terceiro, as cardinalidades nunca se esgotam: dada uma coleção de cardinalidades, o espírito humano pode sempre imaginar uma cardinalidade que exceda a todas. Esses três pilares assentam, por sua vez, no pressuposto – já referido – de que todo conjunto tem uma cardinalidade bem determinada.

A noção de que todo conjunto possui uma cardinalidade bem determinada tem, para Cantor, os contornos difusos decorrentes de uma operação vaga de dupla abstração. Na moderna teoria dos conjuntos, a cardinalidade de um conjunto é o menor ORDINAL que está em correspondência biunívoca com esse conjunto. Essa definição pressupõe que todo conjunto possa ser bem ordenado ou, equivalentemente, pressupõe o axioma da escolha. Nessa conformidade, o conjunto dos números naturais tem a menor das cardinalidades infinitas. A sugestão de que a cardinalidade imediatamente a seguir à cardinalidade de um conjunto x é a cardinalidade do seu conjunto das partes $\mathcal{P}x$ é um modo de asseverar a hipótese (generalizada) do contínuo, a qual não se segue dos axiomas usuais da teoria dos conjuntos (*ver* HIPÓTESE DO CONTÍNUO). Sem embargo, em teoria dos conjuntos, há uma cardinalidade imediatamente a seguir a uma dada, mas esta não tem de ser a que provém da operação da formação do conjunto das partes. O terceiro pilar da visão de Cantor é verdadeiro, com a ressalva de que a coleção de cardinais para as quais queremos obter um cardinal majorante seja um conjunto (*ver* CLASSE).

Na moderna teoria dos conjuntos definem-se os números cardinais infinitos por recorrência transfinita. Estes são, desde o tempo de Cantor, representados pela primeira letra do alfabeto hebraico, o ÁLEFE, indexada por um ordinal conveniente: 1. $\aleph_0 = \omega$; 2. $\aleph_{\alpha+1}$ = o menor cardinal que excede $\aleph_\alpha$; 3. Dado α um ordinal limite, $\aleph_\alpha$ = o menor cardinal que excede todos os cardinais $\aleph_\lambda$, onde $\lambda < \alpha$.

É possível desenvolver uma aritmética de cardinais possuidora de algumas propriedades notáveis e surpreendentes. P. ex., a adição e a multiplicação de dois cardinais infinitos é o maior dos cardinais em causa. Em particular, $k \cdot k = k$, para todo o cardinal infinito k. O TEOREMA DE CANTOR diz-nos que a operação de exponenciação de cardinais nos leva – ao contrário dos casos da adição e multiplicação no caso infinito – para cardinais maiores, isto é, $2^k > k$. Não obstante, a teoria dos conjuntos ZFC não decide que cardinal é esse. Como se disse, Cantor defendia a hipótese (generalizada) do contínuo, segundo a qual 2^k é o cardinal imediatamente a seguir a k.

Um cardinal (fortemente) inacessível é um cardinal infinito k, diferente de $\aleph_0$, que verifica as seguintes duas condições: 1. A cardinalidade de k nunca pode ser atingida por meio da cardinalidade de uma união de menos de k conjuntos, cada qual com cardinalidade inferior a k; 2. Se λ é um cardinal inferior a k, então 2^λ também é inferior a k.

Observe-se que se não se excluísse por *fiat* o cardinal $\aleph_0$, então $\aleph_0$ seria inacessível. Em certo sentido, a existência de cardinais inacessíveis constitui uma generalização do axioma do infinito. Sabe-se que, se a teoria de conjuntos ZFC for consistente, então não se consegue demonstrar a existência de cardinais inacessíveis em ZFC. Os axiomas que garantem a existência de cardinais inacessíveis têm desempenhado um papel importante na TEORIA DOS CONJUNTOS. *Ver também* TEOREMA DE CANTOR; CORRESPONDÊNCIA BIUNÍVOCA; INFINITO; HIPÓTESE DO CONTÍNUO; CLASSE; ORDINAL; PARADOXO DE CANTOR. FF

CANTOR, Georg. "Beiträge zur Begründung der transfiniten Mengenlehre", *in Mathematische Annalen*, 46, pp. 481-512; e 49, pp. 207-46 [1896]. Trad. ingl. *Contributions to the Founding of the Theory of Transfinite Numbers*. Introd. P. Jourdain. Nova York: Dover, 1955.

FRANCO DE OLIVEIRA, A. J. *Teoria dos conjuntos*. Lisboa: Livraria Escolar Editora, 1982.

HRBACEK, K. e JECH, T. *Introduction to Set Theory*. Nova York: Marcel Dekker, 1984.

caridade, princípio da

Ver INTERPRETAÇÃO RADICAL.

catapulta

Ver ARGUMENTO DA CATAPULTA.

categoremático

Ver SINCATEGOREMÁTICO.

categoria natural

O mesmo que TIPO NATURAL.

categorial

Um termo geral cuja EXTENSÃO constitui uma categoria de itens ou objetos. *Grosso modo*, a categoria F de objetos é uma classe de objetos supostamente governada por critério de identidade específico, ou seja, por um princípio particular que permite determinar sob que condições é que itens dados x e y são o mesmo F. Exemplos de termos categoriais são assim "animal", "pessoa", "rio", "água", "mamífero", "gato", etc. Ilustrando, o critério de identidade associado ao termo categorial "água" é distinto do critério de identidade associado ao termo categorial "rio". A maneira como discriminamos entre rios é diferente da maneira como discriminamos entre águas (no sentido de porções de água); como Heráclito nos ensinou, x pode ser o mesmo rio que y sem que x seja a mesma água que y. Para mais pormenores *ver* IDENTIDADE RELATIVA; TEORIA DAS CATEGORIAS. JB

categórica, proposição

Ver PROPOSIÇÃO CATEGÓRICA.

categórica, teoria

Ver MODELOS, TEORIA DOS.

causa falsa, falácia da

O mesmo que POST HOC, ERGO PROPTER HOC.

causa única, falácia da

Ver FALÁCIA DA CAUSA ÚNICA.

Celarent

Junto com BARBARA, um dos mais conhecidos silogismos válidos. Trata-se do modo silogístico válido da primeira figura dado no esquema MEP, SAM ∴ SEP (M, P, S são os termos médio, maior e menor do silogismo; a letra A indica a combinação em uma proposição da qualidade afirmativa com a quantidade universal, e a letra E, a combinação da qualidade negativa com a quantidade universal); um exemplo do esquema é o argumento: "Nenhum humano é um réptil. Todos os gregos são humanos. *Ergo*, nenhum grego é um réptil." O silogismo Celarent é representável, na lógica de primeira ordem, por meio do seqüente válido: $\forall x\ (Mx \rightarrow \neg Px)$, $\forall x\ (Sx \rightarrow Mx) \vdash \forall x\ (Sx \rightarrow \neg Px)$. JB

cérebro em um tonel

A reformulação moderna do argumento clássico do gênio maligno de Descartes (1596-1650) acabou por extravasar, graças a Putnam (1926-), o interesse meramente epistemológico, assim como as discussões em torno do ceticismo, acabando por se revelar importante nos estudos lógico-filosóficos. Em um polêmico argumento avançado em Putnam (1981), defende-se uma refutação da hipótese cética segundo a qual todos nós poderíamos ser cérebros em um tonel.

Em termos muito sumários podemos descrever a hipótese cética do cérebro em um tonel (ou a hipótese do gênio maligno de Descartes) do seguinte modo: imagine-se que em vez de termos evoluído como evoluímos efetivamente, nos desenvolvemos unicamente como cérebros que subsistem em um tonel de nutrientes. Em vez de termos corpos, temos apenas a ilusão de que temos corpos; em vez de vermos efetivamente árvores, temos apenas a ilusão de que vemos árvores porque recebemos através dos nossos terminais nervosos o mesmo tipo de impulsos elétricos que receberíamos se estivéssemos efetivamente vendo árvores. Na verdade, recebemos sempre exatamente os mesmos impulsos elétricos que receberíamos caso não fôssemos cérebros em um tonel. O problema cético e epistemológico é o de saber como justificar a crença de que não estamos efetivamente nessa situação.

A refutação lógico-lingüística proposta por Putnam depende da premissa segundo a qual a teoria não-causal da referência (a que Putnam chama "teoria mágica") está errada. Segundo esta perspectiva, por mais que uma representação R (mental ou outra) se assemelhe a algo, x, R só poderá efetivamente representar x se existir uma conexão causal qualquer entre x e R. Ora, não há nenhuma conexão causal entre a representação que os cérebros no tonel fazem das árvores e as árvores que existem efetivamente; logo, os cérebros do tonel não podem referir-se a árvores reais. O conteúdo de uma frase como "As árvores são bonitas", ao ser pensada por um cérebro em um tonel, não se refere a árvores. Isso não é nenhuma novidade, pois a hipótese cética é a de que, precisamente, não existem árvores reais.

Mas o problema da hipótese cética é que os cérebros no tonel também não podem referir-se a si próprios como cérebros em um tonel, uma vez que não têm nenhum contato perceptivo adequado consigo mesmos na qualidade de cérebros em tonéis, nem com os tonéis. Assim, também a frase "Sou um cérebro em um tonel", pensada por um cérebro em um tonel, não se refere a cérebros nem a tonéis.

Putnam defende por isso que a hipótese de que somos cérebros em tonéis se auto-refuta: a sua verdade implica a sua falsidade. Se fosse verdade que somos cérebros em tonéis, a frase "Somos cérebros em tonéis" teria de ser verdadeira; mas uma situação na qual essa frase fosse verdadeira tornaria impossível que a frase fosse verdadeira porque nessa situação não teríamos nenhum contato com cérebros nem com tonéis. Ora, se a frase "Somos cérebros em tonéis" não é verdadeira é porque não somos cérebros em tonéis. Logo, não seremos cérebros em tonéis se admitirmos que somos cérebros em tonéis.

O argumento de Putnam tem assim a forma de um DILEMA construtivo: p ou $\neg p$ (ou somos cérebros em tonéis ou não). Mas se p, então $\neg p$; e é trivial que se $\neg p$, então $\neg p$. Logo, $\neg p$.

Não é claro até que ponto Putnam refuta efetivamente a possibilidade de sermos cérebros em um tonel, ou apenas a possibilidade de nos referirmos a nós próprios como cérebros em um tonel. O argumento é convincente nos seus pormenores, mas surpreendente nos seus resultados – daí seu caráter polêmico. *Ver* REFERÊNCIA, TEORIAS DA; LINGUAGEM PRIVADA, ARGUMENTO DA. **DM**

PUTNAM, Hilary. *Reason, Truth and History*. Cambridge: Cambridge University Press, 1981. Trad. bras. *Razão, verdade e história*. Trad. A. Duarte. Lisboa: Dom Quixote, 1992.

ceteris paribus, leis

(do latim, "mantendo-se o resto igual") Leis cuja satisfação depende não apenas da obtenção seqüencial do conjunto de condições iniciais e de conseqüências estipulado, respectivamente, no antecedente e no conseqüente da expressão da lei, mas também da obtenção de um outro conjunto de condições, não explicitamente formuladas no antecedente da expressão da própria lei, mas cuja satisfação é todavia necessária para que a suficiência das condições iniciais descritas no antecedente da expressão nômica efetivamente se verifique. Desse modo, uma situação na qual as conseqüências estipuladas no conseqüente da expressão nômica não se verifiquem, apesar de as condições iniciais explicitamente definidas no respectivo antecedente serem o caso, pode não ter de ser visto como um contra-exemplo à lei, se alguma ou algumas das condições não explicitamente formuladas no antecedente da expressão da lei, mas necessárias à suficiência das condições nela expressas, tampouco forem o caso. Uma situação como essa poderia então ser visto como uma exceção. As leis *ceteris paribus* seriam, assim, leis que admitiriam exceções.

De acordo com Jerry Fodor (1935-), todas as leis de todas as ciências especiais, isto é, de todas aquelas ciências cujas generalizações se referem a níveis não-elementares da realidade, seriam leis *ceteris paribus*. Por conseguinte, todas as leis de todas as ciências empíricas, com exceção da física de partículas, seriam leis *ceteris paribus*. Um exemplo de uma dessas leis de uma dessas ciências especiais seria, de acordo com Fodor, a seguinte lei geral da geologia: "Os rios provocam a erosão das suas margens." Ainda de acordo com Fodor, apesar de verdadeira, essa generalização admitiria exceções. Seria assim possível pensar-se em circunstâncias nas quais determinado objeto satisfaria a condição inicial definida nessa generalização, mas em que a conseqüência nela descrita não se verificaria, sem que, com isso, se estivesse comprometendo a verdade da generalização. Para esse efeito, bastaria imaginar, p. ex., o caso de dado rio cujo leito e margens tivessem sido cimentados. Tal caso não contrariaria, porém, a validade da generalização "Os rios provocam a erosão das suas margens", uma vez que suas condições de verdade seriam estipuladas pelo gênero de idealização que interessa à geologia, não tendo por isso casos como esse, que sairiam desse âmbito, de fazer parte dessas condições.

Desse modo, o problema epistemológico posto por esse gênero de leis consistiria precisamente em determinar qual o âmbito preciso de cada tipo de idealização. É que, se, por um lado, é aceitável que uma lei possa admitir, sem ser contradita, a existência de exceções que saem do tipo de idealização que ela rege, por outro lado, a latitude das exceções à lei admitidas não pode ser tal que a lei se torne não-falseável, aconteça o que acontecer. Isto é, a validade de uma teoria não pode ser defendida por meio do apelo sistemático ao caráter *ceteris paribus* das suas leis, em todas aquelas situações nas quais essas mesmas leis aparentam ser contraditas.

Donald Davidson (1917-2003) propôs um critério para separar os casos que constituiriam exceções admissíveis a uma lei dos casos que constituiriam verdadeiros contra-exemplos. Seria o critério da aperfeiçoabilidade: os casos de exceções admissíveis seriam aqueles que poderiam, em princípio, ser excluídos, se a formulação da lei se tornasse mais rigorosa. Desse ponto de vista, se o conceito de "margem", p. ex., fosse suficientemente aperfeiçoado, de modo que se possam distinguir diferentes caracterizações de margens de acordo com os diferentes materiais que poderiam compor uma margem, a lei geológica citada anteriormente poderia ser reformulada e refinada de acordo com tais caracterizações e tornar-se-ia assim livre de, pelo menos, esse gênero de exceções. Desse ponto de vista, as exceções seriam apenas aparentes e resultariam na realidade da imprecisão da expressão da lei.

Fodor defende, porém, a tese de acordo com a qual o critério da aperfeiçoabilidade é, em geral, ilusório. Segundo ele, o vocabulário de dada ciência especial não dispõe, normalmente, dos termos que tornariam possível seguir a estratégia de Davidson. É que os casos que constituem exceções às leis de dada ciência especial são, segundo Fodor, casos que, em geral, não são, eles próprios, do foro dessa ciência. Desse modo, o critério da aperfeiçoabilidade só poderia ser efetivamente seguido na ciência que descrevesse o nível mais básico da realidade. No caso de dada ciência especial, seria com freqüência necessário recorrer ou ao vocabulário de outras ciências especiais ou ao vocabulário da ciência básica para evitar, do modo proposto por Davidson, que surgissem exceções às suas leis.

A discussão em torno da existência ou inexistência de leis genuinamente e não apenas aparentemente *ceteris paribus* torna-se particularmente relevante no caso da psicologia intencional. Davidson defende a tese de acordo com a qual a psicologia intencional não poderia constituir uma verdadeira ciência, de vez que as suas generalizações não satisfariam o critério da aperfeiçoabilidade. Todavia, se a argumentação de Fodor é correta, a objeção de Davidson à cientificidade da psicologia intencional poderia estender-se a todas as outras ciências especiais, tais como a biologia ou a geologia. Nessas circunstâncias, essa objeção tornar-se-ia inofensiva, uma vez que ninguém, nem mesmo Davidson, parece realmente defender a tese de acordo com a qual a única disciplina empírica que preenche os critérios de cientificidade seria a física das partículas. Ora, argumenta Fodor, se o argumento da aperfeiçoabilidade não é aplicável para pôr em causa o estatuto científico da biologia ou da geologia, tampouco é aplicável para pôr em causa o estatuto científico da psicologia intencional. O fato de ser sempre possível apontar exceções a quaisquer generalizações que se pretendam apresentar como leis da psicologia só poderia então constituir um problema se, simultaneamente, fosse impossível dar conta dessas exceções no vocabulário de outras ciências, nomeadamente daquelas como a neurofisiologia ou a bioquímica cerebral, que estudam as estruturas materiais daqueles objetos que se supõe satisfazerem as leis da psicologia intencional. Todavia, Fodor considera não haver nenhuma razão para suspeitar que isso possa acontecer.

Essa idéia de que a dependência explicativa da psicologia intencional em relação a outras ciências seria análoga à dependência explicativa em relação a outras ciências que se verifica existir em todas as outras ciências especiais, e, portanto, nada teria de peculiar, parece ter sido adotada por inúmeros filósofos da mente, tais como Tyler Burge ou William Lycan. Todavia, esse ponto de vista é vulnerável às seguintes objeções.

A primeira é a de que a analogia não parece realmente adequada. Com efeito, no caso de ciências como a biologia ou a geologia, parece, em geral, ser possível, mesmo no estado presente do nosso conhecimento, verificar se um caso de exceção a uma das suas leis terá de ser explicado, talvez no futuro, à custa do recurso a uma outra ciência, especial ou básica, que trate explicitamente daquelas condições cuja satisfação é tida como implícita na formulação das leis da biologia ou da geologia; ou, se, pelo contrário, se trata de um genuíno contra-exemplo que justifica a revisão da lei. Ora, no caso da psicologia intencional, não parece haver, no estado atual dos nossos conhecimentos, nenhum meio de, efetivamente, distinguir as exceções admissíveis às leis da psicologia, geradas pelo caráter *ceteris paribus* dessas últimas, dos genuínos contra-exemplos a elas. Isso parece, então, indicar que, se existe a referida dependência explicativa da psicologia intencional em relação à bioquímica cerebral e à neurofisiologia, então ela é bastante mais forte do que a que se verifica existir entre ciências como a biologia e a geologia e outras ciências mais básicas. Essa constatação conduz-nos, por sua vez, à segunda objeção.

A segunda objeção, levantada, entre outros, por Jaegwon Kim, é a seguinte: se o gênero de dependência explicativa que se verifica existir entre a psicologia intencional e as ciências de níveis inferiores da realidade, como a bioquímica cerebral ou a neurofisiologia, é semelhante à, ou maior ainda do que a, dependência explicativa que se verifica existir entre a biologia ou a geologia e as ciências que tratam dos níveis da realidade inferiores aos seus, então, uma vez que a redução física das propriedades biológicas ou químicas, isto é, a integração das propriedades biológicas ou químicas na estrutura causal do mundo determinada pelas propriedades físicas, não é problemática, não deveria haver nenhuma razão para recusar a tese de que as propriedades mentais, delas fortemente dependentes, deveriam ser suscetíveis do mesmo gênero de redução física que aquele a que as propriedades biológicas ou geológicas podem ser submetidas; acontece, porém, que, paradoxalmente, tal perspectiva reducionista das propriedades mentais é liminarmente rejeitada por esses autores, que invocam precisamente o caráter *ceteris paribus* das leis da psicologia intencional para recusar a validade da perspectiva reducionista. Ver também AGÊNCIA. AZ

BURGE, T. "Mind-Body Causation and Explanatory Practice", *in* Heil, J. e Mele, A. (orgs.). *Mental Causation*. Oxford: Clarendon Press, 1993.
DAVIDSON, D. "Mental Events", *in Essays on Actions and Events*. Oxford: Clarendon Press, 1980, pp. 207-27.
FODOR, J. *Psychosemantics*. Cambridge: MIT Press, 1987.
____. "Special Sciences (or: the Disunity of Science as a Working Hypothesis)", *in Synthese*, 28, 1974, pp. 97-115.
KIM, J. "Multiple Realisation and the Metaphysics of Reduction", *in Philosophy and Phenomenological Research*, 52, 1992, pp. 1-26.
LYCAN, W. *Consciousness*. Cambridge: MIT Press, 1987.

ceticismo antigo

"Ceticismo" é um desses termos filosóficos que se incorporaram à linguagem comum e que, portanto, todos julgamos saber o que significa. Ao examinarmos a tradição cética vemos, no entanto, que não há um ceticismo, mas várias concepções diferentes de ceticismo, e mesmo o que podemos considerar a "tradição cética" não se constituiu linearmente a partir de um momento inaugural ou da figura de um grande mestre, mas se trata muito mais de uma tradição reconstruída.

Um bom ponto de partida para tentar uma caracterização dessa distinção acerca dos vários sentidos de "ceticismo" é o texto do próprio Sexto Empírico, nossa principal fonte de conhecimento do ceticismo antigo. Em suas *Hipotiposes pirrônicas* (doravante *H.P.*), logo no capítulo de abertura (I, 1), é dito que: "O resultado natural de qualquer investigação é que aquele que investiga ou bem encontra o objeto de sua busca, ou bem nega que seja encontrável e confessa ser ele inapreensível, ou, ainda, persiste na sua busca. O mesmo ocorre com os objetos investigados pela filosofia, e é provavelmente por isso que alguns afirmaram ter descoberto a verdade; outros, que a verdade não pode ser apreendida, enquanto outros continuam buscando. Aqueles que afirmam ter descoberto a verdade são os 'dogmáticos', assim são chamados especialmente Aristóteles, p. ex., Epicuro, os estóicos e alguns outros. Clitômaco, Carnéades e outros acadêmicos consideram a verdade inapreensível, e os céticos continuam buscando. Portanto, parece razoável manter que há três tipos de filosofia: a dogmática, a acadêmica e a cética."

Desta forma, segundo a interpretação de Sexto, há uma diferença fundamental entre a Academia de Clitômaco e Carnéades e o ceticismo. O ponto fundamental de divergência parece ser que, enquanto os acadêmicos afirmam ser impossível encontrar a verdade, os céticos, por assim dizer "autênticos", seguem buscando. Aliás, o termo *skepsis* significa literalmente investigação, indagação. Ou seja, a afirmação de que a verdade seria inapreensível já não caracterizaria mais uma posição cética, mas sim uma forma de dogmatismo negativo. A posição cética, ao contrário, caracterizar-se-ia pela suspensão de juízo (*épocbe*) quanto à possibilidade ou não de algo ser verdadeiro ou falso. É nisso que consiste o ceticismo efético, ou suspensivo, que Sexto (*H.P.*, I, 7) considera o único a merecer o nome de "ceticismo", e que seria proveniente da filosofia de Pirro de Élis. Daí a reivindicação da equivalência entre ceticismo e pirronismo. Sexto relata que os céticos denominavam-se pirrônicos porque Pirro "parece ter se dedicado ao ceticismo de forma mais completa e explícita que seus predecessores" (*H.P.*, I, 7).

Examinando-se a formação do ceticismo antigo é possível distinguir:

1) O protoceticismo: uma fase inicial em que podemos identificar temas e tendências céticas já na filosofia dos pré-socráticos (séc. VI a.C.). É a esses filósofos que Aristóteles se refere no livro Γ da *Metafísica*.

2) O ceticismo inaugurado por Pirro de Élis (360-270 a.C.), cujo pensamento conhecemos por meio de fragmentos de seu discípulo Tímon de Flios (325-235 a.C.).

3) O ceticismo acadêmico, correspondendo à fase cética da Academia de Platão iniciada por Arcesilau (por vezes conhecida como Média Academia) a partir de 270 a.C., vigorando até Carnéades (219-129 a.C.) e Clitômaco (175-110 a.C.), a assim chamada Nova Academia. (A distinção entre Média e Nova Academia, encontrada na Antiguidade, não é mais comumente aceita pelos modernos historiadores.) Com Fílon de Larissa (*c.* 110 a.C.) a Academia abandona progressivamente o ceticismo (4.ª Academia). Conhecemos essa doutrina sobretudo a partir do diálogo *Academica* (*priora et posteriora*) de Cícero (*c.* 55 a.C.).

4) O pirronismo ou ceticismo pirrônico: Enesidemo de Cnossos (séc. I a.C.), possivelmente um discípulo da Academia no período de Fílon, procura reviver o ceticismo buscando inspiração em Pirro e dando origem ao que ficou conhecido como ceticismo pirrônico, cujo pensamento nos foi transmitido basicamente pela obra de Sexto Empírico (séc. II d.C.), consistindo de *Hipotiposes pirrônicas* e *Contra os matemáticos*.

Embora Pirro de Élis seja considerado o fundador do ceticismo antigo, é possível identificar alguns filósofos que poderiam ser vistos como precursores do ceticismo, ou como representando uma forma de "protoceticismo", tais como Demócrito de Abdera e os atomistas posteriores como Metrodoro (séc. IV a.C.), mestre do próprio Pirro; os mobilistas discípulos de Heráclito, como Crátilo; e os sofistas, sobretudo um defensor do relativismo como Protágoras. Estes filósofos são, p. ex., o alvo de Aristóteles no livro Γ da *Metafísica*, quando mantém que o princípio da não-contradição deve ser pressuposto mesmo por aqueles que exigem provas de todos os princípios ou que afirmam que algo é e não é, uma vez que esse princípio é pressuposto pela simples existência do discurso significativo (*id.*, 1006a 5-22). Os argumentos de Aristóteles em defesa do princípio da não-contradição mostram a existência se não do ceticismo, ao menos de elementos céticos nos filósofos pré-socráticos e nos sofistas. A desconfiança em relação aos dados sensoriais, a questão do movimento na natureza que torna o conhecimento instável, e a relatividade do conhecimento às circunstâncias do indivíduo que conhece são alguns desses temas, que reaparecerão, p. ex., sistematizados nos tropos de Enesidemo (*H.P.*, I, cap. XIV).

No entanto, Pirro é identificado como o iniciador do ceticismo. Conhecemos sua filosofia apenas por meio de seu discípulo Tímon, de quem sobreviveram alguns fragmentos, já que o próprio Pirro jamais teria escrito uma obra filosófica. Pirro pertence assim àquela linhagem de filósofos, tal como Sócrates, para quem a filosofia não é uma doutrina, uma teoria, ou um saber sistemático, mas principalmente uma prática, uma atitude, um *modus vivendi*. Tímon relata as respostas dadas por Pirro a três questões fundamentais: 1) Qual a natureza das coisas? Nem os sentidos nem a razão nos permitem conhecer as coisas tais como são e todas as tentativas resultam em fracasso. 2) Como devemos agir em relação à realidade que nos cerca? Exatamente porque não podemos conhecer a natureza das coisas, devemos evitar assumir posições acerca disso. 3) Quais as conseqüências dessa nossa atitude? O distanciamento que mantemos leva-nos à tranqüilidade. O ceticismo compartilha com as principais escolas do helenismo, o estoicismo e o epicurismo, uma preocupação essencialmente ética, ou prática. É dessa maneira que devemos entender o objetivo primordial da filosofia de Pirro como o de atingir a *ataraxia* (imperturbabilidade), alcançando desse modo a felicidade (*eudaimonia*).

Segundo uma tradição, mencionada por Diógenes Laércio, Pirro e seu mestre Anaxarco de Abdera teriam acompanhado os exércitos de Alexandre até a Índia. Nesse período teriam entrado em contato com os gimnosofistas (os "sábios nus", possivelmente faquires e mestres *yogis*), que os teriam influenciado sobretudo quanto à prática do distanciamento e da indiferença às sensações. Essa seria uma possível origem das noções céticas de *apathia* (a ausência de sensação) e *apraxia* (a inação), que caracterizariam a tranqüilidade. Disso se derivaria a tradição anedótica segundo a qual Pirro precisava ser acompanhado por seus discípulos, já que, dada a sua atitude de duvidar de suas sensações e percepções, estava sujeito a toda sorte de perigos, como ser atropelado ao atravessar a rua ou cair em um precipício.

Outra tradição, também citada por Diógenes Laércio, entretanto, mantém que Pirro teria vivido como cidadão exemplar, tendo sido muito respeitado e chegando a sumo-sacerdote de sua cidade de Élis. O ceticismo não implicaria assim uma ruptura com a vida prática, mas apenas um modo de vivê-la com moderação (*metriopatheia*) e tranqüilidade.

O fundamental, portanto, da lição do ceticismo inaugurado por Pirro é seu caráter essencialmente prático e sua preocupação ética. Trata-se assim de um "ceticismo prático", a filosofia cética como um modo de obter a tranqüilidade pela via da *ataraxia*, algo que se consegue por determinada atitude de distanciamento, levando à indiferença segundo uma interpretação mais radical, ou exercendo a moderação, segundo outra interpretação.

É curioso que o termo "acadêmico" tenha acabado por tornar-se, embora de modo impreciso, sinônimo de "cético", uma vez que Platão certamente não foi um filósofo cético (já Sexto Empírico [*H.P.*, I, 221-5] mantém essa posição). Isso tem feito os principais historiadores do ceticismo serem sempre muito ciosos da necessidade de distinguir claramente o ceticismo acadêmico do ceticismo pirrônico. Nem sempre, entretanto, esse cuidado foi observado na tradição, e uma das principais e mais influentes tentativas de refutação do ceticismo na Antiguidade, o diálogo *Contra os acadêmicos* de Santo Agostinho (séc. IV), identifica pura e simplesmente o ceticismo com a Academia. Dois fatores são importantes a esse respeito: 1) a possível influência de Pirro de Élis, o iniciador do ceticismo, sobre Arcesilau; e 2) a existência de elementos céticos no pensamento do próprio Platão.

Depois de uma fase "pitagorizante" logo após a morte de Platão, desenvolvendo em seguida uma preocupação essencialmente ética, o que caracterizou a chamada Velha Academia, a Academia entra em uma fase cética sob a liderança de Arcesilau (315-240 a.C.) e posteriormente de Carnéades (219-129 a.C.), conhecida por Nova Academia. Como explicar essa relação entre a Academia como legítima sucessora dos ensinamentos de Platão e continuadora do platonismo e a filosofia cética tem sido objeto de várias divergências por parte dos principais historiadores da filosofia antiga. Já Aulo Gélio (séc. II), em suas célebres *Noctes atticae* (XI, 5), mencionava a discussão sobre se haveria ou não uma diferença entre a Nova Academia e o pirronismo como uma controvérsia antiga.

É com Arcesilau que a Academia entra em uma fase cética. Há controvérsia entre os principais historiadores e intérpretes do ceticismo antigo sobre se teria ou não havido uma influência direta de Pirro sobre Arcesilau. Sexto Empírico (*H.P.*, I, 234) refere-se à antiga anedota que caracterizava Arcesilau como uma quimera, uma figura monstruosa resultante da combinação das seguintes partes: Platão na frente, Pirro atrás e Diodoro Cronus (lógico da escola megárica, séc. IV a.C.) no meio. O inverso é dificilmente admissível, uma vez que Pirro já havia falecido quando Arcesilau assumiu a liderança da Academia (*c.* 270 a.C.). Alguns intérpretes simplesmente consideram mais plausível que o ceticismo acadêmico tenha uma origem independente, derivando-se do pensamento do próprio Platão.

Parece de fato possível interpretar o pensamento de Platão como contendo elementos céticos, e é essa interpretação que prevalece na Academia durante o período compreendido entre as lideranças de Arcesilau e Clitômaco. Esses elementos seriam essencialmente: 1) o modelo da dialética socrática encontrado sobretudo nos diálogos da primeira fase, os chamados "diálogos socráticos", em que temos a oposição entre argumentos gerando o conflito; 2) o caráter aporético, inconclusivo, desses (e também de outros) diálogos; 3) a admissão da ignorância: o sábio é aquele que reconhece sua ignorância, o célebre "Só sei que nada sei" socrático; 4) a influência da discussão da questão do conhecimento no diálogo *Teeteto*, sem que se chegue a alguma definição aceitável. Trata-se, certamente, de uma leitura parcial e seletiva, mas que prevaleceu nesse período, tendo grande influência no desenvolvimento do pensamento do helenismo.

O ceticismo acadêmico, porém, deve ser considerado sobretudo a partir de sua polêmica com a filosofia estóica. Os estóicos foram de fato os principais adversários dos acadêmicos, Arcesilau polemizando com Cleantes e Carnéades com Crisipo. O ponto de partida da disputa entre o estoicismo e o ceticismo acadêmico parece ter sido a questão do critério de verdade que serviria de base para a epistemologia estóica. Os céticos levantavam uma dúvida sobre a possibilidade de adotar um critério de verdade imune ao questionamento, enquanto os estóicos mantinham a noção de *phantasia kataleptiké* (termo de difícil tradução, podendo talvez ser entendido como "impressão cognitiva") como base de sua teoria do conhecimento.

A noção de *épochè* (suspensão do juízo) é tradicionalmente considerada central à estratégia argumentativa cética. De fato, a noção de *épochè* parece ser de origem estóica, ou pelo menos era usada correntemente pelos estóicos. É parte da doutrina estóica, já encontrada em Zenão, que o sábio autêntico deve suspender o juízo em relação àquilo que é inapreensível, evitando assim fazer afirmações falsas. Em sua polêmica com os estóicos e, sobretudo, em seu questionamento dos critérios epistemológicos do estoicismo, Arcesilau mantém que, dada a ausência de um critério decisivo, devemos na realidade suspender o juízo a respeito de tudo. Diante de paradoxos como o do SORITES e o do monte de sal (paradoxos que se originam aparentemente da escola megárica e visam estabelecer o caráter vago de certas noções. No caso do monte de sal, como determinar quantos grãos formam um monte? Se eu for subtraindo do monte grão por grão, em que ponto ele deixaria de ser um monte?), Crisipo teria se recolhido ao silêncio, e esse silêncio é entendido como *épochè*, suspensão, ausência de resposta, impossibilidade de afirmar ou negar. Se, segundo os estóicos, o sábio deve suspender o juízo acerca do inapreensível, então, conclui Arcesilau, deve suspender o juízo acerca de qualquer pretensão ao conhecimento, uma vez que nenhuma satisfará o critério de validade. Assim, Arcesilau estende e generaliza a noção estóica de suspensão, adotando-a como característica central e definidora da atitude cética.

O ceticismo (ver Sexto Empírico, *H.P.*, I, cap. IV) se caracterizaria, portanto, como um procedimento segundo o qual os filósofos em sua busca da verdade se defrontariam com uma variedade de posições teóricas (o dogmatismo). Essas posições encontram-se em conflito (*diaphonia*), uma vez que são mutuamente excludentes, cada uma se pretendendo a única válida. Dada a ausência de critério para a decisão sobre qual a melhor dessas teorias, já que os critérios dependem eles próprios das teorias, todas se encontram no mesmo plano, dando-se assim a *isosthenia*, ou eqüipolência. Diante da impossibilidade de decidir, o cético suspende o juízo e, ao fazê-lo, descobre-se livre das inquietações. Sobrevém assim a tranqüilidade almejada. Temos portanto o seguinte esquema (*H.P.*, I, 25-30), que parece ser um desenvolvimento das respostas de Pirro às três questões fundamentais da filosofia (ver antes): *zétesis* (busca) → *diaphonia* (conflito) → *isosthenia* (eqüipolência) → *époche* (suspensão) → *ataraxia* (tranqüilidade).

Entretanto, o problema prático permanece. Dada a ausência de critério para a decisão sobre a verdade ou não de uma proposição, como agir na vida concreta? A preocupação moral é fundamental para a filosofia do helenismo de modo geral, e o ceticismo compartilha essa preocupação com o estoicismo e o epicurismo. A filosofia deve nos dar uma orientação para a vida prática, que nos permita viver bem e alcançar a felicidade. É com esse propósito que Arcesilau recorre à noção de *eulogon*, o razoável. Já que não podemos ter certeza sobre nada, já que é impossível determinar um critério de verdade, resta-nos o "razoável" (Sexto Empírico, *Contra os lógicos*, I, 158).

Supostamente, Carnéades teria desenvolvido essa linha de argumentação inaugurada por Arcesilau. Há controvérsias a esse respeito, e o pensamento de Carnéades é difícil de interpretar, não só porque não deixou nada escrito, mas devido à sua aparente ambivalência. Seu principal discípulo, Clitômaco, observava que, apesar de longos anos de convivência com ele, jamais conseguira de fato entender qual a sua posição.

O desenvolvimento que Carnéades deu às posições de Arcesilau tem, no entanto, grande importância, uma vez que pode ser considerado uma das primeiras formulações do probabilismo (embora nem todos os intérpretes concordem com isso). Diante da impossibilidade da certeza devemos adotar como critério o provável (*pithanon*, que Cícero traduz por *probabile*). Carnéades (*H.P.*, I, 226-229, *Contra os lógicos,* I, 166) chega mesmo a introduzir uma distinção em três níveis ou graus: o provável, o provável e testado (*periodeumenas*, isto é, "examinado de modo completo"), e o provável, testado e irreversível ou indubitável (*aperispatous*). É a necessidade de adoção de algum tipo de critério que leva a Nova Academia a essa formulação; porém, segundo Sexto Empírico (*id., ib.*), isso equivale a uma posição já próxima do dogmatismo, ou seja, da possibilidade de adoção de um critério de "quase-certeza".

Os sucessores de Carnéades, Fílon de Larissa e sobretudo Antíoco de Ascalon, teriam progressivamente se afastado do ceticismo reintroduzindo uma interpretação dogmática do platonismo, chegando mesmo a procurar conciliá-lo com o estoicismo, no caso específico de Antíoco. Enesidemo de Cnossos, contemporâneo de Antíoco, procurou retomar um ceticismo mais autêntico, buscando em Pirro sua inspiração. É nesse momento, portanto, que surge realmente o pirronismo ou ceticismo pirrônico, que deve assim ser distinguido da filosofia de Pirro. Trata-se essencialmente de uma tentativa de inaugurar, ou reinaugurar, o ceticismo que havia perdido sua força na Academia. A obra de Sexto Empírico (séc. II d.C.) pertence a essa nova tradição, e é provável que ele tenha tentado caracterizar os Acadêmicos como dogmáticos negativos visando enfatizar a originalidade e a autenticidade do pirronismo como realmente representando o ceticismo. Sexto Empírico insiste na interpretação da *époche* como suspensão de juízo, isto é, uma posição segundo a qual não se afirma nem nega algo ("A suspensão [*époche*] é um estado mental de repouso [*stasis dianoias*] no qual não afirmamos nem negamos nada" [*H.P.*, I, 10]), evitando assim o dogmatismo negativo dos acadêmicos que afirmavam ser impossível encontrar a verdade. Dessa maneira, o recurso ao probabilismo não se torna necessário, não havendo motivo para a adoção de um sucedâneo do critério estóico de decisão.

É assim que, embora quase certamente a *épocbe* não se encontre ainda no ceticismo de Pirro, é em torno dessa noção que se dá a caracterização do ceticismo na tradição do helenismo. E é, em grande parte, a diferença de interpretação do papel e do alcance da *épocbe* que marcará a ruptura entre ceticismo acadêmico e ceticismo pirrônico.

Com o advento do cristianismo e sua institucionalização como religião oficial do Império Romano a partir do século IV, temos o progressivo ocaso das filosofias pagãs, inclusive do ceticismo, culminando no fechamento das escolas de filosofia por ordem do imperador Justiniano no Império do Oriente, em 529. Podemos supor assim que, com a hegemonia de um pensamento fortemente doutrinário como a filosofia cristã, não houve espaço para o florescimento do ceticismo. Os argumentos céticos, e sobretudo a noção de *diaphonia*, foram, entretanto, usados com freqüência por teólogos e filósofos cristãos como Eusébio (260-340) e Lactâncio (240-320), principalmente nesse período inicial, para mostrar como a filosofia dos pagãos era incerta, marcada pelo conflito e incapaz de alcançar a verdade. Em *c.* 386 Santo Agostinho escreveu seu diálogo *Contra os academicos*, em que pretende refutar o ceticismo acadêmico. A influência de Santo Agostinho no Ocidente em todo o período medieval explica em grande parte o desinteresse pelo ceticismo. Referências ao ceticismo antigo e discussões de questões céticas estão, salvo algumas exceções, ausentes da filosofia medieval.

Tendo em vista as considerações anteriores, podemos distinguir, em linhas gerais, na tradição cética antiga, as seguintes concepções de ceticismo:

1) O ceticismo como estratégia argumentativa contra as doutrinas dos dogmáticos e sua pretensão à verdade e à certeza, recorrendo às fórmulas céticas e aos tropos (argumentos) de Enesidemo e de Agripa para o desenvolvimento dessa estratégia.

2) O ceticismo como discussão da problemática epistemológica, ou seja, como posição filosófica antifundacionalista, colocando em questão a possibilidade de justificação do conhecimento devido à ausência de critérios conclusivos. Essa concepção é especialmente marcante no período moderno, e o probabilismo acadêmico, representando uma alternativa à verdade e à certeza definitivas, é retomado com esse propósito pelo ceticismo mitigado.

3) A *skeptiké agogé*, o ceticismo concebido como modo de vida, como atitude, tendo um sentido prático e uma dimensão ética. A filosofia não consiste em uma teoria, na adoção e defesa de uma posição doutrinária, mas na busca da felicidade por meio da tranqüilidade, alcançada pela suspensão do juízo (*épocbe*). **DMa**

AGOSTINHO. *Contra os acadêmicos*. Trad. Vieira de Almeida. Coimbra: Biblioteca Filosófica, s/d.

ARISTÓTELES. "Metaphysics", IV, *in* Barnes, Jonathan (org.). *The Complete Works of Aristotle: the Revised Oxford Translation*. Princeton: Princeton University Press, 1984.

AULO GÉLIO (Aulus Gellius). *Noctes atticæ*. Org. Peter K. Marshall. Oxford: Typographeo Clarendoniano, 1968.

CÍCERO. "Academics", *in Loeb Classical Library*. Trad. ingl. H. Rackmam. Harvard: Harvard University Press, 1933, vol. XIX.

PLATÃO. *Teeteto*. Trad. Adriana Nogueira e Marcelo Boeri. Lisboa: Fundação Gulbenkian, 2005.

SEXTO EMPÍRICO (Sextus Empiricus). *Against the Ethicists (Adversus mathematikos XI)*. Trad. ingl. R. Bett. Oxford: Clarendon Press, 1997.

____. *Against the Grammarians (Adversus mathematikos I)*. Trad. ingl. D. L. Blank. Nova York: Oxford University Press, 1998.

____. *Against the Logicians*. R. Bett (ed.) *et al.* Cambridge: Cambridge University Press, 2005.

____. "Hypotyposes pyrrhoniennes", *in Œuvres choisies de Sextus Empiricus*. Trad. fr. Geneviève Goron. Paris: Aubier, 1948, pp. 157-342.

ceticismo semântico

O termo *ceticismo semântico* (*semantic scepticism*) ganhou uso corrente no final do século XX, não somente após a interpretação de Wittgenstein oferecida por Kripke, mas também por meio de discussões da obra de Quine. Outra expressão usada com freqüência é "ceticismo acerca do significado" (*meaning scepticism*). De modo geral, pode-se dizer que "ceticismo", no século XX, foi entendido como a tese de que ninguém sabe nada ou a de que ninguém tem boas razões para crer em alguma coisa. Mas o ceticismo não se limitou a questões epistemológicas, nem a meramente criticar argumentos e doutrinas. Uma das contribuições da filosofia analítica foi a de desenvolver o ceticismo no campo da semântica, elaborando visões céticas originais, e não apenas levantando problemas, a respeito da noção de significado.

Usualmente define-se o ceticismo semântico como a doutrina segundo a qual não há fatos semânticos, isto é, entre todos os fatos que compõem o mundo, como, p. ex., os fatos físicos, químicos, biológicos e psicológicos, não há fatos semânticos, ou seja, os significados não fariam parte do mundo objetivo. O cético semântico é aquele que sustenta a tese de que não há fatos objetivos que determinem significados, ou seja, dados todos os fatos do mundo, ainda assim não estaria determinado se um signo qualquer significa alguma coisa. Há, pelo menos, dois aspectos a serem notados na parte negativa do ceticismo semântico. Em primeiro lugar, o que está em jogo é, fundamentalmente, a noção de significado, isto é, como explicá-la filosoficamente. Um cético semântico seria aquele que pura e simplesmente rejeita a noção de significado. É o caso de Quine. O cético semântico concebido por Kripke, mais moderado, apenas substitui uma concepção realista do significado por outra, justificacionista. Em segundo lugar, um cético semântico pode questionar se a linguagem, mesmo em seu uso corrente, tem significado ou se, no final das contas, não passa de um ruído ou de rabiscos sem sentido. Essa última possibilidade consiste precisamente no "paradoxo cético" formulado por Kripke, embora não coincida com a posição final dessa variedade de ceticismo semântico. Alguns atribuem a Quine a idéia de que, sem a noção de significado, a linguagem seria constituída apenas de ruídos sem sentido.

O ceticismo semântico não é uma forma de ceticismo epistemológico aplicado ao caso da semântica, embora muitos tenham julgado que há, pelo menos, um aspecto epistemológico importante nele. Argumenta-se que o problema levantado pelo ceticismo semântico é o de justificar os usos novos das palavras e, por mostrar que usos novos são injustificáveis, essa forma de ceticismo também teria um caráter essencialmente epistemológico. É verdade que um dos aspectos do problema cético é o de justificar os usos das palavras em novos contextos, situações e circunstâncias. Entretanto, um problema epistemológico a respeito da linguagem pressupõe o significado dessa como algo não problemático, já que toda questão epistemológica reside precisamente em dizer se e como temos acesso a esse significado. O cético semântico problematiza a própria noção de significado e o uso significativo da linguagem bem como argumenta para mostrar que o suposto significado da linguagem não é um fato objetivo do mundo; esse desafio só pode ser respondido mostrando que o significado da linguagem é algo objetivo. Trata-se, assim, não de questionar nosso conhecimento a respeito do significado da linguagem ou de dizer como sabemos qual é o uso correto de uma palavra por meio de uma justificação qualquer, mas de discutir se um signo, ou a linguagem, tem ou não sentido. O problema cético é, portanto, lógico-semântico.

Há dois argumentos principais por meio dos quais um cético semântico problematiza o significado da linguagem. O primeiro deles é formulado por Quine, a partir de sua famosa tese da indeterminação da tradução, enquanto o segundo deles é o assim chamado "paradoxo cético", desenvolvido por Kripke a partir de sua interpretação de Wittgenstein.

Quine critica uma semântica mentalista da noção de significado, que ele veio a chamar de "o mito do museu", e, em seu lugar, adota uma semântica behaviorista, abandonando a noção intensional de significado para explicar nossas condutas lingüísticas. O mito do museu contém dois dogmas. Por um lado, a idéia de que os significados são entidades, em particular entidades mentais, enquanto as palavras seriam entendidas como etiquetas; e, por outro, que os falantes têm um significado determinado na mente quando falam e que, portanto, entender uma palavra ou frase equivale a apreender o que está na mente do falante. Mas, no entender de Quine, nenhum desses dois dogmas se sustenta.

Em primeiro lugar, entender uma palavra ou frase não é apreender um significado determinado que estaria na mente do falante. Quine supõe o caso de um lingüista de campo que traduz uma língua, totalmente desconhecida, para o inglês ou para o português. O significado seria justamente aquilo que é preservado em uma tradução. Mas, argumenta Quine, há várias maneiras pelas quais podemos traduzir essa língua desconhecida, todas elas compatíveis com o que podemos observar (o comportamento dos nativos, o ambiente à sua volta e, se se quiser, suas disposições para se comportar), mas que são incompatíveis entre si. A tradução, portanto, está subdeterminada pelos dados. Esse poderia ser somente um problema epistemológico, o de não saber qual é a tradução correta entre as várias traduções possíveis daquilo que os nativos teriam em mente. Mas Quine dá ainda um segundo passo, ao sustentar que não há nada que seria "a tradução correta". Trata-se, portanto, não de uma limitação do nosso conhecimento acerca do significado presente na mente dos falantes nativos (uma das traduções seria a correta, sem que saibamos qual é essa), mas sim de não haver esse suposto significado na mente deles, que seria o critério para determinar a suposta tradução correta. Na medida em que todas as traduções são compatíveis com os fatos observáveis no mundo, todas são corretas; e como essas traduções são incompatíveis entre si, devemos concluir que não há um significado na mente dos falantes. A tradução é, portanto, dita indeterminada, e sequer cabe perguntar pela tradução correta, no sentido de perguntar pela tradução que capta o que estaria presente na mente dos falantes.

Também o outro dogma é questionado por Quine. Segundo esse dogma, o significado é uma entidade (física ou mental) e as palavras são etiquetas que se referem a essa suposta entidade. A referência constituiria, então, o aspecto central do significado das palavras, e a linguagem seria como uma cópia do mundo. Entretanto, Quine rejeita esse dogma com base em outra tese filosófica, a da inescrutabilidade da referência. Se o nativo emite uma frase, digamos *gavagai*, quando passa um coelho diante dele, podemos traduzir essa frase por "coelho". Mas também podemos traduzi-la por "parte não destacada de um coelho", "fase de coelho" etc., de tal modo que, com ajustes em outras partes da tradução, preservamos a adequação empírica de nossas escolhas e, portanto, não sabemos se *gavagai* é uma frase para um animal, para partes de um animal, para alguma coisa abstrata, etc. Em suma, não sabemos exatamente a que *gavagai* se refere. Se o significado de uma palavra ou frase, portanto, não é dado por uma entidade, física ou mental, e não sabemos a que essa palavra ou frase se refere, então o melhor é abandonar essa noção de significado.

A semântica mentalista, no entender de Quine, deve ser substituída por uma semântica behaviorista, segundo a qual a linguagem deve ser compreendida como um complexo de disposições presentes para a conduta verbal. Um dos argumentos para essa perspectiva é o da aprendizagem da linguagem. A melhor, e talvez a única, maneira de aprendermos os significados das frases é observar o comportamento de nossos semelhantes, já que não há como vasculhar as suas mentes. Desde pequenos, observamos atentamente o comportamento de nossos pais, irmãos, professores, etc., e fazemos conjecturas sobre seus comportamentos lingüísticos, a fim de aprendermos a falar com eles. Essa semântica behaviorista seria cética na medida em que não recorre às noções intensionais, como a de significado, e estaria de acordo com uma ciência empírica compatível com o ceticismo. Assim, o ceticismo semântico não é somente uma doutrina negativa, a de que não há fatos objetivos semânticos, mas pode incluir também uma explicação behaviorista da nossa linguagem.

O outro argumento cético contra a objetividade do significado, proposto por Kripke, parte de uma perspectiva bastante diferente. A grande diferença entre os dois argumentos céticos reside precisamente nessa perspectiva com que se aborda a linguagem. Enquanto, para Quine, a linguagem consiste em um complexo de disposições presentes para a conduta lingüística, para o cético kripkiano a linguagem é uma atividade normativa, ou seja, como uma atividade regida por regras que determinam o uso das palavras e permitem distinguir entre o uso correto e o uso incorreto de um signo. O grande problema para as teorias dogmáticas do significado seria, então, o de que elas não explicam o caráter normativo da linguagem. Essa concepção da linguagem é claramente wittgensteiniana, ainda que se possa dizer, como muitos o fizeram, que o "paradoxo cético" não está presente nas *Investigações filosóficas*. As dúvidas céticas levantadas por Kripke, portanto, baseiam-se não em uma concepção behaviorista, mas em uma concepção normativa da linguagem.

Nesse sentido, é importante observar que o cético kripkiano não opõe uma semântica behaviorista a uma semântica mentalista, mas critica ambas igualmente. O behaviorismo seria uma doutrina inaceitável, que não somente enfraqueceria o questionamento cético, mas consistiria mesmo em uma forma de dogmatismo. A oposição básica seria entre, de um lado, uma semântica de condições de verdade, à qual as semânticas behaviorista e mentalista pertencem (assim como as teorias causais e as teorias intencionais do significado), e, de outro, uma semântica das condições de asserção e justificação. Apenas essa última expressaria, propriamente, para Kripke, uma concepção cética da linguagem. A idéia é mostrar que, se concebemos o significado como alguma coisa dada pelas condições de verdade, isto é, se uma frase declarativa tem significado em virtude de sua correspondência a fatos que devem ocorrer se essa frase é verdadeira, então se segue que a linguagem é desprovida de significado. Para uma frase ter significado, é preciso que seja possível distinguir entre usos corretos e incorretos. O desafio, ou o "paradoxo" cético, consiste precisamente em mostrar que não temos critério para traçar essa distinção e, portanto, que a linguagem é carente de significado.

Essa é, naturalmente, uma conclusão absolutamente inaceitável, até mesmo para um cético semântico. A melhor maneira de evitá-la é rejeitar a premissa que leva, inevitavelmente, a esse paradoxo absurdo, a saber, a semântica das condições de verdade, também chamada de "a concepção realista do significado". Somente aquele que aceita essa semântica realista é conduzido ao paradoxo. O cético semântico proporá, então, uma outra concepção do significado, que ficou conhecida como "a solução cética", em que se explique satisfatoriamente o aspecto normativo da linguagem.

Segundo a solução cética, a linguagem tem significado, não por corresponder a fatos possíveis, mas em virtude de condições de asserção ou justificação. Dois são os aspectos principais dessa concepção cética do significado. Em primeiro lugar, o que importa não é a verdade da frase, entendida como correspondência aos fatos, mas as circunstâncias em que estamos autorizados a fazer dada asserção. Além disso, também é preciso compreender o papel que as frases, e de maneira geral a linguagem, desempenham em nossas vidas, bem como a utilidade que têm para nós. Uma vez mais, percebe-se que o assim chamado ceticismo semântico tem, além das dúvidas céticas, uma proposta positiva original sobre a linguagem.

A solução cética ficou conhecida também como "a visão da comunidade". Vemos aqui o cético semântico introduzir uma segunda modificação na perspectiva com que se aborda a linguagem, para evitar aquele paradoxo inaceitável. Devemos considerar o falante não como um indivíduo isolado, mas como alguém que pertence a uma comunidade de falantes. Essa solução é uma interpretação, que gerou muitas polêmicas, das considerações de Wittgenstein sobre o que é seguir uma regra. A idéia básica é a de que não se pode seguir uma regra individualmente, pois um indivíduo isolado, digamos Paulo, não teria um critério para saber se está ou não seguindo uma regra. Se Paulo for considerado membro de uma comunidade, então ela poderá julgar se ele está seguindo a regra. P. ex., se estamos empregando o sinal da soma (+), e Paulo pergunta a si mesmo qual é o resultado de 68 + 57 (ou qualquer outra soma suficientemente alta para que ele nunca a tenha feito), ele não saberá se a resposta correta é 5 ou 125. Poderia ser o caso que a regra de uso do sinal + não fosse a adição, mas a "tadição", em que "tadição" é definida como a adição para números até 57 (ou outro número bastante alto, tal que Paulo nunca tenha feito uma conta com esse número) e, a partir desse número, todos os resultados seriam iguais a 5. Contudo, se Paulo fizer parte de uma comunidade, pelo menos um outro indivíduo, digamos Pedro, poderá conferir o resultado dado. Para isso, é preciso que os indivíduos pertencentes à comunidade, isto é, Paulo e Pedro, respondam de maneira similar. Se Paulo diz "125", Pedro poderá julgar se essa resposta é correta. Desde que eles tenham inclinações gerais semelhantes e a mesma inclinação particular para dar respostas, então se pode dizer que Paulo entendeu o que se quer dizer com +; em nosso exemplo, a adição, e não a "tadição". A noção de acordo é, portanto, fundamental para entendermos como podemos atribuir a alguém a compreensão do significado de uma palavra ou frase e, assim, explicar o aspecto normativo da linguagem.

Se a "visão da comunidade" é correta, então o problema de uma suposta LINGUAGEM PRIVADA se resolve facilmente. Uma vez que uma tal linguagem privada deveria ter regras que regem o uso dos signos apenas para o falante, e para mais ninguém, segue-se que tais regras não existem, nem podem existir, já que toda regra seria necessariamente comunitária ou social. Assim, uma conseqüência da posição cética a respeito do significado é a de que a linguagem é essencialmente pública, não podendo haver uma linguagem privada. Como dizia Quine, "a linguagem é uma arte social". **PJS**

ARRINGTON, R. e GLOCK, H.-J. (orgs.). *Wittgenstein and Quine.* Londres/Nova York: Routledge, 1996.
BAKER, G. e HACKER, P. M. S. *Scepticism, Rules and Language.* Oxford: Blackwell, 1984.
BARRIO, E. "Reglas, normatividad y el desafío escéptico", *in* Hurtado, G. (org.). *Subjetividad, representación y realidad.* México: Benemérita Universidad Autónoma de Puebla, 2001.
BLACKBURN, S. "The Individual Strikes Back", *in Synthese*, 58, 1984, pp. 281-301.
BOGHOSSIAN, P. "The Rule-Following Considerations", *in Mind*, 98, 1989, pp. 507-49.
DAVIDSON, D. *Inquiries into Truth and Interpretation.* Oxford: Clarendon Press, 1984.
FORBES, G. "Scepticism and Semantic Knowledge", *in Proceedings of the Aristotelian Society*, New Series, LXXXIV, 1984, pp. 223-38.
GOLDFARB, W. "Kripke on Wittgenstein on Rules", *in The Journal of Philosophy*, LXXXII, 1985, pp. 471-88.
HORWICH, P. *Meaning.* Oxford: Oxford University Press, 1998.
KRIPKE, S. *Wittgenstein on Rules and Private Language.* Oxford: Blackwell, 1982.
LAZOS, E. "¿Cómo bloquear el escepticismo semántico? Una respuesta a Barrio", *in* Hurtado, G. (org.). *Subjetividad, representación y realidad.* México: Benemérita Universidad Autónoma de Puebla, 2001.
McDOWELL, J. "Wittgenstein on Following a Rule", *in Mind, Value and Reality.* Cambridge: Harvard University Press, 1998a.
____. "Meaning and Intentionality in Wittgenstein's Later Philosophy", *in Mind, Value*

and Reality. Cambridge: Harvard University Press, 1998b.
ORAYEN, R. *Lógica, significado y ontología*. México: Unam, 1989, cap. 3.
ORLANDO, E. "Una crítica del escepticismo semántico", *in* Dutra, L. H. e Smith, P. J. (orgs.). *Ceticismo*. Florianópolis: NEL/UFSC, 2000.
PUHL, K. (org.). *Meaning Scepticism*. Berlim/Nova York: Walter De Gruyter, 1991.
QUINE, W. V. O. "Le mythe de la signification", *in La Philosophie Analytique*. Cahiers de Royaumont, Paris: Minuit, 1962.
____. *Ontological Relativity and Other Essays*. Nova York: Columbia University Press, 1969.
____. *Word and Object*. Cambridge: MIT Press, 1960, cap. 2.
STROUD, B. "Mind, Meaning and Practice", *in Meaning, Understanding, and Practice*. Oxford: Oxford University Press, 2000; tb. *in* Sluga, Hans e Stern, David G. (orgs.). *The Cambridge Companion to Wittgenstein*. Cambridge: Cambridge University Press, 1996.
WITTGENSTEIN, L. *Philosophische Untersuchungen*. Frankfurt a.M.: Suhrkamp, 1984 [1951]. Trad. bras. "Investigações filosóficas", *in Wittgenstein*. 3.ª ed. Coleção Os Pensadores. Trad. Carlos Brunei. São Paulo: Abril Cultural, 1984.
WRIGHT, C. "Kripke's Account of the Argument Against Private Language", *in The Journal of Philosophy*, LXXXI, 1984, pp. 289-305.
____. "Critical Notice on *Wittgenstein on Meaning*, by Colin McGinn", *in Mind*, XCVIII, 1989, pp. 759-78.

Church, teorema de
Ver TEOREMA DA INDECIDIBILIDADE DE CHURCH.

Church, tese de
Ver TESE DE CHURCH.

ciclista matemático
Ver ARGUMENTO DO MATEMÁTICO CICLISTA.

Círculo de Viena
Ver POSITIVISMO LÓGICO.

círculo vicioso
Quando a conclusão de um argumento está incluída nas premissas, diz-se que o argumento é um círculo vicioso. Exemplo disso é o argumento seguinte: "Deus existe porque a Bíblia diz que existe e a Bíblia não mente porque foi escrita por Deus." A filosofia conhece alguns exemplos famosos (e disputáveis) de círculos viciosos, como o apelo de Descartes (1596-1650) a Deus para garantir que as idéias claras e distintas (que lhe permitiram demonstrar a existência de Deus) não são falsas. Os argumentos circulares são válidos porque é impossível a premissa ou premissas serem verdadeiras e a conclusão falsa; mas são maus porque violam uma regra fundamental da boa argumentação: as premissas não são mais plausíveis do que a conclusão (*ver* LÓGICA INFORMAL).

Uma definição é um círculo vicioso quando o *definiens* contém o *definiendum*, como quando se define "vermelho" como "a cor dos objetos vermelhos". Na lógica e na matemática chama-se "definição impredicativa" a esse tipo de definição. No entanto, alguns círculos são informativos, caso em que se chamam "CÍRCULOS VIRTUOSOS". *Ver* PRINCÍPIO DO CÍRCULO VICIOSO. **DM**

círculo vicioso, princípio do
Ver PRINCÍPIO DO CÍRCULO VICIOSO.

círculo virtuoso
Quando se define algo recorrendo a um *definiens* que contém o *definiendum*, mas a definição é informativa ou útil, diz-se que estamos perante um círculo virtuoso, o que contrasta com os CÍRCULOS VICIOSOS. As definições lexicais são em geral deste tipo: a definição da palavra A_1 apela a A_2, que por sua vez apela a A_3, e acabamos por chegar a uma palavra A_k que apela a A_1. No entanto, pelo caminho adquirimos informação relevante acerca do significado de A_1, se o círculo for suficientemente longo. **DM**

citação

O dispositivo principal para distinguir o uso de uma palavra da sua menção. Na frase anterior a palavra "dispositivo" foi usada, mas agora acabou de ser citada ou mencionada, por meio do uso de aspas. Em português, o itálico é por vezes usado como dispositivo de citação; as aspas são, no entanto, preferíveis, pois permitem citações encaixadas, ao contrário do itálico ("A frase 'O nome do João é 'João' e tem quatro letras' é verdadeira"). *Ver* USO/MENÇÃO. DM

classe

Após a descoberta de diversos paradoxos em teoria dos conjuntos, o mais simples e conhecido dos quais é o PARADOXO DE RUSSELL, propuseram-se várias teorias axiomáticas para os tornear. A teoria de Zermelo-Fraenkel (ZF) é, sem dúvida, a preferida entre os especialistas em teoria dos conjuntos. Em ZF, certas propriedades não dão origem a conjuntos, a mais notável das quais é a propriedade universal $x = x$. Outra propriedade que não dá origem a um conjunto é a propriedade $x \notin x$: de fato, o argumento do paradoxo de Russell mostra, dentro da teoria ZF, que essa propriedade não dá origem a um conjunto. Por outras palavras, a teoria ZF demonstra $\neg \exists y \, \forall x \, (x \in y \leftrightarrow x \notin x)$. Um exemplo mais matemático é o de que a teoria ZF demonstra que não se pode formar o conjunto de todos os ordinais (*ver* PARADOXO DE BURALI-FORTI). Pode-se, no entanto, falar da classe de todos os ordinais.

Em ZF, tudo são conjuntos, não se podendo falar literalmente em classes, ainda que, na prática matemática, seja conveniente fazê-lo. Mais precisamente, podemos considerar (certas) expressões que envolvem classes como abreviaturas de expressões que não as envolvem. P. ex., se U é a classe universal, isto é, se U é a classe de todos os conjuntos, e se ON é a classe de todos os ordinais, então a expressão U = ON abrevia a seguinte fórmula (refutável) da teoria dos conjuntos: $\forall x \, (x = x \leftrightarrow Ord(x))$, onde $Ord(x)$ é a fórmula da teoria dos conjuntos que exprime que x é um ordinal.

Há, no entanto, sistemas da teoria dos conjuntos em que as classes têm uma existência literal. É habitual formular esses sistemas na linguagem da teoria dos conjuntos, com a variante notacional de utilizar letras maiúsculas para as variáveis (ver adiante). As classes individuam-se como os conjuntos, isto é, por meio do axioma da extensionalidade, e um conjunto X é, por definição, uma classe que é membro de outra classe – simbolicamente, X é um conjunto se $\exists Y \, (X \in Y)$. Uma classe própria é uma classe que não é um conjunto. Observe-se que as classes próprias são de um gênero diferente dos seus elementos, pois aquelas não podem ser membros de nenhuma classe, enquanto estes o são. No que se segue, reservamos as letras minúsculas para conjuntos. Mencionamos brevemente dois sistemas axiomáticos para classes. O primeiro é o sistema NBG de Von Neumann-Bernays-Gödel, cuja principal característica é o seguinte princípio de abstração: $\exists X \, \forall y \, (y \in X \leftrightarrow \pi(x))$, onde $\pi(x)$ é uma fórmula da linguagem da teoria dos conjuntos cujos quantificadores estão relativizados a conjuntos. A teoria NBG é uma extensão conservadora da teoria ZF, isto é, se ψ é uma fórmula sem variáveis livres da linguagem da teoria dos conjuntos cujas quantificações estão relativizadas a conjuntos, então ψ é uma consequência de NBG se, e somente se, ψ é uma consequência de ZF. Por outras palavras, NBG tem maior poder expressivo que ZF, mas semelhante poder dedutivo. O segundo sistema é a teoria MK de Morse-Kelley. Essa teoria admite o princípio de abstração, referido há pouco, para fórmulas arbitrárias π. Se a teoria ZF é consistente, então MK é-lhe estritamente mais forte, pois demonstra a consistência de ZF (*ver* TEOREMA DA INCOMPLETUDE DE GÖDEL).

Willard Quine também propôs uma teoria de classes, conhecida pela sigla ML, ainda que essa – ao contrário das discutidas anteriormente – não seja compatível com ZF (*ver* NEW FOUNDATIONS). *Ver também* PARADOxo de Russell; teoria dos conjuntos; paradoxo de Burali-Forti; teorema da incompletude de Gödel. FF

Fraenkel, A., Bar-Hillel, Y. e Lévi, A. *Foundations of Set Theory*. Amsterdam: North-Holland, 1973.

Quine, W. V. O. *Set Theory and its Logic*. Cambridge: Harvard University Press, 1967.

classe de equivalência

Se uma RELAÇÃO R é de equivalência – uma relação REFLEXIVA, SIMÉTRICA E TRANSITIVA – então diz-se que um conjunto de objetos que estão em R uns com os outros constitui uma classe de equivalência sob a relação R. Se o DOMÍNIO de R é um conjunto x, então a classe de equivalência de um elemento qualquer v de x é o conjunto de todos os objetos em x que estão na relação R com v; em símbolos, se denotarmos por R$|v|$ a classe de equivalência de v sob R, então temos R$|v|$ = $\{u: u \in x \wedge Ruv\}$. Tome-se, p. ex., o conjunto das pessoas e a relação de equivalência "pesar o mesmo que" definida nesse conjunto. Tal relação induz diversas classes de equivalência ou partições do conjunto em questão, ou seja, conjuntos de pessoas que são mutuamente exclusivos (a sua interseção é nula) e conjuntamente exaustivos (a sua união é o conjunto original de todas as pessoas); uma dessas classes de equivalência é o conjunto de todas aquelas pessoas, e só daquelas pessoas, que pesam 130 quilos (o qual pode bem ser vazio, ou conter um único elemento). E a classe de equivalência de (digamos) Antônio Vitorino sob essa relação é o conjunto de todas as pessoas que têm o mesmo peso que ele. JB

classe universal

Em virtude do PARADOXO DE RUSSELL, não existe nenhum conjunto universal, ou seja, um conjunto cujos elementos sejam todos os conjuntos. Mas há quem distinga entre conjuntos e CLASSES do seguinte modo: todos os conjuntos são classes, mas nem todas as classes são conjuntos. Conjuntos são classes que são membros de classes; mas as classes próprias, aquelas que se caracterizam por não pertencer a nenhuma classe, não são conjuntos. Dada tal distinção, existe uma (e uma só) classe universal, habitualmente denotada pelo símbolo V; trata-se da classe cujos elementos são todos os conjuntos, ou seja, V = $\{x: x = x\}$ (como V não é ela própria um conjunto, mas sim uma classe própria, o paradoxo de Cantor é bloqueado). *Ver* CLASSE. JB

classe virtual

Uma parte não desprezível do que se diz dos CONJUNTOS pode encarar-se como uma maneira de falar, isto é, pode explicar-se sem envolver realmente referência a conjuntos e sem utilizar a relação x é membro de y (que se simboliza por $x \in y$). Essa eliminação tem sempre lugar em contextos da forma $y \in \{x: Px\}$, substituindo-os por Py – a lei da concreção, segundo a terminologia de W. O. Quine. Essa maneira de falar de conjuntos pode alargar-se de um modo natural. P. ex., considerando que as letras gregas a seguir estão em lugar de expressões da forma $\{x: Px\}$, podem-se efetuar as seguintes substituições:

$\alpha \subseteq \beta$ por $\forall x (x \in \alpha \rightarrow x \in \beta)$
$\alpha \cup \beta$ por $\{x: x \in \alpha \vee x \in \beta\}$
$\alpha = \beta$ por $\alpha \subseteq \beta \wedge \beta \subseteq \alpha$

Observe-se que a última substituição "dá sentido" à noção de identidade entre expressões da forma $\{x: Px\}$. Em suma, por vezes é possível falar de conjuntos por meio desses (e de outros) subterfúgios parafraseantes. O que esses subterfúgios não conseguem fazer é parafrasear asserções sobre conjuntos que envolvam quantificação sobre estes: nesses casos parece que ficamos irredutivelmente comprometidos com uma genuína ontologia de conjuntos. O mecanismo das classes virtuais é o mesmo mecanismo que permite a certas teorias de conjuntos lidarem com CLASSES (p. ex., a teoria ZF). A teoria das classes virtuais lembra também o mecanismo de Russell e Whitehead no *Principia Mathematica* para introduzir os conjuntos. Há, no entanto, uma diferença crucial: Russell e Whitehead permitem quantificações sobre funções proposicionais e, portanto, derivadamente sobre conjuntos. *Ver também* CONJUNTO; CLASSE; PRINCÍPIO DA ABSTRAÇÃO; TEORIA DOS TIPOS. **FF**

FRANCO DE OLIVEIRA, A. J. *Teoria dos conjuntos.* Lisboa: Livraria Escolar Editora, 1982.
HRBACEK, K. e JECH, T. *Introduction to Set Theory.* Nova York: Marcel Dekker, 1984.
QUINE, W. V. O. *Set Theory and its Logic.* Cambridge: Harvard University Press, 1967.
WHITEHEAD, A. N. e RUSSELL, B. *Principia Mathematica.* Cambridge: Cambridge University Press, 3 vols., reimp. 1978 (1.ª ed. 1910, 2.ª ed. 1927).

classes, paradoxo das

Ver PARADOXO DE RUSSELL.

codificação

Ver NÚMEROS DE GÖDEL.

coerência, teoria da

Ver VERDADE COMO COERÊNCIA, TEORIA DA.

coextensivo

Dois termos são coextensivos quando se aplicam aos mesmos objetos. P. ex., "criatura com rins" e "criatura com coração" são termos gerais coextensivos. A coextensionalidade não se deve confundir com a sinonímia, à custa da qual podemos gerar frases analíticas. Apesar de todos os termos sinônimos serem coextensivos, nem todos os termos coextensivos são sinônimos. "Criatura com rins" e "criatura com coração" são, precisamente, termos coextensivos, apesar de não serem sinônimos (a frase "Todas as criaturas com rins têm coração" não é analítica). Uma pessoa que compreenda dois termos coextensivos pode apesar disso descobrir empiricamente que se aplicam aos mesmos objetos; no entanto, se compreender dois termos sinônimos (analiticamente equivalentes), não poderá constituir para ela uma descoberta empírica o fato de os dois termos se aplicarem aos mesmos objetos. *Ver* ANALÍTICO. **DM**

compacidade, teorema da

Ver TEOREMA DA COMPACIDADE.

compatível

Diz-se de um conjunto de frases ou teoria em dada linguagem L que é compatível se tem, pelo menos, um MODELO, isto é, se existe, pelo menos, uma interpretação ou estrutura adequada para a linguagem L que satisfaz todas as frases do conjunto ou teoria. Para linguagens de primeira ordem, a compatibilidade de um conjunto de frases ou teoria é uma propriedade semântica equivalente à propriedade sintática de CONSISTÊNCIA OU NÃO-CONTRADIÇÃO. Essa última é a propriedade de não ser possível deduzir simultaneamente uma frase e a sua negação a partir de hipóteses que são frases do conjunto ou teoria dados. A referida equivalência é uma formulação dos famosos metateoremas da validade e da completude semântica de Gödel (1906-1978). **AJFO**

competência

A competência lingüística de um falante relativamente a dado idioma consiste no conhecimento lingüístico, tipicamente não-explícito para o próprio falante, que este tem do léxico, das regras e dos princípios desse idioma, o qual lhe permite entender e produzir enunciados nesse código. Em tal medida, competência distingue-se de desempenho (*performance*) no sentido em que a primeira constitui a infra-estrutura cognitiva de uma língua que enquadra a segunda, isto é, a execução das ações efetivas de uso dessa língua. É habitual ilustrar a diferença competência/desempenho recorrendo ao exemplo da produção de determinada frase: deve-se à competência do falante o fato de as palavras dessa frase se encontrarem corretamente concatenadas e de ela veicular com êxito a mensagem pretendida; a forma, mais rápida ou mais cadenciada, mais alta ou mais sussurrada, etc. em que a frase foi proferida resulta do desempenho desse falante na produção dessa frase. *Ver também* CONHECIMENTO; GRAMÁTICA GENERATIVA. **AHB/PS**

Spumpf, J. "Competência/performance", *in Enciclopédia Einaudi*. Lisboa: Imprensa Nacional-Casa da Moeda, 1984.

complementar, conjunto

Ver CONJUNTO COMPLEMENTAR.

complemento

(de uma relação) O complemento de uma relação R é a classe de todos os PARES ORDENADOS <*a, b*>, tais que ¬R*ab*. Se nos permitirmos ver, por um momento, as coisas (ou melhor, as pessoas) em preto-e-branco, o complemento da relação "ser amigo de" é a relação "ser inimigo de".

complemento

(de um conjunto) Ver CONJUNTO COMPLEMENTAR.

completude

De acordo com uma noção habitual (semântica) de completude, uma teoria ou um SISTEMA FORMAL T, o qual é uma formalização de uma disciplina dada D, diz-se completo quando o conjunto dos TEOREMAS de T, isto é, o conjunto das frases demonstráveis em T, coincide com o conjunto das frases verdadeiras de D. Por outras palavras, se S é uma frase verdadeira de D (exprimível em T), então S é demonstrável em T; e se S é demonstrável em T, então S é uma frase verdadeira de D. Por vezes, a noção de completude semântica é empregada de tal maneira que apenas se aplica ao tipo de resultado expresso pelo primeiro desses condicionais; nesse caso, o termo "CORREÇÃO" (ou "adequação") é utilizado para cobrir o tipo de resultado expresso pelo segundo dos condicionais. *Ver também* TEOREMA DA COMPLETUDE; TEOREMA DA CORREÇÃO. **JB**

completude, teorema da

Ver TEOREMA DA COMPLETUDE.

composição, falácia da

Ver FALÁCIA DA COMPOSIÇÃO.

composicionalidade, princípio da

Princípio formulado por Frege (1848-1925) – sendo também por vezes designado de "princípio de Frege" – segundo o qual, dada uma linguagem L, o SIGNIFICADO (na acepção SEMÂNTICA e não-PRAGMÁTICA do termo) de uma expressão complexa é exaustivamente determinado pelo (ou "é função do") significado das expressões que o compõem e pelo modo como estão concatenadas. A partir dessa formulação é óbvio que o princípio é aplicável recursivamente; e essa recursividade tem, por sua vez, a conseqüência de que, se a SINTAXE de uma linguagem tiver a capacidade de gerar um número infinito de FRASES (*ver* PRODUTIVIDADE), então, se for composicional, a sua semântica será capaz de, por meio de um ALGORITMO finito, atribuir significados a todas elas.

Em uma linguagem com essas características, portanto, o significado de uma frase pode ser descrito em termos da contribuição semântica feita pelas suas partes atômicas (isto é, palavras) e pelo modo como elas se organizam (sintaticamente) em "constituintes". Apesar de a definição de constituinte sintático – designadamente nas línguas naturais – não ser uma tarefa trivial (constituindo um problema típico de sintaxe formal das línguas naturais) e do fato de que nem todas as palavras ocorrentes em uma frase podem ser classificadas como tendo uma contribuição autônoma para a semântica da frase (*ver também* CATEGOREMÁTICO/SINCATEGOREMÁTICO), é argumentável que, como Frege pretendia, o princípio exprime, de modo simples e elegante, não só a maneira pela qual as fórmulas das linguagens formais (p. ex., do CÁLCULO DE PREDICADOS de primeira ordem) são INTERPRETADAS, mas também o modo como os falantes das línguas naturais interpretam as frases dessas línguas. Isso sugere fortemente que qualquer linguagem formal que pretenda representar a FORMA LÓGICA das frases das línguas naturais (como parte da representação da COMPETÊNCIA semântica dos falantes), seja ou não o cálculo de predicados, tem de permitir traduções composicionais a partir dessas línguas e tem de ter, ela própria, uma semântica composicional (*ver* GRAMÁTICA DE MONTAGUE; SEMÂNTICA FORMAL).

Uma característica básica da idéia de Frege da "composicionalidade do significado" é que ela é, segundo a dicotomia que ele próprio introduziu, formulável de duas maneiras diferentes, consoante tenhamos em mente o SENTIDO (*Sinn*) ou a REFERÊNCIA (*Bedeutung*) das expressões envolvidas. Essa bipartição da noção geral de "significado" faz com que seja possível concretizar a idéia de composicionalidade, aplicando-a por um lado ao sentido (ou "intensão") e por outro à referência (ou "extensão"), obtendo-se assim dois princípios diferentes, embora exatamente paralelos:

1) Princípio da Composicionalidade Intensional: O sentido (ou "intensão") de uma expressão complexa E cujas expressões componentes (ou constituintes) sejam $e_1,..., e_n$ é exaustivamente determinado pelo sentido de $e_1,..., e_n$ e pelo modo como se concatenam para formar E.

2) Princípio da Composicionalidade Extensional: A referência (ou "extensão") de uma expressão complexa E cujas expressões componentes (ou constituintes) sejam $e_1,..., e_n$ é exaustivamente determinada pela extensão de $e_1,..., e_n$ e pelo modo como se concatenam para formar E.

Essas duas concretizações da idéia inicial de equiparar o significado de uma expressão a algo como a "soma" dos significados das suas subexpressões são de uma razoabilidade bastante evidente. Conformam-se perfeitamente, p. ex., à nossa intuição de que "James M. Thompson escreveu um livro sobre a pessoa que foi primeiro cônsul da França de 1799 a 1804" e "James M. Thompson escreveu um livro sobre a pessoa que foi coroada como imperador da França em 1804" falam acerca do mesmo estado de coisas e têm de ter o mesmo valor de verdade (uma vez que "o primeiro cônsul de 1799 a 1804" e "a pessoa que foi coroada como imperador da França em 1804" têm o mesmo referente), embora o façam de maneira diferente e não tenham, portanto, sentidos idênticos (uma vez que essas duas expressões têm, elas próprias, sentidos diferentes). E conformam-se também à nossa intuição de que, se "a pessoa que foi coroada como imperador da França em 1804" for substituído por uma expressão idêntica em sentido (digamos, "o imperador francês coroado em 1804"), então a frase resultante é idêntica, quer em referência (isto é, em valor de verdade, segundo Frege), quer em sentido (isto é, na PROPOSIÇÃO que exprime, segundo Frege), à frase original.

As versões 1 e 2 do princípio obedecem, de um ponto de vista fregiano, à hierarquia que estabelece o sentido como conceptualmente primário em relação à referência, isto é, aquela segundo a qual o sentido determina a referência, mas não vice-versa. Essa prioridade do sentido, junto com as duas versões 1 e 2, explica a existência de expressões complexas com um sentido, mas sem referência – p. ex., "o irmão do rei da França" ou "o rei da França é careca". Para Frege, essas expressões complexas (respectivamente um sintagma nominal e uma frase declarativa) não têm referência (não referem, respectivamente, uma pessoa e um valor de verdade) devido ao fato de conterem um TERMO SINGULAR (no caso, uma DESCRIÇÃO DEFINIDA, "o rei da França") que não tem também referência. Mas ambas são expressões com sentido, "exprimindo" (em vocabulário fregiano) respectivamente um conceito individual e uma proposição ou "pensamento". Esse resultado é satisfatório, uma vez que é consistente com as nossas intuições lingüísticas: apesar de não haver alguém que possamos identificar como o referente de "o irmão do rei da França" e de ser pelo menos questionável que a frase "o rei da França é careca" tenha um valor de verdade, há um conteúdo conceptual associado quer ao sintagma nominal, quer à frase que nos permite entendê-los e, justamente, decidir que não têm, respectivamente, um referente e um valor de verdade (*ver* TEORIAS DAS DESCRIÇÕES DEFINIDAS para o contra-argumento de Russell a esse tipo de análise da semântica das descrições). O princípio cobre o caso de contextos referencialmente opacos (*ver* OPACIDADE REFERENCIAL) do tipo daqueles criados por verbos de atitude proposicional como "acreditar", uma vez que se pode defender que a proposição habitualmente identificável com o sentido da oração subordinada quando tomada isoladamente é, no contexto encaixado em que ocorre nesses casos, a sua referência (p. ex., enquanto ocorrente em "O João acredita que a Suíça é neutra", a oração "a Suíça é neutra" tem por referência, em vez do seu valor de verdade, a proposição que habitualmente é o seu sentido), isto é, *grosso modo* é identificável com o objeto da atitude proposicional em causa. Isso explica satisfatoriamente o fato de que, em tais contextos, a referência (isto é, na versão de Frege o seu valor de verdade) de toda a frase é (por composicionalidade extensional) determinada pelo conteúdo proposicional da oração subordinada, e não pelo seu valor de verdade (p. ex., uma frase do mesmo tipo em que, como oração encaixada, tenhamos "a Confederação Helvécia é neutra", em vez da extensionalmente EQUIVALENTE "a Suíça é neutra" pode não ter o mesmo valor de verdade da primeira). Mesmo para quem não adote o ponto de vista fregiano de que a referência das frases declarativas é um dos dois valores de verdade Verdadeiro ou Falso (o qual é um tanto exótico; *ver*, no entanto, ARGUMENTO DA CATAPULTA), o PC (ou os PCs) não perde o seu apelo básico: se supusermos, p. ex. (de acordo com a semântica de situações), que a referência de uma frase é uma situação, então podemos ainda dizer que, pelo PC extensional, as duas frases sobre o livro de James M. Thompson se referem à mesma situação, embora tenham significados diferentes (pelo PC intensional).

A aplicabilidade universal do PC às estruturas das línguas naturais tem sido posta em causa por desenvolvimentos recentes em semântica formal (designadamente pelos adeptos da teoria das representações do discurso ou *Discourse Representation Theory*, DRT), sobretudo a partir de observações sobre a sensibilidade da interpretação semântica de pronomes ao contexto discursivo e lingüístico em que as frases que os contêm ocorrem; no entanto, é argumentável que tais fenômenos são analisáveis composicionalmente, como na lógica dinâmica de predicados. Em todo o caso, é consensual que o PC descreve adequadamente a generalidade dos casos de atribuição de valores semânticos a expressões sintaticamente complexas e é, portanto, essencial como instrumento de análise da competência semântica dos falantes das línguas naturais.

Além dessas vantagens descritivas, a presunção de que o significado lingüístico é composicional tem também vantagens explicativas. Com efeito, sem presumir composicionalidade é difícil explicar o modo extraordinariamente veloz (tendo em conta a complexidade das estruturas envolvidas) como uma criança aprende a sua língua materna. Tal fenômeno é facilmente compreensível, pelo contrário, se se aceitar que as regras semânticas por meio das quais um falante computa o significado de um constituinte complexo C (p. ex., uma frase) o fazem combinando os significados dos seus subconstituintes $c_1,..., c_n$ de acordo com o modo como $c_1,..., c_n$ se estruturam para formar C – pois nesse caso o número de algoritmos de computação de significados que o falante necessita aprender é relativamente pequeno. Além disso, e não menos importante, esses algoritmos são, tal como as capacidades de processamento dos falantes, finitos (em número), ao passo que o número de frases cujo significado os falantes são capazes de compreender por meio da sua aplicação é infinito (*ver* PRODUTIVIDADE) – o que, de novo, milita (dadas as nossas observações iniciais sobre recursividade) a favor da idéia de que tais algoritmos são composicionais. *Ver também* CÁLCULO DE PREDICADOS; COMPETÊNCIA; GRAMÁTICA DE MONTAGUE; INTERPRETAÇÃO; OPACIDADE REFERENCIAL; PRODUTIVIDADE; SINTAXE; SEMÂNTICA; SEMÂNTICA FORMAL; SENTIDO/REFERÊNCIA; PRINCÍPIO DO CONTEXTO. **PS**

GAMUT, L. T. F. *Logic, Language and Meaning*. Chicago: University of Chicago Press, 1991, vol. 2.

LARSON, R. e SEGAL, G. *Knowledge of Meaning*. Cambridge: MIT Press, 1995.

compossível

A contraparte metafísica do conceito lógico de CONSISTÊNCIA: dois particulares são compossíveis se podem coexistir em pelo menos um mundo possível; duas propriedades são compossíveis se podem ser co-exemplificadas em pelo menos um mundo possível; dois estados de coisas são compossíveis se podem ambos verificar-se em pelo menos um mundo possível. P. ex., o estado de coisas em que esta folha é branca e o estado de coisas em que esta folha está manchada são compossíveis, uma vez que uma folha branca pode estar manchada.

Opõe-se a incompossível a contraparte metafísica do conceito lógico de inconsistência: dois particulares são incompossíveis se não podem coexistir em nenhum mundo possível; duas propriedades são incompossíveis se não podem ambas ser exemplificadas em nenhum mundo possível; dois estados de coisas são incompossíveis se não podem ambos verificar-se em nenhum mundo possível. P. ex., o estado de coisas em que esta folha é toda branca e o estado de coisas em que esta folha é toda azul são incompossíveis. **DM**

compreensão

(de um termo) O mesmo que CONOTAÇÃO.

compreensão, princípio da

Ver ABSTRAÇÃO, PRINCÍPIO DA.

compromisso ontológico

A noção de compromisso ontológico foi introduzida e discutida por Willard Quine (1908-2000) em uma série de ensaios importantes, entre os quais figura o já clássico "On What There Is".

No sentido quiniano do termo, uma teoria acerca de determinado segmento da realidade ou da experiência é simplesmente uma coleção consistente de crenças ou afirmações, expressas em determinada linguagem, acerca do segmento em questão; e uma teoria será verdadeira se todas as crenças que a compõem, e logo todas as conseqüências lógicas dessas crenças, forem de fato verdadeiras. Os objetos com os quais uma teoria está ontologicamente comprometida são precisamente aqueles cuja existência é assumida, de forma explícita ou implícita, pela teoria; tais objetos formam a ontologia (ou melhor, uma das ontologias) da teoria: um conjunto de entidades cuja inexistência teria como conseqüência a falsidade da teoria.

Uma das propostas mais célebres de Quine consiste em um processo para determinar com que objetos, ou com que classes ou categorias de objetos, está dada teoria ontologicamente comprometida. Note-se que o processo não nos permite determinar o que há, ou o que existe, *simpliciter*. Não nos permite determinar, p. ex., se há ou não entidades supostamente controversas, talvez em virtude de serem abstratas, como NÚMEROS, CLASSES, PROPRIEDADES OU PROPOSIÇÕES. O processo é relativo a uma teoria: apenas nos permite verificar o que há, ou o que existe, para dada teoria. E uma questão importante e substantiva é a de determinar com que objetos, e com que categorias de objetos, está ontologicamente comprometido o nosso sistema de crenças, a nossa melhor teoria total da experiência.

A essência do processo de Quine é captada pelo famoso *slogan*: "Ser é ser o valor de uma variável ligada." A sua aplicação a uma teoria pressupõe assim, de modo crucial, que a teoria – ou a linguagem na qual a teoria está expressa – esteja logicamente regimentada; e essa exigência de regimentação é, *grosso modo*, a de que as frases ou afirmações da teoria sejam de alguma maneira parafraseáveis (ou tradutíveis) naquilo que Quine considera ser uma NOTAÇÃO CANÔNICA, uma notação adequada para acomodar qualquer disciplina cientificamente respeitável: a linguagem formal da lógica de primeira ordem. O processo sugerido, conhecido como critério de compromisso ontológico (CO), é basicamente o seguinte:
CO) Uma teoria (regimentada) T está ontologicamente comprometida com determina-

do objeto *o*, respectivamente com objetos de determinada categoria C, se, e somente se, uma condição necessária para T ser verdadeira é que o objeto *o*, respectivamente pelo menos um objeto da categoria C, esteja entre os valores das variáveis quantificadas de T.

Por outras palavras, T seria uma teoria falsa se o objeto *o* não existisse, isto é, se não fosse o valor de uma variável ligada da teoria; ou se a categoria C fosse vazia, isto é, se nenhum dos membros de C fosse o valor de uma variável ligada da teoria.

No caso da existência singular (existência de um objeto em particular), se uma teoria T contém, ou implica logicamente, uma frase ou afirmação da forma geral $\exists x\, a = x$, em que *a* é um termo singular, então T está ontologicamente comprometida com o objeto *a*. Com efeito, para T ser verdadeira, *a* tem de estar entre os objetos sobre os quais a variável objetual *x*, ligada pelo quantificador existencial, toma valores; note-se que aquilo que aquela frase diz é precisamente que *a* é o valor de uma variável quantificada, ou que *a* existe. No caso de existência geral (existência de objetos de certa categoria), se T contém, ou implica logicamente, uma frase ou afirmação da forma geral $\exists x\, Fx$, em que F é um predicado monádico (termo geral) cuja EXTENSÃO é determinada classe F de objetos, então T está ontologicamente comprometida com objetos da categoria F, ou, simplesmente, efes. Com efeito, para T ser verdadeira, pelo menos um F tem de estar entre os objetos sobre os quais a variável objetual *x*, ligada pelo quantificador existencial, toma valores; note-se que aquilo que aquela frase diz é precisamente que pelo menos um F é o valor de uma variável quantificada, ou que existem efes. Uma teoria pode estar associada a um par de ontologias mutuamente exclusivas, como se pode ver a partir do seguinte caso de Quine. Suponhamos que uma teoria contém, ou implica logicamente, uma afirmação da forma $\exists x\, \text{Cão } x$, e logo que está ontologicamente comprometida com cães; ora, p. ex., um universo que (entre outras coisas) inclua vira-latas e exclua pastores alemães é tanto uma ontologia dessa teoria quanto o é um universo que (entre outras coisas) inclua pastores alemães e exclua vira-latas.

Para efeitos de verificação de compromissos ontológicos, a presença do quantificador existencial é importante. Quine advoga a doutrina, algo controversa para alguns filósofos (*ver* EXISTÊNCIA), de que as expressões típicas correntes de existência – "*a* existe" ou "Há algo como *a*", "existem efes" ou "Há efes" – são inteiramente captadas pelo quantificador existencial da lógica clássica (no primeiro caso, com o auxílio da identidade), sendo as respectivas regimentações dadas nas fórmulas $\exists x\, a = x$ e $\exists x\, Fx$. Por outro lado, é sabido que certas quantificações universais carecem de força existencial. Suponhamos, p. ex., que T é uma teoria que contém, ou implica logicamente, uma frase como "Todos os unicórnios têm um corno". Uma paráfrase dessa frase na notação da LÓGICA DE PRIMEIRA ORDEM é dada na quantificação universal $\forall x\, [\text{Unicórnio } x \to \text{Ter-um-corno } x]$. É assim fácil ver que T não está, apenas nessa base, ontologicamente comprometida com unicórnios; uma vez que não é de forma alguma necessário que esses estejam entre os valores da variável *x* para que aquela afirmação seja verdadeira: de fato, se a frase aberta "Unicórnio *x*" for falsa para qualquer atribuição de valores a *x*, então a frase aberta condicional "Unicórnio $x \to$ Ter-um-corno *x*" será verdadeira para qualquer atribuição de valores a *x*, o que torna imediatamente verdadeira a quantificação universal. Naturalmente, se quiséssemos, poderíamos sempre dizer que a presença em uma teoria de uma afirmação como "Todos os unicórnios têm um corno" compromete afinal a teoria com a existência de unicórnios, no sentido em que estes têm de estar entre os valores das variáveis ligadas da teoria de maneira a tornar a afirmação verdadeira, mas não trivialmente (ou vacuamente) verdadeira.

Todavia, e em todo o caso, convém salientar que a presença do quantificador existencial não é indispensável para fins de revelação de uma ontologia. Por um lado, se o permutássemos nas fórmulas atrás citadas com o quantificador universal, não obteríamos resultados diferentes (no que diz respeito aos compromissos ontológicos anteriores): uma teoria que contivesse uma frase da forma $\forall x\ a = x$ continuaria ontologicamente comprometida com o objeto $\underline{a}$, dessa vez de modo mais trivial, pois o domínio de quantificação da teoria incluiria apenas esse objeto; e uma teoria que contivesse uma frase da forma $\forall x\ Fx$ continuaria ontologicamente comprometida com a existência de efes, dessa vez de modo mais trivial, pois o domínio de quantificação da teoria (o qual, dada a lógica clássica, não pode ser vazio) coincidiria com a classe dos efes. Por outro lado, uma teoria que contenha, ou implique logicamente, uma frase da forma $\exists x\ [\text{Unicórnio}\ x \to \text{Ter-um-corno}\ x]$ também não está, por razões paralelas às antes apresentadas (e tendo em conta a qualificação feita no fim do parágrafo anterior), ontologicamente comprometida com unicórnios. Em contraste com isso, uma teoria que contenha, ou implique logicamente, uma frase parafraseável em uma quantificação universal da forma $\forall x\ [Fx \wedge Gx]$ está com certeza comprometida com a existência de efes (bem como com a existência de gês).

Ao critério quiniano CO está claramente associada a idéia de que o único canal genuíno de compromisso ontológico disponível em uma teoria (logicamente regimentada) consiste nas suas variáveis quantificadas: para a teoria, existe aquilo, e só aquilo, sobre o qual as variáveis quantificadas têm de tomar valores para a teoria ser verdadeira. Outras categorias de expressões, em especial nomes próprios e outros termos singulares, são desprezadas como insuficientes para revelar (por si sós) os compromissos ontológicos de uma teoria. Ora, uma das fontes principais de oposição ao critério quiniano é justamente a relutância em aceitar a doutrina associada acerca da exclusividade ôntica da variável. Peter Strawson, p. ex., é um dos filósofos que, ao não aceitar essa doutrina, se opõem ao critério quiniano (veja-se Strawson, 1994). Pode-se argumentar, com efeito, que nomes próprios e outros gêneros de termos singulares são igualmente bons indicadores de compromissos ontológicos. Uma teoria que contenha, p. ex., uma afirmação como "Homero viveu em Tebas" parece estar, só nessa base, comprometida com a existência de uma pessoa particular, isto é, Homero. Do mesmo modo, uma teoria que contenha, p. ex., uma afirmação como "A baleia corcunda está em vias de extinção" parece estar, só nessa base, comprometida com a existência de um particular abstrato, de certa subespécie animal.

Quine procura contrariar tais pretensões com três gêneros de considerações.

Em primeiro lugar, do fato de uma palavra ou expressão ser gramaticalmente um nome não se segue que o seja semanticamente, não se segue que a expressão seja empregada em uma teoria como um nome de um objeto. Por um lado, uma teoria pode incluir uma expressão como "A baleia", a qual é sintaticamente um nome, sem que essa expressão seja empregada na teoria como um nome, ou seja, como um designador de certa espécie animal. Do fato de uma frase como "A baleia é um mamífero" ser verdadeira, em uma teoria, não se segue de forma alguma que a teoria esteja ontologicamente comprometida com um particular abstrato, a espécie baleia ela própria. Basta reparar que essa frase é corretamente parafraseável na quantificação universal $\forall x\ [\text{Baleia}\ x \to \text{Mamífero}\ x]$, eliminando o termo singular abstrato e dando lugar a um predicado monádico; na melhor das hipóteses, a teoria admitiria assim a existência de pelo menos uma baleia particular, mas não a existência do universal, da espécie. Por outro lado, existem certamente nomes próprios, bem como outros termos singulares, que são vácuos. E uma expressão desse gênero – p. ex., "Pégaso" – pode ser usada em uma teoria sem nenhum gênero de compromisso ontológico com um objeto putativo nomeado pela expressão; com efeito, ela pode ser usada justamente para afirmar que não existe tal objeto, como sucede na frase "Pégaso não existe". Pode-se dizer que um nome próprio (ou um termo singular) *a* está a ser utilizado em uma teoria com força existencial, isto é, como nome de um objeto particular, quando, e somente quando, a teoria contém (ou implica logicamente) uma quantificação existencial da forma $\exists x\, a = x$; ou seja, quando, e somente quando, o putativo objeto nomeado é o valor de uma variável quantificada. E isso conduz-nos naturalmente à variável ligada como veículo primário de força existencial.

Em segundo lugar, se a nossa ontologia incluir números, em especial números reais, então segue-se (com base em um resultado célebre da teoria dos conjuntos obtido por Cantor: *ver* DIAGONALIZAÇÃO) que nem todos os objetos que admitimos são nomeáveis; embora possamos, em todo o caso, proceder a quantificações sobre tais objetos.

Em terceiro lugar, e esta é a consideração que se julga muitas vezes ser a motivação central do critério, Quine defende uma doutrina bem mais forte: a doutrina da eliminabilidade de nomes próprios. A idéia é a de que tudo que, em dada linguagem, se diz por meio do emprego de nomes poderia ser dito, em uma linguagem "reformada" da qual eles estivessem absolutamente ausentes, por meio dos dispositivos básicos da quantificação, predicação e identidade. A eliminação proposta seria executada nas seguintes duas etapas: 1) Os nomes disponíveis seriam associados a certos predicados artificiais: p. ex., o nome "Sócrates" seria associado a um predicado (ou a uma frase aberta) como "*x* socratisa"; e, por meio da prefixação do operador descritivo, tais predicados dariam depois origem a certas descrições definidas: p. ex., o predicado "*x* socratisa" daria origem à descrição "O *x* tal que *x* socratisa" ou, simplesmente, "O socratisador". 2) As descrições definidas resultantes seriam subseqüentemente eliminadas em contexto por meio dos métodos da TEORIA DAS DESCRIÇÕES de Russell. Suponhamos, p. ex., que a nossa teoria contém a afirmação "Sócrates bebeu a cicuta". Após a etapa 1, esta afirmação seria parafraseada em algo como "O socratisador bebeu a cicuta", e, após a etapa 2, em "Pelo menos uma pessoa socratisa, mais ninguém socratisa, e essa pessoa bebeu a cicuta" – em símbolos, $\exists x\, [\text{Socratisa } x \wedge \forall y\, [\text{Socratisa } y \to y = x] \wedge \text{Bebeu-a-cicuta } x]$. Assim, o *terminus* do processo contém apenas variáveis quantificadas como dispositivos de referência singular; e os compromissos ontológicos das afirmações iniciais (não-analisadas) são revelados, após a análise, como sendo aqueles objetos que têm de estar entre os valores das variáveis ligadas para que as afirmações terminais (as análises) sejam verdadeiras.

Considerada acerca do funcionamento real de uma linguagem natural, e não acerca da natureza de uma linguagem ideal ou "notação canônica", a doutrina da eliminabilidade de nomes próprios é vista por muitos, e justificadamente, como implausível; o mesmo sucede, talvez até em maior grau, em relação à doutrina análoga acerca da eliminabilidade de outros termos singulares sintaticamente simples, p. ex., pronomes pessoais (p. ex., "eu") e demonstrativos (p. ex., "isso") em usos não-ANAFÓRICOS. Com efeito, a doutrina depende da tese, inicialmente avançada por Bertrand Russell, de que os nomes próprios correntes são na realidade abreviaturas de certas DESCRIÇÕES DEFINIDAS, sendo a ocorrência de um nome em uma frase substituível, *salva significatione* (preservando o significado), pela descrição que "define" o nome. Mas essa é, para muitos, uma tese implausível (veja-se, p. ex., Kripke, 1980), mesmo quando considerada na sua versão quiniana, com as descrições definidoras a serem artificialmente construídas a partir de predicados inventados.

Aos olhos de Quine, o critério é considerado um meio eficaz de realização de uma política de parcimônia ontológica guiada por princípios filosóficos gerais de inspiração simultaneamente naturalista e extensionalista. (Todavia, escusado será dizer, esse gênero de política é dissociável do critério como tal.) Desse ponto de vista, certas categorias de entidades, com destaque para entidades simultaneamente intensionais e abstratas como propriedades (ou atributos) e proposições, são de início tidas como suspeitas; sobretudo em virtude de não serem (alegadamente) governadas por princípios de individuação claros. Outras categorias de entidades, com destaque para entidades simultaneamente extensionais e abstratas como classes e números, acabam por ser toleradas, embora sempre com alguma reserva, pois sua natureza abstrata é incompatível com as exigências de uma ontologia naturalizada.

O critério é então utilizado para tentar mostrar que aquilo que superficialmente supomos serem compromissos ontológicos e, como tais, categorias indesejáveis de entidades, são, afinal, sob análise, meras aparências: as afirmações em disputa acabam por ser corretamente parafraseáveis em afirmações cuja verdade já não exige que tais entidades estejam entre os valores das variáveis. São particularmente interessantes, e têm sido objeto de intensa discussão, os aparentes compromissos de certas frases que aceitamos como verdadeiras com a existência de atributos ou propriedades. Comecemos por considerar uma predicação simples como "Sócrates é humilde"; e suponhamos que ela faz parte da nossa "teoria", do nosso estoque corrente de crenças. Naturalmente, estamos desse modo comprometidos, à luz do critério, com a existência de uma pessoa particular, nomeadamente Sócrates (a pessoa designada pelo nome "Sócrates"); uma vez que, nesse caso, seria natural aceitarmos a quantificação existencial $\exists x$ Sócrates = x. Mas será que estamos desse modo também comprometidos com a existência de uma qualidade ou propriedade de pessoas, nomeadamente a humildade ou a propriedade de ser humilde (a propriedade introduzida pelo predicado "(é) humilde")? Uma resposta afirmativa a essa questão é fortemente sugerida pela adoção da seguinte maneira, bastante habitual, de especificar corretamente condições de verdade para frases daquele tipo: a frase "Sócrates é humilde" é verdadeira se, e somente se, Sócrates, o objeto designado pelo nome, tem a propriedade de ser humilde, a propriedade introduzida pelo predicado. E, tal como uma frase relacional como "Sócrates detesta Cálias" nos compromete com a existência de Cálias, também a frase relacional "Sócrates tem a propriedade de ser humilde" (ou "Sócrates exemplifica a humildade") nos compromete com a existência da propriedade de ser humilde. Note-se que, tal como aquela frase, essa última tem a estrutura geral termo singular / predicado binário / termo singular (podendo ser parafraseada na fórmula T (a, λx Hx), ocupando assim o segundo termo singular uma posição aberta à quantificação existencial); por conseguinte, a frase "Sócrates tem pelo menos uma propriedade" seria dedutível de "Sócrates tem a propriedade da humildade", e assim de "Sócrates é humilde", por generalização existencial. Seria desse modo evidente, à luz do critério, o nosso compromisso com a existência de qualidades ou propriedades. Além disso, há predicações simples em que a propriedade introduzida pelo predicado "(é) humilde" é designada por um termo singular abstrato que ocupa a posição gramatical de sujeito, como é o caso na frase "A humildade é uma virtude"; aqui uma propriedade de segunda ordem, a propriedade de ser uma virtude, é predicada de uma propriedade de primeira ordem, a humildade (e essa é precisamente a propriedade anteriormente predicada de um indivíduo, Sócrates).

A réplica quiniana a observações desse gênero seria naturalmente a de que, apesar das aparências em sentido contrário, nem predicados nem termos singulares abstratos nos comprometem com a existência de alegadas propriedades introduzidas ou designadas por essas expressões. No caso de predicados, basta reparar que o modelo semântico anteriormente utilizado, apesar de freqüente, não é de modo algum obrigatório; e poderia ser substituído, sem nenhum prejuízo teórico, por uma semântica ontologicamente menos extravagante. (Ou, se quiséssemos em todo o caso conservar aquele modelo, poderíamos sempre vê-lo como uma simples maneira de falar, ontologicamente inócua.) P. ex., poderíamos especificar condições de verdade corretas para a nossa predicação simples da seguinte maneira: a frase "Sócrates é humilde" é verdadeira se, e somente se, há pelo menos um indivíduo *x* tal que o nome "Sócrates" designa *x* e o predicado "(é) humilde" aplica-se a *x*. Dado esse estilo de semântica, a verdade da nossa afirmação pressupõe certamente a existência de Sócrates, mas não pressupõe de forma alguma a existência de qualquer atributo ou propriedade: a conversa acerca de propriedades, e da sua exemplificação por indivíduos, dá lugar a uma conversa acerca de entidades lingüísticas como predicados, e da sua aplicação a indivíduos. Logo, são aparentemente bloqueadas quantificações existenciais de segunda ordem, sobre propriedades, e transições suspeitas como a de "Sócrates é humilde" para "Sócrates tem pelo menos uma propriedade"; o máximo que, a esse respeito, poderíamos deduzir da frase "Sócrates é humilde" seria algo ontologicamente asséptico como "Pelo menos um predicado aplica-se a Sócrates". No caso de termos singulares abstratos, a estratégia quiniana é a de procurar parafrasear frases que os contenham (na posição de sujeito) em frases nas quais eles já não ocorrem de forma alguma; assim, os compromissos ontológicos daquelas frases com alegadas propriedades que seriam os *designata* desses termos revelar-se-iam, sob análise, ilusórios. Um exemplo típico seria dado pela paráfrase da frase "A humildade é uma virtude" na quantificação universal "Qualquer pessoa humilde é virtuosa"; os compromissos ontológicos daquela frase seriam assim os da sua paráfrase: a sua verdade (não-trivial) não pressuporia mais do que a existência de pelo menos uma pessoa humilde. Todavia, como Frank Jackson e outros mostraram (veja-se Jackson, 1977), essa manobra é duvidosa. Por um lado, há casos como "A humildade é rara", cuja paráfrase não poderia ser plausivelmente dada em termos de uma quantificação universal daquele tipo, a qual seria uma espécie de erro categorial; uma réplica possível a essa objeção consistiria em conceder a expressões como "A humildade" o estatuto de termos singulares genuínos, mas insistir em que eles não designam em todo o caso entidades intensionais como propriedades de particulares (ou atributos): designam antes entidades extensionais, e, logo, mais respeitáveis, como classes de particulares. Por outro lado, mesmo em relação a casos como "A humildade é uma virtude", há razões para pensar que a manobra quiniana fracassa. Suponhamos que, em realidade, todas as pessoas altas são virtuosas. Nesse caso, dado o estilo de paráfrase adotado, da verdade da frase "Qualquer pessoa alta é virtuosa" seguir-se-ia de imediato a verdade da frase "A altura é uma virtude"; ora, obviamente, a falsidade dessa frase é consistente com a verdade daquela. (O que isso parece mostrar é que a propriedade de ser virtuoso e a propriedade de ser uma virtude são distintas, pelo simples fato de serem de ordens diferentes: aquela é uma propriedade de primeira ordem, predicável de pessoas; esta é uma propriedade de segunda ordem, predicável de propriedades de pessoas.)

Resta mencionar sumariamente uma segunda linha de resistência ao critério quiniano. Trata-se daquela seguida por aqueles filósofos, entre os quais está Ruth Barcan Marcus, que preferem a QUANTIFICAÇÃO SUBSTITUTIVA à quantificação clássica (ou objetual) para fins de metafísica e ontologia. Nesse ponto de vista, o quantificador existencial deixa obviamente de captar as expressões típicas de existência "*a* existe", "existem efes". P. ex., se ao quantificador existencial é dada a interpretação substitutiva, a nossa aceitação de uma frase da forma $\exists x$ Pégaso = x não nos compromete de forma alguma com a existência de Pégaso: o quantificador existencial substitutivo $\exists x$ não tem de maneira alguma a leitura ôntica ou objetual "Há pelo menos um objeto *x* tal que". A verdade daquela frase exige apenas a existência de certa expressão lingüística, designadamente de um nome *e* (p. ex., o próprio nome "Pégaso"), tal que a frase "*e* = Pégaso" seja verdadeira; a força existencial é assim transferida para nomes próprios. *Ver também* QUANTIFICADOR; VARIÁVEL; EXISTÊNCIA. **JB**

JACKSON, F. "Statements About Universals", *in Mind*, 86, 1977, pp. 427-9.

OLIVER, A. "The Metaphysics of Properties", *in Mind*, 105, 1996, pp.1-80.

QUINE, W. V. O. "Existence and Quantification", *in Ontological Relativity and Other Essays*. Nova York: Columbia University Press, 1969. Trad. port. J. Branquinho, *Existência e linguagem*. Lisboa: Presença, 1990.

____. "On what there is", *in From a Logical Point of View: Nine Logico-Philosophical Essays*. 2.ª ed. 11.ª reimpr. Cambridge/Londres: Harvard University Press, 1996, pp. 1-19. Edições em português: "Sobre o que há". Trad. Luiz Henrique dos Santos, *in Ryle/Austin/Quine/Strawson*. Coleção Os Pensadores. São Paulo: Abril Cultural, 1975, pp. 223-35; e "Sobre o que há", *in* Quine, W. V. O. *et al*. *Existência e linguagem: Ensaios de metafísica analítica*. Trad. e org. João Branquinho. Lisboa: Presença, 1990, pp. 21-39.

____. *Philosophy of Logic*. Englewood Cliffs: Prentice-Hall, 1970.

STRAWSON, P. F. *Analysis and Metaphysics*. Oxford: Oxford University Press, 1994.

computabilidade

Qualidade de uma função computável; termo freqüentemente usado para funções nos números naturais. Em sentido informal, uma função computável é aquela cujos valores podem ser calculados por um processo mecânico de acordo com algum ALGORITMO. Formalmente, as funções computáveis são em geral identificadas com as funções computáveis por uma MÁQUINA DE TURING ou uma máquina de registros. **NG**

computabilidade à Turing

Ver MÁQUINA DE TURING.

comunicação

(Wittgenstein) *Ver* EXTERIORIZAÇÃO.

comutatividade, leis da

A fórmula $p \wedge q$ é logicamente equivalente à fórmula $q \wedge p$. Equivalentemente, a fórmula $p \wedge q \leftrightarrow q \wedge p$ é uma tautologia. De igual modo, $p \vee q$ é logicamente equivalente a $q \vee p$. Essas são as denominadas, respectivamente, leis comutativas da conjunção e leis comutativas da disjunção. As leis comutativas também são válidas na LÓGICA INTUICIONISTA. A noção de comutatividade exposta está intimamente ligada à noção de operação comutativa. Uma operação binária $*$ de um conjunto A para ele próprio diz-se que é uma operação comutativa se, para todos os elementos, $a, b, \in A$, $a * b = b * a$. *Ver também* CÁLCULO PROPOSICIONAL; TAUTOLOGIA; ÁLGEBRA DE BOOLE; LÓGICA INTUICIONISTA. **FF**

conceito, paradoxo do

Ver CONCEITO/OBJETO.

conceito/objeto

Distinção célebre de Gottlob Frege (1848-1925). Essencialmente, é a contraparte metafísica ou ontológica de uma distinção lógico-lingüística entre duas categorias de expressões: PREDICADOS (na terminologia de Frege, palavras para conceitos: *Begriffswörter*) e DESIGNADORES (na terminologia de Frege, nomes próprios: *Eigennamen*). Dado que os conceitos fregianos são uma espécie particular de FUNÇÕES, a distinção conceito/objeto é um caso particular da distinção função/objeto.

Um conceito (*Begriff*) é aquilo que pode ser referido por, e apenas por, um predicado. E um predicado é basicamente o gênero de expressão que resulta da remoção, em uma frase atômica, de pelo menos uma ocorrência de pelo menos um termo singular; ou, no caso de predicados de segunda ordem, o resultado da remoção, p. ex., em uma frase quantificada, de um predicado de primeira ordem. Ilustrando: dada a frase "Sócrates detesta Sócrates", podemos dela extrair o predicado monádico de primeira ordem "... detesta Sócrates" removendo a primeira ocorrência do nome "Sócrates", ou o predicado monádico "Sócrates detesta..." removendo a segunda, ou ainda o predicado monádico "... detesta..." removendo ambas as ocorrências do nome. Ao especificar predicados, Frege usa letras gregas como ξ e ζ como meios de assinalar os lugares vazios onde termos singulares devem ser inseridos para que se obtenham frases completas. Assim, nessa notação, teríamos (respectivamente) os predicados "ξ detesta Sócrates", "Sócrates detesta ξ" e "ξ detesta ξ". Note-se, para efeitos de contraste com esse último caso, que de uma frase como "Sócrates detesta Aristóteles" podemos extrair o predicado diádico "ξ detesta ζ" removendo os dois nomes ocorrentes. Àqueles predicados correspondem conceitos monádicos de primeira ordem, que podemos representar como (respectivamente) o conceito ξ *detesta Sócrates*, o conceito *Sócrates detesta* ξ, e o conceito ξ *detesta* ξ; e ao predicado diádico antes mencionado corresponde o conceito relacional de primeira ordem ξ *detesta* ζ. Do mesmo modo, dada uma frase como "Alguém chamou a polícia", podemos dela extrair o predicado monádico de segunda ordem "Alguém Ξ", em que Ξ assinala um lugar vazio para a inserção de um predicado de primeira ordem; e a tal predicado corresponderia o quantificador existencial (restrito a pessoas), um conceito monádico de segunda ordem.

Um conceito fregiano é, pois, a referência (*Bedeutung*) de um predicado, o que faz com que os conceitos fregianos não sejam definitivamente entidades intensionais (*ver* EXTENSÃO/INTENSÃO). Pelo seu lado, um objeto (*Gegenstand*) é aquilo que pode ser referido por, e apenas por, um designador ou termo singular; e note-se que Frege toma frases declarativas completas como termos singulares de certo gênero, designadamente termos cuja referência é dada em dois objetos abstratos, os valores de verdade Verdadeiro (⊤) e Falso (⊥). Por conseguinte, quer conceitos quer objetos são entidades extensionais, no sentido genérico de entidades que se situam no domínio da referência das expressões lingüísticas. Todavia, trata-se de categorias de entidades distintas e irredutíveis uma à outra. A idéia básica de Frege é a de caracterizar conceitos como funções de certo tipo, ou seja, como determinados processos de computar certos objetos como valores a partir de certos objetos dados como argumentos. Tome-se uma predicação monádica simples como "Sócrates é um filósofo". Tal como um predicado monádico de primeira ordem – p. ex., "ξ é um filósofo" – pode ser visto como uma FUNÇÃO (lingüística) unária de termos singulares – p. ex., "Sócrates" – para frases declarativas – p. ex., "Sócrates é um filósofo" –, também um conceito monádico de primeira ordem – p. ex., o conceito ξ *é um filósofo* (que é a referência daquele predicado) – pode ser visto como uma função (extralingüística ou ontológica) unária que faz corresponder a cada objeto dado como argumento ou *input* – p. ex., o indivíduo Sócrates (o qual é a referência daquele termo singular) – um dos dois valores de verdade, Verdadeiro ou Falso, como valor ou *output* (que é a referência daquela frase declarativa). Desse modo, o conceito ξ *é um filósofo*, p. ex., é identificado com aquela função de objetos para valores de verdade que faz corresponder o Verdadeiro a Sócrates, o Falso a Júlio César, o Verdadeiro a Frege, o Falso a Napoleão, etc. Pode-se tomar a função em questão como parcial, considerando-a não definida para objetos como o planeta Vênus, o número 2, esta caneta, etc., tomados como argumentos; mas poder-se-ia igualmente tomá-la como uma função total, estipulando que ela determina invariavelmente o Falso como valor para todos esses objetos como argumentos.

Em geral, um conceito monádico de primeira ordem é uma função cujo domínio é certo conjunto de objetos e cujo contradomínio é o conjunto par {⊤, ⊥}; um conceito relacional de primeira ordem é uma função cujo domínio é certo conjunto de pares ordenados de objetos e cujo contradomínio é o conjunto {⊤, ⊥}; e assim por diante. Mas devemos também reconhecer conceitos de segunda ordem, os mais importantes dos quais são os quantificadores universal e existencial. Trata-se de funções unárias cujo domínio é certo conjunto de conceitos de primeira ordem e cujo contradomínio é o

conceito/objeto

conjunto {⊤, ⊥}. O quantificador existencial, p. ex., é caracterizado como aquele conceito de segunda ordem que determina o valor de verdade ⊤ para um conceito de primeira ordem dado como argumento se, e somente se, esse conceito de primeira ordem determinar por sua vez o valor de verdade ⊤ para pelo menos um objeto tomado como argumento. Assim, uma quantificação existencial como "Alguém chamou a polícia" é verdadeira se, e somente se, o conceito de segunda ordem *alguém* faz corresponder o valor de verdade ⊤ ao conceito de primeira ordem ξ *chamou a polícia* tomado como argumento; e isso é por sua vez o caso se, e somente se, o conceito ξ *chamou a polícia* faz corresponder o Verdadeiro a pelo menos uma pessoa tomada como argumento. Obviamente, podemos ainda introduzir conceitos de terceira ordem, de quarta ordem, etc.

Para Frege, funções – em particular, conceitos – e objetos são, de um lado, categorias de entidades mutuamente excludentes, no sentido em que nenhuma função (nenhum conceito) pode ser um objeto (e vice-versa), e, do outro lado, também categorias conjuntamente exaustivas de entidades, no sentido em que toda e cada coisa ou é uma função ou é um objeto. Trata-se assim de categorias no sentido tradicional do termo: funções e objetos são os *genera* logicamente primitivos, as classes mais inclusivas nas quais todas as coisas se deixam classificar. Talvez em virtude disso, as noções de função (ou conceito) e objeto são consideradas por Frege noções logicamente básicas e indefiníveis. Recorrendo a uma metáfora sugestiva com origem na química, Frege distingue entre as suas duas categorias dizendo que, enquanto os objetos são entidades essencialmente completas e saturadas, as funções e os conceitos são entidades essencialmente incompletas e não saturadas. É uma propriedade constitutiva de qualquer função, ou de qualquer conceito, ter determinado número de "buracos" ou lugares vazios, potencialmente ocupáveis por objetos (os possíveis argumentos da função). Os objetos não possuem de forma alguma tal característica; pelo contrário, um objeto pode ser caracterizado como precisamente um argumento potencial de uma função. Apesar de funções (de primeira ordem) tomarem objetos como argumentos e produzirem objetos como valores para esses argumentos, tais objetos não fazem de maneira alguma parte das funções. Com efeito, uma função fregiana é talvez mais bem descrita como o processo ou o método, considerado em si mesmo, de computar certos valores, uma vez dados certos argumentos. É bom reparar que essa noção de função diverge assim da noção habitual proveniente da teoria dos conjuntos, a noção de uma função em extensão, de acordo com a qual uma função é um objeto, no sentido em que um conjunto de ênuplas ordenadas de objetos é ele próprio um objeto.

Esse gênero de distinção metafísica entre função e objeto espelha uma distinção de natureza lógico-lingüística entre as categorias de expressões cuja referência são aquelas categorias de entidades (e há mesmo quem considere a distinção lógico-lingüística conceptualmente prioritária em relação à distinção metafísica). Assim, de um lado, expressões predicativas ou expressões cuja referência são conceitos, p. ex., "ξ detesta ζ", são essencialmente incompletas e não saturadas; é uma característica sintática constitutiva de expressões dessa categoria possuírem determinado número de lugares vazios, p. ex., dois no caso anterior, ocupáveis por determinado número de termos singulares. Em contraste com isso, termos singulares ou expressões cuja referência são objetos, p. ex., um nome como "Sócrates" e uma frase como "Sócrates detesta Aristóteles", são essencialmente completas e não-saturadas.

Um problema sério que a distinção fregiana entre conceito e objeto tem de enfrentar, e do qual Frege estava consciente (pois a dificuldade foi-lhe levantada por um seu contemporâneo, Benno Kerry), é o chamado paradoxo do conceito. Considere-se uma frase como "O conceito cavalo não é um conceito." Essa frase parece exprimir uma auto-inconsistência, já que parece predicar de certo conceito específico a propriedade de não ser um conceito; o estatuto da frase seria, por conseguinte, análogo ao estatuto de frases como "O cão Rover não é um cão" e "A caneta que eu tenho na mão não é uma caneta." Todavia, trata-se aparentemente de uma frase verdadeira à luz da doutrina de Frege acerca de conceitos e objetos. Com efeito, as três primeiras palavras da frase constituem um termo singular, um item sintaticamente completo e saturado, cuja referência é necessariamente um objeto, não podendo de modo algum referir-se a um conceito (conceitos não podem ser mencionados por *Eigennamen*). Mas, dado que nenhum objeto é um conceito, tal fato torna a predicação feita em uma predicação correta, e a frase em uma frase verdadeira, e não falsa. Apesar de genuína, a dificuldade está longe de ser inevitável; e diversos filósofos, entre os quais sobressai Michael Dummett (veja-se Dummett, 1981, pp. 207-27), têm proposto para o problema soluções consistentes com a preservação genérica da distinção fregiana conceito/objeto. A réplica dada pelo próprio Frege consiste, por um lado, em atribuir a dificuldade aos meios de expressão conceptualmente deficientes que caracterizam as línguas naturais, e, por outro, em chamar a atenção para o fato de as noções de conceito e objeto, em virtude de serem logicamente primitivas e indefiníveis, serem também naturalmente noções vulneráveis a dificuldades. *Ver também* BEDEUTUNG; EXTENSÃO/INTENSÃO; SENTIDO/REFERÊNCIA. JB

DUMMETT, M. *Frege*. Londres: Duckworth, 1981.
FREGE, G. "Funktion und Begriff" [1891]. Trad. ingl. "Function and Concept", *in* Geach, P. e Black, M. (orgs.). *Translations from the Philosophical Writings of Gottlob Frege*. Oxford: Blackwell, 1960. Trad. bras. "Função e conceito", *in Gottlob Frege: lógica e filosofia da linguagem*. Trad. Paulo Alcoforado. São Paulo: Cultrix, 1978, pp. 33-57.
____. "Über Begriff und Gegenstand" [1892]. Trad. ingl.: "On Concept and Objet", *in* Geach, P. e Black, M. (orgs.). *Translations from the Philosophical Writings of Gottlob Frege*. Oxford: Blackwell, 1960. Trad. bras. "Sobre o conceito e o objeto", *in Gottlob Frege: lógica e filosofia da linguagem*. Trad. Paulo Alcoforado. São Paulo: Cultrix, 1978, pp. 87-103.

conclusão

Ver ARGUMENTO.

concreta

(lat., objetos concretos) *Ver* ABSTRACTA.

condição

Em um uso habitual do termo, algo que pode ser satisfeito por um objeto, ou por uma seqüência de objetos. Nesse sentido, as condições são predicados ou frases abertas, como "x está sentado" (que pode ser satisfeita por um objeto, digamos Teeteto) e "x está sentado entre y e z" (que pode ser satisfeita por seqüências de três objetos, digamos a seqüência <Sócrates, Teeteto, Cálias>). Note-se que o termo pode ser empregado para cobrir primariamente aquilo que é expresso ou referido por um predicado ou frase aberta, caso em que condições se identificam com PROPRIEDADES.

Em uma acepção diferente (mas de algum modo aparentada) do termo, condição é simplesmente um ESTADO DE COISAS, uma situação, ou uma configuração possível do mundo. Nesse sentido, pode-se considerar que cada frase indicativa fechada p introduz uma condição C, especificada por certa nominalização da frase. P. ex., a frase "Teeteto está sentado" introduz a condição de Teeteto estar sentado; a frase "Sócrates está sentado entre Teeteto e Cálias" introduz a condição de Sócrates estar sentado entre Teeteto e Cálias; e a frase "Os gregos são mortais" introduz a condição de os gregos serem mortais. À verdade ou falsidade de uma frase correspondem a verificação ou a não-verificação da condição ou estado de coisas associado à frase. Assim, dizer que uma frase p é verdadeira ou falsa equivale a dizer, respectivamente, que a condição C introduzida por *p* se verifica (é satisfeita), ou que não se verifica (não é satisfeita).

As noções familiares de CONDIÇÃO SUFICIENTE e CONDIÇÃO NECESSÁRIA podem então ser caracterizadas do seguinte modo. Sejam *p* e *q* frases, e C e D as condições por elas (respectivamente) introduzidas. Então a condição C é uma condição suficiente da condição D se, e somente se, a frase condicional material ⌜se *p*, então *q*⌝ é verdadeira; e a condição C é uma condição necessária da condição D se, e somente se, a condicional material ⌜se *q*, então *p*⌝ é verdadeira. E noções mais fortes podem também ser caracterizadas nessa base, designadamente as noções de condição metafisicamente suficiente (necessária), condição nomologicamente suficiente (necessária) e condição causalmente suficiente (necessária). Assim, C é uma condição metafisicamente suficiente (ou necessariamente suficiente) de D se, e somente se, é necessário (no sentido de necessidade metafísica) que se *p*, então *q*; e C é uma condição metafisicamente necessária (ou necessariamente necessária) de D se, e somente se, é necessário (no sentido de necessidade metafísica) que se *q*, então *p*. C é uma condição nomologicamente suficiente de D se, e somente se, de acordo com as leis da natureza (mas não sem elas), se *p*, então *q*; e C é uma condição nomologicamente necessária de D se, e somente se, de acordo com as leis da natureza (mas não sem elas), se *q*, então *p*. Finalmente (assumindo certa análise da relação causal), C é uma condição causalmente suficiente de D se, e somente se, se C ocorresse, então D ocorreria; equivalentemente, C é uma condição causalmente suficiente de D se, e somente se, a frase $p \,\square\!\!\rightarrow q$ é verdadeira (em que $\square\!\!\rightarrow$ é o operador de condicional contrafactual). Finalmente, C é uma condição causalmente necessária de D se, e somente se, se D ocorresse, então C ocorreria (ou, se C não ocorresse, então D não ocorreria); equivalentemente, C é uma condição causalmente necessária de D se, e somente se, a frase $q \,\square\!\!\rightarrow p$ é verdadeira. JB

condição de adequação material

No seu importante trabalho sobre o conceito de verdade, Alfred Tarski (1901/1902-1983) introduziu duas exigências básicas que qualquer definição aceitável ou satisfatória de verdade tem necessariamente de satisfazer: a condição de adequação material e o critério de correção formal. Convém começar recordando que, no sentido tarskiano do termo, a definição de verdade D é uma caracterização recursiva, a qual tem a forma de uma teoria axiomatizada expressa em certa linguagem ML, da aplicação de um predicado de verdade – p. ex., o predicado monádico "é verdadeira" – a cada uma das frases de uma linguagem dada L; L é a linguagem objeto e ML a sua metalinguagem. A condição de adequação material – ou, como também é por vezes designada, a convenção V – deixa-se então formular do seguinte modo. Uma definição de verdade D é materialmente adequada – ou satisfaz a convenção V – se é possível deduzir de D, como teoremas, todas as frases bicondicionais de ML que exemplifiquem o seguinte esquema, que ficou conhecido como esquema V: ⌜*s* é verdadeira se, e somente se, *p*⌝. Aqui, *s* é uma letra esquemática substituível por uma designação ou citação de uma frase da linguagem objeto L; e *p* é uma letra esquemática substituível por essa mesma frase, caso a metalinguagem ML esteja incluída na linguagem objeto L, ou então por uma tradução adequada dessa frase em ML. Ilustrando, supondo que D é uma definição, dada em português, do predicado de verdade para frases em português, então a convenção V obrigaria D a ter como teoremas frases como as seguintes: 1) "A neve é branca" é verdadeira se, e somente se, a neve é branca; 2) "Há unicórnios" é verdadeira se, e somente se, há unicórnios.

E, supondo agora que D é uma definição, dada em inglês, do predicado de verdade para frases em português, então a convenção V obrigaria D a ter como teoremas frases como as seguintes: 1) "A neve é branca" *is true if and only if snow is white*; 2) "Há unicórnios" *is true iff there are unicorns.* [A expressão "iff" é uma abreviação de "... *if, and only if,...*" (... se, e somente se...").]

Para Tarski, frases bicondicionais desse gênero exprimem fatos básicos, do ponto de vista material ou do conteúdo, acerca da noção de verdade, fatos esses que devem ser estabelecidos como conseqüências dedutivas de qualquer definição satisfatória da noção; os fatos em questão são expressos, de maneira um tanto ou quanto imprecisa, no *dictum* aristotélico: "Dizer daquilo que é, que não é, ou daquilo que não é, que é, é falso, enquanto dizer daquilo que é, que é, ou daquilo que não é, que não é, é verdadeiro."

Quanto ao critério de correção formal, consiste na exigência de que uma definição de verdade D deve ser formalmente correta, no sentido de obedecer a determinado conjunto de requisitos de natureza puramente formal. Entre tais requisitos contam-se alguns que dizem respeito à estrutura e características das linguagens envolvidas na definição, a linguagem ML na qual D está expressa e a linguagem objeto L. P. ex., a sintaxe de L tem de ser especificável de modo completo e preciso; em particular, tem de ser possível determinar efetivamente quais são as sucessões de símbolos de L que constituem frases (ou fórmulas bem formadas) de L. Para além disso, e de maneira a evitar que D seja inconsistente (em virtude de ser nela possível obter uma forma do PARADOXO DO MENTIROSO), L não pode ser uma linguagem semanticamente fechada, uma linguagem que contém ela própria palavras semânticas como "verdadeira" aplicáveis às suas frases. Tarski considera as línguas naturais insuscetíveis de satisfazer exigências formais dessa natureza. Para tais línguas, uma definição de verdade não seria de todo possível. *Ver* VERDADE DE TARSKI, TEORIA DA. **JB**

condição necessária

Uma condição necessária para ser F garante que tudo o que é F satisfaz essa condição, mas não garante que tudo o que satisfaz essa condição é F (não é uma CONDIÇÃO SUFICIENTE). P. ex., ser grego é uma condição necessária para ser ateniense, mas não é uma condição suficiente, já que não basta ser grego para ser ateniense. Em uma afirmação com a forma "Todo o F é G", G é uma condição necessária de F; p. ex.: "Todos os atenienses são gregos." Os conseqüentes dos condicionais exprimem igualmente condições necessárias; p. ex.: "Se alguém é ateniense, é grego." Chama-se "condição necessária e suficiente" à conjunção de uma condição necessária com uma condição suficiente, o que garante que tudo o que é F é G, e vice-versa.

Em sentido contrafactual, G é uma condição necessária para F se, e somente se, F não aconteceria, a não ser que G tivesse acontecido. P. ex., ser grego é uma condição necessária para Kant ser ateniense porque Kant não seria ateniense, a não ser que fosse grego.

G é uma condição nomologicamente necessária para F se, e somente se, as leis da natureza implicam que todos os F são G. P. ex., não viajar mais depressa do que a luz é uma condição nomologicamente necessária para ser um objeto, se for verdade que as leis da natureza implicam que nenhum objeto viaja mais depressa do que a luz.

G é uma condição alética ou metafisicamente necessária para F se, e somente se, em todos os mundos possíveis todos os F são G. P. ex., ter o número atômico 79 é uma condição metafisicamente necessária para ser ouro se em todos os mundos possíveis tudo o que é ouro tem o número atômico 79. *Ver* CONDIÇÃO. **DM**

condição suficiente

Uma condição suficiente para ser G garante que tudo o que satisfaz essa condição é G, mas não garante que tudo o que é G satisfaz essa condição (não é uma CONDIÇÃO NECESSÁRIA). P. ex., ser ateniense é uma condição suficiente para ser grego, mas não é uma condição necessária, já que se pode ser grego sem ser ateniense. Em uma afirmação com a forma "Todo o F é G", F é uma condição suficiente de G; p. ex.: "Todos os atenienses são gregos." Os antecedentes dos condicionais exprimem igualmente condições suficientes; p. ex.: "Se alguém é ateniense, é grego." Chama-se "condição necessária e suficiente" à conjunção de uma condição necessária com uma condição suficiente, o que garante que tudo o que é F é G, e vice-versa.

Em um sentido contrafactual, F é uma condição suficiente para G se, e somente se, F não ocorresse, a não ser que G tenha ocorrido. P. ex., ser ateniense é uma condição suficiente para Kant ser grego porque Kant não seria ateniense, a não ser que fosse grego.

F é uma condição nomologicamente suficiente para G se, e somente se, as leis da natureza implicam que todos os F são G. P. ex., ser um objeto é uma condição nomologicamente suficiente para não atingir a velocidade da luz, se for verdade que as leis da natureza implicam que nenhum objeto viaja mais depressa do que a luz.

F é uma condição alética ou metafisicamente suficiente para G se, e somente se, é metafisicamente necessário que todos os F sejam G. P. ex., ser ouro é uma condição metafisicamente suficiente para ter o número atômico 79 se em todos os mundos possíveis tudo o que é ouro tem o número atômico 79. *Ver* CONDIÇÃO. **DM**

condicionais, teorias dos

Têm sido discutidos dois tipos básicos de condicionais, designadamente os "indicativos" e os contrafactuais (*ver* CONDICIONAL CONTRAFACTUAL). O termo "indicativos" não é particularmente feliz, uma vez que o seu significado genuíno nesse contexto (basicamente o de "não-contrafactuais") não corresponde exatamente à interpretação literal que se poderia fazer desse termo: com efeito, há alguns não-contrafactuais que não são formulados no modo indicativo, pelo menos nas línguas que, como o português, têm uma morfologia verbal suficientemente rica para conter, p. ex., formas como as de "futuro do subjuntivo" (como em "se a Cristina estiver em casa, está jantando"); e há mesmo condicionais no imperfeito do subjuntivo suscetíveis de interpretação não-contrafactual (como "se a Ana almoçasse em casa hoje, dormiria a sesta"). Isso remete para outro problema associado a essa terminologia imprecisa, designadamente o de que existem diversos tipos de não-contrafactuais, presumivelmente com características semânticas específicas, as quais conviria ter em conta se se quisesse fazer uma tipologia exaustiva dos condicionais das línguas naturais. Visto que esse não é o objetivo deste verbete, abster-me-ei de descrever essas variedades de não-contrafactuais e manterei, por comodidade, o termo "indicativas" para designar todos eles.

Os autores diferem acerca da discrepância de comportamento semântico (em particular, no que diz respeito às CONDIÇÕES DE VERDADE) dos dois grandes grupos de condicionais mencionados. Alguns, notoriamente D. K. Lewis, defendem a tese (popularizada por Lewis, 1973) de que indicativos e contrafactuais têm condições de verdade diferentes. O seguinte (famoso) par de exemplos, originalmente apresentado por Adams, parece militar a favor desse ponto de vista: 1) "Se Oswald não assassinou Kennedy, então outra pessoa o assassinou"; 2) "Se Oswald não tivesse assassinado Kennedy, então outra pessoa o teria assassinado."

1 e 2 (respectivamente um indicativo e aquilo que pode ser descrito como sua versão contrafactual) parecem, de fato, ter valores de verdade diferentes. Uma vez que Kennedy foi assassinado, 1 é classificável como verdadeiro; mas, a menos que se presuma uma teoria da conspiração acerca do assassinato de Kennedy (que implicaria, p. ex., a presença de vários atiradores postados ao longo das avenidas de Dallas por onde passou o cortejo presidencial, para o caso de algum falhar), 2 tem de ser classificado como falso. Por outras palavras, debaixo da presunção de que Kennedy foi assassinado e de que não houve nenhuma conspiração para assassinar Kennedy, 1 é verdadeiro e 2 é falso. Como a identidade

de valores de verdade em todas as circunstâncias é condição necessária para a identidade de condições de verdade, segue-se que 1 e 2 não têm condições de verdade idênticas e – presumindo que 1 e 2 são ilustrativos da dicotomia em questão – que essa discrepância de condições de verdade se estende aos indicativos e às suas versões contrafactuais em geral.

Esse ponto de vista está geralmente associado à tese segundo a qual os indicativos têm condições de verdade verofuncionais, em particular idênticas às da chamada IMPLICAÇÃO MATERIAL ou – mais corretamente – às do CONDICIONAL MATERIAL (é, aliás, demonstrável que, se os condicionais tiverem condições de verdade verofuncionais, então a FUNÇÃO DE VERDADE que os representa é aquela que representa também as condições de verdade do condicional material). Isso significa concretamente que, se tal tese for verdadeira, então um condicional indicativo da forma ⌈se A, então B⌉ é verdadeiro se, e somente se, ou o seu antecedente, A, é falso ou o seu conseqüente, B, é verdadeiro, ou ambos. Por outro lado, segundo a mesma tese, os contrafactuais têm condições de verdade de caráter modal, na linha do que é proposto em Lewis (1973): *grosso modo*, um contrafactual da forma ⌈se A, então B⌉ é verdadeiro se, e somente se, no(s) mundo(s) possíveis ACESSÍVEIS mais próximos do real em que o antecedente é verdadeiro, o conseqüente B também for (isto é, se, e somente se, qualquer MUNDO POSSÍVEL em que A seja verdadeiro e B seja falso for mais distante do mundo atual do que pelo menos um em que quer A, quer B sejam verdadeiros). Tal teoria costuma acompanhar uma mais geral acerca do papel da lógica clássica (e, no caso dos condicionais, da lógica proposicional clássica em particular) na formalização da noção de VALIDADE nas línguas naturais. Segundo essa teoria, a lógica clássica é um instrumento eficaz para produzir tal formalização e, logo (visto que é impossível avaliar a validade de um ARGUMENTO em língua natural sem descrever a FORMA LÓGICA e as condições de verdade das suas premissas e conclusão), é também um instrumento eficaz para analisar a forma lógica e as condições de verdade das frases das línguas naturais. A teoria verofuncional acerca de indicativos e (se tivermos em conta a extensão modal da lógica proposicional clássica) a teoria modal acerca de contrafactuais seguem-se desse ponto de vista geral.

A tese do *apartheid* entre as condições de verdade dos indicativos e as dos contrafactuais enfrenta problemas sérios. Um deles decorre do fato de que a tese verofuncional a que está tipicamente associada (e da qual se segue, dada a consensual não-verofuncionalidade dos contrafactuais) enfrenta, ela própria, problemas sérios também. Uma vez que essa tese prevê para os indicativos condições de verdade idênticas às da implicação material, segue-se que recai sobre ela o ônus de explicar os inúmeros casos de indicativos cujas condições de verdade aparentam não corresponder a esse algoritmo. Uma condicional como 3, p. ex., parece razoavelmente classificável como falsa, dada a inexistência de qualquer conexão (causal ou conceptual) entre o antecedente e o conseqüente: 3) "Se Indira Gandhi foi assassinada nos anos 1970, então em 1992 houve seca no Alentejo."

A teoria verofuncional defende, entretanto, justamente que a existência de uma conexão desse gênero não é condição necessária para a veracidade de um indicativo; as condições de verdade que a teoria prevê para os indicativos são completamente omissas acerca de tal conexão. Segundo essa teoria, aquilo que é preciso verificar para que um indicativo seja verdadeiro é que não se tenha (simultaneamente) o antecedente falso e o conseqüente verdadeiro; e essa condição é satisfeita por 2, visto que Indira Gandhi foi assassinada nos anos 1980 (e não nos anos 1970), o que torna o antecedente falso, e em 1992 houve seca no Alentejo, o que torna o conseqüente verdadeiro. Donde se segue que ou 3 (e, em geral, indicativos com essas características) é verdadeiro, ou a teoria verofuncional tem de ser abandonada.

Grice é famoso por, como proponente da tese verofuncional, ter usado a sua teoria da IMPLICATURA CONVERSACIONAL para defender que indicativos como 3 são, apesar de conversacionalmente inadequados (e portanto inasseríveis), verdadeiros. O seu ponto de vista acerca de indicativos é basicamente o de que a teoria verofuncional dá adequadamente conta da semântica dos condicionais (e, portanto, das suas condições de verdade, consideradas independentemente de qualquer contexto conversacional em que elas possam ser asseridas), mas que o significado de um condicional não se resume às suas condições de verdade – sendo também, designadamente, o resultado da aplicação de princípios que regulam a interação linguística entre falantes em certo contexto conversacional: as MÁXIMAS CONVERSACIONAIS (*ver também* PRINCÍPIO DE COOPERAÇÃO). Segundo Grice, os casos de condicionais com antecedente falso e/ou consequente verdadeiro que tendemos a classificar como falsos (p. ex., 3) são, de fato, casos de condicionais verdadeiros, mas conversacionalmente inaceitáveis justamente por infringirem (pelo menos) uma das máximas conversacionais.

Essa tese necessita, porém, de alguma argumentação de apoio, uma vez que não é trivialmente verdadeira. Se a elocução de 3 for, de fato, baseada em uma conexão (p. ex., causal) entre o assassinato de Gandhi e as condições climáticas que levaram a que houvesse seca no Alentejo em 1992, ninguém teria dificuldade em aceitar que 3 fosse verdadeira. Caso contrário, porém, tal juízo acerca de valor de verdade de 3 não é de todo pacífico. Por outras palavras, Grice tem de explicar que, mesmo que tal conexão não exista, 3 é mesmo assim verdadeiro (contra as intuições de pelo menos alguns falantes). Em traços largos, a explicação que ele apresenta é a seguinte. Se a elocução de 3 for baseada meramente no fato de se saber ou acreditar que o consequente é verdadeiro ou que o antecedente é falso, então essa elocução constitui uma infração à máxima da Quantidade (apesar de se garantir, assim, de acordo com a tese verofuncional, a veracidade da condicional e, logo, a conformidade com a máxima da Qualidade) – uma vez que teria sido mais informativo asserir apenas, respectivamente, o consequente ou a negação do antecedente. Por outras palavras, a elocução de 3 compromete, pelo PRINCÍPIO DE COOPERAÇÃO, o locutor com a idéia de que não foi apenas (a crença em) a veracidade do consequente nem apenas (a crença em) a falsidade do antecedente que justificaram a elocução de 3 e, em particular, induz a implicatura conversacional segundo a qual essa justificação reside em alguma conexão (talvez, mas não necessariamente, causal) entre antecedente e consequente. Se tal implicatura não corresponder ao significado intencionado pelo locutor tal como identificável pelos seus interlocutores (como estamos presumindo para o nosso exemplo 3), então a elocução de 3 resulta conversacionalmente ilegítima – o que, argumenta Grice, explica que tenhamos a tendência para recusá-la em tais contextos conversacionais. Aquilo que não se pode dizer, defende ele, é que essa recusa resulte de ela ser falsa.

Apesar de gozar de um apreciável grau de popularidade (mais entre os filósofos do que entre os lingüistas), a tese verofuncional (enriquecida com a análise conversacional de Grice) acerca de indicativos não parece, porém, ser capaz de resistir a contra-exemplos mais definitivos, dos quais se mencionam aqui dois.

Segundo a tese verofuncional, um indicativo é falso se, e somente se, o antecedente for verdadeiro e o consequente for falso. Mas é manifesto que há indicativos falsos cujo antecedente não pode ser descrito como verdadeiro e/ou cujo consequente não pode ser descrito como falso, como 4) "Se Napoleão é de Paris, então ele é córsico" (Suponha-se, para tornar a sua elocução mais convincente, que 4 é proferida por alguém que genuinamente tenha dúvidas acerca de onde Napoleão é originário.) 4 tem um antecedente falso e um consequente verdadeiro, o que implica que, se as suas condições de verdade fossem verofuncionais, deveria ser um condicional verdadeiro. Infelizmente para a teoria verofuncional, ela tem de ser descrita como falsa, uma vez que exprime uma conexão geográfica incorreta.

Um segundo tipo de contra-exemplo à tese verofuncional é o seguinte. Considere-se o indicativo 5) "Se o João é de São Paulo, então ele é brasileiro." Parece óbvio que não se tem de saber o valor de verdade do antecedente ou do conseqüente para saber que 5 é verdadeiro; de fato, nem sequer tem de se saber quem é o João. Basta que se constate que 5 exprime uma conexão geograficamente (neste caso) verdadeira entre a proposição expressa pelo antecedente e aquela expressa pelo conseqüente. Por outras palavras, os falantes não têm de computar os valores de verdade do antecedente e do conseqüente de 5 para conseguir atribuir (corretamente) um valor de verdade a esse indicativo; a atribuição desse valor de verdade é feita de algum outro modo – para o qual não é certamente irrelevante, neste caso, o conhecimento da mencionada conexão geográfica. Mas isso implica que uma função de verdade (qualquer função de verdade) seja inapropriada para representar a regra semântica por meio da qual os falantes calculam o valor de verdade de 5 – por outras palavras, implica que seja inapropriada para representar as condições de verdade de 5. Uma vez que não parece razoável atribuir condições de verdade não-verofuncionais a esse tipo de indicativos (isto é, a indicativos que exprimam conexões geográficas) e não as atribuir aos outros indicativos, a conclusão razoável a tirar é que é inapropriado atribuir condições aos indicativos em geral.

Dados os problemas que a tese verofuncional apresenta, a mencionada tradicional distinção entre as condições de verdade de indicativos e de contrafactuais parece padecer de um déficit de justificação. De fato, se os indicativos não tiverem condições de verdade verofuncionais, por que não prever para eles condições de verdade do mesmo tipo das que D. Lewis previu para os contrafactuais? Estamos, pelo menos, legitimados a perguntar se os indicativos merecem de fato uma análise semântica diferente – tanto mais que o comportamento considerado típico dos contrafactuais, que consiste em não instanciarem validamente certos esquemas de inferência, como o chamado SILOGISMO HIPOTÉTICO, é observável em alguns casos de não-contrafactuais também (p. ex., de "Se a esquerda ganhar as próximas eleições, então o candidato da direita aposenta-se da política" e "Se o candidato da direita morrer antes das próximas eleições, então elas serão vencidas pela esquerda" não se segue, validamente, "Se o candidato da direita morrer antes das próximas eleições, então ele aposenta-se da política"); e isto sugere que a hipótese da identidade de condições de verdade entre os dois tipos de condicionais talvez não seja totalmente disparatada.

A adotar-se uma tal hipótese, seria necessário explicar por que razão uma indicativa e a sua versão contrafactual (como 1 e 2) parecem poder ter valores de verdade diferentes e, logo, parecem ter condições de verdade diferentes. Uma hipótese promissora nesse sentido é a seguinte. Quando comparamos os valores de verdade de 1 e de 2, estamos tipicamente (e Lewis, entre outros, também parece fazê-lo) apenas tendo em conta os casos de elocuções bem-sucedidas ou conversacionalmente aceitáveis ou "felizes" (*ver* CONDIÇÕES DE FELICIDADE) dessas condicionais. Em particular, estamos, de modo implícito, avaliando o valor de verdade de 1 enquanto proferida por um falante que não sabe que o antecedente é falso (se é que de fato ele é falso) – pois de outro modo teria, pela máxima da quantidade, proferido o contrafactual 2 e não o indicativo 1 – nem que o antecedente seja verdadeiro – pois de outro modo, de novo por quantidade, não se teria limitado a proferir o indicativo, mas teria também proferido o próprio antecedente (e, canonicamente, exemplos como 1 e 2 são discutidos como tendo sido proferidos isoladamente). Ora, se o locutor de 1 (e talvez o seu interlocutor) calcula o valor de verdade desse condicional sem nenhum compromisso de base com um valor de verdade para o antecedente, é possível que o resultado final desse cálculo não coincida com aquele que é produzido, de modo usual, quando se faz um cálculo semelhante para 2 (a qual só é asserível se o locutor souber ou acreditar que o antecedente é falso) – sem que isso signifique que haja duas regras semânticas usadas para determinar os valores de verdade de cada um dos tipos de condicional. Isso é confirmado pela seguinte descrição razoável do modo como os falantes determinam os valores de verdade de 1 e de 2 em contextos em que 1 e 2 são asseridas aceitavelmente (aqueles que Lewis parece ter em mente). Em tais contextos, i) no caso de 1, se os falantes acrescentarem hipoteticamente o antecedente ao seu estoque de informação disponível, têm de concluir que o conseqüente é verdadeiro (e, correspondentemente, têm de considerar o indicativo como verdadeiro também) e ii) no caso de 2, se os falantes acrescentarem hipoteticamente o antecedente ao seu estoque de informação disponível, têm de admitir a falsidade do conseqüente (e, correspondentemente, têm de considerar o contrafactual como falso). *Ver* CONDICIONAL CONTRAFACTUAL.

Esse tipo de consideração levou alguns autores – notoriamente Stalnaker – a defender que a regra semântica recém-descrita (*grosso modo*, aquela ilustrada pelo teste de Ramsey – segundo o qual, sendo *i* o estado de informação no contexto do qual o condicional ⌈se A, então B⌉ está a ser avaliado, ele é verdadeiro se, e somente se, acrescentando-se A hipoteticamente a *i*, B tiver de ser verdadeiro) dá adequadamente conta do modo como os falantes calculam o valor de verdade de todos os condicionais e, assim, das condições de verdade de todos eles. Isso permitiria defender que, mesmo que 1 e 2 possam efetivamente ter valores de verdade diferentes (como a intuição parece exigir que se diga), isso se deve a que os contextos informativos relevantes para os calcular diferem em cada um dos casos – e não a que haja duas regras semânticas usadas para fazer esse cálculo.

Essas observações sugerem que a tese de que indicativos e contrafactuais têm condições de verdade diferentes parece tão longe de estar estabelecida como a de que os indicativos têm condições de verdade verofuncionais – embora tenham recentemente surgido alternativas verofuncionalistas sofisticadas à explicação de Grice, dessa vez em termos do conceito de IMPLICATURA CONVENCIONAL (e não do de implicatura conversacional) – designadamente por F. Jackson –, as quais podem ser vistas como militando a favor da tese *apartheid*. O ponto de vista unitário acerca das condições de verdade dos condicionais (cuja primeira formulação rigorosa, usando o arsenal conceptual da semântica dos mundos possíveis, se deve a Stalnaker, 1968) e a tese associada de que os indicativos não são verofuncionais (sendo a conexão entre as duas teses assegurada pela consensual não-verofuncionalidade dos contrafactuais) foi o pano de fundo do surgimento de duas importantes famílias de teorias. A primeira teve por pioneiros os lógicos que consideraram insuficiente a semântica do condicional material para formalizar os raciocínios envolvendo condicionais, designadamente C. I. Lewis – introdutor da IMPLICAÇÃO ESTRITA (*ver* LÓGICA MODAL) – e, mais recentemente, os lógicos relevantes (*ver* LÓGICAS RELEVANTES). A segunda inclui as análises feitas na teoria da revisão de crenças (*belief revision theory*), baseadas em uma interpretação literal da formulação original do teste de Ramsey – usando, designadamente, as noções de estado de crença (e não a de mundo possível, como Stalnaker) e de função de revisão de estados de crença.

O teste inspirou também um conjunto de propostas de análise do significado dos condicionais em termos probabilísticos, em particular em termos do cálculo da probabilidade condicional do conseqüente dado o antecedente (Adams foi pioneiro dessa idéia). Jackson e Stalnaker são notórios promotores dessa abordagem, mas defendem pontos de vista diferentes acerca do seu papel em uma teoria dos condicionais: ao passo que o primeiro defende que as indicativas são verofuncionais e que a análise probabilística dá conta apenas das suas CONDIÇÕES DE ASSERTIBILIDADE (mas não das suas condições de verdade), o segundo, recusando a tese verofuncional, admite esse tipo de análise para dar conta da SEMÂNTICA de todos os condicionais – patrocinando a idéia de que uma teoria semântica acerca desse tipo de construção deve não só dar conta dos casos em que a sua probabilidade é 1 (isto é, daqueles em que é verdadeira) ou 0 (isto é, daqueles em que é falsa), mas também de todos os outros.

Ao longo das últimas décadas, a profusão de teorias (mutuamente contraditórias) acerca de quais os tratamentos semântico e PRAGMÁTICO apropriados para os condicionais (e acerca de qual o âmbito explicativo de cada um dos dois) tem feito do tema um dos mais excitantes e populares, quer em filosofia da linguagem quer em semântica formal. A contrapartida desse promissor estado de ebulição conceptual é, porém, a inexistência de consenso acerca das questões mais importantes – incluindo literalmente todas aquelas mencionadas nesta entrada. *Ver também* CONDIÇÕES DE VERDADE; FILOSOFIA DA LINGUAGEM COMUM; IMPLICATURA CONVENCIONAL; IMPLICATURA CONVERSACIONAL; LÓGICA PROBABILISTA; LÓGICAS RELEVANTES; MÁXIMAS CONVERSACIONAIS; MUNDO POSSÍVEL; SEMÂNTICA; PRAGMÁTICA. **PS**

ANDERSON, A. e BELNAP, N. *Entailment*. Princeton: Princeton University Press, 1975, vol. 1.
GÄRDENFORS, Peter. *Knowledge in Flux*. Cambridge: MIT Press, 1988, cap. 7.
GRICE, P. *Studies in the Way of Words*. Cambridge: Harvard University Press, 1989.
HARPER, W. L. *et al*. (orgs.). *Ifs*. Dordrecht: D. Reidel, 1981.
JACKSON, F. (org.). *Conditionals*. Oxford: Blackwell, 1991.
LEWIS, D. *Counterfactuals*. Oxford: Blackwell, 1973.

STALNAKER, R. "A Theory of Conditionals", *in Studies in Logical Theory*, 2, 1968, pp. 98-112.
TAUGRAUT, E. *et al*. (orgs.). *On Conditionals*. Cambridge: Cambridge University Press, 1986.

condicional

Uma frase ou proposição do tipo ⌜se p, então q⌝. O chamado condicional material (representado na lógica clássica habitualmente através dos símbolos $\to$ e $\supset$) é falso apenas caso p seja verdadeiro e q falso, e verdadeiro em todos os outros casos. É altamente questionável, porém, que os condicionais das línguas naturais obedeçam a essa descrição (os contrafactuais, para tomar o contra-exemplo mais óbvio, têm certamente condições de verdade mais restritivas). *Ver* CONDICIONAIS, TEORIAS DAS; CONDICIONAL CONTRAFACTUAL; CONECTIVO; IMPLICAÇÃO; LÓGICAS RELEVANTES; NOTAÇÃO LÓGICA. **PS**

condicional, demonstração
Ver DEMONSTRAÇÃO CONDICIONAL.

condicional, eliminação da
Ver ELIMINAÇÃO DA CONDICIONAL.

condicional, introdução da
Ver INTRODUÇÃO DA CONDICIONAL.

condicional contrafactual

Os condicionais contrafactuais, muitas vezes designados também de "conjuntivos" (isto é, os do tipo de "Se o Roberto tivesse conseguido tornar-se diretor da companhia, então o Lúcio teria sido demitido"), são habitualmente contrastados com aqueles muitas vezes designados de "indicativos" (p. ex., "Se o Roberto tem uma casa em Cabo Frio, então ele passa lá as suas férias"). É consensual que há razões para fazer esse contraste, mas, manifestamente, não há consenso quanto ao alcance semântico que lhe é atribuível. Em todo o caso, é argumentável que a formulação adotada duas frases atrás neste artigo é enganadora, apesar de freqüente: há alguns "conjuntivos" que não merecem a classificação de contrafactuais, uma vez que podem ser interpretados não-contrafactualmente (p. ex., a interpretação de "se o João estivesse em casa neste momento, estaria fazendo a sesta" não precisa presumir que o João não está em casa neste momento), de modo que fazer equivaler o conceito de condicional contrafactual ao de condicional conjuntivo parece abusivo. O que define os contrafactuais não parece, assim, ser o modo gramatical em que são formulados, mas antes a característica de fazerem presunções "contrárias aos fatos", isto é, a característica de apenas poderem ser asseridas com felicidade (*ver* CONDIÇÕES DE FELICIDADE) em circunstâncias em que a antecedente seja falsa.

Grande parte da discussão moderna sobre a SEMÂNTICA (e a PRAGMÁTICA) dos condicionais presume que os contrafactuais têm CONDIÇÕES DE VERDADE diferentes dos outros – que, por comodidade, vou continuar a designar de "indicativos". Essa tese – consagrada por David Lewis no seu *Counterfactuals* – é sustentada basicamente por dois argumentos. Em primeiro lugar, é derivada da tese (questionável) segundo a qual os indicativos têm condições de verdade verofuncionais (e, demonstravelmente, isso quer dizer que têm as condições de verdade da CONDICIONAL MATERIAL – *ver também* CONDICIONAIS, TEORIAS DAS) e da circunstância de, claramente, as contrafactuais não terem condições de verdade desse tipo. Em segundo lugar, é derivada da análise dos famosos exemplos Kennedy. Tomem-se o indicativo 1 e o seu correspondente contrafactual 2: 1) "Se Oswald não assassinou Kennedy, então outra pessoa o fez"; 2) "Se Oswald não tivesse assassinado Kennedy, então outra pessoa o teria feito." Dado o pressuposto de base de que Kennedy foi de fato assassinado, é observável que 1 é verdadeiro em qualquer caso, ao passo que 2 apenas é verdadeiro se se aceitar a tese da existência de uma conspiração contra Kennedy (envolvendo diversos atiradores especiais postados ao longo do caminho percorrido pelo automóvel de Kennedy). Logo, argumentam Adams e Lewis, há circunstâncias de avaliação (aquelas em que Kennedy foi assassinado e não houve nenhuma conspiração) em que 1 e 2 têm valores de verdade diferentes e, logo, elas têm condições de verdade diferentes também – o que mostra que, em geral, os contrafactuais têm condições de verdade diferentes dos indicativos. Habitualmente, desde Lewis, as condições de verdade dos contrafactuais são formulados em termos do conceito de MUNDO POSSÍVEL do seguinte modo: um contrafactual é verdadeiro se, e somente se, para quaisquer mundos w' e w'' ACESSÍVEIS ao mundo real w tais que o antecedente é verdadeiro em ambos, se w' for mais próximo de w do que w'', então se o conseqüente é verdadeiro em w'' também é em w'. Por outras palavras, um contrafactual é verdadeiro se, e somente se, modificações mínimas efetuadas em w – onde o antecedente é falso – de modo a admitir a verdade do antecedente produzirem a verdade do conseqüente.

É defensável, no entanto, que a análise de 1/2 que sustenta o argumento Adams/Lewis seja incorreta (segundo os seus próprios pressupostos conceptuais, designadamente o uso de mundos possíveis maximamente CONSISTENTES), ao admitir que há circunstâncias (p. ex., o mundo real) em que 1 e 2 têm valores de verdade diferentes. Considere-se um mundo possível w em que o valor de verdade de 1 e 2 esteja sendo avaliado. Em w, o antecedente de 1 e de 2 (o mesmo, na medida em que exprime a mesma PROPOSIÇÃO em ambos os casos; as diferenças na forma lingüística dizem respeito apenas à crença – ou não – do locutor na sua falsidade) é ou verdadeira ou falsa (uma vez que mundos possíveis são maximamente consistentes). Se for verdadeiro, o contrafactual não tem, argumentavelmente, valor de verdade (devido provavelmente a uma falha PRESSUPOSICIONAL). Se for falso, e se Lewis tiver razão acerca do algoritmo modal de cálculo do valor de verdade de condicionais com antecedente falso, então, contra o que Adams e o próprio Lewis defendem, esse algoritmo produzirá o mesmo valor de verdade para 1 e para 2 – logo, não haverá motivo para dizer que eles (e, em geral, os indicativos e os seus correspondentes contrafactuais) têm condições de verdade diferentes.

No entanto, esse resultado é manifestamente antiintuitivo. Ele parece indicar que, se quisermos atender à intuição forte de que os valores de verdade de ambos diferem de fato, é razoável dizer que isso acontece porque o que determina o valor de verdade dos condicionais não são os mundos possíveis no contexto dos quais eles são asseridos, mas a informação disponível aos falantes que as asserem e compreendem, de acordo aliás com a letra do chamado teste de Ramsey. Com efeito, é argumentável que é o fato de os falantes avaliarem o valor de verdade de indicativos como 1 quando não têm nenhuma crença acerca do valor de verdade do antecedente e avaliarem o valor de verdade de contrafactuais como 2 quando acreditam que ele é falso que determina a discrepância nos valores de verdade de ambos (*ver* CONDICIONAIS, TEORIAS DAS). Mas se o teste representa adequadamente o modo como o valor de verdade de ambos os tipos de condicional é determinado, então parece não haver motivo para defender a tese de que lhes são atribuíveis condições de verdade diferentes.

Segundo uma interpretação razoável do teste, para computar o valor de verdade de 1 – é necessário que eu acrescente hipoteticamente ao meu estado de informação a proposição expressa pela antecedente (de que Oswald não assassinou Kennedy) e inspecione o estado assim modificado de modo a verificar se a importação hipotética dessa proposição implica a aceitação da verdade do conseqüente; uma vez que implica (Kennedy foi assassinado, logo foi assassinado por alguém), o condicional é verdadeiro. Para computar o valor de verdade do contrafactual 2, o teste prevê que eu percorra exatamente os mesmos passos – só que agora importar para o meu estado de informação a hipótese da verdade do antecedente é mais do que acrescentar informação a esse estado: é rever (isto é, jogar fora, ainda que de forma provisória) informação previamente admitida (dado que o contexto em que a computação está sendo feita tem de ser um em que o antecedente é falso, e dada uma razoável presunção de consistência para estados de informação). Por outras palavras, o meu novo estado contém a proposição de que Oswald não assassinou Kennedy e, logo, deixa de conter a proposição de que Oswald assassinou Kennedy; logo (se eu não for adepto da tese da conspiração), não contém também a proposição de que Kennedy alguma vez foi assassinado. É, assim, fácil de explicar que nesse estado de informação revisto não haja compromisso com a verdade do conseqüente de 2 e, logo, que 2 tenha de ser considerado falso segundo esse estado de informação.

A questão de saber se tal análise unitária das condições de verdade de indicativas e contrafactuais é mais adequada do que a tese do *apartheid* entre ambas proposta por Adams e Lewis é ainda hoje objeto de debate. Uma das dificuldades principais da tese unitária é que ela tem de ser consistente com a mencionada idéia de D. Lewis (consensual, ainda que o seu tratamento formal seja discutível) de que a formulação adequada para as condições de verdade dos contrafactuais (mas, segundo ele, só desses) é modal (*ver* MODALIDADES). Essa idéia, para além de ser semanticamente convincente, permite que a análise dessas condições de verdade possa, como é em geral julgado desejável, ser usada na explicitação de conceitos como o de causalidade ou de lei científica. A tese unitária está, portanto, comprometida com o ponto de vista polêmico de que exatamente o mesmo pode ser dito acerca de indicativos. *Ver também* CONDICIONAIS, TEORIAS DAS; CONDICIONAL; CONDIÇÕES DE VERDADE; MUNDO POSSÍVEL. **PS**

HARPER, W. L. *et al.* (orgs.). *Ifs*. Dordrecht: D. Reidel, 1981.

JACKSON, F. (org.). *Conditionals*. Oxford: Oxford University Press, 1991.

LEWIS, D. *Counterfactuals*. Oxford: Blackwell, 1973.

condicional material/formal

Ver IMPLICAÇÃO.

condições de assertibilidade

(ou asseribilidade) Em uma acepção lata, uma elocução é assertível (ou asserível) se, e somente se, for "feliz"; nesse caso "condições de assertibilidade" e "CONDIÇÕES DE FELICIDADE" serão termos equivalentes. Em uma acepção menos abrangente, o termo condições de assertibilidade refere-se apenas às elocuções de frases declarativas (isto é, às ASSERÇÕES no sentido estrito) e é normalmente oposto a "condições de verdade". Uma frase declarativa pode ser verdadeira mas ser mesmo assim inasserível, devido ao fato de a sua elocução em certo contexto conversacional infringir (p. ex.) uma das MÁXIMAS CONVERSACIONAIS identificadas por Grice (1913-1988) (p. ex., pode ser a elocução de uma frase verdadeira, mas irrelevante para o diálogo em que foi produzida). A distinção entre condições de verdade (as condições que uma frase *f* tem de satisfazer para ser verdadeira) e condições de assertibilidade (as condições que a elocução de *f* tem satisfazer para poder ser produzida) parece assim trivial e não-problemática; no entanto, nem sempre é claro se a elocução de uma frase *f* infringe as condições de verdade associadas a *f*, e é portanto a elocução de uma frase falsa ou infringe as condições de assertibilidade associadas ao ato de produzir aquela elocução como meio para obter certo objetivo comunicativo (e é por isso a elocução de uma frase inasserível, embora talvez verdadeira). Muito da discussão recente sobre condicionais, p. ex., consiste na contenda entre os adeptos da tese de Grice segundo a qual os condicionais não-contrafactuais com antecedente falso e/ou conseqüente verdadeiro são sempre verdadeiros, mas algumas vezes inasseríveis, e aqueles que defendem que há condicionais do tipo mencionado que são falsos. *Ver também* ATO DE FALA; ASSERÇÃO; CONDICIONAIS, TEORIAS DAS; CONDIÇÕES DE FELICIDADE; CONDIÇÕES DE VERDADE; MÁXIMAS CONVERSACIONAIS; PRAGMÁTICA. **PS**

condições de felicidade

Um ATO DE FALA (ou, de fato, qualquer tipo de ato público) só é "feliz" – do termo *felicitous* de J. L. Austin (1911-1960) – se satisfizer um conjunto de condições identificadas (por Austin) em três tipos básicos, que podem ser sucintamente descritos como dizendo respeito 1) à existência de uma convenção que legitime o ato de fala em causa (não posso casar pessoas dizendo "eu vos declaro marido e mulher" ou coisa do gênero, se não houver um procedimento convencionalmente reconhecido que inclua esse tipo de ato e que me reconheça habilitações para o desempenhar, p. ex., por ser um sacerdote); 2) à correção e completude na execução do referido ato (se eu me enganar nas frases a dizer ou me esquecer de alguma, a cerimônia não chegou a ser realizada e portanto não cheguei a casar ninguém); 3) à correspondência entre o que se espera das intenções dos participantes do ato e as intenções que de fato eles têm (se um dos noivos não pretender ser conjugalmente fiel, então a sua resposta "sim" a uma pergunta do sacerdote nesse sentido será infeliz e o ato complexo – a cerimônia do casamento – de que esse ato de fala faz parte tê-lo-á sido também).

Dada essa caracterização abrangente de "ato de fala feliz", as MÁXIMAS CONVERSACIONAIS de Grice (1913-1988) podem ser consideradas casos especiais de condições de felicidade de elocuções em contextos conversacionais, e portanto as infrações a essas máximas podem ser descritas como dando origem a infelicidades lingüísticas no sentido mencionado. *Ver também* ATO DE FALA; CONDIÇÕES DE ASSERTIBILIDADE; MÁXIMAS CONVERSACIONAIS. **PS**

condições de verdade

As condições de verdade de uma FRASE, ou de uma PROPOSIÇÃO, consistem na PROPRIEDADE que a frase, ou a proposição, tem de ser verdadeira exatamente quando certa situação, em geral um estado de coisas no mundo, se verifica. Especificar condições de verdade para uma frase, ou para uma proposição, consiste então em especificar um conjunto de condições necessárias e suficientes para a verdade da frase, ou da proposição (*ver* CONDIÇÃO NECESSÁRIA). Assim, as condições de verdade de uma frase (proposição) são tais que, tomadas em conjunção com a maneira como o segmento relevante do mundo é, determinam um valor de verdade para a frase (proposição).

As condições de verdade de uma frase, ou de uma proposição, são tipicamente dadas, em certa linguagem, por meio do emprego de certa frase BICONDICIONAL dessa linguagem. P. ex., as condições de verdade da frase-tipo em língua portuguesa "A neve é branca" podem ser dadas, em português, através da frase bicondicional 1) A frase em língua portuguesa "A neve é branca" é verdadeira se, e somente se, a neve é branca; ou então, em inglês, por meio da frase bicondicional; 2) The Portuguese sentence "A neve é branca" is true if, and only if, snow is white. Do mesmo modo, as condições de verdade da proposição que a neve é branca podem ser dadas, em português, por meio da frase; 3) A proposição que a neve é branca é verdadeira se, e somente se, a neve é branca; ou então, em inglês, através da frase; 4) The proposition that snow is white is true if, and only if, snow is white.

Em frases como 1 e 2, conhecidas como frases V, a expressão "se, e somente se" (ou "if, and only if") é o operador bicondicional material; esse operador tem a propriedade de formar uma frase verdadeira a partir de duas frases dadas só no caso de elas terem o mesmo valor de verdade. Assim, a verdade de uma frase V é assegurada pelo fato de a frase constituinte à esquerda ter invariavelmente o mesmo valor de verdade do que a frase constituinte à direita: ou são ambas verdadeiras, como em 1 ou em 2, ou são ambas falsas, como em "A frase em português 'Mário Soares é espanhol' é verdadeira se, e somente se, Mário Soares é espanhol." Repare-se que o lado esquerdo de uma frase V como 1 consiste na combinação do predicado em português "é verdadeira" com uma designação da frase em língua portuguesa cujas condições de verdade se quer especificar, ocorrendo assim essa frase citada ou mencionada; e o lado direito consiste na "descitação" da mesma frase, a qual é, então, usada (*ver* USO/MENÇÃO).

Convém distinguir, por um lado, o modo como as entidades lingüísticas, como as frases (declarativas), têm condições de verdade, e, por outro lado, o modo como as entidades abstratas e independentes de qualquer linguagem, como as proposições, têm condições de verdade. Enquanto as condições de verdade que uma frase de fato possui constituem uma propriedade meramente contingente da frase, as condições de verdade que uma proposição de fato possui constituem uma propriedade essencial da proposição. Tal diferença reflete-se no fato de uma frase V como 1 ser apenas contingentemente verdadeira: p. ex., 1 seria falsa em uma situação contrafactual na qual a seqüência (não-interpretada) de símbolos "A neve é branca" significasse algo diferente daquilo que de fato significa (p. ex., significasse que a relva é púrpura), e na qual o atributo da brancura fosse ainda exemplificado pela neve. Assim, a frase em língua portuguesa "A neve é branca" possui apenas contingentemente as condições de verdade que tem. Em contraste com isso, uma frase bicondicional como 3 é necessariamente verdadeira: qualquer situação em que a neve seja branca é uma situação na qual a proposição que a neve é branca é verdadeira (e vice-versa). Por conseguinte, a proposição que a neve é branca, tal como qualquer outra proposição, possui ESSENCIALMENTE as condições de verdade que tem.

Um aspecto da noção de condições de verdade que está de algum modo relacionado com o ponto anterior é o de que a noção deve ser vista como incluindo não apenas as condições de verdade atuais de uma frase, ou de uma proposição, mas também aquilo a que podemos chamar as suas condições de verdade modais. Trata-se das condições debaixo das quais uma frase, ou uma proposição, é verdadeira com respeito a dada situação contrafactual ou a dado MUNDO POSSÍVEL. Com efeito, há casos em que as condições de verdade atuais de uma frase, ou de uma proposição, não coincidem com as suas condições de verdade modais. P. ex., as frases em português "Luís de Camões nasceu em Lisboa" e "O autor de *Os Lusíadas* nasceu em Lisboa" têm as mesmas condições de verdade reais: ambas possuem a propriedade de ser verdadeiras (com respeito ao MUNDO REAL) se, e somente se, Luís de Camões nasceu em Lisboa; uma vez que a propriedade de ter escrito *Os Lusíadas* é univocamente exemplificada no mundo real por Camões. Todavia, aquelas frases não têm a mesmas condições de verdade modais. A primeira frase é verdadeira relativamente a um mundo possível m se, e somente se, Luís de Camões existe em m e exemplifica em m a propriedade de ter nascido em Lisboa; supõe-se aqui que o nome próprio "Luís de Camões" é um DESIGNADOR RÍGIDO do indivíduo Luís de Camões. Por outro lado, a segunda frase é verdadeira relativamente a m se, e somente se, o indivíduo (se existe) que unicamente exemplifica em m a propriedade de ter escrito *Os Lusíadas* exemplifica também em m a propriedade de ter nascido em Lisboa; supõe-se aqui que a descrição definida "O autor de *Os Lusíadas*", tomada em uso atributivo, seja um designador flexível (ou flácido) do indivíduo Luís de Camões. As frases terão assim valores de verdade divergentes quando avaliadas com respeito, p. ex., a uma situação contrafactual na qual Camões existe e nasceu em Lisboa, mas na qual ninguém escreveu aquele poema épico (ou uma, e apenas uma, pessoa o escreveu, mas não nasceu em Lisboa). E considerações paralelas poderiam ser feitas relativamente às condições de verdade modais divergentes associadas a proposições como, p. ex., a proposição que Luís de Camões nasceu em Lisboa e a proposição que o autor de *Os Lusíadas* nasceu em Lisboa.

Finalmente, é importante salientar que nem todas as condições necessárias e suficientes para a verdade de uma frase, ou de uma proposição, constituem condições de verdade adequadas para a frase, ou para a proposição. Tomem-se, p. ex., as seguintes frases bicondicionais: 5) A frase "A neve é branca" é verdadeira se, e somente se, a água é incolor. 6) A frase "A neve é branca" é verdadeira se, e somente se, ou a neve é branca ou $2 + 2 = 5$. As frases 5 e 6 são verdadeiras relativamente ao mundo real; e 6 é ainda verdadeira relativamente a qualquer situação contrafactual na qual a seqüência (não-interpretada) de símbolos "A neve é branca" signifique aquilo que de fato significa. Assim, 5 e 6 especificam, sem dúvida, condições necessárias e suficientes para a verdade da frase em língua portuguesa "A neve é branca." No entanto, é óbvio que 5 e 6 não servem como especificações de condições de verdade para a frase em questão. A razão é a de que, em geral, as condições de verdade de uma frase são composicionais; ou seja, devem ser vistas como determinadas, por um lado, pela estrutura (sintática) exibida pela frase, e, por outro lado, por certas propriedades semânticas dos elementos (palavras ou expressões) que compõem a frase. Em particular, as condições de verdade de uma frase como "A neve é branca" dependem, por um lado, da propriedade que o designador "A neve" tem de designar certa substância (em certo estado), bem como da propriedade que o predicado monádico "___ é branca" tem de ser satisfeito por uma coisa ou substância se, e somente se, ela é branca; e, por outro lado, de a frase ter a estrutura de uma predicação unária Fa, que é verdadeira se o predicado F for satisfeito pelo objeto referido pelo designador a. Naturalmente, condições necessárias e suficientes para a verdade de uma frase do gênero daquelas que são dadas em 5 ou 6 não emergem da estrutura da frase e não satisfazem a exigência da composicionalidade. E observações paralelas podem ser feitas para o caso de proposições. P. ex., a seguinte bicondicional exprime uma verdade necessária: a proposição que a neve é branca é verdadeira se, e somente se, ou a neve é branca ou $2 + 2 = 5$; todavia, tais condições necessárias e suficientes de verdade não refletem a estrutura da proposição que a neve é branca, que pode ser vista como espelhando a estrutura da frase em português usada para a exprimir, isto é, "A neve é branca".

Um ponto de vista influente na filosofia da linguagem recente, cujo principal proponente é Donald Davidson (1917-2003), é o de que a noção de significado lingüístico pode ser satisfatoriamente explicada, pelo menos em parte, em termos da noção de verdade, ou melhor, da noção de condições de verdade. Certas versões desse ponto de vista, que tem sido resumido no *slogan* "O significado de uma frase (declarativa) consiste nas suas condições de verdade", parecem remontar a Frege (1848-1925) e Wittgenstein (1889-1951). Sumariamente descrita, a idéia de Davidson e dos seus seguidores é a de que uma teoria do significado para as frases de uma linguagem natural L deveria tomar a forma de uma teoria axiomatizada da verdade para L, ou seja, de uma teoria composicional das condições de verdade para frases de L dada à maneira de Tarski (1901/2-1983). P. ex., de uma teoria da verdade para o português, formulada em português, seria possível derivar como teoremas frases verdadeiras, como 1, p. ex.; e tais frases bicondicionais, tomadas em conjunto com o processo da sua DERIVAÇÃO a partir dos axiomas da teoria, serviriam alegadamente como especificações dos significados das frases portuguesas mencionadas no lado esquerdo. *Ver também* VERDADE, TEORIAS DA; VERDADE DE TARSKI, TEORIA DA. JB

DAVIDSON, D. "Truth and Meaning", *in Inquiries into Truth and Interpretation*. Oxford: Clarendon Press, 1984.
HORWICH, P. *Truth*. Oxford: Blackwell, 1990.

conectiva

O mesmo que CONECTIVO.

conectivo

Um conectivo é a expressão de uma linguagem natural (p. ex., "não", "e", "ou", "se..., então...") ou um símbolo incompleto de uma linguagem formal (p. ex., $\neg$, $\wedge$, $\vee$, $\rightarrow$, $\leftrightarrow$) que serve para construir frases compostas a partir de frases simples ou compostas. Neste uso típico, os conectivos operam sobre frases, compondo novas frases. Podemos, p. ex., usar "não" e "ou" para compor com as frases "Neva" e "Faz frio" a frase "Não neva ou faz frio"; ou, se abreviarmos "Neva" por N, "Faz frio" por F e simbolizarmos "não" por $\neg$ e "ou" por $\vee$, para obtermos: $\neg N \vee F$. Mas os conectivos podem também operar sobre predicados, dando assim origem a predicados compostos. Podemos, p. ex., usar "não" e "se..., então...", ou as suas versões simbolizadas $\neg$ e $\rightarrow$, e os predicados "... é magro" e "... precisa de fazer dieta", ou as suas versões abreviadas, M... e D... e escrever, respectivamente, "se... não é magro, então ... precisa de dieta" e $\neg M... \rightarrow D...$ Aqui não estamos na presença de frases. Teremos uma frase se substituirmos os espaços (...) por nomes de indivíduos ou por variáveis (dando assim origem a uma FRASE ABERTA) e, nesse último caso, prefixarmos quantificadores, tantos quantas as diferentes variáveis que usarmos: "Se João não é magro então João precisa fazer dieta", $\forall x\, (\neg Mx \rightarrow Dx)$. A substituição de "..." por "João" originou duas frases simples ("João é magro" e "João precisa de fazer dieta") e uma frase composta (a que foi transcrita anteriormente); e a substituição de "..." por x com as respectiva prefixação de um quantificador originou uma frase simples, cuja tradução em português seria: "Os indivíduos que não são magros precisam fazer dieta." Desses dois usos típicos dos conectivos vamos considerar exclusivamente o primeiro, sobre frases; aquilo que há a dizer sobre o segundo uso típico, o de predicados ou frases abertas, é em boa parte decorrente do que estabeleceremos para o seu uso sobre frases (para o restante, *ver* CÁLCULO DE PREDICADOS). Doravante vamos considerar os conectivos relativamente a uma linguagem formal (que, contudo, não será explicitamente construída) e reportar-nos-emos à ocorrência destes nas linguagens naturais (em particular, no português) apenas na medida em que isso tenha interesse para as nossas considerações.

Conectivos Verofuncionais – Há dois tipos distintos de conectivos: verofuncionais e não-verofuncionais. Essa distinção é muito importante para a lógica moderna, que, na sua versão-padrão, só contém conectivos verofuncionais. Para ilustramos essa distinção, comecemos por considerar a seguinte frase composta: 1) "Carlos espirrou e está doente."

A frase 1 é composta por duas frases simples – "Carlos espirrou" e "Carlos está doente" – com o auxílio de um conectivo, "e". Desconhecendo Carlos e o seu atual estado de saúde, não sabemos se 1 é verdadeira ou falsa. Mas, mesmo desconhecendo Carlos e o seu atual estado de saúde, sabemos o que faria de 1 uma frase verdadeira: ela será verdadeira se, e somente se, as frases "Carlos espirrou" e "Carlos está doente" forem ambas verdadeiras.

Considere-se agora a seguinte frase: 2) "Carlos espirrou porque está doente." Em 2 a expressão "porque" funciona como um conectivo que liga as mesmas frases que, em 1, eram ligadas por "e". Suponhamos agora que sabemos que é verdade que Carlos espirrou e que Carlos está doente. Essa informação levar-nos-ia, como vimos, a considerar a frase 1 verdadeira. E 2 também? Não. Carlos pode estar doente, digamos, com uma perna partida e ter espirrado porque, digamos, uma amiga com a intenção de brincar com ele lhe fez cócegas com uma pena no nariz.

Note-se que entre 1 e 2 apenas substituímos o conectivo "e" por "porque". Mas, no que respeita a 1, sabemos determinar se ela é verdadeira ou falsa se soubermos isso mesmo acerca das frases que a compõem. Ao passo que, no que respeita a 2, mesmo sabendo que as frases que a compõem são verdadeiras, não somos capazes de determinar o seu valor de verdade. Isso é suficiente para distinguir um conectivo verofuncional de outro que não o é. Um conectivo é verofuncional se a verdade ou falsidade da frase com ela composta é completamente determinada pela verdade ou falsidade da(s) frase(s) componente(s). Um conectivo não é verofuncional se a verdade ou falsidade da frase com ela composta não é completamente determinada pela verdade ou falsidade da(s) frase(s) componente(s).

A expressão "não" é também um conectivo verofuncional: se a frase (simples ou composta) à qual ela for prefixada for verdadeira, obteremos uma frase (composta) falsa; se a frase (simples ou composta) à qual ela for prefixada for falsa, obteremos uma frase (composta) verdadeira. É, de resto, assim que podemos, p. ex., determinar o valor de verdade da frase "Não neva", a partir do valor de verdade que atribuirmos à frase "Neva".

Vistos esses exemplos sobre o conectivo "e" e sobre o conectivo "não", compreendemos melhor o que se quer dizer com a expressão completamente determinada quando se afirma, como o fizemos, que um conectivo é verofuncional se a verdade ou falsidade da frase com ele composta é completamente determinada pela verdade ou falsidade da(s) frase(s) componente(s). Para determinar completamente essa verdade ou falsidade precisamos saber se as frases componentes são verdadeiras ou falsas e associar certa lógica ao conectivo que opera a composição. Vimos já qual era a lógica que se associa a "e" e a "não". Note-se que, em particular: não precisamos conhecer o assunto sobre o qual versam as frases componentes, mas apenas se são verdadeiras ou falsas. É, uma vez mais, esse aspecto que distingue uma composição verofuncional de uma frase de uma outra que não o é. Repare-se que é plausível supor que também associamos certa "lógica" ao conectivo "porque"; mas é precisamente essa "lógica" que nos impede de calcular sempre a verdade ou falsidade da frase composta apenas a partir da verdade ou falsidade das frases componentes.

Há um aspecto ligado à verofuncionalidade dos conectivos que agora pode ser esclarecido. É a extensionalidade. Se uma frase ou um fragmento mais inclusivo de discurso (p. ex., um argumento) ou, no limite, toda uma linguagem (como é o caso de diversas LINGUAGENS FORMAIS), só contém conectivos verofuncionais, então essa frase, fragmento mais inclusivo de discurso, ou linguagem, diz-se extensional.

À extensionalidade associa-se um importante princípio, o de substituição *salva veritate*. Segundo ele, a substituição de frases verdadeiras por frases verdadeiras e a substituição de frases falsas por falsas, em um contexto (frase, fragmento de discurso ou linguagem) extensional, não altera a verdade ou falsidade desse contexto. P. ex.: suponhamos que sabemos que a frase 1 é verdadeira. Então, já o vimos, também o serão as frases "Carlos espirrou" e "Carlos está doente". Suponhamos, para mais, que sabemos que a frase "Ana está nua" é verdadeira. Então, se substituirmos em 1 a frase "Carlos está doente" pela frase "Ana está nua", obtemos 3) "Carlos espirrou e Ana está nua", que é, também, uma frase verdadeira. Ou seja, visto que o contexto da frase 1 é extensional, a substituição, em uma frase verdadeira, 1, de uma frase verdadeira ("Carlos está doente") por outra verdadeira ("Ana está nua"), deu uma frase verdadeira, 3. E isso a despeito de as frases substituídas versarem sobre assuntos muito diferentes.

Suponhamos agora que sabemos que 2 é verdadeira: que Carlos espirrou porque está de fato doente, digamos, constipado. Neste caso, sabemos também que as frases "Carlos espirrou" e "Carlos está doente" são verdadeiras. Agora se substituirmos em 2, como fizemos em 1, a frase "Carlos está doente" pela frase "Ana está nua", obtemos: 4) "Carlos espirrou porque Ana está nua". Ora 4 é uma frase falsa: sabemos que Carlos espirrou porque está constipado e não, digamos, como reação nervosa por ter visto a nudez de Ana. Aqui, como o contexto não é extensional, o princípio de substituição *salva veritate* falha.

Quando a verdade ou falsidade de uma frase é completamente determinada pelas frases que a compõem, dizemos que ela é uma função de verdade das suas frases componentes.

Os Conectivos mais Usuais – Em lógica, os conectivos mais usuais são a negação, a conjunção, a disjunção (inclusiva), o condicional (material) e o bicondicional (material). Vamos aqui representá-los, respectivamente, pelos símbolos ¬, ∧, ∨, → e ↔, se bem que existam também outros modos de as simbolizar (*ver* NOTAÇÕES).

Se um conectivo precisa apenas de uma frase para, com ela, formar uma frase composta, diremos que se trata de um conectivo monádico. Se um conectivo precisa de duas frases para, com elas, formar uma frase composta, diremos que se trata de um conectivo diádico. Em geral, se um conectivo precisa de n frases para, com elas, formar uma frase composta, diremos que se trata de um conectivo *n-ádico*. A negação é um conectivo monádico. Todas os outros que referimos antes são diádicos.

Sejam p e q e r letras esquemáticas que assinalam lugares que podem vir ser ocupados por quaisquer frases. As letras esquemáticas podem ser interpretadas de duas maneiras: ou substituindo-as por frases ou suas abreviaturas (p. ex., substituindo p por "Neva" ou por N), ou atribuindo-lhes diretamente um valor de verdade. Às expressões construídas com as letras esquemáticas e com os conectivos chamamos esquemas. Queremos agora estabelecer regras sintáticas para construir, com os nossos conectivos, frases a partir de frases. Duas bastam: R1) O resultado de prefixar um conectivo monádico a qualquer frase é uma frase; R2) O resultado de intercalar um conectivo diádico entre duas frases e envolver a expressão assim obtida em parênteses é uma frase.

R1 é óbvia: ¬p dá uma frase sempre que substituamos p por uma frase. R2 requer expressamente o uso dos parênteses para evitar ambigüidades quanto ao ÂMBITO de dada *ocorrência* de um conectivo. Considerem-se os seguintes esquemas: 5) [p ∧ (q ∨ r)] e 6) [(p ∧ q) ∨ r]. Em 5, a ocorrência da conjunção tem maior âmbito que a ocorrência da disjunção. Em 6 passa-se o inverso. O âmbito de dada ocorrência de um conectivo é o mais das vezes crucial para determinar o valor de verdade da frase particular na qual ela ocorre. Imaginemos em 5 e 6, p, q e r interpretadas como, respectivamente, falsa, falsa e verdadeira. Para essa interpretação, e de acordo com a semântica da conjunção e da disjunção que daremos em seguida, 5 resulta falsa e 6, verdadeira. E o "esquema" que se dá a seguir não resulta coisa nenhuma porque tem uma sintaxe defeituosa que viola R2: 7) $p \wedge q \vee r$.

Quando construímos uma frase de acordo com as regras R1 e R2 e essa frase tem parênteses exteriores (isto é, o seu primeiro e último símbolo são parênteses), podemos eliminar esse par de parênteses sem que isso dê origem a ambigüidades. Doravante faremos isso.

Os conectivos que referimos nesta seção são verofuncionais. Sendo assim, a função de verdade que cada uma representa pode ser descrita numa TABELA DE VERDADE. Na tabela que se segue T abrevia "verdadeiro" e ⊥, "falso".

Podemos comprimir essa informação na seguinte definição semântica dos nossos conectivos. (Na definição que se segue i refere a interpretação que se tem em vista e "sse" abrevia a expressão "se, e somente se".)

Definição: I) Negação (¬): ¬p é verdadeira numa i sse p é falsa nessa i. II) Conjunção (∧): $p \wedge q$ é verdadeira numa i sse p e q são verdadeiras nessa i. III) Disjunção (∨): $p \vee q$ é verdadeira numa i sse p ou q são verdadeiras nessa i. IV) Condicional (→): $p \rightarrow q$ é verdadeira numa i sse ou p é falsa nessa i, ou q é verdadeiras nessa i. V) Bicondicional (↔): $p \leftrightarrow q$ é verdadeira numa i sse p e q têm o mesmo valor de verdade para essa i

Essas definições sintetizam-se na seguinte tabela:

Mais Sobre Funções de Verdade. O Problema da Adequação Expressiva de Conjuntos de Conectivos – Quando afirmamos que os nossos conectivos representam funções de verdade (são verofuncionais), o aspecto mais conspícuo associado a essa afirmação é o seguinte: sendo dados os valores de verdade das frases ligadas por esse conectivo é sempre possível calcular um, e um só, valor de verdade, o valor de verdade dessa função. Chamamos também argumentos de uma função de verdade, ou, simplesmente, argumentos, às frases (ou aos esquemas) que entram nessas funções de verdade: ¬p é uma função de verdade, a negação, cujo argumento é p; $p \wedge q$ é uma função de verdade, a conjunção, cujos argumentos são p e q; $(p \wedge q) \rightarrow r$ é uma função de verdade (composta), o condicional, cujo antecedente é uma conjunção, cujos argumentos são p, q e r. Para efeitos do trabalho que vamos levar a cabo nesta seção, podemos adotar às vezes a seguinte notação: prefixar uma letra eventualmente indexada com um número para representar a função e envolver em parênteses os argumentos da função. De acordo com essa notação, p. ex., ¬p seria $f_1(p)$, $p \wedge q$ seria $g_1(p, q)$ e $(p \wedge q) \rightarrow r$ seria $h_1(p, q, r)$. A função f_1 tem um argumento, a função g_1 tem dois argumentos e a função h_1 tem três argumentos.

É sempre possível descrever uma função de verdade por meio de uma tabela de verdade. Mas o problema que agora se nos coloca é, em certo sentido, o inverso: sendo dada uma tabela que descreva uma função de verdade com n argumentos (para n fini-

Tabela das Funções de Verdade

	p q	Negação ¬p	Conjunção $p \wedge q$	Disjunção inclusiva $p \vee q$	Condicional material $p \rightarrow q$	Bicondicional material $p \leftrightarrow q$
i_1	T T	⊥	T	T	T	T
i_2	T ⊥	⊥	⊥	T	⊥	⊥
i_3	⊥ T	T	⊥	T	T	⊥
i_4	⊥ ⊥	T	⊥	⊥	T	T

to) será possível escrever uma fórmula que represente essa função usando apenas os conectivos caracterizados na seção anterior? Dito de outra forma, será que os conectivos mais usuais têm a virtualidade de poder representar qualquer função de verdade com n argumentos? Se for esse o caso, diremos que o conjunto formado por esses conectivos é expressivamente adequado, ou, simplesmente, adequado; se não, diremos que não o é. A resposta à pergunta é: sim, o nosso conjunto é adequado, e mesmo vários subconjuntos próprios desse conjunto (mas não todos) são adequados. Dada a resposta à pergunta, vamos agora esboçar a solução do problema.

Comecemos pela função "nem..., nem..." a qual não é diretamente representada por nenhum dos nossos conectivos e que se descreve assim:

	p	q	nem p, nem q
i_1	T	T	⊥
i_2	T	⊥	⊥
i_3	⊥	T	⊥
i_4	⊥	⊥	T

Chamemos g_4 a esta função. Queremos agora saber se existe alguma maneira de, com os conectivos de LF1, representar g_4. Concentremo-nos na interpretação que torna g_4 verdadeira, i_4. Em i_4, p e q são ambas falsas. A solução do nosso problema passa, então, em primeiro lugar, por representar com os conectivos que temos, p falsa e q falsa. Para esse efeito temos a negação: $\neg p$ e $\neg q$. De fato, dada a semântica da negação, $\neg p$ e $\neg q$ serão verdadeiras se, e somente se, p e q forem falsas. Já conseguimos ter p e q como falsas: $\neg p$ e $\neg q$. Como poderemos expressar que são *ambas* falsas, usando os nossos conectivos? Assim: $\neg p \wedge \neg q$. Dada a semântica da conjunção, $\neg p \wedge \neg q$ será verdadeira quando, e só quando, $\neg p$ e $\neg q$ forem ambas verdadeiras, isto é, quando p e q são ambas falsas, que era o que pretendíamos. A função g_4 pode, então, ser expressa pelo esquema $\neg p \wedge \neg q$. Podíamos ter introduzido um conectivo especial para representar g_4, p. ex., ↓. Teríamos então $p \downarrow q$. Mas esse esquema pode ser considerado simplesmente uma abreviatura de $\neg p \wedge \neg q$, tendo ambos o mesmo valor de verdade para as mesmas interpretações.

Consideremos agora a função, digamos, g_5, com três argumentos:

	p	q	r	$g_5(p, q, r)$
i_1	T	T	T	⊥
i_2	T	T	⊥	T
i_3	T	⊥	T	⊥
i_4	T	⊥	⊥	T
i_5	⊥	T	T	⊥
i_6	⊥	T	⊥	T
i_7	⊥	⊥	T	⊥
i_8	⊥	⊥	⊥	⊥

Queremos agora ter um esquema que use apenas os conectivos da seção anterior e que represente g_5. Tal como fizemos para g, concentremo-nos nas interpretações em que g resulta verdadeira, i, i_4 e i_6. Vamos agora gerar um esquema para cada uma dessas interpretações, pelo mesmo processo que fizemos anteriormente para g_4. i_2 dá $p \wedge q \wedge \neg r$ (omitimos os parênteses dada a propriedade associativa da conjunção). i_4 dá $p \wedge \neg q \wedge \neg r$. E i_6 dá $\neg p \wedge q \wedge \neg r$. O nosso problema é agora ligar esses três esquemas em um só fazendo uso dos nossos conectivos. O ponto sutil é compreender que, embora g_5 resulte verdadeira em i_2, i_4 e i_6, essas interpretações não estão sendo conjugadas, mas colocadas em alternativa. Se estivessem sendo conjugadas teríamos, p. ex., que assumir que p era simultaneamente verdadeira (i_2 e i_4) e falsa (i_6), o que é uma contradição. O que estamos, na realidade, estabelecendo na tabela de g_5 (e, em geral, numa tabela de verdade) é que o valor da função será verdadeiro (respectivamente falso) se tal ou tal ou tal interpretação se verificar. Precisamos, então, usar $\vee$ para ligar as diversas interpretações nas quais g_5 resulta verdadeira. Temos assim: 8) $(p \wedge q \wedge \neg r) \vee (p \wedge \neg q \wedge \neg r) \vee (\neg p \wedge q \wedge \neg r)$. (Usamos apenas os pares de parênteses necessários para representar a subordinação das conjunções às disjunções, visto que essa última também goza da propriedade associativa.)

Seguindo esse processo para qualquer função de verdade com n argumentos (visto que todas elas podem ser descritas numa tabela com 2^n interpretações), podemos sempre gerar um esquema que a represente usando apenas ¬, ∧ e, eventualmente, ∨ como conectivos. Ou seja: o subconjunto próprio {¬, ∧,∨} do conjunto {¬, ∧, ∨, →, ↔} é adequado. Para certificarmos completamente essa afirmação resta-nos ainda dar conta do caso-limite em que uma tabela represente como falsos todos os valores de dada função. Um expediente suplementar pode então ser adotado: conjugar todos os argumentos dessa função e com eles a negação de um desses argumentos. P. ex., para uma função com três argumentos isso seria feito desta maneira: 9) $p \wedge q \wedge r \wedge \neg r$. É óbvio que, dadas as semânticas da negação e da conjunção, 9 resulta falsa para todas as interpretações devido à presença de $r \wedge \neg r$.

Acabamos de ver como economizar dois conectivos: podemos prescindir de → e ↔ e mesmo assim ter um conjunto adequado. Podemos ser ainda mais econômicos e prescindir de ∨; assim: $p \vee q \equiv \neg(\neg p \wedge \neg q)$. Essa equivalência pode ser diretamente demonstrada por meio de uma tabela. Usando a equivalência em questão, podemos, em qualquer esquema que use apenas ¬, ∧ e ∨, substituir progressivamente todas as componentes desse esquema que tenham a forma $p \vee q$ por componentes com a forma $\neg(\neg p \wedge \neg q)$ (veja-se antes) até eliminarmos todas as ocorrências de ∨ nesse esquema e ficarmos apenas com ocorrências de ¬ e ∧. Em conclusão: o conjunto {¬, ∧} é adequado. Mas podemos agora virar essa situação ao contrário e estabelecer o seguinte: se o conjunto {¬, ∧} é adequado, então qualquer conjunto de conectivos no qual seja possível representar ¬ e ∧ também o será. Dá-se o caso de os seguintes subconjuntos próprios do nosso conjunto inicial poderem representar ¬ e ∧: {¬, →}, {¬, ∨}. Qualquer subconjunto do conjunto inicial que con-

tenha qualquer destes subconjuntos é, *a fortiori*, adequado. Mas {↔, ¬} não é.

Levando ao extremo a nossa economia em conectivos, existem duas, e apenas duas, funções de verdade que, tomadas isoladamente, nos permitem representar ¬ e ∧. Uma delas já foi descrita anteriormente, ↓ (nem p, nem q). Acrescentamos agora outra, ⌜não é verdade que ambos, p e q⌝, simbolizada por |:

	p	q	$p \downarrow q$	$p \mid q$
i_1	T	T	⊥	⊥
i_2	T	⊥	⊥	T
i_3	⊥	T	⊥	T
i_4	⊥	⊥	T	T

A negação, $\neg p$, usando ↓, escreve-se assim: $p \downarrow p$. E a conjunção, $p \wedge q$, usando o mesmo conectivo escreve-se $(p \downarrow p) \downarrow (q \downarrow q)$. Usando o outro conectivo temos a negação como $p \mid p$; e a conjunção como $(p \mid q) \mid (p \mid q)$. Através das respectivas tabelas de verdade podemos demonstrar diretamente todas essas equivalências. O símbolo ↓ é por vezes chamado "função flecha" ou "adaga de Quine", ou ainda negação conjunta. O símbolo | designa-se "conectivo de Sheffer". Os conjuntos singulares {↓} e {|} são ambos adequados. Não existem mais conjuntos singulares de conectivos que sejam adequados. A demonstração dessa última afirmação, embora simples, não será, por razões de espaço, aqui levada a cabo. JS

conector

O mesmo que CONECTIVO.

conetiva

O mesmo que CONECTIVO.

conetivo

O mesmo que CONECTIVO.

conetor

O mesmo que CONECTIVO.

conexa, relação

Uma RELAÇÃO R, definida em um conjunto x, diz-se conexa quando, para quaisquer objetos u e v tais que $u \in x$ e $v \in x$ e $u \neq v$, se tem o seguinte: ou Ruv ou Rvu. E R é fortemente conexa quando, para quaisquer objetos u e v tais que $u \in x$ e $v \in x$, ou Ruv ou Rvu. P. ex., a relação > entre números naturais é uma relação conexa, mas não é fortemente conexa; e a relação de pertença entre conjuntos não é uma relação conexa. JB

confirmação, paradoxo da

Ver PARADOXO DOS CORVOS.

conhecimento

Um dos temas epistemológicos mais recorrentes e sobre o qual foi manifestado razoável acordo entre filósofos modernos é o do caráter dualista do conhecimento, isto é, o fato de ele ser composto por dados dos sentidos, de um lado, e, de outro, por conceitos ou qualquer espécie de esquema formal organizador daqueles dados. Essas estruturas já não são vistas como as formas intelectuais dos filósofos medievais, ou seja, poderes cognitivos capazes de produzir certo isomorfismo com a realidade externa. Nesse caso, a própria percepção seria um ato de apreensão da essência das coisas e, por esse ato, o *intellectus* transformar-se-ia nas próprias coisas. Ora, tanto os autores do empirismo clássico como Kant encaram o conceito sobretudo como uma entidade organizadora e sintética da diversidade dos *data*, independentemente das respostas diferentes que cada um dará acerca da gênese dessas formas. De qualquer modo, é comum a aceitação de que o conhecimento integra *data*, a que se acrescenta necessariamente um outro elemento intelectual.

O fato de os *data* serem irredutíveis faz com que os filósofos dualistas em teoria do conhecimento considerem a existência de a) conhecimentos pré-lingüísticos diretamente provenientes da percepção; b) proposições básicas das quais depende o sistema dos conhecimentos; c) proposições atômicas, não-dependentes de quaisquer outras.

Russell (1872-1970) (1973, p. 48) defende um sentido do termo "conhecer" que não envolve palavras e que corresponde à simples noção de "dar-se conta" (*to notice*) que algo, algum ou alguns acontecimentos, ocorre. A argumentação de Russell a favor da natureza pré-verbal do dar-se conta é a seguinte: quando digo "estou quente" não é a frase ela mesma que causa a ocorrência de que me dou conta, e isso mesmo se pode confirmar ao proferir a frase negativa daquela, "não estou quente", a qual, essa sim, equivale a um conhecimento produzido verbalmente e que supõe a primeira frase. Sendo assim, e tornando-se evidente a diferença entre as frases cujo conteúdo é produzido verbalmente e aquelas cujo conteúdo não é produzido verbalmente, trata-se de compreender onde reside essa diferença. O que é possível esclarecer a esse respeito é que se há frases cujo conteúdo cognitivo não é produzido verbalmente, é porque o devemos ir buscar aos *data* de que nos damos conta e também que de certo ponto de vista (lógico e epistemológico) as frases que exprimem *data* de que nos damos conta são anteriores e mais independentes do que as frases não diretamente relacionadas com a experiência. Essa maior pertinência ou essa maior valia cognitiva do conhecer por dar-se conta relativamente ao conhecer inferido necessita de uma análise mais completa, mas, *grosso modo*, a argumentação incidirá em aspectos, ou simplesmente epistemológicos, ou em geral informativos e comportamentais. Considere-se a mesma frase, "Vem aí um carro", proferida por A, que ouve o som de um motor que se aproxima e vê o carro que se dirige exatamente para si, ou por B que a diz ao ouvir somente o motor, mas sem se dar conta que esse objeto se aproxima perigosamente de si. A mesma frase tem efeitos informativos e comportamentais completamente diferentes, dependendo do conjunto de *data* de que ambos se dão conta.

Imagine-se ainda alguém, C, que, não podendo ouvir o motor, está de costas para o carro, no mesmo local onde se encontrava A e simplesmente repete a mesma frase, por inferência a partir de tradução daquela frase em língua portuguesa, a partir de uma frase em inglês escrita em uma tabuleta que alguém lhe apresenta. É claro que C possui um conhecimento apenas aparentemente igual aos de A e B, e que a grande diferença consiste em que ele não se dá conta que se aproxima um carro do local onde está. É claro também que os *data* presentes nas frases de A e B, sendo diferentes, marcam uma diferente valia epistemológica entre frases iguais. Para o filósofo dualista em teoria do conhecimento, as palavras e os enunciados que usamos não esgotam a maior complexidade do mundo dos *data*, e são estes que de certo modo controlam o sentido dos enunciados inferidos, toda a panóplia de atos lingüísticos que não são frases diretamente observacionais. O dualista não compara enunciados com enunciados, como defende o monista em teoria do conhecimento. A sua atitude inabalável é a de encontrar o conteúdo perceptivo que ele marca como referência última. É uma atitude semântica por contraposição à sintática representada, p. ex., pelos autores do neopositivismo lógico, Neurath (1882-1945), Carnap (1891-1970) e Hempel (1905-1997).

Apesar da defesa que estes fazem do valor empírico das suas *Protokollsätze*, a verdade é que fazem esse valor depender de proposições comumente aceitas. Russell (1973, p. 140) observa a respeito da pretensão simultânea de preservar o valor empírico das proposições básicas e de as fazer depender da aceitação prévia de um corpo de proposições aceitas: "Mas isto não faz sentido na teoria globalmente considerada. Porque o que é um 'fato empírico'? De acordo com Neurath e Hempel, dizer que 'A é um fato empírico' é o mesmo que dizer que 'a proposição A ocorre' é consistente com certo corpo de proposições já aceitas. Em uma cultura diferente outro corpo de proposições pode ser aceito; devido a esse fato Neurath está no exílio. Ele próprio nota que a vida prática depressa reduz a ambigüidade, e que nós somos influenciados pela opinião dos vizinhos. Por outras palavras, a verdade empírica pode ser determinada pela polícia."

Atualmente os filósofos antidualistas, como será em sentido fraco Quine (1908-2000) (1990, p. 4) (que aceita certa autonomia cognitiva de frases observacionais, mas as sobredetermina pela sintaxe e pela indeterminação da tradução: "O que é expressamente factual é apenas a fluência da conversação e a efetividade da negociação que um ou outro manual de tradução serve para induzir") e em sentido forte Donald Davidson (1917-2003) (que retira simplesmente autonomia cognitiva àquelas frases), assentam esse antidualismo na proeminência entretanto adquirida pelas questões da tradução, comunicação e interpretação. O lado empírico que, nos dualistas como Russell, é resíduo de pertinência epistemológica, evapora-se gradualmente até se transformar no acordo sempre revisível entre membros de uma comunidade lingüística, reconhecível por traços comportamentais, tais como a fluência do diálogo entre si. Em geral uma comunidade, mesmo de sujeitos de saber sofisticado, não requer dados, para além do que é razoável. Isto é, para além daquilo que é requerido pela comunicação em um nível apreciável de fluência.

Por isso, para Quine uma "frase observacional é uma frase ocasional que os membros da comunidade podem estabelecer por observação direta para sua satisfação conjunta" (1990, p. 2). A reificação de coelhos, homens ou astros são, para um empirismo inserido em holismo como é o de Quine, a fase final de um processo que começa com um *input* nervoso e passa por um conjunto de processos naturais com os correspondentes processos lingüísticos. Nesse compacto holista que principia com os *inputs* nervosos, as frases observacionais são metaforicamente referidas por Quine como autênticas "cunhas (*entering wedges*) cortantes para crianças e lingüistas de campo e continuam a impor o acordo mais sólido entre manuais de tradução rivais" (Quine, 1990, p. 4). No entanto, não é plausível conceder-lhes um estatuto factual de tal modo que permaneçam como resíduos aquém ou além da fluência comunicacional requerida, como peso e medida pela comunidade dos falantes. Além disso, são as reificações induzidas pelo nosso comportamento lingüístico que criam de certo modo a aparência da factualidade da frase observacional. Assim, o que se pode dizer de uma estrutura holista como a de Quine é que no princípio existe um estímulo ou padrões de estímulo partilhados pelos falantes e nesse ponto surgirá uma circularidade na teoria notada por Davidson (1990, p. 71). Por um lado é a introdução sempre possível de frases observacionais que vai criar as condições para um acordo na tradução; por outro lado, é suposto que os dicionários já usados na comunidade estabeleçam com firmeza o quadro semântico que diz quais as boas frases observacionais para a tradução das que me apresenta o interlocutor partilhando os mesmos estímulos sensoriais. Davidson vê no holismo de Quine que fala nos dados sensoriais e em frases observacionais, as quais acabam por orientar as correspondências entre manuais de tradução, um resto de dualismo epistemológico, por si refutado sobretudo em "On the Very Idea of a Conceptual Scheme" (1984). Aqui o esquema dualista será a linguagem, e o conteúdo, o material suprido pela estimulação neuronal (Davidson, 1990, p. 69). Consideremos alguns aspectos da versão antidualista mais forte de Davidson. Trata-se de um antidualismo que, por contraste com a versão quiniana, rejeita o papel que o estímulo tem em Quine como princípio do processo cognitivo e como critério de sentido e evidência partilhadas. A isso Davidson contrapõe uma teoria em que o sentido das frases não dependa desse primeiro e indeterminável momento da estimulação sensorial, mas sim da escolha dos eventos ou situações relevantes partilhadas por interlocutores que vivem porque comunicam. Uma teoria do sentido (*meaning*) baseada nessa rejeição apresentará, pois, outra concepção de estímulo partilhado, considerando-o mais distante do que os nossos próprios *inputs* nervosos. O estímulo partilhado não deverá, pois, ser compreendido em um registro sensorial (a excitação de semelhantes periferias neuronais que se propaga), mas sim já em um registro entre enunciados e crenças elas próprias partilhadas. Assim é possível, no dizer de Davidson, "remover os órgãos dos sentidos e as suas atividades imediatas e manifestações, tais como sensações e estimulações sensoriais, da importância teórica central para o sentido e o conhecimento" (Davidson, 1990, p. 76). Fixando como referência a teoria de Quine, Davidson pretende, por contraste, uma teoria liberta da circularidade e da contradição implicadas na aceitação do papel do estímulo sensorial. A seus olhos, as dificuldades intransponíveis do dualismo clássico apenas serão ultrapassadas por uma teoria da comunicação e do sentido que pressuponha não a evidência de um estímulo semelhante nas periferias neuronais, mas sim a verdade de um ponto de vista intersubjetivo. Davidson refere-se também nesse ponto a uma similaridade de respostas a situações relevantes, ou achadas como tais pelos que entre si comunicam. Podemos imaginar (não é um exemplo do próprio Davidson) que a expressão "água própria para beber" tem um sentido bastante diferente entre populações do deserto e de uma região de chuvas abundantes. A situação relevante, o conjunto de crenças ou os pressupostos de verdade no primeiro caso são essencialmente diferentes. Uma água com aspecto sujo, mas que o beduíno sabe não ser prejudicial, nunca será considerada potável por um europeu do Norte. Um acordo em relação a "própria para beber" sem recurso à comunidade dos químicos seria muito dificilmente imaginável. Tal acordo não passaria por relatórios envolvendo dados sensoriais respeitantes ao aspecto da água. Não significará isso precisamente que a causa relevante para o sentido partilhado nunca se encontra nessa partilhável excitação das nossas periferias nervosas?

De qualquer modo, frases observacionais como "esta água é própria para beber", "o trem que ali vai trafegando", a "espetacular noite estrelada" são ou não, como refere Quine, cunhas que as crianças e os lingüistas de campo necessariamente usam na floresta lingüística para criar uma situação da maior fluência comunicacional possível? Se é ou não circular e contraditória a introdução de *data* sensoriais, isto depende de uma argumentação antidualista mais ou menos forte. Na perspectiva de Davidson, o holismo aparentemente antidualista de Quine descobre-se como um verdadeiro e clássico dualismo, na sua clássica preocupação de ainda dar relevância epistemológica a algo que começa na periferia nervosa. *Ver também* HOLISMO; INDETERMINAÇÃO DA TRADUÇÃO; INTERPRETAÇÃO RADICAL. **AM**

DAVIDSON, D. "Meaning, Truth and Evidence", *in* Barrett, R. e Gibson, R. (orgs.). *Perspectives on Quine*. Cambridge/Oxford: Blackwell, 1990.
____. "On The Very Idea of a Conceptual Scheme", *in Inquiries into Truth and Interpretation*. Oxford: Oxford University Press, 1984.
QUINE, W. V. O. "Three Indeterminacies", *in* Barrett, R. e Gibson, R. (orgs.). *Perspectives on Quine*. Cambridge/Oxford: Blackwell, 1990.
RUSSELL, B. *An Inquiry into Meaning and Truth* [1940] Hamondsworth: Penguin, 1973.

conjunção

A conjunção de duas frases, *p q*, é a frase "*p* e *q*", que só é verdadeira quando ambas as frases componentes (as chamadas frases conjuntas) são verdadeiras. Símbolos lógicos habituais da conjunção: ∧, ., &. *Ver* CONECTIVO; NOTAÇÃO LÓGICA.

conjunção, eliminação da

Ver ELIMINAÇÃO DA CONJUNÇÃO.

conjunção, introdução da

Ver INTRODUÇÃO DA CONJUNÇÃO.

conjuntamente suficientes, condições

Duas ou mais condições cuja conjunção constitui uma CONDIÇÃO SUFICIENTE. A noção é particularmente útil quando essas condições não são separadamente suficientes. P. ex., ser o mais rápido e estar inscrito na competição em causa são condições conjuntamente suficientes para ganhar a medalha de ouro na maratona; mas não são separadamente suficientes, pois não basta ser o mais rápido nem estar inscrito na competição para ganhar a medalha de ouro. *Ver também* SEPARADAMENTE NECESSÁRIAS, CONDIÇÕES. **DM**

conjunto

Um conjunto é, intuitivamente, uma coleção de entidades denominadas elementos ou membros do conjunto. Um dado conjunto X é visto como um único objeto bem determinado, do mesmo gênero dos seus elementos (compare-se com a noção de CLASSE). Se x é um elemento de y, escreve-se $x \in y$ – também se diz que x é membro de y ou que x pertence a y. Há dois princípios fundamentais sobre conjuntos. Um deles é o princípio ou AXIOMA DA EXTENSIONALIDADE: dois conjuntos são iguais se tiverem os mesmos elementos. Assim, nada obsta a que possamos especificar de diversas maneiras o mesmo conjunto. P. ex., se Px é a propriedade "x é um número natural múltiplo de 5" e se Qx é a propriedade "em notação decimal, x termina no numeral 0 ou no numeral 5", o conjunto dos números que satisfazem a propriedade Px é o mesmo que o conjunto dos números que satisfazem a propriedade Qx. Há, pois, uma distinção entre conjunto e propriedade que o especifica (*ver* EXTENSÃO/INTENSÃO). O outro princípio fundamental assenta na seguinte idéia: toda a propriedade Px determina um conjunto; a saber, o conjunto das entidades x que têm essa propriedade. Esse princípio é conhecido como PRINCÍPIO DA ABSTRAÇÃO. Nessa generalidade, esse princípio dá origem a contradições – p. ex., O PARADOXO DE RUSSELL. As tentativas de tornar essas contradições deram origem à teoria axiomática dos conjuntos (*ver* TEORIA DOS CONJUNTOS).

É costume denotar o conjunto das entidades que possuem dada propriedade Px por $\{x: Px\}$. Se um conjunto tiver um número finito de elementos $x_1, x_2,..., x_n$, é mais usual denotá-lo por $\{x_1, x_2,..., x_n\}$, em vez de $\{x: x = x_1 \vee x = x_2 \vee ... \vee x = x_n\}$. Dois casos notáveis são os conjuntos singulares, isto é, com um único elemento, e o caso do conjunto sem elementos – o denominado conjunto vazio, que se denota por $\emptyset$. Há várias operações que se podem efetuar sobre conjuntos. P. ex., as operações boolianas de união, interseção e complementação relativa a um conjunto (*ver* ÁLGEBRA DE BOOLE; CONJUNTO UNIÃO; CONJUNTO INTERSEÇÃO; CONJUNTO COMPLEMENTAR).

Mencionamos mais duas operações. Uma é o produto cartesiano de dois conjuntos, x, y, constituído pelos pares ordenados <z, w>, com $z \in x$ e $w \in y$. Define-se, de modo análogo, o produto cartesiano de n conjuntos como o conjunto apropriado de ênuplas ordenadas. Com uma pequena modificação, a operação de produto cartesiano pode generalizar-se a produtos infinitos: o produto cartesiano (dos elementos) do conjunto x (finito ou não) é o conjunto de todas as funções f com domínio x tais que $f(w) \in w$ para todo $w \in x$ (*ver* AXIOMA DA ESCOLHA). A outra operação é a seguinte: um conjunto x diz-se um subconjunto de y (ou uma parte de y, ou incluído em y), e escreve-se $x \subseteq y$, se todo o elemento de x for um elemento de y. Chama-se "conjunto das partes" de y, ou "conjunto-potência" de y, e denota-se por $\mathcal{P}y$, ao conjunto de todas as partes de y (*ver* AXIOMA DAS PARTES). *Ver também* PRINCÍPIO DA ABSTRAÇÃO; EXTENSÃO/INTENSÃO; AXIOMA DA EXTENSIONALIDADE; PARADOXO DE RUSSELL; TEORIA DOS CONJUNTOS; CLASSE; AXIOMA DA ESCOLHA; AXIOMA DAS PARTES; TEORIAS DAS CATEGORIAS. **FF**

FRANCO DE OLIVEIRA, A. J. *Teoria dos conjuntos*. Lisboa: Livraria Escolar Editora, 1982.
HRBACEK, K. e JECH, T. *Introduction to Set Theory*. Nova York: Marcel Dekker, 1984.

conjunto adequado de conectivos

Ver CONECTIVO.

conjunto aritmético

Um CONJUNTO X de números naturais diz-se aritmético se for definível por uma fórmula aritmética. Mais especificamente, X é aritmético se existir uma fórmula Ax da linguagem da ARITMÉTICA de Peano de primeira ordem, tal que, para todo número natural n, $n \in$ X se, e somente se, An. Dito de outro modo, X = $\{n \in \omega: An\}$. Uma fórmula aritmética Ax é equivalente a uma fórmula da forma $Q_1x_1\ Q_2x_2\ ...\ Q_kx_k\ R(x, x_1, x_2,..., x_k)$, onde $Q_1, Q_2,..., Q_k$ são os quantificadores $\forall$ ou $\exists$ e R é uma relação recursiva (*ver* CONJUNTO RECURSIVO). Reciprocamente, toda fórmula do tipo anterior define um conjunto aritmético. Os conjuntos aritméticos formam naturalmente uma hierarquia – a hierarquia aritmética – de acordo com o número de alternância (entre os $\forall$ e os $\exists$) de quantificadores na fórmula anteriormente exposta. Se não há quantificadores, temos os conjuntos recursivos. Havendo só quantificadores existenciais, temos CONJUNTOS RECURSIVAMENTE ENUMERÁVEIS ou Σ^0_1. Em geral, um conjunto aritmético está em Σ^0_{n+1} se for definível por meio de uma fórmula como a anterior, em que o primeiro quantificador é existencial e em que há n alternâncias de quantificadores. Os conjuntos complementares destes são os chamados conjuntos Π^0_{n+1}.

O teorema da indefinibilidade da verdade de Tarski afirma que o conjunto dos NÚMEROS DE GÖDEL das frases da linguagem da aritmética de Peano que são verdadeiras no modelo dos números naturais não é um conjunto aritmético. Deve contrastar-se esse resultado com o fato de que o conjunto dos números de Gödel das frases da linguagem da aritmética de Peano que são demonstráveis é recursivamente enumerável e, *a fortiori*, aritmético. Esta é a raiz do fenômeno da incompletude aritmética. **FF**

SHOENFIELD, J. R. *Recursion Theory*. Lecture Notes in Logic 1. Berlim: Springer, 1993.

conjunto complementar

O CONJUNTO complementar de um conjunto dado y, ou simplesmente o complemento de y, é o conjunto, freqüentemente representado por $\bar{y}$, cujos elementos são todos aqueles objetos, e só aqueles objetos, que não pertencem a y; em símbolos, $\bar{y} = \{v: v \notin y\}$. E o conjunto complementar de um conjunto y relativamente a um conjunto dado x tal que $y \subseteq x$, ou o complemento relativo de y em x, é o conjunto de todos aqueles, e só aqueles, elementos de x que não são elementos de y; em símbolos, $x - y = \{v: v \in x \wedge v \notin y\}$; também se costuma chamar a $x - y$ a diferença entre os conjuntos x e y. P. ex., o conjunto complementar do conjunto dos números pares relativamente ao conjunto dos números naturais é o conjunto dos números (naturais) ímpares. JB

conjunto contável

Diz-se que um CONJUNTO x é contável quando existe uma CORRESPONDÊNCIA UNÍVOCA entre x e o conjunto dos números naturais. Há conjuntos contáveis finitos, como o conjunto das páginas de um romance, e há conjuntos contáveis infinitos (numeráveis), como o conjunto dos inteiros positivos pares. JB

conjunto das partes

Ver CONJUNTO.

conjunto indutivo

Um CONJUNTO X diz-se indutivo se, e somente se: 1) o número 0 pertence a X; e 2) sempre que um número n pertence a X, o seu sucessor $n + 1$ também pertence a X.

conjunto infinito

Em teoria dos CONJUNTOS, um conjunto x diz-se finito se houver um número natural n e uma CORRESPONDÊNCIA BIUNÍVOCA entre x e o conjunto de números naturais inferiores a n. Caso contrário, diz-se que x é infinito. Uma maneira alternativa de definir conjunto infinito é a seguinte: um conjunto diz-se Dedekind-infinito se existir uma correspondência biunívoca entre ele e uma sua parte própria. Essa caracterização é equivalente a dizer (na presença dos outros axiomas da teoria dos conjuntos, sem incluir o AXIOMA DA ESCOLHA) que um conjunto é infinito se, e somente se, houver uma FUNÇÃO injetiva do conjunto dos números naturais ω para o conjunto em causa. P. ex., o conjunto dos números naturais é Dedekind-infinito. As noções de infinito e Dedekind-infinito coincidem se se admitir o AXIOMA DA ESCOLHA. *Ver também* CORRESPONDÊNCIA BIUNÍVOCA; NUMERÁVEL; AXIOMA DO INFINITO; AXIOMA DA ESCOLHA. **FF**

DEDEKIND, R. *Was sind und was sollen die Zahlen?* Braunschweig: Vieweg, 1888. Trad. ingl. *Essays on the Theory of Numbers.* Nova York: Dover, 1963.

HRBACEK, K. e JECH, T. *Introduction to Set Theory.* Nova York: Marcel Dekker, 1984.

conjunto-interseção

Dados os CONJUNTOS x e y, o conjunto-interseção de x e y, habitualmente denotado por $x \cap y$, é o conjunto cujos elementos são todos aqueles objetos que pertencem simultaneamente a x e a y; em símbolos, $x \cap y = \{v: v \in x \wedge v \in y\}$. P. ex., a interseção do conjunto dos números naturais pares com o conjunto dos números naturais primos é o conjunto singular $\{2\}$; e a interseção do conjunto dos empregados do Banco Central com o conjunto dos nonagenários parece ser o conjunto vazio $\emptyset$. A interseção é, nesse sentido, uma operação binária sobre conjuntos. Mas há também uma noção de interseção como operação unária sobre conjuntos, definível do seguinte modo. Seja x uma coleção não-vazia de conjuntos, isto é, um conjunto não-vazio cujos elementos são conjuntos. Então, o conjunto-interseção de x, habitualmente denotado por $\cap x$, é o conjunto cujos elementos estão presentes em cada elemento de x; em símbolos, $\cap x = \{v: \forall z (z \in x \rightarrow v \in z)\}$; p. ex., o conjunto-interseção do conjunto de todos os partidos políticos portugueses monárquicos (em que um partido político é tomado simplesmente como um conjunto de pessoas) é o conjunto cujos elementos são os portugueses inscritos em todos os partidos monárquicos. JB

conjunto numerável

Um CONJUNTO x diz-se numerável quando existe uma CORRESPONDÊNCIA BIUNÍVOCA entre x e o conjunto dos números naturais. Os conjuntos numeráveis são os menores conjuntos infinitos.

conjunto-potência

O CONJUNTO-potência de um conjunto dado x, habitualmente denotado por $\mathcal{P}x$, é o conjunto cujos elementos são todos os (e apenas os) SUBCONJUNTOS de x; em símbolos, $\mathcal{P}x = \{y: y \subseteq x\}$. Assim, se x tem um número n de elementos, então $\mathcal{P}x$ terá 2^n elementos, e, logo, a cardinalidade de um conjunto é sempre menor do que a cardinalidade do seu conjunto-potência. P. ex., o conjunto-potência do conjunto dos dois mais citados filósofos gregos, isto é, o conjunto {Platão, Aristóteles} é o conjunto {{Platão}, {Aristóteles}, {Platão, Aristóteles}, ∅}. JB

conjunto recursivamente enumerável

Ver RELAÇÃO RECURSIVAMENTE ENUMERÁVEL.

conjunto recursivo

Ver RELAÇÃO RECURSIVA.

conjunto semicomputável

Ver RELAÇÃO RECURSIVAMENTE ENUMERÁVEL.

conjunto semi-recursivo

Ver RELAÇÃO RECURSIVAMENTE ENUMERÁVEL.

conjunto singular

Um CONJUNTO X é um conjunto singular quando tem um e um só objeto como elemento. Assim, o conjunto de um objeto a é o conjunto $\{v: v = a\}$.

conjunto-união

Dados os CONJUNTOS X e Y, o conjunto-união de X e Y, habitualmente denotado por X ∪ Y, é o conjunto cujos elementos são todos aqueles objetos que pertencem ou a X ou a Y (ou a ambos); em símbolos, X ∪ Y = $\{v: v \in X \vee v \in Y\}$. P. ex., a união do conjunto {2, 4, 6, 8} com o conjunto {1, 2, 3} é o conjunto singular {1, 2, 3, 4, 6, 8}; e a união do conjunto dos homens com o conjunto das mulheres é o conjunto dos seres humanos.

A união é, nesse sentido, uma operação binária sobre conjuntos. Mas há também uma noção de união como operação unária sobre conjuntos, definível do seguinte modo. Seja X uma coleção dada de conjuntos, isto é, um conjunto cujos elementos são conjuntos. Então, o conjunto-união de X, habitualmente denotado por ∪X, é o conjunto cujos elementos são todos os elementos de pelo menos um elemento de X; em símbolos, ∪ X = $\{v: \exists Z (Z \in X \wedge v \in Z)\}$; p. ex., o conjunto-união do conjunto de todos os partidos políticos portugueses monárquicos (em que um partido político é tomado simplesmente como um conjunto de pessoas) é o conjunto cujos elementos são todos os portugueses inscritos em pelo menos um partido monárquico. JB

conjunto vazio

Um CONJUNTO X é vazio quando não tem nenhum elemento, ou seja, quando $\neg \exists y (y \in X)$. É fácil verificar que existe um único conjunto vazio, habitualmente denotado pelo símbolo ∅ (a notação { } é igualmente usada para o efeito); assim, p. ex., o conjunto dos satélites naturais de Mercúrio é idêntico ao conjunto das cidades portuguesas com mais de 5 milhões de habitantes. JB

conjuntos disjuntos

CONJUNTOS que não têm nenhum elemento em comum, isto é, cuja interseção é vazia.

conotação

Em lógica e filosofia da linguagem, a conotação de um termo, geral ou singular, é tradicionalmente concebida como o CONCEITO, ou o agregado de conceitos, expresso pelo termo e com este associado por um utilizador competente. Na literatura mais recente, a palavra "conotação" caiu em relativo desuso e foi substituída pelo termo "intensão" (que, no entanto, nem sempre é usado para aquele efeito: *ver* EXTENSÃO/INTENSÃO). Note-se ainda que o emprego da palavra naquele sentido semitécnico deve ser distinguido do seu uso habitual, como quando se diz, p. ex., que a palavra "trópico" conota (para algumas pessoas) calor ou que a palavra de cor "preto" conota (para algumas pessoas) tristeza.

Tradicionalmente, a conotação de um termo é vista como consistindo em um conjunto de características ou de propriedades gerais salientes que refletem o nosso conhecimento da REFERÊNCIA e determinam certo objeto como a DENOTAÇÃO do termo, no caso de um termo singular, ou certa classe de objetos como formando a extensão do termo, no caso de um termo geral. Tais propriedades constituem condições SEPARADAMENTE NECESSÁRIAS e CONJUNTAMENTE SUFICIENTES para que um objeto que as satisfaça de maneira unívoca seja selecionado como o objeto referido pelo termo, no caso de um termo singular, ou para que um objeto que as satisfaça pertença à extensão do termo, no caso de um termo geral. Assim, p. ex., a conotação de um nome próprio como "Aristóteles" poderia ser dada em propriedades do seguinte gênero: ser um filósofo grego, ter nascido em Estagira, ter sido discípulo de Platão, ter sido mestre de Alexandre Magno, ter escrito a *Metafísica*, etc. E a conotação de um termo de substância como "água" poderia ser dada em propriedades do seguinte gênero: ser um líquido incolor, transparente, sem sabor, sem cheiro, bebível, do qual rios, mares e lagos são compostos, etc.

A doutrina clássica de que a conotação (ou a intensão) de um termo geral determina a extensão do termo foi recentemente submetida a objeções poderosas por parte de diversos filósofos, sobretudo Hilary Putnam (1926-) e Saul Kripke (1940-). As objeções incidem principalmente sobre o caso de termos para espécies animais e categorias naturais, palavras como "tigre", "limão", etc., e TERMOS DE MASSA ou de substância, palavras como "ouro", "água", etc.; e são menos aplicáveis, ou não-aplicáveis de forma alguma, a outros gêneros de termos gerais, p. ex., termos para artefatos como "cadeira", "barco", "lápis", etc., e termos sociais como "quinzena", "professor", "advogado", etc. A direção geral dos argumentos de Putnam-Kripke é a seguinte. Por um lado, tenta-se mostrar que as propriedades importantes habitualmente incorporadas na conotação de um termo geral não representam condições suficientes de pertença à extensão do termo; ou seja, alega-se que é metafísica e epistemicamente possível que, p. ex., uma criatura exemplifique todas as propriedades conotadas pelo termo "tigre" e não seja, no entanto, um tigre. Por outro lado, tenta-se mostrar que tais propriedades não representam sequer condições necessárias de pertença à extensão do termo; ou seja, alega-se que é metafísica e epistemicamente possível que, p. ex., uma criatura seja de fato um tigre e, no entanto, não exemplifique nenhuma das propriedades conotadas pelo termo "tigre". O aspecto construtivo da crítica de Putnam-Kripke é o de que a contribuição do meio ambiente e do mundo exterior, e aquilo que a ciência vai descobrindo acerca da constituição deste, é decisiva para a determinação da extensão de um termo geral; esta não pode ser fixada apenas com base em um conjunto de representações puramente conceptuais do mundo (a conotação do termo).

Argumentos paralelos foram aduzidos, principalmente por Kripke, contra a doutrina de que a conotação de um nome próprio determina a sua denotação, o portador do nome. De novo, argumenta-se que as propriedades salientes que constituem a conotação do nome, que estão tipicamente encapsuladas em certa descrição definida, ou, então, em certa família de descrições, não são nem separadamente necessárias nem conjuntamente suficientes para identificar um objeto como sendo a denotação do nome. Por um lado, alega-se que é metafísica e epistemicamente possível que, p. ex., Aristóteles não exemplifique nenhuma das propriedades conotadas pelo nome "Aristóteles"; por outro lado, alega-se que é metafísica e epistemicamente possível que uma, e uma só, pessoa exemplifique todas essas propriedades e não seja Aristóteles.

Repare-se que os argumentos de Putnam-Kripke não estabelecem a conclusão de que nomes próprios e termos gerais não têm de forma alguma uma conotação, não estão de forma alguma associados com propriedades que incorporam o nosso conhecimento da referência; a conclusão mais fraca por eles estabelecida é apenas a de que tal conotação, mesmo que exista, não pode ter a propriedade de determinar um objeto, ou uma classe de objetos, como a referência do nome, ou do termo geral. *Ver também* NOME PRÓPRIO; DENOTAÇÃO; REFERÊNCIA, TEORIAS DA. JB

DONNELLAN, K. "Kripke and Putnam on Natural Kind Terms", *in* Ginet, C. e Shoemaker, S. (orgs.). *Knowledge and Mind*. Oxford: Oxford University Press, 1983.
KRIPKE, S. *Naming and Necessity*. Oxford: Blackwell, 1980.
PUTNAM, H. "The Meaning of 'Meaning'", *in Mind, Language and Reality*. Cambridge: Cambridge University Press, 1975.

consciência

"Ter consciência" ou "estar consciente de algo" são expressões que apontam para certas qualidades cognitivas, associadas a ESTADOS MENTAIS, em que a subjetividade ou a PERSPECTIVA DA PRIMEIRA PESSOA parece ser irredutível. Quando usamos aquelas expressões dificilmente podemos também designar certos comportamentos inteligentes ou que julgamos como tais, p. ex., quando afirmo que uma máquina se comporta inteligentemente (de modo particular, no caso de máquinas computarizadas). Mas o fato de não podermos atribuir consciência a tais comportamentos parece indiciar que muito do que entendemos sob o título da consciência não é redutível a certas características de comportamento inteligente. Pelo contrário, será mesmo a noção de comportamento inteligente que parece depender da atribuição de consciência a um sistema qualquer: se uma máquina se comporta inteligentemente é porque um ser dotado de consciência a definiu para atuar segundo estas e aquelas instruções. Outro aspecto saliente respeita ao fato de a consciência representar um "salto" qualitativo, uma radical descontinuidade relativa a processos orgânicos, explicáveis mecanicamente. A essa concepção opõem-se as concepções continuístas que defendem a não-existência em princípio de qualquer descontinuidade. O continuismo vê, p. ex., a consciência como prolongamento, em um plano superior, da complexidade de comportamentos primitivos elementares. É a explicação baseada na adição daquilo que já se tinha. Mas, por outro lado, a fenomenologia da consciência individual, com seu grau de contingência ou arbitrariedade, seu "subjetivismo", parece não permitir a simples identificação reducionista entre comportamento com características inteligentes e comportamento consciente.

Põe-se o problema de saber se é plausível uma teoria tão abrangente que dê uma mesma extensão aos conceitos de comportamento inteligente e vida consciente. Estes podem evidentemente ser convertidos ou reduzidos um ao outro, e a impossibilidade ou possibilidade dessa redução da vida consciente e da respectiva fenomenologia delimita um debate aceso entre os modelos mais reducionistas desenvolvidos hoje pelas chamadas ciências cognitivas (neurofisiologia, psicologia cognitiva, inteligência artificial) e filósofos mais preocupados em salvaguardar a especificidade de uma fenomenologia da consciência.

consciência

Descartes (1596-1650) faz equivaler estados mentais, por si qualificados como atos intelectuais, tais como compreender, querer, imaginar sentir, ao conhecimento ou à consciência. Na sua argumentação das *Meditações metafísicas* (1641), a existência é deduzida a partir do pensamento, sendo este um "eu penso", um *cogito*. Para além disso, aqueles estados serão espécies de um mesmo gênero, uma *res cogitans*, que Descartes vai caracterizar como substância separável do corpo. O pensamento é um eu que pensa e que consciencializa os mais variados atos mentais como outras tantas formas desse pensar. Não como modos de uma substância à Espinosa (1632-1677), mas como conteúdos de uma consciência que, antes de mais nada, se vê como puro pensar em um sentido bastante lato. Efetivamente, a substancialização do pensamento obriga a que se dê a este uma extensão notavelmente grande: "de qualquer modo, é certo que me parece que vejo, que ouço e que me aqueço; e é precisamente aquilo que em mim se chama sentir, tomado precisamente desse modo, que não é outra coisa senão pensar" (Descartes, 1641, p. 422).

Pratica então uma famosa separação radical entre pensamento e corpo, entre *res cogitans* e *res extensa*. Essa separação tem fins claramente epistêmicos, no sentido de que é nas regras, que o espírito clara e evidentemente institui, que se funda toda a ciência. Mas o âmbito da argumentação é também metafísico, já que se pretende provar a existência de um princípio absoluto, de uma idéia perfeita, com conseqüências múltiplas, entre as quais a mais importante será a prova da realidade do mundo físico ("Sexta Meditação"). Em Descartes pode então se falar de uma consciência de primeiro nível, que acompanha todos os estados mentais e não tem relevância filosófica, e uma consciência de segundo nível, que visa aos seus próprios conteúdos segundo os critérios da clareza e da evidência. Concretamente, esse segundo nível pressupõe o reconhecimento do pensamento como substância, a qual contém e é gênese dos seus próprios conteúdos. O pensamento, desse ponto de vista, é causa dos seus conteúdos, ou, em linguagem cartesiana, das suas idéias. A consciência das suas próprias idéias como pertencendo a essa substância é uma função do *cogito*, em que a consciência funciona no segundo nível.

Na filosofia contemporânea o debate sobre a consciência desenvolve-se em torno de tópicos clássicos, como a sua irredutibilidade ao domínio físico, ainda que os instrumentos conceptuais tenham observado substanciais mudanças. Para Colin McGinn, há muitas coisas respeitantes à consciência, relativamente às quais estamos em um estado de fechamento cognitivo (*cognitive closure*). "Existem casos de fechamento cognitivo na classe das propriedades cognitivas" (McGinn, 1991, p. 9), nomeadamente saber como diferentes espécies de consciência e diferentes conteúdos dependem de diferentes espécies de estrutura fisiológica. Os nossos conceitos de consciência não são de molde a construir uma teoria satisfatória da propriedade explicativa P que seria causa no cérebro da experiência B. No entanto, McGinn rejeita um idealismo da consciência que consistiria em atribuir poderes cognitivos extraordinários à mera introspecção; como se a consciência fosse uma estrutura unidimensional, sem profundidade, exaustivamente explorada pela atividade introspectiva de um sujeito suficientemente dotado nessa tarefa. Para o idealismo, que acredita na suficiência da introspecção, a consciência é completamente manifesta e separável do resto, do domínio físico. Curiosamente, aqui o idealismo encontra o estrito empirismo, para o qual não se deve ir além da fenomenologia observável. A consciência será assim tratada como uma estrutura à parte do mundo físico e será um caso único entre os objetos do mundo, sobre cujo conhecimento tem havido progresso nas ciências. É comumente aceito que qualquer objeto é tanto mais bem conhecido quanto melhor se conheça a sua "estrutura escondida ou profunda". Ir para além do observável (a estrutura atômica da matéria, a estrutura curva espaço-tempo da relatividade, as estruturas gramaticais profundas, latentes nas línguas naturais, etc.) parece ser um imperativo do progresso no conhecimento de qualquer coisa. Abrir-se-ia então uma única exceção com a consciência. McGinn rejeita essa hipótese e sugere a defesa de um naturalismo, compatível com a simultânea rejeição de um reducionismo fisicalista. No entanto, como a lógica moderna nos ensinou, a partir de Frege (1848-1925), Russell (1872-1970) ou Wittgenstein (1889-1951), ao tornar explícita a estrutura mais profunda e que subjaz aos sentidos da língua natural, assim também é possível uma estrutura mais profunda dos pensamentos conscientes (McGinn, 1991, p. 94). Mas falar em estruturas diferentes, umas manifestas e outras escondidas, não significa que essas últimas sejam inconscientes, que não façam parte, por isso, do domínio dos estados mentais conscientes.

Outra posição anti-reducionista de relevo é a de John Searle (1932-). Ele reintroduz a intencionalidade como a característica essencial da consciência. As representações da consciência apenas têm sentido como representações intencionais. Mas Searle introduz um outro conceito para que o sentido seja efetivo: o conceito de *background*, usado em uma acepção precisa. Esse conceito designa um conjunto de capacidades, elas próprias não-representadas e somente contra as quais os estados mentais conscientes e representacionais possuem sentido. Assim, as funções intencionais da consciência não têm completa autonomia quanto à capacidade de produzir sentido. Em uma das últimas versões da sua teoria, Searle apresenta as seguintes teses: "1. Os estados intencionais não funcionam autonomamente. 2. Cada estado intencional requer para o seu funcionamento um conjunto de capacidades do *background*. As condições de satisfação são determinadas somente em relação a estas capacidades. 3. Entre estas capacidades haverá algumas que são capazes de gerar outros estados de consciência. A estes aplicam-se as condições 1 e 2. 4. O mesmo tipo de conteúdo intencional pode determinar diferentes condições de satisfação, quando se manifesta em diferentes situações de consciência, relativas a diferentes capacidades de *background* e relativamente a alguns *background* não determina absolutamente nenhuma condição de satisfação" (Searle, 1992, p. 190).

O modelo apresentado por Thomas Nagel (1937-) é ainda mais decididamente antifisicalista e antimaterialista. Nagel desenvolve um modelo original, a que poderíamos chamar "perspectivista", no qual contrasta sistematicamente a perspectiva da primeira pessoa com a perspectiva da terceira pessoa. A tese geral é a de que um ponto de vista da primeira pessoa é irredutível, mas que essa irredutibilidade não deve ser sinônimo de completo bloqueio cognitivo, no que se refere à obtenção de conhecimentos corretos ou objetivos do domínio da experiência subjetiva. Pelo contrário, é a boa utilização da perspectiva da primeira pessoa que permitirá a constituição de pontos de vista objetivos. Mas esses nunca são completamente transcendentes e descontínuos em relação à subjetividade. Essas teses têm curiosas aplicações na filosofia da consciência, e, embora Nagel defenda a possibilidade de um conhecimento descentrado (*a centerless view*) sobre o eu, sua teoria é claramente antifisicalista e anti-reducionista, como já acontecia com John Searle. No caso de Nagel, é introduzido um original *thought experiment*, que visa essencialmente três coisas: a) dar legitimidade a uma perspectiva da terceira pessoa, b) preservar a esfera da primeira pessoa e c) evitar a queda no reducionismo fisicalista. A pergunta, p. ex., "como é [a experiência de] ser um morcego?", apela para um experimento mental (*thought experiment*) que tem como objetivo argumentar em defesa desses três objetivos.

Começaremos por afirmar que um organismo tem estados mentais conscientes quando é possível pensar nele pontos de vista que nos permitiriam ter a experiência de ser algo como aquele organismo. Afirmar, p. ex., que um morcego tem experiência é assumir que há algo como ser morcego. Fundamentalmente, a afirmação de que um organismo tem estados mentais conscientes corresponde a afirmar que existe algo como ter a experiência desse organismo. "Um organismo possui estados mentais conscientes se, e apenas se, existe algo que seja ser como esse organismo" (Nagel, 1986, p. 160). Uma explicação reducionista tenderia a eliminar qualquer ponto de vista da primeira pessoa ou, pelo menos, a considerá-lo irrelevante. O *thought experiment* não teria sentido e interesse, se não se acreditasse que é possível caminhar em direção a uma perspectiva objetiva ou neutra, um ponto de vista que não se situasse em nenhum lugar específico.

O argumento do perspectivismo de Nagel assenta, pois, no caráter irredutível da perspectiva da primeira pessoa, e assim na existência de experiências subjetivas irredutíveis entre si. Cada ponto de vista, cada particular fenomenologia e por isso cada experiência de ser organismo, com correspondentes estados mentais, correspondem a outras tantas consciências (consciências de ser algo como este ou aquele organismo), sem que se fale em um acesso de umas às outras. O que é ser como um morcego ou um cego de nascença ou um chimpanzé: haverá certamente um sujeito dessa experiência, mas não podemos, por assim dizer, entrar nela. "Não podemos formar mais do que uma concepção esquemática do que é ser *como*. P. ex., é possível referir *tipos* genéricos de experiência, na base da estrutura do animal e do comportamento" (Nagel, 1986, p. 163).

No entanto, essa possibilidade está já inscrita na diferença entre perspectivas da primeira e terceira pessoas. O fisicalismo e o behaviorismo pretendem que é possível eliminar aquela ou subsumir a primeira na terceira. Mas, na opinião de Nagel, acreditar nessa possibilidade é uma outra forma de misticismo. "Falta a noção sobre de que maneira um termo mental e um físico podem referir-se à mesma coisa, e as analogias habituais com identificação teórica noutros campos não conseguem suprir tal falha" (Nagel, 1985, p. 177).

Com uma tendência mais reducionista, encontramos Daniel C. Dennett (1942-), um defensor da tese de que os conceitos da ciência computacional fornecem os elementos necessários para explorar a *terra incognita* existente entre as fenomenologias conhecidas, mediante introspecção e o nosso cérebro, tal como nos é revelado pela ciência. "Pensando no nosso cérebro como sistemas de processamento de informação, podemos gradualmente dissipar o nevoeiro e traçar o nosso caminho entre a grande divisão, descobrindo como poderia acontecer que os nossos cérebros produzissem todos os fenômenos" (Dennett, 1991, p. 433).

O nível de reducionismo proposto por Dennett é o necessário e suficiente para perceber as conexões de causa e efeito que devem existir entre o funcionamento do cérebro e a fenomenologia encontrada por "introspecção". Deve ser possível (e é desejável de um ponto de vista racional) aproximar os dois campos e definir pouco a pouco a rede de conexões. Ou seja, não há razões para que se considere a consciência um caso especial e refratário à explicação física. "Os dualistas cartesianos pensariam assim, porque eles pensam que os cérebros humanos, por si sós, são incapazes de realizar aquilo a que chamamos compreensão; de acordo com a perspectiva cartesiana, devemos admitir uma alma imaterial para resolver o milagre da compreensão" (Dennett, 1991, p. 438).

Uma outra posição crítica do anti-reducionismo de um Searle ou de um Nagel é a de Paul M. Churchland. Ele sistematiza o conjunto de argumentos searlianos mais relevantes, a partir do paralelismo consciência-luz. A argumentação anti-reducionista a favor da intrínseca autonomia e opacidade epistemológica da consciência também pode ser utilizada a propósito da luz. Haverá para os anti-reducionistas um sério problema relativo a uma alegada característica intrínseca da luz, que se nos "manifesta" na visão, mas que não conseguimos explicar mediante descrições estruturais ou funcionalistas. É imaginável que um físico, completamente cego, venha a saber tudo acerca das ondas eletromagnéticas, acerca da sua estrutura interna e do seu comportamento causal. No entanto, já que é cego e por isso não tem nenhum tipo de acesso ao ponto de vista sobre a luz, deverá permanecer ignorante acerca da natureza da luz. Assim aconteceria com a consciência, relativamente à qual será possível conhecer todas as propriedades físicas subjacentes (descritas pela neurofisiologia e pela ciência computacional) e, ainda assim, permaneceríamos ignorantes sobre as suas qualidades intrínsecas. Contrariamente, Churchland argumenta que aquilo que o mencionado físico não tem é simplesmente certo conhecimento da luz, uma forma específica de conhecimento, à qual falta uma característica discriminativa/conceptual. Comparando com aquela pessoa que tem uma apreensão visual da luz, verifica-se que a diferença reside na maneira de conhecer, e não na natureza da coisa em si (Churchland, 1996, p. 219). É verdade que o físico cego não conhece de certo ponto de vista a luz; no entanto, é um fato que todos os outros físicos não conhecem igualmente todos os outros estados da luz que ocorram, causados por ondas eletromagnéticas, fora dos limites que estimulam o aparelho visual humano. Pelo que não faz sentido falar do conhecimento da luz em si, e compreende-se que não se possa falar também do conhecimento da consciência em si. Por outro lado, é uma verdade trivial que, quanto mais se souber acerca do comportamento das ondas eletromagnéticas, mais se saberá acerca da luz. De igual modo, quanto mais se souber da neurofisiologia do cérebro e mais perfeitas forem as emulações da inteligência artificial, mais se conhecerá sobre aquilo a que chamamos consciência. Assim, argumenta Churchland, não é inevitável, tal como pretendem Nagel e Searle, que o conhecimento físico deixe de fora a experiência subjetiva, que parece definir a consciência como tal. Em grande medida o problema da consciência decide-se na questão de saber se é realmente inevitável que os *qualia* interiores não são suscetíveis de uma progressiva explicação física (tendendo para uma explicação completa). A atitude reducionista, nos termos em que atualmente é expressa, revela-se sobretudo antidualista, procurando argumentar a favor de uma sempre maior diminuição do abismo entre espírito e corpo. Pretende acima de tudo promover o conhecimento da causalidade física, de modo a que no fim de um processo, cujo termo não é possível antecipar, as perspectivas "subjetiva" e "objetiva" possam vir a coincidir plenamente. *Ver também* ESTADOS MENTAIS; PROBLEMA DA MENTE-CORPO; DUALISMO; FISICALISMO; FUNCIONALISMO. **AM**

CHURCHLAND, Paul M. "The Rediscovery of Light", *in The Journal of Philosophy*, XCIII, 1996.
DENNETT, D. *Consciousness Explained*. Harmondsworth: Penguin, 1991.
DESCARTES, R. "Méditations touchant la première philosophie" [1641], *in Oeuvres philosophiques*. Paris: Garnier, 1967, vol. II.
McGINN, C. *The Problem of Consciousness*. Oxford: Blackwell, 1991.
NAGEL, T. *The View From Nowhere*. Oxford: Oxford University Press, 1986.
____. "What is Like to Be a Bat?", *in Mortal Questions*. Cambridge: Cambridge University Press, 1979. Reimp. de 1985, pp. 164-80.
SEARLE, J. *The Rediscovery of the Mind*. Cambridge: MIT Press, 1992. Trad. bras. *A redescoberta da mente*. Trad. Eduardo P. e Ferreira. São Paulo: Martins Fontes, 1997.

conseqüência

A conseqüência é uma RELAÇÃO entre frases. Informalmente, dizemos que uma frase é uma conseqüência de outra (ou outras) se da verdade da segunda se segue a verdade da primeira.

É importante distinguir entre a relação lógica de conseqüência e a sua contraparte não-lógica. Ambas são relações entre frases. Mas a primeira leva em consideração a FORMA LÓGICA das frases e, em particular, as CONSTANTES LÓGICAS que nelas ocorrem. A sua contraparte não-lógica, pelo contrário, não depende essencialmente, ou não depende só, da forma lógica das frases envolvidas na relação de conseqüência. Considerem-se, p. ex., as seguintes frases: 1) Todos os homens são mortais; 2) Sócrates é homem; 3) Sócrates é mortal; 4) Todos os homens não-casados falam com freqüência de mulheres; 5) José é solteiro; 6) José fala com freqüência de mulheres. A frase 3 é uma conseqüência lógica das frases 1 e 2. A frase 6 é uma conseqüência das frases 4 e 5, mas não é uma conseqüência lógica dessas frases. Com efeito, as formas lógicas respectivas das frases 1 a 6 são as seguintes (assume-se aqui uma familiaridade mínima do leitor com uma linguagem de primeira ordem; *ver* LINGUAGEM FORMAL, LÓGICA DE PRIMEIRA ORDEM): 1a) $\forall x\,(Hx \rightarrow Mx)$; 2a) Ha; 3a) Ma; 4a) $\forall x\,(Nx \rightarrow Mx)$; 5a) Sa; 6a) Ma. É óbvio que qualquer particularização dos esquemas 1a-3a dará três frases, a terceira das quais será uma conseqüência (lógica) das duas primeiras. Para determinar que assim é, apenas precisamos considerar as formas lógicas das frases (isto é, os esquemas 1a-3a) e podemos ignorar completamente o assunto sobre o qual as frases versam.

O mesmo não se passa com os esquemas 4a-6a. Com efeito, existem muitas especificações desses esquemas nas quais as frases que particularizam 4a e 5a são verdadeiras e a frase que particulariza 6a é falsa. P. ex.: 4b) Todos os homens são mortais; 5b) José é homem; 6b) José é mulher. Em conclusão, quando estamos perante uma relação não-lógica de conseqüência entre frases, o sentido das expressões não-lógicas presentes nas frases é relevante para determinar que essa relação é satisfeita pelas frases em questão. A propósito, muitas das relações não-lógicas de conseqüência podem ser transformadas em relações lógicas introduzindo frases que contêm informação suplementar acerca do sentido das expressões não-lógicas relevantes para a relação. Assim, se adicionássemos 7) "Todo o homem solteiro é um homem não-casado" a 4 e 5, isso seria suficiente para que 6 fosse uma conseqüência lógica dessas três frases, 4, 5 e 7.

Aspectos Lógicos – A noção de conseqüência tem uma expressão no nível da SEMÂNTICA e da SINTAXE de uma LINGUAGEM FORMAL. A expressão sintática da noção de conseqüência implica a associação à linguagem formal em questão de um aparato dedutivo, ou seja, a sua transformação em um SISTEMA FORMAL.

Para mostrar como operam essas duas noções, semântica e sintática, de conseqüência, em uma linguagem formal, dá-se a seguir o exemplo de uma dessas linguagens, para expressar a teoria das funções de verdade (ou cálculo proposicional).

Seja L uma linguagem formal cujas constantes lógicas são $\neg$, $\rightarrow$. Sejam p, q, r, etc., letras esquemáticas de frases em L. Sejam "(" e ")", usados aos pares, os sinais que em L servem para expressar, quando for o caso, relações de subordinação entre (alguns dos) componentes de fbf (fórmulas bem-formadas) de L. Sejam as fbf de L construídas de acordo com as três (únicas) regras sintáticas seguintes: R1) Uma letra esquemática de frase é uma fbf de L; R2) Se A é uma fbf de L, então $\neg A$ é uma fbf de L; R3) Se A e B são fbf de L, então $(A \rightarrow B)$ é uma fbf de L. As letras A e B, tal como ocorrem nas regras R1-R3, são metavariáveis que pertencem à metalinguagem de L e que referem quaisquer fbf de L.

Quanto à semântica de L, começamos por definir interpretação de L e verdade em L para uma interpretação.

Def. 1 – Uma interpretação de L consiste na atribuição de um e um só valor de verdade, verdadeiro ($\top$) ou falso ($\bot$) a cada uma das letras esquemáticas de L.

Def. 2 – Verdade em L para uma interpretação (I): I) Se A é uma letra esquemática, então A é verdadeira para I se, e somente se, I atribui $\top$ a A; II) $\neg A$ é $\top$ para I se, e somente se, A é $\bot$ para I; III) $A \rightarrow B$ é $\top$ para I se, e somente se, A é $\bot$ para I ou B é $\top$ para I.

Com essas definições, podemos passar diretamente para a formalização em L da noção intuitiva de conseqüência semântica.

Def. 3 – Conseqüência semântica (⊨): Uma fbf de L, digamos, A, é uma conseqüência semântica de um conjunto, digamos Γ, de fbf de L, em símbolos Γ ⊨ A, se, e somente se, não existe nenhuma interpretação de L que torne ⊤ as fórmulas de Γ e que torne A ⊥.

A relação de conseqüência semântica em L é uma relação lógica entre fbf de L. Ela não pode, no entanto, ser expressa em L, mas apenas na metalinguagem de L. Não se deve, pois, em nenhum caso, confundir essa relação com fbf do tipo A → B, as quais podem ser expressas em L. A leitura informal correta a dar a frases do tipo A → B é "Se A, então B" e não "A implica B", que pode introduzir a confusão (a relação de implicação sendo simétrica da de conseqüência: A implica B se, e somente se, B é uma conseqüência de A). Ver IMPLICAÇÃO.

Quanto a Γ, ele pode ser: a) um conjunto singular, caso em que uma fbf, A, é uma conseqüência semântica de uma outra, B, B ⊨ A (p. ex., ¬(p → ¬p) ⊨ p); b) um conjunto formado por mais de uma fbf (p. ex., p → q, ¬q ⊨ ¬p, com Γ = {p → q, ¬q}); ou, c) o conjunto vazio, ∅. Nesse caso adota-se a convenção segundo a qual todas as interpretações de L são verdadeiras em ∅, e, portanto, se temos ∅ ⊨ A, temos A verdadeira para todas as interpretações, ou seja, é uma fbf válida – em particular, temos: ∅ ⊨ A se, e somente se, ⊨ A.

Um dos sentidos do estudo metateórico de L é estabelecer, na metalinguagem de L, algumas verdades tidas por importantes acerca de ⊨ em L. P. ex., para referir só duas muito simples, temos para L: A ⊨ A; e se ⊨ A, então Γ ⊨ A.

A expressão sintática da noção de conseqüência implica que se associe a L um aparato dedutivo. O aparato dedutivo que associaremos a L, e que dará origem ao sistema SL, é composto por três axiomas-esquema, A1-A3 e por uma regra de inferência (MP): A1 – [A → (B → A)]; A2 – {[A → (B → C)] → [(A → B) → (A → C)]} A3 – [(¬A → ¬B) → (B → A)]; MP – De A → B e A infere-se B.

Em seguida, definimos derivação em SL.

Def. 4 – Uma sucessão de fbf de L é uma derivação em SL de uma fbf A de L – a partir do conjunto Γ de fbf de L se, e somente se, I) é uma sucessão finita, mas não-vazia; II) a última fbf da sucessão é A; e III) cada fbf da sucessão é: a) uma axioma de SL; ou b) um membro de Γ; ou c) foi obtida por MP a partir de duas fbf precedentes na cadeia.

Com o conceito de derivação em SL, definimos conseqüência sintática.

Def. 5 – Conseqüência sintática (⊢): Uma fbf A de L é uma conseqüência sintática de um conjunto Γ de fbf de L, em símbolos, Γ ⊢ A, se, e somente se, existe uma derivação de A a partir de Γ.

Agora que temos as duas definições, semântica e sintática, de conseqüência podemos compará-las sob dois aspectos importantes: as noções ou definições a partir das quais cada uma delas é construída e o tipo de cálculo lógico que cada uma motiva.

A definição semântica de conseqüência (def. 3) faz apelo essencial às noções de interpretação (def. 1) e de verdade em uma interpretação (def. 2). A definição sintática (def. 5), não. Esta última faz apelo às noções de aparato dedutivo (no nosso caso: A1-A3 e MP) e de derivação no interior de um sistema formal (def. 4).

Em ambos os casos, semântico e sintático, é possível delinear processos através dos quais, sendo dado certo conjunto Γ, de fbf de L e uma fbf A, de L, se pode determinar se a relação de conseqüência se verifica entre Γ e A – isto é, se a segunda é uma conseqüência do primeiro. No caso semântico, esse processo envolve um cálculo, mais ou menos mecanizado, no qual os valores de verdade de A e das fbf de Γ são apurados. O método das TABELAS DE VERDADE é um exemplo desse gênero de cálculos. O método das ÁRVORES SEMÂNTICAS é outro exemplo. No caso sintático, o processo de cálculo envolve considerações acerca da forma (ou modo de composição) das fbf sob consideração e a aplicação de regras ou a introdução de axiomas apenas com o objetivo de gerar novas fbf (derivação) até obter a fbf pretendida. São exemplos desse tipo de cálculo o axiomático e o por DEDUÇÃO NATURAL.

O gênero de investigação metateórica que se pode fazer acerca de L consiste precisamente no estudo das relações existentes entre ⊨ e ⊢. É por meio de um estudo desse tipo que se pode estabelecer, *inter alia*, se o TEOREMA DA COMPLETUDE e o TEOREMA DA CORREÇÃO são satisfeitos por dada linguagem (e sistema ou teoria) formal. É também por meio de um estudo desse tipo que o PROBLEMA DA DECISÃO pode ser estabelecido a propósito de dada linguagem (e teoria) formal.

Deve ser claro que o que se afirmou no particular para a linguagem L (e para o sistema SL) acerca das noções semânticas e sintáticas de conseqüência pode ser generalizado a qualquer linguagem e sistema formal, em particular às linguagens e sistemas de primeira ordem. Quanto mais complexos forem ambos, linguagem e sistema, mais difícil, mas também mais interessante, será o estudo das relações entre ⊨ e ⊢, bem como o estabelecimento dos teoremas e a eventual solução do problema antes mencionado

Aspectos Filosóficos – A noção intuitiva de conseqüência lógica norteia a investigação no campo da lógica há mais de 2 mil anos. Quando, no século XX e a partir dos trabalhos seminais de Frege (1848-1925), Hilbert (1862-1943), Whitehead (1861-1947), Russell (1872-1970), Gödel (1906-1978), Tarski (1901/2-1983) e outros, a lógica recebeu uma formulação matemática precisa, generalizou-se a crença, na comunidade científica, segundo a qual o tratamento lógico da noção intuitiva de conseqüência formalizaria adequada e definitivamente a noção intuitiva. Os trabalhos pioneiros de Tarski nessa área constituíram, sem dúvida, a base dessa idéia.

Recentemente, Jon Etchemendy argumentou contra os fundamentos dessa crença. Segundo esse autor, a explicação semântica que a lógica oferece das propriedades lógicas e, em particular, da noção de conse- qüência, é inadequada. O que o autor tem em vista com essa afirmação é que, quando essa explicação é aplicada a linguagens arbitrariamente escolhidas (mesmo a linguagens, ou fragmentos de linguagens, completamente extensionais), essa definição determinará uma relação de conseqüência para a linguagem em questão que irá diferir da relação de conseqüência que genuinamente se verifica nessa linguagem. Com efeito, segundo Etchemendy, a noção logicamente definida (e em conformidade com a teoria dos modelos-padrão) irá quer subgerar, quer sobregerar, isto é, irá declarar inválidos certos argumentos genuinamente válidos, e irá declarar válidos certos argumentos que são genuinamente inválidos. Esse ponto de vista foi apreciado por lógicos e filósofos como Michael Dummett (1925-) e Richard Cartwright. E é de considerar que essa questão, acerca da relação entre a noção informal e a definição lógica de conseqüência, foi de algum modo reaberta e depende de discussão posterior. *Ver também* SISTEMA FORMAL; REDUÇÃO; INFERÊNCIA; IMPLICAÇÃO. **JS**

conseqüente

Em uma frase CONDICIONAL da forma "se p, então q", chama-se conseqüente à frase q; essa frase introduz uma CONDIÇÃO NECESSÁRIA, relativamente à condição introduzida pela antecedente, p.

consequentia mirabilis

(lat., conseqüência prodigiosa) Designação medieval dada ao princípio lógico segundo o qual qualquer proposição que implique a sua própria negação é uma proposição falsa; em símbolos, o seqüente válido da lógica proposicional $p \to \neg p \vdash \neg p$, ou a tautologia $(p \to \neg p) \to \neg p$.

consistência

Um conjunto de frases Σ (p. ex., o conjunto dos axiomas de uma teoria dedutiva T, ou a própria teoria T) em uma linguagem L (com negação) diz-se (absolutamente) consistente ou não-contraditório se não pu-

consistência

der deduzir-se de Σ nenhuma frase e também a sua negação; e diz-se inconsistente ou contraditório no caso contrário. (Em linguagens com o conectivo primitivo ⊥ – ABSURDO – define-se a consistência como a impossibilidade de deduzir ⊥.) Trata-se, pois, de uma noção puramente sintática, relativamente a um sistema dedutivo dado. Na lógica de primeira ordem clássica, a noção de consistência é equivalente a outra noção sintática, a de não-trivialidade: Σ é trivial (ou supercompleta) se todas as frases de L são dedutíveis de Σ, e diz-se não-trivial no caso contrário. Em geral, a demonstração de que uma teoria é consistente é tarefa assaz complicada, exceto para teorias relativamente simples, como a teoria elementar dos grupos e diversas outras teorias algébricas e da ordem, habitualmente apresentadas sob forma axiomática. Para estas, a consistência é usualmente garantida exibindo um modelo delas. Um conjunto (ou teoria) Σ diz-se COMPATÍVEL se possuir, pelo menos, um modelo, e diz-se incompatível no caso contrário.

Existindo um modelo de Σ, não poderá esta ser contraditória: se fosse, alguma frase A da linguagem de Σ e a sua negação seriam teoremas de Σ, quer dizer, seriam dedutíveis de Σ utilizando os axiomas lógicos e as regras de inferência do sistema dedutivo. Ora, os axiomas lógicos são universalmente válidos (sempre verdadeiros) e as regras de inferência conservam a validade, donde resulta que toda a frase dedutível de Σ é verdadeira em todo o modelo Σ (metateorema da validade ou ADEQUAÇÃO), logo A seria verdadeira e falsa no modelo, o que é impossível. No caso da lógica de primeira ordem, a propriedade de a consistência implicar a compatibilidade é um resultado fundamental da lógica matemática, conhecido por metateorema da completude semântica, devido a Kurt Gödel (1930). Esse resultado é, por vezes, formulado de modo alternativo, mas equivalente, nomeadamente, de que toda a conseqüência lógica (ou: semântica) de Σ é dedutível de Σ.

As teorias inconsistentes ou triviais não têm nenhum interesse lógico ou matemático, pois nelas não é possível distinguir os teoremas dos não-teoremas. Compreende-se, portanto, a razão pela qual a consistência de uma teoria é uma questão metamatemática importante. Mais importante se torna quando a teoria em causa é proposta como fundamentação de parte substancial das matemáticas, como é o caso das teorias axiomáticas de conjuntos (ou de classes). É o caso, p. ex., da teoria axiomática dos conjuntos de Zermelo-Fraenkel. Nos anos 1920 David Hilbert (1862-1943) propôs um ambicioso programa para os fundamentos, que incluía a demonstração de que aquela teoria é consistente, demonstração essa que, todavia, deveria ser conduzida de maneira "finitista", para que não se pudessem levantar suspeições metodológicas sobre a sua legitimidade. Tal programa encontrou pela frente fortes obstáculos, de modo que Hilbert e sua escola decidiram atacar uma questão aparentemente mais simples, a da consistência da aritmética de Peano, também conhecida por aritmética formal ou aritmética de primeira ordem. Também aqui o projeto de realizar uma demonstração "finitista" de consistência encontrou dificuldades de monta, acabando por ser inviabilizado pelos famosos metateoremas de incompletude de Gödel (1931). Resulta desses metateoremas que uma teoria axiomática consistente e "suficientemente rica" não prova a sua própria consistência, entendendo-se por "suficientemente rica" a possibilidade de interpretar (certo fragmento de) a aritmética de Peano (1858-1832) na teoria. É o caso, p. ex., da própria aritmética de Peano e da teoria axiomática dos conjuntos de Zermelo-Fraenkel (ZF).

No primeiro metateorema de incompletude, Gödel utilizou um conceito de consistência diferente do definido anteriormente, o conceito de consistência-ômega (ou CONSISTÊNCIA ω). Seja T uma extensão da aritmética de Peano e, para cada número natural n, seja $\bar{n}$ o numeral de n, quer dizer, o termo $0'{\cdots}'$ (n-ésimo sucessor de 0). T diz-se ω-consistente se, para toda a condição Ax com uma única variável livre x na linguagem da aritmética, se T ⊢ $A\,\bar{n}$ para todo o natural n, então T ⊬ ∃$x\,\neg Ax$. Prova-se que essa noção é mais forte do que a de consistência absoluta, mas não tão forte quanto a suposição de que a interpretação-padrão da linguagem da aritmética é um modelo de T.

O anteriormente definido é o conceito de consistência absoluta. Outro conceito, por vezes mais fácil de aplicar, é o de consistência relativa. Uma teoria T em uma linguagem L é consistente relativamente a uma teoria T′ em uma linguagem L′ se existir uma interpretação sintática I de L em L′, de tal modo que os axiomas de T são teoremas de T′. Resulta disso que, se T′ for consistente, então T é consistente, pois de deduções de A e de ¬A em T resultariam deduções de A^I e de ¬ A^I em T′. Foi estabelecido por esse método, p. ex., que a aritmética de Peano é consistente relativamente à aritmética de Heyting, que é a versão da aritmética de Peano tendo por base a lógica intuicionista em vez da lógica de primeira ordem clássica. Por esse mesmo método foram estabelecidos diversos resultados importantes na metateoria da teoria axiomática dos conjuntos, nomeadamente: a consistência relativa (relativamente a ZF) do axioma da escolha e da hipótese (generalizada) do contínuo, por Gödel em 1938, e das negações dessas proposições, por Paul Cohen em 1963.

Antes dos desenvolvimentos modernos da lógica matemática, os geômetras do século XIX já utilizaram um conceito de consistência relativa na vertente semântica, ao mostrarem como construir um modelo da geometria de Lobatchewski (também chamada geometria hiperbólica) "dentro" de um modelo da geometria euclidiana. No seu trabalho sobre os fundamentos da geometria, em 1899, David Hilbert mostrou que a sua axiomática para a geometria euclidiana (versão moderna da axiomática para a geometria de Euclides) é COMPATÍVEL relativamente à teoria dos números reais. **AJFO**

COHEN, Paul. "The Independence of the Continuum Hypothesis", *in Proceedings of the National Academy of Science of the U.S.A.*, 50, 1963, pp. 1143-8; 51, 1964, pp. 105-10.

GÖDEL, Kurt. "Die Vollständigkeit der Axiomen des logischen Funktionen Kalküls", *in Monatshefte für Mathematik und Physik*, 37, 1930, pp. 349-60. Trad. ingl. Jean van Heijenoort *et al.*: "The Completeness of the Axioms of the Functional Calculus of Logic", *in* van Heijenoort, Jean (org.). *From Frege to Gödel: A Source Book in Mathematical Logic, 1879-1931*. Cambridge/Londres: Harvard University Press, 1967, 4.ª reimpr. 1981, pp. 582-91.

____. "The Consistency of the Axiom of Choice and of the Generalized Continuum Hypothesis", *in Proceedings of the National Academy of Science of the U.S.A.*, 24, 1938, pp. 556-7.

____. "Über formal unentscheidbare Sätze der *Principia Mathematica* und verwandter Systeme I", *in Monatshefte für Mathematik und Physik*, 38, 1931, pp. 173-98. Trad. ingl. Jean van Heijenoort *et al.* "On Formally Undecidable Propositions of *Principia Mathematica* and Related Systems", *in* van Heijenoort, Jean (org.). *From Frege to Gödel: A Source Book in Mathematical Logic, 1879-1931*. Cambridge/Londres: Harvard University Press, 1967, 4.ª reimpr. 1981, pp. 596-617.

HILBERT, David. *Grundlagen der Geometrie*. Leipzig/Berlin: Teubner, 1899. Trad. ingl. Leo Unger. *Foundations of Geometry*. La Salle: Open Court, 2.ª ed. 1971. Trad. port. *Fundamentos da geometria*. Trad. Paulino Fontes e A. J. Franco de Oliveira. Lisboa: Gradiva, 2003.

consistência, problema da

O PROGRAMA DE HILBERT para a fundamentação da matemática tinha como objetivo salvaguardar as práticas (infinitistas) do matemático profissional contra as críticas dos quadrantes revisionistas (que criticam a matemática tal como é praticada e que pretendem mudar essa prática), p. ex., OS INTUICIONISTAS. Para conseguir isso, o programa de

Hilbert alicerçava-se (surpreendentemente) nos mais estritos requisitos finitistas, dando apenas significado autônomo a juízos que se possam decidir em um número finito de passos: p. ex., "2 + 3 = 3 + 2" ou "há pelo menos trinta números primos menores que 100". Um juízo como $a + b = b + a$ é encarado como um esquema de juízos finitistas: 2 + 3 = 3 + 2, 2 + 4 = 4 + 2, 7 + 5 = 5 + 7, etc. A esses juízos, que são formalmente do tipo $\forall x\, Ax$, onde Ax é um predicado decidível, chamam-se juízos reais. Aos outros juízos (infinitistas) que proliferam na matemática chamam-se juízos ideais. Esses últimos são vistos por Hilbert (1862-1943) como uma expansão necessária à prática matemática corrente e justificados filosoficamente do seguinte modo: não passam de expressões de uma linguagem formal (eis, pois, o seu significado finitista). Em suma, Hilbert justifica filosoficamente a prática matemática como a atividade de dedução lógica formal de expressões em dada linguagem completamente especificada. Hilbert, porém, observa em *Über das Unendliche*: "Há apenas uma condição, ainda que absolutamente necessária, a que o método dos elementos ideais está sujeito. Essa condição consiste em uma demonstração de consistência, pois a expansão do domínio pela adição de elementos ideais só é legítima se essa expansão não causa o aparecimento de contradições no domínio original, mais restrito. Por outras palavras, somente se as relações que resultam entre os elementos originais, quando se eliminam as estruturas ideais, continuam válidas no domínio original."

Certamente uma demonstração de consistência é uma condição necessária para a consecução do programa de Hilbert. O interessante é que tal demonstração também é suficiente. Hilbert esboça de outro lado (no ensaio "Die Grundlagen der Mathematik") a idéia de que a demonstração de consistência é suficiente para garantir que se uma asserção real se demonstra por meios infinitistas (isto é, com recurso ao sistema dedutivo que formaliza as asserções ideais), então ela tem uma demonstração finitista. Dito de outro modo, a extensão dos juízos reais no sistema dedutivo formal dos juízos ideais é conservadora.

A ferramenta que Hilbert criou para tentar fornecer uma demonstração finitista da consistência de um sistema formal suficientemente forte para abarcar a maior parte da prática matemática foi a teoria da demonstração (*BEWEISTHEORIE*), ou metamatemática. Uma DEMONSTRAÇÃO formal não é mais do que uma seqüência finita de fórmulas da linguagem que verifica determinadas especificações, p. ex., tal que a última fórmula da seqüência é a fórmula demonstrada, tal que cada fórmula da seqüência aparece por meio da aplicação de um número finito de regras de inferência previamente estabelecidas a fórmulas que a antecedem na seqüência, etc. Uma demonstração formal é, com efeito, uma seqüência finita de símbolos, um objeto finitista por excelência. A disciplina da teoria da demonstração propunha-se manipular esses objetos finitistas (as demonstrações formais) de modo a conseguir mostrar finitistamente que nenhuma seqüência finita de fórmulas que termina em contradição (p. ex., "0 = 1") é uma demonstração formal.

O programa de Hilbert tem um mérito muito raro. Nas palavras de Paul Bernays, discípulo de Hilbert, em *Über Hilberts Gedanken zur Grundlagen der Arithmetik*: "A grande vantagem do método de Hilbert é a seguinte: os problemas e as dificuldades que se apresentam nos fundamentos da matemática podem ser transferidos do domínio epistemológico-filosófico para o domínio matemático."

Tendo o programa de Hilbert uma formulação matemática – a saber, providenciar uma demonstração finitista de consistência –, não seria de excluir que pudesse ser refutado matematicamente. Em 1931, o segundo TEOREMA DA INCOMPLETUDE DE GÖDEL refuta o programa: se um sistema formal contém a aritmética e é consistente, então não demonstra a sua própria consistência.

Se é verdade que o segundo teorema da incompletude de Gödel refutou o programa de Hilbert tal como concebido originariamente, uma série de resultados metamatemáticos posteriores permitiram reformular o programa de modo a adaptar-se ao cabo incontornável da incompletude. Um dos mais importantes desses resultados metamatemáticos foi obtido por Gerhard Gentzen (1909-1945) em 1936. Esse resultado é apenas inteiramente inteligível para os *cognoscenti*: Gentzen demonstrou a consistência da ARITMÉTICA de Peano por meios finitistas junto com indução transfinita sobre predicados primitivos recursivos até o ordinal ε_0. Hoje, a teoria da demonstração reformulada (de modo a permitir formas de indução transfinita e/ou raciocínios abstratos intuicionistas) continua viva e, aqui e ali, obtém resultados metamatemáticos que o filósofo da matemática não pode ignorar. *Ver também* CONSISTÊNCIA; PROGRAMA DE HILBERT; TEOREMAS DA INCOMPLETUDE DE GÖDEL. FF

BERNAYS, P. "Über Hilberts Gedanken zur Grundlagen der Arithmetik", *in Jahresberichte DMV*, 31, 1926, pp. 10-9.
FERREIRA, F. "No Paraíso sem convicção… uma explicação do programa de Hilbert", *in* Furtado Coelho, J. (org.). *Matemática e cultura*, II. Lisboa: Centro Nacional de Cultura/SPB, 1995, pp. 86-121.
GÖDEL, K. *Collect Works*. Org. Feferman, Solomon *et al*. Oxford: Oxford University Press, 1986, vol. I. O ensaio "Über formal unentscheidbare Sätze der *Principia Mathematica* und Verwandter System I" está traduzido para o português por Lourenço, M. S. (org. e trad.). *O teorema de Gödel e a hipótese do contínuo*. Lisboa: Gulbenkian, 1979.
HILBERT, D. "Die Grundlagen der Mathematik", *in Abhandlungen aus dem mathematischen Seminar der Hamburgischen Universität*, 6, 1928, pp. 65-85. Trad. ingl. "The Foundations of Mathematics", *in* Heijenoort, J. (org.). *From Frege to Gödel*, Cambridge: Harvard University Press, 1967. Trad. port. "Os fundamentos da matemática". Apêndice IX do livro de David Hilbert, *Fundamentos da geometria*. Trad. Paulino Fortes e A. J. Franco de Oliveira. Lisboa: Gradiva, 2003, pp. 256-75.

____. "Über das Unendliche", *in Mathematische Annalen*, 95, 1926, pp. 161-90. Trad. ingl. "On the Infinite", *in* Putnam, H. e Benacerraf, P. (orgs.). *Philosophy of Mathematics*. Cambridge: Cambridge University Press, 1983. Trad. port. (abreviada) "Sobre o infinito". Apêndice VIII do livro de David Hilbert e acima indicado, na tradução de Paulino Fortes e A. J. Franco de Oliveira, pp. 234-55.
KLEENE, S. C. *Introduction to Metamathematics*. Amsterdam: North-Holland, 1971.
POHLERS, W. *Proof Theory*. Lecture Notes in Mathematics 1407. Berlim: Springer, 1989.

consistência absoluta

Ver CONSISTÊNCIA.

consistência-ômega

(ω) *Ver* CONSISTÊNCIA.

consistência relativa

Ver CONSISTÊNCIA.

constante individual

Na linguagem da lógica-padrão de primeira ordem, um símbolo não-lógico cujo valor semântico, relativamente a uma interpretação, é um objeto específico no DOMÍNIO dessa interpretação. Geralmente, as constantes individuais são letras latinas minúsculas do princípio do alfabeto (a, b, c,…). *Ver também* TERMO.

constante lógica

Na terminologia usual o termo "constante lógica" denota as funções de verdade do CÁLCULO PROPOSICIONAL, junto com os QUANTIFICADORES do CÁLCULO DE PREDICADOS e, em teorias com IDENTIDADE, o símbolo de identidade.

Esse uso do termo foi consagrado pelo ensaio de Tarski sobre indecidibilidade essencial, no qual, para o sistema sob investigação, Tarski estabelece uma distinção entre constantes lógicas e constantes não-lógicas. As constantes não-lógicas são todos os termos e todas as fórmulas construídas a partir das constantes lógicas e de um número finito de símbolos individuais, de símbolos funcionais e de letras predicativas. Em contraste, as constantes lógicas, para o sistema, são a IMPLICAÇÃO (→), a CONJUNÇÃO (∧), a DISJUNÇÃO (∨), a NEGAÇÃO (¬), os quantificadores universal (∀) e existencial (∃) e o símbolo de identidade (=).

Na filosofia da matemática o termo está intrinsecamente associado à filosofia de Bertrand Russell (1872-1970), na forma em que ela é exposta na sua obra *The Principles of Mathematics* (1903). O objetivo principal dessa obra é a demonstração da redutibilidade da matemática à lógica e, para a sua execução, Russell recorre ao uso de constantes lógicas, embora em um sentido diferente do atual. Nos *The Principles of Mathematics* uma constante denota um objeto definido acerca do qual não existe nenhuma ambigüidade. São exemplos de constantes, neste sentido, "1", "2" e "Sócrates". Mas as constantes lógicas são conceitos só definíveis em termos dos seguintes: 1. A implicação; 2. A relação de um termo a uma classe da qual é elemento; 3. O conceito de "tal que"; 4. O conceito de RELAÇÃO; 5. Outros conceitos usados no conceito geral de PROPOSIÇÃO; 6. O conceito de verdade. (A verdade não é parte constituinte da proposição que é dita ser verdadeira.)

Essas são as constantes lógicas referidas na definição inicial de Russell, segundo a qual todas as proposições da matemática pura são implicações, com uma ou mais variáveis no antecedente e no conseqüente, nas quais não ocorrem constantes, a não ser constantes lógicas. E nesse passo dos *The Principles of Mathematics* as constantes lógicas que Russell especifica são as anteriormente enumeradas. Acerca do seu número, Russell diz imprecisamente que as constantes lógicas são 8 ou 9. Em outro passo dos *The Principles of Mathematics* há uma outra enumeração das constantes lógicas, que talvez se possa considerar a mais completa: o n.º 5 anterior é decomposto nas seguintes partes: 6. Função proposicional; 7. Classe; 8. Denotação; 9. Um ou qualquer termo.

Summa summarum, as constantes lógicas são aqueles conceitos que ocorrem nas proposições da lógica simbólica de tal modo que todos os outros conceitos podem ser definidos à sua custa. Para Russell, as proposições da matemática não apelam a outros conceitos primitivos que não sejam as constantes lógicas, e assim pode-se estipular que a única ocorrência de constantes em proposições matemáticas seja a de constantes lógicas, de tal modo que qualquer proposição da matemática pura revela, depois da sua análise, ser uma proposição lógica.

Acerca do complexo problema de descobrir quais constantes lógicas é que realmente existem, Russell acredita que a análise da estrutura da lógica simbólica conduz a tal descoberta. Depois de descobertas, o único modo de as definir é por enumeração. Russell julga nos *The Principles of Mathematics* ter encontrado, com as constantes lógicas, uma justificativa moderna de um conceito tradicional, nomeadamente do conceito de A PRIORI. O fato de as constantes que ocorrem nas proposições matemáticas serem constantes lógicas (e que as premissas das quais essas proposições possam depender as contenham) representa a formulação rigorosa do que tradicionalmente se pretendia dizer com asserções acerca do caráter *a priori* da verdade das proposições matemáticas. Como é sabido, o programa da redução da matemática à lógica não incluía a matemática aplicada e por isso o recurso às constantes lógicas pode também servir de critério para separar a matemática pura da aplicada. O que de fato distingue a matemática aplicada da lógica e da matemática pura é que nestas todas as constantes são definidas em termos de conceitos primitivos, aqueles a que Russell chama constantes lógicas.

Wittgenstein (1889-1951), no *Tractatus Logico-Philosophicus*, usa a expressão "constante lógica" em dois sentidos. No sentido de Russell, descrito anteriormente, e na acepção específica do § 5.47, onde as constantes lógicas aparecem como característica definidora da complexidade, da relação entre função e argumento. Neste sentido, as constantes lógicas são aquilo que é comum a todas as proposições, em virtude da estrutura destas.

Na acepção de Russell, as constantes lógicas não existem. Elas estão submetidas ao estatuto de qualquer operação, e a operação pode ser eliminada, como Wittgenstein mostra com o caso da negação dupla. A característica fundamental das constantes lógicas é assim a sua eliminabilidade, que, segundo Wittgenstein, se vê também nas definições equivalentes dos quantificadores do cálculo de predicados por meio da negação. Passando à teoria da identidade, o mesmo fenômeno da eliminabilidade está presente na identidade de sentido entre as expressões Fa e $\exists x. Fx. x = a$.

Essa idéia de que a definibilidade recíproca das constantes lógicas mostra que elas não existem foi preparada por Wittgenstein na sua doutrina acerca do que torna a proposição realmente possível. E o que torna a proposição realmente possível é o princípio da representação (no sentido judicial do termo) dos objetos do mundo pelos símbolos da proposição. Mas como a lógica dos fatos não se deixa de forma alguma representar (no sentido judicial do termo), as constantes lógicas não representam.

Voltando finalmente a uma parte do sentido usual de "constante lógica", como as funções de verdade do cálculo proposicional, um problema ainda em debate é o da sua definição implícita, por meio de regras de dedutibilidade. As inferências produzidas seriam analiticamente válidas. Seria assim possível introduzir um novo conectivo proposicional, p. ex., *plonk*, cuja definição seria assegurada por meio de regras, e todas as inferências seriam analiticamente verdadeiras. **MSL**

RUSSELL, B. *The Principles of Mathematics*. Londres: Unwin, 1956 [1903].

STRAWSON, P. (org.). *Philosophical Logic*. Oxford: Oxford University Press, 1967.

WITTGENSTEIN, L. *Tratado lógico-filosófico/Investigações filosóficas* [1922]. Trad. M. S. Lourenço. Lisboa: Gulbenkian, 1994. Trad. bras. *Tractatus Logico-Philosophicus*. Trad. Luiz Henrique Lopes dos Santos. São Paulo: Edusp, 1994.

construtivismo

Ver INTUICIONISMO; AXIOMA DA ESCOLHA.

contato, princípio do

Ver ATOMISMO LÓGICO.

contável, conjunto

Ver CONJUNTO CONTÁVEL.

contável, termo

Ver TERMO CONTÁVEL/TERMO DE MASSA.

conteúdo

Os estados mentais parecem dividir-se em duas categorias. Por um lado, há estados, tais como dores e cócegas, cuja natureza é exaurida pela maneira como são sentidos quando os temos, pela suas fenomenologias individualizadoras. Tais estados parecem não ser "acerca" do que quer que seja, ou "significar" o que quer que seja. Por outro lado, há estados, como acreditar que a neve é branca ou desejar que o gato não estrague a mobília, que parecem não ter nenhuma fenomenologia interessantes, mas que parecem ser acerca de coisas e significar algo.

Em relação a esse último gênero de estados, que Russell (1872-1970) batizou de "ATITUDES PROPOSICIONAIS", aquilo que eles significam é referido como o seu conteúdo proposicional, ou, abreviadamente, o seu conteúdo. (A outra parte, a designada por verbos psicológicos tais como "acreditar" e "desejar", é a atitude adotada em relação ao conteúdo proposicional.) O conteúdo de uma atitude proposicional é tipicamente especificado, em uma linguagem, por meio do uso de uma "oração subordinada" – Maria deseja que o gato não estrague a mobília, João acredita que a neve é branca.

A noção de conteúdo proposicional suscita um conjunto de questões difíceis em metafísica, acerca das quais não há senão controvérsia. A julgar pelas aparências, uma atribuição de crença como aquela que é mencionada no parágrafo precedente (*mutatis mutandis* para os outros estados psicológicos) parece relacionar João, por meio da crença, com certa coisa – a PROPOSIÇÃO que a neve é branca. Assim, parece correto fazer uma inferência de "João acredita que a neve é branca" para "Há algo em que João acredita". Isso parece mostrar que os conteúdos proposicionais são objetos de certo gênero, com os quais as pessoas podem estar em diversas relações psicológicas. Mas que tipos de objetos são os conteúdos proposicionais, que tipos de coisas são as coisas acreditadas? Parecem ser abstratos: a verdade de que a neve é branca não está na praça do Rossio nem no meu carro. Parecem ser independentes da linguagem: que a neve é branca parece ser algo que poderia ser verdadeiro mesmo se ninguém tivesse concebido uma linguagem na qual fosse expresso. Parecem ser independentes da existência de qualquer mente em particular: duas pessoas podem partilhar o pensamento de que a neve é branca. Parecem ser mesmo independentes da existência de toda e qualquer mente: que a neve é branca parece algo que poderia ser verdadeiro mesmo se ninguém tivesse, ou mesmo se ninguém pudesse ter, pensado nisso. Além disso, e tal como é ilustrado pelos exemplos, os conteúdos proposicionais têm CONDIÇÕES DE VERDADE (e de falsidade); parecem ter as suas condições de verdade de modo essencial: nenhuma proposição pode ser a proposição que a neve é branca a menos que ela seja verdadeira se, e somente se, a neve é branca.

Todas as observações anteriores são acomodadas pelo ponto de vista de que um conteúdo proposicional é um conjunto de MUNDOS POSSÍVEIS, designadamente o conjunto de todos os mundos nos quais a proposição é verdadeira. Tal ponto de vista tem sido bastante ubíquo na filosofia recente. Mas ele tem problemas. Considere-se a crença de que ou a neve é branca ou a neve não é branca e a crença de que $2 + 2 = 4$. Aparentemente, essas são crenças distintas: parece ser possível acreditar em uma delas sem que, em virtude disso, se acredite na outra. Todavia, como são ambas necessariamente verdadeiras, são ambas verdadeiras em todos os mundos possíveis. Por conseguinte, uma concepção de conteúdo proposicional em termos de mundos possíveis pareceria não ser capaz de discriminar entre aquelas crenças; pareceria ter de concluir que qualquer pessoa que acredite em certa verdade necessária acredita nelas todas. E tal parece não estar certo. (Para mais discussão, veja-se Stalnaker, 1984.)

Essas considerações dão-nos uma razão para defender a idéia de que os conteúdos proposicionais não são simplesmente conjuntos, mas são mais como complexos estruturados de objetos e propriedades. O conteúdo da crença de que a neve é branca é o complexo estruturado composto pela substância neve e pela propriedade de ser branca (junto com a propriedade da exemplificação). Isso dá conta do problema acerca de acreditar em verdades necessárias: a diferença entre a crença de que $2 + 2 = 4$ e a crença de que ou a neve é branca ou a neve não é branca consiste, em parte, no fato de que a primeira envolve a propriedade da adição, enquanto a última não.

Infelizmente, um conjunto de considerações famosas que se devem a Frege (1892) parecem mostrar que também isso não está certo. Considere-se a crença de que a água é potável e a crença de que H_2O é potável. Aparentemente, essas não são a mesma crença, pois parece ser possível alguém ter uma delas sem que, em virtude disso, tenha a outra. De fato, parece ser possível uma pessoa acreditar que a água é potável, e não só não acreditar que H_2O é potável, como também na verdade acreditar ativamente, sem contradição, que H_2O não é potável. Todavia, a propriedade de ser água é simplesmente a propriedade de ser H_2O – ou é isso que a ciência parece ensinar-nos. Assim, parece que os conteúdos das crenças têm de ser compostos por partes constituintes que sejam mesmo mais finamente individuadas do que objetos e propriedades. Tais partes constituintes mais finamente individualizadas são normalmente referidas como modos de apresentação de objetos e propriedades. Uma das grandes questões por resolver na metafísica do conteúdo diz respeito à natureza dos modos de apresentação. (Para mais discussão, vejam-se Salmon, 1986, e Schiffer, 1990.)

Outra classe importante de problemas metafísicos suscitados pelo tópico do conteúdo proposicional diz respeito à relação de conteúdo. Em virtude de que gênero de fato é que certo estado neuronal particular é a crença de que *p*? (*Ver* PROBLEMA DA MENTE-CORPO.) Esta questão pode ser dividida em duas outras. Em virtude de que gênero de fato é que um estado particular é uma crença (em oposição a, p. ex., um desejo)? E em virtude de que gênero de fato é que ele exprime a proposição que *p*?

Concentrando-nos na segunda questão, muitos filósofos estão inclinados a pensar que o fato em questão tem de ser naturalista, e provavelmente causal. Há muitas razões para essa convicção. Algumas são puramente ontológicas: os filósofos têm relutância em admitir propriedades que, ou não são idênticas às propriedades descritas pela física, ou não são SOBREVENIENTES em relação a essas propriedades (*ver* FISICALISMO). Outras razões são de natureza mais explicativa: é difícil ver como se poderia dar às propriedades de conteúdo das crenças um papel causal na explicação do comportamento, na suposição de que elas não têm uma natureza fundamentalmente naturalista. Um naturalismo não-reducionista acerca das propriedades do conteúdo parece comprometido, de forma implausível, quer com uma espécie peculiar de causalidade dupla, quer com a incompletude essencial da física (veja-se Kim, 1979).

Por conseguinte, parece que há muito a militar a favor de um naturalismo reducionista acerca das propriedades de conteúdo das crenças. Infelizmente, porém, as tentativas de articular um naturalismo reducionista do gênero desejado têm tido muito pouco êxito. Com efeito, estão disponíveis argumentos importantes em direção à conclusão de que as propriedades do conteúdo não podem ser naturalizadas. Muitos desses argumentos sublinham o caráter alegadamente normativo da noção de conteúdo (vejam-se Davidson, 1980, e Kripke, 1982).

O impasse corrente em redor da metafísica do conteúdo tem tido um efeito previsível: encoraja um ceticismo crescente em relação ao conteúdo. Um número significativo de filósofos contemporâneos estão inclinados a pensar que talvez não haja de forma alguma estados mentais com conteúdo, que a idéia de um estado mental com conteúdo é apenas parte de uma teoria psicológica comum que é má e falsa (veja-se Churchland, 1981). Não é claro que tal ceticismo seja justificado; na verdade, não é claro que seja mesmo coerente (veja-se Boghossian, 1990). *Ver também* REFERÊNCIA, TEORIAS DA; MUNDO POSSÍVEL; SOBREVENIÊNCIA; ESTADO MENTAL; ATITUDE PROPOSICIONAL. **PB**

BOGHOSSIAN, P. A. "The Status of Content", *in Philosophical Review*, 99, 1990, pp. 157-84.
CHURCHLAND, P. M. "Eliminative Materialism and the Propositional Attitudes", *in Journal of Philosophy*, 78, 1981, pp. 67-90.
DAVIDSON, D. "Mental Events", *in Essays on Actions and Events*. Oxford: Clarendon Press, 1980.
FREGE, G. "On Sense and Meaning", *in* Geach, P. e Black, M. (orgs.). *Translations from the Philosophical Writings of Gottlob Frege*. Totowa: Rowman and Littlefield, 1982 [1892], pp. 56-78. Trad. port. "Sobre o sentido e a referência", *in* G. Frege: *Lógica e filosofia da linguagem*. Tradução e organização de Paulo Alcoforado. São Paulo: Cultrix/Edusp, 1978, pp. 59-86.
KIM, J. "Causality, Identity and Supervenience in the Mind-Body Problem", *in Midwest Studies in Philosophy*, 4, 1979, pp. 31-49.
KRIPKE, S. *Wittgenstein on Rules and Private Language*. Cambridge: Harvard University Press, 1982.

SALMON, N. *Frege's Puzzle*. Cambridge: MIT Press, 1986.
SCHIFFER, S. "The Mode-of-Presentation Problem", *in* Anderson, C. A. e Owens, J. (orgs.). *Propositional Attitudes*. Stanford: CSLI, 1990, pp. 56-78.
STALNAKER, R. *Inquiry*. Cambridge: MIT Press, 1984.

conteúdo estrito/lato

Chama-se "estrito" ao conteúdo de um estado mental que depende apenas do sujeito do estado mental, e "lato" ao que também depende do mundo. O conteúdo estrito de um estado mental deve a sua existência e identidade apenas ao sujeito desse estado mental. O conteúdo lato de um estado mental deve a sua existência e identidade a coisas no mundo.

A distinção entre conteúdo estrito e lato foi introduzida por Putnam em "The Meaning of 'Meaning'" (1975) e é normalmente ilustrada por meio de experiências mentais do tipo TERRA GÊMEA. Nessas experiências tenta-se saber em que medida o conteúdo mental estrito determina tanto o significado das palavras como as crenças e desejos que exprimimos por meio delas. Na experiência da Terra Gêmea, Putnam mostra que em alguns casos, nomeadamente no de termos para tipos naturais, o significado das palavras depende de características do mundo físico exterior ao sujeito. Como tal, as crenças em cuja especificação entrem termos desse tipo também dependem do mundo físico. Tyler Burge, em "Individualism and the Mental", generalizou de certo modo as conclusões atingidas por Putnam. Nesse artigo, Burge constrói uma experiência mental que mostra como o conteúdo mental depende não só do mundo físico, mas também do mundo social e da comunidade lingüística. Essas duas experiências mentais tiveram grande impacto na filosofia da mente contemporânea, pois desafiavam a idéia comum de que os conteúdos mentais, principalmente o conteúdo de crenças e desejos, podem ser identificados ao se recorrer apenas a aspectos internos do sujeito que deles tem experiência. Essas experiências mentais desafiavam também a idéia de que o significado das palavras e as crenças que com elas exprimimos estão "na cabeça" (usando a expressão de Putnam).

A experiência mental da Terra Gêmea consiste em imaginar duas Terras semelhantes em todos os aspectos menos em um pormenor físico determinado. Em seguida, compara-se a situação de um personagem na Terra, podemos chamá-lo Oscar1, com a de um personagem na Terra Gêmea, podemos chamá-lo Oscar2. Os dois Oscares são idênticos molécula a molécula, são réplicas físicas exatas um do outro. Supõe-se depois que a palavra "água" na Terra refere-se a um líquido cuja estrutura é H_2O. Entretanto, na Terra Gêmea (onde também se fala português), a palavra "água" refere-se a um líquido que é semelhante em todas as propriedades superficiais à água da Terra, mas cuja estrutura química é completamente diferente. Podemos supor que a estrutura química da Terra Gêmea é dada em uma fórmula muito complicada que pode ser abreviada por XYZ. Esse é o único pormenor físico diferente na Terra e na Terra Gêmea. A pergunta que se coloca então é a de saber se a palavra "água" tem o mesmo significado na Terra e na Terra Gêmea. Putnam responde que essas palavras não têm o mesmo significado e, como tal, "os significados não estão na cabeça", visto que os dois Oscares partilham exatamente os mesmos estados psicofísicos. Assim, conclui Putnam, o significado não depende do conteúdo mental estrito, mas sim do conteúdo mental lato, que envolve certas características do mundo físico.

Tyler Burge construiu uma experiência mental semelhante. Burge propõe que imaginemos a seguinte situação. Um indivíduo no mundo real sofre de dores intensas e foi-lhe diagnosticada uma artrite. Um dia surge-lhe mais uma dor semelhante, mas dessa vez na coxa; e ele pensa que se trata de mais um sintoma de artrite. Esse indivíduo vai ao médico e o médico explica-lhe que a dor que ele tem na coxa não pode ser artrite porque a artrite é uma doença das articulações. Essa é a situação no mundo real. Em seguida Burge propõe que imaginemos um mundo possível em que existe um indivíduo exatamente igual ao anterior em todos os aspectos. No entanto, nesse mundo, a "definição" de artrite é diferente. Aqui a artrite é definida como não só uma doença das articulações, mas também como uma enfermidade dos ossos. A réplica vai ao médico e o médico confirma-lhe que se trata realmente de mais um sintoma da sua artrite. Burge pergunta então se a palavra "artrite" tem o mesmo significado no primeiro e no segundo caso. Parece óbvio que não. Assim, embora ambos os indivíduos estivessem no mesmo estado psicofísico antes de irem ao médico, parece que tinham crenças diferentes: um tinha uma crença verdadeira, a crença de que ele sofria de artrite, e outro tinha uma crença falsa, a crença de que ele padecia daquele mal.

Essas experiências mentais tiveram grande impacto na época, pois até então era comum pensar que os estados mentais se podiam caracterizar, para fins de explicação psicológica, apenas por meio do seu conteúdo estrito. A idéia de que algumas atitudes proposicionais, como o conhecimento proposicional ("sabe que"), têm um conteúdo lato é evidente. No entanto, a idéia de que estados mentais não-factivos como crenças e desejos têm também um conteúdo lato pode causar alguma perplexidade. Essa perplexidade baseia-se em duas concepções comumente aceitas. Por um lado, alguns filósofos e lingüistas insistem que a linguagem é em grande parte uma função cerebral com muitas características inatas. Se assim for, uma teoria do significado que tiver um fator externalista forte parece reduzir de alguma forma o papel do módulo da linguagem no cérebro. Por outro lado, existe uma idéia mais ou menos estabelecida de que o conteúdo estrito é o único relevante para as explicações psicológicas. A idéia é que o estado psicológico dos indivíduos não depende tanto de como o mundo é, porém mais da maneira pela qual o mundo se apresenta ao indivíduo, a qual determina o modo como o indivíduo vai agir sobre ele. Como tal, aquilo que não tem nenhuma influência presente, nem consciente nem inconsciente, não pode estar implicado de forma essencial na especificação correta de um estado mental.

Assim, encontramos aqui duas intuições comuns em conflito com uma concepção lata do conteúdo mental. Por um lado, parece natural que crenças e desejos sejam acerca dos objetos referidos nas frases que exprimem essas crenças e desejos, ou seja, parece que as crenças e desejos têm as mesmas condições de verdade das frases que os exprimem. Por outro lado, parece que o conteúdo das crenças e desejos assim externalisticamente individuados pode ser considerado como não tendo nenhum impacto presente nos estados psicológicos internos. Se assim for, o papel explicativo dessas crenças e desejos na produção de comportamento pode ser posto em causa, e com ele grande parte da psicologia do senso comum.

Objeções baseadas nessas intuições foram apresentadas por vários filósofos de diversas maneiras. Jerry Fodor, p. ex., propôs a hipótese do solipsismo metodológico. Essa é a hipótese de que o estudo dos processos psicológicos e cognitivos deve ser levado a cabo tendo em conta exclusivamente o sujeito em abstração do meio ambiente físico ou social em que este se encontra. O argumento principal a favor do solipsismo metodológico consiste em alegar que a causa próxima de qualquer comportamento tem de ser local, ou seja, tem de ser constituída por uma série de eventos locais (p. ex., eventos neuronais com origem no sistema nervoso central que causam contrações dos músculos apropriados, resultando em comportamentos específicos). A causa dos comportamentos é assim dependente apenas do estado do sujeito em determinado momento, e não do estado do mundo; e a explicação desses comportamentos deve ser dada por meio do conteúdo estrito.

Uma maneira de responder a essas considerações é dizer que esse tipo de explicação não é o que a psicologia do senso comum usa. A psicologia do senso comum não pretende explicar comportamentos em termos de movimentos de membros e das suas causas próximas. Assim, em uma explicação psicológica a eficácia causal não é o único fator relevante. Embora a causa imediata de determinado comportamento possa ser dada por meio de uma descrição pormenorizada do tipo da que foi aludida anteriormente, mesmo assim essa descrição não é uma explicação psicológica completa do comportamento. Antes, os fatores explicativos relevantes envolvem muitas outras coisas, e grande parte delas é dada por meio de frases com conteúdo lato. Assim, se quisermos explicar por que Oscar bebeu chá às cinco, não fazemos uma descrição das causas próximas em termos de estímulos neuronais e movimentos corporais.

Um tipo de objeção comum ao externalismo é a de dizer que a noção de um estado mental com conteúdo lato permite que um indivíduo tenha estados mentais aos quais não pode ter um acesso direto por meio da introspecção. Embora seja aceitável que muitos estados psicológicos não sejam acedidos por introspecção, p. ex., todos os estados inconscientes, mesmo assim parece estranho que o conteúdo de estados psicológicos como certas crenças e desejos não possa ser acedido por meio da introspecção. A autoridade da primeira pessoa em relação a esses tipos de atitudes proposicionais parece ser indiscutível. Assim sendo, parece que atribuir um conteúdo lato a essas crenças e desejos tem como conseqüência que grande parte do nosso conhecimento sobre os nossos próprios estados mentais intencionais é indireto e tem de ser baseado em dados externos.

Essas objeções levaram a maior parte dos filósofos da mente a admitir uma teoria bipolar do conteúdo mental. Mesmo assim, os partidários do conteúdo lato continuam a defender que o conteúdo mental depende, na maior parte dos casos, do mundo. Por outro lado, os partidários do conteúdo estrito pretendem que o conteúdo mental lato é o resultado de uma função do conteúdo mental estrito junto com o contexto, ou com o meio que circunda o sujeito. Saber se os estados mentais têm um conteúdo mental vincadamente lato ou acentuadamente estrito é uma questão em aberto na filosofia da mente contemporânea. Essa é uma questão essencial, tanto para a psicologia de senso comum como para a psicologia científica. Em especial, é necessário saber se os estados mentais com conteúdo podem continuar a ser utilizados como explicação dos comportamentos humanos. Por outro lado, o debate acerca da caracterização dos estados mentais pode ter conseqüências metafísicas para a noção de mente. Conforme tomamos um ou outro partido, a noção de mente pode assumir dimensões muito diferentes. Assim, p. ex., se formos partidários do conteúdo estrito, tenderemos a identificar a mente com o cérebro e dizer que qualquer estado mental é também um estado cerebral. Por outro lado, se formos partidários do conteúdo lato, tenderemos a assumir uma noção de metafísica de mente mais abrangente, que pode incluir não só os estados mentais dos outros indivíduos, como muitas características do mundo físico. **SFB**

BLOCK, N. "Advertisement for a Semantics for Psychology", *in Midwest Studies in Philosophy*, X, 1986, pp. 615-78.
BURGE, T. "Individualism and the Mental", *in Midwest Studies in Philosophy*, IV, 1979, pp. 73-121.
FODOR, J. "Methodological Solipsism Considered as a Research Strategy in Cognitive Psychology", *in Representations*. Cambridge: MIT Press, 1981.
____. *Psychosemantics*. Cambridge: MIT Press, 1987.
MCGINN, C. *Mental Content*. Oxford: Blackwell, 1989.
PUTNAM, H. "The Meaning of 'Meaning'", *in Mind, Language and Reality*. Cambridge: Cambridge University Press, 1975, pp. 215-71.

contexto

Em semântica e filosofia da linguagem, um contexto de uma elocução (ou inscrição) de uma expressão lingüística é um conjunto de parâmetros extralingüísticos tidos como relevantes para a atribuição de um SIGNIFICADO, ou de um CONTEÚDO, à expressão. No mínimo, o contexto c de uma elocução e inclui os seguintes aspectos: o locutor s de e, o local l de e, o tempo t de e, a audiência a de e, e o mundo possível ω de e. É assim possível representar o contexto de uma elocução, c_e, como uma ênupla ordenada de parâmetros, $<s, l, t, a, \omega, ...>$.

Essa noção técnica de contexto deve ser distinguida de uma outra noção, segundo a qual o contexto de uma expressão é, digamos, o fragmento de discurso (frase, conjunto de frases, etc.) que a envolve. É tal noção que se tem em mente quando, p. ex., se diz que expressões correferenciais, p. ex., "Túlio" e "Cícero", não são substituíveis *salva veritate* em contextos referencialmente opacos, p. ex., contextos citacionais como "'Túlio' tem duas sílabas" ou contextos psicológicos como "Manuel acredita que Túlio denunciou Catilina". *Ver também* INDEXICAIS. JB

contexto, princípio do

Ver PRINCÍPIO DO CONTEXTO.

contexto opaco

Ver OPACIDADE REFERENCIAL; ELIMINAÇÃO DA IDENTIDADE.

contexto transparente

Ver OPACIDADE REFERENCIAL; ELIMINAÇÃO DA IDENTIDADE.

contextual, definição

Ver DEFINIÇÃO CONTEXTUAL.

contingente

Um predicado modal de proposições (frases, juízos, etc.) que pode ser caracterizado em termos de outros predicados modais de proposições, como, p. ex., os predicados "necessária" e "possível". Uma maneira familiar de introduzir a noção é a seguinte. Uma proposição p é contingente quando, e somente quando, p não é necessária e p não é impossível; por outras palavras, p é contingente se, e somente se, p é possivelmente verdadeira, mas não é necessariamente verdadeira. Usando a conveniente terminologia de mundos possíveis, diríamos que p é contingente quando, e somente quando, há mundos possíveis nos quais p é verdadeira, e, para além disso, há mundos possíveis nos quais p é falsa.

A modalidade da contingência não deve, pois, ser confundida, como por vezes sucede com a modalidade da possibilidade. Apesar de tudo aquilo que é contingente ser *a fortiori* possível, nem tudo aquilo que é possível é contingente: ao fato de uma proposição ser possível, e logo verdadeira em alguns mundos, não se segue que seja contingente, pois pode simplesmente ser também verdadeira nos mundos restantes. Há assim duas espécies de proposições contingentes. De um lado, há aquelas proposições que são de fato verdadeiras, mas que poderiam ser falsas (se as coisas fossem, nos aspectos relevantes, diferentes daquilo que são); essas são as verdades contingentes, das quais um exemplo é dado na proposição "Eu estou agora sentado escrevendo esta frase". Do outro lado, há aquelas proposições que são de fato falsas, mas que poderiam ser verdadeiras (se as coisas fossem, nos aspectos relevantes, diferentes daquilo que são); essas são as falsidades contingentes, das quais um exemplo é dado na proposição "Eu estou agora correndo no Estádio Universitário."

O complemento relativo do predicado modal de contingência é o predicado modal de não-contingência, que pode ser introduzido da seguinte maneira. Uma proposição p é não-contingente se, e somente se, ou p é necessária ou p é impossível; necessidade e impossibilidade são assim as duas variedades de não-contingência. Por outras palavras, p é não-contingente se, e somente se, ou p é verdadeira em todos os mundos (p é uma verdade necessária) ou p é falsa em todos os mundos (p é uma falsidade necessária).

Há tantas noções diferentes de contingência quantas as diferentes noções de possibilidade (ou de necessidade) disponíveis. Assim, tal como se pode falar em possibilidade causal, pode-se também falar em contingência causal. *Grosso modo*, uma proposição *p* é causalmente contingente quando há mundos nomologicamente possíveis – mundos governados pelas mesmas leis da natureza que o mundo real –, nos quais *p* é verdadeira, e, para além disso, há mundos nomologicamente possíveis nos quais *p* é falsa; p. ex., a proposição "Está chovendo a cântaros em Lisboa na tarde do dia 15 de dezembro de 1997" é causalmente contingente, mas a proposição "Richard Rorty é imortal" não é causalmente contingente. Do mesmo modo, tal como se pode falar em possibilidade lógica, pode-se também falar em contingência lógica. *Grosso modo*, *p* é logicamente contingente quando há mundos logicamente possíveis (digamos, mundos governados pelas leis da lógica clássica) nos quais *p* é verdadeira, e, para além disso, há mundos logicamente possíveis nos quais *p* é falsa; p. ex., a proposição "Richard Rorty é imortal", ou a proposição "Richard Rorty não é um crocodilo", é logicamente contingente, mas a proposição "Se Richard Rorty é imortal, então Richard Rorty é imortal" não é logicamente contingente. Por fim, tal como se pode falar em possibilidade metafísica, pode-se também falar em contingência metafísica. *Grosso modo*, *p* é metafisicamente contingente quando há mundos metafisicamente possíveis (em um sentido a precisar) nos quais *p* é verdadeira, e, para além disso, há mundos metafisicamente possíveis nos quais *p* é falsa; p. ex., a proposição "Richard Rorty existe" é metafisicamente contingente, mas a proposição "Richard Rorty não é um crocodilo" não é (argumentavelmente) metafisicamente contingente. *Ver também* QUADRADO MODAL DE OPOSIÇÃO; MUNDO POSSÍVEL; POSSÍVEL; NECESSÁRIO. **JB**

contínuo

O contínuo real ou a reta real é o conjunto dos pontos de uma linha reta. Se pensarmos na reta como prolongando-se indefinidamente da esquerda para a direita, podemos considerar a ordem < entre os pontos da reta definida por $x < y$ se, e somente se, x se encontra à esquerda de y. Essa é uma ordem total (dados dois quaisquer pontos distintos, um deles está à esquerda do outro), sem extremos (não há ponto mais à esquerda, nem ponto mais à direita) e densa (entre dois pontos distintos há sempre um outro ponto). Essas propriedades não são suficientes para caracterizar o contínuo real. Nem mesmo se vierem juntamente com este uma magnitude unitária e operações aritméticas consentâneas de adição e multiplicação (matematicamente, se estivermos na presença de um corpo ordenado). Com efeito, o conjunto de todos os números racionais (ou fracionários, ou quebrados), isto é, o conjunto dos números da forma $\pm m/n$, onde m e $n \neq 0$ são números naturais, com a ordem usual "... menor que..." e com as operações aritméticas usuais da adição e da multiplicação, constitui um corpo ordenado. Não obstante, já desde o tempo dos pitagóricos se sabe que os catetos de um triângulo retângulo podem ter comprimentos racionais sem que a hipotenusa o tenha. Notavelmente, se os catetos tiverem comprimento 1, então o comprimento da hipotenusa não é um número racional (de acordo com o teorema de Pitágoras, este comprimento x tem de verificar a igualdade $x^2 = 1^2 + 1^2 = 2$; ora, demonstra-se que não há nenhum número racional com essa propriedade). A propriedade que falta para caracterizar de modo axiomático a ordem da reta real é a propriedade de esta ser completa ou, o que é equivalente, de esta satisfazer o princípio do supremo: todo subconjunto não-vazio com majorante (isto é, tal que exista um número que seja igual ou exceda todos os elementos do conjunto dado) tem um majorante mínimo (isto é, menor que todos os outros majorantes). A primeira pessoa que isolou esse princípio foi Bernardo Bolzano em 1817. Em suma, a reta real ordenada munida das operações aritméticas usuais pode ser caracterizada matematicamente de maneira categórica como um corpo ordenado completo.

Um dos grandes feitos da matemática do século XIX foi facultar uma construção puramente matemática da reta real a partir dos números racionais sem, portanto, fazer apelo a intuições geométricas ou a noções imprecisas como "distância", "infinitesimal", "continuidade" ou "aproximação". A primeira (e a mais elegante, a nosso ver) dessas construções deve-se ao matemático alemão Richard Dedekind (1831-1916). Ela identifica os números reais com certos conjuntos de números racionais (os chamados cortes de Dedekind). Mais precisamente, cada número real positivo identifica-se com o conjunto dos números racionais positivos que o precedem (estamos descrevendo, de fato, uma modificação da construção original de Dedekind). Assim, o comprimento da hipotenusa de um triângulo retângulo com catetos de comprimento 1 (a raiz quadrada de 2, denotada por $\sqrt{2}$) é, na construção mencionada, o conjunto de todos os números racionais positivos cuja potência quadrada é menor que 2.

A construção de Dedekind do contínuo real contribuiu decisivamente para a clarificação conceptual e para a fundamentação do cálculo infinitesimal de Newton (1642-1727) e Leibniz (1646-1716). Bernardo Bolzano e Karl Weierstrass são figuras proeminentes desse movimento de clarificação e fundamentação que se propunha expurgar do cálculo infinitesimal o apelo às intuições geométricas como método de demonstração e o apelo a noções polêmicas e mal fundamentadas como a noção de "infinitesimal" – a esse respeito, veja-se o bem conhecido ataque de Berkeley (1685-1753) em "O analista". Pode dizer-se que a construção de Dedekind foi a última pedra nesse processo de clarificação e fundamentação. Entretanto, há escolas de filosofia da matemática que não aceitam a construção de Dedekind: é o caso do INTUICIONISMO e do PREDICATIVISMO.

Uma das propriedades notáveis do contínuo real é a arquimediana: qualquer real positivo pode ser ultrapassado por uma soma finita de unidades. A lógica matemática mostrou que existem estruturas não-arquimedianas com as mesmas propriedades de primeira ordem que a estrutura do contínuo real. A existência dessas estruturas está na base da chamada análise não-padrão, que, de certa forma, vindicou – passados quase três séculos – a noção de infinitesimal. *Ver também* HIPÓTESE DO CONTÍNUO; TEORIA DOS CONJUNTOS; ORDENS. **FF**

BERKELEY, G. "The Analyst" [1734], *in* Ewald, W. (org.). *From Kant to Hilbert*. Oxford: Oxford University Press, 1996, vol. 1.

BOLZANO, B. *Early Mathematical Works (1781-1848)*. Org. L. Novy. Praga: Institute of Czechoslovak and General History CSAS, 1981.

DEDEKIND, R. "Stetigkeit und irrationale Zahlen" [1872]. Trad. ingl. "Continuity and Irrational Numbers", *in* Ewald, W. (org.). *From Kant to Hilbert*. Oxford: Oxford University Press, 1996, vol. 2.

ENGELER, E. *Metamathematik der Elementarmathematik*. Berlim: Springer, 1983. Trad. ingl. *Foundations of Mathematics: Questions of Analysis, Geometry and Algorithmic*. Berlim/Heidelberg: Springer, 1993.

ROBINSON, A. *Non-Standard Analysis*. Amsterdam: North-Holland, 1973.

contínuo, hipótese do

Ver HIPÓTESE DO CONTÍNUO.

contradição

Em um sentido freqüente do termo, uma frase ou uma proposição diz-se ser uma contradição quando, por um lado, é falsa, e, por outro, a sua falsidade se deve, de algum modo, a fatos de natureza puramente lógica, semântica ou conceptual. Exemplos de contradições são, assim, não apenas frases como "Aristóteles nasceu e não nasceu em Estagira", "1 = 0", e "A aritmética formal é completa", mas também frases como "Há triângulos retangulares", "Algumas pessoas solteiras são casadas" e "Certos objetos são, em dada ocasião, inteiramente verdes e inteiramente vermelhos". Desse modo, qualquer frase que seja uma contradição é necessariamente falsa, ou uma auto-inconsistência; mas, presumivelmente, nem toda frase necessariamente falsa é uma contradição: uma putativa falsidade necessária como "Sócrates é um robô" não é uma contradição naquele sentido.

Em um sentido mais técnico e restrito do termo, contradição é simplesmente uma FALSIDADE LÓGICA, uma frase, proposição ou fórmula que é falsa em todas as interpretações (em todos os modelos), ou então que é um exemplo de falsidade lógica. É nesta acepção que se diz, p. ex., que certas fórmulas da lógica proposicional, entre as quais $p \leftrightarrow \neg p$, são contradições (como o são também todos os seus casos particulares, p. ex., a fórmula $(A \vee B) \leftrightarrow \neg(A \vee B)$ e a frase em português "Uma condição necessária para Aristóteles ter nascido em Estagira é Aristóteles não ter nascido em Estagira"). JB

contradictio in adjecto

(lat., contradição nos termos) A designação é usada para referir aquelas expressões – p. ex., os predicados complexos "quadrado circular", "república monárquica" e "mesa inteiramente verde e inteiramente vermelha (em dada ocasião)" – que são compostas por termos mutuamente inconsistentes, termos que não podem, em virtude de razões puramente lógicas ou semânticas, ser conjuntamente verdadeiros do que quer que seja; uma *contradictio in adjecto* é assim aproximadamente o mesmo que uma AUTOCONTRADIÇÃO. Nem sempre é claro quando uma expressão dada é uma *contradictio in adjecto*; p. ex., alguns filósofos pensam que a expressão "linguagem privada" é uma *contradictio in adjecto*, mas a pretensão não é indisputável. JB

contraditórias

Duas proposições com valores de verdade opostos em qualquer circunstância logicamente possível. P. ex., "Deus existe" e "Deus não existe" exprimem proposições contraditórias. Mas "Todas as verdades são relativas" e "Nenhuma verdade é relativa" não exprimem proposições contraditórias, pois podem ser ambas falsas (nas circunstâncias em que algumas verdades são relativas e outras não). Obtém-se a contraditória de qualquer proposição p prefixando-lhe o operador de negação, de modo a obter $\neg p$. Mas a negação tem de ter ÂMBITO longo. P. ex., a negação correta de "Se Deus existe, a vida faz sentido" não é "Se Deus não existe, a vida não faz sentido", e por isso essas duas afirmações não são contraditórias; a sua negação correta é "Não é verdade que, se Deus existe, a vida faz sentido" (ou seja: "Deus existe, mas a vida não faz sentido"). Na lógica aristotélica, os pares de proposições da forma A-O e E-I são os únicos contraditórios. *Ver* QUADRADO DE OPOSIÇÃO; AUTOCONTRADIÇÃO. DM

contradomínio

O contradomínio, ou o domínio converso, de uma RELAÇÃO binária R é o conjunto de todos aqueles objetos tais que alguns estão na relação R com eles; em símbolos, o contradomínio de R é o conjunto $\{x: \exists y\, Ryx\}$. O domínio de uma relação binária R é, por sua vez, o conjunto de todos aqueles objetos tais que estão na relação R com alguns objetos; em símbolos, o domínio de R é o conjunto $\{x: \exists y\, Rxy\}$. O campo de uma relação R é simplesmente o CONJUNTO-UNIÃO do seu domínio e contradomínio. P. ex., ignorando certas complicações, o domínio da relação binária "Ser casada com", entre pessoas, é o conjunto das mulheres casadas, o seu contradomínio é o conjunto dos homens casados e o seu campo é o conjunto das pessoas casadas de ambos os sexos.

Existem generalizações apropriadas dessas noções a relações n-árias ou de ARIDADE n. Por outro lado, como funções são caracterizáveis como relações de certo gênero (*ver* FUNÇÃO), fala-se igualmente no domínio e no contradomínio de uma função: o primeiro é o conjunto de todos aqueles objetos, ou seqüências de objetos, que a função pode receber como argumentos; o segundo é o conjunto de todos aqueles objetos que a função determina como valores para tais argumentos. JB

contra-exemplo

Um exemplo que demonstra a falsidade de uma proposição universal. "Descartes era um filósofo e não era alemão" é um contra-exemplo a "Todos os filósofos são alemães". Não há contra-exemplos a proposições existenciais, como "Alguns filósofos são alemães". Um contra-exemplo a uma frase condicional da forma $p \to q$ é a conjunção $p \wedge \neg q$. Um contra-exemplo à afirmação "Se Sócrates era um filósofo, era alemão" é a afirmação "Sócrates era um filósofo e não era alemão".

A técnica de derivação em lógica conhecida por REDUCTIO AD ABSURDUM procede, segundo algumas versões, por meio da construção do chamado conjunto contra-exemplo. Para demonstrar que de um conjunto de premissas $\{P_1,..., P_n\}$ se deriva uma conclusão C, constrói-se o conjunto contra-exemplo $\{P_1,..., P_n, \neg C\}$. Se desse conjunto de proposições se derivar uma contradição, dá-se como demonstrado o resultado pretendido. **DM**

contrafactuais

Ver CONDICIONAL CONTRAFACTUAL.

contrapartes, teoria das

Teoria lógica e metafísica acerca da natureza das MODALIDADES cujo principal expoente foi o filósofo David Lewis (1941-2001), de Princeton; ao que parece, algumas das idéias que a caracterizam remontam a Leibniz. A teoria dá origem a uma semântica para a lógica modal quantificada que rivaliza com a habitual semântica S5 proposta por Saul Kripke e outros.

Podemos ver a teoria das contrapartes como uma combinação dos seguintes três elementos. A) Uma ANÁLISE de frases modais, frases da forma ⌜é necessário que p⌝ ($\Box p$) ou ⌜é possível que p⌝ ($\Diamond p$), em termos de quantificações universais ou existenciais sobre MUNDOS POSSÍVEIS (pertencentes a uma dada coleção de mundos). Assim, $\Box p$ é analisada em termos da fórmula da habitual lógica de predicados de primeira ordem ($\forall m$) $p(m)$, em que a variável m toma valores em mundos possíveis na coleção e $p(m)$ abrevia "p é verdadeira em m" (tem-se desse modo: p é verdadeira em qualquer mundo possível na coleção). E $\Diamond p$ é analisada em termos da fórmula da lógica de predicados de primeira ordem ($\exists m$) $p(m)$ (p é verdadeira em pelo menos um mundo possível na coleção). B) A tese de que nenhum particular ou indivíduo pode existir em mais do que um mundo possível. C) Uma análise da modalidade *de re* (*ver* DE DICTO/DE RE) em termos de certa relação transmundial entre indivíduos, a relação que se estabelece entre um indivíduo y em um mundo m' e um indivíduo x em um mundo m, quando y em m' é uma contraparte de x em m.

Consideremos os aspectos B e C, já que o aspecto A não é distintivo da teoria das contrapartes (pois é partilhado com outras teorias da modalidade). Para o efeito, consideremos proposições modais *de re* como 1. "Napoleão Bonaparte poderia ter vencido a batalha de Waterloo"; 2. "José Saramago é necessariamente um ser humano".

Na semântica-padrão para a lógica modal de primeira ordem, as condições de verdade de proposições desse tipo são dadas do seguinte modo (ignorando certas sutilezas irrelevantes para os nossos fins imediatos). 1 é verdadeira no mundo atual se, e somente se, há pelo menos um mundo possível m (acessível a partir do mundo atual) tal que o indivíduo idêntico em m a Napoleão Bonaparte, isto é, Napoleão, pertence à extensão em m do predicado monádico "venceu a batalha de Waterloo". E 2 é verdadeira no mundo atual se, e somente se, para qualquer mundo (acessível) m, o indivíduo idêntico em m a José Saramago, isto é, Saramago, pertence à extensão em m do predicado monádico "é um ser humano". Essa análise da modalidade *de re* está assim comprometida (supondo que proposições como 1 e 2 são verdadeiras) com a chamada tese da identidade transmundial, a doutrina de que um e o mesmo particular ou indivíduo (Napoleão, Saramago) pode existir em mais de um mundo possível; e pode ter em mundos possíveis não-atuais propriedades que não tem no mundo real, bem como continuar a ter em mundos possíveis não-atuais propriedades que tem no mundo atual.

Na teoria das contrapartes, a tese da identidade transmundial, encarada como problemática por alguns filósofos, é rejeitada e substituída pela sua contraditória: a tese – mencionada em B – segundo a qual cada particular ou indivíduo existe em um, e um só, mundo possível (e exemplifica propriedades em um, e em um só, mundo possível). Conseqüentemente, a análise-padrão da modalidade *de re* é rejeitada e substituída por uma análise em que a relação transmundial de identidade entre particulares dá lugar a uma relação transmundial diferente entre particulares, a relação *contraparte de*, que não é uma RELAÇÃO DE EQUIVALÊNCIA. Na teoria das contrapartes, as condições de verdade para proposições como 1 e 2 são dadas da seguinte maneira (sendo preservada a intuição de que se trata de proposições verdadeiras): 1. é verdadeira no mundo atual se, e somente se, há pelo menos um mundo possível m tal que pelo menos um indivíduo em m é uma contraparte em m de Napoleão Bonaparte e esse indivíduo pertence à extensão em m do predicado "venceu a batalha de Waterloo"; 2. é verdadeira no mundo atual se, e somente se, para qualquer mundo possível m, qualquer indivíduo em m que seja uma contraparte em m de José Saramago pertence à extensão em m do predicado "é um ser humano".

A relação *contraparte de* pode ser representada por um predicado ternário, $C(y, x, m)$, o qual se lê "y é uma contraparte de x em m". Simbolizações de 1 e 2 são então dadas nas seguintes fórmulas da lógica de 1.ª ordem (em que as constantes individuais n e s abreviam, respectivamente, "Napoleão" e "Saramago", e $V(y, m)$ e $H(y, m)$ abreviam, respectivamente, "y venceu a batalha de Waterloo, em m" e "y é em um ser humano m"): $1'\ (\exists m)\ (\exists y)\ [C(y, n, m) \land V(y, m)]$; $2'\ (\forall m)\ (\forall y)\ [C(y, s, m) \to H(y, m)]$.

A relação *contraparte de* é caracterizada por Lewis em termos de certa relação (transmundial) de semelhança, da seguinte maneira. Uma contraparte em um mundo possível de um particular é algo naquele mundo que é bastante semelhante (em muitos aspectos) a esse particular, bem mais semelhante do que qualquer outra coisa existente no mundo em questão. Por outras palavras, para quaisquer indivíduos x em m e y em m', y é uma contraparte em m' de x quando y em m' é fortemente semelhante a x em m e não existe em m' um indivíduo z tal que z seja mais semelhante a x em m do que y em m'. Particulares em um mundo possível não-atual que são contrapartes de particulares no mundo atual são exemplos de *POSSIBILIA*, objetos possíveis não realizados.

Eis diversas observações importantes acerca da relação C. Em primeiro lugar, e tal como qualquer relação de semelhança, não se trata de uma relação de equivalência. Apesar de ser uma relação reflexiva (qualquer indivíduo em um mundo é uma contraparte nesse mundo de si próprio), a relação *contraparte de* nem é uma relação simétrica nem é uma relação transitiva. Ilustremos o caso da simetria usando um exemplo de Lewis (1968, p. 115). Suponhamos que uma pessoa y em um mundo m' é uma mistura de dois irmãos no mundo real, as pessoas x e z. y é fortemente semelhante a ambos, x e z, e é mais semelhante quer a x quer a z do que qualquer outro indivíduo em m'. Assim, y é uma contraparte de x; mas se supusermos que y é mais semelhante a z do que a x, então x não será uma contraparte de y. Em segundo lugar, a relação C não é uma relação funcional no que diz respeito ao seu primeiro *relatum*. Por outras palavras, um e o mesmo indivíduo x em um mundo m pode ter mais do que uma contraparte em um mundo m'. Suponhamos que pessoas y e y' em um mundo m' são gêmeos idênticos, e que cada uma delas é fortemente semelhante a x e mais semelhante a x do que qualquer outro indivíduo em m'; dado que y é tão semelhante a x quanto y', ambos, y e y', são contrapartes de x. Para além disso, a relação C também não é funcional no que diz respeito ao seu segundo *relatum*; ou seja, dois indivíduos x e x' em um mundo m podem ter como contraparte um e o mesmo indivíduo y em um mundo m'. Por último, não é de forma alguma necessário que, para quaisquer mundos possíveis diferentes m e m', todo o indivíduo em m tenha pelo menos uma contraparte em m' (há mundos que contêm indivíduos que não são contrapartes de qualquer indivíduo em outro mundo).

Diversas objeções podem ser imediatamente feitas à teoria das contrapartes. Todavia, é bom estarmos conscientes de que algumas delas não são inteiramente justas. Eis uma dessas críticas. Poder-se-ia argumentar que particulares de certas categorias, p. ex., particulares abstratos como os números naturais, são existentes necessários (isto é, existem em todos os mundos possíveis). Ora, ao rejeitar em geral a tese da identidade transmundial, a teoria das contrapartes não seria capaz de acomodar esse fato. Assim, a teoria não estaria aparentemente em posição de ratificar como verdadeira uma proposição como 3. "9 existe necessariamente". Porém, uma simbolização adequada de 3 na teoria das contrapartes é dada na fórmula 3'. $(\forall m)(\exists y) C(y, a, m)$, plausivelmente verdadeira em uma interpretação que faça corresponder a a o número 9 (qualquer mundo contém uma contraparte de 9). Do mesmo modo, uma proposição como a expressa pela frase 4. "Saramago existe necessariamente", intuitivamente falsa, é adequadamente simbolizada como 3'; e essa fórmula é plausivelmente falsa em uma interpretação que faça corresponder a a o indivíduo Saramago (há mundos nos quais nada é uma contraparte de Saramago).

Poder-se-ia igualmente argumentar que a teoria das contrapartes está comprometida com a doutrina implausível de que qualquer PROPRIEDADE P exemplificada por um existente atual e é uma propriedade essencial de e, no sentido de ser uma propriedade de que e tem em qualquer mundo possível em que e exista. Como e só existe no mundo atual, a condição para P ser uma propriedade essencial de e seria vacuamente verificada relativamente a qualquer mundo não-atual. Todavia, essa crítica é injustificada; e a divisão intuitiva entre propriedades essenciais e propriedades acidentais de um particular pode ser de fato preservada na teoria das contrapartes. Considere-se, p. ex., a pretensão (implausível) de que a propriedade de ter bebido a cicuta, que Sócrates exemplifica no mundo atual, é uma propriedade essencial de Sócrates. A pretensão é representável na teoria das contrapartes da seguinte maneira: para qualquer mundo possível m e indivíduo y em m, se y é uma contraparte em m de Sócrates, então y exemplifica em m a propriedade de ter bebido a cicuta. Ora, a admissível existência de mundos possíveis nos quais pelo menos uma contraparte de Sócrates não bebeu a cicuta torna falsa aquela pretensão e torna a propriedade em questão uma propriedade não-essencial de Sócrates.

Uma objeção *prima facie* mais séria é aquela que é aduzida por Kripke (*ver* Kripke, 1980). Segundo ele, a teoria das contrapartes deturpa a nossa compreensão intuitiva de uma frase como 1. Com efeito, interpretamos intuitivamente 1 como afirmando algo acerca de Napoleão Bonaparte, nomeadamente que ele tem certa propriedade, a de poder ter vencido a batalha de Waterloo (se as circunstâncias tivessem sido outras). No entanto, a teoria das contrapartes interpreta 1 incorretamente, não como afirmando algo acerca de Napoleão, mas como afirmando algo acerca de uma pessoa diferente, certa contraparte de Napoleão em um mundo não-atual. Um defensor da teoria das contrapartes poderia responder a essa objeção dizendo que na teoria, e tal como é revelado pela sua simbolização 1', a frase 1 é ainda vista como acerca de Napoleão e como predicando algo de Napoleão, designadamente a propriedade de ter em pelo menos um mundo m pelo menos uma contraparte que em m venceu a batalha de Waterloo; note-se que a propriedade atribuída a essa contraparte de Napoleão não é a de poder ter vencido a batalha, mas antes a propriedade de em *m* ter vencido a batalha.

Finalmente, é importante reparar que a teoria das contrapartes é inconsistente com o teorema da habitual lógica modal quantificada conhecido como tese da NECESSIDADE DA IDENTIDADE. Trata-se da fórmula NI) $(\forall x)(\forall y)[x = y \to \Box x = y]$. Dado que uma dedução de NI na lógica modal quantificada é executável utilizando princípios lógicos incontroversos, a inconsistência da teoria das contrapartes com NI pode ser vista como militando contra a credibilidade da teoria. Essa inconsistência é exibida ao verificarmos que a fórmula *) $a = b \to \Box a = b$ (em que *a* e *b* são constantes individuais), que é uma conseqüência lógica de NI, não é uma fórmula válida da teoria das contrapartes, pois é falsa em pelo menos uma interpretação. Se fizermos *a* abreviar o nome "A Estrela da Manhã" e *b* abreviar o nome "A Estrela da Tarde", a frase antecedente $a = b$ ("A Estrela da Manhã é a Estrela da Tarde") é verdadeira no mundo atual. Mas a frase conseqüente $\Box a = b$ ("Necessariamente, a Estrela da Manhã é a Estrela da Tarde") pode bem ser falsa no mundo atual. Note-se que, na teoria das contrapartes, essa frase é analisada como $(\forall m)(\forall x)(\forall y)[(C(x,a,m) \land C(y,b,m) \to x = y]$ (que se lê: "Para qualquer mundo *m* e para quaisquer objetos *x* e *y* em *m*, se *x* é uma contraparte em *m* da Estrela da Manhã, isto é, de Vênus, e *y* é uma contraparte em *m* da Estrela da Tarde, isto é, de Vênus, então *x* é idêntico a *y*"). Como um, e um só, objeto, o planeta Vênus, pode ter objetos distintos como contrapartes em certo mundo *m'*, a frase conseqüente de * é falsa (em uma interpretação desse gênero).

Pelas mesmas razões, a fórmula que na lógica modal quantificada exprime a reflexividade necessária da identidade, isto é, a fórmula $(\forall x) \Box x = x$, também não é uma validade na teoria das contrapartes; a sua representação na teoria é dada na fórmula $(\forall m)(\forall y)(\forall z)(\forall x)[C(y,x,m) \land C(z,x,m) \to \Box y = z]$, e essa fórmula é falsa em pelo menos uma interpretação (note-se que a fórmula $\Box a = a$, cuja representação é $(\forall m)(\forall y)(\forall z)[C(y,a,m) \land C(z,a,m) \to \Box y = z]$, é falsa em pelo menos uma interpretação).
Ver também DE DICTO/DE RE; PROPRIEDADE; RELAÇÃO; *POSSIBILIA*; NECESSIDADE DA IDENTIDADE; NECESSIDADE; POSSIBILIDADE; LÓGICA MODAL; ATUALISMO. **JB**

KRIPKE, S. *Naming and Necessity*. Oxford: Blackwell, 1980.
LEWIS, D. "Counterpart Theory and Quantified Modal Logic", *in Journal of Philosophy*, 65, 1968, pp. 113-26. Reimp. *in* Loux M., (org.). *The Possible and the Actual*. Ithaca/Londres: Cornell University Press, pp. 110-28.
———. *On the Plurality of Worlds*. Oxford: Blackwell, 1986.

contraposição

1. A contraposição de um condicional, $p \to q$, é o condicional logicamente equivalente $\neg q \to \neg p$.

2. Na SILOGÍSTICA, a contraposição é um dos tipos de inferências imediatas. Os outros tipos são a CONVERSÃO, a OBVERSÃO e as inferências associadas ao QUADRADO DE OPOSIÇÃO. Chama-se "contraposição" ao processo de, dada uma proposição *p*, permutar o seu termo sujeito pelo seu termo predicado, negando ambos, de modo a que a proposição resultante *q* não possa ser falsa se *p* for verdadeira, isto é, de modo a que o argumento "*p*; logo, *q*" seja válido.

As proposições de tipo A (como "Todos os honestos são mortais") são contrapostas em proposições de tipo A ("Todos os imortais são desonestos").

As proposições de tipo E (como "Nenhum mortal é honesto") são contrapostas em proposições de tipo O ("Alguns desonestos não são imortais") – contraposição *per accidens* ou por limitação, uma vez que se altera a quantidade.

As proposições de tipo O ("Alguns mortais não são desonestos") são contrapostas em proposições de tipo I ("Alguns honestos são imortais") – altera-se a qualidade.

As proposições de tipo I ("Alguns cidadãos são não-deputados") não podem ser contrapostas. A proposição "Alguns deputados são não-cidadãos" é falsa, apesar de ser a contraposição de uma proposição verdadeira e não ser possível alterar-lhe a quantidade de modo a torná-la verdadeira, como no caso das proposições de tipo E. O fato de essas proposições não poderem ser contrapostas não significa que não existam proposições de tipo I verdadeiras cuja contraposição resulte verdadeira; quer apenas dizer que, ao contrário dos outros casos, existem proposições de tipo I verdadeiras cuja contraposição resulta falsa. **DM**

contrárias

Duas proposições são contrárias se não podem ser ambas verdadeiras, mas podem ser ambas falsas, distinguindo-se assim das CONTRADITÓRIAS, que não podem ser ambas verdadeiras nem ambas falsas, e das SUBCONTRÁRIAS, que não podem ser ambas falsas, mas podem ser ambas verdadeiras. P. ex., excluindo os casos em que Fernando Pessoa não existe, as afirmações "Fernando Pessoa nasceu na Póvoa de Santa Iria" e "Fernando Pessoa nasceu na Cruz de Pau" não podem ser ambas verdadeiras, mas são ambas falsas (e, logo, podem ser ambas falsas). Na lógica silogística (mas não na lógica clássica), as proposições de tipo A e E são contrárias, porque nessa lógica se excluem classes vazias. *Ver* QUADRADO DE OPOSIÇÃO. **DM**

convenção V

O mesmo que CONDIÇÃO DE ADEQUAÇÃO MATERIAL.

convencionalismo

Existe um largo espectro de doutrinas filosóficas que têm em comum uma mesma resposta quanto à natureza de certos conceitos ou fenômenos. Assim, para os empiristas lógicos, como Carnap, as verdades lógicas são apenas convenções e os problemas quanto à natureza dos números, p. ex., não passam de um problema de decisão quanto à convenção a seguir. Também na filosofia da ciência, na ética, na metafísica e na filosofia da linguagem se encontram posições convencionalistas, defendendo, p. ex., que a discussão quanto à questão de saber qual a geometria do espaço físico não faz sentido, uma vez que a adoção de uma geometria euclidiana ou não-euclidiana é meramente convencional. Na metafísica, uma atitude convencionalista defende, p. ex., que a diferença entre propriedades essenciais e acidentais é meramente convencional, não correspondendo a algo real no mundo.

Uma teoria convencionalista do significado afirma que o significado das palavras é convencional, o que quer dizer que certos sons e inscrições significam o que realmente significam convencionalmente. Mas é difícil ver como pode o convencionalismo quanto ao significado das palavras explicar seja o que for, uma vez que esse conceito parece envolver uma regressão viciosa. Como conceber a convenção que estabeleceu que a palavra "gazela" refere gazelas? Podemos pensar em um grupo de pessoas que estabelecem entre si chamar "gazela" às gazelas; mas essas pessoas têm não só de poder contemplar a palavra "gazela" e as gazelas, para poderem estabelecer a convenção, mas também de articular uma linguagem que afirme qualquer coisa como "'gazela' quer dizer gazela". A linguagem na qual a convenção é estabelecida, porém, é pelo menos tão complexa logicamente como a linguagem objeto, de forma que a explicação convencionalista se limita a adiar o problema inadiável da explicação do mecanismo do significado: temos agora de explicar como se estabeleceu que "'gazela' quer dizer gazela" quer dizer que "gazela" quer dizer gazela.

Esse resultado simples mostra que procurar explicar certos fatos lingüísticos pelo recurso à convenção é uma manobra frágil que supõe a existência prévia de uma linguagem, que carece agora de explicação. A mesma dificuldade está presente nas teorias contratualistas em filosofia política ou em ética: um grupo de pessoas só pode estabelecer um contrato em que se estabelecem as regras sociais, políticas e éticas, se já existirem regras sociais, políticas ou éticas quanto ao estabelecimento de contratos; mas uma vez que o que desejávamos era explicar a natureza das regras sociais, políticas ou éticas, enfrentamos uma regressão viciosa.

Podemos, no entanto, distinguir o conceito de convenção do ato do estabelecimento histórico da convenção. Uma convenção, entendida como uma regularidade existente no comportamento de um grupo de pessoas, pode ser entendida como a solução de um problema de coordenação, que não exige nenhum estabelecimento explícito e histórico da convenção. Um problema de coordenação surge quando todos os membros de um grupo de pessoas precisam coordenar as suas ações de certa forma, sendo no entanto indiferente adotar uma ou outra das possibilidades, desde que todos adotem a mesma. P. ex., é indiferente conduzir pela esquerda ou pela direita, desde que todos adotemos uma, e apenas uma, dessas hipóteses. A definição formal de convenção (de Lewis) é a seguinte: uma regularidade R é convencional se, e somente se, 1) todos os membros do grupo em causa agem segundo R; 2) todos os membros pensam que todos os outros membros agem segundo R; 3) todos os membros preferem agir em conformidade com R se todos os outros membros agirem em conformidade com R.

Esse conceito de convenção, no entanto, de pouco nos serve para explicar o fenômeno da linguagem, pois a linguagem é muito flexível, sem que, no entanto, se possa falar de alteração das regras lingüísticas. Uma frase F pode ser proferida para dizer muitas coisas diferentes, sem que o significado de F varie, ao contrário da convenção de dirigir em certo lado da estrada: qualquer flutuação na conformidade a essa última convenção tem conseqüências graves, o que não acontece no caso da linguagem. **DM**

BLACKBURN, S. "Conventions, Intentions, Thoughts", *in Spreading the Word*. Oxford: Oxford University Press, 1984, cap. 4, pp. 110-44.

DAVIDSON, D. "Communication and Convention", *in Inquiries into Truth and Interpretation*. Oxford: Clarendon Press, 1984, pp. 265-80.

LEWIS, D. *Convention*. Cambridge: Harvard University Press, 1969.

PUTNAM, H. "Convention: a Theme in Philosophy", *in Realism and Reason*. Cambridge: Cambridge University Press, 1983, cap. 10.

QUINE, W. V. O. "Truth by Convention", *in The Ways of Paradox*. Cambridge: Harvard University Press, 1976, cap. 9.

conversa

Na literatura lógica e filosófica, o termo "conversa" tem pelo menos os seguintes três gêneros de aplicações, referindo-se as duas primeiras a certos tipos de frases ou PROPOSIÇÕES e a terceira a certos tipos de inferências ou argumentos.

1. A proposição conversa de dada proposição categórica é a proposição categórica que dela resulta pela permutação do termo geral que ocupa a posição de sujeito com o termo geral que ocupa a posição de predicado. Assim, p. ex., a proposição conversa da proposição "Todos os políticos são desonestos" é a proposição "Todas as pessoas desonestas são políticos". Na teoria lógica tradicional, conhecida como teoria da CONVERSÃO, são estudadas as condições sob as quais são válidas inferências de uma proposição categórica para a sua conversa; a transição antes mencionada é obviamente classificada como inválida, mas a transição de "Nenhum político é honesto" para "Nenhuma pessoa honesta é um político" é um exemplo de uma transição válida.

2. A proposição conversa de dada proposição CONDICIONAL é a proposição condicional que dela resulta permutando a proposição componente que ocupa a posição de ANTECEDENTE com a proposição componente que ocupa a posição de CONSEQÜENTE. Assim, a proposição conversa de uma pro-

posição da forma "Se p, então q" (em que p e q são proposições) é uma proposição da forma "Se q, então p"; p. ex., a conversa da proposição "Se penso, então existo" é a proposição "Se existo, então penso". Obviamente, as transições de uma proposição condicional para a sua conversa são em geral inválidas.

3. A inferência conversa de dada inferência imediata (com uma única premissa) é a inferência que dela resulta permutando a proposição que ocorre como premissa com a proposição que ocorre como conclusão. Assim, a inferência conversa da inferência válida da lógica proposicional clássica conhecida como lei da EXPORTAÇÃO, designadamente a forma de argumento $(p \wedge q) \to r \vdash p \to (q \to r)$, é a inferência válida da lógica proposicional clássica conhecida como lei da importação, designadamente a forma de argumento $p \to (q \to r) \vdash (p \wedge q) \to r$. E a inferência conversa da inferência válida da lógica de predicados clássica $\exists x \forall y\, Fxy \vdash \forall y\, \exists x\, Fxy$ é a inferência inválida da lógica de predicados clássica $\forall y\, \exists x\, Fxy \vdash \exists x\, \forall y\, Fy$ (ver FALÁCIA DA PERMUTAÇÃO DOS QUANTIFICADORES). **JB**

conversa, relação

Ver RELAÇÃO CONVERSA.

conversão

Um dos tipos de inferências imediatas da SILOGÍSTICA. Os outros tipos são a OBVERSÃO, a CONTRAPOSIÇÃO e as inferências associadas ao QUADRADO DE OPOSIÇÃO. Chama-se conversão ao processo de permutar o termo-sujeito com o termo-predicado de dada proposição p de modo a que a proposição q resultante não possa ser falsa se p for verdadeira, isto é, de modo a que o argumento "p; logo, q" seja válido. Nem todas as proposições podem ser convertidas.

As proposições de tipo A (como "Todos os homens são mortais") são convertidas em proposições de tipo I ("Alguns mortais são homens") – conversão *per accidens* ou por limitação (altera-se a quantidade).

As proposições de tipo E (como "Nenhum macaco é um peixe") são convertidas em proposições de tipo E ("Nenhum peixe é um macaco") – conversão simples.

As proposições de tipo I (como "Algumas aves são canários") são convertidas em proposições de tipo I ("Alguns canários são aves") – conversão simples.

As proposições de tipo O ("Alguns animais não são gatos") não podem ser convertidas. A proposição "Alguns gatos não são animais" é falsa, apesar de ser a conversão de uma frase verdadeira; e não é possível alterar-lhe a quantidade de forma a torná-la verdadeira, como no caso das proposições de tipo A. Contudo, chama-se por vezes conversão, informalmente, à operação que consiste em alterar uma frase de tipo O em uma de tipo I, negando primeiro o seu predicado, que depois se permuta com o sujeito. Assim, de "Alguns animais não são gatos" (tipo O) passaríamos a "Alguns animais são não-gatos" (tipo I), que seria então convertida em "Alguns não-gatos são animais" (tipo I). Em rigor, não se trata de uma conversão porque o termo predicado original, "gatos", foi alterado para "não-gatos". **DM**

conversão lambda

Ver OPERADOR LAMBDA.

cooperação, princípio da

O princípio de boa-formação conversacional introduzido por Grice, segundo o qual a condução eficaz de uma conversa pelos seus participantes consiste em contribuir para a conversa do modo requerido, na altura devida e de acordo com o seu objetivo específico. Esse cânone geral é concretizado em um conjunto de MÁXIMAS CONVERSACIONAIS. **AHB/PS**

cópula

Ver É.

corolário

Uma frase ou proposição que é uma CONSEQÜÊNCIA LÓGICA imediata de uma frase ou proposição já estabelecida, ou então de um conjunto de frases ou proposições já estabelecidas; em uma teoria axiomatizada, os corolários são as conseqüências lógicas imediatas dos TEOREMAS da teoria. *Ver também* LEMA; TEOREMA; AXIOMA.

correção

Um sistema lógico T, formulado em uma linguagem L, é correto se, e somente se, toda a frase Φ de L dedutível em T é uma fórmula universalmente válida de L. Em símbolos, se ⊢$_T$ Φ, então ⊨$_L$ Φ.

O termo "correto" é também usado para argumentos: um argumento é correto ou sólido quando é válido e todas as suas premissas são verdadeiras.

correção, teorema da

Ver TEOREMA DA CORREÇÃO.

correção formal

Ver CONDIÇÃO DE ADEQUAÇÃO MATERIAL.

correspondência, teoria da

Ver VERDADE COMO CORRESPONDÊNCIA, TEORIA DA.

correspondência biunívoca

Diz-se que um conjunto X está em correspondência biunívoca com um conjunto Y se existir uma RELAÇÃO binária Φ entre X e Y que verifica as duas seguintes condições: 1. Para todo $x \in$ X existe um, e um só, $y \in$ Y tal que Φ (x, y); 2. Para todo $y \in$ Y existe um, e um só, $x \in$ X tal que Φ (x, y). P. ex.: o conjunto dos números naturais ω está em correspondência biunívoca com o conjunto dos números pares. Basta considerar Φ(x, y) se, e somente se, $y = 2 \cdot x$.

Também é comum utilizar a notação funcional e, neste caso, fica Φ$(x) = 2 \cdot x$. Graficamente:

```
0   1   2   3   4   ...   n    ...
|   |   |   |   |         |
0   2   4   6   8   ...  2·n   ...
```

Um exemplo mais substancial é o da existência de uma correspondência biunívoca entre o CONTÍNUO real e o conjunto $\mathcal{P}\omega$ dos subconjuntos de ω. *Ver também* CARDINAL, CONTÍNUO e RELAÇÃO. FF

correspondência um-para-um

O mesmo que CORRESPONDÊNCIA BIUNÍVOCA. Não confundir com função um-um (o mesmo que FUNÇÃO INJECTIVA).

corte

Ver TEOREMA DA ELIMINAÇÃO DO CORTE.

corvos, paradoxo dos

Ver PARADOXO DOS CORVOS.

crença

Ver ATITUDE PROPOSICIONAL.

crença *de re*

Em uma primeira aproximação, uma crença *de dicto* é uma crença cujo conteúdo é uma PROPOSIÇÃO completamente determinada, um *dictum*. Uma crença *de re*, em contraste, é uma crença cujo conteúdo é algo que de alguma maneira não chega a ser uma proposição completamente determinada; em particular, há na proposição uma menção a um objeto ou a uma coisa (*res*), mas não há nenhuma especificação de um modo particular de identificação desse objeto pelo sujeito da crença. P. ex., o estado mental em que estou quando acredito que o mais baixo político português tem um timbre de voz irritante é uma crença *de dicto*. Suponhamos que Marques Mendes é, de fato, o mais baixo político português; e suponhamos ainda que é ele quem eu tenho em mente. Então a proposição que é o conteúdo da minha crença é uma proposição completamente determinada, no sentido em que nela é especificado um modo particular pelo qual Marques Mendes é identificado ou descrito por mim, designadamente como o mais baixo político português. Por outro lado, é bom reparar que posso obviamente estar naquele estado mental sem ter nenhuma pessoa particular em mente, ou seja, posso formar a crença de que o mais baixo político português (quem quer que ele seja) tem um timbre de voz irritante; nesse caso, a proposição acreditada é completamente determinada, e a crença é uma crença *de dicto*, não por conter um modo específico de identificação de uma pessoa, mas simplesmente por não ser acerca de ninguém em particular. Mas considere-se agora o estado mental em que estou quando acredito, acerca do mais baixo político português, que ele tem um timbre de voz irritante. Essa é uma crença *de re*. A proposição que é o conteúdo da minha crença não é uma proposição completamente determinada, no sentido em que não contém nenhuma especificação de um modo particular pelo qual Marques Mendes é identificado ou descrito por mim. Ao ter a crença, tanto posso estar pensando em Marques Mendes como Marques Mendes, como posso estar pensando em Marques Mendes como o mais baixo político português, como posso estar pensando em Marques Mendes como o vizinho do lado, etc.; isso é algo que é deixado em aberto em uma crença *de re*. Escusado será dizer, e assim o assumiremos, que crenças são aqui tomadas apenas como paradigmas; e a distinção é naturalmente generalizável a outros tipos de estados ou ACONTECIMENTOS mentais: pensamentos, desejos, juízos, dúvidas, conhecimentos, etc.

O contraste anteriormente delineado, entre um modo de identificação determinado (em uma crença *de dicto*) e um modo de identificação deixado em aberto ou por determinar (em uma crença *de re*), é enfatizado ao considerarmos a maneira como a descrição definida "O mais baixo político português" se comporta nas atribuições de crença correspondentes: 1) JB acredita que o mais baixo político português tem um timbre de voz irritante; 2) JB acredita, acerca do mais baixo político português, que ele tem um timbre de voz irritante.

Na atribuição *de re* 2, a descrição ocupa uma posição referencialmente transparente, no exterior da frase subordinada, e é substituível *salva veritate* por qualquer termo singular que lhe seja correferencial; se Marques Mendes é o meu vizinho do lado, então da verdade de 2 segue-se a verdade da atribuição "JB acredita, acerca do seu vizinho do lado, que ele tem um timbre de voz irritante". Pelo contrário, na atribuição *de dicto* 1, a descrição ocupa uma posição referencialmente opaca, no interior da frase subordinada, e não é substituível *salva veritate* por nenhum termo correferencial; posso ignorar que o mais baixo político português é o meu vizinho do lado, caso em que a atribuição "JB acredita que o seu vizinho do lado tem um timbre de voz irritante" pode bem ser falsa. Note-se também que as atribuições 1 e 2 diferem grandemente no que diz respeito às consequências existenciais que têm ou não têm: do relato *de re* 2 segue-se que existe uma pessoa tal que eu acredito que tem um timbre de voz irritante; mas o relato *de dicto* 1 não tem de forma alguma tal consequência.

Podemos generalizar os casos cobertos até este ponto dizendo que a forma geral de uma atribuição de uma crença *de re* do tipo em questão é dada no esquema ⌜s acredita, acerca de t, que Φ ele(a)⌝, em que s é um designador de um sujeito apropriado de crenças (p. ex., "Catilina"), t é um termo singular simples ou complexo (p. ex., "O autor de *De fato*"), Φ é um predicado (p. ex., "é um inimigo de Roma") e o pronome "ele(a)" ocorre anaforicamente e tem como antecedente o termo t; teríamos assim, como exemplo do esquema, a frase "Catilina acredita, acerca do autor de *De fato*, que ele é um inimigo de Roma". Por outro lado, a forma geral de uma atribuição *de dicto* do tipo em questão é dada no esquema ⌜s acredita que Φt⌝. Note-se que, quando o termo t é um nome próprio (ou, em geral, um designador logicamente simples), uma atribuição *de dicto* da forma ⌜s acredita que Φt⌝ implica logicamente a atribuição *de re* correspondente, da forma ⌜s acredita, acerca de t, que Φele(a)⌝; p. ex., a atribuição "Catilina acredita, acerca de Cícero, que ele é um inimigo de Roma" é uma conseqüência lógica da atribuição "Catilina acredita que Cícero é um inimigo de Roma". Mas, quando *t* é um designador logicamente complexo, a inferência não é em geral válida. P. ex., a seguinte atribuição *de dicto* é muito provavelmente verdadeira: "Antônio Guterres acredita que o mais baixo político português (quem quer que seja) é português"; mas a atribuição *de re* correspondente, "Antônio Guterres, acerca do mais baixo político português, que ele é português", poderia muito bem ser falsa (suponhamos, p. ex., que Marques Mendes é o mais baixo político português e que Guterres acredita, incorretamente, que Marques Mendes é brasileiro, ou búlgaro, ou o que se quiser). Por outro lado, a inferência conversa (da atribuição *de re* para a atribuição *de dicto*) é obviamente inválida, como é testemunhado pelo seguinte exemplo famoso de Bertrand Russell. Duas pessoas, A e B, travam o seguinte diálogo. A diz: "Eu pensava que o seu iate era mais comprido do que é"; B responde: "Não, tem exatamente o comprimento que tem". A afirmação de A tem de ser interpretada como exprimindo uma esperança *de re*, ou seja, tem de ser tomada como parafraseável em "A pensava, acerca do comprimento do iate de B, que ele era maior"; caso contrário, teríamos de atribuir a A uma crença inconsistente, no sentido da atribuição *de dicto* "A pensava que o comprimento do iate de B era maior do que o comprimento do iate de B".

A distinção *de re/de dicto* não se confina de modo algum ao caso de crenças singulares, crenças que envolvem uma referência a um objeto específico. Ela aplica-se igualmente a crenças gerais ou quantificacionais. Recorrendo a um exemplo de Willard Quine, quando Ralph acredita que há espiões, a sua crença é *de dicto:* o conteúdo da crença é uma proposição completamente determinada. Mas quando há uma pessoa tal que Ralph acredita que ela é um espião, a crença de Ralph é *de re*: o conteúdo da crença não é uma proposição completamente determinada no que respeita ao modo de identificação da pessoa em questão. Quine chama relacional a uma crença desse último gênero, pois exige a existência de certa relação (p. ex., um contato perceptivo) entre o sujeito e o objeto intencional da crença; e chama a uma crença do primeiro gênero uma crença nocional. De novo, o contraste é enfatizado ao considerarmos certas características dos correspondentes relatos lingüísticos. Assim, em uma mistura de lógica e português, temos as atribuições 3) Ralph acredita que $\exists x$ Espião x; 4) $\exists x$ Ralph acredita que Espião x.

Na atribuição *de dicto* 3, o quantificador existencial ocorre no âmbito do operador frásico de crença "Ralph acredita que"; considerada em si mesma, a frase subordinada não contém assim nenhuma ocorrência livre de variáveis objetuais. Na atribuição *de re* 4, é o quantificador existencial que tem âmbito longo em relação ao operador de crença; considerada em si mesma, a frase subordinada contém uma ocorrência livre da variável objetual x, o que tem o efeito de tornar incompleta a proposição acreditada. A distinção tem conseqüências semânticas manifestas; como Quine nos ensina, se Ralph for uma pessoa como a maioria de nós, 3 será verdadeira e 4 será falsa. Repare-se ainda que a distinção não se limita ao caso de quantificações existenciais; p. ex., há certamente uma diferença entre as seguintes atribuições de crença (respectivamente *de dicto* e *de re*): 5) Ralph acredita que ninguém é um espião (Ralph acredita que $\forall x \neg Espião\, x$); 6) Cada pessoa é tal que Ralph acredita que ela não é um espião ($\forall x$ Ralph acredita que $\neg Espião\, x$).

As considerações precedentes sugerem a seguinte idéia geral. Tal como formulada, a distinção *de re/de dicto* deixa-se representar como uma distinção de caráter essencialmente sintático acerca dos âmbitos relativos dos verbos psicológicos com respeito a outros operadores, p. ex., os quantificadores ou o operador descritivo. Assim, uma atribuição de crença é *de re* quando, como em 4, contém na frase subordinada uma variável ligada por um quantificador exterior, no âmbito do qual cai o verbo psicológico;

ou então quando, como em 2, contém na frase subordinada um pronome em uso anafórico cuja expressão antecedente (uma descrição, um nome próprio, etc.) é exterior, não cai no âmbito do verbo psicológico.

Todavia, surge por vezes outro gênero de distinção *de re/de dicto*, que é de natureza essencialmente metafísica e não é de forma alguma redutível a uma distinção meramente sintática, em termos da noção de âmbito. Assim, e de modo aproximado, diz-se que uma crença singular c, uma crença acerca de um objeto específico x, é *de re* quando c depende ontologicamente da coisa (*res*) x que constitui o objeto da crença (é o objeto intencional da crença); caso contrário, c é uma crença *de dicto*. E dizer que uma crença c depende ontologicamente de um objeto x é dizer que a identidade e a existência de c dependem da identidade e da existência de x, no seguinte sentido: a) se x fosse substituído por um objeto diferente (mas qualitativamente idêntico) x', então o resultado seria uma crença c' distinta da original c; e b) se x não existisse, então a crença original c deixaria de existir. Suponhamos, o que é independentemente plausível, que uma crença c ter certo conteúdo proposicional é uma propriedade constitutiva de c. Suponhamos, p. ex., que a minha crença de que Catilina denunciou Cícero tem como conteúdo (digamos) a proposição que Catilina denunciou Cícero; e que ter uma tal proposição como conteúdo é um atributo essencial dessa crença, algo que ela não pode deixar de ter. Logo, em uma teoria na qual os conteúdos de crenças singulares sejam proposições ontologicamente dependentes de certos objetos (os objetos que constituem o objeto das crenças), tais crenças serão inevitavelmente *de re* no sentido acabado de introduzir. E teorias desse tipo são hoje muito freqüentes. É esse o caso das teorias da referência direta, nas quais certos conteúdos mentais são proposições ontologicamente dependentes, parcialmente constituídas pelos próprios objetos intencionais dos estados com tais conteúdos. Mas é também o caso de determinadas teorias neofregianas, em especial aquelas nas quais certos conteúdos mentais são proposições ontologicamente dependentes em virtude de serem parcialmente compostas por modos de apresentação de objetos específicos, cuja existência e identidade dependem da existência e identidade dos objetos apresentados. Não é difícil verificar que essa maneira de fazer a distinção *de re/de dicto* não é de forma alguma equivalente à distinção parassintática anteriormente feita. Com efeito, crenças classificadas como *de dicto* à luz da distinção de âmbito podem bem ser classificadas como *de re* à luz da distinção metafísica. P. ex., em um relato como 7) "JB acredita que Vênus é maior que Mercúrio", a crença que me é atribuída é sintaticamente *de dicto*; todavia, se adotarmos aquele gênero de teorias do conteúdo mental, trata-se de uma crença metafisicamente *de re*, cuja existência e identidade depende da existência e identidade dos seus objetos intencionais, os planetas Vênus e Mercúrio. *Ver também* DE DICTO/DE RE; ATITUDE PROPOSICIONAL; PROPOSIÇÃO, TEORIAS DA. **JB**

criatividade

(lingüística) *Ver* PRODUTIVIDADE.

critério de correção formal

Ver CONDIÇÃO DE ADEQUAÇÃO MATERIAL.

de dicto, crença

Ver CRENÇA *DE RE*.

de dicto/de re

(lat., do que se diz / da coisa) A distinção *de dicto/de re* foi introduzida pelos filósofos medievais, especialmente João Buridano (*c.* 1295-1358) e Tomás de Aquino (1225-1274), com respeito às MODALIDADES aléticas (NECESSIDADE, possibilidade, contingência, etc.). Após um longo interregno, a distinção ressurgiu com base no desenvolvimento recente da LÓGICA MODAL e sobretudo da reflexão metafísica daí resultante; foi submetida a generalizações importantes e aplicada, em particular, às chamadas ATITUDES PROPOSICIONAIS (conhecimento, crença, etc.).

Considere-se, a título de exemplo, o seguinte par de frases: 1) "Possivelmente, tudo é idêntico a Deus"; 2) "Tudo é possivelmente idêntico a Deus".

Em 1, a modalidade – a possibilidade expressa pelo advérbio de modo – é aparentemente atribuída a um *dictum*, isto é, à frase componente "Tudo é idêntico a Deus". 1 pode ser interpretada como predicando dessa frase a propriedade modal de ser possivelmente verdadeira e pode ser reformulada como "A frase 'Tudo é idêntico a Deus' é possivelmente verdadeira". Diz-se então que uma frase como 1 exprime uma modalidade (possibilidade) *de dicto*. Em 2, a modalidade é antes aparentemente atribuída a uma coisa (*res*); ou melhor, a cada uma das coisas pertencentes a certo universo de coisas. A frase 2 pode ser interpretada como predicando de cada uma dessas coisas a propriedade modal de ser possivelmente idêntica a Deus. Diz-se então que uma frase como 2 exprime uma modalidade (possibilidade) *de re*.

Na linguagem da lógica modal quantificada, a distinção entre 1 e 2 é representável, de forma perspícua, como uma distinção quanto ao ÂMBITO relativo dos operadores intervenientes, isto é, o operador modal de possibilidade e o quantificador universal. Por conseguinte, da existência da distinção não se segue que a palavra "possivelmente" seja ambígua, ou que existam espécies distintas de possibilidade (metafísica); e o mesmo se diz em relação às outras modalidades. Enquanto na frase 1 o operador de possibilidade tem âmbito longo em relação ao quantificador universal, na frase 2 esse operador tem âmbito curto; regimentações de 1 e 2 na linguagem da lógica modal quantificada são dadas nas seguintes fórmulas (respectivamente): 1*) $\Diamond \forall x (x = d)$; 2*) $\forall x \Diamond (x = d)$, em que *d* é uma constante individual que abrevia o nome "Deus" (a suposição de que essa expressão é um nome próprio e não uma descrição definida é inócua no presente contexto).

Vista desse modo, a distinção *de dicto/de re* é puramente sintática e deixa-se caracterizar, de forma mais precisa, da seguinte maneira (Forbes, 1986, p. 48). Uma fórmula com operadores modais exprime uma modalidade *de re* se, e somente se, no âmbito de pelo menos um desses operadores, está uma das seguintes coisas: a) uma constante individual; ou b) uma variável livre; ou c) uma variável ligada por um quantificador situado fora do âmbito do operador. De outro modo, a fórmula exprime uma modalidade *de dicto*. Assim, p. ex., as fórmulas $\Diamond Fa$, $\forall x \Box Fx$ e $\Diamond \forall x (Fx \land \Box Gx)$ são *de re*, e as fórmulas $\Diamond \forall x Fx$ e $\Diamond \forall x (Fx \rightarrow \Diamond \forall x Gx)$ são *de dicto*.

Mas o fato de à distinção sintática corresponder uma distinção semântica filosoficamente significativa é algo que os filó-

de dicto/de re

sofos medievais já tinham descoberto. Com efeito, tal como relatado em Plantinga (1974), Buridano argumenta aproximadamente da seguinte maneira no sentido de mostrar que as frases 1 e 2 diferem em valor de verdade, e logo possuem condições de verdade distintas. Apesar de Deus ter criado tudo aquilo que de fato criou, Ele poderia antes não ter criado nada; e, por conseguinte, poderia não ter existido nada, exceto (obviamente) Deus. Essa situação metafisicamente possível torna a frase *de dicto* 1 verdadeira (relativamente ao mundo atual): há pelo menos um mundo possível, acessível a partir do mundo atual, no qual Deus é o único existente. Por outro lado, aquilo que é dito em 2 é que qualquer indivíduo realmente existente é idêntico a Deus em pelo menos um mundo possível acessível a partir do mundo atual. Como, p. ex., o secretário-geral da ONU não é realmente Deus em nenhum mundo acessível (em que exista), a frase *de re* 2 é falsa (relativamente ao mundo atual). Juntando esses dois resultados, obtém-se um CONTRA-EXEMPLO (de fato, aquele que foi explicitamente produzido por Buridano) à fórmula B) $\Diamond \forall x \, \phi x \rightarrow \forall x \, \Diamond \, \phi x$, justamente conhecida como FÓRMULA DE BURIDANO. (O argumento de Buridano supõe aquilo que, na terminologia hoje corrente, se designa como uma interpretação atualista da quantificação objetual: *ver* ATUALISMO.)

A chamada FÓRMULA DE BARCAN FB) $\exists x \, \Diamond \, \phi x \rightarrow \Diamond \, \exists x \, \phi x$, e a sua conversa CFB) $\Diamond \, \exists x \, \phi x \rightarrow \exists x \, \Diamond \, \phi x$, são igualmente exemplos, bem mais controversos, de fórmulas nas quais certas conexões são estabelecidas entre modalidades *de dicto* e modalidades *de re*. O contra-exemplo de Buridano à sua fórmula proporciona-nos um caso em que certa frase *de dicto* é verdadeira e a frase *de re* correspondente é falsa. E os habituais contra-exemplos à fórmula FB proporcionam-nos casos em que certas frases *de re* são verdadeiras e as frases *de dicto* correspondentes, falsas.

É interessante mencionar outra distinção histórica, a distinção entre modalidade *in sensu composito* e modalidade *in sensu diviso*, a qual é tradicionalmente assimilada à distinção *de dicto/de re*, mas não lhe é de maneira alguma equivalente. A distinção remonta a Aristóteles e foi por ele introduzida por meio do seguinte exemplo (veja-se *De sophisticis elenchis*, 166a). Tome-se a frase 3) "Alguém está possivelmente escrevendo enquanto não está escrevendo". Aristóteles observa, corretamente, que 3 é ambígua entre as seguintes duas interpretações: a) uma interpretação na qual o operador de possibilidade é tomado como governando toda a frase "Alguém está escrevendo enquanto não está escrevendo" (*in sensu composito*); e b) uma interpretação na qual o operador de possibilidade é tomado como governando apenas o predicado complexo componente "não está escrevendo" (*in sensu diviso*). Por outras palavras, a interpretação *in sensu composito* dá à modalidade âmbito longo sobre a quantificação existencial, enquanto a interpretação *in sensu diviso* dá à quantificação âmbito longo sobre a modalidade. Na linguagem da lógica modal quantificada, regimentações dessas interpretações são dadas nas seguintes fórmulas (respectivamente): 3a) $\Diamond \, \exists x \, [Px \land Qx \land \neg Qx]$, 3b) $\exists x \, [Px \land Qx \land \Diamond \, \neg Qx]$, em que Px e Qx abreviam (respectivamente) os predicados "x é uma pessoa" e "x está escrevendo". Obviamente, 3a é uma falsidade lógica; enquanto 3b pode muito bem ser verdadeira. Por outro lado, a possibilidade expressa em 3a é *de dicto*; enquanto a possibilidade expressa em 3b é *de re*. Todavia, não se segue que as duas distinções se deixem reduzir a uma única. Com efeito, tome-se as fórmulas 3b e 3c, constituindo essa última uma terceira interpretação possível de 3 (a qual é também uma falsidade lógica): 3c) $\exists x \, [Px \land \Diamond(Qx \land \neg Qx)]$. Em 3c, a modalidade governa toda a fórmula aberta $Qx \land \neg Qx$, ao passo que em 3b a modalidade governa apenas a fórmula aberta componente $\neg Qx$. Logo, em 3c a modalidade ocorre *in sensu composito*; e em 3b ocorre *in sensu diviso*. No entanto, as fórmulas 3b e 3c são ambas *de re* (à luz do critério antes delineado).

Tomás de Aquino faz uso da distinção no decurso de uma discussão sobre o conhecimento divino de proposições futuras contingentes (veja-se *Summa contra gentiles*, I, 67). Modificando ligeiramente o seu exemplo, a frase 4) "Se Teeteto vai se sentar, então Deus sabe necessariamente que Teeteto vai se sentar" é ambígua conforme se tome a necessidade *in sensu composito*, isto é, como aplicada a toda a frase condicional, ou *in sensu diviso*, isto é, como aplicada apenas à frase conseqüente. Essas duas interpretações de 4 deixam-se regimentar da seguinte maneira (respectivamente): 4*) $\Box(Sa \rightarrow K_d Sa)$; 4**) $Sa \rightarrow \Box K_d Sa$, em que Sx abrevia "x vai sentar-se", a abrevia "Teeteto", e K_d é o operador de conhecimento relativizado a Deus ("Deus sabe quê"). Tomás de Aquino observa, corretamente, que a interpretação *in sensu composito* é a interpretação intencionada, uma vez que é argumentativamente verdadeira; enquanto a interpretação *in sensu diviso* resulta numa falsidade: uma situação contrafactual na qual, em certa ocasião futura, Teeteto não venha a se sentar – muito embora na situação atual ele se sente nessa ocasião – é uma situação na qual nem Deus nem ninguém sabe (agora) que Teeteto estará então sentado, e logo é uma situação na qual 4** é falsa. Todavia, sucede que 4* e 4** são ambas *de re*.

Uma sensibilidade a distinções de âmbito permite-nos resistir a alguns dos argumentos aduzidos por Quine contra a modalidade *de re* e contra o alegado compromisso dela com o essencialismo. Um desses argumentos, que se tornou célebre, é o de que um defensor da lógica modal quantificada e da modalidade *de re* estaria obrigado a aceitar como válida a seguinte inferência: A) 9 é necessariamente maior do que 7; B) 9 é o número dos planetas; *ergo*, C) O número dos planetas é necessariamente maior do que 7.

Supondo que as verdades da matemática são necessárias, segue-se que a premissa A é verdadeira (para Quine, essa premissa deve ser interpretada *de dicto* e parafraseada como "A frase '9 é maior do que 7' é necessariamente verdadeira"). A premissa B é uma verdade empírica, e logo é indisputável. Mas a conclusão é manifestamente falsa: poderia ter havido apenas cinco planetas no sistema solar, caso em que o seu número não seria decerto maior do que 7. Quine conclui que contextos modais são referencialmente opacos (*ver* OPACIDADE REFERENCIAL), no sentido de que a regra da eliminação da identidade, ou da substituição *salva veritate* de designadores que ocorrem em uma frase ("9") por designadores correferenciais ("O número dos planetas"), falha relativamente a tais contextos: podemos obter conclusões falsas a partir de premissas verdadeiras. A moral quiniana extraída desse fato é a de que a modalidade *de re* é ininteligível: a quantificação "para dentro" de contextos opacos, como sucede em C se adotarmos a eliminação russelliana das descrições em termos de quantificações existenciais, é incoerente.

Todavia, o ataque de Quine à modalidade *de re* pode ser contrariado distinguindo duas interpretações que C pode receber: por um lado, uma interpretação *de dicto*, cuja regimentação é a seguinte (adotando a habitual paráfrase russelliana e fazendo Nx abreviar "x numera os planetas"): C*) $\Box \exists x [Nx \wedge \forall y (Ny \rightarrow y = x) \wedge x > 7]$; por outro lado, uma interpretação *de re*, cuja regimentação é a seguinte: C**) $\exists x [Nx \wedge \forall y (Ny \rightarrow y = x) \wedge \Box x > 7]$.

Regimentações das premissas A e B são por sua vez dadas nas fórmulas A*) $\Box\, 9 > 7$; B*) $\exists x [Nx \wedge \forall y (Ny \rightarrow y = x) \wedge x = 9]$.

Ora, a interpretação de C claramente intencionada por Quine é a *de dicto* C*, uma vez que apenas sob tal interpretação C é falsa. Mas, nesse caso, não há nenhuma dedução de C a partir de A e B pela regra da eliminação da identidade com a qual o defensor da lógica modal quantificada e da modalidade *de re* esteja comprometido. Dada a teoria russelliana das descrições, subscrita por Quine, a premissa B não tem na realidade, tal como é revelado pela sua regimentação B*, a forma de uma identidade $a = b$ (em que a e b são designadores). Assim, a regra da eliminação da identidade não é sequer aplicável às premissas A e B, e C não pode ser obtida a partir delas por esse meio. Por conseguinte, o argumento de Quine não demonstra de forma alguma que os contextos modais sejam referencialmente opacos. E o adepto da modalidade *de re* não está de maneira alguma obrigado a reconhecer como válida a inferência de A e B para C quando a C é dada a interpretação *de dicto* C*. Por outro lado, se a C é dada a interpretação *de re* C**, rejeitada como incoerente por Quine, então existe de fato uma dedução válida, mas não direta, de A e B para C. Note-se que aquilo que C** diz é que o número que realmente numera os planetas, isto é, o número 9, é maior do que 7 em qualquer mundo possível; assim, a interpretação *de re* de C é verdadeira se A e B forem ambas verdadeiras.

Para além da sua aplicação a contextos modais, a distinção *de dicto/de re* é também aplicável a contextos temporais (*ver* LÓGICA TEMPORAL). Tome-se, p. ex., a frase 5) "Alguém será rei de Portugal", tal como empregue em certa ocasião, digamos t. Há duas interpretações possíveis para 5, representáveis nas seguintes regimentações da frase na linguagem da lógica temporal quantificada: 5*) $F\exists x\, Rx$ (Futuramente, alguém é rei de Portugal); 5**) $\exists x\, FRx$ (Alguém é futuramente rei de Portugal); aqui, Rx abrevia o predicado "x é rei de Portugal" e F é o operador temporal de futuro, o qual é governado pelo seguinte gênero de regra semântica: uma frase da forma Fp (no futuro, p) é verdadeira relativamente a um tempo t se, e somente se, p é verdadeira em pelo menos um tempo t' tal que t precede t'. 5* pode ser interpretada como predicando de um *dictum*, isto é, da frase "Alguém é rei de Portugal", a propriedade temporal de ser futuramente verdadeira (em relação a t), e pode ser reformulada como "A frase 'Alguém é rei de Portugal' é futuramente verdadeira". Assim, 5* é uma frase *de dicto*. Em contraste, 5** pode ser interpretada como predicando a pelo menos uma pessoa (*res*), pertencente a certo universo de pessoas, a propriedade temporal de ser futuramente rei de Portugal. Assim, 5** é uma frase *de re*. De novo, a distinção deixa-se captar em termos puramente sintáticos: na atribuição *de dicto* 5*, o operador temporal tem âmbito longo em relação ao quantificador existencial; na atribuição *de re*, o quantificador tem âmbito longo em relação ao operador temporal. E, mais uma vez, à distinção sintática corresponde uma distinção semântica importante. Com efeito, 5* e 5** têm condições de verdade distintas e logo podem diferir em valor de verdade. 5* é verdadeira relativamente ao tempo presente t se, e somente se, em alguma ocasião t' tal que t precede t', pelo menos uma pessoa existente em t' é rei de Portugal (em t'); por outro lado, 5** é verdadeira relativamente a t se, e somente se, pelo menos uma pessoa agora existente (existente em t) é rei de Portugal em alguma ocasião t' tal que t precede t'.

Por fim, a distinção *de dicto/de re* tem sido frutuosamente aplicada a frases nas quais atitudes proposicionais são atribuídas a agentes. Tomem-se, para o efeito, as seguintes frases (o exemplo é adaptado de um exemplo dado por Quine): 6) "Aníbal acredita que alguém é um espião português"; 7) "Aníbal acredita, acerca de alguém, que ele (ela) é um espião português". 6 pode ser vista como atribuindo a Aníbal uma crença em um *dictum*, isto é, a proposição que há espiões portugueses (note-se que ver 6 como atribuindo a Aníbal uma crença em uma frase, isto é, a frase em língua portuguesa "Alguém é um espião português", seria implausível: a verdade de 6 é consistente com a suposição de que Aníbal não fala de forma alguma português). Diz-se então que uma frase como 6 exprime uma crença *de dicto*. Em contraste, 7 pode ser vista como atribuindo a Aníbal uma crença sobre uma pessoa particular (*res*) no sentido de que essa pessoa é um espião português. Diz-se então que uma frase como 7 exprime uma crença *de re*. Mais uma vez, a distinção deixa-se representar como uma distinção quanto ao âmbito relativo dos operadores intervenientes, isto é, o operador de crença e o quantificador. Regimentações de 6 e 7 são dadas nas seguintes fórmulas (respectivamente): 6*) $B_a \exists x\,(Tx \wedge Ux)$; 7*) $\exists x\,B_a\,(Tx \wedge Ux)$, em que Tx, Ux abreviam "x é um espião", "x é português" e B_a é o operador de crença relativizado a Aníbal ("Aníbal acredita que"). E, de novo, atribuições *de dicto* e atribuições *de re* de atitudes proposicionais possuem, em geral, condições de verdade distintas e podem, conseqüentemente, divergir quanto ao valor de verdade. Assim, a verdade da atribuição *de re* 7 exige que Aníbal tenha estado em contato – paradigmaticamente, em contato perceptivo – com pelo menos uma pessoa particular, e com base nesse contato forme a crença de que a pessoa em questão é um espião português. Mas, naturalmente, tal contato não é de forma alguma exigido para que a atribuição *de dicto* 6 seja verdadeira. Assim, é possível ter 6 verdadeira e 7 falsa. Por outro lado, existem igualmente casos em que certas atribuições *de re* de crenças são verdadeiras e as correspondentes atribuições *de dicto* falsas. P. ex., pode bem ter-se 8 verdadeira e 9 falsa: 8) "Nenhuma pessoa é tal que Aníbal acredite que ela tem percepção extra-sensorial"; 9) "Aníbal acredita que nenhuma pessoa tem percepção extra-sensorial". *Ver também* MODALIDADES; ATITUDES PROPOSICIONAIS; TEORIA DAS DESCRIÇÕES DEFINIDAS; LÓGICA EPISTÊMICA; LÓGICA TEMPORAL; ATUALISMO; FÓRMULA DE BARCAN; OPACIDADE REFERENCIAL. JB

ARISTÓTELES. "Refutações sofísticas (Sophistics elenchis)", *in* Barnes, J. (org.). *The Complete Works of Aristotle – The Revised Oxford Translation*. Princeton: Princeton University Press, 1984.
BURGE, T. "Belief *De Re*", *in The Journal of Philosophy*, 74, 1977, pp. 338-62.
FORBES, G. *The Metaphysics of Modality*. Oxford: Oxford University Press, 1986.
KAPLAN, D. "Quantifying In.", *in* Davidson, D. e Hintikka, J. (orgs.). *Words and Objections*. Dordrecht: Reidel, 1969, pp. 206-42.
KRIPKE, S. *Naming and Necessity*. Oxford: Blackwell, 1980.
MARCUS, R. B. "Essentialism in Modal Logic", *in Noûs*, 1, 1967, pp. 91-6.
NEALE, S. *Descriptions*. Cambridge: MIT Press, 1994.
PLANTINGA, A. *The Nature of Necessity*. Oxford: Clarendon Press, 1974.
QUINE, W. V. O. "Reference and Modality", *in From a Logical Point of View*. Nova York: Harper and Row, 1953.
SMULLYAN, R. "Modality and Descriptions", *in The Journal of Symbolic Logic*, 13, 1948, pp. 31-7.
TOMÁS DE AQUINO. *Suma contra os gentios*. Trad. Dom Odilão Moura, O.S.B., a partir do texto da Editora Marietti. Revisão de Luís A. de Boni. 2 vols. Porto Alegre/Caxias do Sul: Escola Superior de Teologia São Lourenço de Brindes: Livraria Editora Sulina/Universidade de Caxias do Sul, 1990.

De Morgan, leis de

Na lógica clássica, a fórmula $\neg(p \wedge q)$ é logicamente equivalente a $\neg p \vee \neg q$. Equivalentemente, $\neg(p \wedge q) \leftrightarrow \neg p \vee \neg q$ é uma tautologia. Assim, a fórmula $\neg(p \vee q)$ é logicamente equivalente a $\neg p \wedge \neg q$. Essas são as denominadas leis de De Morgan para o cálculo proposicional. Das quatro implicações das leis de De Morgan, apenas uma não é válida na LÓGICA INTUICIONISTA. É a seguinte: $\neg(p \wedge q) \to \neg p \vee \neg q$. Na lógica clássica, a fórmula do cálculo de predicados $\neg \forall x\,Ax$ é logicamente equivalente a $\exists x\,\neg Ax$. Também, $\neg \forall x\,Ax \leftrightarrow \exists x\,\neg Ax$ é uma fórmula logicamente válida. De igual modo, a fórmula $\neg \exists x\,Ax$ é logicamente equivalente a $\forall x\,\neg Ax$. Essas são as denominadas leis de De Morgan para os quantificadores, ou leis de De Morgan generalizadas. Das quatro implicações das leis de De Morgan generalizadas, apenas uma não é válida na lógica intuicionista. É a seguinte: $\neg \forall x\,Ax \to \exists x\,\neg Ax$. *Ver também* CÁLCULO PROPOSICIONAL;

CÁLCULO DE PREDICADOS; TAUTOLOGIA; VERDADE LÓGICA; ÁLGEBRA DE BOOLE e LÓGICA INTUICIONISTA. FF

de re, crença

Ver CRENÇA *DE RE*.

de re/de dicto

Ver DE DICTO/DE RE.

de se

(lat., de si) As atribuições *de se* constituem para muitos filósofos uma terceira categoria, bastante importante do ponto de vista filosófico, de atribuições de ATITUDES PROPOSICIONAIS, as quais se distinguem quer das atribuições *de dicto*, quer das atribuições *de re* de atitudes. David Lewis, John Perry e Hector Neri-Castañeda contam-se entre os filósofos que estudaram esse gênero de atribuições de estados mentais e discutiram os problemas filosóficos por elas levantados; o termo *de se* foi cunhado por Lewis (veja-se Lewis, 1979).

A forma geral de uma atribuição *de se* é dada, de modo não completamente preciso mas suficiente para os presentes propósitos, no esquema frásico ⌜s V que ela(e) própria(o) Φ⌝, com as letras esquemáticas s, V e Φ a serem substituídas (respectivamente) por um termo singular para um agente de atitudes, um verbo de atitude, e um predicado ou frase aberta. Uma ilustração do esquema é dada no clássico exemplo de Lewis, a frase "Heimson julga que (ele próprio) é David Hume". Do ponto de vista semântico, atribuições *de se* parecem ter condições de verdade de um tipo diferente daquelas que governam atribuições *de dicto* e atribuições *de re* de atitudes proposicionais. A história simples a seguir serve para isolar as atribuições *de se* e separá-las, a esse respeito, das atribuições *de dicto* e das atribuições *de re*. Suponhamos que Heimson observa em certa ocasião determinada pessoa do sexo masculino, de aspecto excêntrico, falando de modo curioso consigo própria. Heimson pensa então para si mesmo: "Aquele homem é doido." Ora, o que sucede na realidade é que Heimson, sem o saber, está observando sua própria imagem refletida no vidro de uma vitrina. Relativamente a essa situação, as atribuições *de dicto* "Heimson acredita que aquele homem é doido" e *de re* "Heimson acredita, acerca daquele homem, que ele é doido", feitas (digamos) por mim que presencio a cena, seriam ambas verdadeiras. Todavia, a atribuição *de se* "Heimson acredita que (ele próprio) é doido" seria claramente falsa. Repare-se ainda que uma atribuição como "Heimson acredita que Heimson é doido" pode bem ser verdadeira (ou falsa) sem que a atribuição *de se* "Heimson acredita que (ele próprio) é doido" o seja, pois Heimson pode naquele momento sofrer de amnésia e julgar que não é Heimson. *Ver também* DE DICTO/DE RE; ATITUDE PROPOSICIONAL. JB

CASTAÑEDA, H.-N. "He: A Study in the Logic of Self-Consciousness", *in Ratio* 8, 1966, pp. 130-57.
LEWIS, D. "Attitudes *De dicto* and *De se*", *in The Philosophical Review*, 88, 1979, pp. 513-43.
PERRY, J. "The Problem of the Essential Indexical", *in Noûs*, 13, 1979, pp. 13-21.

decidibilidade

Uma frase ou fórmula bem-formada de uma teoria ou sistema formal é decidível se existe um ALGORITMO que permita determinar se a frase ou fórmula é um TEOREMA do sistema; caso contrário, é indecidível. E uma teoria ou sistema formal é decidível se qualquer frase ou fórmula bem-formada do sistema for decidível. O sistema da lógica proposicional clássica é decidível; mas, pelo TEOREMA DA INDECIDIBILIDADE DE CHURCH, a lógica *n*-ádica de predicados é indecidível. *Ver* PROBLEMAS DE DECISÃO. JB

decisão, problemas de

Ver PROBLEMAS DE DECISÃO.

decisão, teoria da

Ver TEORIA DA DECISÃO.

dedução natural

Um método do cálculo lógico. Aplica-se sobretudo à teoria das funções de verdade (ou lógica proposicional) e à teoria da quantificação de primeira ordem (ou lógica de predicados de primeira ordem). Esse método foi inventado por G. Gentzen (1909-1945) e depois divulgado e agilizado por W. Quine (1908-2000) durante os anos 1940. Hoje é o método mais corrente em manuais de introdução à lógica.

Tal como o CÁLCULO AXIOMÁTICO, esse método é sintático, mas contrasta com o primeiro porque não parte de axiomas e, sendo assim, as derivações fazem-se sempre a partir de regras de inferência. Para efeitos de derivações na LINGUAGEM FORMAL, para a qual as regras são formuladas, a dedução natural (DN) é muito mais ágil que o método axiomático, permitindo demonstrações muito mais rápidas. Essa foi, aliás, a razão primeira da sua criação. Para efeitos de estudo metateórico sobre um SISTEMA FORMAL, esse método é menos adequado do que o axiomático, no qual o sistema formal se encontra "comprimido" em um pequeno número de axiomas, que é, regra geral, muito inferior ao número de regras de dedução natural; esse aspecto dos sistemas axiomáticos facilita as demonstrações dos metateoremas, quase sempre feitas por INDUÇÃO MATEMÁTICA.

Dois exemplos informais introduzir-nos-ão no espírito do método.

Suponhamos que temos um ARGUMENTO a que vamos chamar "Carlos e a praia" com as seguintes premissas e conclusão.

1) Carlos e a Praia: P1 – Se faz sol, então Carlos vai à praia. P2 – Faz sol. C – Carlos vai à praia.

A validade desse argumento parece ser imediatamente evidente. Mas, se não for, podemos demonstrá-la por meio das seguintes considerações semânticas. Começemos por formalizar 2 em LF1. Usando abreviaturas óbvias, P1 dará: $S \to P$; P2 dará S; e C dará P. Agora vejamos: interessam-nos, no que respeita à validade de um argumento, as interpretações para as quais as premissas são verdadeiras, visto que é para essas que a conclusão também o será, se o argumento for válido. P1 será verdadeira nas seguintes três interpretações: i_1: $S(\top)$ e $P(\top)$; i_2: $S(\bot)$ e $P(\top)$; e i_3: $S(\bot)$ e $P(\bot)$. Mas queremos apenas as interpretações para as quais todas as premissas sejam simultaneamente verdadeiras, no caso apenas as interpretações para as quais P1 e P2 sejam ambas verdadeiras. A única interpretação para a qual P2 é verdadeira é, obviamente, i_1: $S(\top)$. Sendo assim, a única interpretação para a qual P1 e P2 são ambas verdadeiras é i_1: $S(\top)$ e $P(\top)$. Ora, nessa interpretação a conclusão é, também, verdadeira. Logo, 2 é um argumento válido.

Olhando agora para o processo por meio do qual acabamos de mostrar a validade de 2, vemos que não falamos, um vez sequer, de Carlos, do tempo ou da praia, mas apenas da forma lógica das premissas e da conclusão de 2. Sendo assim, podemos, com segurança, abstrair a seguinte regra: Sempre que tivermos uma premissa cuja forma seja $A \to B$ e uma outra premissa cuja forma seja A podemos, com validade, obter como conclusão B. Essa formulação da regra é puramente sintática e a regra qualifica-se, por isso, como uma regra que pode vir a pertencer ao nosso sistema de dedução natural. As considerações semânticas do parágrafo anterior destinavam-se apenas a motivar a regra, elas não pertencem ao sistema de dedução natural. Designaremos esse gênero de regras por regras de derivação ou regras de inferência. Podemos ser mais econômicos na formulação da regra e representá-la por meio do seguinte esquema, no qual o símbolo $\vdash$ serve para expressar a relação de CONSEQUÊNCIA sintática: E→) $A \to B, A \vdash B$. Uma regra de derivação (ou regra de inferência) tem de satisfazer a seguintes duas condições: 1) Representar esquemas de argumentos válidos; e 2) Ser completamente formulável e aplicável como regra sintática (isto é, sem nenhuma referência à interpretação da linguagem ou sistema formais para os quais ela é formulada). A primeira condição garante-nos que as regras preservam verdade: se as fbf a partir das quais a derivação se faz forem verdadeiras para dada interpretação, a fbf derivada também será verdadeira para essa interpretação. Ou seja: cada argumento que satisfaça o esquema em questão é válido. A segunda condição assegura-nos que, a despeito da garantia semântica dada pela primeira condição, são considerações apenas de natureza sintática que nos permitirão realizar as derivações.

A designação E→, que ocorreu anteriormente, é uma abreviatura de "regra da eliminação da condicional", ou *MODUS PONENS*.

Fazendo uso exclusivamente da regra E→, podemos agora demonstrar, a título ilustrativo, a validade do seguinte argumento.

2) Mariana e a Lógica: P1 – Se chove então não é o caso que Pedro vá à praia. P2 – Se Mariana fica triste então Mariana não estuda lógica. P3 – Chove. P4 – Se não é o caso que Pedro vá à praia então Mariana fica triste. C – Mariana não estuda lógica.

Esse argumento é válido ou inválido? A resposta certa é, como se sugeriu já, válido. Mas é óbvio que gostaríamos de ver demonstrado esse resultado. O método da dedução natural foi especialmente concebido para demonstrar esse gênero de resultados; e para os demonstrar por um processo supostamente semelhante ao modo como habitualmente raciocinamos. Daí a designação "dedução natural". Com efeito, parece ser mais aceitável supor que se raciocina derivando frases a partir de frases que se aceitam até chegar a uma frase que represente o que consideramos ser a conclusão (do raciocínio ou argumento). Esse é também o modo de proceder em dedução natural. Para derivarmos certas frases de certas outras, fiamo-nos habitualmente na intuição (sintática e semântica) que, como falantes de uma linguagem, temos associada ao discurso que vamos proferindo. Diversamente, na dedução natural, essa intuição será substituída por regras (sintáticas), como E→, que nos autorizarão a fazer tal ou tal derivação.

Para demonstrar a validade de 2 começamos pela sua formalização de acordo com o seguinte esquema de abreviaturas.

Legenda de Abreviaturas para 2: {<Chove, p>, <Pedro vai à praia, q>, <Mariana fica triste, r>, <Mariana estuda lógica, s>}. Com base nesse esquema de abreviaturas as formalizações das frases do argumento 2 são as seguintes: P1a) $p \to \neg q$; P2a) $r \to \neg s$; P3a) p; P4a) $\neg q \to r$; Ca) $\neg s$.

Feito isto, listamos e numeramos as premissas de 2, colocando à direita da última premissa o símbolo ⊢ e a seguir a este a conclusão, assim: 2a) Argumento:

1. $p \to \neg q$;
2. $r \to \neg s$;
3. p;
4. $\neg q \to r \vdash \neg s$.

Chamamos linhas ao conjunto constituído por um número, uma fbf e, sendo o caso, pelo símbolo ⊢ seguido de outra fbf. Identificamos cada linha pelo seu número. A linha 2 de 2a é 2. $r \to \neg s$, a linha 4 é 4. $\neg q \to r \vdash \neg s$.

À sucessão de fbf que pode ocorrer em uma demonstração por dedução natural chamaremos cadeia de fbf. O argumento 2a é composto, até agora, por uma cadeia de quatro fbf, linhas 1 a 4. Vamos agora apresentar, passo a passo, a demonstração da validade de 2a. Para tal vamos gerar novas linhas na cadeia de fbf que constituirá a demonstração do argumento 2a. Cada uma dessas linhas só poderá ser gerada por recurso a uma regra de inferência do nosso sistema de dedução, a qual, sendo o caso, será aplicada a uma ou mais linhas da cadeia de fbf que fazem parte da demonstração. As regras nunca se aplicam à fbf que está à direita de ⊢. Na última linha da cadeia geraremos a fbf que está à direita de ⊢ na linha 4, a conclusão do argumento 2a. Quando gerarmos essa linha a demonstração formal da validade do argumento estará concluída e o argumento diz-se demonstrar por dedução natural. Para indicar que a demonstração acabou, escrevemos "Q.E.D." à direita dessa linha, expressão que abrevia a expressão latina *quod erat demonstrandum* (literalmente: o que era preciso demonstrar). No nosso caso, só temos uma única regra de inferência E→ e é, portanto, ela que terá de apoiar todo o trabalho de demonstração. No lado direito de cada linha gerada entretanto indicamos a regra que usamos para a gerar e, sendo o caso, as linhas anteriores da cadeia sobre as quais a regra foi aplicada. Assim: 2b) Demonstração de 2a:

1. $p \to \neg q$
2. $r \to \neg s$
3. p
4. $\neg q \to r \vdash \neg s$
5. $\neg q$ 1, 3 e E→
6. r 4, 5 e E→
7. $\neg s$ 2, 6 e E→, Q.E.D.

O método de dedução natural para LF1 é constituído por um sistema de regras de derivação com o auxílio do qual podemos demonstrar a validade dos argumentos e, também, as verdades lógicas (ou fórmulas válidas). Um sistema de regras é um SISTEMA FORMAL — nesse caso um sistema formal sem AXIOMAS. Cada uma das regras de derivação do sistema deve satisfazer as duas condições enunciadas alguns parágrafos antes. Mas nem todo o sistema de regras de derivação serve ou serve igualmente bem aos objetivos da dedução natural.

Para servir a esses objetivos o sistema de regras terá de ser CONSISTENTE e COMPLETO. Consistente, para não permitir derivar nada que não possa ser derivado e, também, para não permitir demonstrar nada que não possa ser demonstrado. Completo, para permitir derivar tudo o que pode ser derivado e, também, demonstrar tudo o que pode ser demonstrado (*ver* CORREÇÃO, COMPLETUDE).

Em um sistema formal, não podemos demonstrar tudo. Não podemos, para começar, demonstrar derivações em uma linguagem que não seja a do sistema. Depois, há também aspectos inerentes à própria construção de um sistema formal que não podem ser demonstrados nesse sistema. Se o sistema tiver regras de derivação primitivas e regras de derivação derivadas, podemos demonstrar as segundas a partir das primeiras. Mas as regras primitivas não podem ser demonstrações no sistema. Os sistemas de dedução natural mais correntes usam, como regras primitivas, regras de introdução e de eliminação dos símbolos lógicos da linguagem do sistema (p. ex., conectivos, quantificadores, identidade) (*ver* DEDUÇÃO NATURAL, REGRAS DE). As regras derivadas mais correntes são: *MODUS TOLLENS*; DILEMA destrutivo (simples ou complexo); DE MORGAN, LEIS DE; DISTRIBUTIVIDADE; COMUTATIVIDADE; ASSOCIATIVIDADE; IDEMPOTÊNCIA; IMPLICAÇÃO; EQUIVALÊNCIA. JS

dedução natural, regras de

A dedução natural é um método de demonstração introduzido independentemente por Gerhard Gentzen em 1934-35 e Stanislaw Jaśkowski em 1934. Os sistemas de dedução natural caracterizam-se, entre outros aspectos, por não apresentar um conjunto de axiomas e regras de inferência, mas apenas um conjunto de regras que regulam a introdução e a eliminação dos operadores proposicionais, dos quantificadores e do operador de identidade. Neste verbete apresenta-se um conjunto de regras primitivas de dedução natural. Os vários sistemas hoje existentes diferem ligeiramente em algumas regras mais sutis. Neste verbete apresenta-se a versão de Newton-Smith (1985).

Na apresentação das regras serão usadas as letras A, B, C como variáveis de fórmula e p, q, r como variáveis proposicionais. Isso significa que A → B representa qualquer proposição que tenha a forma de um condicional. $p \to q$ tem a forma de um condicional e é uma dessas fórmulas; mas $(p \wedge q) \to (r \vee (p \wedge q))$ também tem a forma de um condicional e, conseqüentemente, é uma dessas fórmulas.

As regras da lógica são formas argumentativas válidas. Uma demonstração ou derivação é uma maneira de estabelecer a validade de uma forma argumentativa mais complexa, o que se consegue mostrando que se pode chegar à conclusão desejada partindo das premissas em causa e usando apenas as regras dadas.

Eliminação da Conjunção (E∧)

$$\frac{A \wedge B}{A} \qquad \frac{A \wedge B}{B}$$

Dada uma linha da forma A ∧ B, tanto podemos inferir A como B. O resultado depende de A ∧ B, caso essa linha seja uma premissa ou uma suposição. Caso contrário, depende das mesmas premissas ou suposições de que A ∧ B depender.

Eis um argumento válido simples que tem a forma dessa regra: "Sócrates e Platão eram gregos; logo, Sócrates era grego." Eis um exemplo da aplicação da regra em uma derivação:

```
Prem  (1)  p ∧ q
1     (2)  p        1 E∧
```

As demonstrações são constituídas por quatro colunas. Na coluna 1 (a coluna das dependências) exibem-se as dependências lógicas. Se o passo em causa for uma premissa, escreve-se "Prem"; se for uma suposição, escreve-se "Sup". Caso contrário terá de se escrever o número da premissa ou suposição da qual esse passo depende (caso dependa de alguma). A coluna 1 é também conhecida como coluna do cálculo do conjunto de premissas. Nos sistemas de dedução natural puros exige-se que as derivações exibam, em cada passo, as premissas das quais esse passo depende.

A diferença entre premissas e suposições é a seguinte: muitas vezes, no decurso de uma derivação, é necessário introduzir fórmulas a título hipotético, que serão, a seu tempo, eliminadas. Chama-se suposições (ou hipóteses adicionais) a essas fórmulas.

Na coluna 2 numera-se os passos da derivação. É a coluna da numeração.

Na coluna 3 exibe-se o resultado do raciocínio: é nessa coluna que se apresentam as fórmulas que estão sendo manipuladas. É a coluna do raciocínio.

Na coluna 4 justifica-se o raciocínio apresentado na coluna 3. É a coluna da justificação. No passo 2 do exemplo, indica-se que a fórmula (1) é objeto de aplicação de uma regra. Indica-se, outrossim, que a regra empregada é (E∧).

Introdução da Conjunção (I∧)

$$\frac{\begin{array}{c}A\\B\end{array}}{A \wedge B} \qquad \frac{\begin{array}{c}A\\B\end{array}}{B \wedge A}$$

Dada uma linha da forma A e outra linha da forma B, tanto se pode inferir A ∧ B como B ∧ A. O resultado depende de A e de B (caso sejam premissas ou suposições) ou das premissas ou suposições de que A e B dependerem.

Eis um argumento válido simples com esta forma: "Platão era grego; Aristóteles era grego; logo, Platão e Aristóteles eram gregos." Um exemplo da aplicação da regra em uma derivação é o seguinte:

```
Prem (1)  p
Prem (2)  q
1,2  (3)  p ∧ q    1,2 I∧
```

Na coluna 4, a coluna da justificação, indica-se o número das linhas a que se aplica a regra (1 e 2) e indica-se a regra aplicada (E∧).

Essa regra permite usar duas vezes o mesmo passo:

```
Prem  (1)  p
1     (2)  p ∧ p    1,1 I∧
```

Eliminação da Negação (E¬)
(*Negação dupla*)

$$\frac{\neg\neg A}{A}$$

Dada uma linha da forma ¬¬A pode-se inferir A. A conclusão dependerá de ¬¬A (se for uma premissa ou uma suposição) ou das premissas ou suposições de que ¬¬A depender:

```
Prem  (1)   ¬¬p
1     (2)    p      1 E¬
```

Justifica-se o raciocínio na coluna 4, indicando que se usou a regra E¬ sobre o passo 1.

Os INTUICIONISTAS recusam essa regra, por acharem que nem sempre se pode concluir que Pedro é corajoso só porque ele nunca mostrou que não o era.

Introdução da Negação (I¬)
(*Redução ao absurdo*)

$$\begin{array}{c} A \\ \vdots \\ B \wedge \neg B \\ \hline \neg A \end{array}$$

Dada uma linha da forma B ∧ ¬B que dependa de uma suposição A, pode-se concluir ¬A. A conclusão não depende de A; depende apenas das outras premissas ou suposições de que B ∧ ¬B eventualmente depender.

A idéia é que, se no decorrer de um raciocínio se chegar a uma contradição, pode-se negar qualquer das premissas responsável por essa contradição.

P. ex., pode-se derivar o seqüente $p \to q \vdash \neg(p \wedge \neg q)$ do seguinte modo:

```
Prem  (1)   p → q
Sup   (2)   p ∧ ¬q
2     (3)   p              2 E∧
1,2   (4)   q              1,3 E→
2     (5)   ¬q             2 E∧
1,2   (6)   q ∧ ¬q         4,5 I∧
1     (7)   ¬(p ∧ ¬q)      2,6 I¬
```

A justificação do raciocínio do passo 7 esclarece que se negou a fórmula do passo 2 com base na contradição deduzida no passo 6.

Esse estilo de raciocínio é conhecido desde a Antiguidade clássica e recebeu o nome definitivo na Idade Média: REDUCTIO AD ABSURDUM. Eis um exemplo: "Quem não tem deveres não tem direitos; os bebês não têm deveres; logo, não têm direitos; mas os bebês têm direitos; logo, é falso que quem não tem deveres não tem direitos."

Quando se chega a uma contradição em um sistema axiomático pode-se negar qualquer uma das fórmulas anteriores. No sistema de Newton-Smith (mas não em outros sistemas de dedução natural), só se pode negar aquela suposição da qual a contradição depende. Considere-se a seguinte derivação:

```
Prem  (1)   p
Prem  (2)   ¬p
Sup   (3)   ¬q
1,2   (4)   p ∧ ¬p      1,2 I∧
1,2   (5)   ¬¬q         3,4 I¬
```

No sistema de Newton-Smith o passo 5 está errado porque usa a contradição do passo 4 para negar uma fórmula (3) que não dependia dessa contradição. No entanto, uma derivação análoga a essa é correta em um sistema axiomático e em outros sistemas de dedução natural. A diferença é mero pormenor técnico. No sistema de Newton-Smith a derivação correta de p, $\neg p \vdash q$ é a seguinte:

```
Prem   (1)   p
Prem   (2)   ¬p
Sup    (3)   ¬q
1,2    (4)   p ∧ ¬p              1,2 I∧
1,2,3  (5)   (p ∧ ¬p) ∧ ¬q       3,4 I∧
1,2,3  (6)   p ∧ ¬p              5 E∧
1,2    (7)   ¬¬q                 3,6 I¬
1,2    (8)   q                   7 E¬
```

Muitos sistemas de lógica não exigem que o passo a negar, ao encontrar uma contradição, dependa dessa contradição. Isso acontece porque a introdução e a eliminação da conjunção permitem sempre fazer depender qualquer passo de uma derivação de qualquer outro. No entanto, essa exigência permite explicitar o que de outro modo fica apenas implícito.

À exceção das premissas e suposições, no sistema de Newton-Smith, cada passo de uma derivação representa um seqüente válido. Na derivação anterior o passo 4 representa o seqüente $p, \neg p \vdash p \wedge \neg p$. O passo 7 representa o seqüente $p, \neg p \vdash \neg\neg q$.

Eliminação do Condicional (E→)
(*Modus ponens*)

$$\frac{\begin{array}{c} A \to B \\ A \end{array}}{B}$$

Dada uma linha da forma $A \to B$ e uma outra da forma A, pode-se inferir B. A conclusão depende das mesmas premissas e suposições de que A e $A \to B$ dependerem, ou delas mesmas, caso se trate de premissas ou suposições.

Um exemplo de *modus ponens* é o seguinte: "Se Deus existe, a vida é sagrada; Deus existe, logo, a vida é sagrada."

Eis um exemplo da aplicação da regra:

Prem (1) p
Prem (2) $p \to q$
1,2 (3) q 1,2 E→

Na coluna da justificação invocam-se as duas premissas usadas e cita-se a regra.

Introdução do Condicional (I→)

$$\frac{\begin{array}{c} A \\ \vdots \\ B \end{array}}{A \to B}$$

Dada uma linha de uma derivação que dependa de uma suposição A e afirme B, pode-se inferir $A \to B$. A conclusão não depende de A, mas apenas de B (ou das premissas de que B depende).

A idéia é que se a inferência "A neve é branca; logo, tem cor" for válida, podemos concluir: "Se a neve é branca, tem cor."

P. ex.:

Prem (1) q
Sup (2) p
1,2 (3) $p \wedge q$ 1,2 I∧
1   (4) $p \to (p \wedge q)$ 2,3 I→

Dado que o passo 3 depende de 2, pode-se concluir que a fórmula do passo 2 implica a fórmula do passo 3. A nova fórmula já não depende de 2, mas apenas de 1.

Essa regra é muito usada nas derivações cuja conclusão é um condicional. O seqüente demonstrado anteriormente é o seguinte: $q \vdash p \to (p \wedge q)$. A conclusão do seqüente é um condicional cujo antecedente foi introduzido na derivação anterior, como uma suposição que depois se eliminou por meio da regra I→.

Eliminação da Disjunção (E∨)
(*Dilema*)

$$\frac{\begin{array}{c} A \vee B \\ A \\ \vdots \\ C \\ B \\ \vdots \\ C \end{array}}{C}$$

Dada uma fórmula da forma $A \vee B$, podemos concluir C, caso C se derive independentemente de A e de B. A conclusão C dependerá unicamente de $A \vee B$ e de quaisquer outras premissas usadas nas duas demonstrações de C, exceto de A e de B.

Um exemplo de DILEMA: "Ou Deus existe, ou não existe. Se existe, não se pode torturar crianças por prazer. Mas se não existe, não se pode igualmente torturar crianças por prazer. Logo, em qualquer caso, não se pode torturar crianças por prazer."

É útil usar dispositivos visuais (enquadramentos) que ajudem a perceber e a controlar as derivações que usam essa regra:

dedução natural, regras de

```
Prem  (1)   (p ∧ q) ∨ (q ∧ r)
Sup   (2)   p ∧ q
2     (3)   q                    2, E∧

Sup   (4)   q ∧ r
4     (5)   q                    4, E∧
1     (6)   q                    1,2,3,4,5 E∨
```

O passo 6 justifica-se com base no fato de a disjunção do passo 1 possibilitar as duas subderivações, 2-3 e 4-5. Na coluna das dependências registram-se as suposições e premissas das quais 1, 3 e 5 dependem, exceto 2 e 4. Nesse caso, depende apenas de 1. Mas se o passo 5, p. ex., dependesse de outra premissa, n, além de 4, o passo 6 ficaria dependendo de 1 e de n.

Os enquadramentos mostram claramente que as duas derivações de q são independentes: na coluna das dependências de 5 não pode surgir a suposição 2. Essa restrição significa que a segunda derivação de q não pode depender da suposição 2. Por outro lado, tanto 3 como 5 têm de depender das duas suposições respectivas. Isso significa que, como afirma a regra, q deriva de $p \wedge q$ e deriva também de $q \wedge r$.

Introdução da Disjunção (I∨)

$$\frac{A}{A \vee B} \quad \frac{A}{B \vee A}$$

Dada uma fórmula da forma A, tanto se infere A ∨ B como B ∨ A. A conclusão depende unicamente de A, caso se trate de uma premissa ou suposição, ou, caso contrário, das premissas ou suposições das quais A depender. A disjunção usada é inclusiva, como é habitual na lógica. Eis um exemplo da sua aplicação:

```
Prem  (1)   p
1     (2)   p ∨ q              1 I∨
```

Eliminação do Bicondicional (E→)

$$\frac{A \leftrightarrow B}{(A \to B) \wedge (B \to A)}$$

Dada uma fórmula da forma A ↔ B infere-se (A → B) ∧ (B → A). A conclusão depende de A ↔ B ou das premissas ou suposições de que A ↔ B depender:

```
Prem  (1)   p ↔ q
1     (2)   (p → q) ∧ (q → p)   1 E↔
```

O seguinte argumento válido é um caso particular desta forma: "Um ser é um homem se, e somente se, for racional; logo, se um ser for um homem, é racional, e se for racional, é um homem."

Introdução do Bicondicional (I↔)

$$\frac{A \to B \quad B \to A}{A \leftrightarrow B} \quad \frac{B \to A \quad A \to B}{B \leftrightarrow A}$$

Dada uma fórmula da forma A → B e outra da forma B → A, infere-se A ↔ B ou B ↔ A. A conclusão depende das duas fórmulas referidas, ou das premissas ou suposições de que elas dependerem:

```
Prem  (1)   p → q
Prem  (2)   q → p
1,2   (3)   p ↔ q              1,2 I↔
```

O seguinte argumento válido é um caso particular desta forma: "Se um ser for um homem, é racional; e, se for racional, é um homem; logo, um ser é um homem se, e somente se, for racional."

Isso conclui a apresentação das regras de eliminação e introdução dos operadores proposicionais. Apresentam-se em seguida as regras de introdução e eliminação dos dois quantificadores da lógica de predicados clássica.

Usam-se letras como A e B para referir arbitrariamente qualquer fórmula; t e u para referir qualquer termo (um nome próprio ou um nome arbitrário). Usam-se letras a e b como nomes arbitrários, m e n como nomes próprios e F e G como predicados. P. ex., At refere uma fórmula qualquer A com pelo menos uma ocorrência de um termo *t*, como *Fa* ou *Fn*. Letras como *x* e *y* são usadas como variáveis, que serão ligadas pelos quantificadores habituais, ∀ e ∃.

Eliminação do Quantificador Universal (E∀)
(*Exemplificação universal*)

$$\frac{\forall x\, Ax}{At}$$

Dada uma fórmula da forma ∀*x Ax*, infere-se *At*. *t* tanto pode ser um nome arbitrário, *a*, como um nome próprio, *n*; mas, em qualquer caso, tem de substituir todas as ocorrências de *x* em *Ax*.

Um argumento que tem a forma dessa regra é o seguinte: "Tudo é espírito; logo, Hegel é um espírito."

Prem	(1)	∀*x Fxm*	
Prem	(2)	∀*y* (*Gy* ∧ *Fy*)	
1	(3)	*Fnm*	1 E∀
2	(4)	*Gn* ∧ *Fn*	2 E∀
1,2	(5)	(*Gn* ∧ *Fn*) ∧ *Fnm*	3,4 I∧

Na justificação, cita-se o passo ao qual se está aplicando a regra. O resultado da aplicação da regra depende da fórmula de partida, ou das premissas ou suposições das quais aquela depende.

Introdução do Quantificador Universal (I∀)
(*Generalização universal*)

$$\frac{Aa}{\forall x\, Ax}$$

Essa regra resulta do papel reservado aos nomes arbitrários, algo que no cotidiano usamos sem reparar. Uma forma abreviada de dizer 1) "Todos os portugueses gostam de boa conversa" é dizer 2) "O zé-povinho gosta de boa conversa." "Zé-povinho" é um nome arbitrário porque refere qualquer indivíduo, arbitrariamente. Daí que se possa inferir 1 de 2. Contudo, é necessário garantir que o nome usado é realmente arbitrário, pois, se for um nome próprio, a inferência é inválida: não se pode concluir que todos os indivíduos gostam de boa conversa só porque o Joaquim gosta de boa conversa.

Assim, a formulação da regra é a seguinte: dada uma fórmula da forma *Aa*, infere-se ∀*x Ax*, desde que *Aa* não seja uma premissa nem uma suposição, nem dependa de nenhuma premissa ou suposição na qual ocorra o nome arbitrário *a*. Ao concluir ∀*x Ax* a partir de *Aa*, é necessário substituir todas as ocorrências de *a* por *x*. O resultado da introdução do quantificador universal depende das premissas ou suposições das quais *Aa* depender. Eis um exemplo da aplicação da regra:

Prem	(1)	∀*x* (*Fx* → *Gx*)	
Prem	(2)	∀*x Fx*	
1	(3)	*Fa* → *Ga*	1 E∀
2	(4)	*Fa*	2 E∀
1,2	(5)	*Ga*	3,4 E→
1,2	(5)	∀*x Gx*	5 I∀

A partir do passo 3 introduziram-se nomes arbitrários. O que se concluiu relativamente ao nome arbitrário pode-se concluir relativamente a todos os objetos do domínio.

Apesar de essa regra se basear na noção intuitiva de nome arbitrário, ela existe sobretudo para permitir aplicar regras proposicionais a fórmulas originalmente predicativas. Assim, para se poder aplicar o *modus ponens*, no passo 5, aos passos 3 e 4, é necessário eliminar os quantificadores universais. Mas não se pode eliminar o quantificador do passo 2, p. ex., escrevendo apenas *Fx* porque essa fórmula não representa uma forma proposicional: representa apenas a forma de um predicado, como "é solteiro".

Introdução do Quantificador Existencial (E∃)
(*Generalização existencial*)

$$\frac{At}{\exists x\, Ax}$$

Dada uma fórmula da forma *At*, pode-se inferir ∃*x Ax*. *t* tanto pode ser um nome arbitrário, *a*, como um nome próprio, *n*. A conclusão depende de *At*, ou das premissas ou suposições de que *At* depender.

Não é necessário substituir todas as ocorrências de *t* por *x* ao introduzir o quantificador existencial. Em uma fórmula como *Fnn* pode-se concluir $\exists x\, Fxn$.

Prem	(1)	*Fn*	
Prem	(2)	*Ga*	
1	(3)	$\exists x\, Fx$	1 ∃
2	(4)	$\exists y\, Gy$	2 ∃
1,2	(5)	$\exists x\, Fx \land \exists y\, Gy$	3,4 I∧

Um exemplo de argumento com a forma dessa regra é o seguinte: "Kripke é um filósofo contemporâneo; logo, há filósofos contemporâneos."

Eliminação do Quantificador Existencial (E∃)
(*Exemplificação existencial*)

$$\exists x\, Ax$$
$$Aa$$
$$\vdots$$
$$\underline{C}$$
$$C$$

Dada uma fórmula da forma $\exists x\, Ax$, introduza-se *Aa* como suposição, substituindo-se em *Aa* todas as ocorrências de *x* por um nome arbitrário, *a*. Derive-se agora C a partir de *Aa*. Pode-se concluir C, sem depender de *Aa*, desde que se respeitem as seguintes condições: 1) C depende de *Aa* (é isso que significa dizer que C se deriva de *Aa*); 2) C não contém nenhuma ocorrência de *a*; 3) C não depende de nenhuma premissa ou suposição que contenha *a*, exceto *Aa*; 4) A conclusão depende de $\exists x\, Ax$ e de todas as premissas de que C depender, exceto *Aa*.

Essa regra é a versão quantificada da eliminação da disjunção ou dilema. No dilema parte-se de uma disjunção, A ∨ B. Se tanto A como B implicam separadamente C, pode-se concluir C. Ora, no domínio dos números de 1 a 3, afirmar que existe um número par é equivalente a afirmar o seguinte: 1 é par ou 2 é par ou 3 é par. Uma fórmula como $\exists x\, Fx$ é equivalente a $F_1 \lor F_2 \lor ... \lor F_k$ (sendo *k* o último objeto do domínio). Assim, se tanto F_1 como F_2, etc. implicam separadamente C, aplica-se o dilema e pode-se concluir C.

Considere-se a seguinte derivação:

Prem	(1)	$\exists x\, (Fx \land Gx)$	
Sup	(2)	$Fa \land Ga$	
2	(3)	*Fa*	2 E∧
2	(4)	$\exists x\, Fx$	3 ∃
1	(5)	$\exists x\, Fx$	1,2,4 E∃

Tal como no caso da eliminação da disjunção, há enquadramentos e uma conclusão geral que repete uma conclusão surgida em uma subderivação. A suposição 2 resulta da substituição de todas as ocorrências de *x* por *a* na fórmula do passo 1. O passo 4 depende de 2, mas já não contém nenhuma ocorrência de *a*. Além disso, à exceção da suposição 2, 4 não depende de nenhuma premissa ou suposição na qual *a* ocorra. Nessas condições, infere-se 5, dependendo da premissa que deu origem à suposição 2 e de todas as premissas das quais 4 dependa, exceto 2.

Nesse caso, C é $\exists x\, Fx$. Isso pode gerar confusão, uma vez que se usa a regra da eliminação do quantificador existencial para concluir uma derivação que contém um quantificador existencial. Mas o que conta é que a conclusão só pôde ser alcançada eliminando o quantificador existencial de 1. Pode-se também chegar a uma conclusão sem quantificador existencial:

Prem	(1)	$\forall x\, Fx$	
Sup	(2)	$\exists x\, \neg Fx$	
Sup	(3)	$\neg Fa$	
1	(4)	*Fa*	1 E∀
1,3	(5)	$Fa \land \neg Fa$	3,4 I∧
3	(6)	$\neg \forall x\, Fx$	1,5 I¬
2	(7)	$\neg \forall x\, Fx$	2,3,6 E∃
1,2	(8)	$\forall x\, Fx \land \neg \forall x\, Fx$	1,7 I∧
1	(9)	$\neg \exists x\, \neg Fx$	2,8 I¬

Introdução da Identidade (I=)

Qualquer objeto é idêntico a si próprio. Logo, a fórmula $a = a$, ou $n = n$, pode ser introduzida em qualquer passo de qualquer derivação, sem depender de quaisquer premissas. P. ex.:

```
Sup (1)   Fn
    (2)   n = n                    I=
1   (3)   Fn ∧ n = n              1,2 I∧
    (4)   Fn → (Fn ∧ n = n)       1,3 I→
```

Apesar de o passo 3 citar como justificação o passo 2, não fica na sua dependência.

Eliminação da Identidade (E=)

$$\frac{t = u \quad At}{Au}$$

Dada uma fórmula $t = u$, sendo t e u nomes próprios, e dada outra fórmula na qual ocorra t, como At, podemos inferir Au. Au resulta de At por substituição de pelo menos uma ocorrência de u em Au por t. A conclusão depende de $t = u$ e de At, ou das premissas ou suposições de que elas dependerem.

Um argumento com essa forma lógica é o seguinte: "Álvaro de Campos é Fernando Pessoa; Álvaro de Campos é um poeta; logo, Fernando Pessoa é um poeta."

```
Prem (1)   m = n
Prem (2)   Fm
1,2  (3)   Fn                1,2 E=
```

Chamam-se "intensionais" aos contextos nos quais a aplicação dessa regra dá origem a falácias (*ver* EXTENSÃO/INTENSÃO).

As regras primitivas apresentadas permitem derivar dois tipos de resultados: formas argumentativas válidas e verdades lógicas. Deriva-se uma verdade lógica quando a última linha da derivação não depende de nenhuma premissa ou suposição, como é o caso da derivação que ilustra a regra I=.

Pode-se acrescentar às regras primitivas uma regra de inserção de teoremas que permite introduzir em qualquer derivação qualquer teorema da lógica clássica. Pode-se também introduzir uma regra de introdução de seqüentes que permite introduzir qualquer seqüente derivável no decurso de uma derivação.

Além de oferecer demonstrações geralmente bastante mais econômicas do que as demonstrações dos sistemas axiomáticos, os sistemas de dedução natural têm outras vantagens. Uma das mais importantes é o fato de tornar evidente que a lógica não consiste (ou, pelo menos, não consiste apenas) no estudo das verdades lógicas, mas antes no estudo da inferência dedutiva.

Alguns autores indicam as dependências, na coluna 1, entre chaves, {}, indicando que as dependências constituem um conjunto.

Outra variação menor diz respeito à indicação das suposições e premissas. Alguns autores não distinguem premissas de suposições. Outros indicam a presença de premissas não na coluna 1, mas na 4. Na coluna 1, colocam o número do passo no qual se introduz a própria premissa ou suposição.

Os enquadramentos empregados nas regras E∃ e E∨ não são usados por muitos autores, mas são uma ajuda visual preciosa. Por outro lado, alguns autores suprimem a coluna 1, substituindo-a por traços verticais que indicam as dependências em causa. Outros ainda fazem todas as derivações dentro de caixas, de modo que as dependências são imediatamente visíveis. **DM**

FORBES, G. *Modern Logic*. Oxford: Oxford University Press, 1994.
NEWTON-SMITH, W. H. *Lógica*. Trad. D. Murcho. Lisboa: Gradiva, 1998.

dedução

Ver ARGUMENTO; INFERÊNCIA; DEMONSTRAÇÃO.

dedução, teorema da

Ver TEOREMA DA DEDUÇÃO.

definibilidade

A teoria da definição é o estudo metodológico dos processos de DEFINIÇÃO. Em geral, uma definição é uma convenção que estipula o significado a atribuir a um símbolo ou expressão nova (o *definiendum*), em termos de conceitos anteriormente conhecidos ou adquiridos (o *definiens*). Embora teoricamente dispensáveis, as definições são muito úteis, na medida em que permitem abreviar significativamente o discurso e, assim, permitir uma formulação mais clara das idéias e do pensamento. As definições são, pois, na essência, maneiras de introduzir abreviaturas. Em lógica geral, as definições têm geralmente a forma de identidades *definiendum* := *definiens* (o símbolo ":=" lê-se "idêntico (ou igual) a, por definição") ou equivalências *definiendum* :↔ *definiens* (":↔" lê-se "equivalente a, por definição"). Trata-se, em ambos os casos, de definições explícitas. A precaução mais importante a ter em uma definição é a de que o *definiendum* não ocorra no *definiens*, caso contrário a definição é incorreta, por vício de circularidade. Em lógica matemática, existem algumas outras variantes do processo de definição: as definições implícitas (equivalentes às definições explícitas, nas teorias de primeira ordem, por um famoso metateorema de Beth, 1955); as definições em uma estrutura; as DEFINIÇÕES INDUTIVAS de conjuntos e, no caso da aritmética dos números naturais e, mais geralmente, na aritmética ordinal, as definições recursivas ou recorrentes de funções ou operações. Nas definições desse tipo parece que se viola o preceito da não-circularidade. P. ex., a definição recursiva de certa função f de N em N, onde N é o conjunto dos números naturais (0, 1, 2,...) é dada pelas duas cláusulas seguintes: 1) $f(0) = 1$ e 2) para todo o natural $n, f(n+1) = n \times f(n)$. Nessa última igualdade, o objeto f que está sendo definido ocorre em ambos os membros! Por um teorema de Richard Dedekind (1888) sabe-se, todavia, que as definições recursivas são corretas:

existe uma e uma só função f de N em N com as propriedades 1 e 2. Tal função f é, na realidade, a chamada função fatorial, que tem a seguinte expressão explícita: $f(n) = n \times (n-1) \times ... \times 2 \times 1$, abreviadamente, $f(n) = n!$. O resultado mais importante sobre a definibilidade em uma estrutura é, talvez, o famoso metateorema de Alfred Tarski (1936) sobre a indefinibilidade aritmética do conjunto das verdades aritméticas: não existe nenhuma fórmula Ax na linguagem de primeira ordem da aritmética de Peano, que seja satisfeita no modelo-padrão (números naturais) exatamente pelos números que são códigos de frases aritméticas verdadeiras nesse modelo. **AJFO**

BETH, E. W. *The Foundations of Mathematics*. Amsterdam: North-Holland, 1968.

TARSKI, Alfred. "O pojciu wynikania logicznego", *in Przeglad Filozoficzny*, 39, 1936, pp. 58-68. Trad. ingl. Tarski, Alfred. *Logic, Semantics, Metamathematics*. Trad. J. H. Woodger. 2.ª ed. elab. por John Corcoran. Indianápolis: Hackett Publishing Company, 1983, pp. 409-20.

____. *Introduction to Logic and to the Methodology of the Deductive Sciences*. Trad. Olaf Helmer do original polonês. 9.ª reimp. da 2.ª ed. rev. em inglês. Nova York: Dover Publications, 1995.

definição

A especificação da natureza de algo. Chama-se *definiendum* ao que se quer definir e *definiens* ao que a define. P. ex., pode-se definir o ouro (*definiendum*) como o elemento cujo peso atômico é 79 (*definiens*). E pode-se definir a palavra "solteiro" como "não-casado". Chama-se "real" ao primeiro tipo de definição e "nominal" ao segundo.

Há três tipos principais de definições nominais: as lexicais, as estipulativas e as de precisão.

Nas definições lexicais ou de dicionário dá-se apenas conta do significado preciso que dada palavra realmente tem. Essas definições podem ser equivalentes a definições reais. P. ex., definir a palavra "água" como "líquido incolor, sem cheiro nem sabor, que se encontra nos rios e na chuva" é equivalente a definir a própria água, porque muitas vezes o modo formal é equivalente ao modo material (*ver* MODO FORMAL/MATERIAL).

Usa-se uma definição estipulativa quando se introduz um termo novo (como "Dasein"), ou quando se quer usar um termo corrente em uma acepção especial (como "paradigma", na filosofia da ciência de Thomas Kuhn). Uma forma falaciosa de argumentação consiste em presumir que uma definição capta sempre algo, como se a definição de flogisto implicasse a existência de flogisto. Outra consiste em simular definir uma noção da qual depende a plausibilidade de uma idéia, mas fazê-lo de maneira tão vaga que impede qualquer avaliação crítica dessa idéia.

Usa-se uma definição de precisão quando se pretende tornar o discurso mais exato, dando um significado particular a um termo que pode ser entendido de formas diferentes ("liberdade", p. ex.). Uma forma falaciosa de o fazer é usar uma definição que não capta aspectos fundamentais da noção em causa, o que permite criar a ilusão de que se resolveu o problema em discussão.

Os tipos fundamentais de definições são os seguintes:

$$\text{Definições} \begin{cases} \text{Explícitas} \begin{cases} \text{Analíticas} \\ \text{Essencialistas} \\ \text{Extensionais} \end{cases} \\ \text{Implícitas} \begin{cases} \text{Ostensivas} \\ \text{Contextuais} \end{cases} \end{cases}$$

Nas definições explícitas define-se algo por meio de condições necessárias e suficientes ou (o que é equivalente) por meio do esquema "*definiendum* é *definiens*". P. ex., "Algo é um homem se, e somente se, é um animal racional" ou "O homem é um animal racional".

Nas definições implícitas define-se algo sem recorrer a condições necessárias e suficientes. P. ex., ensinam-se as cores às crianças por definição implícita ostensiva: apontando para exemplos concretos de cores. A incapacidade para definir explicitamente algo não significa que não se sabe do que está falando, pois a maior parte das pessoas não sabe definir explicitamente as cores, mas não se pode dizer que não as conhecem. Contudo, a procura de definições explícitas de noções centrais é uma parte importante da filosofia (e da ciência). A definição de conhecimento, arte, verdade e bem, p. ex., tem constituído parte importante respectivamente da epistemologia, da estética, da metafísica e da ética.

As definições implícitas contextuais podem ser tão precisas e rigorosas quanto as definições explícitas. Um sistema axiomático para a aritmética, p. ex., nunca define a soma explicitamente, mas o sistema no seu todo define corretamente essa operação (*ver* DEFINIÇÃO CONTEXTUAL).

As definições analíticas são as mais fortes entre as explícitas, no sentido de que toda definição analítica correta é uma definição essencialista correta (mas não vice-versa), e toda definição essencialista correta é uma definição extensional correta (mas não vice-versa).

As definições analíticas captam o significado do termo a definir, resultando em uma frase analítica. P. ex., a definição "Um solteiro é uma pessoa não-casada" é uma frase analítica. As definições analíticas são expressões de sinonímia. Essas definições são nominais; contudo, dadas as críticas recentes à definição metafísica de analiticidade (*ver* ANALÍTICO), é defensável que são igualmente reais.

As definições essencialistas procedem em termos de condições metafisicamente necessárias e suficientes (*ver* CONDIÇÃO NECESSÁRIA). P. ex., a definição "A água é H_2O" é essencialista porque, em todos os mundos possíveis, uma condição necessária e suficiente para algo ser água é ser H_2O (ou seja, a água é necessariamente H_2O). Essa definição não é analítica porque o significado da palavra "água" não é "H_2O" (mesmo as pessoas que não sabem que a água é H_2O sabem o significado da palavra "água").

As definições extensionais procedem em termos de condições necessárias e suficientes. P. ex., a definição "Uma criatura com rins é uma criatura com coração" é uma definição extensional porque todas as criaturas que têm rins têm coração, e vice-versa. Mas em outros mundos possíveis poderá haver criaturas com rins que não têm coração, e por isso essa definição não é essencialista (logo, também não é analítica).

As definições explícitas podem falhar por 1) serem excessivamente restritas (não incluírem tudo o que deviam), 2) serem excessivamente amplas (incluírem o que não deviam) e 3) incorrerem no erro 1 e 2 simultaneamente. P. ex.: "A filosofia é o estudo do homem" é uma definição excessivamente restrita de filosofia, pois exclui disciplinas filosóficas como a lógica e a metafísica, entre outras; "O homem é um bípede sem penas" é uma definição excessivamente ampla, pois inclui na categoria de homem bípedes como os cangurus; "O homem é um animal racional" é excessivamente ampla (poderá haver animais racionais em outras partes da galáxia, e eles não serão humanos) e é excessivamente restrita (alguns bebês humanos nascem sem cérebro, pelo que não podem ser racionais, mas são apesar disso seres humanos). **DM**

Copi, I. *Informal Logic*. 3.ª ed. Upper Saddle River: Prentice Hall, 1995.
Walton, D. *Informal Logic*. Cambridge: Cambridge University Press, 1989.

definição contextual

Método de definição utilizado quando uma especificação do significado de uma palavra ou de uma expressão não pode ser feita isoladamente, mas apenas no contexto de uma frase completa na qual a palavra ou a expressão figurem, a qual é então submetida a certo gênero de análise.

Russell chamou "símbolos incompletos" às palavras e às expressões definíveis dessa maneira. Eles devem ser contrastados com os chamados "símbolos completos", como, p. ex., a palavra "solteira", cujo significado pode aparentemente ser dado em separado, em termos de uma expressão como "pessoa que não é casada". (Uma distinção habitualmente associada à distinção entre símbolos completos e símbolos incompletos, embora possa não ser exatamente a mesma distinção, é a distinção entre expressões CATEGOREMÁTICAS e expressões SINCATEGOREMÁTICAS.)

Uma ilustração típica de um símbolo incompleto é o artigo definido singular "o" ou "a"; ou a sua contraparte aproximada em uma linguagem formal como a dos *Principia Mathematica*, o operador descritivo iota (ι). Descrições definidas singulares da forma geral ⌈O F⌉ são definidas em contexto por meio das habituais paráfrases russellianas de frases da forma geral ⌈O F é G⌉ nas quais elas ocorrem; as análises são dadas em termos de conjunções quantificadas existencialmente da forma geral ⌈Pelo menos um item é F, mais nenhum item é F, e esse item é G⌉. Como é sabido, essa definição contextual, a qual em símbolos fica $Gι xFx \equiv \exists x [Fx \land \forall y (Fy \to y = x) \land Gx]$, não é no entanto suficiente; pois não determina uma única análise para uma frase da forma ⌈O F não é G⌉. Com efeito, há aqui duas possibilidades: aquela na qual a descrição tem âmbito longo em relação à negação, dada na fórmula $\exists x [Fx \land \forall y (Fy \to y = x) \land \neg Gx]$, e aquela na qual a descrição tem âmbito curto, dada na fórmula $\neg \exists x [Fx \land \forall y (Fy \to y = x) \land Gx]$. A definição contextual russelliana tem assim de ser suplementada por um dispositivo notacional que permita indicar de modo preciso qual é, em uma fórmula dada, o âmbito do operador descritivo (relativamente aos âmbitos de outros operadores intervenientes).

Outros exemplos de símbolos incompletos naquele sentido, aos quais o processo da definição contextual se aplica por excelência, são os quantificadores, p. ex., o quantificador existencial "Há", e os operadores modais, p. ex., o operador frásico de necessidade "É necessário que". A habitual definição contextual para o primeiro, em termos de negação e quantificação universal, é dada por meio da paráfrase de qualquer frase da forma ⌜Há F⌝ em termos de uma frase da forma ⌜Não é o caso que tudo não seja F⌝; em símbolos, a definição é: $\exists x\, Fx \equiv \neg \forall x\, \neg Fx$. E a habitual definição contextual para o segundo, em termos de negação e possibilidade, é dada por meio da paráfrase de qualquer frase da forma ⌜É necessário que p⌝ em termos de uma frase da forma ⌜Não é possível que não seja o caso que p⌝; em símbolos, a definição é $\Box p \equiv \neg \Diamond \neg p$. Relativamente a esses últimos casos, também é usual utilizar o termo "abreviatura" e dizer que, nas definições, as expressões à esquerda (na posição de *definiendum*) são simples maneiras de dizer mais economicamente aquilo que é dito nas expressões à direita (na posição de *definiens*); nesse sentido, os símbolos incompletos definidos contextualmente não pertencem de todo, ou pelo menos não são símbolos primitivos da linguagem objeto. *Ver também* DEFINIÇÃO; TEORIA DAS DESCRIÇÕES DEFINIDAS. **JB**

definição de verdade de Tarski

Ver VERDADE DE TARSKI, TEORIA DA.

definição implícita/explícita

Ver DEFINIÇÃO.

definição indutiva

Uma definição indutiva é constituída por três cláusulas, as duas primeiras chamadas diretas e a última exaustiva. Uma definição indutiva de número natural tem a forma seguinte: 1) 0 é um número natural; 2) se x é um número natural, então $x + 1$ é um número natural; 3) os únicos números naturais são os estipulados por 1 e 2. Neste exemplo, o termo que está sendo definido indutivamente é o termo *número natural*. Se M é um domínio de objetos formado a partir de uma definição indutiva, diz-se que a definição de uma função f sobre M é uma definição por indução ou uma definição recursiva de f sobre M. **MSL**

definição lógica

A definição será aqui encarada sobretudo (embora não exclusivamente) como um teoria lógica. Tal como outras teorias lógicas, p. ex., a teoria da quantificação de primeira ordem, a teoria lógica da definição pode ser tratada em dois níveis: elementar e metateórico. Far-se-á aqui uma descrição (esquemática) dessa teoria no nível elementar. No nível metateórico a teoria envolve os problemas acerca da DEFINIBILIDADE, bem como importantes resultados acerca desses problemas, dos quais alguns dos mais célebres se devem a Tarski. P. ex., a demonstração do resultado segundo o qual a definição de certos conceitos semânticos de uma da teoria, p. ex., o de verdade, só pode ser feita em uma (meta)linguagem que seja essencialmente mais rica do que a linguagem na qual está expressa a teoria sob pena de gerar contradição; *ver também* PARADOXO e VERDADE DE TARSKI, TEORIA DA.

As questões acerca do que é, para que serve e a que critérios obedece uma definição foram sendo respondidas de modos diferentes, e nem sempre claros, de Platão e Aristóteles até hoje. É também um fato que as expressões "definição" e "definir..." têm diversos usos correntes; e que seria errado querer amalgamar em um só. Optou-se então por tomar como referência a teoria lógica da definição (no nível elementar), que é suficientemente precisa, e referir no final esses outros sentidos desviantes de "definição". (No que se segue, omitiram-se também referências a temas como ANALÍTICO/sintético e POSTULADOS DE SENTIDO que, do ponto de vista da filosofia, podem ser postos em relação com a definição.

Há um último aspecto relativo à correção das definições que merece ser referido desde já. Os objetos das definições são as expressões, ou símbolos. Definir uma expressão (ou símbolo) é introduzi-la em uma linguagem, ou teoria, em função de outras expressões (ou símbolos) que estão já disponíveis nessa linguagem, ou teoria. Ora, tem-se o resultado que, em uma teoria que não envolva um círculo vicioso, devem existir sempre expressões, ou símbolos, que não foram definidas (no sentido de uma definição normal que se dá a seguir). Estas são usadas para a construção inicial dessa teoria e são ditas expressões (ou símbolos) primitivas da teoria.

A Teoria Lógica (Elementar) da Definição: Alguns Aspectos Gerais – É expedito expor esta teoria na sua aplicação às LINGUAGENS FORMAIS ou às teorias formalizadas. No entanto, na medida em que qualquer linguagem ou teoria pode em princípio ser formalizada, pelo menos parcialmente, o alcance da exposição não fica limitado por essa aplicação.

A função que, nesse contexto, cabe às definições é uma e uma só: a introdução de novas expressões em uma linguagem ou teoria em função das expressões preexistentes dessa linguagem ou teoria. Uma definição é, pois, nesse contexto, uma frase por meio da qual uma expressão (definida) é introduzida em uma linguagem ou teoria. Essa frase, sendo construída de acordo com certos critérios e regras, é por isso dotada de certa estrutura lógica. A teoria lógica (elementar) da definição estabelece quais são os critérios gerais, e as regras particulares que os aplicam, que as definições devem respeitar, bem como qual é a estrutura lógica que as definições podem (ou devem) ter. A utilidade das definições assim concebidas parece ser, *prima facie*, simplesmente a de introduzir expressões que servem para abreviar outras que lhes eram preexistentes. Mas esse aspecto não contribui só para a elegância da teoria. Ele pode abreviar as suas demonstrações e ser ainda um auxiliar importante da sua formalização (se essa última for desejada).

Em lógica consideram-se dois tipos de definições: normais (ou próprias) e indutivas (ou recursivas). A segunda tem interesse, complexidade e alcance consideráveis.

As Definições Normais (ou Próprias) – Estas constituem o "padrão" da teoria lógica da definição; são por isso as que consideraremos mais em pormenor. Será em função delas que estabeleceremos os principais critérios e regras para aplicação da teoria.

Uma definição normal tem a forma ou de uma equivalência, ↔, ou de uma identidade, =. À esquerda dessa equivalência ou dessa identidade coloca-se a expressão, digamos, E, que está sendo definida. Chama-se a essa expressão o *definiendum*. À direita dessa equivalência ou dessa identidade colocam-se as expressões que vamos usar para definir a primeira. Chama-se a essas expressões o *definiens*. Para destacar o tipo de frase que assim se construiu é habitual colocar a expressão "df", como subscrito ou como sobrescrito, ou imediatamente antes ou imediatamente a seguir ao functor (↔ ou =) da definição, eventualmente indexando-lhe um número (o número da definição em questão). P. ex.: E ↔$_{df\,3}$ S (onde S representa o *definiens*).

A escolha de qual das formas é conveniente, se ↔, se =, para uma dada definição depende da expressão a definir. Dão-se seguidamente alguns exemplos: I) O sucessor de x (abreviado Sx) =$_{df}$ $x + 1$; II) $x - y = z$ ↔$_{df}$ $y + z = x$; III) 2 =$_{df}$ S1 (em conformidade com o exemplo I); IV) $p \rightarrow q$ ↔$_{df}$ $\neg p \vee q$; V) x é um número par ↔$_{df}$ x é divisível por 2.

Critérios para as Definições Normais – Existem dois critérios que, no essencial, se devem a Lesniewski (1931), que as definições devem respeitar para cumprir adequadamente a função que anteriormente lhes foi atribuída. Para facilitar a exposição desses critérios vamos formulá-los em relação a uma definição D de dado símbolo s.

I) Critério da Eliminabilidade (CE): uma definição, D, de dado símbolo, s, em uma teoria, T (ou em uma linguagem, L), satisfaz CE se, e somente se, sempre que E é uma expressão na qual o novo símbolo, s, ocorre, existe uma outra expressão, F, na qual s não ocorre, tal que, usando como premissa adicional a definição D, podemos derivar a fórmula E ↔ F dos axiomas e das definições de T prévios à introdução de s.

Intuitivamente o que CE estabelece é que uma expressão definida (isto é, introduzida por definição normal) deve poder ser sempre eliminada (eliminabilidade do *definiendum*), no sentido de poder ser subs-

definição lógica

tituída por expressões preexistentes à sua introdução, *e* que deve poder ser eliminada usando apenas aquilo que já estava disponível antes da sua introdução, mais a própria definição.

II) Critério de Não-Criatividade (CNC): uma definição, D, introduzindo um símbolo, *s*, em uma teoria T (ou em uma linguagem, L) satisfaz CNC se, e somente se, não existe nenhuma expressão, E, na qual o novo símbolo *s* não ocorra que seja derivável de D (eventualmente com o auxílio dos axiomas e definições de T, ou L, preexistentes à introdução de *s* por D), mas que não seja derivável dos axiomas e (ou) definições de T, ou L, preexistentes à introdução de *s* por D.

Intuitivamente, o que CNC estabelece é que uma expressão definida (isto é, introduzida por definição normal) não pode nunca enriquecer com expressões ou teoremas de dada linguagem ou teoria, para além daquelas expressões, ou daqueles teoremas, que usam a própria expressão introduzida. Mais simplesmente: uma expressão introduzida não nos deve permitir expressar ou demonstrar nada que não pudesse já ser expresso ou demonstrado antes da sua introdução, à exceção, claro, das expressões nas quais a expressão introduzida por definição ocorre.

Exemplo de Regras para Aplicação de CE e CNC – Para garantir que os dois critérios que acabam de ser estabelecidos, CE e CNC, são satisfeitos por dada definição precisamos de regras que estipulem qual deve ser a forma geral da definição em questão, impondo restrições quanto aos elementos que podem constituir quer o *definiendum*, quer o *definiens*. Em uma linguagem (ou teoria) suficientemente precisa é usual introduzir por definição três tipos de símbolos: símbolos para relações, símbolos para operações e constantes individuais. Como exemplos temos, respectivamente: ≥ para expressar a relação ser igual ou maior que; para expressar a operação de divisão (de um número por outro); e 9, que é uma constante individual denotando o número nove.

Vamos agora ilustrar esse aspecto dando as regras apenas para a definição (do tipo ↔) de símbolos para relações.

Uma definição correta do tipo ↔ para um relação R de *n* lugares deve ter a seguinte forma F: F) $R(x_1,..., x_n) \leftrightarrow A$. Para mais, ela deve ainda respeitar as seguintes regras ou restrições, R1-R3: R1) $x_1,..., x_n$ são variáveis distintas (ou seja, cada variável só pode ocorrer uma vez no *definiendum*); R2) Não ocorrem variáveis livres no *definiens* que não ocorram no *definiendum*; e R3) O *definiens* só inclui constantes não-lógicas que sejam ou primitivas ou tenham sido previamente definidas.

Se R1 não fosse respeitada, poderíamos ter a seguinte definição de ≥: D1) $x \geq x \leftrightarrow x = x$ ou $x > x$. Essa definição não define de fato a relação "ser maior ou igual a", visto que essa relação é obviamente uma relação entre dois objetos que podem ser diferentes e a presença da mesma variável *x* duas vezes no *definiendum* anula esse aspecto a ponto de não sabermos como eliminar ≥ da fórmula $x \geq y$. O critério CE seria assim violado.

Se a regra R2 não fosse respeitada, poderíamos ter definições como: D2) $Rx \leftrightarrow Gxy$. Dessa definição demonstram-se por lógica apenas (*ver* DEDUÇÃO NATURAL) a seguinte fórmula: $\exists y\, Gxy \rightarrow \forall y\, Gxy$. Assim:

1. $Rx \leftrightarrow Gxy$	D2
2. $(Rx \rightarrow Gxy) \wedge (Gxy \rightarrow Rx)$	1, E↔
3. $Rx \rightarrow Gxy$	2, E∧
4. $Gxy \rightarrow Rx$	2, E∧
5. $\forall y\, (Gxy \rightarrow Rx)$	4, I∀
*6. Rx	Sup.
*7. Gxy	3, 6 E→
*8. $\forall y\, Gxy$	7, I∀
9. $Rx \rightarrow \forall y\, Gxy$	6-8, I→
*10. $\exists y\, Gxy$	Sup.
*11. Gxw	10, E∃
*12. $Gxw \rightarrow Rx$	5, E∀
*13. Rx	11, 12, E→
14. $\exists y\, Gxy \rightarrow Rx$	10-13, I→
*15. $\exists y\, Gxy$	Sup.
*16. Rx	14, 15, E→
*17. $\forall y\, Gxy$	9, 16, E→
18. $\exists y\, Gxy \rightarrow \forall y\, Gxy$	15-17, I→, Q.E.D.

Usou-se o método de dedução natural, só com regras de introdução e eliminação para facilitar o acompanhamento da demonstração. Respeitaram-se implicitamente as restrições referentes à introdução e à eliminação de ∀ e ∃, nomeadamente na linha *11. A estrela (*) indica linha de premissa assumida ou dependente desta. Na demonstração deixou-se x livre, visto que o nosso problema dizia respeito a y e não a x.

O que a fórmula $\exists y\, Gxy \rightarrow \forall y\, Gxy$ nos diz é que se x tem a relação G com algum y, então x tem a relação G com todo o y. Se interpretarmos agora Gxy como "x é menor que y", no domínio dos números naturais, torna-se patente que o resultado que se obteve é inaceitável. Em particular violou-se, de modo óbvio, o critério CNC, visto que $\exists y\, Gxy \rightarrow \forall y\, Gxy$ nunca seria derivável de um sistema adequado de axiomas para aritmética.

A terceira restrição proíbe a existência de definições circulares, cuja forma mais básica seria: D3) $Gx \leftrightarrow Gx$. Qualquer definição circular não respeita, de modo óbvio, o critério CE.

Se uma definição normal tem a forma de uma identidade – p. ex., sucessor de 1 $=_{df}$ 2 –, diz-se ser uma definição explícita. Se tem a forma de uma equivalência, diz-se ser uma definição contextual (ou implícita; mas essa última designação deve ser rigorosamente distinguida da chamada definição implícita por axiomas, que levanta problemas consideráveis e é objeto de um artigo próprio nesta enciclopédia). As definições contextuais, de que vimos já alguns exemplos, estão intimamente associadas à idéia de definição de símbolos incompletos (mais um exemplo: $p \rightarrow q \leftrightarrow_{df} \neg p \vee q$). Um caso célebre de definição contextual é a TEORIA DAS DESCRIÇÕES DEFINIDAS de Russell.

Outros Gêneros de Definições – Existem outros gêneros de definições que, se tomarmos como padrão as definições normais que acabamos de ver, podem ser considerados desviantes. Para esses, quer CE, quer CNC, podem não ser satisfeitos, bem como pode ser muito difícil estabelecer um conjunto de regras a que cada definição, ou tipo de definição, de dado gênero deva obedecer. Mesmo assim, à sua maneira defeituosa, as definições de cada um desses gêneros lá vão cumprindo a missão de explicar ou determinar parcialmente o "sentido" do seu *definiendum*; ou ajudar a identificar aquilo que ele refere. Daremos a seguir uma noção e uma ilustração (de alguns) desses gêneros (começando pela que guarda maior afinidade com a definição normal).

Definição Condicional – Uma definição condicional não satisfaz completamente CE, visto que elas só satisfazem o requisito de substituição do *definiendum* pelo *definiens* se dada condição for satisfeita. Um exemplo pode ser a definição da operação de divisão nos números naturais. Nessa definição pretende-se excluir a divisão por zero para evitar os problemas que daí derivam. Estabelece-se então a seguinte condição: $y \neq 0$. Temos, de seguida, a definição condicional: DC1) $(y \neq 0) \rightarrow (x/y = z \leftrightarrow x = y \cdot z)$. Em geral o esquema de uma definição condicional é DC) A $\rightarrow \Delta$, onde Δ é uma definição normal seja do tipo =, seja do tipo $\leftrightarrow$. De acordo com o símbolo que está sendo definido condicionalmente (se ele é um símbolo para relações, operações ou se é uma constante individual) é depois, em princípio, possível estabelecer regras que garantam a satisfação dos critérios CE e CNC, sendo dada a condição A. Como é natural, essas regras estipulam também restrições acerca de A.

Definições Estipulativas – Uma definição estipulativa atribui pela primeira vez sentido a uma palavra que se introduz numa linguagem para descrever algo. São talvez a contraparte para as linguagens naturais das definições normais. P. ex., se for possível cruzar com êxito zebras (macho) e éguas, podemos estipular por definição que as suas crias se chamarão "zébruas".

Definições Lexicais – É usada para descrever o sentido de uma palavra já disponível em dada linguagem natural. Se essa palavra for essencialmente ambígua, a definição deve dar conta dessa ambigüidade. P. ex.: "Nora – em uma acepção: relação de parentesco...; em outra acepção: instrumento que se usa para retirar água de um poço..."

Definições de Precisão – Quando uma palavra é vaga ela contém casos limite, p. ex., "pobre". Se um governo pretendesse criar uma renda mínima garantida para os pobres do seu país, então a palavra "pobre" deveria ser tornada precisa por meio de uma definição.

Definição Persuasiva – Se o *definiens* usa algumas expressões simultaneamente descritivas e fortemente emotivas no seu uso normal. Exemplo 1: Aborto $=_{df}$ matar impiedosamente um ser humano inocente e indefeso. Exemplo 2: Aborto $=_{df}$ um processo cirúrgico seguro pelo qual se liberta uma mulher de um fardo indesejado. É claro que é preciso ser muito liberal, demasiado mesmo, para permitir que a nossa noção de definição se aplique ainda a esses casos.

Definições Reais – Quando o objetivo da definição não é definir uma expressão, mas um conjunto ou uma classe (se se distinguir entre ambos). Exemplo 1: o homem é um animal racional – definição por gênero e diferença específica. Exemplo 2: o conjunto A $=_{df}$ {0, 1, 2, 3} – definição em extensão ou em lista, quando se define uma classe por meio de todos os seus membros. Exemplo 3: o conjunto A $=_{df}$ ao conjunto cujos membros são os quatro primeiros números naturais – definição em intensão ou compreensão, quando se define uma classe por meio de uma propriedade comum a todos os seus membros. Definição ostensiva: quando se aponta para um ou mais membros de uma classe para "definir" essa classe; exemplo: "aquilo ali e aquilo e aquilo são automóveis". A definição indutiva pode também funcionar como uma definição real. As definições normais ou condicionais podem também ser consideradas definições reais de classes de expressões, nas quais o símbolo por elas definido ocorre. JS

definiendum

(lat., a definir) Em uma definição, o termo que é definido à custa de outro, a que se chama *definiens*. Ver DEFINIBILIDADE; DEFINIÇÃO.

definiens

(lat., que define) Em uma definição, o termo que define outro, a que se chama *definiendum*. Ver DEFINIBILIDADE; DEFINIÇÃO.

deflacionismo

Uma teoria deflacionista acerca de um conceito filosófico estabelece, *grosso modo*, que ao conceito não corresponde nenhuma propriedade ou relação de caráter substantivo, cuja natureza essencial possa eventualmente vir a ser alcançada por meio de uma extensiva análise conceptual ou científica. Teorias deflacionistas acerca de conceitos filosóficos opõem-se assim a teorias inflacionistas acerca desses conceitos, teorias que os vêem como associados a propriedades ou relações "misteriosas" e profundas, cuja elucidação está longe de ser trivial. Têm sido recentemente propostas, em particular, teorias deflacionistas para determinada constelação de noções semânticas importantes, entre as quais estão as noções de significado, referência e verdade.

Para uma teoria deflacionista da verdade, tal como aquela proposta por Paul Horwich (veja-se Horwich, 1990), tudo aquilo que há a dizer acerca da noção de verdade, tomada como um predicado monádico de proposições, é dado nos fatos expressos por todos os exemplos do chamado esquema de equivalência ⌜A proposição que p é verdadeira se, e somente se, p⌝ em que a letra esquemática p é substituível por uma frase declarativa. Assim, a natureza e a função do predicado de Verdade são exaustivamente explicadas por meio de um reconhecimento de fatos do gênero daqueles que são expressos pelas seguintes frases, as quais exemplificam o esquema de equivalência: 1) A proposição que Deus existe é verdadeira se, e somente se, Deus existe. 2) A proposição que a verdade é transcendente é verdadeira se, e somente se, a verdade é transcendente. 3) A proposição que há buracos negros é verdadeira se, e somente se, há buracos negros.

Uma teoria deflacionista da verdade, por vezes também conhecida como teoria minimalista da verdade, é inconsistente com teorias inflacionistas da noção, como, p. ex., a teoria da verdade como correspondência e a teoria da verdade como coerência. Por vezes, a concepção deflacionista é confundida com a chamada teoria redundante da verdade, defendida de algum modo por Frege e Wittgenstein. Essa teoria estabelece que o predicado de Verdade é semanticamente redundante, no sentido de que qualquer frase da forma ⌜A proposição que *p* é verdadeira⌝, ou qualquer frase da forma ⌜É verdade que *p*⌝, diz o mesmo que (é idêntica em conteúdo a) *p*; assim, "É verdade que há buracos negros" e "Há buracos negros" seriam frases sinônimas. Todavia, a identificação não é completamente correta: embora uma teoria redundante seja uma teoria deflacionista, uma teoria deflacionista não é necessariamente uma teoria redundante (esta consiste, pelo menos na formulação dada, em uma teoria mais forte acerca da verdade). *Ver também* VERDADE, TEORIAS DA. **JB**

HORWICH, P. *Truth*. Oxford: Blackwell, 1990.

dêitico

(do grego *deiktikós*: demonstrativo) Termos dêiticos ou DEMONSTRATIVOS formam, de acordo com a classificação proposta no trabalho seminal de David Kaplan (veja-se Kaplan, 1989), uma subclasse própria importante dos chamados termos INDEXICAIS.

Tal como sucede com qualquer outro termo indexical, a referência de um termo dêitico pode variar enormemente de contexto de uso para contexto de uso, com base em determinados aspectos ou parâmetros do contexto (identificados na regra de referência associada ao termo indexical).

Aquilo que distingue um termo indexical dêitico de um termo indexical puro, como é, p. ex., o caso das palavras "eu" e "hoje", é a seguinte característica. A determinação da referência de um termo dêitico com respeito a um contexto de uso exige invariavelmente a presença de um ato de demonstração ou ostensão (visual, auditiva ou de outro gênero) realizado por parte do utilizador do termo; tal não é de todo exigido no caso de indexicais puros. Em geral, mas nem sempre, o ato em questão toma a forma de um gesto de apontar para certo item pelo falante; e a referência do termo no contexto (se existir) será o item demonstrado.

Exemplos de termos dêiticos simples (pelo menos do ponto de vista sintático) são, por conseguinte, dados em palavras do seguinte gênero: pronomes pessoais como "tu" e "ela" (tomados em certos usos); pronomes demonstrativos como "isto" e "aquela" (tomados em certos usos); advérbios de lugar como "aqui" e "acolá" (tomados em certos usos); etc. Obviamente, há também termos dêiticos complexos, como, p. ex., as expressões "esta casa", "aquela cidade" e "a pessoa que foi assassinada aqui".

É bom notar que, na caracterização antes feita, por "contexto de uso" não se deve entender "contexto lingüístico de uso"; no sentido em que se diz, p. ex., que em "Copérnico acreditava que as órbitas dos planetas são circulares" a palavra "planetas" ocorre em um contexto intensional, mas em "Há planetas do tamanho da Lua" já ocorre em um contexto extensional. A expressão "contexto" deve ser antes tomada no sentido de determinado conjunto de parâmetros de natureza essencialmente extralingüística que caracterizam dada elocução, entre os quais se contam o locutor, o local da elocução, a audiência da elocução, a ocasião da elocução, o mundo possível da elocução, etc. Assim, o fato de a referência da palavra "ela" variar de um contexto como "Joana vem à festa, mas ela não traz o vinho" para um contexto como "Rita vem à festa, mas ela não traz o vinho" (em que "contexto" é tomada na primeira acepção, estritamente lingüística) não torna o uso em questão do pronome pessoal em um uso dêitico; trata-se de um uso anafórico (ou pelo menos assim o supomos). Em contraste, quando eu digo ao Pedro em certa ocasião "Você vai para lá" e aponto para determinado local, e quando digo ao Paulo em certa ocasião "Você vai para lá" e aponto para um local diferente, os termos singulares "você" e "lá" têm um uso dêitico. A sua referência varia do primeiro para o segundo contexto de elocução em virtude de certos fatores extralingüísticos, aludidos nas regras de referência que governam os indexicais em questão, designadamente em função da pessoa e do local indicados ou "demonstrados". *Ver também* INDEXICAIS. **JB**

KAPLAN, D. "On the Logic of Demonstratives", *in Journal of Philosophical Logic*, 8, 1979, pp. 81-98.

———. "Demonstratives", *in* Almog, J., Perry, J. e Wettstein, H. (orgs.). *Themes from Kaplan*. Oxford: Oxford University Press, 1989, pp. 481-563.

demonstração

O conceito de demonstração formal está estreitamente ligado a outros conceitos lógicos que, ou são definidos por seu intermédio, ou intervêm na sua definição, ou o incluem como caso particular (pelo que, a esse título, podem também contribuir para a sua definição). No primeiro caso temos o conceito de TEOREMA; no segundo estão os conceitos de AXIOMA, de regra de derivação (ou de transformação) e de conseqüência imediata, e no terceiro caso, o de dedução. Essa enumeração de conceitos interdependentes não pretende ser exaustiva, pois poder-se-iam apontar outros conceitos, passíveis de uma definição lógica precisa, igualmente relacionados de perto com o de demonstração (como sejam os de hipótese, de conclusão, de inferência, etc.), embora menos relevantes em uma definição formal de demonstração.

Supondo conhecidos os conceitos de axioma e de regra de derivação (ou de inferência, ou de transformação) – *ver*, p. ex., SISTEMA FORMAL OU DEDUÇÃO NATURAL – definimos a relação de conseqüência imediata entre fórmulas do seguinte modo: uma fórmula é uma conseqüência imediata de uma ou mais (tipicamente duas) fórmulas se resultar diretamente delas pela aplicação de uma regra de derivação. Estamos assim em condições de definir formalmente o conceito de dedução, o qual, como veremos, inclui o de demonstração como caso particular.

Dada uma lista $H_1,..., H_n$ ($n \geq 0$) de (ocorrências de) FÓRMULAS, uma seqüência de uma ou mais (ocorrências de) fórmulas é chamada uma dedução formal a partir das hipóteses $H_1,..., H_n$ se cada fórmula da seqüência for a) uma das fórmulas $H_1,..., H_n$, ou b) um axioma ou c) uma conseqüência imediata de fórmulas anteriores da seqüência. Diz-se que uma dedução é uma dedução da sua última fórmula F, e que F é dedutível das hipóteses $H_1,..., H_n$ (simbolicamente $H_1,..., H_n \vdash F$). F é chamada a conclusão da dedução.

Uma demonstração é exatamente uma dedução no caso em que $n = 0$, ou seja, no caso em que, para a obtenção da conclusão, apenas se dispõe dos axiomas e das regras de derivação. Logo, uma demonstração é formalmente definida como uma seqüência finita de uma ou mais (ocorrências) de fórmulas tais que cada fórmula da seqüência é ou um axioma ou uma conseqüência imediata de fórmulas precedentes da seqüência. Por outro lado, uma demonstração é uma demonstração da sua última fórmula, que por isso se diz ser formalmente demonstrável ou constituir um teorema (formal). *Ver também* TEOREMA; FÓRMULA; LINGUAGEM FORMAL; SISTEMA FORMAL; TEORIAS AXIOMÁTICAS; DEDUÇÃO NATURAL. **FM**

demonstração, teoria da

Ver PROGRAMA DE HILBERT.

demonstração condicional

Uma das regras do sistema de DEDUÇÃO NATURAL. No primitivo sistema de Gentzen, a regra tinha um nome que talvez se pudesse traduzir por "introdução da implicação". A expressão "demonstração condicional" foi no entanto consagrada pela literatura de língua inglesa.

O seu funcionamento é o seguinte. Suponha-se que uma proposição dada, Y, depende, entre outras premissas, de uma premissa X. Então a regra da demonstração condicional permite derivar a conclusão X → Y, em que essa fórmula depende apenas de premissas diferentes de X.

O exemplo que se segue é ilustrativo. Suponha-se que se pretende derivar ¬Y → ¬X a partir de X → Y. A derivação tem a seguinte forma:

{1}   1. X → Y   Premissa
{2}   2. ¬Y   Premissa
{1,2} 3. ¬X   1, 2, *modus tollens*
{1}   4. ¬Y → ¬X   2, 3, demonstração condicional

O passo 2 é a antecedente da fórmula a derivar e é por isso usado como premissa. Uma aplicação de MODUS TOLLENS produz imediatamente a fórmula ¬X, a qual depende das premissas 1 e 2. O passo 4 é obtido de 2 e 3 pela regra da demonstração condicional aplicada aos passos 2 e 3. As premissas envolvidas em 2 e 3 são 1 e 2. Mas como 2 é agora a antecedente da fórmula do passo 4, este depende apenas de 1.

Assim, em uma aplicação da regra da demonstração condicional, a premissa da qual depende a antecedente da fórmula assim obtida é eliminada. Nessas circunstâncias diz-se que a premissa foi descarregada. **MSL**

demonstrativos

Ver INDEXICAIS.

denotação

A RELAÇÃO de denotação é, pelo menos de acordo com uma maneira não russelliana de usar o termo, uma espécie ou modo da relação de REFERÊNCIA; e é muitas vezes caracterizada como aquela relação que se verifica entre um termo singular ou designador, simples ou complexo, e o objeto ou item particular referido pelo termo (se tal objeto existe). Assim, por um lado, diz-se que um nome próprio, como "Luís de Camões", denota o indivíduo Camões, e que Camões é a denotação do nome "Camões"; e ainda que um nome próprio como "Pégaso" não denota (ou não tem denotação). Por outro lado, diz-se igualmente que uma descrição definida como "O poeta épico português que escreveu *Os Lusíadas*" denota Camões, e que Camões é a denotação da descrição; e ainda que uma descrição definida como "O atual rei de Portugal" (considerada em um uso presente) não denota.

Alternativamente, podemos seguir uma política terminológica inspirada em Russell e reservar o termo "denotação" para cobrir aquela relação que se verifica entre uma descrição definida, tomada em uso ATRIBUTIVO, e certo objeto quando esse objeto, e só ele, satisfaz os predicados que compõem a descrição. Assim, no caso mais simples, se existe um e um só objeto x que satisfaz um predicado monádico F, então dizemos que a descrição "O F" (tomada em uso atributivo) denota x, ou que x é a denotação da descrição "O F"; no caso de não existir nenhum objeto que satisfaça o predicado F, ou no caso de existir mais do que um objeto que o satisfaça, dizemos simplesmente que a descrição "O F" não denota.

Se as descrições definidas contarem como termos singulares, é possível alcançar uma distinção entre duas espécies de referência singular: a relação de denotação, que se verifica entre uma descrição definida (em uso atributivo) e um objeto particular; e a relação de designação, que se verifica entre um termo singular sintaticamente simples, p. ex., um nome próprio, e um objeto particular. Tal distinção poderia ser motivada pela constatação de uma assimetria entre o comportamento semântico de nomes próprios (e de outros designadores sintaticamente simples), por um lado, e o de descrições definidas em uso atributivo, por outro; enquanto os primeiros são invariavelmente DESIGNADORES RÍGIDOS dos objetos por eles atualmente referidos ou designados, as segundas são tipicamente designadores não-rígidos ou flácidos dos objetos por elas atualmente referidos ou denotados. Naturalmente, essa distinção seria liminarmente rejeitada por Russell, para quem as descrições definidas não são realmente termos singulares, mas antes QUANTIFICADORES de determinado gênero; com efeito, sob a rubrica *expressão denotativa*, Russell agrupa, para além de descrições definidas como "A pessoa que acabou de entrar na sala", quantificadores como "todos", "alguém", "uma pessoa", etc. *Ver também* TEORIA DAS DESCRIÇÕES DEFINIDAS; DESIGNAÇÃO. JB

denumerável

Ver NUMERÁVEL.

derivabilidade

A relação existente entre as premissas, $p_1,..., p_n$, e a conclusão, c, de um argumento dedutivo válido, simbolizada habitualmente como $p_1,..., p_n \vdash c$. Na lógica clássica essa relação é transitiva, reflexiva e não-simétrica. Chama-se também "implicação lógica" a essa relação. *Ver* IMPLICAÇÃO.

derivação

Ver DEDUÇÃO.

descitação

Processo que consiste em remover as aspas, ou outros dispositivos similares, de uma expressão lingüística que ocorre mencionada (*ver* USO/MENÇÃO), efetuando aquilo a que se pode chamar uma descida semântica. Nos casos mais habituais, de algo dito acerca de um item lingüístico, uma palavra ou uma expressão, "desce-se" para algo dito acerca de um item extralingüístico, aquilo ao qual a palavra ou a expressão se refere; p. ex., da afirmação "Paris' é bela", na qual se diz algo acerca de um nome próprio, pode-se transitar por descitação para a afirmação "Paris é bela", na qual já se diz algo acerca de uma cidade.

O processo converso da descitação é o processo da citação, por meio do qual se procede àquilo a que se pode chamar uma ascensão semântica. Nos casos mais habituais, de algo dito acerca de um item extralingüístico, digamos um objeto físico como o planeta Vênus (Vênus é lindo), "sobe-se" para algo dito acerca de um item lingüístico, digamos uma palavra ou uma expressão que se aplica a esse objeto físico ("Vênus" tem duas sílabas).

A importância filosófica da descitação deve-se ao fato de a técnica ter sido famosamente aplicada, no âmbito de uma teoria tarskiana da verdade para uma linguagem, no caso das chamadas frases V ou frases bicondicionais de Tarski; a descitação está presente quando a metalinguagem, a linguagem da teoria, contém a linguagem objeto, a linguagem acerca da qual a teoria é (por outras palavras, quando a teoria da verdade é homofônica). As frases V são exemplos do seguinte esquema, ao qual é usual chamar esquema descitacional:

E) s é verdadeira se, e somente se, p;

aqui, s é uma letra esquemática substituível por uma citação de uma frase da linguagem-objeto e p é substituível por essa mesma frase. Tomando o português como linguagem-objeto, um exemplo de E é a já célebre frase bicondicional

S) "A neve é branca" é verdadeira se, e somente se, a neve é branca.

Lendo o bicondicional S do seu lado esquerdo para o seu lado direito, tem-se a descitação trabalhando: o lado direito é obtido eliminando as aspas da frase mencionada no lado esquerdo e suprimindo o predicado de verdade (a expressão "é verdadeira"). Lendo S do seu lado direito para o seu lado esquerdo, o processo é o da ascensão semântica: o lado esquerdo é obtido citando a frase usada no lado direito e introduzindo o predicado de verdade. Naturalmente, o que S estabelece é que tais movimentos de subida ou de descida semântica preservam o valor de verdade. E há quem defenda que o essencial acerca da noção de verdade, tudo o que há a dizer acerca da noção do ponto de vista filosófico, é que se trata de um dispositivo de ascensão semântica, no sentido de uma noção que satisfaz o esquema E (*ver* VERDADE, TEORIAS DA).

A descitação também é utilizada no caso daquelas frases de uma teoria homofônica da verdade para uma linguagem que especificam a referência, bem como outras propriedades semânticas, de expressões primitivas dessa linguagem. No caso de nomes próprios, essas frases são exemplos do esquema citacional

F) *t* designa *q*,

em que a letra esquemática *t* é substituível por uma citação de um nome próprio pertencente ao elenco de nomes da linguagem objeto e *q* é substituível por esse mesmo nome. Tomando mais uma vez o português como linguagem objeto, um exemplo de E é a frase

T) "Bichano" designa Bichano.

No caso de termos gerais, as frases em questão são exemplos do esquema descitacional

G) *u* aplica-se a *x* se, e somente se, *x* é um *r*,

em que a letra *u* é substituível por uma citação de um termo geral da linguagem-objeto e *r* é substituível por esse mesmo termo. Um exemplo de G é a frase

V) "gato" aplica-se a *x* se, e somente se, *x* é um gato.

Frases descitacionais como T e V são vistas como tendo o estatuto de axiomas de uma teoria homofônica da verdade para o português, das quais seria possível deduzir como teoremas frases V como a seguinte:

"Bichano é um gato" é verdadeira se, e somente se, Bichano é um gato.

Ver também VERDADE DE TARSKI, TEORIA DA; VERDADE, TEORIAS DA. JB

descrições definidas
Ver TEORIA DAS DESCRIÇÕES DEFINIDAS.

desejo
Ver ATITUDE PROPOSICIONAL.

desempenho
Ver COMPETÊNCIA.

designação

A relação de designação pode ser considerada um caso particular da relação de REFERÊNCIA, isto é, da relação que se verifica em geral entre certas categorias de palavras ou expressões de uma linguagem e certos itens extralingüísticos. (Todavia, esse é apenas um dos modos de classificação possíveis; e, p. ex., podem encontrar-se usos dos termos "designação" e "referência" em que os termos são pura e simplesmente tomados como equivalentes.)

A designação é então aquela relação que se verifica entre um termo singular (ou DESIGNADOR) logicamente simples e o objeto por ele referido ou designado (se tal objeto existir). P. ex., a relação de designação verifica-se entre o nome próprio "Lisboa" e a cidade de Lisboa; e também entre o pronome demonstrativo "isto", usado em certo contexto, e o objeto particular demonstrado no contexto em questão; e ainda entre o termo "pirita" e determinado metal.

Se quisermos ser mais precisos, torna-se necessário relativizar a relação de designação a diversos parâmetros relevantes. Assim, trata-se de fato de uma relação com (pelo menos) seis termos, da qual a relação binária antes introduzida pode ser abstraída. Os termos da relação são os seguintes: uma elocução (ou inscrição), *e*, um designador, *d*, uma linguagem, *l*, um falante, *f*, um contexto de uso, *c*, e um objeto, *o*. Dizer que a relação de designação se verifica entre essas seis coisas é então equivalente a dizer que uma elocução (inscrição) particular *e* de um designador *d*, pertencente a uma linguagem *l*, por um falante *f* (de *l*), em um contexto *c*, designa um objeto *o*. P. ex., fazendo *d* ser o INDEXICAL "eu", obtém-se a seguinte regra de designação para o pronome na primeira pessoa: uma elocução (inscrição) *e* do designador português "eu" por um falante *f*, em um contexto *c*, designa um objeto *o* se, e somente se, *o* = *f* (de forma mais simples, qualquer elocução da palavra "eu" designa a pessoa que produz a elocução).

Note-se que a relação de designação pode igualmente dar-se entre designadores e itens lingüísticos. P. ex., se quisermos especificar qual é o objeto ou indivíduo designado por um designador, podemos fazê-lo por meio do emprego de frases como

"Aristóteles" designa (em português) Aristóteles.

Aqui, a segunda ocorrência (não citada) do designador "Aristóteles" faz o seu trabalho habitual de designar o indivíduo Aristóteles; mas a primeira ocorrência (citada) do designador não designa aquele indivíduo (ou qualquer outro), mas o próprio designador "Aristóteles" (*ver* USO/MENÇÃO). *Ver também* DENOTAÇÃO. **JB**

designador

Termo introduzido por Kripke (veja-se, designadamente, Kripke, 1980), para se referir aos termos singulares (e, em particular, aos NOMES PRÓPRIOS e às DESCRIÇÕES DEFINIDAS) e à sua característica semântica básica de "designar" um referente. Nesse contexto, é possível distinguir DESIGNADORES RÍGIDOS de designadores "flácidos" (em termos assumidamente modais: um designador rígido – como "Júlio César" – tem um mesmo referente em todos os MUNDOS POSSÍVEIS em que refere, ao passo que um designador flácido – como "o estadista romano assassinado nos idos de março"– pode variar de referente consoante o mundo considerado). A essa distinção acrescenta-se outra mais sutil, entre designadores fortemente rígidos e fracamente rígidos: "sete", p. ex., pertence ao primeiro tipo, uma vez que o seu referente (o número sete) existe em todos os mundos; ao passo que "Júlio César" pertence ao segundo, uma vez que há mundos possíveis nos quais Júlio César não existe e, logo, nos quais "Júlio César" não tem um referente. A distinção entre nomes e descrições quanto à rigidez não é a de que os primeiros são rígidos e as segundas não (há descrições rígidas, p. ex., "o menor número par positivo") mas, segundo Kripke, a de que os primeiros são rígidos *de jure* e as segundas são ou flácidas ou rígidas *de facto*. Um designador é rígido *de jure* se for rígido por estipulação (p. ex., por um procedimento batismal de qualquer tipo; exemplos, além de nomes próprios, são os das espécies naturais); e é rígido *de facto* se a circunstância de ele ter um mesmo objeto como referente em todos os mundos (em que tem um referente) resulta de ele conter um predicado que calha ser verdadeiro desse objeto em todos os mundos (p. ex., o predicado "menor número par positivo").

Polemicamente, um designador rígido pode ser descrito como designando o seu referente mesmo naqueles mundos em que esse referente não existe; de outro modo seria difícil explicar como formular condições de verdade adequadas para uma CONDICIONAL CONTRAFACTUAL como "se Júlio César não tivesse atravessado o Rubicão, ele não teria sido assassinado", a qual, apesar de remeter para um mundo em que Júlio César não existe, está no entanto falando de Júlio César. *Ver também* TEORIA DAS DESCRIÇÕES DEFINIDAS; DESIGNADOR RÍGIDO; EXISTÊNCIA; INDEXICAIS; MUNDOS POSSÍVEIS; NOME PRÓPRIO; REFERÊNCIA, TEORIAS DA; TERMO SINGULAR. **PS**

KRIPKE, S. *Naming and Necessity*. Oxford: Blackwell, 1980.

designador flácido

Opõe-se a DESIGNADOR RÍGIDO.

designador rígido

Um TERMO de uma linguagem L é um DESIGNADOR rígido se tiver como referente o mesmo objeto ("rigidamente") em todos OS MUNDOS POSSÍVEIS (em que tenha um referente). O conceito foi introduzido por Kripke no contexto da sua crítica às teorias tradicionais do significado de Russell e Frege, que podem ser descritas como identificadoras da semântica dos NOMES PRÓPRIOS com a das DESCRIÇÕES DEFINIDAS, no sentido de os tomar como designadores do mesmo tipo. O ponto de vista de Kripke é o de que nomes próprios são designadores rígidos, distinguindo-se assim, em geral, de descrições. Tal ponto de vista contradiz, portanto, quer a teoria do significado de Frege (segundo a qual qualquer nome próprio tem um SENTIDO que pode ser identificado com uma descrição ou conjunto de descrições identificativas do referente do nome – p. ex., o sentido de "Álvaro Cunhal" poderia ser identificado com o conteúdo descritivo de "o dirigente carismático do Partido Comunista Português"), quer a idéia de Russell de que qualquer nome próprio das línguas naturais (com a exceção dos termos usados para referir dados dos sentidos, p. ex., "isto") é de fato uma descrição disfarçada, cuja ocorrência em uma frase é suscetível de ser analisada semanticamente pela sua técnica habitual de análise de descrições (*ver também* TEORIA DAS DESCRIÇÕES DEFINIDAS).

Dado o conteúdo modal do conceito, a rigidez de um designador é verificável, como seria de prever, no modo como ele identifica um referente em frases cujas condições de verdade apelem para a consideração de mundos possíveis alternativos ao real. A frase 1, p. ex., ilustra a rigidez do nome "Álvaro Cunhal": 1) "Álvaro Cunhal podia ter sido um xadrezista famoso".

De acordo com a semântica modal de "poder", 1 é verdadeira no mundo atual ω se, e somente se, existir um mundo possível ω' diferente de ω tal que Álvaro Cunhal é um xadrezista famoso em ω'. Essas condições de verdade mostram que, apesar de 1 ser acerca de um mundo possível diferente do atual, é ainda acerca do que se passa nesse mundo com o referente de "Álvaro Cunhal" no mundo atual. Por outras palavras, mesmo quando "Álvaro Cunhal" ocorre em frases cujas condições de verdade remetem para a inspeção de mundos possíveis diferentes do atual e portanto são acerca do referente do nome nesses mundos possíveis (como 1), esse referente é idêntico ao que o nome tem no mundo atual; e isso acontece porque o referente que ele tem no mundo atual é o mesmo que tem em qualquer outro mundo possível (de modo não inteiramente consensual, isso inclui, segundo Kripke, mundos em que tal referente não existe, como aquele para o qual somos remetidos quando avaliamos as condições de verdade de "se os seus pais nunca se tivessem encontrado, A. Cunhal não existiria" – *ver* DESIGNADOR).

Frases sem condições de verdade modais constituem também evidência de que nomes próprios são designadores rígidos. Tome-se 2) "Álvaro Cunhal é um dirigente histórico do Partido Comunista Português" e considere-se o modo como lhe seria atribuído um valor de verdade em um mundo possível ω'' em que Álvaro Cunhal fosse um político conservador, católico e membro da Opus Dei. Avaliada em ω'', 2 seria ainda uma frase acerca de Álvaro Cunhal; ora, em um ω'' desses, Álvaro Cunhal não seria comunista e certamente também não um dirigente histórico do PCP – o que faria de 2 uma frase falsa em ω''. Por outras palavras, em ω'' o nome "Álvaro Cunhal" continuaria ainda a referir-se ao mesmo indivíduo que no mundo atual, o que faz concluir que a relação de REFERÊNCIA entre "Álvaro Cunhal" e o indivíduo Álvaro Cunhal é independente do mundo possível considerado.

designador rígido

O comportamento de designadores rígidos como nomes próprios contrasta visivelmente com o comportamento das descrições definidas. Substitua-se, em 1 e em 2, o nome próprio "Álvaro Cunhal" pela descrição definida correferente (no mundo atual) "o autor de *Até amanhã, camaradas*" de modo a obter 1′) "O autor de *Até amanhã, camaradas* podia ter sido um xadrezista famoso"; 2′) "O autor de *Até amanhã, camaradas* é um dirigente histórico do PCP".

Podemos agora comparar o comportamento do nome com o da descrição em cada um dos casos. Comecemos por 2/2′. Ao contrário de 2, 2′ já não é, no mundo possível ω″ (aquele em que A. Cunhal é da Opus Dei), uma frase falsa acerca de Álvaro Cunhal; o único modo como ela seria interpretável em ω″ seria como uma frase (provavelmente verdadeira) acerca de quem quer que fosse, em ω″, o autor de *Até amanhã, camaradas* – presumivelmente um comunista e, portanto, presumivelmente também alguém que não o católico radical A. Cunhal. Por outras palavras, a descrição "o autor de *Até amanhã, camaradas*" teria como referente, em ω″, alguém diferente do referente que tem no mundo real – um indício seguro de que não é um designador rígido. No caso de 1/1′, a situação é ligeiramente mais complexa, uma vez que a substituição mencionada originou uma ambigüidade de ÂMBITO. Em 1 (com o nome "Álvaro Cunhal") estávamos inequivocamente nos referindo ao indivíduo Álvaro Cunhal (e à circunstância de haver um mundo possível ω′ em que ele é um xadrezista famoso); e essa é também uma das interpretações possíveis de 1′. Mas existe outra, segundo a qual poderia ter acontecido que o autor de *Até amanhã, camaradas*, em ω′, fosse um xadrezista famoso em ω′. E, nessa interpretação, 1′ já não tem de estar falando de Álvaro Cunhal (uma vez que em ω′ Álvaro Cunhal pode não ser o autor de *Até amanhã, camaradas*). É visível que a ambigüidade mencionada depende do âmbito relativo da descrição e do operador modal denotado por "poderia". Na primeira interpretação a descrição tem âmbito largo sobre o operador, o que faz com que a sua referência seja identificada antes de o operador induzir a consideração de quaisquer mundos alternativos – e é por isso a referência que a descrição tem no mundo atual; ao passo que na segunda interpretação é o operador que tem âmbito sobre a descrição, o que faz com que só seja atribuído um referente à descrição depois de se ter considerado certo mundo diferente do atual – e é por isso que, uma vez que as descrições podem mudar de referente consoante o mundo possível considerado, esse referente não tem de ser o mesmo que ela tem no mundo atual.

Até agora é visível que nomes próprios e descrições definidas diferem entre si quanto à rigidez: os nomes próprios são por natureza rígidos, ao passo que as descrições não são. O motivo parece ser o seguinte: nomes e descrições referem de maneira diferente. Ao contrário de um nome próprio, uma descrição definida (própria) identifica certo referente em função do seu conteúdo descritivo ou MODO DE APRESENTAÇÃO do objeto referido; é esse conteúdo descritivo que determina qual é o objeto que a descrição refere. Uma vez que pode bem acontecer que em um mundo ω o conteúdo descritivo de uma descrição D seja satisfeito pelo objeto o_1, em outro mundo ω′ pelo objeto o_2 e em um terceiro mundo ω″ por nenhum objeto ou por mais do que um (caso em que a descrição será imprópria), é possível que o referente de D mude (podendo acontecer que em certos mundos não tenha um). Pelo contrário, não se pode dizer que o referente de um nome próprio seja determinado por meio de um ou vários conteúdos descritivos que os usuários da linguagem calhem de associar ao nome. Mesmo que todos os falantes associassem a "Álvaro Cunhal", p. ex., o conteúdo descritivo "o dirigente carismático do PCP", não se poderia dizer que era por meio desse conteúdo descritivo que o indivíduo Álvaro Cunhal seria determinado como o referente de "Álvaro Cunhal".

designador rígido

O argumento modal de Kripke exposto mostra isso mesmo. E o seu chamado argumento semântico também: imagine-se que o indivíduo que todos conhecemos por "Álvaro Cunhal" tinha enganado o público durante décadas e era *de facto* (isto é, no mundo atual) um católico radical membro da Opus Dei; e que o arcebispo de Braga tinha sido o autor de uma farsa de proporções semelhantes, revelando-se, ele sim, o dirigente máximo (secreto, mas sem dúvida carismático) do PCP, durante as últimas seis décadas. Nessas circunstâncias, a quem chamaríamos "Álvaro Cunhal"? À pessoa que observamos em inúmeros debates e comícios e que foi prisioneiro político durante doze anos, ou àquela que costuma ostentar vestes eclesiásticas e que afirmou ter aprendido bastante com o filme *O império dos sentidos*? Sem dúvida que à primeira, apesar de ser a segunda que satisfaz o conteúdo descritivo "o dirigente carismático do PCP" – o que mostra que o comportamento semântico do nome "Álvaro Cunhal", designadamente o modo como determina o seu referente, é independente de qualquer conteúdo descritivo que lhe seja associável.

No entanto, a rigidez não é uma característica distintiva dos nomes em relação às descrições. Da argumentação anterior, segue-se que todos os nomes são designadores rígidos; e sugeriu-se que as descrições são, em geral, não-rígidas ou "flácidas". Mas não foi estabelecido que só os nomes são designadores rígidos – em particular, não foi estabelecido que não haja descrições rígidas. E, de fato, existem descrições que passam no teste (modal) de rigidez, na medida em que têm o mesmo referente em todos os mundos possíveis – p. ex., "o menor número par positivo". Não há nenhum mundo possível em que o número natural que é o referente dessa descrição (o número dois) seja um diferente do que aquele que a satisfaz no mundo atual; e isso é um apanágio das NECESSIDADES matemáticas (ao contrário das necessidades físicas, p. ex.). Mas a razão pela qual é sempre o mesmo número a satisfazer a descrição decorre do significado dos conceitos matemáticos de número par, número positivo e menor que e, logo, depende do conteúdo descritivo da descrição. O fato de "o menor número par positivo" ser um designador rígido decorre, por outras palavras, de o seu conteúdo descritivo determinar o mesmo referente em todos os mundos possíveis. Tais descrições são, assim, designadores rígidos *de facto* e não *de jure*, como os nomes próprios (*ver* DESIGNADOR). Um nome próprio como "Álvaro Cunhal" está associado ao seu referente independentemente de quaisquer conteúdos descritivos, por algo como uma definição lexical (talvez devido a um ato semelhante a um batismo original), independentemente de esse indivíduo ser comunista, membro da Opus Dei ou piloto da Fórmula 1 e, portanto, independentemente de tais (ou outros) conteúdos descritivos serem habitualmente identificados com o nome e de serem, mesmo, usados para fixar a sua referência.

Dadas essas observações, parece razoável defender que o que distingue nomes de descrições é não a rigidez, mas o fato de os primeiros, mas não as segundas, serem termos referenciais, isto é, termos cuja contribuição para a PROPOSIÇÃO expressa pelas frases em que ocorrem é o objeto que têm como referente. Por outras palavras, os nomes próprios parecem merecer ser descritos como termos referenciais na medida em que têm o seguinte comportamento semântico: dado um nome próprio n com referente o e um PREDICADO Px, os falantes compreenderem a proposição expressa pela frase Pn é equivalente a saberem que ela é verdadeira se, e somente se, o satisfaz o predicado P. Essa propriedade é conceptualmente mais forte do que a rigidez (é por isso que ela distingue melhor os nomes das descrições): se um termo é referencial no sentido mencionado, então é rígido – mas não vice-versa. O exemplo das descrições rígidas mostra isso mesmo: apesar de rígidas, elas não são (designadamente no seu uso ATRIBUTIVO) termos referenciais, uma vez que é possível compreender a proposição expressa por frases em que ocorram sem identificar o seu referente – basta compreender o seu conteúdo descritivo: para eu entender a proposição expressa por "o menor número par positivo é maior do que 1" não tenho de identificar o número que a descrição "o menor número par positivo" refere, mas apenas entender o que a descrição significa.

O conceito de rigidez não se aplica apenas, como a discussão anterior pode fazer pensar, a termos singulares. Termos para TIPOS NATURAIS, como "água", p. ex., podem ser descritos como rígidos – *ver* a esse respeito TERRA GÊMEA. *Ver também* ATRIBUTIVO/REFERENCIAL; *DE DICTO/DE RE*; TEORIA DAS DESCRIÇÕES DEFINIDAS; DESIGNADOR; INDEXICAL; REFERÊNCIA, TEORIAS DA; PROPOSIÇÃO; SENTIDO/REFERÊNCIA; TERRA GÊMEA. **PS**

KRIPKE, S. *Naming and Necessity*. Oxford: Blackwell, 1980.

determinante

Ver QUANTIFICAÇÃO GENERALIZADA.

determinável

Embora não seja completamente precisa, a distinção determinável/determinada, que se deve a W. E. Johnson (1921, cap. XI), é considerada por alguns filósofos uma classificação útil em metafísica; é utilizada, p. ex., por David Armstrong no seu livro *A World of States of Affairs* (Armstrong, 1997, pp. 48-55).

A distinção é entre propriedades ou atributos de particulares, dando origem a uma hierarquia de níveis de propriedades. Na direção descendente, a hierarquia vai de propriedades determináveis superiores de particulares, que não são subsumidas por nenhuma propriedade, a propriedades determinadas inferiores dos particulares em questão, que não subsumem nenhuma propriedade. Propriedades determináveis de particulares, como, p. ex., as propriedades de ter uma cor, ter um comprimento e ter um peso, são propriedades de um elevado grau de generalidade; propriedades determinadas, com respeito àquelas, são propriedades mais específicas de particulares, como, p. ex. (respectivamente), as propriedades de ser vermelho, medir entre dez e vinte centímetros, e pesar menos de oitenta quilos. Naturalmente, é uma distinção relativa, no sentido em que é possível uma e a mesma propriedade ser simultaneamente uma propriedade determinada e determinável, desde que com respeito a propriedades determináveis e determinadas diferentes; p. ex., a propriedade de ser Vermelho é determinada com respeito à determinável cor e determinável com respeito à determinada Escarlate. E há propriedades intermédias em uma hierarquia do gênero; Vermelho, p. ex., é intermédia entre a determinável Cor e a determinada Escarlate.

Os seguintes três princípios gerais governam a relação entre determináveis e determinadas: 1) A exemplificação por um particular de uma propriedade determinável dada implica logicamente a exemplificação pelo particular de alguma propriedade determinada com respeito àquela; assim, se um particular tem a propriedade de ser colorido, segue-se que ele tem alguma cor específica (azul, vermelho, etc.). 2) A exemplificação por um particular de uma propriedade determinada, com respeito a dada propriedade determinável, implica logicamente a exemplificação pelo particular da propriedade determinável em questão; assim, se um particular tem a propriedade de ser vermelho, segue-se que ele tem a propriedade de ser colorido. 3) A exemplificação por um particular em uma ocasião de uma propriedade determinada situada em certo nível, com respeito a certa propriedade determinável, implica logicamente a impossibilidade de ele exemplificar na ocasião mais alguma propriedade situada no nível em questão (com respeito à mesma determinável); assim, se um particular exemplifica a propriedade de ser vermelho, segue-se que ele não pode simultaneamente exemplificar a propriedade de ser verde, ou a propriedade de ser azul. **JB**

ARMSTRONG, D. *A World of States of Affairs.* Cambridge: Cambridge University Press, 1997.
JOHNSON, W. E. *Logic.* 3.ª ed. Nova York: Dover, 1964 [1921], Part 1, 3.

determinismo

(computação) *Ver* MÁQUINA DE TURING.

diádico, predicado

Ver PREDICADO DIÁDICO.

diagonalização

Na sua demonstração de que o contínuo real não é equipotente ao conjunto dos números naturais, Georg Cantor (1845-1918) usa pela primeira vez um argumento de diagonalização. Na sua forma mais simples, esse argumento consiste no seguinte. Seja α_{ij} uma "matriz" quadrada infinita de zeros e uns cujas entradas estão indexadas por pares de números naturais:

$$\alpha_{00}\ \alpha_{01}\ \alpha_{02}\ \alpha_{03}\ \ldots$$
$$\alpha_{10}\ \alpha_{11}\ \alpha_{12}\ \alpha_{13}\ \ldots$$
$$\alpha_{20}\ \alpha_{21}\ \alpha_{22}\ \alpha_{23}\ \ldots$$
$$\alpha_{30}\ \alpha_{31}\ \alpha_{32}\ \alpha_{33}\ \ldots$$
$$\ldots$$
$$\ldots$$
$$\ldots$$

É possível definir uma sucessão $d_0, d_1, d_2, d_3,\ldots$ de zeros e uns que difere de toda a linha (e de toda a coluna) da matriz anterior. Para obter tal sucessão considere-se a sucessão diagonal da matriz, isto é, a sucessão $\alpha_{00}, \alpha_{11}, \alpha_{22}, \alpha_{33},\ldots$ e defina-se $d_n = 1 - \alpha_{nn}$. Observe-se que a sucessão dos d_n difere de cada sucessão dada por uma linha da matriz: determinada linha $\alpha_{n0}, \alpha_{n1}, \alpha_{n2}, \alpha_{n3},\ldots$ difere da sucessão $d_0, d_1, d_2, d_3,\ldots$ pelo menos no lugar n, visto que d_n toma o valor 1 se, e somente se, α_{nn} toma o valor 0.

A construção que se acabou de efetuar, combinada com uma *reductio ad absurdum*, permite demonstrar que o conjunto de todas as sucessões de zeros e uns não é equipotente ao conjunto dos números naturais. O método da diagonalização não depende do fato de o conjunto de índices ser numerável e (essencialmente o mesmo argumento) permite demonstrar o TEOREMA DE CANTOR.

O método da diagonalização tem grande importância em lógica: ele aparece sob diferentes roupagens na construção da coleção de Russell (*ver* PARADOXO DE RUSSELL), na teoria das funções recursivas, na teoria descritiva dos conjuntos, nas demonstrações do primeiro teorema da incompletude de Gödel e do teorema da indefinibilidade da verdade de Tarski, entre outros. **FF**

CANTOR, G. "Über eine elementare Frage der Mannigfaltigkeitslehre", *in Jahresbericht der Deutschen Mathematiker-Vereinigung,* I, 1881, pp. 75-8. Trad. ingl. "On Elementary Question in the Theory of Manifolds", *in* Ewald, William B. (org.). *From Kant to Hilbert.* Oxford: Oxford Science, 1996.
KLEENE, S. C. *Introduction to Metamathematics.* Amsterdam: North-Holland, 1971.

diagramas de Venn

Os diagramas de Venn são um método lógico simples e de alcance limitado, por meio do qual é possível representar a informação contida em cada uma das quatro proposições categóricas que constituem o tema da silogística aristotélica (*ver* SILOGISMO) e, em parte, também da álgebra booliana das classes (*ver* ÁLGEBRA DE BOOLE). Esse método foi inventado por John Venn (1834-1923), em 1881, para a versão booliana das quatro proposições categóricas (uso da pressuposição existencial) e, depois, refinado por C. I. Lewis (1883-1964), em 1918.

Lembremos as quatro proposições categóricas: A) universal afirmativa (Todos os S são P); E) universal negativa (Nenhum S é P); I) particular afirmativa (Algum S é P); O) particular negativa (Algum S não é P).

A informação contida em cada uma dessas proposições pode ser representada, de acordo com o método dos diagramas de Venn, por dois círculos sobrepostos como se segue:

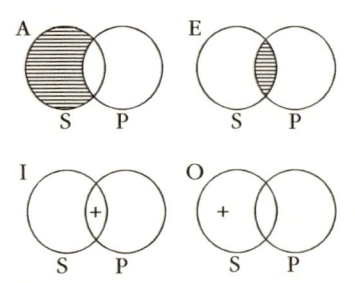

Cada círculo representa a extensão de um dos dois temos gerais; o primeiro círculo representa a extensão de S e o segundo a extensão de P. A sobreposição dos dois círculos gera quatro regiões: uma na qual os dois círculos se sobrepõem (a do meio); outra que pertence a S mas não a P (a da esquerda); outra que pertence a P mas não a S (a da direita); e a região envolvente (fora dos dois círculos). A região na qual os dois círculos se sobrepõem representa os indivíduos que são simultaneamente S e P. As regiões hachuradas significam vazio: nenhum indivíduo ocupa essa região. As regiões em branco significam falta de informação. As regiões que contêm uma "cruz" significam que pelo menos um indivíduo ocupa essa região. A região envolvente (fora dos dois círculos) representa os indivíduos que nem são S nem são P; ela está convenientemente deixada em branco visto que as quatro proposições nada dizem acerca desses indivíduos (não voltaremos a nos referir a essa região, que é irrelevante para o que nos interessa). Vejamos agora como interpretar cada um dos quatro diagramas.

A) O círculo S que fica fora do círculo P está hachurado, representando assim que nenhum indivíduo ocupa essa região. O restante, as regiões sobreposta e do círculo P que fica fora do círculo S estão em branco, representando que nada se sabe acerca delas. Tomemos um exemplo: "Todos os bicéfalos são imortais." O que tornaria essa frase falsa seria a existência de um bicéfalo (de um S) não-imortal (que não fosse P). Essa possibilidade é desautorizada pela hachura. Agora podem ou não existir bicéfalos, podem ou não existir indivíduos imortais e podem ou não existir indivíduos imortais que não sejam bicéfalos. Em todos esses casos queremos que a frase resulte verdadeira; e, sendo assim, todas essas possibilidades são deixadas convenientemente em branco no diagrama, visto que não sabemos qual delas é o caso.

E) A hachura na região sobreposta significa que nenhum indivíduo ocupa essa região. As outras duas regiões são convenientemente deixadas em branco, não por pensarmos que há indivíduos que são S e não são P, ou por pensarmos que há indivíduos que são P e não são S, mas pelas razões que acabamos de expor a propósito de A.

I) Nesse caso, a "cruz" na região sobreposta compromete-nos com a existência de (pelo menos) um indivíduo que é S e P. As restantes regiões são deixadas em branco por razões já explicadas.

O) Nesse caso, a "cruz" na região do círculo S que fica fora do círculo P compromete-nos com a existência de (pelo menos) um indivíduo que é S e não é P. As restantes regiões são deixadas em branco por razões já explicadas.

Algumas leis simples que governam a relação entre as proposições categóricas estão representadas graficamente nos diagramas. P. ex., a conversão simples que se aplica quer a E quer a I e que permite inverter os termos nessas proposições está representada na simetria dos seus diagramas respectivos. A contradição mútua entre as proposições A e O está representada pelo fato de o diagrama de A mostrar hachura onde e apenas onde o diagrama de O apresenta uma "cruz". E outras relações lógicas entre as quatro proposições categóricas, que o leitor poderá encontrar no artigo SILOGISMO, podem ainda ser visualizadas por meio desses diagramas.

Os diagramas de Venn podem ser usados para testar a validade de um silogismo. Silogismo é uma forma particular de argumento dedutivo que tem duas premissas e uma conclusão, sendo categóricas as frases que constituem as premissas e a conclusão. Para mais, no conjunto das premissas e conclusão não existem mais de três termos; o termo que ocorre duas vezes nas premissas não ocorre na conclusão. Como todos os argumentos dedutivos, os silogismos podem ser válidos ou inválidos. Um silogismo válido não pode ter premissas verdadeiras e conclusão falsa. Para testar a validade de um silogismo de acordo com o método dos diagramas de Venn, usam-se três círculos que se sobrepõem parcialmente, representando cada círculo um dos termos envolvidos nesse silogismo. Representando agora esses termos por S, P e Q, obtemos a forma geral de um diagrama de Venn para testar a validade de um silogismo:

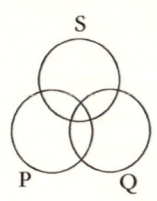

Agora, sendo dado um silogismo particular, inscrevemos o conteúdo das duas premissas no diagrama – de acordo com a técnica para representar as proposições A, E, I e O já explicada – e verificamos se o conteúdo da conclusão apareceu automaticamente. Se foi esse o caso, o silogismo em questão é válido. Se não foi, não é. Um exemplo: P1) Todos os homens são mortais (Todos os S são P); P2) Todos os portugueses são homens (Todos os Q são S); logo, C) Todos os portugueses são mortais (Todos os Q são P). Ao inscrever o conteúdo de P1 ficamos com o diagrama seguinte:

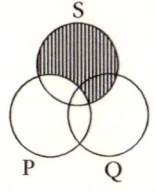

Inscrevendo o conteúdo de P2, obtemos o seguinte diagrama, que evidencia a validade do silogismo:

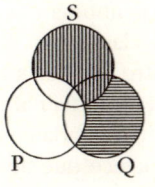

Vejamos mais um exemplo: P1) Nenhum homem é ave (Nenhum S é P); P2) Alguns animais são aves (Alguns Q são P); logo, C) Alguns animais não são homens (Alguns Q não são S). O diagrama correspondente é o seguinte:

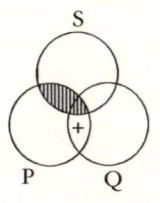

A "cruz" inscrita em Q, mas fora de S, atesta a validade do silogismo.

Vejamos agora o caso de um silogismo inválido: P1) Nenhum homem é ave (Nenhum S é P); P2) Nenhum homem é peixe (Nenhum S é Q); logo, C) Alguns peixes não são aves (Alguns Q não são P). O diagrama é o seguinte:

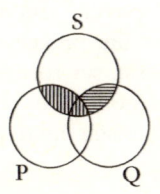

Se a conclusão estivesse representada, haveria uma "cruz" no que restou do círculo Q (peixes), mas fora de P (aves). Como não há "cruz" alguma, o diagrama mostra que o silogismo é inválido. Nele, as premissas estão corretamente representadas, mas a conclusão não se deixa visualizar.

Esse método pode ser usado não só para testar a validade de um silogismo, como também para determinar se, de duas proposições categóricas (que tenham entre si três termos), alguma conclusão pode ser extraída. Pois, se a conclusão puder ser extraída, então ela terá a forma de uma proposição categórica: A, E, I ou O. Ora, já sabemos como se representa cada uma delas por um diagrama de Venn. Então, quando acabarmos de inscrever o conteúdo das premissas, deverá aparecer no diagrama a representação da frase categórica correspondente à conclusão. Se, inversamente, quando acabarmos de inscrever o conteúdo das premissas o que aparecer como "conclusão" não puder ser identificado como correspondendo ao diagrama que representa qualquer uma das frases categóricas, então podemos estar certos de que nenhuma conclusão pode ser extraída dessas premissas.

O método dos diagramas de Venn tem limites precisos. Um argumento com mais de duas premissas e mais de três termos pode não ser impeditivo de uma aplicação do método, se esse argumento for decomponível em silogismos dos quais, digamos, os "silogismos intermédios" contribuem com "conclusões intermédias" até se chegar à conclusão final. Como é óbvio, nesse caso a atividade automática de aplicação do método tem de ser complementada por uma outra, exterior ao método, de decomposição da cadeia silogística em silogismos intermédios.

Se alguma das premissas não tiver a forma de uma proposição categórica (ou uma forma que, por um processo suplementar ao método, possa ser reconduzida a uma proposição categórica), o método fica bloqueado. Esse é o seu limite preciso. JS

dialelo

Ver ARGUMENTO CIRCULAR.

dialeto

Ver IDIOLETO.

dictum de omni et nullo

(lat., o que se afirma de tudo e de nada) O rótulo *dictum de omni et nullo* cobre dois princípios lógicos que são por vezes considerados os princípios básicos de todo o raciocínio silogístico: o princípio *dictum de omni* e o princípio *dictum de nullo* (vejam-se Kneale e Kneale, 1962, pp. 81, 278; note-se que, segundo os Kneale, tal pretensão é incorreta e está longe de representar as idéias primitivas de Aristóteles). Em uma das versões, o princípio *dictum de omni* (literalmente, o que se diz, ou afirma, de todas as coisas) estabelece que aquilo que é predicável de todas as coisas pertencentes a certa classe de coisas é predicável de todas as coisas pertencentes a qualquer classe incluída naquela classe. Em outra versão, aparentada com a primeira, o princípio estabelece que aquilo que é predicável de todas as coisas pertencentes a certa classe de coisas é predicável de cada uma dessas coisas em particular. P. ex., dado que a propriedade de ser um mamífero é predicável de todas as baleias, e dado que a classe das orcas está incluída na classe das baleias, segue-se que aquela propriedade é predicável de todas as orcas. E, dado que a propriedade de ser um mamífero é predicável de todas as baleias, e que Moby Dick é uma baleia, segue-se que a propriedade em questão é predicável de Moby Dick.

A primeira versão corresponde, aproximadamente, ao modo silogístico válido BARBARA, da 1.ª figura:

1) Todos os F são G
2) Todos os H são F
∴ Todos os H são G

A segunda versão corresponde, aproximadamente, à forma de inferência (não silogística) que resulta de BARBARA substituindo o termo geral H, que ocupa a posição de termo menor, por um termo singular *a*:

1) Todos os F são G
2) *a* é um F
∴ *a* é um G

Representações das duas versões do princípio *dictum de omni* na linguagem da lógica de primeira ordem são dadas, respectivamente, nos seguintes seqüentes (ou padrões de inferência) válidos: $\forall x (Fx \rightarrow Gx)$, $\forall x (Hx \rightarrow Fx) \vdash \forall x (Hx \rightarrow Gx)$; $\forall x (Fx \rightarrow Gx)$, $Fa \vdash Ga$.

Em uma das versões, o princípio *dictum de nullo* estabelece que aquilo que não é predicável de nenhuma das coisas pertencentes a certa classe não é predicável de nenhuma dentre as coisas pertencentes a qualquer classe incluída naquela classe. Em outra versão, aparentada com a primeira, o princípio estabelece que aquilo que não é predicável de nenhuma das coisas pertencente a certa classe de coisas não é predicável de cada uma dessas coisas em particular. P. ex., dado que a propriedade de ser um mamífero não é predicável de nenhum réptil e dado que a classe das cobras está incluída na classe dos répteis, segue-se que aquela propriedade não é predicável de nenhuma cobra; e, dado que a propriedade de ser um mamífero não é predicável de nenhum réptil e que Tantra (o meu animal doméstico) é uma cobra, segue-se que a propriedade em questão não é predicável de Tantra.

A primeira versão corresponde, aproximadamente, ao modo silogístico válido CELARENT, da 1.ª figura:

1) Nenhum dos F é G
2) Todos os H são F
∴ Nenhum dos H é G

A segunda versão corresponde, aproximadamente, à forma de inferência (não silogística) que resulta de CELARENT, substituindo o termo geral H, que ocupa a posição de termo menor, por um termo singular a:

1) Nenhum dos F é G
2) a é um F
∴ a não é um G

Representações das duas versões do princípio *dictum de nullo* na linguagem da lógica de primeira ordem são dadas, respectivamente, nos seguintes seqüentes válidos: $\forall x\, (Fx \rightarrow \neg Gx)$, $\forall x\, (Hx \rightarrow Fx) \vdash \forall x\, (Hx \rightarrow \neg Gx)$; $\forall x\, (Fx \rightarrow \neg Gx)$, $Fa \vdash \neg Ga$. JB

KNEALE, W. e KNEALE, M. *O desenvolvimento da lógica* [1962]. Trad. M. S. Lourenço. Lisboa: Gulbenkian, 1974.

dilema

No sentido lógico (e não moral) do termo, dilema é simplesmente uma forma de argumento em que uma das premissas é uma disjunção inclusiva de duas proposições.

Os dilemas mais conhecidos são habitualmente classificados em construtivos e destrutivos, conforme as conclusões obtidas forem afirmativas ou negativas. Existem dois tipos de dilemas construtivos, os quais são representáveis pelos seguintes esquemas válidos de inferência da lógica proposicional clássica: 1) dilema construtivo simples: $p \rightarrow q$, $r \rightarrow q$, $p \vee r \vdash q$; 2) dilema construtivo complexo: $p \rightarrow q$, $r \rightarrow s$, $p \vee r \vdash q \vee s$.

O dilema construtivo simples pode ser visto como um caso especial do dilema construtivo complexo, fazendo s ser q e utilizando a equivalência lógica $p \equiv p \vee p$. Note-se ainda que se substituirmos o operador de disjunção inclusiva $\vee$ pelo operador de disjunção exclusiva $\underline{\vee}$ [com $p \underline{\vee} q$ definida em termos de $(p \vee q) \wedge \neg(p \wedge q)$], o dilema construtivo simples permanece válido, mas o dilema construtivo complexo deixa de sê-lo.

Existem igualmente dois tipos de dilemas destrutivos, representáveis pelos seguintes esquemas válidos de inferência da lógica proposicional clássica: 3) dilema destrutivo simples: $p \rightarrow q$, $p \rightarrow s$, $\neg q \vee \neg s \vdash \neg p$; 4) dilema destrutivo complexo: $p \rightarrow q$, $r \rightarrow s$, $\neg q \vee \neg s \vdash \neg p \vee \neg r$ [ou $\neg(p \wedge r)$].

Do mesmo modo, o dilema destrutivo simples pode ser visto como um caso especial do dilema destrutivo complexo, fazendo r ser p e utilizando a equivalência lógica supramencionada. E, de novo, se a disjunção inclusiva for substituída pela exclusiva, o dilema destrutivo simples permanece válido, mas o dilema destrutivo complexo deixa de sê-lo.

Os seqüentes 1–4 são facilmente verificáveis em qualquer um dos habituais sistemas de regras de DEDUÇÃO NATURAL para a lógica proposicional clássica: 1 pode ser obtido por meio de aplicações das regras MODUS PONENS e ELIMINAÇÃO DE ∨; 2 pode ser obtido por meio de aplicações destas duas regras e ainda de INTRODUÇÃO DE ∨; 3 pode ser obtido por meio de aplicações de MODUS TOLLENS e eliminação de ∨; finalmente, 4 pode ser obtido por meio de aplicações destas duas regras e ainda de introdução de ∨. JB

dilema construtivo

Ver DILEMA.

dilema destrutivo

Ver DILEMA.

dilema do prisioneiro

O dilema do prisioneiro é uma formulação paradigmática de um interessante problema associado com o conceito de ação racional. Em traços largos, esse problema consiste no seguinte. É possível imaginar situações nas quais dois sujeitos racionais, isto é, dois sujeitos que agem de acordo com o princípio da maximização da vantagem individual, escolhem cada um aquele curso de ação que é o melhor para ele e, todavia, a conjunção das duas escolhas conduz à obtenção de um resultado que não é o melhor nem para um nem para o outro. Embora tenha contornos *prima facie* paradoxais, esse dilema não constitui realmente um PARADOXO, como iremos ver em seguida.

Na sua formulação clássica, o dilema do prisioneiro tem o seguinte aspecto. Dois prisioneiros, que a polícia suspeita terem sido cúmplices em um crime grave, estão presos em celas separadas e sem nenhuma possibilidade de comunicação um com o outro. Todavia, a polícia não tem provas suficientes para acusá-los do crime grave que, supostamente, cometeram; as provas de que a polícia dispõe apenas permitem acusá-los de um crime menor. A polícia precisa por isso de, pelo menos, uma confissão. Cada um dos prisioneiros é então confrontado com o seguinte cenário: se ele confessar e o seu cúmplice não confessar, então ele poderá sair em liberdade condicional e será pedida a pena máxima para o seu cúmplice; se ambos confessarem, ambos cumprirão pena igual por terem cometido o crime grave de que são acusados, embora, dada sua colaboração com a polícia, sua pena seja reduzida para metade; se nenhum deles confessar, ambos cumprirão a mesma pena leve por terem cometido o delito menor de que ambos são também acusados e acerca de cuja ocorrência a polícia tem provas conclusivas. Cada um dos prisioneiros tem, portanto, de fazer uma escolha sem saber qual será a escolha do outro. A questão que se põe é saber qual é, para cada um deles, a escolha racional. Para tornar o problema mais perspícuo, ele pode ser representado por meio do seguinte diagrama, no qual são atribuídas as seguintes penas de cadeia em anos a cada um dos prisioneiros, representados pelas letras A e B, de acordo com cada uma das escolhas possíveis:

	A confessa	A não confessa
B confessa	3 3	6 0
B não confessa	0 6	1 1

Comecemos por considerar o raciocínio de A. Se A pensar que B não confessa, então, como o mostra a consideração das casas da segunda linha, o melhor que ele tem a fazer é confessar, uma vez que, nessas circunstâncias, sai em liberdade e obtém o melhor resultado possível; se A pensar que B confessa, então, como o mostra a consideração das casas da primeira linha, o melhor que ele tem a fazer é também confessar, pois, se não o fizer, em vez de três anos de cadeia, cumprirá seis. Isso quer então dizer que, qualquer que seja a escolha de B, o melhor que A tem a fazer é confessar.

O resultado anterior nada teria de excepcional, se, pela própria definição do problema, B não devesse fazer exatamente o mesmo raciocínio que A e, portanto, não devesse chegar a uma conclusão semelhante à de A, isto é, à conclusão de que, qualquer que seja a escolha do seu cúmplice, o melhor a fazer é confessar. Mas, se ambos confessarem, serão condenados a três anos de cadeia, quando, se nenhum deles tivesse confessado, ambos teriam sido condenados apenas a um ano de cadeia; isto é, a consecução de um raciocínio aparentemente impecável por parte de cada um dos prisioneiros levará a que ambos façam uma escolha que não é a melhor possível. Assim, embora do ponto de vista da estrita racionalidade individual a confissão pareça ser a melhor escolha para cada um dos prisioneiros, a conjunção de confissões é, na realidade, uma escolha de valor inferior à conjunção de não-confissões, a qual se encontra igualmente ao alcance dos dois prisioneiros. Dito por outras palavras, se o método racional de escolha é, por definição, aquele que leva à escolha da melhor alternativa possível, então temos aqui um caso de aparente paradoxo, uma vez que o fato de cada um dos prisioneiros ter seguido o método racional de escolha não produziu como resultado a obtenção da melhor alternativa possível. Esse resultado é evidentemente generalizável a qualquer situação que exemplifique um padrão de relações abstratas semelhantes àquelas do dilema do prisioneiro, tal como foi aqui descrito. No caso universal, em vez de "confessa" e "não confessa", as duas alternativas de escolha são habitualmente designadas como "deserta" e "coopera".

Todavia, esse caso não delineia um verdadeiro paradoxo. Uma vez que a escolha de cada um dos intervenientes é completamente independente da do outro, e ambos ignoram em absoluto qual possa ser a escolha do outro, é perfeitamente defensável que a escolha racional seja a que permita obter o melhor resultado possível, seja o que for que o outro faça, isto é, que a escolha racional seja aquela que permita obter o melhor resultado possível na eventualidade de o estado de coisas que vier a verificar-se ser aquele mais desfavorável ao decisor. Se tal resultado não é tão bom quanto o melhor resultado possível em outras circunstâncias, então isso pode ser triste, mas não é um paradoxo.

O fato de a deserção ser a escolha inevitável de cada um dos dois indivíduos racionais que se encontrem uma única vez em uma situação como a delineada no dilema do prisioneiro é, sem dúvida, deprimente. Todavia, se os mesmos indivíduos se encontrarem repetidamente em tal gênero de situação e se o futuro for sempre aberto, isto é, se nunca houver da parte de qualquer dos intervenientes em tal gênero de interação a expectativa de que determinada interação irá ser a última, então, em vez de ter de tomar uma única decisão, cada um dos intervenientes terá de definir uma estratégia, isto é, uma regra geral que determine qual o sentido da decisão a tomar em qualquer das situações possíveis. Nessas circunstâncias, que configuram um cenário bastante mais realista do que o definido por um dilema do prisioneiro simples, é possível demonstrar que uma estratégia particular de cooperação poderá emergir, sobreviver, propagar-se e tornar-se estável em um meio constituído por indivíduos que atuam de acordo com o princípio da maximização da vantagem individual, mesmo na ausência de qualquer coerção externa. A estratégia em causa é extremamente simples e consiste basicamente na obediência aos seguintes cinco "mandamentos": começa por cooperar para não causares uma atitude inicial de deserção por parte do teu parceiro, continua a cooperar sempre que o parceiro cooperar para evitar conflitos desnecessários; responde às deserções provocatórias do parceiro com deserções próprias para lhe mostrar que ele não está lidando com um pateta; perdoa deserções ocasionais para evitar uma escalada de deserções mútuas; e, finalmente, exibe um padrão de comportamento claro de tal modo que o parceiro não só saiba com o que pode contar como te possa imitar. Ao contrário do que sucede com o caso do dilema simples, no caso de um dilema do prisioneiro reiterado não é possível determinar de forma independente qual é a melhor estratégia, uma vez que as virtudes de uma estratégia só podem ser avaliadas em situações de confronto com outras estratégias, e o número de estratégias possíveis é enorme. Todavia, simulações computacionais de considerável amplitude conseguiram mostrar que essa estratégia possui uma robustez considerável quando comparada com estratégias alternativas tendencialmente desertoras. **AZ**

Axelrod, R. *The Evolution of Co-Operation*. Londres: Penguin, 1990.
Hofstadter, D. "The Prisoner's Dilemma Computer Tournaments and the Evolution of Co-Operation", *in Metamagical Themes*. Londres: Penguin, 1985, cap. 29.
Sainsbury, M. *Paradoxes*. Cambridge: Cambridge University Press, 1988.

disjunção

A disjunção de duas frases, *p q*, é a frase "*p* ou *q*", que é verdadeira desde que uma das frases componentes seja verdadeira. Símbolo habitual da disjunção: ∨; mas também *v*. Ver CONECTIVO; NOTAÇÃO LÓGICA.

disjunção, eliminação da

Ver ELIMINAÇÃO DA DISJUNÇÃO.

disjunção, introdução da

Ver INTRODUÇÃO DA DISJUNÇÃO.

disjunção exclusiva

Distingue-se da DISJUNÇÃO *simpliciter* por ser falsa caso ambas as frases ou proposições componentes sejam verdadeiras. Uma disjunção exclusiva é verdadeira se, e somente se, uma das proposições for verdadeira e a outra falsa. Símbolo habitual da disjunção exclusiva: $\underline{\vee}$. A disjunção exclusiva não faz habitualmente parte dos sistemas de lógica de primeira ordem, pois uma proposição como $p \underline{\vee} q$ é rigorosamente equivalente a $p \leftrightarrow \neg q$. Ver CONECTIVO; NOTAÇÃO LÓGICA.

disjuntos, conjuntos

Ver CONJUNTOS DISJUNTOS.

disposição

O termo "disposição" ganhou peso na polêmica filosófica contemporânea a partir do seu uso por G. Ryle em *The Concept of Mind* (1949) para referir um tipo específico de propriedades que poderiam ser satisfeitas tanto por indivíduos como por objetos ou substâncias. Essas propriedades consistiriam em propensões ou tendências que dado indivíduo, objeto ou substância teria para, em certas circunstâncias, se comportar de determinada maneira. Desse modo, a atribuição de uma disposição a um indivíduo, objeto ou substância deixar-se-ia analisar em termos de uma frase condicional, a verdade da qual poderia ser verificada pela constatação de que dada relação de seqüência temporal teria lugar entre determinados acontecimentos envolvendo o indivíduo, objeto ou substância em questão. Essa frase condicional chamar-se-ia uma disposicional.

As frases disposicionais foram posteriormente analisadas por Hempel como frases de redução bilateral. Essas últimas haviam, por sua vez, sido esclarecidas por Carnap como frases complexas do gênero Q1 → (Q3 ≡ Q2), em que Q1 referiria uma frase que descreveria uma situação experimental particular, Q2 referiria uma frase que descreveria o resultado experimental decorrente do desenvolvimento da situação experimental descrita em Q1, e Q3 referiria uma frase que atribuiria uma propriedade disposicional ao indivíduo, objeto ou substância alvo do processo experimental descrito em Q1 e Q2. Exemplos de propriedades disposicionais seriam, p. ex., a fragilidade, a solubilidade, o magnetismo e as propriedades mentais. Essa análise das frases disposicionais não é, todavia, aceita por, entre outros, Quine e D. H. Mellor, que defendem que uma caracterização disposicional tem um caráter contrafactual que não admite ser reformulado em termos de frases condicionais indicativas

Duas questões se podem levantar a propósito do uso de propriedades disposicionais em certo contexto discursivo. A primeira consiste em determinar qual é a natureza de uma propriedade disposicional; a segunda consiste em estabelecer qual é o valor epistemológico de explicações dadas por meio do recurso a propriedades disposicionais. Como seria de esperar, as duas questões estão interligadas.

Uma primeira tese acerca da natureza das propriedades disposicionais consiste em defender que essas propriedades não são reais, no sentido de que, ao contrário de pelo menos algumas das propriedades categóricas, elas não seriam propriedades irredutíveis dos objetos individualizados pela investigação científica. A formulação clássica dessa posição é a defendida por Quine. Com efeito, ele defende que o conteúdo teórico da atribuição de uma propriedade disposicional é limitado. De acordo com Quine, uma caracterização disposicional é científica primitiva, dominada por observações pouco sofisticadas do mundo macroscópico. Assim, um dos modos por meio dos quais o progresso científico se manifestaria seria precisamente a substituição de insatisfatórias caracterizações disposicionais de propriedades observadas no macrocosmos por caracterizações não-disposicionais de propriedades microcósmicas, pelas quais as primeiras se deixariam substituir sem nenhuma perda de conteúdo teórico. Um exemplo clássico dessa evolução poderia ser testemunhado na modificação da interpretação de uma atribuição ao açúcar da propriedade de ser solúvel na água. Enquanto, em uma descrição primária, a solubilidade do açúcar na água seria elucidada em termos de uma disposição que o açúcar teria para reagir de determinado modo (caracterizável, p. ex., por ostensão) quando colocado em uma solução aquosa, uma descrição de acordo com os princípios da ciência moderna elucidaria a solubilidade do açúcar na água em termos da interação que se verificaria entre as moléculas que constituem certa quantidade de açúcar e as moléculas que constituem certo volume de água. Essa interação seria especificável por meio do recurso a propriedades simultaneamente não-disposicionais, isto é, categóricas, e microcósmicas.

Desse modo, a partir do momento em que o conhecimento detalhado dos fenômenos moleculares que subjazem ao fenômeno da solubilidade do açúcar na água se encontra disponível, as expressões disposicionais contrafactuais por meio das quais essa solubilidade é habitualmente elucidada devem, segundo Quine, ser pura e simplesmente eliminadas do discurso teórico.

A posição de Quine pode assim ser considerada eliminativista acerca de disposições. Isto não significa que Quine defenda que as palavras (como "frágil", "solúvel", etc.) habitualmente usadas para referir propriedades disposicionais devam ser eliminadas do léxico, mas tão-só que as elucidações delas por meio de frases disposicionais devem ser abandonadas sempre que possível.

Uma outra posição acerca de disposições habitualmente considerada não-realista é a defendida por Ryle, que julga as propriedades disposicionais pertencentes ao discurso pragmático da linguagem vulgar, e não ao discurso teórico da linguagem científica. Desse modo, o gênero de evidência sobre a qual uma atribuição de uma propriedade disposicional se apoiaria seria a evidência de caráter puramente comportamental ou superficial que se alcançaria na experiência cotidiana, a qual seria independente de quaisquer pressupostos teóricos acerca da natureza subjacente dos objetos aos quais as propriedades disposicionais seriam atribuíveis. Todavia, a consideração de que essa seria uma posição não-realista acerca de disposições é, no mínimo, discutível. Com efeito, na medida em que Ryle, ao contrário de Quine, não considera que haja uma continuidade entre o discurso da linguagem vulgar e o discurso da linguagem científica, isto é, na medida em que ele não considera que aquele tenha, tal como esse, o objetivo de pôr a descoberto a estrutura interna da realidade, a questão da realidade ou irrealidade (no sentido definido anteriormente) das propriedades disposicionais não deveria sequer se pôr a propósito da caracterização do seu ponto de vista.

A tese que contraria a concepção não realista das propriedades disposicionais é a defendida por D. H. Mellor, que defende que as propriedades físicas microscópicas em termos das quais as propriedades disposicionais macroscópicas podem eventualmente ser elucidadas são freqüentemente tão disposicionais quanto as propriedades disposicionais macroscópicas que elas pretendem elucidar. De acordo com Mellor, a disposicionalidade de determinadas propriedades seria assim uma característica real delas, isto é, teria um valor ontológico irredutível, em vez de ter apenas um valor epistemológico associado ou ao modo específico de apreensão do mundo implícito no uso da linguagem vulgar, ou ao fato de a nossa apreensão teórica do mundo macroscópico ser, em grande medida, determinada pela nossa ignorância da verdadeira estrutura da realidade.

O problema do valor epistemológico do recurso a propriedades disposicionais em contextos teórico-explicativos não se põe, em princípio, para Ryle, para quem, como foi já referido, uma das características da linguagem disposicional é precisamente a de esta ser usada em contextos não-teóricos. Esse é, todavia, um problema que se põe com particular acuidade para aqueles que, como Quine, defendem, em simultâneo, que o recurso a propriedades disposicionais tem algum valor teórico-explicativo, mesmo que limitado, e que as propriedades disposicionais não são reais (no sentido referido antes).

Esse problema admite dois gêneros de soluções. A primeira é a defendida por Quine. De acordo com essa solução, a referência a uma propriedade disposicional seria um modo de referir propriedades categóricas de entidades microfísicas subjacentes cujos contornos seriam ainda desconhecidos. Daí a existência, por um lado, de valor explicativo (haveria uma referência implícita a propriedades reais) e, simultaneamente, de seu valor limitado (essas propriedades reais às quais se faria implicitamente referência seriam ainda desconhecidas). A segunda solução é aquela que considera que, havendo realmente uma relação de dependência entre as propriedades disposicionais e as propriedades categóricas subjacentes, no sentido em que as primeiras seriam de algum modo formas macrofísicas de manifestação das segundas, essa relação de dependência não se deixaria reconduzir a uma relação de redução ou identidade. Em alguns dos seus textos, Hempel parece defender essa posição. P. ex., embora ele considere que o magnetismo é uma propriedade disposicional cuja manifestação assenta em propriedades categóricas subjacentes microfísicas, parece defender a idéia de acordo com a qual a propriedade macroscópica do magnetismo não se deixaria reduzir, pura e simplesmente, a essas propriedades microfísicas e não admitiria, por conseguinte, ser eliminada por elas. Do mesmo modo, Hempel parece também considerar que as propriedades mentais, na qualidade de propriedades disposicionais, embora dependentes da existência de propriedades categóricas subjacentes, não se deixariam reduzir pura e simplesmente a estas sem deixar resíduo. A relação entre as propriedades disposicionais e as categóricas subjacentes seria assim mais uma relação de sobreveniência, no sentido posteriormente introduzido por Davidson, do que uma relação de redução ou identidade. Desse modo, ficaria justificado o valor epistemológico do recurso a algumas propriedades disposicionais em contextos teórico-explicativos.

Todavia, para que a elucidação da estrutura de propriedades disposicionais em termos de frases de redução bilateral não comprometa essa tese, Hempel necessita introduzir uma qualificação nessa elucidação. Trata-se da distinção entre disposições restritas e disposições alargadas. A substância dessa distinção é a seguinte: enquanto as atribuições de disposições restritas a objetos ou indivíduos se deixariam caracterizar por meio de uma única frase de redução bilateral, as atribuições de disposições alargadas deixar-se-iam caracterizar apenas em termos de agregados de diferentes frases de redução bilateral. Ora, só as disposições alargadas poderiam ser usadas com valor epistemológico em contextos teórico-explicativos. Com efeito, a conjunção de uma frase Q3 atribuindo uma propriedade disposicional restrita a um indivíduo, objeto ou substância com uma frase Q1 descrevendo a situação experimental relevante para a atribuição da propriedade disposicional em causa ao indivíduo, objeto ou substância em questão, implica logicamente a frase Q2, que descreve, no contexto da frase de redução bilateral por meio da qual essa propriedade disposicional é elucidada, o resultado experimental decorrente do desenvolvimento da situação experimental descrita em Q1. Daqui segue-se que a inserção de propriedades disposicionais restritas em argumentos nomológico-dedutivos, integrando frases universais de caráter nômico determinando o modo como indivíduos ou objetos detentores de dada propriedade disposicional Ψ se comportariam naquelas situações experimentais referidas nas frases de tipo Q1, esvaziaria esses argumentos de qualquer conteúdo empírico. Todavia, a atribuição de uma disposição alargada a um indivíduo, objeto ou substância não implicaria necessariamente, ainda segundo Hempel, o estabelecimento de uma correlação implícita entre dada situação experimental e dado resultado experimental. Assim, um argumento nomológico-dedutivo cujas premissas consistissem na conjunção da atribuição de uma propriedade disposicional alargada a um objeto, indivíduo ou substância com a descrição de certa situação experimental e com uma lei de caráter geral determinando o modo como, nessa situação experimental, indivíduos, objetos ou substâncias detentores dessa propriedade disposicional se comportariam, poderia ainda ter um genuíno valor explicativo.

A posição realista de Mellor tem importantes conseqüências quanto ao valor epistemológico do recurso a propriedades disposicionais em contextos teórico-explicativos. Com efeito, convém, antes de tudo, esclarecer que Mellor aceita que a referência a uma propriedade disposicional em um contexto explicativo tem de algum modo de apontar para uma realização dela por outras propriedades físicas subjacentes. Todavia, ele não aceita nem que essa realização seja uma recondução ou redução, nem que essas outras propriedades subjacentes tenham de ser elas próprias categóricas. Isto é, para Mellor, qualquer propriedade de qualquer nível da realidade pode ser disposicional. Mas, se as propriedades físicas subjacentes forem elas próprias disposicionais e se, na cadeia descendente de reconduções e/ou realizações, não formos levados a encontrar propriedades básicas não-disposicionais, então estaremos enveredando por uma posição de "disposicionalismo sem fundo", de acordo com a qual poderá não haver nenhum nível fundamental de descrição da realidade. A posição de Mellor entra assim em contradição com um dos princípios básicos do fisicalismo, nomeadamente, com o princípio de acordo com o qual haveria um nível fundamental de descrição da realidade, a saber, o nível da microfísica, que não se deixaria reconduzir a nenhum outro e ao qual todos os outros níveis de descrição se deveriam deixar reconduzir, mesmo que apenas em princípio. Por outro lado, se o caráter disposicional das propriedades microfísicas subjacentes não é um obstáculo a que elas tenham um importante valor epistemológico em contextos teórico-explicativos, então não há razão para negar esse valor a quaisquer propriedades disposicionais de qualquer nível da realidade.

Esse debate trava-se, por conseguinte, em torno de um tronco argumentativo comum, embora com desenvolvimentos opostos. De fato, enquanto o não-realismo de Quine acerca de propriedades disposicionais se afirma como uma conseqüência de uma posição de fundo de fundacionalismo fisicalista, o realismo de Mellor acerca de propriedades disposicionais afirma-se como uma conseqüência de uma posição de fundo de negação de qualquer fundacionalismo (fisicalista ou outro). Essa situação pode ser ilustrada por meio do recurso à seguinte imagem: enquanto um realismo acerca das propriedades de fundo, como o de Quine, implica um não-realismo acerca das propriedades de superfície, um disposicionalismo sem fundo, como o de Mellor, implica uma espécie de "realismo sem teto" acerca de quaisquer propriedades às quais se possa atribuir qualquer valor teórico-explicativo.

Essa polêmica ganhou nova acuidade na filosofia da mente dos últimos anos. Com efeito, a tese fundamental do funcionalismo, de acordo com a qual as propriedades mentais seriam propriedades funcionais, é interpretada de duas maneiras diferentes por duas escolas de pensamento funcionalista, que reproduzem no interior do debate em filosofia da mente as posições antes referidas acerca do estatuto de propriedades disposicionais. Assim, David Lewis adota uma posição semelhante à de Quine, de acordo com a qual as propriedades mentais referidas na psicologia vulgar seriam propriedades funcionais ou disposicionais, às quais apenas seria possível atribuir um valor teórico-explicativo pelo fato de elas referirem implicitamente propriedades categóricas subjacentes ainda desconhecidas de natureza física, com as quais poderiam e deveriam ser identificadas; pelo contrário, a linha de pensamento funcionalista originada por Putnam e prosseguida por Block, Loar e outros adota uma posição que oscila entre as posições de Hempel e de Mellor, de acordo com a qual as propriedades mentais referidas na psicologia vulgar seriam propriedades funcionais ou disposicionais com um valor teórico-explicativo autônomo de forma alguma redutível ao valor teórico-explicativo das propriedades físicas da realidade fisiológica, mecânica ou eletrônica subjacente, apesar de a existência dessas últimas ser uma condição necessária para a existência daquelas. A relação entre as propriedades mentais e as físicas sobre as quais elas assentariam seria assim uma relação de realização e não uma relação de identidade ou redução. **AZ**

CARNAP, R. "Testability and Meaning", *in* Feigl, H. e Brodbeck, M. (orgs.). *Readings in the Philosophy of Science*. Nova York: Apple Century Crofts, 1953.

HEMPEL, C. G. *Aspects of Scientific Explanation*. Nova York: The Free Press, 1965.

LEWIS, D. "Psychophysical and Theoretical Identifications", *in* Block, N. (org.). *Readings in the Philosophy of Psychology*. Londres: Methuen, 1980.

MELLOR, D. H. "In Defence of Dispositions", *in The Philosophical Review*, 53, 1974, pp. 157-81.

PUTNAM, H. "Philosophy and our Mental Life", *in* Block, N. (org.). *Readings in the Philosophy of Psychology*. Londres: Methuen, 1980.

QUINE, W. V. O. "Mind and Verbal Dispositions", *in* Guttenplan, S. (org.). *Mind & Language*. Oxford: Clarendon Press, 1975, pp. 83-95.

_____. *Word and Object*. Cambridge: MIT Press, 1960.

RYLE, G. *The Concept of Mind*. Londres: Hutchinson, 1949.

distribuição

(de um termo) Noção da teoria do SILOGISMO. Um termo está distribuído quando se refere a todos os elementos de uma classe. Assim, na proposição "Todos os homens são mortais" o termo "homens" está distribuído, mas o termo "mortais" não, uma vez que não se afirma que todas as coisas

Tabela da distribuição de termos

	SUJEITO	PREDICADO
Universal afirmativa (A) (Todos os *homens* são mortais)	distribuído	não-distribuído
Universal negativa (E) (Nenhum *homem* é *imortal*)	distribuído	distribuído
Particular afirmativa (I) (Alguns homens são honestos)	não-distribuído	não-distribuído
Particular negativa (O) (Alguns homens não são *honestos*)	não-distribuído	distribuído

mortais são homens. O sujeito das proposições universais (A, E) está distribuído e o das particulares (I, O) não; o predicado das proposições negativas está distribuído (E, O) e o das afirmativas não (A, I). A distribuição dos termos é crucial para evitar falácias na silogística. A doutrina dá origem à tabela da distribuição de termos. **DM**

distributividade, leis da

As fórmulas $p \wedge (q \vee r)$ e $(p \wedge q) \vee (p \wedge r)$ são logicamente equivalentes. Equivalentemente, $p \wedge (q \vee r) \leftrightarrow (p \wedge q) \vee (p \wedge r)$ é uma tautologia. De igual modo, as fórmulas $p \vee (q \wedge r)$ e $(p \vee q) \wedge (p \vee r)$ são logicamente equivalentes. Estas são as leis distributivas da conjunção em relação à disjunção, respectivamente, da disjunção em relação à conjunção. As leis da distributividade também são válidas na LÓGICA INTUICIONISTA. Em um famoso artigo (1979), Hilary Putnam (1926-) defende que se devem abandonar as leis da distributividade de modo a dar uma interpretação realista à mecânica quântica, isto é, propõe que se substitua a lógica clássica pela LÓGICA QUÂNTICA. *Ver também* CÁLCULO PROPOSICIONAL; TAUTOLOGIA; ÁLGEBRA DE BOOLE; LÓGICA INTUICIONISTA; LÓGICA QUÂNTICA. **FF**

PUTNAM, H. "The Logic of Quantum Mechanics", *in Philosophical Papers*. Cambridge: Cambridge University Press, 1979, vol. 1.

divisão, falácia da

Ver FALÁCIA DA DIVISÃO.

domínio

Em matemática e em lógica, o domínio de uma correspondência ou relação binária R considerada conjunto de pares ordenados (p. ex., $R \subseteq A \times B$ para certos conjuntos A e B) é o conjunto dos objetos x (elementos x de A) que estão na relação R com algum objeto y (de B), e denota-se habitualmente por dom(R). Formalmente, dom(R) = $\{x \in A : \exists y \in B \wedge (x, y) \in R\}$. Do conjunto de pares ordenados R pode-se recuperar o domínio de R a partir de R, utilizando a operação conjuntista de união: dom(R) = $\cup \cup R$. A noção de domínio de uma função ou aplicação f é um caso particular da anterior, já que uma função é, na teoria dos conjuntos, uma relação com uma propriedade especial, nomeadamente, com a propriedade de funcionalidade.

Outra acepção matemática e lógica do termo "domínio" é sinônima da de suporte (ou universo) de uma interpretação ou estrutura M = (M,...) para uma linguagem L: é o conjunto M onde estão definidas as relações e operações da estrutura correspondentes aos símbolos não-lógicos da linguagem. **AJFO**

doxástico, estado

Ver ESTADO DOXÁSTICO.

dualismo

Tese ontológica, de acordo com a qual existem duas regiões ontológicas distintas e irredutíveis. A caracterização pelo dualismo de cada uma dessas regiões ontológicas é, de forma geral, a que foi feita por Descartes. De acordo com o ponto de vista dele, a realidade dividir-se-ia em substância material (*res extensa*), que existiria no espaço e no tempo e ocuparia uma das regiões ontológicas, e em substância mental (*res cogitans*), que existiria apenas no tempo e ocuparia a outra região ontológica. O problema fundamental que uma perspectiva dualista imediatamente introduz é determinar qual a relação que existe entre essas duas substâncias.

O dualismo subdivide-se assim em diferentes doutrinas, de acordo com o modo como cada uma delas concebe as relações que obtêm entre as substâncias que compõem cada uma das regiões ontológicas em causa. A perspectiva do próprio Descartes era interacionista, isto é, uma perspectiva de acordo com a qual existiria uma interação causal entre a substância mental e a substância material. Assim, de acordo com Descartes, a substância mental seria capaz de influenciar causalmente a substância material, e a substância material seria capaz de influenciar causalmente a substância mental. Descartes selecionou inclusivamente uma parte específica do corpo humano – a glândula pineal ou epífise – como aquela parte da substância material onde a interação em causa ocorreria. Todavia, ele nunca foi capaz de explicar como essa interação seria realmente possível. De início, não há, com efeito, nenhuma razão para crer nem que uma substância inextensa, isto é, imaterial, possa exercer um efeito qualquer causal sobre uma substância extensa, isto é, material, nem que uma substância material possa exercer qualquer efeito causal sobre uma substância imaterial. Esse é o problema que, por sua vez, está na origem do chamado PROBLEMA DA MENTE-CORPO.

Ao interacionismo cartesiano opõe-se, no interior do paradigma dualista, a tese de acordo com a qual não haveria nenhuma interação entre a *res cogitans* e a *res extensa*. Essa tese é habitualmente conhecida como a tese do paralelismo. A mais célebre das doutrinas paralelistas é o ocasionalismo. A figura habitualmente associada com o ocasionalismo é a do filósofo francês Malebranche. Ao propor a doutrina ocasionalista, Malebranche consegue evitar o grande problema suscitado pelo dualismo cartesiano. Com efeito, se nenhuma interação pode, de início, ter lugar entre a substância material e a mental, o problema de explicar como é essa interação possível desaparece. O preço que os ocasionalistas têm de pagar por essa evasão é, todavia, bastante alto: a sua doutrina parece contradizer tudo aquilo que o senso comum parece predisposto a aceitar, tanto acerca do modo como os nossos pensamentos, sensações e percepções parecem determinar a nossa ação no mundo físico, como acerca do modo como os objetos e fenômenos do mundo físico parecem determinar as nossas sensações e percepções deles.

Como forma de resolver essa manifesta contradição com o senso comum, os ocasionalistas postulam a tese de que é Deus quem estabelece a ligação entre quaisquer acontecimentos mentais e quaisquer acontecimentos físicos. Assim, o meu desejo ou a minha vontade de beber água é apenas um sinal que leva Deus a fazer o meu corpo mover-se no sentido de levar água à minha boca, em vez de ser ele próprio causalmente responsável pelos gestos que constituem a minha ação de beber água; do mesmo modo, a produção de um choque entre dois objetos nas minhas redondezas é também ele apenas um sinal que leva Deus a produzir na minha consciência uma sensação sonora, em vez de ser ele próprio, junto com outros fenômenos físicos direta ou indiretamente por ele causados, tais como a vibração do ar e a vibração da membrana do meu tímpano, causalmente responsável pela minha sensação sonora. Desse modo, a *res extensa* e a *res cogitans* teriam, do ponto de vista de Malebranche e dos ocasionalistas, uma existência completamente paralela, e só a intervenção constante de Deus nos daria a sensação errônea de que existiria verdadeiramente uma interação entre o nosso mundo mental e o mundo físico.

Convém aqui, todavia, fazer notar que o apelo a Deus como único intermediário causal possível entre a *res cogitans* e a *res extensa* não é o resultado de uma simples manobra de oportunismo teórico da parte de Malebranche. Com efeito, deve dizer-se em abono desse filósofo que sua concepção geral da causalidade é a de que a vontade de Deus é a verdadeira fonte de todas as conexões causais e não apenas das conexões psicofísicas. Por sua vez, essa é uma posição que surge naturalmente da conjunção das seguintes premissas, que eram, de maneira geral, aceitas pelos seus contemporâneos: a premissa, que veio a ser posta em causa apenas por David Hume, que afirma serem as conexões causais necessárias; a premissa de acordo com a qual nada na natureza pode garantir a necessidade de quaisquer conexões entre acontecimentos; e a premissa de que entre a vontade de um ser onipotente e a sua materialização existe uma relação de necessidade.

Uma outra doutrina dualista é o epifenomenalismo. Ao contrário do paralelismo ocasionalista, o epifenomenalismo considera que há trânsito causal entre as duas regiões ontológicas. Todavia, ao contrário do interacionismo cartesiano, o epifenomenalismo considera que a interação entre fenômenos físicos e mentais ocorre apenas em um sentido. A tese fundamental do epifenomenalismo é, assim, a de que, enquanto os fenômenos físicos têm a possibilidade de influenciar causalmente os fenômenos mentais, estes não têm nenhuma possibilidade de influenciar aqueles. Em particular, os epifenomenalistas defendem a tese segundo a qual, ao passo que os fenômenos mentais são causados por fenômenos cerebrais, nenhum fenômeno físico, cerebral ou outro, é causado por algum fenômeno mental. É precisamente esse aspecto da não-aceitação da existência de qualquer potência causal dos fenômenos mentais sobre os fenômenos físicos que distingue essencialmente o epifenomenalismo do interacionismo cartesiano. Como o nome da doutrina indica, do ponto de vista do epifenomenalismo os fenômenos mentais nada mais seriam do que epifenômenos. A apresentação clássica da doutrina epifenomenalista é feita por C. D. Broad. Outro defensor clássico do epifenomenalismo foi T. H. Huxley.

A negação pelo epifenomenalismo da existência de qualquer influência causal exercida pelos fenômenos mentais sobre os fenômenos físicos tem o efeito de tornar essa doutrina perfeitamente compatível com um dos princípios fundamentais da prática científica moderna, a saber, o princípio da completude da física. Esse é o princípio de acordo com o qual qualquer acontecimento físico é completamente determinado por outros acontecimentos físicos prévios, de acordo com as leis da física. De acordo com esse princípio, não é de forma alguma necessário nem desejável sair do âmbito da ciência física para se alcançar a compreensão de qualquer acontecimento que ocorra no domínio do mundo físico. Desse modo, o epifenomenalismo é compatível com a tese de que todas as nossas ações são fisicamente determinadas pelo cérebro. Essa doutrina fica assim salvaguardada de quaisquer choques com quaisquer descobertas que a neurofisiologia possa fazer a respeito do funcionamento efetivo do cérebro humano, o que a torna uma das posições do dualismo tradicional mais apelativas para a filosofia da mente contemporânea.

Embora de forma não tão frontal quanto o ocasionalismo, o epifenomenalismo choca igualmente com uma das intuições fundamentais do senso comum acerca da natureza e do papel dos estados mentais, nomeadamente, a intuição de acordo com a qual certos fenômenos mentais são causalmente responsáveis pela ocorrência de certos fenômenos físicos (p. ex., a idéia intuitiva de que um grito súbito de dor seria causado por uma dor aguda súbita). Uma das estratégias seguidas pelos epifenomenalistas para justificar a aparente contradição entre a sua tese central e essa intuição do senso comum é a de que essa idéia intuitiva seria o resultado de uma infeliz combinação de ignorância empírica com falta de treino lógico. Com efeito, o senso comum não tem, de forma geral, nenhuma noção de como o cérebro efetivamente funciona; por outro lado, ambos os fenômenos, isto é, no caso do exemplo anterior, tanto a dor como o grito, seriam, de acordo com os epifenomenalistas, diferentes efeitos de uma mesma causa, a saber, determinado acontecimento cerebral; eles ocorreriam, todavia, ligeiramente defasados no tempo, isto é, o efeito mental, ou seja, a dor, ocorreria ligeiramente antes do efeito físico, ou seja, o grito. Tal fato originaria assim que o senso comum incorresse em um caso particular da falácia *POST HOC, ERGO PROPTER HOC* (isto é, "depois disto, portanto por causa disto"), nomeadamente, a falácia de considerar que dois efeitos seqüenciais de uma mesma causa estão entre si em uma relação de causa e efeito. **AZ**

BROAD, C. D., *The Mind and its Place in Nature* [1925]. Londres: Routledge, 1951.

DESCARTES, R. *Meditações sobre a filosofia primeira* [1641], *in* Adam e Tannery (orgs.). *Oeuvres de Descartes*. Paris: Vrin, 1969-1982.

HUXLEY, T. H. *Man's Place in Nature*, 1863.

MALEBRANCHE, N. *De la recherche de la vérité* [1675], *in* Robinet, A. (org.). *Oeuvres complètes*. Paris: Vrin, 1958-1968.

dupla negação

Ver NEGAÇÃO DUPLA.

é

O verbo "ser" e os seus equivalentes em outras línguas (em particular na sua forma "é", ou "is", ou "ist") presta-se a equívocos de interpretação, uma vez que tem vários usos diferentes que podem ser confundidos. Em "a Estrela da Manhã é a Estrela da Tarde", "é" indica IDENTIDADE, isto é, que o objeto denotado pela expressão à direita e aquele denotado pela expressão à esquerda são o mesmo objeto (exatamente o mesmo sentido de "é" é detectável em "a Estrela da Manhã é a Estrela da Manhã", mas neste caso a asserção é destituída de valor informativo; *ver* SENTIDO/REFERÊNCIA). Por outro lado, em "Balakov é genial", "é" indica PREDICAÇÃO, isto é, tal frase significa que o indivíduo denotado pelo nome "Balakov" pertence ao conjunto denotado pelo predicado "genial". Nesse caso, a ocorrência de "é" é argumentavelmente redundante, visto que seria possível indicar predicação (e no CÁLCULO DE PREDICADOS isso é feito) sem a sua presença ou sem a presença de uma sua tradução formal. Um "é" argumentavelmente distinto desses dois é o que exprime constituição, como quando se diz "um refrigerante é água com açúcar". Por último, um uso possível de "é" é aquele que exprime EXISTÊNCIA, como em "o Belo é" enquanto dito por um adepto inveterado de Platão. *Ver também* CÁLCULO DE PREDICADOS; EXISTÊNCIA; IDENTIDADE; PREDICADO; SENTIDO/REFERÊNCIA. **PS**

e

Ver CONJUNÇÃO.

ecceidade

Ver PROPRIEDADE.

egocêntrico, particular

Ver PARTICULAR EGOCÊNTRICO.

elemento

Ver MEMBRO.

Eletra, paradoxo de

Ver PARADOXO DE ELETRA.

eliminação da conjunção

(E$\wedge$) Trata-se de uma regra de INFERÊNCIA que permite eliminar em uma dedução a conjunção como conectivo dominante, a partir de premissas nas quais ele ocorra como tal.

Para a conjunção temos

$$\frac{A \wedge B}{A} \qquad \frac{A \wedge B}{B}$$

onde A e B são letras esquemáticas substituíveis por duas quaisquer fbf e a barra horizontal separa premissa de conclusão.

Em uma notação alternativa, na qual $\vdash$ simboliza validade sintática, a formulação dessa regra seria: $A \wedge B \vdash A$ e $A \wedge B \vdash B$.

Esse gênero de regras de eliminação e as suas complementares, as regras de introdução, fazem parte dos sistemas de dedução natural. Se a formulação de uma regra de eliminação é feita sem que nela ocorra qualquer outra constante lógica (isto é, conectivo), diz-se pura. A formulação que se acabou de dar é pura. Tomadas conjuntamente, as regras de eliminação e de introdução devem determinar univocamente uma constante lógica (isto é, um conectivo – no entanto, *ver* TONK). É óbvio que se trata de regras sintáticas, visto que nenhuma referência na sua formulação foi feita à interpretação dos símbolos que nela ocorrem.

Existe uma questão interessante, do âmbito da filosofia da lógica, sobre se o sentido de cada CONSTANTE LÓGICA – neste caso da conjunção, $\wedge$ – é dado pelas suas regras de introdução e de eliminação (*ver* INTRODUÇÃO DA CONJUNÇÃO) que, conjuntamente, determinam o seu papel inferencial; ou, alternativamente, se é necessário ter primeiro uma noção do modo como a constante em questão determina o valor de verdade das frases em que ocorre – no caso da conjunção, p. ex., isso seria dado pela sua tabela de verdade. Essa é uma questão que, em termos gerais, nos leva a ponderar se se deve atribuir prioridade explicativa à SINTAXE (papel inferencial) ou à SEMÂNTICA (contributo para o valor de verdade), quando se pretende dar o significado de cada uma das constantes lógicas. JS

eliminação da disjunção

(Ev) Trata-se de uma regra de INFERÊNCIA que permite eliminar em uma dedução a disjunção como conectivo dominante, a partir de premissas nas quais ele ocorria como tal.

Para a disjunção temos

$$\begin{array}{c} A \vee B \\ \\ \left| \begin{array}{cc} A & PA \\ \vdots & \\ C & \end{array} \right. \\ \left| \begin{array}{cc} B & PA \\ \vdots & \\ C & \end{array} \right. \\ \hline C \end{array}$$

onde A, B e C são letras esquemáticas que são substituíveis por três quaisquer fbf, a barra horizontal separa premissas de conclusão, a barra vertical indica o âmbito de uma premissa assumida, PA abrevia "premissa assumida" e ... representa uma seqüência finita de grau $n (\geq 0)$ de inferências.

Em uma notação alternativa, na qual $\vdash$ abrevia "validade sintática", a formulação dessa regra seria: Se $A \vee B$ e $A \vdash C$ e $B \vdash C$, então $A \vee B \vdash C$. Essa regra também é por vezes designada prova por casos.

Esse gênero de regras de eliminação e as suas complementares, as regras de introdução, fazem parte dos sistemas de DEDUÇÃO NATURAL. Se a formulação de uma regra de eliminação é feita sem que nela ocorra nenhuma outra constante lógica (isto é, conectivo), diz-se pura. A formulação que se acabou de dar é pura. Tomadas conjuntamente, as regras de eliminação e de introdução devem determinar univocamente uma constante lógica, isto é, um conectivo (no entanto, *ver* TONK). É óbvio que se trata de regras sintáticas, visto que nenhuma referência na sua formulação foi feita à interpretação dos símbolos que nela ocorrem.

Existe uma questão interessante, do âmbito da filosofia da lógica, sobre se o sentido de cada CONSTANTE LÓGICA – neste caso da disjunção, $\vee$ – é dado pelas suas regras de introdução e de eliminação (*ver* INTRODUÇÃO DA DISJUNÇÃO) que, conjuntamente, determinam o seu papel inferencial; ou, alternativamente, se é necessário ter primeiro uma noção do modo como a constante em questão determina o valor de verdade das frases em que ocorre – no caso da disjunção, p. ex., isso seria dado pela sua tabela de verdade (*ver* CONECTIVO). Essa é uma questão que, em termos gerais, nos leva a ponderar se se deve atribuir prioridade explicativa à SINTAXE (papel inferencial) ou à SEMÂNTICA (contributo para o valor de verdade), quando se pretende dar o significado de cada uma das constantes lógicas. JS

eliminação da identidade

(E=) A regra da eliminação da identidade, também conhecida como regra da substituição *salva veritate* (ou ainda como regra da substituição de idênticos por idênticos), é um dos princípios mais simples da lógica da identidade. Informalmente, a regra estabelece o seguinte: se, em uma frase qualquer dada, substituirmos uma ou mais ocorrências de um TERMO SINGULAR por um termo singular com a mesma REFERÊNCIA (ou denotação), então o valor de verdade da frase original será preservado após as substituições; em particular, se a frase original é verdadeira, então qualquer frase que dela resulte dessa maneira será também verdadeira. P. ex., dada a frase verdadeira "A Estrela da Manhã não é uma estrela", podemos nela substituir o termo singular "A Estrela da Manhã" por quaisquer termos singulares que lhe sejam correferenciais, como, p. ex., "Vênus", "A Estrela da Tarde", e "O corpo celeste com uma órbita entre Mercúrio e a Terra"; obtemos desse modo frases que são ainda verdadeiras, como (respectivamente) "Vênus não é uma estrela", "A Estrela da Tarde não é uma estrela" e "O corpo celeste com uma órbita entre Mercúrio e a Terra não é uma estrela".

A regra da eliminação da identidade é freqüentemente utilizada em sistemas de dedução natural para a lógica de primeira ordem com identidade, podendo ser formulada da seguinte maneira relativamente a dada linguagem formal L para essa lógica. Sejam t' e t'' termos de L, e $\Phi t'$ uma frase de L que contém uma ou mais ocorrências de t'. Então, dadas frases de L da forma $\Phi t'$ e dada a fórmula $t' = t''$ como premissas, podemos inferir a frase $\Phi t''$ como conclusão; aqui $\Phi t''$ resulta de $\Phi t'$ pela substituição de pelo menos uma ocorrência de t' em $\Phi t'$ por t''. Esquematicamente, tem-se: $\Phi t'$, $t' = t'' \vdash \Phi t''$. Eis um exemplo de uma dedução simples com a ajuda da regra da Eliminação da Identidade (a, b e c são termos de L):

1	(1)	$a = b$	Premissa
2	(2)	$b = c$	Premissa
1,2	(3)	$a = c$	1,2 E=

Convém notar que a regra da eliminação da identidade não é de forma alguma imune a contra-exemplos, os mais conhecidos dos quais dizem respeito a linguagens que não são puramente extensionais (como as da habitual lógica de primeira ordem), e que contêm construções habitualmente classificadas como intensionais ou referencialmente opacas (ver EXTENSÃO/INTENSÃO; OPACIDADE REFERENCIAL). Entre tais construções, que ocorrem com grande freqüência nas linguagens naturais, destacam-se as seguintes: contextos citacionais, que se caracterizam no caso por conterem ocorrências mencionadas de termos singulares (ver USO/MENÇÃO); e contextos psicológicos e cognitivos, em que há certas ocorrências de verbos como "esperar", "querer", acreditar", "saber", etc. (ver ATITUDE PROPOSICIONAL). A inaplicabilidade da regra a construções do primeiro gênero deixa-se verificar pela consideração da seguinte inferência, claramente inválida (o exemplo, já histórico, é de Willard Quine): 1) Giorgione chamava-se assim devido ao seu tamanho; 2) Giorgione = Barbarelli; 3) ∴ Barbarelli chamava-se assim devido ao seu tamanho.

A premissa 1 estabelece que Giorgione, isto é, Barbarelli, chamava-se "Giorgione" devido ao seu tamanho, o que era presumivelmente o caso; mas, pela mesma ordem de razões, a conclusão 3 estabelece que Barbarelli, isto é, Giorgione, chamava-se "Barbarelli" devido ao seu tamanho, o que não era presumivelmente o caso. A inaplicabilidade da regra da eliminação da identidade a construções do segundo gênero deixa-se verificar pela consideração da seguinte inferência, também claramente inválida (o exemplo, não menos famoso, é de Bertrand Russell): 4) O rei Jorge IV queria saber se Walter Scott escreveu *Waverley*; 5) Walter Scott = O autor de *Waverley*; 6) ∴ O rei Jorge IV queria saber se o autor de *Waverley* escreveu *Waverley*.

Por vezes, os contextos modais são igualmente referidos como proporcionando contra-exemplos à regra da eliminação da identidade. Todavia, tal não é completamente correto. Se considerarmos o caso de frases modalizadas cujos termos singulares consistem apenas em nomes próprios (ou em outros termos singulares sintaticamente simples), é pelo menos argumentável que a regra é válida para essas construções. P. ex., muita gente contaria como válida a seguinte inferência (supondo que "A Estrela da Manhã" e "A Estrela da Tarde" são nomes próprios, e não descrições definidas): 7) A Estrela da Manhã é necessariamente idêntica à Estrela da Manhã; 8) A Estrela da Manhã = a Estrela da Tarde; 9) ∴ A Estrela da Manhã é necessariamente idêntica à Estrela da Tarde.

Para além disso, e mesmo no caso de as frases modalizadas conterem descrições definidas (ou outros termos singulares sintaticamente complexos), é possível invocar distinções de âmbito e considerar certas inferências como não constituindo contra-exemplos genuínos à regra da Eliminação da Identidade. P. ex., se à descrição "O número dos planetas do sistema solar" for dado, na frase 12, âmbito longo relativamente ao operador de necessidade, é possível considerar a seguinte inferência como válida e como não entrando de forma alguma em conflito com aquele princípio lógico (*ver* DE DICTO/DE RE; ÂMBITO): 10) 9 é necessariamente idêntico a 9; 11) 9 = O número dos planetas do sistema solar; 12) ∴ O número dos planetas do sistema solar é necessariamente idêntico a 9.

Um princípio ocasionalmente associado à regra da eliminação da identidade é a chamada lei de Leibniz ou INDISCERNIBILIDADE DE IDÊNTICOS: se objetos x e y são idênticos, então qualquer propriedade de x, respectivamente de y, é uma propriedade de y, respectivamente de x. Todavia, trata-se de princípios distintos: esse último princípio trata de itens extralingüísticos, de objetos e de propriedades que eles podem ter, e não está formulado com referência a nenhuma linguagem em particular; o primeiro princípio trata de itens lingüísticos, de termos singulares e de frases nas quais eles podem ocorrer, e está formulado com referência a uma linguagem em particular. Uma conseqüência deste fato é a de que a Indiscernibilidade de Idênticos parece ser imune ao gênero de contra-exemplos aos quais a eliminação da identidade não é imune. P. ex., o caso Giorgione/Barbarelli não colide com aquela lei, pois não nos dá uma propriedade que Giorgione tenha e Barbarelli não tenha: a expressão "Cha-mar-se assim devido ao seu tamanho" não é suficiente para especificar uma propriedade (assim como?), e a propriedade de chamar-se "Giorgione" devido ao seu tamanho é uma propriedade que tanto Giorgione como Barbarelli têm. *Ver também* IDENTIDADE; EXTENSÃO/INTENSÃO; USO/MENÇÃO; OPACIDADE REFERENCIAL; LEI DA IDENTIDADE; INDISCERNIBILIDADE DE IDÊNTICOS. **JB**

eliminação da necessidade

(E□) Regra que dá expressão a um dos princípios mais óbvios do raciocínio modal, o princípio segundo o qual estamos sempre autorizados a inferir o ser a partir da necessidade (por assim dizer). Por outras palavras, ao fato de uma proposição ser necessária segue-se que ela é verdadeira; p. ex., uma conseqüência lógica da proposição que é necessário que Teeteto não seja um jacaré é a proposição que Teeteto não é (de fato) um jacaré.

A regra da eliminação da necessidade, cuja ocorrência é freqüente em sistemas de dedução natural para a lógica modal proposicional, estabelece assim o seguinte: dada uma frase qualquer da forma $\Box p$ como premissa, podemos eliminar o operador modal de necessidade e inferir a frase p como conclusão; esquematicamente, $\Box p \vdash p$. (Por vezes, a designação "eliminação da necessidade" é também usada para o TEOREMA da lógica modal proposicional $\Box p \to p$.) *Ver também* ELIMINAÇÃO DA POSSIBILIDADE; INTRODUÇÃO DA POSSIBILIDADE; NECESSITAÇÃO, REGRA DA; LÓGICA MODAL. **JB**

eliminação da negação

(E¬) Regra de inferência utilizada como regra primitiva em alguns sistemas de DEDUÇÃO NATURAL para a lógica de primeira ordem. A regra estabelece que, se linhas dadas de uma dedução contêm fórmulas bem formadas da forma p e $\neg p$, então em qualquer linha subseqüente pode ser introduzida a fórmula ⊥ (em que ⊥, o símbolo do ABSURDO, representa uma contradição ou falsidade lógica arbitrária); tal linha dependerá de todas as suposições e premissas das quais aquelas duas linhas dependerem. Esquematicamente, tem-se

$a_1,..., a_n$ (j) p
⋮
$b_1,..., b_n$ (k) $\neg p$
⋮
$a_1,..., a_n, b_1,..., b_n$ (m) $\perp$ j, k E¬

A regra ocorre em combinação com a regra da INTRODUÇÃO DA NEGAÇÃO. Não confundir com NEGAÇÃO DUPLA. *Ver* SÍMBOLO DO ABSURDO. JB

eliminação da possibilidade

(E◊) Trata-se de uma regra de inferência habitual em certos sistemas de dedução natural para a lógica modal de primeira ordem. Intuitivamente, a regra permite de algum modo, pelo menos em certa etapa da sua aplicação e sob certas condições, eliminar o operador de possibilidade de uma frase por ele governada. Obviamente, a regra não é, no entanto, equivalente à inferência falaciosa do ser a partir da possibilidade; ou seja, à simples transição ilegítima de uma frase da forma ◊p para p. Formalmente, a regra da Eliminação da Possibilidade estabelece o seguinte (recorrendo à formulação adotada em Forbes, 1994, relativa ao sistema S5 de dedução natural para a lógica modal). Dada em uma linha qualquer de dedução uma frase da forma ◊p, é introduzida como suposição em uma linha subseqüente a frase que dela resulta por eliminação do operador de possibilidade, isto é, a frase p. Se daí inferirmos, em linha ulterior, uma frase qualquer q, então podemos inferir q sem que esta dedução dependa agora daquela suposição. A restrição a impor é a de que todas as frases que ocorrem nas linhas das quais depende a linha em que q é primeiro inferida, à exceção da frase p ela própria, sejam frases completamente modalizadas; uma frase da lógica modal de primeira ordem diz-se completamente modalizada quando toda frase atômica que nela ocorra, e todo quantificador que nela ocorra, esteja dentro do âmbito de pelo menos um operador modal. Naturalmente, exige-se ainda que q seja uma frase completamente modalizada.

Eis o exemplo de uma dedução correta executada com a ajuda da regra da Eliminação da Possibilidade (◊E).

1	(1)	◊ (A ∧ B)	Premissa
2	(2)	A ∧ B	Suposição
2	(3)	A	2, E∧
2	(4)	◊A	3, I◊
2	(5)	B	2, E∧
2	(6)	◊B	5, I◊
2	(7)	◊A ∧ ◊B	4,6 I∧
1	(8)	◊A ∧ ◊B	1,2,7 E◊

E eis o exemplo de uma dedução falaciosa cuja incorreção resulta do fato de as restrições anteriormente impostas sobre a regra da eliminação da possibilidade não serem nela obedecidas.

1	(1)	◊ ∃x Fx	Premissa
2	(2)	∃x Fx	Suposição
3	(3)	Fa	Suposição
3	(4)	◊Fa	3 I◊
3	(5)	∃x ◊Fx	4 I∃
2	(6)	∃x ◊Fx	2,3,5 E∃
1	(7)	∃x ◊Fx	1,2,6 E◊

A dedução é inadequada porque q (ou seja, ∃x ◊Fx) não é uma frase completamente modalizada. *Ver também* LÓGICA MODAL; INTRODUÇÃO DA POSSIBILIDADE; NECESSITAÇÃO, REGRA DA; ELIMINAÇÃO DA NECESSIDADE. JB

FORBES, G. *Modern Logic*. Oxford: Oxford University Press, 1994.

eliminação do bicondicional

(E↔) A regra da eliminação do BICONDICIONAL é um princípio válido de inferência freqüentemente utilizado em sistemas de DEDUÇÃO NATURAL para a lógica clássica de primeira ordem. O princípio autoriza-nos a inferir, de uma frase da forma $p \leftrightarrow q$ (em que p e q são frases) dada como premissa, uma frase da forma $(p \rightarrow q) \wedge (q \rightarrow p)$ como conclusão; e a frase deduzida dependerá das suposições das quais depender a frase usada como premissa.

eliminação do condicional

(E→) O mesmo que *MODUS PONENS*.

eliminação do corte

Ver TEOREMA DA ELIMINAÇÃO DO CORTE.

eliminação do quantificador existencial

(E∃) Trata-se de uma regra de INFERÊNCIA que permite eliminar em uma dedução o quantificador existencial, ∃, como operador dominante a partir de premissas nas quais ele ocorre como tal.

Para o quantificador existencial temos, sendo *F* uma letra esquemática de predicado, *v* uma VARIÁVEL qualquer individual que ocorre livre em *Fv*, *t* um TERMO, constante individual ou variável (a não ser que se especifique) e usando a barra horizontal para separar a premissa da conclusão:

$$\frac{\exists v \, Fv}{Ft}$$

Restrições: 1. A cada *v* livre em *Fv* corresponde um *t* livre em *Ft*. 2. *t* não é uma constante individual. 3. *t* não ocorre livre antes na prova.

Em uma notação alternativa, na qual "⊢" abrevia "validade sintática", a formulação desta regra seria $\exists v \, Fv \vdash Ft$, com as mesmas restrições.

Essa formulação da regra da eliminação de ∃ tem a vantagem de não recorrer a nenhuma premissa assumida (ou suposição). É essa a formulação adotada, *inter alia*, por Quine (1982, pp. 239-41) e por Kahane e Tidman (1995, pp. 161-2), com algumas variações menores nas restrições.

No entanto, existe um outro modo de formular a mesma regra, que recorre a uma premissa assumida e que é o seguinte (com v_1 diferente de v_2 e A simbolizando uma qualquer fórmula):

$$\frac{\exists v_1 \, Fv_1 \quad \begin{array}{|l} Fv_2 \\ A \end{array}}{A}$$

Restrições: 1. v_2 é uma variável que não ocorre livre nem em A, nem em nenhuma linha que precede Fv_2. 2. Todas as ocorrências livres de v_1 em Fv_1 são substituídas por ocorrências livres de v_2 em Fv_2.

As restrições impostas, seja no primeiro, seja no segundo gênero de formulações, justificam-se para evitar inferências inválidas que poderiam ocorrer se admitirmos que essa regra pertence a um sistema de dedução natural do qual fazem também parte as regras de introdução e eliminação do quantificador universal e a regra de introdução do quantificador existencial.

Não existe um só conjunto de restrições aceitável, mas vários extensionalmente equivalentes, isto é, que autorizam (ou proíbem) as mesmas inferências. Em geral, aliviar restrições em uma das regras implica pesar com restrições algumas das outras, fazendo assim uma manobra compensatória. A escolha de certo conjunto de restrições em detrimento de outros possíveis e que lhe são extensionalmente equivalentes é suscetível de variar de acordo com aspectos pragmáticos (facilitar certas inferências mais comuns) e com considerações filosóficas. Essas últimas podem envolver, p. ex., o conhecimento tácito supostamente associado ao uso de quantificadores ou o modo de interpretar a inferência em questão. O conjunto de restrições que se adotou das duas formulações dadas anteriormente permite linhas da dedução onde as variáveis ocorrem livres (como é o caso dos sistemas de Barwise e Etchmendy, Lemmon, Forbes). Mas existem outros sistemas de dedução natural nos quais a eliminação do quantificador existencial não envolve linhas, onde as variáveis ocorrem livres e o papel das variáveis livres é feito por certo tipo de constantes individuais (para as quais são especificadas certas qualificações ou restrições) ou por parâmetros (ou "nomes arbitrários").

Esse gênero de regras de eliminação e as suas complementares, as regras de introdução, fazem parte dos sistemas de DEDUÇÃO NATURAL. Se a formulação de uma regra de eliminação é feita sem que nela ocorra qualquer outra constante lógica (p. ex., quantificador), diz-se pura. As formulações aqui dadas são puras, nessa acepção. Tomadas conjuntamente, as regras de eliminação e de introdução devem determinar univocamente uma constante lógica, p. ex., um quantificador (no entanto, ver TONK). É óbvio que se trata de regras sintáticas, visto que nenhuma referência na sua formulação foi feita à interpretação dos símbolos que nela ocorrem.

Existe uma questão interessante, do âmbito da filosofia da lógica, sobre se o sentido de cada CONSTANTE LÓGICA (nesse caso, a quantificação existencial, $\exists$) é dado pelas suas regras de eliminação e de introdução (ver INTRODUÇÃO DO QUANTIFICADOR EXISTENCIAL) que, conjuntamente, determinam o seu papel inferencial; ou, alternativamente, se é necessário ter primeiro uma noção do contributo dessa constante lógica para o valor de verdade das frases nas quais ocorre. Esta é uma questão que, em termos gerais, nos leva a ponderar se se deve atribuir prioridade à SINTAXE (papel inferencial), ou à SEMÂNTICA (contributo para o valor de verdade), quando se pretende dar o significado de cada uma das constantes lógicas. JS

BARWISE, J. e ETCHMENDY, J. *The Language of First-Order Logic*. Stanford: CSLI, 1992.
COPY, I. *Symbolic Logic*. Nova York: Macmillan, 1979.
FORBES, G. *Modern Logic*. Oxford: Oxford University Press, 1994.
KAHANE, H. e TIDMAN, P. *Logic and Philosophy: a Modern Introduction*. 5.ª ed. Belmont: Wadsworth, 1995.
LEMMON, E. J. *Beginning Logic*. Nairóbi: Thomas Nelson and Sons, 1965.
QUINE, W. V. O. *Methods of Logic*. 4.ª ed. Cambridge: Harvard University Press, 1982.

eliminação do quantificador universal

(E$\forall$) Trata-se de uma regra de INFERÊNCIA que permite eliminar, em uma dedução, o quantificador universal, $\forall$, como operador dominante a partir de premissas nas quais ele ocorre como tal.

Para o quantificador universal temos, sendo F uma letra esquemática de PREDICADO, v uma VARIÁVEL qualquer individual que ocorre livre em Fv, t um TERMO, constante individual ou variável (a não ser que se especifique), e a barra horizontal que separa premissa de conclusão:

$$\frac{\forall v\, Fv}{Ft}$$

Restrição: A cada v livre em Fv corresponde um t livre em Ft.

Em uma notação alternativa, na qual $\vdash$ abrevia validade sintática, a formulação dessa regra seria: $\forall v\, Fv \vdash Ft$, com a mesma restrição.

A restrição imposta justifica-se para evitar inferências inválidas que poderiam ocorrer se admitíssemos que essa regra pertence a um sistema de dedução natural do qual fazem também parte as restantes regras de introdução e eliminação dos quantificadores existenciais e a regra de introdução do quantificador universal. Um exemplo de violação dessa restrição seria obter $\exists y\, Ayy$ a partir de $\forall x\, \exists y\, Ayx$, por eliminação (errada) de $\forall$ em $\forall x\, \exists y\, Axy$ (imagine-se, p. ex., que as variáveis recebem valores no conjunto dos números naturais e que A representa "é maior que").

Não existe um só conjunto de restrições aceitável, mas vários extensionalmente equivalentes, isto é, que autorizam (ou proíbem) as mesmas inferências. Em geral, aliviar restrições em uma das regras implica onerar algumas das outras, fazendo assim um manobra compensatória. A escolha de certo conjunto de restrições em detrimento de outros possíveis e que lhe são extensionalmente equivalentes é suscetível de variar de acordo com aspectos pragmáticos (facilitar certas inferências mais comuns) e com considerações filosóficas. Essas últimas podem envolver, p. ex., o conhecimento tácito supostamente associado ao uso de quantificadores ou o modo de interpretar a inferência em questão. O conjunto de restrições que aqui se adotou permite linhas da dedução em que as variáveis ocorrem livres (na linha de Quine, Copi e Kahane, p. ex.), mas há outros sistemas (como os de Barwise e Etchemendy, Lemmon, e Forbes, p. ex.) nos quais as variáveis ocorrem sempre ligadas e o papel das variáveis livres é feito por certo tipo de constantes individuais (para as quais são especificadas determinadas qualificações ou restrições) ou por parâmetros (ou "nomes arbitrários").

Existe uma questão interessante, do âmbito da filosofia da lógica, sobre se o sentido de cada CONSTANTE LÓGICA – nesse caso, a quantificação universal, ∀ – é dado pelas suas regras de eliminação e de introdução (*ver* INTRODUÇÃO DO QUANTIFICADOR UNIVERSAL) que, conjuntamente, determinam o seu papel inferencial; ou, alternativamente, se é necessário ter primeiro uma noção do contributo dessa constante lógica para o valor de verdade das frases nas quais ocorre. Essa questão nos leva, em termos gerais, a ponderar se se deve atribuir prioridade explicativa à SINTAXE (papel inferencial), ou à SEMÂNTICA (contributo para o valor de verdade), quando se pretende dar o significado de cada uma das constantes lógicas. JS

BARWISE, J. e ETCHMENDY, J. *The Language of First-Order Logic*. Stanford: CSLI, 1992.
COPY, I. *Symbolic Logic*. Nova York: Macmillan, 1979.
FORBES, G. *Modern Logic*. Oxford: Oxford University Press, 1994.
KAHANE, H. e TIDMAN, P. *Logic and Philosophy*. 5.ª ed. Belmont: Wadsworth, 1995.
LEMMON, E. J. *Beginning Logic*. Nairóbi: Thomas Nelson and Sons, 1965.
QUINE, W. V. O. *Methods of Logic*. 4.ª ed. Cambridge: Harvard University Press, 1982.

eliminativismo

Ver FISICALISMO.

empirismo lógico

Designação alternativa do POSITIVISMO LÓGICO.

entidade abstrata

Ver ABSTRACTA.

entimema

Argumento com uma premissa não-formulada, sem a qual ele não é válido. Chama-se muitas vezes "premissa implícita" à premissa não-formulada. Na argumentação cotidiana omitem-se premissas óbvias. A premissa implícita do argumento "O Antônio deveria ser despedido porque roubou dinheiro público" é: "Todas as pessoas que roubam dinheiro público devem ser despedidas." Mas qual será a premissa implícita do argumento "A droga deve ser proibida porque provoca a morte"? Se a premissa implícita for o princípio geral de que tudo o que provoca a morte deve ser proibido, o defensor do argumento tem de aceitar que a condução de automóveis deve também ser proibida, o que não é plausível. *Ver também* SORITES. DM

enumerável

O mesmo que NUMERÁVEL.

epagôge

Termo grego para INDUÇÃO.

epicheirema

Um POLISSILOGISMO no qual cada uma das premissas é um silogismo entimemático. *Ver* ENTIMEMA.

epifenomenalismo

Doutrina dualista acerca do PROBLEMA DA MENTE-CORPO segundo a qual a direção da causalidade é apenas do domínio do físico para o domínio do mental: não é o caso de que estados e eventos mentais possam ser causas de estados e eventos físicos, mas é o caso de que estados e eventos do primeiro gênero possam ser efeitos de estados e eventos do segundo gênero. *Ver também* DUALISMO; FISICALISMO; PARALELISMO. JB

Epimênedes, paradoxo de

Ver PARADOXO DO MENTIROSO.

epissilogismo

Ver POLISSILOGISMO.

equinumerabilidade

O mesmo que equipotência. Ver CARDINAL.

equipotência

Ver CARDINAL.

equivalência

Em lógica e filosofia da lógica, o termo "equivalência" é ambíguo, sendo usado nos seguintes dois sentidos (que estão, no entanto, de algum modo relacionados): I) para fazer referência a determinada RELAÇÃO, a relação de equivalência, que se estabelece entre frases declarativas de certa linguagem (ou entre as proposições por elas expressas); II) para fazer referência a determinado tipo de frases declarativas, as frases bicondicionais ou equivalências (ou então às proposições por elas expressas).

No que diz respeito a I, é possível distinguir as seguintes três variedades centrais de equivalência, que vão da relação mais fraca para a relação mais forte: a equivalência material, a equivalência estrita e a equivalência lógica.

A equivalência material é aquela que se estabelece entre duas frases declarativas (ou proposições) p e q exatamente quando p e q têm o mesmo valor de verdade, isto é, quando ou são ambas verdadeiras ou são ambas falsas. Diz-se nesse caso que p é materialmente equivalente a q. Assim, p. ex., a frase "Portugal é uma república" (ou a proposição que Portugal é uma república) é materialmente equivalente à frase "A neve é branca" (ou à proposição que a neve é branca); e a frase "Lisboa é a capital de Espanha" (ou a proposição que Lisboa é a capital de Espanha) é materialmente equivalente à frase "A Holanda é uma república" (ou à proposição que a Holanda é uma república).

A equivalência estrita é aquela relação que se estabelece entre duas frases (ou proposições) p e q exatamente no caso de ser necessário que p seja materialmente equivalente a q; ou, o que é o mesmo, no caso de ser impossível, por um lado, que p seja verdadeira e q seja falsa, e, por outro, que p seja falsa e q seja verdadeira. Diz-se nesse caso que p é estritamente equivalente a q. (Note-se que a existência de diversos tipos de NECESSIDADE ou de impossibilidade – metafísica, lógica, causal, etc. – gera diversas noções de equivalência estrita.) Assim, p. ex., dada certa interpretação das MODALIDADES, pode-se dizer que a proposição que o líquido neste copo é água é estritamente equivalente à proposição que o líquido neste copo é H_2O; e pode-se dizer que a proposição que $2 + 2 = 5$ é estritamente equivalente à proposição que a aritmética formal é completa. Todavia, não é o caso que a proposição que Lisboa é a capital de Espanha seja estritamente equivalente à proposição que a Holanda é uma república.

A equivalência lógica é aquela relação que se estabelece entre duas frases (ou proposições) p e q exatamente no caso de p e q serem frases (ou proposições) mutuamente dedutíveis (em um dado sistema de lógica). Diz-se nesse caso que p é logicamente equivalente a q. (Note-se que se a modalidade aludida na caracterização da relação de equivalência estrita for interpretada no sentido de necessidade lógica, então tal relação será virtualmente indiscernível da relação de equivalência lógica.) Assim, p. ex., a proposição que se Romeu ama Julieta, então Julieta ama Romeu é logicamente equivalente à proposição segundo a qual Romeu não ama Julieta, ou esta ama Romeu; mas a proposição que o líquido neste copo é água não é logicamente equivalente à proposição que o líquido neste copo é H_2O.

No que diz respeito ao uso do termo equivalência no sentido II, tornou-se também habitual chamar a uma frase da forma "p se, e somente se, q", quando o conector frásico natural "se, e somente se" é tomado como representado no conector lógico ↔

(a função de verdade bicondicional material), uma equivalência material. Assim, uma equivalência material, $p \leftrightarrow q$, é verdadeira quando o seu lado esquerdo, p, e o seu lado direito, q, têm o mesmo valor de verdade; e é falsa apenas quando p e q diferem em valor de verdade. Por conseguinte, relacionando os sentidos I e II do termo equivalência, tem-se o seguinte: p é materialmente equivalente a q no caso de a equivalência material $p \leftrightarrow q$ ser verdadeira.

Analogamente, é também habitual chamar a uma frase da forma "p se, e somente se, q", quando o conector natural "se..., então..." é tomado como representado no conector lógico $<$ (o conector bicondicional estrito), uma equivalência estrita. Assim, uma equivalência estrita, $p <q$, é verdadeira quando, e apenas quando, a equivalência material correspondente $p \leftrightarrow q$ é necessariamente verdadeira; com efeito, $p <q$ é habitualmente definida em termos de $\Box(p \leftrightarrow q)$, em que $\Box$ é um operador de necessidade. Por conseguinte, relacionando os sentidos I e II do termo "equivalência", tem-se o seguinte: p é estritamente equivalente a q no caso de a equivalência estrita $p <q$ ser verdadeira. *Ver também* EQUIVALÊNCIA, RELAÇÃO DE. JB

equivalência, classe de

Ver CLASSE DE EQUIVALÊNCIA.

equivalência, relação de

Uma relação REFLEXIVA, TRANSITIVA e SIMÉTRICA. Definida sobre dado conjunto, estabelece classes de equivalência. P. ex., "ter a mesma altura que" é uma RELAÇÃO de equivalência; definida sobre o conjunto das pessoas, divide-as em classes conjuntamente exaustivas (não há pessoas que não pertençam a nenhuma dessas classes) e mutuamente exclusivas (nenhuma pessoa surge em duas classes distintas).

Duas das aplicações mais famosas da noção pertencem a Frege, que a usou para definir os NÚMEROS como classes de equivalência de classes equinuméricas, e a Kripke, que introduziu a semântica de S5 em termos de uma relação de ACESSIBILIDADE entre mundos possíveis, relação essa que é de equivalência. A menor relação de equivalência é a IDENTIDADE. **DM**

equivalência estrita

Uma relação semântica entre frases ou proposições. Uma frase ou proposição p é estritamente equivalente a uma frase ou proposição q se, e somente se, é impossível que p e q possuam diferentes valores de verdade; por outras palavras, p é estritamente equivalente a q se, e somente se, a frase bicondicional necessitada $\Box(p \leftrightarrow q)$, é verdadeira (em que $\Box$ é o operador de necessidade e $\leftrightarrow$ o bicondicional material). *Ver* EQUIVALÊNCIA. **JB**

equivalência lógica

Uma relação semântica entre frases ou proposições. Uma frase ou proposição p é logicamente equivalente a uma frase ou proposição q se, e somente se, não existe nenhuma INTERPRETAÇÃO (do material extralógico contido nas frases) na qual p e q possuam diferentes valores de verdade; por outras palavras, p é logicamente equivalente a q quando, e somente quando, a frase bicondicional $p \leftrightarrow q$ é uma VERDADE LÓGICA (em que $\leftrightarrow$ é o operador bicondicional material). Em vez de se dizer que p é logicamente equivalente a q, pode-se dizer, equivalentemente, que p e q são uma CONSEQUÊNCIA (semântica) uma da outra. *Ver* EQUIVALÊNCIA. **JB**

equivalência material

Uma relação semântica entre frases ou proposições. Uma frase ou proposição p é materialmente equivalente a uma frase ou proposição q se, e somente se, ou p e q são ambas verdadeiras ou p e q são ambas falsas; por outras palavras, p é materialmente equivalente a q se, e somente se, a frase bicondicional $p \leftrightarrow q$ (em que $\leftrightarrow$ é o operador BICONDICIONAL MATERIAL) é verdadeira. *Ver* EQUIVALÊNCIA. **JB**

equivalência material, leis da

Os seguintes dois seqüentes duplos válidos da lógica proposicional clássica 1) $p \leftrightarrow q \dashv\vdash (p \wedge q) \vee (\neg p \wedge \neg q)$; 2) $p \leftrightarrow q \dashv\vdash (p \rightarrow q) \wedge (q \rightarrow p)$, tal como os teoremas associados 1) $(p \leftrightarrow q) \leftrightarrow [(p \wedge q) \vee (\neg p \wedge \neg q)]$; 2) $(p \leftrightarrow q) \leftrightarrow [(p \rightarrow q) \wedge (q \rightarrow p)]$.

equívoco, falácia do

Ver FALÁCIA DO EQUÍVOCO.

erro categorial

Cometemos um erro categorial quando concebemos algo que pertence a uma categoria C como se pertencesse a uma categoria C'. P. ex., alguém que pergunta onde está a Universidade de Lisboa depois de ter visitado todos os edifícios de suas diversas faculdades comete um erro categorial: a Universidade de Lisboa não pertence à mesma categoria que as suas diversas faculdades, não é um edifício que se possa encontrar em Lisboa. Confundir a EXISTÊNCIA com um objeto muito grande e difundido (o Ser) ou afirmar que o mundo é INCONSISTENTE são exemplos correntes de erros categoriais.

A noção de erro categorial desempenha um papel central na filosofia da mente de Gilbert Ryle (1900-1976). Segundo Ryle, a concepção cartesiana da mente incorre em um erro categorial ao considerar o mental como se pertencesse à mesma categoria do físico, apesar de diferente deste: uma substância mental (ou pensante, na terminologia de Descartes) a acrescentar à substância material ou corpórea – o famoso fantasma na máquina. **DM**

RYLE, G. *The Concept of Mind*. Londres: Hutchinson, 1949.

escolha, axioma da

Ver AXIOMA DA ESCOLHA.

escopo

O mesmo que ÂMBITO.

espécie natural

O mesmo que TIPO NATURAL.

espécime

Ver TIPO-ESPÉCIME.

espécime-reflexivo

Termo introduzido por Hans Reichenbach (veja-se Reichenbach, 1947, p. 284) para uma classe de palavras e expressões cujas propriedades semânticas e referenciais são fortemente sensíveis a determinados aspectos do contexto extralingüístico em que são empregadas e às quais é hoje mais freqüente chamar INDEXICAIS.

A razão da designação é a de que, aparentemente, uma especificação da referência de um uso particular de uma dessas palavras ou expressões em um contexto dado, o qual consiste na produção de um ESPÉCIME OU EXEMPLAR da palavra (no sentido de palavra-TIPO), envolve necessariamente uma auto-referência, ou seja, uma referência ao próprio espécime em questão. Por outras palavras, há aparentemente uma referência não-eliminável à própria elocução ou inscrição específica da palavra. Esse gênero de fato é exibido nas regras de referência características de palavras ou expressões da categoria em questão, como se pode ver nos seguintes três exemplos de regras que envolvem os termos indexicais "eu", "ontem", e "esta mesa" (a formulação aqui dada é naturalmente incompleta): um espécime e da palavra-tipo "eu" designa o locutor de e; um espécime e da palavra-tipo "ontem" designa o dia que imediatamente precede o dia em que e é produzido; um espécime e da expressão-tipo "esta mesa" designa a mesa indicada pelo gesto que acompanha e.

Na realidade, a teoria original de Reichenbach é mais do que uma simples teoria da referência para indexicais, no sentido de uma teoria acerca dos mecanismos de determinação da referência de um termo indexical em dado contexto de uso. Com efeito, ele defendeu uma teoria mais forte, uma teoria do significado para indexicais, segundo a qual o significado de cada termo indexical é dado em certa descrição definida que contém uma referência a um espécime do indexical em questão. P. ex., a palavra "eu" é tida como sinônima da descrição "a pessoa que produz este *espécime*" (em que a expressão demonstrativa em itálico se refere precisamente ao espécime de "eu" produzido); do mesmo modo, a palavra "agora" é tida como sinônima da descrição "o tempo em que este *espécime* é produzido", o termo demonstrativo "esta mesa" como sinônimo de "a mesa indicada pelo gesto que acompanha este *espécime*", etc. Todavia, é hoje reconhecido que a teoria de Reichenbach enfrenta dificuldades sérias, e talvez essa seja uma razão pela qual a designação "espécime-reflexivo" tenha caído em relativo desuso. Com efeito, e tomando como exemplo o pronome pessoal na primeira pessoa do singular, se o seu significado fosse tomado como dado na descrição *supra*, então a frase de identidade "Eu sou a pessoa que produz este espécime" seria analítica, uma frase verdadeira à custa do significado das palavras componentes, e logo uma frase necessariamente verdadeira; ora, isto não é argumentavelmente o caso: há uma situação contrafactual admissível na qual eu existo e não digo nada na ocasião, e logo não produzo o espécime de "eu" em questão (*ver* Kaplan, 1988). *Ver* INDEXICAIS; TIPO-ESPÉCIME. JB

KAPLAN, D. "Demonstratives", *in* Almog, J. Perry, J. e Wettstein, H. (orgs.). *Themes from Kaplan*. Oxford: Oxford University Press/Nova York, 1988.
REICHENBACH, H. *Elements of Symbolic Logic*. Nova York: Macmillan, 1947.

esquema descitacional

Ver DESCITAÇÃO.

essencial, propriedade

Ver PROPRIEDADE ESSENCIAL/ACIDENTAL.

essencialismo

A tese de que os particulares têm propriedades que não poderiam deixar de ter sem cessar de existir. As teses essencialistas foram populares durante a Idade Média, dada a forte influência exercida pela metafísica aristotélica, mas caíram em desgraça na filosofia moderna, que assimilou os ataques antiessencialistas do empirismo típico de David Hume (1711-1776). Nos anos 1970 Saul Kripke, Hilary Putnam e Alvin Plantinga, entre outros, reintroduziram o essencialismo como uma doutrina filosófica defensável.

F é uma propriedade essencial de um particular n se, e somente se, n possui F em todos os MUNDOS POSSÍVEIS nos quais n existe. Distingue-se assim das propriedades necessárias. F é uma propriedade necessária de um objeto n se, e somente se, n possui F em todos os mundos possíveis. Só os existentes necessários (isto é, os objetos que existem em todos os mundos possíveis – p. ex., Deus, se existe, os números e as verdades lógicas) podem ter propriedades necessárias; mas os existentes contingentes (isto é, os objetos que não existem em todos os mundos possíveis, como as pessoas) podem ter propriedades essenciais.

Algumas posições antiessencialistas defendem que a distinção entre propriedades essenciais e acidentais é meramente verbal ou lingüística, não tendo nenhuma correspondência metafísica. O principal proponente moderno desta posição é Quine (1908-2000), mas a idéia remonta pelo menos ao famoso capítulo VII das *Investigações sobre o entendimento humano* (1748) de Hume. No entanto, O ARGUMENTO DO MATEMÁTICO CICLISTA, com o qual Quine procura mostrar a incoerência da noção, é uma falácia que resulta da confusão entre necessidade *de re* e necessidade *de dicto* (*ver* DE DICTO/DE RE). E a principal motivação de Hume para recusar o essencialismo (a incapacidade para encontrar um modelo epistêmico que o justificasse) parece desvanecer-se se aceitarmos a existência de verdades necessárias *a posteriori*, defendida por Kripke.

Uma posição antiessencialista pode ser menos econômica ontologicamente, pois poderá ter de admitir a possibilidade de a água não ser H_2O, o que é o mesmo que dizer que terá de admitir a existência de mundos possíveis onde a água não é H_2O, o que o essencialista não tem de fazer. A alternativa a essa exuberância ontológica seria sublinhar que toda a linguagem modal típica foi "concebida em pecado" e que é incoerente; não há possibilidades nem necessidades além das lógico-matemáticas. Essa era a perspectiva comum até aos anos 1970, quando se compreendeu que uma parte importante dos argumentos a seu favor dependem de confusões entre palavras e coisas, por um lado, e que há poderosas intuições contra tal perspectiva.

Se não se recusar completamente o modo de expressar essencialista, há três opções: 1) Afirmar que, dado certo objeto *n*, todas as propriedades de *n* são acidentais; 2) afirmar que todas são essenciais; 3) afirmar que umas são essenciais e outras acidentais. A primeira opção não parece poder ser defendida, uma vez que há propriedades essenciais triviais óbvias: todos os objetos têm a propriedade essencial de serem idênticos a si mesmos. O que se pode defender é que todas as propriedades essenciais dos objetos são trivialmente essenciais. Diz-se que uma propriedade essencial é trivial se resulta unicamente de considerações lógico-lingüísticas. P. ex., afirmar "Necessariamente, todos os objetos vermelhos têm cor" não nos compromete com nenhum tipo de essencialismo substancial. O que se tem em mente não é a afirmação *de re* $\forall x$ (Vermelho(x) $\to$ $\square$ Cor(x)), mas sim a afirmação *de dicto* $\square$ $\forall x$ (Vermelho(x) $\to$ Cor(x)). Ao passo que a primeira afirma que todos os objetos vermelhos do mundo atual têm cor em todos os mundos possíveis (uma afirmação cujo valor de verdade não pode ser determinado por meios meramente lógico-lingüísticos), a segunda afirma apenas que a frase "Todos os objetos vermelhos têm cor" é necessária – o que é fácil de admitir, uma vez que se trata de uma frase analítica (ou, pelo menos, de uma verdade conceptual).

A posição 2 é típica das filosofias idealistas, que defendem que todas as propriedades são internas, e é muito contra-intuitiva: implica a completa reformulação da nossa concepção geral do mundo, algo muito difícil de ser coerentemente levado a cabo. Os partidários da posição 3 podem defender vários tipos de essencialismo, nomeadamente o essencialismo individual (Sócrates era essencialmente uma pessoa), o essencialismo quanto ao gênero (os gatos são essencialmente mamíferos), o essencialismo mereológico (uma mesa de madeira é essencialmente de madeira) e o essencialismo quanto à origem (George W. Bush é essencialmente filho de George Bush). Todas essas posições são consistentes entre si. Uma posição cautelosa nessa matéria consiste em relegar para o plano da ciência a decisão quanto às propriedades que são (não-trivialmente) essenciais.

O essencialismo lógico-metafísico não deve ser confundido com o essencialismo epistemológico (contra o qual Karl Popper se insurge), apesar de relacionado com ele, nem com o essencialismo antropológico (contra o qual os existencialistas se insurgem). **DM**

HUME, David. *Enquiry Concerning Human Understanding*. Oxford: Clarendon Press, 1963. Trad. bras. "Investigação acerca do entendimento humano", *in Hume*. Coleção Os Pensadores. Trad. Anoar Aiex. São Paulo: Nova Cultural, 1996, pp. 17-154.
KRIPKE, S. *Naming and Necessity*. Oxford: Blackwell, 1980.
MURCHO, D. *Essencialismo naturalizado*. Coimbra: Angelus Novus, 2002.
PLANTINGA, A. *The Nature of Necessity*. Oxford: Clarendon Press, 1974.

estado de coisas

De acordo com uma noção liberal, mas bastante habitual, de estado de coisas, pode-se dizer que qualquer combinação de

estado de coisas

qualquer PROPRIEDADE, OU RELAÇÃO, com um PARTICULAR (adequado), ou com uma seqüência de particulares (adequados), dá origem a um estado de coisas, designadamente um estado de coisas atômico ou simples. Exemplos de estados de coisas atômicos são, desse modo, os seguintes: Sócrates beber a cicuta, que é um estado de coisas atual, um estado de coisas que se verifica de fato; Michael Jordan ser um filósofo, que é um estado de coisas meramente possível, um estado de coisas que não se verifica, mas poderia verificar-se; 3 ser par, que é um estado de coisas impossível, um estado de coisas que não se verifica e não poderia verificar-se; e Teeteto ser uma pessoa, que é um estado de coisas (presumivelmente) necessário, um estado de coisas que se verifica e (presumivelmente) não poderia não se verificar. (A qualificação "adequado", antes sugerida, é dispensável; ela serve apenas para excluir da categoria de estados de coisas, se assim o desejarmos, complexos de particulares e propriedades como Júlio César ser um número primo e o número par primo sonhar com Marilyn Monroe.)

Nessas formulações, o predicado monádico "verifica-se" (e o seu complemento "não se verifica") está para estados de coisas como o predicado "é verdadeira" (e o seu complemento "não é verdadeira") está para frases, afirmações ou proposições (conforme o tipo de item que preferirmos como portador de valores de verdade); em ambos os casos, tais predicados introduzem determinados parâmetros semânticos de avaliação das entidades em questão. *Grosso modo*, pode-se dizer que um estado de coisas se verifica quando, e somente quando, o particular constituinte, ou os particulares constituintes, exemplificam a propriedade constituinte, ou a relação constituinte. E, se quisermos, podemos relativizar a noção de verificação a mundos possíveis e dizer o seguinte: um estado de coisas verifica-se com respeito a um mundo se, e somente se, o particular constituinte, ou os particulares constituintes, existem nesse mundo e exemplificam nesse mundo a propriedade constituinte, ou a relação constituinte.

Em certos pontos de vista, nomeadamente naqueles em que é adotada determinada versão da TEORIA DA VERDADE COMO CORRESPONDÊNCIA, estados de coisas – talvez concebidos de um modo menos liberal do que o antes utilizado (ver adiante) – são por vezes postulados como *truth-makers* de verdades; ou seja, estados de coisas são aí primariamente introduzidos como aquelas entidades em virtude das quais frases, proposições, ou afirmações, verdadeiras são verdadeiras. Assim, uma frase, uma proposição ou uma afirmação é verdadeira porque o estado de coisas que lhe corresponde se verifica (no caso de uma frase, tal estado de coisas é especificável por meio de certa nominalização da frase). P. ex., a frase "Sócrates bebeu a cicuta" é verdadeira porque o estado de coisas de Sócrates beber a cicuta se verifica; e o mesmo estado de coisas serve de *truth-maker* para a proposição que Sócrates bebeu a cicuta, bem como para a afirmação de que Sócrates bebeu a cicuta. Naturalmente, uma e a mesma frase, proposição, ou afirmação, verdadeira pode ter mais do que um estado de coisas como *truth-maker*; p. ex., para a proposição que Sócrates bebeu a cicuta ou Lisboa é a capital de Portugal, tanto se pode ter como *truth-maker* o estado de coisas de Lisboa ser a capital de Portugal como o estado de coisas de Sócrates beber a cicuta. E um e o mesmo estado de coisas, p. ex., Sócrates beber a cicuta, pode servir de *truth-maker* para mais do que uma proposição, p. ex., para a proposição que Sócrates bebeu a cicuta ou Lisboa é a capital de Espanha e para a proposição que alguém bebeu a cicuta.

Quando se diz, p. ex., que uma proposição da forma *Fa*, em que *F* é uma propriedade e *a* um particular, é verdadeira porque o estado de coisas de *a* ser *F* se verifica, o gênero de razão envolvida no "porque" é freqüentemente vista como não sendo de natureza causal, mas sim lógica; ou seja, a conexão entre uma verdade e o seu *truth-maker*, ou os seus *truth-makers*, é descrita como não-contingente: é impossível o(s) estado(s) de coisas que serve(m) de *truth-maker(s)* para dada verdade existir(em) e, no entanto, a verdade em questão não o ser (p. ex., o estado de *a* ser *F* existir e, no entanto, a proposição *Fa* ser falsa).

Ainda de acordo com a concepção liberal, é também usual a admissão de estados de coisas moleculares ou complexos, isto é, estados de coisas construídos a partir de estados de coisas atômicos previamente disponíveis por meio de operações de determinados tipos. Assim, são habitualmente admitidos, entre outros, os seguintes gêneros de estados moleculares: estados de coisas negativos, como o estado de coisas de Teeteto não voar; estados de coisas conjuntivos, como o estado de coisas de Teeteto ser sábio e Sócrates ser ignorante; estados de coisas disjuntivos, como o estado de coisas de Sócrates beber a cicuta ou Wittgenstein nascer na Irlanda; estados de coisas descritivos, como o estado de coisas de o mais baixo filósofo português gostar de ostras; estados de coisas quantificacionais, como o estado de coisas de toda moça gostar de um rapaz; e estados de coisas modais, como o estado de coisas de Teeteto ser necessariamente um filósofo.

É freqüente o uso da notação de pares ordenados para representar estados de coisas como concatenações de particulares e propriedades ou relações, sobretudo se estados de coisas forem concebidos da maneira liberal. (Todavia, não se segue de modo algum nenhuma identificação estrita de estados de coisas com pares ordenados, ou com outras entidades da teoria dos conjuntos.) Assim, p. ex., estados de coisas atômicos como o de Teeteto ser sábio e o de Bill Clinton admirar Michael Jordan podem ser representados (respectivamente) pelos seguintes pares ordenados: <Teeteto, A Propriedade de Ser Sábio> e <<Bill Clinton, Michael Jordan>, A Relação de Admirar>. E, se NEG e CONJ forem as contrapartes para estados de coisas das operações sintáticas (monádica e diádica) de negação e conjunção para frases ou proposições, estados de coisas moleculares como o de Teeteto não voar e o de Teeteto ser sábio e Sócrates ser ignorante podem ser representados (respectivamente) da seguinte maneira: NEG (<Teeteto, A Propriedade de Voar>) e CONJ (<Teeteto, A Propriedade de Ser Sábio>, <Sócrates, A Propriedade de Ser Ignorante>).

A noção de estado de coisas, tal como introduzida anteriormente, é em geral vista como pertencendo à mesma família de noções do que as noções de fato, proposição (em um sentido técnico do termo) e evento. Assim, em alguns pontos de vista, não há nenhuma distinção substantiva a fazer entre um estado de coisas e um fato; é indiferente descrever Lisboa ser a capital de Portugal com um fato ou como um estado de coisas. Alternativamente, fatos são por vezes vistos como constituindo uma variedade específica de estados de coisas, designadamente aqueles estados de coisas possíveis que se verificam na realidade (os estados de coisas atuais); esta parece ser a noção de fato usada por Wittgenstein no *Tractatus Logico-Philosophicus*, quando ele diz que o mundo é a totalidade dos fatos. Analogamente, em alguns pontos de vista, proposições são em geral identificadas com estados de coisas. Ou então, no mínimo, não é estabelecida em tais pontos de vista nenhuma distinção entre certos tipos de proposições, designadamente as chamadas proposições singulares, e certos estados de coisas atômicos; p. ex., em determinadas teorias neo-russellianas, a proposição que Sócrates bebeu a cicuta é simplesmente identificada com o estado de coisas representado pelo par <Sócrates, A Propriedade de Beber a Cicuta>. Alternativamente, como sucede no ponto de vista de Frege, estados de coisas atuais ou fatos são simplesmente reduzidos a proposições verdadeiras; e logo, assumindo que proposições fregianas (*Gedanke*) são entidades intensionais, fatos são tão intensionais quanto proposições. Finalmente, em alguns pontos de vista, eventos ou acontecimentos são vistos como constituindo uma variedade específica de estados de coisas, designadamente aqueles estados de coisas possíveis cujas propriedades constituintes envolvem mudanças genuínas nos particulares constituintes. Assim, presumivelmente, só um estado de coisas como Sócrates estar dormindo constituiria um evento, em contraste com um estado de coisas como Teeteto ter sonhado com Sócrates.

Em muitos dos pontos de vista metafísicos nos quais são postulados estados de coisas, estes são vistos como dotados das seguintes três características. Em primeiro lugar, e pelo menos na medida em que as propriedades que entram na sua composição forem tomadas como ABSTRACTA, estados de coisas são objetos (particulares) abstratos; apesar de Sócrates ter uma localização no espaço, o estado de coisas de Sócrates ser um filósofo não está ele próprio em lado nenhum (nem a propriedade de ser um filósofo). Em segundo lugar, trata-se de entidades estruturadas, ou seja, entidades compostas por determinadas partes constituintes (particulares e propriedades ou relações) combinadas de certa maneira. Em terceiro lugar, trata-se de entidades extensionais, no sentido de entidades cuja natureza não é determinada por nenhum conceito ou representação conceptual dos objetos (particulares, propriedades, relações) que as compõem; assim, a identidade de um estado de coisas atômico, p. ex., não depende da maneira como os particulares constituintes são identificados ou representados conceptualmente. Essas características de estados de coisas sugerem um princípio natural de individuação à luz do qual resultam ser entidades menos finamente discriminadas do que proposições: numericamente, o mesmo estado de coisas pode corresponder a proposições distintas, mas não conversamente (a menos que proposições sejam concebidas de forma austera, como estados de coisas). Podemos então dizer que estados de coisas (atômicos, para simplificar) são idênticos quando, e só quando, têm a mesma estrutura e ela é ocupada nos mesmos pontos pelos mesmos particulares e pelas mesmas propriedades ou relações. Assim, o caráter extensional de estados de coisas faz com que não haja nenhuma diferença entre o estado de coisas de A Estrela da Manhã ser um planeta e o estado de coisas de A Estrela da Tarde ser um planeta (a maneira como o planeta Vênus é identificado é irrelevante); ou, dadas certas suposições razoáveis acerca da identidade de propriedades, entre o estado de coisas de este líquido ser água e o estado de coisas de este líquido ser H_2O. Em contraste com isso, as proposições correspondentes seriam naturalmente distinguidas, pelo menos à luz de uma concepção não-austera de proposições. E, pelo seu lado, o caráter estruturado de estados de coisas faz com que haja uma diferença entre o estado de coisas de Teeteto sonhar com Sócrates e o estado de coisas de Sócrates sonhar com Teeteto, embora tais estados tenham os mesmos elementos constituintes; e até, talvez um pouco mais controversamente, entre o estado de coisas de Cícero sonhar com Cícero e o estado de coisas de Cícero sonhar consigo mesmo.

É conveniente fazer agora referência a uma noção mais conservadora de estado de coisas, como é, p. ex., o caso da proposta por David Armstrong (veja-se Armstrong, 1997). A noção conservadora pode ser vista como resultando da noção liberal por meio de uma imposição de restrições da seguinte natureza (as restrições podem não ser entendidas como cumulativas): A) nem todos os modos teoricamente admissíveis de formação de estados moleculares a partir de estados atômicos são suscetíveis de gerar estados de coisas genuínos ou conservadores; B) nem todas as propriedades ou relações servem para formar estados de coisas genuínos ou conservadores.

Em relação à restrição A, filósofos como Armstrong apenas admitem na classe de estados de coisas moleculares estados conjuntivos como o estado de Teeteto beber a cicuta e Wittgenstein nascer na Irlanda (supondo que os estados de coisas constituintes são genuínos). Em especial, e em oposição àquilo que Russell defendeu durante algum tempo, tais filósofos rejeitam como problemáticos alegados estados de coisas negativos. Conseqüentemente, nessas posições, estados de coisas putativamente negativos, como, p. ex., Teeteto não voar, não são de todo invocados como *truth-makers* para certas frases ou afirmações verdadeiras, como, p. ex., a afirmação de que Teeteto não voa; e estados de coisas putativamente disjuntivos como Sócrates beber a cicuta ou Wittgenstein nascer na Irlanda não são igualmente tolerados. Quanto à restrição B, filósofos como Armstrong apenas admitem UNIVERSAIS na classe das propriedades suscetíveis de figurar em estados de coisas genuínos. A noção de universal aqui utilizada tem dois aspectos centrais: por um lado, é aristotélica, no sentido de que só propriedades de fato exemplificadas por algo têm o estatuto de universais; por outro lado, aplica-se apenas a propriedades que sejam de algum modo cientificamente críveis, que possam desempenhar algum papel na explicação científica. Assim, à luz do primeiro gênero de considerações, não há lugar nessas posições para estados de coisas impossíveis, como esta mesa ser verde e vermelha, bem como para estados de coisas nos quais figurem propriedades não exemplificadas no mundo atual, como aquele animal ser um unicórnio. E, à luz do segundo gênero de considerações, nessas posições não há mesmo lugar para um estado de coisas como esta mesa ser vermelha, se supusermos que propriedades de cor são qualidades secundárias e, como tais, não são cientificamente críveis. Naturalmente, tais restrições estão longe de ser consensuais. A noção de estados de coisas que daí resulta não deixa de ser controversa. Um terceiro tipo de restrição – igualmente adotado por Armstrong – consiste em, por um lado, admitir apenas estados de coisas contingentes, repudiando os estados não-contingentes, ou seja, repudiando os estados necessários como (presumivelmente) Teeteto ser uma pessoa e os estados impossíveis como (presumivelmente)

Teeteto ser uma pedra; e, em um segundo momento, repudiando mesmo aqueles estados de coisas que sejam contingentes mas meramente possíveis, como, p. ex., o estado de coisas de Teeteto voar. Por conseguinte, para Armstrong, há apenas estados de coisas atuais: um estado de coisas existe quando, e apenas quando, um particular (ou uma seqüência de particulares) exemplifica de fato um universal.

Um dos problemas filosóficos mais discutidos acerca de estados de coisas é justamente o de determinar se há tais entidades, se há razões sólidas para as admitir. E é possível identificar dois tipos de funções principais que entidades como estados de coisas seriam capazes de desempenhar e que alegadamente os converteriam em entidades indispensáveis em qualquer sistema adequado de ontologia. Uma dessas funções já foi referida e consiste no papel desempenhado por estados de coisas como *truth-makers*, os itens extralingüísticos e extramentais que tornam verdadeiras frases, crenças, proposições, afirmações, etc. A concepção de verdade subjacente a essa idéia é certa versão da teoria da verdade como correspondência, e quem não estiver inclinado a subscrever a teoria (ou a versão) dificilmente estará inclinado a admitir estados de coisas (pelo menos com base em tal gênero de razões). A outra das funções aludidas é de caráter essencialmente semântico e consiste no papel supostamente desempenhado por estados de coisas ao servirem de referência para frases declarativas. Com efeito, em determinadas teorias semânticas, são atribuídos dois tipos de valor semântico a uma frase declarativa simples como "Teeteto voa": o significado ou sentido da frase, identificado com uma proposição, a proposição que Teeteto voa; e a referência da frase, identificada com um estado de coisas, o estado de coisas de Teeteto voar. Poderia assim ser acomodada a aparente intuição de que há frases, como "Vênus é um planeta" e "Sócrates bebeu a cicuta", que são materialmente equivalentes e logo coextensionais, mas que não descrevem o mesmo fato e logo não são correferenciais (em virtude de terem como referência estados de coisas distintos); bem como a aparente intuição de que há frases, como "A Estrela da Manhã é um planeta" e "A Estrela da Tarde é um planeta", que descrevem o mesmo fato e logo são correferenciais (em virtude de terem como referência o mesmo estado de coisas), mas que diferem em significado ou sentido (em virtude de esse estado de coisas ser nelas representado por meio de conceitos diferentes). Uma dificuldade com a qual esses pontos de vista têm de lidar é dada no ARGUMENTO DA CATAPULTA, que visa estabelecer o resultado de que, se frases declarativas têm uma referência, então ela não pode ser dada nos estados de coisas associados, mas tem de ser identificada com os valores de verdade das frases. Todavia, como o argumento é vulnerável em certos pontos e está longe de ser cogente, não representa um obstáculo sério ao desenvolvimento dos pontos de vista em questão. *Ver também* PROPOSIÇÃO; PROPRIEDADE; UNIVERSAL; CATAPULTA, ARGUMENTO DA; ACONTECIMENTO. **JB**

ARMSTRONG, D. *A World of States of Affairs*. Cambridge: Cambridge University Press, 1997.
KIM, J. "Events as Property-Exemplifications", *in* Brand, M. e Walton, D. (orgs.). *Action Theory*, Amsterdam: D. Reidel, 1976.
TAYLOR, B. *Modes of Occurrence*. Oxford: Blackwell, 1985.
WITTGENSTEIN, L. *Tratado lógico-filosófico / Investigações filosóficas* [1921]. Trad. M. S. Lourenço. Lisboa: Gulbenkian, 1994. Trad. bras. *Tractatus Logico-Philosophicus*. Trad. Luiz Henrique Lopes dos Santos. São Paulo: Edusp, 1994.

estado doxástico

Estados doxásticos são aqueles estados mentais que de algum modo envolvem a formação de uma opinião por parte dos seus sujeitos; as crenças são o paradigma de estados mentais doxásticos. *Ver* ATTITUDE PROPOSICIONAL.

estado mental

Em uma avaliação das posições em competição na recente literatura sobre a noção de estado mental, Colin McGinn afirma que "podemos explicar aquilo que faz que um estado mental tenha o conteúdo que tem [...]. Mas é comumente concedido que não temos, mesmo remotamente, uma explicação para aquilo que faz com que um estado mental tenha o caráter fenomenológico que tem; não sabemos mesmo onde começar" (McGinn, 1991, p. 24).

Assim, de um estado mental dizemos que ele tem uma dupla face, uma objetiva e outra subjetiva, ou, em outros termos, um conteúdo e uma fenomenologia, ou ainda um lado semântico e outro subjetivo. A representação de algo como uma chama tem um conteúdo, algo que identifico com esse termo. Mas eventualmente, nessa representação, o medo que provoca a minha fuga ou que faz com que eu chame com urgência os bombeiros é já o aspecto fenomenológico do meu estado mental. Põe-se desde logo a questão de saber até que ponto são isoláveis essas duas componentes, isto é, se, p. ex., existirão estados mentais apenas com conteúdo e sem característica fenomenológica ou se, pelo contrário, esses dois lados de um estado mental nunca se poderão separar de tal modo que, p. ex., a componente conteúdo apareça como algo puro e neutro. Porém, assumir essa última caracterização seria o mesmo que amputar qualquer estado mental daquela marca que parece ser irredutível na experiência humana: a subjetividade e, mais particularmente, a intencionalidade. Poder-se-ia dizer que se retirarmos da representação da chama essa característica, se dotaria em princípio o estado mental de maior objetividade, na medida em que a despojamos precisamente de aspectos que podem variar de indivíduo para indivíduo. Mas por outro lado, desse modo, estaríamos abstraindo um elemento (o subjetivo ou fenomenológico) que se incorporou na consciência por razões certamente cruciais na história da espécie.

É sobre este tópico que as principais posições filosóficas divergem, nomeadamente 1) as que isolam por inteiro a componente semântica da componente fenomenológica ou subjetiva e 2) as que consideram essa última componente *qua* intencionalidade como algo determinante do próprio conteúdo. O objetivo de 1 consiste em despir o conteúdo de qualquer resto de fenomenologia, como se esta fosse um suplemento contingente e dispensável. Um dos argumentos é que se certa experiência com expressão proposicional possui valor de verdade é precisamente porque foram eliminadas quaisquer propriedades fenomenológicas. As teorias 1 dos estados mentais possuem ainda em geral um forte pendor externalista: aquilo que faz com que um estado mental tenha o valor semântico que tem situa-se fora de toda a esfera subjetiva. Mas a esse tipo de externalismo opõe-se o conceito de estado mental das teorias 2, que assumem como irredutível o conjunto de propriedades fenomenológicas, precisamente porque estas determinam diferenças de conteúdos que de outro modo não existiriam (cf. McGinn, 1991, p. 35). Nesse sentido os conteúdos são internos à fenomenologia. É como se na representação da chama, em uma situação determinada, não fosse possível separar o conteúdo semântico de "chama" e de "chama ameaçadora", tornando-se evidente que essa última expressão não corresponde a um conteúdo de estado mental sem componente fenomenológica. Um outro argumento das posições 2 é que sem elemento fenomenológico não teríamos uma boa explicação acerca do que individualiza os conteúdos. Na opinião de McGinn, "existe uma internalidade a respeito da relação entre uma experiência e o seu objeto que parece difícil de replicar em termos de relações 'externas' ou teleológicas. A presença ao sujeito do objeto da sua experiência não parece exaustivamente explicável nos termos de tais relações naturais" (C. McGinn, 1991, p. 39).

Compreende-se que a dualidade reconhecida na constituição dos estados mentais tenha suscitado precisamente o problema do dualismo, que é afinal o resultado inevitável quer dos espiritualismos, quer dos materialismos. Esses últimos são hoje dos mais fortes candidatos a uma teoria global da mente e entre os materialismos são ainda as propostas funcionalistas, ou seja, aquelas que elaboram um modelo computacional da mente, as que dominam o panorama teórico. Uma conseqüência dessa posição é a dos defensores do "materialismo eliminatório" (*eliminative materialism*). Representantes desse materialismo radical são, p. ex., S. Stich (1983), P. M. Churchland (1984) e P. S. Churchland, 1986.

Foi o filósofo norte-americano Hilary Putnam quem, em uma série de artigos nos finais da década de 1960 e princípios da de 1970, propôs que o modelo adequado para compreender a mente seria o computador. Sob o nome de funcionalismo, Putnam defendia a teoria de que os estados psicológicos, tais como "acredito que *p*", "desejo que *p*", "espero que *p*", etc., são simplesmente estados computacionais do cérebro. Concretamente, nossa psicologia deve ser descrita como o *software* desse computador – a sua organização funcional. Assim o funcionalismo pode ser considerado a teoria segundo a qual os estados mentais de um sistema, quer seja humano ou artificial, consistem nos estados funcionais físicos desse sistema. Esses estados funcionais são definidos em termos de conjunto de relações causais. Mas Putnam desvincula-se progressivamente das suas próprias posições funcionalistas e assume mesmo uma atitude bastante crítica relativamente às filosofias que se situam nessa linha. No seu livro de 1988, *Representation and Reality*, Putnam desenvolve algumas dessas posições críticas que influenciarão o debate em filosofia da mente e ciências cognitivas nos anos seguintes.

O que, segundo o próprio Putnam, não está bem no funcionalismo? A autocrítica de

estado mental

Putnam é por várias razões interessante porque revela um autor que encontra na filosofia, nomeadamente na semântica lingüística e nos novos desenvolvimentos da teoria do sentido, matéria suficiente para montar uma argumentação contra a sua antiga posição. Há desde logo uma limitação importante no modelo computacional da mente e de que Putnam cedo se terá dado conta. De fato não podemos identificar crenças, intenções, outras atitudes proposicionais quaisquer que sejam sem o recurso ao contexto, e por isso o modelo de IA revelou-se insuficiente. Diz Putnam: "O resultado da nossa discussão para a filosofia da mente é que as atitudes proposicionais, como os filósofos as chamam – isto é, coisas como acreditar que a neve é branca e sentir como certo o que gato está no jardim –, não são "estados" do cérebro humano e do sistema nervoso, isolados do contexto humano e não humano" (Putnam, 1988, p. 73).

Pode dizer-se que o funcionalismo, entendido ele próprio como reduzido a um programa de IA, não consegue explicar aquilo que deve explicar antes de qualquer outra coisa, ou seja, aqueles estados mentais que precisamente fazem parte da nossa vida consciente. É um fato que ela não pode ser desinserida da nossa história natural e cultural, a qual é ela mesma um artefato humano. Ou seja, para explicar certos estados mentais torna-se necessário, ao menos, introduzir no simples plano computacional a história natural e a cultura, o que, entre outras coisas, significa que se a perspectiva funcionalista estiver certa, então ela deverá integrar a mente, entendida sob o ponto de vista computacional, no contexto em que o organismo opera. Assim, o passo a dar pelo funcionalista é descrito do seguinte modo por Putnam: "Por que não pensar na sociedade dos organismos na sua totalidade com uma parte apropriada do seu contexto ambiental como algo análogo a um computador e tentar descrever as relações funcionais dentro deste sistema mais amplo?"

A sugestão é, pois, a de considerar as relações funcionais de sistemas mais amplos, integrando os indivíduos. Essa poderia ser de fato uma linha seguida pelo funcionalista, e no fim de contas é esse o sentido de alguns filósofos mais próximos dessa orientação. Ora, o que Putnam vai verificar em seguida é que uma teoria funcionalista não dá conta de problemas semânticos elementares que a própria prática das línguas naturais apresenta. Em um sistema funcionalista, os organismos são considerados essencialmente ouvintes/falantes em interação em um meio ambiente (podem perfeitamente ser robôs) e, porque estão coordenados segundo o algoritmo de um programa formalizado, possuem a faculdade de realizar certas operações semânticas, como, p. ex., adquirir vocabulário, identificar quais os termos de significado ambíguo e quais os de significado unívoco, pela atribuição de certas marcas às palavras, p. ex., um *a* para as palavras ambíguas e um *u* para as unívocas, etc. Mas torna-se evidente que em línguas naturais (e o ser humano exprime-se e comunica-se em *e* por línguas naturais), o grau de ambigüidade, de univocidade ou de aquisição dos significados dos termos lingüísticos apenas pode ser medido na experiência individual, o que parece ser incompatível com a existência de um programa de instruções formalizado que regula o sistema dos organismos falantes e ouvintes em um contexto ou meio ambiente. É claro que o cientista cognitivista e o funcionalista podem argumentar que a questão é que diferenças subjetivas são pelo menos secundárias em um sistema em que todos os organismos foram digamos que ajustados pela seleção natural e em que as diferenças de *hardware* (de cérebro) não são significativas. No entanto Putnam, influenciado pelas filosofias da semântica de Quine e certamente de Wittgenstein, põe em dúvida que seja possível a completa sinonímia no sistema, isto é, que dois ou mais falantes atribuam exatamente o mesmo significado ao mesmo termo lingüístico. Quine mostra como na prática das linguagens naturais a ambigüidade não é eliminável, assim como a referência dos termos lingüísticos não pode ser determinada com absoluta segurança. Se considerarmos palavras como "alfa" e "verde", no nosso uso dessas palavras e de outras semelhantes, existe uma sistemática ambigüidade, já que, como lembra Quine, algumas vezes usamos tais palavras como termos gerais concretos, como quando dizemos que a relva é verde ou que alguma inscrição começa com um alfa. Outras vezes, por outro lado, usamo-los como termos singulares abstratos, como quando dizemos que o verde é uma cor e que um alfa é uma letra.

Mas que haja sinonímia será precisamente a característica essencial do sistema tal como o funcionalista o define. Isto é, o sistema definido funcionalisticamente não permite, não deixa espaço a nenhum tipo de indeterminação, seja da referência, seja da tradução, seja do significado. Quine tinha criticado como um dos dogmas do empirismo a existência de verdades analíticas (*ver* ANALÍTICO), isto é, de frases que, apenas atendendo ao seu significado, são verdadeiras, p. ex., todos os solteiros são não-casados. Em seguida o mesmo Quine desenvolve as suas famosas teses da indeterminação da tradução e da inescrutabilidade da referência. A idéia é que é sempre possível a incompatibilidade de interpretação do significado de qualquer termo lingüístico, e que *a priori* não está assegurada a univocidade dos termos entre falantes. Assim, nota Putnam, mesmo que duas pessoas profiram a mesma expressão, "Acredito que um gato esteja no jardim", não se poderá inferir que estejamos perante estados computacionais idênticos nos dois cérebros daqueles que produzem essas expressões. Aliás, os fatores de diferenciação e contingência são ainda mais vastos, e Putnam refere que "mesmo no caso de uma única espécie, a 'organização funcional' pode não ser a mesma para todos os membros. O número de neurônios no seu cérebro não é exatamente o número de neurônios do cérebro de outro, e os neurologistas dizem-nos que não há dois cérebros que estejam interiormente ligados (*wired*) do mesmo modo". Daí que se possa mesmo defender que "uma caracterização computacional completa de 'prova', 'confirmação', 'sinonímia', etc. será sempre uma impossibilidade" (Putnam, 1988, p. 119).

Pode então assumir-se que existe um elemento de diferenciação dos estados mentais que advém do fato de os sistemas naturais, e em particular do sistema natural que é o homem, se encontrarem em um regime de constante interação em um contexto prático. Assim, os estados mentais são, por assim dizer, afetados de indeterminação, pelo fato notório da sua semântica não ser imune ao contexto natural prático em que os indivíduos evoluem e interagem. Como lembra Putnam, estamos perante sistemas abertos e com práticas interpretativas humanas potencialmente ilimitadas. "Ainda que todos os seres humanos sejam computadores da mesma espécie no momento do nascimento, não é o caso que todos os adultos passem pela mesma seqüência de estados quando fixam uma crença que podemos traduzir na nossa língua pelo enunciado 'há muitos gatos na vizinhança'. A prática interpretativa real não procede pela observação de algo isolável, como 'estados neuroquímicos' são supostamente isoláveis pela sua estrutura e funções bioquímicas, independentemente de qualquer semântica que neles queiramos impor [...]. A prática interpretativa é aberta e infinitamente extensível (a novas culturas, novas tecnologias, mesmo a novas espécies, ainda que só potencialmente)." Estas palavras resumem a perspectiva antifuncionalista que é agora a de Putnam.

É difícil resumir o conjunto das principais argumentações antimaterialistas e antifuncionalistas, mas se pensarmos em autores como Thomas Nagel, John Searle, Colin McGinn e o próprio Putnam, será possível apurar o seguinte como características inalienáveis dos estados mentais: 1) uma componente fenomenológica inseparável da sua semântica; 2) a individuação de conteúdos, que é apenas possível dada essa componente; 3) o fato de que os estados mentais não são estados de uma consciência isolada e daí corresponderem a práticas interpretativas potencialmente possíveis; 4) o aspecto fenomenológico não é uma espécie de halo que cerca o conteúdo, mas a marca dos estados mentais é a intencionalidade, isto é, o fato de se dirigirem a algo "para lá" da consciência.

Cada um dos autores mencionados subscreve pelo menos uma dessas características. AM

CHURCHLAND, P. M. *Matter and Consciousness*. Cambridge: MIT Press, 1984.
CHURCHLAND, P. S. *Neurophilosophy*. Cambridge: MIT Press, 1986.
McGINN, C. *The Problem of Consciousness*. Oxford: Blackwell, 1991.
PUTNAM, H. *Renewing Philosophy*. Cambridge/Londres: Harvard University Press, 1992.
———. *Representation and Reality*. Cambridge/Londres: MIT Press, 1988.
SEARLE, J. "Minds, Brains and Programs", *in Behavioural and Brain Sciences*, 3, 1980, pp. 417-57.
STICH, S. *From Folk Psychology to Cognitive Science*. Cambridge: MIT Press, 1983.

estrita, equivalência

Ver EQUIVALÊNCIA ESTRITA.

estrita, implicação

Ver IMPLICAÇÃO ESTRITA.

estrito/lato, conteúdo

Ver CONTEÚDO ESTRITO/LATO.

estrutura profunda

No quadro da teoria chomskiana da SINTAXE, estrutura profunda é um nível de descrição das propriedades sintáticas das LÍNGUAS NATURAIS. Diz-se também da descrição R de dada expressão E no nível da estrutura profunda que R é ou representa a estrutura profunda de E.

O nível de estrutura profunda, em articulação com o nível de estrutura de superfície, é usado para expressar algumas relações sintáticas sistemáticas entre elementos de certos pares de expressões das línguas naturais.

Para efeitos de ilustração, considere-se o par 1-2: 1) "O Pedro foi para Londres"; 2) "Para onde foi o Pedro?" Repare-se que a ocorrência do complemento "para Londres" em 1 inviabiliza a gramaticalidade de uma construção em tudo idêntica a 1, exceto no fato de no início também ocorrer, tal como em 2, a expressão "para onde": 1′) "*Para onde o Pedro foi para Londres?" Encarado de outra perspectiva, repare-se que a ocorrência da expressão "para onde" em 2 inviabiliza a gramaticalidade de uma construção em tudo idêntica a 2, exceto no fato de, tal como em 1, nela ocorrer o complemento "para Londres": 2′) "*Para onde foi o Pedro *para Londres*?"

Essas correlações podem, em traços gerais, ser estabelecidas da seguinte forma por meio da utilização dos dois referidos níveis de representação sintática: I) No nível de estrutura profunda, o verbo *ir* admite apenas um complemento, que indica a direção do movimento. Neste nível, a 1 e 2 corresponderão, respectivamente: 1″) "O Pedro foi [para Londres]"; 2″) "O Pedro foi [para onde]". II) Se o complemento em causa for concretizado por uma expressão interrogativa, do tipo "para onde", então, debaixo de certas circunstâncias, essa expressão no nível de estrutura de superfície tem de ocorrer no início da frase, tendo ainda de se verificar a inversão entre o verbo e o sujeito. Assim, 2″ resultará em 2, e 1″, que é idêntica a 1, não sofrerá alteração.

Cabe notar que o tipo de correlação entre frases afirmativas e interrogativas recém-ilustrada é uma entre várias correlações possíveis de sistematizar recorrendo a um quadro analítico que admite dois níveis de representação sintática.

Em algumas teorias formais da sintaxe das línguas naturais recentes, não-chomskianas (p. ex., Pollard e Sag, 1994), os mesmos tipos de correlações são expressas sem recurso à postulação de um segundo nível de representação e, conseqüentemente, nessas teorias a noção de estrutura profunda não existe. AHB

CHOMSKY, N. *Aspectos da teoria da sintaxe*. Coimbra: Arménio Amado, 1965.
POLLARD, C. e SAG, I. *Head-Driven Phrase Structure Grammar*. Stanford: CSLI, 1994.

eu

Ver CONSCIÊNCIA.

Euclides, lei de

Ver LEI DE EUCLIDES.

evento

O mesmo que ACONTECIMENTO.

ex falso quodlibet

(lat., do falso tudo se segue) Designação habitualmente dada ao princípio segundo o qual qualquer proposição é uma conseqüência lógica de uma contradição ou de uma falsidade lógica. Assim, p. ex., a proposição que Deus existe é uma conseqüência lógica da proposição que 2 + 2 = 5. O princípio é imediatamente tornado óbvio quando é dada à noção de conseqüência lógica a habitual caracterização semântica: uma proposição q é uma conseqüência lógica de proposições $p_1,..., p_n$ quando, e apenas quando, é (logicamente) impossível todas as proposições $p_1,..., p_n$ serem verdadeiras e a proposição q ser falsa. Assim, um companheiro natural do princípio *ex falso quodlibet* é o princípio segundo o qual qualquer proposição (ou conjunto de proposições) tem como conseqüência lógica uma tautologia, ou uma verdade lógica; deste modo, p. ex., a proposição que se 2 + 2 = 5 então 2 + 2 = 5 é uma conseqüência lógica da proposição que Deus existe.

A designação *ex falso quodlibet* é também utilizada para referir uma regra de inferência que aparece por vezes em sistemas de dedução natural para a lógica de primeira ordem. Trata-se da regra de que, se em uma linha de uma dedução inferimos a fórmula $\bot$, em que $\bot$ é uma letra proposicional especial usada para designar o logicamente falso ou contraditório, então em uma linha posterior da dedução podemos inferir qualquer fórmula p (dependendo esta linha de todas as suposições e premissas das quais aquela linha depender); esquematicamente, temos O SEQÜENTE: $\bot \vdash p$. E a companheira natural dessa regra de inferência é aquela que nos autoriza a introduzir qualquer tautologia ou verdade lógica em qualquer linha de uma dedução, não dependendo tal linha de nenhuma suposição ou premissa.

Note-se que, ao contrário de princípios da lógica proposicional clássica, como a regra da NEGAÇÃO DUPLA e a regra da redução ao absurdo, a regra *ex falso quodlibet* é válida na lógica proposicional intuicionista, sendo mesmo usada como regra primitiva em alguns sistemas intuicionistas de dedução natural. Naturalmente, a regra não é válida nas chamadas LÓGICAS RELEVANTES. Ver também SÍMBOLO DO ABSURDO. JB

exemplar

O mesmo que ESPÉCIME.

exemplificação

Termo empregado na literatura lógico-filosófica e metafísica para designar, em geral, a relação que se estabelece entre um PARTICULAR e um UNIVERSAL apropriado. Numericamente o mesmo universal, p. ex., a qualidade da Humildade, pode ter como exemplos particulares distintos, p. ex., Francisco de Assis e madre Teresa de Calcutá; e numericamente o mesmo particular, p. ex., Francisco de Assis, pode ser um exemplo de universais distintos, p. ex., a Tolerância e a Pobreza. Diz-se, p. ex., que Sócrates (um particular) exemplifica a propriedade (ou o atributo) de ter bebido a cicuta (um universal); que as diversas ocorrências específicas da palavra "particular" neste verbete – as quais são particulares, palavras-espécime – exemplificam uma palavra-tipo (o universal Particular, digamos); que um animal específico (Rover, um particular) exemplifica uma categoria natural (o universal Cão, digamos); e ainda que eventos específicos como a Exposição Mundial de Sevilha de 1993 e a Exposição Mundial de Lisboa de 1998 (particulares) exemplificam certo tipo de evento (o universal Exposição Mundial, digamos).

É famosa a alegação de que a noção de exemplificação, se for tomada como dizendo respeito a uma relação genuína, envolve uma REGRESSÃO *AD INFINITUM* (veja-se Ryle, 1971). Considere-se um caso particular de exemplificação, p. ex., a exemplificação da propriedade de ter bebido a cicuta por Sócrates. A relação de Exemplificação é ela própria um universal, e assim esse caso particular de exemplificação tem de exemplificar o universal em questão. Mas isso dá origem a um novo caso particular de exemplificação, que (de novo) tem de exemplificar a Exemplificação. E assim por diante *ad infinitum*. Todavia, o fato de a alegação ser famosa não a torna cogente, e há diversas maneiras de bloquear o putativo *regressus* (veja-se Armstrong, 1989, pp. 108-10).

O termo "exemplificação" é igualmente usado, em uma acepção diferente mas de algum modo relacionada com aquela, para descrever certas formas de raciocínio do geral para o singular; p. ex., a inferência de "Sócrates é físico" a partir da premissa "Tudo é físico" é um caso da forma de inferência também conhecida como "exemplificação universal", dada no esquema $\forall x \, \Phi x \vdash \Phi t$ (em que t é um termo e Φt resulta de Φx por substituição de todas as ocorrências de x por t). *Ver também* PROPRIEDADE; TIPO-ESPÉCIME. JB

ARMSTRONG, D. M. *Universals*. São Francisco/Londres: Westview Press, 1989.
RYLE, G. "Plato's Parmenides", *in Collected Papers*. Londres: Hutchinson, 1971, pp. 1-44.

exemplificação existencial

O mesmo que ELIMINAÇÃO DO QUANTIFICADOR EXISTENCIAL.

exemplificação universal

O mesmo que ELIMINAÇÃO DO QUANTIFICADOR UNIVERSAL.

existência

As seguintes três questões, estreitamente relacionadas entre si, têm sido discutidas sob a rubrica "existência" na lógica filosófica e na metafísica logicamente disciplinada, disponíveis a partir de Gottlob Frege (algumas delas foram mesmo discutidas antes, embora não exatamente nas formulações dadas em seguida):

I – Qual é a forma lógica de afirmações de existência (e de não-existência)? É habitual distinguir aqui três variedades principais de frases, acerca das quais não se deve excluir de início que possam vir a receber tratamentos díspares. A) Frases existenciais singulares nas quais o predicado gramatical "existe", precedido ou não por "não", é combinado com um termo singular logicamente simples, em especial um nome próprio; exemplos são dados em frases como "Homero existe" e "Vulcano não existe". B) Frases existenciais singulares nas quais o predicado gramatical "existe", precedido ou não por "não", é combinado com um termo singular logicamente complexo, em especial uma descrição definida singular; exemplos são dados em frases como "O autor de *A Ilíada* existe" e "O décimo planeta do sistema solar não existe". C) Frases existenciais gerais, nas quais o predicado gramatical "existe", precedido ou não por "não", é combinado com um termo geral (ou predicado monádico) simples ou complexo; exemplos são dados em frases como "Mamíferos com asas existem" e "Unicórnios não existem". Dessas categorias de frases existenciais, as do tipo A são tidas como bastante problemáticas, em particular aquelas frases existenciais singulares negativas que são intuitivamente verdadeiras; enquanto as do tipo C – e, em menor grau, também as do tipo B – são tidas como relativamente pouco problemáticas (embora, como veremos, isso necessite de alguma qualificação).

Para simplificar, assumo uma interpretação "intemporal" da forma verbal *existe(m)*. Nessa interpretação, frases da forma ⌜*a* existe⌝ e ⌜F existem⌝, em que *a* é um termo singular e F um termo geral, são entendidas no sentido de (respectivamente) ⌜*a* existiu, existe presentemente, ou virá a existir⌝ e ⌜F existiram, existem presentemente, ou virão a existir⌝. Por conseguinte, uma elocução na presente ocasião de uma frase como "Aristóteles existe" deve ser considerada verdadeira, apesar de o filósofo Aristóteles (a pessoa referida por "Aristóteles") já não estar entre os vivos no momento da elocução; e o mesmo sucede com uma elocução presente de uma frase como "Os dinossauros existem". Nada de importante dependerá dessa suposição.

II – Um segundo tópico central, conspicuamente conectado com o tópico anterior, consiste em determinar se a existência é invariavelmente uma propriedade de ordem superior, um atributo exemplificável apenas por atributos de coisas, indivíduos, ou particulares; ou se é, antes, ou pode ser, uma propriedade de primeira ordem, um atributo exemplificável diretamente por coisas, indivíduos ou particulares.

Essa questão é muitas vezes formulada da seguinte maneira, no modo formal ou lingüístico, como uma questão acerca de determinadas propriedades lógicas e semânticas do predicado "existe" (o que pode bem não ser o mesmo problema; ignoro aqui, no entanto, a complicação). É a palavra "existe" invariavelmente um predicado de segunda ordem, cujo comportamento é semelhante ao de predicados como "está em vias de extinção" ao ocorrer em frases como "O tigre siberiano está em vias de extinção", "é numeroso" ao ocorrer em frases como "as pessoas de cabelo ruivo desta sala são numerosas", e "é raro" ao ocorrer em frases como "os políticos honestos são raros"? Repare-se que nessa última afirmação, p. ex., a propriedade de ser raro não é obviamente predicada de cada uma das pessoas que exemplificam a propriedade de ser um político honesto; aquela propriedade é antes uma propriedade de ordem superior, predicada da propriedade de ser um político honesto (aquilo que é predicado dessa última propriedade é a propriedade de ser uma propriedade exemplificada por muito poucas pessoas).

Uma tradição respeitável, que inclui nomes como Frege e Bertrand Russell (bem como, na filosofia clássica, Kant e Hume), dá respostas afirmativas a questões daquela natureza e subscreve a doutrina de que a existência não é um predicado ou atributo de particulares. A doutrina é por vezes posta a serviço de "causas nobres": ela é notoriamente usada como premissa em alegadas refutações do chamado ARGUMENTO ONTOLÓGICO a favor da existência de Deus.

Ou, pelo contrário, funciona a palavra "existe", pelo menos por vezes, como um predicado de primeira ordem no sentido lógico (e não-gramatical) do termo, ou seja, como um predicado aplicável a, ou verdadeiro de, indivíduos? Por outras palavras, é o comportamento lógico e semântico de "existe" semelhante, pelo menos em alguns casos, ao de predicados monádicos familiares como "é azul", "é retangular", e "pesa oitenta quilos"? Uma tradição não menos respeitável, que inclui nomes como John Mackie, Saul Kripke e David Kaplan (bem como, na filosofia clássica, Anselmo e Descartes), dá respostas afirmativas a questões dessa natureza e subscreve a doutrina de que a existência é um predicado ou atributo de particulares.

O tópico II é muitas vezes assimilado à questão de saber se o conceito de existência, tal como expresso pelos nossos modos correntes de falar de existência, é plenamente captado pelo quantificador existencial objetual da lógica clássica; mas, como veremos, tal assimilação não é completamente correta.

III – Finalmente, uma terceira questão diz respeito à conexão entre os conceitos de existência e ser, sendo esse último conceito vagamente caracterizado como cobrindo todas as entidades e categorias de entidades admissíveis; em suma, tudo aquilo que há.

existência

É a existência apenas um departamento específico do ser, compreendendo naturalmente apenas aquelas entidades que de alguma maneira são suscetíveis de uma localização no espaço e no tempo? Haverá, por conseguinte, coisas ou entidades que, no entanto, não existem (p. ex., objetos abstratos como números e proposições, ou seres ficcionais como cavalos alados e esfinges)? Determinada tradição, com origem no filósofo austríaco Alexius Meinong (veja-se Meinong, 1960) e cujo expoente atual mais conhecido é o filósofo americano Terence Parsons (veja-se Parsons, 1980), defende que sim, que há objetos não-existentes; entre tais objetos Meinong inclui a Fonte da Juventude, a Montanha Dourada, o atual rei da França, centauros e mesmo *impossibilia* como quadrados redondos e homens magros gordos.

Outros filósofos, entre os quais estão Russell e Willard Quine, defendem que não, e subscrevem a doutrina rival segundo a qual ser e existência coincidem, isto é, a doutrina de que existe tudo aquilo que há; ou ainda, em uma formulação talvez mais obscura mas também mais tradicional, a doutrina de que existe tudo aquilo que é. Mas, nesse caso, e se não quisermos de forma alguma ser NOMINALISTAS, será que devemos admitir objetos abstratos entre os existentes, utilizando assim um conceito de existência cuja subsunção por algo não implique uma sua identificação possível no espaço-tempo?

Tomarei o tópico I como pivô; e, no decurso da sua discussão, direi alguma coisa sobre os tópicos relacionados, II e III. É sensato começar pelo caso mais simples, que é sem dúvida o de frases da categoria C referida. Tomemos como exemplares dessa categoria as frases existenciais gerais, afirmativa e negativa: 1) Mamíferos voadores existem; 2) Unicórnios não existem.

Um ponto de vista bastante divulgado é o de que a forma lógica de frases desse gênero é corretamente especificada pelas formalizações que habitualmente recebem na lógica clássica de primeira ordem, que são respectivamente as seguintes (bastante freqüentes nos usuais compêndios de lógica): 1*) $\exists x\,(Mx \wedge Vx)$; 2*) $\neg \exists x\, Ux$; as letras predicativas monádicas M, V, U correspondem aqui aos predicados monádicos "é um mamífero", "voa", e "é um unicórnio". A intuição de que 1 e 2 exprimem ambas verdades é imediatamente sancionada sem nenhum problema por regimentações desse tipo. Naturalmente, teríamos exatamente as mesmas simbolizações para frases como (respectivamente) "Há mamíferos voadores" e "Não há unicórnios", que poderiam assim ser vistas como meras reformulações de 1 e 2, talvez mais próximas do coloquial.

Nesse ponto de vista, o verbo *existir* não é, pelo menos no que respeita ao gênero de contextos em questão, um predicado no sentido lógico do termo; ou seja, não é de forma alguma simbolizável por meio de uma letra predicativa monádica da linguagem da lógica de primeira ordem. Assim, no que respeita à forma lógica, "existem" não se comporta em 1 e 2 como, p. ex., "fazem barulho" e "voam" se comportam em frases como "Mamíferos voadores fazem barulho" e "Unicórnios não voam". Nas formalizações propostas, o verbo "existir" tem como contraparte o quantificador existencial, $\exists$, que pode aí ser visto como um predicado de segunda ordem caracterizado da seguinte maneira. Trata-se daquele predicado que é verdadeiro de um dado predicado de primeira ordem F se, e somente se, F é verdadeiro de pelo menos um indivíduo em um dado domínio de indivíduos (equivalentemente, se, e somente se a EXTENSÃO de F nesse domínio não é vazia). Se preferirmos o modo ontológico, podemos dizer que a $\exists$ está associada uma propriedade de segunda ordem caracterizada da seguinte maneira: é aquela propriedade exemplificada por dada propriedade de primeira ordem, Ψ, se, e somente se, Ψ é exemplificada por pelo menos um item. Ou ainda, se preferirmos a formulação clássica de Frege, podemos dizer que a $\exists$ está associado um conceito de segunda ordem caracterizado da seguinte maneira: é aquele conceito que é subsumido por um dado conceito de primeira ordem C, se, e somente se, pelo menos um objeto cai sob C. Assim, p. ex., a frase 2 estabelecerá o seguinte (afirmando, de acordo com as preferências ontológicas de cada um, algo acerca de predicados, ou acerca de propriedades, ou acerca de classes, ou acerca de conceitos): que o predicado monádico "unicórnio" não se aplica a nada; que a propriedade de ser um unicórnio é exemplificada por nenhum item; que a classe dos unicórnios é vazia; ou que nenhum objeto cai sob o conceito de primeira ordem unicórnio.

Um problema que esse ponto de vista tem aparentemente de enfrentar é simplesmente o de que uma frase como 1 parece afirmar algo diretamente acerca de certas criaturas, mamíferos voadores, e não algo acerca de um conceito, uma classe, um predicado ou uma propriedade. Uma pessoa pode bem acreditar que mamíferos voadores existem sem que essa sua crença seja acerca de um conceito, uma classe, um predicado, ou uma propriedade; a pessoa em questão pode bem ser cética quanto à existência de entidades assim, ou pura e simplesmente não ser sofisticada a ponto de possuir o conceito de um conceito, de uma classe, de um predicado, ou de uma propriedade.

Em todo caso, determinada generalização do ponto de vista sobre frases existenciais singulares dos tipos A e B, de algum modo proposta por Frege e Russell, teria as seguintes conseqüências (se fosse correta). Relativamente ao tópico II, uma vindicação da doutrina de que a existência não é (nunca) um predicado de coisas. E, relativamente ao tópico III, uma vindicação da doutrina de que não há nenhuma distinção admissível a fazer entre existir e ser (ou subsistir): tanto as expressões correntes a respeito do ser ("há") como as da existência ("existe") seriam exaustivamente representáveis pelo quantificador existencial; e a afirmação "Há coisas que não existem" adquiriria, por conseguinte, o estatuto de uma AUTOCONTRADIÇÃO. Por uma questão de conveniência, referir-nos-emos à generalização intencionada como concepção russelliana da existência; e regressaremos a ela mais adiante.

Todavia, as formalizações no estilo de 1* e 2*, apesar de suscitarem um elevado grau de consenso, não são de modo algum obrigatórias, e a concepção genérica antes descrita pode naturalmente ser disputada. Com efeito, pode-se defender a idéia de que a forma lógica de frases como 1 e 2 é antes dada em formalizações do seguinte gênero (reconhecidamente pouco canônicas, pelo menos a julgar pela freqüência com que ocorrem nos compêndios de lógica habituais): 1**) $\exists x\, [(Mx \land Vx) \land Ex]$; 2**) $\exists x\, (Ux \land \neg Ex)$; aqui M, V, U são interpretadas como anteriormente, mas há uma nova letra predicativa monádica, E, que corresponde ao predicado gramatical "existem".

Poder-se-ia pensar em utilizar fórmulas condicionais quantificadas universalmente, em vez de conjunções quantificadas existencialmente, representando assim 1 e 2 como proposições universais, afirmativa a primeira e negativa a segunda; e espelhando assim, aparentemente, a gramática de superfície das frases. O problema é que, dadas as características semânticas do operador de condicional material, uma fórmula como $\forall x\, (Ux \rightarrow Ex)$, que simbolizaria nesse caso a frase intuitivamente falsa "Unicórnios existem", seria verdadeira em uma interpretação em que não houvesse unicórnios no domínio de quantificação. E esse é um resultado claramente indesejável, pois seria de esperar, do ponto de vista da doutrina sob consideração, que do fato de não haver unicórnios se seguisse simplesmente a não-existência de unicórnios: aquilo que não subsiste também não existe. Uma alternativa possível seria a de abdicar da quantificação clássica, bem como da maneira associada de formalizar proposições universais, e utilizar antes quantificadores binários (*ver* QUANTIFICAÇÃO GENERALIZADA). Estes teriam de ser dotados de uma semântica tal que uma fórmula como $Ux\,(Ux;\, Ex)$, que simbolizaria "Unicórnios existem" e em que ∪ é o quantificador universal binário, fosse falsa em uma interpretação cujo domínio não contivesse unicórnios. Formalizações adequadas de 1 e 2 poderiam ser então dadas (respectivamente) nas fórmulas ∪x ($Mx \land Vx$; Ex) e ∪x (Ux; $\neg Ex$).

Note-se que, à luz daquele tipo de proposta, 1 e 2 já não são equivalentes a "Há mamíferos com asas" e "Não há unicórnios", cujas regimentações são agora dadas precisamente nas fórmulas 1* e 2* (respectivamente); de fato, 2** teria uma interpretação natural na qual seria avaliada como verdadeira, enquanto 2* seria avaliada como falsa nessa interpretação. No ponto de vista subjacente ao estilo de formalizações 1** e 2**, o verbo "existir" é realmente um predicado no sentido lógico do termo, ou seja, é simbolizável por meio de uma letra predicativa monádica da linguagem da lógica de primeira ordem; assim, no que respeita à forma lógica, "existem" comporta-se de fato em 1 e 2 exatamente como, p. ex., "fazem barulho" e "voam" se comportam em frases como "Mamíferos voadores fazem barulho" e "Unicórnios não voam". Nas formalizações propostas, o verbo "existir" não tem de forma alguma como contraparte o quantificador existencial, $\exists$, cujas variáveis ligadas tomam antes valores sobre o domínio mais inclusivo do ser, a totalidade daquilo que há ou daquilo que subsiste; aquele verbo funciona como um predicado genuíno, um predicado diretamente aplicável a coisas, mas verdadeiro de apenas algumas coisas de entre a totalidade das coisas que há.

Determinada generalização desse ponto de vista sobre frases existenciais singulares dos tipos a e b, de algum modo proposta por Meinong e seus seguidores, resultariam as seguintes conseqüências (se a interpretação fosse correta). Relativamente ao tópico II, haveria uma defesa da doutrina de que a existência é invariavelmente um predicado de particulares. E, relativamente ao tópico III, haveria também uma defesa da doutrina de que há uma distinção substantiva a fazer entre existência e ser, sendo aquela uma simples província deste. O domínio de quantificação é, recorrendo a uma expressão de Heidegger (que não é, obviamente, usada por ele desta maneira!), a "casa do ser". E aquilo que faz o predicado de primeira ordem, "existe", é extrair desse domínio a classe daqueles objetos que têm o atributo especial da existência. Há assim um divórcio entre a expressão "há", representável pelo quantificador existencial, e a expressão "existe", representável pelo predicado monádico E. Conseqüentemente, a afirmação "Há coisas que não existem", formalizável como $\exists x \neg Ex$, não exprime já uma autocontradição, mas antes uma verdade importante; trata-se de uma conseqüência lógica, por generalização existencial, da verdade expressa por uma frase como "Pégaso não existe". Por uma questão de conveniência, referir-nos-emos à generalização intencionada como concepção meinongiana da existência; e regressaremos a ela mais adiante.

Consideremos agora o caso de afirmações existenciais singulares da categoria B, e tomemos as seguintes frases como representativas dessa categoria: 3) "O atual rei da Inglaterra existe"; 4) "O décimo planeta do sistema solar não existe". A intuição relativamente a essas frases, intuição essa que qualquer teoria adequada deve de algum modo sancionar ou explicar, é a de que, dada a maneira como o mundo é, a frase afirmativa 3 exprime uma falsidade e a frase negativa 4 uma verdade. Com efeito, a esse último respeito, no fim do século XIX os astrônomos julgaram ter descoberto mais um planeta no sistema solar e chamaram-lhe "Vulcano": muito provavelmente, ou pelo menos assim o supomos, não existe tal planeta; e, em relação a 3, tudo indica que o presente monarca inglês não é do sexo masculino.

Uma das maneiras mais conhecidas de realizar a estratégia *supra* aludida de subsumir o caso de frases desse gênero no caso de frases da categoria C, de modo a vindicar também aí a tese de que a existência não é um predicado, é aquela cujo traço distintivo é um recurso à TEORIA DAS DESCRIÇÕES de Russell. (Não considerarei aqui um processo diferente que pode ser seguido para o mesmo propósito, o qual se inspira nas idéias de Frege.) *Grosso modo*, a teoria das descrições de Russell trata o artigo definido no singular "o", "a", tal como ocorre em frases declarativas da forma ⌈O (a) F é G⌉ (em que F e G são predicados monádicos), como um quantificador existencial ao qual é, no entanto, acrescentada uma condição de unicidade (ou seja, uma condição a ser satisfeita por uma, e só por uma, coisa). Assim, frases daquela forma são interpretadas como estabelecendo o seguinte: há um objeto (em dado domínio de objetos) que satisfaz o predicado F, mas nenhum outro objeto (nesse domínio) satisfaz F, e o objeto em questão satisfaz o predicado G. E a formalização que tais frases usualmente recebem na linguagem da lógica de primeira ordem com identidade é a dada na fórmula $\exists x [Fx \land \forall y (Fy \to y = x) \land Gx]$. Ilustrando, a frase em português "O atual presidente da República Portuguesa é do Sporting" é, simplificando um pouco, simbolizável como $\exists x [Px \land \forall y (Py \to y = x) \land Sx]$ (com as letras predicativas P e S correspondendo aos predicados "é presentemente um presidente da República Portuguesa" e "é do Sporting").

Uma característica importante da teoria de Russell é a de que, por seu intermédio, é possível eliminar de forma elegante como espúrios alegados compromissos ontológicos com entidades putativas designadas por descrições definidas quando ocorrem em frases na posição de sujeito gramatical. Com efeito, a forma gramatical não é aqui, como em muitos outros casos, um guia fidedigno para discernir a forma lógica. A forma lógica de uma frase do tipo ⌈O F é G⌉ não é, como é de certo modo sugerido pela sua forma gramatical, idêntica à de uma frase do tipo ⌈NN é G⌉, em que NN é um nome próprio. Da verdade de uma frase do último gênero segue-se, à luz da semântica habitual, que há certo item designado pelo nome NN e que esse item satisfaz o predicado G. Porém a verdade de uma frase do tipo ⌈O F é G⌉ não tem tais conseqüências; pois não se trata, na realidade, de uma predicação monádica, mas antes de uma quantificação existencial de certo tipo. Assim, p. ex., da verdade de uma frase que contenha a descrição "O filósofo português que bebeu a cicuta" na posição de sujeito gramatical não se segue necessariamente qualquer admissão, na nossa ontologia, de uma putativa pessoa possível como o filósofo português que bebeu a cicuta a qual é alegadamente mencionada pela descrição e que satisfaz o material restante contido na frase.

No caso particular de frases em que "existe" ou "não existe" aparecem na posição do predicado G, as formalizações são mais simples; basta ter em conta, de acordo com o ponto de vista sob consideração, a redundância conceptual da condição de existência em relação à quantificação. Assim, frases da forma geral ⌈O F existe⌉ e ⌈O F não existe⌉ recebem as seguintes formalizações (respectivamente): $\exists x [Fx \land \forall y (Fy \to y = x)]$, que se pode ler: "Há um, e apenas um, F"; e $\neg \exists x [Fx \land \forall y (Fy \to y = x)]$, que se pode ler: "Ou não há nenhum F, ou então há mais do que um F." Note-se, em relação ao último caso, que não há lugar para uma interpretação admissível da negação em que a esta é dado âmbito curto relativamente ao quantificador existencial: a fórmula $\exists x [Fx \land \neg \forall y (Fy \to y = x)]$, que se pode ler "Há mais do que um F", é claramente insuficiente como formalização de ⌈O F não existe⌉. Também aqui, e agora com especial relevância, da verdade de uma frase como "O filósofo português que bebeu a cicuta não existe" não se segue de forma alguma que haja uma pessoa, o filósofo português que bebeu a cicuta, que é designada pela descrição "O filósofo português que bebeu a cicuta" e que satisfaz o predicado "não existe". Quine formula o ponto dizendo que a teoria das descrições de Russell permite erradicar definitivamente a falácia "infame" a que ele dá o nome de "barba de Platão" (Quine, 1996). Trata-se da transição aparentemente ilegítima que consiste em inferir a conclusão de que o não-ser (o filósofo português que bebeu a cicuta) tem, de algum modo, de ser, a partir da premissa de que, se tal não fosse o caso, então não poderíamos sequer dizer com verdade que o não-ser não é (afirmar que o filósofo português que bebeu a cicuta não existe).

Deve-se observar, no entanto, que nem toda frase em língua portuguesa da forma ⌜O F (não) existe⌝ é suscetível de ser analisada à maneira de Russell. Exceções são dadas em frases como, p. ex., "O panda vermelho existe" e "O urso-polar castanho não existe". De fato, frases como essas são antes subsumíveis na categoria C, uma vez que são plausivelmente parafraseáveis como "Há pandas vermelhos" e "Não há ursos-polares castanhos". Em todo caso, tais exceções não parecem representar nenhum problema para o ponto de vista russelliano. Aparentemente, o mesmo já não pode ser dito de afirmações da forma ⌜O F existe⌝, em que a descrição definida ⌜O F⌝ é usada referencialmente (*ver* ATRIBUTIVO/REFERENCIAL); o exemplo de Mackie é uma frase do gênero "Pouca gente sabe que a enseada que descobrimos ontem existe" (Mackie, 1976, p. 250). Todavia, como é sabido, o problema é mais geral, não sendo de forma alguma específico de afirmações de existência.

Aplicando agora o aparato conceptual da teoria das descrições às frases 3 e 4, a idéia é então a de que a forma lógica dessas frases é especificada nas formalizações 3*) $\exists x [Rx \land \forall y (Ry \to y = x)]$; 4*) $\neg \exists x [Dx \land \forall y [Dy \to y = x)]$, em que as letras predicativas R, D correspondem aos predicados "é presentemente um rei da Inglaterra" e "é um décimo planeta do sistema solar" (os quais, para simplificar, se tomam como predicados logicamente simples). E a intuição de que 3 é falsa e 4 é verdadeira é plenamente preservada: no primeiro caso, porque nada satisfaz R; no segundo, porque nada satisfaz D. Nesse estilo de formalizações, o verbo "existir" tem como contraparte o quantificador existencial, $\exists$, que pode aí continuar a ser visto como um predicado de ordem superior caracterizado de qualquer das maneiras antes delineadas; o único elemento novo, em relação à simbolização de frases da categoria C, é a condição de unicidade, introduzida pelo artigo definido singular e representada, nas formalizações proporcionadas, por meio de uma combinação de quantificação universal e identidade. Assim, recorrendo à terminologia fregiana, poderíamos, p. ex., dizer que a frase 4 é acerca de um conceito, o conceito *atual rei da Inglaterra*, e estabelece que debaixo desse conceito cai um único objeto (o que não se verifica). Em suma, em contextos do tipo ilustrado pelas frases 3 e 4, a palavra "existe" funciona exatamente como em contextos do tipo ilustrado pelas frases 1 e 2, como um predicado de ordem superior (o quantificador existencial).

Porém a estratégia geral de subsunção da categoria B de frases na categoria C pode igualmente prosseguir, do ponto de vista meinongiano, precisamente na direção oposta: com vista a vindicar também aí a tese de que a existência é invariavelmente um predicado de particulares, bem como a concepção associada da existência como subclasse própria do ser.

Dada, nesse ponto de vista, a não-redundância conceptual da condição de existência em relação à quantificação, a qual percorre o domínio mais vasto do ser, formalizações possíveis que se sugerem naturalmente para frases da forma geral ⌜O F existe⌝ e ⌜O F não existe⌝ são as seguintes. (Para efeitos de comparação, conservo o estilo geral de regimentação russelliana anteriormente introduzido, embora tal não seja de forma alguma obrigatório.) Para o primeiro caso, temos a fórmula $\exists x [Fx \land \forall y (Fy \to y = x) \land Ex]$, que se pode ler: "Há um, e apenas um F, e ele existe." Para o segundo caso, há uma complicação porque aquela forma é ambígua entre as seguintes interpretações: uma em que a negação é externa, a qual é dada na fórmula $\neg\exists x\,[Fx \wedge \forall y\,(Fy \to y = x) \wedge Ex]$, que se pode ler: "Não é o caso que haja um, e apenas um F e ele exista"; e outra em que a negação é interna, a qual é dada na fórmula $\exists x\,[Fx \wedge \forall y\,(Fy \to y = x) \wedge \neg Ex]$, que se pode ler: "Há um, e apenas um F, e ele não existe." Todavia, se a doutrina meinongiana for caracterizada da maneira tradicional, como subscrevendo algo como a barba de Platão, então é a segunda interpretação que serve esse propósito. Escusado será dizer, a barba de Platão já não é vista como uma falácia nessa doutrina, desde que seja submetida à seguinte reformulação: "O que não existe tem, de algum modo, de ser; caso contrário, não poderíamos sequer afirmar com verdade a seu respeito que não existe." Com efeito, só naquele gênero de interpretação é que a verdade de uma frase da forma ⌜O F não existe⌝ implica logicamente que há algo como o F, ou que o F é (ou subsiste); a primeira interpretação não tem, claramente, tais conseqüências. P. ex., da verdade de uma frase como "O filósofo português que bebeu a cicuta não existe" segue-se que há uma pessoa possível, o filósofo português que bebeu a cicuta, mas não existente (desde que seja atribuído âmbito curto ao "não"); e, sob a mesma suposição, uma consequência lógica mais geral dessa frase é a tese meinongiana de que há coisas que não existem.

Aplicando agora essas considerações às frases 3 e 4, a idéia é então a de que a forma lógica dessas frases é dada nas formalizações 3**) $\exists x\,[Rx \wedge \forall y\,(Ry \to y = x) \wedge Ex]$; 4**) $\exists x\,[Dx \wedge \forall y\,(Dy \to y = x) \wedge \neg Ex]$, em que as letras predicativas R, D, E têm as correspondências anteriores. A intuição de que 3 é falsa e 4 é verdadeira é também aqui preservada: no primeiro caso, porque, presumivelmente, um e um único objeto satisfaz R, mas não satisfaz E; no segundo, porque, presumivelmente, um e um só objeto satisfaz D, mas não satisfaz E. Nesse estilo de formalizações, o verbo "existir" é um predicado de primeira ordem, simbolizável por meio de uma letra predicativa monádica cuja extensão, relativamente a uma interpretação, é certa classe de particulares: uma subclasse do domínio mais inclusivo do ser onde as variáveis quantificadas tomam valores. O único elemento novo, em relação à simbolização de frases da categoria C, é a condição de unicidade, introduzida pelo artigo definido singular e representada, nas formalizações proporcionadas, por meio de uma combinação de quantificação universal e identidade.

Consideremos agora o caso, mais delicado, de afirmações de existência do tipo A; e tomemos as seguintes frases como representativas da categoria: 5) "Homero existe"; 6) "Vulcano não existe". A intuição relativamente a essas frases, intuição essa que qualquer teoria adequada deve de algum modo sancionar ou explicar, é a de que, dada a maneira como o mundo é, a frase afirmativa 5 e a frase negativa 6 são ambas verdadeiras (ou, pelo menos, é isso que vamos assumir). Vejamos como é que as duas famílias de doutrinas da existência consideradas até ao momento, a russelliana e a meinongiana, se comportam relativamente a frases existenciais do tipo A. Antecipando um pouco, uma vantagem desses pontos de vista reside no fato de, pelo menos a julgar pelas aparências, cada um deles dar conta dessa categoria problemática de frases de uma forma elegante e eficaz.

Recordemos que a estratégia russelliana para a categoria B de frases era simplesmente a de subsumi-la na categoria C *via* teoria das descrições. Ora, a estratégia russelliana para a categoria A de frases é precisamente a de subsumi-la na categoria B. Obtém-se assim uma redução indireta à categoria central C e vindica-se assim, em geral, a doutrina de que a existência não é um predicado. A subsunção em questão é executada por meio do recurso a uma doutrina semântica geral acerca de nomes próprios habituais ou correntes, bem como acerca de outros tipos de designadores simples (p. ex., certas palavras INDEXICAIS); convém observar que nomes próprios correntes são, tipicamente, nomes de particulares

existência

espaciotemporais, p. ex., pessoas, cidades, rios, animais domésticos, artefatos, etc. Explicitamente adotada por Russell, essa doutrina é conhecida como "teoria descritivista do significado de nomes próprios" (*ver* REFERÊNCIA, TEORIAS DA). A idéia é basicamente a de que qualquer nome próprio corrente é, na realidade, a abreviatura de certa descrição definida singular (tomada em uso atributivo); na terminologia de Russell, nomes próprios correntes são descrições disfarçadas ou truncadas. Por outras palavras, cada frase da forma ⌜NN é G⌝, em que NN é um nome próprio corrente, é analisável em termos de uma frase da forma ⌜O (a) F é G⌝, em que ⌜O (a) F⌝ é determinada descrição definida que NN abrevia; supõe-se a esse respeito, por um lado, que a descrição em questão é associada com o nome por utilizadores competentes deste, e, por outro, que o item (caso exista) que a satisfaz é o referente do nome. Naturalmente, a pretensão é a de que cada frase do tipo ⌜NN é G⌝ é sinônima de, ou analiticamente equivalente a, uma frase do tipo ⌜O (a) F é G⌝.

No caso de frases em que "existe" ou "não existe" aparecem na posição do predicado G, as formalizações russellianas são obtidas em duas etapas. Frases da forma ⌜NN existe⌝ e ⌜NN não existe⌝ são, em primeiro lugar, analisadas em termos de certas frases da forma ⌜O F existe⌝ e ⌜O F não existe⌝; e depois, após a aplicação a estas últimas do tratamento geral dado a frases do tipo B, são alcançadas as formalizações finais $\exists x\,[Fx \wedge \forall y\,(Fy \to y = x)]$ e $\neg \exists x\,[Fx \wedge \forall y\,(Fy \to y = x)]$: essas formalizações são vistas como proporcionando a forma lógica das frases originais. Assim, supondo que os nomes correntes "Homero" e "Vulcano" são contrações de descrições definidas como (digamos) "O poeta grego que escreveu *A Ilíada* e *A Odisséia*" e "O décimo planeta do sistema solar" (respectivamente), obtemos as seguintes regimentações para as frases 5 e 6: 5*) $\exists x\,[Ix \wedge \forall y\,(Iy \to y = x)]$; 6*) $\neg \exists x\,[Dx \wedge \forall y\,(Dy \to y = x)]$. As letras predicativas I, D correspondem aos predicados "é um poeta grego que escreveu *A Ilíada* e *A Odisséia*" e "é um décimo planeta do sistema solar". A intuição de que 5 e 6 exprimem ambas verdades é plenamente preservada: no primeiro caso, porque uma só pessoa (Homero) satisfaz I; no segundo, porque nada satisfaz D. Nesse estilo de formalizações, o verbo "existir" tem como contraparte o quantificador existencial, que pode aí continuar a ser visto como um predicado de ordem superior. Assim, poderíamos, p. ex., dizer que a frase 5 é acerca de um conceito, o conceito *poeta grego que escreveu* A Ilíada *e* A Odisséia, e estabelece que debaixo desse conceito cai um único objeto. Em suma, em contextos do tipo ilustrado pelas frases 5 e 6, a palavra "existe" funciona exatamente como em contextos do tipo ilustrado pelas frases 1 e 2, como um predicado de ordem superior (o quantificador existencial).

Mencionemos agora um dos argumentos mais freqüentemente usados para rejeitar a doutrina de que "existe" é aquilo que parece ser ao ocorrer em frases como 5 e 6, designadamente um predicado monádico de primeira ordem, e para suportar o ponto de vista russelliano. O argumento é o seguinte. Se frases existenciais singulares afirmativas como 5 fossem vistas como tendo a forma lógica de predicações monádicas, então, se verdadeiras, seriam invariavelmente não-informativas ou triviais (em certo sentido). Com efeito, em traços largos, o seguinte tipo de especificação de condições de verdade para predicações monádicas é consensual. Uma predicação monádica F*a* é verdadeira se, e somente se, há um objeto *x* tal que o termo singular *a* designa *x* e o predicado F se aplica a *x*. Por conseguinte, 5 é verdadeira se, e somente se, há uma pessoa designada pelo nome "Homero" e o predicado "existe" aplica-se a essa pessoa. Ora, supondo que não há objetos não existentes (e, logo, que não é possível referir tais objetos), se soubermos que o nome "Homero" designa algo, que há uma pessoa referida pelo nome, então estabelecemos, *eo ipso*, 5 como verdadeira.

existência

E é esse o sentido no qual uma frase como 5 não é informativa, ou é trivial: temos, por hipótese, o objeto denotado; predicar depois a existência desse objeto não acrescenta nada de novo, não traz nada que não soubéssemos antes. Compare-se isso com uma predicação monádica como "Homero embebedou-se"; aqui a mera informação de que "Homero" é um nome não-vazio não é manifestamente suficiente para determinar a frase como verdadeira. Todavia, parece óbvio que frases existenciais positivas verdadeiras como 5 são de algum modo informativas; logo, condições de verdade que as façam surgir como triviais são as erradas. Por outro lado, analogamente, se frases existenciais singulares negativas como 6 fossem vistas como tendo a forma lógica de predicações monádicas, então, se verdadeiras, seriam invariavelmente não-informativas ou triviais (no sentido anterior). Com efeito, se lhes aplicarmos a especificação *supra* de condições de verdade, obtemos o seguinte. A frase 6 é verdadeira se, e somente se, ou não há nenhum objeto designado pelo nome "Vulcano", ou então há tal objeto mas ele não satisfaz o predicado "existe". Ora, supondo de novo que não há objetos não-existentes, o último ramo da disjunção é necessariamente falso. Logo, basta sabermos que o nome "Vulcano" não designa nada, que não há nenhum objeto referido pelo nome, para estabelecermos 6 como verdadeira. Todavia, parece óbvio que frases existenciais negativas verdadeiras como 6 são de algum modo informativas; logo, condições de verdade que as façam surgir como triviais são as erradas. Essas dificuldades resultam da idéia de que frases existenciais singulares têm a forma lógica de predicações monádicas; e alega-se que elas são completamente superadas em um ponto de vista, o russelliano, no qual essa idéia é abandonada e substituída pela doutrina de que essas frases têm de fato a forma lógica de quantificações existenciais. Nesse ponto de vista, o caráter potencialmente informativo de 5 seria prontamente explicado: pode ser uma novidade saber que sob o conceito *poeta grego que escreveu* A Ilíada *e* A Odisséia (ou algo do gênero) cai uma, e apenas uma, pessoa – *mutatis mutandis* em relação à verdade e à natureza potencialmente informativa de 6.

É possível encontrar argumentos com o mesmo gênero de inspiração em Kant e Russell. Na *Crítica da razão pura* (A590/B618 ss.), Kant defende a idéia de que a existência não é característica real de um objeto. E isso é entendido no seguinte sentido: adicionar a existência ao nosso conceito de um objeto dado – àquilo que já sabemos acerca dele, p. ex., que é um tigre, que é carnívoro, que é um mamífero, etc. – não acrescentaria nada de novo, nada de informativo ao conceito; enquanto adicionar a esse conceito uma característica genuína – p. ex., a propriedade de ser um felino – poderia acrescentar algo de novo, algo de informativo ao conceito. Pelo seu lado, Russell adota a posição extrema de classificar frases da forma ⌈NN existe⌉ e ⌈NN não existe⌉, em que NN é desta vez um nome genuíno ou logicamente próprio (e não um nome próprio corrente), como simplesmente destituídas de sentido (Russell, 1956, pp. 250-4). Nomes genuínos nomeiam necessariamente algo: não é possível deixarem de referir um objeto; e, ao contrário do que sucede com nomes correntes, tem-se uma garantia *a priori* de que isso é assim. Note-se que os paradigmas de nomes logicamente próprios são, para Russell, nomes atribuídos por uma pessoa às suas próprias sensações e a outros particulares mentais "privados". Logo, qualquer frase da forma ⌈NN existe⌉ não pode deixar de ser verdadeira; na terminologia de David Pears (1967), trata-se de uma tautologia referencial. E, pela mesma razão, qualquer frase da forma ⌈NN não existe⌉ não pode deixar de ser falsa; trata-se de uma contradição referencial. Esses fatos constituiriam um indício de que algo está logicamente errado com tais frases, sendo destituído de sentido combinar o predicado gramatical "existe", bem como o seu complemento "não existe", com um nome logicamente próprio.

Há duas maneiras de resistir ao tipo de argumentação antes delineado. A primeira é rejeitar a premissa nele usada segundo a qual não há objetos não-existentes e não é possível referir tais objetos; essa é a posição meinongiana, que consideraremos adiante. A segunda consiste em aceitar aquela premissa e observar que aquilo que o argumento de fato demonstra é apenas que "existe" é, pelo menos nos contextos sob consideração, um predicado de primeira ordem especial, um predicado que é verdadeiro de qualquer objeto; e o seu complemento "não existe", um predicado falso de qualquer objeto. Ora, argumenta-se, não há nada de errado em um predicado desse gênero. Aliás, existem outros casos de predicados "tautológicos", acerca dos quais não é plausível levantar nenhuma suspeita; p. ex., predicados como "é idêntico a si mesmo" e "é verde ou não é verde" são predicados monádicos de primeira ordem que estão "em ordem" e que se aplicam a todos os objetos. Por outro lado, o argumento russelliano parece confundir duas coisas que se devem distinguir liminarmente: de um lado, o caráter não-informativo ou trivial (no sentido anterior) que uma frase existencial como 5 teria, se "existe" fosse um predicado daquela natureza; do outro lado, o estatuto modal de 5, ou seja, a circunstância aparente de 5 ser uma frase necessariamente verdadeira. A primeira dessas coisas poderia ser concedida ao proponente do argumento russelliano, sem que, no entanto, fosse vista como sinal de um erro. Quanto à segunda, ela pode (e deve) ser rejeitada. De fato, sucede que frases verdadeiras como 5, em que o objeto referido pelo termo singular é um existente contingente (uma pessoa), não exprimem de forma alguma verdades necessárias: uma situação contrafactual em que o referente real do nome "Homero" – por hipótese, a pessoa Homero – não exista é uma situação que torna 5 uma verdade contingente. O ponto pode ser reformulado da seguinte maneira. Enquanto a afirmação *de dicto* "necessariamente, tudo existe", ou "necessariamente, o predicado 'existe' aplica-se a todos os objetos", é verdadeira e capta a idéia de que "existe" é um predicado monádico especial com aquelas características, a afirmação *de re* correspondente "Tudo existe necessariamente", ou "Todo o objeto é tal que o predicado 'existe' aplica-se-lhe com necessidade", é falsa e não capta aquela idéia.

Regressaremos à posição subjacente a essa réplica mais adiante; por ora, é bom notar que ela é parte de uma posição que constitui uma alternativa possível não apenas à teoria russelliana, na medida em que é nela subscrita a tese de que a existência é (ou pode ser) uma propriedade de primeira ordem, mas também à teoria meinongiana, na medida em que nela é subscrita a tese de que não há objetos não-existentes. Por uma questão de conveniência, referir-nos-emos a essa posição como a teoria híbrida da existência; a razão da designação deve-se ao fato de, nessa teoria, o predicado de existência ser por vezes um predicado de predicados e por vezes um predicado de primeira ordem.

Em todo caso, e independentemente do que se venha a pensar acerca daquele gênero de réplica, há boas razões para considerar a doutrina russelliana acerca de frases existenciais do tipo A como uma doutrina implausível. Essas razões são basicamente as seguintes. A doutrina depende crucialmente de um ponto de vista semântico, a teoria descritivista de nomes próprios e de outros termos singulares, o qual foi convincentemente exibido como incorreto por meio de um conjunto de conhecidos argumentos construídos por Hilary Putnam, Kripke e outros (*ver* REFERÊNCIA, TEORIAS DA). Presentemente, são muitos os filósofos que tomam esses argumentos como estabelecendo, de maneira convincente, a conclusão de que o significado de um nome próprio, bem como o significado de (digamos) um termo para uma categoria natural, não pode de forma alguma ser dado em uma descrição definida cuja função seja a de introduzir um conjunto de propriedades conjuntamente suficientes e separadamente necessárias para determinar um objeto (caso exista) como o referente do nome ou do termo. O ponto de vista russelliano ou quantificacional resolveria de modo elegante e eficaz os problemas associados às afirmações existenciais do tipo A; mas apenas sob a suposição de que a teoria descritivista do significado é uma teoria correta. Infelizmente, muita coisa parece militar contra tal suposição.

Consideremos agora a doutrina meinongiana na sua aplicação à categoria A de frases. Para além de adotar a distinção já mencionada entre quantificação e existência (não é o caso que haja apenas aquilo que existe), a doutrina adota também uma distinção naturalmente associada com aquela: a distinção entre referência e existência (não é o caso que possa ser referido apenas aquilo que existe). A idéia é a de que, tal como é possível quantificarmos sobre objetos não-existentes, também é possível referirmo-nos a eles pelo emprego de nomes próprios e de outros termos singulares. Assim, entre os objetos que compõem o domínio de quantificação, a chamada "casa do ser", alguns não existem; e, entre esses últimos, pelo menos alguns podem ser nomeados. Dadas considerações desse gênero, formalizações meinongianas para frases como 5 e 6 surgem de imediato, sendo as expressões "existe" e "não existe" tratadas aí exatamente da mesma maneira que nas frases 1-4, como predicados monádicos verdadeiros ou falsos de particulares. Assim, teríamos regimentações do seguinte gênero (respectivamente): 5**) Eh; 6**) ¬Ev. E é como antes e h e v são constantes individuais que correspondem, em uma interpretação intencionada, aos nomes "Homero" e "Vulcano". Em suma, em contextos do tipo ilustrado pelas frases 5 e 6, a palavra "existe" funciona exatamente como parece funcionar. A intuição de que 5 e 6 exprimem ambas verdades é plenamente preservada: no primeiro caso, porque há um objeto referido, e ele é um dos existentes; no segundo caso, porque há um objeto referido, mas ele não é um dos existentes. E a teoria não teria nenhuma dificuldade em explicar o caráter potencialmente informativo de frases verdadeiras, negativas ou positivas, do tipo A. Por conseguinte, e em geral, o caso problemático de frases do tipo A é igualmente acomodado em uma teoria meinongiana de forma elegante e eficaz.

Infelizmente, a teoria possui características que a tornam pouco recomendável, pelo menos aos olhos de um número razoável de filósofos. Uma dessas características é justamente a distinção entre ser e existir, vista por muitas pessoas como uma daquelas distinções às quais não corresponde nenhuma diferença genuína; p. ex., parece ser um tanto ou quanto *ad hoc* estabelecer uma diferença entre "Há pandas vermelhos no zoológico" e "Existem pandas vermelhos no zoológico". Outra característica negativa, de algum modo motivada pela primeira, é a exuberância ontológica, a panóplia de entidades admitidas por uma metafísica meinongiana. Parece não haver limites para a inflação ontológica de não-existentes caucionada pela teoria. De fato, qualquer predicado serve para introduzir objetos de certa categoria no reino do ser, aqueles que satisfazem o predicado, sejam eles objetos existentes ou não-existentes; e qualquer termo singular (especialmente uma descrição definida) serve para introduzir um objeto específico no reino do ser, o objeto denotado pelo termo, seja ele um objeto existente ou não-existente. Isto constitui uma ofensa para quem, como Russell, tenha um sentido robusto da realidade; ou para quem, como Quine, tenha um gostinho especial por paisagens desertas; ou ainda para quem, como a maioria dos filósofos vivos, possua fortes convicções naturalistas. Para além disso, na teoria meinongiana, a exuberância ontológica é combinada com aquilo que parece ser uma manifesta violação do princípio conhecido como NAVALHA DE OCKHAM, considerado um princípio regulador correto para qualquer ontologia e que estabelece que não se devem multiplicar objetos além do necessário. Pode perguntar-se, p. ex., pelo porquê da introdução meinongiana de *impossibilia* como quadrados redondos, ou mesmo de *possibilia* como o filósofo português que bebeu a cicuta. Qual é a função que esses objetos devem desempenhar e que, alegadamente, os faz passar no teste da navalha? Tais entidades não são tornadas indispensáveis pelo fato de a sua postulação ser necessária para fins semânticos, de maneira a que a frases como "O filósofo português que bebeu a cicuta não existe" e "Não existem quadrados redondos" possam ser atribuídas condições de verdade que as façam surgir como verdadeiras; pois, como Russell e Quine nos ensinam, tal postulação não é de forma alguma necessária. Em terceiro lugar, a doutrina meinongiana enfrenta dificuldades internas irreparáveis. Tome-se o predicado "quadrado redondo existente". Tal como qualquer outro predicado, este também introduz no reino do ser uma categoria de objetos, aqueles que o satisfazem; essa seria a categoria dos quadrados redondos existentes. Mas, se não existem quadrados redondos, então *a fortiori* também não existem quadrados redondos existentes, o que é uma contradição.

No entanto, e muito embora tal possa não ser suficiente para nos persuadir a aceitar a teoria, há que reconhecer que é possível refinar a teoria meinongiana de maneira a que algumas daquelas críticas sejam contrariadas (veja-se um sumário em Parsons, 1995). Assim, com respeito às duas últimas objeções, é possível impor determinadas restrições sobre os predicados disponíveis de maneira a que apenas alguns deles sejam tidos como apropriados para introduzir objetos (e o mesmo se aplica a descrições definidas, uma vez que estas são compostas por predicados). Dois gêneros de restrições podem ser introduzidos para o efeito. Em primeiro lugar, tem sido proposta uma distinção entre predicados nucleares, como, p. ex., os predicados "quadrado" e "redondo", e predicados não-nucleares, como, p. ex., "existe" (veja-se Zalta, 1995). A idéia é então a de que só os predicados nucleares introduzem objetos. Conseqüentemente, a terceira objeção *supra* seria infundada, pois o predicado complexo "quadrado redondo existente" não é nuclear, em virtude de conter um predicado constituinte não-nuclear, e não introduz assim nenhum objeto no domínio (todavia, note-se que a manobra não seria suficiente para impedir que uma descrição como "O quadrado redondo" nos comprometesse com um *impossibilia*). Em segundo lugar, poder-se-ia fazer com que a ontologia meinongiana fosse regulada pela navalha de Ockham. Assim, um predicado introduziria objetos de certo gênero somente se esses objetos desempenhassem certa função em dada teoria, ou fossem indispensáveis para certos fins teóricos ou científicos. Isso permitiria presumivelmente excluir de uma metafísica meinongiana *impossibilia* como quadrados redondos e putativos *possibilia* como o filósofo português que bebeu a cicuta e o atual rei da Inglaterra. Mas, por outro lado, permitiria presumivelmente conservar objetos abstratos, como proposições, com base na sua indispensabilidade para fins de semântica e psicologia, e ainda certos *possibilia*, como a pessoa que teria surgido caso este espermatozóide tivesse fecundado este óvulo, com base na sua indispensabilidade para acomodar algumas das nossas expressões contrafactuais. Por conseguinte, e em geral, afinal sempre poderia haver limites, mesmo do ponto de vista meinongiano, para a introdução de objetos não-existentes; e poderia assim resistir-se às críticas do segundo gênero. Finalmente, em relação ao primeiro gênero de objeções, o ontólogo meinongiano poderia argumentar que a sua distinção entre ser e existir lhe permitiria, assumida, p. ex., a indispensabilidade de certos tipos de objetos abstratos (como números, classes e proposições), afirmar que há objetos desses sem estar por isso obrigado a fazer a afirmação um tanto chocante de que existem objetos desses; ilustrando, para ele seria então verdade que há números pares existência

primos, mas falso que tais números existem. Todavia, essa réplica não é convincente por completo. Ela depende criticamente de uma noção de existência restrita a objetos identificáveis, pelo menos em princípio, no espaço e no tempo. Ora, tal restrição pode ser plausivelmente abandonada, sendo a distinção *supra* tornada assim redundante. Com efeito, é possível introduzir de forma coerente uma noção de existência de natureza puramente lógica, sem nenhuma conotação espaciotemporal; e, à luz dessa noção, tanto é verdadeira a afirmação de que pessoas canhotas existem como é verdadeira a afirmação de que existem números pares primos.

Resta-me dizer alguma coisa sobre aquela posição no espaço lógico a que chamei teoria híbrida da existência, que julgo representar uma alternativa crível quer em relação ao ponto de vista russelliano, quer em relação ao ponto de vista meinongiano. Apesar de haver uma diversidade de versões possíveis, tomarei uma teoria híbrida como caracterizável pelas seguintes teses: I) quanto ao tópico III, pela doutrina de que todos os objetos existem (não há objetos não-existentes); II) quanto ao tópico II, pela doutrina de que há contextos nos quais o verbo "existir" funciona como um predicado de primeira ordem; e III) quanto ao tópico I, pela doutrina associada de que frases existenciais do tipo A têm uma forma lógica distinta daquela que é atribuível a frases existenciais das outras categorias: nomeadamente, elas têm a forma de predicações monádicas.

Tomemos, em primeiro lugar, a tese III. E consideremos para o efeito frases da forma ⌜*a* existe⌝ e ⌜*a* não existe⌝, em que *a* é um termo singular logicamente simples (para os nossos propósitos, basta considerar o caso em que *a* é um nome próprio corrente). Regimentações que poderiam ser propostas em uma teoria híbrida para frases desse gênero inspiram-se em uma sugestão feita por Quine (1969, p. 94), e são dadas nas seguintes fórmulas da lógica de primeira ordem com identidade: $\exists x\, x = a$ e

$\neg \exists x\, x = a$. A primeira fórmula pode ler-se como "*a* é idêntico a pelo menos um objeto no domínio" ou "*a* é o valor de uma (alguma) variável"; e a segunda fórmula pode ler-se como "todos os objetos no domínio são distintos de *a*", ou "*a* não é o valor de nenhuma variável". Assim, a forma lógica das nossas frases existenciais singulares 5 e 6 seria especificada do seguinte modo (respectivamente): 5***) $\exists x\, h = x$; 6***) $\neg \exists x\, v = x$, com as constantes individuais *h* e *v* a serem interpretadas como antes.

Alternativamente, poder-se-ia equipar a linguagem da lógica de primeira ordem com identidade com uma nova constante predicativa monádica de existência, E, que seria definida da seguinte maneira: $Et \equiv \exists x\, x = t$ (em que *t* é um TERMO dessa linguagem). O predicado de existência, E, seria assim dotado de uma semântica fixa, isto é, constante ao longo de interpretações, o que pode ser visto como marca característica de uma noção lógica (*ver* CONSTANTE LÓGICA). A extensão de E, relativamente a uma interpretação dada, seria justamente a classe de todos aqueles objetos, e só daqueles objetos, que pertencem ao domínio da interpretação em questão; por outras palavras, o predicado de existência é verdadeiro de todo o objeto no domínio (e só de objetos no domínio). Por conseguinte, a forma lógica de frases do tipo ⌜*a* existe⌝ e ⌜*a* não existe⌝ poderia ser especificada, de forma equivalente, por meio de fórmulas do gênero E*a* e ¬ E*a*; desse modo, formalizações alternativas, mas logicamente equivalentes, para as frases 5 e 6 seriam dadas justamente nas fórmulas 5** e 6**, mas com E sendo agora interpretada da maneira antes descrita.

Em qualquer dos casos, subjacente a esse estilo de formalizações para frases existenciais do tipo A, está a doutrina II, a doutrina de que, pelo menos nesses contextos, "existe" é um predicado aplicável a particulares. De fato, uma expressão como "ξ é idêntico a pelo menos um objeto" ($\exists x$ ξ = *x*), em que a letra ξ é usada à maneira de Frege como um simples indicador de um lugar vazio, não é senão uma expressão predicativa monádica de primeira ordem, expressão cuja extensão é certa classe de particulares. Por outro lado, se tal é correto, então é agora fácil ver que é errôneo identificar, como com freqüência se faz, a tese de que a existência é invariavelmente uma propriedade de ordem superior, tese essa que é rejeitada na teoria híbrida, com a tese de que a nossa noção de existência se deixa captar por meio da noção de quantificação existencial objetual da lógica clássica, tese essa que é de certa maneira adotada na teoria híbrida (como se pode verificar pelas formalizações propostas). Para além disso, diversas considerações de natureza positiva militam a favor da doutrina de que "existe" pode funcionar como um predicado de objetos. Como Mackie (1976) notou, contextos modais como "Sócrates poderia não ter existido" e contextos epistêmicos como "Eu não sabia que esta praia existia" constituem indícios razoáveis de que "existe" é por vezes um predicado de primeira ordem. Com efeito, e simplificando um pouco, tais construções resultam manifestamente da prefixação a predicações monádicas da forma ⌜a existe⌝ de operadores modais ("Possivelmente, não é o caso que") ou epistêmicos ("Não é o caso que eu sei que"); ora, a inteligibilidade das construções em questão exige assim que a combinação de um termo singular genuíno com o predicado "existe" esteja perfeitamente em ordem do ponto de vista da forma lógica. (Contextos temporais, como, p. ex., "Fernando Pessoa já não existe", têm sido invocados para os mesmos fins.)

Obviamente, as regimentações anteriormente propostas pressupõem também a doutrina III, a doutrina de que tudo existe. Note-se, a título de contraste, que $E t$ e $\exists x\, x = t$ não são fórmulas logicamente equivalentes à luz de uma teoria meinongiana: a segunda é uma verdade lógica nesse ponto de vista, mas a primeira pode naturalmente ser falsa. A doutrina III é representável, na linguagem objeto, por meio da fórmula E) $\forall x\, Ex$; ou por meio da fórmula logicamente equivalente E†) $\forall x\, \exists y\, y = x$. E ambas as fórmulas são validades da lógica de primeira ordem com identidade, ou seja, fórmulas verdadeiras em qualquer interpretação. Observe-se também, a esse respeito, que a fórmula que resulta de E por NECESSITAÇÃO, isto é, a fórmula *de dicto* $\Box \forall x\, Ex$ ("Necessariamente, tudo existe"), é uma validade da lógica modal quantificada padronizada; enquanto uma fórmula algo aparentada, a fórmula *de re* $\forall x\, \Box\, Ex$ ("Tudo existe necessariamente"), não é aí de forma alguma uma validade (*ver* FÓRMULA DE BARCAN). Por último, repare-se que a doutrina de que tudo existe não está inevitavelmente comprometida com uma ontologia marcada por uma pobreza franciscana; em especial, a doutrina não está inevitavelmente comprometida com um universo nominalista, povoado apenas por particulares materiais. A adoção de uma noção puramente lógica de existência, cuja extensão estivesse livre de restrições espaciotemporais e fosse regulada apenas pela navalha, permitiria presumivelmente tornar a doutrina compatível com a admissão, entre os itens existentes, de objetos abstratos, como números e classes, e de universais, como propriedades e relações.

Quanto ao gênero de tratamento a dar em uma teoria híbrida às categorias B e C de frases existenciais, uma possibilidade consistiria simplesmente em adotar em relação a elas o tratamento russelliano, ou seja, representar essas frases como tendo basicamente a forma lógica de quantificações existenciais. Essa seria talvez a opção mais natural em relação a frases do tipo C. Em relação a frases do tipo B, a opção dependeria ainda de uma adoção da concepção russelliana das descrições como quantificadores de certo tipo, o que constitui um tópico relativamente independente. Em todo caso, a teoria híbrida tornar-se-ia imediatamente vulnerável à objeção de que nela o verbo "existir" seria tratado como ambíguo, ocorrendo umas vezes como predicado de ordem superior, designadamente em construções dos tipos B e C, e outras vezes como predicado de primeira ordem, designadamente em construções do tipo A. Ora, argumenta-se, a existência de tal ambigüidade na palavra é absolutamente intolerável e deve ser tomada como proporcionando uma *reductio ad absurdum* de qualquer teoria que fosse obrigada a admiti-la. Todavia, objeções dessa natureza estão longe de ser convincentes, muito embora fosse sem dúvida preferível ter uma teoria unitária. Em primeiro lugar, é possível argumentar no sentido de distinguir entre, de um lado, casos em que uma palavra é ambígua, e, do outro lado, casos em que uma palavra é suscetível de desempenhar funções diferentes em construções diferentes. Poderíamos tomar a palavra "existe", em contraste com a palavra "banco" (p. ex.), como pertencendo à segunda categoria e como suscetível de desempenhar um papel dual, ocorrer como um predicado de predicados e ocorrer como um predicado de coisas. Não é claro que isso fosse uma desvantagem séria para a teoria. Em segundo lugar, há outras palavras que têm um comportamento análogo, no nível da forma lógica, ao que é proposto para "existe"; e em relação a elas não é sequer plausível levantar qualquer dificuldade. P. ex., é habitual falar da diversidade de funções que a cópula pode desempenhar, sem que com isso se considere necessariamente a palavra "é" como ambígua. É assim usual distinguir entre as formas lógicas de frases como "A baleia branca é um mamífero", "Moby Dick é uma baleia", "Aquela baleia é Moby Dick" e "Este anel é de osso de baleia", em termos de uma distinção entre o "é" da inclusão (de classe), o "é" da exemplificação, o "é" da identidade e o "é" da constituição (respectivamente). Ou, tomando outro caso, considere-se a palavra "desapareceu" ocorrendo em frases como "O meu exemplar de *Naming and Necessity* desapareceu da estante" e ocorrendo em frases como "O lobo ibérico desapareceu do nordeste transmontano". No primeiro contexto, a palavra desempenha manifestamente o papel de um predicado de primeira ordem, e no segundo, o papel de um predicado de segunda ordem; mas, obviamente, não é ambígua. Por conseguinte, e em geral, uma teoria híbrida estaria em condições de propor para as frases 1 a 4 justamente as regimentações 1* a 4*.

O calcanhar-de-aquiles de uma teoria híbrida não é então o tratamento assimétrico nela dado, de um lado a frases existenciais gerais, e, do outro, a frases existenciais do tipo A. Note-se que a noção de quantificação existencial é utilizada para especificar a forma lógica em todos os casos, relativamente a todas as categorias de afirmações de existência. O calcanhar-de-aquiles da teoria é antes o caso de frases existenciais singulares negativas verdadeiras, como, p. ex., a frase 6. A teoria não consegue, aparentemente, dar conta desse caso. O problema é o seguinte. Na lógica clássica de primeira ordem, a fórmula $\exists x\, a = x$ (ou a fórmula logicamente equivalente Ea), que é na teoria híbrida vista como proporcionando a forma lógica de frases do tipo ⌈*a* existe⌉, é uma validade. De fato, qualquer interpretação da fórmula faz necessariamente corresponder certo objeto, no domínio da interpretação, à constante individual *a* como a denotação ou extensão da constante nessa interpretação; e isso é o suficiente para tornar a fórmula verdadeira em cada interpretação. Conseqüentemente, a sua negação, a fórmula $\neg\exists x\, a = x$ (ou a fórmula logicamente equivalente $\neg Ea$), que é a regimentação proposta para frases do tipo ⌈*a* não existe⌉, é uma falsidade lógica, uma fórmula falsa em todas as interpretações. Mas, se assim é, então não há nenhuma interpretação na qual a fórmula (6***) seja verdadeira; por conseguinte, a frase existencial singular negativa 6 surge afinal como falsa, o que entra em flagrante conflito com a intuição de que se trata de uma frase verdadeira. Uma teoria híbrida não dispõe assim de meios para explicar a existência de frases existenciais negativas verdadeiras.

Essa objeção introduz, creio, uma dificuldade séria para qualquer teoria híbrida.

Uma maneira possível de lhe escapar consistiria em mudar de lógica, substituindo a habitual lógica clássica de primeira ordem por uma lógica livre de primeira ordem – livre relativamente à denotação das constantes individuais; ou seja, por uma lógica cuja semântica autoriza a existência de interpretações de fórmulas com constantes individuais nas quais nenhum objeto no domínio é atribuído às constantes individuais como a sua denotação ou extensão. Conseqüentemente, a fórmula $\exists x\, a = x$ não é uma validade nessa lógica, pois é falsa em uma interpretação em que a extensão de a seja nula. E a fórmula $\neg \exists x\, a = x$ não é uma falsidade lógica, podendo assim (6***) ser dotada de uma interpretação na qual surge como verdadeira e sendo desse modo acomodada a verdade intuitiva da frase 6. Outra vantagem de tal mudança de lógica seria a de que exceções de certo gênero à regra da necessitação deixariam de estar disponíveis. A fórmula $\exists x\, a = x$ (a existe) é um teorema da lógica clássica de primeira ordem e, assim, um teorema da lógica modal quantificada; mas a sua necessitação, $\Box\, \exists x\, a = x$ (a existe necessariamente), não é um teorema da lógica modal quantificada (pois é falsa em certa interpretação). Em contraste com esses resultados, em uma lógica livre daquele gênero, a primeira fórmula não é um teorema, e assim não temos aqui exceções à regra da necessitação.

Há dois problemas com esse tipo de manobra. O primeiro é que muita gente não está simplesmente disposta a abandonar a lógica clássica, pelo menos com base em razões de tal natureza. Em especial, muita gente não está inclinada a aceitar as complicações que as lógicas livres trazem relativamente a alguns dos princípios mais básicos de inferência da lógica de primeira ordem. Esses princípios deixariam de ter a simplicidade e a pureza cristalina que têm na lógica clássica. Ilustrando, a regra de eliminação de $\forall$, na sua versão clássica, não é válida em uma lógica livre daquele tipo; basta reparar que, enquanto a fórmula que exprime a doutrina de que tudo existe, isto é, $\forall y\, \exists x\, y = x$, continua a ser uma validade nessa lógica, a fórmula $\exists x\, a = x$ não o é (como vimos). O resultado, aqui e em outros casos, é uma complexificação das regras de inferência que muitas pessoas vêem como prejudicial e desnecessária. A segunda dificuldade é a de que a manobra, mesmo que correta, apenas resolveria o problema técnico, deixando o filosófico por resolver. Este último é um problema relativo ao CONTEÚDO de frases existenciais singulares negativas, àquilo que é nelas dito: as proposições que tais frases exprimem em ocasiões dadas de uso. Os argumentos introduzidos por Kripke e outros contra a doutrina descritivista dos nomes podem ser vistos como estabelecendo, pelo menos, o seguinte resultado. O conteúdo proposicional de um nome – ou seja, aquilo com que o nome contribui para determinar a proposição expressa por uma frase na qual ele ocorra – não pode ser completamente dado em uma representação puramente conceptual ou qualitativa de algo, mas é objetualmente dependente no seguinte sentido: sua identidade e existência dependem da identidade e existência do objeto nomeado. Por conseguinte, no caso de nomes vazios como "Vulcano", como não há objeto nomeado, o nome não pode ser dotado de um conteúdo proposicional completo (ou de um conteúdo proposicional, se adotarmos uma doutrina que identifique conteúdo e objeto). Logo, qualquer frase em que um desses nomes ocorra, p. ex., 6, não é capaz de exprimir uma proposição determinada; o que é o mesmo que dizer que não exprime nenhuma proposição (se não há objeto, não há proposição completa, e, se não há proposição completa, não há proposição). Conseqüentemente, se não há nada que uma frase como 6 exprima ou diga, então *a fortiori* 6 ela também não pode exprimir uma verdade – nem uma falsidade, por sinal! Uma teoria híbrida parece ser assim incapaz de lidar com o caso de existenciais negativas verdadeiras (embora tentativas engenhosas tenham sido recentemente feitas para resolver o problema; vejam-se Adams e Stecker, 1994). Naturalmente, a dificuldade não surge nem no ponto de vista russelliano, em que o conteúdo de um nome é puramente descritivo e logo objetualmente independente – e em que 6 pode assim exprimir uma proposição completa e verdadeira –, nem no ponto de vista meinongiano, em que um nome como "Vulcano" não é um nome vazio, e logo o seu conteúdo pode bem ser objetualmente dependente – e em que 6 pode assim exprimir uma proposição completa e verdadeira. *Ver também* COMPROMISSO ONTOLÓGICO; ARGUMENTO ONTOLÓGICO; NOMINALISMO; QUANTIFICAÇÃO GENERALIZADA; LÓGICA LIVRE; NECESSITAÇÃO; *POSSIBILIA*. **JB**

ADAMS, F. e STECKER, R. "Vacuous Singular Terms", *in Mind and Language*, 9, 1994, pp. 387-401.
KANT, I. *Crítica da razão pura* [1787]. Trad. M. P. dos Santos *et al*. Lisboa: Gulbenkian, 1985.
KAPLAN, D. "Afterthoughts", *in* Almog, J., Perry, J. e Wettstein, H. (orgs.). *Themes from Kaplan*. Oxford: Oxford University Press, 1989.
MACKIE, J. L. "The Riddle of Existence", *in Proceedings of the Aristotelian Society*, suppl. vol., 1976.
MEINONG, A. "On the Theory of Objects". Trad. ingl. R. Chisholm, I. Levi e D. Terrell, *in* Chisholm, R. (org.). *Realism and the Background of Phenomenology*. Glencoe: The Free Press, 1960, pp. 76-117.
MOORE, G. E. "Is Existence a Predicate?", *in Aristotelian Society. Supplementary volume*, XV, 1936.
PARSONS, T. *Non-Existent Objects*. New Haven: Yale University Press, 1980.
———. "Non-Existent Objects", *in* Kim, J. e Sosa, E. (orgs.). *A Companion to Metaphysics*. Oxford: Blackwell, 1995.
PEARS, D. "Is Existence a Predicate?", *in* Strawson, P. F. (org.). *Philosophical Logic*. Oxford: Oxford University Press, 1967.
QUINE, W. V. O. "Existence and Quantification", *in Ontological Relativity and Other Essays*. Cambridge: Harvard University Press, 1969, pp. 91-113.

———. "On what there is", *in From a Logical Point of View: Nine Logico-Philosophical Essays*. 2.ª ed. 11.ª reimpr. Cambridge/Londres: Harvard University Press, 1996, pp. 1-19. Edições em português: "Sobre o que há". Trad. Luís Henrique dos Santos, *in Ryle/Austin/Quine/Strawson*. Coleção Os Pensadores. 1.ª ed. São Paulo: Abril Cultural, 1975, pp. 223-35; e "Sobre o que há", *in* Quine, W. V. O. *et al*. *Existência e linguagem: ensaios de metafísica analítica*. Trad. e org. João Branquinho. Lisboa: Presença, 1990, pp. 21-39.
RUSSELL, B. "On Denoting", *in Mind*, 14, 1905, pp. 479-93. Trad. port. "Da denotação", *in Russell/Moore*. Coleção Os Pensadores. Trad. Pablo Mariconda. São Paulo: Abril Cultural, 1974, pp. 9-20.
———. "The Philosophy of Logical Atomism", *in* Marsh, R. C. (org.). *Logic and Knowledge*. Londres: Routledge, 1956. Trad. port. "A filosofia do atomismo lógico", *in Russell/Moore*. Coleção Os Pensadores. Trad. Pablo Mariconda. São Paulo: Abril Cultural, 1974, pp. 59-141.
STRAWSON, P. F. *Freedom and Resentment*. Oxford: Oxford University Press, 1974.
ZALTA, E. N. "Fictional Truth, Objects and Characters", *in* Kim, J. e Sosa, E. (orgs.). *A Companion to Metaphysics*. Oxford: Blackwell, 1995.

existência, princípio da

Esta designação é por vezes usada na literatura lógico-filosófica e metafísica para referir a tese, algo controversa, segundo a qual é impossível aquilo que não existe ter quaisquer atributos ou propriedades; por outras palavras, o princípio da existência estabelece que uma condição logicamente necessária para algo poder ser um sujeito de predicações é existir.

O princípio deixa-se representar pelo esquema de inferência

$$E) \; \Phi t \vdash Et$$

em que a letra esquemática Φ é substituível por um predicado monádico, E é o predicado de existência, e a letra esquemática t é substituível por um termo singular. (O esquema é facilmente generalizável a predicados de aridade arbitrária. Note-se igualmente que o esquema converso de E é trivialmente válido: basta reparar que Φ é substituível por E.) Assim, um exemplo do esquema, o qual proporciona uma refutação aparente do princípio, é a inferência da premissa, aparentemente verdadeira, "Sherlock Holmes é amigo de Watson" para a conclusão, aparentemente falsa, "Sherlock Holmes existe". Naturalmente, é discutível que casos assim constituam contra-exemplos ao princípio da existência, pois é discutível que as frases que neles ocorrem como premissas ("Sherlock Holmes é amigo de Watson") exprimam verdades genuínas.

Se tomarmos a noção geral de um objeto no sentido de cobrir qualquer sujeito de predicações, como aplicável àquilo e só àquilo do qual algo é predicável (x é um objeto se, e somente se, x tem propriedades), então o princípio da existência pode ser visto como a tese segundo a qual uma condição logicamente necessária para ser um objeto é existir: t é um objeto $\vdash$ Et; por outras palavras, aquilo aí afirmado é que não há objetos não-existentes. Formulado dessa maneira, o princípio proporciona um modo de discriminar entre aquelas posições metafísicas que o rejeitam, às quais se pode chamar "meinongianas", e aquelas posições metafísicas que o aceitam, às quais se pode chamar simplesmente "antimeinongianas".

Em algumas versões de meinongianismo, o seguinte gênero de argumento seria considerado inválido e um contra-exemplo imediato ao esquema E: "O número 4 é par. Logo, o número 4 existe." Mas pode-se resistir à manobra do ponto de vista de certas posições antimeinongianas. De fato, pode-se argumentar que a palavra "existe" é ambígua entre uma noção de existência aplicável apenas a objetos localizáveis no espaço-tempo, normalmente utilizada no ponto de vista meinongiano, e uma noção de existência livre de tais restrições. À luz da primeira noção, a conclusão é de fato falsa. Mas nada nos impede de a ver como verdadeira à luz da segunda noção, e de contar assim objetos abstratos como números entre os existentes.

De maior peso é a objeção que diz respeito a frases existenciais negativas, como "Vulcano não existe". Essa frase é, intuitivamente, verdadeira; mas o é justamente em virtude da não-existência de um alegado planeta chamado "Vulcano". Mas então, substituindo Φ por "não existe" e t por "Vulcano", obtemos um contra-exemplo ao esquema E. A objeção pode ser contrariada distinguindo entre a negação frásica – digamos, *Não é o caso que* [*existe* [*Vulcano*]] – e a negação predicativa – digamos, *não existe* [*Vulcano*]; e argumentando que, interpretada da primeira maneira, a frase existencial negativa "Vulcano não existe" não é de fato uma predicação monádica, não sendo sequer da forma Φt. *Ver também* EXISTÊNCIA; OBJETO; PROPRIEDADE. JB

FORBES, G. *The Metaphysics of Modality*. Oxford: Clarendon Press, 1985.

WILLIAMSON, T. "Equivocation and Existence", *in Proceedings of the Aristotelian Society*, 88, 1987-1988, pp. 109-27.

existência de Deus, argumentos sobre a

Chamam-se "argumentos sobre a existência de Deus" as tentativas de fundamentar ou refutar, com base em premissas universalmente aceitáveis, a conclusão de que Deus (definido com base na doutrina das grandes religiões monoteístas) existe. No seu conjunto, esses argumentos constituem um empreendimento que valoriza o uso de formas de raciocínio e premissas cuja validade e valor de verdade sejam acessíveis a todos em princípio. Em outras palavras, os argumentos sobre a existência de Deus se pretendem neutros em relação ao tipo de atitude diante da crença religiosa que se tenha concretamente, ou seja, se se é ateu, agnóstico ou adepto de dada religião. Assim, o empreendimento intelectual dos argumentos sobre a existência de Deus, que no seu conjunto é tradicionalmente conhecido como "teologia natural", caracteriza-se por buscar discutir esse tema em um plano comum tanto aos crentes religiosos quanto aos que não o são. O objetivo desse esforço é fundamentar ou refutar a crença em Deus com base não na religião revelada, mas na discussão conduzida conforme regras de raciocínio e dados empíricos acessíveis, em princípio, a todos os envolvidos no debate.

O conceito de Deus levado em conta nos argumentos em questão é já em si uma complexa questão filosófica. Em geral, na tradição monoteísta do judaísmo, cristianismo e islamismo, Deus é compreendido como um ser incorpóreo, criador e mantenedor do universo físico, onipotente, onisciente, onipresente, eterno, maximamente bom, maximamente livre, digno de culto e adoração e que se manifesta aos homens em ocasiões especiais. Importantes questões se apresentam tanto à coerência interna desses conceitos quanto à inter-relação entre eles. Um exemplo de problemas internos aos atributos divinos é o chamado PARADOXO DA PEDRA para o atributo da onipotência, que se pode enunciar da seguinte maneira: teria Deus poder de criar uma pedra tão pesada que Ele mesmo não pudesse erguer? Caso afirmativo, então Ele não é onipotente, pois haveria ao menos uma coisa que não poderia fazer. Caso negativo, o mesmo problema se apresenta. Exemplo famoso de dificuldade na relação entre as qualidades divinas é o problema do mal, que aponta para a dificuldade de conciliar a existência de um Ser sumamente bom, onipotente e onisciente com a existência do mal, tanto na natureza quanto na moralidade. Embora suscite interessantes problemas metafísicos e lógicos, a questão da natureza de Deus foge ao escopo do presente texto e não será tratada aqui. Ao problema do mal, contudo, voltaremos a seguir, pois se trata de um dos mais importantes argumentos sobre a existência de Deus.

Assim, partindo-se do princípio de que o conceito de Deus compreendido pelos atributos enunciados antes é coerente, são três os argumentos mais famosos em prol da existência de Deus: o argumento ontológico, o argumento cosmológico e o argumento teleológico. O primeiro é discutido separadamente nesta enciclopédia (*ver* ARGUMENTO ONTOLÓGICO). Sendo assim, discutiremos aqui apenas os outros dois argumentos clássicos, bem como o principal argumento contrário à existência de Deus, o problema do mal.

O Argumento Cosmológico – Em um argumento cosmológico típico as premissas contêm tanto algum fato empírico público (como a ocorrência de mudanças ou a existência do universo) quanto algum princípio de causalidade, de modo a fundamentar a conclusão de que se pode afirmar que Deus existe como causa fundamental daquele dado empírico.

Há dois tipos básicos de argumento cosmológico. Um deles, denominado "argumento *kalam*", foi sugerido inicialmente por filósofos islâmicos e judeus na Idade Média, como al-Kindi e Saadia ben Joseph, respectivamente, e posteriormente adotado por São Boaventura, no âmbito cristão. O argumento *kalam* refere-se a Deus como criador do universo em algum dado momento no tempo. Esse tipo de argumento cosmológico sustenta, então, que o universo deve ter tido origem em algum momento no tempo (uma tese, em geral, defendida com base na idéia de impossibilidade de REGRESSÃO *AD INFINITUM* de causas no tempo em termos atuais) e, uma vez que nada é causa de si mesmo, apenas um Ser distinto do universo poderia ser a causa do surgimento deste.

O segundo tipo de argumento cosmológico prescinde da idéia de que o universo teve um início no tempo, e, por sua vez, se subdivide em duas formas, uma que defende a tese da existência de Deus como Ser necessário e agente causal na manutenção dos entes contingentes na existência e outra que se vale do princípio da razão suficiente de Leibniz.

Na primeira forma desse tipo de argumento cosmológico, "CONTINGENTE" e "necessário" têm, em geral, um sentido distinto daquele usado em lógica e devem ser entendidos como a expressão da situação de um ente quanto a sua dependência ontológica. Assim, um ente contingente é aquele que depende de outro para existir, ao passo que ser necessário é aquele que existe independentemente de qualquer causa para sua existência. Um exemplo famoso de exposição dessa forma de argumento cosmológico entre as que não postulam uma origem do universo no tempo se encontra no Livro I (questão 1, artigo 3) da *Suma teológica* de Tomás de Aquino, na terceira das suas cinco vias para se provar a existência de Deus. Apesar de admitir a possibilidade de que o universo seja eterno, o argumento sustenta que, em sendo contingente, ou seja, uma vez que o universo poderia não existir, o fato de continuar existindo tem de ter uma causa que não seja ela mesma contingente (ou seja, que dependa de outro ente para sua existência). Assim, Deus é postulado não como uma causa criadora, mas sim mantenedora do universo. Nesses termos, essa segunda versão do argumento cosmológico teria a seguinte forma básica:

1. Observa-se que existe ao menos um ente contingente.

2. Esse ente contingente tem uma causa para sua existência.

3. A causa desse ente contingente deve ser algo diferente dele mesmo.

4. A causa desse ente contingente deve estar em um conjunto que contenha ou entes contingentes apenas ou ao menos um Ser necessário não-contingente.

5. Um conjunto que contenha apenas entes contingentes não pode ser a causa da existência do ente contingente observado, pois careceria ele mesmo de causa.

6. Assim, devemos postular a existência de ao menos um Ser necessário como causa primeira dos entes contingentes.

Na versão que recorre ao princípio leibniziano da razão suficiente, o argumento se dá em um plano epistemológico e não ontológico, ou seja, Deus não é colocado como o agente causador último dos entes contingentes, mas como a explicação fundamental da ocorrência desses. Esse princípio constitui-se na idéia de que toda verdade de fato deve ter uma razão suficiente que explique por que o dado é do modo que é e não de outra maneira. Em outras palavras, tudo o que é matéria de fato deve ter uma explicação que o torne suficientemente inteligível. Assim, argumenta-se que a existência de cada objeto no universo deve ter uma explicação para sua existência. No entanto, nenhum objeto particular se explica a si mesmo. Por outro lado, se, na tentativa de explicar um objeto que não tenha razão suficiente em si mesmo, restringimo-nos a outro objeto da mesma natureza, a seqüência inteira fica ininteligível e irracional. Assim, devemos aceitar a existência de um ponto final na cadeia explicativa que dê inteligibilidade última a todos os elementos subseqüentes e que, por sua vez, contenha em si mesmo a razão suficiente para sua existência.

Das muitas objeções ao argumento cosmológico, apresentamos a seguir apenas uma breve seleção por questões de espaço. Um ponto crucial que se aplica às três formas do argumento expostas é a rejeição da idéia de seqüência infinita de causas ou explicações como irracional. Embora a rejeição de cadeias infinitas reais seja mais característica do argumento *kalam*, esta tem também um papel importante nas outras duas versões. Porém, segundo o filósofo britânico John Mackie, é possível eliminar as aparentes contradições geradas pela idéia de infinito real desde que se distingam os critérios pelos quais se identifica um conjunto menor que o outro dos parâmetros para identificar conjuntos iguais. Se forem critérios diferentes, então não há contradição. Além disso, se há mesmo necessidade de um término da seqüência, o argumento precisa ainda mostrar por que este tem de ser em uma causa primeira e não em um número indefinidamente grande de causas incausadas. Por fim, caso essa causa primeira fique mesmo estabelecida, sua identificação com Deus está longe de ser auto-evidente.

Por outro lado, o argumento cosmológico é acusado de incorrer na falácia da composição, ao supor que o universo seja um ente contingente, uma vez que é composto apenas por entes contingentes. Nesse ponto inclui-se a tese kantiana de que o universo não seja objeto de conhecimento, pois do contrário cai-se em antinomias. Uma resposta famosa a essa objeção é a que alega que, mesmo sem se referir à contingência do universo como conjunto de todos os entes, cada um desses entes poderia deixar de existir, isto é, o fato de que cada objeto continue existindo ao invés de desaparecer no nada exige uma causa que esteja para além de cada um desses objetos. Deus seria, assim, o elemento que sustentaria cada ente no ser, evitando a sua redução ao nada.

No que se refere ao argumento leibniziano especificamente, discute-se se faz sentido exigir uma explicação fundamental e absoluta para explicar a existência de um ente observado, ou seja, por que não se contentar com a explicação deste por meio da causa imediata que lhe seja suficiente? De fato, no âmbito científico e da vida cotidiana, p. ex., as explicações não são cabais e nem por isso são consideradas insatisfatórias e, portanto, esse não pode ser um critério de racionalidade em geral. Esses são alguns dos pontos que mais suscitam debate no tocante ao argumento cosmológico e continuam, ainda hoje, sendo objeto de intensa discussão no meio filosófico.

O Argumento Teleológico – O argumento teleológico parte da premissa de que o universo tem uma ordem para fundamentar a conclusão de que Deus existe. Em vista da importância de se caracterizar o modo pelo qual o mundo físico funciona de forma a extrair dali uma base para fundamentar a existência de Deus, uma das características fundamentais do argumento teleológico é a sua forte conexão com os desenvolvimentos históricos do conhecimento científico.

Também comumente denominado "argumento do desígnio", o argumento teleológico tem antecedentes que remontam pelo menos a Platão, que, no livro X das *Leis*, fala da proporção e ordem no movimento dos corpos celestes como argumento para demonstrar a existência dos deuses. É em Tomás de Aquino, porém, que encontramos um exemplo histórico mais claro do argumento teleológico, mais precisamente na quinta via para se provar a existência de Deus (*Suma teológica*, livro I, questão 1, artigo 3). O argumento tomista parte da constatação de uma ordem de ações com vista a um fim, observável em todos os objetos sujeitos a leis naturais e desprovidos de consciência. Assim, p. ex., toda pedra, quando solta, cai em direção ao chão e todo ser vivo ao nascer tende a realizar a essência imutável de sua espécie na fase adulta. Dado que há uma constância no modo ordenado pelo qual esses objetos agem e dado que eles não possuem vontade nem inteligência que os capacitem a dirigir suas próprias ações, pode-se inferir que essa ordem não seja mera coincidência acidental, mas se deva a uma tendência em direção a um fim causado por um ordenador inteligente.

Em vista dos desenvolvimentos na física e na biologia posteriores ao século XIII, porém, o argumento tomista parece perder toda sua força, pois o movimento dos corpos já não são mais explicados em termos de causas finais, como na física aristotélica, nem se entende o desenvolvimento biológico como a realização de um bem final regido por uma essência invariável.

Mesmo assim, o argumento teleológico não desapareceu com o surgimento da física moderna ou da biologia darwiniana. Diante desses desenvolvimentos do conhecimento científico, o argumento assumiu duas formas básicas, uma analógica e uma indutiva. A forma analógica do argumento do desígnio tem seu exemplo mais perfeito na versão de William Paley, no século XVIII, segundo a qual a natureza é comparada a um relógio. Assim, do mesmo modo que a existência de um relógio, por sua organização incomum e complexamente sistematizada, só pode ter sido obra de um relojoeiro que o tenha fabricado e ordenado propositadamente, o universo, em seu funcionamento regulado conforme as leis da mecânica, só pode ter sido obra de um poderosíssimo ordenador que o teria criado conforme um propósito.

Nos *Dialogues Concerning Natural Religion*, porém, Hume argumenta que a analogia entre o universo e um artefato mecânico não tem a força pretendida pelo argumento teleológico, não se constituindo, portanto, em uma forma sólida de demonstrar a existência de Deus. Em primeiro lugar, a porção do universo a que temos acesso é composta não de peças mecânicas apenas, mas também de seres orgânicos. De fato, analogias que dispensam a idéia de uma inteligência criadora e designadora (como as que relacionam o universo a um animal ou a uma planta, que têm o princípio de ordenação do desenvolvimento em si mesmos) têm pelo menos a mesma plausibilidade que a de um artefato mecânico. Parece até mesmo mais plausível pensar em múltiplos princípios de ordenação do mundo, cada um relacionado a uma forma particular de estados de coisas. Além disso, a analogia não demonstra a existência de uma única divindade, pois um artefato pode ser produto de trabalho coletivo, e se viesse a prová-lo seria um deus antropomórfico demais para ter algum interesse para a religião.

Se para muitos os argumentos de Hume parecem sepultar de vez as tentativas analógicas de argumento teleológico, há quem sustente que foi o trabalho de Darwin e o modelo teórico que se construiu em torno deste que acabou sendo o principal obstáculo para argumentos deste tipo em favor do teísmo. O olho humano, p. ex., em vez de um mecanismo inteligentemente elaborado, seria produto de um longo processo de luta pela adaptação ao meio ambiente, no qual a ocorrência de mutações aleatórias e um processo de seleção natural favo-

rável às características mais bem-sucedidas teriam papéis preponderantes. Não haveria necessidade de um relojoeiro, o mecanismo se desenvolveria por uma dinâmica interna que dispensa o recurso a inteligências ordenadoras externas.

É em resposta aos problemas colocados por Hume e o darwinismo que os teístas contemporâneos têm formulado o que se pode chamar uma versão indutiva (no sentido de inferência pela melhor explicação, *ver* ABDUÇÃO) do argumento do desígnio. Segundo esses autores, mesmo se admitindo o êxito de explicar vários exemplos de ordenação entre meios e fins na natureza por meio de princípios que envolvem aleatoriedade, a probabilidade de se ter uma ordem tão complexa e finamente sintonizada como a que temos com base apenas no acaso é extremamente baixa. Assim, sustentam, mesmo que os mecanismos que levaram à constituição do universo tal como temos agora envolvam elementos casuais, uma melhor explicação do mundo que temos deveria também envolver um princípio de ordenação proposital. De fato, sustentam autores como o britânico Richard Swinburne, a própria existência de uma ordenação por meio de leis naturais, pressuposta no próprio darwinismo e na ciência em geral, fica mais bem explicada por meio da hipótese de que Deus existe.

O Problema do Mal – Entre os argumentos contrários à existência de Deus, o problema do mal é certamente o mais conhecido e debatido. Podem-se distinguir duas formas básicas nas diversas versões recebidas por esse argumento, uma formulação dedutiva e uma indutiva.

Na versão dedutiva, a ocorrência do mal no mundo é apresentada como refutando em termos cabais a tese de que Deus existe. Em outras palavras, haveria uma inconsistência lógica na admissão, por um lado, da ocorrência do mal e, por outro, da existência de um Deus que fosse maximamente bom, onisciente e onipotente. Segundo os defensores desse argumento em sua forma dedutiva, ou Deus não é maximamente bom, pois do contrário não permitiria o oposto do bem, ou não sabe que o mal existe (e, portanto, não é onisciente), ou não pode suprimir o mal do mundo (e, portanto, não é onipotente). Em todo caso, não se poderia sustentar racionalmente a crença em um ser com todos esses predicados ao mesmo tempo que se aceitasse a existência do mal, pois tal conjunto de proposições seria contraditório. Assim, ou o teísta abdica de um desses elementos centrais de sua crença ou é obrigado a negar a existência do mal, o que as religiões monoteístas têm fortes razões para não fazer.

Em resposta à forma dedutiva do problema do mal, defensores do teísmo buscam apresentar argumentos que mostram a compatibilidade em princípio dos atributos de Deus com a ocorrência do mal. Tais tentativas recebem o nome de "defesas", que se caracterizam por ser apenas respostas à iniciativa argumentativa daqueles que propõem o problema do mal. Devem-se distinguir as defesas das teodicéias, que também lidam com o mesmo problema, mas que não são apenas respostas, mas iniciativas de conciliação entre o teísmo e o mal. Em outras palavras, em uma teodicéia, o ônus da prova está com o teísta. Sendo assim, em uma teodicéia não basta que se mostre uma possibilidade lógica de compatibilização, é necessário que se justifique por que Deus teria criado um universo que contivesse o mal. No entanto, é importante observar que muitos argumentos das defesas e teodicéias são comuns.

As defesas contra a forma dedutiva do problema do mal geralmente partem da distinção entre mal moral e mal natural. Na verdade, o próprio conceito de mal é objeto de intensa discussão. No presente debate, normalmente, entende-se por mal, por um lado, o sofrimento e a dor intensos, e, por outro lado, a ação contrária aos valores morais. Assim, um ato como torturar uma criança é tido como exemplo típico de mal porque ao mesmo tempo resulta em dor e sofrimento, e porque contraria qualquer parâmetro de juízo ético.

A mais famosa das defesas contra o problema do mal moral é a chamada defesa do livre-arbítrio. Segundo seus postulantes, a ocorrência desse tipo de mal se deve ao mau uso da liberdade que Deus teria conferido aos seres humanos. Em termos conceituais, se concebemos o ser humano como agente livre, deve-se entender a liberdade como acarretando a possibilidade de fazer o mal e não apenas o bem. Deus permitiria o mal porque teria escolhido criar o homem como agente livre em vez de um autômato sem poder de decisão. Assim, uma vez que a possibilidade de agir de forma imoral decorre logicamente da liberdade concedida ao homem por Deus, diz o teísta, o mal não contradiz a onipotência divina, pois resulta de uma escolha de Deus de permitir a liberdade humana. Por outro lado, o mal moral não contradiz a máxima bondade divina, pois, por um lado, o autor da ação imoral é o homem e não Deus e, por outro lado, ao permitir o mal moral, Deus o faz em função de um bem maior, ou seja, a liberdade humana.

No tocante ao mal natural, a argumentação segue linhas análogas às da defesa do livre-arbítrio. Entendendo-se mal natural por sofrimento provocado por razões não-humanas, a resposta ao problema do mal se dá recorrendo ao conceito de lei natural. Um terremoto que deixa famílias inteiras desabrigadas, mata e fere milhares de pessoas ou um incêndio na floresta que leva animais indefesos à morte seriam apenas tristes conseqüências da regularidade que podemos encontrar no mundo físico. A existência de uma ordem na natureza é análoga ao livre-arbítrio no âmbito humano, no sentido de que em decorrência daquela podem acontecer tanto o mal quanto o bem, e de que a eventual ocorrência de sofrimento é compensada pelo bem maior representado pela própria existência de regularidade na natureza.

Diferentemente das versões dedutivas do problema do mal, que podem ser respondidas apenas mostrando-se a possibilidade conceitual de se conciliar mal e teísmo, a versão indutiva desse argumento não acusa a crença teísta de contraditória. Os proponentes desse tipo de formulação sustentam que o mal pode até ser compatível em princípio com a existência de Deus, mas que a torna muito pouco provável. Em outras palavras, mesmo que não seja impossível admitir tanto a existência de Deus como do mal, a probabilidade do teísmo diante desse fato seria extremamente baixa. Assim, a irracionalidade do teísta estaria no fato de sustentar uma crença que tem pouca probabilidade de ser verdadeira.

Um autor que buscou apresentar resposta ao argumento do mal em sua forma indutiva foi Richard Swinburne. Ele admite que a ocorrência do mal seja perfeitamente explicável diante da tese de que o Deus das grandes religiões monoteístas não exista, ou seja, que a probabilidade do mal (m) em vista da não-existência de Deus ($\neg D$), ou simbolicamente, $P(m/\neg D)$, é bastante considerável. No entanto, para esse autor, a probabilidade de que Deus exista em vista desse fato não é tão baixa a ponto de tornar o teísmo insustentável do ponto de vista racional. Seu contra-argumento vai no sentido de mostrar que Deus teria razões para criar um mundo que contivesse o mal. Assim, sendo essas razões dedutíveis da tese teísta e sendo elas suficientes para explicar o porquê da existência de males no mundo, o problema do mal tampouco funcionaria para mostrar a baixa probabilidade do teísmo. Entre outras razões, Swinburne propõe que o mal seria uma decorrência da possibilidade que temos de aprender sobre o mundo. Sem a possibilidade do mal, nosso aprendizado não só seria menos vívido como também muito menos relevante. Além disso, Swinburne menciona a tese de que o mal se dá como subproduto de bens maiores, tais como o livre-arbítrio e a regularidade natural, que seriam condições fundamentais para permitir o aprendizado e o desenvolvimento. A supressão da possibilidade de ocorrer o mal, sustenta Swinburne, acarretaria tanto a eliminação da liberdade humana quanto a ocorrência de um mundo muito menos interessante e desafiador para se viver. Nesse sentido, se a tese da existência de Deus permite a compreensão de um mundo que contenha o mal como uma possibilidade, então a probabilidade desse fato em relação ao teísmo $P(m/D)$ também é considerável.

Os proponentes do problema do mal como argumento contrário à existência de Deus, porém, têm várias objeções às defesas teístas. Entre as mais importantes estão a tese de que o problema do mal está na intensidade e na quantidade do que de ruim se observa no mundo, que fariam duvidar seriamente de que exista um Deus tal como proposto pelo judaísmo, cristianismo e islamismo. Além disso, contra a defesa do livre-arbítrio, argumenta-se que se podem pensar como compatíveis a ação livre humana e algum tipo de determinismo divino, desde que o motor da ação do homem seja a própria vontade do indivíduo. Assim, Deus poderia manter o livre-arbítrio nos homens e, ao mesmo tempo, constituir a vontade humana de tal modo que nunca nos inclinássemos no sentido de qualquer ação má. Segundo a tese compatibilista, ao escolher sempre agir bem, o ser humano seria livre no sentido de determinar suas ações por meio de suas escolhas, mesmo que essas escolhas fossem sempre no sentido do bem. Assim, se um Deus maximamente bom e onipotente existisse, impediria que os homens agissem imoralmente, pois os teria criado sem a possibilidade de agir mal.

O problema do mal, assim como os argumentos cosmológico e teleológico, dadas a quantidade e a complexidade de tópicos de discussão envolvidos, estão longe de se resolver. Mesmo que provavelmente sejam poucos os crentes religiosos que pautem sua fé nesses argumentos, estes não deixam de ter interesse filosófico, não só porque permitem uma conexão entre várias áreas de investigação em filosofia, mas também porque submetem os conceitos filosóficos a um teste extremo. **ACP**

DAVIES, B. (org.). *Philosophy of Religion*. Londres: Cassell, 1998.
HELM, P. (org.). *Faith and Reason*. Oxford: Oxford University Press, 1999.
HUME, D. *Dialogues Concerning Natural Religion*, 1779. Trad. bras. *Diálogos sobre a religião natural*. Trad. José Oscar de A. Marques. São Paulo: Martins Fontes, 1992.
MACKIE, J. *The Miracle of Theism*. Oxford: Clarendon Press, 1982.
PETERSON, M. *et al. Reason and Religious Belief*. Oxford: Oxford University Press, 1991.
PLATÃO. "As leis (Laws)", *in* Cooper, John M. e Hutchinson, D. S. (orgs.). *Plato's Complete Works*. Indianápolis: Hackett, 1997. Ed. bras. "Leis e Epínomis", *in Diálogos*. Trad. Carlos Alberto Nunes. Coleção Amazônica: Série Farias Brito. Belém do Pará: Universidade Federal do Pará, 1980, volume duplo XII-XIII
SWINBURNE, R. *The Existence of God*. Oxford: Clarendon, 2ª ed. 2004.
TOMÁS DE AQUINO. *Suma teológica*. Trad. Alexandre Corrêa, sobre o texto latino da ed. A. Blot. Rev. Luís A. de Boni. 2.ª ed. Porto Alegre/Caxias do Sul: Escola Superior de Teologia São Lourenço de Brindes: Livraria Editora Sulina/Universidade de Caxias do Sul, 1980, 11 vols.

existencial, implicação

Ver IMPLICAÇÃO EXISTENCIAL.

existencial, quantificador

Ver QUANTIFICADOR.

experiência

Ver ATITUDE PROPOSICIONAL.

explícita/implícita, definição

Ver DEFINIÇÃO EXPLÍCITA/IMPLÍCITA.

exportação

Tradicionalmente, as inferências da lógica proposicional clássica $(A \wedge B) \to C \vdash A \to (B \to C)$ e $A \to (B \to C) \vdash (A \wedge B) \to C$ são conhecidas, respectivamente, como EXPORTAÇÃO e IMPORTAÇÃO, assim como os teoremas correspondentes $((A \wedge B) \to C) \to (A \to (B \to C))$ e $(A \to (B \to C)) \to ((A \wedge B) \to C)$.

Em geral, exportar um operador O é gerar uma frase F' a partir de uma frase F por meio da permutação de O com outro(s) operador(es), de tal modo que O preceda o resto de F' (o ÂMBITO de O passa assim a ser toda a frase). P. ex., dada a frase "Tudo é necessariamente feito de matéria" ($\forall x \,\Box\, Mx$), o operador de necessidade pode ser exportado, gerando assim a frase "Necessariamente, tudo é feito de matéria" ($\Box \,\forall x\, Mx$). Essa exportação é falaciosa, sob certas condições – imagine-se que há mundos possíveis com coisas que não sejam feitas de matéria, como almas, que não existam no mundo atual. A exportação pode, pois, dar origem a falácias, a mais conhecida das quais é a FALÁCIA DA PERMUTAÇÃO DE QUANTIFICADORES. **DM**

expressão referencial

O mesmo que DESIGNADOR.

extensão/intensão

Uma distinção clássica tem sido freqüentemente feita em semântica e em filosofia da linguagem entre dois tipos de valor semântico que determinada expressão lingüística, de determinada categoria, pode ter. De um lado, temos o objeto ou os objetos (caso existam) aos quais a expressão lingüística se aplica – que constituem a extensão da expressão; do outro lado, temos o conceito por ela expresso, ou a representação conceptual nela contida – que constitui a intensão da expressão lingüística. Em certa acepção da palavra, é também usual dizer-se que a intensão de uma expressão lingüística é o seu SIGNIFICADO (ou, pelo menos, o seu significado cognitivo). Na semântica e na filosofia da linguagem desenvolvidas na tradição analítica, a distinção é notavelmente tornada precisa e extensivamente utilizada no influente livro de Rudolph Carnap *Meaning and Necessity* (1947).

extensão/intensão

Exemplos típicos da distinção são dados em pares de termos singulares do seguinte gênero. A extensão do termo singular "O mestre de Platão" coincide com a extensão do termo singular "O marido de Xantipa", pois ambos os termos se aplicam a um e ao mesmo indivíduo, isto é, Sócrates. Pode-se a esse respeito dizer que a pessoa Sócrates ela própria é a extensão de ambos os termos; e, de acordo com essa política, aquilo que se deve dizer acerca de termos singulares como "Pégaso" e "A Fonte da Juventude" é que eles não têm nenhuma extensão. Mas é igualmente possível adotar a idéia de que a extensão de um termo singular é, estritamente falando, não o objeto referido pelo termo (se esse objeto existir), mas antes o conjunto-unidade desse objeto; assim, a extensão comum a ambos os nossos termos singulares seria não Sócrates, mas antes o conjunto-unidade de Sócrates. Note-se que, nesse último gênero de construção, a não-existência de um objeto referido por um termo singular não faz com que o termo não tenha uma extensão: esta é identificada com o conjunto vazio; e uma consequência disso é a de que todos os termos singulares vazios, p. ex., "O maior número primo", "O abominável Homem das Neves", etc., são coextensionais (têm a mesma extensão). Apesar de coextensionais, termos singulares como "O mestre de Platão" e "O marido de Xantipa" diferem manifestamente em intensão, pois diferem manifestamente em conteúdo conceptual; digamos que a noção de uma relação pedagógica está presente no primeiro e ausente no segundo, e que a noção de uma relação de parentesco está ausente no primeiro e presente no segundo.

Pode-se fazer o mesmo tipo de divisão de valores semânticos em relação a termos gerais (ou predicados monádicos), como, p. ex., o clássico par "humano"/"bípede sem penas". A classe de todos aqueles, e só daqueles, objetos aos quais o primeiro termo se aplica é (presumivelmente) idêntica à classe de todos aqueles, e só daqueles, objetos aos quais o segundo termo se aplica – os termos são assim coextensionais; porém, a variação nos conceitos expressos, ou nas condições que eles impõem para que um objeto pertença à sua extensão, faz com que esses termos gerais tenham intensões distintas. A predicados diádicos, como "admira" e "é mais pesado do que", também é possível atribuir extensões e intensões. A extensão de um predicado diádico é apenas uma relação "extensionalmente" concebida, ou seja, um conjunto de pares ordenados de objetos; assim, a extensão do predicado diádico "admira" é o conjunto de todos aqueles pares ordenados de pessoas x e y tais que x admira y, incluindo desse modo (presumivelmente) o par <Platão, Sócrates>. A intensão de um predicado diádico é, pelo seu lado, identificada com um conceito de uma relação. Por conseguinte, predicados diádicos como "nora" e "mulher do filho" têm, possivelmente, a mesma intensão. E a distinção é naturalmente generalizável a predicados de ARIDADE arbitrária.

Mais recentemente, e sobretudo no âmbito do agregado de teorias semânticas agrupadas sob o rótulo de "semântica de mundos possíveis", a distinção tem sido, *grosso modo*, aplicada da seguinte maneira a determinadas categorias centrais de expressões linguísticas, especialmente às categorias de termo singular, predicado e frase (declarativa). A extensão de um termo singular relativamente a um mundo possível m é o objeto nomeado ou denotado pelo termo com respeito a m; e diz-se que o termo não tem aí nenhuma extensão se tal objeto não existir. Se o termo singular é uma descrição definida flácida, então sua extensão variará de mundo para mundo; mas se é um nome próprio ou outro tipo de DESIGNADOR RÍGIDO, a sua extensão será constante de mundo para mundo. Assim, no que respeita a termos singulares, a idéia é simplesmente identificar extensão e REFERÊNCIA. A extensão de um predicado monádico relativamente a um mundo possível m é a classe de todos aqueles, e só daqueles, objetos que satisfazem o predicado com respeito a *m*. É algumas vezes adotada a política de restringir a extensão de um predicado monádico em um mundo a objetos existentes nesse mundo (sobretudo se se tratar de um predicado simples ou atômico); nesse caso, se nenhum existente em *m* satisfaz o predicado, então a extensão do predicado relativamente a *m* é nula (o que, note-se, é o mesmo que dizer que é o conjunto vazio). Mas também é habitual afastar a restrição e autorizar a inclusão, entre os membros da extensão de um predicado em um mundo, de objetos que não existem nesse mundo (tais objetos devem, no entanto, existir em algum mundo, e ter assim o estatuto de meros POSSIBILIA em relação àquele mundo); nesse caso, aquela conseqüência não se segue de todo. Naturalmente, a extensão de um predicado monádico pode bem variar de mundo possível para mundo possível, mesmo supondo que os mundos não diferem entre si relativamente aos objetos neles existentes, mas apenas relativamente às propriedades por eles exemplificadas (a extensão de "filósofo" em *m* pode diferir da sua extensão em *m'*, p. ex., por ser a classe vazia em um e uma classe não-vazia em outro, apenas com base em diferenças relativas às propriedades exemplificadas). E as mesmas idéias são naturalmente generalizáveis a predicados de aridade *n* (com *n* maior ou igual a 2), com a extensão de um predicado desses em um mundo sendo identificada com um conjunto de *n*-tuplos ordenados de objetos, designadamente aqueles objetos (não necessariamente todos eles existentes no mundo em questão) que estão entre si na relação correspondente pela ordem indicada. Por fim, a extensão de uma frase relativamente a um mundo possível *m* é em geral identificada com o valor de verdade – supondo a bivalência, T (O Verdadeiro) ou ⊥ (O Falso) – que a frase recebe relativamente a *m*; obviamente, a extensão de uma frase dada pode assim variar de mundo para mundo.

De notar ainda que, para além da relativização da noção de extensão a mundos, na semântica de mundos possíveis – ou, como se pode também dizer, na semântica de índices – é habitual suplementar tal relativização introduzindo outros tipos de índices ou parâmetros igualmente relevantes (p. ex., tempos, locais, etc.). Assim, p. ex., poder-se-ia dizer que a extensão de um predicado monádico relativamente a um mundo *m* e a um tempo *t* é a classe de todos aqueles objetos (não necessariamente existentes em *m* ou em *t*) que satisfazem o predicado relativamente a *m* e a *t*.

Dada tal caracterização da noção de extensão com respeito aos diferentes tipos de expressão considerados centrais, uma noção correspondente de intensão é introduzida do seguinte modo. Em geral, a intensão de uma expressão é identificada como uma função de mundos possíveis (bem como de outros índices) para extensões apropriadas; equivalentemente, a intensão de uma expressão é definida como um conjunto de pares ordenados cujos elementos são um mundo possível *m* (ou, em geral, certa ênupla ordenada de índices) e a extensão da expressão relativamente a *m* (ou, em geral, relativamente à combinação desses índices). Assim, a intensão de um termo singular é uma função de mundos para objetos ou indivíduos, uma função que projeta cada mundo *m* no objeto (se existir) que é a extensão do termo relativamente a *m*. No caso de um designador rígido (p. ex., "Sócrates"), essa função é constante: o mesmo objeto é feito corresponder ao termo como sua extensão em todos os mundos (nos mundos onde o objeto não existir nenhuma extensão é assim determinada); no caso de um designador flácido (p. ex., "O filósofo que bebeu a cicuta"), a função é variável: diferentes objetos são feitos corresponder ao termo como suas extensões em diferentes mundos. A intensão de um termo geral é uma função de mundos para classes de objetos, uma função que projeta cada mundo *m* na classe (possivelmente nula) de objetos que é a extensão do termo relativamente a *m*; como vimos, essa função é em geral variável. Generalizando, a intensão de um predicado de aridade *n* é uma função de mundos para classes de ênuplas ordenadas de objetos, uma função que projeta cada mundo *m* na classe (possivelmente nula) de ênuplas ordenadas de objetos que é a extensão do termo relativamente a *m*. Finalmente, a intensão de uma frase é uma função de mundos possíveis para valores de verdades, uma função que projeta cada mundo *m* no valor de verdade – ⊤ ou ⊥ (dada a bivalência) –, que é a extensão da frase relativamente a *m*. Equivalentemente, e em uma formulação mais corrente, a intensão de uma frase declarativa é identificável com um conjunto de mundos possíveis, designadamente todos aqueles mundos nos quais a frase é verdadeira; por outras palavras, de acordo com uma noção de PROPOSIÇÃO familiar a partir da semântica de mundos possíveis, a intensão de uma frase é simplesmente a proposição por ela expressa. (Note-se que, nessa construção, intensões são entidades da teoria dos conjuntos e logo são, pelo menos em certo sentido, entidades "extensionais" – o sentido no qual é habitual dizer que classes e outras entidades da teoria dos conjuntos são extensionais.)

A doutrina tradicional acerca da relação que se verifica entre a intensão de uma expressão lingüística e a sua extensão é a de que esta é invariavelmente determinada por aquela. E, no mínimo, isso significa o seguinte: a qualquer diferença em extensão corresponde necessariamente uma diferença em intensão (mas não conversamente); por outras palavras, é impossível expressões com a mesma intensão terem extensões diferentes, embora seja possível expressões com a mesma extensão terem intensões diferentes. Todavia, se a intensão de uma expressão é algo como uma representação puramente conceptual de um objeto (ou de objetos de certo gênero), a qual é associada com a expressão por um utilizador competente, e logo como algo que é inteiramente determinado pelos estados internos do utilizador, então dificuldades enormes surgem para a doutrina da determinação com base em experiências de pensamento como a célebre TERRA GÊMEA de Hilary Putnam. Com efeito, na história de Putnam, o termo "água", tal como usado pelo terráqueo Oscar, difere em extensão do mesmo termo tal como usado na Terra Gêmea por Toscar (a réplica perfeita, molécula a molécula, de Oscar); a extensão daquele uso é o composto químico H$_2$O, enquanto a extensão desse último uso é o composto químico XYZ. Mas, dada a partilha de estados psicológicos por Oscar e Toscar, a intensão é constante de um uso para o outro: Oscar e Toscar associam *ex hypothesi* com a palavra a mesma representação conceptual de um líquido, dada em determinada coleção de propriedades fenomenológicas. Repare-se, porém, que se intensões são tratadas à maneira da semântica de mundos possíveis, a tese de que a intensão determina a extensão deixa de ser vulnerável aos argumentos putnamianos (a intensão de "água" na boca de Oscar já não é idêntica à intensão do termo na boca de Toscar); obviamente, nesse caso, acaba por ser abandonada a tese de que as intensões são completamente determinadas por estados psicológicos internos.

Outra tese habitual acerca dos dois tipos de valor semântico é a de que extensões e intensões são composicionais, ou seja, obedecem a princípios de COMPOSICIONALIDADE do seguinte teor. A intensão de uma expressão complexa é inteiramente determinada pelas intensões das partes componentes e pela sintaxe interna da expressão; por outras palavras, se em uma expressão complexa tudo o que fizermos for substituir um dos seus elementos por uma expressão co-intensional, então a expressão complexa obtida terá a mesma intensão que aquela. Assim, os termos complexos "A nora de Xantipa" e "A mulher do filho de Xantipa" não diferem em intensão, supondo que os predicados "nora" e "mulher do filho" são co-intensionais; mas as frases "A água é incolor" e "H₂O é incolor" diferem em intensão, supondo que os termos co-extensionais "água" e "H₂O" diferem em intensão (note-se que se intensões forem concebidas não como conteúdos conceptuais, mas à maneira da semântica de mundos possíveis, como funções de mundos para extensões, essa última suposição não é correta). Analogamente, a extensão de uma expressão complexa é inteiramente determinada pelas extensões das partes componentes e pela sintaxe interna da expressão; por outras palavras, se em uma expressão complexa tudo o que fizermos for substituir um dos seus elementos por uma expressão coextensional, então a expressão complexa obtida terá a mesma extensão que aquela. Assim, os termos complexos "A mulher do filósofo que bebeu a cicuta" e "A esposa do marido de Xantipa" não diferem em extensão, supondo que os termos componentes "O marido de Xantipa" e "O filósofo que bebeu a cicuta", bem como os predicados "mulher" e "esposa", são coextensionais; mas as frases "Coqueiros são coqueiros" e "Coqueiros são palmeiras" diferem em extensão (= valor de verdade) em virtude de os termos gerais componentes não serem coextensionais.

Finalmente, as noções de extensão e intensão podem ser utilizadas para caracterizar um conjunto de noções semânticas que são bastante úteis por permitirem discriminar entre diversos tipos de operadores ou de contextos lingüísticos, especialmente operadores ou contextos frásicos; trata-se das noções de operador (ou contexto) extensional, intensional e hiperintensional. Assim, seja O um operador frásico monádico e *p* uma frase qualquer sobre a qual ele possa operar (uma sua operanda). Então diz-se que O é um operador extensional se, e somente se, a extensão (= o valor de verdade) de qualquer frase da forma O*p*, que resulte da sua prefixação a uma frase *p*, é inteiramente determinado pela extensão (= o valor de verdade) da operanda *p*. Desse modo, operadores frásicos como os operadores de negação, "Não é o caso que", de verdade, "É verdade que", e de realidade, "Realmente", são todos extensionais; enquanto operadores como o operador modal de possibilidade, "Possivelmente", e o operador psicológico de sinceridade, "Sinceramente", não são extensionais. O é um operador intensional se, e somente se, a extensão (= o valor de verdade) de qualquer frase da forma O*p*, que resulte da sua prefixação a uma frase qualquer *p*, é inteiramente determinado pela intensão da operanda *p* (em que tal intensão é concebida, à maneira da semântica de mundos possíveis, como um conjunto de mundos possíveis). Desse modo, os operadores modais (de possibilidade, necessidade, contingência, etc.) são argumentavelmente operadores intensionais; se a operanda é substituída por uma frase com a mesma intensão, o valor de verdade da frase na sua totalidade é preservado após a substituição ("Necessariamente, Túlio é Túlio" e "Necessariamente, Túlio é Cícero" têm o mesmo valor de verdade – são ambas verdadeiras). Enquanto operadores epistêmicos como "Sabe-se que" não são intensionais. "Sabe-se que Túlio é Túlio" e "Sabe-se que Túlio é Cícero" não são, argumentavelmente, coextensionais; todavia, as respectivas operanda "Túlio é Túlio" e "Túlio é Cícero" são, argumentavelmente, co-intensionais. Por último, O é um operador hiperintensional se, e somente se, a extensão (= o valor de verdade) de qualquer frase da forma O*p*, que resulta da sua prefixação a uma frase qualquer *p*, é inteiramente determinado pela chamada hiperintensão da operanda *p*; ou, à luz de uma noção de proposição mais sofisticada do que a da semântica de mundos possíveis, pela proposição expressa pela operanda *p*. Exemplos típicos de operadores hiperintensionais são naturalmente dados em operadores epistêmicos ("Sabe-se que"), psicológicos ("Pensa-se que", "Manuel acredita que", "A maioria dos políticos quer que"), etc. Assim, quer operadores extensionais, quer operadores intensionais constituem contextos referencialmente transparentes, no sentido de contextos que permitem a substituição *salva veritate* de termos singulares correferenciais; em particular, contextos modais são referencialmente transparentes (o que pode parecer surpreendente). Apenas os operadores hiperintensionais têm a capacidade de gerar contextos referencialmente opacos. *Ver também* CONOTAÇÃO; REFERÊNCIA; OPERADOR; ARGUMENTO DA CATAPULTA; SENTIDO/REFERÊNCIA; TERRA GÊMEA. JB

CARNAP, R. *Meaning and Necessity.* Chicago/Londres: University of Chicago Press, 1947.
CHIERCHIA, G. e McCONNELL-GENET, S. *Meaning and Grammar.* Cambridge: MIT Press, 1990.
FREGE, G. "On Sense and Reference", *in* Geach, P. e Black, M. (org. e trad.). *Translations from the Philosophical Writings of Gottlob Frege.* Oxford: Blackwell, 1952, pp. 56-78. Trad. bras. "Sobre o sentido e a referência". *Gottlob Frege: lógica e filosofia da linguagem.* Trad. Paulo Alcoforado. São Paulo: Cultrix/Edusp, 1978, pp. 59-86.
PUTNAM, H. "The Meaning of 'Meaning'", *in Philosophical Papers II.* Cambridge: Cambridge University Press, 1975, pp. 215-71.
SALMON, N. *Frege's Puzzle.* Cambridge: MIT Press, 1986.

extensionalidade, axioma da

Ver AXIOMA DA EXTENSIONALIDADE.

exteriorização

(*Äusserung*) Termo introduzido por Wittgenstein nas *Investigações filosóficas* em contraste com o termo "comunicação" (*Mitteilung*). Uma comunicação consiste na prolação de uma frase declarativa em um contexto informativo. Tal frase, em tal contexto, é, portanto, suscetível de ser considerada verdadeira ou falsa. Contrariamente a uma comunicação, uma exteriorização consiste em uma manifestação comportamental associada a contextos experienciais como, p. ex., dor, fome, etc. Como manifestação comportamental, uma exteriorização tem, todavia, a característica peculiar de assumir a forma de prolação de uma frase aparentemente declarativa do seguinte gênero: "Tenho uma dor de dente", "Estou com fome", etc. Apesar desse seu aspecto lingüístico, uma exteriorização deve ser compreendida, segundo Wittgenstein, como uma forma sofisticada de exteriorizar as sensações a que se encontra associada. As exteriorizações substituem assim comportamentos de dor, fome ou sede mais primitivos como o choro, os gemidos ou certos gestos. Elas não têm, por conseguinte, nenhum conteúdo epistêmico, isto é, as exteriorizações são vocalizações das sensações e não expressões de aquisição do conhecimento da sua ocorrência. De acordo com a perspectiva de Wittgenstein, alguns dos grandes problemas da tradição filosófica ocidental resultam precisamente do mal-entendido de ter considerado que as exteriorizações teriam um conteúdo cognitivo. AZ

WITTGENSTEIN, L. *Investigações filosóficas* [1953]. Trad. M. S. Lourenço. Lisboa: Gulbenkian, 1994. Trad. bras. "Investigações filosóficas", *in Wittgenstein.* Coleção Os Pensadores. Trad. José Carlos Brunni. São Paulo: Abril Cultural, 1984.
____. *The Blue and Brown Books*, *in* Rhees, R. (org.). Oxford: Blackwell, 1958.
____. "Notes for Lectures on 'Private Experience' and 'Sense Data', *in* Rhees, R. (org.), *Philosophical Review*, 77, 1968, pp. 271-320. Reimp. *in* Jones, O. R. (org.). *The Private Language Argument*. Londres: Macmillan, 1971, pp. 226-75.

extração, axioma da

O mesmo que AXIOMA DA SEPARAÇÃO.

extrínseca/intrínseca, propriedade

Ver PROPRIEDADE EXTRÍNSECA/INTRÍNSECA.

factivo

Termo habitualmente usado para classificar aquele conjunto de verbos (que tipicamente descrevem estados cognitivos) que admitem uma oração subordinada como seus complementos e cujo uso numa frase PRESSUPÕE a veracidade da proposição expressa por essa oração – como, p. ex., "saber" e "perceber". A factividade do primeiro verbo é visível em "o João sabe que a Ana é da maçonaria" (que pressupõe que "a Ana é da maçonaria" é verdadeira, uma vez que se esta for falsa, a primeira frase é destituída de valor de verdade – embora haja interpretações dessa construção, designadamente aquelas analisadas pelas LÓGICAS EPISTÊMICAS, em que a relação parece ser de IMPLICAÇÃO LÓGICA, isto é, uma interpretação em que se "a Ana é da maçonaria" for falsa, "o João sabe que a Ana é da maçonaria" também é). A factividade do segundo verbo é ilustrada por "o João percebeu que tinha sido enganado" (que pressupõe que o João foi enganado). Argumentavelmente, no entanto, a classe dos termos factivos não se circunscreve à categoria sintática de verbo: o adjetivo "surpreendente", na frase "é surpreendente que o João tenha vindo à festa", e o nome "decisão", na construção "a decisão do João de ir à festa", são subsumidos pelo conceito de factivo tal como descrito. As construções e os predicados de caráter factivo como os exemplificados contrastam visivelmente com as não-factivas, que lhes são sintaticamente próximas. "Acreditar" e "pensar", ao contrário de "saber" e "perceber", são verbos não-factivos na exata medida em que, apesar de poderem ocorrer no ambiente sintático descrito, as frases resultantes não pressupõem a veracidade da oração subordinada: "o João acredita/pensa que a Ana é da maçonaria" tem um valor de verdade, mesmo que "a Ana é da maçonaria" seja falsa. Os factivos contrastam ainda com as construções que poderiam ser denominadas antifactivas, isto é, aquelas que pressupõem a falsidade da proposição expressa por certa oração subordinada que é parte integrante de uma frase mais ampla, como "gostava"/"gostaria" + passado (como em "eu gostaria de ter conhecido a Ana quando tinha vinte anos") ou "fingir" (como em "ela fingiu estar telefonando"), ou ainda os condicionais CONTRAFACTIVOS, que podem ser vistos como pressupondo a falsidade do antecedente. *Ver também* CONTRAFACTUAIS; IMPLICAÇÃO LÓGICA; LÓGICAS EPISTÊMICAS; PRESSUPOSIÇÃO. **PS**

fala, ato de

Ver ATO DE FALA.

falácia

É um defeito de raciocínio, um caso de *non sequitur*. Em geral, esse defeito passa despercebido, criando assim a ilusão de se estar na presença de um raciocínio correto. Essa ilusão pode ser partilhada, ou não, por quem propõe o raciocínio e por aqueles a quem ele se destina. As falácias podem afetar quer os raciocínios dedutivos, quer os indutivos.

O Que é uma Falácia – A noção de falácia é híbrida: tem aspectos lógicos e aspectos psicológicos (ou sociológicos). As noções híbridas deste tipo estão longe de ser pérolas conceptuais, mas revelam-se por vezes úteis para fins pedagógicos e práticos. É, talvez, esse o caso da noção de falácia. Não existe uma teoria geral das falácias, nem uma classificação das falácias que seja consensualmente aceita.

No entanto, há bons "indicadores" do que não é uma falácia. Uma falácia não pode ser identificada simplesmente com um raciocínio a partir de premissas falsas, visto que raciocínios deste tipo podem ser, se dedutivos, válidos, ou, se indutivos, fortes; e em qualquer dos casos não serão falaciosos (*ver* ARGUMENTO). Uma falácia também não pode ser identificada com um raciocínio a partir de premissas inconsistentes; se fosse esse o caso, todas as demonstrações por *reductio ad absurdum* seriam falaciosas, e não é assim. Por fim, uma falácia não pode ser identificada simplesmente com um raciocínio inválido, se dedutivo, ou com um raciocínio fraco, se indutivo; se fosse esse o caso, a noção de falácia seria coextensiva da reunião das outras duas e nada mais haveria a dizer sobre ela que não tivesse já sido dito sobre as outras duas, e também não é assim.

Há, de igual modo, "indicadores" razoáveis do que deva ser uma falácia. Em primeiro lugar é uma noção que pode ser imputada a raciocínios (dedutivos ou indutivos) num sentido muito mais amplo do que aquele que têm o que em lógica chamamos argumentos (dedutivos ou indutivos). A pergunta "Você já deixou de colar nos exames?" pode ser considerada falaciosa (a chamada "falácia da questão múltipla"), tendo em vista que as respostas "Sim" ou "Não" são ambas comprometedoras para quem as der; e é óbvio que esta pergunta não é um argumento (seja dedutivo, seja indutivo). No entanto, a noção de falácia pode também aplicar-se a argumentos no sentido mais técnico do termo (p. ex., a chamada "falácia da afirmação do conseqüente" que veremos mais adiante). Depois, a noção de falácia envolve sempre um caso de *non sequitur*: aquilo que se pretende justificar (se for um argumento no sentido mais técnico) ou promover (p. ex., a idéia de que alguém cola nos exames, como no caso da pergunta falaciosa feita antes), não é suficientemente justificado pelo raciocínio que se apresenta. Por fim, a noção de falácia envolve, de modo essencial, a noção de argumentação (em sentido lato) em contexto e de ilusão ou engano (pelo menos possível). São essas noções que dão o cunho psicológico (ou sociológico) às falácias.

Uma falácia pode iludir, ou enganar, umas vezes obscurecendo a forma do argumento e criando a ilusão de validade; outras vezes construindo o raciocínio de tal modo que se torne (virtualmente) imperceptível a falta de uma premissa que, se descoberta, seria imediatamente compreendida como falsa; outras vezes ainda, dando a uma premissa falsa formulação suscetível de a fazer passar por verdadeira. A principal motivação para o raciocínio falacioso reside, talvez, na vontade de persuadir um público ouvinte, sem ter razões (ou provas) suficientes para o convencer. Por vezes a primeira dessas duas componentes pode ser de tal forma forte que o caráter falacioso do raciocínio pode mesmo iludir o seu proponente. Os políticos são, desde a Antiguidade clássica, os campeões desse gênero de raciocínio; hoje, os homens da mídia são também sérios candidatos a esse título. O maior consolo contra as falácias parece estar concentrado no conhecido *dictum*: "Pode-se enganar algumas pessoas todo o tempo; pode-se enganar todas as pessoas durante algum tempo, mas não se pode enganar todo mundo o tempo todo."

Seguidamente, apresenta-se, dando, em alguns casos, exemplos, uma lista das mais conhecidas falácias (algumas remontam ao tempo da Grécia antiga), de acordo com a classificação que parece ser a mais consensual ainda hoje.

Algumas Falácias e sua Classificação – Falácias informais: aquelas que só podem ser detectadas por meio de uma análise do conteúdo do raciocínio.

1. Falácias de relevância: quando as razões aduzidas são logicamente irrelevantes para o que se pretende justificar, embora possam ser psicologicamente relevantes. 1.1. *Argumentum ad baculum* (apelo à força): quando se ameaça o ouvinte. 1.2. *Argumentum ad misericordiam* (apelo à misericórdia): quando se procura comover o ouvinte (p. ex., provocando-lhe pena ou simpatia pela "causa"). 1.3. *Argumentum ad populum* (apelo ao povo): quando se procura

persuadir alguém de algo, seja despertando o "espírito das massas" (apelo direto), seja fazendo apelo a sentimentos que se supõem ser comuns à generalidade das pessoas (apelo indireto). 1.4. *Argumentum ad hominem* (argumento contra a pessoa): quando se pretende argumentar contra um raciocínio proposto por alguém argüindo a pessoa (p. ex., apresentando-a como hipócrita, *tu quoque*). 1.5. *A dicto simpliciter ad dictum secundum quid* (falácia do acidente): quando se aplica uma regra geral a um caso particular que não deveria ser coberto por essa regra para promover algo que resulta (falaciosamente) dessa aplicação. Exemplo: "Aquilo que pertence a uma pessoa e que ela emprestou a outrem deve ser-lhe devolvido, se ela assim o quiser. Por isso, devolva a navalha àquele marinheiro ébrio que ali está envolvido numa rixa, visto que a navalha é dele e ele a está lhe pedindo." 1.6. *A dicto secundum quid ad dictum simpliciter* (a falácia conversa da falácia do acidente): quando se aplica uma regra geral a um caso particular que não deveria ser coberto por ela com o objetivo de desacreditar a regra. 1.7. Falácia do espantalho: alguém distorce o ponto de vista do seu oponente e, então, ataca o argumento distorcido. 1.8. *Ignoratio elenchi* (pseudoconclusão): quando quem argumenta tira uma conclusão errada (inválida) das premissas dadas, mas aparentada com a conclusão que seria correto extrair. 1.9. Manobra de diversão: quando quem argumenta procura distrair a atenção de quem o ouve mudando completamente de assunto e acabando por ou retirar uma conclusão acerca desse outro assunto como se fosse a continuação do anterior, ou assumir simplesmente que alguma conclusão foi tirada.

2. Falácias de indução fraca: são falácias nas quais as premissas, embora não sendo irrelevantes para a conclusão, não são suficientes para a justificar (metaforicamente: não são suficientemente fortes para basear a conclusão). 2.1. *Argumentum ad verecundiam* (apelo a uma autoridade não qualificada): quando para justificar algo se recorre a uma autoridade que não é digna de confiança ou que não é uma autoridade no assunto para o qual a sua opinião é convocada. 2.2. *Argumentum ad ignorantiam* (apelo à ignorância): quando as premissas de um argumento estabelecem que nada se sabe acerca de dado assunto e se procura concluir a partir dessas premissas algo acerca desse assunto. Exemplo: "Há séculos que se tenta sem êxito provar que Deus não existe. Logo, Deus existe." 2.3. Generalização apressada: quando se extrai uma conclusão de uma amostra atípica. 2.4. Falsa causa: quando a ligação entre as premissas e a conclusão depende de uma causa não existente. Exemplo: "Sempre que usei camisa preta este ano ganhei no pôquer. Por isso, se amanhã usar camisa preta, ganharei no pôquer." 2.5. Reação em cadeia: quando a conclusão depende de uma reação em série com uma probabilidade mínima de acontecer. (P. ex., para inferir coisas catastróficas causadas por pequenos incidentes.) 2.6. Analogia fraca: quando a conclusão depende de uma analogia defeituosa.

3. Falácias de pressuposição: são falácias nas quais as justificações (p. ex., as premissas de dado argumento) pressupõem aquilo que elas devem justificar (p. ex., a conclusão de um dado argumento). 3.1. *Petitio principii* (petição de princípio): quando aquilo que devia ser provado pelo argumento é já suposto pelas premissas. Conjuga dois aspectos: 1) o argumento deve ser válido; e 2) as premissas devem ser expressas de forma tal que seu caráter questionável (o fato de elas suporem o que pretendem provar) seja suscetível de passar despercebido. 3.2. Questão complexa: quando múltiplas questões estão escondidas em uma só, cujas repostas possíveis serão igualmente comprometedoras (há um exemplo dessa falácia dado anteriormente). 3.3. Falso dilema: quando se constrói uma alternativa (p. ex., usando a expressão "ou... ou...") como se não houvesse lugar a uma terceira via, e de fato essa terceira via seria igualmente (ou mais) aceitável. 3.4. Supressão de dados: quando se ignoram dados mais fortes que aqueles aos quais as premissas fazem apelo e que, se fossem

considerados, motivariam uma conclusão diferente e incompatível com aquela que se pretende promover.

4. Falácias de ambigüidade: quando se tira partido da ambigüidade de sentido de certas expressões para promover uma conclusão. 4.1 Equívoco: ocorre quando a conclusão de um argumento depende de uma ou mais palavras serem usadas com dois sentidos diferentes. Estes argumentos falaciosos ou têm uma premissa falsa ou são inválidos. Exemplo: "Uma formiga é um animal. Logo, uma formiga grande é um animal grande." 4.2. Anfibolia: é semelhante à falácia anterior, mas a ambigüidade incide agora não sobre as palavras, mas sobre uma frase como um todo.

5. Falácias por analogia gramatical: quando se extrai falaciosamente uma conclusão porque as premissas têm uma "forma gramatical" semelhante às premissas de um argumento válido. 5.1. Composição: um predicado é erradamente transportado das partes para o todo. Exemplo: "Um exército de homens fortes é um exército forte." 5.2. Divisão: um predicado é erradamente transportado do todo para as partes. Exemplo: "Os homens são numerosos. Sócrates é homem. Logo, Sócrates é numeroso."

Falácias formais: consistem em inferências inválidas que são cometidas "sobre" regras de INFERÊNCIA válidas visto que se assemelham de algum modo a elas; é devido a tal semelhança que essas falácias são suscetíveis de induzir uma ilusão de validade. No que se segue indica-se a falácia e, entre parênteses, a regra de inferência sobre a qual ela foi cometida. Essas regras são quer da teoria das funções de verdade (ou LÓGICA PROPOSICIONAL), quer da teoria do SILOGISMO.

1. Falácias a propósito da lógica das funções de verdade (ou lógica proposicional): 1.1. Afirmação da conseqüente: Se p, então q; q, logo, p. 1.2. Negação da antecedente: Se p, então q; não p, logo, não q.

2. Falácias a propósito da teoria do silogismo: 2.1. Falácia do termo não-distribuído (o termo médio deve ocorrer distribuído pelo menos uma vez): Todos os A são B; Todos os C são B; logo, Todos os A são C. 2.2. Ilícita maior, ilícita menor (se um termo ocorre distribuído na conclusão, deve ocorrer distribuído em uma premissa): a) Ilícita maior: Todos os A são B; Alguns C não são A; logo, Alguns C não são B. b) Ilícita menor: Todos os A são B; Todos os B são C; logo, Todos os C são A. 2.3. Premissas negativas (não são permitidas duas premissas negativas): Nenhum A é B; alguns C não são A; logo, alguns C não são B. 2.4. Tirar uma conclusão afirmativa de uma premissa negativa (uma premissa negativa implica uma conclusão negativa): Todos os A são B; alguns C não são A; logo, alguns C são B. 2.5. Tirar uma conclusão negativa de premissas afirmativas (uma conclusão negativa implica uma premissa negativa): Todos os A são B; todos os B são C; logo, alguns C não são A. JS

HURLEY, P. *A Concise Introduction to Logic*. 3.ª ed. Belmont: Wadsworth, 1997.
KAHANE, H. e TIDMAN, P. *Logic and Philosophy*. 7.ª ed. Belmont: Wadsworth, 1995.

falácia conversa do acidente

O mesmo que A DICTO SECUNDUM QUID AD DICTUM SIMPLICITER.

falácia da afirmação da conseqüente

Nome dado à seguinte forma argumentativa inválida: "Se p, então q; q; logo, p." P. ex.: "Se o João está em Paris, está na França; o João está na França; logo, está em Paris." A conclusão pode ser falsa ainda que as premissas sejam verdadeiras, pois o João pode estar na Côte d'Azur. Por ser semelhante ao MODUS PONENS, presta-se a ser com este confundido. Note-se que, como acontece com todas as formas inválidas, há argumentos que têm a forma dessa falácia, mas são válidos: "Se p e q, então q e p; q e p; logo, p e q." Dizer que uma forma argumentativa é inválida é dizer apenas que nem todos os argumentos com tal forma são válidos, ainda que alguns o sejam. *Ver também* ABDUÇÃO; FALÁCIA DA NEGAÇÃO DA ANTECEDENTE; LÓGICA INFORMAL. DM

falácia da causa falsa

O mesmo que POST HOC, ERGO PROPTER HOC.

falácia da causa única

Tem a seguinte forma: Todo o x é tal que existe um y tal que y tem a relação R com x. Logo, existe um y que é tal que todo o x é tal y tem a relação R com x. Em símbolos: $\forall x \exists y\, Ryx \therefore \exists y \forall x\, Ryx$. Exemplo: "Todas as coisas têm uma causa. Logo, há uma causa de todas as coisas." Este é o exemplo mais célebre, que batizou a falácia em questão. *Ver* FALÁCIA DA PERMUTAÇÃO DE QUANTIFICADORES. JS

falácia da composição

Ocorre quando um predicado é erradamente transportado das partes para o todo. Exemplo: "Um exército de homens fortes é um exército forte." JS

falácia da divisão

Ocorre quando um predicado é erradamente transportado do todo para as partes. Exemplo: Os homens são numerosos. Sócrates é homem. Logo, Sócrates é numeroso. JS

falácia da falsa causa

O mesmo que POST HOC, ERGO PROPTER HOC.

falácia da *ignoratio elenchi*

(pseudoconclusão) Quando quem argumenta tira uma conclusão inválida das premissas dadas, mas aparentada com a conclusão que seria correto extrair. Exemplo: há muitos casos de atribuições fraudulentas de seguro-desemprego. Logo, a solução é acabar com este tipo de subsídio. JS

falácia da ilícita maior

Falácia que viola a seguinte regra da teoria do silogismo: se um termo está distribuído na conclusão, tem de estar distribuído em uma premissa. Ocorre quando o termo maior de um silogismo está distribuído na conclusão, mas não na premissa. Exemplo: todos os peixes são animais; alguns cavalos não são peixes; logo, alguns cavalos não são animais. JS

falácia da ilícita menor

Falácia que viola a seguinte regra da teoria do silogismo: se um termo está distribuído na conclusão, tem de estar distribuído em uma premissa. Ocorre quando o termo menor de um silogismo está distribuído na conclusão, mas não na premissa. Exemplo: todos os tigres são mamíferos; todos os mamíferos são animais; logo, todos os animais são tigres. JS

falácia da negação da antecedente

Nome dado à seguinte forma argumentativa inválida: "Se p, então q; não p; logo, não q." P. ex.: "Se o João está em Paris, está na França; o João não está em Paris; logo, não está na França." A conclusão pode ser falsa ainda que as premissas sejam verdadeiras, pois o João pode estar na Côte d'Azur. Por ser semelhante ao MODUS TOLLENS, presta-se a ser com este confundido. Note-se que, como acontece com todas as formas inválidas, há argumentos que têm a forma dessa falácia mas são válidos: "Se p e q, então q e p; não (q e p); logo, não (p e q)." Dizer que uma forma argumentativa é inválida é dizer apenas que nem todos os argumentos com tal forma são válidos, ainda que alguns o sejam. *Ver também* FALÁCIA DA AFIRMAÇÃO DA CONSEQÜENTE; LÓGICA INFORMAL. **DM**

falácia da permutação dos quantificadores

Uma FALÁCIA formal, identificável pelos meios da teoria da quantificação, que consiste em uma transição ilegítima de uma frase da forma $\forall x \exists y\, \Phi xy$ (em que Φxy é qualquer frase que contenha ocorrências livres das variáveis x e y) para uma frase da forma $\exists y \forall x\, \Phi xy$. A falácia reside assim na permutação de um QUANTIFICADOR universal com um quantificador existencial em uma frase em cujo prefixo aquele precede, ou tem ÂMBITO longo em relação a este. Uma ilustração clássica é dada na transição da frase 1) "Todos os acontecimentos têm uma causa", cuja simbolização é $\forall x \, \exists y \, Cyx$ (em que Cab se lê a é causa de b e x, y tomam valores em um domínio de acontecimentos), para a frase 2) "Algo é causa de todos os acontecimentos", cuja simbolização é $\exists y \, \forall x \, Cyx$. A transição de 1 para 2 é por vezes designada como FALÁCIA DA CAUSA ÚNICA. Outro exemplo, igualmente clássico, é dado na transição da frase 3) "Qualquer rapaz gosta de uma moça" (que é, suponhamos, verdadeira) para a frase 4) "Há uma moça da qual qualquer rapaz gosta" (que é, muito provavelmente, falsa).

Para verificarmos de modo simples que se pode ter a frase 1 verdadeira e a frase 2 falsa, suponhamos que estamos lidando com um domínio de apenas quatro acontecimentos, a_1, a_2, a_3, e a_4, e que as conexões causais entre eles são as representadas no seguinte diagrama (em que a seta indica a direção da relação causal):

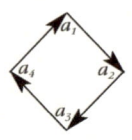

Esse gênero de situação tornaria 1 verdadeira: cada um dos quatro acontecimentos no domínio é causado por certo acontecimento no domínio (obviamente, não é de forma alguma necessário que este seja o mesmo para todos aqueles). Por outro lado, 2 seria falsa relativamente à situação descrita: nenhum dos quatro acontecimentos no domínio tem a propriedade de causar cada acontecimento no domínio; o seguinte diagrama, p. ex., representaria um estado de coisas relativamente ao qual 2 seria verdadeira:

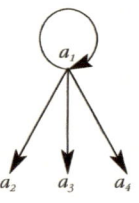

Note-se que não existe nenhuma falácia quando se permutam, no prefixo de uma frase, quantificadores do mesmo tipo (isto é, ambos universais ou ambos existenciais), ou ainda um quantificador existencial com um universal quando aquele precede este ou tem âmbito longo em relação a ele. Por outras palavras, as seguintes formas de inferência estão inteiramente em ordem: $\exists y \, \forall x \, \Phi xy \therefore \forall x \, \exists y \, \Phi xy$; $\forall x \, \forall y \, \Phi xy \therefore \forall y \, \forall x \, \Phi xy$; $\exists x \, \exists y \, \Phi xy \therefore \exists y \, \exists x \, \Phi xy$.

A falácia da permutação de quantificadores parece ter sido cometida mais que uma vez por Tomás de Aquino, na sua *Suma teológica* (Tomás de Aquino, 1980, parte I, questão II, artigo III), no decurso das chamadas "cinco vias" (ou seja, as cinco tentativas de inferir a existência de Deus a partir de fatos gerais acerca da natureza e do universo). P. ex., da premissa segundo a qual segundos motores só podem mover algo se forem por sua vez movidos por um primeiro motor, Tomás de Aquino extrai aparentemente a conclusão falaciosa de que há necessariamente um primeiro motor (isto é, Deus) que os move a todos. JB

TOMÁS DE AQUINO. *Suma teológica*. Trad. Alexandre Corrêa, sobre o texto latino da ed. A. Blot. Rev. Luís A. de Boni. 2.ª ed. Porto Alegre/Caxias do Sul: Escola Superior de Teologia São Lourenço de Brindes: Livraria Sulina Editora/Universidade de Caxias do Sul, 1980, 11 vols.

falácia do acidente

O mesmo que A DICTO SIMPLICITER AD DICTUM SECUNDUM QUID.

falácia do equívoco

Ocorre quando a conclusão de um argumento depende de uma ou mais palavras serem usadas com dois sentidos diferentes. Exemplo: uma formiga é um animal. Logo, uma formiga grande é um animal grande. JS

falácia do termo não-distribuído

Falácia que viola a seguinte regra da teoria do SILOGISMO: o termo médio deve estar DISTRIBUÍDO pelo menos uma vez. Ocorre quando o termo médio não se encontra distribuído. Exemplo: todos os cavalos são mamíferos; todas as baleias são mamíferos; logo, todos os cavalos são baleias. JS

falácia dos quatro termos

Ver FALÁCIA DO EQUÍVOCO.

falácia naturalista

Para alguns autores, comete-se uma falácia naturalista quando a partir de premissas sobre fatos se retiram conclusões sobre valores ou normas. Foi G. E. Moore (1873-1958) (*Principia Ethica*, 1903) quem identificou uma falácia naturalista na forma como freqüentemente, no âmbito da filosofia moral, alguns conceitos são validados. Em ética os naturalistas definem alguns conceitos básicos fundamentais como "bem", "mal", "justo", "injusto", a partir de conceitos como "aquilo que produz mais prazer", "aquilo que se revela mais útil" ou "aquilo que melhor se conforma aos objetivos das classes ou grupos majoritários". Assim, na falácia naturalista é possível encontrar explicações de tipo fisicalista ou de teor funcionalista: aqueles conceitos fundamentais são afinal qualificações de processos ou de situações totalmente explicáveis por meio de conceitos com que as ciências físicas e biológicas operam. Entre todas as situações possíveis existe uma que maximiza p. Se eu sustentar que p é algo de bom, então definirei o bem como "a situação que maximiza p". Se, p. ex., este significar prazer, definir-se-á o bem como o prazer maximizado (em determinada situação). A objeção de Moore consiste em mostrar que existe uma falácia nesse raciocínio, já que o bem é algo de não-natural e o argumento propõe uma compreensão analítica de p definido como um bem (no naturalismo utilitarista este seria a maximização de algo que se considera bom). Mas para Moore o bem é indefinível e não analisável, pelo que em sua opinião a falácia naturalista converte-se em grande parte em uma falácia de definição e em uma avaliação crítica sobre o modo como se usam certos termos em filosofia moral. Mas a principal lição de Moore contra a falácia naturalista é a de que não é possível validar conceitos morais na base da descrição ou enumeração de fatos, já que se está falando de conceitos de diferentes *genera*. Analogamente é o que acontece com inferências indutivas a partir de observações repetidas dos fatos, quando se passa da observação recorrente de x para a afirmação da sua necessidade.

Uma versão mais recente do debate sobre esse mesmo tópico, agora desenvolvido com base em uma argumentação de tipo pragmático e lingüístico, é a realizada por John Searle, que de algum modo retoma posições naturalistas (ou certo tipo de naturalismo), e por R. M. Hare, que, por seu lado, renova os argumentos contra uma eventual falácia naturalista. No ensaio daquele primeiro filósofo, intitulado significativamente "How to Derive 'Ought' from 'Is'" (1967), é atacada a tese filosófica segundo a qual não é possível derivar um "deve" de um "é". Em uma terminologia mais técnica, aqueles que atacam o naturalismo em ética contestam que se possa passar de afirmações descritivas para um tipo de afirmações valorativas, sem que se introduza algures nas premissas da argumentação uma afirmação ou juízo desse último tipo. Da afirmação que um contrato firmado entre duas pessoas livres e conscientes do seu ato (sem se encontrarem sob o efeito de drogas, hipnotizados, agindo de boa-fé, etc.) não é violável, não se deve retirar que esse contrato não deve ser violado por qualquer das partes, a não ser que o "não deve" esteja subentendido como premissa. Os naturalistas não acham necessário esse subentendido, enquanto os não-naturalistas (aprioristas) acham. A nova versão do debate sobre a falácia naturalista é apresentada por Searle nos seguintes termos: "Diz-se muitas vezes que não podemos derivar um 'deve' de um 'é'. Esta tese, que provém de uma famosa passagem do *Tratado* de Hume, embora não tão clara como seria desejável, é ao menos clara em termos gerais: existe uma classe de afirmações de fato logicamente distinta de uma classe de afirmações de valor. Em uma terminologia mais atual, não há afirmações descritivas que possam conter afirmações valorativas sem a adição ao menos de uma premissa valorativa. Acreditar que as coisas se passam de outro modo é cometer aquilo a que se tem chamado a falácia naturalista" (Searle, 1967, p. 101).

Ora, o defensor de uma continuidade entre o dever e o ser (como é o caso de Searle) contesta que se tenha de admitir uma premissa valorativa para além dos atos comunicacionais da linguagem. A razão é que a própria linguagem, nos seus atos promissivos, p. ex., cria a noção de dever. A idéia é que a linguagem tem o poder de instituir, p. ex., a promessa e a obrigação dela decorrente, assim como o jogo de xadrez tem o poder de constituir determinado jogo de tabuleiro que pura e simplesmente não existiria sem as regras desse jogo. Essas são regras constitutivas e por isso diferentes das meramente reguladoras, que não criam propriamente os seus objetos (regras de etiqueta ou de trânsito, p. ex.).

Se atentarmos nos argumentos de Searle contra os que não admitem que se possa derivar o "dever" do "ser" (e que por isso existe uma descontinuidade lógica entre "dever" e "ser"), verifica-se que ele considera a transição de frases como 1) João prometeu ao Antônio pagar mil reais, 2) João colocou-se na obrigação de pagar ao Antônio mil reais e 3) João deve pagar ao Antônio mil reais, como passos sucessivos que se implicitam, sem que para isso seja preciso introduzir uma premissa adicional de tipo valorativo. Tudo o que é necessário para a implicitação em causa é o preenchimento de condições empíricas determinadas e a assunção de expressões analíticas ou de tautologias (cf. Searle, 1967, p. 106). P. ex., a transição de 1 para 2 é feita desde que empiricamente algumas condições se verifiquem (logo de início, João e Antônio não podem pretender enganar um ao outro, devem estar conscientes, livres de coação, etc.) e que se assuma como verdade analítica que uma promessa envolve uma obrigação. Ora, a maior parte dos filósofos que combatem a falácia naturalista falha ao não identificar, nas transições de 1 para 2 e 3, tanto o uso da tautologia como de atos de linguagem específicos com a respectiva qualidade performativa. "Muitos filósofos ainda não conseguem compreender plenamente a força de dizer que 'por isto eu prometo' é uma expressão performativa. Ao proferi-la executa-se mas não se descreve o ato de prometer. Uma vez que prometer é visto como um ato de fala de uma espécie diferente de descrever, então é mais fácil ver que uma das características do ato é o assumir de uma obrigação" (Searle, 1967, p. 108).

Mas o que é mais importante notar é que é porque os sujeitos se encontram no *framework* de uma instituição social e lingüística que é possível a transição mencionada e a verdade é que ao proferir, p. ex., a expressão "Declaro a sessão encerrada", crio por essas palavras uma nova situação em que inevitavelmente eu e o meu público passamos a nos comportar de certo modo. Assim também a expressão "Prometo que *p*" cria uma situação diferente em que inevitavelmente eu e os meus interlocutores passamos a nos comportar desta e somente desta maneira. Mas a obrigação e o conseqüente dever de fazer assim e não daquele outro modo nasce da instituição da linguagem *in concreto*, isto é, da especificação de certo ato de fala e não da forma de um entimema, em que se escondeu uma premissa valorativa, para validar a derivação de um ser para um dever.

Os oponentes da falácia naturalista insistem em uma diferença de gênero entre fato e valor, entre ser e dever, sendo certas noções fundamentais da moral, como compromisso, obrigação, responsabilidade e outras mais consideradas, não-deriváveis de nenhuma condição empírica, formas de vida ou funções lingüísticas. R. M. Hare argumenta contra Searle que uma frase como "alguém que em certas condições C diz que promete a outro pagar determinada quantia, coloca-se a si próprio na obrigação de pagar essa quantia" não é uma tautologia, nem a obrigação mencionada decorre da promessa, mas contém, sim, uma relação sintética. A posição de Hare consiste em negar que da instituição lingüística (como lhe chama Searle) da promessa derive o dever, o que equivaleria praticamente a retirar o valor do fato. Ora, uma coisa é descrever um comportamento decorrente de uma regra, como se estivéssemos descrevendo regras e comportamentos de um jogo; outra coisa é atuar de uma maneira e não de outra em virtude do ato de fala da promessa. Em relação a um jogador que sai do campo de jogo porque as regras assim o obrigaram (porque a instituição desse jogo em particular assim o obrigou) não se pode dizer que se "tenha colocado sob a obrigação" de sair do campo. Mesmo que o jogador profira as palavras: "ao agir deste modo, e tendo em consideração tais regras do jogo, tive que sair do campo", não se pode fazer equivaler essa expressão àquelas em que aparece a promessa. Esta é algo que se acrescenta à instituição da linguagem, ao mero uso de palavras. Alguém que age de determinada maneira porque a instituição que regula os seus comportamentos assim o obriga ou que assim age porque, ainda que continue regulado por essa instituição, deve cumprir uma promessa, produz atos diferentes quanto ao seu valor. Pode dizer-se que no primeiro caso estamos perante uma tautologia: o ato decorre do significado das regras ou das instituições; no segundo caso, o ato decorre de uma proposição sintética. Afirma Hare que "é uma característica de palavras como 'prometer', as quais possuem sentido apenas em instituições, que elas podem ser introduzidas na língua apenas quando assentimos relativamente a certas proposições sintéticas acerca de como nós devemos atuar" (R. M. Hare, 1967, p. 119).

A proposta de Searle continua a ser naturalista, pois que deriva o valor neste caso do fato que é a instituição lingüística. Um antropólogo descreverá as situações em que essas operações lingüísticas são realizadas e de que forma os sujeitos agem dentro das instituições. O fato de Searle considerar tais regras como constitutivas não as retira de um naturalismo que afinal consiste em negar qualquer descontinuidade entre fato e valor. Essa descontinuidade é, pelo contrário, reafirmada por aqueles que, como Hare, vêem na forma sintética das expressões em que entra a promessa a sua marca mais notável. **AM**

HARE, R. M. "The Promising Game", in Foot, Philippa (org.). *Theories of Ethics*. Oxford: Oxford University Press, 1967, pp. 115-27.
HUME, David. *A Treatise of Human Nature*. Oxford: Clarendon Press, 1964. Trad. bras. *Tratado sobre a natureza humana*. Trad. Débora Danowski. São Paulo: Ed. Unesp, 2001.
MOORE, G. E. *Principia Ethica*. Cambridge: Cambridge University Press 1903, reimp. 1980. Trad. bras. *Principia Ethica*. Trad. Márcio Pugliesi e Divaldo Roque de Meira. São Paulo: Ícone, 1998.
NELSON, J. O. "Moore, George Edward", in Edwards, P. (org.). *The Encyclopaedia of Philosophy*. Londres/Nova York: Macmillan, 1967, vols. 5-6, pp. 372-81.
SEARLE, J. "How to Derive 'Ought' from 'Is'", in Foot, Philippa (org.). *Theories of Ethics*. Oxford: Oxford University Press, 1967, pp. 101-13.
WILLIAMS, B. *Ethics and the Limits of Philosophy*. Cambridge: Harvard University Press, 1985.

falsa causa, falácia da

O mesmo que POST HOC, ERGO PROPTER HOC.

falsidade lógica

A negação de uma VERDADE LÓGICA, como $\neg(p \to p)$. Uma falsidade lógica é uma CONTRADIÇÃO ou INCONSISTÊNCIA. As falsidades lógicas são frases falsas em todos os MODELOS. As falsidades lógicas são falsidades necessárias. Na linguagem natural encontram-se exemplos aparentes de falsidades lógicas em frases como "Beethoven era e não era um bom músico". Mas é claro que se esta frase for efetivamente proferida em certo contexto quererá dizer qualquer coisa como "Sob certos aspectos Beethoven era um bom músico; mas, sob outros aspectos, não" – o que constituirá mais um indício da VAGUEZA associada ao conceito de "bom músico" do que uma limitação da lógica clássica. **DM**

falsum

Ver SÍMBOLO DO ABSURDO.

fativo

Ver FACTIVO.

fato

Ver ESTADO DE COISAS.

fbf

Abreviatura de "fórmula bem formada": uma fórmula que obedece a certo conjunto de regras sintáticas, isto é, às regras que determinam como os símbolos de uma linguagem artificial podem ser concatenados. P. ex., a fórmula $p \rightarrow q$ é uma fbf de uma das habituais linguagens da lógica de primeira ordem, ao contrário da expressão formal $\rightarrow p \wedge$. Habitualmente usa-se "fórmula" como uma abreviatura de "fbf". A noção de fbf é formalizável de maneira rigorosa em uma metalinguagem, constituindo o preâmbulo habitual das demonstrações de COMPLETUDE e CONSISTÊNCIA. O conceito de fbf corresponde à noção gramatical de frase sintaticamente bem-formada. P. ex., "gato que átomo por lua agora" está sintaticamente mal-formada, ao passo que a expressão "as idéias verdes dormem furiosamente juntas" está sintaticamente bem-formada, apesar de ser absurda (não tem sentido). **DM**

fechada, fórmula

Ver FÓRMULA ABERTA; FECHO.

fecho

Na literatura lógico-filosófica, a noção de fecho ocorre nos seguintes três gêneros de contextos, cujos dois primeiros estão estreitamente relacionados entre si: 1) Quando se fala em um fecho de uma fórmula bem-formada de determinada linguagem formal, p. ex., a linguagem da LÓGICA DE PRIMEIRA ORDEM; 2) Quando se fala no fecho de um argumento (ou de uma forma de argumento) expresso em tal linguagem; e 3) Quando se fala no fecho de determinado conjunto de objetos sob certa operação, ou sob certa relação.

Tomemos, pela ordem indicada, esses três tipos de aplicações da noção de fecho.

1. Suponhamos que dispomos já de uma das habituais definições recursivas de fórmula bem-formada para a linguagem L da lógica de primeira ordem (*ver* SINTAXE LÓGICA). Para introduzir a noção de fecho de uma fórmula de L, precisamos de algumas noções preparatórias.

Começamos com as noções de ocorrência livre e ocorrência ligada de uma VARIÁVEL υ em uma fórmula ϕ de L. Diz-se que uma ocorrência de υ em ϕ está livre quando não está no interior de uma ocorrência em ϕ de qualquer fórmula da forma $\forall \upsilon \Psi$ ou $\exists \upsilon \Psi$; e diz-se que uma ocorrência de υ em ϕ está ligada quando não está livre. Assim, na fórmula $[(Fx \wedge Gy) \vee \forall x (Fx \wedge Gy)]$ a primeira ocorrência de x está livre, a segunda e terceira ocorrências de x estão ligadas e ambas as ocorrências de y estão livres. Por outro lado, diz-se que uma variável υ está ela própria livre em uma fórmula ϕ quando pelo menos uma ocorrência de υ em ϕ está livre; e diz-se que υ está ligada em uma fórmula ϕ quando pelo menos uma ocorrência de υ em ϕ está ligada. Assim, na fórmula anterior, a variável x está simultaneamente livre e ligada, e a variável y está livre, mas não ligada. Podemos agora introduzir as usuais noções de FRASE de L (ou fórmula fechada de L) e fórmula aberta de L. Uma fórmula φ é uma frase de L quando nenhuma variável em φ está livre; e φ é uma fórmula aberta de L quando pelo menos uma variável υ em φ está livre.

Estamos finalmente em posição de definir a noção de fecho de uma fórmula de L. Seja φυ uma fórmula (aberta) de L na qual uma variável υ está livre. Então uma generalização universal de φυ é uma fórmula da forma ∀υ φυ obtida de φυ do seguinte modo: a) substituindo todas as ocorrências livres, e só as ocorrências livres, de υ em φ por ocorrências livres de uma variável υ′ que não ocorra já em φ; e b) prefixando ao resultado uma expressão de quantificação universal da forma ∀υ′. P. ex., as fórmulas ∀x Fxy e ∀y Fxy são ambas generalizações universais da fórmula Fxy, e as fórmulas ∀y ∀x Fxy e ∀x ∀y Fxy são (respectivamente) generalizações universais daquelas fórmulas (bem como de Fxy). Diz-se que uma fórmula Ψ de L é um fecho de uma fórmula φ de L se, e somente se: I) Ψ é uma frase de L; e II) ou φ é uma frase de L e então Ψ é φ, ou φ não é uma frase de L e então Ψ é uma generalização universal de φ. Assim, a fórmula ∀x Fx é um fecho da fórmula ∀x Fx, bem como das fórmulas Fx e Fz; as fórmulas ∀x ∀y (Fx ∨ Gy), ∀y ∀x (Fx ∨ Gy), e ∀z ∀w (Fz ∨ Gw) são todas elas fechos da fórmula Fx ∨ Gy; mas a fórmula ∀y Fx não é um fecho da fórmula Fx (uma vez que, apesar de ser uma generalização universal desta fórmula, não é uma frase de L). Informalmente, obtém-se um fecho de uma fórmula prefixando-lhe tantas expressões de quantificação universal quantas forem suficientes para a converter em uma frase; se ela já é uma frase, nenhum prefixo desse gênero é preciso: cada frase é assim um fecho de si mesma. Muitas vezes, em vez de se falar em fecho *simpliciter* de uma fórmula, fala-se em fecho universal de uma fórmula; nesse caso, obtém-se um fecho existencial de uma fórmula prefixando-lhe tantas expressões de quantificação existencial quantas forem suficientes para a converter em uma frase.

Convém mencionar que a noção de fecho é ocasionalmente generalizada a linguagens naturais; ou então a linguagens híbridas que consistem em linguagens naturais suplementadas com certos símbolos da lógica, especialmente variáveis individuais. Assim, p. ex., pode-se igualmente dizer que a frase em língua portuguesa "Todos estão contentes", ou a frase "loguesa" (em que o "loguês" é a língua portuguesa + variáveis individuais) "Para toda a pessoa y, y está contente", é um fecho da frase aberta portuguesa (ou loguesa) "x está contente"; e que a frase portuguesa "Tudo está relacionado com tudo", ou a frase loguesa "Para toda a coisa x, e para toda a coisa y, x está relacionada com y", é um fecho da frase aberta em língua portuguesa (ou loguesa) "x está relacionado com y".

2. A noção de fecho de um argumento de L é facilmente definível em termos da noção antes introduzida de fecho de uma fórmula de L. Um fecho de um argumento (ou de um seqüente) A de L é qualquer argumento (ou seqüente) de L obtido a partir de A substituindo todas as fórmulas de L que ocorrem como premissas e conclusão de A por fechos dessas fórmulas. Assim, p. ex., os seguintes argumentos de L 1) ∀y Fy ⊢ ∀x Fx; 2) ∀x Fx ⊢ ∀x Fx são ambos fechos do argumento de L 3) Fx ⊢ ∀x Fx; e o argumento de L 4) ⊢ Fx → ∀x Fx tem como fecho o argumento de L 5) ⊢ ∀y (Fy → ∀x Fx).

Naturalmente, um fecho de um argumento de L é válido exatamente no caso de qualquer outro fecho desse argumento ser válido. E um argumento de L é válido quando, e somente quando, cada um dos seus fechos é válido. Assim, p. ex., como 5 é inválido, 4 é inválido; por outro lado, como 1 e 2 (bem como quaisquer outros fechos de 3) são válidos, 3 é válido.

3. Diz-se que um CONJUNTO C de objetos tem a propriedade do fecho sob uma dada operação O, ou que C é um conjunto fechado sob O, quando o resultado de executar O sobre quaisquer objetos pertencentes a C é ainda um objeto que pertence

a C. Analogamente, diz-se que um conjunto C de objetos tem a propriedade do fecho sob uma dada RELAÇÃO R, ou que C é um conjunto fechado sob R, quando a seguinte condição se verifica: para qualquer objeto x em C, se x está na relação R com um objeto qualquer y, então y pertence a C (formulando a condição para o caso geral, tem-se: se os objetos $x_1,..., x_n$ pertencentes a C estão em R com um objeto y, então y pertence a C).

Eis algumas ilustrações. O conjunto dos números inteiros positivos pares é um conjunto fechado sob a operação de adição, uma vez que o resultado de somar quaisquer números inteiros positivos pares é invariavelmente um número inteiro positivo par; mas o conjunto dos inteiros positivos ímpares já não tem a propriedade do fecho sob aquela operação, uma vez que a soma de números inteiros positivos ímpares não tem como resultado um número inteiro positivo ímpar. Por outro lado, o conjunto das pessoas de nacionalidade portuguesa é obviamente um conjunto fechado sob a relação de "ser compatriota de"; mas esse conjunto já não exibe a propriedade do fecho sob uma relação de parentesco, como, p. ex., a relação de "ser primo(a) de".

Uma questão intensamente debatida recentemente é a de saber se certos estados mentais cognitivos, as chamadas ATITUDES PROPOSICIONAIS como o conhecimento e a crença, exibem ou não a propriedade do fecho sob determinadas deduções lógicas executáveis pelos sujeitos desses estados mentais. Formulada de modo mais preciso, a questão diz naturalmente respeito não ao fecho dos próprios estados mentais, mas antes ao fecho dos seus CONTEÚDOS, ou seja, ao fecho das proposições conhecidas ou acreditadas (supondo, como é usual, que proposições são os conteúdos de estados mentais do gênero em questão). Assim, considere-se o conjunto T de todas as proposições conhecidas ou acreditadas por um sujeito s em certa ocasião t. T exibe a propriedade do fecho sob a dedução lógica, ou T é fechado sob a relação de conseqüência lógica, se, e somente se, para quaisquer proposições $p_1,..., p_n$ em T e para qualquer proposição q tal que q seja uma conseqüência lógica de $p_1,..., p_n$, q pertence a T. P. ex., o conjunto das crenças de s em t é fechado sob MODUS PONENS se, e somente se, satisfaz a seguinte condição: se s acredita, em t, que se p então q, e s acredita em t que p, então segue-se que s acredita em t que q.

Em certos casos, especialmente quando se trata de deduções lógicas bastante simples, a tese do fecho parece ter alguma credibilidade. P. ex., é plausível pensar que as crenças de uma pessoa s em uma ocasião t são fechadas sob inferências como a inferência por ELIMINAÇÃO DA CONJUNÇÃO: se s acredita em t que p e q, então segue-se (aparentemente) que s acredita em t que p (e também que s acredita em t que q). Todavia, é hoje consensual que a tese do fecho é em geral suspeita, dependendo de uma idealização excessiva dos poderes cognitivos e lógicos dos sujeitos das atitudes; naturalmente, estes podem pura e simplesmente não acreditar em todas as conseqüências lógicas daquilo em que acreditam (mesmo que sejam lógicos geniais). Suponhamos que Lopes, um lógico talentoso e um fanático do sistema S5 para a lógica modal de primeira ordem, adquire em certa ocasião, p. ex., com base em testemunho incorreto, a crença de que Alceu de Amoroso Lima (o professor) e Tristão de Ataíde (o escritor) são pessoas diferentes. Ora, supondo que Alceu é de fato Tristão, a não-identidade que é o conteúdo da crença de Lopes, isto é, a proposição que Alceu não é Tristão, é uma FALSIDADE LÓGICA em S5 (com efeito, trata-se da negação de uma conseqüência lógica de um teorema de S5: *ver* IDENTIDADE, NECESSIDADE DA). Mas como uma proposição que é uma falsidade lógica tem como conseqüência lógica (pelo menos em lógicas não-relevantes como S5) qualquer proposição, segue-se que a proposição que 2 + 2 = 5 é uma conseqüência lógica (em S5) da proposição que Alceu não

é Tristão. Assim, se supusermos que as crenças de Lopes na ocasião em questão formam um conjunto dedutivamente fechado (ou fechado sob a relação de conseqüência lógica), somos conduzidos ao resultado absurdo de que Lopes acredita nessa ocasião na falsidade aritmética que 2 + 2 = 5. Por outro lado, em certos pontos de vista acerca da crença e de outras atitudes proposicionais, o conjunto das crenças de uma pessoa nem sequer é fechado sob inferências simples como a inferência por generalização existencial. Nesses pontos de vista, uma pessoa pode, em certa ocasião, ter crença em uma proposição da forma *Fa* sem que tenha, nessa ocasião, crença em uma proposição da forma $\exists x\, Fx$ (obtida daquela por generalização existencial). P. ex., as atribuições de crença 1 e 2 seriam consideradas verdadeira e falsa (respectivamente) nas teorias em questão: 1) Os antigos astrônomos acreditavam que o nome "A Estrela da Manhã" designa Vênus, e o nome "A Estrela da Tarde" designa Vênus; 2) Os antigos astrônomos acreditavam que há uma coisa designada por ambos os nomes "A Estrela da Manhã" e "A Estrela da Tarde". (Contraste-se a atribuição *de dicto* 2 com a atribuição *de re*: "Há uma coisa tal que os antigos astrônomos acreditavam que ela é designada por ambos os nomes "A Estrela da Manhã" e "A Estrela da Tarde".)
Ver também VARIÁVEL; SINTAXE LÓGICA; ATITUDE PROPOSICIONAL; DEDUÇÃO NATURAL. JB

FORBES, G. *Modern Logic*. Oxford: Oxford University Press, 1994.
KALISH, D., MONTAGUE, R. e MAR, G. *Logic*. Nova York: Harcourt and Brace, 1980.
MATES, B. *Elementary Logic*. 2.ª ed. Oxford: Oxford University Press, 1972. Trad. bras. *Lógica elementar*. Trad. Leônidas Hegenberg e O. S. da Mota. São Paulo: Companhia Editora Nacional, 1968.
SAINSBURY, M. *Logical Forms*. Oxford: Blackwell, 1991.
SALMON, N. e SOAMES, S. (orgs.). *Propositions and Attitudes*. Oxford: Oxford University Press, 1988.

Felapton

O modo silogístico válido da segunda figura dado no esquema PEM, SAM ∴ SOP (P, M, S são os termos maior, médio e menor do silogismo; a letra E indica a combinação em uma proposição da qualidade negativa com a quantidade universal, A a combinação da qualidade afirmativa com a quantidade universal, e O a combinação da qualidade negativa com a quantidade particular).

Um dos aspectos mais interessantes do silogismo Felapton é o de que sua representação na habitual LÓGICA DE PRIMEIRA ORDEM resulta em uma forma de inferência não-válida, designadamente o esquema inválido com as fórmulas $\forall x\,(Px \rightarrow \neg Mx)$, $\forall x\,(Sx \rightarrow Mx)$ como premissas e a fórmula $\exists x\,(Sx \wedge \neg Px)$ como conclusão. Assim, nem todas as inferências aristotélicas são válidas na lógica de primeira ordem (o mesmo ocorre com certas inferências do QUADRADO DE OPOSIÇÃO, com certas inferências por CONVERSÃO e com alguns outros modos silogísticos).

A razão é a de que a teoria tradicional é normalmente acompanhada da pressuposição geral de que os termos gerais que intervêm nas inferências não têm extensões vazias; ora, tal pressuposição está ausente da lógica de primeira ordem. Obviamente, se juntássemos àquelas duas premissas, a título de premissa suplementar, uma fórmula que materializasse essa pressuposição com respeito ao predicado S, designadamente a fórmula $\exists x\, Sx$, obteríamos uma forma válida de inferência da lógica de primeira ordem.
Ver SILOGISMO, IMPLICAÇÃO EXISTENCIAL. JB

felicidade

Ver CONDIÇÕES DE FELICIDADE.

figura

Ver SILOGISMO.

filosofia analítica, história da

O filósofo e matemático alemão Gottlob Frege (1844-1925) é seguidamente apontado como o fundador da filosofia analítica.

O fato ilustra um aforismo de Jorge Luís Borges: cada escritor cria seus precursores. Frege, possivelmente o nome mais importante da história da lógica desde Aristóteles, inaugurou a lógica moderna ao publicar, em 1879, sua *Begriffsschrift*, que apresentava pela primeira vez a teoria da quantificação como a temos hoje; e os escritos lógico-filosóficos que publicou desde então contêm idéias de imensa importância para as filosofias da lógica e da matemática, cujas novidade e fecundidade não escaparam a leitores argutos como Edmund Husserl ou Bertrand Russell. Mas não é exagero dizer que foi apenas com a publicação, em 1921-22, do *Tractatus Logico-Philosophicus* de Ludwig Wittgenstein (1898-1951), que essas idéias começaram a ser incorporadas a uma tradição filosófica que já tinha, àquela altura, mais de duas décadas de existência.

A tradição que, retrospectivamente, reconheceria e honraria em Frege seu principal precursor, emergiu como um movimento filosófico em Cambridge, Inglaterra, no episódio conhecido como "a revolta contra o idealismo", cujos protagonistas foram George Edward Moore (1873-1958) e Bertrand Russell (1872-1970). O ensaio de Moore "The Nature of Judgement", publicado em 1899, assinala o começo desse movimento, e bem pode ser considerado a certidão de nascimento da filosofia analítica. Nele, Moore empreende a crítica, a que em seguida viria a associar-se Russell, aos fundamentos lógico-filosóficos das doutrinas metafísicas do idealismo britânico – a tradição que emergira da recepção, na segunda metade do século XIX, das filosofias de Kant e do idealismo alemão por filósofos como Thomas Hill Green (1836-1882), Francis Herbert Bradley (1846-1924) e Bernard Bosanquet (1848-1923). Moore identificava, na concepção do juízo como exercício de capacidades ativas do espírito, sem cujo concurso nenhum objeto de experiência se poderia constituir, a raiz de um amálgama desastroso entre as condições da verdade de uma proposição e as condições do assentimento a essa proposição. A confusão entre essas duas classes de condições, por sua vez, abria o caminho para a usurpação da metafísica pela teoria do conhecimento, que distinguiria a tradição idealista.

Para os idealistas, toda experiência era essencialmente judicativa ou proposicional: sua tese mais característica era que não temos nenhuma compreensão do que seja o objeto de um juízo – aquilo sobre o que julgamos ou inferimos – antecedente à compreensão que tenhamos do que seja julgar e inferir. Em conseqüência, tampouco temos alguma noção do que seja um constituinte possível de um juízo antecedente à compreensão que tenhamos do ato judicativo. A essa doutrina "holista" do primado do juízo sobre seus constituintes (que, vale assinalar, também é a de Frege), e à representação subjacente do juízo como exercício de capacidades espirituais ativas, Moore e Russell passaram a contrapor a doutrina "atomista", que fazia depender todo ato judicativo da apreensão direta, não-conceitual, dos constituintes (que Moore, em 1898, chamava "conceitos") do juízo. O conhecimento proposicional, ou "conhecimento de verdades", como diria mais tarde Russell, passava a depender de uma forma primitiva de intencionalidade, caracterizada pela imediatidade e pela receptividade: o conhecimento acusativo, ou "conhecimento de coisas". De onde a significação do projeto analítico que tomaria forma nas duas grandes obras que Moore e Russell dedicaram, respectivamente, aos fundamentos da ética e da matemática: *Principia Ethica* e *The Principles of Mathematics*, ambos publicados em 1903, faziam depender a objetividade dos juízos (éticos e matemáticos, respectivamente) da distinção entre as condições de sua verdade (que as coisas sejam como se julga que são) e do reconhecimento da satisfação dessas condições; e esse reconhecimento, por sua vez, do conhecimento acusativo (apreensão imediata e puramente receptiva) dos constituintes do juízo: particulares, universais e formas lógicas, conforme o caso. A

filosofia analítica, história da

postulação de uma forma de intuição intelectual como a contrapartida, para entidades abstratas, da percepção de particulares sensíveis subjaz ao recurso sistemático a metáforas perceptuais – e, em particular, à linguagem da percepção visual – por meio das quais Moore e Russell (como, antes deles, Platão) procuraram caracterizar a apreensão de seus indefiníveis, os constituintes inanalisáveis (logicamente simples) dos juízos de que cuidavam: o Bem em *Principia Ethica*; as noções lógico-matemáticas primitivas (implicação, classe, função proposicional, etc.) em *The Principles of Mathematics*.

Uma lógica atomista, fundada no repúdio da doutrina do primado do juízo sobre seus constituintes; uma metafísica realista de viés platonizante, em oposição ostensiva ao idealismo que reivindicara o legado da "revolução copernicana" de Kant; uma defesa da autonomia da metafísica contra as pretensões abusivas da teoria do conhecimento; por fim, e notavelmente, um projeto analítico (a decomposição de juízos e conceitos em seus constituintes elementares), conduzido com inteira independência de quaisquer considerações sobre a linguagem: tais são, em suas origens, os traços fisionômicos da filosofia analítica.

A idéia de análise, tomada literalmente como decomposição de um complexo em seus constituintes simples, receberia uma forma definida, e seria pela primeira vez associada à de uma explicitação de estruturas lógicas encobertas pelas formas gramaticais da linguagem, na TEORIA DAS DESCRIÇÕES DEFINIDAS divulgada por Russell em "On Denoting" (1905). Esse "paradigma da filosofia", como o chamariam Ramsey e Moore, liquidava a doutrina dos "conceitos denotativos" que, em *The Principles of Mathematics*, estivera na base da teoria da predicação de Russell, e abria caminho para a concepção da filosofia como "análise lógica da linguagem" que – a partir do *Tractatus Logico-Philosophicus* de Wittgenstein e até, pelo menos, o início dos anos 1970 – distinguiria a tradição analítica.

A teoria das descrições de Russell aborda as formas lógicas das proposições em que ocorrem "expressões denotativas": expressões como "um homem", "algum homem", "todo homem", "qualquer homem", "o atual rei da Espanha", "o atual rei da França", "o centro de massa do sistema solar no primeiro instante do século XX", "a primeira linha da *Elegia* de Gray". A tese fundamental de Russell é que essas expressões, que pensa poderem ocupar a posição correspondente ao sujeito gramatical da frase, e serem aí substituíveis *salva congruitate* (e não raro, no caso de descrições definidas como "o atual rei da Espanha", *salva veritate*) por nomes próprios, contribuem para a determinação das condições de verdade da frase de maneira radicalmente diversa daquela que é própria de um termo singular. Em poucas palavras, a tese de Russell é que descrições não são, aparências gramaticais à parte, expressões referenciais, mas quantificadores; e quantificadores são predicados (de segunda ordem: predicados de predicados), portanto, expressões de generalidade lógica. A análise explica por que o sentido da frase "O atual rei da França é calvo" é independente da verdade da pressuposição existencial que integra suas condições de verdade. ("Por descrição" é, em suma, a resposta de Russell à pergunta: "Como é possível pensar o não ser?" A generalidade lógica serve para isso.)

Mas a análise também depende, criticamente, da postulação de uma classe não-vazia de termos singulares genuínos. Ao tratar as descrições como expressões de generalidade, Russell dissociou-as dos termos singulares para regimentá-las na categoria lógica das expressões cuja extensão é vazia ou cheia conforme pelo menos um predicado esteja satisfeito. A contrapartida dessa reclassificação é o reconhecimento de uma classe de nomes "logicamente próprios", e de um modo de designação primitivo, irredutível ao "conhecimento por descrição". A distinção epistemológica entre conhecimento proposicional (*knowled-*

ge by description) e conhecimento acusativo (*knowledge by acquaintance*) é ineliminável, se o for a distinção lógica entre descrições e termos singulares.

Em conformidade, assim, com a concepção do juízo distintiva da "revolta contra o idealismo", o conhecimento acusativo (a apreensão imediata e puramente receptiva) dos constituintes do juízo emerge, na teoria das descrições, como pressuposição absoluta de todo ato judicativo. Tal é o sentido do princípio do conhecimento acusativo (*principle of acquaintance*) de Russell: o princípio segundo o qual "toda proposição que compreendemos deve ser composta, exclusivamente, de constituintes dos quais temos conhecimento acusativo". Esse princípio, subjacente à investigação dos indefiníveis lógico-matemáticos nos *The Principles of Mathematics*, e tacitamente pressuposto na explicação das "idéias primitivas" que fundam o majestoso edifício dos *Principia Mathematica* (composto, em colaboração com Whitehead, entre 1900 e 1910), emerge, na primeira metade da década de 1910, como o fio condutor do grande projeto filosófico a que Russell passa a dedicar-se após a conclusão de seu *opus magnum*: essa "teoria do conhecimento" cujos acidentado desenvolvimento e fracasso último levariam, em igual medida, a marca de um episódio intelectual a que o próprio Russell se referiria, anos mais tarde, como "o impacto de Wittgenstein". Entre 1912 e 1914, com efeito, Russell passou rapidamente da condição de mentor à de interlocutor privilegiado, e alvo de crítica implacável do mais talentoso e insubmisso de seus discípulos, o austríaco Ludwig Wittgenstein (1889-1951). As duas conseqüências mais notáveis dessa tumultuosa relação intelectual foram a ruína do projeto epistemológico de Russell e a consumação, na obra filosófica de Wittgenstein, dessa "reviravolta lingüística" (*linguistic turn*), como o chamaria Gustav Bergmann, que ainda hoje é seguidamente tomado como distintivo da tradição analítica inteira.

A teoria do conhecimento esboçada por Russell em "Knowledge by Acquaintance and Knowledge by Description" (1911) e em *The Problems of Philosophy* (1912), e desenvolvida em seu grande manuscrito inacabado de 1913, *Theory of Knowledge*, deveria articular, sob o primado do princípio do conhecimento acusativo, a metafísica do juízo emergente da "revolta contra o idealismo" com os resultados das investigações lógicas que culminaram nos *Principia Mathematica*. A crítica radical de Wittgenstein a esse projeto epistemológico, progressivamente elaborada e refinada ao longo de quase uma década – das "Notes on Logic" apresentadas a Russell em 1912 ao *Tractatus Logico-Philosophicus* composto durante a Primeira Guerra Mundial e publicado em 1921 – persuadira Russell, ainda em 1913, a abandoná-lo definitivamente. Do extenso manuscrito inacabado, cujo texto integral só viria a ser divulgado postumamente (em 1984), Russell chegou a publicar os três primeiros capítulos, sob forma de série de artigos, em *The Monist* ("On the Nature of Acquaintance", 1914). Ao programa de "construção lógica" dos objetos do conhecimento empírico a partir de uma base fenomenalista, de que deveriam tratar os capítulos finais da *Theory of Knowledge*, foi dedicada a série de conferências proferidas por Russell em Harvard em 1914, publicadas naquele ano sob o título *Our Knowledge of the External World as a Field for Scientific Method in Philosophy*. Esse programa viria a exercer imensa influência na filosofia do século XX, como atestam dois de seus avatares, *Der logische Aufbau der Welt* (1928), de Rudolf Carnap (1891-1970), e *The Structure of Appearance* (1951), de Nelson Goodman (1906-1998).

O "impacto de Wittgenstein", em troca, é manifesto nas conferências proferidas por Russell em Londres em 1918, publicadas naquele ano em *The Monist* sob o título "The Philosophy of Logical Atomism"; na *Introduction to Mathematical Philosophy* (1919); e, ainda mais profundamente, na Introdução (pp. XIII-XLVI) e no Apêndice C da segunda edição (pp. 659-66) dos *Principia Mathematica* (1927), que apresentam as linhas gerais de uma reconstrução parcial do sistema à luz da teoria wittgensteiniana das funções de verdade, e de sua elaboração por Frank Plumpton Ramsey (1903-1930) em "The Foundations of Mathematics" (1925). O *Tractatus Logico-Philosophicus* fora o resultado de anos de elaboração e crítica dos temas centrais da filosofia da lógica de Russell. Em muitos aspectos, as idéias lógicas a que chegou Wittgenstein aproximaram-no de Frege, e contribuíram decisivamente para a recepção da obra do filósofo alemão, em especial no mundo filosófico anglo-saxônico. Particularmente notável é a elaboração, a partir da crítica interna à teoria do juízo de Russell, de uma forma da doutrina – comum, como se viu, a Frege e aos idealistas britânicos – do primado do juízo sobre seus constituintes. Nesse ponto crucial, Wittgenstein dissocia-se da "revolta contra o idealismo" e inaugura o prolongado eclipse do realismo na tradição analítica.

O ambicioso programa de Wittgenstein envolve, de fato, um acerto de contas com a totalidade dos problemas filosóficos: o propósito declarado de seu livro é mostrar que "a formulação desses problemas repousa sobre a má compreensão da lógica de nossa linguagem". A execução desse projeto é orientada por uma doutrina sobre a "forma geral da proposição" que, repudiando a teoria russelliana do juízo, opera a dissociação integral entre a técnica dos símbolos incompletos, introduzida com a teoria das descrições, e as especulações epistemológicas de Russell sobre as condições do juízo. A estratégia de Wittgenstein – emblematizada no lema "A lógica deve cuidar de si mesma" (*Tractatus*, 5.473) – consiste em supor que essas condições estão satisfeitas, pouco importando como (é tarefa da psicologia, uma ciência empírica, investigá-las), para concentrar seu interesse na pergunta: "O que o exame da forma lógica dos juízos autoriza a dizer sobre o objeto próprio da metafísica – vale dizer, sobre a essência do mundo?" O resultado, devastador para as pretensões de toda metafísica que "pretenda apresentar-se como ciência", encerra um ciclo na história da filosofia analítica, e inaugura outro. "Filosofia" será, doravante, por quase meio século, sinônimo de "análise lógica da linguagem".

O Círculo de Viena, fundado em 1924 por Moritz Schlick (1882-1936), Rudolf Carnap, Otto Neurath (1882-1945) e outros, dará, como é notório, uma forma particularmente estridente ao programa de "superação da metafísica pela análise lógica da linguagem". A história e as vicissitudes da execução desse programa são bem conhecidas, e seus detalhes excedem o escopo da presente notícia. Mas não estará demais assinalar que o repúdio da doutrina do juízo que distinguira a "revolta contra o idealismo" não é o único traço que aproxima a filosofia da "reviravolta lingüística" da tradição com a qual Moore e Russell haviam rompido. Ainda mais ostensivamente, a viga mestra do programa antimetafísico do Círculo de Viena, o princípio de verificação, incorpora à "análise lógica da linguagem" restrições epistemológicas (em que se fazem sentir as raízes empiristas e neokantianas do programa) profundamente incompatíveis com o realismo dos fundadores da tradição analítica.

O progressivo afrouxamento e o abandono final daquele "critério empirista de significado cognitivo" diante do acúmulo de dificuldades não resolvidas (como a de explicar satisfatoriamente a semântica dos predicados disposicionais e dos condicionais contrafactuais) contribuíram decisivamente para o declínio do programa; e outro tanto deve ser creditado ao efeito cumulativo do "assalto à imediatidade" com o qual filósofos como Wittgenstein, J. L. Austin (1911-1960), W. V. Quine (1908-2000) ou Wilfrid Sellars (1912-1989) precipitaram a derrocada da concepção empirista dos "dados imediatos da experiência": tal é o caso das críticas de Wittgenstein à definição ostensiva e à privacidade da experiência (em cursos ministrados em Cambridge na década de 1930 e, sobretudo, nas *Investigações filosóficas* publicadas postumamente em 1953); do ataque de Austin aos "dados sensíveis" (*sense data*) e à idéia de uma linguagem fenomenológica (nos cursos ministrados em Oxford entre 1947 e 1959, publicados postumamente em 1962 no volume *Sense and Sensibilia*); da denúncia por Quine dos "dogmas" da analiticidade e do reducionismo (introduzida em 1936 em "Truth by Convention", e popularizada pelos ensaios reunidos em *From a Logical Point of View*, 1953); da demolição por Sellars do "mito do dado" (em "Empiricism and the Philosophy of Mind", 1956).

Todos esses fatores reunidos, contudo, não são suficientes para dar conta de alguns dos traços mais distintivos da filosofia analítica no último quartel do século XX: o ressurgimento do realismo filosófico; a nova respeitabilidade da metafísica; por fim, e não menos notavelmente, o progressivo abandono da "reviravolta lingüística" – aspectos todos em que boa parte da filosofia analítica recente está mais próxima de Moore e Russell que dos positivistas lógicos e seus críticos históricos.

Ao menos uma das raízes dessa evolução remonta diretamente à filosofia de Russell: trata-se do uso que foi feito da teoria das descrições, e especificamente da distinção entre nomes próprios e descrições definidas, na controvérsia, suscitada por Quine nos anos 1940, sobre a interpretação da lógica modal quantificada. Os argumentos ostensivamente russellianos de Arthur Smullyan ("Modality and Description", 1948), Frederick Fitch ("The Problem of the Morning Star and the Evening Star", 1949) e Ruth Barcan Marcus ("Modalities and Intensional Languages", 1961) em defesa dos novos sistemas modais prepararam o terreno para a "nova teoria da referência" que seria desenvolvida, a partir de meados dos anos 1970, por filósofos como Keith Donnellan ("Reference and Definite Descriptions", 1966; "Proper Names and Identifying Descriptions", 1972), Saul A. Kripke ("Identity and Necessity", 1971; "Naming and Necessity", 1972) e Hilary Putnam ("Is Semantics Possible?", 1970; "The Meaning of "Meaning"", 1975). Na obra dos dois últimos, em particular, a teoria da referência articulou-se com uma reivindicação explícita do realismo filosófico, e da dissociação entre categorias metafísicas e epistemológicas, cuja influência se faz sentir vivamente na discussão filosófica de nossos dias.

Também o abandono da "reviravolta lingüística", de que é emblemática a obra do filósofo britânico Gareth Evans (1946-1980), veio junto com uma reavaliação das idéias lógico-semânticas dos fundadores da tradição analítica. O despertar da consciência histórica na filosofia analítica recente, manifesto no crescente interesse que suscitam as pesquisas sobre a formação e o desenvolvimento dessa tradição, é responsável pelo fato de que, mais de um século depois da "revolta contra o idealismo", as origens da filosofia analítica pareçam mais próximas e familiares a muitos filósofos contemporâneos que a já remota divisa da "superação da metafísica pela análise lógica da linguagem". **PF**

AUSTIN, John L. *Sense and Sensibilia*. Org. Warnock, G. J. Oxford: Clarendon Press, 1962. Trad. bras. *Sentido e percepção*. 2.ª ed. São Paulo: Martins Fontes, 2004.

BALDWIN, T. *G. E. Moore*. Londres: Routledge, 1990.

BARCAN MARCUS, R. "Modalities and Intensional Languages", *in Synthese*, vol. XIII, n.º 4, 1961, pp. 303-22. Reimp. *in* Barcan Marcus, Ruth. *Modalities: Philosophical Essays*. Nova York/Oxford: Oxford University Press, 1993, pp. 3-35.

CARNAP, Rudolf. *Der logische Aufbau der Welt* [1928]. Hamburgo: Felix Meiner, 1961.

COFFA, J. A. *The Semantic Tradition from Kant to Carnap*. Cambridge: Cambridge University Press, 1991.

DAVIDSON, Donald e HARMAN, Gilbert (orgs.). *Semantics of Natural Language*. Dordrecht: D. Reidel, 1972.

DONNELLAN, Keith. "Proper Names and Identifying Descriptions", *in* Davidson, Donald e Harman, Gilbert (orgs.). *Semantics of Natural Language*. Dordrecht: D. Reidel, 1972, pp. 203-15.

____. "Reference and Definite Descriptions", *in Philosophical Review*, vol. 75, 1966, pp. 281-304. Reimp. *in* Ostertag, Gary (org.). *Definite Descriptions: a Reader*. Cambridge/Londres: The MIT Press/Bradford, 1998, pp. 173-93.

FITCH, F. "The Problem of the Morning Star and the Evening Star", *in Philosophy of Science*, vol. 17, 1949, pp. 137-40.

FREGE, Gottlob. *Begriffsschrift, eine der arithmetischen nachgebildete Formelsprache des reinen Denkens*. Halle: Louis Nebert, 1879. Reimp. *in* Frege, Gottlob. *Begriffsschrift und andere Aufsätze*. Ignácio Angelelli (org.). Darmstadt: Wissenschaftliche Buchgesellschaft, 1971, pp. VIII-88. Trad. ingl. *"Begriffsschrift*, a formula language, modeled upon that of arithmetic, for pure thought". Trad. Jean van Heijenoort *et al.*, *in* Van Heijenoort, Jean (org.). *From Frege to Gödel: a Source Book in Mathematical Logic, 1879-1931* [1967]. 4.ª reimp. Cambridge/Londres: Harvard University Press, 1981, pp. 1-82.

FRIEDMAN, M. *Reconsidering Logical Positivism*. Cambridge: Cambridge University, 1999.

GOODMAN, Nelson. *The Structure of Appearence*. Cambridge: Harvard University Press, 1951.

HYLTON, P. *Russell, Idealism, and the Emergence of Analytic Philosophy*. Oxford: Clarendon Press, 1990.

KRIPKE, Saul. "Identity and Necessity", *in* Munitz, M. (org.). *Identity and Individuation*. Nova York: New York University Press, 1971, pp. 135-64.

____. "Naming and Necessity", *in* Davidson, Donald e Harman, Gilbert (orgs.). *Semantics of Natural Language*. Dordrecht: D. Reidel, 1972, pp. 253-355.

MOORE, G. E. *Principia Ethica* [1903]. Reimp. Cambridge: Cambridge University Press, 1980. Trad. bras. *Principia Ethica*. Trad. Márcio Pugliesi e Divaldo Roque de Meira. São Paulo: Ícone, 1998.

MOORE, G. E. "The Nature of Judgment", *in Mind*, NS, vol. VIII, 1899, pp. 176-93. Trad. bras. "A natureza do juízo", *in* Ormieres, Geraldo José (org.). *Três ensaios de G. E. Moore*. São Leopoldo: Unisinos, 2004, pp. 123-42.

PUTNAM, Hilary. "Is Semantics Possible?", *in* Keifer, H. E. e Munitz, M. (orgs.). *Language, Belief and Metaphysics*. Nova York: University of New York Press, 1970, pp. 50-63.

____. "The Meaning of Meaning", *in* Gunderson, K. (org.). *Minnesota Studies in the Philosophy of Science*, vol. VII: *Language, Mind and Knowledge*. Minneapolis: University of Minnesota Press, 1975. Reimp. *in* Putnam, Hilary. *Philosophical Papers*, vol. 2: *Mind, Language and Reality*. Cambridge: Cambridge University Press, 1975, pp. 215-71.

QUINE, W. V. *From a Logical Point of View: Nine Logico-Philosophical Essays* [1953]. 11.ª reimp. 1996, Cambridge/Londres: Harvard University Press, 1980.

____. "Truth by Convention", *in* Lee, O. H. (org.). *Philosophical Essays for A. N. Whitehead*. Nova York: Longman, 1936, pp. 90-124.

RAMSEY, Frank Plumpton. "The Foundations of Mathematics", *in Proceedings of the London Mathematical Society*, vol. 25, 1925, pp. 338-84. Reimp. *in* Mellor, D. H. (org.). *F. P. Ramsey: Philosophical Papers*. Cambridge: Cambridge University Press, 1990, pp. 164-224.

RECK, E. (org.). *From Frege to Wittgenstein*. Oxford: Oxford University Press, 2002.

RUSSELL, Bertrand. *Introduction to Mathematical Philosophy*. Londres: George Allen and Unwin, 1919. Trad. bras. *Introdução à filosofia matemática*. Trad. Giasone Rebuá. Rio de Janeiro: Zahar, 1974.

____. "Knowledge by Acquaintance and Knowledge by Description", *in Proceedings of the Aristotelian Society*, n.º 11, 1911, pp. 108-28.

____. "On Denoting", *in Mind*, vol. XIV, 1905, pp. 479-93. Trad. bras. "Da denotação", *in Russell/Moore*. Coleção Os Pensadores. Trad. Pablo Mariconda. São Paulo: Abril Cultural, 1974, pp. 9-20.

RUSSELL, Bertrand. "On the Nature of Acquaintance", *in The Monist*, vol. de 1914. Reimp. *in* Charles March, Robert (org.). *Bertrand Russell: Logic and Knowledge: Essays 1901-1950* [1956]. 5.ª reimp. Londres/Nova York: George Allen and Unwin/Macmillan, 1971, pp. 127-74. Trad. bras. "Da natureza da familiaridade", *in Russell/Moore*. Coleção Os Pensadores. Trad. Pablo Mariconda. São Paulo: Abril Cultural, 1974, pp. 21-58.

____. *Our Knowledge of the External World as a Field for Scientific Method in Philosophy* [1914]. Londres/Nova York: Routledge, 1993. Trad. bras. *Nosso conhecimento do mundo exterior*. Trad. R. Haddock Lobo. São Paulo: Companhia Editora Nacional, 1966.

____. *Theory of Knowledge: the 1913 Manuscript*. Org. Elizabeth Ramsden Eames. Londres/Nova York: Routledge, 1992.

____. "The Philosophy of Logical Atomism", *in The Monist*, vol. de 1918. Reimp. *in* Charles March, Robert (org.) *Bertrand Russell: Logic and Knowledge: Essays 1901-1950* [1956]. 5.ª reimp. Londres/Nova York: George Allen and Unwin/Macmillan, 1971, pp. 175-281. Trad. bras. "A filosofia do atomismo lógico", *in Russell/Moore*. Coleção Os Pensadores. Trad. Pablo Mariconda. São Paulo: Abril Cultural, 1974, pp. 59-141.

____. *The Principles of Mathematics* [1903]. 2.ª ed. (9.ª reimp. 1972). Londres: George Allen & Unwin, 1937.

____. *The Problems of Philosophy* [1912]. Oxford: Oxford University Press, 1974. Trad. port. *Os problemas da filosofia*. Trad. António Sérgio. Coimbra: Arménio Amado, 1974.

SELLARS, Wilfrid. *Empiricism and the Philosophy of Mind* [1956]. Org. Robert Brandon. Cambridge: Harvard University Press, 1997.

SMULLYAN, Arthur. "Modality and Description", *in The Journal of Symbolic Logic*, vol. 13, n.º 1, 1948, pp. 31-7. Reimp. *in* Leonard Linsky (org.). *Reference and Modality*. Oxford: Oxford University Press, 1971, pp. 35-43.

TAIT, W. W. (org.). *Early Analytic Philosophy*. Chicago: Open Court, 1997.

WEINER, J. *Frege in Perspective*. Ithaca: Cornell University Press, 1990.

WHITEHEAD, Alfred North e RUSSELL, Bertrand. *Principia Mathematica* [1910]. 2.ª ed. Cambridge: Cambridge University Press, 1927, vol. I.

WITTGENSTEIN, Ludwig. "Notes on Logic", *in Notebooks 1914-1916* [1961]. Org. G. H. Von Wright e G. E. M. Anscombe. Trad. Anscombe. 2.ª ed. Oxford: Blackwell, 1979.

____. *Philosophical Investigations*. Orgs. G. E. M. Anscombe e R. Rhees. Oxford: Blackwell, 1953. Trad. bras. "Investigações filosóficas", *in Wittgenstein*. 3.ª ed. Coleção Os Pensadores. Trad. José Carlos Bruni. São Paulo: Abril Cultural, 1984.

filosofia da linguagem comum

Esta expressão designa, de maneira não completamente consensual, um conjunto de filósofos (mais do que uma escola filosófica bem definida) que se caracterizou por defender um ponto de vista específico acerca do método filosófico correto – o de que produzir uma tese filosófica tem como condição necessária a prévia observação e investigação das características (designadamente lógicas e semânticas) das línguas naturais. Tal ponto de vista é também muitas vezes visto como crítico do tipo de análise lógica e semântica proporcionada pela lógica de primeira ordem – a qual, dessa perspectiva, revela não ter suficiente poder expressivo para dar conta de todos os fenômenos lógicos e semânticos ocorrentes nas línguas naturais. Mas é também (e mais freqüentemente) visto como estando comprometido com a tese mais polêmica de que investigar as características lógicas e semânticas de uma linguagem artificial (como a lógica clássica de primeira ordem) em vez de investigar as características lógicas e semânticas das línguas naturais constitui um procedimento fundamentalmente errado, devendo os filósofos começar por preocupar-se antes com a observação direta dessas últimas, e não com a observação de versões "ideais". Wittgenstein foi pioneiro (na segunda fase da sua carreira, designadamente nas *Investigações filosóficas*) na defesa dessa tese forte acerca do método correto da filosofia (refutando assim a tese oposta que defendera na primeira fase, designadamente no *Tractatus Logico-Philosophicus*).

O contexto histórico em que esta tese foi primeiro defendida e ganhou adeptos sucede, *grosso modo*, àquele em que foi defendida e ganhou adeptos uma atitude mais geral acerca da metodologia filosófica – aquela muitas vezes identificada com o termo "filosofia analítica", segundo a qual o primeiro passo da atividade filosófica deveria privilegiadamente consistir na análise lingüística, isto é, na investigação das características (semânticas e lógicas) da linguagem por meio da qual os conceitos filosóficos são expressos e por meio da qual, portanto, qualquer tópico filosófico pode alguma vez ser discutido de maneira argumentativa. Por outras palavras, tal investigação era considerada, segundo essa tese, como uma condição necessária para discutir qualquer questão filosófica tradicional: o que existe, o que é uma ação correta, como conhecemos nós o que quer que seja, etc. É questionável se esse tipo de atitude perante a filosofia (inspirada em Frege, Russell, Moore e nos primeiros trabalhos de Wittgenstein) foi completamente original; é aliás argumentável que praticamente todos os grandes filósofos mostraram, de uma maneira ou de outra, ser adeptos dessa tese. É também argumentável (embora não consensual) que essa seja uma das razões pela quais eles são classificáveis como grandes filósofos. Mas foi apenas nas primeiras décadas do século XX que a tese foi objeto de discussão filosófica sistemática. A idéia básica era a de que apenas compreendendo a linguagem que usamos para falar de certo conjunto de conceitos podemos compreendê-los cabalmente, assim como as relações que mantêm entre si, evitando usar os termos correspondentes de um modo que não se coaduna com a natureza desses conceitos. Por outras palavras, nós evitamos as deficiências de formulação e as distorções que minam algumas teorias filosóficas e tornam a sua discussão confusa e improfícua. Em resumo: uma razão pela qual esses filósofos defendiam a importância da análise e, em particular, da análise lingüística era a crença (razoável) de que a primeira e mais básica tarefa de um filósofo é a de garantir que as suas teses não resultam de um uso abusivo da linguagem.

Outro argumento que confere razoabilidade a essa tese metafilosófica é o de que tem de haver um conjunto de pressupostos consensuais na comunidade filosófica para que a atividade do filósofo (que consiste na troca de ARGUMENTOS) possa ter lugar. Por outras palavras, uma tese filosófica tem de poder ser avaliada publicamente; logo, tem de haver um conjunto de critérios de avaliação de teses que sejam partilhados pelos membros da comunidade filosófica – p. ex., determinando o que conta como evidência favorável ou desfavorável a certa proposição ontológica ou ética. Ora, a linguagem em que as teses filosóficas são formuladas parece justamente ser a melhor candidata a proporcionar um domínio acerca do qual os filósofos estão em condições de não divergir. E isso tem como conseqüência, de novo, a necessidade de proceder à análise lingüística antes de encetar a discussão propriamente dita. Eu tenho de garantir, p. ex., que o uso feito do termo "justo" ou "justiça" pelo meu argumento filosófico acerca do que é uma ação justa permita que esse argumento seja suscetível de ser apreciado como um bom ou mau argumento acerca da justiça. Por outras palavras, se a filosofia é uma disciplina que aspira a proporcionar algum progresso cognitivo – se as discussões filosóficas podem ajudar-nos a compreender melhor o mundo e a nossa relação com ele, p. ex. –, então as proposições produzidas pelos filósofos têm de poder ser avaliadas como verdadeiras ou falsas, e seus argumentos como razoáveis ou questionáveis (por conterem premissas falsas e/ou serem inválidos); logo, tem de haver um consenso prévio, garantido por uma análise lingüística conscienciosa, acerca dos termos em que a discussão procede. A filosofia da linguagem comum pode ser entendida como uma variante desse tipo de ponto de vista metafilosófico: aquela variante cujos adeptos defendem que a análise lingüística mencionada se faz observando "diretamente" o comportamento das línguas naturais e não usando qualquer linguagem formal substituta que seria então o objeto dessa análise lingüística.

Historicamente, o surgimento da filosofia da linguagem comum está, como mencionado, associado às *Investigações filosóficas* de Wittgenstein, em que ele apresenta a sua visão peculiar daquilo em que consiste a atividade filosófica. Tal como defendera antes (no *Tractatus*), ele argumenta nas *Investigações filosóficas* que a filosofia é uma atividade essencialmente terapêutica, não conducente ao progresso cognitivo. Mas agora a sua idéia básica é a de que os problemas filosóficos tradicionais e as doutrinas filosóficas que tentam resolvê-los só podem ter sido formulados por os filósofos não terem prestado suficiente atenção ao modo como a linguagem comum de fato funciona, usando nessas formulações certos termos em JOGOS DE LINGUAGEM para os quais esses termos não estão vocacionados – com a conseqüência lamentável de que as discussões filosóficas consistem apenas em um emaranhado de pseudo-respostas a pseudoproblemas. Desse ponto de vista, os filósofos são (em uma das mais conhecidas metáforas de Wittgenstein) como moscas encurraladas dentro de uma garrafa, esvoaçando inutilmente sem conseguir sair. Ou, para usar ainda outra metáfora wittgensteiniana, a filosofia tradicional é um conjunto de enfermidades conceptuais que é preciso tratar. Essa tese radical é apoiada em um raciocínio que está de acordo com a caracterização geral feita anteriormente das questões que preocupam um filósofo de "inspiração lingüística": um problema filosófico é legítimo apenas se existirem critérios objetivos de avaliação do que possa ser uma sua boa resolução. Como, segundo Wittgenstein, nenhum problema filosófico tradicional tem essa característica, segue-se que todos eles são ilegítimos. A tarefa da filosofia consiste então em detectar as infrações lingüísticas que deram origem às doutrinas filosóficas tradicionais (isto é, em diagnosticar, em cada caso, o tipo de "enfermidade" conceptual de que se trata) e em eliminá-la. Evidentemente essa tarefa de detecção torna indispensável a análise lingüística dos termos usados para formular cada doutrina considerada, de modo a identificar os jogos de linguagem em que é permissível usá-los. Isso produziria uma explicação (um termo que Wittgenstein particularmente não apreciava) para a improficuidade da doutrina filosófica em questão, considerada resultado do uso de um ou mais termos em jogos de linguagem em que não é permissível usá-los. Essa era, para Wittgenstein, a tarefa básica da filosofia – curar doenças conceptuais, ou mostrar à mosca como sair da garrafa.

É necessário dizer que esse ponto de vista negativo acerca do que é a filosofia não é uma característica essencial nem da filosofia de inspiração lingüística nem da filosofia da linguagem comum. Pode defender-se que a análise da linguagem (e, em particular, a análise do discurso comum) e a identificação das suas características é uma condição necessária para fazer filosofia (p. ex., porque é uma tarefa propedêutica essencial à clarificação conceptual) sem se defender que é a única tarefa própria da filosofia. Aquilo que faz com que um filósofo possa ser classificado como "da linguagem comum" não é nenhuma visão particular acerca do progresso cognitivo proporcionado (ou não) pela discussão das questões tradicionais (isto é, acerca de se são questões por natureza mal formuladas e portanto irresolúveis), mas antes o fato de ele ser adepto da tese de que o comportamento das línguas naturais é filosoficamente elucidativo – isto é, da tese de que ele fornece informação acerca de como usar corretamente a linguagem para fazer filosofia. E isso inclui (se não se adotar o ponto de vista radical de Wittgenstein) a formulação de um argumento filosófico acerca de ações justas, p. ex.

Esse ponto de vista é (apesar das discrepâncias entre o tipo de filosofia praticada por eles individualmente) ilustrado pelos mais conhecidos dos filósofos normalmente apontados como "filósofos da linguagem comum": Ryle, J. L. Austin, Strawson e às vezes Grice, além do próprio Wittgenstein (o fato de os quatro primeiros trabalharem em Oxford levou a que essa tendência filosófica viesse a ser denominada Escola de Oxford – uma denominação que sugere abusivamente uma coesão doutrinal apreciável entre os seus membros). Em todos eles é visível o compromisso com a tese de fundo de que a linguagem natural tem dignidade suficiente para ser objeto de investigação séria. Como Austin argumenta no seu artigo "A Plea for Excuses" (cf. *Philosophical Papers*, pp. 174-204), o simples fato de que as pessoas conseguem comunicar conteúdos conceptuais (alguns bastante sofisticados) torna razoável que o meio lingüístico por meio do qual conseguem fazer isso (a linguagem comum) seja objeto de estudo suficientemente interessante para merecer a atenção dos filósofos. Por outras palavras, a investigação filosófica não pode deixar de ter em atenção o modo como os conceitos com relevância filosófica (como o de justiça, sentido, etc.) são usados no discurso cotidiano. As peculiaridades das línguas naturais são, desse ponto de vista, consideradas fornecedoras de informação indispensável para o esclarecimento (ou dissipação, se se for um wittgensteiniano da linha dura) dos problemas filosóficos.

Essa dignidade conferida à linguagem comum colide, de maneira óbvia, com outra atitude acerca do papel da análise lingüística em filosofia. Na linha de Frege, Russell e do Wittgenstein do *Tractatus*, um número de filósofos (notoriamente Carnap e Quine) tem defendido a idéia de que a tarefa filosófica de garantir a clarificação conceptual pela clarificação lingüística (sendo ou não a única ou a principal tarefa da filosofia) só pode ser executada se se dispuser de uma linguagem formal que substitua as línguas naturais como objeto dessa análise. A idéia básica aqui é a de que, ao contrário do que pensam os filósofos da linguagem comum, esta última não pode ser objeto de investigação séria pelo simples fato de que não é sistematizável, infestada como está de indeterminação, AMBIGÜIDADE e VAGUEZA – o que, argumentavelmente, acarreta inconsistências (*ver* SORITES). Sua investigação não pode, portanto, gerar a clarificação conceptual desejada. A análise lingüística eficaz e produtiva implica, portanto, a regimentação da linguagem comum – uma vez que tal eficácia, argumentam os proponentes dessa tese, só pode ser proporcionada por uma linguagem formal que represente apenas as zonas "tratáveis" das linguagens naturais e de onde as mencionadas deficiências estejam ausentes. O candidato óbvio é o CÁLCULO DE PREDICADOS de primeira ordem – que foi, aliás, construído com uma motivação parcialmente regimentadora desse tipo.

Os filósofos da linguagem comum argumentaram de modo razoável contra a tese da regimentação. Em primeiro lugar, não há nenhum motivo para considerar que a tarefa de analisar a linguagem atinja mais eficazmente o desiderato da clarificação conceptual, se os conceitos exprimíveis na linguagem comum forem simplesmente remodelados e substituídos por conceitos não problemáticos. A relação a estabelecer entre a linguagem comum e o procedimento que consiste em analisá-la, se de todo puder ser descrita em termos da metáfora da terapia, tem de ser comparada com o processo de curar uma neurose – fazendo com que o paciente tome consciência dos constrangimentos psíquicos que a provocam a fim de os ultrapassar, e não com o processo de erradicação de um cancro, no qual um órgão minado pela doença é removido (e, eventualmente, substituído por outro). P. ex., se eliminarmos os predicados vagos da linguagem a usar em filosofia, então eliminamos de fato os problemas semânticos levantados por eles, mas não certamente à custa, de os resolvermos, isto é, não certamente esclarecendo o modo como eles funcionam. Um adepto da tese da regimentação diria tipicamente que tais predicados dão origem a inconsistências; mas a resposta razoável de um filósofo da linguagem comum a tal objeção seria a de que, se isso é o caso, então vale a pena investigar as razões desse fato e chegar a um conhecimento mais rigoroso dos limites nos quais usamos os nossos conceitos vagos (isto é, não-rigorosos) nas nossas atividades cognitivas cotidianas.

Além disso (como se argumenta, p. ex., em Strawson, 1963), o único modo de alguma vez saber se certa linguagem formaliza adequadamente determinado comportamento lingüístico é ter idéias claras acerca do referido comportamento lingüístico. A única maneira de garantir se o cálculo de predicados, p. ex., tem poder expressivo suficiente para formalizar toda a semântica das línguas naturais (e, em particular, toda a semântica QUANTIFICACIONAL das línguas naturais) é estudar essa semântica e compará-la com o tratamento que a semântica do cálculo de predicados oferece. E pode muito bem acontecer que a comparação seja desfavorável para o cálculo de predicados (*ver* QUANTIFICAÇÃO GENERALIZADA).

Apesar do colapso da atitude antiformalizante típica dos filósofos da linguagem comum, essa atenção ao comportamento da linguagem natural tem levado a várias constatações desse gênero, sendo a principal motivação intuitiva do surgimento quer de extensões do cálculo de predicados clássico (p. ex., sistemas de LÓGICA TEMPORAL), quer de lógicas "desviantes" (p. ex., sistemas de LÓGICAS RELEVANTES). Além disso, grande parte da investigação atual em PRAGMÁTICA formal descende em linha direta de teses e problemas inicialmente formulados por filósofos da linguagem comum como Austin, Grice e Strawson. Por último, mas não menos importante, a idéia pioneira de R. Montague – fundadora da SEMÂNTICA FORMAL tal como a conhecemos – de que as características das línguas naturais relativas ao significado são suscetíveis de ser analisadas formalmente tal como se apresentam (não necessitando ser regimentadas) é, de maneira óbvia, também herdeira dessa preocupação com as características da linguagem comum (embora não com certeza herdeira da tendência em geral antiformalizante que lhe está historicamente associada). Esses fatos constituem, provavelmente, o argumento mais determinante contra a tese regimentadora e a favor da motivação básica dos filósofos da linguagem comum. *Ver também* ATO DE FALA; ARGUMENTO; ASCENSÃO SEMÂNTICA; ERRO CATEGORIAL; IMPLICATURA; JOGOS DE LINGUAGEM; SEMÂNTICA; SEMÂNTICA FORMAL; PRAGMÁTICA; PRESSUPOSIÇÃO. **PS**

AUSTIN, J. L. *Philosophical Papers*. 2.ª ed. Orgs. J. O. Urmson e G. J. Warnock. Londres/ Oxford/Nova York: Oxford University Press, 1970.
GRICE, P. *Studies in the Way of Words*. Cambridge: Harvard University Press, 1989.
RORTY, R. (org.). *The Linguistic Turn*. Chicago: The University of Chicago Press, 1967.
RYLE, G. "Systematically Misleading Expressions", *in Proceedings of the Aristotelian Society*, XXXII, 1931, pp. 139-70.
STRAWSON, P. F. "Carnap's Views on Constructed Systems *vs*. Natural Languages in Analytic Philosophy", *in* Schilpp, P. A. (org.). *The Philosophy of Rudolf Carnap*. La Salle: Open Court, 1963, pp. 503-18.
WITTGENSTEIN, L. *Investigações filosóficas* [1951]. Trad. M. S. Lourenço. Lisboa: Gulbenkian, 1994. Trad. bras. "Investigações filosóficas", *in Wittgenstein*. 3.ª ed. Coleção Os Pensadores. Trad. José Carlos Brunni. São Paulo: Abril Cultural, 1984.
____. *Tratado lógico-filosófico* [1922]. Trad. M. S. Lourenço. Lisboa: Gulbenkian, 1994. Trad. bras. *Tractatus Logico-Philosophicus*. Trad. Luiz Henrique Lopes dos Santos. São Paulo: Edusp, 1994.

finitismo

Ver PROGRAMA DE HILBERT.

finitude

Um sistema dedutivo T tem a propriedade da finitude se, e somente se, satisfaz a seguinte condição: uma frase ϕ é dedutível em T de um conjunto de frases Σ se, e somente se, existe uma parte finita Σ_0 de Σ tal que ϕ é dedutível de Σ_0 (ou seja, $\Sigma \vdash_T \phi$ se, e somente se, $\Sigma_0 \vdash_T \phi$). JB

fisicalismo

O fisicalismo é um ponto de vista filosófico para o qual existem diferentes definições. Uma das mais coerentes e completas é a defendida por David Papineau, de que o fisicalismo é aquela doutrina que assenta na conjunção dos seguintes dois postulados: primeiro, todos aqueles sistemas de entidades, propriedades e acontecimentos que são não-físicos (isto é, aqueles que são estudados por ciências diferentes da física) estão em uma relação de sobreveniência com sistemas de entidades, propriedades e acontecimentos que são físicos (isto é, que são estudados pela física); segundo, todos os exemplares de acontecimentos não-físicos estão em dada relação de congruência com exemplares de acontecimentos físicos.

A clarificação dessa definição exige a clarificação dos conceitos de sobreveniência e congruência. O primeiro conceito pode ser clarificado da seguinte forma: verifica-se uma relação de sobreveniência do não-físico no físico se, e somente se, for o caso que, se dois sistemas diferirem em algum aspecto não-físico, então eles diferem também em algum aspecto físico e, se dois sistemas coincidirem nos seus aspectos físicos, então eles coincidem também nos seus aspectos não-físicos. O segundo conceito pode ser clarificado da seguinte forma: verifica-se uma relação de congruência entre um exemplar de um acontecimento não-físico particular e um exemplar de um acontecimento físico particular se, e somente se, os dois exemplares de acontecimentos forem, em certo sentido a ser determinado, o mesmo. Assim, o primeiro dos postulados apresentados anteriormente estabelece que qualquer variação nos aspectos não-físicos de um sistema tem de ser acompanhada por uma variação correlativa nos seus aspectos físicos, enquanto o segundo postulado estabelece que essa correlação não é meramente circunstancial, mas sim o resultado natural do fato de os mesmos (em um sentido a ser determinado) fenômenos subjacentes serem apreendidos no interior de sistemas conceptuais diferentes.

Uma das questões cruciais que se põem a propósito dessa doutrina é a de saber por que os objetos, propriedades e acontecimentos estudados pela física devem ter o lugar de destaque que a doutrina lhes confere. A resposta fisicalista a essa questão revolve em torno da idéia de que, de entre as ciências empíricas, apenas a física goza da propriedade de ser completa. A idéia de completude de uma ciência consiste no seguinte: uma ciência é completa se, e somente se, ela é fechada debaixo da relação de explicação. Por outras palavras, uma ciência é completa se, e somente se, todos os seus *explananda* se deixam derivar de *explanantia* e de leis que pertencem ainda a essa ciência. Repare-se que, desse ponto de vista, ciências como, p. ex., a economia, a psicologia, a biologia ou a química não são completas. Com efeito, há acontecimentos econômicos que só podem ser explicados por meio de explicações psicológicas, há acontecimentos psicológicos que só podem ser explicados por meio de explicações biológicas, há acontecimentos biológicos que só podem ser explicados por meio de explicações químicas e há acontecimentos químicos que só podem ser explicados por meio de explicações físicas. Todavia, não parece ser o caso que haja qualquer acontecimento físico que seja tal que, para se obter a sua explicação, seja necessário recorrer a explicações pertencentes a qualquer uma daquelas ciências ou a qualquer outra não mencionada.

O fisicalismo ramifica-se em diferentes teorias particulares que se distinguem umas das outras em função do modo específico como clarificam a relação de congruência mencionada no segundo postulado. O debate revolve, em particular, em torno do modo como essa relação de congruência deve ser caracterizada quando a ciência nãofísica que se considera é a psicologia. Note-se, porém, que esse é um debate acerca das relações de congruência que se formam entre acontecimentos mentais e neurofisiológicos ou, eventualmente, eletrônicos, e não entre acontecimentos mentais e acontecimentos físicos *stricto sensu*. Todavia, os fisicalistas consideram que a relação de congruência que se supõe formar-se entre eventos neurofisiológicos (ou eletrônicos) e acontecimentos físicos *stricto sensu* não põe grandes problemas, pelo que a vindicação do fisicalismo depende apenas da possibilidade de poder clarificar satisfatoriamente a primeira relação. O fisicalismo que se deixa caracterizar pela definição de Papineau subdivide-se, então, nos seguintes ramos: a teoria da identidade exemplar-exemplar e a teoria da realização.

A teoria da identidade exemplar-exemplar defende que exemplares de acontecimentos são particulares simples e que certos particulares simples tanto podem ser enquadrados em categorias que configuram um discurso mental como em categorias que configuram um discurso neurofisiológico ou outro; nessas circunstâncias, a forma de congruência entre os exemplares seria a identidade. Todavia, não seria possível reconduzir as categorias mentais a categorias neurofisiológicas (ou outras).

A teoria da realização defende que a congruência que se forma entre exemplares de acontecimentos mentais e exemplares de acontecimentos neurofisiológicos (ou outros) é uma relação de realização e não uma relação de identidade. Essa diferença em relação à teoria anterior justifica-se pelo fato de, em geral, os defensores dessa última teoria não considerarem que os exemplares sejam particulares simples, mas sim casos particulares de propriedades. Desse modo, a relação de realização é aquela que se forma entre uma propriedade de 2.ª ordem e uma propriedade de 1.ª ordem nas seguintes condições. Uma propriedade de 2.ª ordem S é realizada por uma propriedade de 1.ª ordem P se, e somente se, um dado objeto O tem a propriedade de 1.ª ordem P em virtude do fato de essa última satisfazer certos requisitos R; o fato de P satisfazer os requisitos R é assim uma propriedade de 2.ª ordem de P, nomeadamente, S. Nessas circunstâncias, diz-se que S se realiza em O por meio de P. Como uma mesma propriedade de 2.ª ordem se pode realizar em objetos diferentes, ou em um mesmo objeto em momentos diferentes, por meio de diferentes propriedades de 1.ª ordem, tampouco há aqui lugar para uma recondução das propriedades mentais (de 2.ª ordem) a propriedades neurofisiológicas ou outras (de 1.ª ordem).

A definição de Papineau não contempla, todavia, um gênero particular de teorias fisicalistas, nomeadamente, as teorias da identidade tipo-tipo. Essas teorias contendem que não apenas os exemplares de acontecimentos mentais são idênticos a exemplares de acontecimentos neurofisiológicos, mas que a relação que subsiste entre tipos de acontecimentos mentais e, portanto, propriedades mentais, e tipos de acontecimentos neurofisiológicos, ou seja, propriedades neurofisiológicas é, ela própria, uma relação de identidade e não uma relação de sobreveniência. Essas teorias subdividem-se, por sua vez, em teoria da identidade tipo-tipo simples e teoria da identidade tipo-tipo relativizada a espécies. Repare-se que, se a teoria da identidade tipo-tipo estiver certa, da coincidência entre aspectos mentais se pode igualmente inferir a coincidência entre aspectos neurofisiológicos.

A teoria da identidade tipo-tipo relativizada a espécies distingue-se da teoria da identidade tipo-tipo simples, por defender que a identidade entre tipos se verifica apenas no interior de espécies (p. ex., animais). Desse ponto de vista, diferentes animais pertencentes à mesma espécie encontrar-se-iam no mesmo tipo de estado neurofisiológico se se encontrassem no mesmo tipo de estado mental, mas diferentes animais pertencentes a espécies diferentes poderiam encontrar-se no mesmo estado mental apesar de se encontrarem em estados neurofisiológicos diferentes.

Finalmente, uma outra forma de fisicalismo é o eliminativismo, doutrina de acordo com a qual não seria possível trazer o sistema de conceitos usado no discurso psicológico para qualquer relação útil com o sistema de conceitos usado na neurofisiologia e, por conseguinte, o sistema de conceitos da psicologia deveria, pura e simplesmente, ser eliminado do discurso científico. *Ver* DUALISMO; PROBLEMA DA MENTE-CORPO; ACONTECIMENTO; MATERIALISMO. AZ

CHURCHLAND, P. "Eliminative Materialism and Propositional Attitudes", *in Journal of Philosophy*, 78, 1981, pp. 67-90.
DAVIDSON, D. "Mental Events", *in Essays on Actions and Events*. Oxford: Clarendon Press, 1980.
LEWIS, D. "An Argument for the Identity Theory", *in Journal of Philosophy*, 63, 1966, pp. 17-25.
____. "Mad Pain and Martian Pain", *in* Block, N. (org.). *Readings in the Philosophy of Psychology*. Cambridge: Harvard University Press, 1980, vol. 1.
LOAR, B. *Mind and Meaning*. Cambridge: Cambridge University Press, 1981.
PAPINEAU, D. *Philosophical Naturalism*. Oxford: Blackwell, 1993.
SMART, J. J. C. "Sensations and Brain Processes", *in* Chappell, V. C. (org.). *Philosophy of Mind*. Englewood Cliffs: Prentice Hall, 1962.

flácido, designador

Opõe-se a DESIGNADOR RÍGIDO.

força

Ver ATO DE FALA.

forma lógica

A idéia segundo a qual a lógica identifica formas ou padrões é tão antiga quanto a própria lógica. Esta identifica essas formas ou padrões ao tentar dar uma resposta tão geral quanto possível à pergunta: que argumentos são válidos? O objetivo da lógica aristotélica era identificar os padrões SILOGÍSTICOS válidos (p. ex., o padrão, conhecido como BARBARA, "Todo o G é H; todo o F é G; logo, todo o F é H"). A linguagem do CÁLCULO DE PREDICADOS clássico tem dominado, desde finais do século XIX, a concepção de forma lógica. Em resultado disso, é hoje aproximadamente verdade dizer o seguinte: a forma lógica de uma frase é uma sua tradução na lógica de primeira ordem que revele as suas características lógicas. Contudo, isso é apenas uma aproximação, que esconde muitas dificuldades e muitas divergências de opinião. Em primeiro lugar, qualquer divergência sobre o que conta como lógica, ou como uma CONSTANTE LÓGICA, irá afetar o que deve contar como forma lógica. Assim, o uso de quadrados e losangos (□, ◊) para dar a forma lógica de afirmações modais, ou de quantificadores de ordem superior para dar a forma lógica de afirmações matemáticas, não deve ser excluído por um qualquer *fiat* acerca do que deve contar como forma lógica. Em segundo lugar, as motivações que subjazem à concepção de forma lógica são muito diversas, derivando de pelo menos três fontes: interesse pela inferência, interesse pela teoria semântica e interesse pela sintaxe, entendida em termos latos. Em terceiro lugar, as opiniões variam sobre a melhor forma de justificar a afirmação de que podemos falar corretamente de uma única forma lógica de uma frase, existindo habitualmente diversas maneiras aceitáveis de traduzir qualquer frase em alguma linguagem lógica preferida. Em particular, uma tradução que, à luz de certos padrões, capta as características lógicas de uma frase pode, à luz de outros padrões, considerar-se que omite algumas dessas características.

A tradição recente no que diz respeito à forma lógica remonta a Frege e Russell (veja-se, p. ex., Russell, 1914), cuja linguagem lógica era no entanto mais rica do que a lógica de predicados clássica, uma vez que permitia quantificações sobre variáveis na posição de predicados ("quantificação de ordem superior"). Nenhum desses filósofos estava muito preocupado com a linguagem comum e ambos introduziram inicialmente as suas linguagens lógicas na prossecução dos seus interesses logicistas em filosofia da matemática. Um dos usos russellianos mais famosos da noção de forma lógica é a sua TEORIA DAS DESCRIÇÕES, segundo a qual a forma lógica de uma frase como "O atual rei da França é calvo" é $\exists x$ (Rei-da-França $(x) \wedge \forall y$ (Rei-da-França (y) $\to x = y) \wedge$ Calvo (x)) (veja-se Russell, 1905). Para Russell, esta proposta respondia a pelo menos três interesses. Do ponto de vista da lógica, permitia-lhe resolver alguns "enigmas" (p. ex., sobre a lei do terceiro excluído) e enquadrar algumas inferências na sua lógica formal (p. ex., a inferência de "A lua é fria" para "Há menos de duas luas"). Do ponto de vista da epistemologia, permitia-lhe explicar como é possível pensar acerca de coisas com as quais não temos contato: poderíamos pensar nelas por meio do tipo de quantificação indicado na forma lógica. Do ponto de vista da filosofia da matemática, Russell pensava que a teoria das descrições poderia ser uma ajuda para a "teoria sem classes das classes" (*no class theory of classes*), ajudando assim a evitar os paradoxos da teoria das classes (*ver* PARADOXO DE RUSSELL). Há poucos indícios de que Russell tenha concebido a teoria das descrições como uma contribuição para a semântica das linguagens naturais, apesar de esse ser praticamente o único aspecto da teoria que tem sido largamente discutido nos últimos anos.

A noção tradicional de forma lógica pertence a um agregado de noções aparentadas: constantes lógicas, VERDADE LÓGICA e validade formal. Se pudéssemos tomá-la como dada, poderíamos argumentavelmente definir uma constante lógica como qualquer constante que surja em uma forma lógica, uma verdade lógica como a que é verdadeira em virtude da sua forma lógica, isto é, uma verdade tal que, necessariamente, todas as exemplificações da sua forma lógica são verdades, e um argumento formalmente válido como um argumento válido em virtude da sua forma, isto é, um argumento tal que, necessariamente, qualquer exemplificação da sua forma lógica tem de ter uma conclusão verdadeira se tiver premissas verdadeiras.

Tanto Chomsky como Davidson deram proeminência à noção de forma lógica nos seus estudos lingüísticos. Para Chomsky (1980), "forma lógica" designa um nível de representação sintática de uma frase, necessário para sistematizar todos os fatos de boa formação e AMBIGÜIDADE. Chomsky tem o cuidado de sublinhar que sua concepção de forma lógica, ou FL, não é motivada pelas necessidades da inferência, mas pelas necessidades da gramática, podendo por isso divergir da noção clássica. Para Chomsky, a questão de saber se as formas lógicas envolvem a notação clássica de quantificadores-variáveis é empírica (apesar de isto lhe parecer plausível em sua obra de 1980). As formas lógicas estão, contudo, intimamente associadas à semântica, uma vez que as regras semânticas lidam com representações FL.

As constantes lógicas são por vezes concebidas como o cimento que liga as diversas partes das frases: elas indicam por isso a estrutura de uma frase no seio da qual as palavras estão organizadas. Gareth Evans (1975) mostrou que essa idéia mistura noções distintas: uma que merece verdadeiramente o nome de "forma lógica" e uma outra que se descreve melhor como "estrutura semântica". As constantes lógicas são expressões específicas selecionadas em uma base acerca de cujo caráter ainda não há um acordo claro, mas que é – questionavelmente, na melhor das hipóteses – uma base essencialmente semântica; a noção de estrutura semântica, porém, deveria ser a de um padrão, especificado pelos tipos de elementos que poderiam ocupar as posições por ele marcadas. Do ponto de vista da estrutura semântica, os quantificadores pertencem todos a um único tipo, tal como todos os conectivos frásicos verofuncionais binários. Assim, padrões lógicos válidos, tais como $\ulcorner p \wedge q$, logo $q \urcorner$, não são válidos em virtude da sua estrutura semântica, uma vez que dependem crucialmente do significado específico de certas expressões. Se tal inferência fosse válida em virtude da sua estrutura semântica, ela permaneceria válida se se substituíssem umas pelas outras expressões da mesma categoria semântica, e, portanto, permaneceria válida se se substituísse ∧ por ∨, o que não acontece. A noção de validade em virtude da estrutura semântica, a qual contrasta com a noção de validade em virtude da forma lógica, seria exemplificada pela inferência de "Tibbles é um gato grande" para "Tibbles é um gato", uma vez que essa inferência será válida sejam quais forem as expressões que se substituam por expressões da mesma categoria. (Em relação a esse aspecto, é importante que a categoria a que "grande" pertence seja especificada como, p. ex., aquela categoria de expressões que introduzem uma função de conjuntos para subconjuntos, pois é necessário excluir adjetivos como "falso".)

Davidson (1967, 1977) concebe a forma lógica de uma frase de uma linguagem natural como aquilo no qual essa frase tem de ser transformada para se tornar acessível à semântica sistemática. Entre as suas bem conhecidas propostas de forma lógica estão a de que os advérbios são de fato adjetivos de acontecimentos e a de que expressões como "Galileu disse que a Terra se move" são realmente duas frases: "Galileu disse isto" e "A Terra move-se". Em ambos os casos, a consideração justificativa crucial é a de como aplicar a teoria semântica às frases em causa. Uma vez que a teoria semântica deve revelar a correção das inferências formalmente corretas, a teoria semântica deve explicar inferências como a que a partir de "Na cozinha, João pôs manteiga na torrada" conclui "João pôs manteiga na torrada", e a que a partir de "Galileu disse que a Terra se move" conclui "Galileu disse alguma coisa". Segundo Davidson, a primeira inferência deve ser revelada como uma exemplificação da eliminação da conjunção (seria uma ativação da inferência que, a partir de "x estava pondo manteiga e x estava na cozinha", concluiria "x estava pondo manteiga") (veja-se Davidson, 1967a). A segunda inferência deve ser revelada como uma generalização existencial direta (seria uma ativação de uma inferência na qual a premissa seria vista como contendo "Galileu disse isto", em que "isto" seria interpretado como um termo singular referindo a prolação subseqüente do falante) (veja-se Davidson, 1969). Vale a pena distinguir dois tipos de objeções a tais propostas: há objeções de pormenor, que ou dizem que nesta proposta as condições de verdade são captadas de forma errada, ou que dizem que ela não consegue captar nenhum outro desiderato; e há objeções de princípio, que defendem que a concepção subjacente de forma lógica é suspeita (para uma resposta a uma objeção do segundo tipo, veja-se Davidson, 1967b). *Ver* TEORIA DAS DESCRIÇÕES DEFINIDAS; CONSTANTE LÓGICA; VALIDADE. **MS**

CHOMSKY, N. "Some Elements of Grammar", *in Rules and Representations*. Oxford: Blackwell, 1980, cap. 4, pp. 141-81.

DAVIDSON, D. "The Logical Form of Action Sentences" [1967a], *in Essays on Actions and Events*. Oxford: Clarendon Press, 1980, pp. 105-22.

_____. "Reply to Cargile" [1967b], *in Essays on Actions and Events*. Oxford: Clarendon Press, 1980, pp. 137-48.

_____. "On Saying That" [1969], *in Inquiries into Truth and Interpretation*. Oxford: Clarendon Press, 1984, pp. 93-108.

_____. "The Method of Truth in Metaphysics" [1977], *in Inquiries into Truth and Interpretation*. Oxford: Clarendon Press, 1984, pp. 199-214.

EVANS, G. "Semantic Structure and Logical Form" [1975], *in Collected Papers*. Oxford: Clarendon Press, 1985, pp. 49-75.

RUSSELL, B. "Logic as the Essence of Philosophy", *in Our Knowledge of the External World*. Londres: George Allen and Unwin, 1914, pp. 42-69. Trad. bras. "A lógica como essência da filosofia", *in Nosso conhecimento do mundo exterior*. Trad. R. Haddock Lobo. São Paulo: Companhia Editora Nacional, 1966, pp. 24-45.

Russell, B. "On Denoting", *in Mind*, 14, 1905, pp. 479-93. Trad. bras. "Da denotação", *in Russell/Moore*. Coleção Os Pensadores. Trad. Pablo Mariconda. São Paulo: Abril Cultural, 1974, pp. 9-20.

forma normal

O conceito de forma normal é do âmbito da lógica. Ele aplica-se a fórmulas de dada linguagem formal que satisfazem determinadas condições. O conceito de forma normal usa-se concretamente de maneira qualificada, p. ex., forma normal disjuntiva, forma normal prenexa, etc. Sendo dada qualquer fórmula de uma linguagem formal, essa fórmula pode estar, ou não, na forma normal tal ou tal. Se, por hipótese, a fórmula em questão não estiver na forma normal pretendida (p. ex., disjuntiva), então existe um processo para gerar a partir da fórmula em questão uma outra, que lhe é equivalente, e que está na forma normal pretendida.

No que segue daremos conta das diversas qualificações do conceito de forma normal e dos processos pelos quais se pode reconduzir dada fórmula a dada forma normal. Tomaremos como referência as linguagens da lógica das funções de verdade (ou cálculo proposicional) e da teoria da quantificação de primeira ordem, visto que é a essas linguagens que o conceito de forma normal, *prima facie*, se aplica. Designaremos por literal uma letra de frase ou uma negação de uma letra de frase. Por extensão, essa designação pode também aplicar-se a um predicado de n lugares seguido de n ocorrências de termos, ou à negação dessas expressões.

Forma Normal da Negação (FNN) – Diz-se que uma fórmula (fbf) está na forma normal da negação se: A) Essa fbf só contém ocorrências (0 ou mais) dos seguintes símbolos lógicos: $\neg, \wedge, \vee$; e se B) Nessa fbf o símbolo da negação opera só sobre letras esquemáticas de frase (ou se se tratar de frases abertas, se a negação opera só sobre letras esquemáticas de predicados n-ádicos seguidos de n ocorrências de termos).

Outra maneira de expressar as condições A e B é a seguinte: uma fbf está na FNN se, e somente se, ela é construída exclusivamente a partir dos símbolos $\wedge$ e $\vee$ e de literais.

As seguintes fbf, p. ex., estão na FNN (adotam-se, aqui e mais adiante, convenções conhecidas acerca do uso dos parênteses nas fbf): $\neg p \vee \neg q$; $(\neg p \wedge r) \vee \neg q$; $(\neg Fx \vee Gx) \wedge \neg Gy$.

Para transformar uma dada fbf que não esteja na FNN em uma outra que lhe seja logicamente equivalente e que esteja na FNN, temos de lidar com uma de duas situações, ou com ambas: I) nessa fbf só ocorrem os símbolos lógicos referidos anteriormente em a, mas ela não é (só) construída a partir de literais; ou II) nessa fbf ocorrem outros símbolos lógicos diferente daqueles referidos em a, p. ex., $\rightarrow, \leftrightarrow$.

A transformação das fbf que estão na situação descrita em I em fbf equivalentes mas que estão na FNN envolve uma ou mais aplicações de uma ou mais das seguintes regras de inferência: DUPLA NEGAÇÃO; LEIS DE DE MORGAN. Dá-se seguidamente um exemplo de tal transformação (*ver* DEDUÇÃO NATURAL).

1. $\neg\neg\neg(p \vee \neg(r \wedge q))$
2. $\neg(p \vee \neg(r \wedge q))$ 1, dupla negação
3. $(\neg p \wedge \neg\neg(r \wedge q))$ 2, De Morgan
4. $\neg p \wedge r \wedge q$ 3, dupla negação

A transformação das fbf que estão na situação descrita em I em fbf equivalentes mas que estão na FNN envolve uma ou mais aplicações de uma ou mais das seguintes duas regras de inferência: Implicação: $A \rightarrow B \equiv \neg A \vee B$; Equivalência: $A \leftrightarrow B \equiv (A \wedge B) \vee (\neg A \wedge \neg B)$ e, eventualmente, aplicações das leis de De Morgan e da dupla negação. Vejamos um exemplo:

1. $p \rightarrow \neg(r \rightarrow s)$
2. $\neg p \vee \neg(\neg r \vee s)$ 1, implicação (×2)
3. $\neg p \vee (\neg\neg r \wedge \neg s)$ 2, De Morgan
4. $\neg p \vee (r \wedge \neg s)$ 3, dupla negação

Como se vê, qualquer fbf (fechada ou aberta, mas, neste último caso, sem nenhuma ocorrência de quantificadores) pode ser reconduzida à sua FNN.

Forma Normal Disjuntiva (FND) – Uma fbf que esteja na FNN e que seja uma disjunção de conjunções de literais diz-se estar em uma FND. Exemplos: p; $\neg p$; $p \vee q$; $(p \wedge \neg q) \vee r$; $(p \wedge \neg r) \vee (r \wedge \neg s)$. As seguintes fbf não estão na FND: $(p \vee q) \wedge r$; $\neg(p \vee q)$. A primeira porque é uma conjunção de disjunções e não uma disjunção de conjunções. A segunda porque é a negação de uma disjunção de literais.

Já sabemos que expedientes usar (isto é, que regras de inferência e como as aplicar) para transformar dada fbf que não esteja na FNN em uma outra que lhe seja logicamente equivalente e que esteja na FNN. Portanto, vamos supor, por simplicidade, que temos uma fbf já na FNN. Sendo este o caso, duas situações se nos deparam: ou esta fbf está também já na FND, e nesse caso o nosso problema está resolvido; ou essa fbf não está na FND, e neste caso só pode significar que nessa fbf ocorrem conjunções de disjunções – como antes foi exemplificado pela fbf $(p \vee q) \wedge r$. Sendo assim, usamos uma regra de inferência, conhecida pela designação "distributividade da conjunção sobre a disjunção", para transformar esse fbf em uma outra que lhe é equivalente e que está na FND.

Distributividade da conjunção sobre a disjunção (DistriC): $A \wedge (B \vee C) \equiv (A \wedge B) \vee (A \wedge C)$. Exemplo:

1. $(p \vee \neg q) \wedge (\neg r \vee s)$
2. $((p \vee \neg q) \wedge \neg r) \vee ((p \vee \neg q) \wedge s)$ 1, DistriC
3. $((p \wedge \neg r) \vee (\neg q \wedge \neg r)) \vee ((p \vee \neg q) \wedge s)$ 2, DistriC
4. $(p \wedge \neg r) \vee (\neg q \wedge \neg r) \vee (p \wedge s) \vee (\neg q \wedge s)$ 3, DistriC

Como se vê, qualquer fbf (fechada ou aberta, mas, nesse último caso, sem nenhuma ocorrência de quantificadores) pode ser reconduzida à sua FND.

Forma Normal Conjuntiva (FNC) – Uma fbf que esteja na FNN e que seja uma conjunção de disjunções de literais diz-se estar em uma FNC. Exemplos: p; $\neg p$; $p \wedge q$; $(p \vee \neg q) \wedge r$; $(p \vee \neg r) \wedge (r \vee \neg s)$. As seguintes fbf não estão na FNC: $(p \wedge q) \vee r$; $\neg(p \wedge q)$. A primeira porque é uma disjunção e não uma conjunção de disjunções. A segunda porque é a negação de uma conjunção.

Já sabemos que expedientes usar (isto é, que regras de inferência e como as aplicar) para transformar dada fbf que não esteja na FNN em uma outra que lhe seja logicamente equivalente e que esteja na FNN. Portanto, vamos supor, por simplicidade, que temos uma fbf já na FNN. Sendo este o caso, duas situações se nos deparam: ou esta fbf está também já na FNC, e neste caso o nosso problema está resolvido; ou essa fbf não está na FNC, e neste caso só pode significar que nessa fbf ocorrem disjunções, como antes foi exemplificado pela fbf $(p \wedge q) \vee r$. Sendo assim, usamos uma regra de inferência, conhecida pela designação "distributividade da disjunção sobre a conjunção", para transformar essa fbf em uma outra que lhe é equivalente e que está na FNC.

Distributividade da disjunção sobre a conjunção (DistriD): $A \vee (B \wedge C) \equiv (A \vee B) \wedge (A \vee C)$. Exemplo:

1. $(p \wedge \neg q) \vee (\neg r \wedge s)$
2. $((p \wedge \neg q) \vee \neg r) \wedge ((p \wedge \neg q) \vee s)$ 1, DistriD
3. $((p \vee \neg r) \wedge (\neg q \vee \neg r)) \wedge ((p \wedge \neg q) \vee s)$ 2, DistriD
4. $(p \vee \neg r) \wedge (\neg q \vee \neg r) \wedge (p \vee s) \wedge (\neg q \vee s)$ 3, DistriD

Como se vê, qualquer fbf (fechada ou aberta mas, nesse último caso, sem nenhuma ocorrência de quantificadores) pode ser reconduzida à sua FNC.

Forma Normal Prenexa (FNP) – Uma fbf diz-se estar na FNP se: a) não tem quantificadores; ou, b) tem a forma $\Pi_1 v_1 \Pi_2 v_2, \ldots, \Pi_n v_n$ A – na qual cada um dos Π_i refere um dos dois quantificadores, $\forall$ ou $\exists$, cada um dos v_i refere uma variável e A é uma fbf na qual não ocorrem quantificadores (em particular, A é uma frase aberta em $v_1, v_2,..., v_n$). Informalmente, uma fbf na FNP é uma fbf na qual os quantificadores, se existem, estão todos prefixados à frase aberta, isto é, se encontram todos "na cabeça" da fbf.

Visto que a única situação interessante de uma fbf na FNP é a descrita anteriormente em B, vamos agora ver como é possível transformar uma fbf com quantificadores e que não esteja na FNP em uma fbf que lhe seja equivalente e que esteja na FNP. Dado um sistema completo de DEDUÇÃO NATURAL é sempre possível, de modo mais ou menos expedito, usar apenas as regras primitivas de introdução e eliminação dos quantificadores e dos conectivos para transformar uma fbf em uma outra que lhe seja equivalente e que esteja na FNP. Mas a tradição lógica agilizou um processo que usa habitualmente as seguintes regras de inferência: I) Dupla negação: $\neg\neg A \equiv A$; II) Negação de quantificadores: a) $\neg \forall x\, A \equiv \exists x\, \neg A$; b) $\neg \exists x\, A \equiv \forall x\, \neg A$; III) Regras de passagem (ou regras de movimentação dos quantificadores): a) $A \to \forall x\, Bx \equiv \forall x\, (A \to Bx)$, se x não está livre em A; b) $A \to \exists x\, Bx \equiv \exists x\, (A \to Bx)$, se x não está livre em A; c) $\forall x\, Ax \to B \equiv \exists x\, (Ax \to B)$, se x não está livre em B; d) $\exists x\, Ax \to B \equiv \forall x\, (Ax \to B)$, se x não está livre em B; IV) As regras de inferência conhecidas e necessárias para conduzir a fbf cuja forma FNP se pretende obter a uma das quatro formas consideradas em IIIa-IIId.

A "regra" IV é suscetível de gerar alguma perplexidade. Na realidade, não se trata de uma regra, mas de um processo estratégico que assenta no seguinte raciocínio: primeiro, como já vimos, qualquer fbf pode ser transformada numa equivalente que está na FND, ou em uma equivalente que está na FNC; segundo, temos que é possível transformar qualquer fbf em FND ou FNC em uma outra que tenha a forma $A \to B$ ou $\neg(A \to B)$ (usando no sentido inverso, visto que são equivalências, as regras de inferência que anteriormente referimos para mostrar como se podia conduzir uma fbf na qual ocorrem $\to$ ou $\leftrightarrow$ às FND ou FNC); por fim, terceiro, se em $A \to B$ ou em $\neg(A \to B)$ o antecedente tem a forma $\Pi x\, A$, ou o consequente tem a forma $\Pi x\, B$, ou ambas as coisas, podemos depois por uma aplicação, eventualmente repetida, das regras de passagem, III, transformar essa fbf (que terá de ter a forma de uma das fbf à esquerda das equivalências expressas nessas regras) em uma outra que lhe é equivalente e que está na FNP. É óbvio que podemos fazer isso nas fbf cuja forma seja $A \to B$. A razão pela qual podemos também fazer isso nas fbf cuja forma seja $\neg(A \to B)$ reside no fato de as regras de passagem serem regras de equivalência e, como tais, podem ser aplicadas também a fbf que sejam componentes de uma outra fbf, no caso a $(A \to B)$ na qualidade de componente de $\neg(A \to B)$; neste caso ficaremos com uma fbf cuja forma é $\neg \Pi v\, (A \to B)$ e podemos depois puxar o quantificador Π para "a cabeça" da fbf usando a versão pertinente da regra II. Exemplo:

1. $\neg \forall x\, (\neg Fx \lor \exists y\, Gyx)$
2. $\exists x\, \neg(\neg Fx \lor \exists y\, Gyx)$ 1, regra Ia
3. $\exists x\, \neg(Fx \to \exists y\, Gyx)$ 2, "regra" IV
4. $\exists x\, \neg \exists y\, (Fx \to Gyx)$ 3, regra IIIb
5. $\exists x\, \forall y\, \neg(Fx \to Gyx)$ 4, regra Ib, FNP

Pela aplicação, eventualmente repetida das regras I a IV, qualquer fbf na qual ocorram quantificadores pode ser reconduzida à sua FNP. É óbvio que tendo uma fbf na FNP podemos transformar a frase aberta que se segue aos quantificadores em uma que lhe seja equivalente e que esteja na FNN, na FND ou na FNC.

Forma Normal de Skolem (FNS) – Tendo uma fbf na FNP e admitindo a introdução de símbolos funcionais (*ver* TERMO, FUNÇÃO) na nossa linguagem de primeira ordem, podemos, para certos fins, proceder à sua skolemização – operação assim designada devido ao nome do lógico que primeiro a propôs, o norueguês Thoralf Skolem.

Descreve-se seguidamente o caso mais simples de skolemização. Dada uma fbf de uma linguagem de primeira ordem L, a qual está na FNP e tem a forma $\forall x\, \exists y\, Fxy$, ela é skolemizada escolhendo o símbolo funcional f que não pertence antes a L e escrevendo $\forall x\, FxFx$. Em suma, o quantificador existencial foi eliminado junto com a variável por ele ligada e a ocorrência livre de y em Fxy foi substituída por Fx. A função f representada pelo símbolo funcional f é a chamada "função de Skolem" para a fbf que foi skolemizada. Se tivermos uma fbf na FNP que tem apenas quantificadores universais e na qual todas as ocorrências dos quantificadores existenciais foram skolemizadas, temos uma fbf na FNS.

Qual é a relação entre uma dada fbf, digamos A, na FNP e na qual ocorrem quantificadores existenciais e uma fbf, digamos B, que é a FNS da primeira? Qual é, p. ex., a relação entre $\forall x\, \exists y\, Fxy$ e $\forall x\, Fx\, Fx$? Toda a interpretação que torna a segunda verdadeira torna também a primeira verdadeira. Toda a interpretação que torna a primeira verdadeira pode ser transformada em uma interpretação que torna a segunda verdadeira, se interpretarmos o símbolo f como uma função f que seleciona para qualquer objeto α do domínio um objeto qualquer β desse domínio tal que o par $<\alpha, \beta>$ satisfaz o predicado Fxy. Repare-se que não se afirma exatamente que A e B sejam equivalentes. A situação envolve alguma sutileza. A equivalência depende da interpretação dada a f. Se a nossa linguagem permitisse a quantificação existencial sobre funções, então tendo $\forall x\, Fx\, Fx$ podíamos obter $\exists f\, \forall x\, Fx\, Fx$, e esta última fbf é, com efeito, equivalente à fbf original, $\forall x\, \exists y\, Fxy$. Mas as fbf que quantificam sobre funções são fbf de segunda ordem. Podemos, assim, também afirmar que a skolemização nos diz como obter a partir de uma fbf na FNS uma outra cujos quantificadores existenciais quantificam sobre funções e precedem todas as ocorrências dos quantificadores universais.

O interesse de converter dada fórmula à sua forma normal (qualquer que ela seja) é duplo: 1) dar maior visibilidade e simplicidade à estrutura lógica dessa fórmula; 2) tornar mais expeditos os processos de cálculo (especialmente se se tiver em vista uma versão mecanizada desse cálculo) nos quais a fórmula em questão esteja ou venha a estar envolvida. *Ver* QUANTIFICADOR; DEDUÇÃO NATURAL. JS

forma normal, teorema da
Ver TEOREMA DA FORMA NORMAL.

forma normal conjuntiva
Ver FORMA NORMAL.

forma normal de Kleene
Ver TEOREMA DA FORMA NORMAL.

forma normal disjuntiva
Ver FORMA NORMAL.

formalismo

Na literatura sobre FUNDAMENTOS DA MATEMÁTICA este termo é usado em três acepções diferentes.

A primeira e a mais antiga foi refutada por Frege nos *Grundgesetze der Arithmetik*, §§ 86 ss. Nesta acepção, a doutrina formalista é essencialmente composta por duas teses. Segundo a primeira, as proposições da matemática são apenas sucessões de símbolos cuja interpretação é irrelevante. Assim as proposições da matemática têm uma forma, mas não têm conteúdo, uma vez que este é apenas dado primeiro por meio de uma interpretação. Na terminologia hoje corrente, a matemática consistiria apenas em uma linguagem com uma sintaxe fixa, mas sem nenhuma semântica. A essa tese está associado o conhecido *dictum* de que a atividade matemática é igual ao desenvolvimento de um jogo, para o qual se fixam as regras da movimentação das peças sem se estipular que "sentido" além disso o jogo deve fazer. A segunda tese do formalismo, nesta acepção, é a igualmente repetida doutrina de que a existência de um objeto é garantida pela demonstração de consistência do sistema em que o objeto é representado. Nessas circunstâncias existe tudo aquilo que não é produtor de inconsistência. A fórmula associada com essa tese é a de que o critério de existência é a não-contradição.

Em uma segunda acepção, o termo "formalismo" é usado freqüentemente para designar o conjunto de doutrinas conhecido por "programa de Hilbert". Trata-se de uma infelicidade terminológica, uma vez que Hilbert não era um formalista no sentido anteriormente referido. Acerca da doutrina de Hilbert sobre o sentido ou o conteúdo das proposições matemáticas, e as vicissitudes por que passaram o seu problema de consistência, deve o leitor consultar o artigo PROGRAMA DE HILBERT.

Em uma terceira e última acepção a teoria formalista reapareceu nos anos 1970, pela expressão complexa "a doutrina formalista-positivista" introduzida por Georg Kreisel. Segundo Kreisel, a doutrina formalista-positivista implantou-se na filosofia da matemática após os êxitos (parciais) da formalização (de teorias matemáticas dadas). A doutrina formalista-positivista rejeita a validade do conhecimento sobre conceitos abstratos, que não passam, segundo a doutrina, de extrapolações meramente verbais sobre o verdadeiro conhecimento de objetos e fatos concretos.

O principal resultado da doutrina formalista-positivista é a eliminação do uso de conceitos abstratos e a sua substituição por concepções que possam ser sujeitas ao controle de um SISTEMA FORMAL. Nesse sentido, a matemática formalista reduz-se a conceitos para a compreensão dos quais é suficiente possuir uma lista de regras formais que os descrevem integralmente. No que diz respeito à teoria do conhecimento, a doutrina formalista-positivista sustenta que as regras formais (ou mecânicas) não são apenas qualitativamente diferentes dos conceitos abstratos usados no pensamento matemático clássico, mas que acima de tudo o conhecimento obtido por seu intermédio possui um grau maior de confiabilidade do que aquele obtido por meio da utilização de conceitos abstratos (e assim da nossa intuição sobre a realidade matemática). Este conduziu no passado às dificuldades conhecidas por meio dos paradoxos, e constitui assim um indício contra a confiabilidade da nossa intuição e a favor da necessidade do controle das nossas concepções intuitivas por meio da formalização.

Kreisel, no seu ensaio (1974), refuta os aspectos essenciais da doutrina formalista-positivista, em diversos níveis de exposição (análise conceptual, teoria da demonstração, exemplos paradigmáticos) e dela esboço apenas a estratégia principal da refutação: I) A maior confiabilidade dos conceitos formais (ou mecânicos); II) A realidade histórica da suposta inconfiabilidade da intuição.

No que diz respeito ao primeiro, acerca da maior confiabilidade das regras formais e do controle mecânico, o fato da experiência é que, na verdade, esse controle mecânico (ou formalização) é raramente executado(a), de modo que a verificação de maior confiabilidade é afinal um *desideratum*. Se a formalização não é de fato feita, se o controle mecânico não é efetivamente realizado, então a confiança na sua superioridade não pode ser derivada dela.

No que diz respeito ao segundo ponto, acerca do fato histórico de os paradoxos documentarem a inconfiabilidade de conceitos abstratos, o argumento é simplesmente o de que os paradoxos não prejudicam mais a confiabilidade da nossa intuição do que eliminar falhas de um programa prejudicaria a nossa confiança na computação. A nossa intuição do que é a realidade matemática tem uma imagem homóloga na nossa percepção da realidade física: os paradoxos destroem tão pouco a nossa confiança na utilização da intuição da realidade matemática como os erros de percepção destroem a nossa confiança na percepção da realidade física. *Ver* FUNDAMENTOS DA MATEMÁTICA; PROGRAMA DE HILBERT. **MSL**

FREGE, Gottlob. *Grundgesetze der Arithmetik*. Jena: Herman Pohle, 1893 (vol. I), 1903 (vol. II).

Hilbert, D. e Bernays, P. *Die Grundlagen der Mathematik*. Berlim: Springer, 1968.

Kreisel, G. "Die formalistisch-positivistische Doktrin der mathematischen Präzision im Lichte der Erfahrung", *in Zentralblatt für Mathematik und ihre Grenzgebiete*, 196, 1970 (*post-scriptum*, 1974).

fórmula

Habitualmente o termo "fórmula" é usado em lógica para referir qualquer expressão bem formada de um cálculo lógico (como o CÁLCULO PROPOSICIONAL ou o CÁLCULO DE PREDICADOS, p. ex.), entendendo-se por fórmula bem formada qualquer seqüência de símbolos da linguagem adotada para esse cálculo que seja construída de acordo com um conjunto finito de regras sintáticas – as regras de formação – que determinam o conjunto de seqüências admissíveis de símbolos do alfabeto dessa linguagem.

Exemplificaremos dando a DEFINIÇÃO INDUTIVA de fórmula de uma linguagem (chamemos-lhe L) adequada (isto é, suficiente) para as necessidades de expressão do cálculo de predicados. O alfabeto de L é constituído por: variáveis: x, y, z, x_1,...; constantes individuais: a, b, c, a_1,...; símbolos funcionais: f, g, h, f_1,...; símbolos de predicados: P, Q, R, Q_1,...; conectivos lógicos: ¬, ∧; quantificadores: ∀, ∃; símbolos auxiliares: vírgula, parêntese de abertura e parêntese de fecho.

A cada símbolo funcional e a cada símbolo de predicado supõe-se associado um número natural que indica o número de argumentos da função ou do predicado respectivo: se o número associado a um símbolo for n, diremos que se trata de um símbolo n-ário. Por "expressão" entenderemos qualquer seqüência finita de elementos de um alfabeto, independentemente da forma como foram reunidos. Definimos em primeiro lugar os termos de L.

Termos são expressões construídas apenas pela aplicação (um número finito de vezes) das seguintes regras: 1. Uma variável é um termo; 2. Uma constante individual é um termo; 3. Se ϕ_i é um símbolo funcional n-ário e t_1,..., t_n são termos, então $\phi_i(t_1,..., t_n)$ é um termo.

As fórmulas (bem-formadas) de L são as expressões construídas apenas pela aplicação (um número finito de vezes) das seguintes regras: 4. Se π_i é um símbolo de predicado n-ário e t_1,..., t_n são termos, então $\pi_i(t_1,..., t_n)$ é uma fórmula, em particular uma fórmula atômica; 5. Se A e B são fórmulas, então ¬A e (A ∧ B) são fórmulas; 6. Se A é uma fórmula e v é uma VARIÁVEL, então ∀v A é uma fórmula.

Poder-se-ia ter enriquecido o alfabeto de L dotando-a de novos meios de expressão, como é freqüentemente o caso por meio da inclusão de outros conectivos, de ∃, ou de símbolos proposicionais. Mas a definição indutiva de fórmula em nada de essencial se alteraria: os conectivos binários, p. ex., ocorrem nas expressões bem formadas exatamente da mesma maneira que ∧, e o mesmo se passa com ∃ relativamente a ∀; por outro lado, os símbolos de predicados 0-ários desempenham de fato o mesmo papel que símbolos proposicionais.

Tal como podemos falar em frases declarativas abertas ou fechadas, também falamos em fórmulas abertas ou fechadas, sendo as primeiras aquelas em que ocorre pelo menos uma variável livre. De uma fórmula aberta pode obter-se uma fórmula fechada quer pela quantificação de todas as suas variáveis, quer pela substituição das suas variáveis livres por constantes. *Ver também* SINTAXE LÓGICA; DEFINIÇÃO INDUTIVA; CÁLCULO PROPOSICIONAL; CÁLCULO DE PREDICADOS; ARIDADE; DEFINIÇÃO INDUTIVA; SISTEMA FORMAL; LINGUAGEM FORMAL. **FM**

fórmula aberta

Fórmula ou frase com pelo menos uma ocorrência livre de uma VARIÁVEL, ou seja, uma ocorrência que não está dentro do ÂMBITO de um quantificador (ou outro gênero de operador de ligação de variáveis) ao qual a variável em questão esteja associada. Exemplos de frases ou fórmulas abertas são assim as seguintes: "x bebeu a cicuta", $\forall y (Fy \to Gxy)$, $F[\lambda z\, Rzx]$, "Toda a gente admira x", "x detesta y, mas gosta de z", etc. Uma fórmula ou frase aberta não é, por conseguinte, algo que seja em si mesmo suscetível de ser avaliado como verdadeiro ou falso; com efeito, só é possível atribuir-lhe um valor de verdade dada determinada atribuição de objetos como valores a todas as variáveis que nela ocorrem livres (p. ex., a frase aberta "x bebeu a cicuta" resulta em uma verdade quando o indivíduo Sócrates é atribuído à variável x como seu valor, mas resulta em uma falsidade quando Aristóteles é o valor especificado para a variável). Uma fórmula ou frase na qual nenhuma variável tem ocorrências livres, ou na qual simplesmente não ocorrem nunca variáveis, chama-se uma fórmula ou frase fechada. *Ver* VARIÁVEL; FECHO. JB

fórmula de Barcan

A fórmula da LÓGICA MODAL quantificada (LMQ) FB) $\Diamond \exists x\, \varphi x \to \exists x\, \Diamond \varphi x$ é conhecida como fórmula de Barcan. Essa designação tem a sua origem no fato de um dos pioneiros da LMQ, a lógica e filósofa norte-americana Ruth Marcus (na altura Ruth Barcan), ter pela primeira vez, em 1947, introduzido a fórmula como um TEOREMA daqueles que foram de fato os primeiros sistemas de LMQ.

Informalmente, FB estabelece o seguinte: se é possível que algum objeto tenha certa PROPRIEDADE, então algum objeto tem possivelmente essa propriedade. Fazendo φ ser o atributo da onisciência e a variável x tomar valores em um domínio qualquer de criaturas, um exemplo de FB é dado na seguinte frase: "Se é possível que haja uma criatura onisciente, então há uma criatura que é possivelmente onisciente." A fórmula FB é, pela interdefinibilidade dos operadores modais, logicamente equivalente à fórmula $\forall x\, \Box\, \varphi x \to \Box\, \forall x\, \varphi x$, a qual tem desse modo o mesmo conteúdo que FB. Fazendo φ ser agora o atributo da existência, um exemplo interessante dessa versão de FB é dado na frase: "Se tudo existe necessariamente, então é necessário que tudo exista."

Uma fórmula da LMQ habitualmente associada com FB é a fórmula CFB) $\exists x\, \Diamond\, \varphi x \to \Diamond \exists x\, \varphi x$, conhecida como conversa da fórmula de Barcan e igualmente um teorema dos sistemas de LMQ propostos por Ruth Marcus. Informalmente, CFB estabelece o seguinte: se algum objeto tem possivelmente certa propriedade, então é possível que algum objeto tenha essa propriedade. Supondo a interpretação anteriormente proporcionada para FB, um exemplo de CFB é dado na frase: "Se há uma criatura que possivelmente é onisciente, então é possível que haja uma criatura onisciente." CFB é logicamente equivalente à fórmula $\Box\, \forall x\, \varphi x \to \forall x\, \Box\, \varphi x$, cujo exemplo é dado na frase: "Se é necessário que tudo exista, então tudo existe necessariamente."

A conjunção das fórmulas FB e CFB, isto é, a fórmula $\Diamond\, \exists x\, \varphi x \leftrightarrow \exists x\, \Diamond\, \varphi x$, ou $\Box\, \forall x\, \varphi x \leftrightarrow \forall x\, \Box\, \varphi x$, tem o efeito de autorizar em geral o intercâmbio de posições entre o OPERADOR de possibilidade, respectivamente necessidade, e o quantificador existencial, respectivamente universal. E uma conseqüência significativa desse fato seria, no que diz respeito a frases quantificadas, a dissolução da distinção entre, por um lado, frases que exprimem possibilidades, respectivamente necessidades, *de dicto*, e, por outro, frases que exprimem possibilidades, respectivamente necessidades, *de re* (*ver* DE DICTO/DE RE).

Todavia, tanto a fórmula de Barcan quanto a sua conversa estão bem longe de ser incontroversas. Na semântica habitual para a LMQ, a cada MUNDO POSSÍVEL ou situação contrafactual m está associado certo conjunto de indivíduos, designadamente o conjunto de todos aqueles indivíduos que existem em m. E tal conjunto de indivíduos funciona, nessa semântica, como domínio de quantificação; ou seja, quando queremos avaliar uma fórmula quantificada relativamente a m, as variáveis ligadas pelos quantificadores tomam valores sobre, e apenas sobre, elementos pertencentes àquele conjunto. Ora, FB é uma fórmula válida (isto é, verdadeira em qualquer modelo, sob qualquer interpretação) se, e somente se, para qualquer mundo possível *m* que seja acessível a partir de um mundo dado *m** (p. ex., o mundo atual), o domínio de *m* estiver incluído no domínio de *m**; por outras palavras, a validade de FB exige que qualquer indivíduo existente em *m* exista também em *m**. Com efeito, se essa exigência não for satisfeita e se autorizarmos, como sucede na semântica de Kripke para a LMQ, o domínio de quantificação a variar de mundo para mundo no sentido de certos mundos poderem conter indivíduos que não existem no mundo atual, então CONTRA-EXEMPLOS a FB estarão imediatamente disponíveis. P. ex., suponha-se que *m* é um mundo acessível a partir do mundo atual *m**, e que entre os existentes de *m* está uma criatura *a* que possui em *m* o atributo da onisciência. Suponha-se ainda que *a* não existe em *m**, isto é, que *a* é um criatura possível – mas não atual (um dos POSSIBILIA relativamente a *m**); e que nenhuma criatura existente em *m** possui em *m** o atributo da onisciência. A fórmula antecedente de FB será então verdadeira em *m**, uma vez que a subfórmula, $\exists x\, \varphi x$, é verdadeira em pelo menos um mundo acessível a partir de *m**, designadamente *m*. Mas a fórmula conseqüente de FB será falsa em *m**, uma vez que nenhum existente em *m** possui o atributo da onisciência em qualquer mundo possível acessível a partir de *m**. FB é assim falsa em pelo menos um modelo, sob pelo menos uma interpretação; e, logo, não é uma fórmula válida da LMQ.

Por outro lado, CFB é uma fórmula válida da LMQ se, e somente se, para qualquer mundo possível *m* acessível a partir de um mundo dado *m** (p. ex., o mundo atual), o domínio de *m** estiver incluído no domínio de *m*; por outras palavras, a validade de CFB exige que qualquer indivíduo existente em *m** exista também em *m*. Se essa exigência não for satisfeita e se, como sucede na semântica de Kripke para a LMQ, autorizarmos desta vez o domínio de quantificação a variar de mundo para mundo – no sentido de certos mundos poderem não conter indivíduos que existem no mundo atual, então contra-exemplos a FB estarão imediatamente disponíveis. P. ex., suponha-se que *m* é um mundo acessível a partir do mundo atual *m**, e que entre os existentes de *m** está uma criatura *a* que, no entanto, não existe em *m*; façamos ainda φ ser o atributo da existência. A fórmula $\Box\, \forall x\, \varphi x$, que sob aquela interpretação se lê "Necessariamente, tudo existe", será verdadeira em *m**; pois a sua subfórmula, $\forall x\, \varphi x$, é trivialmente verdadeira em qualquer mundo *m* acessível a partir de *m** (qualquer existente em *m* possui em *m* o atributo da existência). Logo, a fórmula conseqüente de CFB, $\Diamond \exists x\, \varphi x$, é falsa em *m**. Mas a fórmula $\forall x\, \Box\, \varphi x$, a qual sob a interpretação em questão se lê "Tudo necessariamente existe", será falsa em *m**; pois pelo menos um dos existentes em *m**, isto é, a criatura *a*, não existe em pelo menos um mundo, isto é, *m*, acessível a partir de *m**. Logo, a fórmula antecedente de CFB, $\exists x\, \Diamond \varphi x$, é verdadeira em *m**. CFB é assim falsa em pelo menos um modelo, sob pelo menos uma interpretação; logo, não é uma fórmula válida da LMQ.

Juntando os dois resultados anteriores, é fácil ver que a validade da fórmula obtida formando a conjunção de FB com CFB exige, para qualquer mundo *m* acessível a partir do mundo real *m**, que o conjunto dos existentes em *m* seja constituído por, e apenas por, indivíduos que existem em *m**. Esse gênero de suposição semântica, que representa uma forma extrema de ATUALISMO (isto é, a doutrina de que só os objetos atuais existem), é adotada por Ruth Marcus com vista a validar ambas as suas fórmulas FB e CFB. Todavia, apesar de tecnicamente satisfatória, tal suposição parece colidir com algumas das nossas intuições modais e metafísicas. Por um lado, o que é relativamente incontroverso, estaríamos inclinados a aceitar a idéia de que alguns indivíduos atuais gozam de uma existência meramente contingente; p. ex., estaríamos inclinados a dizer que George Bush poderia não ter existido: presumivelmente, ele não existiria em uma situação contrafactual em que aqueles que foram de fato os seus progenitores nunca se tivessem vindo a conhecer. Por outro lado, o que é bem mais controverso, estaríamos inclinados a aceitar a idéia de que alguns objetos que nunca existiram, não existem e nunca existirão (no mundo atual) poderiam, no entanto, ter existido se as circunstâncias tivessem sido outras. Entre tais objetos meramente possíveis estaria, p. ex., o avião em miniatura que teria sido construído se certas instruções (atualmente existentes) tivessem sido seguidas e se certas peças (atualmente existentes) tivessem sido montadas de acordo com aquelas instruções; com certeza, supõe-se que ninguém de fato construiu ou virá a construir o modelo a partir das instruções.

Finalmente, é importante mencionar a seguinte possibilidade. Suponhamos que, em vez de uma semântica atualista (como é o caso de qualquer uma das construções anteriores), queremos antes adotar certa semântica possibilista para a LMQ. Trata-se de uma semântica que combina as duas coisas seguintes: I) a variação do conjunto de indivíduos existentes de mundo possível para mundo possível; II) uma interpretação possibilista para os quantificadores, na qual os valores das variáveis quantificadas relativamente a um mundo possível dado não estão restritos a indivíduos existentes nesse mundo, incluindo indivíduos que são meramente possíveis com respeito a esse mundo (o conjunto de indivíduos existentes em um mundo já não funciona assim como domínio de quantificação). Então FB e CFB serão ambas fórmulas válidas da LMQ. *Ver também* ATUALISMO; POSSIBILIA. JB

BARCAN MARCUS, R. "Identity of Individuals in a Strict Functional Calculus of First Order", *in Journal of Symbolic Logic*, n.º XII, 1947, pp. 12-5.
KRIPKE, S. "Semantical Considerations on Modal Logic", *in Acta Philosophica Fennica*, 16, 1963, pp. 83-94. Republ. *in* Linsky, L. (org.). *Reference and Modality*. Oxford: Oxford University Press, 1965, pp. 63-72.
MARCUS, R. B. "Modalities and Intensional Languages", *in Synthese*, XIII, 1961, pp. 303-22. Republ. *in* Marcus, R. B. *Modalities. Philosophical Essays*. Oxford: Oxford University Press, 1994.

fórmula de Buridano

A fórmula da lógica modal quantificada $\Diamond \forall x\, Fx \to \forall x \Diamond Fx$. O antecedente da fórmula exprime uma modalidade (possibilidade) *de dicto*, e o conseqüente uma modalidade (possibilidade) *de re*. O interesse da fórmula é simplesmente o de mostrar que, dadas certas suposições, pode-se ter a primeira sem que se tenha a segunda. Com efeito, na semântica canônica para a lógica modal quantificada, a fórmula é falsa em algumas interpretações, como se pode ver no seguinte exemplo (aparentemente concebido pelo próprio Buridano). Considere-se um mundo possível acessível m onde Deus não criou nada; em m só Deus existe, e assim em m tudo é idêntico a Deus. Interpretando F como o predicado "é idêntico a Deus", o antecedente $\Diamond \forall x\, Fx$ resulta verdadeiro (no mundo atual). Mas, supondo que pelo menos um existente atual (p. ex., Pelé) não é idêntico a Deus em qualquer mundo possível acessível, o conseqüente $\forall x \Diamond Fx$ resulta falso (no mundo atual). *Ver* DE DICTO/DE RE. JB

fórmula fechada

Ver FÓRMULA ABERTA; FECHO.

frase

Ver PROPOSIÇÃO; FECHO.

frase aberta

Ver FÓRMULA ABERTA.

frase atômica

Uma frase logicamente simples, que não contém nenhuma ocorrência de nenhum operador ou conectivo lógico. O termo "atômico" é igualmente aplicado a outros tipos de expressões lingüísticas, em particular a predicados, bem como àquilo que é expresso por frases, designadamente proposições, e àquilo que é expresso/referido por predicados, designadamente conceitos/propriedades. Assim, a frase "2 é par", a proposição que a Claudia Schiffer é boa pessoa, o predicado "vermelho", e o conceito *redondo* são todos atômicos; mas a frase "2 não é ímpar", a proposição que há mulheres de bom caráter, o predicado "rosa púrpura do Cairo", e o conceito *quadrado azul* são todos logicamente complexos ou moleculares. A gramática e a sintaxe superficial não são indicadores fiáveis de atomicidade ou simplicidade lógica e é por vezes necessária alguma análise para revelar a presença de operadores ou conectivos lógicos. Se adotarmos a TEORIA DAS DESCRIÇÕES definidas de Bertrand Russell, frases como "O assassino de Kennedy era comunista" não são atômicas, tendo a forma de quantificações existenciais complexas. E mesmo frases como "Guterres coxeou" podem ser vistas como logicamente complexas; quer analisemos a flexão verbal em termos de operadores temporais – P [*Coxear* (*Guterres*)], em que P é o operador de passado –, quer a analisemos em termos de quantificações existenciais sobre tempos – $\exists t'$ ($t' < t \wedge$ *Coxear* (*Guterres*, t)), em que t é o tempo da elocução ou inscrição da frase. Por outro lado, há frases a cuja complexidade sintática não corresponde nenhuma complexidade lógica, onde só aparentemente há operadores lógicos; exemplos são dados em frases como "A Estrela da Manhã é um planeta" e "João e Joana discutiram". JB

frase fechada

Ver FECHO; FÓRMULA ABERTA.

frase mentirosa

Ver PARADOXO DO MENTIROSO.

frase molecular

Ver FRASE ATÔMICA.

frase V

Qualquer frase que seja um exemplo do esquema conhecido como "esquema V" (de "verdade"), "esquema de Tarski", "esquema bicondicional" ou "esquema descitacional":

V) s é verdadeira se, e somente se, p.

Um exemplo desse esquema é uma frase que dele resulta de acordo com substituições apropriadas das letras esquemáticas. No esquema V, a letra esquemática s é substituível por uma citação de uma frase de uma linguagem dada, tomada como linguagem-objeto; e a letra esquemática p é substituível por essa própria frase, caso a linguagem na qual o esquema está expresso – a metalinguagem – contenha a linguagem objeto, ou então por uma tradução adequada dessa frase na metalinguagem. Exemplos de frases V são, por conseguinte, dados nas seguintes frases (que têm quase o estatuto de peças de museu): 1) "A neve é branca" é verdadeira (em português) se, e somente se, a neve é branca. 2) "Snow is white" é verdadeira (em inglês) se, e somente se, a neve é branca. 3) "A neve é branca" is true (in Portuguese) if and only if snow is white. 4) "Snow is white" is true (in English) if and only if snow is white.

É também habitual chamar a frases desse gênero frases "bicondicionais de Tarski". *Ver também* CONDIÇÃO DE ADEQUAÇÃO MATERIAL; VERDADE DE TARSKI, TEORIA DA. JB

função

No essencial, o atual conceito de função foi fixado por Frege no seu *Begriffsschrift*, em que pela primeira vez não só foi eliminado o conceito obscuro de uma quantidade variável e substituído pelo de uma variável como símbolo específico, como também pela primeira vez se concebeu a generalização do conceito de função a objetos não-numéricos. Uma função unária é uma correspondência por meio da qual a um objeto, o argumento da função, se associa um outro objeto, único, chamado o valor da função para esse argumento. Não se exige que tudo possa ser um argumento de uma função, mas aqueles objetos que são argumentos de uma função constituem o seu domínio, e os valores que a função toma para estes argumentos são o seu contradomínio.

Frege concebeu a igualdade entre funções de um ponto de vista extensional, e assim duas funções são idênticas se, tendo o mesmo domínio, tomam para cada argumento o mesmo valor. Logo, se o modo de correspondência por meio da qual ao argumento se associa o valor é alterado, sem que essa alteração produza uma modificação do domínio ou do valor da função, então a função continua a ser a mesma, embora o CONCEITO associado a ela tenha sido alterado. Quando se fala de função de um conjunto dado para um outro conjunto, pretende-se dizer que a função tem o primeiro conjunto como domínio e que o seu contradomínio está no segundo conjunto, embora este possa ter outros objetos além dos que formam o contradomínio. A notação para representar o valor de uma função é formada pelo nome da função seguido pelo do argumento, e assim, se f é uma função e x está no domínio de f, a expressão $f(x)$ denota o valor de f para o argumento x.

Uma função binária é uma função que a um par ordenado de argumentos faz corresponder um único valor, o valor da função para o par ordenado. O mesmo princípio da extensionalidade é válido para funções binárias, e assim duas funções binárias são idênticas se, tendo o mesmo domínio, têm para cada par ordenado de argumentos o mesmo valor. Duas funções binárias f e g são reciprocamente conversas se as condições seguintes são satisfeitas: I) o par ordenado $<x, y>$ pertence ao domínio de f se, e somente se, o par ordenado $<y, x>$ pertence ao domínio de g e II) para todo o $<x, y>$ tal que o par ordenado $<x, y>$ pertence ao domínio de f, o valor de $f(x, y)$ é igual ao de $g(y, x)$. Em particular diz-se que uma função binária é simétrica se é igual à sua conversa. As definições e os conceitos de extensionalidade, conversão recíproca e simetria deixam-se generalizar a funções de n argumentos. *Ver também* PAR ORDENADO; DOMÍNIO; CONTRADOMÍNIO. **MSL**

FREGE, Gottlob. *Begriffsschrift, eine der arithmetischen nachgebildete Formelsprache des reinen Denkens*. Halle: Louis Nebert, 1879. Reimp. *in* Frege, Gottlob. *Begriffsschrift und andere Aufsätze*. Ignácio Angelelli (org.). Darmstadt: Wissenschaftliche Buchgesellschaft, 1971, pp. VIII-88. Trad. ingl. "*Begriffsschrift*, a formula language, modeled upon that of arithmetic, for pure thought". Trad. Jean van Heijenoort *et al.*, *in* Van Heijenoort, Jean (org.). *From Frege to Gödel: a Source Book in Mathematical Logic, 1879-1931* [1967]. 4.ª reimp. Cambridge/Londres: Harvard University Press, 1981, pp. 1-82.

função de verdade

Ver CÁLCULO PROPOSICIONAL.

função injetiva

Em uma função injetiva, também conhecida como função um-um, a membros distintos do conjunto de partida correspondem membros distintos do conjunto de chegada. Ou seja, sendo X o conjunto de partida e Y o de chegada, nenhum de dois ou mais membros de X podem corresponder ao mesmo membro de Y.

função proposicional

Termo técnico cunhado por Bertrand Russell e por ele utilizado para referir qualquer função que possua a seguinte característica: a um objeto ou a uma seqüência de objetos tomados como argumentos, a função faz corresponder uma única proposição como valor para esses argumentos. Assim, p. ex., a função proposicional unária *x bebeu a cicuta*, para o indivíduo Sócrates como argumento, tem como valor a proposição *Sócrates bebeu a cicuta*; e a função proposicional binária *x é irmão de y*, para o par de indivíduos Rômulo e Remo como argumentos, tem como valor a proposição *Rômulo é irmão de Remo*. Em geral, dados objetos como argumentos, uma função proposicional gera como valor uma proposição que é acerca desses objetos.

Uma função proposicional não é, em si mesma, algo que seja verdadeiro ou falso. Só é verdadeira ou falsa relativamente a uma escolha ou atribuição de objetos como argumentos, o que é o mesmo que dizer que aquilo que é verdadeiro ou falso são de fato as proposições resultantes de aplicações da função proposicional a objetos; a função proposicional *x bebeu a cicuta*, p. ex., é verdadeira para Sócrates e falsa para Teeteto como argumento.

Por vezes, Russell aplica o termo "função proposicional" a itens lingüísticos, designadamente a predicados ou frases abertas como "*x* bebeu a cicuta" e "*x* é irmão de *y*", e não às funções extralingüísticas de objetos para proposições a eles associadas. Funções proposicionais são, nesse sentido, funções lingüísticas: a termos singulares ou seqüências de termos singulares tomados como argumentos, elas fazem corresponder frases como valores (ou então proposições na acepção lingüística da palavra, à qual Russell também recorre). Por conseguinte, no MODO FORMAL, diríamos que a função proposicional unária "*x* bebeu a cicuta", para o termo "Sócrates" como argumento, gera como valor a proposição "Sócrates bebeu a cicuta"; e que a função proposicional binária "*x* é irmão de *y*", para o par de termos "Rômulo" e "Remo" como argumentos, gera como valor a proposição "Rômulo é irmão de Remo".

Uma característica interessante de funções proposicionais russellianas é a de que se trata de entidades que possuem predicados modais, predicados como "necessário", "possível", "impossível", etc., caracterizados da seguinte maneira (em termos de certas quantificações universais ou existenciais). Uma função proposicional é necessária quando é verdadeira para todas as atribuições de objetos como argumentos; é possível quando é verdadeira para algumas atribuições de objetos como argumentos; é impossível quando é verdadeira para nenhuma atribuição de objetos como argumentos; etc. P. ex., a função proposicional *se x bebeu a cicuta, então x bebeu a cicuta* é necessária, a função proposicional *x é um unicórnio* é impossível, e a função proposicional *x voa* é possível.

Funções proposicionais são elas próprias objetos e podem assim, desde que determinadas restrições bem conhecidas sejam respeitadas, servir de argumentos para outras funções proposicionais. Quando os objetos que uma função proposicional pode receber como argumentos são indivíduos, diz-se que a função proposicional é de nível um; *x voa* e *x é irmão de y* são assim funções proposicionais de nível um. Quando os objetos em questão são funções proposicionais de nível um, diz-se que a função proposicional é de nível dois; e assim por diante. Para Russell, um exemplo típico de uma função proposicional de nível dois (ou de nível superior a dois) é a existência. Trata-se daquela função proposicional que, para uma função proposicional de nível um dada como argumento, determina uma proposição como valor de acordo com a seguinte regra: a proposição determinada é verdadeira quando a função proposicional de nível um é verdadeira para pelo menos uma atribuição de objetos como argumentos; caso contrário, é falsa. Assim, uma afirmação de existência como "Unicórnios existem" é parafraseável à maneira russelliana como uma afirmação de segunda ordem, uma afirmação acerca de uma função proposicional, a função *x é um unicórnio*. O que a afirmação estabelece é que essa função resulta em uma verdade para pelo menos um objeto como argumento; como a condição não é de fato satisfeita, a afirmação é falsa. Formulada em termos dos predicados modais de funções proposicionais antes introduzidos, a idéia russelliana da existência como um predicado de predicados é a seguinte. Trata-se daquela função proposicional que, para uma função proposicional dada como argumento, gera uma proposição verdadeira quando essa função proposicional é possível; e gera uma proposição falsa quando essa função proposicional é impossível.
Ver também FÓRMULA ABERTA; EXISTÊNCIA; CONCEITO/OBJETO. JB

Russell, B. *The Principles of Mathematics*. Cambridge: Cambridge University Press, 1903, vol. I, cap. VII.

____ e Whitehead, A. N. *Principia Mathematica*. Cambridge: Cambridge University Press, 1910, cap. II da Introdução.

funcionalismo

Em filosofia da mente, o funcionalismo é a doutrina de acordo com a qual o conceito de estado mental se deixa elucidar à custa do conceito de estado funcional. Um estado funcional, por sua vez, se deixa especificar em termos do lugar que ocupa na descrição funcional de uma estrutura. Classifica-se determinada descrição de uma estrutura como descrição funcional dela caso seja feita em termos da apresentação das relações existentes entre as partes ou estados que a compõem, independentemente de quais possam ser os modos por meio dos quais essa estrutura e as suas partes ou estados se encontram realizadas materialmente. De acordo com a definição de Putnam, duas descrições funcionais são consideradas equivalentes caso seja possível estabelecer uma correspondência biunívoca entre os estados descritos em uma das descrições e os estados descritos na outra descrição que seja tal que preserve as relações funcionais que caracterizam cada um desses estados. Um exemplo típico de descrição funcional é um fluxograma. Com efeito, o fluxograma é uma forma de representar as relações seqüenciais que têm que se verificar entre diferentes estados de uma máquina ou de uma organização humana de modo que ela seja capaz de levar a cabo certas tarefas previamente especificadas. A esse gênero de objeto representado por um fluxograma chama-se habitualmente um "programa". Desse modo, pode dizer-se que uma descrição funcional é a descrição de um programa.

Uma das particularidades que caracterizam a idéia de um programa é sua múltipla realizabilidade, isto é, um mesmo programa pode ser ativado em diferentes objetos físicos não apenas numericamente distintos entre si, mas também fisicamente distintos. Há programas informáticos, p. ex., que admitem ser realizados tanto por um computador eletrônico como por um computador mecânico. Foi a tomada de consciência em teoria da computação da autonomia do programa em relação à sua realização física, isto é, da autonomia do plano do *software* em relação ao plano do *hardware*, que levou alguns filósofos, em particular Putnam, a desenvolver a idéia segundo a qual uma descrição psicológica seria um tipo particular de descrição funcional ou de descrição de um programa. Desse modo, a relação existente entre a mente e o cérebro seria semelhante à que existiria entre o *software* e o *hardware* de um computador. De acordo com o ponto de vista funcionalista, se se viesse a revelar correta, essa idéia permitiria alcançar um resultado filosófico de primordial importância, a saber, o de, simultaneamente, integrar o discurso psicológico no contexto de um ponto de vista materialista e preservar um lugar específico e irredutível para esse discurso nesse contexto. Desse ponto de vista, portanto, a existência de estados mentais não deveria pôr ao filósofo materialista mais problemas ontológicos do que aqueles que são postos a ele pela existência de programas informáticos; em simultâneo, a preservação, no contexto das ciências da natureza, de uma ciência especificamente psicológica seria tão legítima como o é a preservação de uma ciência independente da computação no contexto da engenharia de máquinas.

Dissemos anteriormente que a descrição funcional de uma estrutura descreve-a apenas em termos da apresentação das relações que se formam entre os estados ou partes que a compõem. É, todavia, possível encontrar diferentes relações que se formam entre as partes ou estados de uma estrutura, não sendo todas elas igualmente relevantes para alcançar uma compreensão global dela. No caso da interpretação funcional de uma descrição psicológica, a relação entre os estados nela descritos cuja consideração o ponto de vista funcionalista defende ser determinante para que se possa alcançar uma compreensão do objeto alvo da descrição é a relação de seqüência causal. Assim, qualquer estado mental deveria ser caracterizado pelo seu papel causal na seqüência de estímulos, estados interiores e respostas no interior da qual ocorre. Apenas para dar um exemplo, o estado mental que habitualmente se designa pelo termo "enxaqueca" deixar-se-ia caracterizar, de acordo com esse ponto de vista, como aquele estado que, no interior de uma seqüência apropriada de fenômenos físicos, mentais e comportamentais, é deflagrado por aquelas condições que normalmente se considera que deflagram enxaquecas, e deflagra aquilo habitualmente considerado comportamento de enxaqueca e aquilo considerado habitualmente os efeitos físicos e mentais da enxaqueca. Como se pode constatar, essa definição não toma partido, no modo como caracteriza o estado mental em causa, pelo aspecto particular que este assume, quando realizado no corpo humano. Para sua definição, é apenas relevante a consideração do lugar que o estado em causa ocupa em determinada seqüência causal. A determinação rigorosa desse lugar poderia, por sua vez, ser efetuada por meio do método da RAMSEYFICAÇÃO da teoria psicológica no seio da qual o termo "enxaqueca" seria introduzido.

É, portanto, natural que, com base no estabelecimento desse critério de identidade para estados mentais, os filósofos funcionalistas não vejam nenhum obstáculo de princípio a que se possam atribuir com sentido enxaquecas a computadores ou robôs, apesar de, do ponto de vista ontológico, os tecidos vivos que compõem o cérebro humano e os materiais, como o silicone, que compõem um cérebro eletrônico, nada terem em comum. Uma interpretação funcionalista da psicologia permitiria assim libertar o discurso psicológico do caráter antropochauvinista que lhe seria necessariamente conferido pela adoção de um ponto de vista que identificaria simplesmente estados mentais com estados neurofisiológicos do cérebro humano. Esse ponto de vista, também conhecido por teoria da identidade tipo-tipo (isto é, uma teoria que afirma a identidade de cada tipo de estado ou processo mental com um dado tipo de estado ou processo neurofisiológico), é característico das posições materialistas pré-funcionalistas acerca da mente. Isso não significa, no entanto, que, para os funcionalistas, não seja possível estabelecer alguma relação de identidade entre estados e processos mentais e estados e processos físicos. Aquilo que acontece é que a relação de identidade que, de acordo com eles, é efetivamente possível determinar entre estados mentais e estados físicos não é aquela que se encontra caracterizada na teoria da identidade tipo-tipo. Todavia, a definição positiva dessa relação de identidade suscita uma divisão nas fileiras funcionalistas. Essa divisão consiste no seguinte.

A linhagem de filósofos funcionalistas que descende de Putnam defende, a esse respeito, um ponto de vista a que se chama, habitualmente, teoria da identidade exemplar-exemplar. Essa teoria afirma a identidade momentânea de cada exemplar de determinado tipo de estado ou processo mental com aquele exemplar de qualquer tipo de estado ou processo físico, que poderá ser de caráter neurofisiológico, eletrônico ou de outro ainda desconhecido, que, a cada momento, e independentemente de qual seja o tipo a que esse exemplar físico efetivamente pertença, realiza materialmente o exemplar mental em causa. Dado o caráter apenas momentâneo que essa identidade entre exemplares assumiria, o caráter específico de determinado estado ou processo mental ser-lhe-ia então integralmente conferido pela sua caracterização funcional, isto é, determinado estado mental seria essencial e exaustivamente caracterizado como determinado estado funcional, independentemente do conhecimento de quaisquer pormenores acerca da sua implementação física ou fisiológica. Isso permitiria então afirmar a existência de um nível psicológico de realidade com uma espessura ontológica própria e irredutível. Esse é o ponto de vista habitualmente caracterizado como o da identidade funcional pura de estados mentais.

A linhagem de filósofos funcionalistas que descende de David Lewis defende, a esse respeito, um ponto de vista que se poderia caracterizar pela designação "teoria da identidade tipo-tipo relativizada a espécies". Essa teoria defende que existe não apenas uma identidade momentânea entre cada exemplar mental que efetivamente se materializa e cada exemplar físico que efetivamente o materializa, mas também que existe uma identidade entre tipos mentais e tipos físicos no interior de cada espécie (animal, p. ex.). Desse ponto de vista, haveria, na espécie humana, p. ex., uma efetiva identidade entre dado tipo de estado mental e dado tipo de estado neurofisiológico. Isso não seria, todavia, impeditivo de que, em outras espécies, um mesmo tipo de estado mental, isto é, um estado mental cujo lugar na seqüência causal fosse o mesmo ou aproximadamente o mesmo que o ocupado pela sua contraparte na espécie humana, pudesse ser realizado materialmente por um outro tipo de estado físico (outro gênero de estado neurofisiológico, um estado eletrônico, etc.). Desse ponto de vista, uma descrição psicológica seria assim, ela própria, relativizada a determinada espécie e, em vez de uma psicologia universal, haveria apenas maiores ou menores semelhanças entre psicologias específicas. Uma descrição psicológica seria assim apenas um modo particular (isto é, funcional) de descrever determinada realidade física subjacente, nomeadamente, aquela que seria constituída por aquele estado ou estados físicos que realizariam dado estado funcional ou mental ou seqüência de estados funcionais ou mentais em dado organismo ou máquina; essa realidade admitiria ser igualmente descrita por intermédio de uma outra descrição de caráter puramente físico ou fisiológico, sem que nada de essencial se perdesse com essa mudança. Uma descrição funcional seria então apenas um modo particular de falar acerca da realidade física subjacente. Esse é habitualmente caracterizado como o ponto de vista da especificação funcional de estados mentais. De acordo com ele, não se poderia assim considerar que existiria verdadeiramente um nível de realidade especificamente psicológico com uma espessura ontológica própria e irredutível.

A discussão entre esses dois pontos de vista estabelece-se em torno das seguintes questões. Os defensores do ponto de vista da identidade funcional pura acusam os defensores do ponto de vista da especificação funcional de serem apenas pseudo-funcionalistas, uma vez que, segundo esses últimos, uma descrição psicológica de dado segmento da realidade não seria uma descrição essencial desse segmento da realidade, mas tão-só um modo, entre outros, de o descrever. Os defensores do ponto de vista da especificação funcional acusam os defensores do ponto de vista da identidade funcional pura de serem dualistas encapuzados, pois, argumentam eles, é-lhes impossível escapar a uma perspectiva epifenomenalista acerca da mente; isso porque a sua insistência em salvaguardar uma espessura ontológica própria para os fenômenos psicológicos é acompanhada por uma incapacidade essencial em explicar como esses fenômenos, tal como são caracterizados pela teoria que os descreve de maneira essencial, poderiam efetivamente ser dotados de qualquer eficácia causal não redutível ao papel causal dos estados físicos que os realizariam; ora, a defesa de que existiria uma região ontológica autônoma e irredutível, que se encontraria, todavia, fora da cadeia causal, é precisamente a contenção essencial do dualismo epifenomenalista.

Outra questão que se levanta a propósito do ponto de vista funcionalista é a do conteúdo da teoria psicológica como objeto de uma interpretação funcional. Enquanto, para Putnam, essa era uma questão em aberto, a ser decidida pela investigação empírica relevante, para David Lewis e para muitos funcionalistas da linhagem de Putnam, essa teoria teria um conteúdo predeterminado, nomeadamente aquele que caracteriza a chamada "psicologia popular". Ela consistiria, por sua vez, no conjunto de processos aparentemente definitórios e explicativos por meio dos quais a linguagem vulgar caracteriza e relaciona estados e processos mentais com estímulos, comportamentos e ações.

Duas objeções fundamentais são habitualmente levantadas contra o ponto de vista funcionalista em geral. Em primeiro lugar, e de acordo com os critérios de identidade apresentados antes, um dos aspectos que parece ser fundamental para a caracterização intuitiva de estados mentais do gênero de sensações, ou seja, a referência à experiência subjetiva que a ocorrência da sensação provoca naquele que a sente, não é um aspecto tomado em consideração na definição funcionalista, de qualquer das variantes, de um estado mental. Ao contrário da tradição cartesiana, o funcionalismo considera assim que nem o ser dado à consciência nem o modo de ser dado à consciência constituem critérios a utilizar na definição do que é e o que não é mental. Esse ponto de vista deu origem a inúmeras manifestações de insatisfação baseadas precisamente na contestação da legitimidade de ignorar os aspectos dos estados e processos mentais associados à sua presença à consciência na definição dos critérios de identidade para eles. Nomeadamente, argumenta-se que se a elucidação do caráter vivencial que acompanha o funcionamento da mente humana é deixada de fora de uma interpretação funcionalista da psicologia, então esta terá optado por deixar de fora do seu alcance explicativo um aspecto que se encontra inegavelmente associado ao modo como o seu objeto de estudo se apresenta para uma classe importante de criaturas dotadas de mente, nomeadamente os seres humanos; assim sendo, não se pode de forma alguma dizer que uma interpretação funcionalista da psicologia tenha alcançado o objetivo de integrar todo o discurso cognitivo acerca da mente no contexto das ciências da natureza e, por conseguinte, no contexto de um ponto de vista materialista. Com efeito, a despeito das restrições unilateralmente decididas pela interpretação funcionalista da psicologia, continuaria a ser possível produzir um discurso com valor cognitivo acerca do aspecto vivencial assumido nos seres humanos pela ocorrência neles de estados e processos mentais sem que alguém tenha alguma idéia de como possa ser possível integrar tal conhecimento no contexto materialista definido pelo ponto de vista objetivista que caracteriza as ciências da natureza.

A segunda objeção de monta contra a perspectiva funcionalista consiste na objeção de que esta seria incapaz de apresentar uma caracterização minimamente satisfatória do fenômeno da intencionalidade. Com efeito, uma das características que parece distinguir essencialmente uma grande classe de estados mentais como desejos, crenças, expectativas, etc., é o fato de esses estados terem um conteúdo semântico, isto é, serem portadores de sentido. Ora, não parece ser de forma alguma possível reduzir o sentido de dado estado intencional ao seu papel causal em dada seqüência de estímulos, estados mentais e comportamentos. Algumas das objeções específicas por meio das quais essa objeção de caráter geral se materializa são as seguintes.

Em primeiro lugar, a objeção da infinitude. Esta consiste na constatação de que é em princípio possível atribuir tantos conteúdos a estados mentais intencionais quantas as proposições que podem ser referidas pelo dispositivo lingüístico das frases declarativas. Ora, estas são em número infinito. Logo, se o conteúdo de um estado mental é fundamental para sua individuação, então, dado que o critério de individuação funcionalista para estados mentais é o critério do papel causal por eles desempenhado, teria de ser possível, para poder traduzir funcionalmente o sentido de cada estado intencional, fazer corresponder cada conteúdo intencional distinto a um papel causal distinto e, por conseguinte, a um estado funcional distinto. Ora, cada estado funcional é, em princípio, logicamente independente de qualquer outro estado funcional. Todavia, parece ser manifestamente impossível que seres finitos como nós possam elaborar ou ter elaborado uma teoria cujo conteúdo consistisse na caracterização exaustiva de um conjunto infinito de estados logicamente independentes uns dos outros. Do mesmo modo, parece ser manifestamente impossível que objetos finitos tais como o cérebro humano possam realizar materialmente, mesmo que apenas em princípio, um número infinito de estados funcionais logicamente independentes uns dos outros.

Em segundo lugar, a resposta de que a individuação funcional de estados intencionais poderia não concordar com a individuação deles de acordo com o seu conteúdo proposicional não se encontra à disposição da maioria dos funcionalistas, que defendem, como vimos, que a teoria psicológica a ser alvo da interpretação funcional é a psicologia popular, que se caracteriza, precisamente, por individuar estados mentais como crenças, desejos, expectativas, etc., de acordo com o seu conteúdo proposicional.

Em terceiro lugar, dado que parece ser intuitivamente possível ter-se, p. ex., duas crenças com conteúdos intencionais intuitivamente diferentes sem que nenhuma diferença de caráter causal externo (isto é, no padrão de estimulações e de comportamentos) acompanhe a presença de cada uma dessas crenças em um indivíduo, a única diferença causal que poderia assim ser determinada entre essas crenças seria uma diferença nas conexões causais internas. Essas conexões causais internas seriam as conexões que cada crença teria com outras crenças e outros estados mentais. Ora, as relações de seqüência causal que, p. ex., determinada crença pode ter com outras crenças parecem estar sujeitas a variações interindividuais de tal modo grandes que a tentativa de discernir um padrão claro de seqüência parece ser tarefa completamente inútil.

A reação funcionalista a essa última objeção é a de assumir uma posição reconstrutiva, no sentido em que estipula qual é, entre todas as seqüências causais interiores associadas à formação de determinada crença, aquela que desempenha de fato um papel na definição do conteúdo da crença em questão. A seqüência efetivamente selecionada pelos filósofos funcionalistas para desempenhar esse papel é invariavelmente a seqüência inferencial. Desse modo, enquanto o caráter de ser uma crença de uma crença seria determinado apenas pelas suas relações com os estímulos e estados mentais de outro tipo que ocorreriam, em um extremo, e com os estados mentais de outro tipo e comportamentos que ocorreriam, no outro extremo, o conteúdo da crença seria caracterizado pela relação inferencial na qual esta se encontraria com outras crenças. Essa resposta à terceira objeção mencionada anteriormente pode também ser vista como uma resposta possível às duas objeções anteriores. Com efeito, se o conteúdo de um estado mental do gênero de uma crença é para ser determinado por meio da determinação das conexões inferenciais que o suscitam e que ele suscita, isso significa que deverá ser possível determinar um modo recursivo de identificação do conteúdo de crenças. Essa tese permitiria assim responder à objeção da infinitude, por um lado, e, por outro lado, preservar a relação de isomorfismo com o modo como as diversas proposições de um sistema proposicional se relacionam inferencialmente umas com as outras, a existência da qual é precisamente um dos pressupostos da chamada psicologia popular.

Esse programa defronta-se, todavia, com duas dificuldades fundamentais. A primeira é a introduzida por argumentos do gênero do argumento da TERRA GÊMEA, desenvolvido pelo próprio Putnam contra seu ponto de vista inicial. De acordo com esse argumento, não parece ser de forma alguma possível fixar a referência de itens que representem gêneros naturais apenas com base na identificação das conexões causais e inferenciais nas quais determinados conteúdos de estados intencionais se encontrariam com outros conteúdos de estados intencionais, *inputs* e *outputs*. Isso aconteceria devido ao fato de haver um componente INDEXICAL essencial na determinação do sentido de itens referenciais, que teria como conseqüência a necessidade de introduzir a consideração das circunstâncias ambientais externas na determinação do conteúdo das crenças de dada criatura que fizessem referência a gêneros naturais. Caso esse argumento seja válido, é de fato impossível a uma interpretação puramente funcionalista da psicologia esclarecer o fenômeno da intencionalidade.

A segunda dificuldade fundamental surge em associação com a necessidade de definir o caráter das relações inferenciais relevantes. Com efeito, a concepção de que essas conexões inferenciais reproduziriam as conexões inferenciais determinadas pelos sistemas da lógica de primeira ordem ou da teoria das probabilidades é extremamente vulnerável a objeções baseadas na observação de que só à custa de uma complexidade computacional literalmente astronômica seria possível implementar sistemas minimamente complexos de crenças nos quais a determinação do conteúdo de cada crença estivesse dependente da existência de tais conexões inferenciais entre essa crença e as outras crenças do sistema. Por outro lado, a sugestão de que se deveria usar como modelo do sistema de conexões inferenciais com efetiva existência psicológica apenas uma fração das teorias formais anteriormente mencionadas choca-se com o fato de não existir nenhuma fronteira objetiva que separe conexões inferenciais essenciais de conexões inferenciais inessenciais com base na qual pudessem ser discriminadas aquelas conexões inferenciais cuja presença poderia ser considerada como devendo influir na determinação do conteúdo de estados intencionais daquelas outras que poderiam ser consideradas dispensáveis para a determinação desse conteúdo. AZ

BLOCK, N. "Can the Mind Change the World?" *in* Boolos, G. (org.). *Meaning and Method*. Cambridge: Cambridge University Press, 1990

____. "Troubles with Functionalism", *in* Block, N. (org.). *Readings in Philosophy of Psychology*. Londres: Methuen, 1980, pp. 268-305.

____. "What is Functionalism?", *in* Block, N. (org.). *Readings in Philosophy of Psychology*. Londres: Methuen, 1980, vol. I, pp. 171-84.

BURGE, T. "Individualism and Psychology", *in The Philosophical Review*, XCV, 1986.

FODOR, J. "The Mind-Body Problem", *in Scientific American*, 244, 1981, pp. 124-32.

LEWIS, D. "An Argument for the Identity Theory", *in Journal of Philosophy*, 63, 1966, pp. 17-25.

____. "Psychophysical and Theoretical Identifications", *in Australasian Journal of Philosophy*, 50, 1972, pp. 249-58.

____. "Mad Pain and Martian Pain", *in* Block, N. (org.). *Readings in Philosophy of Psychology*. Londres: Methuen, 1980, vol. I, pp. 216-22.

PUTNAM, H. "Philosophy and our Mental Life", *in Mind, Language and Reality*. Cambridge: Cambridge University Press, 1975, pp. 291-303.

____. *Representation and Reality*. Cambridge: MIT Press, 1988.

____. "The Nature of Mental States", *in* Block, N. (org.). *Readings in Philosophy of Psychology*. Londres: Methuen, 1980, vol. I, pp. 223-31.

STICH, S. *From Folk Psychology to Cognitive Science*. Cambridge: MIT Press, 1985.

funções parciais

Quando se estuda uma classe de funções cujos argumentos podem apenas variar em um conjunto não-vazio A, que assim desempenha um papel universal em relação à classe (o domínio de uma função de n variáveis da classe é, pois, um subconjunto de A^n), torna-se por vezes conveniente designar por "funções totais" aquelas que, sendo *n* o número das suas variáveis, têm por domínio todo o conjunto A^n. Alguns usam então o termo "parcial" para indicar que o domínio pode ser qualquer, outros para indicar que a função não é total. Adotaremos aqui a primeira atitude, e apenas nos interessa o caso em que A é o conjunto dos naturais.

Sendo **P** o conjunto dos números naturais (que inclui o 0), $\mathbf{P}^n = \mathbf{P} \times \ldots \times \mathbf{P}$ (*n* vezes) é o conjunto das ênuplas $<x_1,\ldots, x_n>$ com $x_1,\ldots, x_n \in \mathbf{P}$. $\mathbf{P}^0 = \{\varnothing\}$ é um conjunto de um só elemento, elemento esse que é o conjunto vazio (convenciona-se que uma 0-upla é o vazio). Para $n > 0$, uma função *n*-ária denota aqui uma função $f : D \to \mathbf{P}$, onde $D \subseteq \mathbf{P}^n$ é um subconjunto de $\mathbf{P}^n$. D diz-se o domínio da função e quando $<x_1,\ldots, x_n> \in D$, isto é, quando a ênupla pertence ao domínio da função, a função diz-se definida, e caso contrário diz-se indefinida. O termo "função" denota aqui uma função *n*-ária para algum *n*. Quando o domínio de uma função é o maior possível, ou seja, para uma função *n*-ária quando $D = \mathbf{P}^n$, a função diz-se total; está então definida para toda a ênupla $<x_1,\ldots, x_n> \in \mathbf{P}^n$. Quando se quer enfatizar o fato de que uma função não é necessariamente total, podendo sê-lo ou não, usaremos o termo "função parcial". Note que aqui o termo "função parcial" é usado com o mesmo significado que "função", como acontece com alguns autores (como se disse, há quem use o termo para designar uma função que não é total).

Se *f* é uma função 0-ária, o seu domínio ou tem um elemento, ou é vazio, não tendo nenhum elemento. No primeiro caso *f* é total, toma apenas um valor e *f* será identificada com esse valor. Por meio dessa identificação, as funções 0-árias totais são precisamente os números naturais. No segundo caso *f* não é total e há apenas uma função 0-ária não-total, que é a função sempre indefinida que denotamos por ∞. O conjunto das funções 0-árias é assim $\mathbf{P} \cup \{\infty\}$. Quando a função é 0-ária, poderemos usar ( ) para denotar os seus argumentos (0 neste caso).

Assim $a( ) = a$ para cada $a \in \mathbf{P}$ e $\infty( ) = \infty$. O fato de uma função *n*-ária não ter sempre o mesmo domínio pode trazer por vezes alguns inconvenientes de ordem técnica. Pode contudo associar-se com cada função *n*-ária $f : D \to \mathbf{P}$ uma função $\bar{f} : (\mathbf{P} \cup \{\infty\})^n \to \mathbf{P} \cup \{\infty\}$ definida do modo seguinte

$$\bar{f}(x_1, \ldots x_n) = \begin{cases} f(x_1, \ldots, x_n) & \text{se } <x_1, \ldots, x_n> \in D \\ \infty & \text{se } <x_1, \ldots, x_n> \notin D \end{cases}$$

$\bar{f}$ é uma operação *n*-ária em $\mathbf{P} \cup \{\infty\}$, existindo uma correspondência biunívoca entre funções *n*-árias parciais e operações *n*-árias em $\mathbf{P} \cup \{\infty\}$, que tomam o valor ∞ sempre que um dos argumentos é ∞. Por meio dessa correspondência f e $\bar{f}$ podem ser identificadas (conhecendo-se f conhece-se $\bar{f}$ e reciprocamente) e doravante não distinguiremos f de $\bar{f}$, usando a mesma letra, *f*. Como conseqüência dessa convenção $D = \{<x_1,\ldots, x_n> : f(x_1,\ldots, x_n) \neq \infty\}$ $<x_1,\ldots, x_n> \notin \text{dom } f \leftrightarrow f(x_1,\ldots,x_n) = \infty$. Conseqüentemente, como $<x_1,\ldots, x_n> \in (\mathbf{P} \cup \{\infty\})^n \setminus (\mathbf{P}^n \to <x_1,\ldots, x_n> \notin \text{dom } f$, tem-se $<x_1,\ldots, x_n> \in (\mathbb{P} \cup \{\infty\})^n \setminus \mathbb{P}^n \to f(x_1,\ldots, x_n) = \infty$. *f* é total se, e somente se, $f(x_1,\ldots, x_n) \neq \infty$ para quaisquer $x_1,\ldots, x_n \in \mathbf{P}$.

f está definida para a ênupla $<x_1,\ldots, x_n>$ se, e somente se, $f(x_1,\ldots, x_n) \neq \infty$ e não está definida se, e somente se, $f(x_1,\ldots, x_n) = \infty$. Conhecendo o valor de *f* em $\mathbf{P}^n$, conhece-se o valor de *f* em $(\mathbf{P} \cup \{\infty\})^n$. A função *n*-ária sempre indefinida denota-se por ∞^n e é a função *n*-ária com domínio vazio ou, equivalentemente, tal que $\infty^n(x_1,\ldots, x_n) = \infty$ quaisquer que sejam $(x_1,\ldots, x_n) \in \mathbf{P}$. NG

BELL, J. L. e MACHOVER, M. *A Course in Mathematical Logic*. Amsterdam: North-Holland, 1977.

KLEENE, S. C. *Introduction to Metamathematics*. Amsterdam: North-Holland, 1967.

funções recursivas

Para $n \geq 1$, as igualdades em R1, R2 e R3 a seguir definem concretamente certas funções, enquanto as de R4, R5 e R6 definem

funções recursivas

novas funções com o auxílio de funções já conhecidas: R1) $S(x) = x + 1$; R2) $\tilde{0}(x) = 0$; R3) $I_i^n (x_1,\ldots, x_n) = x_i$ para $i = 1,\ldots, n$; R4) $f(x_1,\ldots, x_n) = h(g_1 (x_1,\ldots, x_n) ,\ldots, g_m (x_1,\ldots, x_n))$.

A função n-ária f, é definida com o auxílio das funções $g_1,\ldots, g_m, h$, onde $g_1,\ldots, g_m$ são funções n-árias e h é uma função m-ária.

R5)
$$5.0 \begin{cases} f(0) = a \\ f(y + 1) = h(y, f(y)) \end{cases}$$
$$5.1 \begin{cases} f(0, x_1, \ldots, x_n) = g(x_1, \ldots, x_n) \\ f(y + 1, x_1, \ldots, x_n) = \\ \quad = h(y, f(y, x_1, \ldots, x_n), x_1, \ldots, x_n) \end{cases}$$

A função $n + 1$-ária f é definida em 5.0 ($n = 0$) a partir do número natural a e da função binária h e em 5.1 com o auxílio da função n-ária g e da função $n + 2$-ária h.

R6) $f(x_1,\ldots, x_n) = \mu_y g(x_1,\ldots, x_n, y)$

A função n-ária f é definida à custa da função n-ária g. A função definida pela igualdade de R1, que é uma função unária, diz-se a função sucessor. A função definida pela igualdade de R2, que é uma função unária, diz-se a função nula. Para cada $n \geq 1$ e cada $i = 1,\ldots, n$ a igualdade de R3, define uma função n-ária chamada a i-ésima projeção n-ária. Há n projeções n-árias $I_1^n, I_2^n, \ldots, I_n^n$. R3 define assim uma infinidade de funções, que têm o nome comum de "projeções".

As funções definidas pelas igualdades de R1, R2 e R3 dizem-se as funções iniciais (também têm sido chamadas funções básicas). R4, R5 e R6 dizem-se esquemas de definição. Eles não definem funções específicas, mas permitem definir novas funções com o auxílio de funções dadas. O esquema R4 diz-se o esquema de composição e a função f obtida por ele diz-se a função obtida de $h, g_1, g_2,\ldots, g_m$ por composição. O esquema R5 diz-se o esquema de recorrência primitiva, e a função f obtida por ele diz-se a função obtida de g e h (de a e h no caso do esquema 5.0) por RECORRÊNCIA PRIMITIVA. O esquema R6 diz-se o esquema de minimização (ver OPERADOR DE MINIMIZAÇÃO), e a função f obtida por ele diz-se a função obtida de g por minimização. Os esquemas R4, R5 e R6 dizem-se os esquemas iniciais.

Uma função diz-se recursiva se, e somente se, puder ser obtida a partir das funções iniciais por aplicações sucessivas dos esquemas de composição, recorrência primitiva e minimização. Uma função diz-se primitivamente recursiva se, e somente se, puder ser obtida a partir das funções iniciais por aplicações sucessivas dos esquemas de composição e recorrência primitiva (excluindo, pois, minimização).

Dito por outras palavras: a classe das funções recursivas é a menor classe de funções que contêm a função nula, a função sucessor e as projeções, e é fechada para as operações de composição, recorrência primitiva e minimização. Analogamente para a classe das funções primitivamente recursivas. Se admitirmos funções 0-árias o esquema 5.0 é dispensado, pois ele é o caso particular do esquema 5.1 quando $n = 0$. A função g, sendo então 0-ária, é uma constante. Neste caso convém substituir o esquema R2 por R2.0) $\tilde{0}( ) = 0$. Por outras palavras, em vez da função unária de valor 0, adota-se a função 0-ária de valor 0. A função unária $\tilde{0}$ pode agora ser obtida por recorrência primitiva.

$$\begin{cases} \tilde{0}(0) = \tilde{0}( ) = 0 \\ \tilde{0}(y + 1) = I_2^2 (y, \tilde{0}(y)) \end{cases}$$

A partir de R2, R1 e R3 e do esquema R4, obtêm-se todas as funções constantes. A função constante n-ária de valor q denota-se por C_q^n, e é a função definida por $C_q^n (x_1,\ldots, x_n) = q$. As funções constantes unárias são obtidas do modo seguinte:

$$C_0^1 = \tilde{0}$$

e

$$C_1^1(x) = S(C_0^1(x)), \; C_2^1(x) = S(C_1^1(x)),$$
$$C_3^1(x) = S(C_2^1(x)), \ldots$$

funções totais

De modo geral C_{i+1}^1 obtém-se de C_i^1 pelo esquema de composição com $m = n = 1$, $h = S$ e $g_1 = C_i^1$. Uma vez obtidas as funções constantes unárias, as funções constantes n-árias são obtidas por composição

$$C_q^n(x_1, ..., x_n) = C_q^1(I_1^n(x_1, ..., x_n)).$$

Também a função n-ária sempre indefinida ∞^n é recursiva pois $\infty^n(x_1, ..., x_n) = \mu_y S(I_{n+1}^{n+1}(x_1, ..., x_n, y))$ para $n \geq 0$. **NG**

Bell, J. L. e Machover, M. *A Course in Mathematical Logic*. Amsterdam: North-Holland, 1977.
Cutland, N. J. *Computability*. Cambridge: Cambridge University Press, 1980.
Kleene, S. C. *Introduction to Metamathematics*. Amsterdam: North-Holland, 1967.

funções totais

Ver funções parciais.

functor

Tipo de símbolo que, de acordo com algumas especificações da linguagem formal para a habitual lógica de predicados, integra o léxico dessa linguagem. Sintaticamente, um functor – ou uma letra funcional, como também se lhe chama – é a expressão de uma linguagem, a qual, ao ser prefixada a um número n (com n maior ou igual a 0) de termos (abertos ou fechados) dessa linguagem, gera um termo (aberto ou fechado) dessa linguagem. Assim, p. ex., a expressão "O avô de" é um functor de aridade um: aplicado ao termo "Sócrates", gera o termo "O avô de Sócrates"; e aplicado a esse último termo, gera o termo "O avô do avô de Sócrates". O símbolo aritmético de adição é um functor de aridade dois: aplicado aos termos "2" e "5", gera o termo "2 + 5"; e aplicado a duas ocorrências desse último termo, gera o termo "(2 + 5) + (2 + 5)".

Há functores de aridade superior a dois, como é o caso do functor de aridade quatro "A cidade maior do que..., mais populosa do que..., e que está entre... e...".

Constantes individuais (termos logicamente simples) podem ser identificadas com functores de aridade zero. Semanticamente, a cada functor está associada uma função de aridade n cujos argumentos são seqüências de n objetos (extraídos de um domínio dado) e cujos valores são objetos. P. ex., ao functor unário "A mulher de" está associada aquela função unária que faz corresponder o indivíduo Xantipa ao indivíduo Sócrates; e ao functor de adição está associada aquela função diádica que faz corresponder o número 7 à seqüência de números <2, 5>. Naturalmente, certos functores estão associados a funções parciais, não-definidas para certos objetos; p. ex., a função associada ao functor "O avô de" não está definida para o número 354 como argumento. *Ver* termo, sintaxe lógica. **JB**

fundação, axioma da

Ver axioma da fundação.

fundamentos da matemática

Esta expressão denota um conjunto de doutrinas que, a partir do fim do século XIX, têm procurado caracterizar a estrutura do conhecimento matemático. Comum a todas é a utilização da metáfora de que o conhecimento é um edifício, e por isso tem de ter necessariamente fundamentos especificáveis, seguros e fidedignos. A metáfora provém, como se sabe, das *Meditações* de Descartes e, no período a partir do fim do século XIX, os "fundamentos da matemática" são na verdade o resultado mais interessante da posição filosófica conhecida na teoria do conhecimento por fundacionalismo. Há três doutrinas principais que representaram, nessa época, uma relativa diversidade de pontos de vista quanto àquilo que poderia ser considerado legitimamente "um fundamento" (do conhecimento matemático): a primeira foi a doutrina de Frege e Russell segundo a qual as proposições analíticas da lógica seriam o fundamento sobre o qual o conhecimento matemático se poderia justificar; a segunda foi o PROGRAMA DE HILBERT, segundo o qual o fundamento seria antes o juízo sintético do raciocínio combinatório, em vez do caráter analítico das leis da lógica; e, finalmente, o intuicionismo de Brouwer, segundo o qual, ironicamente, o conhecimento matemático não carece de um "fundamento" exógeno, visto a atividade matemática possuir o caráter imediato kantiano da evidência intuitiva do tempo. A essas três correntes dominantes vieram juntar-se principalmente duas outras correntes, que mantêm com estas certas relações de subordinação. Em primeiro lugar a mais antiga, o finitismo, que, apesar de ter passado por algumas transformações, ficou essencialmente ligado ao primitivo PROGRAMA DE HILBERT, e é essencialmente a concepção de que só há conhecimento fidedigno de objetos e operações finitas e que o conceito de infinito é apenas uma maneira de falar que pode ser sistematicamente eliminável. A outra corrente tem o nome de "PREDICATIVISMO" e está essencialmente associada ao nome de Georg Kreisel. Sua característica é a tese de um platonismo mínimo: a única totalidade dada é o conjunto dos números naturais. Todos os outros objetos podem, teoricamente, ser obtidos a partir destes e de predicados definidos aritmeticamente.

É fácil concluir que rapidamente os fundamentos da matemática se tornam problemas de filosofia da matemática. As disputas sobre o que constitui um fundamento, sobre o que deve ser considerado "fiável", sobre a natureza da verdade matemática, sobre o gênero de existência dos objetos do raciocínio matemático, não são tratáveis sem o recurso ao repertório existente de investigações filosóficas sobre justamente a lógica, a teoria do conhecimento ou a metafísica.

Seria didaticamente desejável separar os fundamentos da matemática da filosofia da matemática, argumentando que os fundamentos da matemática são por natureza um trabalho matemático e que a filosofia da matemática é um trabalho de reflexão de segunda ordem (sobre os dados de primeira ordem fornecidos pela matemática). E como nem tudo o que é desejável é também exeqüível, também aqui essa distinção tem apenas um valor relativo. Como Kreisel fez notar, é possível que os fundamentos da matemática, como teoria geral de todas as estruturas (matemáticas), não seja uma teoria formulável matematicamente. É possível que o conjunto de todas as estruturas matemáticas não seja uma estrutura matemática. Nesse caso uma teoria para os fundamentos não poderia vir da própria matemática. *Ver* LOGICISMO; PROGRAMA DE HILBERT; INTUICIONISMO. **MSL**

DESCARTES, R. "Meditações", *in Descartes*. 3.ª ed. Coleção Os Pensadores. Trad. J. Guinsburg e Bento Prado Júnior. São Paulo: Abril Cultural, 1983, pp. 73-203.

Fundierungsaxiom

(al.) O mesmo que AXIOMA DA FUNDAÇÃO.

futuros contingentes

Ver BATALHA NAVAL, ARGUMENTO DA.

generalização existencial

Ver INTRODUÇÃO DO QUANTIFICADOR EXISTENCIAL.

generalização universal

Ver INTRODUÇÃO DO QUANTIFICADOR UNIVERSAL.

generativismo

Ver GRAMÁTICA GENERATIVA.

genéricas

As frases genéricas das línguas naturais podem ser caracterizadas como frases que exprimem generalizações, regularidades ou que atribuem a certos conjuntos de indivíduos determinada característica. Exemplos de frases genéricas são 1) "Os cães ladram"; 2) "Os dinossauros extinguiram-se há milhões de anos"; 3) "A Ana fuma pelo menos um cigarro antes do almoço".

Frases como 1 e 3 exprimem generalizações respectivamente sobre o conjunto dos cães e das situações em que Ana ainda não almoçou. É de notar, porém, que tais generalizações não são expressas por meio de quantificação universal: não se está falando acerca de todos os cães nem de todas as situações em que Ana ainda não almoçou. Por outras palavras, 1 e 3 são verdadeiras mesmo que haja um ou outro cão que, por algum motivo, não ladre ou mesmo que haja um ou outro dia em que a Ana não fume nenhum cigarro antes do almoço – desde que tais ocorrências possam ser tomadas como excepcionais no que diz respeito às generalizações expressas pelas frases. Além disso, são não episódicas, isto é, não descrevem EVENTOS ou estados de coisas circunstanciais – daí que possam ser parafraseadas pelo acréscimo de advérbios como "habitualmente" ou "tipicamente"; são verdadeiras se, e somente se, habitualmente (tipicamente) os cães ladram e habitualmente (tipicamente) a Ana fuma pelo menos um cigarro antes do almoço. Contrastam por isso com frases que se refiram a situações ou eventos espaciotemporalmente determinados, como "os cães estão ladrando" ou "a Ana fumou um cigarro ontem antes do almoço". Daqui não se segue, porém, que sejam atemporais (veja-se, p. ex., "Antes do dia 11 de setembro de 2001, os nova-iorquinos não se sentiam tão ameaçados").

Ao contrário do que poderia parecer, esse tipo de CONDIÇÕES DE VERDADE não justifica que se diga que as genéricas como 1 e 3 – normalmente designadas frases "caracterizadoras" – ilustram uma maneira de falar descuidada, atabalhoada e não merecedora – ou, pior, insuscetível – de análise semântica rigorosa. Não só os falantes das línguas naturais usam (freqüentemente, aliás) genéricas desse tipo para exprimir PROPOSIÇÕES avaliáveis como verdadeiras ou como falsas (de outro modo, como argumentam Krifka e outros na introdução a Carlson e Pelletier (1995), o exemplo "a neve é branca" não desempenharia um papel central nas teorias da verdade como aquele que de fato desempenha), mas também nada justifica, de início, a crença de que as condições de verdade associadas a esse tipo de frase são insuscetíveis de análise formal.

A frase 2, por outro lado, exemplifica um tipo diferente de genéricas, designadamente o daquelas que contêm referência ao que Carlson (1977) chamou "espécies" (*kinds*) – cujo modelo conceptual são as espécies zoológicas ou botânicas, como *cão* ou *cipreste* (talvez mais apropriadamente nas suas designações latinas canônicas), mas cujo âmbito de aplicação é bastante mais vasto (p. ex., na frase "os portugueses decresceram em número no ano passado", "os portugueses" refere a espécie *português*). Nesses casos, a genericidade começa por ser uma característica de um sintagma nominal ocorrente na frase (normalmente aquele com a função gramatical de sujeito, como no exemplo anterior), o qual é justamente o constituinte lingüístico que refere a dita espécie – no exemplo, o sintagma nominal "os dinossauros". Esse tipo de genericidade é, ao contrário do anterior, compatível com o caráter episódico de toda a frase, isto é, as genéricas desse tipo podem estar descrevendo um evento ou estado de coisas circunstancial – como é, justamente, o caso de 2 (se presumirmos uma abrangência maior do que a habitual para o adjetivo "circunstancial" quando estamos falando da extinção de uma espécie).

Essas observações levam a que o habitual teste da estatividade para distinguir genéricas de não-genéricas tenha de ser usado com cautela. O referido teste faz uso do caráter não-episódico das genéricas do primeiro tipo (as "caracterizadoras"), presumindo corretamente que essas genéricas são semanticamente incompatíveis com predicados não-estativos como "estão ladrando" e que essa impossibilidade é uma sua imagem de marca (aliás, é isso que justifica distinguir 1, p. ex., da não-genérica "Os cães estão ladrando"). Mas, dada a existência de genéricas do segundo tipo (isto é, como 2), o teste não pode ser usado como teste geral de genericidade: as genéricas desse outro tipo podem ser frases episódicas que contenham SNs de espécie concatenados com predicados não-estativos – além de 2, outro exemplo é, de novo, "os portugueses decresceram em número no ano passado".

Ambos os tipos de interpretação genérica podem coexistir na mesma frase (como em "a batata tem vitamina C") sem que isso a torne AMBÍGUA (uma vez que essa coexistência não produz dois tipos de condições de verdade). Esse fato é fácil de explicar se pensarmos que i) as espécies podem ser vistas como arquétipos tipicamente (ou habitual ou caracteristicamente) exemplificados pelos indivíduos membros dessa espécie; ii) essa exemplificação pode não apresentar todas as PROPRIEDADES associadas ao arquétipo – isto é, pode haver membros da espécie que não são (com respeito a certa propriedade) típicos membros dessa espécie (p. ex., membros da espécie *cão* que não têm a propriedade de ladrar).

A conjunção de i e ii torna claro que a semântica das genéricas com sintagmas nominais que referem espécies é parcialmente coincidente com a das frases caracterizadoras (mas não com a das frases que exprimem quantificação universal), sendo compreensível, em particular, que o sintagma nominal sujeito de uma frase caracterizadora possa ser interpretado como se referisse a uma espécie (e vice-versa). Permanece, no entanto, que os dois tipos de genericidade são conceptualmente distintos, o que explica que possamos também ter genéricas que exemplificam um deles, mas não o outro. Entre os casos mais óbvios contam-se o das genéricas com artigo indefinido, como "um automóvel é um bem de primeira necessidade" – a interpretação aqui é apenas caracterizadora; a ocorrência de predicados que selecionem SNs de espécie, como "ser produzido em grande quantidade", seria impossível; e, inversamente, o das genéricas com predicados desse tipo, como 2, que não podem ser interpretadas como frases caracterizadoras – uma vez que as propriedades expressas por tais predicados se aplicam a conjuntos e não aos membros (típicos) de conjuntos. Um corolário dessas constatações é que qualquer tentativa de unificar a análise dos dois tipos de genéricas (em particular explicando o comportamento semântico de umas em termos do das outras) está condenada ao fracasso.

Um ponto de vista popular em semântica formal (embora originário da inteligência artificial) quanto ao tratamento semântico das genéricas caracterizadoras é aquele inspirado nas LÓGICAS NÃO-MONÓTONAS. Dado que esse tipo de genéricas tem, argumentavelmente, uma forma lógica de tipo condicional (correspondendo à possibilidade de parafrasear 1, p. ex., em "se algo é um cão, então (tipicamente) ladra" ou, em "portuloguês", "para x arbitrário, se x é um cão então (tipicamente) x ladra"), a fórmula que está no antecedente (isto é, *x é um cão*) pode ser tomada como a premissa de uma derivação cuja conclusão é a fórmula do conseqüente (isto é, *x ladra*). E, como a conexão que queremos exprimir entre antecedente e conseqüente (ou entre premissa e conclusão) é "genérica" (isto é, queremos dizer que a segunda se segue da primeira "em geral" ou "tipicamente", mas não universalmente – ou, o que é equivalente, queremos dar conta do fato de que as genéricas caracterizadoras são verdadeiras mesmo na presença de contra-exemplos à generalização), a semântica das lógicas não-monótonas parece especialmente vocacionada para formalizar adequadamente essa conexão. Com efeito, é uma característica dessas lógicas que, para uma derivação válida com premissas $P_1,..., P_n$ (p. ex., descrevendo no seu conjunto um número significativo n de cães como ladrando) e conclusão C (p. ex., descrevendo os cães como tipicamente ladrando), o acréscimo de uma premissa P_{n+1} (p. ex., uma premissa que exprima a circunstância de um cão determinado não ladrar) pode cancelar a validade da derivação de C. Considerações desse gênero motivaram uma família de tratamentos formais "não-monótonos" para as genéricas caracterizadoras (p. ex., importando para a forma lógica dessas frases a noção de "membro típico de um conjunto", como em *se x é um cão e x não é um cão anômalo no que diz respeito a ladrar, então x ladra*, segundo a estratégia da circunscrição – *ver* LÓGICAS NÃO-MONÓTONAS).

Um tratamento formal adequado das genéricas da variedade ilustrada por 2, por outro lado, tem como primeiro requisito óbvio o compromisso com uma ontologia de espécies. Para além do problema filosófico de esclarecer com que tipo de entidade estamos nos comprometendo quando falamos de espécies (*ver* TIPO NATURAL) e em que condições é uma espécie "exemplificada" pelos seus membros, tal tratamento tem de ser consistente com a existência de genéricas desse tipo cujo SN de espécie pode ser visto como referindo-se a cada um dos membros (típicos) do conjunto denotado pelo TERMO GERAL correspondente (isto é, de genéricas desse tipo que são também frases caracterizadoras). Esse fato, acrescido à circunstância de a semântica desses SN ter pontos de contato com a dos SN com TERMOS DE MASSA, parece aconselhar um tratamento semelhante ao destes (designadamente em termos de estruturas reticulares). Exemplos como "A batata começou a ser cultivada na América do Sul", porém, militam em favor da idéia de que as espécies são entidades INTENSIONAIS, não identificáveis com uma EXTENSÃO descrita como uma estrutura "parte-de". Esse e outros exemplos, como "O homem chegou à Lua nos anos 1960", põem o problema adicional de saber se o SN "o homem" deve ser descrito como tendo a característica semântica de se referir à espécie *homem* apesar da sua interpretação não claramente arquetípica ou se ele tem uma semântica distinta, sendo a sua genericidade explicável em termos PRAGMÁTICOS. *Ver também* CONDIÇÕES DE VERDADE; LÓGICAS NÃO-MONÓTONAS; QUANTIFICAÇÃO GENERALIZADA; SEMÂNTICA FORMAL; TERMO CONTÁVEL/TERMO DE MASSA; TERMO GERAL; TIPO NATURAL. **PS**

CARLSON, G. *Reference to Kinds in English*. Dissertação de doutorado. Amherst: University of Massachusetts, 1977.
____ e PELLETIER, F. J. (orgs.). *The Generic Book*. Chicago: The University of Chicago Press, 1995.
CHIERCHIA, G. *et al.* (orgs.). *Properties, Types and Meaning*. Dordrecht: Kluwer, 1989, 2 vols.

geral, proposição
Ver PROPOSIÇÃO GERAL/SINGULAR.

geral, propriedade
Ver PROPRIEDADE GERAL/SINGULAR.

Gödel, teorema da incompletude de
Ver TEOREMA DA INCOMPLETUDE DE GÖDEL.

Goodman, paradoxo de
Ver PARADOXO DE GOODMAN.

gramática de Montague

O termo pode ser tomado em sentido estrito ou em sentido lato. Tomado em sentido estrito, designa a abordagem da SINTAXE e SEMÂNTICA das LÍNGUAS NATURAIS proposta por Richard Montague (1930-1971) nas suas últimas obras (veja-se Montague, 1974). Tomada em sentido lato, designa os subseqüentes desenvolvimentos e reformulações das propostas de Montague, os quais deram origem à constituição de uma subdisciplina da lingüística conhecida por "semântica formal".

Devido à sua importância para o progresso do estudo das línguas naturais, o impacto da contribuição de Montague no desenvolvimento da semântica formal é usualmente colocado no mesmo nível do impacto das propostas de Chomsky no que diz respeito ao desenvolvimento da sintaxe. Enquanto o contributo decisivo de Chomsky costuma ser visto como o de ter mostrado a viabilidade de encarar as línguas naturais como sistemas formais, a contribuição de Montague é, por sua vez, tida como responsável por mostrar que as línguas naturais podem ser descritas como sistemas formais interpretados. Com essa contribuição, passou a ser reconhecido que a semântica das línguas naturais é suscetível de uma análise tão rigorosa como a sua sintaxe.

A idéia nuclear em torno da qual a gramática de Montague é desenvolvida é a seguinte. A sintaxe e a semântica das línguas naturais devem ser entendidas como álgebras de modo que seja possível estabelecer um homomorfismo h da álgebra sintática para a álgebra semântica. Desse modo encontra-se assegurada a possibilidade de atribuir valores semânticos a qualquer expressão e por via I) da atribuição de valores semânticos às suas expressões componentes $e'_1,..., e'_n$, e II) da combinação desses últimos segundo essa sintaxe da expressão e. Os valores semânticos de $e'_1,..., e'_n$ são, na álgebra semântica, combinados por operações que são a projeção por h das operações que constituíram sintaticamente e a partir de $e'_1,..., e'_n$. Por conseguinte, a atribuição de valores semânticos a qualquer expressão e é obtida por meio da atribuição de valores semânticos a cada item lexical (ver POSTULADOS DE SENTIDO), e por meio da definição de regras que estabelecem a combinação sucessiva de valores semânticos em função do modo como subexpressões de e se encontram combinadas sintaticamente (ver COMPOSICIONALIDADE). Ver também FORMA LÓGICA; COMPOSICIONALIDADE; GRAMÁTICA GENERATIVA; MODELOS, TEORIA DOS; POSTULADO DE SENTIDO; SEMÂNTICA; SINTAXE.

AHB/PS

DOWTY, D., WALL, R. e PETERS, S. *Introduction to Montague Semantics*. Dordrecht: Reidel, 1981.
MONTAGUE, R. *Formal Philosophy*. Org. e introd. Richmond Thomason. New Haven: Yale University Press, 1974.
PARTEE, B. "Montague Grammar", *in* Van Benthem, J. e Ter Meulen, A. (orgs.). *Handbook of Logic and Language*. Amsterdam: Elsevier, 1997.

gramática generativa

Uma gramática generativa de uma LÍNGUA NATURAL L é uma teoria acerca de L que se rege pelas seguintes assunções básicas:

I) L é tomado como o conjunto C, não finito, cujos membros são as frases de L.

Exemplo: tomando o português (L_p) como a linguagem de exemplo, L_p é o conjunto C_p cujos membros são as frases da língua portuguesa: C_p = {"o Pedro é alto", "o Pedro não é alto", "a filosofia é uma ciência empírica", "Se o João for ao cinema, o trabalho ficará por terminar",...}.

II) a gramática generativa de L é um sistema formal que define intensionalmente o conjunto C e que é constituída por:

II.I) o léxico de L, que é o conjunto (finito) dos itens lexicais de L, e respectiva caracterização lingüística.

Exemplo: o léxico de L_p é o conjunto Lex_p cujos membros são os pares ordenados cuja primeira ordenada é uma expressão lexical do português e a segunda ordenada é a caracterização lingüística dessa expressão (para efeitos do presente exemplo, considerar-se-á que a caracterização lexical contém apenas a indicação da categoria sintática): Lex_p = {(*"correr"*, V), (*"moreno"*, Adj), (*"oferecer"*, V), (*"Henrique"*, N), (*"eleições"*, N), (*"não"*, Adv),...}.

II.II) um conjunto finito R de regras recursivas que fixam quais as concatenações de expressões de L (lexicais e não-lexicais) admitidas como sintaticamente bem-formadas, e a categoria sintática das expressões resultantes.

Exemplo: uma regra sintática como SN → Det N admite como expressão bem-formada a concatenação de uma expressão de categoria Determinante (Det) com uma expressão de categoria Nome (N) e atribui à seqüência resultante a categoria Sintagma Nominal (SN). Continuando com o português como língua de exemplo, ter-se-á como conjunto de regras: R_p = {F → SN SV, SN → Det N, SN → Det N SAdj, SV → V SN,...}.

Esse enquadramento metodológico constitui, desde meados do século XX, o núcleo da principal corrente teórica no estudo formal da sintaxe das línguas naturais. Essa corrente divide-se em diferentes escolas, que se distinguem entre si pelos diferentes requisitos que, junto com os recém-mencionados, aceitam adicionalmente. Dois dos requisitos mais relevantes são os seguintes: III) a gramática de L associa a cada frase *f* de L uma estrutura que, se *f* for ambígua, e para determinada classe de AMBIGÜIDADES de *f*, permite a identificação da interpretação de *f* em causa.

Exemplo: a frase "O Pedro viu a Maria com os binóculos" é ambígua, podendo descrever pelo menos duas situações possivelmente distintas: a situação A, em que o Pedro usou os binóculos para ver a Maria; e a situação B, em que o Pedro viu a Maria e esta portava binóculos. De acordo com o requisito III), a gramática L_p do português deverá associar à frase "O Pedro viu a Maria com os binóculos" pelo menos duas estruturas e cada uma delas estará em correspondência com uma das duas interpretações anteriormente apresentadas:

A)
```
                F
                |
                SV
       ┌────────┼────────┐
      SN        SV      SPrep
   O Pedro  viu a Maria  com os binóculos
```

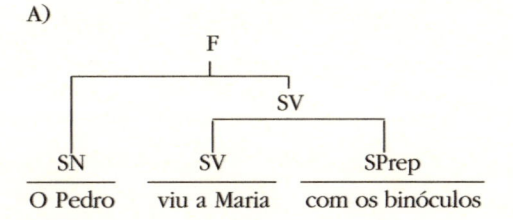

B)
```
                F
                |
                SV
       ┌────────┼────────┐
      SN        V        SN
   O Pedro     viu    a Maria com os binóculos
```

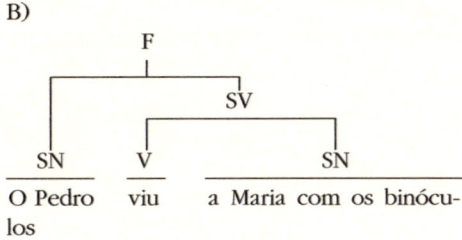

IV) A gramática de uma língua natural particular obedece a uma teoria geral acerca das propriedades das gramáticas das línguas naturais. A essa teoria geral dá-se o nome de gramática universal.

Exemplo: há autores que defendem, com base em dados empíricos cuja complexidade não permite a sua discussão aqui, que as regras de reescrita obedecem ao seguinte padrão geral SX → SY* X' e X' → X SZ*, em que X, Y e Z são categorias sintáticas que pertencem a um conjunto que contém, entre outras, as categorias N, V, Adj, Adv e Det (* é um sufixo que indica zero, uma ou mais ocorrências). Este constitui um exemplo de uma das possíveis restrições formais relativas à classe das gramáticas das línguas naturais e, por isso, um possível princípio da gramática universal.

Cabe notar que é freqüente confundir gramática generativa e generativismo. Esse último termo designa uma escola teórica da sintaxe das línguas naturais que tem por principal autor Noam Chomsky e que se distingue, entre outras coisas, por postular que a gramática generativa de uma língua L constitui o conhecimento de L tal como este se encontra representado no cérebro dos falantes de L. *Ver* ESTRUTURA PROFUNDA. **AHB**

GAZDAR, G. "Generative Grammar", *in* Lyons, J., Coates, R., Deuchar, M. e Gazdar, G. (orgs.). *New Horizons in Linguistics*. Londres: Penguin, 1987, pp. 122-51.

NEWMEIER, F. *Linguistic Theory in America*. Nova York: Academic Press, 1980.

SELLS, P. *Lectures on Contemporary Syntactic Theories*. Stanford: CSLI, 1985.

grau

(de um predicado) O mesmo que ARIDADE.

Grelling, paradoxo de

Ver PARADOXO DE GRELLING.

haecceitas

Termo latino para hecceidade ou ecceidade. *Ver* PROPRIEDADE.

hereditária, propriedade

Ver PROPRIEDADE HEREDITÁRIA.

heterológica

Uma palavra que não se aplica a si própria: a palavra "Deus" não é Deus, não se levantando nenhuma dúvida quanto à existência da primeira, ao contrário do que acontece com a existência do segundo. Contrasta com AUTOLÓGICA. *Ver* PARADOXO DE GRELLING; USO/MENÇÃO.

hipótese

Em lógica, termo caído em desuso a favor de "SUPOSIÇÃO" ou "premissa".

hipótese do contínuo

De acordo com a terminologia de Georg Cantor (1845-1918), o criador da TEORIA DOS CONJUNTOS, a primeira classe numérica é o conjunto de todos os ordinais finitos (equivalentemente, o conjunto ω de todos os números naturais). A segunda classe numérica é o conjunto de todos os ordinais finitos ou numeráveis. Cantor representou a cardinalidade da primeira classe numérica por $\aleph_0$ e representou a cardinalidade da segunda classe numérica por $\aleph_1$. A hipótese do contínuo (HC) é a asserção de que o CONTÍNUO, isto é, o conjunto dos números reais, tem cardinalidade $\aleph_1$. Sabe-se que o contínuo tem a mesma cardinalidade que o conjunto das partes de ω e, portanto (devido ao TEOREMA DE CANTOR), é de uma cardinalidade superior à cardinalidade da primeira classe numérica. A hipótese do contínuo diz que o cardinal do contínuo é o cardinal imediatamente a seguir a $\aleph_0$. Simbolicamente: $2^{\aleph_0} = \aleph_1$.

Tanto a hipótese do contínuo como a sua negação são consistentes relativamente aos axiomas de ZFC (isto é, a hipótese do contínuo é indecidível em ZFC, desde que esta teoria seja consistente). O primeiro resultado é de Gödel (1938) e o segundo deve-se a Cohen (1963). O método que subjaz ao argumento de Cohen (o denominado método de *forcing*) é extremamente poderoso: assim, a cardinalidade do contínuo pode ser quase qualquer álefe: tanto pode ser $\aleph_{341}$, como $\aleph_{\omega+7}$ ou $\aleph_{\aleph_1}$, etc. Devido a resultados de König e Solovay, há apenas uma classe bastante restrita de cardinais que não podem ser valores de $2^{\aleph_0}$: esta classe exclui, p. ex., $2^{\aleph_0}$ que seja $\aleph_\omega$.

Para os quadrantes de pendor dedutivista ("*if-thenism*") os resultados de indecidibilidade dizem o seguinte: agora que se sabe que tanto a hipótese do contínuo como a sua negação se podem adicionar de modo seguro aos restantes axiomas de ZF, é uma questão de gosto ou de arbítrio trabalhar com ZF + HC ou ZF + ¬HC. Tal não é o caso para as convicções de pendor realista. Ainda antes do resultado de Cohen, Gödel escrevia o seguinte em "What is Cantor's Continuum Problem?" (1947): "Note-se, contudo, que na base do ponto de vista aqui defendido, uma demonstração de indecidibilidade da conjectura de Cantor a partir dos axiomas aceites da teoria dos conjuntos [...] de maneira nenhuma resolveria o problema. Porque se o sentido dos termos primitivos da teoria dos conjuntos [...] é aceito como correto, segue-se que os conceitos da teoria dos conjuntos e os teoremas descrevem uma realidade bem determinada, na qual a conjectura de Cantor tem de ser verdadeira ou falsa. Por isso supõe-se hoje que a sua indecidibilidade a partir dos axiomas da teoria dos conjuntos só pode significar que esses axiomas não contêm uma descrição completa dessa realidade."

Estas influentes linhas de Gödel têm desde então moldado a investigação técnica em TEORIA DOS CONJUNTOS, em que a busca e o estudo de novos axiomas e a avaliação cuidadosa das suas conseqüências têm tido um papel central.

Não se pode deixar de referir que, para certas escolas da fundamentação da matemática, o problema da hipótese do contínuo não faz sentido (não é, portanto, um problema). Tal é o caso do INTUICIONISMO e do PREDICATIVISMO, já que ambas essas escolas não consideram o contínuo real uma entidade completa.

A hipótese generalizada do contínuo é a hipótese de que $2^{\aleph_\alpha} = \aleph_{\alpha+1}$, para todo o ordinal α (a hipótese do contínuo reduz-se ao caso $\alpha = 0$). Os mesmos resultados de consistência (relativa) da hipótese do contínuo aplicam-se, *mutatis mutandis*, à hipótese generalizada do contínuo.

Há uma hierarquia de cardinais infinitos análoga à hierarquia dos álefes: é a hierarquia dos *beths*, que se define por recorrência transfinita do seguinte modo: 1. $\beth_0 = \aleph_0$; 2. $\beth_{\alpha+1}$ = o cardinal do conjunto $P(\beth_\alpha)$; 3. Dado α um ordinal limite, $\beth_\alpha$ = o menor cardinal que excede todos os cardinais $\beth_\lambda$, onde $\lambda < \alpha$.

A hipótese generalizada do contínuo é equivalente a dizer que a hierarquia dos $\aleph$ coincide com a hierarquia dos $\beth$, isto é, que $\aleph_\alpha = \beth_\alpha$, para todo o ordinal α. *Ver também* TEORIA DOS CONJUNTOS; CONTÍNUO; CARDINAL; TEOREMA DE CANTOR; NUMERÁVEL; INTUICIONISMO; PREDICATIVISMO; AXIOMA DA ESCOLHA. FF

COHEN, P. *Set Theory and the Continuum Hypothesis*. Nova York: W. A. Benjamin, 1966. Trad. port. "A teoria dos conjuntos e a hipótese do contínuo", *in* Gödel, Kurt. *O teorema de Gödel e a hipótese do contínuo*. Trad. e org. M. S. Lourenço. Lisboa: Gulbenkian, 1979, pp. 1-182.

____. "The Independence of the Continuum Hypothesis", *in Proceedings of the National Academy of Sciences of the USA*, n.º 50, 1963, pp. 1143-8; n.º 51, 1964, pp. 105-10.

FRANCO DE OLIVEIRA, A. J. *Teoria dos conjuntos*. Lisboa: Livraria Escolar Editora, 1982.

GÖDEL, K. *Collected Works, in* S. Feferman *et al.* (orgs.). Oxford: Oxford University Press, 1990, vol. II.

____. "What is Cantor's Continuum Problem?", *in American Mathematical Monthly*, n.º 54, 1947. Reimp. *in* Benacerraf, Paul e Putnam, Hilary (orgs.). *Philosophy of Mathematics* [1964]. 2.ª ed. Nova York: Cambridge University Press, 1983, pp. 470-85. Trad. port. "O que é o problema do contínuo de Cantor?", *in* Gödel, Kurt. *O teorema de Gödel e a hipótese do contínuo*. Trad. e org. Manuel Lourenço. Lisboa: Gulbenkian, 1979, pp. 217-44.

____. "The Consistency of the Axiom of Choice and of the Generalized Continuum Hypothesis", *in Proceedings of the National Academy of Sciences of the USA*, n.º 24, 1938, pp. 556-7.

HRBACEK, K. e JECH, T. *Introduction to Set Theory*. Nova York: Marcel Dekker, 1984.

MADDY, P. "Believing the Axioms, I", *in Journal of Symbolic Logic*, 53, 1988, pp. 481-511.

MARTIN, D. "Hilbert's First Problem: The Continuum Hypothesis", *in* Browder, F. E. (org.). *Mathematical Developments Arising from Hilbert's Problem*. Providence: American Mathematical Society, 1976.

hipotética, proposição

Ver PROPOSIÇÃO HIPOTÉTICA.

holismo

Em geral, qualquer posição que defende a "não-redutibilidade do todo (qualquer que ele seja) à soma das suas partes. "Não-redutibilidade" e "soma" são expressões vagas cuja determinação depende do contexto preciso a propósito do qual se considera a posição holista. Em tempos recentes, os tipos de holismo mais discutidos, respectivamente em filosofia da linguagem e em epistemologia, são o holismo semântico e o holismo epistemológico. O holismo semântico é uma tese segundo a qual o sentido de uma expressão depende da totalidade ou de uma parte significativa da linguagem a que pertence. O holismo epistemológico é a tese segundo a qual uma hipótese só tem conteúdo empírico se considerada na rede de relações lógicas que ela tem com a totalidade, ou uma parte significativa, da teoria a que pertence. Autores que defendem essa posição semântica são: W. O. Quine (que é responsável pela sua introdução no contexto atual), D. Davidson, John Searle, G. Harman e Hartry Field. Concentrar-nos-emos no primeiro, mais polêmico do que o segundo.

É discutível se o holismo semântico é uma tese metafísica ou não. Sendo, teria como conseqüência que um holista semântico e um seu opositor poderiam estar de acordo acerca dos fatos semânticos e, mesmo assim, divergir na sua explicação e na metodologia de abordagem. Não sendo, seria a própria qualificação do que é um fato semântico que variaria conforme se seja ou não um holista semântico. Para aqueles que se recusam a aceitar a posição holista em semântica, existem três posições alternativas e mutuamente exclusivas: o atomismo semântico, o molecularismo semântico e o niilismo semântico.

O atomismo semântico é defendido por autores como Jerry Fodor, Fred Dretske, Ruth Millikan e Dennis Stampe. Essa posição sustenta a independência do significado de dada representação (seja ela lingüística, mental ou outra) diante de todas as outras que fazem parte do mesmo sistema representacional. Vai junto com essa posição a defesa da tese segundo a qual a relação semântica básica é aquela que existe entre dada representação e as coisas a que ela se aplica, e não entre as representações.

O molecularismo semântico é defendido por autores como Michael Dummett, Ned Block, John Perry e Michael Devitt. Essa posição sustenta que o significado de uma expressão de dada linguagem é determinado pela relação que essa expressão tem com algumas, não todas, as expressões dessa linguagem. A defesa dessa posição traz consigo, plausivelmente, a idéia segundo a qual deve ser possível distinguir entre aquelas expressões de dada linguagem cujo significado contribui para determinar o significado de dada expressão dessa linguagem e todas as outras expressões dessa linguagem. A base tradicional que tem sido usada para promover essa distinção é a distinção ANALÍTICO/SINTÉTICO. Com base nessa última distinção, e sendo dada uma expressão E de uma linguagem L, as outras expressões L constitutivas do significado de E são aquelas analiticamente ligadas a E; todas aquelas expressões que não estão analiticamente ligadas a E poderão estar sinteticamente ligadas a E, mas não fazem parte constitutiva do significado de E.

O niilismo semântico é a perspectiva de que não há, rigorosamente falando, fatos semânticos, pelo menos para fins científicos. Donde não há uma teoria semântica que possa (ou deva) ser construída (esse aspecto refere-se a uma teoria semântica para as linguagens naturais e não, é claro, à semântica lógica das linguagens formais). Contam-se por entre os defensores dessa posição Daniel Dennett, Paul e Patricia Churchland, Stephen Stich e, em certo sentido também, Willard Quine. *Ver* INDETERMINAÇÃO DA TRADUÇÃO. JS

DAVIDSON, D. *Inquiries into Truth and Interpretation*. Oxford: Clarendon Press, 1984.
DUHEM, P. *The Aim and Structure of Physical Theory*. Nova York: Atheneum, 1962.
DUMMETT, M. *Truth and Other Enigmas*. Londres: Duckworth, 1978.
FODOR, J. e LEPORE, E. *Holism*. Oxford: Blackwell, 1992.
PEACOCKE, C. "Holism", *in* Hale, B. e Wright, C. (orgs.). *A Companion to the Philosophy of Language*. Oxford: Blackwell, 1987.
PUTNAM, Hilary. "Meaning Holism", *in* Hahn, Edwin e Schilpp, Paul Arthur (orgs.). *The Philosophy of W. V. Quine* [1986]. Ed.

ampl. Chicago/La Salle: Open Court, 1998. pp. 405-26.

QUINE, W. V. O. *Pursuit of Truth*. Ed. rev. Cambridge: Harvard University Press, 1992.

____. "Two Dogmas of Empiricism" [1951], *in From Logical Point of View*. Cambridge: Harvard University Press, 1980. Trad. bras. "Dois dogmas do empirismo", *in Ryle/Austin/Quine/Strawson*, Coleção Os Pensadores. São Paulo: Abril Cultural, 1975, pp. 237-54.

homem do pântano

Ver TELEO-SEMÂNTICA.

homológica

O mesmo que AUTOLÓGICA.

idempotência, leis da

As fórmulas tautológicas da lógica proposicional $p \leftrightarrow (p \wedge p)$ e $p \leftrightarrow (p \vee p)$ ou os seqüentes duplos da lógica proposicional $p \dashv\vdash p \wedge p$ e $p \dashv\vdash p \vee p$ são conhecidos como leis da idempotência para a conjunção e disjunção (respectivamente); por vezes, os mesmos princípios são referidos como leis da tautologia para a conjunção e disjunção. JB

identidade

Em uma fórmula F com n símbolos $S_1,..., S_n$, a ocorrência do símbolo = divide $S_1,..., S_n$ em duas classes de símbolos, os que ficam à esquerda e os que ficam à direita do símbolo =. Se em tal fórmula os símbolos à esquerda denotam os mesmos objetos que os símbolos à direita, então diz-se que = ocorre no sentido de identidade lógica. Nesses termos, em uma fórmula como 7 + 5 = 12 a ocorrência de = deve ser interpretada como afirmando que a denotação de 7 + 5 é a mesma do que 12, e é a esta identidade de denotação que se chama identidade lógica. Esse termo é usado para separar tal conceito do seu cognato aritmético "igualdade", uma separação que em geral não é feita, como se vê pela formulação tradicional das leis de Leibniz: "Qualquer objeto é igual a si próprio", "Dois objetos iguais a um terceiro são iguais entre si", "Se em uma equação iguais são substituídos por iguais, então os resultados são iguais". Nas três leis de Leibniz, a ocorrência da palavra "igual" deve por isso ser interpretada no sentido de identidade lógica. Em contraste, na proposição $x \cdot y = y \cdot x$ ou na equação $x(y + z) = xy + xz$, as duas ocorrências de = não podem ser interpretadas como afirmando apenas a identidade lógica, mas também algo acerca do sentido dos símbolos . e +. Em particular, se esses símbolos forem substituídos por –, as proposições então resultantes deixam de ser verdadeiras. Nessas circunstâncias é-se levado a definir o seguinte critério de identidade: Se $x = y$ no sentido de identidade lógica, então $\forall x \, \forall y \, \forall z \, ((x = y) \rightarrow (x * z = y * z))$, qualquer que seja o sentido ou a interpretação de *.

Na teoria lógica o papel a desempenhar pelo conceito de identidade é regulado pelos axiomas que se designam por axiomas da identidade: A1) $a = a$; A2) $(a = b) \rightarrow (Aa \rightarrow Ab)$.

Essas fórmulas podem agora ser usadas como fórmulas de saída na construção de derivações sobre as propriedades da identidade. A fórmula $\neg (a = b)$ é em geral abreviada para $a \neq b$. Embora o conceito de identidade expresso em formulações como "a é a mesma coisa do que b" pareça apenas utilizável para falar acerca da denotação dos símbolos de uma teoria, ele é também utilizável para falar acerca do domínio de objetos subjacente, ou acerca da extensão de um predicado dado. É nesse sentido que a fórmula $\forall x \, \forall y \, (x = y)$ exprime o fato de no domínio de objetos existir apenas um objeto.

Em contraste, a fórmula $\exists x \, \exists y \, (x \neq y)$ corresponde à proposição segundo a qual no domínio de objetos existem pelo menos dois objetos, enquanto a fórmula $\forall x \, \forall y \, \forall z \, ((x = y) \vee (x = z) \vee (y = z))$ exprime o fato de no domínio de objetos existir no máximo dois objetos.

A partir da sua idéia de que "número" é um predicado de um predicado, Frege conseguiu representar a extensão dos predicados com termos como "mononumérico", "binumérico", etc., utilizando ainda o conceito de identidade. Assim, p. ex., um predicado $P(a)$ é mononumérico no sentido em que existe um objeto x tal que um objeto *y* tem a propriedade P se, e somente se, *x* = *y*. Um predicado P(*a*) é binumérico se existem objetos *x* e *y* tais que *x* = *y*, e um objeto *z* tem a propriedade P se, e somente se, *z* = *x* ou *z* = *y*. Com o conceito de identidade Frege conseguiu representar ainda os conceitos de relação unívoca e relação unívoca e recíproca, essenciais para a sua definição de número cardinal. *Ver também* LEI DA IDENTIDADE, DEDUÇÃO NATURAL. **MSL**

identidade, eliminação da

Ver ELIMINAÇÃO DA IDENTIDADE.

identidade, introdução da

Ver INTRODUÇÃO DA IDENTIDADE.

identidade, lei da

Ver LEI DA IDENTIDADE.

identidade, necessidade da

A tese conhecida como "tese da necessidade da identidade" (NI) é, informalmente, a tese metafísica segundo a qual aquilo que é na realidade um único objeto não poderia ser dois objetos; por outras palavras, se objetos dados *x* e *y* são idênticos (no sentido de numericamente idênticos), então *x* e *y* são necessariamente idênticos. P. ex., dado que a Estrela da Manhã é (tal como as coisas são) idêntica à Estrela da Tarde, é impossível que (isto é, não há situações contrafactuais nas quais) a Estrela da Manhã exista e não seja idêntica à Estrela da Tarde.

A tese da necessidade da identidade é representável, na linguagem da lógica modal quantificada, por meio da fórmula NI) $\forall x \forall y (x = y \rightarrow \Box x = y)$. A fórmula NI é um teorema da lógica modal quantificada padronizada S5, tendo sido pela primeira vez demonstrada em 1947 pela lógica e filósofa americana Ruth Barcan Marcus (veja-se 1947). Na realidade, NI pode ser derivada no sistema mais fraco de lógica modal, o sistema usualmente conhecido como sistema T, validado por uma semântica que exige apenas que a relação de ACESSIBILIDADE entre mundos possíveis seja reflexiva.

Eis uma derivação simples da fórmula NI em um sistema corrente de dedução natural para a lógica modal de primeira ordem:

1	(1)	$a = b$	Suposição
Ø	(2)	$a = a$	I=
Ø	(3)	$\Box a = a$	I$\Box$
1	(4)	$\Box a = b$	3,1 E=
Ø	(5)	$a = b \rightarrow \Box a = b$	1,4 I$\rightarrow$
Ø	(6)	$\forall y (a = y \rightarrow \Box a = y)$	5, I$\forall$
Ø	(7)	$\forall x \forall y (x = y \rightarrow \Box x = y)$	6, I$\forall$

Note-se que nessa dedução são apenas usados princípios lógicos aparentemente incontroversos, tais como a reflexividade necessária da identidade (que resulta, na linha 3, da necessidade da reflexividade simples da identidade) e a INDISCERNIBILIDADE DE IDÊNTICOS (subjacente à aplicação, na linha 4, da regra da eliminação de =). Todavia, NI não é um teorema em certos tratamentos não-padronizados da lógica modal quantificada, o mais conhecido dos quais é a teoria das CONTRAPARTES de David Lewis. Com efeito, nessa teoria não são autorizadas transições como as de 2 para 3 e de 3 e 1 para 4.

Relacionada com a tese da necessidade da identidade é aquela conhecida como "tese da necessidade da diferença" ou "tese da necessidade da não-identidade" (ND). Informalmente, trata-se da tese metafísica segundo a qual aquilo que são na realidade dois objetos não poderiam ser um único objeto; por outras palavras, se objetos dados *x* e *y* não são idênticos (no sentido de numericamente idênticos), então *x* e *y* são necessariamente não-idênticos. P. ex., dado que a Estrela da Manhã não é (tal como as coisas são) idêntica a Marte, é impossível (isto é, não há situações contrafactuais nas quais) que a Estrela da Manhã exista e seja idêntica a Marte.

A tese da necessidade da diferença é representável, na linguagem da lógica modal quantificada, por meio da fórmula ND) $\forall x \forall y (\neg x = y \rightarrow \Box \neg x = y)$. A fórmula ND é também um teorema da lógica modal quantificada S5. Porém, ao contrário de NI, ND exige um sistema de lógica modal mais forte do que o sistema T, designadamente o sistema conhecido como sistema B. Esse sistema é validado por uma semântica que exige que a relação de acessibilidade entre mundos possíveis seja reflexiva e simétrica; a característica distintiva do sistema B é o fato de a seguinte fórmula, conhecida como axioma de *Brouwer*, ser um teorema: B) A → □ ◊ A. Usando B e NI, a fórmula ND pode ser deduzida da seguinte maneira:

1	(1) ¬a = b		Suposição
∅	(2) ∀x ∀y (x = y → □ x = y)		NI
∅	(3) a = b → □ a = b		2, E∀
4	(4) ◊ ¬a = b		Suposição
4	(5) ¬□ a = b		4, ◊¬ ≡ ¬□
4	(6) ¬a = b		3,5 modus tollens
∅	(7) ◊ ¬a = b → ¬a = b		4,6 I→
∅	(8) □ (◊ ¬a = b → ¬a = b)		7 I□
∅	(9) □◊ ¬a = b → □ ¬a = b		8 □ (A → B) ⊢ □ A → □ B
∅	(10) ¬a = b → □◊ ¬a = b		B, substituição
1	(11) □◊ ¬a = b		10,1 E→
1	(12) □ ¬a = b		9,11 E→
∅	(13) ¬a = b → □ ¬a = b		1,12 I→

Ver também LÓGICA MODAL; CONTRAPARTES, TEORIA DAS; INDISCERNIBILIDADE DE IDÊNTICOS; RELAÇÃO; *POSSIBILIA*. JB

BARCAN MARCUS, R. *Modalities. Philosophical Essays*. Oxford: Oxford University Press, 1993.
____. "The Identity of Individuals in a Strict Functional Calculus of Second Order", *in Journal of Symbolic Logic*, n.º 12, 1947, pp. 12-5.
KRIPKE, S. "Identity and Necessity", *in* Munitz, M. (org.). *Identity and Individuation*. Nova York: New York University Press, 1971, pp. 135-64.
WIGGINS, D. *Sameness and Substance*. Oxford: Blackwell, 1980.

identidade absoluta

Ver IDENTIDADE RELATIVA.

identidade de indiscerníveis

O princípio da identidade dos indiscerníveis (PII) é uma peça importante da metafísica de Leibniz e poderá formular-se, p. ex., do seguinte modo: "Duas coisas individuais não poderão ser perfeitamente iguais e devem diferir sempre, mesmo para além da sua consideração de um ponto de vista numérico (*numero*)" (Leibniz, *Nouveau essais sur l'entendement humain*, prefácio).

Parece assim estarmos perante uma estranha tese, isto é, a de que duas entidades, individualmente consideradas, jamais podem ser idênticas em absoluto nem diferenciar-se apenas numericamente. Se A é um indivíduo – não poderá ser perfeitamente idêntico a B *qua* indivíduo, ainda que, à primeira vista, fosse possível distingui-los por simples enumeração ou por demonstração indexical. "Este A não se distingue deste B" será uma frase indexicalmente autocontraditória, isto é, em que o simples uso de demonstrativos é contraditório com o conceito de indivíduo. O PII assenta então no pressuposto metafísico de uma absoluta singularidade dos indivíduos, que possuirão necessariamente (e é isso mesmo que faz deles indivíduos) uma diferença não-notável empiricamente. Dois indivíduos devem poder distinguir-se sempre, e nunca serão iguais *solo numero*. Leibniz defende a possibilidade daquilo a que ele chama uma "noção completa do indivíduo", a qual não tem propriamente a característica de uma descrição empírica, mas de uma descrição metafísica e ideal, já que equivaleria à descrição do universo inteiro. Note-se que os indivíduos ou mônadas de Leibniz não são entidades materiais e que o modelo invocado é a mente. Outra forma usual de caracterizar o indivíduo é por meio do seu ponto de vista, afirmando Leibniz freqüentemente a equivalência entre indivíduo e ponto de vista correspondente. Mas não sendo a mônada na filosofia leibniziana uma entidade espaciotemporal, também a consciência e o ponto de vista particular não devem conter elementos espaciotemporais. Isso quererá dizer que não existem componentes indexicais que possam definir a individualidade da consciência e do ponto de vista, mediante os quais se obtém o conceito da mônada. O PII, seja na versão leibniziana comum, ou em um sentido alargado, tem como objetivo principal fundar uma ontologia dos particulares. No entanto, segundo a crítica que lhe é dirigida por Strawson, uma ontologia desse tipo não pode privar-se de demonstrativos que marquem um quadro conceptual espaciotemporal. É o que acontece com o PII, para o qual a diferença entre particulares *a*, *b*, etc. não pode recorrer aos critérios do espaço e do tempo, no caso de a descrição desses mesmos particulares coincidir. *Ver também* INDISCERNIBILIDADE DE IDÊNTICOS; IDENTIDADE. **AM**

LEIBNIZ, G. W. *Nouveau essais sur l'entendement humain* [1765]. Paris: Garnier/Flammarion, 1966, p. 41.
STRAWSON, P. F. *Individuals*. Londres: Methuen, 1959.

identidade psicofísica

Ver FISICALISMO, FUNCIONALISMO.

identidade relativa

A doutrina da identidade relativa, cujo principal proponente contemporâneo tem sido o filósofo inglês Peter Geach, consiste na conjunção das seguintes duas teses. Em primeiro lugar, a tese de que qualquer frase de identidade da forma geral ⌈*a* é *b*⌉ ou ⌈*a* é o mesmo que *b*⌉, em que *a* e *b* são TERMOS SINGULARES não-vazios, é analisável em termos de uma (no sentido de alguma) frase da forma ⌈*a* é o mesmo φ que *b*⌉, em que a letra esquemática φ é substituível por um termo genérico ou categorial, isto é, um termo para um gênero ou uma categoria de coisas. Assim, a frase "Cícero é Túlio" deve ser tomada como essencialmente uma contração de alguma frase onde o predicado relacional de identidade ocorra relativizado a um termo genérico, p. ex., "Cícero é o mesmo homem que Túlio" ou "Cícero é a mesma pessoa que Túlio". Em segundo lugar, é defendida a idéia de que, para certas escolhas de termos genéricos, é possível ter uma frase da forma ⌈*a* é o mesmo F que *b*⌉ como verdadeira e a frase correspondente da forma ⌈*a* é o mesmo G que *b*⌉ como falsa, embora os objetos *a* e *b* sejam ambos G, ou ambos do tipo ou gênero G. Suponha-se, p. ex., que *a* designa certa porção de água em certa ocasião e *b* certa porção de água em ocasião ulterior. É então aparentemente possível introduzir circunstâncias nas quais "*a* é a mesma (porção de) água que *b*" resulte verdadeira e "*a* é o mesmo rio que *b*" resulte falsa; imagine-se certa quantidade de água a ser recolhida, para fins de análise, de certo rio em certa altura, e, finda a análise, a ser posteriormente depositada em outro rio. A cada termo genérico está associado um critério de identidade para as coisas que pertencem à sua EXTENSÃO, isto é, um processo que nos permita determinar quando há duas coisas do gênero em questão e quando há apenas uma; assim, a possibilidade de termos genéricos distintos F e G ("água" e "rio") referirem categorias de coisas (águas e rios) reguladas por critérios de identidade distintos gera a possibilidade de frases de identidade relativizadas ⌈*a* é o mesmo F que *b*⌉ e ⌈*a* é o mesmo G que *b*⌉ possuírem condições de verdade distintas, e logo valores de verdade distintos.

As duas teses que caracterizam a doutrina da identidade relativa deixam-se representar, respectivamente, pelas fórmulas 1) $a = b \leftrightarrow \exists \varphi\, a =_\varphi b$ e 2) $\neg [(a =_F b \wedge Ga \wedge Gb) \rightarrow a =_G b]$, em que $a =_\varphi b$ se lê ⌈*a* é o mesmo φ que *b*⌉, e *Ga* e *Gb* se lêem (respectivamente) ⌈*a* é (um) G⌉ e ⌈*b* é (um) G⌉.

O ponto de vista que se opõe à doutrina da identidade relativa é conhecido como "doutrina da identidade absoluta". Essa doutrina é defendida pelo filósofo inglês David Wiggins, entre outros, e nela são integralmente preservadas as propriedades habitualmente usadas pelos lógicos para caracterizar a relação de IDENTIDADE. O objeto da disputa entre os dois pontos de vista não deve ser representado como sendo a tese 1 por si mesma; com efeito, um defensor da doutrina da identidade absoluta poderia coerentemente aceitar essa tese, não concedendo no entanto à noção relativizada de identidade expressa no lado direito da frase bicondicional 1 qualquer gênero de prioridade conceptual sobre a noção não-relativizada expressa no lado esquerdo. A disputa deve antes ser vista como girando em torno da tese 2, caracterizando-se o ponto de vista da identidade absoluta pela sua rejeição, e logo pela tese de que, necessariamente, sempre que se tiver $\ulcorner a =\ _F b \land Ga \land Gb \urcorner$, tem-se $\ulcorner a =_G b \urcorner$ (apesar da alegada existência de indícios em sentido contrário).

As principais objeções que têm sido dirigidas contra a doutrina da identidade relativa dizem respeito a esta ter como conseqüência, explicitamente reconhecida pelos seus adeptos, o abandono de princípios lógicos básicos que são tomados por muitos filósofos como constitutivos do conceito de identidade. Entre tais princípios conta-se especialmente a lei da INDISCERNIBILIDADE DE IDÊNTICOS. Como vimos, à luz da tese 2, existem casos em que *a* é o mesmo F que *b*, *a* é (um) G, *b* é (um) G, mas não é o caso que *a* seja o mesmo G que *b*. Ora, supondo que *a* é o mesmo F que *b*, tem-se, por GENERALIZAÇÃO EXISTENCIAL e 1, a identidade não-relativizada $\ulcorner a = b \urcorner$. Mas então, supondo (o que é razoável) que *a* é o mesmo G que *a*, existe pelo menos uma PROPRIEDADE que *a* tem e que *b* não tem, designadamente a propriedade relacional de *a* ser o mesmo G que ele(a); usando o operador de abstração λ sobre propriedades, a propriedade em questão pode ser representada por $\ulcorner (\lambda x)\ (a =_G x) \urcorner$. No exemplo antes introduzido, enquanto a porção de água *a* tem certamente a propriedade de *a* ser o mesmo rio que ela (isto é, *a*), a porção de água *b* não tem a propriedade de *a* ser o mesmo rio que ela (isto é, *b*). Logo, a doutrina da identidade relativa é manifestamente inconsistente com a lei da indiscernibilidade de idênticos.

Para argumentar contra a tese 2, alguns defensores da doutrina da identidade absoluta tentam mostrar que, na formulação dos casos problemáticos em que aparentemente se tem $\ulcorner a =\ _F b \urcorner$, $\ulcorner Fa \urcorner$, $\ulcorner Fb \urcorner$, $\ulcorner Ga \urcorner$, $\ulcorner Gb \urcorner$, mas não $\ulcorner a =\ _G b \urcorner$, existem ambigüidades resultantes do uso da palavra "É" em dois sentidos liminarmente distintos: I) No sentido de exemplificação de, ou de pertença a, um gênero ou tipo de coisas, como em "Pluto é um cão" ou "*a* é uma porção de água"; e II) No sentido de constituição, como em "Isto é ouro" (este objeto é constituído por ouro) ou "*a* é um rio" (esta porção de água constitui um rio).

Alega-se que o reconhecimento de tais ambigüidades permitiria ao adepto do ponto de vista absolutista resolver a disputa a seu favor e rejeitar a tese 2. *Ver também* INDISCERNIBILIDADE DE IDÊNTICOS; IDENTIDADE; PROPRIEDADE. JB

GEACH, P. T. *Reference and Generality*. Ithaca: Cornell University Press, 1962.
LOWE, E. J. *Kinds of Being*. Oxford: Blackwell, 1989.
QUINE, W. V. O. "Identity, Ostension and Hypostasis", *in From a Logical Point of View*. 2.ª ed. Cambridge: Harvard University Press, 1961. Trad. bras. "Identidade, ostensão e hipótese", *in Ryle/Austin/Quine/Strawson*. Coleção Os Pensadores. Trad. João Paulo Monteiro. São Paulo: Abril Cultural, 1975, pp. 254-64.
WIGGINS, D. *Sameness and Substance*. Oxford: Blackwell, 1980.

identidade transmundial

Ver CONTRAPARTES, TEORIA DAS.

idioleto

Os falantes de uma comunidade lingüística que usa uma dada LÍNGUA NATURAL (p. ex., o português, o chinês, o swahili, etc.) recorrem, para a produção e compreensão dos enunciados dessa língua, e em benefício da inteligibilidade mútua, a um conjunto de meios lingüísticos comuns.

É natural que nem todos os falantes de dada comunidade lingüística usem exatamente todos os meios lingüísticos que outros falantes dessa comunidade usam. Quando tal acontece, verifica-se a existência de variantes dialetais: dentro de uma comunidade lingüística existem grupos de falantes que se distinguem entre si pelo fato de falarem dialetos diferentes, isto é, de usarem conjuntos de itens lexicais, regras lingüísticas, etc. que não são coincidentes.

Como exemplo, considere-se a variante européia e a variante americana do português. Os falantes que usam a primeira, seguem a regra sintática de, em uma frase afirmativa simples como "ele viu-*te* ontem", colocarem o pronome clítico após o verbo. Os falantes que usam a variante americana seguem, nas mesmas circunstâncias, a regra de colocar o pronome clítico antes do verbo, como na frase "Ele *te* viu ontem".

Esse exemplo ilustra uma diferença em termos de regras sintáticas. Um outro exemplo, que ilustra diferenças em termos de regras fonológicas, encontra-se no fato de ao grafema *v* corresponder o som bê na maioria dos dialetos setentrionais do português europeu e o som vê nos restantes dialetos.

Poderiam ser apresentados muitos outros exemplos, para o português ou para qualquer outra língua, de ordem lexical, morfológica, semântica, etc., para colocar em evidência o fato de, para dada língua natural e dentro de limites que não comprometam a inteligibilidade mútua, existirem alguns meios lingüísticos diferentes para diferentes grupos de falantes dessa linguagem.

Interessa notar que, quando se passa a uma análise mais fina, é possível identificar, para cada variante dialetal de dada língua natural, subvariantes dialetais, e relativamente a essas últimas, outras subvariantes, e assim sucessivamente.

Em uma análise de granularidade suficientemente fina, deve-se esperar encontrar regras lingüísticas de pormenor (a forma de pronunciar dada vogal, ou dada palavra, o significado atribuído a uma palavra pouco usada, etc.) que são seguidas apenas por determinado falante. A essas variantes individuais de dada língua dá-se o nome de idioletos.

Situação interessante de imaginar é aquela em que existiria um falante de dada língua que desenvolvesse um idioleto de tal modo diferente dos demais idioletos dessa língua que a inteligibilidade mútua entre esse falante e os restantes deixasse de existir. Nesse caso estaríamos perante uma língua ininteligível: uma língua com um único falante.

Um outro exercício interessante seria o de transpor o conceito de dialeto para as LINGUAGENS FORMAIS e, p. ex., pensar na NOTAÇÃO polonesa como uma variante dialetal da linguagem da LÓGICA DE PRIMEIRA ORDEM. *Ver também* INATISMO. **AHB**

ignoratio elenchi

Ver FALÁCIA IGNORATIO ELENCHI.

ilícita maior, falácia da

Ver FALÁCIA DA ILÍCITA MAIOR.

ilícita menor, falácia da

Ver FALÁCIA DA ILÍCITA MENOR.

ilocutório

Ver ATO ILOCUTÓRIO.

imagem

(de um conjunto) A imagem de um conjunto x sob uma relação R, que se denota usualmente por $R''x$, é o conjunto de todos aqueles objetos relativamente aos quais pelo menos um elemento de x está na relação R; em símbolos, $R''x = \{v: \exists u\, (u \in x \wedge Ruv)\}$. P. ex., se R é a relação "ser pai de" e x é o conjunto das pessoas, então $R''x$ é o conjunto das crianças. **JB**

implicação

Em lógica e filosofia da lógica, este termo é ambíguo, sendo utilizado nos seguintes dois sentidos (que estão, no entanto, de algum modo relacionados): I) para fazer referência a determinada relação, a relação de implicação, que se estabelece entre frases declarativas de certa linguagem (ou entre as proposições por elas expressas); II) para fazer referência a determinado tipo de frases declarativas, as frases condicionais ou implicações (ou então às proposições por elas expressas).

No que diz respeito a I, é possível distinguir as seguintes três variedades centrais de implicação, que vão da relação mais fraca para a relação mais forte: a implicação material, a implicação estrita e a implicação lógica.

A implicação material se estabelece entre duas frases declarativas (ou proposições) *p* e *q*, tomadas nessa ordem, exatamente no caso de ou *p* ser falsa ou *q* ser verdadeira (ou ambas as coisas). Diz-se nesse caso que *p* implica materialmente *q*. Assim, p. ex., a frase "O universo é finito" (ou a proposição que o universo é finito) implica materialmente a frase "A neve é branca" (ou a proposição, verdadeira, que a neve é branca); e a frase "Lisboa é a capital da Espanha" (ou a proposição, falsa, que Lisboa é a capital da Espanha) implica materialmente a frase "O universo é infinito" (ou a proposição que o universo é infinito).

A implicação estrita é aquela relação que se estabelece entre duas frases (ou proposições) *p* e *q* exatamente no caso de ser necessário que *p* implique materialmente *q*; ou, o que é o mesmo, no caso de ser impossível que *p* seja verdadeira e *q* seja falsa. Diz-se nesse caso que *p* implica estritamente *q*. (Note-se que a existência de diversos tipos de necessidade ou de impossibilidade – metafísica, lógica, causal, etc. – gera diversas noções de implicação estrita.) Assim, p. ex., dada certa interpretação das modalidades, pode-se dizer que a proposição que esta mesa é agora (inteiramente) verde implica estritamente a proposição que esta mesa não é agora (inteiramente) vermelha; e pode-se dizer que a proposição que o universo é finito implica estritamente a proposição que 2 + 2 = 4. Todavia, não é o caso que a proposição que Lisboa é a capital da Espanha impli-

que estritamente a proposição que o universo é infinito.

A implicação lógica é aquela relação que se estabelece entre duas frases (ou proposições) *p* e *q* (tomadas nesta ordem), ou entre um conjunto de frases (ou proposições) $p_1,..., p_n$ e uma frase (ou proposição) *q*, exatamente no caso de *q* ser dedutível como conclusão (em dado sistema de lógica) a partir de *p*, ou de $p_1,..., p_n$, tomada(s) como premissas. Diz-se nesse caso que a frase (ou proposição) *p*, ou o conjunto de frases (ou proposições) $p_1,..., p_n$, implica(m) logicamente a frase (ou proposição) *q*; ou que esta é uma conseqüência lógica daquela(s). (Note-se que se a modalidade aludida na caracterização da relação de implicação estrita for interpretada no sentido de necessidade lógica, então tal relação será virtualmente indiscernível da relação de implicação lógica.) Assim, p. ex., a proposição que Romeu ama Julieta implica logicamente a proposição de que alguém é amado por Romeu, bem como a proposição de que alguém ama alguém; mas a proposição que esta mesa é agora (inteiramente) verde não implica logicamente a proposição que esta mesa não é agora (inteiramente) vermelha.

No que diz respeito ao uso do termo implicação no sentido II, tornou-se também habitual chamar a uma frase da forma ⌜Se *p*, então *q*⌝, quando o operador frásico natural "se..., então..." é tomado como representado no operador lógico → (a função de verdade condicional material), uma implicação material. Assim, uma implicação material, $p \to q$ é verdadeira quando a antecedente *p* é falsa ou a conseqüente *q* é verdadeira, e é falsa apenas quando *p* é verdadeira e *q* é falsa. Por conseguinte, relacionando os sentidos I e II do termo implicação, tem-se o seguinte: *p* implica materialmente *q* no caso de a implicação material $p \to q$ ser verdadeira.

Associados a essa noção estão os (um pouco inadequadamente) chamados PARADOXOS DA IMPLICAÇÃO MATERIAL, usualmente identificados com os seguintes dois seqüentes válidos (ou formas válidas de argumento): 1) $q \vdash p \to q$; 2) $\neg p \vdash p \to q$. A expressão 1 estabelece que a verdade de uma implicação material, $p \to q$, é uma conseqüência lógica da verdade do seu conseqüente q; a expressão 2 estabelece que a verdade de uma implicação material, $p \to q$, é uma conseqüência lógica da falsidade do seu antecedente p. As expressões 1 e 2 têm sido ocasionalmente considerados paradoxais ou antiintuitivos, e essa é a razão do rótulo sob o qual são conhecidas. Exemplos dos seqüentes 1 e 2 são dados (respectivamente) nos seguintes argumentos, tomando o operador natural "se..., então..." no sentido de $\to$: A) "Deus existe. Logo, se o meu time ganhar o próximo campeonato, Deus existe." B) "As baleias não são peixes. Logo, se as baleias são peixes, o meu time irá ganhar o próximo campeonato."

O caráter aparentemente paradoxal desse gênero de argumentos deve-se ao fato de o valor de verdade de uma implicação material não exigir nenhum tipo de conexão, p. ex., uma conexão causal, entre os conteúdos das frases que ocorrem com o antecedente e o conseqüente, sendo apenas sensível aos valores de verdade destas (*ver* CONDICIONAIS, TEORIAS DAS).

Analogamente, é também habitual chamar a uma frase da forma ⌜Se p, então q⌝ quando o operador natural "se..., então..." é tomado como representado no operador lógico $\mapsto$ (o operador condicional estrito), uma implicação estrita. Assim, uma implicação estrita $p \mapsto q$ é verdadeira quando, e apenas quando, a implicação material correspondente $p \to q$ é necessariamente verdadeira; com efeito, $p \mapsto q$ é habitualmente definida em termos de $\Box (p \to q)$, em que $\Box$ é um operador de necessidade. Por conseguinte, relacionando os sentidos I e II do termo "implicação", tem-se o seguinte: p implica estritamente q no caso de a implicação estrita $p \mapsto q$ ser verdadeira. A noção de implicação estrita deve-se ao lógico americano C. I. Lewis, que introduziu a conectiva $\mapsto$ nos seus sistemas de implicação estrita (veja-se Lewis e Langford, 1959).

Do mesmo modo, associados a essa noção estão os chamados PARADOXOS DA IMPLICAÇÃO ESTRITA, usualmente identificados com os seguintes dois seqüentes válidos (ou com as seguintes duas formas válidas de argumento): 3) $\Box q \vdash p \mapsto q$; 4) $\neg \Diamond p \vdash p \mapsto q$. 3 estabelece que a verdade de uma implicação estrita $p \mapsto q$ é uma conseqüência lógica da verdade necessária da sua conseqüente q; 4 estabelece que a verdade de uma implicação estrita $p \mapsto q$ é uma conseqüência lógica da falsidade necessária da sua antecedente p. Embora a implicação estrita seja mais forte que a material, e logo menos vulnerável a tal gênero de dúvidas, 3 e 4 têm também sido ocasionalmente considerados paradoxais ou contra-intuitivos, e essa é a razão do rótulo sob o qual são conhecidos. Exemplos dos seqüentes 3 e 4 são dados (respectivamente) nos seguintes argumentos, tomando o operador natural "se..., então..." no sentido de $\mapsto$: A) "É necessário que 2 + 2 = 4. Logo, se o meu time ganhar o próximo campeonato, 2 + 2 = 4." B) "É impossível que as baleias sejam peixes. Logo, se as baleias são peixes, o meu time ganha o próximo campeonato." *Ver também* CONECTIVO; CONDICIONAIS, TEORIAS DAS. JB

ANDERSON, A. e BELNAP, N. *Entailment*. Princeton: Princeton University Press, 1975.
LEWIS, C. I. e LANGFORD, C. *Symbolic Logic*. Nova York, 1959.

implicação estrita

Uma relação semântica entre frases ou proposições. Uma frase ou proposição p, ou um conjunto de frases ou proposições $p_1,..., p_n$ implica(m) estritamente uma frase ou proposição q – em símbolos, $p \mapsto q$, respectivamente $p_1,..., p_n \mapsto q$ – se, e somente se, é impossível que p seja verdadeira e q seja falsa, respectivamente que todas as frases ou proposições p_i sejam verdadeiras e q seja falsa; por outras palavras, p implica estritamente q, respectivamente $p_1,..., p_n$ implicam estritamente q se, e somente se, a frase condicional necessitada $\Box (p \to q)$, respectivamente $\Box(p_1 \wedge \ldots \wedge p_n \to q)$ é verdadeira (em que $\Box$ é o operador de necessidade e $\to$ a condicional material). *Ver* IMPLICAÇÃO. JB

implicação estrita, paradoxos da

Ver PARADOXOS DA IMPLICAÇÃO ESTRITA.

implicação existencial

A expressão "implicação existencial" tem duas aplicações lógicas distintas.

A primeira tem lugar na teoria aristotélica da inferência. Nesse contexto, e, mais em particular, no contexto da doutrina do QUADRADO DE OPOSIÇÃO (De Int. 7 (17[b] 16-25; 8 (18[a] 5); 10 (20[a] 20)), essa expressão refere o pressuposto de que, em uma frase declarativa de caráter universal, afirmativa ou negativa, o termo geral que ocorre no lugar do sujeito refere uma propriedade satisfeita por pelo menos um objeto.

A base teórica para esse pressuposto é a seguinte. A doutrina lógica do quadrado de oposição estipula, entre outros, os seguintes princípios: as frases particulares, afirmativas ou negativas, são subalternas das frases universais da mesma qualidade; as frases universais de qualidades opostas são contrárias uma da outra; as frases particulares de qualidades opostas são subcontrárias uma da outra. Nenhum desses princípios é, porém, satisfeito no caso em que o termo que ocorre no lugar do sujeito de uma frase universal refere uma propriedade que não é satisfeita por nenhum objeto. Nesse caso, a verdade da frase universal, afirmativa ou negativa, não implica a verdade da frase particular da mesma qualidade; as universais são ambas verdadeiras (isto é, a relação de contrariedade não se dá entre as universais) e as particulares são ambas falsas (isto é, a relação de subcontrariedade tampouco se dá entre as particulares). Para salvaguardar a integridade da doutrina do quadrado de oposição, considera-se então que esta pressupõe que os termos gerais que ocorrem no lugar do sujeito de uma frase declarativa universal têm uma implicação existencial, isto é, que eles referem uma propriedade satisfeita por pelo menos um objeto.

Repare-se, todavia, que, se, para além da doutrina do quadrado de oposição, se levar igualmente em consideração a teoria aristotélica da conversão (An. Pr i 2 (25[a] 5), esse pressuposto tem que ser alargado aos termos gerais que ocorrem no lugar do predicado das universais negativas. Isso porque, de acordo com a teoria da conversão, as universais negativas podem ser sujeitas a conversão simples, pelo que, se o pressuposto da implicação existencial não se aplicasse aos termos gerais que ocorrem no lugar do predicado de uma universal negativa, a conversa desta tampouco implicaria a sua subalterna.

A segunda aplicação lógica dessa expressão tem lugar no cálculo de predicados. Nesse contexto, esta expressão refere uma conseqüência do pressuposto de que as fórmulas do cálculo não podem ser interpretadas em domínios vazios.

A base teórica para esse pressuposto é a seguinte. Alguns dos teoremas mais básicos desse cálculo, como o teorema $\vdash \forall x\, Fx \to \exists x\, Fx$, tornam-se inválidos quando interpretados em um domínio vazio. Isso sucede porque uma quantificação universal interpretada em um domínio vazio origina uma tautologia, enquanto uma quantificação existencial interpretada em um domínio vazio origina uma contradição. Essas últimas asserções podem ser justificadas da seguinte forma: dada a ausência de objetos em um domínio vazio, nenhuma interpretação nesse domínio poderá falsear uma fórmula quantificada universalmente, sendo portanto tal fórmula incondicionalmente verdadeira no domínio; dada a mesma ausência de objetos no domínio vazio, nenhuma interpretação nesse domínio poderá verificar uma fórmula existencialmente quantificada, sendo portanto tal fórmula necessariamente falsa no domínio. Em conseqüência desse fato, qualquer interpretação do teorema *supra* em um domínio vazio origina uma contradição.

Para salvaguardar a integridade do cálculo de predicados pressupõe-se então que a possibilidade de interpretar fórmulas do cálculo em domínios vazios está excluída à partida. Uma conseqüência desse pressuposto é, assim, a de que as letras nominais que ocorrem nas fórmulas do cálculo são sempre usadas com uma implicação existencial, isto é, representam sempre um objeto do domínio em qualquer interpretação das fórmulas em que ocorrem. *Ver também* SILOGISMO; SEMÂNTICA LÓGICA; EXISTÊNCIA; DOMÍNIO. **AZ**

ARISTÓTELES: "Organon", *in* Barnes, J. (org.). *The Complete Works of Aristotle. The Revised Oxford Translation*. Princeton: Princeton University Press, 1984, vol. I.
HILBERT, D. e BERNAYS, P. *Grundlagen der Mathematik I*. Berlim: Springer, 1968.
KNEALE, W. e KNEALE, M. *O desenvolvimento da lógica* [1962]. Trad. M. S. Lourenço. Lisboa: Gulbenkian, 1974.
LOURENÇO, M. S. *Teoria clássica da dedução*. Lisboa: Assírio & Alvim, 1991.
SAINSBURY, M. *Logical Forms*. Oxford: Blackwell, 1991.
ZILHÃO, A. "Implicação existencial: dois conceitos", *in Argumento* III, 5/6, 1993, pp. 79-91.

implicação lógica

Uma relação semântica entre frases ou proposições. Uma frase ou proposição p, ou um conjunto de frases ou proposições $p_1,..., p_n$, implica(m) logicamente uma frase ou proposição q se, e somente se, não existe nenhuma INTERPRETAÇÃO (do material extralógico contido nas frases) na qual p seja verdadeira, respectivamente cada uma das frases ou proposições p_i seja verdadeira, e q seja falsa; por outras palavras, p implica logicamente q, respectivamente $p_1,..., p_n$ implicam logicamente q, se, e somente se, a frase condicional $p \to q$, respectivamente, a frase condicional $p_1 \wedge ... \wedge p_n \to q$, é uma VERDADE LÓGICA (em que $\to$ é o operador condicional material). Em vez de se dizer que p implica logicamente q, respectivamente, que $p_1,..., p_n$ implicam logicamente q, pode-se dizer de maneira equivalente que q é uma CONSEQÜÊNCIA (semântica) de p, respectivamente, de $p_1,..., p_n$: em símbolos, $p \vDash q$, respectivamente $p_1,..., p_n \vDash q$. *Ver* IMPLICAÇÃO. **JB**

implicação material

Uma relação semântica entre frases ou proposições. Uma frase ou proposição p, ou um conjunto de frases ou proposições $p_1,..., p_n$, implica(m) materialmente uma frase ou proposição q se, e somente se, ou p é falsa ou q é verdadeira, respectivamente ou pelo menos uma das frases ou proposições p_i é falsa ou q é verdadeira; por outras palavras, p implica materialmente q, respectivamente $p_1,..., p_n$ implicam materialmente q se, e somente se, a frase condicional $p \to q$, respectivamente, a frase condicional $p_1 \wedge ... \wedge p_n \to q$, é verdadeira (em que $\to$ é o operador condicional material). *Ver* IMPLICAÇÃO. **JB**

implicação material, leis da

Termo usado para designar o seqüente duplo válido da LÓGICA PROPOSICIONAL clássica $p \to q \dashv\vdash \neg p \vee q$; ou o teorema associado $(p \to q) \leftrightarrow (\neg p \vee q)$.

implicação material, paradoxos da

Ver PARADOXOS DA IMPLICAÇÃO MATERIAL.

implicatura convencional

Conceito introduzido por Grice para identificar aquelas implicaturas que diferem das IMPLICATURAS CONVERSACIONAIS. Um dos raros exemplos de Grice diz respeito à implicatura que resulta do uso de "mas" em vez de "e" em uma frase como "O João é dirigente desportivo, mas é honesto" – que tem não só o significado explícito de que o João é um dirigente desportivo que é honesto, mas também o implícito (por implicatura convencional), de que a combinação dessas duas características em uma mesma pessoa é inesperada. Uma vez que a versão com "mas" induz a implicatura e a versão com "e" ("O João é dirigente desportivo e é honesto") não induz, então, dado que ambas têm exatamente as mesmas CONDIÇÕES DE VERDADE, conclui-se que as implicaturas convencionais não derivam das condições de verdade das frases que as induzem e, logo, que não são identificáveis com IMPLICAÇÕES.

As razões pelas quais as implicaturas convencionais não são também identificáveis com implicaturas conversacionais são, como Grice fez notar, transparentes: estão (como a sua designação indica) convencionalmente associadas a itens lexicais ou expressões específicos – não resultando, por isso, de nenhum cálculo feito com base nas MÁXIMAS CONVERSACIONAIS. Para além disso, não são canceláveis em função do contexto de elocução ("mas" transportam sempre a mesma implicatura convencional qualquer que seja o contexto de elocução de frases em que ocorram) e são separáveis (uma vez que, como se viu, é possível que, quando o item que as induz é substituído por outro idêntico no contributo que faz para as condições de verdade das frases em que ocorrem, a implicatura não seja preservada).

Um problema básico com o conceito de implicatura convencional é o de que os exemplos consensuais são relativamente escassos (de modo que o fato de Grice ter sido econômico nesse capítulo talvez não seja casual). Correspondentemente, na literatura de SEMÂNTICA, PRAGMÁTICA e filosofia da linguagem, o conceito tem tido menos uso do que Grice inicialmente esperaria; e alguns autores têm tendência para o desvalorizar como pouco representativo, quando não mesmo para considerar alguns dos seus alegados exemplos como genuínos casos de implicação, implicatura conversacional ou de PRESSUPOSIÇÃO (como acontece, p. ex., com "até"). É necessário reconhecer que nem sempre é fácil, p. ex., distinguir um caso de implicatura convencional de um caso de pressuposição; no entanto, como se sugere em Levinson (1983), o conceito de implicatura convencional tem talvez um campo de aplicação mais vasto do que tais céticos defendem, sendo argumentativamente ilustrado pelo comportamento de dêiticos discursivos como "contudo" e "portanto" ou de dêiticos sociais como "você", "o senhor" ou "chefe" (como na interrogativa "chefe, vai mais uma cerveja?"). *Ver também* CONDIÇÕES DE VERDADE; IMPLICAÇÃO; IMPLICATURA CONVERSACIONAL; MÁXIMAS CONVERSACIONAIS; PRAGMÁTICA; PRESSUPOSIÇÃO. **AHB/PS**

KARTUNEN, L. e PETERS, S. "Conventional Implicature", *in* Oh, C.-K. e Dinnen, D. A. (orgs.). *Syntax and Semantics* 11. Nova York: Academic Press, 1979, pp. 1-56.
LEVINSON, S. *Pragmatics*. Cambridge: Cambridge University Press, 1983.

implicatura conversacional

As implicaturas conversacionais podem ser descritas como INFERÊNCIAS suscitadas por elocuções de frases proferidas em contextos conversacionais específicos, de acordo com o PRINCÍPIO DA COOPERAÇÃO e as MÁXIMAS CONVERSACIONAIS (ou, em uma oscilação terminológica freqüente, como as FRASES ou então as PROPOSIÇÕES "implicitadas" (*implicated*) por meio dessas inferências). Uma frase f_1 (ou a proposição expressa por ela) é uma implicatura conversacional da elocução de uma frase f_2 se, e somente se, a elocução de f_2, junto com as condições para o seu correto uso conversacional expressas nas máximas, leva ao compromisso com a verdade de f_1. P. ex., se alguém, em conversa comigo, afirma que "um carro amarelo está à porta da casa da Teresa" em resposta ao meu comentário "não faço idéia de onde está o Rui", essa afirmação tem como implicatura "o Rui está em casa da Teresa" (e, já agora, também "o Rui tem um carro amarelo") e eu estou legitimado para interpretar a intervenção do meu interlocutor como afirmando exatamente isso. O que se passou foi que realizei uma inferência a partir da frase proferida pelo meu interlocutor e das máximas conversacionais que eu, como conhecedor dos requisitos básicos da participação em qualquer conversa, não posso deixar de presumir que ele está cumprindo. Para essa inferência foi crucial, em particular, o uso da máxima da relevância, segundo a qual uma contribuição conversacional não pode deixar de ser relevante para o assunto em discussão. Isto é, se uma referência a um carro amarelo em frente da casa da Teresa foi usada como resposta à confissão da minha ignorância do paradeiro do Rui, então eu (porque não posso deixar de presumir que o meu interlocutor está fazendo uma contribuição relevante) tenho de interpretar a sua intervenção como referindo-se, de alguma maneira, ao paradeiro do Rui.

O modo como, em casos como este, o ouvinte infere a intenção comunicativa do locutor deriva de uma das propriedades básicas das implicaturas, designadamente a sua calculabilidade. Por outras palavras, existe um algoritmo que permite em geral decidir se f_2 é ou não uma implicatura conversacional da elocução de f_1. Como se viu, esse algoritmo é baseado no princípio de cooperação e nas máximas conversacionais, designadamente no pressuposto de que estas têm de estar sendo observadas por qualquer interveniente que esteja fazendo uso da sua competência conversacional (cláusula iii a seguir). Dada uma frase f_1 proferida em certo contexto conversacional C por um locutor l, esse algoritmo tem, resumidamente, a seguinte forma: i) Se as máximas conversacionais estão sendo observadas por l quando proferiu f_1 em C, então l pretende comunicar f_2 por meio da elocução de f_1. ii) Se l pretende comunicar f_2 por meio da elocução de f_1, então a sua elocução de f_1 significa f_2. iii) As máximas conversacionais estão sendo observadas por l quando proferiu f_1 em C. iv) Logo, a sua elocução de f_1 significa f_2.

Outra propriedade básica das implicaturas conversacionais é a de que elas são revogáveis, isto é, podem ser revogadas se se mudar o contexto conversacional (e a intenção comunicativa do locutor que lhe está associada) que as gera. Essa característica distingue-as das IMPLICAÇÕES, uma vez que nenhuma relação de implicação depende do contexto em que as premissas são proferidas. Assim, uma frase como 1 implicita conversacionalmente 2 em certos contextos, mas não em outros: 1) "O Mário tem dois carros"; 2) "O Mário tem exatamente dois carros".

Em um contexto como o da resposta à pergunta "Quantos carros tem o Mário?", pode inferir-se, pela máxima da qualidade, que 1 é (julgada pelo locutor ser) verdadeira e, pela da quantidade, que ela fornece toda (e só) a informação (relevante, por relevância) acerca dos carros do Mário; de modo que, em geral, se poderia concluir que, em tal contexto, 2 é intencionada como verdadeira também. Mas se 1 for proferida como comentário à observação "não conheço ninguém que tenha dois carros", então a implicatura de 1 para 2 não existe, uma vez que 2 poderia ser tida como falsa nesse caso. Esse comportamento contrasta claramente com o das implicações de 1. Tome-se uma implicação de 1 como a que conduz a 3) "O Mário tem pelo menos um carro". Tal implicação verifica-se independentemente do contexto em que 1 tenha sido produzida, uma vez que, em todos os contextos conversacionais (ou outros) em que 1 seja verdadeira, 3 é também verdadeira.

A terceira característica detectável nas implicaturas é a da inseparabilidade (*non-detachability*). Isso significa basicamente que uma implicatura I está associada às condições de verdade da frase de cuja elocução é uma implicatura, e por isso não é separável delas. Ou seja, se uma outra frase tiver as mesmas condições de verdade (isto é, for EQUIVALENTE) e for proferida no mesmo contexto, então I é ainda uma implicatura dessa outra frase. P. ex., em um contexto de resposta à pergunta "O que você acha do Jorge como professor?", visto que 4 é equivalente a 5, a elocução quer de 4, quer de 5 tem como implicatura 6: 4) "O Jorge sabe as canções do Chico Buarque todas de cor"; 5) "Não há nenhuma canção do Chico Buarque que o Jorge não saiba de cor"; 6) "O Jorge é um mau professor".

Finalmente, uma quarta característica básica das implicaturas conversacionais é a de serem não-convencionais – ao contrário, p. ex., da implicatura associada convencionalmente à conjunção "mas", segundo a qual uma frase da forma "A – mas B" implicita, apenas dado o significado convencional da conjunção "mas" (isto é, sem a intervenção de nenhum princípio de interação conversacional), que não seria de esperar B dado A (*ver* IMPLICATURA CONVENCIONAL).

O conceito de implicatura conversacional e as máximas conversacionais que lhe estão associadas foram introduzidos por Grice (1913-1988) nas suas *Lições sobre lógica e conversação* (1975) com o objetivo específico de argumentar a favor da teoria de que a lógica clássica (ou melhor, a sua semântica) fornece instrumentos suficientes para a formalização das condições de verdade das frases das línguas naturais (a que vamos chamar teoria T). O raciocínio de Grice é basicamente o seguinte. É um fato que, p. ex., o significado da frase 7) "O Pedrinho escovou os dentes e foi para a cama" não se reduz às condições de verdade de uma fórmula da lógica proposicional clássica cujo CONECTIVO principal seja a conjunção ∧ (em particular, o exemplo parece mostrar que a conjunção "e" da língua portuguesa não é comutativa, ao contrário da sua congênere ∧). Mas daqui não se segue, argumenta Grice, que tal conectivo não represente adequadamente as condições de verdade de frases como a 7. É necessário ter em conta que, ao contrário das fórmulas da lógica proposicional clássica, as asserções das línguas naturais têm de preencher certos requisitos conversacionais (expressos no princípio de cooperação e nas máximas). Se tivermos isso em conta, podemos continuar a aceitar a teoria T, isto é, a tese de que as frases das línguas naturais são idênticas às das fórmulas que habitualmente se considera serem as suas traduções formais – p. ex., podemos continuar a aceitar que as condições de verdade de frases cujo conectivo principal seja "e" são idênticas às daquelas fórmulas da lógica proposicional clássica que resultem (para além da tradução do resto das expressões) de traduzir "e" pela conjunção da lógica proposicional clássica. É que, argumenta Grice, as discrepâncias de significado entre as asserções das línguas naturais e os seus congêneres da lógica são justamente explicáveis à custa da importância desses requisitos na interpretação do significado das primeiras e da sua total irrelevância para a interpretação do significado das segundas. P. ex., o fato de 7 não ser estritamente equivalente a 8) "O Pedrinho foi para a cama e escovou os dentes" apenas significa, segundo Grice, que 7 e 8, ao contrário das fórmulas "A ∧ B" e "B ∧ A", têm (de acordo com a máxima do estilo) de ser interpretadas como exprimindo a ordem pela qual os fatos por elas reportados aconteceram –, o que implica que, uma vez que exprimam ordens inversas, elas não sejam estritamente equivalentes. Mas, uma vez que essa não-equivalência se deve a fatores que não têm que ver com as condições de verdade de 7 e 8 – mas antes com restrições de caráter conversacional –, ela é compatível com o ponto de vista de que as condições de verdade de 7 e de 8 são exaustivamente cobertas por A ∧ B (ou, visto que ∧ é comutativo, por B ∧ A).

Este argumento de Grice deve ser interpretado como aplicável a quaisquer construções das línguas naturais, e notoriamente aos condicionais (*ver também* CONDICIONAIS, TEORIAS DOS). Por outras palavras, o exemplo da discrepância de significado entre "e" e ∧ deve ser interpretado como ilustrativo de um argumento mais amplo segundo o qual é necessário distinguir pelo menos duas acepções da palavra "significado": a acepção semântica, relativa às condições de verdade, e a acepção pragmática, relativa às CONDIÇÕES DE ASSERTIBILIDADE em um contexto conversacional e gerador de implicaturas conversacionais. Como o exemplo do paradeiro do Rui mostra, parece haver dados suficientes para fazer esta distinção. E, como se viu, essa distinção parece ser tudo aquilo de que precisamos para, apesar dos aparentes contra-exemplos, defendermos a teoria T.

A teoria T tem diversos pontos fracos (para uma refutação desse argumento de Grice sobre condicionais, *ver* CONDICIONAIS, TEORIAS DOS). No entanto, o conceito de implicatura conversacional propriamente dito, tal como foi analisado por Grice, é suficientemente robusto para ser hoje consensualmente admitido como parte do patrimônio conceptual da pragmática e da filosofia da linguagem. *Ver também* FILOSOFIA DA LINGUAGEM COMUM; IMPLICAÇÃO; MÁXIMAS CONVERSACIONAIS; PRINCÍPIO DE COOPERAÇÃO; SIGNIFICADO; PRESSUPOSIÇÃO; PRAGMÁTICA. **AHB/PS**

GRICE, P. *Studies in the Way of Words*. Cambridge, MA: Harvard University Press, 1989.
LEVINSON, S. *Pragmatics*. Cambridge: Cambridge University Press, 1983.

importação

Tradicionalmente, as inferências da lógica proposicional clássica $(A \wedge B) \to C \vdash A \to (B \to C)$ e $A \to (B \to C) \vdash (A \wedge B) \to C$ são conhecidas, respectivamente, como EXPORTAÇÃO e importação, assim como os teoremas correspondentes $\vdash ((A \wedge B) \to C) \to (A \to (B \to C))$ e $\vdash (A \to (B \to C)) \to (A \wedge B) \to C)$.

Em geral, importar um operador O é gerar uma frase F′ a partir de uma frase F por meio da permutação de O com outro(s) operador(es), de tal modo que o ÂMBITO de O passe a ser mais curto do que o do(s) outro(s) operador(es). P. ex., dada a frase "Tudo é necessariamente feito de matéria" ($\forall x \, \Box Mx$), o quantificador universal pode ser importado, gerando assim a frase "Necessariamente, tudo é feito de matéria" ($\Box \forall x \, Mx$). Essa importação é falaciosa se admitirmos mundos possíveis que tenham objetos que não sejam feitos de matéria, apesar de tudo o que existe no mundo real ser feito de matéria em todos os mundos possíveis – imagine-se que há mundos possíveis com coisas que não sejam feitas de matéria, como almas, que não existam no mundo real. A importação pode, pois, dar origem a falácias, a mais conhecida das quais é a FALÁCIA DA PERMUTAÇÃO DE QUANTIFICADORES. **DM**

impossibilidade

Uma impossibilidade lógica é uma FALSIDADE LÓGICA. A negação da impossibilidade é, nesse sentido, uma TAUTOLOGIA OU VERDADE LÓGICA. A impossibilidade é um conceito MODAL: p é impossível se, e somente se, $\Box \neg p$ – isto é, se a sua negação é NECESSÁRIA. Os sentidos lógico e metafísico de impossibilidade não coincidem porque, apesar de todas as impossibilidades lógicas serem impossibilidades metafísicas, nem todas as impossibilidades metafísicas são impossibilidades lógicas – os essencialistas defendem que uma frase como "A água não é H_2O" é uma impossibilidade metafísica, apesar de não se tratar de uma impossibilidade lógica. **DM**

imprecisão

O mesmo que VAGUEZA.

inatismo

Os proponentes da hipótese inatista defendem que os seres humanos se encontram geneticamente determinados para aprender a linguagem e que o tipo de LÍNGUAS NATURAIS que é possível aprender se encontra também geneticamente determinado.

O argumento central usado a favor dessa hipótese recorre ao contraste entre I) a complexidade estrutural, II) a extensão e III) a uniformidade do conhecimento específico (lingüístico) que os falantes de dada língua natural possuem ao dominarem essa língua, por um lado, e os dados I′) não-estruturados, II′) escassos e III′) desiguais de falante para falante, a partir dos quais esse conhecimento é adquirido, por outro lado.

Interessa notar que a linguagem é em geral adquirida desde os primeiros meses de idade. Às crianças não é apresentada nenhuma gramática ou lista de vocabulário. As crianças não são explicitamente ensinadas a falar como são, p. ex., explicitamente treinadas a andar de bicicleta ou a executar operações aritméticas. Elas limitam-se a ter acesso a alguns enunciados produzidos por falantes que as rodeiam, e a exercitarem-se, espontaneamente, sem plano de treino e, em geral, sem correção posterior, na produção de enunciados.

Apesar de terem estado expostas a um conjunto de dados que se apresentam desorganizados e em quantidade limitada, no fim de um período relativamente pequeno das suas vidas, as crianças podem entender e produzir enunciados que nunca ouviram ou pronunciaram anteriormente, de acordo com um largo conjunto de regras complexas que regem a língua que utilizam. É de notar também que outras crianças, ao serem expostas a conjuntos diferentes de enunciados de uma mesma língua, adquirem o conhecimento dessa língua e, portanto, os mesmos meios linguísticos.

Os proponentes do inatismo argumentam que a concepção que defendem constitui o ponto de partida adequado para se encontrar uma explicação para o contraste anteriormente referido, pois só a participação de uma forte componente geneticamente determinada no processo de aquisição da linguagem parece permitir um resultado complexo e uniforme (o conhecimento linguístico de um sistema complexo de regras fonológicas, morfológicas, sintáticas, semânticas e pragmáticas, idêntico para todos falantes – porém, *ver também* IDIOLETO) a partir de uma experiência incomparavelmente menos complexa e menos uniforme (enunciados aleatoriamente produzidos por outros falantes). *Ver também* LÍNGUA NATURAL; IDIOLETO. **AHB**

CHOMSKY, N. *Conhecimento da linguagem*. Lisboa: Caminho, 1986.
____. *Reflexões sobre a linguagem*. Lisboa: Edições 70, 1975.
PULLUM, G. "Learnability, Hyperlearning, and the Poverty of Stimulus", *in* Johnson, J., Juge, M. e Moxley, J. (orgs.) *Proceedings of the 22nd Meeting of the Berkeley Linguistic Society*. Berkeley: Berkeley Linguistic Society, 1996, pp. 498-513.

inclusão

Ver SUBCONJUNTO.

incompatível

Ver COMPATÍVEL.

incompletude

Ver COMPLETUDE.

incompletude de Gödel, teorema da

Ver TEOREMA DA INCOMPLETUDE DE GÖDEL.

incompossível

Ver COMPOSSÍVEL.

inconsistência

1. Uma proposição inconsistente é uma falsidade lógica, como $\neg(p \to p)$: uma proposição falsa em todas as interpretações das suas variáveis proposicionais (no caso, p). Gera-se uma inconsistência sempre que se nega uma verdade lógica. 2. A relação existente entre duas ou mais proposições quando estas não podem ser todas verdadeiras. 3. Uma teoria é inconsistente caso nela se possa derivar p e $\neg p$. Nesse caso, a teoria é trivial, porque permite derivar tudo (aceitando a lógica clássica).

Defende-se por vezes que uma teoria, opinião ou visão do mundo inconsistente é "mais rica" do que uma que o não seja. Esse é o tipo de ideia contra a qual talvez não valha a pena argumentar; basta concordar com a pessoa que a afirma, negando segundos depois tranquila e sistematicamente tudo o que ela disser com base no princípio da aceitação de inconsistências que ela mesma diz professar. Defende-se também por vezes que não devemos evitar as inconsistências porque o próprio mundo seria inconsistente; contra essa ideia talvez também não valha a pena argumentar, já que resulta de um ERRO CATEGORIAL: a inconsistência é uma relação entre proposições e não entre estados de coisas. *Ver* AUTO-INCONSISTÊNCIA; COMPOSSÍVEL. **DM**

indecidibilidade

Ver DECIDIBILIDADE.

indecidibilidade de Church, teorema da

Ver TEOREMA DA INDECIDIBILIDADE DE CHURCH.

indefinibilidade da verdade, teorema da

Ver TEOREMA DA INDEFINIBILIDADE DA VERDADE.

independência

Em geral, duas proposições ou teorias são logicamente independentes se, e somente se, não se implicam mutuamente. Mais especificamente, um sistema de AXIOMAS é independente se, e somente se, nenhum dos seus axiomas pode ser deduzido de qualquer um dos outros. Aplica-se o mesmo conceito aos sistemas de regras de dedução natural: um desses sistemas é independente se, e somente se, nenhuma das suas regras pode ser deduzida das outras. P. ex., atente-se em um sistema independente como o apresentado no artigo DEDUÇÃO NATURAL, REGRAS DE. Podemos acrescentar-lhe outra regra: o *modus tollens*. Todavia, o sistema deixará de ser independente, pois o *modus tollens* pode deduzir-se por meio das outras regras. Em geral, podemos ilustrar a independência com um exemplo simples: o seguinte conjunto de proposições é independente, pois nenhuma proposição do conjunto se pode deduzir de qualquer outra: $\{p \rightarrow q, r \rightarrow \neg q\}$. Mas o conjunto $\{p \rightarrow q, r \rightarrow \neg q, p \rightarrow \neg r\}$ não é independente, uma vez que a proposição $p \rightarrow \neg r$ pode ser deduzida das outras duas por meio de contraposição e transitividade da condicional.

Por vezes é relevante determinar até que ponto certas teorias são ou não logicamente independentes. Um dos casos recentes é a teoria da referência de Kripke, que à primeira vista pode parecer implicar o essencialismo; a ser verdade, tal resultado militaria contra essa teoria. Contudo, a teoria da referência de Kripke não implica o essencialismo. **DM**

indeterminação da tradução

A tese da indeterminação da tradução é, porventura, o mais discutido e polêmico tópico da filosofia da linguagem de W. V. O. Quine (1908-2000) desde princípios dos anos 1960. A tese da indeterminação é formulada pelo próprio Quine da seguinte forma: "manuais para traduzir uma linguagem em outra podem ser construídos de modo divergente, todos compatíveis com a totalidade das disposições verbais, mas, no entanto, incompatíveis entre si" (Quine, 1960, p. 27).

De modo mais prosaico e simples, o que essa tese enuncia é que podem existir diferentes traduções, todas elas confirmadas em igual grau pelos dados disponíveis (isto é, todas elas corretas). Essa tese assume motivações essencialmente destrutivas, em particular no que concerne à imagem clássica da semântica para as linguagens naturais, que Quine classifica na generalidade como "mentalistas". Embora seja um pouco difícil caracterizar com rigor essa concepção mentalista da semântica, podemos, de maneira resumida, descrevê-la como consistindo naquela intuição que faz corresponder a cada expressão significativa de uma linguagem um objeto extralingüístico que consiste precisamente no seu sentido. Quine fornece a seguinte imagem sugestiva desta idéia: "A semântica não-crítica consiste no mito de um museu no qual as obras exibidas são os sentidos (*meanings*) e as palavras são as legendas" (Quine, 1969, p. 27).

Para melhor compreender essa idéia considerem-se as seguintes três frases: "Snow is white", "La neige est blanche", "A neve é branca". Sendo essas três frases diferentes entre si, somos no entanto levados a identificá-las de algum modo, assumindo que algo de comum subsiste a todas elas, isto é, o seu sentido. A premissa implícita do mentalismo, que a tese da indeterminação desafia, é a de que a existência de "sentidos" constitui uma condição necessária para a intercompreensão lingüística.

A motivação fundamental que leva Quine a desconfiar da semântica mentalista consiste no fato de os "sentidos" serem entidades pouco claras quanto à sua individuação, pelo que só os devemos postular se existir completa necessidade disso. A tese da indeterminação pretende mostrar que tal necessidade não existe.

A situação ideal de que Quine parte para a construção do *thought experiment* que sustentará a sua tese é a da "tradução radical", que pode ser brevemente apresentada com o seguinte caso hipotético: imagine-se um lingüista de campo que se propõe elaborar no terreno a tradução de uma língua alienígena totalmente estranha para ele (chamemos-lhe *jungle-language*) e cujos falantes desconhecem completamente a linguagem do lingüista (p. ex., o português). O objetivo final do lingüista consistirá na construção de um manual de tradução *jungle-language*–português que tome como veleidade última possibilitar ao lingüista uma efetiva comunicação com todos os falantes da *jungle-language*. Todos os indícios iniciais disponíveis para o lingüista consistirão no comportamento verbal dos nativos, ou seja, nas suas disposições verbais, e as situações ambientais observáveis partilhadas. Essas últimas observações consubstanciam a posição behaviorista de Quine a esse respeito.

Como constrói então o lingüista o seu manual? Em primeiro lugar convirá esclarecer que esse processo se realiza cumprindo duas etapas distintas. Na primeira, e dada a escassez das informações de que dispõe, o lingüista traduz por tentativa e hipoteticamente expressões da linguagem alienígena, apelando para as manifestações de assentimento e dissentimento dos nativos e para as situações observáveis concomitantes com determinada elocução verbal. Em seguida, e tendo por base o mesmo tipo de dados, o lingüista tentará confirmar a sua tradução inicial inquirindo os nativos acerca das expressões em várias circunstâncias e obtendo o respectivo veredicto por meio das suas manifestações de assentimento e dissentimento em cada caso. O par ordenado das várias situações que para determinada expressão provocam o assentimento e dissentimento dos nativos é classificado por Quine como constituindo o estímulo-sentido dessa expressão. É esse estímulo-sentido que assegura a tradução firme (pelo menos mais firme) da expressão em causa. Dadas as características específicas assumidas pelo estímulo-sentido, só uma parcela da linguagem pode ser traduzida desse modo, em particular uma classe de frases que Quine denomina "frases de observação", ou seja, frases ocasionais cujo valor de verdade é completamente determinado pelas circunstâncias observáveis e que são inicialmente traduzidas de modo holofrástico, isto é, como um todo. Além das frases de observação, são também traduzíveis desse modo as construções cuja função gramatical equivale à dos conectivos verofuncionais do cálculo proposicional.

A segunda fase do processo de tradução tentará ultrapassar essa barreira limitativa imposta pelas restrições técnicas do estímulo-sentido. A situação exige que se reformule de modo um pouco mais técnico a idéia de "manual de tradução". Um manual de tradução de uma linguagem L para uma linguagem L' (onde portanto L é a linguagem-alvo e L' a linguagem-fonte) pode ser visto como resultando em uma função recursiva (digamos f) que toma como argumentos frases de L e como valores frases de L', sendo a relação estabelecida em cada caso uma relação de tradução entre essas frases (vejam-se Quine, *Pursuit of Truth*, p. 48; Davidson, *Inquiries into Truth and Interpretation*, p. 149; e Putnam, *Philosophical Papers*, vol. 2, p. 160). Mais especificamente queremos com um manual de tradução obter um método efetivo que nos dê para cada frase arbitrária de L a sua tradução em L'.

Vimos, de modo categórico, as limitações técnicas do expediente do estímulo-sentido e a impossibilidade de este levar a cabo de modo completo o projeto de um manual de tradução, sendo então necessário um novo método de abordagem da linguagem alienígena. Tal método consiste na adoção de um conjunto de hipóteses analíticas que estabeleça correlações semânticas hipotéticas entre palavras e expressões das duas linguagens de modo a obtermos um léxico e uma gramática para a linguagem-alvo, partindo da tradução hipotética de termos da linguagem alienígena na nossa própria e de partículas e construções gramaticais do mesmo modo. Sendo essa correlação hipotética, ela não poderá no entanto ser totalmente arbitrária, devendo obedecer a duas restrições que constituem conjuntamente, digamos, o "critério de correção" para as hipóteses analíticas, ou seja, em última análise, para o manual de tradução. A primeira restrição exige a compatibilidade das hipóteses analíticas com a primeira fase de tradução via estímulo-sentido, garantindo assim o acordo com as disposições verbais dos nativos e constituindo portanto a sua "adequação empírica". A segunda restrição, de caráter mais normativo, exige (embora de modo flexível) a maximização do acordo entre as crenças dos nativos e as do lingüista a fim de evitar situações de absurdidade e contra-senso.

Dado esse critério, podemos então construir um conjunto de hipóteses analíticas que respeitem essas duas restrições e que nos garantam um léxico e uma gramática para a linguagem alienígena. O que obtemos no final desse processo é, finalmente, o almejado manual de tradução L-L' (ou *jungle-language*–português, no caso hipotético em consideração), ou seja, uma função recursiva f que para cada membro (frase) arbitrário de L nos dê, de modo efetivo, a sua tradução em L'. Esse poder recursivo ou indutivo é diretamente imputado à gramática de L, que transforma, por construção sintática, os elementos lexicais dessa linguagem em expressões mais complexas. Uma gramática para L deve definir recursivamente o conjunto das expressões que podem ocorrer nessa linguagem, ou seja, as expressões gramaticalmente corretas dessa linguagem. Em suma, uma gramática para L, junto com o conjunto finito do léxico, deve definir recursivamente todos os elementos infinitos (frases infinitas) de L. Sendo o caso que, por meio das hipóteses ana-líticas, temos correlações semânticas das construções gramaticais e do léxico de L em L', o manual f pode, para cada frase arbitrária de L, e independentemente da sua complexidade gramatical, fornecer a sua tradução em L'. f determina assim um conjunto infinito de pares ordenados em que o primeiro elemento de cada par consiste em um elemento (frase) de L e o segundo na sua tradução em L', ou seja, em um elemento (frase) de L'.

A idéia-chave para a compreensão da tese da indeterminação da tradução é a de manuais incompatíveis/alternativos. Pode-se talvez definir informalmente essa noção do seguinte modo: suponha-se que, para além de f, temos outro manual de tradução, digamos f^*. f^* será um manual de tradução incompatível/alternativo a f se, e somente se, satisfaz conjuntamente as seguintes três condições: 1) Se f^*, como f, for uma função recursiva com os mesmos domínio e contradomínio; 2) Se f^*, como f, for correta, isto é, se cumprir as duas restrições que constituem o "critério de correção"; 3) Se f^* diferir de f em pelo menos um membro do conjunto de pares ordenados que determina.

Como pode o manual que cumpre o "critério de correção" determinar traduções de frases de modo incompatível com outro igualmente correto? A resposta encontra-se no próprio estatuto teórico que as hipóteses analíticas assumem. Na verdade, o estabelecimento de um conjunto de hipóteses analíticas transcende os dados disponíveis nas disposições verbais dos nativos, e, dessa forma, vários conjuntos de hipóteses analíticas são possíveis, respeitando de igual modo esses mesmos dados empíricos. O exemplo que Quine fornece para ilustrar essa situação é o de considerar dois conjuntos de hipóteses analíticas (vamos supor de novo uma situação de tradução radical *jungle-language*–português) em que o termo da *jungle-language* "gavagai" é traduzido em um caso como "coelho" e em outro como "parte não destacada de coelho", e que determinada construção gramatical é traduzida no primeiro caso como "é o mesmo que" e no segundo como "conjuntamente com". Dada essa situação, é impossível, com base nos indícios comportamentais dos falantes, discernir acerca da correção de uma tradução sobre outra. P. ex., poderíamos tentar com base no primeiro conjunto de hipóteses analíticas assegurar que "gavagai" se traduz por "coelho" e não por "parte não destacada de coelho", mas ao inquirirmos o nativo, indicando ostensivamente o coelho e questionando se "este *gavagai* é o mesmo que aquele?", poderíamos muito bem estar questionando se "esta gavagai está conjuntamente com aquele?" e o eventual assentimento do nativo não resolve a indeterminação entre traduzir "gavagai" por "coelho" ou por "parte não destacada de coelho"; ambas as traduções são corretas do ponto de vista da concordância com todas as disposições verbais dos locutores. Essa é a tese da indeterminação da tradução radical, ou seja, podem existir *n* manuais, todos incompatíveis entre si e, no entanto, todos eles corretos, isto é, de acordo com as disposições verbais dos nativos.

A conseqüência desta "moral" contra a semântica clássica (mentalista) é óbvia, dado que esta, pela caracterização que foi dada, postula que, dadas duas linguagens, apenas uma tradução correta entre elas seria possível e que duas frases expressariam a mesma proposição (sentido) somente se uma fosse a tradução da outra. A tese da indeterminação mina esse postulado, mostrando como várias traduções corretas são possíveis, embora incompatíveis e atingindo assim, por inerência, a própria idéia de "proposição" ou "sentido" sustentada pelo postulado da existência de uma e só uma tradução correta entre linguagens. JF

DAVIDSON, Donald. *Inquires into Truth and Interpretation*. Oxford: Oxford University Press, 1990.

PUTNAM, Hilary. *Philosophical Papers: Mind, Language and Reality*. Cambridge: Cambridge University Press, 1975, vol. 2.

QUINE, W. V. O. "Indeterminacy of Translation Again", *in Journal of Philosophy*, n.º 84, 1987, pp. 5-10.

____. "On the Reasons for the Indeterminacy of Translation", *in Journal of Philosophy*, n.º 67, 1970, pp. 178-83.

____. "Ontological Relativity", *in Ontological Relativity and Other Essays*. Nova York: Columbia University Press, 1969, pp. 26-68.

____. *Pursuit of Truth*. Cambridge: Harvard University Press, 1990 (ed. rev. 1992).

____. "Three Indeterminacies", *in* Barret, Robert e Gibson, Roger (orgs.). *Perspectives on Quine*. Cambridge: Blackwell, 1990, pp. 1-16.

____. *Word and Object*. Cambridge, MA: MIT Press, 1960.

indexicais

Em geral, os indexicais são palavras ou expressões cujo valor semântico ou referência, relativamente a dada ocasião de uso, depende sistematicamente de certas características do contexto extralingüístico em que são utilizadas. A cada termo indexical está associada uma regra semântica que permite determinar, para cada contexto de uso, qual é o objeto referido pelo indexical nesse contexto (se esse objeto existir). Tais regras fazem parte do significado lingüístico do indexical, no sentido em que são aquilo que é conhecido, pelo menos de maneira implícita, por qualquer utilizador competente do indexical.

Exemplos de termos indexicais são dados em palavras e expressões como "eu", "ali", "ontem", "agora", "as minhas calças", "isto", "aquela cadeira", etc.; como veremos, algumas delas são indexicais apenas quando consideradas em certas utilizações. Ilustrando, a referência de uma palavra como "eu" varia de contexto de uso em função da identidade do agente do contexto, ou seja, da pessoa que a diz ou escreve. Em traços largos, a regra semântica por meio da qual o significado do indexical "eu" pode ser especificado é a seguinte: uma elocução particular e de "eu" produzida por uma pessoa s em um contexto c tem como referência, com respeito a c, o locutor s de e.

Note-se que regras desse gênero especificam o significado dos indexicais no sentido mínimo de lhes determinar uma referência a partir de um contexto de uso, e não no sentido mais forte de as descrições definidas utilizadas para esse efeito serem sinônimas dos indexicais. P. ex., a descrição "o locutor de *e*" desempenha na regra *supra* apenas a função de atribuir uma referência a uma elocução *e* de "eu" por certa pessoa, digamos por mim, em certa ocasião; e não a função de proporcionar o significado da palavra "eu" à maneira de um verbete de dicionário, ou seja, por meio de uma DEFINIÇÃO. Com efeito, na ocasião em questão, eu poderia simplesmente não ter dito nada e assim *e* não existiria. Nessa situação contrafactual, a frase "O locutor de *e* existe" exprimiria uma falsidade, mas a frase "Eu existo" exprimiria ainda uma verdade; por conseguinte, descrição e indexical não são sinônimos. Na terminologia de Kripke (1980), as descrições empregadas nas regras semânticas servem apenas para fixar a referência dos termos singulares, não para dar o significado.

Os termos "indicador", "particular egocêntrico" (Bertrand Russell) e "espécime-reflexivo" (Hans Reichenbach) são por vezes empregados de forma equivalente ao termo "indexical", cuja introdução se deve a Charles Peirce. Todavia, aquelas designações têm caído em relativo desuso, e esse último termo parece vir adquirindo certa predominância. A investigação mais extensa e influente sobre a semântica, a lógica, a metafísica e a epistemologia das expressões indexicais foi, sem dúvida, realizada pelo filósofo americano David Kaplan; e o trabalho seminal na área é, sem dúvida, o famoso artigo de Kaplan (1989a), que só apareceu impresso após cerca de dez anos de circulação em sucessivas versões fotocopiadas.

É possível distinguir, seguindo Kaplan, duas subcategorias de termos indexicais: indexicais puros, de um lado, e demonstrativos, do outro; também se podem chamar os indexicais da segunda espécie de dêiticos (do grego *deiktikós*: demonstrativo), pois eles envolvem de maneira essencial a ocorrência de uma demonstração de um objeto.

Um indexical puro é caracterizado pelo fato de a regra semântica que o governa ser por si só suficiente para determinar, dado um contexto de uso, um objeto como sendo o referente do indexical relativamente ao contexto. Nada mais é necessário para esse efeito. Em particular, não é exigida a ocorrência de nenhuma demonstração de um objeto por parte do agente do contexto, ou a presença de uma intenção de designar um objeto por parte do agente (se tal demonstração ou intenção existir, é redundante ou meramente enfática). Assim, a lista das expressões indexicais puras inclui *inter alia* as seguintes: a) pronomes pessoais como "eu", "tu" e "você"; b) descrições possessivas como "o meu violino" e "a sua escola"; c) advérbios de tempo como "agora", "hoje", "depois de amanhã" e "há cinco minutos"; e d) advérbios de lugar como "aqui" (apenas em certos usos).

Ilustrando com o indexical temporal "ontem", é fácil ver que a regra de referência que lhe está associada é por si só suficiente para identificar um dia em particular como sendo o dia designado pela palavra em dado contexto de uso. Essa regra é, abreviadamente, a seguinte: uma elocução *e* de "ontem" em um dia, digamos *d*, designa o dia que imediatamente precede o dia em que *e* é produzida, *d*-1; mesmo que o falante tenha perdido o controle dos dias e tenha em mente um dia que é afinal (sem que ele o saiba) diferente daquele determinado pela regra, tal intenção é irrelevante para a fixação da referência (semântica) do seu uso de "ontem".

Outra característica interessante dos indexicais puros, mas apenas de alguns, é a de que eles não admitem possíveis fracassos de referência; ou seja, não há contextos admissíveis relativamente aos quais certos indexicais puros tenham referência nula, isto é, nos quais não designem nenhum objeto. Parece ser esse o caso de indexicais como "eu", "agora" e "aqui", tomados (talvez por isso) por alguns filósofos como constituindo a classe dos indexicais epistemicamente primitivos; mas não é decerto o caso de indexicais como "tu", pois o falante pode, pura e simplesmente, sofrer uma alucinação relativa a algum suposto interlocutor, e "o meu violino", pois o falante pode pura e simplesmente não possuir nenhum violino.

Por seu lado, um demonstrativo é um indexical caracterizado pelo fato de a regra semântica que o governa não ser por si só suficiente para determinar, dado um contexto de uso, um objeto como o referente do indexical relativamente ao contexto. É preciso algo mais para esse efeito. Em particular, é invariavelmente exigida a ocorrência de certa demonstração de um objeto, que consiste tipicamente (mas nem sempre) em uma apresentação visual do objeto, em um ato de ostensão executado pelo agente do contexto; ou então é exigida pelo menos a presença no agente de certa intenção de referir um objeto. Assim, a lista das expressões indexicais demonstrativas inclui *inter alia* as seguintes: a) pronomes pessoais como "ele" e "ela" (em certos usos); b) pronomes demonstrativos como "isto", "aquilo", "este", "aquele", etc. (em certos usos); c) descrições demonstrativas como "este computador", "aquela cadeira", etc.; e d) advérbios de lugar como "ali", "acolá", "aqui" (em certos usos), etc.

Ilustrando com a descrição demonstrativa "este computador", é fácil verificar que a regra de referência que lhe está associada é insuficiente para identificar um objeto específico como o objeto referido pela expressão relativamente a um contexto de uso. Essa regra é, abreviadamente, a seguinte: uma elocução de "este computador" por um falante *p* em uma ocasião *t* e em um local *l* refere-se ao computador situado em *l* que é demonstrado por *p* em *t*. Por conseguinte, é necessário completar a regra de referência com uma demonstração particular (caracteristicamente determinado ACONTECIMENTO de apontar), para que um objeto particular – o objeto demonstrado ou *demonstratum* – seja isolado como o referente da expressão demonstrativa no contexto.

Outra propriedade interessante de demonstrativos, desta vez de todos os demonstrativos, é a de que eles admitem invariavelmente fracassos de referência; ou seja, há sempre contextos admissíveis relativamente aos quais os indexicais demonstrativos têm referência nula – não designam nenhum objeto. E isso pode suceder de duas maneiras no caso, p. ex., de descrições demonstrativas como "este computador": I) Não há um *demonstratum* para a demonstração: o agente tem uma alucinação (p. ex., visual) de um computador, e não há nenhum computador na sua vizinhança imediata; II) Há um *demonstratum* para a demonstração, só que não satisfaz o termo geral "computador": trata-se de um *scanner* e o agente julga erroneamente que está perante um computador pessoal.

Há que mencionar ainda os seguintes fatos importantes acerca de demonstrativos. Em primeiro lugar, para além de terem usos como indexicais, alguns demonstrativos têm usos em que não são sequer indexicais. P. ex., o demonstrativo "ela" tem um uso dêitico na frase "Ela está ressonando demais" e um uso ANAFÓRICO, e assim não-indexical, na frase "Isabel só gosta daquelas pessoas que ela acha que gostam dela". Em segundo lugar, sucede que alguns indexicais puros têm também usos como demonstrativos. Ilustrando com um exemplo de Kaplan, a palavra "aqui" é usada como um indexical puro na frase "Estou aqui" e como um indexical demonstrativo na frase "Dentro de duas semanas estarei aqui (aponto para uma cidade em um mapa)".

Uma distinção importante feita por Kaplan é a distinção genérica entre o caráter e o CONTEÚDO de uma expressão. A distinção é especialmente relevante para o caso de expressões indexicais. O conteúdo de uma frase relativamente a um contexto é simplesmente aquilo que é dito, a PROPOSIÇÃO expressa pela frase no contexto: aquilo que pode ser avaliado como verdadeiro ou falso com respeito a uma circunstância, real ou contrafactual. E o conteúdo ou valor proposicional de uma expressão subfrásica (p. ex., um predicado monádico), relativamente a um contexto de uso, é apenas a contribuição da expressão para determinar a identidade da proposição expressa, relativamente ao contexto em questão, por qualquer frase na qual ela ocorra.

No caso em que as expressões subfrásicas são termos singulares indexicais (bem como no caso de nomes próprios), Kaplan defende a doutrina algo controversa de que indexicais são termos diretamente referenciais; isso significa que o conteúdo ou valor proposicional de um indexical num contexto é exaustivamente dado no objeto (se existe) referido pelo indexical no contexto. Naquilo que se segue, e para simplificar a exposição, vamos supor que essa tese seja correta. Na verdade, nada de crucial depende dessa suposição, pois, em todo caso, parece ser bastante plausível a doutrina mais fraca de que o conteúdo de um indexical em um contexto é determinado pelo objeto por ele referido no contexto. E uma conseqüência lógica da doutrina de que indexicais são dispositivos de referência direta é a doutrina, bem menos controversa, de que indexicais são DESIGNADORES RÍGIDOS; isto significa o seguinte: uma vez atribuído a um indexical, com respeito a um contexto dado, certo objeto como sendo o seu referente real, o indexical designará esse objeto relativamente a qualquer circunstância contrafactual em que o objeto exista. Por outro lado, no caso em que as expressões subfrásicas são predicados monádicos, podemos identificar o conteúdo de um predicado, com respeito a um contexto, como a PROPRIEDADE expressa pelo predicado no contexto.

Considere-se agora minha elocução da frase "Hoje faz frio" em certo dia d, e minha elocução da frase "Ontem fez frio" no dia seguinte $d + 1$. Temos aqui contextos diferentes, indexicais diferentes, mas o mesmo conteúdo. A proposição expressa é uma só, dado que o valor proposicional do indexical "hoje" no primeiro contexto é idêntico ao valor proposicional do indexical "ontem" no segundo contexto (basta notar que o objeto referido em ambos os casos é o dia d). E, dada a suposição anterior acerca do conteúdo de predicados, a proposição expressa por ambas as frases nos contextos é a proposição constituída pelo dia d e pela propriedade de fazer frio. (Os conteúdos são, assim, governados por um princípio de COMPOSICIONALIDADE: o conteúdo de uma expressão complexa, relativamente a um contexto, é uma função dos conteúdos das expressões componentes, relativamente ao contexto, e do modo de combinação destas naquela expressão.)

Estamos agora em posição de introduzir a noção de caráter. O caráter de uma expressão é identificado por Kaplan como uma função que faz corresponder, a cada contexto de uso da expressão, o conteúdo que a expressão tem relativamente a esse contexto. Assim, dadas as suposições anteriormente feitas, o caráter de uma frase é uma função de dado contexto para a proposição expressa pela frase no contexto, o caráter de um predicado monádico é uma função de dado contexto para a propriedade expressa pelo predicado no contexto, e o caráter de um termo singular diretamente referencial é uma função de dado contexto para o objeto referido pelo termo no contexto. Por conseguinte, o caráter de um termo indexical é dado na regra semântica que fixa a referência do indexical em cada contexto de uso; assim, em certa acepção da palavra, pode dizer-se que o significado de um termo indexical é dado no seu caráter. Podemos ver um contexto c de uma elocução e de um indexical i como determinado conjunto de parâmetros, relevantes para a determinação de uma referência para i. Entre tais parâmetros estão pelo menos os seguintes itens: o agente p de e; o local l em que e ocorre; a ocasião (ou o instante de tempo) t no qual e é produzida; a audiência de e, ou seja, a pessoa a à qual e é dirigida (ou as pessoas às quais e é dirigida); a circunstância ou o mundo possível m de e (que podemos assumir ser o MUNDO ATUAL); e um objeto, o, de uma demonstração, d, que pode acompanhar e. Um contexto c poderia ser assim representável (no mínimo) como uma ênupla ordenada da forma $<p, l, t, a, w, o>$. Desse modo, o caráter do indexical puro "eu", p. ex., poderia ser identificado com a seguinte função: $f(<p, l, t, a, w, o>) = p$.

No caso de frases com nomes próprios na posição de sujeito, p. ex., "Claudia Schiffer tem olhos verdes", o caráter da frase é uma função constante, pois faz corresponder invariavelmente a mesma proposição a contextos diferentes. E isso resulta do fato de o caráter do nome ser uma função constante, que faz corresponder invariavelmente o mesmo objeto (a própria Claudia!) a contextos diferentes. Mas, no caso de frases com indexicais na posição de sujeito, p. ex., "Eu tenho olhos verdes", o caráter da frase é uma função variável, pois pode fazer corresponder proposições diferentes a contextos diferentes: se eu a disser, afirmarei uma falsidade; mas se a Schiffer a disser, afirmará uma verdade. E isso resulta do fato de o caráter do indexical ser uma função variável, que pode fazer corresponder objetos diferentes (pessoas como eu, a Schiffer, etc.) a contextos diferentes. (Os caracteres são assim igualmente governados por um princípio de composicionalidade: o caráter de uma expressão complexa é uma função dos caracteres das expressões componentes e do modo de combinação destas naquela expressão.)

É fácil verificar agora que, no caso de frases com indexicais, podemos ter quer caracteres diferentes determinando o mesmo conteúdo proposicional, quer o mesmo caráter determinando conteúdos proposicionais diferentes. O primeiro gênero de situação pode ser ilustrado pelo nosso par anterior de frases, "Hoje faz frio", dita por mim em d, e "Ontem fez frio", dita por mim em $d + 1$. A função que é o caráter de "Hoje", isto é, $f'(<p, l, d, a, w, o>) = d$, não é naturalmente a mesma do que a função que é o caráter de "Ontem", isto é, $f''(<p, l, d, a, w, o>) = d - 1$; todavia, a mesma proposição é expressa nos diferentes contextos, isto é, a proposição representável pelo par ordenado $<d$, *a propriedade de estar frio*$>$. O segundo gênero de situação pode ser ilustrado da seguinte maneira. Tome-se a frase "Você pesa 50 kg" dita por mim em certa ocasião t' em que o meu interlocutor é Claudia Schiffer; e tome-se a mesma frase dita por mim em certa ocasião t'' em que o meu interlocutor é Jô Soares. Temos aqui um e um só caráter, a função $f^*(<p, l, t, a, w, o>) = a$, o que faz justiça à idéia de que o significado lingüístico de um indexical é algo que é constante de um contexto de uso para outro. Mas esse caráter comum determina proposições diferentes relativamente aos referidos contextos de uso: no primeiro caso, a proposição (talvez verdadeira se t' estiver próximo da presente ocasião) $<Schiffer$, *a propriedade de pesar 50 kg (em t')*$>$; no segundo caso, a proposição (decerto falsa se t'' estiver próximo da presente ocasião) $<Jô$, *a propriedade de pesar 50 kg (em t'')*$>$. Ver também REFERÊNCIA, TEORIAS DA; SIGNIFICADO; CONTEÚDO; CONTEXTO. JB

KAMP, H. "Formal Properties of 'Now'", *in Theoria*, n.º 40, 1971, pp. 76-109.
KAPLAN, D. "Demonstratives", *in* Almog, J., Perry, J. e Wettstein, H. (orgs.). *Themes from Kaplan*. Oxford: Oxford University Press, 1989a, pp. 481-563.
———. "Afterthoughts", *in* Almog, J., Perry, J. e Wettstein, H. (orgs.). *Themes from Kaplan*. Oxford: Oxford University Press, 1989b, pp. 481-563.
KRIPKE, S. *Naming and Necessity*. Oxford: Blackwell, 1980.
PERRY, J. "The Problem of the Essential Indexical", *in Noûs*, n.º 13, 1979, pp. 3-21.

indicadores

O mesmo que INDEXICAIS.

indiscernibilidade de idênticos

Termo utilizado por Quine (1908-2000) para a lei de Leibniz: sendo n e m nomes de particulares e *F* um predicado, $n = m \rightarrow (Fn \leftrightarrow Fm)$. P. ex., se Álvaro de Campos é Fernando Pessoa, então Álvaro de Campos é um poeta se, e somente se, Fernando Pessoa for um poeta. A lei de Leibniz é uma verdade da lógica clássica. A proposição conversa, muito discutível, é a IDENTIDADE DE INDISCERNÍVEIS. A indiscernibilidade de idênticos é também conhecida por substitutividade *salva veritate*: dada uma afirmação de identidade verdadeira, qualquer dos seus termos pode ser substituído pelo outro em uma frase verdadeira, sem mudar seu valor de verdade. A indiscernibilidade de idênticos é pressuposta explicitamente no *Begriffsschrift*, de Frege (1848-1925), e nos *Principia Mathematica*, de Russell (1872-1970). Os chamados contextos intensionais ou referencialmente opacos constituem exceções ao princípio; por outras palavras, este só é satisfeito em linguagens puramente extensionais. Com efeito, para falsear o princípio basta fazer *n* ser o termo "9", *m* ser o termo "o número de planetas no sistema solar" e *F* ser "Ptolomeu sabe que 9 é". Imediatamente se verifica que, apesar de ser verdade que "9 = o número de planetas no sistema solar", não é verdade que "se Ptolomeu sabe que 9 é 9, Ptolomeu sabe que 9 é o número de planetas no sistema solar".

Alega-se por vezes que o seguinte tipo de caso invalida o princípio: apesar de o pedaço de barro que uso para fazer uma estátua ser numericamente idêntico à estátua, a estátua não tem as mesmas propriedades que o pedaço de barro. Todavia, pode-se igualmente ver o caso em questão como estabelecendo a não-identidade dos objetos em causa, preservando-se assim o princípio.

Em contextos modais, o princípio implica a tese defendida por Kripke segundo a qual $x = y \rightarrow \Box (x = y)$: as identidades verdadeiras são necessárias (*ver* IDENTIDADE, NECESSIDADE DA). Façamos *x* ser a Estrela da Manhã e *y* a Estrela da Tarde; seja *F* a propriedade modal de ser necessariamente idêntica à Estrela da Manhã; o princípio afirma que, se a Estrela da Manhã tem a propriedade de ser necessariamente idêntica à Estrela da Manhã, então a Estrela da Tarde tem a propriedade de ser necessariamente idêntica à Estrela da Manhã. Uma vez que a Estrela da Manhã tem a propriedade de ser necessariamente idêntica à Estrela da Manhã, segue-se que a Estrela da Tarde tem a propriedade de ser necessariamente idêntica à Estrela da Manhã, o que constitui um exemplo de uma verdade necessária *a posteriori*. *Ver* MODALIDADES; OPACIDADE REFERENCIAL; IDENTIDADE DE INDISCERNÍVEIS. **DM**

FREGE, Gottlob. *Begriffsschrift, eine der arithmetischen nachgebildete Formelsprache des reinen Denkens*. Halle: Louis Nebert, 1879. Reimp. *in* Frege, Gottlob. *Begriffsschrift und andere Aufsätze*. Org. Ignácio Angelelli Darmstadt: Wissenschaftliche Buchgesellschaft, 1971, pp. VIII-88. Trad. ingl. "*Begriffsschrift*, a formula language, modeled upon that of arithmetic, for pure thought". Trad. Jean van Heijenoort *et al.*, *in* Van Heijenoort, Jean (org.). *From Frege to Gödel: a Source Book in Mathematical Logic, 1879-1931* [1967]. 4.ª reimp. Cambridge/Londres: Harvard University Press, 1981, pp. 1-82.

KRIPKE, S. "Identity and Necessity", *in* Munitz, M. (org.). *Identity and Individuation*. Nova York: New York University Press, 1972.

QUINE, W. V. O. "Reference and Modality", *in From a Logical Point of View*. Cambridge: Harvard University Press, 1953.

WHITEHEAD, Alfred North e RUSSELL, Bertrand. *Principia Mathematica*. Cambridge: Cambridge University Press, 1910; 2.ª ed. 1927, 7.ª reimp. 1978.

indivíduo

Duas questões muito diferentes podem formular-se a propósito dos tópicos da individualidade e do indivíduo: 1) De que modo reconhecemos a individualidade de algo, de uma qualquer entidade identificável; e 2) O que faz com que possamos considerar certas entidades como indivíduos.

A questão 1 é fundamentalmente de natureza epistemológica, enquanto a 2 é um tópico da metafísica. Para a filosofia contemporânea, que renova essas questões, 1 relaciona-se com o problema das condições de identificabilidade de particulares: como, p. ex., identificar este edifício, esta pessoa ou esta paisagem, precisamente por meio de certas características individualizantes (este edifício como edifício maneirista, esta pessoa como pessoa desonesta, aquela paisagem de floresta tropical). Tais características são, pois, critérios mais ou menos gerais cuja posse e aplicação são necessárias à identificação das entidades particulares. Como se verá melhor, 2 traduz-se no problema clássico das substâncias individuais: o que faz de certa entidade um indivíduo? Na Antiguidade, Aristóteles defendeu a existência de formas individuais substanciais ou enteléquias, na Idade Média foram principalmente Tomás de Aquino e Duns Scoto os autores de metafísicas que tinham como base o princípio de individuação (ainda que sustentassem a esse respeito doutrinas muito diferentes), na época moderna foi Leibniz o mais importante defensor dessas entidades, a que chamou mônadas. Porém, um dos aspectos mais salientes e recorrentes da filosofia moderna consiste na rejeição das substâncias individuais, principalmente por razões que têm que ver com a própria estrutura cognitiva do sujeito. Tal é o caso de Hume ou de Kant. Também contemporâneos (p. ex., P. F. Strawson), ainda que autores de filosofias aprioristas, são levados a rejeitar a noção de substância individual. Genericamente acredita-se que todo objeto possa ser como que captado ou identificado por este ou aquele falante ou pensador, mediante esta ou aquela das suas características ou relações únicas, mas em nenhum objeto como tal existe uma única característica física ou característica da personalidade absolutamente singulares. Será que temos necessidade de um critério geral de identificação desse estilo ou desse traço de caráter? Na verdade, esse critério é na prática impossível de estabelecer e não será mesmo necessário para identificar este ou aquele indivíduo. O que na realidade é necessário é o domínio (que pressupõe toda uma aprendizagem lingüística e social) do uso dos termos que designam essas qualidades e nomeadamente a sua aplicação a entidades. Identifico a honestidade como um traço peculiar de tal indivíduo, sem ter que para isso ter apreendido um critério geral de honestidade, ou reconheço tal edifício como maneirista sem previamente ter tido a necessidade de definir o maneirismo como uma espécie de essência platônica. A referência a certas entidades distintas de outras que pretendemos assim individualizar não depende por isso da definição de critérios gerais de identidade, mas sim da aplicação de predicados ou qualidades a coisas que apenas um domínio do uso desses predicados permite. O mesmo é dizer que se, p. ex., identifico um edifício como pertencente ao estilo maneirista (característica que o individualiza) não é porque se possua um conceito de estilo puro (em si) maneirista de que esse edifício seja um exemplar. Devemos possuir certamente determinado conceito do estilo arquitetônico em questão, mas este é utilizado praticamente como instrumento de identificação e de individuação. Uma conseqüência disso é que a identificação de entidades não assenta na manipulação de critérios gerais e comuns da espécie a que pertence cada entidade. A identificação de uma entidade é sempre de certo modo uma forma de a individualizar por meio de predicados, predicados individualizantes, é certo, mas não se torna necessário, como já se viu, definir aqui qualquer critério geral. Isso não significa, defende Strawson, que fiquemos desprovidos de qualquer capacidade de identificar e reidentificar particulares (cf. P. F. Strawson, 1997, p. 42). O que é verdadeiramente necessário é que pela aplicação de um conceito individualizante tenhamos a capacidade de diferenciar suficientemente uma entidade particular de outra, isto é, de a tornarmos suficientemente individualizante para não a confundirmos com outra. P. ex., é a aplicação de conceitos de perspectiva renascentista distorcida e de linearidade das fachadas que permite a identificação de um edifício maneirista entre outros dessa espécie. Mas aquela linearidade ou a distorção referida não podem ser senão noções que apenas ganham sentido na sua aplicação, e estamos longe de poder falar em critérios de linearidade pura ou de distorção uniforme da perspectiva. Em um mesmo quadro definido com esses critérios encontrarei outros edifícios que acabo por identificar eventualmente por uma mais peculiar distorção da perspectiva ou uma austeridade das fachadas ainda mais austera. Aplicação significa atribuição a entidades *qua identifiabilia* de conceitos/espécie, mediante os quais se individualiza, sendo necessário nessa operação um quadro de referências espaciotemporal. No entanto, se este é necessário, não é suficiente: como identificar um particular sem, para além de coordenadas do tempo e do espaço, a adjudicação deste e daquele predicado individualizante, isto é, sem ser por aplicação ao particular de conceitos/espécies? (Strawson, 1997, p. 42). Com efeito, suponhamos que se identifica um edifício pela sua posição em uma rua e pela data de inauguração. Posso certamente identificá-lo por essas coordenadas, mas proceder-se-á desse modo a uma identificação no sentido mais adequado desta e em que parece não podermos separá-la de um procedimento de individuação? É assim que seremos obrigados a qualificar esse edifício como pertencendo a este ou àquele estilo, ou simplesmente a adjudicar-lhe predicados que o distinguem de outros membros da mesma espécie. A individuação será, até, tanto mais consistente quanto mais fácil se tornar a identificação do particular em causa de modo independente do contexto. P. ex., se o edifício puder ser identificado independentemente do espaço e do tempo (p. ex., em uma fotografia sem referência a essas coordenadas), é porque a individuação serve de base real à prática de identificar.

Porém, não está em causa resolver a questão da substância individual, tal como foi apresentada em 2. Esta é de natureza metafísica e, tendo em conta precisamente o conjunto de considerações feitas acerca da individuação (ou do processo de identificação de particulares *qua* entidades individuais), não é possível definir algo como uma essência individual. As razões, para um autor como Strawson, são de ordem epistemológica: precisamos de conceitos para individualizar. Supondo que a própria noção de indivíduo deva corresponder a algo que permanece inalterado para lá da mudança própria de tudo o que se encontra submetido ao tempo, não há um conceito que seja adequado a essa essência, a não ser que se decida reabilitar algo como a alma ou o espírito individuais. Assim, p. ex., o corpo individual seria uma manifestação contínua de algo mais geral, de uma forma imaterial não condicionada pelo espaço ou pelo tempo. "A noção de uma essência individual pertence não a coisas particulares, mas a coisas gerais" (P. F. Strawson, 1997, p. 47). Isto é, a própria necessidade do conceito para individualizar impede a determinação metafísica do indivíduo. A noção metafísica de indivíduo não se contenta com uma definição nominal do tipo: "quando vários predicados se aplicam a *i*, mas este não se pode aplicar a nenhum outro, então chama-se a *i* uma substância individual". Para além disso há que encontrar um princípio de razão suficiente, de tal forma que permanece no tempo e se assume como predicável. Leibniz propôs uma maneira sutil de restaurar a substância individual: em vez de identificá-la com o que ficaria para além dos predicados, decidiu defini-la como uma conflação da totalidade dos predicados. Assim, "podemos dizer que a natureza de uma substância individual ou de um ser completo é o fato de ter uma noção tão completa que seja suficiente para fazer compreender e fazer daí deduzir todos os predicados do sujeito a que esta noção é atribuída" (Leibniz, 1978, p. 433). Torna-se claro que nessa noção metafísica a individualidade equivale a um infinito de predicados que não podem ser conhecidos em um quadro espaciotemporal. Na verdade, essas mônadas são indistinguíveis e nunca poderão considerar-se *identifiabilia*, os quais requerem um sistema unificado de relações espaciotemporais. Em uma linha de raciocínio muito próxima de Kant, Strawson apresenta como autêntica condição transcendental para a identificação de um particular em geral a existência de um quadro de referências espaciotemporal em que a nossa experiência seja consistente com as relações e as histórias das coisas a identificar. Assim, qualquer processo de individuação deve contar como condição necessária uma mesma estrutura relacional, "na qual nós próprios temos um lugar e na qual todos os elementos são pensados em uma relação direta ou indireta com qualquer outro; e o quadro de referências da estrutura, o sistema comum, unificador de relações, é espaciotemporal. Por meio da identificação de referências, tornamos adequadas às nossas as histórias e testemunhos dos outros, no quadro de uma única história acerca da realidade empírica" (P. F. Strawson, 1959, p. 29). É compreensível que a condicionante espaciotemporal, referida nesses termos, exclua qualquer tentativa de uma metafísica das substâncias individuais. Se estas existissem não poderiam, *qua* formas metafísicas, ser diferenciadas entre si de forma absoluta, e no entanto esse seria o objetivo de uma metafísica do indivíduo. *Ver também* IDENTIDADE DE INDISCERNÍVEIS; ARGUMENTO TRANSCENDENTAL. **AM**

LEIBNIZ, G. W. *Discours de métaphysique* [1685], in *Die Philosophischen Schriften*. Nova York: Gerhardt, Hildesheim, Georg Olms, 1978, vol. 4.

STRAWSON, P. F. *Entity & Identity*. Oxford: Clarendon Press, 1997.

____. *Individuals*. Londres: Methuen, 1959.

indução

Uma generalização ou uma previsão não-dedutiva. Uma generalização é qualquer argumento não-dedutivo cuja conclusão é mais geral do que as premissas. P. ex.: "Todas as esmeraldas observadas são verdes; logo, todas as esmeraldas são verdes." Uma previsão é qualquer argumento cuja conclusão é um caso menos geral que não resulta dedutivamente das premissas. P. ex.: "Todas as esmeraldas observadas são verdes; logo, as esmeraldas do João são verdes." As previsões dizem por vezes respeito ao futuro, mas também podem dizer respeito ao passado, ou unicamente a um caso menos geral (como no exemplo apresentado). Os outros tipos de argumentos não-dedutivos (nomeadamente, ARGUMENTOS DE AUTORIDADE, ARGUMENTOS POR ANALOGIA e ABDUÇÕES) poderão ser considerados indutivos no sentido de redutíveis ou pelo menos fortemente dependentes de generalizações ou previsões.

O problema da indução não consiste no fato de as conclusões dos raciocínios indutivos válidos serem possivelmente falsas, ainda que suas premissas sejam verdadeiras. Pois, nesse contexto, o termo "possivelmente" quer apenas dizer que a forma lógica dos argumentos indutivos não é suficiente para determinar sua validade. Contudo, isto em si não é um problema, pois não há nenhuma razão para pensar que toda validade é determinável recorrendo exclusivamente à forma lógica, ou que é redutível à forma lógica. P. ex., o argumento "O João é casado; logo, não é solteiro" é dedutivamente válido, porque é impossível a conclusão ser falsa se a premissa for verdadeira, mas essa impossibilidade não é determinável recorrendo exclusivamente à forma lógica. O fato de a validade desse argumento não ser determinável recorrendo exclusivamente à sua forma lógica não o torna mais problemático ou misterioso.

Poderá argumentar-se que o argumento não é problemático porque pode ser reduzido a um argumento formalmente válido, acrescentando-lhe a premissa "Nenhum casado é solteiro". Nesse caso, o argumento "O João é um padre; logo, não é casado" também pode ser transformado em um argumento formalmente válido, acrescentando a premissa "Nenhum padre é casado". A única diferença é que a premissa "Nenhum casado é solteiro" é uma verdade analítica, ao passo que "Nenhum padre é casado" é uma verdade sintética ou empírica. Mas em ambos os casos se transformou um argumento formalmente inválido em um argumento formalmente válido.

Hume defendeu precisamente que o problema da indução resulta de não ser possível introduzir de forma não-circular uma premissa adicional nas induções de modo a transformá-las em argumentos válidos. Aparentemente, a premissa escondida no argumento das esmeraldas, p. ex., é a seguinte: "A natureza é regular." O problema é que a premissa escondida precisa ser defendida, o que só se poderá fazer recorrendo a um argumento como o seguinte: "A natureza observada tem sido sempre regular; logo, a natureza é regular." Ora, esse argumento é uma vez mais indutivo, e agora não se lhe pode acrescentar nenhuma premissa que não torne o argumento circular. Assim, a indução depende de um pressuposto para o qual não há nenhuma defesa não-circular: o pressuposto da uniformidade da natureza.

Essa forma de conceber o problema da indução enfrenta dois problemas. O primeiro é que o pressuposto da uniformidade procura transformar a indução original em uma dedução. Considere-se o argumento "Todas as esmeraldas observadas são verdes; a natureza é uniforme; logo, todas as esmeraldas são verdes". Só porque a segunda premissa é vaga é que o argumento parece indutivo. Se a tornarmos mais precisa, o argumento torna-se dedutivo: "Todas as esmeraldas observadas são verdes; o não-observado tem as mesmas propriedades do observado; logo, todas as esmeraldas são verdes." Outras variações mais sutis, nomeadamente estatísticas, sofrem do mesmo problema: "Todas as esmeraldas observadas são verdes; quando se observa que n porcentagem de coisas observadas têm dada propriedade, n porcentagem dessas coisas não-observadas têm a mesma propriedade; logo, todas as esmeraldas são verdes." Assim, o pressuposto da uniformidade da natureza não é razoável porque pressupõe que só as deduções podem constituir argumentos válidos ou justificáveis.

O segundo problema do pressuposto da uniformidade da natureza foi salientado por Goodman (1979): usando o predicado "verdul" e o pressuposto indicado, pode-se deduzir validamente e com base em premissas verdadeiras que todas as esmeraldas são verdes e que algumas esmeraldas não são verdes, o que é uma contradição (*ver* PARADOXO DE GOODMAN). Portanto, mesmo que o pressuposto da uniformidade da natureza não fosse circular, não só não resolveria o problema da indução como daria origem a um paradoxo.

Assim, o problema da indução não é uma questão de encontrar uma ou mais premissas que transformem as induções em deduções, mas antes uma questão de compreender o que faz a diferença entre os argumentos indutivos válidos e os inválidos. Compare-se a indução das esmeraldas com a seguinte: "Todos os corvos observados nasceram antes do ano 2100; logo, todos os corvos vão nascer antes do ano 2100." Essa indução é obviamente má, mas tem a mesma forma lógica da indução das esmeraldas. Logo, a diferença entre as boas e más induções não depende da forma lógica apenas.

Goodman defendeu que o problema da indução é saber que tipos de predicados são projetáveis, ou seja, adequados para fazer boas induções, e essa é uma das lições a tirar da "indução verdul". Mas saber que tipo de predicados são projetáveis é apenas um caso particular do problema mais geral de saber quais regras não-formais podem ser usadas para distinguir as boas das más induções. Esse é o verdadeiro problema da indução. Não há nenhuma razão para pensar que a forma lógica é o único guia da inferência válida, só porque é o guia mais fácil de sistematizar e desenvolver. *Ver também* LÓGICA INFORMAL. **DM**

GOODMAN, Nelson. *Fact, Fiction and Forecast*. Cambridge: Harvard University Press, 1979 (2.ª ed. 1983). Trad. port. *Facto, ficção e previsão*. Trad. Diogo Falcão. Lisboa: Presença, 1991.

HAACK, S. "The Justification of Deduction", *in Mind*, n.º 85, 1976.

HUME, D. *Tratado do conhecimento humano* [1739]. Trad. S. S. Fontes. Lisboa: Gulbenkian, 2002. Trad. bras. *Investigação sobre o entendimento humano e sobre os princípios da moral*. Trad. José Oscar de Almeida Marques. São Paulo: Unesp, 2004.

indução completa

Ver INDUÇÃO MATEMÁTICA.

indução matemática

A indução matemática é um processo de demonstração de que uma propriedade P definida no conjunto dos números inteiros não-negativos é verdadeira para todos eles. A demonstração tem duas premissas, a primeira das quais é que P é verdadeira para 0 e recebe por isso o nome de "base da indução". A segunda premissa tem a forma de uma implicação segundo a qual, se para qualquer inteiro não-negativo x, P é verdadeira, então também o é para $x + 1$ e é conhecida pelo nome de passo indutivo. No decurso da demonstração a antecedente da implicação tem o nome de "hipótese indutiva". Em um esquema simples essa forma de demonstração, conhecida como "princípio da indução matemática", tem o seguinte aspecto:

$$\frac{P0 \quad \forall x\, (Px \to Px + 1)}{\forall x\, Px}$$

Uma forma de demonstração por indução matemática derivada do princípio da indução matemática é o princípio da indução completa que difere daquele apenas na estrutura do passo indutivo. Enquanto no princípio da indução matemática, $Px + 1$ é estabelecida apenas a partir de Px, isto é, do predecessor de $x + 1$, no princípio da indução completa no passo indutivo argumenta-se que, se para todo $m < x$, Pm, então Px. A conclusão é ainda a proposição universal e um esquema análogo ao do PIM para a indução completa que tem a seguinte forma:

$$\frac{P0 \quad \forall m\, ((m < x)\, (Pm \to Px))}{\forall x\, Px}$$

O princípio da indução matemática fazia parte dos primitivos sistemas axiomáticos para a aritmética de Dedekind e de Peano em uma forma análoga à que foi apresentada antes. Em uma teoria formal para a aritmética o PIM tem de ser reformulado, uma vez que na sua versão usual se faz referência a "propriedades" em número não-numerável dos inteiros não-negativos, e em uma teoria formal trata-se apenas de um número numerável de propriedades definidas pelas fórmulas bem-formadas da teoria. Assim se Ax é uma fórmula bem-formada de uma teoria formal para a aritmética, o princípio da indução matemática tem a seguinte forma: $A0 \to (\forall x\, (Ax \to Ax + 1) \to \forall x\, Ax)$.

Ver também DENUMERÁVEL; FUNDAMENTOS DA ARITMÉTICA. **MSL**

indução transfinita

A indução transfinita generaliza a noção de INDUÇÃO MATEMÁTICA para ORDINAIS infinitos. Sejam α um ordinal limite e X um subconjunto de α. Admitimos que valem as seguintes três condições: 1) $0 \in X$; 2. Para todo o ordinal β, se $\beta \in X$, então $\beta + 1 \in X$; 3. Dado $\delta \in \alpha$ um ordinal limite, se para todo $\gamma < \delta$ se tem $\gamma \in X$, então $\delta \in X$.

Nessas condições pode-se concluir, por indução transfinita, que $X = \alpha$. No caso em que $\alpha = \omega$, isto é, em que se trata dos números naturais, a terceira condição é supérflua, pois nenhum ordinal finito é ordinal limite. Nesse caso caímos no familiar princípio da indução matemática.

O princípio da indução transfinita é um teorema da TEORIA DOS CONJUNTOS, sendo também válido para CLASSES X. Com efeito, se 1) $0 \in X$; 2. Para todo o ordinal β, se $\beta \in X$, então $\beta + 1 \in X$; 3. Dado α um ordinal limite, se para todo $\gamma < \delta$ se tem $\gamma \in X$, então $\delta \in X$, de modo que a classe X contém todos os ordinais. A par com a indução transfinita existe o modo de definição por recorrência transfinita. Dado um ordinal limite α existe uma única função f tal que 1) $f(0) = a$; 2) Para todo o ordinal $\beta \in \alpha$, $f(\beta + 1) = g(f(\beta))$; 3) Dado $\delta \in \alpha$ um ordinal limite, $f(\delta) = h(\{f(\gamma): \gamma \in \delta\})$, onde a é dado e g e h são funções dadas de início (diz-se que f se define por recorrência transfinita a partir de a, g e h). Observe-se que o valor da função f em dado ponto pode depender do valor de f em pontos que o antecedem – é esta a característica de uma definição por recorrência. No caso em que $\alpha = \omega$, a função h é supérflua. Nesse caso caímos na familiar definição por recorrência matemática.

A descrição anterior de recorrência transfinita constitui um modo muito particular da definição geral. Usualmente, e sem entrar em pormenores, a definição de f em ordinais sucessores pode depender de todos os valores que f tem nos ordinais que o antecedem (e não só do valor do seu predecessor); para além disso, não é necessário que, de início, g e h sejam funções (e, portanto, conjuntos) – basta que sejam descritas por certas fórmulas de caráter funcional (*vide* TEORIA DOS CONJUNTOS). Finalmente, também se pode formular um princípio de recorrência transfinita para a classe de todos os ordinais. Todas essas generalizações requerem certa destreza técnica para ser convenientemente formuladas.

Existem versões análogas da indução e da recorrência transfinitas para boas-ordens.
Ver também INDUÇÃO MATEMÁTICA; TEORIA DOS CONJUNTOS; CLASSE. **FF**

DEVLIN, K. *Fundamentals of Contemporary Set Theory*. Berlim: Springer, 1979.

FRANCO DE OLIVEIRA, A. J. *Teoria dos conjuntos*. Lisboa: Livraria Escolar Editora, 1982.

HRBACEK, K. e JECH, T. *Introduction to Set Theory*. Nova York: Marcel Dekker, 1984.

indutiva, definição

Ver DEFINIÇÃO INDUTIVA.

indutivo, conjunto

Ver CONJUNTO INDUTIVO.

inescrutabilidade da referência

Ver RELATIVIDADE ONTOLÓGICA.

inferência

Quando de uma ou mais frases obtemos outra, fazemos uma inferência: da(s) primeira(s) inferimos a segunda. P. ex., das frases 1) "Todos os celibatários falam com freqüência de mulheres"; 2) "Até agora, 2006, nenhuma amostra de água deixou de ferver quando aquecida a 100°C"; e 3) "Todos os homens são mortais" sentimo-nos autorizados a inferir, respectivamente, as frases 4) "Todos os indivíduos não-casados falam com freqüência de mulheres"; 5) "A água ferve a 100°C" e 6) "Se Sócrates é homem, então Sócrates é mortal".

Mas, das frases 7) "Até agora, 2006, nenhuma mulher foi presidente da República do Brasil"; e 8) "Alguns generais não são corajosos", não nos sentimos autorizados a inferir, respectivamente, as frases 9) "Nunca no Brasil uma mulher será presidente da República"; 10) "O general Patton não era corajoso".

No caso 1-4 o que nos autoriza a fazer a inferência em questão prende-se com o nosso conhecimento do sentido das expressões em português: "ser celibatário" e "ser indivíduo não-casado". Embora inúmeras inferências que fazemos cotidianamente pareçam ser desse tipo, esse não é o tipo de caso que nos interessa em lógica. No entanto, muitos podem ser transformados em casos de interesse para a lógica, se aceitarmos que eles contêm implícita alguma premissa que o conhecimento supostamente partilhado pelos falantes de uma mesma língua permite omitir. No nosso exemplo seria uma premissa que diria algo como: "Todos os indivíduos são celibatários se, e somente se, são indivíduos não-casados" (*ver* ENTIMEMA).

Nos casos, 2-5 e 7-9 o que nos autoriza a, em 2-5, ou proíbe de, em 7-9, fazer a inferência em questão prende-se com a nossa percepção de que uma regra (ou lei) está presente no primeiro caso e ausente no segundo. É a presença dessa regra que sanciona, pelo menos em princípio, a generalização feita, no primeiro caso, com a passagem de 2 a 5; é a ausência de algo análogo para o segundo caso que torna abusiva a generalização de 7 representada em 9. Esse tipo de inferência, em que a frase obtida generaliza a informação que estava contida na(s) frase(s) a partir da(s) qual(is) se faz a inferência, chama-se "inferência indutiva". Esta tem regras e leis específicas que cabe à lógica indutiva (e à estatística) elaborar.

Por fim, nos casos 3-6 e 8-10, o que nos autoriza a, em 3-6, ou nos proíbe de, em 8-10, fazer a inferência em questão prende-se com a nossa apreensão de que, digamos, certa "lógica" está presente (respectivamente, ausente) nesses casos. Para mais, essa "lógica" é independente do assunto particular sobre o qual as frases em questão versam. Ela subsistiria de igual forma se substituíssemos os termos presentes nessas frases ("homem", "mortal", "general" e "covarde") por outros (p. ex., "mamífero", "cordatos", "escritores", "pobres"), e os nomes nelas presentes ("Sócrates", "Patton") por outros (p. ex., "Alexandre", "Saramago"). Esse tipo de inferência que se faz exclusivamente a partir da FORMA LÓGICA das frases envolvidas – isto é, que depende apenas da lógica que associamos a expressões como "não...", "se..., então...", "...e...", "...ou...", "...se, e somente se,...", "todos...", "alguns..." e "...é idêntico a..." – designa-se "inferência dedutiva". As regras, leis ou princípios que a governam são o objeto da lógica dedutiva moderna. Vamos falar delas um pouco mais.

Convencionou-se chamar "válidas" às inferências dedutivas que, como 3-6, preservam verdade: as frases inferidas serão verdadeiras se as frases de que se parte (também chamadas premissas) o forem. São inválidas (ou não-válidas) as inferências que, como 8-10, não preservam verdade: as frases inferidas podem ser falsas mesmo que as frases de que se parte sejam verdadeiras.

Às regras lógicas com base nas quais inferimos, de forma dedutiva e válida, de uma ou mais frases uma outra, chamamos regras de inferência. Uma inferência feita em conformidade com uma regra de inferência é, pois, uma inferência válida.

As regras de inferência codificam formas de inferências relativamente simples que se aceitam como válidas em função da lógica que associamos às expressões que referimos antes ("não...", "se..., então...", etc.). Considere-se, p. ex., a inferência seguinte: 11) 1. "Se faz sol, Pedro vai à praia"; 2. "Faz sol"; 3. "Logo, Pedro vai à praia". É óbvio que das frases 1 e 2 de 11 é válido inferir-se a frase 3. A forma lógica desta inferência representa-se como se segue (onde p e q são letras esquemáticas que podem ser substituídas por quaisquer frases independentemente do assunto sobre o qual estas versem; e $\rightarrow$ simboliza certo uso típico da expressão "se..., então..."): Esquema 1 – De $p \rightarrow q$ e p inferir q.

Vamos considerar que o esquema 1 codifica uma regra de inferência a que chamaremos MP. Se usarmos a regra MP repetidas vezes podemos demonstrar em alguns passos o argumento 12; isto é, vamos provar com o auxílio de MP que das frases 1, 2, 3 e 4 de 12 (digamos, as suas premissas) se pode inferir validamente a frase C (digamos, a conclusão). 12) 1. "Se chove, não é o caso que Pedro vá à praia"; 2. "Se Mariana fica triste, não estuda lógica"; 3. "Chove"; 4. "Se não é o caso que Pedro vá à praia, Mariana fica triste"; C. "Mariana não estuda lógica".

Passo 1: de 1 (que tem a forma $p \rightarrow q$) e de P3 (que tem, diante de P1, a forma p), obtemos, pela regra MP, a frase: "Não é o caso que Pedro vá à praia." Vamos atribuir o número 5 a esta frase. Agora, a demonstração representa-se assim:

1. Se chove, não é o caso que Pedro vá à praia;
2. Se Mariana fica triste, não estuda lógica;
3. Chove;
4. Se não é o caso que Pedro vá à praia, Mariana fica triste;
5. Não é o caso que Pedro vá à praia.
   (por P1, P3 e regra MP)

Passo 2: de 4 (que tem, também, a forma $p \to q$) e de P5 (que tem, diante de P4, a forma p), obtemos, pela regra MP, a frase "Mariana fica triste", a que vamos atribuir o número 6. Agora a demonstração representa-se assim:

1. Se chove, não é o caso que Pedro vá à praia;
2. Se Mariana fica triste, não estuda lógica;
3. Chove;
4. Se não é o caso que Pedro vá à praia, Mariana fica triste;
5. Não é o caso que Pedro vá à praia.
   (por P1, P3 e regra MP)
6. Mariana fica triste.
   (por P4, P5 e regra MP)

Passo 3: de P2 (que tem, uma vez mais, a forma $p \to q$) e de P6 (que tem, diante de P2, a forma p) obtemos, pela regra MP, a frase "Mariana não estuda lógica". Essa frase representa a conclusão, C, do argumento. Uma vez obtida a conclusão, a demonstração está concluída. E pode-se então escrever Q.E.D., que é uma abreviatura da expressão latina *quod erat demonstrandum*, que pode ser traduzida por: "o que era preciso demonstrar".

A representação final da demonstração é a seguinte:

1. Se chove, não é o caso que Pedro vá à praia;
2. Se Mariana fica triste, não estuda lógica;
3. Chove;
4. Se não é o caso que Pedro vá à praia, Mariana fica triste;
5. Não é o caso que Pedro vá à praia.
   (por P1, P3 e regra MP)
6. Mariana fica triste.
   (por P4, P5 e regra MP)
C. Mariana não estuda lógica.
   (por P2, P6 e regra MP, Q.E.D.)

Nessa demonstração fizemos três inferências. Cada uma delas está representada, respectivamente, nos passos 1 a 3. Dizemos, assim, que de 1 e 3 inferimos 5; e que de 4 e 5 inferimos 6; e, ainda, que de 2 e 6 inferimos C.

São dois os aspectos mais importantes que caracterizam as regras de inferência: 1) Elas representam formas de argumentos dedutivos (em geral de argumentos muito simples, como o nosso esquema 1 para a regra MP); 2) Elas são implicações lógicas ou equivalências lógicas (entre esquemas de frases).

Retrospectivamente, vemos que o primeiro desses dois aspectos está bem patente no modo pelo qual obtivemos aqui a nossa regra MP. Consideramos o argumento 11 válido. Determinamos qual tinha sido o tipo de inferência que tinha sido feito. Fizemos isso determinando a forma lógica das frases 1, 2 e 3 de 11. Generalizamos esse tipo de inferência estabelecendo que, sempre que o Esquema 1 ocorresse, estaríamos na presença de uma inferência válida. O segundo desses dois aspectos dá ênfase ao fato de a frase que se infere ser verdadeira se a frase, ou frases, a partir das quais se faz a inferência o forem – esse aspecto é comum às inferências, quer elas sejam implicações, quer sejam equivalências lógicas. Se a regra de inferência que se usou for uma equivalência lógica, então temos também que a frase que se infere será falsa se a frase ou frases a partir das quais se faz a inferência o forem. *Ver também* DEDUÇÃO NATURAL; ARGUMENTO; ENTIMEMA; LÓGICA; IMPLICAÇÃO LÓGICA; EQUIVALÊNCIA LÓGICA; FORMA LÓGICA; *MODUS PONENS*. **JS**

inferência imediata

Na teoria silogística, qualquer inferência com uma única premissa. Há quatro tipos de inferências destas. As inferências associadas ao QUADRADO DE OPOSIÇÃO, à CONVERSÃO, à OBVERSÃO e à CONTRAPOSIÇÃO.

inferência para a melhor explicação

Ver ABDUÇÃO.

infinito, axioma do

Ver AXIOMA DO INFINITO.

infinito, conjunto

Ver CONJUNTO INFINITO.

intencionalidade

Termo introduzido – ou melhor, reintroduzido, pois os filósofos medievais já utilizavam *intendo* para o mesmo efeito – por Franz Brentano (veja-se Brentano, 1874), e de uso freqüente em importantes discussões recentes em filosofia da mente da linguagem, embora nem sempre de maneira compatível com as suposições iniciais de Brentano.

A intencionalidade é aquela propriedade de estados e eventos mentais como desejos e crenças, bem como de eventos lingüísticos como elocuções e inscrições de frases, que consiste no fato de tais estados ou eventos estarem dirigidos para, ou serem acerca de, determinados objetos: um particular, particulares de certa classe, uma propriedade, um estado de coisas, etc.; esses objetos são, tipicamente, exteriores à linguagem e à mente. P. ex., o estado mental em que uma pessoa pode estar quando acredita que a Claudia Schiffer é boa pessoa é um estado intencional; a crença é acerca de uma pessoa particular, uma pessoa em carne e osso, designadamente a Schiffer. O estado mental em que uma pessoa pode estar quando duvida que as baleias sejam peixes é um estado intencional; a dúvida é acerca de particulares de certo gênero, designadamente baleias. E o estado mental em que uma pessoa pode estar quando, em dada ocasião e em dado local, deseja que chova (nessa ocasião e nesse local) é um estado intencional; o desejo é acerca de uma situação particular, o estado de coisas não-mental de chover na ocasião e no local em questão. Por outro lado, o evento que consiste em um falante competente do português produzir uma elocução da frase interrogativa "A Schiffer vem jantar conosco?" é igualmente intencional; a elocução é acerca de uma pessoa particular, uma pessoa em carne e osso, designadamente a Schiffer. E o evento que consiste em um falante produzir uma elocução da frase indicativa "Porto Alegre tem poucos restaurantes macrobióticos" é igualmente intencional; a elocução é acerca de um estado de coisas particular, o estado de coisas extralingüístico de Porto Alegre ter poucos restaurantes macrobióticos.

Em geral, a intencionalidade é uma relação que se estabelece entre um objeto e um objeto diferente quando aquele é acerca deste; os primeiros *relata* da relação intencional podem ser não apenas estados mentais e eventos lingüísticos, mas também itens diversos como desenhos, fotografias, esculturas, etc. Todavia, é familiar a idéia de que a intencionalidade exibida por itens não-mentais – como palavras, desenhos e fotografias – é de algum modo uma propriedade derivada ou parasitária desses itens, a qual eles só têm na medida em que ela é conferida pela mente, sendo a intencionalidade do mental a forma primitiva de intencionalidade. (Para defesa de um projeto filosófico de explicação da intencionalidade lingüística em termos da intencionalidade mental, veja-se Searle, 1983.)

Essa noção de intencionalidade não deve ser confundida com duas noções liminarmente distintas. A primeira é uma noção estrita de intencionalidade, que se aplica a um agente ou organismo quando este tem a intenção de fazer algo, p. ex., dar um beijo na Schiffer ou ir buscar o guarda-chuva, ou quer que tal e tal seja o caso, p. ex., que a Schiffer se aproxime ou que deixe de chover, etc. Muitos estados mentais intencionais nesse sentido estrito são estados mentais intencionais no sentido lato anteriormente introduzido, pois

intencionalidade

são acerca de objetos não-mentais (a minha intenção de abraçar a Schiffer é acerca da Schiffer); mas muitos estados intencionais no sentido lato (p. ex., crenças, dúvidas, pensamentos, conjecturas, etc.) não são, obviamente, estados intencionais no sentido estrito. A segunda noção é a noção de um estado mental intensional (com "s"). Digamos que estados mentais intensionais são estados cuja identidade e natureza são sensíveis a modos particulares de identificação dos objetos neles mencionados. P. ex., o pensamento que Álvaro de Campos é um bom poeta é um estado intensional, na medida em que é plausivelmente distinto do pensamento que Fernando Pessoa é um bom poeta (uma pessoa pode ter o segundo sem ter o primeiro), e é assim sensível à maneira particular como a pessoa Pessoa é aí identificada. Mas a experiência de ouvir Álvaro de Campos gritando com Mark Twain no Terreiro do Paço em Lisboa não é um estado mental intensional; a mesma experiência pode ser descrita como, digamos, a experiência de ouvir Fernando Pessoa gritando com Samuel Clemens na Praça do Comércio na capital de Portugal. De maneira característica, são em geral intensionais aqueles estados mentais conhecidos como atitudes proposicionais, e não são em geral intensionais aqueles estados mentais descritos como experiências ou sensações (é bom notar, no entanto, que há exceções em ambos os casos). Naturalmente, mesmo se supusermos que todos os estados intensionais são intencionais no sentido lato, pois são acerca de objetos em um sentido bastante amplo de ser acerca de um objeto, há estados intencionais (p. ex., experiências auditivas) que não são intensionais.

Digamos que uma relação diádica R é objetualmente dependente quando, necessariamente, uma condição *sine qua non* para R se verificar entre objetos a e b é a e b ambos existirem; por outras palavras, R é objetualmente dependente quando, necessariamente, $\forall a \forall b (Rab \to Ea \land Eb)$; de outro modo, dizemos que R é uma relação objetualmente independente. Então alguns filósofos, entre os quais Brentano, estariam preparados para dizer que a intencionalidade do mental é uma relação objetualmente independente, pois pode-se, ao que parece, estabelecer com um objeto mesmo quando tal objeto não existe. Assim, o estado mental em que uma pessoa está quando acredita que o rei da França vem jantar é, alegadamente, acerca do rei da França, muito embora o rei da França não exista. Em contraste com isso, há relações que são de modo claro objetualmente dependentes no sentido antes introduzido; p. ex., nenhuma pessoa pode estar em posição de odiar, auscultar, ou admirar, o rei da França. Assim, uma condição necessária para relações destas se verificarem é a existência dos objetos que ocorrem como segundos *relata* (a noção de existência tem de ser aqui intemporal, caso contrário a relação "ser bisneto de" seria objetualmente independente, o que não parece correto). Do mesmo modo, uma pessoa pode estar em posição de procurar a pedra filosofal (e, ao que parece, muitas pessoas fizeram-no de fato); mas ninguém pode estar em posição de olhar para a pedra filosofal (supondo, claro, que a pedra não existe!). E o mesmo sucede quando a intencionalidade é vista como uma relação entre estados mentais e situações ou estados de coisas. O estado mental em que uma pessoa está quando pensa que Vênus é uma estrela é, alegadamente, acerca de um estado de coisas, designadamente o estado de coisas de Vênus ser uma estrela, apesar de esse estado de coisas não se verificar; para além disso, presumivelmente, há mesmo estados mentais que são acerca de situações logicamente impossíveis, como, p. ex., as crenças dos antigos na quadratura do círculo.

Todavia, tal concepção da intencionalidade não é aceita por muitos filósofos, sobretudo por aqueles que defendem uma posição fisicalista acerca do mental, associada a uma desejável naturalização da relação intencional. Com efeito, tal como descrita antes, aquela concepção parece estar comprometida com a admissão de objetos não-existentes, como o rei da França e outros, entre os possíveis *relata* da relação intencional; e tal admissão, explícita em Brentano e outros, é dificilmente harmonizável com o ponto de vista naturalista. Obviamente, há uma noção de algo ser acerca de algo na qual a minha crença de que o rei da França vem jantar, ou de que não há unicórnios, ou de que Vênus é uma estrela, é acerca do rei da França, ou acerca de unicórnios, ou acerca do estado de coisas não-real de Vênus ser uma estrela. Mas há também uma noção de algo ser acerca de algo na qual se exige, para que a relação intencional se estabeleça, que exista uma conexão causal de certo gênero entre os *relata* da relação. Nessa noção, uma condição necessária para um objeto *a* ser acerca de um objeto distinto *b* é *b* ser a origem de uma cadeia causal que se estende até *a*. Assim, como presumivelmente só aquilo que existe pode figurar em cadeias causais, a relação intencional é, nesse ponto de vista, uma relação objetualmente dependente. A minha crença de que o rei da França vem jantar não é um estado intencional, pelo menos no sentido em que não é o caso que seja acerca do rei da França. A minha crença de que não há unicórnios também não é um estado intencional, pelo menos no sentido em que não é o caso que seja acerca de unicórnios. Quanto a estados mentais concebidos como tendo estados de coisas ou situações como objetos intencionais, o ponto de vista não pode tolerar a idéia de que crenças como a minha de que Vênus é uma estrela são estados mentais intencionais no sentido de serem acerca de certas situações ou estados de coisas, no caso a situação de Vênus ser uma estrela; pois não pode haver nenhuma conexão causal entre um estado de coisas não-real (muito embora composto por objetos reais) e uma crença. Todavia, essa concepção causal da intencionalidade pode parecer demasiado rígida a alguns filósofos, que prefeririam abandoná-la; mas sua rejeição não conduziria necessariamente a uma concepção liberal e antinaturalista como a de Brentano, pois existem diversas posições intermédias admissíveis. *Ver também* ESTADO MENTAL; ATITUDE PROPOSICIONAL. JB

BRENTANO, F. *Psychologie vom empirischen Standpunkt*. Leipzig: Duncker & Humblot, 1874, vol. I. Trad. ingl. *Psychology from an Empirical Standpoint*. Trad. A. C. Rancurello *et al*. Londres: Routledge/Kegan Paul, 1973.

SEARLE, J. R. *Intentionality. An essay in the Philosophy of Mind*. Cambridge: Cambridge University Press, 1983.

intensão

Ver EXTENSÃO/INTENSÃO.

interpretação

Ver SEMÂNTICA LÓGICA.

interpretação radical

Expressão cunhada pelo filósofo norte-americano Donald Davidson, que tem conotações com a expressão "tradução radical", de Willard Quine (*ver* INDETERMINAÇÃO DA TRADUÇÃO). Ambas versam sobre a tradução de uma linguagem desconhecida em uma linguagem conhecida, mas a primeira, a interpretação radical, contém uma consideração suplementar sobre a atribuição de um conteúdo semântico a uma atitude proposicional (ausente na tradução radical). Um "intérprete radical" é alguém que tenta atribuir um conteúdo semântico, digamos, a uma crença de outrem, tendo apenas como dado o conhecimento das correlações entre as circunstâncias extralingüísticas de dada elocução e a frase ocasionalmente proferida, que o informante (o interpretado) tem por verdadeira (junto com princípios de inferência conhecidos).

Davidson considera que esse conhecimento por parte do intérprete radical é suficiente para a atribuição de verdade à maioria das crenças do interpretado e argumenta que, sendo este o caso, não existe forma de o intérprete radical descobrir que o interpretado está drasticamente errado acerca do mundo.

O argumento é que o intérprete será obrigado a seguir uma estratégia que consiste em descobrir o que causa no mundo exterior as elocuções do informante e, depois, a identificar as condições de verdade das suas elocuções. Mas, ao proceder assim, o intérprete será obrigado a aceitar que a maioria das elocuções do informante é verdadeira (do ponto de vista do intérprete); *ver* PRINCÍPIO DE CARIDADE.

No entanto, parece ser possível o seguinte gênero de objeção: mesmo admitindo que a maioria daquilo que o informante considera verdadeiro será interpretada como verdadeira pelo intérprete, como bloquear a possibilidade de estarem ambos drasticamente errados (é óbvio que o problema se transmite a um segundo intérprete, e depois a um terceiro, etc.)?

A resposta de Davidson é a seguinte. Imagine-se um intérprete onisciente acerca do mundo e acerca da causa de um informante produzir tal ou tal elocução. O intérprete onisciente, usando o mesmo método que o intérprete falível, chegaria à mesma conclusão que este. É claro que ele seria obrigado a aceitar que a maioria das elocuções do informante é verdadeira apenas do seu ponto de vista de intérprete. Mas ele é um intérprete onisciente; logo, o informante é visto como majoritariamente correto acerca do mundo usando agora um ponto de vista objetivo.

Davidson considera que uma conseqüência notável desse resultado é a tese filosófica segundo a qual se as nossas crenças são coerentes com muitas outras, então a maioria delas é verdadeira. Essa posição coerentista sobre a verdade (*ver* VERDADE, TEORIAS DA) constitui para o autor também uma refutação do ceticismo. **JS**

DAVIDSON, D. *Inquiries into Truth and Interpretation.* Oxford: Clarendon Press, 1984.
HEAL, J. "Radical Interpretation", *in* Hale, B. e Wright, C. (orgs.). *A Companion to the Philosophy of Language.* Oxford: Blackwell, 1997.

interseção

Ver CONJUNTO INTERSEÇÃO.

intransitividade

Ver TRANSITIVIDADE.

introdução da conjunção

Trata-se de uma regra de INFERÊNCIA que permite introduzir em uma dedução a conjunção como conectiva dominante, a partir de premissas nas quais ela não ocorria como conectivo dominante.

Para a conjunção temos, onde A e B são letras esquemáticas que estão por duas quaisquer fbf e a barra horizontal separa premissa de conclusão:

$$\frac{\begin{array}{c}A\\B\end{array}}{A \wedge B}$$

Em uma notação alternativa, na qual $\vdash$ simboliza validade sintática, a formulação desta regra seria: $A, B \vdash A \wedge B$.

Esse gênero de regras de introdução e as suas complementares, as regras de eliminação, fazem parte dos sistemas de DEDUÇÃO NATURAL. Se uma formulação de regra de introdução é feita sem que nela ocorra nenhuma outra constante lógica (p. ex., conectiva), diz-se pura. A formulação que se acabou de dar é pura. Tomadas conjuntamente, as regras de introdução e de eliminação devem determinar univocamente uma constante lógica (no entanto, *ver* TONK). É óbvio que se trata de regras sintáticas, visto que nenhuma referência na sua formulação foi feita à interpretação dos símbolos que nela ocorrem.

Existe uma questão interessante, do âmbito da filosofia da lógica, sobre se o sentido de cada CONSTANTE LÓGICA – neste caso da conjunção, $\wedge$ – é dado pelas suas regras de introdução e de eliminação (*ver* ELIMINAÇÃO DA CONJUNÇÃO) que, conjuntamente, determinam o seu papel inferencial; ou, alternativamente, se é necessário ter primeiro uma noção do modo como a constante em questão determina o valor de verdade das frases em que ocorre – no caso da conjunção, p. ex., isso seria dado pela sua tabela de verdade (*ver* CONECTIVO). Essa é uma questão que, em termos gerais, nos leva a ponderar se se deve atribuir prioridade explicativa à SINTAXE (papel inferencial) ou à SEMÂNTICA (contributo para o valor de verdade), quando se pretende dar o significado de cada uma das constantes lógicas. JS

introdução da disjunção

Trata-se de uma regra de INFERÊNCIA que permite introduzir em uma dedução a disjunção como conectiva dominante a partir de premissas nas quais ela não ocorre como conectiva dominante.

Para a disjunção temos, onde A e B são letras esquemáticas que estão por duas quaisquer fbf e a barra horizontal separa premissas de conclusão:

$$\frac{A}{A \vee B} \qquad \frac{A}{B \vee A}$$

Em uma notação alternativa, na qual $\vdash$ simboliza validade sintática, a formulação desta regra seria: A $\vdash$ A $\vee$ B e A $\vdash$ B $\vee$ A.

Esse gênero de regras de introdução e as suas complementares, as regras de eliminação, fazem parte dos sistemas de DEDUÇÃO NATURAL. Se uma formulação de regra de introdução é feita sem que nela ocorra qualquer outra constante lógica (p. ex., conectiva), diz-se pura. A formulação que se acabou de dar é pura. Tomadas conjuntamente, as regras de introdução e de eliminação devem determinar univocamente uma constante lógica, p. ex., um conectivo (no entanto, *ver* TONK). É óbvio que se trata de regras sintáticas, visto que nenhuma referência na sua formulação foi feita à interpretação dos símbolos que nela ocorrem.

Existe uma questão interessante, do âmbito da filosofia da lógica, sobre se o sentido de cada CONSTANTE LÓGICA – neste caso da disjunção, $\vee$ – é dado pelas suas regras de introdução e de eliminação (*ver* ELIMINA-

ÇÃO DA DISJUNÇÃO) que, conjuntamente, determinam o seu papel inferencial; ou, alternativamente, se é necessário ter primeiro uma noção do modo como a constante em questão determina o valor de verdade das frases em que ocorre – no caso da conjunção, p. ex., isso seria dado pela sua tabela de verdade (*ver* CONECTIVA). Essa é uma questão que, em termos gerais, nos leva a ponderar se se deve atribuir prioridade explicativa à SINTAXE (papel inferencial) ou à SEMÂNTICA (contributo para o valor de verdade), quando se pretende dar o significado de cada uma das constantes lógicas. JS

introdução da identidade

Regra de inferência utilizada como regra primitiva na maioria dos sistemas de DEDUÇÃO NATURAL para a lógica de primeira ordem com identidade. A regra estabelece que, em qualquer linha de uma DEDUÇÃO, qualquer fórmula bem formada da forma $t = t$ (em que t é um termo) pode ser introduzida, não dependendo a linha em questão de nenhuma suposição ou premissa. Esquematicamente,

$$\vdots \\ \emptyset \quad (j) \quad t = t \quad I= \\ \vdots$$

Ver LEI DA IDENTIDADE. JB

introdução da necessidade

O mesmo que NECESSITAÇÃO.

introdução da negação

Regra de inferência utilizada como regra primitiva em diversos sistemas de DEDUÇÃO NATURAL para a lógica de primeira ordem. A regra estabelece o seguinte. Se uma fórmula p é introduzida como suposição em uma linha de uma dedução; e se se inferir em outra linha uma fórmula da forma $q \wedge \neg q$, ou, relativamente a linguagens que contêm o símbolo do ABSURDO, uma fórmula $\bot$; então em qualquer linha subseqüente pode-se inferir a fórmula $\neg p$; e esta linha dependerá de todas as suposições ou premissas usadas na dedução de $q \wedge \neg q$ ou $\bot$, à exceção da própria suposição p (caso seja uma delas). Esquematicamente, tem-se

$$
\begin{array}{lll}
\{j\} & (j)\ p & \text{Sup.} \\
& \vdots & \\
\{b_1,\ldots,b_n\} & (k)\ q \wedge \neg q & \\
& \quad\ \ \text{ou } \bot & \\
& \vdots & \\
\{b_1,\ldots,b_n\} \cup \{j\} & (m)\ \neg p & (j),(k),\ \text{I}\neg
\end{array}
$$

Em sistemas cuja linguagem contém o símbolo do absurdo como primitivo, a regra ocorre em combinação com a regra da ELIMINAÇÃO DA NEGAÇÃO. O princípio genérico subjacente à regra é a REDUCTIO AD ABSURDUM: tudo aquilo que implica logicamente uma falsidade lógica é falso. JB

introdução da possibilidade

A regra da introdução da possibilidade dá expressão a um dos princípios mais simples do raciocínio modal, o chamado princípio da possibilitação. Segundo esse princípio, estamos sempre autorizados a inferir a possibilidade a partir do ser (por assim dizer). Por outras palavras, da verdade de uma proposição segue-se que essa proposição é possível; p. ex., uma conseqüência lógica da proposição que Teeteto está (de fato) sentado é a proposição que é possível que Teeteto esteja sentado.

A regra da introdução da possibilidade, cuja ocorrência é freqüente em sistemas de dedução natural para a lógica modal de primeira ordem, estabelece assim o seguinte: dada uma frase qualquer p como premissa, podemos prefixar-lhe o operador modal de possibilidade e inferir a frase $\Diamond p$ como conclusão; esquematicamente, tem-se: $p \vdash \Diamond p$. Por vezes, também se chama "princípio da possibilitação" ao teorema da lógica modal proposicional $p \rightarrow \Diamond p$. *Ver também* NECESSITAÇÃO; LÓGICA MODAL; ELIMINAÇÃO DA POSSIBILIDADE; ELIMINAÇÃO DA NECESSIDADE. JB

introdução do bicondicional

A regra da introdução da BICONDICIONAL ($I\leftrightarrow$) é um princípio válido de inferência freqüentemente utilizado em sistemas de DEDUÇÃO NATURAL para a lógica clássica de primeira ordem. O princípio autoriza-nos a inferir, de uma frase da forma $\ulcorner(p \rightarrow q) \wedge (q \rightarrow p)\urcorner$ (em que p e q são frases) dada como premissa, uma frase da forma $\ulcorner p \leftrightarrow q\urcorner$ como conclusão; e a frase deduzida dependerá das suposições das quais depender a frase usada como premissa. JB

introdução do condicional

Ver DEMONSTRAÇÃO CONDICIONAL.

introdução do quantificador existencial

($I\exists$) Trata-se de uma regra de INFERÊNCIA que permite introduzir em uma dedução o quantificador existencial, $\exists$, como operador dominante a partir de premissas nas quais ele não ocorre como operador dominante.

Para o quantificador existencial temos, onde F é uma letra esquemática que represente qualquer PREDICADO, v é uma qualquer VARIÁVEL individual que ocorre livre em Fv, t é um TERMO, constante individual ou variável (a não ser que se especifique) e a barra horizontal separa premissa de conclusão:

$$\frac{Ft}{\exists v\ Fv}$$

Restrição: Fv resulta de se substituir uma ou mais, mas não necessariamente todas, as ocorrências livres de t em Ft por ocorrências livres de v em Fv, sem ligar mais nenhum outro termo que eventualmente ocorra em Ft.

Em uma notação alternativa, na qual $\vdash$ abrevia "validade sintática", a formulação desta regra seria $Ft \vdash \exists v\ Fv$ com a mesma restrição.

As restrições impostas justificam-se para evitar inferências inválidas que poderiam ocorrer se admitirmos que essa regra pertence a um sistema de dedução natural do qual fazem também parte as restantes regras de introdução e eliminação dos quantificadores universal e existencial. Com efeito, e fazendo as simbolizações óbvias, sem aquelas restrições, poderíamos, p. ex., "demonstrar" que de "Alguém é pai de alguém" ($\exists x \, \forall y \, Pxy$) se segue que "Alguém é pai de si próprio" ($\exists y \, Pyy$), tendo Pxy como uma das linhas intermédias da "demonstração".

Não existe um só conjunto de restrições aceitável, mas vários extensionalmente equivalentes, isto é, que autorizam (ou proíbem) as mesmas inferências. Em geral, aliviar restrições em uma das regras implica pesar com restrições algumas das outras, fazendo assim um manobra compensatória. A escolha de certo conjunto de restrições em detrimento de outros possíveis, e que lhe são extensionalmente equivalentes, é suscetível de variar de acordo com aspectos pragmáticos (facilitar certas inferências mais comuns) e com considerações filosóficas (p. ex.: querer permanecer o mais próximo possível do que se julga ser o conhecimento tácito associado às inferências que envolvem quantificadores e o modo como se concebe a interpretação a associar à inferência em questão e às suas restrições). O conjunto de restrições que aqui se adotou permite linhas da dedução onde as variáveis ocorrem livres (na linha de Quine, Copi e Kahane, p. ex.), mas há outros sistemas (como os de Lemmon, Barwise e Etchmendy e de Forbes, p. ex.) nos quais as variáveis ocorrem sempre ligadas e o papel das variáveis livres é feito por certo tipo de constantes individuais (para as quais são especificadas certas qualificações ou restrições) ou por parâmetros (ou nomes "arbitrários"). Os sistemas mencionados diferem depois entre si nas restrições.

Esse gênero de regras de introdução e as suas complementares, as regras de eliminação, fazem parte dos sistemas de DEDUÇÃO NATURAL. Se a formulação de uma regra de introdução é feita sem que nela ocorra qualquer outra constante lógica (p. ex., quantificador), diz-se pura. A formulação que se deu é pura. Tomadas conjuntamente, as regras de introdução e de eliminação devem determinar univocamente uma constante lógica, p. ex., um quantificador (no entanto, *ver* TONK). É óbvio que se trata de regras sintáticas, visto que nenhuma referência na sua formulação foi feita à interpretação dos símbolos que nela ocorrem.

Existe uma questão interessante, do âmbito da filosofia da lógica, sobre se o significado de cada CONSTANTE LÓGICA é dado pelas suas regras de introdução e de eliminação que, conjuntamente, determinam o seu papel inferencial; ou, alternativamente, se é necessário ter primeiro uma noção do modo como a constante em questão determina o valor de verdade das frases em que ocorre. Essa é uma questão que, em termos gerais, nos leva a ponderar se se deve atribuir prioridade explicativa à SINTAXE (papel inferencial) ou à SEMÂNTICA (contributo para o valor de verdade), quando se pretende dar o significado de cada uma das constantes lógicas. JS

BARWISE, J. e ETCHMENDY, J. *The Language of First-Order Logic*. Stanford: CSLI, 1992.
COPY, I. *Symbolic Logic*. Nova York: Macmillan. 1979.
FORBES, G. *Modern Logic*. Oxford: Oxford University Press, 1994.
KAHANE, H. e TIDMAN, P. *Logic and Philosophy*. Belmont: Wadsworth, 1986.
LEMMON, E. J. *Beginning Logic*. Nairóbi: Thomas Nelson, 1965.
QUINE, W. V. O. *Methods of Logic*. Cambridge: Harvard University Press, 1982.

introdução do quantificador universal

(I$\forall$) Trata-se de uma regra de INFERÊNCIA que permite introduzir em uma dedução o quantificador universal, $\forall$, como operador dominante a partir de premissas nas quais ele não ocorre como operador dominante.

Para o quantificador universal temos, onde F é uma letra esquemática que represente qualquer PREDICADO, v é uma VARIÁVEL individual qualquer que ocorre livre em Fv, t é um TERMO, constante individual ou variável (a não ser que se especifique), e a barra horizontal separa premissa de conclusão:

introdução do quantificador universal

$$\frac{Ft}{\forall v\, Fv}$$

Restrições: 1) t não é uma constante; 2) t não está livre em uma linha obtida por eliminação de $\exists$, mesmo que esta tenha ocorrido no âmbito de uma dedução por INTRODUÇÃO DA CONDICIONAL (I→), cuja premissa assumida foi entretanto descarregada; 3) t não está livre em uma premissa assumida em cujo âmbito Ft ocorre; 4) A cada t livre em Ft corresponde um v livre em Fv e vice-versa.

Em uma notação alternativa, na qual $\vdash$ abrevia "validade sintática", a formulação desta regra seria $Ft \vdash \forall v\, Fv$ com as mesmas restrições.

As restrições impostas justificam-se para evitar inferências inválidas que poderiam ocorrer se admitirmos que essa regra pertence a um sistema de dedução natural do qual fazem também parte as restantes regras de introdução e eliminação dos quantificadores universal e existencial. Não existe um só conjunto de restrições aceitável, mas vários extensionalmente equivalentes, isto é, que autorizam (ou proíbem) as mesmas inferências. Em geral, aliviar restrições em uma das regras implica pesar com restrições algumas das outras, fazendo assim uma manobra compensatória. A escolha de certo conjunto de restrições em detrimento de outros possíveis e que lhe são extensionalmente equivalentes é suscetível de variar de acordo com aspectos pragmáticos (facilitar certas inferências mais comuns) e com considerações filosóficas (p. ex.: o querer permanecer o mais próximo possível do que se julga ser o conhecimento tácito associado às inferências que envolvem quantificadores e o modo como se concebe a interpretação a associar à inferência em questão e às suas restrições). O conjunto de restrições que aqui se adotou permite linhas da dedução onde as variáveis ocorrem livres (na linha de Quine, Copi e Kahane, p. ex.), mas a outros sistemas (como os de Lemmon, Barwise e Etchmendy e de Forbes, p. ex.) nos quais as variáveis ocorrem sempre ligadas e o papel das variáveis livres é feito por certo tipo de constantes individuais (para as quais são especificadas certas qualificações ou restrições) ou por parâmetros (ou "nomes arbitrários"). Os sistemas mencionados diferem depois entre si nas restrições.

Esse gênero de regras de introdução e as suas complementares, as regras de eliminação, fazem parte dos sistemas de DEDUÇÃO NATURAL. Se a formulação de uma regra de introdução é feita sem que nela ocorra nenhuma outra constante lógica (p. ex., quantificador), diz-se pura. A formulação que se acabou de dar é pura. Tomadas conjuntamente, as regras de introdução e de eliminação devem determinar univocamente uma constante lógica, p. ex., um quantificador (no entanto, *ver* TONK). É óbvio que se trata de regras sintáticas, visto que nenhuma referência na sua formulação foi feita à interpretação dos símbolos que nela ocorrem.

Existe uma questão interessante, do âmbito da filosofia da lógica, sobre se o significado de cada CONSTANTE LÓGICA é dado pelas suas regras de introdução e de eliminação que, conjuntamente, determinam seu papel inferencial; ou, alternativamente, se é necessário ter primeiro uma noção do modo como a constante em questão determina o valor de verdade das frases em que ocorre. Essa é uma questão que, em termos gerais, nos leva a ponderar se se deve atribuir prioridade explicativa à SINTAXE (papel inferencial) ou à SEMÂNTICA (contributo para o valor de verdade), quando se pretende dar o significado de cada uma das constantes lógicas. JS

BARWISE, J. e ETCHMENDY, J. *The Language of First-Order Logic*. Stanford: CSLI, 1992.
COPY, I. *Symbolic Logic*. Nova York: Macmillan, 1979.
FORBES, G. *Modern Logic*. Oxford: Oxford University Press, 1994.
KAHANE, H. e TIDMAN, P. *Logic and Philosophy*. Belmont: Wadsworth, 1986.
LEMMON, E. J. *Beginning Logic*. Nairóbi: Thomas Nelson, 1965.

QUINE, W. V. O. *Methods of Logic*. Cambridge: Harvard University Press, 1982.

intuicionismo

Um dos principais pontos de vista na filosofia da matemática, contrastando habitualmente com o FORMALISMO e o PLATONISMO. Nesse sentido, é melhor encarar o intuicionismo como uma maneira específica de dar forma à idéia de construtivismo na matemática, maneira essa que se deve ao matemático holandês Brouwer e ao seu aluno Heyting. O construtivismo é o ponto de vista segundo o qual 1) os objetos matemáticos só existem na medida em que tiverem sido construídos e 2) a validade das demonstrações resulta das construções; mais especificamente, as asserções existenciais devem ser apoiadas por construções efetivas de objetos. O intuicionismo é uma filosofia idealizada: os objetos matemáticos devem ser concebidos como objetos idealizados, criados por um matemático idealizado (MI), a que por vezes se chama "sujeito criativo". O ponto de vista intuicionista tange muitas vezes as margens do solipsismo, quando o matemático idealizado e o proponente do intuicionismo parecem se fundir.

O intuicionismo, muito mais do que o formalismo e o platonismo, é em princípio normativo; conduz a uma reconstrução da matemática: a matemática, tal como é, não é na maior parte dos casos aceitável do ponto de vista intuicionista, devendo-se tentar reconstruí-la de acordo com princípios construtivamente aceitáveis. Não é aceitável demonstrar $\exists x\, Ax$ (há um x tal que Ax é o caso) derivando uma contradição da suposição de que $\forall x\, \neg Ax$ (para todo o x, Ax não é o caso): raciocínio por contradição. Tal demonstração não cria o objeto que se supõe existir.

Efetivamente, na prática, o ponto de vista intuicionista não conduziu a uma reconstrução em larga escala e contínua da matemática. De fato, encontra-se hoje menos essa atitude do que antes. Por outro lado, poder-se-ia dizer que o intuicionismo descreve uma porção particular da matemática, a parte construtiva dessa disciplina, sendo que já foi razoavelmente bem descrito em que consiste o significado da parte construtiva. Isso relaciona-se com o fato de o ponto de vista intuicionista ter sido extremamente frutífero na metamatemática, a construção e estudo de sistemas nos quais se formalizam partes da matemática. Depois de Heyting, este projeto tem sido levado a cabo por Kleene, Kreisel e Troelstra.

L. E. J. Brouwer defendeu pela primeira vez as suas idéias construtivistas na sua dissertação de 1907. Houve predecessores que defenderam posições construtivistas. Matemáticos como Kronecker, Poincaré e Borel. Kronecker e Borel foram levados pelo caráter cada vez mais abstrato dos conceitos e demonstrações na matemática do fim do século XIX; Poincaré não podia aceitar as idéias formalistas nem platonistas propostas por Frege, Russell e Hilbert. Contudo, Brouwer foi desde o início mais radical, consistente e abrangente do que os seus predecessores. As características mais distintivas do intuicionismo são as seguintes: 1. O uso de uma lógica distintiva: a LÓGICA INTUICIONISTA (à lógica comum chama-se então lógica clássica); 2. A sua construção do contínuo, a totalidade dos números reais, por meio de seqüências de escolha.

O uso da lógica intuicionista tem sido muitas vezes aceito por outros proponentes dos métodos construtivistas, mas a construção do contínuo não tanto. A construção particular do contínuo por meio de seqüências de escolha envolve princípios que contradizem a matemática clássica. Construtivistas com outras convicções, como os da escola de Bishop, limitam-se muitas vezes a tentar demonstrar construtivamente teoremas que foram demonstrados de modo clássico, evitando contradizer realmente a matemática comum.

Discutiremos primeiro a lógica intuicionista, dedicando depois algum tempo à análise intuicionista, regressando por fim à lógica intuicionista em conexão com algumas teorias nela formalizadas.

Lógica Intuicionista – Formalmente, a melhor maneira de caracterizar a lógica intuicionista é por meio de um sistema de DEDUÇÃO NATURAL à maneira de Gentzen. Efetivamente, para a lógica intuicionista a dedução natural é mais natural do que para a lógica clássica. Um sistema de dedução natural tem regras de introdução e de eliminação dos conectivos lógicos ∧ (e), ∨ (ou) e → (se..., então...), assim como dos quantificadores ∀ (para todo) e ∃ (para pelo menos um). As regras para ∧, ∨ e → são as seguintes:

I∧: De A e B conclui-se A ∧ B.

E∧: De A ∧ B conclui-se A e conclui-se B.

E→: De A e de A → B conclui-se B.

I→: Se temos uma derivação de B a partir da premissa A, conclui-se então A → B (descarregando simultaneamente a suposição A).

I∨: De A conclui-se A ∨ B, e de B conclui-se A ∨ B.

E∨: Se temos uma derivação de C a partir da premissa A e uma derivação de C a partir da premissa B, estamos autorizados a concluir C da premissa A ∨ B (descarregando simultaneamente as suposições A e B).

Habitualmente tomamos a negação ¬ (não) definida como a implicação de uma contradição (⊥). Acrescenta-se então a regra *ex falso sequitur quodlibet*, segundo a qual tudo por ser derivado de ⊥.

As regras de dedução natural (*ver* DEDUÇÃO NATURAL, REGRAS DE) estão fortemente relacionadas com a chamada interpretação BHK (cunhada em nome de Brouwer, Heyting e Kolmogorov) dos conectivos. Essa interpretação oferece um fundamento muito claro de princípios intuicionisticamente aceitáveis e faz da lógica intuicionista uma das poucas lógicas não-clássicas na qual o raciocínio é completamente claro e não ambíguo, apesar de muito diferente do raciocínio na lógica clássica. Na lógica clássica o significado dos conectivos, isto é, o significado de afirmações complexas que envolvam conectivos, é dado fornecendo as condições de verdade das afirmações complexas. P. ex.: A ∧ B é verdadeira se, e somente se, A é verdadeira e B é verdadeira; A ∨ B é verdadeira se, e somente se, A é verdadeira ou B é verdadeira. A interpretação BHK da lógica intuicionista baseia-se na noção de demonstração, e não na de verdade. (Note-se: não se trata da noção de demonstração formal, ou derivação, tal como ocorre em um sistema axiomático ou de dedução natural, mas demonstração intuitiva, no sentido de um argumento matemático convincente.) O significado dos conectivos é então explicado assim: Uma demonstração de A ∧ B consiste em uma demonstração de A e em uma demonstração de B, mais uma conclusão. Uma demonstração de A ∨ B consiste em uma demonstração de A ou em uma demonstração de B, mais uma conclusão. Uma demonstração de A → B consiste em um método de converter qualquer demonstração de A em uma demonstração de B. Uma demonstração de $\exists x\, Ax$ consiste em um nome *d* de um objeto no domínio de discurso que se tem em vista, mais uma demonstração de *Ad* e uma conclusão. Uma demonstração de $\forall x\, Ax$ consiste em um método que, para qualquer objeto do domínio de discurso que se tem em vista, produz uma demonstração de *Ad* para um nome *d* do objeto.

Relativamente às negações isso significa que uma demonstração de ¬A é um método de converter qualquer suposta demonstração de A em uma demonstração da contradição. Que ⊥ → A tem uma demonstração para qualquer A baseia-se na contraparte intuitiva do princípio *ex falso*. Isso pode parecer um tanto ou quanto menos natural do que as outras idéias. Junto com o fato de que as afirmações que contêm negações parecem construtivamente ter menos conteúdo, este fenômeno levou Griss a considerar passar sem a negação. Uma vez, contudo, que é muitas vezes possível demonstrar tais afirmações mais negativas sem que possamos demonstrar as suas contrapartes mais positivas, essa estratégia não é muito atraente. Além disso, podemos passar sem a introdução formal de ⊥ em todos os sistemas matemáticos naturais, pois podemos ver que uma afirmação como 1 = 0 preenche as propriedades desejadas de ⊥, sem fazer nenhuma suposição análoga ao *ex falso*.

O significado intuicionista de uma disjunção só superficialmente parece próximo do significado clássico. Para demonstrar uma disjunção tenho de conseguir demonstrar um dos seus membros. Isso torna imediatamente claro que não há um fundamento geral para A ∨ ¬A: não há maneira de garantir invariavelmente uma demonstração de A ou uma demonstração de ¬A. Contudo, muitas das leis da lógica clássica permanecem válidas sob a interpretação BHK. São conhecidos vários métodos de decisão para o cálculo proposicional, mas muitas vezes é fácil decidir intuitivamente.

Uma disjunção é difícil de demonstrar: p. ex., das quatro direções das leis de De Morgan só ¬(A ∧ B) → ¬A ∨ ¬B não é válida. Uma afirmação de existência é difícil de demonstrar: p. ex., das quatro direções das interações válidas em termos clássicos entre negações e quantificadores, só ¬∀x A → ∃x ¬A não é válida. Afirmações diretamente baseadas no fato de só existirem dois valores de verdade não são válidas, p. ex., ¬¬A → A ou ((A → B) → A) → A (lei de Peirce).

A interpretação BHK foi dada independentemente por Kolmogorov e Heyting, sendo a formulação do primeiro em termos da solução de problemas e não em termos da execução de demonstrações.

Em certo sentido a lógica intuicionista é claramente mais fraca do que a lógica clássica. Contudo, em outro sentido, o contrário é verdade. Pela chamada "tradução de Gödel", a lógica clássica pode ser traduzida para a lógica intuicionista. Para traduzir uma afirmação clássica coloca-se ¬¬ antes de fórmulas atômicas e substitui-se cada subfórmula da forma A ∨ B por ¬(¬A ∧ ¬B) e cada subfórmula da forma ∃x Ax por ¬∀x ¬Ax de modo recursivo. A fórmula obtida é demonstrável na lógica intuicionista exatamente quando a original é demonstrável na lógica clássica. Assim, pode se dizer que a lógica intuicionista pode aceitar o raciocínio clássico de certa forma em situações muito restritas, sendo portanto mais abrangente do que a lógica clássica.

Seqüências de Escolha Livre – O contínuo é uma grande dificuldade no que respeita à apresentação de versões construtivas da matemática. Não é difícil raciocinar sobre números individuais reais por meio, p. ex., de seqüências de Cauchy, mas desse modo perde-se a intuição da totalidade dos números reais, que, na verdade, parece constituir uma intuição primária. Brouwer baseou o contínuo na idéia de seqüências de escolha. P. ex., uma seqüência de escolha de números naturais α é encarada como um processo continuado, sempre por acabar, de escolher os valores α(0), α(1), α(2),... pelo matemático ideal MI. Em qualquer estágio da atividade de MI, este só determinou um número finito de valores, além de, possivelmente, algumas restrições sobre escolhas futuras. Isso conduz diretamente à idéia de que uma função f que atribua valores a todas as seqüências de escolha só o poderá fazer por ter o valor $f(α)$, para qualquer seqüência de escolha particular α determinada por um segmento finito inicial α(0),..., α(m) dessa seqüência de escolha, no sentido em que todas as seqüências de escolha β que comecem com o mesmo segmento inicial α(0),..., α(m) têm de obter o mesmo valor sob a função: $f(β) = f(α)$. Essa idéia conduz-nos ao teorema de Brouwer de que toda a função real em um intervalo fechado limitado é necessariamente de maneira uniforme. É claro que isso contradiz claramente a matemática clássica.

Um exemplo típico de distinção menos drástica entre a matemática clássica e a intuicionista é o teorema do valor intermédio. Uma função contínua f que tenha o valor –1 em 0 e o valor 1 em 1 alcança o valor 0 para algum valor entre 0 e 1 de acordo com a matemática clássica. Mas isso não acontece no caso construtivo: não podemos dizer, de uma função f que se mova linearmente do valor –1 em 0 para o valor *a* em ⅓, que se mantenha no valor *a* até ⅔ e que se mova depois linearmente para 1, que chega ao valor 0 em um ponto específico, se não soubermos se *a* > 0, *a* = 0 ou *a* < 0, pois se *a* > 0, o valor será menor do que ⅓; se *a* < 0, será maior do que ⅔. Uma vez que não há nenhum método para resolver esse último problema em geral, não se pode determinar um valor *x* quando *f*(*x*) = 0.

Os contra-exemplos a teoremas clássicos na lógica ou na matemática que podem ser dados são fracos ou fortes. Um contra-exemplo fraco a uma afirmação mostra apenas que não podemos ter a esperança de a demonstrar; um contra-exemplo forte deriva realmente uma contradição da aplicação geral de uma afirmação. P. ex., para dar um contra-exemplo fraco de *p* ∨ ¬*p* é suficiente apresentar uma afirmação A que não tenha sido demonstrada nem refutada, especialmente uma que pertença a um gênero que possa ser sempre reproduzido se o problema original acabar por ser resolvido. Um contra-exemplo forte de A ∨ ¬A não pode consistir na demonstração de ¬(A ∨ ¬A) para um A particular, uma vez que ¬(A ∨ ¬A) é contraditória, mesmo na lógica intuicionista (é diretamente equivalente a ¬A ∧ ¬¬A). Mas na análise intuicionista pode-se encontrar um predicado *Ax* tal que se pode demonstrar que ¬∀*x* (*Ax* ∨ ¬*Ax*), o que é suficiente como contra-exemplo forte.

A escola construtivista russa não aceitou a construção intuicionista do contínuo, mas obteve mesmo assim resultados que contradiziam a matemática clássica ao supor que as construções efetivas são recursivas e, em particular, que todas as funções são funções recursivas.

Lógica Intuicionista em Sistemas Formais Intuicionistas – A lógica intuicionista, na forma da lógica proposicional ou da lógica de predicados, satisfaz a chamada "propriedade da disjunção": se A ∨ B é derivável, então A é derivável ou B é derivável. Isso é típico da lógica intuicionista: para a lógica clássica, *p* ∨ ¬*p* é um contra-exemplo imediato a essa asserção. A propriedade também se transfere para os sistemas formais habituais da aritmética e da análise. Isso está em harmonia, claro, com a filosofia intuicionista. No caso das afirmações existenciais acontece algo análogo, uma propriedade da existência; se ∃*x Ax* for derivável na aritmética intuicionista (conhecida como "aritmética de Heyting"), então *An̄* é derivável para algum *n̄* (um termo que denota o número natural *n*). As afirmações da forma ∀*y* ∃*x Ayx* expressam a existência de funções e na aritmética de Heyting, p. ex., a propriedade da existência transforma-se então em: se tal afirmação é derivável, também alguma exemplificação sua o é como função recursiva. Na aritmética clássica de Peano tais propriedades só se formam em A particularmente simples, isto é, sem quantificadores.

Alguns sistemas formais podem ser decidíveis (p. ex., algumas teorias da ordem), obtendo-se na maior parte dos casos a lógica clássica. Contudo, na aritmética de Heyting, temos o teorema aritmético da completude de De Jongh, que afirma que a sua lógica é exatamente a intuicionista: se uma fórmula não é derivável na lógica intuicionista, pode encontrar-se um caso de substituição aritmética que não é derivável na aritmética de Heyting. *Ver também* LÓGICA INTUICIONISTA; PROGRAMA DE HILBERT. **DdJ**

BISHOP, E. *Foundations of Constructive Analysis.* Nova York: McGraw-Hill, 1967.
BROUWER, L. E. J. *Collected Works.* Org. A. Heyting. Amsterdam: North-Holland, 1975, vol. 1.
____. "Consciousness, Philosophy and Mathematics", *in* Beth, E. W., Pos, H. J. e Hollack, H. J. A. (orgs.). *Library of the Tenth International Congress of Philosophy.* Amsterdam, 1949, vol. 1, pp. 1235-49.
HEYTING, A. *Intuicionism* [1956]. 3.ª ed. Amsterdam: North-Holland, 1971.
TROELSTRA, A. S. e VAN DALEN, D. *Constructivism in Mathematics.* Amsterdam: North-Holland, 1988, 2 vols.

invalidade

Opõe-se a VALIDADE.

inversa, relação

O mesmo que RELAÇÃO CONVERSA.

iota, operador

Ver OPERADOR IOTA.

irreflexividade

Ver REFLEXIVIDADE.

isomorfismo

Relação que se verifica entre estruturas relacionais quando elas têm a mesma forma. Uma estrutura relacional é um conjunto de objetos tomado junto com uma coleção de relações definidas nesse conjunto. Seja x um conjunto e $R_1,..., R_n$ relações cujo CAMPO é x. Então uma estrutura relacional é um par ordenado $<x, R_1,..., R_n>$; assim, p. ex., um conjunto de pessoas e um grupo de relações de parentesco entre elas formam uma estrutura relacional.

Duas estruturas relacionais $<x, R_1,..., R_n>$ e $<y, S_1,..., S_n>$ são isomórficas quando os conjuntos x e y podem ser postos em uma CORRESPONDÊNCIA BIUNÍVOCA de tal modo que, para cada uma das relações R_i, o seguinte é o caso: elementos de x estão em R_i uns com os outros se, e somente se, os elementos correspondentes de y estão na relação correspondente S_i uns com os outros. Ou seja, $<x, R_1,..., R_n> \approx <y, S_1,..., S_n>$ (o símbolo $\approx$ denota a relação de isomorfismo) se, e somente se: a) existe uma função f tal que f é uma função um-um do conjunto x para o conjunto y (o que quer dizer que, para quaisquer objetos distintos a e b no domínio de f, se tem $f(a) \neq f(b)$); e b) para cada R_i, se R_i é uma relação de ARIDADE k, então S_i é também de aridade k, e, para cada k-tuplo ordenado $<a_1,..., a_n>$ em x, $<a_1,..., a_n> \in R_i$ se, e somente se, $<f(a_1),..., f(a_n)> \in S_i$. *Ver* CORRESPONDÊNCIA BIUNÍVOCA; RELAÇÃO; FUNÇÃO INJETIVA. **JB**

jogo de linguagem

Nas *Investigações filosóficas*, Wittgenstein (1889-1951) introduziu vários exemplos de produções lingüísticas muito simples, a que chamou, a partir do § 7, jogos de linguagem. No § 3, afirma que a concepção agostiniana da linguagem é singela por se aplicar apenas a certos casos de produção lingüística (como o exemplo do § 2, em que um pedreiro pronuncia o nome de um objeto e o servente lho alcança), mas não a toda a linguagem. A concepção agostiniana ou denotativa da linguagem pode funcionar para o jogo de linguagem do § 2; mas a existência de muitos outros jogos de linguagem torna aquela concepção inadequada. Por exemplo, se mudarmos o contexto ou a prática associada à palavra "laje", mudamos o significado da palavra. Torna-se assim óbvio que o uso que se faz das palavras e o contexto associado são elementos constituintes da linguagem. Wittgenstein chamou "forma de vida" ao contexto prático associado ao uso de certos jogos de linguagem.

A existência de vários jogos de linguagem torna inexeqüível o objetivo de construir uma teoria geral da linguagem (o que o próprio Wittgenstein procurara fazer no *Tractatus*), como se a linguagem fosse usada para jogar um único tipo de jogo. Wittgenstein argumenta que, da mesma maneira que não há uma definição geral de jogo, não pode haver uma teoria geral da linguagem; a única coisa que há de comum nos diversos jogos de linguagem é qualquer coisa como uma "parecença de família" (§§ 65-6), mas não há uma essência da linguagem.

Além do uso e do contexto, há duas outras noções cruciais associadas ao conceito de jogo de linguagem: a finalidade e a noção de seguir uma regra. Um termo em certo jogo de linguagem tem de ter um objetivo, e a compreensão do jogo de linguagem em causa não está completa se não compreendermos também esse aspecto. No jogo de linguagem do § 2, por exemplo, a finalidade é a construção de casas; só à luz dessa finalidade faz sentido o uso que nele se faz da palavra "laje".

A noção de seguir uma regra revelou-se surpreendentemente complexa e desempenha um papel central na refutação da LINGUAGEM PRIVADA. Para que em certo jogo de linguagem uma palavra como "laje" tenha um papel lingüístico é necessário que os intervenientes desse jogo de linguagem sigam certas regras no que respeita ao uso do termo. Assim, o ajudante do pedreiro tem de seguir certa regra quando ouve dizer "laje"; é essa regra que o leva a dirigir-se ao local onde estão as lajes e a retirar uma delas, que entrega depois ao pedreiro. Em jogos de linguagem diferentes seguem-se regras diferentes; mas essas regras não são estabelecidas explicitamente: estabelecem-se implicitamente, por meio do uso. O problema é que aparentemente não é possível introduzir regras a partir de nada; só podemos compreender uma regra contra o pano de fundo constituído pela cultura ou forma de vida, esse "leito rochoso" que constitui o fim do processo de análise conceptual da linguagem. Podemos introduzir a regra que determina que a palavra "laje" refere lajes, por exemplo, pronunciando a palavra e apontando para lajes. Mas para que a outra pessoa possa perceber o que queremos dizer tem de dominar, por exemplo, a regra que regula o ato de apontar para objetos e a regra lingüística geral que consiste em usar sons para nomear objetos; caso contrário, pode interpretar o nosso gesto de muitíssimas maneiras diferentes.

A noção de jogo de linguagem não é pacífica. Um dos problemas que enfrenta é a incomensurabilidade ou relativismo. Dado certo jogo de linguagem, com as suas regras, os seus objetivos e a sua forma de vida, parece que pouco mais se pode fazer do que jogá-lo ou não: a sua avaliação crítica parece não poder existir. Mas esse relativismo é implausível.

Por outro lado, a metáfora da parecença de família é infeliz, uma vez que as semelhanças que existem entre os vários membros de uma família são o resultado causal de essas pessoas partilharem entre elas alguns fragmentos de código genético, constituindo, por isso, não só propriedades essenciais dessas pessoas, como propriedades extraordinariamente precisas, cuja vagueza associada parece meramente epistemológica. Acresce que a noção de jogo é suscetível de uma definição precisa (Suits, 1978), ao contrário do que Wittgenstein defendia.

O conceito de ATO DE FALA, introduzido por Searle (1932-), constitui um desenvolvimento teórico preciso da idéia esboçada por Wittgenstein. *Ver também* LINGUAGEM PRIVADA, ARGUMENTO DA. **DM**

BAKER, G. P. e HACKER, P. M. S. *Analytic Commentary on the Philosophical Investigations*. Oxford: Blackwell, 1980, vol. I, pp. 89-99.

SUITS, B. *The Grasshopper*. Toronto: University of Toronto Press, 1978.

WITTGENSTEIN, L. *Investigações filosóficas* [1953]. Trad. M. S. Lourenço. Lisboa: Gulbenkian, 1994. Trad. bras. "Investigações filosóficas", *in Wittgenstein*. 3.ª ed. Coleção Os pensadores. Trad. José Carlos Bruni. Abril Cultural, 1984.

Juízo

Tradicionalmente, o ato de estabelecer uma relação entre um sujeito e um predicado, ou a própria relação estabelecida, que se costuma simbolizar como "S é P"; por exemplo: "Sócrates é mortal." Nesta acepção, só exprimem juízos as frases que têm a forma sujeito-predicado: "Está chovendo" ou "Sócrates é mais alto do que Platão" não exprimem juízos.

Numa acepção mais lata, um juízo é o que hoje se chama "afirmação", sofrendo da mesma ambigüidade ato-objeto: tanto se pode falar do ato de ajuizar como do objeto do juízo. O ato de ajuizar é o que hoje se chama ATITUDE PROPOSICIONAL; o objeto do juízo é uma PROPOSIÇÃO. Tradicionalmente, classificavam-se os juízos, quanto às MODALIDADES, em APODÍCTICOS, ASSERTIVOS e PROBLEMÁTICOS. **DM**

KK, princípio

Ver PRINCÍPIO KK.

lambda, operador

Ver OPERADOR LAMBDA.

lei da absorção

Ver ABSORÇÃO, LEI DA.

lei da identidade

Designação ocasionalmente utilizada para referir o princípio lógico que também se conhece pelo nome (talvez mais habitual) de REFLEXIVIDADE da identidade. Trata-se do princípio segundo o qual qualquer objeto é idêntico a si próprio: em símbolos, a fórmula universalmente válida da lógica de primeira ordem com identidade $\forall x\, x = x$.

O princípio está subjacente à regra de dedução natural para a lógica de primeira ordem com identidade conhecida como introdução da identidade (I=):

$$\tau = \tau \quad \text{I=}$$

Essa regra estabelece que qualquer frase da forma $\tau = \tau$, em que τ é um TERMO, pode ser introduzida em qualquer linha de uma derivação, não dependendo tal linha de nenhuma linha (incluindo ela própria).

A reflexividade da identidade e a INDISCERNIBILIDADE DE IDÊNTICOS, dada na fórmula $\forall x\, \forall y\, (x = y \rightarrow (\phi x \leftrightarrow \phi y))$ (objetos idênticos têm todas as propriedades em comum), caracterizam univocamente a relação de identidade; no sentido em que quaisquer relações que obedeçam àqueles dois princípios são relações necessariamente equivalentes, e logo são uma e a mesma relação (à luz de um princípio de individuação de relações relativamente consensual). Os dois princípios emergem por sua vez de uma caracterização da identidade como sendo a menor relação reflexiva, isto é, aquela relação estritamente incluída em qualquer relação que tenha a propriedade de ser reflexiva (veja-se Kripke, 1980, p. 108n; e Williamson, 1990, p. 170).

A reflexividade da identidade é um princípio incontroverso; e objeções aparentes, como, p. ex., a de que o princípio é inconsistente com a existência da mudança em objetos, resultam de incompreensões grosseiras do princípio. O mesmo já não se pode dizer daquilo que se pode designar por reflexividade necessária da identidade. Trata-se do princípio segundo o qual qualquer objeto é necessariamente idêntico a si mesmo, que se deixa representar na fórmula da lógica modal quantificada $\forall x\, \Box\, x = x$. O princípio é uma verdade lógica na habitual semântica S5 para a lógica modal quantificada, o que, para muitos, milita em favor da sua plausibilidade. Todavia, como o princípio envolve quantificação para o interior de contextos modais, torna-se imediatamente suspeito aos olhos daqueles filósofos (como Willard Quine) que consideram incoerente tal variedade de quantificação. Por outro lado, o princípio é igualmente rejeitado por aqueles filósofos (como David Lewis) que defendem certas versões de uma teoria das contrapartes para a lógica modal quantificada; nessas versões, o princípio não é uma verdade lógica (para detalhes, *ver* CONTRAPARTES, TEORIA DAS).

Na literatura filosófica tradicional, é habitual depararmos com formulações relativamente obscuras da lei da identidade, das quais a seguinte é paradigmática: "Aquilo que é, é." O melhor que se pode fazer em relação a tais formulações é revê-las no sentido do seguinte princípio (trivial): se uma proposição p é verdadeira, então p é verdadeira (ou seja, qualquer proposição p implica-se a si mesma). Mas esse princípio, que se deixa representar na fórmula tautológica $p \rightarrow p$, não envolve de todo a relação de identidade, de modo que aquele rótulo é inapropriado.

É igualmente comum a pretensão de que a lei da identidade, o princípio da NÃO-CONTRADIÇÃO (dado na fórmula tautológica $\neg(p \wedge \neg p)$), e o princípio do TERCEIRO EXCLUÍDO (dado na fórmula tautológica $p \vee \neg p$), desempenham o papel privilegiado de LEIS DO PENSAMENTO. Se tomarmos esse termo no sentido de leis primitivas da lógica, das quais todas as outras podem ser derivadas, a pretensão é manifestamente infundada. Em primeiro lugar, apesar de os primeiros dois princípios serem indisputáveis, o terceiro está longe de o ser: na lógica proposicional intuicionista, p. ex., o princípio não é universalmente válido. Em segundo lugar, os três princípios, tomados como formando uma base primitiva de verdades lógicas, são manifestamente insuficientes para gerar o conjunto de todas as validades da lógica clássica. Em terceiro lugar, quais as verdades lógicas que se quer selecionar como fundamentais para o propósito de gerar aquele conjunto é, em grande parte, uma questão de conveniência; e, nos sistemas de lógica clássica mais conhecidos (desde o sistema de Frege), sucede que os princípios do terceiro excluído e da não-contradição surgem antes como teoremas ou verdades lógicas derivadas (à própria reflexividade da identidade pode ser atribuído esse estatuto); para além disso, nesses sistemas, as fórmulas que representam aqueles dois princípios são logicamente equivalentes ou mutuamente dedutíveis (e, se a lei da identidade é entendida no sentido da fórmula $p \to p$, então os três princípios são logicamente equivalentes na lógica proposicional clássica). JB

COPI, I. *Introduction to Logic.* 4.ª ed. Nova York: McMillan, 1990.
KRIPKE, S. *Naming and Necessity.* Oxford: Blackwell, 1980.
WILLIAMSON, T. "Necessary Identity and Necessary Existence", *in* Haller, R. e Brandl, J. (orgs.). *Wittgenstein.* Viena: Holder Pichler Tempsky, 1990, pp. 168-75.

lei da simplificação

Ver ELIMINAÇÃO DA CONJUNÇÃO.

lei de Clavius

A fórmula tautológica da lógica proposicional clássica, $(\neg p \to p) \to p$, ou a forma de inferência correspondente, $\neg p \to p \vdash p$.

lei de Duns Scoto

A fórmula tautológica da lógica proposicional clássica, $\neg p \to (p \to q)$, ou a forma de inferência correspondente, $\neg p \vdash p \to q$.

lei de Euclides

Designação por vezes usada para referir o seguinte esquema de inferência da LÓGICA DE PRIMEIRA ORDEM COM IDENTIDADE:

LE) $\dfrac{\tau = \tau'}{\lambda\tau = \lambda\tau'}$

Em LE, τ e τ' são termos, $\lambda\tau$ é um termo que contém uma ou mais ocorrências de τ, e $\lambda\tau'$ é um termo que resulta de $\lambda\tau$ substituindo pelo menos uma ocorrência de τ por τ'. Um exemplo do esquema LE é dado no seguinte argumento válido: Xantipa é a mulher de Sócrates. Logo, o pai do irmão de Xantipa é o pai do irmão da mulher de Sócrates.

Subjacente à lei de Euclides está assim um princípio simples de composicionalidade para a referência ou extensão de termos complexos: a referência ou extensão de um termo complexo depende apenas da referência ou extensão dos termos componentes (e da sua sintaxe): sempre que substituirmos, em um termo complexo, uma ou mais ocorrências de um termo componente por um termo com a mesma referência ou extensão, obteremos como resultado um termo complexo cuja referência ou extensão é idêntica à do original.

Tal como sucede com a chamada regra da eliminação da identidade, isto é, com o esquema de inferência

$$\dfrac{\phi\tau \quad \tau = \tau'}{\phi\tau'}$$

(em que $\phi\tau'$ é uma fórmula que resulta de $\phi\tau$ substituindo uma ou mais ocorrências de um termo τ por τ′), a lei de Euclides não é imune a determinada classe de contra-exemplos; e é necessário restringir sua aplicabilidade a contextos puramente extensionais ou referencialmente transparentes (*ver* OPACIDADE REFERENCIAL). Com efeito, termos complexos que contenham nominalizações de certos verbos psicológicos ou cognitivos ("acreditar", "desejar", etc.) geram contra-exemplos imediatos à lei de Euclides. P. ex., se o mito fosse realidade, a frase de identidade (da forma τ = τ′) "Jocasta é a mãe de Édipo" seria verdadeira; mas a frase de identidade (da forma λτ = λτ′) "O desejo de Édipo de casar com Jocasta é o desejo de Édipo de casar com a sua mãe" seria plausivelmente falsa. *Ver também* TERMO; OPACIDADE REFERENCIAL; COMPOSICIONALIDADE, PRINCÍPIO DA. JB

lei de Leibniz

O mesmo que INDISCERNIBILIDADE DE IDÊNTICOS.

lei de Peirce

A tautologia da lógica proposicional clássica $((p \to q) \to p) \to p$, ou a forma de inferência correspondente $(p \to q) \to p \vdash p$. Essa lei não é válida na lógica proposicional intuicionista.

leis *ceteris paribus*

Ver CETERIS PARIBUS, LEIS.

leis da associatividade

Ver ASSOCIATIVIDADE, LEIS DA.

leis da comutatividade

Ver COMUTATIVIDADE, LEIS DA.

leis da distributividade

Ver DISTRIBUTIVIDADE, LEIS DA.

leis da equivalência material

Ver EQUIVALÊNCIA MATERIAL, LEIS DA.

leis da idempotência

Ver IDEMPOTÊNCIA, LEIS DA.

leis da implicação material

Ver IMPLICAÇÃO MATERIAL, LEIS DA.

leis da negação de quantificadores

Ver NEGAÇÃO DE QUANTIFICADORES.

leis da tautologia

Ver IDEMPOTÊNCIA, LEIS DA.

leis de De Morgan

Ver DE MORGAN, LEIS DE.

leis do pensamento

De acordo com a tradição, as leis da identidade, da não-contradição e do terceiro excluído constituem alegadamente um conjunto de princípios lógicos aos quais deve ser atribuído o estatuto de leis do pensamento, presumivelmente em virtude de sua natureza alegadamente básica ou primitiva (em algum sentido desses termos).

A lei da identidade diz, em uma versão, que qualquer proposição se implica a si mesma, e, em outra versão (que faz mais justiça à designação), que qualquer objeto é idêntico a si mesmo; na terminologia da lógica clássica de primeira ordem, a primeira versão diz que qualquer frase da forma $p \to p$ (em que p é uma frase de uma das habituais linguagens para essa lógica) é uma verdade lógica, e a segunda diz que qualquer frase da forma $t = t$ (em que t é um termo dessa linguagem) é uma verdade lógica. A lei da não-contradição diz que a conjunção de uma proposição com sua negação é invariavelmente falsa; na terminologia da lógica clássica de primeira ordem, a lei diz que qualquer frase da forma $\neg(p \wedge \neg p)$ (em que p é uma frase) é uma verdade lógica. Finalmente, a lei do terceiro excluído diz que a disjunção de uma proposição com sua negação é invariavelmente verdadeira; na terminologia da lógica clássica de primeira ordem, a lei diz que qualquer frase da forma $p \vee \neg p$ (em que p é uma frase) é uma verdade lógica.

Todavia, a tradição já não é o que era. E, do ponto de vista da lógica formal moderna, os princípios em questão não têm, em geral, nenhum estatuto privilegiado. Em especial, na lógica clássica, os dois últimos princípios são logicamente equivalentes, e logo se deixam reduzir a um único; por outro lado, ambos ocorrem como verdades lógicas não-básicas ou derivadas na maioria das axiomatizações da lógica proposicional clássica (diferem assim a esse respeito da lei da identidade na primeira versão, que ocorre como verdade lógica primitiva na maioria das axiomatizações da lógica clássica de primeira ordem com identidade). *Ver também* LEI DA IDENTIDADE. JB

lema

Em uma teoria axiomatizada, os lemas são proposições derivadas que desempenham papel auxiliar em relação a outras proposições derivadas, presumivelmente mais importantes, da teoria: os teoremas; em geral, a função de um lema é apenas facilitar a demonstração subseqüente de um teorema. Todavia, na prática, há proposições classificadas como lemas cuja importância é bastante grande; o LEMA DE ZORN, p. ex., é logicamente equivalente ao AXIOMA DA ESCOLHA. *Ver também* AXIOMA; TEOREMA; COROLÁRIO. JB

lema de Zorn

O lema de Zorn é uma asserção da linguagem da TEORIA DOS CONJUNTOS que, na presença dos axiomas de Zermelo-Fraenkel, é equivalente ao AXIOMA DA ESCOLHA. Esse lema, que se utiliza freqüentemente em matemática, diz o seguinte: toda ORDEM parcial não-vazia que verifica a propriedade "qualquer subconjunto constituído por elementos comparáveis dois a dois tem majorante" tem (pelo menos) um elemento maximal. *Ver também* AXIOMA DA ESCOLHA; TEORIA DOS CONJUNTOS; ORDENS. FF

FRANCO DE OLIVEIRA, A. J. *Teoria dos conjuntos*. Lisboa: Livraria Escolar Editora, 1982.
MOORE, G. H. *Zermelo's Axiom of Choice*. Viena: Springer, 1982.

letra esquemática

Ver PARA-ASPAS.

ligada, variável

Ver VARIÁVEL LIGADA.

língua natural

Uma língua natural L é um conjunto finito de sinais acústicos com pelo menos as seguintes características: 1) Esses sinais são reprodutíveis pelo aparelho vocal dos seres humanos; 2) São encadeados segundo regras respeitadas em comum pelos falantes de L, de que estes, em geral, não têm conhecimento explícito (*ver* COMPETÊNCIA); 3) Encontram-se, isolados ou em cadeia, sistemática e convencionalmente associados a SIGNIFICADOS; 4) São usados pelos falantes de L para trocar informação e agir sobre falantes de L; 5) Pelo menos para os seres humanos, o conhecimento implícito de L e a capacidade da sua utilização podem ser adquiridos sem instrução explícita ou metódica, sobretudo durante o período da infância (*ver* INATISMO); 6) Na medida em que é muito mais imediata e fácil a interação social, econômica e cultural entre os falantes de L do que entre estes e os falantes de uma outra língua L′, a língua L pode suscitar medidas políticas visando a manutenção e/ou alargamento do número de seus falantes; 7) É freqüente L ser colocada, de acordo com critérios arbitrários ou argumentos com premissas sem justificação científica, em uma hierarquia de línguas naturais. Esta serve tipicamente *a posteriori* como justificação para preconceitos e atitudes de discriminação nacional, cultural, racial ou social que estiveram *a priori* na base da escolha dos critérios de ordenação (p. ex., língua com maior "capacidade expressiva"; língua "mais pura"; "mais poética"; "mais culta"; "mais filosófica"; "mais musical"; "mais grosseira"; "mais bárbara"; …). O mesmo ocorre, em regra ainda com mais freqüência, com os dialetos de L (*ver* IDIOLETO).

Concomitantemente às línguas naturais existem línguas artificiais, construídas por emulação em parte ou no todo de certas características das línguas naturais (*ver* LINGUAGEM FORMAL).

Eis alguns exemplos. O código Morse permite construir, para cada língua natural L, uma sua contrapartida artificial que resulta da substituição sistemática de grafemas de L por sinais sonoros. Para a maior parte das línguas naturais, nomeadamente aquelas para as quais há um sistema de escrita, existe uma sua contrapartida "artificial" resultante da substituição de sinais sonoros por grafemas constantes de um alfabeto de acordo com uma ortografia. A linguagem da lógica proposicional, ou uma linguagem de programação de computadores, pode ser vista como fragmento artificial de uma língua natural resultante de alterações e restrições quanto ao vocabulário, às regras sintáticas admissíveis e ao significado associado a certas expressões, como, p. ex., as expressões "e", "ou", "se…, então…", etc.

As línguas naturais são o objeto de estudo da lingüística, cujo objetivo pode, em parte significativa, ser visto como a elaboração de uma linguagem artificial que permita expressar e compreender o conhecimento implícito envolvido na utilização das primeiras.

Entre as cerca de 4 mil línguas naturais faladas pelos mais de 5 bilhões de habitantes do planeta Terra, as dez mais usadas como língua materna e/ou oficial são: o mandarim (885 milhões de falantes), o espanhol (332), o inglês (322), o árabe (235), o bengali (189), o hindu (182), o português (170), o russo (170), o japonês (125) e o alemão (98) (fonte: www.krysstal.com/ spoken.html. Acesso em 27 de junho de 2005).
Ver também LINGUAGEM FORMAL; SINTAXE; SIGNIFICADO; INATISMO; IDIOLETO. **AHB**

linguagem, jogo de
Ver JOGO DE LINGUAGEM.

linguagem artificial
Ver LÍNGUA NATURAL.

linguagem comum, filosofia da
Ver FILOSOFIA DA LINGUAGEM COMUM.

linguagem do pensamento

A tese da existência de uma "linguagem do pensamento" foi apresentada pela primeira vez pelo filósofo norte-americano Jerry Fodor em *The Language of Thought*, publicado em 1976. A idéia surge como uma conseqüência natural da adoção da chamada "visão computacional da mente". Com efeito, se os chamados processos cognitivos são, na realidade, processos computacionais, e se um processo computacional consiste em uma manipulação ordenada de símbolos, então os processos cognitivos presentes em organismos cognoscentes consistem em manipulações ordenadas de símbolos.

No caso de um computador, distingue-se habitualmente entre a linguagem-máquina, na qual as computações têm efetivamente lugar, e a linguagem de *input/output*, por meio da qual o utilizador "comunica" com o computador; o contato entre as duas linguagens é estabelecido por um "compilador", que "traduz" as fórmulas da linguagem de *input/output* em fórmulas da linguagem-máquina e vice-versa. De modo análogo, de acordo com Fodor, qualquer organismo cognoscente teria de ser dotado do equivalente à linguagem-máquina de um computador para poder representar e processar qualquer informação. Esse *"analogon"* biológico da linguagem-máquina de um computador seria a linguagem do pensamento. Tal linguagem teria de ser inata, uma vez que a aprendizagem de qualquer nova linguagem, na qualidade de processo cognitivo, teria sempre de pressupor a existência prévia de manipulações ordenadas de símbolos; mas a existência de manipulações ordenadas de símbolos em um organismo pressupõe que o organismo esteja dotado de um sistema de símbolos e de regras que regulem as manipulações deles, isto é, que o organismo disponha já de uma linguagem. Para evitar um *regressus ad infinitum* de linguagens é então necessário que qualquer organismo dotado de processos cognitivos se encontre dotado à partida do equivalente orgânico de uma linguagem-máquina, isto é, uma linguagem do pensamento. No caso dos seres humanos, as diferentes línguas naturais seriam as linguagens de *input/output*, enquanto a linguagem do pensamento, dado seu caráter inato, seria universal. A aprendizagem da língua materna por um ser humano consistiria assim em um processo de compilação entre as fórmulas da linguagem do pensamento e as fórmulas da língua materna em causa. *Ver também* LÍNGUA NATURAL. AZ

FIELD, H. "Mental Representation", *in* Block, N. (org.). *Readings in Philosophy of Psychology*. Londres: Methuen, 1980.
FODOR, J. *Psychosemantics*. Cambridge: MIT Press, 1987.
____. *Representations*. Cambridge: MIT Press, 1981.
____. *The Language of Thought*. Sussex: The Harvester Press, 1976.

linguagem formal

As linguagens formais são linguagens artificiais construídas pelos lógicos com o objetivo, científico, de estudar conceitos lógicos fundamentais (p. ex., verdade, validade ou conseqüência, consistência, completude, correção, decidibilidade) e com o objetivo, digamos, pedagógico, de expor a teoria lógica. Embora haja traços daquilo que hoje chamamos linguagem formal na lógica de Aristóteles, ou, mais marcadamente, na Álgebra de Boole, parece justo atribuir a Frege (à sua *Begriffsschrift*) a criação de um primeiro formalismo, isto é, de uma primeira linguagem formal, adequado a expressar a teoria lógica (na sua versão-padrão) tal como hoje a conhecemos. A linguagem formal inventada por Frege, além de rigorosa, era desnecessariamente desajeitada na sua NOTAÇÃO e foi depois, com Hilbert, Whitehead, Russell e outros, substituída por uma família de linguagens formais cuja notação é mais amigável para o investigador e cuja formulação é tão rigorosa como a de Frege.

Até os anos 1940, a construção de uma linguagem formal era predominantemente identificada com a elaboração da sua SINTAXE LÓGICA. "Linguagem formal" era, assim, sinônimo de "sistema sintático não-interpretado". Hoje, considera-se que a interpretação de uma linguagem formal, isto é, o estabelecimento da SEMÂNTICA LÓGICA para essa linguagem, pode ser parte integrante da sua construção, mas retêm-se da anterior posição dominante os seguintes dois aspectos essenciais. 1) Uma linguagem formal pode ser identificada com o conjunto das suas fbf. Se duas linguagens formais têm exatamente as mesmas fbf, então elas são a mesma linguagem formal; se não têm, não são; 2) Os símbolos de uma linguagem formal e o conjunto das suas regras de formação devem poder ser especificados sem nenhuma referência à interpretação dessa linguagem, sob pena de não qualificarmos a linguagem em questão como formal.

A conjunção desses dois aspectos tem como conseqüência que uma linguagem formal pode ser completamente definida sem nenhuma referência a uma interpretação.

Sendo (sintaticamente) definida uma linguagem formal, pode depois ser associada a 1) uma interpretação; ou 2) um SISTEMA FORMAL. No verbete LÓGICA DE PRIMEIRA ORDEM dá-se um exemplo de uma linguagem formal de primeira ordem. *Ver também* SINTAXE LÓGICA; SEMÂNTICA LÓGICA; LÓGICA DE PRIMEIRA ORDEM. JS

FREGE, Gottlob. *Begriffsschrift, eine der arithmetischen nachgebildete Formelsprache des reinen Denkens*. Halle: Louis Nebert, 1879. Reimp. *in* Angelelli, Ignácio (org.). *Frege, Gottlob. Begriffsschrift und andere Aufsätze*. Darmstadt: Wissenschaftliche Buchgesellschaft, 1971, pp. VIII-88. Trad. ingl. "*Begriffsschrift*, a Formula Language, Modeled Upon That of Arithmetic, for Pure Thought". Trad. Jean van Heijenoort *et al.*, *in* Van Heijenoort, Jean (org.). *From Frege to Gödel: a Source Book in Mathematical Logic, 1879-1931* [1967]. 4.ª reimp. Cambridge/Londres: Harvard University Press, 1981, pp. 1-82.

linguagem privada, argumento da

Argumento contido em parte do livro *Investigações filosóficas*, de Wittgenstein.

A maioria dos comentadores considera que esse argumento é exposto nos §§ 243-315, embora haja interpretações da obra que sustentam não ser esse o caso (a de Saul Kripke, p. ex.). A interpretação do argumento que aqui será apresentada é a que considera que ele constitui uma *reductio ad absurdum* da semântica do empirismo clássico.

A semântica do empirismo clássico baseia-se nos seguintes pressupostos: as palavras e frases de uma linguagem ganham sentido pelo fato de estarem em uma relação de designação com os conteúdos de consciência dos falantes dessa linguagem; os conteúdos de consciência de cada falante de uma linguagem são privados, isto é, inacessíveis a outrem. Uma linguagem tem duas funções: comunicar os conteúdos de consciência de um indivíduo a outros indivíduos e permitir à consciência de cada indivíduo manter um registro dos seus conteúdos de consciência passados.

Tradicionalmente, essa concepção foi alvo do argumento cético de acordo com o qual não é possível compreender como é que, de acordo com esse ponto de vista, dois indivíduos podem efetivamente comunicar entre si. Com efeito, a teoria não fornece nenhuma garantia de que os conteúdos de consciência que um falante de uma linguagem associa com as palavras e frases que usa serão reproduzidos na consciência do ouvinte dessas mesmas palavras e frases. Isso significa, então, que cada indivíduo que usa um sistema de símbolos sonoros ou escritos para se comunicar com outros indivíduos está, na realidade, usando uma linguagem privada. A idéia de que os outros o possam compreender tem assim de permanecer como um postulado, que nem é evidente por si próprio nem pode ser derivado dos outros princípios da teoria. Para ser coerente com seus próprios princípios, a semântica empirista deveria assim ser uma semântica solipsista.

O argumento da linguagem privada tem como finalidade mostrar que o núcleo solipsista da semântica empirista, que se constitui em torno da segunda função que a teoria atribui à linguagem, isto é, ajudar a consciência a manter um registro dos conteúdos de consciência passados, é também ele insustentável. Com efeito, o principal ponto do argumento consiste em mostrar que, caso os princípios da semântica empirista sejam aceitos, é tão impossível proceder a comparações intramentais como o é proceder a comparações intermentais. Todavia, caso seja impossível realizar comparações intramentais é igualmente impossível que o falante solipsista se compreenda a si próprio e que a segunda função que a semântica empirista atribui à linguagem possa ser desempenhada.

De acordo com a definição cartesiana de um conteúdo de consciência, tais entidades existem apenas no tempo e não no espaço. Dois conteúdos de consciência numericamente distintos têm assim de ser individuados em função do momento no tempo no qual ocorreram. O agrupamento de conteúdos de consciência numericamente distintos debaixo de um mesmo conceito lingüístico só poderá assim ser efetuado se houver alguma possibilidade de a consciência proceder a comparações entre esses conteúdos, individuados apenas em função de seu lugar na série temporal na qual ocorrem. O problema consiste, evidentemente, em que o estabelecimento de tal comparação pressupõe que é possível à consciência ter perante si no mesmo momento do tempo dois conteúdos de consciência; tal pressuposto é todavia contraditório com os critérios de individuação de conteúdos de consciência. Tradicionalmente, esse problema é contornado por meio do recurso à memória. Embora seja impossível à consciência comparar efetivamente dois dos seus conteúdos, considera-se que ela pode todavia comparar o seu conteúdo presente com a memória de um conteúdo passado de forma a determinar se os conteúdos em causa são relevantemente semelhantes e, por conseguinte, se podem ou não ser classificados debaixo do mesmo conceito lingüístico. O mérito do argumento de Wittgenstein consiste precisamente em ter mostrado que tal apelo à memória é improcedente, uma vez que um conteúdo mnésico é uma representação, e uma representação só pode tomar o lugar do representado em uma relação de comparação debaixo do pressuposto de que o seu conteúdo se mantém fiel ao conteúdo representado. Todavia, dada a subsistência dos critérios de individuação de conteúdos de consciência mencionados, nunca é possível determinar se essa relação de fidelidade se verifica ou não. A conclusão é, então, a de que qualquer palavra ou expressão da linguagem privada é associada *ab ovo* com o conteúdo de consciência que a acompanha. Mas, se esse é o caso, nenhuma relação é efetivamente estabelecida com os conteúdos de consciência anteriores e, por conseguinte, nenhum sentido é alguma vez dado a qualquer uma dessas palavras ou expressões. *Ver também* IDIOLETO; LINGUAGEM DO PENSAMENTO. AZ

BAKER, G. e HACKER, P. M. S. *Scepticism, Rules and Language*. Oxford: Blackwell, 1984.
HACKER, P. M. S. *Insight and Illusion*. Oxford: Clarendon Press, 1986.
HINTIKKA, J. e M. *Investigating Wittgenstein*. Oxford: Blackwell, 1986. Trad. bras. *Uma investigação sobre Wittgenstein*. Trad. Enid Abreu Dobránszky. Campinas: Papirus, 1994.
KRIPKE, S. *Wittgenstein on Rules and Private Language*. Oxford: Blackwell, 1982.
LOURENÇO, M. S. *A espontaneidade da razão*. Lisboa: Imprensa Nacional Casa da Moeda, 1986.
MALCOLM, N. *Nothing is Hidden*. Oxford: Blackwell, 1986.
PEARS, D. *The False Prison*. Oxford: Clarendon Press, 1988.
WITTGENSTEIN, L. *Investigações filosóficas* [1953]. Trad. M. S. Lourenço. Lisboa: Gulbenkian, 1994. Trad. bras. "Investigações filosóficas", in Wittgenstein. 3.ª ed. Coleção Os Pensadores. Trad. José Carlos Bruni. São Paulo: Abril Cultural, 1984.
ZILHÃO, A. *Linguagem da filosofia e filosofia da linguagem*. Lisboa: Colibri, 1993.

livre, variável

Ver VARIÁVEL.

locutório

Ver ATO LOCUTÓRIO.

lógica

Embora o termo "lógica" tenha sido usado em diversas acepções no decurso da história da filosofia, é possível isolar seu sentido preciso por meio da expressão "lógica formal". Ao longo da sua história, a lógica formal tem se ocupado da análise de relações entre proposições com vista a uma definição exata do conceito de DEMONSTRAÇÃO e, já mais recentemente, de conceitos afins, como refutação, compatibilidade e confirmação, que em princípio podem, no entanto, ser reduzidos ao conceito de demonstração.

Essencial para a caracterização da lógica é o fato de a análise mencionada ser feita unicamente a partir da forma do raciocínio expresso sem referência ao conteúdo factual implicado por ele. Essa distinção tradicional entre forma e conteúdo de um raciocínio é mais bem expressa na possibilidade de a respeito de um raciocínio dado separar a sua validade dos fatos ou da verdade afirmada nele, de modo que o raciocínio possa vir a ser considerado válido embora as proposições nele incorporadas possam ser consideradas falsas. É assim que "Se todos os chineses são piromaníacos e Sócrates é chinês, então Sócrates é piromaníaco" é um raciocínio válido, no que diz respeito à sua forma, embora sejam falsas todas as proposições que o compõem.

Um raciocínio é composto por uma ou mais premissas e termina com uma conclusão. Embora se faça a separação da validade de um raciocínio da verdade das proposições componentes, há, no entanto, uma relação entre os dois conceitos, de validade e verdade, que é constitutiva de qualquer raciocínio válido: um raciocínio não pode ser considerado válido se a partir de premissas verdadeiras se chega a uma conclusão falsa.

Enquanto as premissas e a conclusão de um raciocínio podem ser expressas por proposições de certa linguagem natural, de que a língua portuguesa é exemplo, o estudo das formas válidas de raciocínio não é o estudo dessa linguagem natural. Para um desenvolvimento diferenciado desse estudo recorre-se por isso à construção de linguagens artificiais, representadas no conceito de LINGUAGEM FORMAL, as quais têm sobre a linguagem natural a vantagem de reproduzir conspicuamente a forma lógica. *Ver* CÁLCULO DE PREDICADOS; CÁLCULO PROPOSICIONAL; LÓGICA MODAL; LÓGICA TEMPORAL; LÓGICA DEÔNTICA. **MSL**

lógica, equivalência

Ver EQUIVALÊNCIA LÓGICA.

lógica, implicação

Ver IMPLICAÇÃO LÓGICA.

lógica de primeira ordem

A lógica pode ser definida como uma teoria geral e formal sobre as noções de CONSEQÜÊNCIA dedutiva e de CONSISTÊNCIA, e noções derivadas destas (p. ex., equivalência). A lógica de primeira ordem trata dessas noções apenas para LINGUAGENS FORMAIS de primeira ordem. Uma linguagem formal é de primeira ordem se, do ponto de vista de sua SEMÂNTICA LÓGICA, os domínios de suas possíveis interpretações são domínios aos quais apenas pertencem indivíduos (por oposição a CLASSES de indivíduos, a classes de classes de indivíduos, etc.); e se, do ponto de vista de sua SINTAXE LÓGICA, os quantificadores se ligam apenas às variáveis individuais (p. ex., por oposição às variáveis de predicado).

Em geral, a exposição da teoria lógica de primeira ordem consiste no seguinte: a) No nível elementar: 1. A construção da sintaxe elementar de uma linguagem formal de primeira ordem; 2. A atribuição de uma interpretação a essa linguagem formal, isto é, o estabelecimento de uma semântica para essa linguagem (opcional); 3. A construção de um SISTEMA FORMAL cuja linguagem é a linguagem já construída (esse sistema formal pode ser AXIOMÁTICO ou de DEDUÇÃO NATURAL dentre outros).

Para complementar a exposição em nível elementar diversos métodos da lógica podem ser utilizados: TABELAS DE VERDADE, onde estas se aplicam; ÁRVORES SEMÂNTICAS, etc.

b) No nível da metateoria: 1. A caracterização informal da METALINGUAGEM na qual serão levadas a cabo as demonstrações dos resultados metateóricos. 2. A caracterização do tipo de demonstrações (p. ex., por INDUÇÃO MATEMÁTICA, ou outras) que serão feitas, bem como do tipo de teoria na qual os resultados serão estabelecidos: se no âmbito da teoria dos modelos (*ver* MODELOS, TEORIA DOS), se no âmbito da TEORIA DA DEMONSTRAÇÃO. 3. A formalização, por meio de definições, dos conceitos (sintáticos e/ou semânticos) metateóricos básicos como: verdade para uma interpretação, conseqüência, fórmula válida, teorema, prova, derivação, etc. 4. O estabelecimento na metateoria de algumas verdades acerca da linguagem e do sistema formal em estudo que são conseqüências mais ou menos diretas das definições. 5. A demonstração de metateoremas importantes como os teoremas da DEDUÇÃO da CORREÇÃO, COMPLETUDE, COMPACIDADE, (in)decidibilidade.

Tem-se, como resultados mais importantes, que a lógica de primeira ordem é consistente, (semanticamente) completa e indecidível, pelo TEOREMA DA INDECIDIBILIDADE DE CHURCH. Alguns fragmentos da lógica de primeira ordem são decidíveis. *Ver também* SINTAXE LÓGICA; SEMÂNTICA LÓGICA; LINGUAGEM FORMAL; CÁLCULO PROPOSICIONAL. **JS**

lógica de segunda ordem

Na LÓGICA DE PRIMEIRA ORDEM as variáveis, ditas individuais ou de primeira ordem, $x_0, x_1, x_2,...$ são variáveis para indivíduos, isto é, elementos dos domínios interpretativos. Na lógica de segunda ordem admitem-se, além de variáveis individuais, variáveis conjuntistas, quer dizer, para conjuntos de indivíduos $X_0, X_1, X_2,...$ e também, em geral, variáveis relacionais ou predicativas n-árias, para $n = 1, 2,... X_0^n, X_1^n, X_2^n,...$, podendo umas e outras ser quantificadas universal e existencialmente, tal como as variáveis individuais. Variáveis conjuntistas e relacionais são chamadas variáveis de segunda ordem. Na chamada lógica de segunda ordem monádica somente se utilizam variáveis de segunda ordem conjuntistas.

No que respeita à sintaxe ou gramática, as linguagens de segunda ordem são semelhantes às de primeira ordem, embora possuidoras de muito maior poder expressivo, para os mesmos símbolos não-lógicos. De fato, propriedades como "todo conjunto não-vazio e majorado de números reais tem um supremo" (o princípio do supremo, peça fundamental na caracterização dos números reais) e "todo conjunto não-vazio de números naturais tem um elemento mínimo" (o princípio do mínimo, característica fundamental dos números naturais) não podem ser expressas diretamente em uma linguagem de primeira ordem, mas podem ser facilmente expressas em uma linguagem de segunda ordem monádica. O princípio de identidade de Leibniz é formulável em uma linguagem de segunda ordem, e é comumente utilizado como definição da identidade para indivíduos: $\forall x \forall y (x = y \leftrightarrow \forall X (Xx \leftrightarrow Xy))$, onde X é uma variável conjuntista e Xx exprime "x é elemento de X" (abreviando-se, habitualmente, em $x \in X$). Em certas teorias de segunda ordem, como a aritmética de segunda ordem, que admitem a CODIFICAÇÃO de seqüências finitas, também podemos nos limitar apenas a variáveis de segunda ordem conjuntistas. Finalmente, nada se ganharia em poder expressivo, teoricamente falando, ao permitir adicionalmente variáveis de segunda ordem funcionais ou operacionais, isto é, variáveis para funções ou operações n-árias no domínio de indivíduos $F_0^n, F_1^n, F_2^n...$ (n= 1, 2,...), pois, como se sabe, uma função ou operação n-ária pode sempre encarar-se como uma relação (n+1)-ária especial.

Em nível semântico, a lógica de segunda ordem subdivide-se em duas: a forte, plena ou principal, e a fraca ou secundária, consoante a interpretação ou significado dos quantificadores de segunda ordem. Digamos que a interpretação intencional dos quantificadores de segunda ordem, p. ex., de um quantificador conjuntista $\forall X$ em um domínio D de indivíduos é "para todo o subconjunto X de D" (como nos exemplos dados anteriormente). Quer dizer, o domínio interpretativo da variável X é o conjunto de todos os subconjuntos de D, P(D). Analogamente, o domínio interpretativo intencional de uma variável relacional n-ária X^n é o conjunto de todas as relações n-árias em D, $P(D^n) = P(D \times D \times ... \times D)$ (n fatores). Afinal, foi esse o objetivo da criação da lógica de segunda ordem. Dizemos, nesse caso, que a estrutura interpretativa D = (D; ...) [a parte "..." constituída pelas interpretações dos símbolos não-lógicos da linguagem] é plena ou principal. Todavia, há uma outra possibilidade de interpretação dos quantificadores de segunda ordem, dita fraca ou secundária, que consiste em considerar como domínio das variáveis conjuntistas não todo o conjunto P(D), mas somente uma parte $D_0 \subseteq P(D)$, e como domínio das variáveis relacionais n-árias não todo o $P(D^n)$, mas somente uma parte $D_n \subseteq P(D^n)$. Assim, $\forall X$ significa, em (D, D_0, D_1, D_2,...;...), "para todo o conjunto X em D_0" e, analogamente, $\forall X^n$ significa "para todo o conjunto X em D_n". Com estas interpretações mais gerais ou enfraquecidas dos quantificadores de segunda ordem, a lógica de segunda ordem diz-se fraca ou secundária, e podemos mesmo dizer que essa versão enfraquecida (semanticamente) da lógica de segunda ordem nada mais é do que uma lógica de primeira ordem disfarçada – é uma lógica de primeira ordem poliespécie, isto é, com várias espécies de variáveis individuais. Para todos os efeitos, uma variável de segunda ordem X^n é de segunda ordem apenas de nome, pois é interpretada tal como se fosse uma variável individual, em um domínio arbitrário $D_n \subseteq P(D^n)$.

A diferença entre as versões forte e fraca da lógica de segunda ordem vai se refletir na metateoria de modo significativo, confirmando que se trata de uma diferenciação genuína. De fato, enquanto a versão fraca possui, como as lógicas de primeira ordem, uma axiomatização válida semanticamente completa (quer dizer, um sistema de axiomas lógicos e regras de inferência de tal modo que as leis ou teoremas lógicos – as fórmulas dedutíveis dos axiomas lógicos pelas regras de inferência – são exatamente as fórmulas válidas em todas as interpretações secundárias), demonstra-se que a lógica de segunda ordem forte não possui nenhuma axiomatização. *Ver também* VARIÁVEL; LÓGICA DE PRIMEIRA ORDEM; QUANTIFICADOR. AJFO

lógica deôntica

Informalmente, e de forma sucinta, pode caracterizar-se a lógica deôntica como a lógica das obrigações, permissões e proibições. Mais genericamente a lógica deôntica tem que ver com o estudo lógico não só dessas noções, mas também de muitos outros conceitos ligados à representação das normas e ao uso normativo da linguagem, como direitos, deveres, comprometimentos, etc. (Como coletâneas básicas refiram-se os trabalhos de Hilpinen, 1971 e 1981.)

Historicamente, embora a análise lógica de noções deônticas remonte ao século XIV, seu desenvolvimento sistemático começa apenas em 1951 com os trabalhos de Von Wright, autor que se caracterizou por uma abordagem axiomática, desprovida de qualquer semântica rigorosa. Por outro lado, embora o estudo das lógicas deônticas esteja tradicionalmente associado à ciência jurídica e à filosofia (no âmbito do estudo da ética), recentemente também as áreas da inteligência artificial e da ciência da computação começaram a se interessar por essas lógicas, não só em aplicações ligadas à representação do conhecimento jurídico, mas também em outras aplicações ligadas à especificação de sistemas, recuperação de "erros", análise de aspectos de segurança, representação de contratos, etc. (vejam-se, p. ex., Wieringa e Meyer, 1993).

A abordagem-padrão à lógica deôntica "vê" esta como uma "bifurcação" da LÓGICA MODAL, em que o operador modal de necessidade, $\Box$, é interpretado como "é obrigatório" (e denotado por O, de modo a sugerir tal interpretação) e o respectivo dual de possibilidade, $\Diamond$ ($= \neg\Box\neg$), é interpretado como "é permitido" (e denotado por P), representando-se a "proibição" (F) como $O\neg$. No que se segue considerar-se-á que esses operadores são definidos sobre uma LÓGICA PROPOSICIONAL clássica (outra alternativa é considerar lógicas deônticas de primeira ordem).

Do ponto de vista axiomático, a chamada "lógica deôntica-padrão", SDL (de *standard deontic logic*), obtém-se substituindo o axioma da necessidade T (OA $\to$ A) pelo axioma mais fraco D (OA $\to$ PA). Mais precisamente, SDL é uma lógica modal normal do tipo KD (de acordo com a classificação em Chellas, 1980), isto é, o conjunto dos seus teoremas é o menor conjunto de fórmulas ("frases") da linguagem que contém todos os casos particulares dos esquemas K (O (A $\to$ B) $\to$ (OA $\to$ OB)) e D, e que é fechado sob as regras da NECESSITAÇÃO (de A infere-se OA) e *MODUS PONENS* (de A e A $\to$ B infere-se B).

Do ponto de vista semântico, SDL é caracterizada pelos modelos (padrão) das lógicas modais seriais. Isto é, os teoremas de SDL coincidem com as fórmulas que são verdadeiras em todos os mundos dos modelos M = <W, R, V>, em que W é um CONJUNTO não-vazio (o conjunto dos mundos possíveis ou estados de coisas possíveis); R (a relação de ACESSIBILIDADE) é uma relação binária sobre W em que para todo o w existe um w_1 tal que wRw_1 (lendo-se wRw_1 como se segue: "w_1 é uma versão ideal de – ou uma alternativa deôntica a – w"); e V aplica cada proposição atômica p em um subconjunto de W (formado pelos mundos onde p denota uma asserção verdadeira). A veracidade de uma fórmula A em um mundo w de um modelo M (denotada por M $\vDash_w$ A) define-se como é usual para as lógicas modais, obtendo-se para as fórmulas deônticas: M $\vDash_w$ OA se, e somente se, qualquer que seja w_1, tal que wRw_1, M $\vDash_{w_1}$ A (isto é, se, e somente se, A é verdadeira em todas as versões ideais de w); M $\vDash_w$ PA se, e somente se, existe w_1, tal que wRw_1 e M $\vDash_{w_1}$ A (isto é, se, e somente se, A é verdadeira em alguma versão ideal de w); M $\vDash_w$ FA se, e somente se, qualquer que seja w_1, tal que wRw_1, M $\nvDash_{w_1}$ A (isto é, se, e somente se, A é falsa em todas as versões ideais de w).

Embora para algumas aplicações simples se possa usar essa lógica, é ponto assente que SDL não serve como lógica deôntica básica. De fato, poucas são as lógicas tão sujeitas a críticas como SDL. Entre as várias críticas que lhe são feitas, podem referir-se: 1) Não permite que só possam ser obrigatórias propriedades que possam ser violadas: por causa da regra da necessitação, toda tautologia é obrigatória ($\vdash$ O⊤); 2) Não permite representar conflitos de obrigações: (em SDL) $\vdash \neg$(OA $\wedge$ O $\neg$A); 3) Não permite a representação de algumas construções vulgares da linguagem corrente, como a permissão de escolha livre: como P é fechado sob a implicação (no sentido de que $\vdash$ A $\rightarrow$ B implica $\vdash$ PA $\rightarrow$ PB), se adicionarmos a SDL, como axioma, P (A $\vee$ B) $\leftrightarrow$ (PA $\wedge$ PB), obteremos que "se é permitido pôr a carta no correio então é permitido queimá-la"; e 4) Dá origem a uma série de "paradoxos".

Por sua vez, os (chamados) paradoxos são basicamente de dois tipos: I) Os decorrentes de O ser fechado sob a implicação ($\vdash$ A $\rightarrow$ B implica $\vdash$ OA $\rightarrow$ OB); e II) Os ligados à representação das obrigações/comprometimentos condicionais.

Incluem-se em I: desde o muito conhecido, mas não muito grave, paradoxo de Ross (como $\vdash$ OA $\rightarrow$ O(A $\vee$ B), tem-se que, "se é obrigatório pôr a carta no correio, então é obrigatório pôr a carta no correio ou queimá-la"); ao mais complicado paradoxo do bom samaritano ("se é obrigatório alimentar o pobre que está morrendo de fome, então é obrigatório que existam pobres morrendo de fome"), passando por muitos outros (como o "paradoxo epistêmico": "se é obrigatório que o sr. X saiba que sua mulher está cometendo adultério, então é obrigatório que a mulher do sr. X esteja cometendo adultério").

Refira-se que é discutível (e discutido) se os "problemas" e "paradoxos" referidos são problemas reais. P. ex.: no que respeita ao paradoxo de Ross, o cumprimento da "obrigação de pôr a carta no correio ou queimá-la", por meio da realização da segunda ação, não leva ao cumprimento da "obrigação de pôr a carta no correio"; no que respeita à permissão de escolha livre, é argumentado por muitos que a origem do problema reside na ambigüidade da linguagem vulgar e em uma representação "incorreta" nesta da noção de permissão de escolha livre por P (A $\vee$ B), em vez de por PA $\wedge$ PB; e em relação a outros paradoxos é defendida por alguns a necessidade de incluir uma componente de primeira ordem na linguagem. A questão que se põe é a de saber até que ponto é possível definir uma linguagem formal e uma lógica em que se possa representar e lidar com esses conceitos como é usual na linguagem corrente (sem dar origem, p. ex., a uma "explosão" de obrigações "irrelevantes", como no paradoxo de Ross), e de uma forma simples e abstrata (nomeadamente de caráter proposicional).

Analise-se agora o problema das obrigações condicionais, que alia à eterna questão da representação das condicionais o problema da representação de "obrigações contrárias ao dever" (*contrary-to-duties*), uma das questões centrais da lógica deôntica (que tem precisamente como objetivo a possibilidade de especificar quer o comportamento desejado, quer os comportamentos corretores de violações daquele). Denote-se por O(A/B) a obrigação condicional de A dado B, entendida como o comprometimento de obter A se B for o caso, ou se B for realizado. Ora, em SDL há duas maneiras possíveis de representar O(A/B): por I O(B $\rightarrow$ A); ou por II B $\rightarrow$ OA. Se escolhermos I, então *) $\vdash$ O $\neg$B $\rightarrow$ O(A/B), isto é, estamos comprometidos com tudo na condição de que um fato proibido se verifique (o que sugere que I não é adequado, pelo menos, para representar *contrary-to-duties*). Se escolhermos II, então **) $\vdash \neg$B $\rightarrow$ O(A/B), isto é, o que não se verifica (ou que não é feito) compromete-nos com tudo. Note-se que, em si, * e ** pouco têm de paradoxal: * não é mais que uma versão do paradoxo de Ross (O $\neg$B $\rightarrow$ O($\neg$B $\vee$ A)) e ** não é mais do que um dos chamados "paradoxos" da

IMPLICAÇÃO clássica $(\neg B \to (B \to OA))$; o que torna * e ** paradoxais é a leitura de O(A/B) como representando comprometimento, mas tal é uma noção deôntica básica que tem de poder ser representada de algum modo.

Por outro lado, no que respeita a um outro aspecto fundamental, a questão de saber quais obrigações podemos derivar de um conjunto de obrigações condicionais, enquanto I verifica a chamada "conseqüência deôntica" $\vdash OB \wedge O(A/B) \to OA$, permitindo derivar as obrigações ideais de um agente, isto é, as obrigações que decorrem dos comprometimentos de um agente diante de um comportamento ideal deste (de acordo com as obrigações incondicionais, ou primárias, a que está sujeito); II verifica a chamada "conseqüência factual" $\vdash B \wedge O(A/B) \to OA$, permitindo derivar as obrigações reais de um agente, isto é, as obrigações que decorrem dos seus comprometimentos diante de um conjunto de fatos reais. Tal parece sugerir que talvez seja possível representar as obrigações condicionais em SDL, desde que se opte por representar certas formas de comprometimento por I e outras por II, como foi proposto por alguns investigadores.

No entanto, quer I quer II verificam o chamado "princípio da dilatação da antecedente": $\vdash O(A/B) \to O(A/B \wedge C)$. Ora, tal princípio impede a representação de obrigações admitindo exceções. Assim, como as *contrary-to-duties* representam de alguma forma exceções a outras obrigações, tal sugere claramente que não só I, mas também II não serão adequados para representar tais obrigações contrárias ao dever. O problema formulado em 1963 por Chisholm serve para confirmar essa idéia. Considere-se o seguinte conjunto de asserções: *a)* O sr. X deve ir (ou é obrigatório que X vá) ajudar seu vizinho: Op; *b)* É obrigatório que se X for ajudar seu vizinho lhe diga que vai: $O(q/p)$; *c)* Se X não for ajudar seu vizinho, então não lhe deve dizer que vai: $O(\neg q/\neg p)$; *d)* X não vai ajudar seu vizinho: $\neg p$. Ora, na linguagem corrente considera-se que essas asserções são independentes umas das outras, e não-contraditórias. No entanto, se as tentarmos descrever em SDL, usando qualquer combinação de I e II para representar *b* e *c* – note-se que é discutível se a representação lógica de *b* e *c* deve ou não ter a mesma forma –, chega-se sempre a uma de duas situações: ou se obtém uma contradição ou uma das premissas é uma conseqüência de outras. A natureza do problema (conhecido como "paradoxo de Chisholm") parece decorrer da existência de uma *contrary-to-duty*, e muitos investigadores consideram sua solução um teste (mínimo) de adequação de uma lógica deôntica. Refira-se, a propósito, que existem muitas variantes desse problema, como a seguinte (que envolve *contrary-to-contrary-to-duties*): "a) é proibido haver cães, b) se houver cães deve existir um sinal de aviso, c) se houver cães e não existir nenhum sinal de aviso, deve existir uma cerca grande, d) há cães e não existe nenhum sinal de aviso".

Têm sido propostas múltiplas lógicas deônticas que procuram resolver os diferentes paradoxos, e nomeadamente o paradoxo de Chisholm (embora nenhuma os resolva na totalidade), podendo distinguir-se, p. ex., as que introduzem, como primitivo, um operador binário de obrigação condicional O(/) – caso em que a obrigação incondicional de A, OA, é em geral definida como $O(A/\top)$ –, e aquelas em que tal operador é definido à custa de um operador unário de obrigação incondicional e de um adequado operador de condicionamento. Podem-se, contudo, identificar outros agrupamentos mais interessantes de tais lógicas (para pormenores e referências consulte-se, p. ex., a tese de Alegre, 1992); p. ex.: A) As que defendem que subjacente ao paradoxo de Chisholm se encontra uma dimensão temporal, e que SDL falha precisamente por não a captar; B) As que se centram nas ações, distinguindo as expressões que denotam ações (ou execução de ações) das que denotam proposições (ou estados de coisas), e em que os operadores deônticos se aplicam às primeiras; C) E as que consideram que as ações e a dimensão temporal, embora presentes em algumas versões do paradoxo de Chisholm, não são inerentes à sua essência.

Nas lógicas em A as estruturas semânticas refletem a referida dimensão temporal, que pode ou não também traduzir-se lingüisticamente de maneira explícita. Entre os investigadores que seguiram essa abordagem é de referir Aqvist, Thomason, Van Eck e Lower e Belzer, 1983.

Em B incluem-se desde algumas lógicas de Von Wright às de Castañeda (entre muitas outras), bem como as mais recentes propostas, nomeadamente da Escola de Meyer, de definição dos operadores deônticos por combinação da "constante de punição" V de Anderson com o "operador dinâmico" J^α introduzido na área da computação para expressar os efeitos da execução dos programas (p. ex., a proibição de uma ação α, $F\alpha$, é definida como uma abreviatura de $\Box^\alpha V$, significando que "após a execução de α verifica-se V").

Finalmente, em C, incluem-se desde lógicas em que se introduz nos modelos uma segunda relação de acessibilidade para falar das versões subideais de um mundo (como a de Jones e Pörn, em que operadores deônticos não-normais são definidos como uma combinação booliana de operadores modais normais); a lógicas em que se define um operador binário primitivo O(/) recorrendo quer aos "modelos mínimos" em Chellas (1980), quer ao estabelecimento de ordenações dos diferentes mundos por ordem de preferência (ou idealidade), como em algumas das lógicas de David Lewis (vejam-se, p. ex., Lower e Belzer, 1983). Essas duas últimas famílias de lógicas distinguem-se ainda pelo tipo de conseqüência que apóiam: enquanto a primeira (*à la* Chellas) apóia a "conseqüência factual", a segunda (*à la* Lewis) apóia a "conseqüência deôntica". A definição de lógicas simples que permitam derivar quer as "obrigações reais" quer as "obrigações ideais" é ainda hoje alvo de investigação.

Por último refira-se que é possível expressar as diferentes posições normativas em que um ou mais agentes se podem encontrar diante de um estado de coisas, por meio da combinação dos operadores deônticos com o operador modal de ação E_i (onde E_iA significa que o agente i produziu A). Tal teoria das posições normativas foi inicialmente desenvolvida para representar "direitos" e outros conceitos jurídicos (veja-se, p. ex., Lindahl, 1977), e é alvo de interesse recente em aplicações no âmbito da ciência da computação, ligadas, p. ex., a problemas de segurança (vejam-se, p. ex., Jones e Sergot, 1993). JC

ALEGRE, M. *Lógica deôntica*. Tese de mestrado. Lisboa: Instituto Superior Técnico, 1992.

CHELLAS, B. J. *Modal Logic*. Cambridge: Cambridge University Press, 1980.

CHISHOLM, R. M. "Contrary-to-Duty Imperatives and Deontic Logic", *in Analysis*, vol. 24, 1963, pp. 33-6.

HILPINEN, R. (org.). *Deontic Logic*. Dordrecht: D. Reidel, 1971.

_____ (org.). *New Studies in Deontic Logic*. Dordrecht: D. Reidel, 1981.

JONES, A. J. I. e SERGOT, M. J. "On the Characterisation of Law and Computer Systems: The Normative Systems Perspective", *in* Meyer, J.-J. Ch. e Wieringa, R. J. (orgs.). *Deontic Logic in Computer Science*. Nova York: John Wiley and Sons, 1993, pp. 275-307.

LINDAHL, L. *Position and Change*. Dordrecht: D. Reidel, 1977.

LOWER, B. e BELZER, M. "Dyadic Deontic Detachment", *in Synthese*, n.º 54, 1983, pp. 295-318.

VON WRIGHT, G. H. "Deontic logic", *in Mind*, vol. 60, 1951, pp. 1-15. Reimp. *in* Von Wright, G. H. *Logical Studies*. Londres: Routledge/Kegan Paul, 1957, pp. 58-74.

WIERINGA, R. J. e MEYER, J.-J. Ch. "Applications of Deontic Logic in Computer Science: a Concise Overview", *in Deontic Logic in Computer Science*. Nova York: John Wiley & Sons, 1993, pp. 17-40.

lógica dialógica

A lógica dialógica é fruto das idéias do matemático e filósofo alemão Paul Lorenzen (1915-1994), professor em Erlangen entre 1962 e 1980. No contexto do debate sobre os fundamentos da matemática, que vem do fim do século XIX, Lorenzen adotou uma série de posições críticas diante das teses de tipo platônico, mas também se declarou insatisfeito com o ideário intuicionista, que lhe parecia parcialmente obscuro. Como alternativa, Lorenzen tentou desenvolver uma lógica e uma matemática *operativas* (Lorenzen [1969a], pp. 1-8). Entretanto, certas dificuldades técnicas levaram-no a desistir desse projeto e a procurar um novo caminho em uma lógica dialógica próxima do intuicionismo. Em 1958 e 1959, por entender que seriam excessivamente fortes as noções conjuntistas empregadas na fundamentação da lógica clássica, Lorenzen buscou inspiração na teoria dos jogos e na idéia de diálogo (Lorenzen [1958] e [1959]). Posteriormente, ele desenvolveu amplas pretensões filosóficas, planejando construir a lógica no contexto de uma concepção de linguagem com desdobramentos teórico-científicos, éticos e políticos (Lorenzen [1978], Kambartel e Mittelstrass [1973], Janisch *et al.* [1974] e Hesse [1987]).

A Lógica Dialógica de Tipo Intuicionista – Nos anos 1970, Lorenzen sustenta um programa de construção (ou reconstrução) da linguagem, a partir de *ações humanas*. Por isso mesmo, ele começa seu trabalho privilegiando frases imperativas, tal como *Joga a pedra!*, por entender que elas possam ser *explicadas* e *aprendidas*, com o auxílio de ações exemplares, como, p. ex., o ato de alguém atirar um seixo, mostrando isso ao aprendiz (Lorenzen & Schwemmer [1975], pp. 29 ss.). Essa relação entre linguagem e ação é o que permitiria uma construção lingüística realizada passo a passo, de tal modo que cada um possa aprender o que está sendo ensinado, sem lacunas. Tal método seria *construtivo*, como o é o procedimento de um pedreiro que ergue uma parede contínua, sem fendas.

Lorenzen critica a linguagem da lógica clássica, afirmando que as frases atômicas pressupõem a filosofia atomista de Russell e Wittgenstein. Em contraposição a isso, ele formula a noção de *frase elementar*, para substituir o seu correlato usual; reconstrói o uso de expressões como *não, e, ou, se..., então..., todo* e *algum*, no quadro de *debates*, que são formas de ações. Tais debates são *jogos dialógicos*. Ao desenvolvê-los construtivamente, Lorenzen evita o emprego de recursos típicos da lógica clássica, como tabelas veritativas, p. ex. Fórmulas regidas pelas expressões *não, e, ou, se..., então..., todo* e *algum* são chamadas *compostas*.

As noções intuitivas subjacentes à lógica dialógica são comparativamente simples. Dois *interlocutores* mantêm uma querela a respeito de determinada tese. Um deles, chamado *proponente*, defende a tese. O outro, que é o *oponente*, ataca-a. Proponente e oponente dialogam *de modo regrado*, em sucessivos *passos*. O primeiro entre esses últimos é do proponente que afirma a tese. O segundo é do oponente, que ataca o que fora afirmado antes. Esse ataque não é aleatório e já deve obedecer determinada regra, conforme o tipo de proposição afirmada pelo proponente. O terceiro passo é do proponente, que responde ao oponente, etc. Proponente e oponente alternam-se, em situações de ataque ou de defesa, nas quais conectivos e/ou quantificadores são empregados. Finalmente, chega-se a uma situação em que os interlocutores estão diante de fórmulas elementares. Dizemos, então, que o diálogo termina com *vitória* para o proponente se, e somente se, o oponente não tem mais como seguir jogando, por falta de alternativas. O diálogo é sempre *conclusivo*, no sentido de terminar em vitória ou em não-vitória para o proponente. É possível acontecer de o proponente estar em uma situação tão confortável que ele possa conduzir o oponente a afirmar apenas fórmulas que levem à vitória da tese proposta. Nesse caso, dizemos que o proponente dispõe de uma *estratégia de vitória* para a sua tese.

Lorenzen entende que os interlocutores sabem o que seja defender com êxito uma fórmula elementar, sob pena de todo o seu diálogo não ser *definido*. P. ex., se dois historiadores debatem a frase *A carta de Pero Vaz de Caminha é autêntica*, eles, supostamente, conhecem métodos para determinar a correspondente verdade ou falsidade, na sua ciência.

Vejamos um exemplo de jogo dialógico informal. Separemos os campos do proponente e do oponente por meio de duas colunas. À direita estarão as expressões do proponente, cabendo a esquerda ao oponente. Linhas horizontais também serão usadas: as ímpares serão do proponente e as pares, do oponente. Suponhamos a existência de um proponente que atribua caráter pacífico a todos os vegetarianos. Nesse caso, poderá ocorrer o diálogo adiante.

Oponente	Proponente
1.	*Todo vegetariano é pacífico.*
2. *Isso se aplica também a Hitler?*	
3.	*Se Hitler era vegetariano, então ele era pacífico.*
4. *Hitler era vegetariano.*	
5.	*Então, ele era pacífico.*
6. *Hitler era mesmo pacífico?*	

O proponente venceu esse diálogo? Não! Na linha 1, o proponente afirmou a sua tese. Na linha 2, o oponente questionou aquela afirmação, perguntando se o pretenso caráter pacífico dos vegetarianos também se aplicaria a Hitler. Na linha 3, o proponente manteve a sua coerência, dizendo que Hitler seria pacífico, caso fosse vegetariano. Na linha 4, o oponente mencionou um fato conhecido, ou seja, que Hitler era vegetariano. Na linha 5, o proponente foi levado a uma afirmação ousada, que é uma frase elementar. Na linha 6, o oponente duvidou da asserção do seu interlocutor, o que obriga esse último a provar o que disse na linha 5. Ora, para tanto o proponente terá de exibir registros históricos, documentos e outros elementos empíricos. Na consecução dessa tarefa, ele fracassará, por razões conhecidas. Não há vitória para o proponente, *nesse* caso. O proponente não vence *esse* diálogo específico.

É sabido que o célebre Gandhi era um homem vegetariano e pacífico. Suponhamos que o oponente tivesse escolhido Gandhi como exemplo, e não Hitler. Nesse caso, teríamos um *segundo diálogo*, exatamente análogo ao primeiro, com a respectiva alteração de nomes. Mas, no segundo caso, o desfecho seria diferente, pois o proponente teria como provar, por meio de registros documentais confiáveis, que Gandhi era pacífico. Portanto, ele venceria *esse segundo* diálogo, em que o oponente teria *jogado mal*, ao escolher um exemplo que corrobora a tese do proponente, em vez de trazer-lhe dificuldades.

Dos exemplos comentados, podemos inferir que ganhar um diálogo não é provar a verdade de uma tese. A frase *Todo vegetariano é pacífico* é uma contingência e não uma verdade lógica. Portanto, quem a defende pode sair-se bem em um debate, como no segundo caso, ou sair-se mal, como no primeiro. Mas ganhar um debate nada prova. Mesmo uma frase falsa como *Todo vegetariano é pacífico* pode ser defendida com êxito, se o proponente for hábil, ou se o oponente for inábil.

Diálogos como esses ora descritos, em que falamos sobre a *verdade* ou *falsidade* de certas frases e sobre a *prova empírica* de frases elementares, são chamados por Lorenzen de *diálogos materiais* (Lorenzen [1969b], pp. 34-5; Lorenzen & Schwemmer [1975], p. 92).

Representemos os predicados *...é vegetariano*, *...é pacífico*, respectivamente, por P e Q. Representemos os nomes *Hitler* ou *Gandhi* com o auxílio da constante individual a. Nesse caso, os dois diálogos materiais ora referidos podem ser simbolizados da mesma maneira, que é a seguinte:

Oponente	Proponente
1.	$\forall x (Px \to Qx)$
2. $\forall x (Px \to Qx)$ a?	
3.	$Pa \to Qa$
4. Pa	
5.	Qa
6. Qa ?	

lógica dialógica

Na linha 1, o proponente afirmou a sua tese, que é uma fórmula universal: para todo x, vale: se x é P (vegetariano), então x é Q (pacífico). Na linha 2, o oponente questionou essa afirmação, perguntando ao interlocutor se ela se aplicaria a Hitler ou Gandhi, respectivamente. Isso foi feito com a repetição da frase da linha 1, seguida da expressão *a?*, sendo que a letra *a* representa um entre os nomes em questão. A interrogação é *símbolo de ataque*. Ela deve ser entendida como uma *pergunta* que é também um *desafio* relativo a uma afirmação anterior. O desafio está presente na indagação sobre o caso particular. Na linha 3, o proponente singularizou a sua afirmação universal da linha 1, aplicando-a a Hitler ou a Gandhi. Na linha 4, o oponente, em um desafio ao que fora dito na frase 3, afirmou o antecedente desse condicional. Na linha 5, o proponente não se deu por vencido e afirmou o respectivo conseqüente. Na linha 6, o oponente pôs em questão aquilo que o proponente dissera na linha 5. Nessa altura, o proponente não tem mais como discutir. Cabe-lhe tão-somente provar a asserção Qa.

Esse último quadro dialógico, em que foi empregada a linguagem simbólica elementar, nada nos diz sobre a eventual vitória do proponente, mas apenas nos mostra a tarefa que ele tem pela frente. Se recebermos a *informação empírica adicional* de que *a* significa Hitler, concluiremos que o proponente não vencerá, tendo em vista fatos conhecidos. Se soubermos que *a* representa Gandhi, pressupondo um mínimo de capacidade do proponente no trato de eventos históricos, diremos que esse interlocutor vencerá o debate. Em ambos os casos, informações empíricas adicionais são indispensáveis.

Se quisermos dialogar sem apelo a noções como verdade ou falsidade e sem recurso a informações adicionais ou a provas empíricas de frases elementares, teremos de dar um passo adiante, em direção a uma *lógica dialógica formal*. Um sistema de tal tipo nada pressupõe sobre a verdade ou a falsidade de frases elementares ou sobre procedimentos empíricos, o que significa que não se assume o caráter definido de tais asserções.

No que vem a seguir, apresentaremos, com algumas adaptações, uma versão da lógica dialógica formal, construída por Kuno Lorenz (1932-), um discípulo de Lorenzen que trabalhou esse tema em sua tese de doutoramento, em 1961. Essa versão é de *tipo intuicionista*, na medida em que nela não se provam os princípios que Brouwer e sua escola rejeitam. Para isso, teremos de ampliar a linguagem usual L, acrescentando-lhe expressões novas, mas que já foram informalmente empregadas nos exemplos anteriores. Por razões de comodidade, empregaremos a notação usada por Stegmüller e Varga von Kibéd [1984], com pequenas modificações. Seguiremos de perto as versões de Lorenz [1961] e Stegmüller ([1964], pp. 81-90).

Sejam φ, ψ e χ fórmulas de L. Seja κ uma constante de objeto. Agregaremos à sintaxe de L as assim chamadas *expressões de ataque*, que são as seguintes: $\varphi \wedge \psi$ 1?, $\varphi \wedge \psi$ 2?, $\varphi \vee \psi$?, $\forall \alpha \psi \kappa$?, $\exists \alpha \psi$?. Vejamos cada um desses casos:

a) As expressões $\varphi \wedge \psi$ 1? e $\varphi \wedge \psi$ 2? são *perguntas*, relativas, respectivamente, ao primeiro e ao segundo membros da conjunção. Diante de cada um desses questionamentos, o interlocutor ao qual a pergunta se dirige deve dizer algo sobre aquilo que lhe está sendo indagado. Nesse sentido, todas as perguntas são também *desafios ou ataques*;

b) A expressão $\varphi \vee \psi$? manifesta uma dúvida à qual o respectivo interlocutor só pode responder dizendo algo sobre um dos membros da disjunção;

c) $\forall \alpha \psi \kappa$? é uma pergunta que obriga o interlocutor a dizer se aquilo que está colocado na fórmula universal ($\forall \alpha \psi$) se aplicaria também ao objeto singular representado por κ;

d) Por fim, $\exists \alpha \psi$? é uma dúvida na qual é questionada a existência de um objeto que satisfaça a condição ψ. Isso obriga o interlocutor a dar um exemplo de uma entidade que satisfaça tal condição.

O conjunto das fórmulas de L unido ao conjunto das expressões de ataque constitui o conjunto das *expressões dialogais* de L.

$p \to q$ é uma fórmula de L, enquanto $\exists xPx?$ não é fórmula, mas apenas uma expressão de ataque de L. Porém, $p \to q$ e $\exists xPx?$ são expressões dialogais de L.

Uma vez introduzidas essas modificações na linguagem L, podemos enunciar as regras de ataque e defesa que Kuno Lorenz formula para seu sistema (Lorenz, [1961], pp. 31 ss.; [1968]; [1973]). Elas serão chamadas de *regras lógicas*. Seja F um dos tipos de fórmulas especificadas:

Fórmula F	Ataque a F	Defesa de F
$\neg\varphi$	φ	(Contra-ataque, se possível)
$\varphi \wedge \psi$	$\varphi \wedge \psi$ 1?	φ
	$\varphi \wedge \psi$ 2?	ψ
$\varphi \vee \psi$	$\varphi \vee \psi$?	φ
		ψ
$\varphi \to \psi$	φ	ψ
$\forall\alpha\psi$	$\forall\alpha\psi$ κ?	$\psi[\kappa/\alpha]$ κ é uma constante de objeto.
$\exists\alpha\psi$	$\exists\alpha\psi$?	$\psi[\lambda/\alpha]$ λ é uma constante de objeto, nem sempre diferente de κ.

A regra da negação estabelece que uma fórmula do tipo $\neg\varphi$ é atacada por meio da expressão φ. Nesse caso, não existe defesa, mas apenas um contra-ataque, se possível. Mais adiante serão estabelecidas outras regras, que determinarão quando um contra-ataque é viável.

A regra da conjunção diz que uma fórmula do tipo $\varphi \wedge \psi$ pode ser atacada de duas formas: é cabível desafiar o primeiro ($\varphi \wedge \psi$ 1?) ou o segundo ($\varphi \wedge \psi$ 2?) membro da conjunção. Quem ataca deve decidir sobre a subfórmula a ser atacada. A defesa, em qualquer dos casos, é a colocação da parte desafiada. Diante de $\varphi \wedge \psi$ 1?, p. ex., a defesa é φ.

A regra da disjunção reza que $\varphi \vee \psi$ é atacada globalmente: $\varphi \vee \psi$?. A defesa é a colocação de um dos membros da fórmula sob ataque. Quem defende deve decidir se colocará φ ou ψ.

A regra da implicação estabelece que o ataque a uma fórmula do tipo $\varphi \to \psi$ é a colocação do antecedente φ. A defesa é a colocação do conseqüente ψ.

A regra de fórmulas universais diz que o ataque é um desafio relativo à sua aplicação a um caso singular κ. Ataca-se a fórmula $\forall xPx$ colocando-se a expressão $\forall xPx$ a?, p. ex. A defesa é uma colocação daquele caso particular. No nosso exemplo, a defesa contra $\forall xPx$ a? é Pa. Cabe a quem ataca escolher o objeto κ, sobre o qual cairá a especificação de um caso particular.

A regra de fórmulas existenciais define o ataque contra $\exists\alpha\psi$ como uma dúvida sobre a existência de um objeto que satisfaça a condição estabelecida em ψ. A defesa é a afirmação de que certo objeto λ satisfaz tal condição. P. ex., a defesa contra $\exists xPx$? pode ser Pa ou Pb, etc. Cabe a quem defende escolher o objeto a servir como exemplo.

Para cada tipo de fórmula, as regras lógicas definem ataque e defesa, quando possível, sendo que nem sempre um ataque está associado a um ponto de interrogação. No caso da fórmula $p \to q$, p. ex., p é o ataque e q, a defesa. Nesse caso, p não é uma *expressão de ataque*, por faltar-lhe o símbolo "?", mas é um ataque. Porém, todas as expressões nas quais "?" ocorra são expressões de ataque.

Seria equivocado imaginar que o oponente apenas ataca e que o proponente se limita a defesas. Na linha 2, o oponente *sempre* ataca a tese da linha 1, mas, a partir daí, ataques ou defesas podem ocorrer em qualquer dos lados.

As fórmulas do jogo dialógico estarão dispostas em colunas e linhas, e essas últimas serão numeradas. Digamos que em uma linha n ocorra um ataque a uma fórmula anterior. Digamos que em uma linha r, não necessariamente subseqüente a n, ocorra a correspondente defesa. O par formado pelas linhas n/r é um *round*, que é *aberto* pelo ataque e *fechado* pela defesa. Um *round* permanece aberto, até que a fórmula que é a correspondente defesa venha a ser colocada em uma linha posterior. No caso de fórmulas de tipo $\neg\varphi$, o *round* é aberto por φ e jamais é fechado, por não existir uma defesa definida para tal caso.

Dadas as regras lógicas, que nos indicam como dialogar empregando conectivos e quantificadores, podemos formular diretrizes mais amplas, que normatizam o jogo dialógico. Essas diretrizes chamam-se *regras estruturais*, e são as seguintes:

Regra de Iniciação

O proponente e o oponente são os interlocutores, que colocam expressões dialogais, respectivamente, na coluna da direita e na da esquerda. O proponente inicia o diálogo, ao colocar uma tese na linha 1. Os interlocutores alternam-se no jogo.

Regras Gerais do Jogo

1. O proponente pode colocar uma fórmula elementar se essa mesma fórmula tiver sido colocada anteriormente pelo oponente. Para o oponente, não existem restrições quanto à colocação de fórmulas elementares. Nenhum dos interlocutores pode atacar fórmulas elementares.

2. Seja m o número par de uma linha. Nela, o oponente pode *atacar uma vez* (e *apenas uma vez*) a fórmula que ocorrer na linha ímpar j, coluna da direita, se $m > j$. (Conforme essa regra, o oponente pode atacar apenas uma vez a fórmula que estiver à direita, em uma linha do proponente. O número dessa última deve ser menor do que aquele da linha em que o ataque venha a ocorrer. Mas se a fórmula já atacada uma vez vier a repetir-se em linhas posteriores, na coluna do proponente, o oponente poderá voltar a atacá-las, se cada ataque tiver lugar *depois* da ocorrência da respectiva fórmula atacada. Por convenção, *após cada ataque deve constar entre parênteses o número da fórmula atacada.*)

3. Sejam k, l, n, etc. números ímpares de linhas. Nelas, o proponente pode *atacar* uma fórmula que ocorrer na coluna da esquerda, em uma linha par i se, respectivamente, $k > i$, $l > i$, $n > i$, etc. (Em diversas linhas ímpares, o proponente pode atacar uma fórmula que ocorra em uma única linha par, na coluna da esquerda, desde que cada uma das linhas ímpares tenha um número maior do que aquele

da linha par. Portanto, o proponente pode atacar uma fórmula do oponente quantas vezes quiser, desde que os ataques sejam *posteriores* à ocorrência da fórmula atacada. Por convenção, *após cada ataque deve constar entre parênteses o número da fórmula atacada*.)

4. O proponente e o oponente podem *defender* uma fórmula contra um ataque que ocorra em uma linha g, na qual o respectivo *round* é aberto, se todos os *rounds* $h > g$ estiverem fechados. (Qualquer *round* abre-se com um ataque e fecha-se com a correspondente defesa. Portanto, ao defender uma fórmula contra um ataque, o interlocutor *estará fechando* aquele *round*. O item 4 exige que haja *ordem* no fechamento dos *rounds*. Se r_1, r_2,..., r_n forem *rounds* abertos, o primeiro a ser fechado deve ser r_n; a seguir fecha-se r_{n-1} e assim sucessivamente. Portanto, o último *round* a ser fechado deve ser r_1. O fechamento de *rounds* ocorre *de baixo para cima*. Isso vale para ambos os interlocutores.)

Regra de Vitória

O diálogo termina com *vitória* para o proponente se, e somente se, após um número finito de linhas, se chega a uma linha par, em que não esteja definido nenhum ataque ou defesa a ser realizado pelo oponente. (O proponente vence o diálogo precisamente quando o oponente *não dispõe de alternativas* para ataque ou defesa. Nos demais casos, o proponente não vence.)

Na coluna direita e linha 1 de todos os diálogos, ocorre a tese do proponente. Na coluna esquerda e linha 2, a tese é sempre atacada pelo oponente. Esses procedimentos são os únicos que estão em qualquer diálogo, porque nas demais linhas pode haver variações, a começar pela linha 3 da coluna da direita, na qual o proponente está em uma posição de defesa contra o ataque da linha 2. Nesse caso, uma dentre as seguintes situações pode ter lugar: a) ele efetua a sua defesa; b) ele não a efetua, porque alguma regra o proíbe de fazê-lo; c) ele ataca a fórmula anteriormente colocada pelo oponente. Nesse último caso, o proponente estará realizando um *contra-ataque*. De modo geral, um contra-ataque é um ataque realizado por um interlocutor que não se pode defender, ou que opta por empregar outros recursos disponíveis.

É curioso o fato de que, já de início, as regras formais se afastam dos diálogos materiais. No nosso exemplo sobre vegetarianos, o oponente interroga uma frase elementar, na última linha. Na construção formal, isso seria proibido pela primeira regra geral do jogo. Nem sempre o formalismo coincide com o diálogo material.

Uma última série de conceitos deve ser agora introduzida. Dizemos que existe uma *estratégia* relativa a uma tese t se, e somente se: a) t ocorre na linha 1 de um diálogo, na coluna da direita; b) nesse diálogo, para cada ataque ou defesa do oponente, a expressão a ser colocada na respectiva linha seguinte estiver previamente determinada. Em outras palavras, estratégia nada mais é do que um raciocínio que considera dois aspectos: a) os diversos ataques ou defesas que o oponente possa colocar, ao fazer frente a uma tese; b) as defesas ou os ataques que o proponente deva realizar, em cada um desses casos.

Para explicar o que seja uma estratégia, consideremos a fórmula $p \to (p \wedge q)$. Suponhamos que o proponente a coloque como tese, na linha 1. Essa fórmula é uma implicação, o que leva o oponente a atacá-la, afirmando-lhe o antecedente, na linha 2. (O número escrito entre parênteses, na linha 2, indica que a fórmula 1 é o alvo do ataque.) A partir daí, temos dois diálogos possíveis, que são os apresentados a seguir.

I

Oponente	Proponente
1.	$p \to (p \wedge q)$
2. p (1)	
3.	$p \wedge q$
4. $p \wedge q$ 1? (3)	
5.	p
+	

Na linha 3, o proponente defendeu sua tese contra o ataque da linha 2. Para tanto, ele afirmou o conseqüente da implicação em pauta. Em 4, o oponente atacou a fórmula de 3, pondo em questão a subfórmula da esquerda, que é p. Ora, como a fórmula elementar p ocorre em 2, na coluna do oponente, o proponente tem o direito de usá-la, o que é feito na linha 5. Desse modo, o proponente deu resposta ao ataque de 4, deixando o oponente sem alternativas. Com efeito, as fórmulas de 1 e 3 já foram atacadas e não podem sê-lo mais uma vez; a fórmula de 5 é elementar e tampouco pode ser atacada. A linha 6 não precisa ser escrita, pois o proponente já venceu. Convencionalmente, o símbolo "+" indica que o proponente venceu o diálogo.

II

Oponente	Proponente
1.	$p \to (p \wedge q)$
2. p (1)	
3.	$p \wedge q$
4. $p \wedge q$ 2? (3)	

As três primeiras linhas desse segundo diálogo são idênticas às do primeiro. Em 4, porém, o oponente atacou a subfórmula da direita, na expressão $p \wedge q$. Para defender-se, o proponente teria de colocar a fórmula elementar q. Ora, ele não pode dar esse passo, porquanto q não foi usada pelo oponente nas linhas anteriores. O proponente tampouco pode atacar a fórmula da linha 2, por ser ela elementar. Logo, o proponente nada pode fazer, ele deixa sem resposta o desafio da linha 4 e não vence esse diálogo.

No campo de batalha, o bom estrategista deve saber avaliar as diversas possibilidades de movimento do seu adversário, para que possa prever suas próprias táticas. No jogo dialógico, *a estratégia é o raciocínio sobre as diversas possibilidades de ataques ou defesa, a partir da colocação de uma tese*. No caso da fórmula $p \to (p \wedge q)$, essas possibilidades estão expressas nos diálogos I e II, mesmo porque não há outras. No caso I, o proponente venceu em virtude de o oponente ter jogado mal: ao pôr em dúvida a subfórmula da esquerda, em $p \wedge q$, ele deu ao proponente a oportunidade de usar a fórmula elementar p, que já estava disponível à esquerda, na linha 2. No diálogo II, o oponente atacou a subfórmula da direita, em $p \wedge q$. Ora, a fórmula elementar q não estava disponível, na coluna da esquerda, e o proponente não tinha como forçar o oponente a colocá-la. Assim, o proponente não venceu. A estratégia para a fórmula ora discutida envolve dois casos, no segundo dos quais o proponente não vence. Estratégia não é sinônimo de vitória.

Seja d um entre os diálogos que perfaçam a estratégia para uma tese. O diálogo d será uma *estratégia de vitória* se, e somente se: a) o número das suas linhas for finito; b) o proponente vencer o diálogo d, independentemente dos ataques ou defesas que o oponente vier a realizar.

Uma fórmula é *válida* se, e somente se, existe para ela ao menos uma estratégia de vitória. Nesse sistema, não cabem as noções clássicas de tabelas veritativas e de tautologia.

Por carecer de uma estratégia de vitória, a fórmula $p \to (p \wedge q)$ não é válida. Não obstante a fórmula $p \to (p \vee q)$ é válida, como vemos no diálogo seguinte:

III		
Oponente		Proponente
1.		$p \to (p \vee q)$
2. p (1)		
3.		$p \vee q$
4. $p \vee q$? (3)		
5.		p

*

A tese é uma implicação, atacada na linha 2 por meio da colocação do antecedente. O número da fórmula atacada consta entre parênteses. Em 3, o proponente defende a sua tese contra o ataque, afirmando-lhe o conseqüente, que é uma disjunção. Essa última é atacada, em 4, com o número da fórmula-alvo entre parênteses. A defesa contra o ataque à expressão 4 só pode ser a colocação de uma das suas subfórmulas, que são ambas elementares. Mas, como a fórmula elementar p ocorre na coluna esquerda de 3, o proponente pode usá-la, em 5. Com isso, ele responde ao desafio da linha 4 e fecha o *round*. As fórmulas das linhas 1 e 3 já foram atacadas e p não pode sê-lo. Logo, o oponente nada mais pode fazer. O proponente vence e, além disso, o diálogo é uma estratégia de vitória. O símbolo "*" é um sinal convencional de que III é uma estratégia de vitória. Ele será usado também nos casos que vêm a seguir.

Em certo sentido, ao usar uma fórmula elementar já colocada pelo oponente, seu interlocutor está aplicando o princípio *Ipse dixisti* (tu mesmo o disseste), que é uma espécie de regra de coerência (Barth & Krabbe [1982], p. 51). Na lógica dialógica formal, o proponente vence sem tarefas adicionais de provar empiricamente a verdade de fórmulas elementares. *Mas é crucial para a vitória do proponente a possibilidade de usar fórmulas elementares já presentes na coluna da esquerda*, pois fórmulas complexas estão sempre sujeitas a ataques. Portanto, *o proponente tem de buscar meios de forçar o oponente a colocar, na coluna da esquerda, fórmulas como* p, q, *etc., de sorte que elas possam ser usadas também à direita*.

O princípio estóico da identidade, $p \to p$, é uma fórmula válida, cuja estratégia de vitória é simples (ver IV). O desafio à tese está na afirmação do antecedente, na linha 2, coluna da esquerda. Como esse último é elementar, tal fórmula pode ser usada, em 3, coluna da direita. Assim, o conseqüente da tese foi colocado, o desafio de 2 foi respondido e o único *round* foi fechado. O oponente nada pode fazer; o proponente vence.

IV	
Oponente	Proponente
1.	$p \to p$
2. p (1)	
3.	p

*

A seguir, vejamos uma fórmula cuja estratégia de vitória pede *contra-ataques*. Para visualizá-los melhor, empregaremos convencionalmente um ponto de interrogação invertido: ¿. Portanto, a expressão φ ¿ é apenas uma variação tipográfica da expressão dialogal φ ?. O emprego do ponto de interrogação invertido nada altera, no que diz respeito às nossas regras. Contra-ataques também são ataques.

Examinemos o princípio de não-contradição: $\neg(p \land \neg p)$. Temos, nesse caso:

V

Oponente		Proponente
1.		$\neg(p \land \neg p)$
2. $p \land \neg p$ (1)		
3.		$p \land \neg p$ 1¿ (2)
4. p		
5.		$p \land \neg p$ 2¿ (2)
6. $\neg p$		
7.		p (6)

*

O ataque a uma fórmula de tipo $\neg \varphi$ é a colocação de φ, sem interrogação. Contra isso, não há defesa. Porém, como a fórmula da linha 2 é uma conjunção, ela pode sofrer um ataque, que, na verdade, é um contra-ataque. Isso é feito em 3, onde a subfórmula da esquerda é posta em dúvida e o número da fórmula-alvo consta entre parênteses. Em 4, o oponente responde colocando p e também dando ao interlocutor o direito de uso dessa fórmula elementar. Em 5, a subfórmula da direita da mencionada conjunção é posta em dúvida. Em 6, o oponente tem de colocá-la. Por fim, em 7, o proponente faz uso de seu direito de repetir fórmulas elementares já colocadas pelo oponente. Ele diz p, que é um ataque contra a fórmula da linha 6. O oponente nada mais pode fazer e o proponente vence.

É interessante a estratégia para a fórmula $(p \land \neg p) \to q$, que expressa o princípio *ex falso quodlibet sequitur* (a partir do falso, segue-se qualquer coisa):

VI

Oponente		Proponente
1.		$(p \land \neg p) \to q$
2. $p \land \neg p$ (1)		
3.		$p \land \neg p$ 1¿ (2)
4. p		
5.		$p \land \neg p$ 2¿ (2)
6. $\neg p$		
7.		p (6)

*

Na linha 2, a tese foi desafiada. Em 3, o proponente não tem defesa, pois está proibido de usar o conseqüente da tese, que é uma fórmula elementar. Por isso mesmo, ele contra-ataca a fórmula de 2, perguntando pela subfórmula da esquerda. Em 4, o oponente é forçado a colocar p, dando ao seu interlocutor o direito de usar essa fórmula elementar. Em 5, o proponente procede a novo contra-ataque, agora sobre a subfórmula da direita, que é colocada em 6. Em 7, o proponente emprega a fórmula elementar p, desafiando a fórmula $\neg p$. Ao oponente não restam alternativas e o proponente vence. É interessante observarmos que o *round* aberto na linha 2 não se fecha nem se pode fechar, pois não há como colocar q. Não obstante, o diálogo é uma estratégia de vitória.

A exemplo do que ocorre no caso de diálogos materiais, também na lógica formal a simples aplicação de regras não é condição suficiente para a vitória do proponente. Assim como um jogador de xadrez pode ser rigoroso no cumprimento das regras, mas perder a partida ao jogar mal, ou por ter um adversário sagaz, é possível que o proponente não consiga provar sua tese se não elaborar algum procedimento que force seu adversário a desistir. Tal como ocorre com o xadrez, o jogo dialógico exige criatividade dos envolvidos e não apenas a habilidade de seguir instruções mecânicas (Raggio [2002], p. 427). Para deixar o oponente sem alternativas, o proponente não dependerá do seu interlocutor, mas tão-somente de si mesmo.

Vejamos agora um outro caso. Convencionalmente, escrevamos o símbolo "×", à direita da fórmula que abrir um *round* em uma linha *n*, se o seu fechamento não ocorrer na linha *n* + 1. À esquerda da fórmula que fechar o *round* iniciado em *n*, escrevamos [*n*].

VII

Oponente	Proponente
1.	$[(p \to q) \land (q \to r)]$ $\to (p \to r)$
2. $(p \to q) \land$ $(q \to r)$ ˣ (1)	
3.	$(p \to q) \land$ $(q \to r)$ 1¿ (2)
4. $p \to q$	
5.	$(p \to q) \land$ $(q \to r)$ 2¿ (2)
6. $q \to r$	
7.	[2] $p \to r$
8. p ˣ (7)	
9.	p (4)
10. q	
11.	q (6)
12. r	
13.	[8] r

*

Ao atacar a tese, o oponente abriu um *round* que não foi fechado na linha 3, pois o proponente preferiu contra-atacar. Por isso, escrevemos "×" à direita da fórmula 2. Em 3, um segundo *round* foi aberto, mas logo a seguir foi fechado, o mesmo acontecendo em 5. Em 7, o proponente respondeu ao ataque da linha 2, ao afirmar o conseqüente da sua tese. Assim procedendo, ele *fechou* o *round* aberto em 2, o que está indicado por "[2]". Na linha 8, sem outra alternativa, o oponente atacou a fórmula de 7, ao afirmar o respectivo antecedente, que é a fórmula elementar *p*. Com isso, o oponente abriu um novo *round*, que permaneceu aberto ("×"), pois, em 9, *p* foi usada pelo proponente, para atacar a fórmula de 4. Em 10, o ataque da linha 9 foi respondido, o que possibilitou ao proponente o uso da fórmula *q*, para atacar a fórmula que ocorre em 6. Em 12, o oponente foi forçado a defender 6, afirmando *r*. Por fim, essa última foi usada pelo proponente em 13, para responder ao ataque que o interlocutor lançara em 8. Nesse ponto, o *round* aberto em 8 foi fechado, o que está indicado por "[8]". O oponente ficou sem alternativas e o proponente venceu. O seguinte ponto é importante: o segundo *round* desse diálogo a ser marcado com "×" foi *aberto*, em 8, *depois* que o *round* aberto em 2 já estava *fechado*. Quando o *round* aberto em 2 foi fechado, não havia nenhum *round* posterior aberto. Logo, a ordem de fechamento dos *rounds* está correta nesse diálogo.

Vejamos agora o caso da fórmula $\neg(p \land q) \to (\neg p \lor \neg q)$.

VIII

Oponente	Proponente
1.	$\neg(p \land q) \to (\neg p \lor \neg q)$
2. $\neg(p \land q)$ ˣ (1)	
3.	$p \land q$ (2)
4. $p \land q$ ˣ 1? (3)	
5.	[2] $\neg p \lor \neg q$
6. $\neg p \lor \neg q$?	
7.	$\neg p$
8. p (7)	
9.	[4] p

Aparentemente, VIII é uma estratégia de vitória para a tese, mas, na verdade, não o é. Em 2, abre-se um *round* que não é fechado na linha seguinte, o mesmo acontecendo em 4. Na linha 5, a fórmula da linha 1 é defendida, o que fecha o *round* aberto em 2, como vemos pelo indicador "[2]". Porém o *round* 4 ainda estava aberto, só sendo fechado na linha 9. Com isso fere-se a terceira regra geral do jogo, que determina o fechamento ordenado dos *rounds* abertos, sempre de baixo para cima. Portanto, VIII *não é uma estratégia de vitória, tampouco um diálogo*, por violar uma regra estrutural. A tese de VIII é tautologia clássica, mas não é válida, no presente sistema.

Por ser esse sistema de tipo intuicionista, nele não há estratégia de vitória para o princípio do terceiro excluído (*tertium non datur*), $p \vee \neg p$. Esse é um outro exemplo de fórmula classicamente tautológica, mas não-válida, no presente sistema.

IX

Oponente		Proponente
1.		$p \vee \neg p$
2. $p \vee \neg p$ (1) ?		
3.		$\neg p$
4. p (3)		

Ao defender-se contra o ataque da linha 2, o proponente só pode colocar $\neg p$, ficando sem resposta, quando essa última fórmula é atacada, em 4. O proponente não vence.

A dupla negação do terceiro excluído tem uma estratégia de vitória:

X

Oponente		Proponente
1.		$\neg\neg(p \vee \neg p)$
2. $\neg(p \vee \neg p)$ (1)		
3.		$p \vee \neg p$ (2)
4. $p \vee \neg p$?		
5.		$\neg p$
6. p (5)		
7.		$p \vee \neg p$ (2)
8. $p \vee \neg p$ (7) ?		
9.		p

*

Na linha 4, o oponente atacou $p \vee \neg p$, ao que o proponente só pôde responder colocando $\neg p$. Ao atacar essa última fórmula, o oponente afirmou p, que é elementar. O proponente, porém, fez uso do seu direito de *repetir ataques* e atacou a fórmula da linha 2, mais uma vez. Quando a segunda ocorrência $p \vee \neg p$ foi atacada pelo oponente, o proponente já podia usar a fórmula p, com o que ele respondeu ao ataque e deixou o oponente sem alternativas. A repetição do ataque na linha 7 foi essencial para a vitória do proponente.

Para a fórmula $\neg\neg p \to p$, não aceita pelos intuicionistas, tampouco há estratégia de vitória, como se pode ver:

XI

Oponente		Proponente
1.		$\neg\neg p \to p$
2. $\neg\neg p$ (1)		
3.		$\neg p$ (2)
4. p (3)		

Nas linhas 2, 3 e 4 temos três ataques. Na linha 5, o proponente nada mais poderia fazer.

Por fim, vejamos como se procede nos casos de discussão de um argumento com quantificadores. Escolhamos a fórmula $\exists x Px \to \neg \forall x \neg Px$.

XII

Oponente		Proponente
1.		$\exists x Px \to \neg\forall x\neg Px$
2. $\exists x Px$ (1)		
3.		$\neg\forall x\neg Px$
4. $\forall x\neg Px$ (3)		
5.		$\exists x Px$ ¿ (2)
6. Pa		
7.		$\forall x\neg Px$ a? (4)
8. $\neg Pa$		
9.		Pa (8)

*

Nas quatro primeiras linhas, o desenvolvimento do diálogo tem que ver apenas com as regras de conectivos. Em 5, o proponente contra-ataca a fórmula existencial da linha 2, o que obriga o oponente a dar-lhe um exemplo de objeto que satisfaça à condição P. Em 6, o oponente diz que o objeto a é P, afirmando uma fórmula elementar. Em 7, o proponente pergunta se a fórmula universal da linha 4 se aplicaria ao objeto a. O oponente diz que sim, ao colocar $\neg Pa$. Em 9, o proponente usa a fórmula elementar que ocorre do lado esquerdo de 6 e com ela desafia a fórmula da linha 8. O oponente não tem mais resposta e o proponente vence.

Se uma fórmula como $\forall xPx$, p. ex., for atacada uma infinidade de vezes pelo proponente, com expressões como $\forall xPx\ a?$, $\forall xPx\ b?$, $\forall xPx\ c?$, etc., o oponente deverá responder, respectivamente, *Pa*, *Pb*, *Pc*, etc. Um diálogo assim terá um *número infinito de linhas* e, por isso mesmo, não será uma estratégia de vitória.

Observações sobre a Lógica Dialógica de Tipo Intuicionista – Alguns tópicos a respeito desse assunto merecem menção. Eles são os seguintes:

1. Em 1964, Stegmüller fez ligeiras adaptações no sistema de Kuno Lorenz e provou que ele é *completo* e *consistente*, relativamente ao conceito de *fórmula válida* (Stegmüller [1964], pp. 95 ss.). A prova de Stegmüller leva em conta as diferenças que ele introduz entre *proponente* e *proponente global*, de um lado, e *oponente* e *oponente global*, de outro (*ibid.*, p. 85). Essas diferenças não foram aqui consideradas, por não serem cruciais.

2. Paul Lorenzen desenvolveu sua versão de lógica dialógica em diversos trabalhos (Lorenzen [1962, 1969b, 1978], Kamlah e Lorenzen [1967] e Lorenzen e Schwemmer [1975]). No livro de 1962, ele deixa claro que os seus diálogos são uma espécie de lógica das seqüências invertida, pois a tese é escrita no ponto inicial de cada construção. Nesse mesmo texto, torna-se clara também a conexão entre os diálogos e o método dos *tableaux* proposto por Beth (*ibid.*, pp. 23-34).

3. Lorenzen nem sempre apresentou seu sistema com as mesmas regras, que, por vezes, não coincidem com as de Kuno Lorenz. Nos sistemas de Lorenzen, p. ex., o ataque a uma fórmula do tipo $\neg \varphi$ é a expressão dialogal $\varphi?$. Entretanto, ele admite que o interlocutor que coloque $\varphi?$, de alguma maneira, coloca φ (Kamlah e Lorenzen [1967], p. 207, comentário ao diálogo sobre $\neg\neg(p \vee \neg p)$). Isso dificulta a interpretação de "?" como interrogação. Nesses termos, o sistema de Kuno Lorenz é francamente vantajoso.

4. A lógica dialógica e o tipo de construtivismo a ela subjacente são um fenômeno intelectual alemão, o que se reflete na língua das correspondentes publicações. (Antes dos anos 1990, houve poucas exceções nesse sentido, como os livros de Barth e Krabbe [1982] e Hesse [1987].) Durante os anos 1960 e 1970, as idéias de Lorenzen despertaram interesse e tiveram significativa adesão na Alemanha, a ponto de se falar da existência de uma verdadeira *Escola de Erlangen*, com caráter construtivista, voltada à elaboração de teorias da linguagem, da lógica, da ciência, da ética e da política (Kambartel e Mittelstrass [1973]). Entretanto, ao longo das décadas de 1970 e 1980, sérias insuficiências nas formulações daquela escola foram apontadas por vários críticos, o que conduziu a um declínio do interesse que o construtivismo de Lorenzen despertara (Friedmann [1981]). Embora a maioria dos adeptos da mencionada escola tenha abandonado as posições que a caracterizaram, Kuno Lorenz manteve seu interesse em uma filosofia de tipo dialógico, sobretudo no campo da antropologia (Lorenz [1985], [1990] e Astroh *et al.* [1997, pp. 371 ss.]).

5. O declínio da filosofia da Escola de Erlangen teve como conseqüência certo decréscimo na produção em torno da lógica dialógica. Não obstante, essa última pode ser empregada independentemente de tal filosofia, p. ex., como um instrumento para a fundamentação da lógica intuicionista (Felscher [1986]). Mais do que isso: como observa Rahman, a lógica dialógica presta-se a ajudar no entendimento dos sistemas cognitivos, que sempre se desenvolvem em contextos específicos e, antes de tudo, são comunicativos. Desde meados dos anos 1990, o interesse em torno da lógica dialógica foi retomado nesse âmbito, que se relaciona com a pesquisa de processos computacionais de dedução em lógica linear, nos quais ocorram fluxos de intercâmbio de informações. Aparentemente, a melhor semântica para tal tipo de sistema é a semântica-pragmática de ações, da lógica dialógica (Rahman [2002], p. 383). A retomada em questão parece mover-se em torno desse tipo de problemática (Rahman e Rückert [2001], Blass [1992] e Girard [1993]).

lógica dialógica

A Lógica Dialógica de Tipo Clássico – Embora ela tenha sido desenvolvida em um contexto de crítica aos sistemas usuais, nada impede a formulação de um sistema clássico de lógica dialógica. A seguir, seguindo a exposição de Stegmüller e Varga von Kibéd ([1984] pp. 149-58), cujas definições serão diretamente empregadas, apresentaremos uma versão da lógica dialógica que admite o princípio do terceiro excluído e que se apóia no tipo de semântica subjacente aos sistemas de Frege e Russell. Nesse contexto, falaremos de fórmulas atômicas ou moleculares. Uma fórmula atômica qualquer será representada pela letra grega minúscula π. As *regras lógicas* de ataque e defesa, nesse sistema clássico, são as seguintes:

Fórmula F	Ataque a F	Defesa de F
$\neg\varphi$	φ	Contra-ataque, se possível.
$\varphi \wedge \psi$	$\varphi \wedge \psi\ 1?$	φ
	$\varphi \wedge \psi\ 2?$	ψ
$\varphi \vee \psi$	$\varphi \vee \psi\ ?$	φ
		ψ
$\varphi \to \psi$	$\varphi \to \psi\ ?$	ψ
		$\neg\varphi$
$\forall\alpha\psi$	$\forall\alpha\psi\ \kappa?$	$\psi[\kappa/\alpha]$ κ é uma constante de objeto.
$\exists\alpha\psi$	$\exists\alpha\psi\ ?$	$\psi[\lambda/\alpha]$ λ é uma constante de objeto, nem sempre diferente de κ.
π	$\pi\ ?$	Nenhuma. Contra-atacar, se possível.

No quadro ora exibido, vemos que a lógica dialógica clássica assume regras para ataque ou defesa semelhantes àquelas da lógica de tipo intuicionista. Porém os movimentos dos interlocutores estarão agora determinados por regras diferentes. Na lógica intuicionista, o oponente está sujeito a mais restrições do que o proponente. No sistema clássico a ser ora definido, a liberdade do proponente será aumentada e as restrições ao oponente serão reforçadas.

Por meio de uma série de definições, será permitido ao *proponente*: a) atacar quaisquer fórmulas colocadas pelo oponente, mesmo se elas forem fórmulas atômicas. Além disso, os ataques poderão ser repetidos; b) defender-se de quaisquer ataques anteriores do oponente, salvo no caso de fórmulas do tipo $\neg\varphi$. As defesas poderão ser reiteradas; c) repetir fórmulas que ele próprio (o proponente) tenha colocado, em linhas anteriores. Esse ponto é essencial, pois a simples permissão para que o proponente repita o que já disse caracteriza uma passagem da lógica intuicionista para a clássica (Lorenz [1961], pp. 69 ss.); d) empregar fórmulas atômicas ao aplicar regras, mesmo se tais fórmulas não tenham ocorrido anteriormente na coluna do seu interlocutor.

O oponente está sujeito a severas restrições. Ele pode tão-somente: a) em uma linha par n, atacar a fórmula colocada pelo proponente na linha ímpar $n-1$; b) em uma linha par n, defender-se contra o ataque realizado pelo proponente na linha ímpar $n-1$. Em outras palavras, *o oponente defende-se ou ataca limitando-se àquilo que o proponente colocou, na linha imediatamente anterior*.

O quadro clássico tem aspectos peculiares:

a) As fórmulas atômicas (π) podem ser atacadas (π?) por qualquer dos interlocutores, sendo que contra tais ataques não existe defesa;

b) O ataque a uma fórmula do tipo $\varphi \to \psi$ é uma indagação sobre essa fórmula inteira, ou seja, é uma expressão do tipo $\varphi \to \psi$? A defesa tem duas possibilidades: afirmar o conseqüente (ψ) ou negar o antecedente ($\neg\varphi$).

A lógica clássica será caracterizada com o auxílio de noções como *árvores*, *árvores para uma fórmula F*, etc. Lorenzen e Lorenz fazem uso dos *tableaux* de Beth. Na presente versão clássica será empregado o sistema de *tableaux*, mas na forma proposta por Smullyan ([1995] pp. 3 ss.).

No sistema clássico, não existe nenhuma necessidade do conceito de *round*. Em vez de regras estruturais, tudo o que precisamos é de definições, que vêm a seguir.

Definição 1

Sejam $A_1, A_2, ..., A_n$ ($n \geq 0$) expressões dialogais da linguagem L. Um *esquema de diálogo D* é a ênupla ordenada $<A_1, A_2, ..., A_n>$, na qual cada A_i satisfaz uma entre as seguintes condições: 1.1. Se $i = 1$, então A_i (isto é: A_1) é uma fórmula de L; ou 1.2. A_i é um ataque contra A_k ($k < i$); ou 1.3. A_i é uma defesa relativamente a A_k ($k < i$); ou 1.4. A_i é repetição de um A_k ($k < i$).

As expressões dialogais A_i, nas quais i seja número ímpar, são *passos do proponente*; se i for número par, as respectivas expressões serão *passos do oponente*.

Consoante a definição 1, um esquema de diálogo é tão-somente uma ênupla de expressões dialogais, cujo primeiro membro seja uma fórmula da linguagem L, sendo que os demais elementos serão ataques ou defesas ou repetições. Como exemplo de tal conceito escolhamos o seguinte:

XIII

Oponente	Proponente
1.	$p \vee q$
2. $p \vee q$?	

Na linha 1 temos uma fórmula de L. Na linha 2 temos um ataque à fórmula anterior. Portanto, temos no caso um par ordenado de expressões dialogais. Isso basta para caracterizar um esquema de diálogo. A falta de defesa ou repetição é irrelevante.

Definição 2

D é um diálogo sobre uma fórmula F se, e somente se: 2.1. D é um esquema de diálogo, tal que: $D = <A_1, ..., A_r>$, sendo $A_1 = F$; 2.2. Cada passo A_{2n+1} do proponente ($1 < 2_{n+1} \leq r$) é ataque ou defesa, relativamente a um passo A_{2m} ($m \leq n$) do oponente, ou é a repetição de uma fórmula colocada anteriormente pelo proponente; 2.3. Cada passo do oponente é ataque ou defesa com respeito a um passo imediatamente anterior do proponente; 2.4. O oponente ataca fórmulas do tipo $\forall\alpha\psi$ por meio de expressões dialogais como $\forall\alpha\psi$ μ?, nas quais μ deve ser uma constante de objeto *nova* em D; a defesa do oponente frente a ataques do tipo $\exists\alpha\psi$? é a colocação de fórmulas como $\psi[\nu/\alpha]$, nas quais ν é uma constante de objeto *nova*, em D; 2.5. A_r é o ponto final do diálogo D.

No item 2.4 dessa definição 2 há uma exigência rigorosa: sempre que o oponente atacar, p. ex., $\forall xPx$, ele lançará seu desafio escrevendo, p. ex., $\forall xPx$ b?, e a constante de objeto b, por ele livremente escolhida, deve ser *nova*, na respectiva haste, no sentido de não ter ali ocorrido, em expressões dialogais anteriores. Além disso, se o oponente se defende contra um ataque do tipo $\exists xPx$?, ele colocará Pc, p. ex., escolhendo uma constante c que também seja *nova*, na respectiva haste. Essa exigência visa facilitar o trabalho do oponente, a quem cabe levantar todas as dificuldades cabíveis, tendo em vista derrubar a tese do proponente. Porém a exigência de constante nova vale apenas para o *oponente*. Se o *proponente* ataca $\forall xPx$, ele poderá escrever $\forall xPx$ a? ou $\forall xPx$ b?, etc., empregando *qualquer* constante à sua escolha. Se o proponente defende-se de um ataque do tipo $\exists xPx$?, ele tampouco precisa empregar uma constante individual nova (Stegmüller e Varga von Kibéd [1984], p. 155).

Nesse sistema, as definições 1 e 2 desempenham o papel que cabe às regras estruturais, na lógica de tipo intuicionista. Um esquema de diálogo é apenas certo tipo de ênupla de expressões dialogais, consoante a definição 1. A definição 2 vai mais adiante, determinando *como* o proponente e o oponente podem se contrapor. Ela delimita os movimentos de cada interlocutor. Diálogo é caso especial de esquema. Tecnicamente, um diálogo sobre F é uma *haste*, como se diz na linguagem dos *tableaux* de Smullyan. Como exemplo, vejamos um diálogo sobre a fórmula $p \vee q$:

XIV

Oponente	Proponente
1.	$p \vee q$
2. $p \vee q$?	
3.	p (1.ª defesa contra o ataque 2)
4. p ?	
5.	q (2.ª defesa contra o ataque 2)
6. q ?	

Na linha 1, o proponente coloca a fórmula $p \vee q$, que é atacada pelo oponente, na linha 2. Na linha 3, o proponente opta por colocar o membro esquerdo da disjunção como defesa. Na linha 4, o oponente ataca a fórmula anterior, que é atômica. Sem resposta para o desafio 4, na linha 5, o proponente defende-se pela segunda vez contra o ataque da linha 2. (*O proponente pode se defender várias vezes.*) Na linha 6, o oponente ataca a última fórmula do seu interlocutor. Contra tal ataque não existe defesa.

Nos diálogos clássicos, não há necessidade do acréscimo de números entre parênteses para identificar a fórmula-alvo de um ataque. Em geral, um diálogo é representado do seguinte modo: $<A_1, A_2,..., A_{2m-1}, A_{2m},..., A_{2n-1}, A_{2n}>$. Como haste, um diálogo seria assim:

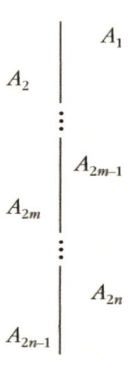

$$\begin{array}{r|l} & A_1 \\ A_2 & \\ \vdots & \\ & A_{2m-1} \\ A_{2m} & \\ \vdots & \\ & A_{2n} \\ A_{2n-1} & \end{array}$$

Definição 3

D é um *diálogo com vitória do proponente* se, e somente se, D é um diálogo sobre uma fórmula F, sendo que uma expressão atômica π ocorre como passo do proponente e como passo do oponente. *A característica de um diálogo com vitória para o proponente é a ocorrência de uma mesma fórmula atômica nas colunas de ambos os interlocutores.* Como exemplo, tomemos um diálogo sobre a fórmula $(p \vee q) \rightarrow p$:

XV

Oponente	Proponente
1.	$(p \vee q) \rightarrow p$
2. $(p \vee q) \rightarrow p$?	
3.	p (1.ª defesa contra o ataque 2)
4. p ?	
5.	$\neg(p \vee q)$ (2.ª defesa contra o ataque 2)
6. $p \vee q$	
7.	$p \vee q$ ¿
8. p	

+

A fórmula $(p \vee q) \rightarrow p$ foi colocada, atacada e duas vezes defendida entre as linhas 1 e 5. Em 6, o oponente colocou $p \vee q$, como ataque contra $\neg(p \vee q)$. Em 7, o proponente contra-atacou, indagando a fórmula $p \vee q$. O oponente tinha a liberdade de escolher uma subfórmula, na sua defesa. De maneira inábil, ele escolheu p, dando vitória ao proponente, *nesse* diálogo específico, pois p ocorre na linha 3 (à direita) e na linha 8 (à esquerda). Tal como ocorreu no diálogo (I), o proponente venceu porque o oponente jogou mal. Em qualquer hipótese, diálogos com vitória do proponente são *casos especiais* de diálogos sobre F, nos quais uma mesma fórmula atômica ocorre à esquerda e à direita. O símbolo "+" será também aqui empregado para representar a vitória do proponente.

No que vem a seguir, designaremos cada passo do proponente por meio do símbolo $|A$. Passos do oponente serão designados por meio de $B|$.

Definição 4

E é uma *estratégia para a fórmula F* se, e somente se: 4.1. E é uma árvore dual (cada ponto tem, no máximo, dois sucessores), cujas hastes, que são finitas e têm F como princípio, são diálogos sobre F; 4.2. Cada passo do oponente, $B|$, em E é um ponto final, ou tem, precisamente, um único sucessor $|A_i$; 4.3. Para cada passo, $|A$, do proponente vale: 4.3.1. Se $A = \varphi \wedge \psi$, então o sucessor esquerdo de A tem a forma $\varphi \wedge \psi\ 1?|$ e o sucessor direito de A tem a forma $\varphi \wedge \psi\ 2?|$; 4.3.2. Se $A = \varphi \vee \psi$?, então o sucessor esquerdo de A tem a forma $\varphi|$ e o sucessor direito a forma $\psi|$; 4.3.3. Se $A = \varphi \to \psi$?, então o seu sucessor esquerdo é $\psi|$ e o sucessor direito é $\neg\varphi|$; 4.3.4. Se $A = \forall\alpha\psi$ ou se $A = \exists\alpha\psi$?, então A tem, precisamente, um sucessor; 4.3.5. Cada ponto final, em E, é sempre um passo do oponente.

Os itens 4.3.1, 4.3.2 e 4.3.3 possibilitam que um diálogo se bifurque. P. ex., suponhamos que, na linha n, o proponente afirme $\neg p \wedge \neg q$. Na linha $n + 1$, o oponente atacará a subfórmula da esquerda e a da direita. Os seus ataques, porém, estarão sempre à esquerda da barra:

linha n		$\neg p \wedge \neg q$	
linha $n + 1$	$\neg p \wedge \neg q\ 1?$	$\neg p \wedge \neg q\ 2?$	

Se o *proponente* fizer alguma colocação do tipo $\varphi \wedge \psi$, ou, então, algum ataque dos tipos $\varphi \vee \psi$?, ou $\varphi \to \psi$?, a respectiva haste *bifurcar-se-á*. Não há nenhuma bifurcação se as colocações ou os ataques vierem do *oponente*.

Dizemos que, em uma árvore dual finita assim descrita, um ponto final i vem *antes* de um ponto final j se existir, na árvore, uma bifurcação cuja haste esquerda conduzir a i e cuja haste direita conduzir a j.

As definições 1 e 2 determinam as *características estruturais* dessa ênupla que é chamada de diálogo. A definição 4 estabelece como as *regras lógicas* devem ser aplicadas pelos interlocutores. Cada estratégia é um tipo especial de diálogo. Vejamos uma estratégia para a fórmula $p \to (p \wedge q)$:

XVI	
Oponente	Proponente
1.	$p \to (p \wedge q)$
2. $p \to (p \wedge q)$?	
3.	$p \wedge q$ (1ª defesa contra o ataque 2)
4. $p \wedge q\ 1?$	$p \wedge q\ 2?$
5.	p q
6. $p?$	$q?|$
7.	$\neg p$ (2ª defesa contra o ataque 2)
8. p	
+	

Nessa estratégia para a fórmula $p \to (p \wedge q)$ há uma bifurcação na linha 4. A haste da esquerda é um diálogo com vitória do proponente (indicada por "+"), embora a da direita não o seja. Na linguagem dos *tableaux*, o quadro XVI é o mesmo que uma *árvore aberta*, na qual uma haste está fechada e a outra não. De fato, o *tableau* XVI contém *dois diálogos*, sendo que o proponente tem vitória apenas naquele da esquerda, razão por que empregamos "+" e não "∗".

Na linha 3, o proponente colocou $p \wedge q$, o que leva a haste a bifurcar-se. Na linha 4, à esquerda, o oponente desafiou a subfórmula esquerda de $p \wedge q$; à direita, mas sempre do seu lado da linha vertical, o oponente desafiou a correspondente subfórmula direita. Na linha 5, à direita de cada uma das linhas verticais, o proponente colocou as subfórmulas desafiadas: p e q. Na linha 6, haste direita, do lado do oponente, este desafiou q, deixando o proponente sem resposta. Na haste esquerda, o oponente desafiou p, mas o proponente ainda teve a possibilidade de lançar uma segunda defesa contra o ataque da linha 2, colocando $\neg p$. Na linha 8, sem alternativa, o oponente desafiou $\neg p$, colocando p. Isso leva essa fórmula atômica a ocorrer na linha 5, à esquerda, e na linha 8, à direita, o que dá vitória ao proponente, conforme a indicação da cruz. A noção clássica de estratégia para uma fórmula F reúne num único *tableau* as possibilidades que, no caso intuicionista, preferimos subdividir nos diálogos I e II.

Definição 5

E é uma *estratégia de vitória* para uma fórmula F se, e somente se, todas as hastes são diálogos sobre F com vitória do proponente.

Cada estratégia é um tipo especial de diálogo, que, por sua vez, é um tipo especial de esquema. A definição 5 diz-nos que *cada estratégia de vitória é um tipo especial de estratégia*, na qual o proponente vence em todos os casos. Vejamos o caso do princípio do terceiro excluído: $p \vee \neg p$:

XVII	
Oponente	Proponente
1.	$p \vee \neg p$
2. $p \vee \neg p$?	
3.	p (1.ª defesa contra o ataque 2)
4. p ?	
5.	$\neg p$ (2.ª defesa contra o ataque 2)
6. p	
	*

A tese foi defendida duas vezes, nas linhas 3 e 5. O oponente foi forçado a afirmar p, com o que essa fórmula ocorre à direita, na linha 3, e à esquerda, na linha 6. O diálogo XVII é uma estratégia de vitória para $p \vee \neg p$.

Na lógica de tipo intuicionista, como vimos no quadro VIII, não há estratégia de vitória para a fórmula $\neg(p \wedge q) \to (\neg p \vee \neg q)$. Na lógica clássica, existe uma estratégia desse tipo para a fórmula, que é a seguinte:

XVIII	
Oponente	Proponente
1.	$\neg(p \wedge q) \to (\neg p \vee \neg q)$
2. $\neg(p \wedge q) \to (\neg p \vee \neg q)$?	
3.	$\neg p \vee \neg q$ (1.ª defesa contra o ataque 2)
4. $\neg p \vee \neg q$?	
5.	$\neg p$
6. p	
7.	$\neg\neg(p \wedge q)$ (2.ª defesa contra o ataque 2)
8. $\neg(p \wedge q)$	
9.	$p \wedge q$
10. $p \wedge q$ 1?	$p \wedge q$ 2?
11.	p q
12.	p? q?
13.	* $\neg p \vee \neg q$ (repetição da fórmula 3)
14.	$\neg p \vee \neg q$?
15.	$\neg q$
16.	q
	*

Na estratégia XVIII, graças à repetição da fórmula de 3, na linha 13, é possível forçar o oponente a assumir a fórmula q, levando-a a ocorrer nas duas colunas, o que completa a estratégia de vitória. O *tableau* XVIII também contém dois diálogos, cada um correspondendo a uma haste. Em ambos os casos, a vitória é do proponente.

Definição 6

Uma fórmula F é *vindicável* se, e somente se, para ela existe uma estratégia de vitória.

Sabemos que existe uma estratégia de vitória para $p \vee \neg p$, p. ex. Logo, essa fórmula é *vindicável*. Na linguagem dos *tableaux*, isso equivaleria a dizer que ela é *demonstrável*, ou seja, que ela é um *teorema*. O mesmo vale para $\neg(p \wedge q) \to (\neg p \vee \neg q)$.

Vejamos agora um exemplo no qual ocorram quantificadores:

lógica dialógica

XIX

Oponente	Proponente
1.	$\neg \forall x Px \to \exists x \neg Px$
2. $\neg \forall x Px \to \exists x \neg Px$?	
3.	$\exists x \neg Px$ (1ª defesa contra o ataque 2)
4. $\exists x \neg Px$?	
5.	$\neg Pa$
6. Pa	
7.	$\neg \neg \forall x Px$ (2ª defesa contra o ataque 2)
8. $\neg \forall x Px$	
9.	$\forall x Px$
10. $\forall x Px$ b?	
11.	Pb
12. Pb ?	
13.	$\exists x \neg Px$ (repetição da fórmula 3)
14. $\exists x \neg Px$?	
15.	$\neg Pb$
16. Pb	

*

Na linha 5, o proponente defende-se contra o ataque 4, colocando $\neg Pa$, e *a* é uma constante de objeto livremente escolhida. Os passos de 6, 7, 8 e 9 têm que ver apenas com conectivos. Em 10, o oponente ataca $\forall x Px$, perguntando se essa fórmula se aplica a *b*, que é uma constante *nova*. Em 11, o proponente defende-se, colocando *Pb*. Em 13, o proponente *repete* a fórmula 3, que é atacada em 14. Ora, como o proponente pode escolher a constante a ser empregada na defesa em pauta, ele opta por *b*, colocando $\neg Pb$, na linha 15. O oponente é obrigado a colocar *Pb*, o que dá vitória ao proponente, pois essa fórmula atômica ocorre nas linhas 11 e 16, à direita e à esquerda.

As tautologias e, de modo geral, as fórmulas válidas da lógica de primeira ordem são vindicáveis no presente sistema. A consistência e a completude da lógica dialógica clássica são provadas por meio de uma técnica na qual estratégias dialógicas de vitória reduzem-se a provas do cálculo de seqüências e vice-versa (Stegmüller e Varga von Kibéd [1984], pp. 159-78).

Avaliação – Aparentemente, as várias formas de filosofias dialógicas que surgiram, de modo especial, na segunda metade do século XX poderiam fortalecer-se com os sistemas anteriormente desenvolvidos, o que lhes dá um caráter deveras atraente. Não obstante, algumas questões ainda merecem ponderação.

O conceito de *diálogo* é pragmático-social e seus exemplos devem ser tomados de situações da vida. Apesar da existência de inúmeras formas de comunicação, a idéia de diálogo parece estar associada à espontaneidade e, por vezes, à eqüidade. Já no seu primeiro artigo sobre o assunto [1958], Lorenzen estabeleceu um limite importante, ao privilegiar o modelo *agonal* de diálogo, que é aquele em que os interlocutores estão em posição de *batalha discursiva*. (Na comédia grega arcaica dos festivais dionisíacos, *agōn* era o debate entre dois atores (ou entre um deles e o coro), que representavam princípios diferentes.) Espontaneidade e eqüidade parecem ganhar importância em ao menos alguns diálogos agonais, como, p. ex., o debate entre promotor de justiça e advogado de defesa, no tribunal do júri. É verdade que existem casos degenerados de diálogos restritivos, como aquele de certos interrogatórios, nos quais alguém é obrigado a responder com *sim* ou *não* às perguntas que lhe sejam feitas.

Stegmüller foi talvez o primeiro a perceber o caráter artificial das regras estruturais do sistema por ele analisado, obtemperando, porém, que esse seria o preço a ser pago pela elaboração de lógicas mais flexíveis (Stegmüller [1964], pp. 92-3). Um cálculo no qual ambos os interlocutores tivessem perfeita simetria, com a permissão de fazer um ataque e uma defesa apenas, seria a assim chamada *lógica estrita*, um sistema menos forte do que o intuicionista (Stegmüller [1964], p. 111). Lorenzen e Schwemmer usam a expressão *sistema fortemente construtivo* para uma lógica que permita os mesmos movimentos dos interlocutores (Lorenzen e Schwemmer [1975], pp. 68 ss.). Essa é a razão por que as tomadas de posição de cada interlocutor (em especial do oponente) *têm de sofrer restrições*: se não for assim, os sistemas não produzirão os resultados *lógicos* que deles se espera.

Lógica e diálogo são conceitos diferentes. Não obstante uma lógica dialógica digna dessa denominação deveria manter as características centrais daqueles dois conceitos. Em um sistema lógico, é corriqueira a ocorrência de restrições que evitem resultados problemáticos, mesmo se elas forem artificiais. A dificuldade surge quando tais restrições são estendidas a outros processos de linguagem, nos quais sua ocorrência não seja legítima. Na lógica não existe moral, no diálogo sim.

Os trabalhos contemporâneos que aplicam jogos dialógicos a questões de dinâmica de informações sugerem que esses sistemas podem ser fecundos. Por outro lado, com o auxílio desse tipo de lógica, é possível a análise de alguns fragmentos de diálogos agonais retirados da literatura (Gomes [2005]). Porém, como bem lembrou o professor Marcelo Dascal (Tel Aviv), em 2004, em um debate acadêmico sobre o assunto, lógicas dialógicas também são *cálculos*. Na verdade, *ambos os sistemas antes apresentados limitam o diálogo, em favor de resultados característicos de lógicas previamente selecionadas*. Tal procedimento pode ser legítimo sob outros aspectos, mas *ele é incompatível com a pretensão de fundamentar a lógica a partir do diálogo*. Nos casos anteriormente descritos, na melhor das hipóteses, temos *sistemas lógicos* dentro dos quais *alguns* tipos de diálogos agonais restritivos poderiam ser representados. Por isso mesmo, seria exagerado considerar esses sistemas (ou outros semelhantes) como lógicas *dialógicas* propriamente ditas. Talvez *lógicas quase-dialógicas* ou *paradialógicas* fossem denominações menos inadequadas. **NGG**

ASTROH, Michael *et al. Dialogisches Handeln-Eine Festschrift für Kuno Lorenz*. Heidelberg/Berlim/Oxford: Spektrum Akademischer, 1997.

BARTH, E. M. e KRABBE, E. C. W. *From Axiom to Dialogue: A Philosophical Study of Logics and Argumentation*. Berlim/Nova York: Walter de Gruyter, 1982.

BLASS, A. "A Game Semantics for Linear Logic", *in Annals of Pure and Applied Logic*, vol. 56, 1992, pp. 183-220.

FELSCHER, W. "Dialogues as a Foundation for Intuicionistic Logic", *in* Gabbay, D. e Guenthner, F. (orgs.). *Handbook of Philosophical Logic*. Dordrecht: Reidel, 1986, vol. III, pp. 341-72.

FRIEDMANN, J. *Kritik konstruktivisticher Vernunft: Zum Anfangs-und Begründungsproblem bei der Erlanger Schule*. Munique: Wilhelm Fink, 1981.

GIRARD, J.-Y. "Linear Logic: its Syntax and Semantics", *in* Girard, J.-Y. *et al.* (orgs.). *Advances in Linear Logic*. Cambridge: Cambridge University Press, 1993, pp. 1-42.

GOMES, Nelson. "Lógica dialógica e racionalidade ética", *in* Regner, Anna Carolina e Rohden, Luiz (orgs.). *A filosofia e a ciência redesenham horizontes*. São Leopoldo: Unisinos, 2005, pp. 123-32.

HESSE, Reinhard (org.). *Por uma filosofia crítica da ciência*. Goiânia: UFGo, 1987.

JANISCH, Peter *et al. Wissenschaftstheorie als Wissenschaftskritik*. Frankfurt: Aspekte, 1974.

KAMBARTEL, Friedrich e MITTELSTRASS, Jürgen (orgs.). *Zum normativen Fundament der Wissenschaft*. Frankfurt: Athenäum, 1973.

KAMLAH, Wilhelm e LORENZEN, Paul. *Logische Propädeutik: Vorschule des vernünftigen Redens*. Mannheim: Bibliographisches Institut, 1967.

LORENZ, Kuno. "Arithmetik und Logik als Spiele (Auszüge)" [1961]. (Artigo com textos seletos da tese de doutorado defendida por Lorenz no mesmo ano), *in* Lorenzen, Paul e Lorenz, Kuno. *Dialogische Logik*. Darmstadt: Wissenschaftliche Buchgesellschaft, 1978, pp. 17-95.

____. "Dialogspiele als semantische Grundlage von Logikkalkülen", *in* Lorenzen, Paul e Lorenz, Kuno. *Dialogische Logik*. Darmstadt: Wissenschaftliche Buchgesellschaft, 1978, pp. 96-162. Orig. publ. *in Archiv für Mathematische Logik und Grundlagenforschung*, vol. 11, 1968, pp. 32-55 e 73-100.

____. "O quadro conceptual da lógica dialógica", *in Filosofia*, nº 1, 1985, pp. 7-15.

LORENZ, Kuno. "Die Dialogische Rechtfertigung der effektiven Logik", *in* Lorenzen, Paul e Lorenz, Kuno. *Dialogische Logik*. Darmstadt: Wissenschaftliche Buchgesellschaft, 1978, pp. 179-210. Orig. publ. *in* Kambartel, Friedrich e Mittelstrass, Jürgen (orgs.). *Zum normativen Fundament der Wissenschaft*. Frankfurt: Athenäum, 1973, pp. 250-80.

____. *Einführung in die philosophische Anthropologie* [1990]. 2ª ed. Darmstadt: Wissenschaftliche Buchgesellschaft, 1992.

LORENZEN, Paul. "Ein Dialogisches Konstruktivitätskriterium", *in* Lorenzen, Paul e Lorenz, Kuno. *Dialogische Logik*. Darmstadt: Wissenschaftliche Buchgesellschaft, 1978, pp. 9-16. Orig. publ. *in Infinitistic Methods: Proceedings of the Symposium on Foundations of Mathematics* (Varsóvia, 2 a 9 set. 1959). Oxford: Pergamon Press, 1961, pp. 193-200.

____. *Einführung in die operative Logik und Mathematik* [1955]. 2ª ed. Berlim: Springer, 1969a.

____. "Logik und Agon", *in* Lorenzen, Paul e Lorenz, Kuno. *Dialogische Logik*. Darmstadt: Wissenschaftliche Buchgesellschaft, 1978, pp. 1-8. Orig. publ. *in Atti del XII Congresso Internazionale di Filosofia* (Veneza, 12 a 18 set.), vol. IV, 1958, pp. 187-94.

____. *Metamathematik*. Mannheim: Bibliographisches Institut, 1962.

____. *Normative Logic and Ethics*. Mannheim/Zurique: Bibliographisches Institut, 1969b.

____. *Theorie der technischen und politischen Vernunft*. Stuttgart: Reclam, 1978.

____ e LORENZ, Kuno. *Dialogische Logik*. Darmstadt: Wissenschaftliche Buchgesellschaft, 1978.

____ e SCHWEMMER, Oswald. *Konstruktive Logik, Ethik und Wissenschaftstheorie*. Mannheim: Bibliographisches Institut, 1975.

RAGGIO, Andrés. "Einige Betrachtungen zum Begriff des Spiels", *in* Moreno, Alberto e Doffi, Mercedes (orgs.). *Escritos completos (1927–1991)*. Reimp. Buenos Aires: Eudeba, 2002, pp. 417-31. Orig. publ. *in Kant-Studien*, vol. 64, nº 2, 1970, pp. 227-37.

RAHMAN, Shahid. "Un desafío para las teorías cognitivas de la competencia lógica: los fundamentos pragmáticos de la semántica de la lógica linear", *in Manuscrito*, vol. XXV, nº 2, 2002, pp. 381-432.

____ e RÜCKERT, H. (orgs.). *New Perspectives in Dialogical Logic*. Vol. esp. *Synthese*, 127 (1/2), 2001.

SMULLYAN, Raymond. *First Order Logic*. 2ª ed. Nova York: Dover, 1995.

STEGMÜLLER, Wolfgang. "Remarks on the Completeness of Logical Systems Relative to the Validity-Concepts of P. Lorenzen and K. Lorenz", *in Notre Dame Journal of Formal Logic*, vol. V, nº 2, 1964, pp. 81-112.

____ e VARGA VON KIBÉD, Matthias. "Strukturtypen der Logik. Cap. IV/4.4: Dialogkalkül ('Lorenzenkalkül')", *in* Stegmüller, Wolfgang. *Probleme und Resultate der Wissenschaftstheorie und Analytischen Philosophie*. Berlim: Springer, 1984, vol. III/A, pp. 149-78.

lógica epistêmica

A lógica epistêmica é aquele ramo da lógica que resulta da habitual LÓGICA DE PRIMEIRA ORDEM pela adição de certa classe de OPERADORES proposicionais conhecidos como operadores epistêmicos ou cognitivos.

Os operadores mais salientes nessa classe são o operador de conhecimento, K_s, e o operador de crença, B_s; s é aqui uma letra esquemática que pode ser substituída por um DESIGNADOR de um sujeito ou agente epistêmico (p. ex., uma pessoa), e K_s e B_s abreviam, respectivamente, "s sabe que" e "s acredita que".

Do ponto de vista sintático, trata-se de operadores proposicionais unários, ou seja, dispositivos que têm a propriedade de gerar frases da forma $K_s p$, respectivamente $B_s p$, a partir de qualquer frase (declarativa) dada, p. P. ex., dada a frase "Descartes existe" como argumento, o operador "Descartes sabe que" gera a frase "Descartes sabe que Descartes existe" como valor para aquele argumento; e, dada a frase "O número de planetas no sistema solar é seis" como argumento, o operador "Hegel acredita que" gera a frase "Hegel acredita que o número de planetas no sistema solar é seis" como valor para aquele argumento. Alternativamente, podíamos ter começado por introduzir dois predicados binários K e B ("sabe que" e "acredita que"), cada um dos quais recebe um par ordenado composto por um designador s de um agente epistêmico e por uma frase p, gerando, como resultado, uma frase da forma $K_s p$, respectivamente $B_s p$ (s sabe que p, s acredita que p); e os operadores unários $K_s p$ e $B_s p$ poderiam então ser extraídos de tais predicados.

Do ponto de vista semântico, e em contraste com outros operadores proposicionais unários, tais como os operadores "Não é o caso que" e "É verdade que", os operadores epistêmicos não são operadores extensionais. Em geral, diz-se que um operador proposicional unário O é extensional se, e somente se, o valor de verdade de qualquer frase da forma Op, construída por seu intermédio a partir de uma frase p, depende apenas do valor de verdade de p. É fácil verificar que o operador de conhecimento não é extensional. Por um lado, se p é falsa, então $K_s p$ será igualmente falsa: supomos que só as verdades podem ser objeto de conhecimento. Por outro lado, se p é verdadeira, então nada se segue, apenas nessa base, quanto ao valor de verdade de $K_s p$; p. ex., a frase "George Bush sabe que dois mais dois são quatro" é certamente verdadeira, enquanto a frase "George Bush sabe que a aritmética formal é incompleta" é presumivelmente falsa. O operador de crença não é igualmente um operador extensional. Por um lado, se p é verdadeira, então nada se segue, apenas nessa base, quanto ao valor de verdade de $B_s p$: enquanto a frase "O antigo astrônomo babilônio acredita(va) que a Estrela da Manhã é a Estrela da Manhã" é certamente verdadeira, a frase "O antigo astrônomo babilônio acredita(va) que a Estrela da Manhã é a Estrela da Tarde" é presumivelmente falsa (a julgar pela informação que temos). Por outro lado, se p é falsa, também nada se segue, apenas nessa base, quanto ao valor de verdade de $B_s p$; enquanto a frase "Ptolomeu acredita(va) que dois mais dois são cinco" é certamente falsa, a frase "Ptolomeu acredita(va) que o Sol gira à volta da Terra" é presumivelmente verdadeira (a julgar pela informação que temos).

Se chamarmos àqueles operadores proposicionais que não são extensionais operadores intensionais, então os operadores epistêmicos, tal como os operadores modais "É necessário que" e "É possível que", são operadores intensionais. A lógica epistêmica é então uma lógica intensional cujo objeto é a identificação daquelas formas válidas de inferência nas quais ocorrem operadores como $K_s p$ e $B_s p$ e cuja validade depende do comportamento de tais operadores. Tal como sucede (embora de forma mais atenuada) no caso da LÓGICA MODAL, está longe de existir um consenso entre os lógicos e os filósofos acerca de quais são as formas válidas de inferência da lógica epistêmica. Eis, a título de exemplo, uma lista (parcialmente extraída de Kahane, 1990, p. 421) de maneiras de inferência, sob a forma de seqüentes, que poderiam ser candidatas àquele estatuto:

1) $K_s p \vdash B_s p$
2) $K_s \neg p \vdash \neg B_s p$
3) $\neg K_s p \vdash B_s \neg p$
4) $K_s p \vdash p$
5) $B_s p \vdash p$
6) $p \vdash \neg K_s \neg p$
7) $K_s p \vdash K_s K_s p$
8) $B_s p \vdash B_s B_s p$
9) $B_s p \vdash K_s B_s p$
10) $K_s p \vdash B_s K_s p$
11) $\neg K_s \neg p \vdash K_s \neg K_s \neg p$
12) $K_s (p \to q), K_s p \vdash K_s q$
13) $K_s (p \land q) \vdash K_s p$
14) $K_s p, K_s q \vdash K_s (p \land q)$

Algumas dessas formas de inferência são manifestamente inaceitáveis, outras são quase unanimemente adotadas e outras estão sujeitas a discussões.

Os seqüentes 3 e 5, p. ex., pertencem claramente ao primeiro grupo: da ignorância de um agente acerca de uma proposição não se segue que ele tenha uma crença na negação dessa proposição; e da crença de um agente em uma proposição não se segue a verdade dessa proposição (é possível ter crenças falsas).

O seqüente 1 é argumentavelmente válido. É em particular aceito por aqueles filósofos que defendem uma análise da noção de conhecimento (parcialmente) em termos da noção de crença; todavia, alguns filósofos rejeitam tal análise e rejeitam 1. Os proponentes de 1 alegam que é impossível um agente estar na relação de conhecimento com uma proposição sem acreditar nela (podendo essa crença ser tácita ou implícita); e argumentam que casos como "Eu sei que ela vem, mas não acredito que ela venha" não constituem CONTRA-EXEMPLOS genuínos a 1. O seqüente 2 é igualmente aceitável se admitirmos, por um lado, que o seqüente 1 é válido, e, por outro lado, que é impossível um agente racional acreditar em proposições contraditórias; note-se, no entanto, que também essa última suposição está longe de ser incontroversa e tem sido desafiada. Quanto ao seqüente 4, ele estabelece que o conhecimento é factual – só proposições verdadeiras podem ser conhecidas – e tem sido (quase) universalmente reconhecido como válido.

É útil introduzir uma analogia entre o comportamento inferencial do operador de conhecimento e o do operador modal de NECESSIDADE. Com efeito, é possível ver o conhecimento como necessidade epistêmica e tomar $K_s p$, que estabelece p como epistemicamente necessária (relativamente a s), como a contraparte epistêmica de $\Box p$. Assim, p. ex., o seqüente $\Box p \vdash p$ é a contraparte modal do seqüente epistêmico 4. Por outro lado, dada a interdefinibilidade dos operadores modais, a contraparte epistêmica de $\Diamond p$ é $\neg K_s \neg p$, que se lê como "s não sabe que não-p" e que pode ser vista como estabelecendo que p é epistemicamente possível (relativamente a s). O seqüente 6 é, por conseguinte, o análogo epistêmico do seqüente modal válido $p \vdash \Diamond p$, e é em geral reconhecido como válido.

Quanto aos seqüentes 7 a 11, todos eles envolvem o fenômeno da reiteração de operadores epistêmicos e são ainda mais discutidos do que as suas contrapartes modais. O seqüente 7 é conhecido como "princípio KK" e estabelece o seguinte: dado o conhecimento de uma proposição por parte de um agente, esse conhecimento é por sua vez, necessariamente, objeto de conhecimento pelo agente. O princípio KK, cujo análogo modal é o seqüente S4, $\Box p \vdash \Box\Box p$, é argumentavelmente inválido e tem sido exposto a diversos contra-exemplos. Um deles é o de que um agente epistêmico s pode saber que p sem, no entanto, saber que sabe que p; uma vez que a aquisição do segundo fragmento de conhecimento exige, em contraste com a aquisição do primeiro, que o agente possua o conceito de conhecimento (o que, obviamente, pode não ser o caso de um agente relativamente pouco sofisticado). Objeções paralelas aplicam-se aos seqüentes 8, 9 e 10.

O seqüente 11 é conhecido como princípio S5, por analogia com a sua contraparte modal, o seqüente $\Diamond p \vdash \Box\Diamond p$. S5 estabelece que da ignorância por parte de um agente acerca de uma proposição segue-se o seu conhecimento dessa ignorância. O princípio é também argumentavelmente inválido. Um possível contra-exemplo (extraído de Williamson, 1990, p. 32) é o seguinte. Suponhamos que nunca comi ostras, mas que estou convencido (incorretamente) que me lembro que comi ostras em certa ocasião; sucede que, nessa ocasião, não fui eu, mas outra pessoa presente que de fato comeu ostras. Então não estou, obviamente, em posição de saber que já comi outras; mas também não estou em posição de saber que não sei que já comi ostras.

Finalmente, os seqüentes 12 a 14 são casos particulares do princípio mais geral segundo o qual o conhecimento é fechado sob deduções lógicas executadas por um agente epistêmico (ver FECHO). Por outras palavras, se uma proposição é conhecida por um agente, ou se as proposições em certo conjunto de proposições são conhecidas por um agente, então quaisquer proposições que sejam conseqüências lógicas dessa proposição, ou desse conjunto de proposições, serão também conhecidas pelo agente. Assim, o seqüente 12 estabelece que o conhecimento é fechado sob MODUS PONENS, o seqüente 13 estabelece que o conhecimento é fechado sob a ELIMINAÇÃO DA CONJUNÇÃO e o seqüente 14 estabelece que o conhecimento é fechado sob a INTRODU-

ÇÃO DA CONJUNÇÃO. As contrapartes modais desses seqüentes são, respectivamente, os seqüentes: $\Box(p \to q), \Box p \vdash \Box q; \Box(p \wedge q) \vdash \Box p; \Box p, \Box q \vdash \Box(p \wedge q)$. Todas essas inferências são válidas, mesmo nos sistemas mais fracos de lógica modal.

O princípio do fecho, quando aplicado quer ao conhecimento quer a outras atitudes proposicionais, tem sido submetido a fortes objeções por parte de muitos filósofos. Com efeito, o princípio depende da suposição de que o agente epistêmico é logicamente onisciente; e essa suposição, apesar de teórica ou idealmente admissível, é na prática implausível. Por conseguinte, é natural que contra-exemplos possam ser introduzidos mesmo relativamente a casos de fecho – como os dos seqüentes 12, 13 e 14 – que envolvem deduções lógicas bastante simples. Assim, muito embora o seqüente 13 seja difícil de rejeitar, os seqüentes 12 e 14 contam como inválidos para alguns filósofos. P. ex., em uma teoria milliana do conhecimento e de outras atitudes proposicionais (como aquela proposta em Salmon, 1986), as seguintes atribuições de conhecimento contam como verdadeiras: a) "O antigo astrônomo sabe que ⌈A Estrela da Manhã⌉ designa Vênus"; b) "O antigo astrônomo sabe que ⌈A Estrela da Tarde⌉ designa Vênus"; mas a atribuição c) "O antigo astrônomo sabe que ⌈A Estrela da Manhã⌉ e ⌈A Estrela da Tarde⌉ ambas designam Vênus" conta como falsa (por conveniência, supomos que as expressões "A Estrela da Manhã" e "A Estrela da Tarde" são nomes próprios). O seqüente 14 seria assim rejeitado por defensores daquela teoria; e o mesmo ocorreria, muito provavelmente, com o seqüente 12. JB

KAHANE, Howard. *Logic and Philosophy*. Belmont: Wadsworth, 1990.
LEHRER, K. *Theory of Knowledge*. Londres: Routledge, 1990.
SALMON, N. *Frege's Puzzle*. Cambridge: MIT Press, 1986.
WILLIAMSON, T. *Identity and Discrimination*. Oxford: Blackwell, 1990.
____. *Knowledge and its Limits*. Oxford: Oxford University Presss, 2000.

lógica infinitária

Termo normalmente entendido como referente a qualquer sistema lógico em que são permitidas disjunções e/ou conjunções infinitas, ou alguma regra de inferência infinitária, isto é, uma regra com uma infinidade de premissas. O número de componentes de tal disjunção ou conjunção, ou de premissas de uma tal regra é, pelo menos, infinito numerável, podendo todavia ser de cardinalidade infinita arbitrariamente grande. Os sistemas proposicionais ou de predicados de lógica infinitária são em regra, pois, extensões próprias dos sistemas clássicos, proposicionais ou de predicados. P. ex., podemos exprimir simbolicamente a frase verdadeira "Ninguém tem mais do que um número finito de ascendentes" por $\forall x (P_0 x \vee P_1 x \vee P_2 x \vee …)$, onde $P_n x$ exprime que (a pessoa) x tem n ascendentes, mas não seria correto limitar *a priori* o número n de ascendentes, pelo que tal expressão simbólica não se afigura logicamente equivalente a nenhuma aproximação finita $\forall x (P_0 x \vee P_1 x \vee P_2 x \vee … \vee P_n x)$. Outro exemplo: para exprimir que todo número natural é obtido de 0 reiterando a operação +1 um número finito de vezes, escreveríamos naturalmente $\forall x (x = 0 \vee x = 1 \vee x = 1 + 1 \vee x = 1 + 1 + 1 \vee …)$.

O estudo de fórmulas infinitas parece remontar a Gottlob Frege e a Charles Saunders Peirce nos anos 1880, que introduziram os quantificadores $\forall$ e $\exists$ na lógica simbólica. Enquanto Frege explica $\forall x\, Px$ ("para todo x, Px") essencialmente como fazemos atualmente, Peirce dá uma explicação em termos de uma conjunção $Pa \wedge Pb \wedge Pc \wedge …$, onde é suposto que $a, b, c,…$ são nomes para os indivíduos do universo do discurso. Essa explicação foi antecipada por Alberto da Saxônia (1316-1390), com a diferença de que este não consideraria a possibilidade de um universo do discurso infinito, possibilidade essa que é claramente admitida por Frege. Analogamente, este explica $\exists x\, Px$ ("existe x tal que Px") em termos de uma disjunção possivelmente infinita $Pa \vee Pb \vee Pc \vee …$ Essas explicações foram retomadas por Schröder, Löwenheim, Wittgenstein e Ramsey, entre outros. A demonstração original do famoso metateorema de Löwenheim (de que toda a fórmula consistente do cálculo de predicados clássico possui um modelo numerável) utiliza fórmulas infinitárias, utilização essa que lógicos posteriores acharam objetável. Os anos 1920, com o FORMALISMO finitista hilbertiano e a proposta de Skolem, aceita na generalidade, de formalização da teoria axiomática dos conjuntos de Zermelo em uma linguagem de primeira ordem, resultaram no adiamento do interesse pelo estudo direto das fórmulas infinitas. Como conseqüência do metateorema de incompletude de Gödel (1931), cuja demonstração produziu uma fórmula aritmética Ax tal que todas as particularizações $A0, A1, A2,\ldots$ são verdadeiras, mas $\forall x\, Ax$ é falsa no modelo *standard* dos números naturais, desenvolveu-se um pouco o estudo dos sistemas com fórmulas finitas mas regras infinitárias (e, por isso, admitindo deduções de comprimento infinito), como a chamada "regra de Carnap", ou "regra ω",

$$\frac{A0, A1, A2, \ldots}{\forall x\, Ax}$$

Entretanto, o matemático russo P. S. Novikoff e seu compatriota lógico D. A. Bochvar iniciaram, entre 1939 e 1943, o estudo sistemático da lógica proposicional infinitária, mas as recensões críticas dos seus trabalhos incidiram mais nos aspectos julgados insatisfatórios (lógico, do ponto de vista da efetividade e filosófico) do que na novidade dos resultados. A partir de 1949, sobretudo graças à tese doutoral de A. Robinson, prova-se que o conceito de corpo arquimediano, exprimível com fórmulas infinitárias, não é exprimível em uma linguagem de primeira ordem. Nos anos 1950, graças ao desenvolvimento da teoria dos modelos pela escola de lógicos de Berkeley (Henkin, Scott, Tarski e seus discípulos), dá-se a atenção devida à lógica infinitária e iniciam-se os desenvolvimentos modernos nesse assunto. **AJFO**

BARWISE, J. "Infinitary Logics", *in* Agazzi, E. (org.). *Modern Logic*. Amsterdam: D. Reidel, 1981, pp. 93-112.

CARNAP, R. *Formalisation of Semantics*. Cambridge: Cambridge University Press, 1943.

DICKMANN, M. A. *Large Infinitary Languages*. Amsterdam: North-Holland, 1975.

GÖDEL, Kurt. "Über formal unentscheidbare Sätze der *Principia Mathematica* und verwandter Systeme I", *in Monatshefte für Mathematik und Physik*, vol. 38, 1931, pp. 173-98. Reimp. *in* Van Heijenoort, Jean (org.). *From Frege to Gödel: a Source Book in Mathematical Logic, 1879-1931* [1967]. 4ª reimp. Cambridge/Londres: Harvard University Press, 1981, pp. 596-616. Trad. port. "Acerca de proposições formalmente indecidíveis nos *Principia Mathematica* e sistemas relacionados", *in Kurt Gödel: o teorema de Gödel e a hipótese do contínuo*. Antologia. Org., pref. e trad. Manuel Lourenço. Lisboa: Gulbenkian, 1979, pp. 245-90.

HENKIN, L. "Some Remarks on Infinitely Long Formulas", *in Infinitistic Methods*. Varsóvia, 1961.

ROBINSON, A. *Non-Standard Analysis*. Amsterdam: North-Holland, 1966.

SCOTT, D. S. e TARSKI, A. "The Sentential Calculus with Infinitely Long Expressions", *in Colloq. Math.*, n.º 6, 1958, pp. 165-70.

TARSKI, A. "Remarks on Predicate Logic with Infinitely Long Expressions", *in Colloq. Math.*, n.º 6, 1958, pp. 171-6.

lógica informal

Estudo dos aspectos lógicos da argumentação que não dependem exclusivamente da FORMA LÓGICA, contrastando assim com a lógica formal, que estuda apenas os aspectos lógicos da argumentação que dependem exclusivamente da forma lógica. Os aspectos lógicos da argumentação são os que contribuem para a validade e a força da argumentação, distinguindo-se dos aspectos psicológicos, históricos, sociológicos ou outros.

A argumentação é um encadeamento de argumentos. Um argumento é um conjunto de proposições em que se pretende que uma delas (a conclusão) seja justificada ou sustentada pelas outras (as premissas). "Argumento", "inferência" e "raciocínio" são termos aproximados, pois em todos os casos se trata de procurar chegar a uma afirmação com base em outras. Contudo, um argumento é diferente de um raciocínio ou inferência porque envolve a persuasão de alguém (incluindo nós mesmos), ao passo que um raciocínio ou inferência não envolve tal aspecto.

Alguns autores reservam o termo "validade" para a validade dedutiva, usando termos como "força" para a validade não dedutiva. Essa opção não é a mais indicada porque também nos argumentos dedutivos é necessário falar de maior ou menor força, como veremos. Daí que se opte aqui por usar "validade" para os dois tipos de validade: a dedutiva e a não-dedutiva. Veremos mais adiante algumas diferenças centrais entre os dois tipos de validade.

A lógica informal permite definir várias noções centrais que não podem ser definidas recorrendo exclusivamente aos instrumentos da lógica formal. A mais básica dessas noções é a de argumento. A lógica formal define a noção de DERIVABILIDADE e de CONSEQÜÊNCIA formal, mas não de argumento. Existe uma relação de derivabilidade entre as premissas e a conclusão de alguns argumentos válidos (os argumentos dedutivos formais, como o *modus ponens*), mas essa relação não existe nos argumentos dedutivos inválidos nem nos argumentos não dedutivos (válidos ou não). Por outro lado, nem todos os conjuntos de proposições deriváveis constituem argumentos. Considerem-se os seguintes exemplos: 1) "Se a vida faz sentido, Deus existe; a vida não faz sentido; logo, Deus não existe"; 2) "O céu é azul; a neve é verde; o arco-íris é bonito"; 3) "A neve é branca; Deus existe ou não existe". Em 1 e 2 não há nenhuma relação de derivabilidade; contudo, 1 é um argumento e 2 não. Em 3 há uma relação de derivabilidade, mas há qualquer argumento. A noção de argumento não é definível sem recorrer a pessoas ou outros agentes cognitivos, pois são estes que decidem ou não apresentar dado conjunto de proposições como um argumento. (Note-se que na definição de argumento apresentada se usa a expressão "pretende".) É necessário que alguém tenha a intenção de apresentar dado conjunto de proposições como um argumento para que esse conjunto de proposições seja um argumento; mas não é necessário que alguém tenha a intenção de derivar dada proposição de outra ou outras para que a relação de derivabilidade exista entre elas.

A lógica formal é igualmente incapaz de distinguir entre um argumento dedutivo inválido e um argumento não-dedutivo válido. 1, acima apresentado, é um argumento dedutivo inválido, mas 4) "Todos os corvos observados até hoje são pretos; logo, todos os corvos são pretos" é um argumento indutivo válido (por hipótese; os filósofos costumam dar este exemplo, mas é defensável que é uma indução inválida, sendo necessárias mais premissas para que seja válida). Contudo, do ponto de vista da lógica formal, tanto 1 como 4 são argumentos inválidos. Para distinguir 1 de 4 é necessário introduzir a noção informal de explicação. 1 é um argumento dedutivo inválido, porque a melhor explicação desse argumento é que se trata de um argumento dedutivo falho; mas 4 não é um argumento que se pretendia dedutivo: é um argumento indutivo por direito próprio.

Do ponto de vista da lógica formal, tudo o que se pode dizer de um argumento é que é formalmente válido ou não. Um argumento é formalmente válido quando há uma relação de derivabilidade ou conseqüência formal entre suas premissas e sua conclusão. Isso pode dar a ilusão de que se um argumento não é formalmente válido, então não é válido.

A lógica formal é igualmente incapaz de definir a noção de falácia. Uma falácia não é apenas um argumento inválido, pois muitos argumentos inválidos não são falácias. Tome-se o seguinte argumento: "Platão era grego; logo, a neve é branca." Esse argumento é inválido, mas não é uma falácia porque não é tipicamente tomado por um argumento válido. A falácia da negação da antecedente, p. ex., não é apenas um argumento inválido: é um argumento inválido que muitos agentes sem preparação lógica têm tendência para tomar como válido.

Nem todos os argumentos com a forma lógica de uma falácia são falaciosos, pois em alguns casos nenhum agente tomaria tal argumento por válido. "A neve é branca; logo, a neve é branca" tem a forma da falácia da petição de princípio, mas é apenas um argumento inválido, dado que nenhum agente o tomaria como válido. Mas "A Bíblia diz que Deus existe e tudo o que a Bíblia diz é verdade; logo, Deus existe" é uma falácia porque alguns agentes não se apercebem de que a única razão para pensar que a premissa é verdadeira é pressupor que a conclusão é verdadeira.

Algumas falácias são argumentos formalmente válidos, como é o caso da petição de princípio (antes mencionada) e do falso dilema: 5) "Ou está muito frio ou está muito calor; não está muito frio; logo, está muito calor". 5 tem uma forma válida, mas é falacioso porque a primeira premissa não esgota todas as possibilidades: é falsa. Assim, apesar de ser habitual definir falácia como um argumento inválido que parece válido, a definição correta é "um argumento mau que parece bom" – sendo que um argumento pode ser mau por outros motivos além da invalidade (nomeadamente, por não ser sólido, como é o caso do falso dilema).

Há vários tipos de argumentos:

Argumentos
- Dedutivos
  - Formais
  - Conceptuais ou semânticos
- Não-dedutivos
  - Indutivos
    - Previsões
    - Generalizações
  - Argumentos de autoridade
  - Argumentos por analogia
  - Argumentos causais
  - Abduções

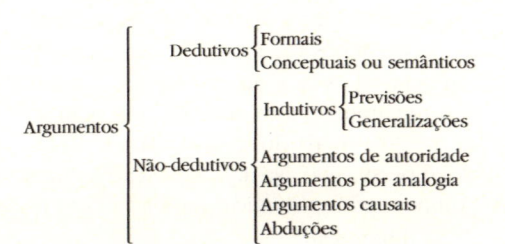

À exceção dos argumentos dedutivos formais, todos os argumentos são informais, isto é, são argumentos cuja validade ou invalidade não é determinável exclusivamente com base na sua forma lógica.

A lógica informal ocupa-se de todos, e a formal, exclusivamente dos argumentos dedutivos formais – os únicos cuja validade ou invalidade depende exclusivamente da sua forma lógica ou da forma lógica das suas proposições, como 6) "Se a vida faz sentido, Deus existe; mas Deus não existe; logo, a vida não faz sentido". Mas mesmo no que respeita aos argumentos formais há aspectos lógicos importantes que a lógica formal ignora, pois só dá atenção ao que depende exclusivamente da forma lógica. Isso pode dar a ilusão de que os únicos fenômenos lógicos são os que se podem explicar recorrendo à forma lógica. Contudo, a diferença entre uma indução válida e inválida é claramente lógica porque ambas podem ter premissas verdadeiras, mas tal diferença não se pode explicar recorrendo à forma lógica.

Algumas das diferenças mais importantes entre os argumentos dedutivos e os não-dedutivos são as seguintes:

I – A validade de um argumento não-dedutivo nunca depende unicamente da forma lógica, ao passo que a validade de alguns argumentos dedutivos (os formais) depende unicamente da forma lógica.

II – Nos argumentos não-dedutivos válidos é logicamente possível, mas improvável, que as suas premissas sejam verdadeiras e a sua conclusão falsa; mas em alguns argumentos dedutivos válidos (os formais) é logicamente impossível que as premissas sejam verdadeiras e a conclusão falsa.

III – A validade dos argumentos dedutivos é discreta (uma dedução é válida ou não), ao passo que a validade dos argumentos não-dedutivos é contínua (uma indução pode ser mais ou menos válida).

IV – A validade dedutiva formalizada pela lógica clássica é monotônica, mas a validade não-dedutiva não é monotônica (*ver* LÓGICAS NÃO-MONÓTONAS).

Os argumentos dedutivos de caráter conceptual ("A neve é branca; logo, a neve tem cor") ou semântico ("O João é casado; logo, não é solteiro") não dependem exclusivamente da forma lógica e é discutível se são redutíveis a deduções formais. P. ex., para reduzir a dedução anterior sobre o João a uma dedução formal, poderia adicionar-se a premissa "Nenhum casado é solteiro". Contudo, pode-se defender que neste caso não se conseguiu uma verdadeira redução porque a premissa adicionada é uma verdade analítica e, como tal, não se eliminou o fenômeno semântico que se queria eliminar.

Usa-se por vezes o termo "indução" para falar indistintamente de qualquer argumento não-dedutivo, o que pode dar origem a erros. Quando se afirma que em uma indução a conclusão é mais geral do que as premissas, tem de se estar falando apenas de generalizações, mas não de previsões. Uma generalização é um argumento como "Todos os corvos observados até hoje são pretos; logo, todos os corvos são pretos"; uma previsão é um argumento como "Todos os corvos observados até hoje são pretos; logo, o próximo corvo a ser observado será preto".

Os ARGUMENTOS DE AUTORIDADE, os ARGUMENTOS POR ANALOGIA e os causais, tais como as ABDUÇÕES, poderão ser encarados como indutivos, caso se forneçam reduções bem-sucedidas. Mas tal redução poderá não ajudar a distinguir os bons dos maus argumentos de autoridade, por analogia ou causais.

Chama-se "sólido" a um argumento válido com premissas verdadeiras. Não basta um argumento ser sólido para ser bom, pois o argumento "A neve é branca; logo, a neve é branca" é sólido mas mau. É mau porque é circular. A circularidade viola uma regra central da boa argumentação: as premissas têm de ser mais plausíveis do que a conclusão. O seguinte argumento válido sofre do mesmo problema: "Se Deus existe, a vida faz sentido; Deus existe; logo, a vida faz sentido." Esse argumento não é bom porque as premissas não são mais plausíveis do que a conclusão. Parte da argumentação válida ineficaz resulta da violação dessa regra. Para que um argumento seja bom, é preciso que, além de válido, tenha premissas aceitáveis para quem recusa a conclusão.

A plausibilidade das premissas é relativa ao estado cognitivo do agente e não é discreta, mas sim contínua. A solidez de um argumento (a conjunção da verdade com a validade) é independente dos agentes cognitivos. Mas os agentes cognitivos não são oniscientes. Por isso mesmo, diante de cada premissa ou conclusão, eles têm de dizer se tais frases são mais ou menos plausíveis, à luz do que julgam saber em geral. Assim, um argumento pode ser bom ou mau, melhor ou pior, mais ou menos forte ou cogente, apesar de ser sólido. Um argumento bom, forte ou cogente é um argumento que, além de sólido, tem premissas mais plausíveis do que sua conclusão. Essa noção relaciona-se de perto com a noção epistêmica de AXIOMA, por oposição a uma noção meramente sintática. A noção epistêmica de axioma é uma proposição auto-evidente e portanto mais plausível do que os TEOREMAS que se provam com base nos axiomas.

É possível defender uma versão mais fraca do princípio da plausibilidade relativa, exigindo-se apenas que a conclusão não seja mais plausível do que a conclusão para que um argumento possa ser bom. Nesse caso, um argumento poderia ser bom apesar de os graus de plausibilidade das premissas e da conclusão serem idênticos. Mas é defensável que qualquer exemplo alegado de um argumento bom cujas premissas e conclusão tenham a mesma plausibilidade se baseia em uma confusão entre argumento bom, inferência e argumento válido. Uma inferência pode ser boa sem que constitua um bom argumento, porque no primeiro caso não há uma exigência de persuadir alguém (nem nós mesmos). Para que uma inferência seja boa é apenas necessário que seja um argumento válido. Mas um bom argumento é mais do que meramente válido: é persuasivo. Na argumentação há uma componente epistêmica que não existe na mera inferência.

A exigência de maior plausibilidade das premissas permite distinguir argumentos de explicações. Uma explicação pode ser um argumento válido, mas não é um bom argumento porque a "conclusão" (*explanandum*) das explicações é mais plausível do que as "premissas" (*explanans*). P. ex.: "O João esteve em contato com a Maria; a Maria está com gripe; a probabilidade de contágio é de 99 por cento; logo, o João está com gripe." Essa estrutura pode ser um bom argumento indutivo (uma previsão), caso pouco ou nada se saiba sobre a gripe do João, embora tenhamos bastante confiança nas premissas. Mas será uma explicação se for óbvio que o João está com gripe, pois nesse caso estamos explicando o óbvio por meio do menos óbvio. Assim, o conhecido silogismo válido "Todos os homens são mortais e Sócrates é um homem; logo, Sócrates é mortal" é mau argumento na maior parte dos contextos epistêmicos, mas poderá ser uma explicação razoável, ainda que superficial, da mortalidade de Sócrates.

Um argumento válido tem força universal se suas premissas são mais plausíveis, para qualquer agente racional (ou pelo menos razoável), do que sua conclusão. A afirmação "Não se devem torturar crianças por prazer" é plausível para qualquer agente racional (por hipótese); mas a afirmação "Sem Deus a vida não tem sentido" é implausível para alguns agentes. Ambas as afirmações são presumivelmente verdadeiras ou falsas independentemente do que pensam os agentes, mas daí não se segue que ambas sejam igualmente plausíveis para qualquer agente, em qualquer situação epistêmica.

Aristóteles fundou não apenas a lógica formal, mas também a informal. A teoria das falácias, fundada por Aristóteles na obra *Sophistici elenchi*, constitui uma parte importante da lógica informal. Essa abordagem tem sido contestada por não ser construtiva, mas é defensável que ao estudar falácias é possível compreender aspectos importantes da boa argumentação. Porém é verdade que uma mera listagem de falácias não é esclarecedora e pode ser enganadora. P. ex., é falso que qualquer argumento *ad hominem* seja falacioso: é racional colocar em causa (nomeadamente, em um tribunal) o testemunho de alguém caso se mostre que essa pessoa tem fortes motivos para mentir.

Aristóteles introduziu a distinção entre demonstração e dedução dialética (*Topica*, 100a). Por "demonstração", Aristóteles não entendia a noção moderna, pois desconhecia os métodos sintáticos de DEMONSTRAÇÃO, mas apenas qualquer argumento dedutivo válido cujas premissas sejam verdadeiras (e primitivas, ou derivadas de verdades primitivas), ou seja, o que hoje chamamos "argumentos sólidos". Por "dedução dialética" Aristóteles entendia qualquer argumento dedutivo válido cujas premissas são apenas "opiniões respeitáveis", isto é, afirmações plausíveis, mas não verdades estabelecidas.

Assim, Aristóteles não opõe as demonstrações da lógica formal à argumentação informal, nomeadamente à argumentação sobre matérias morais, estéticas, jurídicas ou filosóficas. Muitas vezes, esse tipo de argumentação é demonstrável com os recursos da lógica formal. P. ex., o seguinte argumento moral é logicamente demonstrável, dado que é um *modus ponens*: "Se os animais não-humanos não têm direitos porque não têm deveres, também os bebês não têm direitos porque não têm deveres; mas não é verdade que os bebês não têm direitos porque não têm deveres; logo, não é verdade que os animais não-humanos não têm direitos porque não têm deveres." Mas esse argumento é dialético, no sentido de Aristóteles, porque as suas premissas não são verdades estabelecidas, mas apenas "opiniões respeitáveis" – isto é, as premissas desse argumento, apesar de plausíveis, estão abertas à discussão. Assim, os argumentos dialéticos são quaisquer argumentos dedutivos válidos, demonstráveis ou não pela lógica formal, cujas premissas, apesar de plausíveis, estão abertas à discussão. A distinção de Aristóteles refere-se unicamente ao tipo de premissas usadas e pode ser alargada a todos os tipos de argumentos. Pode-se assim falar de argumentos não-dedutivos demonstrativos (p. ex., argumentos por analogia com premissas verdadeiras).

Algumas questões de estilo são abordadas pela lógica informal e pela retórica. P. ex., em uma dedução em cadeia, com a forma "Se A, então B; se B, então C; logo, se A, então C", a ordem das premissas é irrelevante, mas estilisticamente a ordem apresentada é a mais indicada. Outras questões de estilo, nomeadamente relativas à beleza, são exclusivamente abordadas pela retórica, que se ocupa igualmente da linguagem poética e literária, e não apenas da linguagem argumentativa. Por outro lado, a retórica não distingue a persuasão irracional da racional, não tendo por isso recursos para definir a noção de falácia. Daí que se use pejorativamente o termo "retórico" para classificar um texto muito inflamado mas cujos argumentos são muito fracos. Há assim certa continuidade e complementaridade, mas também oposição, entre a lógica informal e a retórica. **DM**

ARISTÓTELES. *Topica* e *Sophistici elenchi*, in Irwin, Terence e Fine, Gail (org. e trad.). *Aristotle Selections*. Indianápolis: Hackett, 1995.

EPSTEIN, Richard L. *Five Ways of Saying "Therefore"*. Belmont: Wadsworth, 2001.

MURCHO, D. "Epistemologia da argumentação", in *Pensar outra vez: filosofia, valor e verdade*. Vila Nova de Famalicão: Quasi Edições, 2006, pp. 113-29.

PARSONS, C. "What is an Argument?", in *Journal of Philosophy*, nº 93, 1996, pp. 164-85.

SAINSBURY, M. *Logical Forms*. Oxford: Blackwell, 1991, cap. 1.

WALTON, D. *Informal Logic*. Cambridge: Cambridge University Press, 1989. Trad. bras. *Lógica informal – Manual de argumentação crítica*. Trad. Ana Lúcia R. Franco e Carlos A. L. Salum. São Paulo: Martins Fontes, 2006.

lógica intuicionista

No princípio do século XX teve lugar um grande debate na filosofia da matemática centrado na questão da legitimidade das demonstrações não-construtivas em matemática. Seria legítimo demonstrar que existe um número ou uma função com certas propriedades sem se ser capaz, nem em princípio, de exibi-lo ou exibi-la? Contribuiu para incentivar o debate a grande crise de fundamentos na virada do século, provocada em parte pelos paradoxos que povoavam a teoria intuitiva (ou ingênua) dos conjuntos de Cantor, e em outra parte pelo mal-estar motivado pela crescente abstração dos princípios e métodos em matemática (p. ex., a utilização irrestrita do axioma da escolha). Para enfrentar e tentar resolver os problemas surgiram diversas escolas de pensamento e programas de reconstrução da matemática, as mais importantes das quais são o logicismo de Russell (antecipado por Frege), o formalismo de Hilbert (a tradição euclidiana na sua forma mais pura) e o intuicionismo/construtivismo de Brouwer. Como programa, nos termos inicialmente propostos, apenas sobreviveu o último, embora seus custos tenham parecido e continuem a parecer excessivos para a maioria dos matemáticos.

Brouwer constituiu-se no representante maior de um construtivismo extremo, rejeitando muito da matemática que se estava fazendo com o argumento de que ela não fornecia demonstrações de existência apropriadas. Ele achava que a demonstração de uma disjunção A ∨ B deveria consistir ou em uma demonstração de A ou em uma demonstração de B (propriedade da disjunção), e que a demonstração de $\exists x\, Ax$ deveria conter a construção de um objeto apropriado (testemunha) c junto com a prova de Ac (propriedade de existência). No cerne de muitas demonstrações não-construtivas parece estar a LEI DO TERCEIRO EXCLUÍDO, A ∨ ¬A, pressuposto fundamental de uma concepção platônica da "verdade", independente dos meios a nosso dispor para a alcançar, que Brouwer rejeita. $\exists x\, Ax$ poderá ser demonstrada (classicamente) mostrando que sua negação conduz a um absurdo e sem que se tenha a menor idéia de como encontrar uma testemunha c tal que Ac; A ∨ B poderá ser demonstrada classicamente mostrando que se tem ¬(¬A ∧ ¬B) e sem que se fique sabendo qual das componentes, A, B, é demonstrável. Um exemplo muito simples, mas típico de uma demonstração não-construtivista de que existem números irracionais a e b tais que a^b é racional é a seguinte: seja

$$c = \sqrt{2}^{\sqrt{2}};$$

se *c* é racional, tomemos

$$a = b = \sqrt{2};$$

se *c* não é racional, tome-se

$$a = c, \ b = \sqrt{2}$$

A escola construtivista deu um contributo muito positivo para questões fundamentais da filosofia e fundamentos da matemática e, também, para a motivação da investigação em diversas áreas da lógica e da matemática clássicas, particularmente relevantes hoje, desde a mais abstrata teoria das categorias (a "lógica" dos raciocínios categoriais é intuicionista) ao mais aplicado cálculo infinitesimal construtivista. De fato, os raciocínios e as demonstrações construtivistas são, pela sua própria natureza, mais informativos e consubstanciam, em geral, um conteúdo numérico e computacional mais rico do que os "clássicos", informação esta tão importante hoje na matemática assistida por computador.

Um discípulo de Brouwer, A. Heyting, desenvolveu nos anos 1930 um sistema de lógica formal que tenta captar as posições filosóficas brouwerianas e a essência do raciocínio construtivista – a lógica intuicionista. Se bem que a formalização proposta por Heyting não seja defensável do ponto de vista intuicionista, ela contribuiu notavelmente para a melhor compreensão da matemática e lógica intuicionista, e para a transformar, sob os aspectos sintático-dedutivo e semântico, em objeto de estudo da lógica matemática e suas aplicações, como o desenvolvimento de programas computacionais de verificação da correção de deduções. A lógica intuicionista é fácil de descrever, do ponto de vista sintático-dedutivo, como certa sublógica da clássica (ver adiante), mas do ponto de vista semântico as coisas complicam-se substancialmente, o que torna muito difícil ou mesmo impossível uma comparação simplista entre as lógicas clássica e intuicionista. É que a interpretação das noções lógicas primitivas não é a mesma que no caso clássico. No intuicionismo, já não podemos basear as interpretações da lógica na "ficção" de que o universo matemático seja uma totalidade platônica predeterminada que pode (pelo menos, em princípio) ser observada e cartografada do exterior pela mente inquisitiva do matemático. Pelo contrário, somos nós próprios que temos de fornecer uma heurística ou paradigma interpretativo para nela basearmos a semântica. Ora, no caso intuicionista, são diversas as heurísticas possíveis e, com elas, diversas as semânticas válidas, não-equivalentes.

Historicamente a heurística mais antiga para a lógica intuicionista é a demonstrativa, proposta inicialmente por Heyting e depois retocada por A. Kolmogorov. É conhecida pela sigla BHK (Brouwer-Heyting-Kolmogorov). Na base dessa interpretação está a idéia de que uma proposição A é intuicionisticamente verdadeira se temos uma demonstração para ela. Por "demonstração" deve-se entender uma construção que estabelece A, não uma dedução em algum sistema formal. P. ex., uma demonstração de 3 + 4 = 7 consiste nas construções sucessivas de 3, 4 e 7, seguida de uma construção que soma 3 com 4 e terminando com outra construção que compara este resultado com 7.

Para descrever (informalmente) a interpretação BHK, vamos supor conhecida alguma maneira (construtiva) para demonstrar proposições atômicas, p. ex., proposições aritméticas como 3 + 4 = 7. Pretende-se explicar o conceito "α demonstra A" mostrando como as demonstrações de fórmulas ou proposições compostas dependem das demonstrações das suas componentes. As letras (possivelmente com índices) $\alpha, \beta, \gamma, \ldots$ denotam construções. Não especificamos quais as construções admissíveis (fazê-lo seria, até, contrário ao espírito intuicionista, que encara as matemáticas como uma atividade construtiva em permanente expansão com novos métodos e construções). Em todo caso, teremos de admitir que as construções têm certas propriedades de fecho, p. ex., que um par ordenado (α, β) de construções é uma construção, e que uma construção α se pode aplicar a outra construção β para produzir uma nova construção α(β). Como é usual em lógica intuicionista admitimos que os conectivos primitivos são ∧, ∨, →, ⊥ e que ¬A = (A → ⊥). Temos então:

1) α demonstra A ∧ B: α é um par ordenado (β, γ) tal que β demonstra A e γ demonstra B; 2) α demonstra A ∨ B: α é um par ordenado (n, β) tal que n é um número natural, β demonstra A se n = 0, e β demonstra B se n ≠ 0; 3) α demonstra A → B: α é uma construção que converte toda a demonstração β de A em uma demonstração α(β) de B; 4) Nenhuma construção demonstra ⊥ (no caso de ¬ ser primitivo, em vez de ⊥, estipula-se que nenhuma construção demonstra uma contradição). Resulta da definição de ¬ que uma demonstração de ¬A é uma construção α que converte toda a demonstração β de A em uma demonstração α(β) de ⊥.

Para lidar com os quantificadores, temos de supor dado um domínio (não-vazio) D de objetos referentes das variáveis de quantificação. Por abuso identificamos cada objeto *d* em D com a constante que o designa. Temos, então, para os quantificadores:

5) α demonstra ∀x Ax: α é uma construção tal que para cada objeto *d* em D, α demonstra A(*d*); 6) α demonstra ∃x Ax: α é um par ordenado (*d*, β) tal que *d* ∈ D e β demonstra A(*d*).

Essa interpretação dos primitivos lógicos dá uma idéia intuitiva do que é ou não correto em lógica intuicionista. Ela incorpora as propriedades da disjunção e de existência gratas a Brouwer. Como exemplo, vejamos por que razão não é de esperar que ¬¬A → A seja intuicionisticamente verdadeira: para que assim fosse, precisaríamos de uma construção α que convertesse toda a demonstração β de ¬¬A em uma demonstração de A; ora, uma demonstração β de ¬¬A converteria toda a demonstração γ de ¬A em uma demonstração de ⊥, coisa que não existe; logo não pode existir nenhuma demonstração γ de ¬A. De fato, tal γ converteria toda a demonstração δ de A em uma demonstração de ⊥. Portanto, não pode existir nenhuma construção que converta uma demonstração de A em uma demonstração de ⊥. Saber isso fica muito aquém de obter uma demonstração de A.

Existe, de fato, uma maquinaria formal (o cálculo λ, uma versão da chamada lógica combinatória) para facilitar notacionalmente os pormenores da combinatória das construções, mas sua exposição extrapola o âmbito deste verbete. Por outro lado, existem outras semânticas mais ou menos formalizadas que permitem até mesmo obter um metateorema de completude semântica.

Existem vários sistemas dedutivos para a lógica intuicionista, equivalentes entre si. São, invariavelmente, obtidos de sistemas clássicos que omitem algum ou alguns axiomas ou regras clássicas, de modo a não se poder deduzir, p. ex., a lei do terceiro excluído ou alguma das suas equivalentes clássicas. Em geral, todas as derivações em um sistema dedutivo clássico que façam uso essencial da lei do terceiro excluído, ou da lei ¬¬A → A, deixam de poder efetuar-se na lógica intuicionista. Por outro lado, o fato de ¬¬A não ser intuicionisticamente equivalente a A significa, para todos os efeitos, que ¬¬ se comporta como um novo conectivo sem correspondente na lógica clássica. Se é verdade que, do ponto de vista dedutivo, a lógica intuicionista é um subsistema da clássica, Gentzen e Gödel mostraram que, interpretando ∨ e ∃ em um sentido fraco, a lógica clássica pode "mergulhar" na intuicionista. *Ver também* INTUICIONISMO; FORMALISMO; DEDUÇÃO NATURAL; PLATONISMO. **AJFO**

DUMMETT, M. *Elements of Intuitionism*. Oxford: Clarendon Press, 1977.
HEYTING, A. *Intuitionism*. 3.ª ed. Amsterdam: North-Holland, 1972.
STIGT, W. P. *Brouwer's Intuitionism*. Amsterdam: North-Holland, 1991.
TROELSTRA, A. S. "Aspects of Constructive Mathematics", *in* Barwise, J. (org.). *Handbook of Mathematical Logic*. Amsterdam: North-Holland, 1977, pp. 973-1052.

lógica livre

A lógica livre é uma lógica da quantificação, com ou sem identidade, em que se admite que, em determinadas circunstâncias, certos termos singulares (constantes como "Pégaso" ou descrições definidas como "o quadrado redondo") possam ser encarados como não-denotacionais, isto é, não denotando objeto algum (referente em um dado universo ou domínio interpretativo); mas, invariavelmente, os quantificadores possuem significado existencial. A lógica livre surgiu como reação aos compromissos ontológicos subjacentes à lógica de primeira ordem clássica, nomeadamente, à suposição implícita na semântica referencial de que todo termo singular é interpretado em dado domínio de quantificação. De fato, a lógica clássica impede a compatibilidade da presença de termos não-denotacionais com a interpretação existencial usual dos quantificadores.

Antecedentes cronológicos da lógica livre podem ser encontrados na chamada "lógica inclusiva" de Quine, que admite domínios de quantificação vazios, e em tentativas, décadas antes, por Russell (teoria das descrições definidas), Frege e Carnap, de excluir das linguagens formais a presença de termos não-denotacionais. Carnap não nega sua presença nas línguas naturais, mas considera o fato como um defeito a eliminar dos formalismos lógicos. *Ver também* DENOTAÇÃO, EXISTÊNCIA. **AJFO**

BENCIVENGA, E. "Free Logics", *in* Gabbay, D. e Guenthner, F. (orgs.). *Handbook of Philosophical Logic*. Amsterdam: D. Reidel, 1986, vol. III, pp. 373-426.
CARNAP, R. *Meaning and Necessity*. Chicago: University of Chicago Press, 1947.
FREGE, G. "Über Sinn und Bedeutung", *in Zeitschrift für Philosophie und Philosophische Kritik*, n.º 100, 1892, pp. 25-50. Trad. bras. Paulo Alcoforado, "Sobre o sentido e a referência", *in* Frege, G. *Lógica e filosofia da linguagem*. São Paulo: Cultrix/Edusp, 1978, pp. 59-86.
QUINE, W. V. O. "Quantification and the Empty Domain", *in Journal of Symbolic Logic*, n.º 19, 1954, pp. 177-9.

lógica modal

A lógica modal é o estudo das modalidades – operações lógicas que qualificam asserções sobre a veracidade das proposições. Podemos qualificar a asserção de que a proposição P é verdadeira dizendo, p. ex., que P é necessariamente verdadeira, ou possivelmente verdadeira, ou que deve ser verdadeira ou se acredita verdadeira, que sempre foi verdadeira ou que é demonstravelmente verdadeira.

O estudo das modalidades data de, pelo menos, Aristóteles, mas os avanços mais importantes tiveram lugar a partir de fins dos anos 1950, sobretudo após a introdução por Saul Kripke (1963) de estruturas relacionais adequadas a uma análise semântica formal das linguagens contendo operadores modais. A riqueza e a diversidade conceptual de tais interpretações resultaram em um poderoso método com incidência particularmente forte em disciplinas como a filosofia da linguagem (semântica dos "mundos possíveis"), matemática construtiva (lógica intuicionista), fundamentos teóricos da computação (lógica dinâmica, lógica temporal, lógicas de programação) e teoria das categorias (semântica dos feixes). Paralelamente, assistiu-se a um incremento do estudo das modalidades de motivação mais matemática, como asserções de que certa proposição é demonstrável na aritmética de Peano, ou é verdadeira localmente, ou no estado (ou configuração) seguinte, ou ao longo de um ramo de uma árvore (dedutiva ou computacional), ou após a computação terminar. *Ver também* MUNDOS POSSÍVEIS. **AJFO**

BARCAN MARCUS, R. *Modalities*. Oxford: Oxford University Press, 1993.
CHELLAS, B. F. *Modal Logic*. Cambridge: Cambridge University Press, 1980.
GOLDBLATT, R. *Mathematics of Modality*. Lecture Notes 43. Stanford: CSLI, 1993.
KRIPKE, S. "Semantic Analysis of Modal Logic I", *in Zeitschrift für Mathematische Logic und Grundlagen der Mathematic*, n.º 9, 1963, pp. 67-96.

lógica modal, sistemas de

T, B, S4 e S5 são os quatro sistemas principais de lógica modal. T é o mais fraco, S5 o mais forte e B e S4 são paralelos (mas não equivalentes). S5 é o mais forte no sentido em que todas as verdades de S4, B e T são verdades de S5; T é o mais fraco no sentido em que existem verdades em B, S4 e S5 que não são verdades em T. S4 e B são intermédios, uma vez que todas as verdades de T são também verdades de B e S4; mas existem verdades de S5 que não são verdades de B nem de S4. E são paralelos sem ser equivalentes porque, apesar de ambos conterem T e não conterem S5, não são deriváveis entre si: existem verdades de B que não são verdades de S4 e vice-versa.

As diferenças entre os sistemas caracterizam-se, sintaticamente, por meio de quatro fórmulas, típicas de cada um deles; semanticamente, as diferenças entre os sistemas correspondem às diferentes propriedades lógicas da relação de ACESSIBILIDADE entre mundos possíveis.

$$S5$$
$$\Diamond p \to \Box \Diamond p$$
Acessibilidade:
reflexiva, transitiva
e simétrica

$$S4 \qquad\qquad B$$
$$\Box p \to \Box\Box p \qquad p \to \Box \Diamond p$$
Acessibilidade: Acessibilidade:
reflexiva e transitiva   reflexiva e simétrica

$$T$$
$$\Box p \to p$$
Acessibilidade:
reflexiva

As fórmulas características dos quatro sistemas, assim como a caracterização lógica das diferentes relações de acessibilidade, podem ser comodamente representadas no diagrama anterior, com o menos forte embaixo. **DM**

FORBES, G. *The Metaphysics of Modality*. Oxford: Clarendon Press, 1984.

lógica paraconsistente

Praticamente desde a sistematização aristotélica da lógica até o século XX permaneceu incólume o princípio da contradição (ou, por vezes chamado, da NÃO-CONTRADIÇÃO), de que não se tem P ∧ ¬P, para qualquer proposição P, de que é ilegítimo afirmar, sobre determinado objeto, que em dado momento ele possui e não possui certa propriedade, ou de que determinado fenômeno acontece e não acontece. Por certo, os filósofos do devir e da dialética sempre acharam, por essa razão, que a lógica clássica não se adaptava bem à realidade em mudança permanente e procuraram em vão uma lógica dialética mais adequada. Mas, na qualidade de lógica formal de um discurso, nomeadamente, de um discurso matemático ou científico geral, tal lógica parecia uma impossibilidade conceptual. Isso porque, em qualquer sistema dedutivo com ingredientes clássicos mínimos, toda e qualquer proposição se pode deduzir de uma contradição P ∧ ¬P, trivializando o sistema (*ver* CONSISTÊNCIA).

Entre 1910 e 1913, independentemente um do outro, o lógico polonês Jan Łukasiewicz (1878-1956) e o russo Nicolai Vasiliev (1880-1940) encetaram um trabalho pioneiro de revisão crítica de algumas leis da lógica aristotélica, abrindo o caminho para a possibilidade de desenvolvimento de lógicas não-aristotélicas, especialmente aquelas nas quais o princípio da contradição se encontra qualificado ou relativizado de alguma forma. Estavam, a seu modo, tentando fazer para a lógica algo de semelhante ao que acontecera décadas antes com o aparecimento da geometria não-euclidiana de Bolyai e Lobachevsky (também chamada, na época, de geometria imaginária), em que é negado o famoso postulado de paralelismo de Euclides.

Łukasiewicz não elaborou um sistema formal para uma lógica paraconsistente, nem Vasiliev formalizou as suas idéias sobre uma lógica imaginária. Somente por volta de 1948 é que Stanislaw Jaśkowski

(1906-1965) propôs, com base na lógica discursiva, um sistema de lógica proposicional paraconsistente, em que a presença de uma contradição não acarreta a trivialização do sistema, isto é, no qual não é possível deduzir todas as proposições na linguagem do sistema. Esse sistema foi desenvolvido, em linhas gerais, de modo a satisfazer duas motivações principais: 1) Oferecer instrumentos conceptuais que possibilitassem a abordagem do problema da sistematização dedutiva de teorias que contêm contradições; 2) Estudar algumas teorias empíricas que contenham postulados contraditórios.

Mas é ao lógico brasileiro Newton C. A. da Costa que se credita a origem da lógica paraconsistente tal como hoje é conhecida. A partir de 1954, ele formulou diversos sistemas formais de lógica paraconsistente, tanto proposicional como de predicados, estendendo seus sistemas a cálculos de descrições e a teorias matemáticas, como a teoria dos conjuntos. Para além da matemática e filosofia, Newton da Costa e seus discípulos têm desenvolvido aplicações da lógica paraconsistente à inteligência artificial e a questões de informática, de manipulação de informações inconsistentes e de programação lógica com cláusulas contraditórias. *Ver* PARACONSISTÊNCIA. **AJFO**

ARRUDA, A., CHUAQUI, R. e DA COSTA, N. C. A. (orgs.). *Mathematical Logic in Latin America*. Amsterdam: North-Holland, 1980.

_____. *Non-classical Logics, Model Theory and Computability*. Amsterdam: North-Holland, 1977.

DA COSTA, N. C. A. "The Philosophical Import of Paraconsistent Logic", *in Journal of Non-Classic Logic* n.º 1, 1982, pp. 1-19.

ŁUKASIEWICZ, J. *Selected Works*. Trad. O. Wojtasiewicz. Amsterdam: North-Holland, 1970.

MARCONI, D. *La formalizzacione della dialettica*. Turim: Rosenberg & Seller, 1979.

PRIEST, G., ROUTLEY, R. e NORMAN, J. (orgs.). *Paraconsistent Logic*. Munique: Philosophia, 1979.

VASILIEV, N. *Imaginary Logic. Selected Papers*. Moscou: Nauka, 1989 (em língua russa).

lógica paraconsistente, sistemas de

1. *Inconsistência* versus *Trivialização* – Parece haver poucas dúvidas sobre o fato de que juízos contraditórios podem ocorrer natural, e até freqüentemente, em certos estágios da formação de teorias científicas, em investigações de vários tipos, na dinâmica da argumentação, nos sistemas baseados em conhecimento, nos bancos de dados e em outras formalizações da informação. As questões controversas começam a partir daí: somente os juízos (expressos por frases em linguagem natural ou formal) podem ser contraditórios, ou existiriam objetos reais (tais como uma torre ao mesmo tempo quadrada e não-quadrada), ou abstratos (tais como antinomias), que seriam legitimamente contraditórios (cf. Priest, 1987)? A contradição pode ser objeto da própria lógica, cujo tratamento formal leva a um avanço na teoria, ou seria uma anomalia a ser extirpada? Na filosofia da matemática, p. ex., Wittgenstein já expressou parte dessa questão, mostrando-se surpreso "com o medo supersticioso e a reverência dos matemáticos diante da contradição" (cf. Wittgenstein, 1984, Ap. III-17), e perguntava-se: "Contradição. Por que justamente esse fantasma? Isso é certamente suspeito" (*ibid*., IV-56). Parte de seus objetivos seria precisamente alterar a atitude dos matemáticos com respeito às contradições (*ibid*., III-82): é certo que classicamente teorias contraditórias são triviais, no sentido em que deduzem qualquer proposição, mas seria esse um fato inescapável?

O objetivo aqui não é influir diretamente no debate filosófico sobre a contradição, nem avaliar posições históricas ou conceituais (para tanto, remetemos o leitor aos artigos de Arruda [1980], Bueno [1999], Da Costa e Alves [1977], Da Costa e Marconi [1989], D'Ottaviano [1990], e aos livros de Bobenrieth-Miserda [1996] e Priest, Routley e Norman [1989]), mas precisamente mostrar que tal mudança de atitude em relação às contradições é perfeitamente possível dentro do universo lógico-matemático. A intenção aqui é mostrar de que maneira é de fato possível atribuir modelos a teorias inconsistentes e não-triviais. Somente a partir desse entendimento o debate filosófico renova seu sentido: obter modelos formais e compreendê-los é uma formidável tarefa, e muito esforço foi feito até que os matemáticos pudessem entender claramente o papel dos modelos nos quais, p. ex., dada uma reta S e um ponto P fora dela, fosse possível traçar não somente uma, mas uma infinidade de retas (ou nenhuma) paralelas a S passando por P, como se sabe das geometrias não-euclidianas.

Ao mesmo tempo que a idéia de relativizar a noção de não-contradição já seduzia lógicos como Łukasiewicz, em meados do século XX nascem os primeiros sistemas de lógica paraconsistente (cf. Jaśkowski [1948], Nelson [1959] e Da Costa [1963]) assim batizados por Francisco Miró-Quesada

1.1. *Teorias contraditórias seriam inevitáveis?* – Se é verdade, como muitos estão convencidos, que contradições são quase inevitáveis em nossas teorias, e ainda mais, que resultados como os teoremas de incompletude de Gödel reforçam a posição de que teorias contraditórias não podem ser banidas *a priori*, fica claro que a questão lógico-formal mais importante a respeito seja a seguinte: na presença de uma teoria contraditória, é possível substituir ou restringir a lógica subjacente de forma a poder derivar conclusões razoáveis a partir de tal teoria, mantendo essa restrição o estatuto de legítimo sistema lógico?

Uma posição a esse respeito é manifesta no "princípio da tolerância em matemática" proposto por Newton da Costa (cf. Da Costa, 1959): "Do ponto de vista sintático-semântico, toda teoria matemática é admissível, desde que não seja trivial."

Considerando, de uma perspectiva abstrata, um sistema lógico como um conjunto de fórmulas fechado sob um predicado de derivabilidade, e uma teoria nesse sistema como um subconjunto qualquer das fórmulas, se a linguagem em que tais fórmulas são expressas inclui um símbolo de negação $\neg$, chamamos contraditória a uma teoria em que alguma fórmula A e sua negação $\neg$A podem ser derivadas (neste sistema). Chamamos trivial a uma teoria tal que toda fórmula B possa ser derivada, e uma teoria é explosiva se, adicionando-se a ela qualquer par de fórmulas contraditórias A e $\neg$A, ela se torna trivial. O sistema lógico subjacente é dito, por sua vez, contraditório, trivial ou explosivo se, respectivamente, todas as suas teorias são contraditórias, triviais ou explosivas.

O lema de Da Costa somente faz sentido se for possível controlar o caráter explosivo da lógica subjacente a certas teorias contraditórias, ou seja, se for possível propor procedimentos de modo a evitar a explosão na presença de uma contradição. Por isso uma das perguntas mais relevantes é: como isso pode ser evitado, de maneira que o sistema resultante possa ainda ser visto como lógica? Do ponto de vista formal, podemos pensar na seguinte analogia: tal como é possível traçar uma, nenhuma ou uma infinidade de retas paralelas a S passando por P fora de S, de forma que o sistema resultante possa ainda ser visto como geometria, seria também possível considerar os sistemas lógicos de forma mais abstrata? As lógicas paraconsistentes são aquelas que podem tratar teorias contraditórias sem explosão, e portanto distinguem entre teorias contraditórias e triviais. Ainda mais, permitem distinguir formalmente, como veremos, entre inconsistência e contradição.

A idéia básica de Da Costa ao propor seus primeiros cálculos paraconsistentes (cf. Da Costa 1963, 1958, 1974 e 1982) era que "consistência" seria um requisito suficiente para expressar o caráter explosivo da lógica; ele escolheu expressar (em seu primeiro cálculo C_1) a consistência de uma fórmula A por outra fórmula $\neg(A \wedge \neg A)$, que pode ser lida, intuitivamente, como "não é o caso que ambas, A e $\neg$A, sejam verdadeiras".

Essa abordagem pode ser generalizada com a introdução da noção de consistência como uma noção primitiva (cf. Carnielli e Marcos, 2001 e 2000), e as lógicas que dessa forma tratam a noção de consistência como um objeto lingüístico são chamadas lógicas da inconsistência formal (LFIs). Partindo-se de determinada lógica consistente L, as LFIs que estendem a parte positiva (isto é, sem negação) de L são chamadas C-sistemas baseados em L.

Do ponto de vista semântico, além da semântica de valorações introduzida por Da Costa e colaboradores (cf. Da Costa e Alves [1977] e Loparic e Alves [1980]), outra interpretação natural para prover significado aos sistemas paraconsistentes são as semânticas de traduções possíveis (introduzidas em Carnielli [1990] e retrabalhadas em Carnielli [2000] e Marcos [1999]). Conquanto relevantes, não abordaremos aqui questões semânticas. Nem abordaremos em pormenor programas de pesquisa em lógica paraconsistente que escapem da formalização unificadora dada pelas LFIs, como é o caso do programa adaptativo (vide Batens, 2000) cuja proposta é combinar, de maneira não-monotônica, a dinâmica do raciocínio científico com a argumentação usual.

1.2. *Paraconsistência e Não-contradição* – Esta seção descreve o que será feito no resto do verbete. Quase todo o conteúdo do que discutimos aqui é uma simplificação de Carnielli e Marcos [2002] e de Carnielli, Coniglio e Marcos [2005]. Dizemos que uma lógica satisfaz ao princípio da não-contradição (PNC) se a lógica é não-contraditória (isto é, de acordo com a definição anterior, se alguma de suas teorias não infere nenhum par de fórmulas A e ¬A). Uma lógica respeita o princípio da não-trivialidade (PNT), que realiza o princípio da tolerância de Da Costa, se nem todas as suas teorias são triviais. Finalmente dizemos que uma lógica respeita o princípio da explosão ou princípio de Pseudo-Escoto (PPE) se ela é explosiva, isto é, se todas as suas teorias explodem na presença de uma contradição. As lógicas paraconsistentes que apresentaremos aqui se inserem na tradição de controlar o princípio de Pseudo-Escoto, e não em violar o princípio da não-contradição. Há, contudo, certas lógicas paraconsistentes que derrogam (PNC), em geral conhecidas como lógicas dialéticas (vide, p. ex., Routley e Meyer, 1976), as quais não abordaremos aqui. O próprio (PPE) pode ser relativizado, e chamamos de gentilmente explosiva uma lógica em que vale uma versão mais abstrata de (PPE): as lógicas paraconsistentes gentilmente explosivas são precisamente as lógicas que chamamos LFIs. Para estas, usaremos um novo conectivo "∘", chamado "conectivo de consistência", de maneira que ∘A seja lido como "A é consistente". Consideraremos vários C-sistemas, todos baseados na lógica clássica. Começaremos introduzindo um sistema de lógica paraconsistente com alguns requisitos mínimos chamados C_{min}. Um dos fragmentos de C_{min} é o sistema C_ω de Da Costa (introduzidos em Da Costa, 1963; vide também Da Costa, 1974). Algumas propriedades interessantes desses sistemas são explicadas, como o fato de que o sistema C_ω tenha sido erroneamente imaginado como constituindo o limite dedutivo dos sistemas C_n (cf. Da Costa, 1963 e 1974).

Introduzimos então uma lógica básica da (in)consistência, denominada bC, adicionando um novo axioma a C_{min}. Em bC temos já o conectivo de consistência "∘", que permite expressar o princípio da explosão gentil (ou seja, uma forma restrita de Pseudo-Escoto). Ademais, veremos que bC (que é uma extensão conservativa de C_{min}) possui teoremas negados, mas não demonstra nenhuma fórmula consistente. Fórmulas do tipo ¬(A ∧ ¬A) não são demonstráveis em bC, mas podem ser demonstráveis em algumas de suas extensões, tais como as lógicas trivalentes paraconsistentes maximais LFI1 e LFI2.

Um fato interessante é que as LFIs mostram que inconsistência e não-consistência não coincidem necessariamente, nem consistência coincide necessariamente com não-inconsistência, como ocorre em bC. Conseqüentemente, algumas lógicas intermediárias podem ser propostas. Uma primeira e óbvia idéia é tomar inconsistência como equivalente à contradição; isso é exatamente o que ocorre com a chamada lógica Ci, introduzida mais adiante. Contudo, consistência em Ci não pode ser identificada com uma fórmula tal como $\neg(A \wedge \neg A)$. Explicamos também que em Ci não vale a lei da intersubstitutividade de equivalentes demonstráveis (IED).

Em Ci os conectivos "∘" e "•" comportam-se da maneira esperada: de fato, nesse caso a noção de inconsistência pode ser introduzida como a negação da consistência, ou consistência como a negação da inconsistência. Por meio da definição de uma negação forte conveniente, é possível traduzir conservativamente a lógica clássica dentro de todos os C-sistemas.

Apresentamos então os dC-sistemas, que são C-sistemas nos quais os conectivos "∘" e "•" podem ser dispensados, definidos a partir de outros conectivos. Em particular, discutimos as principais propriedades dos dC-sistemas mais conhecidos, que são os cálculos C_n de Da Costa. No caso do primeiro sistema C_1, a consistência de uma fórmula A é identificada como a fórmula $\neg(A \wedge \neg A)$, e a extensão de Ci que se identifica a C_1 é chamada Cila. Nesse sistema fica claro que $\neg(\neg A \wedge A)$ não é equivalente a $\neg(A \wedge \neg A)$: isso mostra que, embora a conjunção seja comutativa como a conjunção clássica, a ordem de ocorrência de duas sentenças contraditórias não é necessariamente irrelevante; contudo, essa assimetria pode ser contornada. Uma questão metodológica essencial aos C-sistemas é a forma que se escolhe para propagar a consistência, e veremos que em extensões dos sistemas C_n de Da Costa distintas formas de propagação da consistência podem ser definidas. Em particular, as lógicas C_1^+ (proposta por Da Costa e colaboradores) e as lógicas trivalentes P^1, P^2, P^3, LFI1 e LFI2, propostas por outros autores, podem ser também axiomatizadas como extensões de Ci.

Essas lógicas trivalentes constituem apenas parte de uma vasta família de $2^{13} = 8.192$ lógicas trivalentes paraconsistentes, cada uma delas axiomatizada como extensão de Ci a partir de princípios específicos de propagação da consistência. Todos esses sistemas são maximais em relação à lógica clássica. Finalmente, abordaremos alguns problemas e opções de pesquisa.

2. *Sistemas de Lógica Paraconsistente* – A noção de relação de consequência introduzida por A. Tarski é aceita como estabelecendo as propriedades básicas da derivação lógica. Considerando um conjunto For de fórmulas, dizemos que $\Vdash \subseteq \mathcal{P}(\text{For}) \times \text{For}$ define uma relação de consequência em For se para quaisquer fórmulas A e B, e quaisquer subconjuntos Γ e Δ de For as seguintes propriedades valem:

(Con1) $A \in \Gamma \Rightarrow \Gamma \Vdash A$
(reflexividade)
(Con2) $(\Delta \Vdash A \text{ e } \Delta \subseteq \Gamma) \Rightarrow \Gamma \Vdash A$
(monotonicidade)
(Con3) $(\Delta \Vdash A \text{ e } \Gamma, A \Vdash B) \Rightarrow \Delta, \Gamma \Vdash B$
(transitividade)

Uma lógica L será então definida simplesmente como uma estrutura da forma <For, $\Vdash$>, contendo um conjunto de fórmulas e uma relação de consequência definida sobre esse conjunto de fórmulas. A única exigência prévia que fazemos sobre o conjunto For é que aqui sua linguagem contenha um símbolo unário de negação $\neg$. Qualquer conjunto $\Gamma \subseteq$ For será chamado de teoria de L. Uma teoria Γ é própria se $\Gamma \neq$ For, e Γ é fechada se contém suas consequências, isto é, se vale a recíproca de (Con1): $\Gamma \Vdash A \Rightarrow A \in \Gamma$. Se $\Gamma \Vdash A$, dizemos que A é uma tese ou um teorema dessa lógica.

Com finalidade de comparar sistemas lógicos, dadas as lógicas L1 = <For_1, $\Vdash_1$> e L2 = <For_2, $\Vdash_2$>, dizemos que L1 é uma extensão linguística de L2 se For_2 é um subconjunto próprio de For_1, e dizemos que L1 é uma extensão dedutiva de L2 se $\Vdash_2$ é um subconjunto próprio de $\Vdash_1$. Finalmente, L1 é uma extensão conservativa de L2 se L1 é uma extensão linguística e dedutiva de L2, e se a restrição de $\Vdash_1$ ao conjunto For_2 coincide com $\Vdash_2$ (isto é, se $\text{For}_2 \subset \text{For}_1$, e para toda $\Gamma \cup \{A\} \subseteq \text{For}_2$ temos $\Gamma \Vdash_1 A \Leftrightarrow \Gamma \Vdash_2 A$). Diremos, nesses casos, que L1 é uma extensão de L2, ou que L2 é um fragmento de L1.

Seja Γ uma teoria de L. Dizemos que Γ é contraditória com relação a $\neg$, ou simplesmente contraditória, se, para alguma fórmula A, valem $\Gamma \Vdash A$ e $\Gamma \Vdash \neg A$, ou seja (usando os quantificadores como meras abreviações metalingüísticas):

$\exists A \, (\Gamma \Vdash A \text{ e } \Gamma \Vdash \neg A).$ \hfill (D1)

Uma teoria Γ é dita trivial se é tal que:

$\forall B \, (\Gamma \Vdash B).$ \hfill (D2)

E é dita ser explosiva se:

$\forall A \, \forall B \, (\Gamma, A, \neg A \Vdash B).$ \hfill (D3)

Definições formais dos princípios lógicos (para certa lógica L) são as seguintes:

Princípio da não-contradição:

$\exists \Gamma \, \forall A \, (\Gamma \not\Vdash A \text{ ou } \Gamma \not\Vdash \neg A).$ \hfill (PNC)

Princípio da não-trivialidade:

$\exists \Gamma \, \exists B \, (\Gamma \not\Vdash B).$ \hfill (PNT)

Princípio da explosão, ou princípio de Pseudo-Escoto:

$\forall \Gamma \, \forall A \, \forall B \, (\Gamma, A, \neg A \Vdash B).$ \hfill (PPE)

(Esse último é também chamado *ex contradictio sequitur quodlibet*.)

Pode-se mostrar que (PNC) e (PNT) equivalem somente se (PPE) vale, o que obviamente é o caso na lógica clássica.

Seja $\Delta(A)$ um conjunto (possivelmente vazio) de esquemas que dependem somente de A (isto é, de esquemas definidos a partir de um único esquema de fórmulas A). Uma teoria Γ é dita ser gentilmente explosiva se:

(a) $\exists A$ tal que $\Delta(A) \cup \{A\}$ e $\Delta(A) \cup \{\neg A\}$ são ambos não-triviais, e

(b) $(\forall A \, \forall B \, [\Gamma, \Delta(A), A, \neg A \Vdash B].$ \hfill (D4)

Podemos formular uma "versão gentil" de (PPE) para uma lógica L, exigindo que L seja gentilmente explosiva. As lógicas paraconsistentes gentilmente explosivas são precisamente aquelas que chamamos lógicas da (in)consistência formal, ou LFIs, em que a consistência de cada fórmula A pode ser expressa por meios lingüísticos; no caso mais simples, expressas como $\circ A$, onde "$\circ$" é o "conectivo de consistência". Os C-sistemas (aqui baseados somente na lógica clássica) são LFIs particulares.

2.1. *Lógicas da (in)consistência formal* – Neste verbete nos concentramos nas LFIs, que compreendem a vasta maioria dos sistemas paraconsistentes conhecidos. Contudo, nem todas as lógicas paraconsistentes são LFIs: um contra-exemplo é o sistema Pac, descrito em Avron (1991) e Batens (1980). Nessa lógica não existe fórmula A tal que A, $\neg A \Vdash_{Pac} B$, para todo B, e conseqüentemente Pac é uma lógica paraconsistente (isto é, não-explosiva). Toda a lógica clássica positiva vale em Pac, mas a negação nessa lógica é demasiado fraca: nenhuma contradição tem algum efeito, o que torna Pac muito afastada da lógica clássica.

Contudo, se adicionarmos à linguagem de Pac uma negação forte ou um símbolo que interprete a constante *falsum* (isto é, uma partícula minimal), obteremos a lógica J_3 estudada por D'Ottaviano e Da Costa em 1970 (cf. D'Ottaviano e Da Costa, 1970) e já antes introduzida como o sistema Φ_v, em Schütte, 1960 (cap. II.7) com fins específicos para tratar questões de teoria da demonstração. Em Carnielli, Marcos e De Amo (2000) explora-se mais detalhadamente uma versão dessa lógica (denominada LFI1), aplicando-a à fundamentação das bases de dados inconsistentes.

Podemos finalmente definir as lógicas da inconsistência formal (LFIs) como aquelas que nos permitem "falar sobre consistência". Em outros termos, uma LFI é uma lógica não-explosiva mas gentilmente explosiva, ou seja, uma lógica em que (PPE) não vale, mas vale (D4).

A lógica clássica, obviamente, não é uma LFI, considerando que vale (PPE). Pac, embora paraconsistente, também não é uma LFI. Contudo, uma extensão de Pac como J_3 (e conseqüentemente LFI1 e Φ_v) será uma LFI. O sistema D2 de S. Jaśkowski (cf. Jaśkowski, 1948) é também uma LFI, em que a consistência de uma fórmula A pode ser expressa por ($\Box A \lor \Box \neg A$), escrita em termos do operador de necessidade $\Box$ de S5. Um exemplo bem conhecido de uma lógica que não é explosiva, mas ainda assim explode parcialmente, é o sistema de Kolmogorov e Johansson, chamado lógica intuicionista minimal (LIM), que é obtido adicionando-se à lógica positiva intuicionista alguma forma de *reductio ad absurdum* (cf. Johansson [1936] e Kolmogorov [1925]). Nessa lógica não ocorre $\forall \Gamma \, \forall A \, \forall B$ (Γ, A, $\neg A \Vdash B$), mas sim $\forall \Gamma \, \forall A \, \forall B$ (Γ, A, $\neg A \Vdash \neg B$). Conseqüentemente, LIM poderia ser considerada paraconsistente em um sentido amplo, dado que contradições não causam explosão, e contudo a classe das proposições negadas se trivializa a partir de uma contradição. Dizemos que LIM é parcialmente trivializável. Há certo consenso, contudo, de que uma lógica paraconsistente legítima deveria evitar parcialidade trivial, e dessa forma LIM não é uma lógica paraconsistente.

3. *C-Sistemas* – Dada uma lógica L = <For, $\Vdash$>, seja For$^+$ $\subseteq$ For o conjunto de todas as fórmulas positivas de L, isto é, o conjunto das fórmulas livres do símbolo de negação ($\neg$). A lógica L1 = <For$_1$, $\Vdash_1$> é dita preservar positivamente a lógica L2 = <For$_2$, $\Vdash_2$> se:

(a) For$_1^+$ = For$_2^+$,
(b) ($\Gamma \Vdash_1 A \Leftrightarrow \Gamma \Vdash_2 A$), para (D5) todo $\Gamma \cup \{A\} \subseteq$ For$_1^+$.

É possível mostrar que toda lógica paraconsistente que preserva a parte positiva da lógica clássica e que tem uma partícula minimal (isto é, um símbolo que interprete a constante *falsum*) pode ser caracterizada como uma LFI, o que evidencia a ubiqüidade das LFIs.

O conceito de C-sistema é uma especialização das LFIs: a lógica L1 é um C-sistema baseado em L2 se:

(a) L1 é uma LFI na qual consistência ou inconsistência são expressas por um operador lingüístico, e
(b) L2 não é paraconsistente, e
(c) L1 preserva positivamente L2. (D6)

3.1. *Um C-sistema minimal* – Começaremos por definir axiomaticamente uma série de sistemas lógicos caracterizados por meio de sua relação de conseqüência sintática $\vdash$, e contendo todas as regras e esquemas válidos na parte positiva da lógica clássica. Nossos conectivos primitivos são, inicialmente, $\land$, $\lor$, $\rightarrow$ e $\neg$, e consideramos o conjunto de fórmulas For definido de maneira usual. O primeiro conjunto de axiomas consiste de:

(Min1) $\vdash_{min} (A \rightarrow (B \rightarrow A))$;
(Min2) $\vdash_{min} ((A \rightarrow B) \rightarrow ((A \rightarrow (B \rightarrow C)) \rightarrow (A \rightarrow C)))$;
(Min3) $\vdash_{min} (A \rightarrow (B \rightarrow (A \land B)))$;
(Min4) $\vdash_{min} ((A \land B) \rightarrow A)$;
(Min5) $\vdash_{min} ((A \land B) \rightarrow B)$;
(Min6) $\vdash_{min} (A \rightarrow (A \lor B))$;
(Min7) $\vdash_{min} (B \rightarrow (A \lor B))$;
(Min8) $\vdash_{min} ((A \rightarrow C) \rightarrow ((B \rightarrow C) \rightarrow ((A \lor B) \rightarrow C)))$;
(Min9) $\vdash_{min} (A \lor (A \rightarrow B))$;
(Min10) $\vdash_{min} (A \lor \neg A)$;
(Min11) $\vdash_{min} (\neg\neg A \rightarrow A)$.

A única regra de inferência é, como usual, *modus ponens*, (MP): $\forall \Gamma \, \forall A \, \forall B$ [Γ, A, (A $\rightarrow$ B) $\vdash_{min}$ B]. As noções de prova, teorema, premissas são as usuais, e o sistema resultante C_{min} = <For, $\vdash_{min}$> constitui um sistema inicial de lógica paraconsistente (cf. Carnielli e Marcos [1999] para um estudo pormenorizado desse sistema).

É oportuno notar que a recíproca de (Min11) (A $\rightarrow$ $\neg\neg$A) pode ser incluída sem problema algum aos sistemas paraconsistentes, e que o metateorema da dedução é válido nesse sistema (todas as demonstrações podem ser encontradas em Carnielli e Marcos, 1999).

É simples notar também que (A $\rightarrow$ ($\neg$A $\rightarrow$ B)) não é demonstrável em C_{min}, e conseqüentemente C_{min} não é trivial. Outras propriedades interessantes de C_{min} são as seguintes: C_{min} não tem nenhum teorema negativo (isto é, $\nvdash_{min} \neg A$), não tem negação forte nem partícula minimal, nem é finitamente trivializável. Conseqüentemente, C_{min} não pode ser um C-sistema, conquanto esteja bastante próximo da lógica clássica: de fato, basta adicionar a fórmula $(A \to (\neg A \to B))$ aos axiomas (Min1)-(Min11) para obter uma axiomatização completa da lógica proposicional clássica.

3.2. *Uma lógica básica da (in)consistência* – Consideremos agora uma extensão de C_{min} por meio de um novo conectivo, $\circ$, representando consistência, e uma nova regra que expressa o princípio da explosão gentil:

(bc1) $\circ A, A, \neg A \vdash_{bC} B$ ("se A é consistente e contraditório, provoca explosão").

Chamamos essa extensão C_{min} de lógica básica da (in)consistência, ou bC. Devido a (bc1), bC, que é uma extensão conservativa de C_{min}, é de fato uma LFI, e um C-sistema baseado na lógica clássica. Uma negação forte, $\sim$, já pode ser definida como $\sim A =_{def} (\neg A \wedge \circ A)$, e como conseqüência teremos $[A, \sim A \vdash_{bC} B]$. O sistema bC tem teoremas negados, mas não tem teoremas consistentes (isto é, teoremas da forma $\circ A$).

Em bC, contradição e inconsistência não coincidem: de fato, em bC valem

(i) $A, \neg A \vdash_{bC} \neg \circ A$;
(ii) $(A \wedge \neg A) \vdash_{bC} \neg \circ A$;
(iii) $\circ A \vdash_{bC} \neg(A \wedge \neg A)$;
(iv) $\circ A \vdash_{bC} \neg(\neg A \wedge A)$,

mas não as suas recíprocas. É interessante notar que $\neg(A \wedge \neg A)$ e $\neg(\neg A \wedge A)$ não são necessariamente equivalentes, dado que não se equivalem em bC.

Outros fatos interessantes são: o silogismo disjuntivo $[A, (\neg A \vee B) \vdash B]$ não pode valer em nenhuma extensão da lógica positiva (clássica ou intuicionista), e formas usuais de contraposição não podem valer em lógicas (tais como em bC) que preservam positivamente a lógica clássica, mas apenas formas restritas: p. ex., vale $\circ B$, $(A \to B) \vdash_{bC} (\neg B \to \neg A)$, mas não $\circ A$, $(A \to B) \vdash_{bC} (\neg B \to \neg A)$.

A interdefinibilidade dos conectivos (ou leis de De Morgan) também não vale: p. ex., a regra $(\neg A \to B) \vdash_{bC} (A \vee B)$ vale em bC, mas as seguintes, entre outras, não valem: $(A \vee B) \vdash_{bC} (\neg A \to B)$, $\neg(\neg A \to B) \vdash_{bC} \neg(A \vee B)$. Falha também a intersubstitutividade de equivalentes demonstráveis (IED): dado um esquema $\sigma(A_1, ..., A_n)$, se $\forall B_1 ... \forall B_n [(A_1 \dashv\vdash B_1) \text{ e } ... \text{ e } (A_n \dashv\vdash B_n)]$, então $[\sigma(A_1, ..., A_n) \dashv\vdash \sigma(B_1, ..., B_n)]$. Se valesse (IED), teríamos que $A \dashv\vdash B$ derivaria $\neg A \dashv\vdash \neg B$, o que não ocorre em bC.

3.3. *A lógica Ci, onde contradição e inconsistência se equivalem* – Para que possamos obter um sistema lógico em que consistência e inconsistência sejam uma negação da outra, deveremos acrescentar as seguintes regras axiomáticas, para um novo conectivo, $\bullet$, que representa inconsistência:

(ci1) $\bullet A \vdash_{Ci} A$;
(ci2) $\bullet A \vdash_{Ci} \neg A$.

Chamamos Ci à lógica obtida juntando (ci1) e (ci2) à lógica axiomatizada por (Min1)-(Min11). Em Ci, $\bullet A$ e $(A \wedge \neg A)$ são equivalentes; contudo, temos:

(i) $\neg \circ A \vdash_{Ci} (A \wedge \neg A)$,

mas as seguintes não valem:

(ii) $\neg(A \wedge \neg A) \vdash_{Ci} \circ A$;
(iii) $\neg(\neg A \wedge A) \vdash_{Ci} \circ A$.

Algumas conexões entre consistência e explosão expressáveis em Ci são as seguintes:

(i) $\circ A, \bullet A \vdash_{Ci} B$
(ii) $\circ A, \neg \circ A \vdash_{Ci} B$
(iii) $\bullet A, \neg \bullet A \vdash_{Ci} B$
(iv) $\vdash_{Ci} \circ \circ A$
(v) $\vdash_{Ci} \neg \bullet \circ A$
(vi) $\vdash_{Ci} \circ \bullet A$
(vii) $\vdash_{Ci} \neg \bullet \bullet A$

Em Ci valem também algumas formas restritas de contraposição, como $(A \to {\circ}B)$ $\vdash_{Ci} (\neg{\circ}B \to \neg A)$ e $(A \to \neg{\circ}B) \vdash_{Ci} ({\circ}B \to \neg A)$. Em Ci podemos obter, finalmente, a dualidade entre consistência e inconsistência, definindo-se ${\bullet}A =_{def} \neg{\circ}A$ (ou alternativamente ${\circ}A =_{def} \neg{\bullet}A$). Ci é um sistema paraconsistente bastante poderoso, pois, tal como em bC, qualquer raciocínio clássico pode ser nele reproduzido. De fato, a seguinte função traduz a lógica proposicional clássica CPL em Ci:

(t1.1) $t_1(p) = p$, se p é uma fórmula atômica;
(t1.2) $t_1(A \# B) = t_1(A) \# t_1(B)$, se # é qualquer conectivo binário;
(t1.3) $t_1(\neg A) = \sim t_1(A)$.

Isto é, vale $[\Gamma \vdash_{CPL} A] \Leftrightarrow [t_1[\Gamma] \vdash_{Ci} t_1(A)]$.

Outra importante propriedade é que somente a consistência ou inconsistência de fórmulas a respeito de consistência podem ser demonstradas em Ci: ${\circ}A$ é um teorema de Ci se, e somente se, A é da forma ${\circ}B$, ${\bullet}B$, $\neg{\circ}B$ ou $\neg{\bullet}B$, para algum B. Esse fato é coerente com a interpretação de que a consistência de uma fórmula por si não pode ser legislada por meio da lógica.

3.4. *Os dC-sistemas* – Considere o sistema Cil, obtido estendendo-se Ci por meio do seguinte axioma:

(cl) $\neg(A \wedge \neg A) \vdash {\circ}A$. (Se vale $\neg(A \wedge \neg A)$, então A é consistente.)

A tradição de se privilegiar a fórmula $\neg(A \wedge \neg A)$ para expressar consistência vem dos requisitos exigidos por Da Costa em seus cálculos C_n (cf. Da Costa, 1963 e 1974):

dC[i] nestes cálculos o princípio da não-contradição (*sic*), na forma $\neg(A \wedge \neg A)$, não deve ser um esquema válido;
dC[ii] de duas fórmulas contraditórias não deve ser em geral possível deduzir nenhuma outra fórmula;
dC[iii] a extensão destes cálculos aos cálculos de predicados correspondentes deve ser simples;
dC[iv] estes cálculos devem conter a maior parte dos esquemas e regras do cálculo proposicional clássico que não interfiram com as condições anteriores.

O fato de o requisito dC[i] referir-se à fórmula $\neg(A \wedge \neg A)$ como "princípio da não-contradição" não é isento de conseqüências: primeiro porque privilegia uma forma lógica particular, e segundo porque leva ao erro de confundir a lógica paraconsistente como aquela que regula o princípio da não-contradição, enquanto, como vimos, o importante é evitar o princípio da explosão.

Pode-se mostrar que em Cil a consistência de uma fórmula A é expressável por $\neg(A \wedge \neg A)$, mas não pela fórmula $\neg(\neg A \wedge A)$. Isso significa que faz diferença adicionarmos a fórmula "levógira" $\neg(A \wedge \neg A)$, sua contraparte "dextrógira" $\neg(\neg A \wedge A)$, ou ambas. Podemos então considerar as seguintes alternativas ao axioma (cl):

(cd) $\neg(\neg A \wedge A) \vdash {\circ}A$
(cb) $(\neg(A \wedge \neg A) \vee \neg(\neg A \wedge A)) \vdash {\circ}A$

definindo, respectivamente, as lógicas Cid e Cib, onde essa última assegura o mesmo estatuto às fórmulas $\neg(A \wedge \neg A)$ e $\neg(\neg A \wedge A)$.

O sistema C_1 de Da Costa pode ser definido adicionando-se os seguintes axiomas a Cil:

(ca1) $({\circ}A \wedge {\circ}B) \vdash {\circ}(A \wedge B)$;
(ca2) $({\circ}A \wedge {\circ}B) \vdash {\circ}(A \vee B)$;
(ca3) $({\circ}A \wedge {\circ}B) \vdash {\circ}(A \to B)$.

Chamemos Cila a esta lógica obtida, acrescentando-se (ca1)-(ca3) a Cil, que resulta equivalente a C1: de fato, a única diferença entre Cila e a formulação original de C_1 é o fato de que o conectivo ${\circ}$ em C1 não é tomado como primitivo, mas abreviado como A° e definido através da fórmula $\neg(A \wedge \neg A)$. Para os demais cálculos da hierarquia C_n, $1 \leq n < \omega$, a noção de consistência A^n (nesse caso também conhecida como "bom comportamento") é definida por meio de fórmulas mais e mais complexas.

No caso de n = 1, como vimos, $_oA$ (denotado por Da Costa como A^o) abrevia a fórmula $\neg(A \wedge \neg A)$, e para $1 < n < \omega$ podemos considerar $_oA$ como $A^{(n)}$, recursivamente definido da seguinte maneira: primeiramente, para $0 \leq n < \omega$, definimos $A^0 =_{def} A$ e $A^{n+1} =_{def} (A^n)^o$, isto é, $A^{n+1} = A^n \wedge \neg A^n$, e a partir daí definimos $A^{(n)}$, $1 \leq n < \omega$, como $A^{(1)} =_{def} A^1$ e $A^{(n+1)} =_{def} A^{(n)} \wedge A^{n+1}$.

Cada um dos dC-sistemas de Da Costa é definido pelos mesmos axiomas, mudando-se a definição de $_oA$ em C_n para $A^{(n)}$, para cada n, produzindo uma hierarquia infinita. Em outras palavras, cada C_n é axiomatizado como C_{min}, mais uma forma paraconsistente de redução ao absurdo:

C_n (9): $B^{(n)} \to ((A \to B) \to ((A \to \neg B) \to \neg A))$, e o axioma da propagação da consistência:

C_n (10): $(A^{(n)} \wedge B^{(n)}) \to ((A \wedge B)^{(n)} \wedge (A \vee B)^{(n)} \wedge (A \to B)^{(n)})$,

e sua única regra de inferência continua sendo *modus ponens*.

Cada C_n estende dedutivamente C_{n+1}, para $1 \leq n < \omega$, e cada C_n estende C_ω – eles também estendem C_{min}. O cálculo C_ω foi tido erroneamente como limite dedutivo da hierarquia. Esta e outras questões ligadas a C_n e C_ω são discutidas em Carnielli e Marcos, 1999. Propriedades essenciais dos cálculos C_n são as seguintes, para cada n:

a. C_n é consistente. Com efeito, cada cálculo é um subsistema do cálculo clássico, o qual é consistente.
b. C_n é finitamente trivializável: de fato $(A \wedge \sim^{(n)}A) \to B$ é um esquema demonstrável, onde $\sim^{(n)}A$ é a negação forte de A, definida como a fórmula $\neg A \wedge A^{(n)}$.
c. A negação se propaga em fórmulas bem-comportadas, isto é, o esquema $A^{(n)} \to (\neg A)^{(n)}$ é demonstrável em C_n.
d. O teorema da intersubstitutividade por equivalentes demonstrados não vale em C_n.

As mesmas assimetrias apontadas para os casos Cil, Cid e Cib aplicam-se para os sistemas C_n, e poderíamos em princípio construir sistemas Cl_n, Cd_n e Cb_n, considerando a hierarquia original de Da Costa como C l_n. Os autores Da Costa e Alves, 1977 (corrigido em Loparic e Alves, 1980), mostraram que uma semântica bivalorada não-verofuncional pode ser atribuída a cada C_n, $1 \leq n < \omega$, embora estes não sejam cálculos polivalentes. Todos os cálculos C_n são decidíveis; contudo, obter uma interpretação intuitiva para os sistemas C_n não parece ser ainda uma questão superada. Com a intenção de contribuir nesse sentido, uma nova ferramenta semântica, as semânticas de traduções possíveis, foi aplicada à hierarquia de cálculos proposicionais paraconsistentes C_n (vide Carnielli [1990], Marcos [1999] e Carnielli [2000]).

3.5. *Propagando consistência* – Outros sistemas paraconsistentes interessantes podem ser obtidos por condições análogas às definidas no cálculo Cila (ou seja, C_1). Da Costa, Béziau e Bueno (1995) propuseram substituir os axiomas (ca1)-(ca3) pelos seguintes:

(co1) $(_oA \vee _oB) \vdash _o(A \wedge B)$;
(co2) $(_oA \vee _oB) \vdash _o(A \vee B)$;
(co3) $(_oA \vee _oB) \vdash _o(A \to B)$.

Chamamos Cilo à lógica obtida adicionando-se (co1)-(co3) a Cil. É fácil ver que essa lógica, chamada C_1^+ em Da Costa, Béziau e Bueno (1995), é uma extensão dedutiva de C_1. Pelo fato de exigir menos para estabelecer consistência, Cilo tem propriedades interessantes, tais como: $[\Gamma \vdash_{Cilo} 1A]$ se, e somente se, $[\Gamma \vdash_{Cilo} _oB]$, para alguma subfórmula B de A.

Há muitas outras maneiras de se propagar consistência; considere, p. ex., os seguintes axiomas recíprocos de (co1)-(co3):

(cr1) $_o(A \wedge B) \vdash (_oA \vee _oB)$;
(cr2) $_o(A \vee B) \vdash (_oA \vee _oB)$;
(cr3) $_o(A \to B) \vdash (_oA \vee _oB)$.

Adicionando esses axiomas a Cibo e a Cio (isto é, Cibo menos o axioma (cb)) construímos as lógicas Cibor e Cior (e da mesma forma, *mutatis mutandis*, para Cilo e Cido). Podemos também considerar axiomaticamente que as proposições não-atômicas sejam todas consistentes:

(cv1) ⊢ ∘(A ∧ B);
(cv2) ⊢ ∘(A ∨ B);
(cv3) ⊢ ∘(A → B);
(cw) ⊢ ∘(¬A).

Adicionando "v" ao nome da lógica que contém axiomas (cv1)-(cv3), e "w" ao nome da lógica que contém (cw), p. ex., não é difícil mostrar que Cibvw axiomatiza a lógica paraconsistente maximal P[1] (introduzida em Sette, 1973) e que Cibve axiomatiza a lógica trivalente P[2] (cf. Mortensen, 1989), onde "e" significa adesão do esquema [A ⊢ ¬¬A].

O modo como encaramos os sistemas paraconsistentes torna possível explorar, de maneira abstrata, os requisitos de Da Costa para a construção de seus cálculos (conforme dC[il]-dC[iii] anteriormente citado). De fato, assumindo que a consistência de dada fórmula é suficiente para provar seu caráter explosivo, chegamos à definição das LFIs. Explorando essa perspectiva, é possível definir uma grande família de lógicas trivalentes (contendo exatamente 8.192 sistemas lógicos distintos) que englobam as lógicas trivalentes paraconsistentes conhecidas e que são todas axiomatizáveis como extensões de Ci. Ainda mais, esses sistemas são todos maximais, atendendo ao requisito dC[iii] de Da Costa. Várias propriedades dessas lógicas são investigadas em "8K Solutions and Semi-Solutions to a Problem of Da Costa", de Marcos. Essa possibilidade de explorar a infinidade de sistemas que a proposta de Da Costa permite englobar caracteriza a proposta da escola brasileira de lógica paraconsistente, dando-lhe um escopo amplo e determinado, do ponto de vista não só sintático como semântico.

Devido à falha de (IED), há grandes dificuldades com relação à algebrização dos sistemas paraconsistentes em geral, dado que se pode mostrar que em muitos casos as álgebras quocientes são necessariamente triviais (para mais detalhes, vide Bueno-Soler e Carnielli [2005], Carnielli [2000], Carnielli e Marcos [2000] e Mortensen [1980]). Algumas extensões de Cila com álgebras quocientes não-triviais foram propostas na literatura; em Mortensen (1989), p. ex., o autor propõe um número infinito de sistemas, denominados $C_{n/(n+1)}$, para n > 0 (situados entre Cila e a lógica clássica C_0) e mostra que as álgebras quocientes (obtidas como classes de fórmulas equivalentes) em $C_{n/(n+1)}$ são não-triviais.

4. *O Significado dos C-Sistemas* – As lógicas paraconsistentes são aquelas capazes de obter modelos para algumas (não necessariamente para todas as) teorias contraditórias. Esta exposição apresenta as lógicas paraconsistentes por meio do conceito de consistência e distingue as noções de não-contraditoriedade e consistência, com interessantes conseqüências do ponto de vista da teoria dos modelos e para fundamentar aplicações (cf., p. ex., Carnielli e Marcos [2001b] e Carnielli, Marcos e De Amo [2000]).

A noção precisa das lógicas da inconsistência formal (LFIs) define uma vasta classe que engloba a grande maioria dos sistemas paraconsistentes conhecidos, e uma importante subclasse, os C-sistemas, que englobam os cálculos C_n de Da Costa, e muitos outros axiomatizados de maneira semelhante, partindo do ponto de vista de que o conceito de consistência pode ser expresso dentro da lógica. Muitos sistemas lógicos podem ser caracterizados como LFIs; um exemplo interessante é o sistema Z proposto por Béziau (1999), no qual uma negação paraconsistente, ¬, é definida no sistema modal S5 a partir da negação clássica, ~, e do operador modal de possibilidade, ◊, como de ¬A $=_{def}$ ◊~A. Não é difícil mostrar que Z pode ser visto como uma LFI (em especial, um C-sistema baseado na lógica modal S5), em que a consistência de uma fórmula A é expressa por (□A ∨ ~A).

Diversas questões complexas podem ser levantadas com relação às LFIs, em particular ligadas às relações com a lógica da demonstrabilidade, a noções de consistência relacionadas aos resultados de incompletude de Gödel, e aos paradoxos da teoria dos conjuntos. As lógicas paraconsistentes foram também estudadas no caso quantificacional, com vistas a desenvolver uma teoria de modelos e aplicações à matemática; alguns procedimentos para estudar versões quantificadas das LFIs em geral, fazendo uso de técnicas de combinação de lógicas como fibrilação (cf. Caleiro e Marcos, 2001), começam a ser investigadas de maneira sistemática. A questão da combinação de lógicas em geral, suas múltiplas aplicações e seu significado, tanto do ponto de vista da lógica simbólica quanto da lógica filosófica, está se tornando uma direção de pesquisa própria. Lógicas como as apresentadas aqui, e muitas outras, podem ser combinadas de maneira a produzir propriedades novas e surpreendentes (cf. Carnielli, Coniglio, Gabbay, Gouveia e Sernadas [2008]) com amplas potencialidades expressivas. **WAC**

ARRUDA, A. I. "A Survey of Paraconsistent Logic", in Arruda, A. I., Chuaqui, R. e Da Costa, N. C. A. (orgs.). *Mathematical Logic in Latin America. Proceedings of the IV Latin American Symposium on Mathematical Logic* (Santiago, Chile, 1978). Amsterdam: North-Holland, 1980, pp. 1-41.

AVRON, A. "Natural 3-Valued Logics: Characterization and Proof Theory", in *The Journal of Symbolic Logic*, vol. 56, n.º 1, 1991, pp. 276-94.

BATENS, D. "A Survey of Inconsistency-Adaptive Logics", in Batens, D., Mortensen, C., Priest, G. e Van Bendegem, J.-P. (orgs.). *Frontiers in Paraconsistent Logic. Proceedings of the I World Congress on Paraconsistency* (Ghent, 1998). Baldock: Research Studies Press/King's College Publications, 2000, pp. 49-73.

____. "Paraconsistent Extensional Propositional Logics", in *Logique et Analyse*, n.ᵒˢ 90/91, 1980, pp. 195-234.

BÉZIAU, J.-Y. "The Paraconsistent Logic Z (a Possible Solution to Jaskowski's Problem)", in *Logic and Logical Philosophy*, 7/8. *Proceedings of the Jaskowski's Memorial Symposium, 1999/2000*, no prelo.

BOBENRIETH-MISERDA, A. *Inconsistencias ¿Por qué no? Un Estudio Filosófico sobre la Lógica Paraconsistente*. Santafé de Bogotá: Tercer Mundo, 1996.

BUENO, O. "Truth, Quasi-Truth and Paraconsistency", in Carnielli, W. A. e D'Ottaviano, I. M. L. (orgs.). *Advances in Contemporary Logic and Computer Science. Proceedings of the XI Brazilian Conference of Mathematical Logic* (Salvador, 1996). American Mathematical Society, 1999, pp. 275-93.

BUENO SOLER, J. e CARNIELLI, W. A. "Possible-transations algebraization for paraconsistent logics", in *Bulletin of the Section of Logic*. Polônia, Universidade de Łods, vol. 34, n.º 2, 2005, pp. 77-92.

CALEIRO, C. e MARCOS, J. "Non-Truth-Functional Fibred Semantics", in Arabnia, H. R. (org.). *Proceedings of the International Conference on Artificial Intelligence* (IC-AI'2001). Las Vegas: CSREA Press, 2001, vol. II, pp. 841-7.

CARNIELLI, W. A. "Possible-Translations Semantics for Paraconsistent Logics", in Batens, D., Mortensen, C., Priest, G. e Van Bendegem, J.-P. (orgs.). *Frontiers in Paraconsistent Logic. Proceedings of the I World Congress on Paraconsistency* (Ghent, 1998). Baldock: Research Studies Press/King's College Publications, 2000, pp. 149-63.

____. "Many-valued Logics and Plausible Reasoning", in *Proceedings of the Twentieth International Symposium on Multiple-Valued Logic*. IEEE Computer Society, Charlotte, NC, USA, 1990, pp. 328-35.

____, CONIGLIO, M. E. e MARCOS, J. "Logics of Formal Inconsistency", in Gabbay, D. e Guenthner, F. (orgs.). *Handbook of Philosophical Logic*. 2.ª ed. Dordrecht: Kluwer Acadenuc Publishers. No prelo. Versão preliminar disponível em *CLE e-Prints*, 5(1), 2005. ftp://logica.cle.unicamp.br/pub/e-pints/vol.5,n.1,2005.pdf

____, ____, GABBAY, D., GOUVEIA, P. e SERNADAS, C. *Analysis and Synthesis of Logics: How to Cut and Paste Reasoning Systems*. Nova York/Berlim: Springer Verlag. A ser publicado em 2008.

____ e MARCOS, J. "Limits for Paraconsistency Calculi", in *Notre Dame Journal of Formal Logic*, vol. 40, n.º 3, 1999, pp. 375-90.

____ e ____. "A Taxonomy of C-Systems", in Carnielli, W. A., Coniglio, M. E. e D'Ottaviano, I. M. L. (orgs.). "Paraconsistency – the Logical Way to the Inconsistent". *Lecture*

Notes in Pure and Applied Mathematics, vol. 228. Nova York: Marcel Dekker, 2002, pp. 1-94. Versão preliminar disponível em *CLE e-Prints*, 1(5), 2001. http://www.cle.unicamp.br/e-prints/abstract_5.htm

CARNIELLI, W. A. e MARCOS, J. "Ex Contradictione non Sequitur Quodlibet", in *Bulletin of Advanced Reasoning and Knowledge. Proceedings of the Advanced Reasoning Forum Conference* (Bucareste, Romênia, julho de 2000), n.º 1, 2001, pp. 89-109.

——— e ———. "Tableau Systems for Logics of Formal Inconsistency", in Arabnia, H. R. (org.). *Proceedings of the International Conference on Artificial Intelligence* (IC-AI'2001). Las Vegas: CSREA Press, 2001b, vol. II, pp. 848-52.

———, ——— e DE AMO, S. "Formal Inconsistency and Evolutionary Databases", in *Logic and Logical Philosophy. Proceedings of the Jaśkowski's Memorial Symposium*, (2000), vol. 8, pp. 115-52.

DA COSTA, N. C. A. "Nota sobre o conceito de contradição", in *Anuário da Sociedade Paranaense de Matemática*, vol. 2, n.º 1, 1958, pp. 6-8.

———. "Observações sobre o conceito de existência em matemática", in *Anuário da Sociedade Paranaense de Matemática*, vol. 2, n.º 2, 1959, pp. 16-9.

———. "On the Theory of Inconsistent Formal Systems", in *Notre Dame Journal of Formal Logic*, vol. 15, n.º 4, 1974, pp. 497-510.

———. *Sistemas formais inconsistentes* [1963]. Tese de Cátedra, UFPR. Curitiba: UFPR, 1993, 68 pp.

———. "The Philosophical Import of Paraconsistent Logic", in *The Journal of Non-Classical Logic*, vol. 1, n.º 1, 1982, pp. 1-19.

——— e ALVES, E. "A Semantical Analysis of the Calculi C_n", in *Notre Dame Journal of Formal Logic*, vol. 18, n.º 4, 1977, pp. 621-30.

———, BÉZIAU, J.-Y. e BUENO, O. A. S. "Aspects of Paraconsistent Logic", in *Bulletin of the IGPL*, vol. 3, n.º 4, 1995, pp. 597-614.

——— e MARCONI, D. "An Overview of Paraconsistent Logic in the 80s", in *The Journal of Non-Classical Logic*, vol. 6, n.º 1, 1989, pp. 5-32.

D'OTTAVIANO, I. M. L. "On the Development of Paraconsistent Logic and Da Costa's Work", in *The Journal of Non-Classical Logic*, vol. 7, n.ºs 1/2, 1990, pp. 89-152.

——— e DA COSTA, N. C. A. "Sur un Problème de Jaśkowski", in *Comptes Rendus de l'Academie de Sciences de Paris* (A-B), n.º 270, 1970, pp. 1349-53.

JAŚKOWSKI, S. "Propositional Calculus for Contradictory Deductive Systems (em polonês)", in *Studia Societatis Scientiarum Torunensis*, sectio A-I, 1948, pp. 57-77. Trad. ingl. in *Studia logica*, n.º 24, 1967, pp. 143-57.

JOHANSSON, I. "Der Minimalkalkül, ein Reduzierter Intuitionistischer Formalismus", in *Compositio Mathematica*, vol. 4, n.º 1, 1936, pp. 119-36.

KOLMOGOROV, A. N. "On the Principle of Excluded Middle" [1925], in Van Heijenoort, J. (org.). *From Frege to Gödel*. Trad. do orig. russo. Cambridge: Harvard University Press, 1967, pp. 414-37. Loparic, A. e Alves, E. H. "The Semantics of the Systems C_n of Da Costa", in Arruda, A. I., Da Costa, N. C. A. e Sette, A. M. (orgs.). *Proceedings of the III Brazilian Conference on Mathematical Logic* (Recife, 1979). São Paulo: Sociedade Brasileira de Lógica, 1980, pp. 161-72.

MARCOS, J. *Semânticas de traduções possíveis*. Tese de mestrado. Unicamp, 1999. Disponível em: www.cle.unicamp.br/pub/thesis/J.Marcos/

———. "8K Solutions and Semi-Solutions to a Problem of Da Costa". Inédito.

MORTENSEN, C. "Every Quotient Algebra for C1 is Trivial", in *Notre Dame Journal of Formal Logic*, vol. 21, n.º 4, 1980, pp. 694-700.

———. "Paraconsistency and C1", in Priest, G., Routley, R. e Norman, J. *Paraconsistent Logic*. Munique: Philosophia, 1989, pp. 289-305.

NELSON, D. "Negation and Separation of Concepts in Constructive Systems", in Heyting, A. (org.). *Constructivity in Mathematics. Proceedings of the Colloquium Held at Amsterdam* (1957). Amsterdam: North-Holland, 1959, pp. 208-25.

PRIEST, G. *In Contradiction. A Study of the Transconsistent*. Dordrecht: Nijhoff, 1987.

———, ROUTLEY, R. e NORMAN, J. (orgs.). *Paraconsistent Logic*. Munique: Philosophia, 1989.

ROUTLEY, R. e MEYER, R. K. "Dialectical Logic, Classical Logic and the Consistence of the World", *in Studies in Soviet Thought*, n.º 16, 1976, pp. 1-25.

SCHÜTTE, K. *Beweistheorie*. Berlim: Springer, 1960.

SETTE, A. M. "On the Propositional Calculus P1", *in Mathematica Japonicae*, n.º 18, 1973, pp. 173-80.

WITTGENSTEIN, L. *Bemerkungen über die Grundlagen der Mathematik*. 3.ª ed. rev. Frankfurt a.M.: Suhrkamp, 1984. Trad. ingl. G. H. von Wright, R. Rhees e G. E. M. Anscombe (orgs.). *Remarks on the Foundations of Mathematics*. 3.ª ed. rev. Oxford: Blackwell, 1978.

lógica polivalente

A suposição de que, sob cada interpretação, toda a proposição é verdadeira ou falsa (PRINCÍPIO DA BIVALÊNCIA) está na base da lógica clássica, proposicional e quantificacional. Um passo natural na generalização da lógica bivalente é a introdução de mais valores lógicos além dos clássicos verdade e falsidade. A possibilidade de um terceiro valor lógico parece remontar ao capítulo IX do tratado *De interpretatione*, de Aristóteles, que considerou, em um contexto modal, proposições contingentes futuras como, p. ex., "Amanhã haverá uma batalha naval", às quais não pode ser atribuído, no momento presente, um valor lógico determinado, o que sugere a existência de um terceiro valor lógico. Essa possibilidade foi o ponto de partida da análise filosófica encetada pelo lógico polonês Łukasiewicz nas primeiras décadas do século XX para a concepção de uma lógica trivalente (ver adiante). Durante a Idade Média são de referir as discussões filosóficas em torno da polivalência de Duns Scoto, Guilherme de Ockham e Pedro de Rivo. Na virada do século XIX para XX há diversas tentativas no sentido de criar lógicas não clássicas, principalmente trivalentes: Hugh MacColl investigou a chamada "lógica tridimensional" em 1897, Charles S. Peirce (1839-1914) trabalhou em uma "matemática tripartida" baseada em uma "lógica triádica" e o russo Nicolai Vasiliev

apresentou um sistema de "lógica imaginária não aristotélica" em que as proposições podem ser "afirmativas", "negativas" ou "indiferentes" (*ver* LÓGICA PARACONSISTENTE). Todavia, as formulações modernas mais satisfatórias tiveram lugar somente depois de desenvolvido o método semântico das tabelas de verdade para a lógica clássica por G. Frege (1879), Peirce (1885) e outros, e o método das matrizes lógicas por Łukasiewicz e Post.

A lógica trivalente de Łukasiewicz parece ter se originado dos seus estudos sobre determinismo, indeterminismo e problemas relacionados, como o princípio da causalidade e as MODALIDADES (possibilidade, necessidade). Alguns historiadores da lógica suspeitam que ele terá sido influenciado pela escola em Lvov-Varsóvia, da qual, nomeadamente, Kotarbinski terá sugerido a necessidade de rever a lógica bivalente que parecia interferir com a liberdade do pensamento humano. Ardente defensor do indeterminismo, Łukasiewicz introduziu um terceiro valor lógico a ser atribuído às proposições indeterminadas, em especial às chamadas contingentes futuras (como "no próximo ano estarei em Varsóvia"). Aos valores lógicos clássicos 0 ("falsidade") e 1 ("verdade") junta-se o valor intermédio $1/2$ exprimindo "indeterminação". Com base na sua interpretação intuitiva do novo valor lógico, Łukasiewicz propõe as seguintes tabelas de verdade para os conectivos $\neg$ (negação) e $\rightarrow$ (condicional):

P	$\neg$P		$\rightarrow$	0	$1/2$	1
0	1		0	1	1	1
$1/2$	$1/2$		$1/2$	$1/2$	1	1
1	0		1	0	$1/2$	1

Os outros conectivos são definidos do seguinte modo: $P \vee Q = (P \rightarrow Q) \rightarrow Q$; $P \wedge Q = \neg(\neg P \vee \neg Q)$; $P \leftrightarrow Q = (P \rightarrow Q) \wedge (Q \rightarrow P)$.

As tautologias na lógica trivalente de Łukasiewicz são as fórmulas que têm sempre o valor 1. Resulta das tabelas anteriores que leis clássicas como a lei do terceiro excluído, P ∨ ¬P, e a lei da não-contradição, ¬(P ∧ ¬P), não são tautologias na lógica de Łukasiewicz (têm o valor $^1/_2$ quando se dá a P o valor $^1/_2$), mas certas contradições clássicas, como P ↔ ¬P, são consistentes (têm o valor 1 quando se dá a P o valor $^1/_2$). Uma das aplicações típicas da lógica polivalente é o estabelecimento de independências na lógica bivalente clássica e em outras. Modernamente, têm sido encontradas outras aplicações na teoria dos circuitos e na computação. *Ver também* BIVALÊNCIA, PRINCÍPIO DA; LÓGICA PARACONSISTENTE. **AJFO**

ARISTÓTELES. "De interpretatione", *in* Bekker, I. (org.). *Aristotelis opera* [5 vols.]. Berlim: Reimer, 1831. Reimp. (4 vols.): Berlim: Walter de Gruyter, 1960. Trad. ingl. "De interpretatione, *in* Barnes, J. (org.). *The Complete Works of Aristotle: The Revised Oxford Edition.* Princeton: Princeton University Press, 1984, vol. 1.

FISCH, M. e TURQUETTE, A. "Peirce's Triadic Logic", *in Transactions of the Charles S. Peirce Society*, vol. 11, 1966, pp. 71-85.

FREGE, Gottlob. *Begriffsschrift, eine der arithmetischen nachgebildete Formelsprache des reinen Denkens.* Halle: Louis Nebert, 1879. Reimp. *in* Angelelli, Ignácio (org.). Frege, Gottlob. *Begriffsschrift und andere Aufsätze.* Darmstadt: Wissenschaftliche Buchgesellschaft, 1971, pp. VIII-88. Trad. ingl. "*Begriffsschrift*, a Formula Language, Modeled Upon That of Arithmetic, for Pure Thought." Trad. Jean van Heijenoort *et al.*, *in* Van Heijenoort, Jean (org.). *From Frege to Gödel: a Source Book in Mathematical Logic, 1879-1931* [1967]. 4.ª reimp. Cambridge/Londres: Harvard University Press, 1981, pp. 1-82.

ŁUKASIEWICZ, J. "O logice trójwarto ciowej", *in Ruch filozoficzny*, vol. 5, 1920, pp. 170-1.

MALINOWSKI, G. *Many-Valued Logics.* Oxford: Clarendon Press, 1993.

POST, E. L. "Determination of All Closed Systems of Truth Tables", *in Bulletin of the American Mathematical Society*, vol. 26, 1920, pp. 437 (*abstract*).

____. "Introduction to a General Theory of Elementary Propositions", *in American Journal of Mathematics*, vol. 43, 1921, pp. 163-85. Reimp. *in* Van Heijenoort, Jean (org.). *From Frege to Gödel. A Source Book in Mathematical Logic, 1879-1931* [1967]. 4.ª reimp. Cambridge/Londres: Harvard University Press, 1981, pp. 264-83.

POST, E. L. "Introduction to a General Theory of Elementary Propositions", *in Bulletin of the American Mathematical Society*, vol. 26, 1920, p. 437 (*abstract*).

RESCHER, N. *Many-Valued Logic.* Nova York: McGraw Hill, 1969.

ROSE, A. "Many-Valued Logics", *in* Agazzi, E. (org.). *Modern Logic.* Amsterdam: D. Reidel, 1981, pp. 113-29.

lógica quântica

A lógica quântica foi criada nos anos 1930 por G. Birkhoff e Von Neumann em ligação com o formalismo matemático da mecânica quântica, em que certos fenômenos dão lugar a situações em que a falsidade ou não-verdade de uma proposição não coincide com a verdade da negação da proposição, sendo mais apropriado considerar três estados possíveis de verdade: verdade, falsidade e indeterminação. Durante muitos anos considerada fictícia, a lógica quântica adquiriu recentemente um *status* semelhante ao de outras lógicas mais fracas do que a lógica clássica, como, p. ex., a lógica intuicionista. Todavia, enquanto na lógica quântica o *tertium non datur* é violado em nível metateórico, a proposição "P ou não-P" é *quantum*-logicamente verdadeira, contrariamente ao que acontece na intuicionista, em geral. É assim porque, na lógica quântica, a verdade ou falsidade de uma disjunção "P ou Q" não implica, em geral, a verdade de uma componente – pode-se ter "P ou Q" verdadeira para o estado quântico ψ mesmo com P e Q ambas não-verdadeiras para o mesmo estado ψ, o que se traduz em um comportamento assimétrico da disjunção e da conjunção e no fracasso das leis distributivas. A lógica quântica admite uma interpretação modal (Goldblatt [1974], Dalla Chiara [1981]). **AJFO**

BIRKHOFF, G. e VON NEUMANN, J. "The Logic of Quantum Mechanics", in Ann. Math., n.º 37, 1936, pp. 823-43.
DALLA CHIARA, M. L. "Quantum Logic", in Handbook of Philosophical Logic, n.º III, 1986, pp. 427-69.
DALLA CHIARA, M. L. "Some Metalogical Pathologies of Quantum Logic", in Beltrametti, E. et al. (orgs.). Current Issues in Quantum Logic. Nova York: Plenum, 1981, pp. 147-59.
GOLDBLATT, R. H. "Semantic Analysis of Ortho-logic", in Journal of Philosophical Logic, vol. 3, 1974, pp. 19-35.
MITTELSTAEDT, P. Quantum Logic. Amsterdam: D. Reidel, 1978.

lógica temporal

O valor lógico que frases como "Carlos irá a Marrocos" ou "Alcina visitou a mãe em Viseu" têm hoje pode não ser o mesmo valor lógico que essas frases tinham ontem ou terão amanhã. Visto de outra maneira, o valor lógico de uma proposição p com o verbo no presente (do indicativo) pode ser diferente do valor lógico da proposição correspondente com o verbo no tempo pretérito ou no tempo futuro. Na lógica temporal ou lógica cronológica tentam-se explicitar simbolicamente as relações entre proposições que só diferem entre si no tempo do verbo. Na forma mais simples, juntam-se dois novos conectivos proposicionais unários aos conectivos habituais da lógica proposicional clássica, a saber: o conectivo F do tempo futuro e o conectivo P do tempo passado. Assim, se p denota ou simboliza "Carlos está em Marrocos", Fp simboliza "Carlos irá a Marrocos" e Pp simboliza "Carlos foi ao Marrocos". O conectivo F pode ler-se "será o caso que" ou "acontecerá que", enquanto P se pode ler "foi o caso que" ou "aconteceu que". Os conectivos compostos $\neg F \neg$ e $\neg P \neg$, que se abreviam G e H, respectivamente, podem-se ler "será sempre o caso que" ou "acontecerá sempre que" e "foi sempre o caso que" ou "aconteceu sempre que", respectivamente. Em muitas ocasiões, porém, é mais conveniente tratar G e H como primitivos e F e P como definidos.

A lógica temporal desenvolveu-se como lógica autônoma a partir de Prior (1957) e como alternativa a uma outra técnica, dita de regimentação (Quine, 1960), que consiste na introdução de quantificação sobre variáveis para instantes de tempo, $t, u,...$; de uma constante, c, para representar o instante presente; e de um símbolo relacional, <, para a relação temporal "antes-depois". Nessa perspectiva, uma frase como "Carlos irá ao Marrocos" não é tratada como uma proposição de valor lógico determinado, a ser simbolizada por uma das letras $p, q,...$, mas como um predicado que exprime uma propriedade dos instantes, a ser simbolizado por uma variável predicativa P, Q,..., p. ex., $\exists t \, (c < t \wedge Q(t))$, onde $Q(t)$ exprime "Carlos está em Marrocos no instante t". A regimentação também é chamada "intemporalização", pois os verbos passam a ser encarados intemporalmente. As motivações de A. N. Prior para a sua versão da lógica temporal são, principalmente, de índole filosófica. Para Prior, o seguinte aspecto é fundamental: a língua natural é temporal, enquanto a linguagem da física é matemática e, por isso, intemporal. A lógica temporal permite delimitar claramente e evitar confusões entre o temporal e o intemporal e, ao mesmo tempo, clarificar as relações entre eles. Aplicações exegéticas interessaram a Prior (1967), especialmente em relação a Aristóteles e a filósofos medievais como Guilherme de Ockham e Pedro Auriole. Mais recentes são as motivações de natureza lingüística (Van Benthem, 1978 e 1981) e as relacionadas com as ciências da computação e a chamada lógica dinâmica, em que se utilizam comumente operadores temporais para exprimir certas propriedades dos programas computacionais como correção, segurança, integridade dos dados, acessibilidade e terminação (Harel [1984] e Pratt [1980]). **AJFO**

BURGESS, J. P. "Basic Tense Logic", in Gabbay, D. e Guenthner, F. (orgs.). Handbook of Philosophical Logic, 1984, vol. II, pp. 89-133.
HAREL, D. "Dynamic Logic", in Gabbay, D. e Guenthner, F. (orgs.). Handbook of Philosophical Logic, 1984, vol. II, pp. 497-604.

PRATT, V. R. "Applications of Modal Logic to Programming", *in Studia Logica*, n.º 39, 1980, pp. 257-74.

PRIOR, A. N. *Time and Modality*. Oxford: Clarendon Press, 1957.

PRIOR, A. N. *Past, Present and Future*. Oxford: Clarendon Press, 1967.

QUINE, W. V. O. *Word and Object*. Cambridge: MIT Press, 1960.

VAN BENTHEM, J. F. A. K. "Tense Logic and Standard Logic", *in Journal of Symbolic Logic*, n.º 37, 1978, pp. 150-8.

____. "Tense Logic, Second Order Logic, and Natural Language", *in* Monnich, U. (org.). *Aspects of Philosophical Logic*. Dordrecht: Reidel, 1981, pp. 1-20.

lógicas não-clássicas

As lógicas ditas não-clássicas, proposicionais ou quantificacionais divergem, em maior ou menor grau, da LÓGICA CLÁSSICA, em um – ou, em geral, mais do que um – dos aspectos seguintes: sintático, dedutivo ou semântico. No aspecto sintático ou gramatical as diferenças são geralmente devidas à presença de um ou mais conectivos não definíveis a partir das clássicas ($\neg$, $\wedge$, $\vee$, $\rightarrow$, $\leftrightarrow$), p. ex., conectivos modais (*ver* LÓGICA MODAL), conectivos infinitários (*ver* LÓGICA INFINITÁRIA) ou quantificadores generalizados (como, p. ex., "existem infinitos x tais que"). Diferenças nesse aspecto traduzem-se também, invariavelmente, em diferenças no que respeita a sistemas dedutivos. Todavia, pode ter lugar uma diferença significativa no que respeita ao sistema dedutivo, ou no que respeita à semântica, ou ambas as coisas, sem nenhuma modificação na sintaxe. Assim, p. ex., a LÓGICA INTUICIONISTA compreende essencialmente a mesma sintaxe que a lógica clássica, mas difere bastante desta nos aspectos quer dedutivos, quer semânticos. Nas lógicas polivalentes mantém-se a sintaxe, mas concebe-se uma semântica totalmente diferente da semântica bivalente clássica: os valores lógicos são elementos de um conjunto finito com $n > 2$ elementos (lógicas n-valentes), números reais do intervalo [0, 1] (lógica probabilista), ou elementos de uma ÁLGEBRA DE BOOLE arbitrária. **AJFO**

lógicas não-monótonas

Uma das propriedades da lógica clássica é ser monótona, isto é, as conclusões que podem ser derivadas de um conjunto de premissas nunca são invalidadas, se o conjunto de premissas aumentar. Existem, no entanto, muitas situações em que o nosso raciocínio nos leva a tirar conclusões que poderemos ter de abandonar diante de nova informação. Esse aspecto do raciocínio humano pode obviamente ser considerado indesejável. Com efeito, se apenas tirássemos conclusões certas e se só agíssemos baseados nessas conclusões não iríamos longe.

Preocupando-se a inteligência artificial em construir máquinas que exibam um comportamento inteligente, é importante encontrar formalizações de tipos de raciocínio em que é possível tirar conclusões que não sejam apenas as conseqüências lógicas de dado conjunto de premissas. As lógicas não-monótonas são uma tentativa de formalizar o raciocínio em que as conclusões são revisáveis. Esse tipo de raciocínio está em geral associado a frases como "Normalmente, A é verdadeiro", "Tipicamente, A", "Regra geral, A", "Se não houver informação contrária, assumir A".

P. ex., dada a frase "normalmente as aves voam", ao tomarmos conhecimento da existência de dada ave, digamos Piupiu, poderemos ser levados a concluir que Piupiu voa, embora exista um número infindável de exceções: avestruzes, pingüins, aves recém-nascidas, aves mortas, etc. É importante notar o fato de que a conclusão de que o Piupiu voa baseou-se não só na informação de que normalmente as aves voam e de que o Piupiu é uma ave, como também na suposição de que Piupiu é uma ave normal no que diz respeito a voar. Essa suposição, por sua vez, baseia-se na ausência de informação sobre a não-normalidade do Piupiu. Por essa razão, se viermos a saber mais tarde que por algum motivo o

Piupiu não é normal no que diz respeito a voar, teremos de retirar a conclusão de que o Piupiu voa.

Recorrendo à lógica clássica, poderíamos ser tentados a escrever a seguinte fbf para representar que normalmente as aves voam $\forall x \ ((Ave(x) \land \neg Anormal(x)) \to Voa(x))$, que afirma que todas as aves não anormais (no que respeita a voar) voam. Teremos ainda de definir o que se entende por ser anormal no que respeita a voar, e a seguinte fbf é uma tentativa nesse sentido: $\forall x \ ((Pingüim(x) \lor Avestruz(x) \lor Morta(x) \lor ...) \to Anormal(x))$

Os "..." na fbf anterior indicam a impossibilidade de enumerar exaustivamente todas as condições possíveis que levem a concluir a anormalidade de uma ave. No entanto, mesmo que conseguíssemos listar todas essas condições nada poderíamos concluir apenas da informação de que dado animal é uma ave, pois não existiam elementos suficientes para provar sua normalidade ou anormalidade. O que se pretende obter com o desenvolvimento das lógicas não-monótonas é um mecanismo que permita "saltar para conclusões racionais" a partir de conhecimento incompleto.

Ao desenvolver lógicas não-monótonas estamos abrindo a porta à inferência de proposições que não são verdadeiras (passamos a aceitar argumentos que não são válidos). Sob o ponto de vista lógico, queremos inferir proposições que sejam consistentes com as premissas, proposições que são verdadeiras em pelo menos um dos modelos das premissas. Partindo do conjunto de premissas {o Piupiu é uma ave, normalmente as aves voam}, a proposição "o Piupiu voa" é consistente com esse conjunto, ou seja, ela é verificada em pelo menos um modelo das premissas (pertence a uma imagem que podemos formar do mundo, com base nessas duas premissas). Por outro lado, "Piupiu não voa" também é consistente com esse conjunto de premissas. No entanto, "o Piupiu voa" e "o Piupiu não voa" são proposições que não podem ser inferidas simultaneamente.

As lógicas não-monótonas permitem-nos inferir proposições que são consistentes com o conjunto de premissas e que são mutuamente consistentes. De modo geral, em lógicas não-monótonas as proposições que são inferidas dependem da ordem pela qual as regras de inferência são aplicadas. P. ex., partindo do conjunto de premissas que temos descrito, se inferirmos que "o Piupiu voa" deixamos de poder inferir que "o Piupiu não voa"; por outro lado, se inferirmos que "o Piupiu não voa" deixamos de poder inferir que "o Piupiu voa".

O processo de inferência monótono (a inferência associada à lógica tradicional) pode ser visto como a aplicação mecânica de todas as regras de inferência, e de todos os modos possíveis, às premissas, gerando proposições às quais as regras de inferência são aplicadas; uma vez derivada em dado passo, essa proposição mantém-se em todos os passos subseqüentes. Esse processo permite-nos enumerar todos os teoremas de uma lógica. Por outro lado, o processo de inferência associado a lógicas não-monótonas não garante que uma proposição uma vez derivada se mantenha em todos os passos subseqüentes, pois outra proposição inferida em um passo subseqüente pode invalidar sua existência.

Esse aspecto faz com que o conjunto de teoremas de uma lógica não-monótona deixe de ser um conjunto recursivamente enumerável e que nesse tipo de lógica haja a preocupação de determinar as chamadas extensões de um conjunto de premissas Δ e um formalismo para raciocínio não-monótono; uma extensão Ω de Δ, nesse formalismo, é um conjunto de proposições que contém todas as conseqüências de Δ, no sentido clássico, e é fechado sob certas condições. Essas extensões são pontos fixos em relação à teoria definida pelas premissas e regras de inferência. Um ponto fixo em relação à operação de gerar conclusões é definido como um conjunto de proposições das quais não é possível inferir proposições adicionais.

lógicas não-monótonas

Para que uma lógica não-monótona tenha um processo de bloquear inferências é habitual introduzir regras de inferência com precondições. Essas precondições permitem verificar dinamicamente (antes de cada inferência) se a proposição a ser produzida é ou não consistente com tudo aquilo que já foi inferido. Note-se que isso faz com que algumas das regras de inferência dessas lógicas sejam radicalmente diferentes das regras de inferência das lógicas tradicionais: ao passo que as condições da aplicabilidade das regras de inferência das lógicas tradicionais apenas consideram uma ou duas proposições como critério da sua aplicabilidade, as regras de inferência de uma lógica não-monótona têm de considerar todas as proposições.

A Lógica da Omissão – A lógica da omissão (do inglês *default logic*) foi introduzida por Reiter (1980) e revista por Reiter e Criscuolo (1981). Uma semântica para essa lógica foi desenvolvida por Etherington (1987).

A lógica da omissão utiliza a linguagem da lógica clássica (que será designada por L) e, para além das regras de inferência da lógica clássica, contém regras de inferência da forma

$$\frac{\alpha(\vec{x}):\beta_1(\vec{x}),\dots,\beta_m(\vec{x})}{\gamma(\vec{x})}$$

em que $\alpha(\vec{x})$, $\beta_1(\vec{x})$, ..., β_m e $\gamma(\vec{x})$ são fbf cujas variáveis livres pertencem ao vetor $\vec{x} = (\vec{x}_1, \dots, \vec{x}_n)$. Essa regra de inferência, chamada "regra de omissão", é interpretada do seguinte modo: a partir de $\alpha(\vec{x}_0)$, e se for consistente assumir $\beta_1(\vec{x}_0), \dots, \beta_m(\vec{x}_0)$, então podemos derivar $\gamma(\vec{x}_0)$.

As regras de omissão podem ser interpretadas como sugestões em relação ao que devemos acreditar em adição ao que é ditado pela lógica clássica. A fbf $\alpha(\vec{x})$ é a chamada precondição da regra, as fbf $\beta_1(\vec{x}), \dots, \beta_m(\vec{x})$ são chamadas "justificações da regra" e $\gamma(\vec{x})$ é o conseqüente da regra. Se nenhuma das fbf $\alpha, \beta_1, \dots, \beta_m$ e γ contiver variáveis livres, então a regra de omissão diz-se fechada. As variáveis livres em uma regra de omissão são consideradas quantificadas universalmente.

Note-se já, nessas regras de inferência, o caráter fundamentalmente diferente entre a lógica clássica e as lógicas não-monótonas. As condições de aplicabilidade da regra de omissão

$$\frac{\alpha(\vec{x}):\beta_1(\vec{x}),\dots,\beta_m(\vec{x})}{\gamma(\vec{x})}$$

exigem que $\alpha(\vec{x}_0)$ seja verificado (o que é semelhante às condições impostas a uma regra de inferência da lógica clássica) e também que $\neg\beta_1(\vec{x}_0), \dots, \beta_m(\vec{x}_0)$ não sejam deriváveis a partir das premissas, utilizando todas as regras de inferência, que incluem a regra em consideração. Ou seja, ao determinar se dada regra de omissão é aplicável, é necessário entrar em consideração com os resultados produzidos pela aplicação da própria regra.

Como exemplo de uma regra de omissão, consideremos a afirmação "geralmente, um adulto não-estudante tem um emprego", que pode ser expressa por meio da regra de omissão

$$\frac{Adulto(P):\neg\,Estudante(P)}{Empregado(P)}$$

Um caso particular de regras de omissão, chamadas "regras de omissão normais", é da forma:

$$\frac{\alpha(\vec{x}):\beta(\vec{x})}{\beta(\vec{x})}$$

P. ex., a afirmação de que "de modo geral as aves voam" pode ser expressa por meio da regra de omissão normal

$$\frac{Ave(x):Voa(x)}{Voa(x)}$$

que pode ser lida: "se x é uma ave e se for consistente assumir que x voa, então podemos concluir que x voa". As exceções à regra são traduzidas por meio de fbf, p. ex., $\forall x \, (Pingüim(x) \to \neg Voa(x))$.

Uma teoria de omissão é um par (ψ, Δ), constituído por um conjunto de regras (ψ) e por um conjunto de fbf fechadas ($\Delta \subset L$) que representam o conhecimento básico e que são tratadas como premissas. Tanto ψ como Δ podem ser conjuntos infinitos (mas numeráveis). Uma teoria de omissão que apenas contém regras de omissão fechadas chama-se "fechada". (O fato de apenas considerarmos regras fechadas não é tão grave como aparenta, pois uma teoria com regras abertas pode ser transformada em uma teoria com regras fechadas por meio da exemplificação de todas as possíveis variáveis, com os valores de todas as constantes individuais.) Uma teoria de omissão que apenas contém regras de omissão normais chama-se "normal".

Dada uma teoria de omissão (Ψ, Δ), estaremos interessados em calcular os conjuntos de fbf deriváveis a partir de Δ usando as regras de inferência da lógica clássica, as regras de omissão e as regras de omissão em Ψ. Esses conjuntos correspondem, em lógica clássica, ao conjunto dos teoremas deriváveis a partir de Δ. Contudo, em lógicas não-monótonas pode existir mais do que um desses conjuntos ou, eventualmente, nenhum. Cada um desses conjuntos é chamado uma extensão da teoria de omissão (Ψ, Δ). Cada extensão pode ser interpretada como um conjunto aceitável de crenças que pode ser gerado a partir do conjunto Δ, usando as regras de omissão em Ψ.

Existem três propriedades admissíveis para uma extensão da teoria (Ψ, Δ): 1. Uma extensão de (Ψ, Δ) deve conter o conjunto Δ; 2. Uma extensão de (Ψ, Δ) deve ser um conjunto fechado em relação à derivabilidade no sentido clássico (usando apenas as regras de inferência da lógica clássica). Esse aspecto garante que uma extensão deva ser tão completa quanto possível em relação à noção clássica de derivabilidade; 3. Uma extensão de (Ψ, Δ) deve ser um conjunto fechado em relação à aplicação das regras de omissão em Ψ, ou seja, todas as regras de omissão que sejam consistentes com a teoria devem ser aplicadas.

As três condições anteriores nada dizem em relação ao que não deva existir em uma extensão, p. ex., o conjunto de todas as fbf de L satisfaz as três condições anteriores. Para eliminar a possibilidade de introdução de proposições sem justificação pela teoria na extensão de (Ψ, Δ), vamos determinar que uma extensão, para além de satisfazer as condições anteriores, seja também um conjunto mínimo. Com essa informação adicional estamos ainda permitindo a existência de fbf não justificadas em uma extensão, como é ilustrado pelo seguinte exemplo.

Considere-se a seguinte teoria de omissão:

$$\left(\left\{ \frac{P:Q}{Q} \right\}, \{P\} \right)$$

Existem dois conjuntos mínimos de fbf que satisfazem as três condições anteriores: $\Phi_1 = Th \, (\{P, Q\})$ e $\Phi_2 = Th \, (\{P, \neg Q\})$.

É evidente que apenas Φ_1 deve ser considerado como uma extensão da teoria. A fonte da dificuldade na definição de uma extensão reside no fato de que o critério para aplicação de uma regra de omissão tem em linha de conta não só as fbf que existem, mas também as que não existem. Isso permite bloquear a aplicação de uma regra de omissão desde que se introduza a negação da sua justificação. Se essa negação não for justificada, não deve aparecer na extensão.

Para conseguirmos uma definição correta de extensão, suponhamos que Ω e $\Gamma(\Omega)$ representam a mesma extensão da teoria (Ψ, Δ) e tentemos definir $\Gamma(\Omega)$ em termos de Ω. Ou seja, suponhamos que já sabíamos uma extensão, Ω, e com base nisso reconstruímos essa extensão dando origem a $\Gamma(\Omega)$. Consideremos as seguintes condições: 1. $\Delta \subset \Gamma(\Omega)$; 2. $\Gamma(\Omega)$ é fechado sob derivabilidade, ou seja, $Th \, (\Gamma(\Omega)) = \Gamma(\Omega)$; 3. Se $((\alpha : \beta) / \gamma) \in \Psi$, $\alpha \in \Gamma(\Omega)$ e $\neg \beta \notin \Omega$ então $\gamma \in \Gamma(\Omega)$.

Embora as condições anteriores pareçam semelhantes às enunciadas anteriormente, existe uma diferença fundamental entre elas. Dados Ω e $\Gamma(\Omega)$, somos capazes de distinguir formalmente entre o que deve existir e o que não deve existir, especificando os critérios de aplicabilidade das regras de omissão. Isso nos permite definir formalmente uma extensão. Seja (Ψ, Δ) uma teoria de omissão e seja Ω um conjunto de fbf ($\Omega \subset L$). Seja $\Gamma(\Omega)$ o menor conjunto de fbf de L satisfazendo as três condições anteriores. O conjunto Ω é uma extensão da teoria de omissão (Ψ, Δ) se, e somente se, $\Gamma(\Omega) = \Omega$, ou seja, se Ω é um ponto fixo do operador Γ.

Reconsideremos a teoria

$$\left(\left\{\frac{P:Q}{Q}\right\}, \{P\}\right)$$

e os conjuntos $\Phi_1 = \textit{Th}(\{P, Q\})$ e $\Phi_2 = \textit{Th}(\{P, \neg Q\})$. Como $\Gamma\Phi_1 = \textit{Th}(\{P, Q\}) = \Phi_1$ e $\Gamma(\Phi_2) = \textit{Th}(\{P\}) \neq \Phi_2$, apenas Φ_1 é uma extensão.

As teorias de omissão são não-monótonas no seguinte sentido: se T = (Ψ, Δ) é uma teoria de omissão com extensão Ω, Ψ' é um conjunto de regras de omissão, Δ' é um conjunto de fbf ($\Delta' \subset L$), então $T'' = (\Psi \cup \Psi', \Delta \cup \Delta')$ pode não ter nenhuma extensão Ω' tal que $\Omega \subset \Omega'$.

As teorias de omissão normais apresentam três propriedades importantes: 1. A semimonotonicidade. Se o conjunto de regras de omissão de uma teoria de omissão normal aumentar, então, para cada extensão da teoria inicial, existe uma extensão da nova teoria que a contém. 2. A garantia de extensões. Prova-se que toda a teoria fechada de omissão normal tem uma extensão. 3. A existência de um processo de decisão para as fórmulas da linguagem. Dada uma teoria de omissão normal e fechada T = (Ψ, Δ) e uma fbf $\beta \in L$, é possível determinar se existe uma extensão Ω de T tal que $\beta \in \Omega$.

Embora as regras de omissão normais dêem origem a teorias cujas propriedades podem ser facilmente formalizáveis, elas podem originar certas conclusões indesejáveis tal como se ilustra no seguinte exemplo de Reiter e Criscuolo (1981). Consideremos a teoria de omissão normal T = (Ψ, Δ) em que Ψ tem duas regras de omissão:

$$\psi_1 = \frac{\textit{Estudante}(x) : \textit{Adulto}(x)}{\textit{Adulto}(x)}$$

e

$$\psi_2 = \frac{\textit{Adulto}(x) : \textit{Empregado}(x)}{\textit{Empregado}(x)}$$

e Δ tem uma única fbf, Δ = {Estudante (Rui)}. A regra ψ_1 diz que "geralmente, os estudantes são adultos", e a regra ψ_2 diz que "geralmente, os adultos têm um emprego". As regras de omissão ψ_1 e ψ_2 permitem, a partir de um estudante arbitrário, inferir que este tem um emprego, o que de modo geral é falso.

Para evitar a transitividade da aplicação das regras de omissão, podemos aumentar Ψ com a regra

$$\psi_3 = \frac{\textit{Estudante}(x) : \neg \textit{Empregado}(x)}{\neg \textit{Empregado}(x)}$$

A teoria $T'' = (\{\psi_1, \psi_2, \psi_3\}, \{\textit{Estudante}(\textit{Rui})\})$ tem duas extensões: $\Omega_1 = \textit{Th}(\{\textit{Estudante}(\textit{Rui}), \textit{Adulto}(\textit{Rui}), \neg \textit{Empregado}(\textit{Rui})\})$ e $\Omega_2 = \textit{Th}(\{\textit{Estudante}(\textit{Rui}), \textit{Adulto}(\textit{Rui}), \textit{Empregado}(\textit{Rui})\})$.

Embora a extensão Ω_1 seja a mais razoável, nada na lógica faz com que ela seja preferida à extensão Ω_2. Para evitar a extensão Ω_2 podemos modificar a regra de omissão do seguinte modo:

$$\psi'_2 = \frac{\textit{Adulto}(x) : \textit{Empregado}(x) \wedge \neg \textit{Estudante}(x)}{\textit{Empregado}(x)}$$

A teoria $T''' = (\{\psi_1, \psi'_2, \psi_3\}, \{\textit{Estudante}(\textit{Rui})\})$ apenas tem a extensão desejada (Ω_1). A regra de omissão ψ_2 é da forma:

$$\frac{\alpha(x) : \beta(x) \wedge \neg \gamma(x)}{\beta(x)}$$

e é chamada "regra de omissão seminormal". As teorias seminormais não têm extensão garantida nem têm a propriedade semimonótona.

A semântica da lógica de omissão, introduzida por Etherington (1987), trabalha com conjuntos de modelos no sentido clássico. Informalmente, a idéia básica para calcular os modelos das extensões da teoria de omissão (Ψ, Δ) é começar com o conjunto de todos os modelos de Δ e recorrer às regras de omissão para gerar conjuntos cada vez menores de modelos. (Quanto menor for um conjunto de modelos, maior é o número de fbf satisfeitas por todos os modelos do conjunto; em particular, o conjunto vazio de modelos satisfaz todas as fbf.) Os menores conjuntos de modelos obtidos correspondem, com certas condições adicionais, exatamente aos modelos das extensões.

A noção fundamental na semântica da lógica de omissão consiste em introduzir uma ordem parcial entre os conjuntos de modelos de uma teoria de omissão. Seja M um conjunto de modelos e M_1 e M_2 dois subconjuntos desse conjunto ($M_1, M_2 \in 2^M$). Seja

$$\Psi = \frac{\alpha : \beta_1,...,\beta_n}{\gamma}$$

uma regra de omissão. Essa regra de omissão introduz uma ordem parcial $\geq \psi$ em 2^M. Dizemos que a regra de omissão ψ prefere o conjunto de modelos M_1 ao conjunto de modelos M_2, o que é escrito $M_1 \geq \psi M_2$, se, e somente se, $\forall M \in M_2\ M \models \alpha \wedge \exists N_1,..., N_n \in M_2 : N_i \models \beta \wedge M_1 = M_2 - \{M : M \models \neg \gamma\}$.

Intuitivamente, $\geq \psi$ captura a preferência por ψ para descrições mais especializadas do mundo, nas quais o conseqüente da regra é verdadeiro, em favor de outras descrições em que as precondições da regra de omissão são verdadeiras e as suas justificações são consistentes, mas não satisfazem o conseqüente.

A idéia de modelos preferenciais pode ser estendida a um conjunto de regras de omissão. Consideremos um conjunto de regras de omissão Ψ e um conjunto de modelos M. Sejam M_1 e M_2 dois subconjuntos desse conjunto ($M_1, M_2 \in 2 + M$). A ordem parcial $\geq \Psi$ correspondente a Ψ em relação a 2^M é definida como a união das ordens parciais dadas pelas regras de omissão em Ψ. Dizemos que o conjunto de regras de omissão Ψ prefere o conjunto de modelos M_1 ao conjunto de modelos M_2, (em símbolos: $M_1 \geq \Psi M_2$) se, e somente se, $(\exists \psi \in \Psi (M_1 \geq \psi M_2)) \vee (\exists M' \in 2^M (M_1 \geq_\psi M' \geq_\psi M_2))$.

Para teorias de omissão normais (Ψ, Δ) basta considerar conjuntos máximos em relação a $\geq \Psi$ que contêm elementos de $2^{Mod(\Delta)}$ ($Mod(\Delta)$ é o conjunto dos modelos de Δ, ou seja, ($Mod(\Delta) = \{M : M \models \Delta\}$). Cada um desses conjuntos máximos corresponde ao conjunto de todos os modelos de uma extensão da teoria (Ψ, Δ). As teorias não-normais, por não verificarem a propriedade de semimonotonicidade, necessitam de uma abordagem mais complexa. Essa abordagem baseia-se na noção de estabilidade, que vai garantir que os conjuntos máximos satisfaçam todas as noções de preferência das regras de omissão utilizadas para os gerar.

Seja (Ψ, Δ) uma teoria de omissão e seja $M \in 2^{Mod(\Delta)}$. Dizemos que M é estável em (Ψ, Δ) se, e somente se, existir $\Psi' \subseteq \Psi$ tal que M $\geq \Psi$, $Mod(\Delta)$ e para cada regra de omissão

$$\frac{\alpha : \beta_1 ... \beta_n}{\gamma} \in \Psi' \exists N_1 ... N_n \in M : N_i \models \beta_i.$$

$M_1 = \{M : M \models Dia\ Útil\ (Hoje)\} \geq_{\psi_1} \geq_{\psi_2}$

$$\geq_{\psi_1} \swarrow \qquad \searrow \geq_{\psi_2}$$

$M_2 = \{M : M \models$
$Dia\ Útil\ (Hoje),$
$Trabalha\ (Pedro, Hoje)\}$

$M_3 = \{M : M \models$
$Dia\ Útil\ (Hoje),$
$Doente\ (Pedro, Hoje)\}$

$M_4 = \{M : M \models$
$Dia\ Útil\ (Hoje),$
$Doente\ (Pedro, Hoje),$
$Trabalha\ (Pedro, Hoje)\}$

Figura 1: Ordem parcial entre os modelos da teoria de omissão T.

Por outras palavras, um conjunto de modelos é estável na teoria de omissão (Ψ, Δ) se é uma especialização do conjunto de modelos de Δ e não refuta as justificações de nenhuma das regras de omissão usadas na especialização.

Consideremos a teoria de omissão não normal T = ({ψ₁, ψ₂}, {*Dia Útil* (*Hoje*)}), em que ψ₁ e ψ₂ são as seguintes regras de omissão:

$$\Psi_1 = \frac{\textit{Dia Útil (Hoje)}: \neg \textit{Tem Atestado (Pedro, Hoje)}}{\textit{Trabalha (Pedro, Hoje)}}$$

$$\Psi_2 = \frac{\textit{Dia Útil (Hoje)}: \neg \textit{Trabalha (Pedro, Hoje)}}{\textit{Doente (Pedro, Hoje)}}$$

Ou seja, em um dia útil, se for consistente assumir que Pedro não tem atestado médico, então Pedro trabalha (ψ_1); em um dia útil, se for consistente assumir que Pedro não trabalha, então Pedro está doente (ψ_2). Hoje é um dia útil.

Para calcular o que pode ser concluído a partir dessa teoria, vamos determinar os modelos das suas extensões. Na figura 1 mostramos a relação de ordem parcial introduzida pelas regras de omissão da teoria T. De fato, $M_2 \geq_\psi M_1$, $M_4 \geq_\psi M_3 \geq_\psi M_1$.

Nessa ordem parcial existem dois conjuntos de modelos máximos M_2 e M_4. Desses dois conjuntos de modelos apenas M_2 é estável, o que significa que a teoria de omissão T tem apenas uma extensão, definida pelo conjunto de modelos M_2.

Etherington (1988, pp. 174-6) prova os seguintes resultados em relação a essa semântica: Teorema (solidez): Se Ω for uma extensão de (Ψ, Δ), então {M : M ⊨ Ω} é estável e máximo para (Ψ, Δ). Teorema (completude): Se M for um conjunto estável e máximo de modelos de (Ψ, Δ), então M é o conjunto de modelos para alguma extensão de (Ψ, Δ). Por outras palavras, o conjunto {α : ∀M ∈ M, M ⊨ α} é uma extensão de (Ψ, Δ).

Outras Abordagens – Nesta seção discutimos duas abordagens alternativas à formalização de lógicas não-monótonas, a lógica auto-epistêmica e a circunscrição.

A lógica auto-epistêmica (do inglês *auto-epistemic logic*) foi proposta por Moore (1988) e utiliza o operador modal B que se lê "acredita" (do inglês *believes*). O termo auto-epistêmica vem da epistemologia (teoria do conhecimento), e o prefixo "auto-" sugere inspeção do conhecimento pelo detentor do conhecimento. Segundo Moore, a lógica auto-epistêmica é adequada para modelar as crenças de agentes que refletem sobre as suas próprias crenças. Na lógica auto-epistêmica é possível exprimir proposições tais como "se não acredito em P".

A circunscrição foi introduzida por McCarthy (1980) e vem sendo explorada por inúmeros investigadores. A circunscrição não é uma lógica não-monótona, mas sim uma tentativa de impor na lógica clássica um esquema de axiomas de ordem superior à primeira de modo a permitir "pular em direção a conclusões", inferindo certas propriedades sobre os objetos que satisfazem determinada relação. A idéia subjacente à circunscrição é a de afirmar que todos os objetos que têm dada propriedade são aqueles para o qual é possível demonstrar a existência de tal propriedade. P. ex., circunscrever a propriedade "ser um bloco" corresponde a supor que todos os objetos que não são demonstráveis de ser um bloco não o são. **JPM**

ETHERINGTON, D. W. "A Semantics for Default Logic", in *Proc. IJCAI-87*. Los Altos: Morgan Kaufmann, 1987, pp. 495-8.

GABBAY, D., HOGGER, C. J. e ROBINSON, J. A. (orgs.). *Handbook of Logic in Artificial Intelligence and Logic Programming*. Oxford: Clarendon Press, 1994, vol. 3.

MCCARTHY, J. "Circumscription: a Form of Non-Monotonic Reasoning", in *Artificial Intelligence*, n.º 13, 1980, pp. 27-39.

———. "Applications of Circumscription to Formalising Common-Sense Knowledge", in *Artificial Intelligence*, n.º 28, 1986, pp. 89-116.

MOORE, R. C. "Autoepistemic Logic", in Smets et al. (orgs.). *Non-Standard Logics for Automated Reasoning*. Nova York: Academic Press, 1988, pp. 105-27.

REITER, R. "A Logic for Default Reasoning", in *Artificial Intelligence*, n.º 13, 1980, pp. 81-132.

REITER, R. e CRISCUOLO, G. "On Interacting Defaults", in Proc. IJCAI-81. Los Altos: Morgan Kaufmann, 1981, pp. 270-6.

lógicas relevantes

As lógicas relevantes (ou de relevância) são sistemas de lógica cuja construção tem por motivação básica formular uma alternativa à lógica clássica tal que proporcione um tratamento semântico intuitivamente aceitável do conceito de IMPLICAÇÃO e, associadamente (pressupondo uma semântica do mesmo tipo para – todos – os CONDICIONAIS), do conector "se..., então...". Procura-se, em particular, que tais sistemas sejam compatíveis com a idéia de que uma proposição A implica uma proposição B e, associadamente, uma proposição da forma "Se A, então B" é verdadeira se, e somente se, B se seguir "relevantemente" de A. O objetivo, portanto, é construir uma lógica em que seja possível exprimir a noção de A implicar relevantemente B.

Em geral, um sistema de LÓGICA tem por objetivo formalizar o conceito de inferência (ou IMPLICAÇÃO) válida. Idealmente, portanto, deve ser capaz de gerar todas as inferências válidas e nenhuma das inválidas. De um ponto de vista estrito, isso quer apenas dizer que é desejável que o sistema seja COMPLETO e CORRETO (*sound*), isto é, que a sua SINTAXE produza como teoremas exatamente as fórmulas que, segundo a sua SEMÂNTICA, são fórmulas universalmente válidas ou TAUTOLOGIAS, além de permitir que todas e só as derivações tais que, se a semântica do sistema classificar as suas premissas como verdadeiras, então tem de classificar a conclusão como verdadeira também (presumindo a habitual caracterização de VALIDADE como preservação de verdade). Mas, de um ponto de vista mais abrangente, o objetivo mencionado pode ser interpretado como sendo o de que o sistema não gere fórmulas cujas correspondentes da linguagem natural não contem como universalmente válidas e que todas as derivações que ele permite sejam intuitivamente válidas, isto é, que as suas congêneres na linguagem natural contem também como válidas e representativas de raciocínios corretos. Por outras palavras, é desejável que um sistema de lógica tenha uma sintaxe e uma semântica que não contradigam as nossas intuições acerca de implicação. A acusação básica dos lógicos relevantes à lógica clássica é justamente a de que, por ser insensível à noção de relevância, ela gera inferências que não são genuinamente válidas do ponto de vista intuitivo e, portanto, não formaliza convenientemente o conceito de inferência válida.

As lógicas relevantes têm como antepassado conceptual as tentativas de C. I. Lewis para formalizar o conceito de IMPLICAÇÃO ESTRITA, que ele fazia equivaler ao de CONDICIONAL estrito. Na lógica clássica, a caracterização semântica dos CONECTIVOS proposicionais é em todos os casos verofuncional (*ver* FUNÇÃO DE VERDADE): são as atribuições de valores de verdade às fórmulas atômicas que determinam (funcionalmente) o valor de verdade das fórmulas moleculares que resultam de concatenar as primeiras por meio dos referidos conectivos. Isso aplica-se também às fórmulas condicionais – isto é, àquelas que pretendem representar (pelo menos em parte) as frases das línguas naturais com o conectivo "se..., então...", p. ex., traduzindo-o por →. Essas frases são falsas apenas no caso de o antecedente ser verdadeiro e o conseqüente falso, e verdadeiras em todos os outros casos de atribuições de valores a antecedente e conseqüente. Por outras palavras, a mera falsidade do antecedente ou a mera veracidade do conseqüente são suficientes, por si, para garantir a veracidade de uma condicional da lógica clássica – o que, do ponto de vista das nossas intuições acerca de condicionais, é altamente problemático, pelo menos se o conectivo condicional respectivo for interpretado como congênere formal de "se..., então..." (*ver* CONDICIONAIS, teorias de). De fato, presumindo que a semântica do condicional da lógica clássica pretende representar adequadamente a semântica do condicional natural, isto tem a conseqüência insatisfatória de que uma frase como "Se o presidente de um partido extremista é um democrata, então a Lua é um queijo suíço" é verdadeira e derivável (por MODUS PONENS) a partir dos axiomas disponíveis, conjuntamente com a premissa (argumentavelmente verdadeira) "o presidente de um partido extremista não é um democrata" (uma vez que qualquer sistema clássico aceita – como axioma ou como teorema – a fórmula ¬A → (A → B), que é, segundo a semântica descrita anteriormente de →, uma tautologia); e esse resultado tem um dual igualmente problemático, dado que a tautologia B → (A → B) é aceita também pelos referidos sistemas. C. I. Lewis é justamente conhecido por, ao tentar resolver esses problemas (os chamados PARADOXOS DA IMPLICAÇÃO (ou do condicional) MATERIAL), ter sido pioneiro na construção de sistemas de LÓGICA MODAL. Esse desenvolvimento deveu-se ao fato de que, na sua formalização dos condicionais (e do conceito de implicação, já que ele adotou o ponto de vista de que os condicionais são um meio lingüístico para exprimir esse conceito), ele tomou a opção inovadora de usar o operador modal de necessidade: esse tratamento exprime-se na fórmula (modal) □ (A → B), que representa aquilo a que ele chamou a "IMPLICAÇÃO ESTRITA" (ou o condicional estrito). Segundo Lewis, portanto, uma definição verofuncional não é suficiente para dar conta da semântica de "se..., então..." ou da implicação; é necessário tornar essa definição mais restritiva (em particular, modal), de modo a eliminar os paradoxos da implicação material.

Infelizmente, a implicação estrita definida por Lewis não é imune ao tipo de defeito que procurava corrigir, uma vez que é ainda discrepante com o que se pode argumentar serem as nossas intuições acerca de implicação e de condicionais. Pois pela semântica da lógica modal □ (A → B) é falsa se, e somente se, ◊ (A ∧ ¬B) for verdadeira e verdadeira se, e somente se, esta for falsa. Mas se A for necessariamente falsa ou B necessariamente verdadeira, ◊ (A ∧ ¬B) não pode ser verdadeira e, logo, □ (A → B) tem de o ser. Isso faria com que "se Lisboa é uma cidade e não é uma cidade, então a Lua é um queijo suíço" fosse verdadeira em todos os casos (ou, presumindo que as condicionais exprimem relações de implicação, que esse antecedente implicasse esse conseqüente) – uma vez que tem um antecedente necessariamente falso; e faria, por outro lado, com que "se a Lua é um queijo suíço, então ou Lisboa é uma cidade ou não é uma cidade" fosse também verdadeira em todos os casos (ou que o seu antecedente implicasse o seu conseqüente) – uma vez que tem um conseqüente necessariamente verdadeiro. O ponto de vista de Lewis acerca dessas conseqüências problemáticas (os chamados paradoxos da implicação estrita) era o de que se tratava de um mal necessário; segundo ele, os paradoxos da implicação estrita, ao contrário dos da implicação material, não são elimináveis de um sistema de lógica que tenha pretensões a representar o conceito de implicação válida – visto que, segundo ele, o seu abandono levaria também ao abandono de princípios (não paradoxais) indispensáveis para caracterizar esse conceito. Concretamente, o raciocínio de Lewis é o seguinte. Usando, como parece razoável, a definição de validade lógica (ou de implicação válida) como preservação de verdade (a qual o seu tratamento modal formaliza), tem-se que uma implicação é válida se, e somente se, é impossível que suas premissas sejam verdadeiras sem que sua conclusão seja verdadeira também. Logo, resultados intuitivamente problemáticos como os paradoxos da implicação estrita não podem deixar de ser produzidos por qualquer sistema de lógica que pretenda caracterizar satisfatoriamente o conceito de implicação válida, isto é, que pretenda ter o poder expressivo suficiente para formalizá-lo corretamente.

O exemplo talvez mais elucidativo é o das implicações (ou derivações) cujas premissas são conjuntamente inconsistentes – as quais, segundo o critério de preservação de verdade, são (pouco importando qual seja a conclusão) sempre logicamente válidas. Tome-se então uma derivação da forma A ∧ ¬A ⊢ B, que parece ter de ser, segundo o critério de preservação de verdade, classificada como válida, mesmo que B não seja "relevante" para A ou ¬A. Que isso seja inevitável explica-se, classicamente, pela análise da derivação que, na lógica proposicional, estabelece tal conclusão a partir de tais premissas:

1. A ∧ ¬A   Premissa
2. A   1, Separação
3. ¬A   1, Separação
4. A ∨ B   2, Adição
5. B   3,4, Silogismo disjuntivo

O desafio posto a quem quer que pretenda questionar a validade dessa derivação é, obviamente, o de apresentar boas razões pelas quais algum dos passos deva ser classificado como inválido; em caso contrário, a derivação terá, por muito que custe à nossa intuição, de ser classificada como válida.

O argumento a favor da inevitabilidade dos paradoxos da implicação estrita (que, é preciso reconhecer, é difícil de contestar) é justamente o de que nenhum dos passos anteriores é suscetível de ser classificado como inválido, uma vez que todos eles respeitam o mencionado critério de preservação de verdade. Classicamente, é possível ir ainda mais longe na análise desse tipo de derivações. Em particular, é possível defender que nem sequer há razões para dizer que elas são excentricidades que têm de ser aceitas, dada a discrepância entre o conceito intuitivo de derivação válida e a versão técnica, rigorosa desse conceito. Do ponto de vista clássico, derivações como a exemplificada fazem intuitivamente sentido, uma vez que exprimem formalmente a idéia intuitivamente razoável de que, se um sistema de lógica aceita fórmulas inconsistentes (isto é, necessariamente falsas), então aceita qualquer fórmula e é, portanto, inútil para caracterizar o conceito de conseqüência válida. É exatamente isto que torna a CONSISTÊNCIA uma propriedade fundamental de qualquer sistema que pretenda formalizar esse conceito; logo, é desejável que tal sistema seja capaz de gerar qualquer fórmula a partir de premissas inconsistentes.

Esses argumentos militam contra a idéia de que um sistema que formalize a noção de validade lógica tenha de conter restrições de relevância (entre as premissas e a conclusão). A eles junta-se talvez o mais popularizado: o de que o conceito de relevância é insuscetível de ser captado por um sistema de lógica, quer por ser demasiado vago quer por nem sequer ser, para começar, um conceito lógico – mas retórico ou discursivo ou PRAGMÁTICO. A idéia aqui é a de que, uma vez que relevância é por definição um conceito extralógico, não está na natureza de um sistema de lógica formalizá-lo. O fato de um sistema lógico lhe ser insensível não militaria, portanto, em seu desfavor; pelo contrário, seria a motivação subjacente ao surgimento das lógicas relevantes a ser considerada, à partida, um defeito insanável dessas lógicas. Desse ponto de vista conservador, o fato de a lógica clássica caracterizar como válidos certos padrões inferenciais intuitivamente inaceitáveis apenas quer dizer que essa inaceitabilidade se deve a fatores que saem do âmbito da lógica – fatores retóricos, discursivos, pragmáticos, etc. No resto deste verbete procurar-se-á mostrar não só que a idéia de definir formalmente um conceito de implicação relevante não é completamente disparatada, como também que é possível construir para esse efeito sistemas que cumpram os requisitos formais de serem consistentes, completos e corretos.

Os lógicos relevantes contestam, evidentemente, a idéia de que o conceito de relevância é insuscetível de ser formalizado por um sistema de lógica. A esse respeito, é justo mencionar Ackermann (1956) como o artigo pioneiro na argumentação a favor da construção de um sistema que captasse a idéia de uma proposição implicar relevantemente outra – isto é, um sistema que envolva aquilo a que Anderson e Belnap chamaram uma conexão relevante entre proposições (a referência clássica aqui é Anderson e Belnap, 1975). De acordo com a presunção de Lewis, eles defendem que tal relação deveria representar quer a semântica da implicação lógica, quer a de "se..., então..." (isto é, a relação entre o antecedente e o conseqüente de uma condicional); mas, contra Lewis, defendem também que deveria servir para eliminar os paradoxos da implicação estrita, considerados pelos lógicos de relevância, justamente, como "paradoxos de relevância".

A idéia básica de Anderson e Belnap é a de que a lógica clássica (incluindo a sua extensão modal, de que Lewis foi pioneiro) não formaliza adequadamente o conceito de uma conclusão seguir-se validamente de um conjunto de premissas e, em particular, não formaliza adequadamente o critério de preservação de verdade. Segundo eles, os paradoxos da implicação estrita resultam de um equívoco acerca do modo como o critério deve ser formalizado por um sistema de lógica. Não basta formulá-lo por meio da exigência de que, em uma derivação válida, não seja possível ter as premissas verdadeiras e a conclusão falsa – chamemos * a essa exigência. Pois, como se viu, derivações com premissas necessariamente falsas ou conclusões necessariamente verdadeiras satisfazem * sem que – do ponto de vista de Anderson e Belnap – possam, só por isso, ser ditas válidas. E, argumentam eles, a razão pela qual não podem ser ditas válidas é que (sutilmente, embora) não satisfazem *de facto* o critério de preservação de verdade – pela razão simples de que nesses casos ele não pode ser aplicado. No caso de derivações com premissas necessariamente falsas, não se pode dizer que a verdade das premissas seja preservada na conclusão – uma vez que, para começar, não é de todo claro o significado da expressão "a verdade das premissas"; e no caso de derivações com uma conclusão necessariamente verdadeira, o fato de a conclusão não poder ser falsa impede que o critério possa testar aquilo que deve testar – a existência de uma conexão lógica entre premissas e conclusão –, pois nesse caso a conclusão "preserva" sempre a verdade das premissas, independentemente da existência de tal conexão. Em ambos os tipos de casos, parece portanto mais correto dizer que o critério não é satisfeito por nem sequer ser aplicável, em vez de dizer que é "trivialmente satisfeito", como um adepto do ponto de vista clássico diria. Os paradoxos da implicação estrita são, assim, tomados pelos lógicos de relevância como contra-exemplos à tese de que a exigência * exprime corretamente o critério de preservação de verdade: eles são aquele tipo de derivações que satisfazem *, mas – do modo sutil descrito – não satisfazem o critério.

O objetivo dos lógicos relevantes é, em resultado de considerações desse tipo, o de construir um sistema que seja capaz de exprimir o conceito de conexão relevante no sentido recém-descrito, isto é, um sistema em que nem sequer os paradoxos da implicação estrita (tomados como resultados indesejáveis) sejam gerados. A intuição básica de que o conceito de implicação se deixa analisar à custa da noção de conexão relevante tem a seguinte formulação de pendor sintático: A implica B se, e somente se, A é uma premissa usada em uma derivação de B. Mas tem também outra, de pendor semântico: A implica B se, e somente se, A e B partilham pelo menos uma variável proposicional (*grosso modo* se, quando interpretadas, puderem ser descritas como "sendo acerca da mesma coisa"). A formulação dessas condições, em termos de condições necessárias apenas, é correta: é demonstrável que um sistema em que essas condições se verifiquem não dá garantias de cumprir os requisitos de relevância mencionados. Por outras palavras, a verificação de tais condições não é uma condição suficiente para o cumprimento desses requisitos (embora seja uma condição necessária). Em Anderson e Belnap (1975), o sistema axiomático R é então definido como o sistema que satisfaz a formulação semântica e que contém o subconjunto máximo das regras de inferência que: i) satisfazem a formulação sintática (o que, dado que o TEOREMA DA

DEDUÇÃO é um resultado de R, significa que, em todo o teorema da forma A → B – onde → denota o conectivo condicional relevante e não a implicação material ou a implicação estrita – que derivam, A é usado para demonstrar B); e ii) não derivam as fórmulas paradoxais.

Além disso, provam que R é consistente, correto e completo – isto é, que é possível construir um sistema de lógica relevante que não só não deriva fórmulas inconsistentes (um requisito mínimo para qualquer sistema de lógica), como também garante que todas as fórmulas que a sua semântica define como universalmente válidas são exatamente aquelas derivadas pela sua sintaxe. Esse resultado tem, evidentemente, o significado filosófico de mostrar que o conceito de relevância é captável por um sistema de lógica com todas as propriedades importantes dos sistemas clássicos. (R não é, no entanto, o único sistema de lógica relevante que se tornou disponível por Anderson e Belnap [1975] segundo a estratégia referida. O sistema E, p. ex., caracteriza-se por ser também um sistema de lógica modal – dá um tratamento de implicação em termos não só de relevância, mas também de necessidade, o que Anderson e Belnap julgam intuitivamente mais adequado.)

A diferença básica entre as lógicas relevantes e a lógica clássica consiste no diferente tratamento do conceito de implicação e, associadamente, da semântica do conectivo condicional, com conseqüências assinaláveis na restrição do conjunto de teoremas que deriva. Para além dos paradoxos da implicação material e estrita, provavelmente o mais discutido teorema clássico não admitido pelos lógicos relevantes é o SILOGISMO DISJUNTIVO, isto é (na versão com o conectivo para a condicional material em vez do MARTELO da inferência), [¬A ∧ (A ∨ B)] → B, entre as fórmulas que derivam – um resultado claramente contra-intuitivo, tanto mais que essa recusa é equivalente a recusar *modus ponens* para a condicional material (é justo, porém, fazer notar que eles aceitam o referido princípio inferencial como metateorema, isto é, se em R se derivar quer ¬A quer (A ∨ B) como teoremas, então também se deriva B como teorema).

Por muito contra-intuitivo que seja, esse resultado é julgado pelos lógicos relevantes um passo necessário à recusa dos paradoxos da implicação estrita, designadamente aquele ilustrado na inferência de qualquer conclusão B a partir de premissas inconsistentes. De fato, a respeito da inferência ilustrada antes, a resposta dos lógicos relevantes ao desafio clássico de encontrar um passo inválido consiste justamente em dizer que o último (o que usa o silogismo disjuntivo) tem essa característica. Eles não contestam que raciocínios segundo o modelo do silogismo disjuntivo sejam válidos se forem usados com o que se poderia chamar um conectivo disjuntivo relevante (isto é, não verofuncional); mas não aceitam a sua validade se se aplicarem sobre a disjunção verofuncional clássica. Pois se o admitíssemos, e dado o teorema da dedução relevante, estaríamos comprometidos com a validade da dedução de A para A ∨ B e desta para ¬A → B, o que, por transitividade da relação de dedução, nos daria imediatamente a dedução de A para ¬A → B – um dos paradoxos da implicação material.

A discussão dos méritos das lógicas relevantes não pode ignorar, como é óbvio, a discussão dos méritos dessa recusa; uma questão interessante a debater é, justamente, a de saber se ela constitui um argumento contra essas lógicas. O ponto de vista mais freqüente entre os lógicos, sobretudo os da persuasão clássica, é o de que constitui. Com efeito, o argumento precedente apenas mostra que, se o silogismo disjuntivo for válido, então um dos paradoxos da implicação material também é; mas se se for um adepto dos sistemas que os geram, isto é, por si só, insuficiente para concluir que o silogismo disjuntivo seja inválido. O argumento anti-silogismo disjuntivo dos lógicos relevantes é, assim, em última análise, sustentado pela recusa em aceitar tais paradoxos.

Em geral, o fato de as lógicas relevantes não se limitarem a introduzir um novo conectivo condicional (que é feito corresponder à relação de dedução relevante, tal como definido, p. ex., em R), mas de também advogarem a revisão do comportamento dedutivo de alguns dos conectivos clássicos (p. ex., ao recusarem a validade de *modus ponens* para o condicional material), explica o caráter um tanto marginal dessas lógicas. No entanto, talvez a atitude mais razoável a adotar em relação a elas seja a que consiste em levar a sério os problemas de filosofia da lógica que levantam e a de não recusar sem análise os argumentos que fornecem para as suas propostas, incluindo as mais ousadas (designadamente a rejeição do silogismo disjuntivo e de *modus ponens* para a condicional material). Do ponto de vista da SEMÂNTICA FORMAL das línguas naturais, as sugestões que os lógicos relevantes fazem acerca do tratamento formal de alguns conectivos – notoriamente o disjuntivo "ou" e o condicional "se…, então…", tomados como intensionais – são, elas próprias, suficientemente relevantes para merecerem a atenção crítica de quaisquer teorias acerca desses conectivos. *Ver também* CONDICIONAL, TEORIAS DA; IMPLICAÇÃO; IMPLICAÇÃO LÓGICA; LÓGICA; LÓGICA MODAL; LÓGICAS NÃO-CLÁSSICAS; SEMÂNTICA FORMAL; SILOGISMO DISJUNTIVO. **PS**

ACKERMANN, W. "Begründung einer strengen Implikation", *in Journal of Symbolic Logic*, nº 21, 1956, pp. 113-28.
ANDERSON, A. e BELNAP, N. *Entailment*. Princeton: Princeton University Press, 1975, vol. 1.
____, ____ e DUNN, J. *Entailment*. Princeton: Princeton University Press, 1992, vol. II.
DUNN, J. "Relevant Logic and Entailment", *in* Gabbay, D. e Guenthner, F. (orgs.). *Handbook of Philosophical Logic*. Dordrecht: Kluwer, 1991, vol. III, pp. 117-229.
READ, S. *Relevant Logic*. Oxford: Blackwell, 1988.

logicismo

No domínio dos FUNDAMENTOS DA MATEMÁTICA e da filosofia da matemática, a teoria logicista propõe-se demonstrar a redutibilidade das proposições da matemática (pura) a proposições da lógica.

Embora essa teoria esteja exclusivamente associada aos nomes de Frege e Russell, como sendo os dos seus primeiros proponentes, a concepção de um processo de redução como o proposto já aparece na Filosofia de Leibniz, cuja idéia geral é a seguinte. Partindo da sua conhecida distinção entre "verdades de razão" e "verdades de fato", Leibniz considera que as verdades da matemática e as verdades da lógica são igualmente verdades de razão, e assim ambas fundadas no que ele chama princípio da não-contradição. Para Leibniz esse princípio constituía uma evidência indisputável e tinha por isso o caráter do que ele chama uma "proposição idêntica". Uma verdade de razão é uma proposição predicativa que tem a forma geral de "S está incluído em S ou P", em que S ocupa o lugar de sujeito, S ou P o de predicado e a cópula é "está incluído". Em uma proposição é possível executar substituições *salva veritate* nos termos que ocorrem no predicado de tal modo que se é conduzido a reconhecer a inclusão do sujeito no predicado com o grau de evidência mencionado. A esse conjunto de substituições chama Leibniz uma redução, de modo que, dada uma proposição matemática cujo caráter lógico não seja evidente, é possível, a partir de um número finito de substituições *salva veritate*, reconduzi-la a uma proposição cujo caráter lógico se torna evidente. É natural pensar que Leibniz concebia as "proposições idênticas" como aquilo a que hoje chamamos tautologias, no cálculo proposicional, uma vez que os seus exemplos desse gênero de proposições, como o princípio da não-contradição e a lei da dupla negação, pertencem ao conjunto de verdades da razão da lógica, às quais as proposições não obviamente lógicas da matemática seriam demonstravelmente redutíveis.

No programa logicista de Frege e Russell dois aspectos da concepção de Leibniz são conservados, embora sob uma formulação diferente. Frege substituiu a concepção de Leibniz de uma proposição idêntica (aquela em que a inclusão do sujeito no predicado pode ser tornada evidente em um número finito de passos) pela sua noção de "proposição analítica", uma proposição cuja derivabilidade a partir apenas de leis da lógica e de definições é demonstrável. O segundo aspecto da concepção de Leibniz redefinido por Frege foi o do processo de redução. Para Frege uma proposição é provada como sendo analítica quando existe uma demonstração em que as premissas são leis da lógica e as regras de inferência são explicitamente conhecidas. Assim a sua doutrina do caráter analítico das proposições da aritmética pressupõe uma especificação das leis da lógica e dos métodos de inferência considerados legítimos. Para isso foi necessário a Frege criar um sistema simbólico em que não só os conceitos da matemática, mas os do raciocínio dedutivo em geral, fossem representáveis. Em tal sistema cada passo de uma demonstração pode ser representado como uma transformação de uma ou mais expressões do sistema e pode ser explicitamente justificado a partir das regras do sistema. Assim, uma demonstração do caráter analítico de uma proposição como "1 + 1 = 2" começaria com expressões que contêm apenas símbolos lógicos (variáveis proposicionais, conectivos proposicionais) e terminaria com expressões cujo caráter lógico seria justamente garantido pela demonstração.

Para justificar a transição do caráter lógico evidente para o caráter lógico não evidente no decurso da demonstração a teoria logicista dispõe, como já se disse, do conceito de definição, por meio da qual os símbolos aparentemente não-lógicos são introduzidos. Nos *Principia Mathematica* a definição é vista como sendo um artifício de notação, uma asserção acerca do fato de que um símbolo ou um conjunto de símbolos têm o mesmo sentido do que um outro conjunto de símbolos cujo sentido já é conhecido. É assim uma asserção acerca da eliminabilidade do *definiendum*, e o valor do *definiens* consiste em, por seu intermédio, ser realizada uma análise do conceito que se quer definir. Esse gênero de definição, conhecido por DEFINIÇÃO CONTEXTUAL, nem supõe a existência do objeto a definir nem muito menos o cria. É uma situação análoga à da referência pronominal, em que palavras como "ninguém", em "Ninguém lê mais rápido que eu" são elimináveis, p. ex., "Sou o mais rápido dos leitores", em que a palavra já não ocorre e a sua referência pode ser vista como apenas aparente. Mais premente do que a referência pronominal é a suposta denotação de expressões como "o número primo que é par", ou "a classe dos inteiros positivos", que também parecem implicar a existência dos objetos aos quais certa propriedade é atribuída. Mas como as proposições aritméticas são deduzidas de proposições lógicas e estas, para Russell, não têm conteúdo, torna-se necessário demonstrar que as expressões que parecem denotar objetos, quando ocorrem na dedução da aritmética a partir da lógica, são igualmente elimináveis. Para isso Russell criou a TEORIA DAS DESCRIÇÕES, que consiste na especificação de um método para a eliminação de expressões da forma geral "o x tal que Fx" em que o artigo definido parece uma vez mais implicar a existência de um objeto denotado. No essencial a teoria mostra que o sentido de tais expressões é perfeitamente captado por proposições do cálculo de predicados em que elas já não ocorrem, de modo que a descrição definida "o x tal que Fx" tem um conteúdo lógico que é independente do fato de ela denotar qualquer objeto. Assim a proposição "o autor de *Waverley* era escocês" só é verdadeira quando a conjunção das proposições do cálculo de predicados em que ela é analisável for verdadeira. Mais informação sobre a estrutura lógica e sintática da teoria pode ser lida no verbete TEORIA DAS DESCRIÇÕES DEFINIDAS.

No que diz respeito à existência de classes, como parece implicada por expressões do tipo "a classe dos x tal que Fx", Russell adotou também o processo da sua definição contextual e logo da sua eliminabilidade, de modo que as classes não são admitidas como objetos reais, uma doutrina que ficou conhecida pelo termo *no class theory*.

Ao contrário de Russell, nos *Fundamentos da aritmética* Frege rejeita a concepção e a prática nominalistas da definição contextual em favor da sua doutrina da definição real, da definição de um objeto que existe autonomamente. Exemplos desses objetos são os números, a que se pode chamar objetos lógicos, a definição dos quais não consiste em criá-los, mas em mostrá-los como entidades autônomas, uma característica que a definição contextual não pode captar. Finalmente, no que diz respeito agora à teoria e prática formalistas de simplesmente postular a existência de objetos lógicos, Frege objeta que se os objetos de fato existissem, então existiriam independentemente de terem sido postulados, e se não existissem, postular a sua existência também não os criaria. O fim a que a definição se destina é o de mostrar uma classe de objetos, por meio de uma rigorosa demarcação das suas fronteiras, de modo a que o pertencimento à classe seja sempre conhecido.

A técnica de definição a que Frege é levado pode simplificadamente ser descrita da seguinte maneira. Se $f(x)$ é uma função, Frege diz que a expressão "$f(x)$ tem o mesmo curso de valores do que $g(x)$" significa que a expressão "$f(x)$ e gx têm os mesmos valores para os mesmos argumentos". Para Frege, $f(x)$ é um conceito se o resultado da inserção de um nome no lugar de x é uma expressão que denota uma proposição, verdadeira ou falsa. A noção tradicional de extensão de um conceito é reformulada por Frege sob o nome de "curso de valores de um conceito" e consiste no conjunto de todos os objetos que são abrangidos por esse conceito. Assim se $f(x)$ é o conceito "x é uma reta paralela à reta m" e $g(x)$ é o conceito "x é uma reta paralela à reta n", e se as retas m e n são paralelas, então as extensões dos conceitos são idênticas; por outro lado, se as extensões são idênticas, então m e n são paralelas. Assim, Frege consegue a definição de direção em termos de paralelismo da seguinte maneira: a direção da reta m é a extensão do conceito "x é uma reta paralela a m".

É com essa técnica que Frege produz sua definição do conceito de número. Em vez de paralelismo entre duas retas surge a relação de equinumerosidade entre dois conceitos, uma relação que existe entre eles quando, e somente quando, uma correspondência biunívoca pode ser estabelecida entre seus elementos e, assim, se as extensões de dois conceitos são equinuméricas, os conceitos são equinuméricos.

Se $f(x)$ é o conceito "x é um conceito equinumérico a m" e $g(x)$ é o conceito "x é um conceito equinumérico a n", e m e n são equinuméricos, então as extensões são idênticas. Por outro lado, se as extensões são idênticas, então m e n são equinuméricos. Obtém-se assim a definição de número de um conceito em termos de equinumerosidade da seguinte maneira: o número do conceito m é a extensão do conceito "x é um conceito equinumérico a m".

As diferenças expostas entre Frege e Russell quanto à natureza da definição e à existência de objetos abstratos mostram como nominalismo e realismo são ambos parte do programa logicista cujo fim era para ambos, Frege e Russell, a demonstração de que a matemática trata unicamente de conceitos definíveis em termos de noções lógicas básicas e da dedutibilidade de todas as suas proposições de um pequeno grupo de princípios puramente lógicos.

Frege tinha da lógica uma concepção alargada que incluía não só o cálculo proposicional e o cálculo de predicados de primeira ordem, mas também de ordens maiores do que 1 (como se vê a partir das suas definições de direção e de número), a teoria das classes e a teoria da identidade. Há dois gêneros de dificuldade que tornaram a demonstração do caráter analítico das proposições aritméticas vulnerável, as quais têm de ser mencionadas separadamente. Em primeiro lugar, o problema propriamente inesperado da concepção de que a um predicado está sempre associada a classe dos objetos que o satisfazem: a partir dela foi possível a Russell demonstrar que um sistema que tivesse um axioma que a representasse é inconsistente. Esta situação, conhecida como PARADOXO DE RUSSELL, pode no entanto ser prevenida ao se utilizar um dos diversos meios conhecidos para a sua eliminação: a TEORIA DOS TIPOS de Russell, vinda do seio do programa logicista, ou, na teoria axiomática dos conjuntos de Zermelo, o axioma que garante a existência de um conjunto definido por um predicado desde que o novo conjunto seja parte de um conjunto previamente dado. Em segundo lugar o problema propriamente filosófico e lógico com que Frege se defrontou ao procurar demonstrar que qualquer número natural tem um sucessor, o que é equivalente a demonstrar que existe um número infinito de números naturais. O problema consiste em que, para executar a sua demonstração, Frege tem de deixar que as suas variáveis tomem valores em um domínio infinito de objetos, de modo que o axioma da existência do sucessor de qualquer número natural é analítico só se admitir previamente a existência de um domínio dessa natureza. É esse problema da integração no sistema dos *Grundlagen* do conceito de infinito que constitui o obstáculo à demonstração de Frege do caráter analítico das proposições da aritmética.

No seu ensaio "A lógica matemática de Russell", Gödel chama a atenção para o fato de que a definição do termo "analítico" que temos usado (a que ele chama "tautológico") torna impossível a demonstração do caráter analítico dos axiomas dos *Principia*, uma vez que ela implica a existência de um processo de decisão para todos os problemas aritméticos, que Turing demonstrou não existir. Em todo caso uma outra definição do termo "analítico" seria mais favorável à pretensão logicista, nomeadamente a definição de uma proposição como analítica quando ela é verdadeira apenas em virtude do sentido dos conceitos que ocorrem nela. Nessa definição, "sentido" teria de ser um conceito primitivo irredutível a outro mais fundamental e, em tal definição, se excetuarmos de novo o axioma do infinito, os axiomas dos *Principia* são analíticos, pelo menos para algumas interpretações dos conceitos primitivos. Para se compreender a execução do programa logicista é útil consultar os artigos PARADOXO DE RUSSELL, PRINCÍPIO DO CÍRCULO VICIOSO e TEORIA DOS TIPOS. **MSL**

CHURCH, A. *Introduction to Mathematical Logic*. Princeton: Princeton University Press, 1956.

FREGE, G. *Os fundamentos da aritmética* [1884]. Trad. A. Zilhão. Lisboa: Imprensa Nacional/Casa da Moeda, 1992. Trad. bras. "Os fundamentos da aritmética: uma investigação lógico-matemática sobre o conceito de número", *in Pierce/Frege*. Coleção Os Pensadores. Trad. Luiz Henrique dos Santos. São Paulo: Abril Cultural, 1974, pp. 201-91.

GÖDEL, K. "Russell's Mathematical Logic", *in* Schilpp, P. A. (org.). *The Philosophy of Bertrand Russell*. Evanston/Chicago: North-Western University, 1944. Reimp. *in* Benacerraf, Paul e Putnam, Hilary (orgs.). *Philosophy of Mathematics. Selected Readings* [1964]. Nova York: Cambridge University Press, 1983 (2.ª ed.), 1996 (9.ª reimp. da 2.ª ed.), pp. 447-69. Trad. port. "A lógica matemática de Russell", *in Kurt Gödel. O teorema de Gödel e a hipótese do contínuo*. Antologia. Org., pref. e trad. Manuel Lourenço. Lisboa: Gulbenkian, 1979, pp. 183-216.

QUINE, W. V. O. *Mathematical Logic*. Cambridge: Harvard University Press, 1955.

RUSSELL, B. *Introduction to Mathematical Philosophy*. Londres: George Allen and Unwin, 1938. Trad. bras. *Introdução à filosofia matemática*. Trad. G. Rebuá. 3.ª ed. Rio de Janeiro: Zahar, 1974.

―― e WHITEHEAD, A. *Principia Mathematica* [1910-1913]. Cambridge: Cambridge University Press, 1962.

Löwenheim-Skolem, teorema de

Ver TEOREMA DE LÖWENHEIM-SKOLEM.

M, sistema de lógica modal

Ver LÓGICA MODAL, SISTEMAS DE.

máquina de Turing

Máquina abstrata capaz de servir de modelo a processos computacionais (Alan Turing, "On Computable Numbers, with an Application to the *Entscheidungsproblem*" [1936-1937] e "A Correction" [1937]).

A cada máquina de Turing estão associados três conjuntos de base:

1) O alfabeto S = $\{s_0, s_1, ..., s_\ell\}$, que é o conjunto finito de símbolos que a máquina é capaz de reconhecer, ou com o que ela trabalha; S contém sempre um símbolo, dito o símbolo branco, aqui designado por s_0, e os símbolos restantes serão chamados símbolos próprios (há no mínimo um símbolo próprio, de modo que S tem pelo menos dois elementos).

2) O conjunto de estados Q = $\{q_0, q_1,..., q_m\}$, que são os estados que a máquina pode assumir, sendo um dos estados q^{**} (q_m se nada for dito em contrário) chamado estado passivo ou terminal ou final, e os restantes, estados ativos. Entre os estados ativos, um deles, que denotaremos por q^*, diz-se estado inicial. Se não houver razões em contrário, convencionaremos que o primeiro é q_0 (Q é também um conjunto finito com pelo menos dois elementos).

3) O conjunto dos movimentos M = $\{e, d, p\}$, que é um conjunto com três elementos, em que e designa movimento para a esquerda, d movimento para a direita e p ausência de movimento ou permanência na mesma posição.

Embora abstrata, uma máquina de Turing pode ser concebida fisicamente como consistindo de uma fita (potencialmente) infinita em ambos os sentidos, infinita para a esquerda e infinita para a direita, e de uma cabeça de leitura (na realidade uma cabeça de leitura e escrita). A fita está dividida em casas, quadrados ou células, e em cada célula está escrito um dos símbolos do alfabeto da máquina (isso inclui a possibilidade de não haver nada escrito na célula, ou seja, a célula está em branco, caso em que por comodidade se diz que nela está escrito o símbolo branco). A cabeça de leitura está posicionada, em cada instante, sobre uma célula da fita que ela observa ou lê. Em cada instante a máquina encontra-se em um estado $q \in Q$, dito o estado da máquina nesse instante. Por situação da fita (ou da máquina) entende-se a seqüência (bilateral) dos símbolos particulares escritos na fita, a célula particular em observação e o estado em que a máquina se encontra.

Se o estado da máquina é ativo, a situação diz-se ativa; caso contrário, diz-se passiva.

É importante notar que se observa sempre a seguinte condição finitista: embora a fita seja infinita, em cada instante somente um número finito de casas tem inscrito um símbolo próprio (todas as casas da fita, exceto um número finito delas, eventualmente nulo, estão em branco).

O par ordenado $<s, q>$, onde $s \in S$ é o símbolo em observação e $q \in Q$ é o estado da máquina, diz-se a configuração da máquina. $\bar{C}$ = S × Q é assim o conjunto das configurações. A configuração diz-se ativa se q é um estado ativo; do contrário, diz-se passiva. C = S × (Q \ $\{q_m\}$) é o conjunto das configurações ativas.

Dada uma situação ativa, a máquina executa uma ação, ou ato atômico, que pode ser decomposta em três partes:

a) Primeiro, o símbolo em observação é mudado. Pode imaginar-se que a cabeça de leitura e escrita apaga o símbolo s e escreve o símbolo s' (permite-se o caso em que a mudança é idêntica, s' passa a s, ou seja, $s' = s$, o que equivale a não haver mudança de símbolo; diz-se, no caso em que $s' = s_0$, que o símbolo em observação é apagado).

b) Segundo, a máquina passa a um novo estado q' (admite-se também $q' = q$, caso em que a máquina permanece no mesmo estado).

c) Terceiro, a cabeça de leitura executa um movimento $m' \in M$ e, ou move-se uma casa para a esquerda (a célula em observação passa a ser a que está imediatamente à esquerda da atual) se $m' = e$, ou move-se uma casa para a direita se $m' = d$, ou permanece na mesma posição (ausência de movimento) se $m' = p$.

A ação pode ser descrita pelo triplo $<s', q', m'>$. $A = S \times Q \times M$ é assim o conjunto das ações.

Se o estado da máquina é passivo, nenhuma ação é executada. Por outras palavras, $s' = s$, $q' = q$ e $m' = p$.

Como a máquina sabe qual ação deve executar? Bem, isso é característico de cada máquina e pode ser especificado por um quíntuplo $<s, q, s', q', m'>$, dito uma instrução da máquina. O comportamento da máquina fica então sujeito ao conjunto finito P de todas as instruções que ela é capaz de executar. A esse conjunto chamaremos "programa da máquina". Um programa é, pois, um conjunto de quíntuplos ordenados, uma relação (no sentido da teoria dos conjuntos) quintenária, mais precisamente, um subconjunto de $S \times (Q \setminus \{q_m\}) \times S \times Q \times M$, que podemos identificar com um subconjunto de $C \times A$ (identificando $S \times (Q \setminus \{q_m\}) \times S \times Q \times M$ com $(S \times Q \setminus \{q_m\}) \times (S \times Q \times M)$).

A) Admitiremos que, em um programa, o estado passivo nunca ocorre como segunda componente de um quíntuplo, o que garante que nenhuma ação tem lugar quando se atinge um estado passivo. B) Por outro lado, para assegurar que a máquina só pare no estado passivo, admitiremos que para qualquer símbolo s e qualquer estado ativo q existe um quíntuplo no programa em que as duas primeiras componentes são s e q (uma ação pode ter lugar). Pode-se prescindir dessa condição (unicidade da parada), mas assumi-la não envolve perda de generalidade.

Em muitos programas, a ação para determinadas configurações é irrelevante, e por comodidade os quíntuplos correspondentes podem ser omitidos do programa. Se no programa não existe nenhum quíntuplo, em que as duas primeiras componentes sejam s, q, a fim de assegurar a condição B, subentende-se o quíntuplo $<s, q, s, q_m, p>$.

Ora, há dois tipos de programas a que correspondem dois tipos de máquinas de Turing.

Em primeiro lugar, vem o tipo mais tradicional, em que a ação executada pela máquina fica perfeitamente determinada pela configuração (também fica determinada pela situação da fita, pois, conhecendo-se a situação, conhece-se a configuração). Por outras palavras, diante de determinada configuração $<s, q>$, a máquina executa uma única ação $<s', q', m'>$ e não pode executar outra qualquer. A máquina não tem liberdade para escolher, comportando-se como um autômato.

Essa idéia pode precisar-se, dizendo que no programa não pode haver duas instruções distintas $<s, q, s', q', m'>$ e $<s, q, s'', q'', m''>$, em que as duas primeiras componentes do quíntuplo sejam iguais, condição que pode ser expressa matematicamente do seguinte modo: se $<s, q, s', q', m'> \in P$ e $<s, q, s'', q'', m''> \in P$, então $s' = s''$, $q' = q''$ e $m' = m''$. Os programas que satisfazem essa condição dizem-se deterministas, e a máquina cujos programas são deterministas diz-se máquina determinista. Caso contrário diz-se não-determinista. Neste último caso haverá duas ou mais instruções distintas com as duas primeiras componentes do quíntuplo iguais, digamos $<s, q, s_1, q_1, m_1>$, $<s, q, s_2, q_2, m_2>$,..., $<s, q, s_k, q_k, m_k>$. Nesse exemplo a máquina pode escolher executar uma entre k-ações distintas para a mesma situação da fita. Qual ação a máquina pode escolher, é imprevisível. A máquina não-determinista tem, assim, certo grau de liberdade.

Na continuação suporemos, para facilitar, que a nossa máquina seja determinista. Falta-nos descrever como se opera com tal máquina.

O utilizador escolhe determinada situação com a qual carrega a máquina: determinados símbolos do alfabeto ficam então escritos na fita; a cabeça de leitura observa determinada casa e a máquina situa-se em determinado estado. A essa situação chama-se inicial ou entrada, e por convenção o estado dessa situação será o estado inicial, que denotamos por q^*. A máquina começa então a operar por si mesma, sem nenhuma outra intervenção exterior. Em cada passo de computação, ela executa uma ação e passa a uma nova situação da fita, depois do que executa de novo uma ação e passa a outra situação, e assim sucessivamente. Dois casos podem acontecer: 1) a máquina atinge o estado passivo, ou seja, acaba por se encontrar em uma situação passiva. Nesse caso diz-se que a máquina pára (deixa de trabalhar), e a última situação diz-se a situação final ou saída; 2) a máquina nunca atinge uma situação passiva. Então a máquina continua a operar indefinidamente.

Como o conjunto M dos movimentos é o mesmo para todas as máquinas de Turing, para definir ou descrever determinada máquina é necessário indicar seu alfabeto, o conjunto dos estados e o programa. Em linguagem matemática, que tem a virtude de ser exata e concisa, uma máquina de Turing é um triplo ordenado <S, Q, P>, onde S e Q são conjuntos finitos com pelo menos dois elementos e P é um subconjunto (finito) de $S \times (Q \setminus \{q_m\}) \times S \times Q \times M$, onde M = $\{e, d, p\}$.

Na falta de convenções que permitam determinar qual elemento de S é o símbolo em branco e quais elementos de Q são o estado inicial e o estado final, a máquina deve ser definida como um sêxtuplo ordenado <S, s_0, Q, q^*, q^{**}, P>, onde $s_0 \in$ S e q^*, $q^{**} \in$ Q.

A máquina diz-se determinista se, e somente se, para todos os <s, q, s', q', m'>, <s, q, s'', q'', m''> em P, $s'' = s'$, $q'' = q'$ e $m'' = m'$. Caso contrário, diz-se não-determinista.

Abreviando, pode-se dizer que a cada máquina de Turing corresponde uma relação $R \subseteq C \times A$, que é funcional, ou seja, é uma função $f: C \to A$, quando é determinista.

Suponhamos doravante que S e Q não tenham elementos em comum.

Uma descrição instantânea da máquina é uma seqüência finita da forma $xsqy$, onde x e y são seqüências finitas (eventualmente vazias) de elementos de S, $s \in$ S e $q \in$ Q. A descrição diz-se canônica se o primeiro símbolo de x e o último de y não são brancos.

Toda situação da máquina de Turing M pode ser descrita pela descrição instantânea canônica, em que q é o estado da máquina, s é o símbolo em observação, x são os símbolos para a esquerda da cabeça até o primeiro símbolo próprio da fita e y são os símbolos para a direita da cabeça até ao último símbolo próprio. Acrescentando brancos à esquerda de x, ou à direita de y, ou as duas coisas, obtêm-se outras descrições da mesma situação, mas não são canônicas. Reciprocamente a toda a descrição instantânea corresponde uma situação da máquina. Toda máquina de Turing M determina duas relações binárias no conjunto das descrições $\mathfrak{D}$, $\vdash_M$ e $\models_M$ (abreviadamente $\vdash$ e $\models$ quando M se supõe conhecida). Para D e E em $\mathfrak{D}$, D $\vdash$ E (ler "D passa a E") se, e somente se, estando a máquina na situação descrita por D e executando-se uma instrução da máquina, E descreve a nova situação; D $\models$ E (ler "D conduz a E") se existe um $n \geq 1$ e $D_1, \ldots, D_n$ tais que D = D_1 $\vdash D_2 \vdash \ldots \vdash D_n$ = E.

Essa relação é reflexiva e transitiva, isto é: para quaisquer D, E, F, D $\models$ D e se D $\models$ E e E $\models$ F então D $\models$ F.

Uma computação da máquina de Turing M, ou é uma seqüência finita de descrições

$D_1,..., D_n$ tal que $D_1 \vdash_M D_2 \vdash_M ... \vdash_M D_n$ e D_n é uma descrição de parada (corresponde a uma situação passiva), ou é uma seqüência infinita $D_1, D_2,..., D_n,...$, em que $D_1 \vdash_M D_2 \vdash_M ... \vdash_M D_n \vdash_M ...$

No primeiro caso, a computação diz-se finita e n diz-se o comprimento da computação ($n - 1$ é o número de passos da computação) e D_n é a descrição final. No segundo caso, a computação diz-se infinita (a máquina nunca pára).

A despeito da simplicidade das máquinas de Turing, sobre o alfabeto {0, 1}, por meio delas é possível computar qualquer função nos naturais pertencente a uma classe muito importante de funções: as recursivas ou computáveis. Trabalhar com alfabetos com grande número de símbolos, ou com máquinas de Turing multifitas, que, tal como o nome indica, possuem várias fitas nas quais diversas computações podem ter lugar em paralelo ou com instruções mais sofisticadas, a classe das funções que são computáveis por essas máquinas continua a ser a mesma. Igualmente acontece com máquinas de registros, em que as casas, agora chamadas registros, podem conter um número natural tão grande quanto quisermos e em que o tipo de instrução é diferente.

Ilustraremos o uso de máquinas de Turing para o cálculo de funções nos números naturais P, uma aplicação histórica das máquinas.

O alfabeto consiste em dois símbolos, Branco e Talha (incisão ou entalhe: os pastores dos tempos remotos faziam entalhes nos cajados para contar as ovelhas dos seus rebanhos) ou Traço. B = {⊔, |}. Os números naturais 0, 1, 2,... são representados respectivamente por |, ||, |||,... (o natural x é representado por $x + 1$ traços). Uma seqüência de números naturais $x_1,..., x_n$ será simbolizada, representando cada um dos números como se descreveu, separados por um (uma casa em) branco e deixando um branco antes do primeiro símbolo e outro depois do último (a representação ocupa $x_1 +...+ x_n + 2_n + 1$ casas). Tal seqüência de naturais diz-se em posição-padrão, se a cabeça de leitura se situa sobre o último traço, o mais à direita da representação.

Exemplo de uma Situação – O triplo 2, 0, 3 está representado em posição-padrão. O estado da máquina é q. (A seta descendente indica a casa em observação e acima dela é indicado o estado da máquina.)

$$q$$
$$\Downarrow$$

A descrição instantânea canônica correspondente é $|||⊔|⊔||||q$.

Dada uma função f de n variáveis naturais e com valores naturais ($f: N^n \to N$), diremos que a função é computável pela máquina M se, e somente se, para cada $x_1,..., x_n$ em N, quando a situação inicial consiste da representação daquela ênupla em posição-padrão e com as casas restantes (casas não-ocupadas pela representação da ênupla) em branco, a seguinte condição T é verificada: T) no fim de um número finito de passos a máquina pára, exibindo em representação padrão a $n+1$-upla $x_1,...,x_n, y$, onde $y = f(x_1,...,x_n)$ é o valor da função (com as casas não-ocupadas pela representação da $n+1$-upla não necessariamente em branco).

Posição inicial: $...⊔... ⊔x_1⊔x_2⊔...⊔\overline{x_n} ⊔...⊔...$
Posição final: $⊔x_1⊔x_2⊔...⊔x_m⊔\overline{y} ⊔.$

(A barra sobre um número indica que o símbolo em observação é o último símbolo da representação do número.)

É importante notar que as funções parciais, isto é, funções que não estão definidas para todas as ênuplas, podem ser também computadas pela máquina. Nesse caso a condição T aplica-se apenas às ênuplas para os quais a função esteja definida, e há que acrescentar uma outra condição: P) se $f(x_1,...,x_n)$ não está definida a máquina nunca pára, operando indefinidamente, ou pára, não exibindo para nenhum y uma

$n+1$-upla $x_1,\ldots, x_n, y$, em representação-padrão.

Uma função parcial de n variáveis $f: D \to N$ com $D \subseteq N^n$ diz-se computável se, e somente se, é computável por alguma máquina M.

Prova-se então o seguinte resultado fundamental: uma função é recursiva se, e somente se, é computável por uma máquina de Turing.

Com cada entidade de uma máquina de Turing, antes mencionada, pode se associar um número natural, chamado código dessa entidade. Podemos assim atribuir códigos a símbolos, estados, movimentos, descrições instantâneas, programas,...

Programas distintos têm códigos distintos (e o mesmo ocorre com os outros exemplos apresentados).

Conhecido um programa, um conjunto de quíntuplos, o seu código é bem determinado, e reciprocamente conhecido o código de um programa, que, como vimos, é um número natural, todos os quíntuplos podem ser conhecidos.

Um número natural z arbitrário pode não ser o código de um programa. Para exemplificar esse inconveniente, escolha-se o código ι de um programa fixo (p. ex., ι pode ser um código do programa identidade, que faz com que a máquina pare assim que comece a trabalhar, e não modifica nada). Define-se $\hat{z}$ como sendo o próprio z, se este já é o código de um programa e de contrário $\hat{z}$ é ι. Desse modo $\hat{z}$ é sempre o código de um programa.

Para qualquer n, denotamos por $\{z\}_n$ a função n-ária computada pela máquina de Turing com programa de código $\hat{z}$. Pode omitir-se o n se $\{z\}$ for seguida pelos seus argumentos. Assim, em vez de $\{z\}_n (x_1,\ldots, x_n)$, pode escrever-se apenas $\{z\} (x_1,\ldots, x_n)$.

Isso fornece um processo efetivo de atribuir a cada função computável um número natural, chamado índice da função computável.

Como há sempre uma infinidade de programas que computam a mesma função, uma função computável tem sempre uma infinidade de índices. Funções distintas têm, no entanto, índices distintos.

Uma conseqüência da codificação é que o número de funções computáveis, embora infinito, é enumerável. Observemos, porém, que o número total de funções nos naturais é incontável.

Levando mais longe o processo de codificação pode-se provar o importante teorema da forma normal, que tem um verbete próprio nesta enciclopédia. *Ver também* TEOREMA DA FORMA NORMAL. **NG**

DAVIES, M. *Computability and Unsolvability*. Nova York: McGraw-Hill, 1958.
HERKEN, R. (org.). *The Universal Turing Machine*. Viena: Springer, 1995.
KLEENE, S. C. *Introduction to Metamathematics*. Amsterdam: North-Holland, 1967.
TURING, A. M. "On Computable Numbers, with an Application to the *Entscheidungsproblem*", in *Proc. Lond. Math. Soc.*, n.º 42, 1936-1937, pp. 230-65.
_____. "A Correction", in *Proc. Lond. Math. Soc.*, 43, 1937, pp. 544-6. Reimp. *in* Davies, M. *Computability and Unsolvability*. Nova York: McGraw-Hill, 1958.

martelo

Frege usou o "martelo", $\vdash$, para assinalar o fato de uma proposição ser asserida e não apenas admitida hipoteticamente, nem apenas mencionada. Hoje esse símbolo é usado em duas situações distintas, apesar de relacionadas com o uso de Frege: 1) $\vdash p$ significa que p é um teorema de dado sistema de lógica; por vezes usa-se um índice, $\vdash_L$, para indicar certo sistema; 2) $p, q \vdash r$ significa que r se deriva das premissas p, q (*ver* DERIVABILIDADE).

Chama-se "martelo sintático" ao símbolo anterior porque tanto no caso 1 como no 2 trata-se de chegar à fórmula em causa por meio de mera manipulação de símbolos, sem atender aos seus valores de verdade. O martelo sintático contrasta com o semântico: $\vDash p$ significa que p é uma verdade lógica e $p, q \vDash r$ significa que esta forma lógica é válida. O símbolo $\vDash$ é o martelo semântico. **DM**

matemática, fundamentos da
Ver FUNDAMENTOS DA MATEMÁTICA.

matemático ciclista
Ver ARGUMENTO DO MATEMÁTICO CICLISTA.

material, equivalência
Ver EQUIVALÊNCIA MATERIAL.

material, implicação
Ver IMPLICAÇÃO MATERIAL.

materialismo
Ver FISICALISMO.

maximal, elemento
Ver ORDENS.

máximas conversacionais

H. P. Grice (1913-1988), nas suas *Lectures on Logic and Conversation*, introduziu um conjunto de princípios que pretendem explicar o comportamento lingüístico dos falantes de uma língua natural em um contexto de diálogo (ou "conversacional"). No seu conjunto, são apresentadas por ele como exprimindo o PRINCÍPIO DA COOPERAÇÃO, isto é, o princípio segundo o qual a condução competente de uma "conversa" pelas duas ou mais pessoas que dela participem é, por definição, "cooperativa". Por outras palavras, participar competentemente de uma conversa implica nela participar de maneira cooperativa; e isto equivale a produzir elocuções que possam levar ao objetivo básico de qualquer conversa, designadamente a comunicação eficaz. Isso implica que cada participante de uma conversa espera do(s) outro(s) tal comportamento cooperativo, e baseado nessa expectativa ele é capaz de inferir as IMPLICATURAS que exprimem cabalmente o sentido das elocuções proferidas por ele(s). As máximas conversacionais de Grice pretendem justamente dar conta dessa competência conversacional.

Tal como foram apresentadas por Grice, as máximas são quatro, designadamente: I) *Qualidade* – Faça uma contribuição conversacional tanto quanto possível verdadeira, em particular: a) não afirme o que acredita ser falso; b) não afirme aquilo para o que não dispõe de dados suficientes. II) *Quantidade* – a) produza uma contribuição não menos informativa do que aquilo requerido pelos objetivos da conversa; b) não produza uma contribuição mais informativa do que aquilo que é requerido pelos objetivos da conversa. III) *Relevância* – Não produza contribuições irrelevantes (para os objetivos da conversa). IV) *Estilo* – a) evite a falta de clareza; b) evite a ambigüidade; c) seja breve; d) seja ordenado.

Deve-se fazer notar que as máximas – apesar do seu tom de manual de boas maneiras – e o princípio da cooperação a que estão associadas não são, primariamente, normas a que os participantes de uma conversa se devam ater por prescrição convencional. Elas devem antes ser vistas como regras que um "conversante" não pode infringir sob pena de cometer um erro conversacional. Uma conversa que cumpra eficazmente a sua função é necessariamente cooperativa; e, portanto, necessariamente nela também as máximas são observadas.

Essa idéia de Grice acerca daquilo a que se poderia chamar a "boa formação" conversacional pode ser vista como congênere do conceito de COMPETÊNCIA lingüística introduzido por Chomsky. Assim como é verdade que os falantes de uma língua natural L têm diversos tipos de competências lingüísticas, p. ex., competência sintática e competência semântica – tais que lhes permitem produzir e compreender todas e só as frases de L –, é não menos verdade que eles têm um tipo de competência lingüística mais geral, que consiste no conhecimento dos princípios segundo os quais qualquer conversa (e portanto também uma conversa em L) deve ser conduzida de modo a garantir a eficácia na prossecução do seu objetivo básico – o de realizar a comunicação entre os participantes.

É claro que as máximas podem, em certas circunstâncias, ser infringidas por um participante de uma conversa, mesmo que ele seja conversacionalmente competente (isto é, mesmo que ele conheça as máximas o suficiente para as saber aplicar). P. ex., em uma conversa acerca da corrupção entre os políticos russos, alguém que julga saber que todos os ministros russos são corruptos mas afirma "alguns ministros russos são corruptos" está infringindo a máxima da quantidade (uma vez que está fornecendo menos informação relevante para a conversa em causa do que aquela que pode fornecer), apesar de a sua frase não ser falsa e portanto respeitar a máxima da qualidade. Mas isso apenas significa que – tal como o falante competente da língua portuguesa que proferiu, por lapso ou qualquer outra razão, a frase "hoje não pode-se ir à praia porque está chovendo" (assim infringindo uma regra sintática do português) – ele não faz jus à sua competência conversacional. Ao infringir uma das máximas, a sua contribuição conversacional pode ser classificada como PRAGMATICAMENTE deficiente – uma vez que transmitiu ao(s) ouvintes(s) a idéia de que acredita que nem todos os ministros russos são corruptos. Em resumo, portanto, uma conduta conversacional inconsistente com as máximas é descritível como conducente à ineficácia na veiculação de informação e, logo, como uma conduta conversacional incompetente. *Ver também* COMPETÊNCIA; IMPLICATURA CONVERSACIONAL; PRINCÍPIO DE COOPERAÇÃO; PRAGMÁTICA. **AHB/PS**

GRICE, Henry P. "Logic and Conversation", *in* Cole, P. e Morgan, J. L. (orgs.). *Syntax and Semantics, Speech Acts*. Londres: Academic Press, 1975, vol. 3.
____. *Studies in the Way of Words*. Cambridge: Harvard University Press, 1989.
LEVINSON, S. *Pragmatics*. Cambridge: Cambridge University Press, 1983.

máximo, elemento

Ver ORDENS.

membro

Dizer que *x* é membro de Y é o mesmo que dizer que *x* é elemento de Y. *Ver* CONJUNTO.

mentalês

Ver LINGUAGEM DO PENSAMENTO.

mente-corpo

Ver PROBLEMA DA MENTE-CORPO.

mentirosa, frase

Ver PARADOXO DO MENTIROSO.

mentiroso, paradoxo do

Ver PARADOXO DO MENTIROSO.

metáfora

O uso metafórico de palavras (como quando se diz "ele está envolto em um mar de problemas" ou "Monteiro Lobato é uma raposa") apresenta problemas interessantes acerca da linguagem e acerca do modo como usamos as nossas distinções conceptuais para descrever a realidade. Uma observação básica acerca do tema é que sempre que temos uma frase à qual damos uma interpretação metafórica (por conter pelo menos uma expressão à qual damos esse tipo de interpretação) estamos implicitamente desistindo de interpretá-la como seria "normal" fazê-lo – isto é, literalmente. Quando discutimos o valor de verdade de "Monteiro Lobato é uma raposa", p. ex., não estamos entendendo essa frase como afirmando que Monteiro Lobato é um espécime da espécie natural *raposa*, uma vez que, se fosse isso que a frase quisesse dizer, ela seria indiscutivelmente falsa – o que não se verifica, em geral: essa interpretação da frase é apenas aquela (pouco usual, aliás) na qual todas as palavras nela ocorrentes (incluindo "raposa") são interpretadas literalmente.

O que uma teoria da metáfora precisa explicar, portanto, é como pode uma frase ter CONDIÇÕES DE VERDADE diferentes daquelas que, pelo PRINCÍPIO DA COMPOSICIONALIDADE, se esperaria que tivesse; e, além disso, a razão pela qual certas frases semanticamente anômalas na interpretação literal por resultarem do que Ryle denominaria um ERRO CATEGORIAL (p. ex., "ele está envolto em um mar de problemas") conseguem ainda assim ter uma interpretação metafórica legítima.

Essa formulação do problema compromete-nos claramente com a tese de que existe algo denominável "SIGNIFICADO metafórico" de uma palavra, expressão ou frase apreensível pelos falantes – isto é, que as metáforas, para além de terem o valor emotivo que lhes é habitualmente reconhecido, têm também valor cognitivo. Com efeito, se as frases têm, nas suas interpretações metafóricas, condições de verdade diferentes das que têm quando são interpretadas literalmente, então têm também um significado diferente (em particular, exprimem uma PROPOSIÇÃO diferente) daquele que determina suas condições de verdade literais. Esse ponto de vista é, no entanto, problemático: em geral, não é possível parafrasear o significado metafórico de uma frase em termos do significado (literal ou metafórico) de qualquer outra frase (pelo menos no caso das metáforas "vivas", isto é, aquelas cujo poder sugestivo ainda não esmoreceu). Ao contrário do que defende a tese proposta por Aristóteles na *Retórica*, uma metáfora é mais que uma comparação elíptica de onde a expressão de comparação foi extraída; dizer "O Monteiro Lobato é uma raposa" não é, estritamente, parafraseável em "O Monteiro Lobato é como uma raposa"; o caráter sugestivo da primeira parece depender de características do seu significado que estão ausentes da segunda. Como diz Goodman (em *Languages of Art*), um símile é talvez analisável em termos de uma metáfora, mas uma metáfora não é analisável em termos de um símile.

Um segundo problema associado ao ponto de vista cognitivista é o de que, apesar de tudo, há visivelmente uma relação de dependência entre o significado metafórico de uma frase e o seu significado literal; o primeiro pode ser visto como uma "reconstrução" do segundo por meio de certo mecanismo reinterpretativo. Portanto, uma resposta à pergunta acerca do significado metafórico de uma frase e da razão pela qual ele não é, em princípio, parafraseável tem como condição necessária a resposta à pergunta acerca de qual é exatamente essa relação de dependência, esse "mecanismo". Ora, a resposta a essa questão não é trivial. Dada a mencionada relação de dependência, não podemos simplesmente dizer que o significado metafórico é distinto do literal, como se estivéssemos perante uma simples AMBIGÜIDADE; dizer que o significado metafórico surge por meio de um processo de mudança do significado literal para o metafórico talvez não seja portanto uma boa maneira de começar. Por outro lado, descrever o mecanismo em termos de uma expansão do significado (e, logo, do âmbito de aplicação) da palavra ou expressão usada metaforicamente também não parece muito elucidativo. Com efeito, há processos de expansão desse tipo que não são metafóricos; assim, parece razoável defender que essa não é uma característica distintiva da metáfora. Não é suficiente, p. ex., dizer que o significado metafórico de "Monteiro Lobato é uma raposa" resulta de uma expansão do significado original do predicado "raposa", pelo qual ele tivesse ganho um âmbito de aplicação mais abrangente. Pois "raposa", para além do seu significado literal básico (aquele identificativo de uma espécie animal e dos seus membros) e do seu significado metafórico na referida frase (qualquer que ele seja exatamente) tem um mais abrangente, de acordo com o qual esse predicado é aplicável também à pele das raposas, considerada matéria-prima para confeccionar casacos; mas tal expansão de significado dificilmente conta como metafórica.

Em resumo, nossa explicação sobre o mecanismo que subjaz à mencionada relação de dependência tem de ser tal que dê conta da diferença entre significado literal e significado metafórico. Tal explicação não deve se comprometer nem com a idéia de que estes últimos sejam apenas dois significados ambíguos de expressões e frases. Também não deve haver compromisso com a tese de que o significado metafórico seja mera expansão do literal. O fato de essa não ser uma tarefa trivial levou alguns autores, notoriamente Davidson, a defender que o chamado significado metafórico é uma ilusão – remetendo o valor metafórico de uma metáfora para o domínio do uso que é dado, em certos contextos, ao seu significado literal. Desse ponto de vista, o uso metafórico de uma frase ou expressão não corresponderia a um conteúdo proposicional diferente do literal; a hipótese de que isso se verificasse é tomada como contraditória com a mencionada não-parafraseabilidade das metáforas e com a criatividade com que as metáforas são tipicamente interpretáveis – sem que haja regras que determinem de uma vez por todas quando uma falsidade ou erro categorial literais podem ser reinterpretados de modo a gerar uma metáfora aceitável (embora não verdadeira, desse ponto de vista). Mas essa tese de Davidson tem pontos fracos óbvios. Em primeiro lugar, a parafraseabilidade não é, na verdade, condição necessária do significado e do conteúdo proposicional literais (como parafrasear "o carro do João é verde-escuro", p. ex.?); logo, não é razoável tomá-la como condição necessária do significado e do conteúdo proposicional em geral. Além disso, a tese de Davidson não parece ser capaz de dar conta do fato de que as metáforas têm interpretações corretas e incorretas. Interpretar o nosso exemplo acerca de M. Lobato como referindo-se ao seu aspecto físico (p. ex., ao fato de ter sobrancelhas abundantes) contaria como uma interpretação incorreta da referida metáfora; e não parece razoável explicar esse fato de outro modo que não seja dizendo que não é isso que ela significa. Outro fenômeno que esse ponto de vista não parece ser capaz de enfrentar é o da transformação das metáforas "vivas" em metáforas "mortas" – uma frase como "mete isso na cabeça", p. ex., dificilmente contaria já como estritamente metafórica, apesar de o ter sido certamente no passado. As metáforas mortas ou moribundas, como essa, caracterizam-se por terem perdido a força sugestiva inicial e por terem se trivializado – de tal modo que são agora razoavelmente parafraseáveis em versões literais (no nosso exemplo, "convença-se disso" seria uma boa paráfrase). Mas se essas metáforas se trivializaram de modo a poderem ter uma paráfrase literal, parece razoável dizer que tais metáforas sempre tiveram um significado – de outro modo não teria havido nada para ser trivializado.

Um ponto de vista atrativo que explora a idéia de que metáfora, significado (em particular, conteúdo proposicional) e uso não são conceitos mutuamente exclusivos é o pragmático – cuja formulação canônica, prosseguindo sugestões iniciais de Grice, é o de Searle (1979). A idéia básica de Searle é explicar a existência e o caráter do significado metafórico por meio do conceito de IMPLICATURA CONVERSACIONAL. Desse ponto de vista, a produção de frases metafóricas é apenas um dos vários tipos de situação comunicativa em que o significado que o locutor pretende transmitir não coincide com o significado literal das frases que profere (ou escreve); essa sua pretensão é no entanto tornada possível pelo fato de um conjunto de restrições sobre o que é ou não asserível (*ver* CONDIÇÕES DE ASSERTIBILIDADE, PRAGMÁTICA) em dado contexto de elocução (ou de escrita) determinar aquilo que o alocutário (ou leitor) está legitimado em interpretar como sendo o significado do locutor (isto é, o *speaker's meaning*, na expressão original de Grice). P. ex., quando eu assiro "O Monteiro Lobato é uma raposa", a óbvia falsidade dessa frase (interpretada literalmente) não pode deixar de levar o meu interlocutor – presumindo, legitimamente, que, como participante no diálogo, estou cumprindo a MÁXIMA CONVERSACIONAL da qualidade – a admitir que a minha intenção é transmitir algum outro conteúdo proposicional que não o literal. Esse novo conteúdo proposicional metafórico pode, agradavelmente, ser descrito como dependente do literal na medida em que resulta de uma reconstrução dele – tal como em qualquer implicatura conversacional; por outras palavras, o ponto de vista pragmático fornece de graça (isto é, sem custos conceptuais adicionais) a explicação da relação de dependência entre significado (conteúdo proposicional) literal e significado (conteúdo proposicional) metafórico: esse último é simplesmente identificado com o significado implicitado pela elocução da frase em um contexto conversacional e pela identificação (dadas as máximas conversacionais) da intenção do locutor ao transmitir seu significado literal. Essa tese tem, aparentemente, ainda o atrativo de dar conta da indeterminação (ou "liberdade") interpretativa que acompanha a metáfora: se o significado metafórico de uma frase é o resultado de uma implicatura conversacional, então é fácil compreender como pode essa frase ganhar diferentes significados metafóricos quando asserida em diferentes contextos (conversacionais) – pois essa oscilação é um apanágio das implicaturas conversacionais, dada a sua cancelabilidade.

O ponto de vista conversacional padece, no entanto, de deficiências graves. Uma é comum à tese de Davidson e diz respeito à dificuldade em explicar a existência de metáforas mortas (ou moribundas): o processo de "literalização" de uma metáfora que perde a sua força sugestiva pelo uso repetido parece difícil de acomodar por uma explicação em termos de implicatura conversacional; não é óbvio, em particular, como podem os significados implicitados (isto é, os significados das elocuções de frases, dadas certas intenções comunicativas dos locutores) evoluir para significados literais (isto é, para significados das frases propriamente ditas). Por outro lado, e talvez mais fundamentalmente, a tese conversacional não dá verdadeiramente conta da indeterminação interpretativa associada às metáforas. Com efeito, não só é o caso de uma frase poder ter várias interpretações metafóricas consoante o contexto conversacional em que é asserida, mas também que, em cada contexto, não tem determinadamente apenas uma. Por outras palavras, se uma frase contém uma metáfora "viva", então seu potencial de significado, em geral, ultrapassa aquilo que (de parafraseável) o locutor tem em mente quando assere essa frase.

Max Black enfrentou de modo mais robusto o fato de uma metáfora (viva) não poder ser interpretada apenas como uma maneira econômica e sugestiva de transmitir um significado literal e, associadamente, o fato de vir a sê-lo tanto mais quanto mais moribunda se vier a tornar. A sua idéia é que, em uma frase como "Monteiro Lobato é uma raposa", os significados literais de "Monteiro Lobato" e "raposa" interagem de modo a gerar um conjunto de suposições acerca de Monteiro Lobato baseadas nas características conhecidas das raposas que lhe são aplicáveis, dado aquilo a que ele chama um "isomorfismo" entre o conjunto das propriedades de Monteiro Lobato afins das propriedades das raposas e o conjunto das propriedades das raposas que podem ser identificadas com Monteiro Lobato. A idéia é, portanto, a de que tais suposições (p. ex., a de que Lobato é astucioso em política) são desencadeadas por uma rede de conceitos aplicáveis (literalmente) às raposas que são agora aplicados (metaforicamente) a Lobato, encontrando correspondência em conceitos afins que lhe são literalmente aplicáveis (p. ex., respectivamente, o de hábil caçador de presas e o de bom estrategista político). Isto dá conta da relação de dependência entre significado literal e metafórico: as suposições geradoras do significado metafórico de "raposa" são baseadas no que "raposa" significa literalmente. Dá também conta de que as interpretações metafóricas das frases estão associadas a conteúdos proposicionais e condições de verdade distintas dos conteúdos proposicionais e condições de verdade literais: há um predicado metafórico "raposa" debaixo do qual M. Lobato, argumentativamente, cai (uma idéia defendida também por Nelson Goodman). A idéia de Black é a de que isso consegue explicar adicionalmente que o significado metafórico seja indeterminado e VAGO: o conjunto dos conceitos que fazem parte da mencionada rede não é fechado; poder-se-ia dizer que é algo como um conjunto difuso (*ver* LÓGICAS DIFUSAS). Esse tipo de tese pode ser descrito como explicando o caráter sugestivo e a "criatividade" das metáforas (vivas) e, especificamente, o seu potencial para provocar a descoberta de conexões conceituais até então desconhecidas – visto que os conceitos que fazem parte do paralelo (ou "isomorfismo") entre as duas redes conceptuais não são um conjunto fechado: mais podem ser descobertos, enriquecendo o conteúdo da identificação metafórica. Desse ponto de vista compreende-se também, por outro lado, que o destino típico de uma metáfora eficaz seja o de se tornar uma verdade literal: se as conexões estabelecidas pela metáfora forem ilustrativas de propriedades reais dos objetos, então o termo metafórico passa a ser interpretado em função delas e ganha uma determinação de significado que não tinha antes; e a vivacidade da metáfora esvai-se na exata medida em que ela passa a poder ser parafraseada literalmente – como aconteceu com "o edifício da física moderna", "a TV me faz companhia" ou a mencionada "mete isso na cabeça".

O potencial explicativo de uma tese como a de Black é ilustrativo das credenciais do ponto de vista cognitivista no que diz respeito a elucidar o papel das metáforas na descoberta de conexões conceptuais desconhecidas e para o progresso cognitivo em geral; ela, tal como as demais teses mencionadas neste verbete, é ilustrativa do tipo de discussão sobre o assunto, da mesma forma que ocorre na filosofia da linguagem. Essas teses têm de resistir, no entanto, à objeção oriunda da teoria literária segundo a qual versam um número reduzido e pouco variado de exemplos, não sendo, por isso, as suas análises extrapoláveis para a generalidade das metáforas usadas em literatura. *Ver também* CONDIÇÕES DE ASSERTIBILIDADE; CONDIÇÕES DE VERDADE; IMPLICATURA CONVERSACIONAL; MÁXIMAS CONVERSACIONAIS; PRAGMÁTICA; PROPOSIÇÃO; SIGNIFICADO. **PS**

BLACK, M. *Models and Metaphors*. Ithaca: Cornell University Press, 1962.
GOODMAN, Nelson. *Languages of Art: An Approach to a Theory of Symbols* [1968]. 2.ª ed. Indianápolis: Hackett, 1976.
MORAN, R. "Metaphor", *in* Hale. B. e Wright, C. (orgs.). *A Companion to the Philosophy of Language*. Cambridge: Cambridge University Press, 1997, pp. 248-68.
ORTONY, A. (org.). *Metaphor and Thought*. Nova York: Cambridge University Press, 1979.
SEARLE, J. "Metaphor", *in Expression and Meaning*. Nova York: Cambridge University Press, 1979, pp. 76-116.

metalinguagem

De modo geral, metalinguagem é uma linguagem da qual nos servimos para falar sobre uma linguagem em estudo, que nessa qualidade é chamada "linguagem-objeto". Nessa perspectiva, qualquer linguagem que nos permita tomar outra como objeto, isto é, que nos permita tomá-la como referência do nosso discurso, pode ser considerada metalinguagem e constituir, por sua vez, objeto de discurso de uma metametalinguagem.

Deve-se, no entanto, observar que o conceito de linguagem-objeto é por vezes reservado para as linguagens que se referem exclusivamente a entidades extralingüísticas, não podendo nesses casos definir-se simplesmente como "uma linguagem que é tomada por outra como objeto".

Os conceitos de USO e MENÇÃO estão estreitamente relacionados com os de linguagem objeto e metalinguagem. **FM**

metamatemática

Ver PROGRAMA DE HILBERT.

minimal, elemento

Ver ORDENS.

minimização

Ver OPERADOR DE MINIMIZAÇÃO.

mínimo, elemento

Ver ORDENS.

modal, sistemas de lógica

Ver LÓGICA MODAL, SISTEMAS DE.

modalidade *de re*

Se uma frase que exprime uma modalidade *de dicto* atribui necessidade ou contingência a uma proposição (*dictum*), uma frase que exprime uma modalidade *de re* atribui necessidade ou contingência diretamente a um objeto (*res*). Isto é, enquanto uma frase que exprime uma modalidade *de dicto* atribui a uma proposição a propriedade de ser necessariamente verdadeira ou a propriedade de ser contingentemente verdadeira, uma frase que exprime uma modalidade *de re* atribui a um objeto a propriedade de ser necessariamente isto ou aquilo ou a propriedade de ser contingentemente isto ou aquilo. P. ex., a frase "O número de planetas do sistema solar é possivelmente maior do que nove" é ambígua, podendo exprimir duas proposições: I) uma proposição *de dicto* do tipo a proposição que o número de planetas do sistema solar é maior do que nove é possivelmente verdadeira, isto é, uma proposição (verdadeira) acerca de uma proposição; ou II) uma proposição *de re* do tipo o número de planetas do sistema solar (ou seja, nove) é contingentemente maior do que nove, isto é, uma proposição (falsa) acerca de um objeto. Ver *DE DICTO/DE RE*. **MF**

modalidades

Modos da verdade. Uma verdade pode ser 1) necessária ou contingente, 2) *a priori* ou *a posteriori*, ou ainda 3) analítica ou sintética. As primeiras são modalidades aléticas, as segundas epistêmicas e as terceiras semânticas. Outros tipos de modalidades incluem as temporais e as deônticas. Usado sem qualificativos, o termo "modalidades" refere-se às modalidades aléticas, que por vezes se chamam também "metafísicas" ou até "lógicas".

Uma proposição é uma verdade necessária quando não poderia ter sido falsa, contrastando assim com as verdades contingentes, que são proposições verdadeiras que poderiam ter sido falsas. As verdades da matemática e da lógica são os exemplos menos controversos de verdades necessárias: "Se Sócrates é grego, é grego" exprime uma verdade que não poderia ter sido falsa, assim como a verdade de que $2 + 2 = 4$. As verdades conceptuais são também exemplos relativamente incontroversos de verdades necessárias: "Nenhum objeto verde é incolor", p. ex., exprime uma verdade necessária. Outras verdades necessárias são mais polêmicas: "A água é H_2O" ou "Sócrates é um ser humano" exprimem verdades necessárias, segundo alguns filósofos, apesar de se tratar nesses dois casos de verdades de caráter não-conceptual nem lógico ou analítico. "Sócrates era grego" é um exemplo de uma afirmação que exprime uma verdade contingente, dado que Sócrates poderia ter sido egípcio (p. ex., se os seus pais tivessem emigrado para o Egito quando jovens).

Das modalidades epistêmicas, o *a priori* é a mais importante e refere-se ao modo como dada verdade é conhecida: uma verdade é conhecida *a priori* se, e somente se, é conhecida sem recorrer à experiência; e é *a posteriori* se for conhecida recorrendo à experiência (*ver A PRIORI*). P. ex., uma pessoa sabe *a priori* que $20 + 31 = 51$ quando tem conhecimento deste resultado usando unicamente o pensamento; e sabe *a posteriori* que a neve é branca quando o descobre por meio da visão, p. ex.

A analiticidade é uma modalidade semântica: uma frase é analítica se, e somente se, o seu valor de verdade é determinável recorrendo exclusivamente ao significado dos termos usados na frase; e é sintética se o significado dos termos não é suficiente para determinar o seu valor de verdade (*ver*

ANALÍTICO). P. ex., a frase "Nenhum solteiro é casado" é analítica porque o significado das palavras usadas é suficiente para determinar sua verdade; e a frase "Nenhum solteiro é feliz" é sintética porque não basta o significado das palavras para determinar seu valor de verdade.

A distinção clara entre os três tipos de modalidades é uma das conquistas da filosofia da segunda metade do século XX. Muitas verdades, como "Nenhum solteiro é casado", são necessárias, *a priori* e analíticas; muitas verdades, como "Nenhum solteiro é feliz", são contingentes, *a posteriori* e sintéticas. É por isso natural pensar que o analítico, o necessário e o *a priori* são noções co-extensionais (e até talvez a mesma noção sob nomes diferentes). Até Kant (1724-1804), as diferenças entre as três noções não era muito clara. Hume (1711-1776), p. ex., fala apenas de "relações de idéias", referindo-se ora a uma ora a outra dessas noções. Contudo, Kant defendeu que o analítico, o necessário e o *a priori* não eram co-extensionais, tendo introduzido a noção de verdades sintéticas *a priori* (*Crítica da razão pura*, B14-B18). Mas sua noção de analiticidade é deficiente, e esse filósofo não distinguia apropriadamente a necessidade do *a priori*. Coube a Kripke distinguir claramente os três tipos de modalidades.

A distinção tripartida é hoje pacífica, mas é discutível até que ponto as três noções serão ou não co-extensionais. Serão todas as verdades necessárias conhecíveis *a priori* e vice-versa? Serão todas as verdades necessárias analíticas e vice-versa? Serão todas as verdades conhecíveis *a priori* analíticas e vice-versa?

	Necessárias	A priori	Analíticas
Contingentes	–	Kripke Kaplan	Kaplan
A posteriori	Kripke	–	Não
Sintéticas	Kripke Kant	Kripke Kant	–

Kripke defende que há verdades necessárias *a posteriori*, como "A água é H_2O" ou "Sócrates é um ser humano", e verdades contingentes *a priori*, como "A vara V mede um metro" (quando a proposição expressa pela frase é objeto de conhecimento de quem convencionou que a vara em causa seria padrão do metro). Kripke defende que as verdades necessárias *a posteriori* são sintéticas. E Kaplan defende que há verdades analíticas contingentes, como "Eu estou aqui agora" (esse é também um exemplo de uma verdade contingente *a priori*). A tabela anterior sistematiza as diferentes posições filosóficas. Dada a noção habitual de analiticidade, uma frase analítica não pode ser unicamente conhecível *a posteriori* (mas pode ser efetivamente conhecida *a posteriori*). DM

KANT, I. *Crítica da razão pura* [1787]. Trad. M. P. dos Santos *et al*. Lisboa: Gulbenkian, 1985. Trad. bras. "Crítica da razão pura", *in Kant* (I). Coleção Os Pensadores. Trad. Valério Rohden e Udo B. Moosburger. 2.ª ed. São Paulo: Abril Cultural, 1983.

KAPLAN, D. "Demonstratives", *in* Almog, J., Perry, J. e Wettstein, H. (orgs.). *Themes from Kaplan*. Oxford: Oxford University Press, 1989, pp. 481-563.

KRIPKE, Saul. *Naming and Necessity*. Oxford: Blackwell, 1980, pp. 34-9.

modelo

Noção técnica da lógica matemática. Um modelo para um conjunto de frases é uma INTERPRETAÇÃO na qual todas essas frases são verdadeiras. A noção de interpretação (e, portanto, de modelo) depende do sistema lógico em causa (e, por vezes, existem várias noções de interpretação para o mesmo sistema lógico). Assim, no CÁLCULO DE PROPOSIÇÕES a noção de interpretação mais usual é aquela que advém do método das tabelas de verdade (uma interpretação é uma valoração). No CÁLCULO DE PREDICADOS temos a denominada "semântica tarskiana". Na LÓGICA INTUICIONISTA e nas LÓGICAS MODAIS temos, p. ex., as semânticas kripkianas. *Ver também* INTERPRETAÇÃO; SEMÂNTI-

CA; CÁLCULO DE PROPOSIÇÕES; CÁLCULO DE PREDICADOS; LÓGICA INTUICIONISTA; LÓGICA MODAL; MODELOS, TEORIA DOS. **FF**

modelos, teoria dos

Disciplina da lógica matemática que estuda a relação entre as teorias formais de dada lógica e seus modelos. Um aparato dedutivo para dada linguagem formal (interpretada) tem de verificar a seguinte condição básica: se uma frase se deduz de determinado conjunto de frases (teoria), então essa frase é verdadeira em todos os modelos dessa teoria. Diz-se, então, que o aparato dedutivo é adequado (ou correto) para a semântica em causa (isto é, para a noção de modelo com que se trabalha). Esse é um modo sofisticado de dizer que as deduções preservam a verdade. Suponhamos, agora, que temos uma teoria consistente. Será que essa teoria tem, então, um modelo? Uma resposta afirmativa a essa questão é algo muito desejável. Quando esse é o caso, diz-se que o aparato dedutivo é completo (no sentido forte). P. ex., o CÁLCULO DE PREDICADOS é completo (*ver* TEOREMA DA COMPLETUDE DE GÖDEL). O mesmo acontece com o CÁLCULO DE PROPOSIÇÕES, com a LÓGICA INTUICIONISTA e com vários sistemas de LÓGICA MODAL. Há, porém, sistemas formais para os quais se demonstra que não há aparato dedutivo adequado que seja completo: é, p. ex., o caso da lógica de segunda ordem (em geral das lógicas de ordem superior).

Outras propriedades notáveis que se podem estudar em teoria dos modelos de certas lógicas são as propriedades de Löwenheim-Skolem e da COMPACIDADE. A primeira dessas propriedades afirma que se uma teoria formal tem um modelo, então tem um modelo cujo domínio é finito ou numerável. A propriedade da compacidade afirma que se todo subconjunto finito de frases de dada teoria tem um modelo, então a teoria tem um modelo. Ambas essas propriedades pertencem ao cálculo de predicados (TEOREMA DE LÖWENHEIM-SKOLEM e TEOREMA DA COMPACIDADE, respectivamente). A propósito, é o teorema da compacidade que permite asseverar a existência dos chamados modelos não-padrão. A noção de propriedade de Löwenheim-Skolem não faz sentido no cálculo das proposições, mas a noção de compacidade faz sentido e pertence a esse cálculo. Na lógica de segunda ordem ambas as propriedades fazem sentido e não colhem (há exemplos de lógicas que verificam qualquer uma delas e não a outra).

Há certas noções típicas da teoria dos modelos. Para não dispersar o leitor, vamos apresentar três dessas noções para o cálculo de predicados. Um conjunto de frases diz-se compatível se tiver um modelo (portanto, o teorema da completude diz que a noção semântica de compatibilidade coincide com a noção sintática de consistência). Uma teoria diz-se categórica em determinada cardinalidade se tiver modelos dessa cardinalidade e todos os modelos dessa cardinalidade forem isomorfos entre si (isto é, há essencialmente um único modelo dessa cardinalidade). Dois modelos dizem-se elementarmente equivalentes se as frases verdadeiras em um e em outro coincidem. *Ver também* MODELO; INTERPRETAÇÃO; CÁLCULO DAS PROPOSIÇÕES; CÁLCULO DE PREDICADOS; LÓGICA INTUICIONISTA; LÓGICA MODAL; TEOREMA DE LÖWENHEIM-SKOLEM. **FF**

BOOLOS, G. e JEFFREY, R. *Computability and Logic*. 2.ª ed. Cambridge: Cambridge University Press, 1980.
CHANG, C. C. e KREISLER, H. J. *Model Theory*. 2.ª ed. Amsterdam: North-Holland, 1976.
EBBINGHAUS, H.-D., FLUM, J. e THOMAS, W. *Mathematical Logic*. Berlim: Springer, 1984.

modo

Ver SILOGISMO.

modo de apresentação

Em "Über Sinn und Bedeutung" (1892), Frege apresenta a distinção entre o *Sinn* de uma expressão (o sentido ou o modo de apresentação do objeto associado à expressão) e a *Bedeutung* da expressão (a sua denotação ou referência). Frege introduz essa distinção quando trata o comportamento "estranho" daquelas frases de identidade que podem ser ao mesmo tempo verdadeiras e informativas. O exemplo de Vênus ilustra claramente essa questão. Por um lado, diz Frege, a frase "A Estrela da Manhã é a Estrela da Manhã" é trivialmente verdadeira e não-informativa. Por outro lado, a frase "A Estrela da Manhã é a Estrela da Tarde" não é trivialmente verdadeira e é informativa, visto que se trata até de uma descoberta importante da astronomia da Babilônia. Assim sendo, as expressões "a Estrela da Manhã" e "a Estrela da Tarde", embora tenham o mesmo referente, o planeta Vênus, têm um valor cognitivo diferente, pois é possível que alguém que compreenda ambas aceite a primeira frase e não a segunda.

Este "problema da informação" implica aparentemente uma violação da lei da substituição dos idênticos de Leibniz. Segundo essa lei, a substituição de idênticos é feita *salva veritate*. No entanto, no caso apresentado por Frege não é possível fazer a seguinte inferência: O astrônomo antigo acredita que a Estrela da Manhã é a Estrela da Manhã. A Estrela da Manhã = A Estrela da Tarde. ∴ O astrônomo antigo acredita que a Estrela da Manhã é a Estrela da Tarde.

Para solucionar o problema Frege introduz a distinção entre sentido e referência, entre *Sinn* e *Bedeutung*. A resposta de Frege é, assim, a de que, embora a expressão "a Estrela da Manhã" e a expressão "a Estrela da Tarde" tenham o mesmo referente – o planeta Vênus –, ainda assim essas expressões têm um sentido (*Sinn*) diferente. A diferença no sentido dessas expressões está no fato de o planeta Vênus ser apresentado por uma a uma delas de maneira diferente. O sentido é assim considerado por Frege como o modo de apresentação do objeto referido. No caso da expressão "a Estrela da Manhã", o modo de apresentação associado seria algo do tipo "a estrela muito brilhante que aparece no céu imediatamente antes de o Sol nascer". No caso da expressão "a Estrela da Tarde", o modo de apresentação associado seria qualquer coisa do tipo "a estrela muito brilhante que aparece no céu imediatamente depois de anoitecer". Com essa distinção Frege "salva" a lei da substituição de idênticos, pois, como as expressões em questão têm um sentido diferente, a substituição de uma pela outra não pode ser considerada uma substituição de idênticos (Frege supõe que em contextos psicológicos, como "o astrônomo antigo acredita que a Estrela da Manhã = Estrela da Manhã", os termos singulares nas frases subordinadas denotam não seu habitual referente, mas seu habitual sentido).

A distinção entre *Sinn* e *Bedeutung* aplica-se tanto a nomes próprios como a frases. No caso dos nomes próprios, o sentido de um nome é o modo de apresentação do objeto referido pelo nome, e a referência é o próprio objeto. No caso das frases, o sentido de uma frase é o pensamento que ela exprime e a sua referência é o seu valor de verdade (o Verdadeiro ou o Falso). O sentido, tanto dos nomes como das frases, é considerado público e objetivo, algo que todos apreendemos quando compreendemos um nome ou uma frase. A atribuição de sentido a nomes e desse tipo de referência peculiar a frases é uma das características mais originais da filosofia da linguagem de Frege. No entanto, a legitimidade da utilização de objetos abstratos como o Verdadeiro e o Falso como referentes de frases foi freqüentemente posta em causa. Por outro lado, também é defensável a idéia de que a atribuição de sentido a nomes próprios não se segue do argumento de Frege. O exemplo aqui apresentado pode ser usado para nomes próprios se substituirmos a expressão "a Estrela da Manhã" por "Véspero" e "a Estrela da Tarde" por "Fósforo" (os dois nomes referem Vênus). Mesmo assim, a única conclusão inevitável do argumento de Frege é a de que a análise dos nomes exige algo mais do que a análise da sua referência. De qualquer forma, a distinção entre *Sinn* e *Bedeutung* tem inspirado proveitosamente a maior parte da filosofia da linguagem contemporânea. *Ver também* SENTIDO/REFERÊNCIA. **SFB**

FREGE, G. "Über Sinn und Bedeutung" [1892]. Trad. ingl. "On Sense and Reference", *in* Geach, P. e Black, M. (orgs.). *Translations from the Philosophical Writings of Gottlob Frege*. Oxford: Blackwell, 1952, pp. 56-78. Trad. bras. "Sobre o sentido e a referência", *in* Frege, G., *Lógica e filosofia da linguagem*. Trad. Paulo Alcoforado. São Paulo: Cultrix/Edusp, 1978, pp. 59-86.

modo formal/material

A distinção entre um modo formal e um modo material de falar acerca de algo foi pela primeira vez introduzida, nesses termos, pelo lógico e filósofo alemão Rudolph Carnap; e corresponde, aproximadamente, à distinção USO/MENÇÃO.

Falar no modo formal é falar, em certa linguagem, acerca de itens lingüísticos – palavras, expressões, ou frases pertencentes a uma linguagem (aquela ou outra) – e atribuir-lhes determinadas propriedades apropriadas (p. ex., propriedades ortográficas ou semânticas). Assim, são exemplos de afirmações feitas no modo formal: 1) "Roma" é o nome de uma bela cidade; 2) "Vermelho" tem três sílabas; 3) "A neve é branca" é uma frase verdadeira.

Aqui, a linguagem na qual as afirmações são feitas, a METALINGUAGEM, coincide com a linguagem à qual pertencem os itens lingüísticos acerca dos quais se está falando, a LINGUAGEM-OBJETO: trata-se da língua portuguesa em ambos os casos; mas isso pode não suceder, tal como é ilustrado pela seguinte afirmação: 1) "A neve é branca" is a true Portuguese sentence.

Em suma, no modo formal, menciona-se um item lingüístico – usando-se para tal uma designação (p. ex., uma citação) ou uma descrição do item lingüístico em questão – e predica-se dele certa característica.

Por outro lado, falar no modo material é falar, em certa linguagem, acerca de itens extralingüísticos – p. ex., objetos referidos por palavras ou expressões pertencentes a essa linguagem – e atribuir-lhes determinadas propriedades apropriadas. Assim, as seguintes afirmações, que são paralelas às afirmações 1, 2 e 3, são exemplos de afirmações executadas no modo material: "Roma é uma bela cidade", "Vermelho é uma cor", "A neve é branca".

Em suma, no modo material, menciona-se um item extralingüístico – usando-se para tal uma palavra ou expressão que designe o item extralingüístico em questão – e predica-se dele certa característica.

Por vezes, afirmações feitas no modo material são tomadas como equivalentes, em determinado sentido, a certas afirmações correspondentes feitas no modo formal. P. ex., alguns filósofos (p. ex., Carnap) considerariam as seguintes afirmações como equivalentes: 5) A classe dos seres humanos e a classe dos bípedes sem penas são idênticas; 5') Os predicados "é um ser humano" e "é um bípede sem penas" são co-extensionais.

Transita-se aqui do modo material de falar acerca de certo par de classes e de certa relação entre elas (a identidade) para o modo formal de falar acerca de certo par de predicados monádicos, que têm aquelas classes como suas extensões, e de certa relação entre eles (a co-extensionalidade). E o mesmo poderia ser dito acerca da seguinte transição do modo material de falar acerca de uma propriedade para o modo formal de falar acerca de um predicado que a exprime: 6) A propriedade de ser sábio é exemplificada por Sócrates; 6') O predicado "é sábio" aplica-se a Sócrates.

Naturalmente, um filósofo que seja cético em relação à existência de universais como propriedades, p. ex., alguém com fortes inclinações nominalistas, poderia rejeitar qualquer equivalência entre 6 e 6' e preferir o modo formal utilizado nessa última. *Ver também* USO/MENÇÃO; METALINGUAGEM. **JB**

modus ponendo tollens

Princípio válido de inferência que estabelece que, dadas como premissas uma DISJUNÇÃO EXCLUSIVA e a verdade de uma das frases disjuntas, pode-se deduzir a falsidade da outra frase disjunta. O princípio deixa-se representar por duas formas de argumento da lógica proposicional (em que $\veebar$ é o símbolo da disjunção exclusiva): $p \veebar q$, $p \therefore \neg q; p \veebar q, q \therefore \neg p$. JB

modus ponens

(ou *modus ponendo ponens*) À letra: "Pondo-se (*ponendo*) ... põe-se ... (*ponens*)." Uma conhecida e muito usada regra de inferência. Em lógica moderna, ela é representada pelo esquema:

$$\frac{\begin{array}{c} p \to q \\ p \end{array}}{\therefore q}$$

Em DEDUÇÃO NATURAL essa regra pode ser enunciada assim: "Numa derivação, se tenho $p \to q$ e tenho também p, posso inferir q." Como a regra de inferência é uma regra de implicação, aplica-se só às linhas da prova como um todo e não a partes de linhas, e a passagem do que é inferido, q, para as premissas $p \to q$ e p é inválida. É também chamada regra da ELIMINAÇÃO DA CONDICIONAL (E→).

Em uma formulação, também usual, no âmbito de um sistema formal, SF, ela pode ser enunciada assim: "Se $p \to q$ é um teorema de SF e p é um teorema de SF, então q é um teorema de SF." Nesse contexto, é também chamada regra da separação.

Na lógica antiga representava a primeira figura do então chamado SILOGISMO hipotético. JS

modus tollendo ponens

O mesmo que SILOGISMO DISJUNTIVO.

modus tollens

(MT, ou *modus tollendo tollens*). À letra: "Excluindo (*tollendo*) ... exclui-se ... (*tollens*)." Uma conhecida e muito usada regra de inferência. Em lógica moderna, ela é representada pelo esquema:

$$\frac{\begin{array}{c} p \to q \\ \neg q \end{array}}{\therefore \neg p}$$

Em DEDUÇÃO NATURAL essa regra pode ser enunciada assim: "Se no decurso de uma derivação tenho $p \to q$ e tenho, também, $\neg q$, posso inferir $\neg p$." Como a regra de inferência é uma regra de implicação, aplica-se só às linhas da prova como um todo e não a partes de linhas, e a passagem do que é inferido, $\neg p$, para as premissas $p \to q$ e $\neg q$ é inválida.

Na lógica antiga representava a segunda figura do então chamado "SILOGISMO hipotético". JS

molecular, frase

Ver FRASE ATÔMICA.

monádico, predicado

Ver PREDICADO MONÁDICO.

monismo

O monismo é o ponto de vista filosófico de acordo com o qual existe apenas uma única região ontológica. Esse ponto de vista opõe-se, portanto, ao ponto de vista dualista ou a qualquer outra forma de pluralismo ontológico.

Uma vez que o dualismo de origem cartesiana constitui o pano de fundo contra o qual a tradição filosófica ocidental tem evoluído, a defesa de um ponto de vista monista encontra-se, em geral, associada à defesa da tese de que apenas uma das duas regiões ontológicas consideradas por Descartes existiria realmente. Consoante a região ontológica selecionada como a única efetivamente existente, assim se pode caracterizar o monismo como materialista ou como idealista. Uma terceira possibilidade é, porém, a do monismo neutro, que não toma nenhuma posição quanto à forma adequada de caracterizar o único tipo de realidade efetivamente existente.

Um tipo peculiar de monismo materialista é o chamado "monismo anômalo". Esse ponto de vista, defendido em primeiro lugar por Davidson, combina o monismo ontológico com o dualismo conceptual. Com efeito, de acordo com o monismo anômalo, embora haja apenas um gênero de realidade subjacente, existem diferentes sistemas conceptuais por meio do uso dos quais se pode falar dessa realidade subjacente. Um desses sistemas conceptuais é o que regula o discurso mental, que tem precisamente a peculiaridade de não ser comensurável com o sistema conceptual que regula o discurso físico. Essa incomensurabilidade tem duas conseqüências. A primeira é a da irredutibilidade, isto é, da impossibilidade de se reduzirem os conceitos mentais a conceitos físicos; a segunda é a da anomicidade, isto é, da impossibilidade de se formularem leis psicofísicas, ou seja, leis que permitam associar os conceitos usados no discurso mental com os conceitos usados no discurso físico em um sistema conceptual unificado.

O monismo anômalo é um monismo materialista e não um monismo neutro porque introduz a idéia de que, a despeito da incomensurabilidade e da irredutibilidade já mencionadas, se verifica entre o sistema conceptual que regula o discurso mental e o sistema conceptual que regula o discurso físico uma relação de sobreveniência, que é um tipo particular de relação de dependência. No contexto do monismo anômalo, o sistema dependente é o sistema conceptual que regula o discurso mental e o sistema independente é o sistema conceptual que regula o discurso físico. Este seria, por conseguinte, o sistema conceptual primordial para descrever a realidade única subjacente. *Ver também* FISICALISMO; DUALISMO; SOBREVENIÊNCIA. **AZ**

Montague, gramática de
Ver GRAMÁTICA DE MONTAGUE.

Moore, paradoxo de
Ver PARADOXO DE MOORE.

multiplicatividade, axioma da
Ver AXIOMA DA MULTIPLICATIVIDADE.

mundo atual
Na metafísica e na lógica modal chama-se "mundo atual" ou "mundo em ato" ou "mundo efetivo" ao mundo tal como é, contrastando com os mundos meramente possíveis, que são cursos alternativos de acontecimentos ou estados de coisas – maneiras como o mundo poderia ter sido. O mundo atual é um dos mundos possíveis. Trata-se de uma noção modal e não temporal. *Ver* MUNDOS POSSÍVEIS. **DM**

mundos possíveis
Modos como as coisas podem ser. P. ex., tal como as coisas são, Sócrates era grego. Mas Sócrates poderia ter sido egípcio. Assim, diz-se que há um mundo possível no qual Sócrates era egípcio, e diz-se que no mundo atual (o modo como as coisas são) Sócrates era grego. Evidentemente, o modo como as coisas são é um modo como as coisas podem ser. De forma que o mundo atual é um dos mundos possíveis. Por "mundo atual" não se quer dizer o mundo de hoje, mas apenas o mundo em ato ou efetivo: o modo como as coisas efetivamente são. A expressão foi introduzida por Leibniz (1646-1716) e é hoje usada em um sentido formal na lógica modal. Os mundos possíveis não determinam nenhuma tese sobre os problemas modais: ajudam apenas a clarificar as diversas teses em confronto. No entanto, introduzem novos problemas no que diz respeito à natureza dos mundos possíveis. Na semântica da lógica modal introduzida por Kripke, os mundos possíveis são modelos semânticos formais e precisos, e não apenas uma metáfora para estados de coisas.

A semântica dos mundos possíveis permite substituir o linguajar modal pelo linguajar da quantificação da lógica de primeira ordem. Assim, uma proposição necessária ($\Box p$) é uma proposição verdadeira em todos os mundos possíveis; uma proposição possível ($\Diamond p$) é uma proposição verdadeira em alguns mundos possíveis; uma proposição contingente (∇p) é uma proposição verdadeira em alguns mundos possíveis e falsa em outros; uma proposição impossível ($\Box \neg p$) é uma proposição falsa em todos os mundos possíveis.

A vantagem intuitiva dos mundos possíveis torna-se evidente quando, p. ex., procuramos saber se podemos inferir que necessariamente tudo é feito de matéria ($\Box \forall x\ Mx$) a partir da premissa que afirma que tudo é necessariamente feito de matéria ($\forall x\ \Box Mx$). No linguajar dos mundos possíveis a conclusão é a de que em todos os mundos possíveis tudo o que há neles é feito de matéria, ao passo que a premissa afirma que tudo o que existe no mundo atual é feito de matéria em todos os mundos possíveis. É fácil de ver que a conclusão pode ser falsa, ainda que admitamos que a premissa seja verdadeira, pois pode bem acontecer que todas as coisas que existem no mundo atual sejam feitas de matéria em todos os mundos possíveis, ainda que existam coisas em alguns desses mundos possíveis que não sejam feitas de matéria: serão coisas que existirão apenas nesses mundos possíveis, e não no atual. O linguajar dos mundos possíveis permite perceber claramente o que está em causa quando se discute a validade da inferência em questão; p. ex., um filósofo que não admita a existência de *POSSIBILIA* pode sancionar a inferência como válida.

A semântica dos mundos possíveis permite unificar os diferentes sistemas de lógica modal, recorrendo à relação de acessibilidade ou possibilidade relativa. Na semântica formal dos mundos possíveis uma estrutura é um triplo ordenado <G, K, R> em que G é o mundo atual, K é um conjunto de mundos possíveis, R uma relação binária entre mundos e $G \in K$. $\Diamond p$ é verdadeira se, e somente se, p for verdadeira em pelo menos um mundo possível k tal que Rgk, isto é, tal que k é acessível ao mundo atual, g; $\Box p$ é verdadeira se, e somente se, p for verdadeira em todos os mundos possíveis k tal que Rgk. Os quatro sistemas mais conhecidos de lógica modal (*T, S4, B, S5*) resultam das diferentes propriedades lógicas atribuídas à relação R. Se R for apenas reflexiva, temos *T*: admitimos que $\Box p \rightarrow p$; se for reflexiva e transitiva, temos *S4*: admitimos que $\Box p \rightarrow \Box\Box p$; se for reflexiva e simétrica, temos *B*: admitimos que $p \rightarrow \Box \Diamond p$; e, se for reflexiva, transitiva e simétrica, temos *S5*: admitimos que $\Diamond p \rightarrow \Box \Diamond p$.

Os mundos possíveis introduzem problemas ontológicos. Devem ser encarados como meros dispositivos técnicos para discutir mais claramente os problemas modais, ou como objetos reais, apesar de não existirem em ato? Quando afirmamos que Sócrates poderia não ter sido um filósofo estamos dizendo que Sócrates existe litcralmente em certo mundo possível no qual não é filósofo? E que critérios permitem afirmar a identidade numérica entre o Sócrates real e o Sócrates possível? *Ver* CONTRAPARTES. **DM**

FORBES, G. "Propositional Modal Logic", *in The Metaphysics of Modality*. Oxford: Clarendon Press, 1985, pp. 1-22.

KRIPKE, S. *Naming and Necessity*. Oxford: Blackwell, 1980.

____. "Semantic Analysis of Modal Logic", in Zeitschrift für Mathematische Logik und Grundlagen der Mathematik, n.º 9, 1963, pp. 67-96.

____. "Semantical Considerations on Modal Logic", *in Acta Philosophica Fennica*, n.º 16, 1963. Reimp. *in* Linsky, L. (org.). *Reference and Modality*. Oxford: Oxford University Press, 1971, pp. 63-72.

LEWIS, D. *On the Plurality of Worlds*. Oxford: Blackwell, 1986.

LOUX, M. J. (org.). *The Possible and the Actual*. Ithaca: Cornell University Press, 1979.

n-ádico, predicado
Ver PREDICADO *N*-ÁDICO.

não
Ver NEGAÇÃO.

não-contradição, princípio da
Princípio lógico segundo o qual a conjunção de qualquer frase ou proposição, *p*, com a sua negação, *não-p*, é invariavelmente falsa. Formulado com respeito à linguagem da lógica clássica de primeira ordem, o princípio estabelece que qualquer frase da forma $p \wedge \neg p$ (em que *p* é uma frase dessa linguagem) é uma falsidade lógica, e a sua negação $\neg(p \wedge \neg p)$, uma VERDADE LÓGICA OU TAUTOLOGIA. Nessa lógica, mas não na LÓGICA INTUICIONISTA (p. ex.), o princípio da não-contradição e o princípio do TERCEIRO EXCLUÍDO são logicamente equivalentes. Ver BIVALÊNCIA, PRINCÍPIO DA; PARACONSISTÊNCIA. **JB**

não-identidade, necessidade da
Ver NECESSIDADE DA NÃO-IDENTIDADE.

não-reflexividade
Ver REFLEXIVIDADE.

não-simetria
Ver SIMETRIA.

não-transitividade
Ver TRANSITIVIDADE.

navalha de Ockham
A navalha de Ockham, também conhecida como o princípio da parcimônia, é uma máxima que valoriza a simplicidade na construção das teorias. A formulação mais comum dessa máxima é (em latim): *Entia non sunt multiplicanda praeter necessitatem* (as entidades não devem multiplicar-se sem necessidade). Essa formulação é freqüentemente atribuída a Guilherme de Ockham, embora não se encontre em nenhum dos seus escritos conhecidos. A frase de Ockham mais próxima desta máxima é (em latim): *Frustra fit per plura quod potest fieri per pauciora* (é vão fazer com mais o que se pode fazer com menos). É, no entanto, defensável que Ockham estava se referindo a uma máxima bastante conhecida, visto que o princípio da parcimônia pode até ser encontrado em Aristóteles. Pensa-se assim que essa máxima foi associada a Ockham não por ter sido ele o primeiro a utilizá-la, mas por causa do espírito geral das suas conclusões filosóficas.

Ockham é conhecido por afirmar que a doutrina segundo a qual os UNIVERSAIS têm uma existência real é o "maior erro da filosofia". Por esse motivo ele é chamado "o pai do nominalismo". Ockham defende que um universal só pode ser um signo, uma palavra ou um conceito mental que substitui um número indefinido de objetos, mas que não tem nenhuma denotação, não representa nenhuma entidade real. A atribuição de categorias universais a objetos não era, no entanto, considerada arbitrária, visto que Ockham defendia a existência de uma capacidade de abstração (conceptualismo) e confiava, em geral, nas capacidades humanas envolvidas no processo de obtenção do conhecimento (confiabilismo). Nos seus argumentos "nominalistas" Ockham usava o princípio da parcimônia para eliminar categorias de entidades que ele considerava pseudo-explicativas, como, p. ex., a noção de "espécie". Essa atitude indicava sua preferência por uma ontologia econômica e explica a atribuição que se lhe faz do princípio da parcimônia.

O princípio da parcimônia pode ser ontológico ou metodológico, e os parâmetros de simplicidade requeridos podem variar entre o tipo e o número de entidades a serem admitidas. Como princípio metafísico ou ontológico, a "navalha de Ockham" diz-nos que devemos acreditar no menor número possível de tipos de objetos. Como princípio metodológico a "navalha de Ockham" diz-nos que qualquer explicação deve apelar ao menor número possível de fatores para explicar o fato em análise. Embora o princípio de simplicidade seja, em geral, seguido pela ciência contemporânea, pode dizer-se que algumas teorias físicas mais especulativas seguem hoje um princípio que pode ser chamado de "antinavalha", segundo o qual "quando menos entidades não são suficientes, postulam-se mais!". *Ver* NOMINALISMO; UNIVERSAIS; EXISTÊNCIA. **SFB**

ADAMS, M. M. *William Ockham*. Notre Dame: University of Notre Dame Press, 1987, 2 vols.

necessária, condição

Ver CONDIÇÃO NECESSÁRIA.

necessidade

Um modo da verdade ou da falsidade, ou um modo de exemplificação. No primeiro caso, p é uma verdade necessária se, e somente se, p não poderia ter sido falsa. E p é uma falsidade necessária se, e somente se, p não poderia ter sido verdadeira. P. ex., "Sócrates é Sócrates" é uma verdade necessária; mas "Sócrates é grego" é uma verdade contingente. p é uma verdade contingente se, e somente se, p é verdadeira mas poderia ter sido falsa. Em uma terminologia mais colorida, mas com um significado técnico preciso em lógica modal, pode dizer-se que p é uma verdade necessária se, e somente se, p é verdadeira em todos os mundos possíveis. Os mundos possíveis são modos como as coisas podem ser.

No segundo caso, um particular n exemplifica necessariamente uma propriedade F se, e somente se, n exemplifica F em todos os mundos possíveis. P. ex., o número dois é necessariamente par. Dado que alguns particulares não existem em todos os mundos possíveis, nenhum particular contingente pode exemplificar propriedades necessárias. Distinguem-se assim as propriedades necessárias das essenciais: n exemplifica essencialmente F se, e somente se, n exemplifica F em todos os mundos possíveis em que n existe. P. ex., Sócrates é essencialmente auto-idêntico. (Muitas vezes, usa-se informalmente a expressão "propriedade necessária" para falar do que, a rigor, são apenas propriedades essenciais.) Dois corolários dessas definições são que a existência é uma propriedade essencial, mas não necessária, de qualquer particular; e toda propriedade necessária é uma propriedade essencial. A expressão "propriedade necessária", apesar de muito comum, é ligeiramente enganadora, pois o que é necessário é o modo como um dado particular exemplifica dada propriedade, e não a propriedade em si. Uma mesma propriedade pode ser exemplificada necessariamente por um dado particular e contingentemente por outro; a existência, p. ex., é necessariamente exemplificada pelo número dois, mas contingentemente exemplificada por Sócrates.

A necessidade e a possibilidade são interdefiníveis: p é necessária se, e somente se, $\neg p$ não é possível; e p é possível se, e somente se, $\neg p$ não é necessária.

Há três grupos centrais de necessidades: as lógicas, as físicas e as metafísicas. Por sua vez, podem-se distinguir dois tipos de necessidades lógicas: as estritas e as analíticas (ou conceptuais). p é uma necessidade lógica estrita se, e somente se, p é uma verdade lógica; p é uma necessidade analítica se, e somente se, p é uma verdade analítica. P. ex., "Se Sócrates é um ser humano, é um ser humano" é uma necessidade lógica; e "Se Sócrates é casado, não é solteiro" é uma necessidade analítica.

Usa-se muitas vezes a expressão "necessidade física" no sentido abrangente de qualquer necessidade científica – física, química ou biológica. Por vezes, usa-se também a expressão "necessidade nomológica". Assim, p é uma necessidade física se, e somente se, as leis da física implicam p. P. ex., "Nenhum objeto viaja mais depressa do que a luz" é uma necessidade física. Um corolário dessa definição é que qualquer necessidade lógica é igualmente uma necessidade física, pois as verdades lógicas são "vacuamente" implicadas por qualquer outra proposição – e portanto são também implicadas pelas leis da física.

Tanto a necessidade lógica como a física são redutíveis a noções não-modais. Mas a noção de necessidade metafísica não é redutível a noções não-modais. Assim, tudo o que se pode dizer é que p é uma necessidade metafísica se, e somente se, p é verdadeira em todos os mundos possíveis. P. ex., os filósofos essencialistas, como Kripke, defendem que "Sócrates é um ser humano" é uma verdade necessária, apesar de não ser logicamente necessária. **DM**

Forbes, G. *The Metaphysics of Modality*. Oxford: Clarendon Press, 1985.
Kripke, S. *Naming and Necessity*. Oxford: Blackwell, 1980.
Murcho, D. *Essencialismo naturalizado*. Coimbra: Angelus Novus, 2002.
Plantinga, A. *The Nature of Necessity*. Oxford: Clarendon Press, 1974.

necessidade, eliminação da

Ver eliminação da necessidade.

necessidade, introdução da

Ver introdução da necessidade.

necessidade da identidade

Ver identidade, necessidade da.

necessidade da não-identidade

Princípio de lógica modal segundo o qual se objetos x e y não são idênticos, então é impossível que sejam idênticos; em símbolos, $\forall x \forall y (\neg x = y \rightarrow \Box \neg x = y)$. O princípio tem sido objeto de disputa, muito embora seja um teorema de certos sistemas relativamente fortes de lógica modal. Ver necessidade da identidade. **JB**

necessitação

A regra da necessitação (NEC) é utilizada como regra de inferência na maioria dos sistemas de dedução natural para a lógica modal (também é conhecida como "regra da introdução de $\Box$"). Trata-se do princípio que estabelece que se uma frase φ é um teorema ou uma tese de um sistema k de lógica modal, então a sua necessitação, necessariamente, φ, é igualmente um teorema ou uma tese de k. Em símbolos, tem-se

NEC: Se $\vdash_k \varphi$ então $\vdash_k \Box \varphi$,

em que $\vdash_k \varphi$ se lê "φ é um teorema de k". P. ex., dado que qualquer tautologia da lógica proposicional é um teorema de k, tem-se $\vdash_k A \rightarrow (B \rightarrow A)$; logo, por NEC, tem-se $\vdash_k \Box (A \rightarrow (B \rightarrow A))$.

É importante distinguir a regra da necessitação de duas proposições com as quais ela pode ser confundida: por um lado, da proposição se φ, então, necessariamente, φ, a qual é obviamente falsa (basta fazer φ ser contingentemente verdadeira); e, por outro lado, da proposição associada e igualmente falsa $\vdash_k \varphi \rightarrow \Box \varphi$.

Existem casos interessantes que parecem constituir contra-exemplos à validade universal da regra da necessitação. Um deles, que é uma variante de um caso introduzido por David Kaplan, é o seguinte. A fórmula $\exists x \, a = x$, em que a é uma constante individual, é um teorema de qualquer sistema s de lógica clássica de predicados com identidade. Se atribuirmos à constante a o indivíduo Descartes como sendo a sua denotação, uma interpretação possível daquela fórmula seria dada na frase "Descartes existe"; e a fórmula é verdadeira sob essa interpretação se, e somente se, pelo menos um objeto no domínio, isto é, um valor da variável x, é Descartes. Dado que qualquer teorema de s é um teorema de k, de $\vdash_s \exists x\, a = x$ segue-se $\vdash_k \exists x\, a = x$; logo, por NEC, tem-se o resultado $\vdash_k \Box\, \exists x\, a = x$. E, analogamente, uma interpretação possível da fórmula $\Box\, \exists x\, a = x$ seria dada na frase "Necessariamente, Descartes existe". Sucede, no entanto, que essa fórmula não é, dadas certas suposições de natureza semântica, um teorema de k; uma vez que não é uma fórmula válida de k, isto é, uma fórmula verdadeira em qualquer modelo, sob qualquer interpretação. Com efeito, se a semântica adotada para k for dada no estilo de Kripke, então o domínio de quantificação pode variar de MUNDO POSSÍVEL para mundo possível; e, em particular, certos mundos possíveis poderão não conter, entre os indivíduos neles existentes, alguns objetos existentes no MUNDO ATUAL. Assim, a fórmula $\exists x\, a = x$ será verdadeira relativamente ao mundo atual sob uma interpretação em que o indivíduo a (p. ex., Descartes) seja atribuído à constante "a" como sendo a sua denotação e em que a seja um dos existentes nesse mundo. Mas a fórmula $\Box\, \exists x\, a = x$ não será verdadeira relativamente ao mundo atual, sob essa interpretação, se o objeto a não se contar entre os objetos existentes em algum mundo possível m diferente do mundo atual mas ACESSÍVEL a partir deste: a fórmula $\exists x\, a = x$ será falsa, relativamente a m, e, por conseguinte, a sua necessitação será falsa, relativamente ao mundo atual.

Existem (pelo menos) duas maneiras de bloquear contra-exemplos desse gênero e, conservando integralmente a lógica clássica, preservar a regra da necessitação. 1) A primeira consiste em adotar uma semântica para a lógica modal quantificada na qual é exigido que o domínio de quantificação seja constante de mundo possível para mundo possível; supõe-se ainda que tal domínio seja composto por, e somente por, objetos realmente existentes. Assim, sempre que a fórmula $\exists x\, a = x$ for verdadeira relativamente ao mundo atual, também o será relativamente a qualquer mundo possível m acessível a partir do mundo atual, uma vez que *ex hypothesi* a existe em m; logo, a sua necessitação, $\Box\, \exists x\, a = x$, será verdadeira (relativamente ao mundo atual). A principal desvantagem dessa estratégia consiste, para alguns filósofos, no fato de ela ter conseqüências que são, do ponto de vista informal, antiintuitivas; p. ex., a idéia de que qualquer objeto atualmente existente é um existente necessário, ou seja, existe em todos os mundos possíveis (acessíveis a partir do mundo atual), é uma dessas conseqüências. 2) A segunda estratégia consiste em adotar uma semântica para a lógica modal quantificada na qual, por um lado, se admite a possibilidade de os mundos acessíveis diferirem quanto aos objetos que neles existem, mas na qual, por outro lado, os quantificadores sejam interpretados como quantificadores possibilistas, e não como quantificadores atualistas, como é típico da semântica de Kripke (*ver* ATUALISMO); *grosso modo*, isso significa o seguinte: quando queremos avaliar uma fórmula quantificada relativamente a um mundo possível m, os valores das nossas variáveis não estão limitados apenas àqueles objetos que existem em m, incluindo também objetos inexistentes em m, mas possíveis relativamente a m (isto é, existentes em mundos acessíveis a partir de m). Assim, se na fórmula $\exists x\, a = x$ o quantificador existencial for interpretado como possibilista, então essa fórmula será verdadeira relativamente a qualquer mundo acessível m, independentemente do fato de o objeto atual a ser ou não um existente de m; logo, sua necessitação $\Box\, \exists x\, a = x$ será verdadeira (relativamente ao mundo atual). A desvantagem principal dessa estratégia reside, pelo menos para filósofos dotados de um robusto sentido da realidade (para usar a famosa expressão de Russell), no seu compromisso explícito com POSSIBILIA, isto é, entidades meramente possíveis. *Ver também* FÓRMULA DE BARCAN. JB

negação

Operador VEROFUNCIONAL de formação de frases. A negação de "p" é "não-p", que só é verdadeira quando "p" for falsa. A negação de "Se Deus existe, a vida faz sentido" ($p \to q$) não é "Se Deus não existe, a vida não faz sentido" ($\neg p \to \neg q$), mas antes "Deus existe e a vida não faz sentido" ($p \wedge \neg q$). A negação de "Todas as verdades são relativas" ($\forall x\,(Fx \to Gx)$) não é "Nenhuma verdade é relativa" ($\forall x\,(Fx \to \neg Gx)$), mas antes "Algumas verdades não são relativas" ($\exists x\,(Fx \wedge \neg Gx)$). Símbolos habituais da negação: ~, ¬, −. **DM**

negação, eliminação da

Ver ELIMINAÇÃO DA NEGAÇÃO.

negação, introdução da

Ver INTRODUÇÃO DA NEGAÇÃO.

negação alternada

Nome dado ao operador VEROFUNCIONAL de formação de frases "não... ou não...". Uma frase como "não-A ou não-B" só é falsa caso A e B sejam ambas verdadeiras. Na lógica clássica, representa-se este operador com o símbolo |, a que se chama CONECTIVO DE SHEFFER. **DM**

negação conjunta

Nome dado ao operador VEROFUNCIONAL de formação de frases "nem..., nem...". Uma frase como "nem A, nem B" só é verdadeira caso A e B sejam ambas falsas. Na lógica clássica, representa-se esse operador com o símbolo ↓. **DM**

negação da antecedente

Ver FALÁCIA DA NEGAÇÃO DA ANTECEDENTE.

negação da conseqüente

O mesmo que MODUS TOLLENS.

negação de quantificadores

Os seguintes quatro seqüentes duplos válidos da lógica de predicados: 1) $\neg \forall v\, \Phi v$ ⊣⊢ $\exists v\, \neg \Phi v$; 2) $\neg \exists v\, \Phi v$ ⊣⊢ $\forall v\, \neg \Phi v$; 3) $\neg \forall v\, \neg \Phi v$ ⊣⊢ $\exists v\, \Phi v$; 4) $\neg \exists v\, \neg \Phi v$ ⊣⊢ $\forall v\, \Phi v$.

negação dupla

Na lógica clássica, a fórmula $\neg\neg p$ é logicamente equivalente à fórmula p. Equivalentemente, $\neg\neg p \leftrightarrow p$ é uma tautologia. Essa é a denominada lei da dupla negação. Na LÓGICA INTUICIONISTA apenas vale a implicação $p \to \neg\neg p$. Não obstante, a equivalência $\neg\neg\neg p \leftrightarrow \neg p$ é intuicionisticamente válida. *Ver também* CÁLCULO PROPOSICIONAL; TAUTOLOGIA; ÁLGEBRA DE BOOLE; LÓGICA INTUICIONISTA. **FF**

negativa, proposição

Ver PROPOSIÇÃO AFIRMATIVA.

new foundations

(ingl., novos fundamentos) A *new foundations* (NF) de Willard Quine (1937) é uma axiomatização da teoria dos conjuntos baseada, em parte, no PRINCÍPIO DO CÍRCULO VICIOSO. Ao contrário da teoria de Zermelo-Fraenkel (ZF) (*ver* TEORIA DOS CONJUNTOS), a teoria NF restringe o PRINCÍPIO DA ABSTRAÇÃO não pelo tamanho dos conjuntos formados – de fato, NF tem um conjunto universal, isto é, $\exists u\,\forall x\,(x \in u)$ é um teorema de NF –, mas sim por meio de um artifício sintático. O principal postulado de NF consiste em restringir a formação de conjuntos $\{x: \Pi(x)\}$ a fórmulas estratificáveis, $\Pi(x)$, isto é, a fórmulas da teoria dos conjuntos para as quais seja possível indexar por um número natural cada uma das variáveis da fórmula de modo a que o símbolo $\in$ ocorra sempre entre duas variáveis, com a da esquerda de índice imediatamente inferior à da direita. P. ex., a fórmula $\exists y\,\forall z\,(\exists w\,(w \in x \wedge z \in y) \to z \in w)$ é estratificável, como se pode ver pela seguinte indexação: $\exists y_1\,\forall z_0\,(\exists w_1\,(w_1 \in x_2 \wedge z_0 \in w_1) \to z_0 \in y_1)$. A fórmula $x \in x$ é o exemplo paradigmático de uma fórmula não-estratificável, o que bloqueia o PARADOXO DE RUSSELL.

A teoria NF baseia-se em um artifício sintático e não fornece uma imagem "clara" dos objetos que supostamente descreve (os conjuntos), sendo essas as razões principais para rejeitar NF como uma teoria dos

FUNDAMENTOS DA MATEMÁTICA. Deve-se também observar que Ernst Specker demonstrou em 1953 que a teoria NF refuta o AXIOMA DA ESCOLHA. Um dos grandes problemas em aberto de NF é a sua consistência: não se sabe sequer se NF é consistente relativamente à teoria de Zermelo-Fraenkel. Por fim, existe uma teoria sucedânea de NF – conhecida pela sigla ML (de *Mathematical Logic*, 1940) – que acomoda a existência de CLASSES próprias (Quine chama-lhes classes últimas). *Ver também* PARADOXO DE RUSSELL; PRINCÍPIO DO CÍRCULO VICIOSO; PRINCÍPIO DA ABSTRAÇÃO; TEORIA DOS CONJUNTOS; FUNDAMENTOS DA MATEMÁTICA; CLASSE; AXIOMA DA ESCOLHA. FF

QUINE, W. V. O. *Mathematical Logic*. Ed. rev. 13.ª reimp. da 4.ª ed. Cambridge/Londres: Harvard University Press, 1996 (1940).
——. *Set Theory and its Logic*. Cambridge: Harvard University Press, 1967.

nocional, crença

Ver CRENÇA *DE RE*.

nome próprio

Em lógica e filosofia da linguagem, nomes próprios – como, p. ex., "Luís de Camões", "Coimbra", "Mondego", "4", e "*Equus Caballus*" – são expressões lingüísticas que formam uma subclasse própria da classe dos DESIGNADORES, ou termos singulares, ou ainda expressões referenciais singulares. Essas são expressões empregadas com o propósito de referir, relativamente a dado contexto de uso, um e um só item ou objeto específico; nos exemplos dados anteriormente, os objetos referidos (em um sentido amplo da palavra "objeto") são, respectivamente, uma pessoa, uma cidade, um rio, um número e uma espécie animal. Naturalmente, tal propósito pode não ser realizado, como no caso de certos usos de nomes próprios como "Pégaso", "Hamlet", "Vulcano" (um nome usado a certa altura com o propósito de referir um alegado décimo planeta do sistema solar), etc.; é habitual chamar a nomes próprios desse gênero, aos quais nenhum objeto corresponde, nomes vazios ou vácuos.

Convém salientar as seguintes duas características gerais de nomes próprios. Em primeiro lugar, e em contraste com outras espécies de designadores – p. ex., DESCRIÇÕES DEFINIDAS –, os nomes próprios são designadores logicamente simples, nos quais não é em geral possível discernir, pelo menos à superfície, nenhuma estrutura interna que seja semanticamente relevante para a determinação de um objeto como referente. Em segundo lugar, e em contraste com outras espécies de designadores logicamente simples – p. ex., certas expressões INDEXICAIS e demonstrativas –, o objeto (caso exista) referido por um nome próprio não varia de uma forma sistemática de contexto de uso para contexto de uso. Uma vez fixado um objeto particular como referente de um nome próprio, com respeito a dado contexto de uso, o nome designará esse objeto relativamente a qualquer contexto. P. ex., se fixarmos o referente do nome "Aristóteles", tal como é habitualmente usado por nós, como sendo Aristóteles o filósofo, então "Aristóteles" designará de forma constante essa pessoa, e não qualquer outra (como, p. ex., Aristóteles Onassis, o armador grego). Compare-se esse caso com o de uma expressão indexical como o pronome pessoal "ele", tomado em usos demonstrativos ou não-ANAFÓRICOS: a pessoa do sexo masculino referida por usos sucessivos do pronome varia enormemente de contexto para contexto.

Uma componente importante da semântica dos nomes próprios é a investigação da natureza dos mecanismos de determinação de uma referência para nomes. Esse tópico tem sido objeto de considerável controvérsia entre filósofos. Em particular, disputa-se se deve ser atribuído significado ou CONOTAÇÃO a nomes próprios, para além de referência ou DENOTAÇÃO. Em um extremo da disputa está a doutrina defendida por John Stuart Mill e aparentemente retomada, com algumas qualificações importantes, por filósofos contemporâneos como

Hilary Putnam, Saul Kripke e Keith Donnellan. Segundo tal doutrina, os nomes próprios – assim como certos termos singulares aparentados, como, p. ex., palavras para TIPOS NATURAIS como "água" e "tigre" – têm uma denotação (quando algo lhes corresponde), mas não têm nenhuma conotação. Por outras palavras, um nome próprio apenas tem a função de designar um item; não deve ser visto como algo que está também associado (na mente de um falante) a um conjunto de propriedades gerais, que constituem a conotação do nome e cuja posse por um objeto particular determina esse objeto como sendo o referente, ou a denotação, do nome.

No outro extremo da disputa está a doutrina atribuída a Gottlob Frege, Bertrand Russell, Peter Strawson e John Searle, segundo a qual cada nome próprio tem um significado (ou um sentido), e é esse significado que tem a propriedade de determinar (possivelmente) um objeto como sendo a denotação do nome. O significado de um nome próprio é identificado com o significado de certa descrição definida, ou de certo agregado de descrições definidas, que os utilizadores competentes do nome associam com este; o referente do nome será então determinado como aquele objeto (se existe) que satisfaz univocamente as condições expressas na descrição associada ao nome, ou as condições expressas na maioria das descrições incluídas no agregado de descrições associadas ao nome. P. ex., o significado do nome próprio "Aristóteles" seria, para muitos utilizadores, dado no significado de uma descrição como, p. ex., "O filósofo que nasceu em Estagira e foi mestre de Platão"; o indivíduo designado pelo nome, isto é, Aristóteles, será então aquele indivíduo que exemplificar univocamente a conjunção das propriedades de ser um filósofo, ter nascido em Estagira e ter ensinado Platão. Assim, o mecanismo de referência para o caso de nomes, em virtude do qual um nome designa o objeto que de fato designa, é assimilado ao mecanismo de referência (ou denotação) para o caso de descrições definidas, que é bem conhecido e nada tem de problemático.

Apesar de toda sua elegância e poder explicativo, o chamado ponto de vista de Frege-Russell foi submetido, nos anos 1970, a uma crítica devastadora por parte de filósofos como Kripke e Donnellan. Como explicação alternativa do mecanismo de referência envolvido no caso de nomes próprios, esses filósofos propõem uma teoria causal ou histórica: *grosso modo*, a referência de um nome, tal como empregado em certa ocasião, é aquele objeto que está na origem de uma cadeia causal ou histórica de comunicação, paradigmaticamente iniciada com base em um contato perceptivo com o objeto, que se estende até àquele uso do nome.

Uma tese importante, que se deve igualmente a Kripke, é a de que nomes próprios, em contraste com a maioria das descrições e outros designadores logicamente complexos, são DESIGNADORES RÍGIDOS. Isso significa essencialmente o seguinte: uma vez determinado um objeto particular como o referente de um nome próprio relativamente ao MUNDO ATUAL, o nome designará invariavelmente esse objeto relativamente a qualquer situação contrafactual, ou MUNDO POSSÍVEL, em que o objeto exista. *Ver também* DESIGNAÇÃO; SENTIDO/REFERÊNCIA; REFERÊNCIA; REFERÊNCIA, TEORIAS DA; TEORIA DAS DESCRIÇÕES DEFINIDAS. **JB**

DONNELLAN, K. "Proper Names and Identifying Descriptions" [1972], *in* Davidson, D. e Harman, G. (orgs.). *Semantics of Natural Language.* Dordrecht: Reidel, 1962.

FREGE, G. "On Sense and Reference", *in* Geach, P. e Black, M. (orgs.). *Translations from the Philosophical Writings of Gottlob Frege.* Oxford: Blackwell, 1952. Trad. bras. "Sobre o sentido e a referência", *in* Frege, G., *Lógica e filosofia da linguagem.* Trad. Paulo Alcoforado. São Paulo: Cultrix/Edusp, 1978, pp. 59-86.

KRIPKE, S. *Naming and Necessity.* Oxford: Blackwell, 1980.

MILL, J. S. *A System of Logic.* 8.ª ed. Londres: Longmans, 1961.

RUSSELL, B. "On Denoting"', *in* Marsh, R. C. (org.). *Logic and Knowledge*. Londres: George Allen and Unwin, 1956. Trad. bras. "Da denotação", *in Russell/Moore*. Coleção Os Pensadores. Trad. Pablo Mariconda. São Paulo: Abril Cultural, 1974, pp. 9-20.

nominalismo

Nem todas as entidades putativamente existentes são conhecidas por meios empíricos, ou *a posteriori*. Enquanto a disputa quanto à existência putativa de coelhos se resolve recorrendo à experiência, o mesmo não se pode fazer quanto à existência putativa de, p. ex., PROPOSIÇÕES. As proposições, se existem, não podem ser percepcionadas porque não são entidades com localização espaciotemporal. É assim possível duvidar se esse tipo de entidades que não têm existência espaciotemporal existirão de alguma forma como entidades independentes do sujeito cognoscente; ou se, pelo contrário, não serão apenas nomes, sem existência independente. A diferença torna-se clara se tomarmos como exemplo a cor verde. Um filósofo nominalista defenderá que o verdor, ou o verde, não existe independentemente de uma inteligência que a nomeie, mas que é antes e apenas o nome da classe a que pertencem todas aquelas coisas que têm determinada característica (neste caso, o verdor). Mas um filósofo platônico defenderá que o verdor é uma entidade abstrata com existência objetiva e independente dos sujeitos cognoscentes, tão individual e real como um coelho, apesar de não ter localização espaciotemporal. Em relação à cor verde a questão pode parecer ociosa, mas o mesmo não se passa no que se refere a outros conceitos menos prosaicos, como as proposições ou os números. *Ver também* UNIVERSAIS; EXISTÊNCIA. **DM**

non sequitur

(lat., não se segue) Tipo de argumento falacioso que consiste no fato de a conclusão não se seguir das premissas, isto é, a informação disponível não é suficiente ou relevante para estabelecer a verdade daquilo que queremos provar. Esse tipo de argumento pertence à classe de falácias informais que se costumam designar por FALÁCIAS DA RELEVÂNCIA, uma vez que as premissas usadas não são relevantes para provar aquilo que desejamos. Essa definição poderá induzir-nos ao erro de achar que, em um sentido mais lato da expressão, toda falácia da relevância é um *non sequitur*, pois as definições parecem coincidir. No entanto, existem falácias da relevância, como a PETITIO PRINCIPII, em que, apesar de as premissas não serem relevantes para estabelecer a conclusão, esta, no entanto, segue-se das premissas – só que de forma trivial e não-informativa. Também poderíamos ser levados a estabelecer um paralelismo entre argumentos inválidos e aqueles que incorrem em um *non sequitur*, no sentido em que todo o argumento inválido seria um *non sequitur* e vice-versa. Apesar de ser verdade que todo argumento inválido é um *non sequitur*, é falso que todo *non sequitur* seja um argumento inválido. Isso porque a validade, estritamente concebida, é uma propriedade formal que se aplica apenas a argumentos dedutivos. Contudo, são vários os argumentos que não são dedutivos e que podem incorrer em um *non sequitur*, como é o caso de alguns ARGUMENTOS POR ANALOGIA, argumentos com base em exemplos, etc. É a LÓGICA INFORMAL que dá conta desses casos, e por isso se diz que o *non sequitur* pertence à classe das falácias informais. Exemplo de um argumento que incorre em *non sequitur* e que reiteradamente se usa para "provar" a historicidade da filosofia é o seguinte: "Todos os filósofos estão situados na história; logo a filosofia consiste na sua história." Claramente se vê que a conclusão desse argumento não se segue da premissa. Pois, ao passo que a premissa é uma verdade trivial – afinal, todas as pessoas estão situadas na história e uma vez que os filósofos são pessoas, eles também estão situados na história –, a conclusão é algo muito mais forte: não basta a informação fornecida na premissa para podermos afirmá-la como verdadeira. *Ver também* FALÁCIAS. **CTe**

notação canônica

Designação que se dá à NOTAÇÃO da LÓGICA DE PRIMEIRA ORDEM.

Do ponto de vista filosófico, foi argumentado por diversos autores (Russell, Wittgenstein, Carnap, Quine e outros), em diversas fases da sua obra e de diversas maneiras, que um problema filosófico ou cognitivo é pertinente, se (mas não só) esse problema puder ser abordado (isto é, formulado ou respondido) com recurso à notação canônica.

Também, no que diz respeito à análise lógico-filosófica das linguagens naturais, alguns desses autores (Quine, mais recentemente) defendem a tese segundo a qual o sentido cognitivo das frases (declarativas) de uma linguagem natural só pode ser adequadamente explicado quando essas frases são regimentadas em notação canônica, isto é, quando temos uma (semi)formalização dessas frases nas quais as expressões lógicas são regimentadas e as expressões não-lógicas são conservadas. P. ex.: $\forall x$ (x *é homem* $\rightarrow$ x *é mortal*) seria a (semi)formalização que permitiria determinar o sentido cognitivo de "Os homens são mortais". Essa determinação far-se-á de acordo com a SEMÂNTICA LÓGICA da notação canônica na qual a frase está regimentada. Essa semântica é essencialmente tarskiana, e a regimentação exibe assim as condições de verdade da frase regimentada. A regimentação $\forall x$ (x *é homem* $\rightarrow$ x *é mortal*) é uma particularização do esquema $\forall x$ ($Fx \rightarrow Gx$), que representa a FORMA LÓGICA da frase regimentada. É óbvio que essa forma lógica não convém à frase "Os homens são numerosos" e, no entanto, essa última tem semelhanças superficiais notáveis com a frase "Os homens são mortais". Daí um dos interesses da regimentação.

Há, essencialmente, três gêneros de reações contra essa idéia de aplicação da notação canônica à regimentação de frases da linguagem natural: 1) Recusar a identificação de sentido cognitivo com sentido filosoficamente relevante, fazendo, p. ex., a apologia de uma dimensão pragmática da linguagem corrente como simultaneamente irredutível (o que é consensual) e passível de uma investigação filosófica autônoma e, eventualmente, determinante do sentido cognitivo — é a linha de investigação da filosofia da linguagem corrente e da pragmática; 2) Recusar a identificação da regimentação com regimentação na notação canônica, p. ex., argumentando em favor do interesse de uma regimentação que contemple as nossas intuições modais e epistêmicas — é a linha de investigação da filosofia da linguagem que usa os resultados das lógicas modal, epistêmica e outras; 3) Aceitando como uma objeção séria ao projeto de formalização por meio da notação canônica o chamado PARADOXO DA ANÁLISE. Uma formulação algo vaga, mas aceitável, desse paradoxo é a seguinte: se a análise que conduz à regimentação é informativa, como pode ser adequada?; se é adequada, como pode ser informativa? (cf. Schillp, 1968, p. 323).

As respostas a esses gêneros de reações são também conhecidas. A resposta ao primeiro gênero de objeções consiste em argumentar pela não-incompatibilidade entre semântica e pragmática, reservando a autonomia da primeira e, em uma versão mais forte, desvalorizando o interesse (isto é, a sua possibilidade como teoria séria) da segunda. A resposta ao segundo gênero de objeções consiste ou em argumentar pela não-incompatibilidade entre regimentação na notação canônica e regimentação em uma outra notação (versão fraca), ou em considerar outras formas de regimentação que não na notação canônica como desviantes e, no limite, sem interesse explicativo. A resposta ao terceiro gênero de objeções foi exemplarmente dada por Quine (1960, pp. 158-61). Basicamente, ela consiste em considerar a regimentação de uma frase na notação canônica (isto é, a sua semiformalização) não uma tarefa neutra e universal, mas contextualmente útil e cujo juiz tem de ser o próprio "regimentador". Sendo dadas uma frase F e sua regimentação canônica F′, "o único ponto sério é simplesmente que o falante é o único juiz sobre se a substituição de F por F′ no contexto presente convém ao seu programa, presente ou em curso, de uma forma que ele ache satisfatória" (Quine, 1960, p. 160).

É claro que todos os problemas e posições que aqui foram indicados são suscetíveis de, quando desenvolvidos em concreto, sofrerem diversos matizes e formulações mais fortes ou mais fracas. *Ver também* FORMA LÓGICA; COMPROMISSO ONTOLÓGICO. **JS**

CARNAP, R. *Die logische Syntax der Sprache*. Viena, 1934.
QUINE, W. V. O. *Word and Object*. Cambridge: MIT Press, 1960.
RUSSELL, B. "Logic as the Essence of Philosophy", *in Our Knowledge of the External World*. Londres: Allen & Unwin, 1914. Trad. bras. "A lógica como essência da filosofia", *in Nosso conhecimento do mundo exterior*. Trad. Haddock Lobo. São Paulo: Editora Nacional, 1966, pp. 25-45.
SCHILPP, P. (org.). *The Philosophy of G. E. Moore*. 3.ª ed. La Salle: Open Court, 1968.
WITTGENSTEIN, L. *Tratado lógico-filosófico* [1922]. Trad. M. S. Lourenço. 2.ª ed. Lisboa: Gulbenkian, 1994. Trad. bras. *Tractatus Logico-Philosophicus*. Trad. Luiz Henrique Lopes dos Santos. São Paulo: Edusp. 1994.

notações

É freqüente atribuir a designação de "lógica simbólica" à lógica "real", isto é, à lógica tal como é praticada na seqüência do desenvolvimento teórico que, iniciado no século XIX, acabaria por lhe conferir o estatuto de "ciência dedutiva", como Tarski chamava ao conjunto de saberes habitualmente associados à matemática. Essa aproximação entre a lógica e a matemática foi mais do que um acidente ou uma simples questão de métodos, acabando mesmo por levantar dúvidas quanto à existência ou ao tipo de demarcação entre ambas. De qualquer maneira, a essa "matematização" da lógica está indissociavelmente ligada desde o início à necessidade do uso de um simbolismo que permita, em contraste com a linguagem comum e à semelhança, mais uma vez, da matemática, maior economia de meios e maior poder de abstração, tanto no cálculo como na exposição de resultados. Uma das tarefas centrais então atribuídas ao lógico, nomeadamente por Frege e Peano, foi a formalização da linguagem comum, o que viria a ter como conseqüência uma utilização mais generalizada e coerente do simbolismo, tanto em lógica como em matemática. Assim, se é possível que "lógica simbólica" identifique o conjunto de trabalhos que perfazem a lógica atual, isso deve-se precisamente ao caráter da disciplina tal como passaria a ser predominantemente praticada desde a época de Frege e Russell até os nossos dias, em contraste com a forma predominantemente não-simbólica praticada antes. (Note-se que o uso de símbolos em lógica não era inteiramente desconhecido antes de Boole ou Frege (para um exemplo, *ver* VARIÁVEL), mas não se tratava de um uso sistemático e fundamental como o é atualmente.)

Embora Frege e Russell tenham estado na origem das primeiras linguagens simbólicas utilizadas numa ampla formalização do raciocínio lógico, as notações que utilizaram não tiveram o mesmo êxito que a generalidade das suas obras. (Para se ter uma idéia do sentido e da medida em que tal formalização é completa, *ver* TEOREMA DA COMPLETUDE.) Não se pode dizer que exista hoje uma notação-padrão para a lógica, mas as diferentes notações utilizadas quase nada aproveitam da notação de Frege, pouco prática, e rejeitam freqüentemente um dos aspectos mais conspícuos da notação de Russell: a utilização de pontos como meio de evitar a proliferação de parênteses, que apenas clarificam a estrutura de uma fórmula quando ocorrem em número muito reduzido. (A notação de Frege difere das restantes notações porque, além de incluir mais símbolos, exige freqüentemente que uma mesma expressão se estenda por mais de uma linha. Embora a notação com pontos tenha sido criada por Peano, é sobretudo a Russell que se deve sua divulgação e utilização na literatura lógica, nomeadamente por meio dos *Principia*.) Apesar dessa vantagem, a notação com pontos, de aprendizagem menos imediata, também não se generalizou, embora tenha sobrevivido até hoje nos escritos de lógicos como Quine. Ainda mais econômica no uso da pontuação é a notação polonesa: sem perda de poder expressivo, ela dispensa igualmente pontos e parênteses. Outra vantagem dessa notação é a surpreendente simplicidade do teste de correção sintática das fórmulas nela expressas. No entanto, por ser talvez aquela com que é mais difícil adquirir a familiaridade necessária para efeitos práticos, essa notação é igualmente pouco utilizada, apesar do mérito heurístico na demonstração de teoremas que lhe é atribuído por alguns lógicos. (É o caso de Lemmon e Prior.)

Existe uma variante da notação polonesa, a notação polonesa invertida – *reverse Polish notation* –, que resulta desta pela simples inversão posicional entre operadores e respectivos operandos, conservando assim a mesma economia de meios e a extrema simplicidade das verificações de correção sintática. Sendo ainda mais antiintuitiva, isso não é uma desvantagem para os computadores, que a usam porque lhes permite armazenar o operador no fim e lê-lo primeiro, determinando a próxima operação antes da leitura dos operandos. Nesse sentido, o caráter antiintuitivo de uma notação nem sempre depõe contra ela, desde que tenha interesse teórico.

Ausência de ambigüidade, economia de símbolos, simplicidade de escrita e de estrutura são critérios que as diferentes notações procuram cumprir mas que se mostram freqüentemente incompatíveis ou mesmo difíceis de conciliar. Como se verá em seguida, a introdução de simplificações na estrutura sintática das fórmulas parece indissociável de uma escrita e leitura mais antiintuitivas, o que as torna mais difíceis de dominar, criando dificuldades que contrariam as vantagens da sua "simplicidade". As notações mais utilizadas desde os *Principia* diferem desde logo nos símbolos que adotam para representar os operadores lógicos; o quadro I exibe, para os operadores mais comuns, as correspondências simbólicas entre algumas das notações mais representativas.

Quadro I

Designação	Peano-Russell	Hilbert	Notação polonesa	Enciclopédia	Variantes
Negação	~	–	N	¬	
Conjunção	.	&	K	∧	
Disjunção	∨	∨	A	∨	
Disjunção exclusiva				⊻	
Condicional	⊃	→	C	→	⇒
Bicondicional	≡	~	E	↔	⇔
Negação alternada				↑	|
Negação conjunta				↓	
Quantificador universal	(x)	(x)	Π	∀x	Λx, (∀x)
Quantificador existencial	(∃x)	(Ex)	Σ	∃x	Vx

Os quantificadores universal e existencial podem também ser representados na notação polonesa respectivamente por (x) e (Ex), onde x desempenha o mesmo papel que a variável nos quantificadores convencionais.

notações

Porém, a diferença mais acentuada entre notações, e em particular entre as indicadas nas três primeiras colunas deste quadro, reside na forma como a estrutura sintática das expressões reflete a sua estrutura lógica, e nesse aspecto o modo como lidam com o agrupamento é decisivo. (O agrupamento é o modo de indicar sem ambigüidade o âmbito dos operadores lógicos em uma expressão.) Quando não existem diferenças a esse respeito, a transposição de uma notação em outra consiste em simples substituições de símbolos, de acordo com uma tabela como a do quadro I. Caso contrário, os algoritmos para efetuar a transposição são muito mais complexos. Para se ter uma idéia desse gênero de diferenças classificaremos as notações em três tipos, de acordo com a forma como realizam o agrupamento, descrevendo brevemente a estrutura sintática em cada caso. Falamos em diferentes notações de um mesmo tipo apenas na medida em que estas diferem nos símbolos escolhidos para representar as constantes lógicas (conectivos, quantificadores e, possivelmente, outros operadores lógicos, como o de descrição definida) ou nos conjuntos de símbolos para representar as variáveis e constantes de outros tipos que possivelmente integrem a linguagem (proposicionais, de predicado, individuais e funcionais).

Notações Convencionais – As notações convencionais são aquelas que utilizam parênteses para agrupar operandos ligados por operadores binários, tal como habitualmente acontece em matemática. O epíteto "convencionais" é introduzido aqui apenas pela conveniência em identificar as notações desse tipo sob uma designação comum e justifica-se por serem as mais amplamente utilizadas. As regras de formação para uma linguagem formal apresentadas em LINGUAGEM FORMAL descrevem rigorosamente a estrutura das fórmulas nessas notações.

Notações com Pontos – Como foi dito, esse tipo de notação introduz pontos para substituir os parênteses nas fórmulas, de tal forma que é em geral necessário um menor número de pontos que de parênteses para que a fórmula possa ser lida sem ambigüidade. Por isso não se trata apenas, nem essencialmente, de substituir cada parêntese por um ponto: os locais de uma fórmula onde ocorrem pontos distinguem-se uns dos outros pela posição na fórmula e pelo número de pontos em cada um.

Seguiremos de perto a explicação apresentada nos *Principia Mathematica*. Considerem-se os seguintes três grupos de pontos, por ordem decrescente de força de agrupamento: 1) pontos adjacentes aos conectivos; 2) pontos que se sucedem imediatamente aos quantificadores; e 3) pontos que representam a conjunção. Só os pontos do último grupo determinam para ambos os lados das suas ocorrências o âmbito de um parêntese substituído por uma coleção de pontos (veremos a seguir como isso se faz). Além de um ponto (ou coleção de pontos), uma conjunção pode não ter outro símbolo próprio e ser "denotada" pela ausência de símbolo, sucedendo-se sem separação os símbolos de cada proposição conjunta; optaremos por tal solução nos exemplos para esse tipo de notações. Os conectivos são também hierarquizados por ordem crescente de força da seguinte forma:

$$\neg$$
símbolo (ou ausência de símbolo) para a conjunção
$$\vee$$

$\rightarrow$ e $\leftrightarrow$ (no mesmo nível).

Vejamos um exemplo e a forma de o ler tal como é descrita no capítulo 1 da introdução aos *Principia*: 1) $p \rightarrow q.q \rightarrow r. \rightarrow . p \rightarrow r$. "O âmbito do parêntese indicado por qualquer coleção de pontos estende-se para a esquerda ou para a direita para além de qualquer número menor de pontos, ou de qualquer número igual de um grupo de menor força, até chegar ou ao fim da proposição afirmada ou a um número maior de pontos ou a um número igual de um grupo de força igual ou superior." Logo, uma reconstituição possível do âmbito dos parênteses em 1 poderia ser feita, passo a passo e, p. ex., da direita para a esquerda, do seguinte modo:

$$p \to q.q \to r. \to (p \to r)$$
$$(p \to q.q \to r) \to (p \to r)$$
$$(p \to q).(q \to r) \to (p \to r)$$
$$((p \to q).(q \to r)) \to (p \to r)$$

ou, para utilizar a notação desta enciclopédia, $((p \to q) \land (q \to r)) \to (p \to r)$.

Os parênteses não são totalmente erradicados, mas apenas são usados nos agrupamentos menos fortes, como $\neg(\neg p \land p)$ ou $\neg(x = x)$, e não no agrupamento binário.

Notação polonesa – Esta notação foi introduzida pelo lógico polonês Łukasiewicz. Ao contrário dos conectivos binários nas notações anteriormente descritas, nesta notação todos os operadores precedem os operandos. Assim, $\neg p, p \land q, p \lor q, p \to q$, $p \leftrightarrow q$, $\forall x\, Fx$ e $\exists x\, Fx$ são representados respectivamente por *Np*, *Kpq*, *Apq*, *Cpq*, *Epq*, $\prod x\, Fx$ (ou $(x)\, Fx$) e $\sum x\, Fx$ (ou $(Ex)\, Fx$). O que distingue realmente essa notação é a forma como o agrupamento é determinado pela prefixação dos conectivos binários. Em *CKpqCpr*, isto é, $(p \land q) \to (p \to r)$, o antecedente *Kpq* e o conseqüente *Cpr* são prefixados pela primeira ocorrência do conectivo C, que os agrupa para constituir o condicional principal, tal como o segundo C agrupa *p* e *r* no condicional *Cpr*, isto é, $p \to r$. O agrupamento nunca é ambíguo. Eis mais alguns exemplos acompanhados da respectiva tradução em uma notação "convencional":

NNp	$\neg\neg p$
NKpNp	$\neg(p \land \neg p)$
CKCpqCqrCpr	$((p \to q) \land (q \to r)) \to (p \to r)$
CCsCpqCCspCsq	$(s \to (p \to q)) \to ((s \to p) \to (s \to q))$

Deve-se também a Łukasiewicz um teste de boa formação sintática para essa notação. Basta formulá-lo para o cálculo proposicional, uma vez que as extensões da notação em domínios mais avançados não introduzem nada de novo no essencial. Eis o teste: leia-se a fórmula da esquerda para a direita, contando separadamente as ocorrências de conectivos binários e de símbolos proposicionais; ela estará bem formada se o número de ocorrências de símbolos proposicionais só ultrapassar o de conectivos exatamente no fim da fórmula. *Ver também* CONECTIVOS; LINGUAGEM FORMAL; VARIÁVEL. **FM**

numerável

Um conjunto é numerável se estiver em CORRESPONDÊNCIA BIUNÍVOCA com o conjunto dos números naturais ω. Portanto, um conjunto numerável é um CONJUNTO INFINITO. Também se diz que o conjunto tem cardinalidade $\aleph_0$.

A união e o produto cartesiano de dois conjuntos numeráveis é ainda um conjunto numerável. Por vezes é necessário apelar a formas enfraquecidas do AXIOMA DA ESCOLHA para demonstrar determinadas propriedades características da numerabilidade. P. ex., a propriedade de que uma união numerável de conjuntos numeráveis é ainda um conjunto numerável ou a propriedade de que todo o conjunto infinito contém um conjunto numerável.

Pelo teorema de Cantor, o conjunto das partes de um conjunto numerável já não é numerável. *Ver também* CARDINAL; CORRESPONDÊNCIA BIUNÍVOCA; CONJUNTO INFINITO; AXIOMA DA ESCOLHA; TEOREMA DE LÖWENHEIM-SKOLEM. **FF**

FRANCO DE OLIVEIRA, A. J. *Teoria dos conjuntos*. Lisboa: Livraria Escolar Editora, 1982.
HRBACEK, K. e JECH, T. *Introduction to Set Theory*. Nova York: Marcel Dekker, 1984.

número

A investigação lógica do conceito de número deve-se a Frege, e nela a concepção de um predicado de segunda ordem, ou de um predicado de um predicado, desempenha um papel essencial. Partindo da distinção fundamental a ser feita entre um objeto e um predicado, Frege consegue a demonstração de que um número, em particular um número cardinal, não é um objeto, mas um predicado.

Simplificando consideravelmente os pormenores do seu argumento, a idéia principal pode ser exposta por meio do seguinte exemplo. O fato de o número de planetas do sistema solar ser o número 9 não pode ser concebido e expresso como sendo uma propriedade de cada planeta, uma vez que seria absurdo afirmar "A Terra é 9". Nessas condições, a expressão "9" não pode ser identificada como uma propriedade do objeto Terra. Assim a ocorrência de "9" em "o número de planetas é 9" tem de ser considerada uma propriedade de um conceito ou de um predicado, no nosso exemplo do predicado "ser planeta do sistema solar", que é satisfeito por nove objetos. Assim, o número é uma propriedade ou um atributo, e os indivíduos aos quais se atribui um número como predicado não podem ser individualmente o número contado, uma vez que cada objeto é único e de outro modo não poderia haver números maiores do que 1. Logo, o número é uma propriedade daquele conceito sob o qual se podem reunir todos os objetos contados. Nessas condições, os números são propriedades de predicados, e um número cardinal determinado é um predicado de um predicado, e logo um predicado de segunda ordem.

Usando letras latinas maiúsculas como predicados de primeira ordem e a notação numeral arábica 0,1,2,... como predicados de segunda ordem, é fácil esboçar a idéia de Frege de um número como predicado de segunda ordem. O número 0 será representável pela notação 0 (F) e o sentido desta expressão é o da expressão de primeira ordem $\neg \exists x\, Fx$, na medida em que a expressão de segunda ordem é verdadeira logo que a expressão de primeira ordem o seja. A notação 1 (F) que representa agora o número 1 é também representável pela expressão de primeira ordem

$$\exists x\, (Fx \wedge \forall y\, (Fy \to x = y))$$

Analogamente para o número 2 a notação é 2 (F) e o seu sentido é o da expressão de primeira ordem

$$\forall x\, \forall y\, (x \neq y \wedge Fx \wedge Fy \wedge \forall z\, (Fz \to x = z \vee y = z))$$

Assim e em geral o conceito de certo número N é representável pela satisfatibilidade de um predicado por N objetos.

Na teoria dos *Grundlagen* o predicado de segunda ordem "Equinumérico" desempenha um papel crucial. Se F e G são dois predicados de primeira ordem, então a notação Equi(F,G) denota o predicado de segunda ordem que se interpreta como "os predicados F e G têm o mesmo número de objetos". Trata-se de uma relação funcional biunívoca que faz corresponder a cada objeto de F um único objeto de G e reciprocamente. A fórmula que a representa é

$$\exists R\, \{\forall x\, [Fx \to \exists y\, (R(x,y) \wedge G(y))] \wedge \forall y [G(y) \\ \to \exists x\, (R(x,y) \wedge Fx \wedge \\ \wedge \forall x\, \forall y\, \forall z\, [R(x,y) \wedge R(x,z) \to (y = z) \wedge R(x,z) \wedge \\ R(y,z) \to (x = y)]\}$$

A notação até agora utilizada da forma 1(F), 2(F),..., em que o numeral arábico aparece na posição de predicado, dá origem à notação em geral ξ(F) cujo significado sintático e semântico é o seguinte. Para que a notação ξ(F) represente um número cardinal, as seguintes condições têm de ser satisfeitas: 1) Se o predicado Equi(F,G) é satisfeito, então o predicado de segunda ordem ξ satisfaz ambos os predicados de primeira ordem F,G ou nenhum; 2) Se o predicado ¬Equi(F,G) é satisfeito, então ξ satisfaz no máximo um dos predicados F,G.

Em suma, se dois predicados F e G têm o mesmo número, então são equinuméricos, e se F tem o número ξ e F é equinumérico com G, então G tem o número ξ. A fórmula de segunda ordem é a seguinte:
*) $\forall F\, \forall G\, \{[\xi(F) \wedge \xi(G) \to \text{Equi}(F,G)] \wedge [\xi(F) \wedge \text{Equi}(F,G) \to \xi(G)]\}$. A proposição * representa assim uma propriedade do predica-

do ξ que podemos representar por N(ξ) e que se pode interpretar precisamente como a propriedade que ξ tem de ser um número cardinal. Assim um número cardinal é um predicado de segunda ordem com a propriedade N(ξ).

O problema filosoficamente profundo dessa discussão consiste na construção de um critério de identidade para determinar as condições sob as quais dois predicados de segunda ordem ξ1 e ξ2 tais que N(ξ1), N(ξ2) definam o mesmo número cardinal. *Prima facie* essas condições consistem em que, para um mesmo predicado de primeira ordem F, os predicados ξ1(F), ξ2(F) são verdadeiros ou falsos. Mas nesse caso pela lógica proposicional subjacente tem-se ∀F [ξ1(F) ↔ ξ2(F)]. Mas se supusermos que o domínio de objetos subjacente é finito, p. ex., menor ou igual a *k*, então todos os números maiores que *k* definem o mesmo número cardinal. Dando um exemplo, seja ξ1 = *k*+1 e ξ2 = *k*+2. Nesse caso ξ1 e ξ2 não satisfazem nenhum predicado F e por isso tem-se também ∀F [ξ1(F) ↔ ξ2(F)].

Nessas condições, é necessário que um axioma de infinito seja introduzido, o que impede esse argumento, de imediato.

Mas como uma demonstração lógica desse axioma não pode ser feita, uma teoria cuja finalidade era provar o caráter demonstravelmente lógico das proposições aritméticas tem por isso que ser reformulada.

A mais conhecida variante da definição de número de Frege difere desta apenas pelo uso do vocabulário da teoria dos conjuntos. O conceito principal passa a ser o de equipotência entre dois predicados monádicos de primeira ordem *P*(*x*) e *Q*(*x*). A notação Equi(P,Q) denota um predicado binário de segunda ordem que é satisfeito se, e somente se, ∀*x* [*P*(*x*) ↔ *Q*(*x*)]. Se Equi(P,Q) é satisfeito, então os predicados *P*(*x*) e *Q*(*x*) determinam o mesmo conjunto.

Seja F(P) um predicado de segunda ordem monádico, cujo argumento é o predicado de primeira ordem P. E, assim como Frege concebe qualquer predicado de primeira ordem como um conjunto, também

se pode conceber um predicado de segunda ordem como uma propriedade de um conjunto. Essa idéia pode então ser expressa pela condição **) ∀P ∀Q {Equi(P, Q) → [F(P) → F(Q)]}. Torna-se assim possível conceber os números como I) Predicados de segunda ordem cujo argumento é um predicado de primeira ordem; ou II) Como predicados de conjuntos.

Nesses termos, os predicados 1(P), 2(P) representam o mesmo número quando ∀P [ξ1(P) ↔ ξ2(P)]. Se interpretarmos agora os números ξ1 e ξ2 como predicados de P e Q, e P e Q como conjuntos, então tem-se que ξ1 e ξ2 são conjuntos de conjuntos. Assim, um número é o conjunto de todos os conjuntos equipotentes a um conjunto dado.

Apesar do imenso interesse lógico e filosófico que a definição de número de Frege tem, ela é hoje substituída pela definição que se obtém a partir da teoria axiomática dos conjuntos. Sucede ainda que no desenvolvimento ulterior da filosofia da matemática, sobretudo na corrente conhecida por INTUICIONISMO, a amplitude e o caráter da definição são completamente diferentes da apresentada. *Ver também* TEORIA DOS CONJUNTOS. **MSL**

FREGE, G. *Die Grundlagen der Arithmetik*. Breslau: W. Koebner, 1884. Trad. bras. "Os fundamentos da aritmética: uma investigação lógica-matemática sobre o conceito de número", *in Pierce/Frege*. Coleção Os Pensadores. Trad. Luiz Henrique dos Santos. São Paulo: Abril Cultural, 1974, pp. 201-82.

QUINE, W. V. O. *Set Theory and its Logic*. Cambridge: Harvard University Press, 1963.

RUSSELL, B. e WHITEHEAD, A. *Principia Mathematica*. 2.ª ed. Cambridge: Cambridge University Press, 1927.

números de Gödel

Dada uma linguagem formal (p. ex., uma linguagem do cálculo de predicados) cujas expressões são concatenações finitas de símbolos de uma lista previamente dada, é possível estabelecer uma correlação entre todas as expressões dessa linguagem e

números de Gödel

números naturais, de modo que cada expressão se correlacione com um só número e que expressões diferentes estejam correlacionadas com números diferentes. Kurt Gödel utilizou pela primeira vez tal correlação (hoje conhecida por numerações de Gödel ou codificações) no seu artigo seminal "Über formal unentscheidbare Sätze der *Principia Mathematica* und verwandter Systeme I". Nas próximas linhas descrevemos uma correlação bastante próxima à original de Gödel para a linguagem da ARITMÉTICA de Peano. Antes, porém, deve se observar que existem outras correlações e que o modo exato como a correlação se faz não é essencial. A numeração de Gödel associa a cada símbolo primitivo da linguagem da aritmética um número ímpar. Eis um extrato dessa correlação:

0	′	+	×	¬	∨	∀	=	(	)
1	3	5	7	9	11	13	15	17	19

Às variáveis individuais $x_1, x_2, x_3, \ldots$ associamos os números ímpares 21, 23, 25,... Em geral, à variável x_n associamos o número ímpar $19 + 2n$. A cada expressão da linguagem, isto é, a cada concatenação finita de símbolos $s_1 s_2 s_3 \ldots s_k$ da linguagem, a numeração de Gödel associa o número $2^{n_1} \times 3^{n_2} \times 5^{n_3} \times \ldots \times p_k^{n_k}$, onde p_k é o k-ésimo número primo e onde $n_1, n_2, n_3, \ldots, n_k$ são os números de Gödel dos símbolos $s_1, s_2, s_3, \ldots, s_k$, respectivamente. P. ex., o número de Gödel da fórmula $\forall x_1 (x_2 \times x_1 = 0)$ é o número $2^{13} \times 3^{21} \times 5^{17} \times 7^{23} \times 11^7 \times 13^{21} \times 17^{15} \times 19^1 \times 23^{19}$. Essa correlação tem a propriedade de associar números diferentes a expressões diferentes devido à unicidade da fatorização dos números naturais em produto de números primos.

A numeração de Gödel abre a possibilidade de as teorias formais da aritmética se referirem a expressões da sua própria linguagem e, portanto, de aquelas fazerem a metamatemática de uma teoria formal (ao que se chama aritmetização da metamatemática). Assim, se quisermos nos referir à expressão $\forall x_1 (x_2 \times x_1 = 0)$ em uma linguagem da aritmética, isto é, em uma linguagem cujo domínio de interpretação canônico consista nos números naturais (e não em expressões de dada linguagem), podemos fazê-lo por meio do seu número de Gödel. Freqüentemente também é útil ser possível referir seqüências de expressões da linguagem e, em particular, DEMONSTRAÇÕES formais de determinado sistema de dedução formal para a linguagem em causa (observe-se que as deduções formais são certas seqüências de expressões da linguagem). Tal é fácil de conseguir: se $n_1, n_2, \ldots, n_k$ são já números de Gödel de expressões da linguagem, então $2^{n_1} \times 3^{n_2} \times \ldots \times p_k^{n_k}$ é o número de Gödel da seqüência dessas expressões.

A numeração de Gödel desempenha um papel essencial na demonstração do teorema da incompletude de Gödel. A título ilustrativo, um dos predicados introduzidos por Gödel para o efeito é o predicado binário Dyx que se interpreta como sendo a asserção "y é o número de Gödel de uma demonstração da fórmula com o número de Gödel x". *Ver também* TEOREMA DA INCOMPLETUDE DE GÖDEL. **FF**

FEFERMAN, S. "Arithmetization of Metamathematics in a General Setting", *in Fundamenta Mathematicae*, n.º 49, 1960, pp. 35-92.
GÖDEL, K. *Collected Works*. Org. S. Feferman *et al*. Oxford: Oxford University Press, 1986, vol. I.
____. "Über formal unentscheidbare Sätze der *Principia Mathematica* und verwandter Systeme I", *in Monatshefte für Mathematik und Physik*, n.º 38, 1931, pp. 173-98. Trad. ingl. "On Formally Undecidable Propositions of *Principia Mathematica* and Related Systems I". Trad. Jean van Heijenoort, *in* Van Heijenoort, Jean (org.). *From Frege to Gödel: a Source Book in Mathematical Logic, 1879-1931*. 4.ª reimp. Cambridge/Londres: Harvard University Press, 1981, pp. 596-616. Trad. port. *O teorema de Gödel e a hipótese do contínuo*. Trad. M. S. Lourenço. Lisboa: Gulbenkian, 1979.
MENDELSON, E. *Introduction to Mathematical Logic*. 2.ª ed. Nova York: Van Nostrand Reinhold, 1964.

números e conjuntos

Uma questão premente para o estudo filosófico da matemática é a da natureza dos números, em particular dos números naturais. Isto porque, como se sabe, uma porção imensa desta disciplina (se não sua totalidade) é derivável, por meio de definições adequadas, a partir da aritmética. Ou seja, uma parte imensa da matemática é redutível à aritmética, e esta tem como objetos mais simples de investigação os números naturais. Por essa razão, a investigação sobre a natureza e propriedades dos números naturais sempre foi vista pela tradição filosófica como lançando luz, ao mesmo tempo, sobre as bases ontológicas e sobre a natureza epistêmica da matemática como um todo, que sempre foi, por sua vez, olhada com grande interesse pela filosofia devido à necessidade de suas conclusões e à segurança de seus métodos. Kant ocupou-se especialmente da matemática, e embora tenha dado maior ênfase ao estudo da geometria que ao da aritmética, seu trabalho deu início a uma grande tradição na filosofia da aritmética, que culminou no século XX com os trabalhos de Hilbert e dos intuicionistas como Brouwer e Heyting. O eixo central da visão filosófica de Kant é a tese de que a aritmética tem uma base intuitiva, a saber, seus teoremas dizem respeito à estrutura de nossa experiência do mundo sensível. Enunciados elementares da aritmética como "7 + 5 = 12" dizem respeito à forma de nossa sensibilidade, sendo em princípio justificados por meio de construções na intuição pura. Números, portanto, dizem respeito às formas da intuição pura. A aritmética é, para Kant, menos geral que a lógica, na medida em que suas leis podem ser negadas sem que se incorra em contradições, enquanto a negação de uma lei lógica implica sempre uma contradição.

A essa tradição de inspiração kantiana contrapôs-se o chamado logicismo, isto é, a doutrina segundo a qual a aritmética é redutível à lógica. Pode-se dizer que o logicismo tem duas teses centrais. Primeiro, que as noções fundamentais da aritmética (como número e sucessor, p. ex.) são redutíveis a (isto é, definíveis em termos de) noções da lógica, sendo assim dispensável qualquer recurso à intuição (pura ou empírica) para a compreensão delas. Segundo, que os axiomas fundamentais da aritmética são redutíveis a (ou demonstráveis a partir de) axiomas da lógica. Embora essas teses já estivessem presentes, p. ex., na filosofia de Leibniz, encontraram um espetacular desenvolvimento no final do século XIX e início do XX, tanto do ponto de vista filosófico quanto do ponto de vista técnico, principalmente nos trabalhos de Gottlob Frege, Richard Dedekind e Bertrand Russell. Embora haja diferenças no desenvolvimento formal do logicismo nesses três autores, eles compartilham a visão de que *números devem ser definidos como conjuntos de um tipo especial*, uma vez que conjuntos são entidades lógicas por excelência.

Frege ofereceu uma detalhada argumentação filosófica em favor do logicismo (de inspiração platônica) contra as visões rivais em *Die Grundlagen der Arithmetik* (1884) e um sofisticado desenvolvimento formal da aritmética em linguagem lógica em *Grundgesetze der Arithmetik* (vol. I, 1893; vol. II, 1903). A motivação de Frege para identificar números com conjuntos é basicamente a seguinte intuição: quando consideramos todos os conjuntos equinuméricos, p. ex., os conjuntos com exatamente cinco elementos, percebemos que todos têm uma propriedade em comum relacionada ao número cinco. No entanto, não se pode dizer que algum deles em particular seja o número cinco. O que seria então o número cinco? A solução mais simples do ponto de vista ontológico, segundo Frege, é considerar que o número cinco engloba todos estes conjuntos de uma só vez, ou seja, o número cinco é simplesmente o conjunto de todos os conjuntos com cinco elementos. (Na verdade, essa é uma simplificação da tese de Frege. Ele considera números como conjuntos de conceitos equinuméricos, ou seja, o número cinco é o conjunto de conceitos que abrangem cinco e apenas cinco objetos. Mas o tratamento que Frege dá a conceitos é extensional em certo aspecto, a saber, conceitos são introduzidos e considerados em seu sistema apenas por meio de suas respectivas extensões. Assim, o conjunto de conceitos com cinco elementos em seu sistema é representado pelo conjunto das respectivas extensões com cinco objetos.) A partir dessa definição temos uma explicação muito natural do fenômeno da cardinalidade de um conjunto: dizer que um conjunto tem a cardinalidade n equivale a dizer que ele é um elemento do número n, isto é, do conjunto de conjuntos n-numéricos. Pode parecer que há uma circularidade aqui, uma vez que se está definindo o número por meio da idéia de equinumeridade entre conjuntos. No entanto, ao contrário do que o nome parece indicar, a noção de equinumeridade não apela para a noção de número, mas tem antes uma definição puramente lógica. Dois conjuntos são equinuméricos se, e somente se, existir uma bijeção entre eles, e isto pode ser expresso por meio do vocabulário puramente lógico de uma linguagem de segunda ordem.

Quanto à noção de sucessão, Frege a define da seguinte maneira: dados dois números m e n, n segue-se imediatamente a m na seqüência de números naturais se, e somente se, existir um conjunto k e um objeto $a \in k$ tal que n é o número de k, e m é o número do conjunto $k - \{a\}$. Ou seja, a noção de sucessão também pode ser expressa por meio de termos puramente lógicos, dispensando qualquer recurso à intuição. No entanto, uma consequência dessa definição é que, se o número n tem de ter um sucessor, devemos assumir a existência de pelo menos um conjunto com $n+1$ objetos. Em particular, para que a seqüência de números naturais seja infinita, faz-se necessária a existência de pelo menos um conjunto infinito de objetos. Ou seja, se a aritmética deve de fato ter uma base lógica que não dependa da existência prévia de uma infinidade de objetos não-lógicos, é necessário garantir a existência prévia de uma infinidade de objetos por um recurso puramente lógico. No sistema de Frege, a provisão de uma infinidade de objetos vem de seu famoso *axioma V*, que afirma o seguinte: *a extensão do conceito F é idêntica à extensão do conceito G se, e somente se, para qualquer objeto x, x cai sob F se, e somente se, x cai sob G*. Entre outras coisas, esse axioma implica que dado um conceito qualquer, existe a extensão correspondente a ele. Portanto, dado um conceito sob o qual nenhum objeto cai, tal como $x \neq x$, existe a extensão correspondente (isto é, o conjunto vazio) por força de uma lei que Frege acreditava ser lógica. Igualmente deve existir a extensão do conceito *conjunto equinumérico à extensão de $x \neq x$*, que é como Frege define o número 0. Ou seja, mesmo que não exista nenhum objeto no universo, o número 0 deve existir necessariamente como conseqüência do axioma V. A partir da existência necessária do número 0, Frege define o número 1 como o conjunto de todos os conjuntos equinuméricos ao conjunto $\{0\}$. Novamente, esse conjunto necessariamente existe como conseqüência do axioma V. O número 2 é definido como o conjunto de todos os conjuntos equinuméricos a $\{0,1\}$, e em geral o número $n+1$ é definido como o conjunto de todos os conjuntos equinuméricos a $\{0, 1, 2,..., n\}$. Em outras palavras, se a aritmética requer a existência de uma infinidade de objetos, Frege considerou que os números são eles mesmos esses objetos, e a sua existência é garantida pelo axioma V, que permite a passagem de um conceito à sua respectiva extensão. Apesar da beleza e economia desse sistema, ele estava condenado em seus fundamentos, conforme ficou claro com a descoberta do paradoxo de Russell em 1902. Ocorre que o paradoxo descoberto por Russell pode ser derivado, no sistema de Frege, a partir do axioma V.

Em Russell (1919) encontramos basicamente a mesma definição de números como conjuntos de conjuntos equinuméricos. No entanto, diferentemente de Frege, Russell não fez uso de um axioma que permitisse a passagem de conceitos a extensões correspondentes. Ao contrário, Russell assumiu o chamado axioma da infinitude, que afirma a existência de um estoque infinito de objetos no universo.

Um tratamento diferente de números como conjuntos foi desenvolvido por Dedekind no ensaio "Was sind und was sollen die Zahlen" (de 1888). Assim como Frege e Russell, Dedekind acredita que as leis fundamentais da aritmética são redutíveis às leis da lógica, ou às leis gerais do pensamento. Dedekind chama de *sistema* aquilo que hoje chamaríamos de conjunto. Se sobre um sistema S é definida uma função φ, e se a imagem de S sob φ for uma parte (subconjunto) de S, então S tomado junto com φ forma aquilo que Dedekind chama de uma *cadeia* (*Kette*). Dada uma cadeia sobre um sistema S, podemos falar de suas *subcadeias*, que são partes Y de S tomadas conjuntamente com a mesma função, tais que a imagem de Y seja subconjunto de Y. A *cadeia de um elemento s* de um sistema S é a interseção de todas as subcadeias de S que têm s como elemento. Vale dizer, a cadeia de $s \in S$ é a menor subcadeia de S que tem s como elemento. Por fim, a última noção fundamental de Dedekind é a de *infinitude*: um sistema S é infinito se, e somente se, existir uma função 1-1 de S em uma parte própria de S. Munido dessas noções, Dedekind chega à definição de *sistema simplesmente infinito*, que é de onde ele retira a idéia de número natural. Um sistema S é simplesmente infinito se, e somente se, existir uma função φ de S em S, e um elemento (que Dedekind chama de 1) de S, tais que as seguintes condições sejam satisfeitas:

i) a imagem de S sob φ é subconjunto de S;
ii) S é a cadeia de 1;
iii) 1 não é elemento da imagem de S sob a φ;
iv) φ é 1-1.

Finalmente, Dedekind define os números naturais como o resultado da abstração, a partir de qualquer sistema simplesmente infinito, da natureza particular dos elementos desse sistema. Ou seja, dado um sistema simplesmente infinito qualquer, se dele retivermos apenas a estrutura de ordenação, ignorando a identidade de cada elemento da ordem, então a estrutura abstrata assim obtida é o que Dedekind identifica como o *sistema de números naturais*. É claro que, diferentemente de Frege e de Russell, para quem os números naturais são primariamente cardinais finitos, os números de Dedekind obtidos por abstração de um sistema simplesmente infinito são primariamente ordinais finitos, uma vez que tudo o que é essencial para a sua identidade é a posição dentro da ordenação imposta pela função φ. Não encontramos em Dedekind uma explicação filosófica mais pormenorizada sobre essa abstração que é necessária para o surgimento dos números. De qualquer maneira, se o sistema de números naturais pode existir em sua totalidade, então é necessário primeiro garantir a existência de pelo menos um sistema simplesmente infinito nos moldes ora descritos. Um resultado provado por Dedekind é o de que todo conjunto infinito tem como parte um sistema simplesmente infinito. Então, para garantir a existência de um sistema simplesmente infinito, basta garantir a existência de um sistema infinito. Diferentemente de Russell, que recorreu ao axioma da infinitude, e de Frege, que tentou gerar uma infinidade de objetos a partir de conceitos com o seu axioma V, Dedekind procura *provar* a existência de um sistema infinito em uma passagem polêmica de seu ensaio (teorema 66). Esse sistema infinito seria a totalidade S das coisas que podem ser objetos do pensamento. Se s é um elemento qualquer deste conjunto (isto é, algo que pode ser objeto do pensamento), então o pensamento s' de que s pode ser um objeto do pensamento é outro elemento dessa totalidade distinto do primeiro. Temos assim a existência de uma função φ definida sobre todo o conjunto dos objetos do pensamento, e φ é obviamente 1-1. Agora para mostrar que a imagem de *S* é uma parte própria de *S*, deve-se encontrar um objeto que, embora seja ele mesmo objeto do pensamento, não deve ser tal que ele é o pensamento de que um *s* pode ser objeto do pensamento para algum *s*. Esse objeto original é, segundo Dedekind, "o meu próprio eu" (*"mein eigenes Ich"*). Essa prova foi objeto de inúmeras críticas, sobretudo por recorrer a um universo de entidades psicológicas para a fundamentação de uma tese lógica. De qualquer maneira, alguma prova de infinitude se faz necessária, se o sistema de Dedekind deve funcionar.

A descoberta dos paradoxos associados à noção de conjuntos no final do século XIX e início do XX mostrou que há totalidades que são grandes demais para serem consideradas conjuntos. Essas totalidades são hoje normalmente chamadas de *classes próprias*, para diferenciá-las de conjuntos propriamente ditos. Em particular, os números tais quais Frege e Russell os definem (como conjuntos de todos os conjuntos equinuméricos) são totalidades desse tipo. Tome-se, p. ex., o conjunto de todos os conjuntos unitários (que seria o número 1, de acordo com Frege). Se esse conjunto existe, então existe a sua união arbitrária (isto é, a união de todos os seus elementos), que seria o conjunto de todos os conjuntos. Mas essa totalidade não pode existir como conjunto. Logo, não pode existir o conjunto de todos os conjuntos unitários.

Na teoria axiomática de conjuntos de Zermelo-Fraenkel encontramos algumas definições alternativas de números como conjuntos que, se não preservam os pormenores do logicismo de Frege, preservam, no entanto, a sua motivação original. Uma possibilidade é a definição proposta pelo próprio Zermelo em 1908, a saber,

$$0 = \emptyset$$
$$1 = \{\emptyset\}$$
$$2 = \{\{\emptyset\}\}$$
$$3 = \{\{\{\emptyset\}\}\}$$
$$...$$
$$S(n) = \{n\}$$

(onde '*S(n)*' indica o sucessor do número *n*). Outra possibilidade foi proposta por Von Neumann, e se tornou mais amplamente aceita por apresentar uma série de vantagens. A idéia básica da definição de Von Neumann é tomar cada número natural como o conjunto dos números menores. Assim, temos

$$0 = \emptyset$$
$$1 = \{0\} = \{\emptyset\}$$
$$2 = \{0,1\} = \{\emptyset, \{\emptyset\}\}$$
$$3 = \{0,1,2\} = \{\emptyset, \{\emptyset\}, \{\emptyset, \{\emptyset\}\}\}$$
$$...$$
$$S(n) = n \cup \{n\}$$

Uma vantagem da definição de Von Neumann é que ela preserva alguns aspectos intuitivos da noção de número como, p. ex., o fato de que cada número *n* tem exatamente *n* elementos (na definição de Zermelo, todos os números, com exceção do 0, têm um único elemento). Também temos que qualquer número menor que *n* é elemento e subconjunto de *n*, e pode-se demonstrar que a relação ∈ é uma ordenação linear sobre o conjunto de números naturais.

Embora tenhamos aqui uma definição de cada número individualmente, não temos ainda uma definição do conjunto dos números. Esta pode ser dada por meio da noção de *conjunto indutivo*: um conjunto *S* é indutivo se, e somente se, ele tiver ∅ como elemento, e para cada conjunto *a*, se *a* é elemento de *S*, então o sucessor de *a* (isto é, *a* ∪ {*a*}) também é elemento de *S*. O conjunto ω de números naturais é então definido como sendo a interseção de todos os conjuntos indutivos. Tal definição é claramente inspirada pelo expediente de Dedekind de exigir que o sistema de números seja a interseção de todas as cadeias que contêm o primeiro número como elemento, e a partir dessa interseção torna-se possível uma prova da categoricidade de todas as estruturas que poderiam servir de base para o sistema de números. A definição aqui adotada exclui do universo dos números objetos estranhos que, embora não sendo aquilo que gostaríamos de chamar de números, teriam uma existência compatível com as demais exigências sobre o conjunto dos números (p. ex., que cada número tem um único sucessor, etc.)

Como na teoria de Zermelo-Fraenkel temos os números naturais definidos como conjuntos, as operações usuais definidas sobre números devem ser definíveis então como operações sobre conjuntos. A operação binária de soma pode ser definida com o auxílio de *funções de adição*. P. ex., podemos tomar a função $A3$, que associa a cada número natural n o resultado de sua adição com o número 3. Essa função é definida pelas seguintes condições:

$$A3\ (0) = 3$$
$$A3\ (S(n)) = S\ (A3(n))$$

A existência e a unicidade de uma função $A3$ que satisfaça estas condições são garantidas pelo chamado *teorema da recursão*, facilmente demonstrável em Zermelo-Fraenkel. (O teorema diz o seguinte: se sobre um conjunto S qualquer tivermos uma função F: S $\to$ S, e $s \in S$, então a função $g\colon \omega \to S$ tal que $g(0) = s$, e $g(S(n)) =$ F $(g(n))$ existe e é única.) A operação de adição entre dois números quaisquer n e m de ω pode então ser definida da seguinte maneira: para quaisquer dois números m e n,

$$m + n = Am(n)$$

Como cada uma das funções Am tem existência e unicidade garantidas pelo teorema da recursão, então a operação binária de soma tem também existência e unicidade garantidas. Algo similar pode ser feito para as operações binárias de multiplicação e exponenciação, utilizando-se do teorema da recursão.

A partir dessa base, podemos definir os números inteiros como classes de equivalência de pares ordenados de números naturais, e os números racionais como classes de equivalência de pares ordenados de números inteiros, com as respectivas operações. Também podemos definir de maneira natural as respectivas ordenações lineares sobre cada um desses conjuntos. Finalmente, um número real r pode ser definido como um *corte de Dedekind*, isto é, como um subconjunto próprio e não-vazio do conjunto de números racionais tal que, para um racional x qualquer, se $x \in r$ e $y <$ x, então $y \in r$ (onde < é uma ordenação linear definida sobre os racionais).

As definições apresentadas antes têm uma tal elegância, e funcionam tão bem do ponto de vista formal, que somos de fato tentados, por razões de economia ontológica, a identificar números com conjuntos. Uma crítica filosófica a essa identificação foi elaborada por Benacerraf (1964). O argumento de Benacerraf é basicamente o seguinte: se números fossem de fato ontologicamente redutíveis a conjuntos, então deveríamos, em princípio, dispor de um critério de decisão sobre quais conjuntos eles devem ser. Mas, segundo Benacerraf, não há tal critério, uma vez que as diferentes reduções propostas (a de Zermelo e a de Von Neumann) funcionam igualmente bem do ponto de vista formal, isto é, a aritmética pode ser reconstruída partindo-se de uma ou de outra. Como o número 2 poderia, p. ex., tanto ser identificado com {{Ø}} (Zermelo) quanto com {Ø, {Ø}} (Von Neumann), e como esses dois conjuntos são objetos diferentes, segue-se que o número 2 não pode, na verdade, ser identificado em sentido forte com nenhum deles. Ou melhor, qualquer identificação de números com conjuntos diz algo mais sobre eles do que aquilo que é estritamente exigido pela aritmética. E, mais ainda, segundo Benacerraf o número 2 não deve ser identificado com nenhum objeto em particular, uma vez que qualquer objeto poderia desempenhar o papel de número 2, desde que fosse parte de uma estrutura, isto é, desde que fosse precedido pelo objeto que faz o papel do número 1, e sucedido pelo objeto que faz o papel de número 3, que por sua vez deve ser sucedido pelo objeto que faz o papel de 4, etc.

Um outro tipo de relação ontológica entre números e conjuntos foi proposto por Penelope Maddy (1981). Por um lado, Maddy pretende preservar o espírito do tratamento fregiano, que parte do princípio de que números são essencialmente algo compartilhado por conjuntos equinuméricos. Por outro, Maddy quer evitar o problema das reduções múltiplas apontado no argumento de Benacerraf. Como números são então necessariamente ligados a conjuntos, mas não são conjuntos propriamente ditos, Maddy adota a solução de considerá-los *universais*, que têm conjuntos como particulares. Nessa concepção, a teoria de conjuntos seria o estudo de conjuntos e de suas propriedades, um tipo das quais seriam os números, da mesma forma que a física é o estudo de corpos físicos e suas propriedades, uma das quais é a extensão. A escolha entre diferentes tipos de conjuntos para representar números (p. ex., as opções de Zermelo e de Von Neumann) é análoga, no entender de Maddy, à escolha de um ou outro tipo de régua para representar a propriedade da extensão: qualquer seqüência de conjuntos pode ser escolhida como representante dos números-propriedades. Trata-se aqui de uma questão de pura conveniência.

Por fim, devemos mencionar uma alternativa sugerida por alguns filósofos da matemática de inspiração neofregiana (entre os quais George Boolos, Richard Heck e Crispin Wright). A idéia é preservar a tese básica de Frege de que números são objetos, mas rejeitar a sua identificação com conjuntos. Isso porque, segundo esses filósofos, tal identificação, e a introdução por ela requerida do axioma V, introduziram a inconsistência no logicismo de Frege. Mas números podem ser vistos como objetos autônomos, independentes ontologicamente de conjuntos, e com o critério de identidade dado pela relação de equinumeridade entre os conceitos aos quais os números se aplicam. O princípio que codifica a identidade entre números é usualmente chamado de princípio de Hume na literatura contemporânea e, ao contrário do axioma V, fornece uma teoria consistente quando tomado conjuntamente com a lógica de segunda ordem. Embora essa seja uma alternativa viável do ponto de vista técnico, é duvidoso, no entanto, que Frege ou os demais criadores do logicismo a considerariam legítima filosoficamente, uma vez que aqui nenhuma redução de números a objetos propriamente lógicos é oferecida. **MR**

BENACERRAF, P. "What Numbers Could not Be", *in Philosophical Review*, n.º 74, 1964, pp. 47-73. Reimp. *in* Benacerraf, P. e Putnam, H. (orgs.). *Philosophy of Mathematics*. 2.ª ed. Nova York: Cambridge University Press, 1983, pp. 272-95.

____. e PUTNAM, H. (orgs.) *Philosophy of Mathematics*. 2.ª ed. Nova York: Cambridge University Press, 1983.

DEDEKIND, R. *Was sind und was sollen die Zahlen?* Brunswick: Vieweg, 1888.

ENDERTON, H. *Elements of Set Theory*. San Diego: Academic Press, 1977.

FREGE, G. *Die Grundlagen der Arithmetik*. Breslau: W. Koebner, 1884. Trad. port. *Os fundamentos da aritmética*. Trad. António Zilhão. Lisboa: Imprensa Nacional – Casa da Moeda, 1992. Trad. bras. "Os fundamentos da aritmética: uma investigação lógico-matemática sobre o conceito de número", *in Pierce/Frege*. Coleção Os Pensadores. Trad. Luiz Henrique dos Santos. São Paulo: Abril Cultural, 1974, pp. 201-82.

____. *Grundgesetze der Arithmetik*. Jena: Pohle, 1893, vol. I.

MADDY, P. "Sets and Numbers", *in Noûs*, n.º 15, 1981, pp. 495-511.

RUSSELL, B. *Introduction to Mathematical Philosophy*. Londres: George Allen and Unwin, 1919. Trad. bras. *Introdução à filosofia matemática*. Trad. Giasone Rebuá. Rio de Janeiro: Zahar Editores, 1974.

objeto

Usualmente, atribui-se à noção de objeto um estatuto ontológico amplo ao máximo. A noção de objeto é utilizada na literatura lógico-filosófica de maneira caracteristicamente genérica e algo imprecisa, para referir o que quer que seja a que PROPRIEDADES possam ser atribuídas (sendo, para o efeito, habitualmente invocada uma noção irrestrita ou liberal de propriedade); ou seja, recorrendo a uma formulação tradicional, a noção é empregada para referir qualquer (potencial) sujeito de predicações. Noções aparentadas, como as de entidade e de coisa, são freqüentemente usadas para o mesmo propósito.

Nesse sentido, a noção cobre não apenas objetos PARTICULARES, como pessoas ou artefatos individuais, mas também objetos UNIVERSAIS, como a brancura ou a sabedoria (na medida em que esses últimos podem também ser sujeitos de predicações, predicações de ordem superior); por outro lado, a noção cobre não apenas objetos concretos, como sons particulares ou inscrições específicas de frases em um pedaço de papel, mas também objetos abstratos, como frases-tipo ou números (*ver* ABSTRACTA).

Poderíamos talvez esboçar uma caracterização implícita da noção de objeto dizendo que se trata daquela que satisfaz princípios do seguinte gênero (como é típico de definições implícitas, o termo a ser caracterizado ocorre nas proposições utilizadas na definição): P1) $\forall x$ (x é um objeto); P2) $\forall x$ (x é um objeto $\leftrightarrow \exists \Phi\ \Phi x$), em que Φ toma valores sobre propriedades. P1 afirma que qualquer valor de uma variável quantificada, qualquer elemento de um domínio de quantificação, é um objeto. Assim, o princípio atribui ao predicado "é um objeto" o estatuto de predicado tautológico, um predicado verdadeiro de tudo (ou melhor, um predicado necessariamente verdadeiro de tudo); e a noção de objeto adquire desse modo o estatuto de noção puramente lógica (como a noção de auto-identidade). Poderíamos conceber a noção tradicional (predicativa) de ser, dada na forma ⌜x é⌝, como uma simples contração da noção de ser um objeto, dada na forma ⌜x é um objeto⌝, tomada como governada pelo princípio P1 (ser é ser um elemento de um domínio de quantificação). P2 afirma que objetos, e só objetos, têm propriedades. Se utilizarmos uma noção irrestrita de propriedade e contarmos a propriedade de ser um objeto como estando ela própria entre os valores de Φ, então é trivial que só aquilo que tem propriedades é um objeto; isso, tomado em conjunção com a tese razoável de que só objetos têm propriedades, dá-nos então a bicondicional em P2. Poderíamos supor sem dificuldade que propriedades, isto é, os valores da variável Φ, formam um subconjunto próprio de objetos, isto é, os valores da variável x. Assim, qualquer propriedade, incluindo a propriedade de ser um objeto, seria um objeto; mas, obviamente, nem todo objeto seria uma propriedade. *Ver também* PROPRIEDADE; INDIVÍDUO; DOMÍNIO; EXISTÊNCIA. **JB**

objeto abstrato

Ver ABSTRACTA.

objeto/conceito

Ver CONCEITO/OBJETO.

obrigação

Ver LÓGICA DEÔNTICA.

obversão

Um dos tipos de inferências imediatas da teoria SILOGÍSTICA tradicional. Os outros tipos são a CONVERSÃO, a CONTRAPOSIÇÃO e as inferências associadas ao QUADRADO DE OPOSIÇÃO. Chama-se obversão ao processo de mudar a qualidade de uma proposição (isto é, mudar uma proposição afirmativa para uma negativa e vice-versa), substituindo o predicado pelo seu complemento de modo a que o valor de verdade da frase resultante seja igual ao da proposição de partida. Todas as proposições silogísticas podem ser obvertidas, o que dá origem a quatro tipos de obversão:

As proposições de tipo A (como "Todos os homens são mortais") são obvertidas em proposições de tipo E ("Nenhum homem é imortal").

As proposições de tipo E (como "Nenhum deus é mortal") são obvertidas em proposições de tipo A ("Todos os deuses são imortais").

As proposições de tipo I (como "Alguns políticos são honestos") são obvertidas em proposições de tipo O ("Alguns políticos não são desonestos").

As proposições de tipo O ("Alguns políticos não são honestos") são obvertidas em proposições de tipo I ("Alguns políticos são desonestos").

Ver também QUADRADO DE OPOSIÇÃO. **DM**

ocasionalismo

Doutrina dualista acerca do PROBLEMA DA MENTE-CORPO, habitualmente associada a Malebranche. Segundo ela, apesar de ambos os domínios – o mental e o físico – serem causalmente inertes um em relação ao outro, são ambos efeitos de uma causa comum: Deus. *Ver também* DUALISMO; FISICALISMO; EPIFENOMENALISMO. **JB**

opacidade referencial

Considerem-se as seguintes frases: 1) "Álvaro de Campos é o autor de *Tabacaria*", e 2) "Fernando Pessoa é o autor de *Tabacaria*". Dado o fato de "Álvaro de Campos" ser um heterônimo de Fernando Pessoa, e uma vez que a frase 1 é verdadeira, está garantido que a frase 2 é igualmente verdadeira. O princípio lógico que garante a verdade de 2 a partir da verdade de 1 e do fato de "Fernando Pessoa" e "Álvaro de Campos" serem termos correferenciais chama-se substituição *salva veritate*. Existem no entanto contextos em que essa lei já não pode ser aplicada. Considerem-se as frases 3) "João acredita que Álvaro de Campos é o autor de *Tabacaria*" e 4) "João acredita que Fernando Pessoa é o autor de *Tabacaria*". Facilmente se verifica que, dada a verdade de 3, não está no entanto garantida a verdade de 4. É que o João pode não acreditar, por não ter informação disponível, que "Álvaro de Campos" é um heterônimo de Fernando Pessoa. Os contextos em que o princípio da substituição *salva veritate* não pode ser aplicado são referencialmente opacos (e os contextos em que ele pode ser aplicado chamam-se referencialmente transparentes). **DM**

QUINE, W. V. O. "Reference and Modality", *in From a Logical Point of View*. Cambridge: Harvard University Press, 1953.

operação

Ver FUNÇÃO.

operador

Símbolo, palavra ou expressão (pertencente a determinado sistema lingüístico, como uma língua natural ou uma linguagem artificial) que possui a seguinte propriedade sintática: quando prefixado a uma frase bem-formada arbitrária (fechada ou aberta) da linguagem, a qual constitui o seu *operandum*, gera como *resultado* uma expressão bem-formada de certo gênero, mais complexa do que aquela frase. Há duas classes principais de operadores que vale a pena referir, as quais se deixam distinguir entre si em função da categoria sintática das expressões que produzem como *resultados*: operadores frásicos ou proposicionais; e operadores de termos. Os operadores frásicos caracterizam-se por gerar frases (ou proposições), abertas ou fechadas, a partir de frases dadas, igualmente abertas ou fechadas, tomadas como *operanda*; na terminologia funcional, trata-se de funções de frases para frases. Exemplos típicos são, nas linguagens formais da lógica, o operador de negação da lógica proposicional, ¬, os quantificadores universal, ∀, e existencial, ∃, da lógica de predicados e o operador de necessidade, □, da lógica modal; e, na língua natural, exemplos são operadores epistêmicos como "Sabe-se que", operadores semânticos como "É verdade que", operadores psicológicos como "Poucas mulheres desejam que", e operadores doxásticos como "É duvidoso que", etc. Assim, o operador modal, □, recebe uma frase da linguagem da lógica modal, p. ex., a frase aberta ◊∃y Fxy, e gera como resultado uma frase (aberta) mais complexa dessa linguagem, a frase □◊∃y Fxy; e o operador em português "Pensa-se que" recebe uma frase em português, p. ex., a frase fechada "As orcas são peixes", e gera como resultado uma frase em português (fechada) mais complexa, a frase "Pensa-se que as orcas são peixes". Quanto aos quantificadores, eles formam aquela espécie de operadores frásicos que se caracterizam por ser operadores de ligação de variáveis; dada uma frase aberta como ∃y Fxy, a prefixação de um quantificador universal combinado com a variável x tem o efeito de ligar a variável x, livre naquela frase, e de gerar a frase (fechada) ∀x ∃y Fxy. Pelo seu lado, os operadores de termos caracterizam-se por gerar TERMOS, abertos ou fechados, a partir de termos ou de frases (normalmente, frases abertas) dadas como *operanda*; na terminologia funcional, trata-se de funções de frases para termos. Exemplos típicos são, nas linguagens formais da lógica, o operador descritivo iota, ι (*ver* TEORIA DAS DESCRIÇÕES DEFINIDAS), e o operador de abstração, λ (*ver* OPERADOR DE ABSTRAÇÃO); e, na língua natural, contrapartes suas como o artigo definido no singular "o"/"a". Tais operadores são ambos operadores de ligação de variáveis. Dada uma frase aberta como ∀y Fxy, ou uma sua contraparte em português como "x é mais alta que todos", a prefixação do operador descritivo combinado com a variável x, "A pessoa x tal que", tem o efeito de ligar a variável x, livre naquela frase, e de gerar o termo fechado ιx ∀y Fxy, "A pessoa mais alta que todas". Analogamente, dada a mesma frase aberta, a prefixação do operador de abstração de (digamos) propriedades, λ, combinado com a variável x, que se pode ler "A propriedade de x tal que", tem o efeito de ligar a variável x, livre naquela frase, e de gerar o termo fechado λx ∀y Fxy, que se pode ler "A propriedade de ser mais alto que todos".

Embora habitualmente confinado a dispositivos monádicos de formação de frases ou termos, ou seja, dispositivos que operam sobre uma única frase, o termo "operador" é aplicável a dispositivos de ARIDADE igual ou superior a dois. Nesse sentido, pode-se, p. ex., classificar como operadores frásicos diádicos os familiares conectores da lógica proposicional, ∧, ∨, →, ↔, bem como as suas contrapartes aproximadas nas línguas naturais. *Ver também* FECHO; VARIÁVEL; CONECTIVO; QUANTIFICADOR; OPERADOR DE ABSTRAÇÃO; TEORIA DAS DESCRIÇÕES DEFINIDAS. **JB**

operador de abstração

Ver OPERADOR LAMBDA.

operador de atualidade

Ver ATUAL.

operador de Hilbert

(ε) No sistema de Hilbert e Bernays, uma forma de eliminação do OPERADOR IOTA de Russell (*ver* TEORIA DAS DESCRIÇÕES DEFINIDAS).

Prima facie a introdução do operador de Russell e da regra iota poderia parecer permitir a derivação de novas fórmulas. Mas é demonstrável que se uma fórmula A do cálculo de predicados com identidade é derivável por meio do operador iota e da regra iota, e supondo que A não contém ocorrências do operador iota, então A também é derivável sem o uso do operador iota.

operador de Hilbert

Independentemente da eliminabilidade formal do operador iota, Hilbert concebeu uma outra técnica, um símbolo que assegura a eliminabilidade do operador iota de Russell. A idéia básica é a seguinte: o termo descritivo $\iota_x Ax$ representa formalmente a concepção expressa por "o objeto x que tem a propriedade A", e este termo só pode ser formalmente introduzido depois da derivação das fórmulas de univocidade. Hilbert demonstra que essas fórmulas podem ser dispensadas e o operador iota, substituído pelo operador ε. A introdução desse operador tem de ser regulada por princípios de sintaxe que especifiquem as expressões que contêm ocorrências do operador e que irão contar como fórmulas bem-formadas que reajustem as regras do cálculo subjacente. Um axioma próprio regulará o uso de ε. Supondo assim que Ax é uma fórmula em que x ocorre livre, é possível formar um termo com a forma $\varepsilon_x Ax$ em que x ocorre agora como variável ligada. Se um termo com o operador iota pode ser interpretado como uma descrição definida, um termo com o operador ε pode ser interpretado como representando uma descrição indefinida. Se existe pelo menos um objeto l tal que A (l) é satisfeito, então o termo $\varepsilon_x Ax$ denota um objeto, sem mais especificações, que satisfaz A. Se não existe um objeto l tal que $\varepsilon_x Ax$, então o termo não tem denotação. Assim a fórmula $\exists x\, Ax \to A\,(\varepsilon_x Ax)$ é verdadeira. O axioma fundamental é o seguinte: Axioma ε – se F é um predicado em que a variável y ocorre livre, então $Fy \to F(\varepsilon_x Fx)$. A variável x que ocorre no termo ε é uma variável ligada e a regra da redenominação das variáveis ligadas pode ser-lhe aplicada. A fórmula Ax à qual é prefixado o operador ε pode conter variáveis livres ou ligadas por $\forall$, $\exists$, ι ou ε. Nesse caso a definição formal do termo ε não pode dar origem à colisão de variáveis ligadas.

Para o novo símbolo de Hilbert tem sido proposta a designação de "operador de escolha" em virtude da analogia existente entre o axioma ε e o AXIOMA DA ESCOLHA. A analogia consiste no fato de se $\{M_i\}$ é a notação de um conjunto de conjuntos não-vazios M_i em que $i \in I$, o axioma da escolha assegura a existência de uma função que escolhe de cada conjunto M_i um elemento, o elemento representativo do conjunto. O operador ε de Hilbert é tal função, uma vez que $\varepsilon_x\,(x \in M_i)$ representa, na interpretação usual, um elemento escolhido m_i de M_i. Nessas condições, se A $(a,\dots, k, x)$ é uma fórmula em que $a,\dots, k$, x são as únicas variáveis livres e se para qualquer conjunto de objetos, $l,\dots, k$, existe pelo menos um objeto m tal que A $(l,\dots, k, m)$, então $\varepsilon_x A\,(a,\dots, k, x)$ é uma função que faz corresponder a qualquer conjunto de valores dos argumentos $a,\dots, k$, um único valor x.

Dois resultados importantes sobre as propriedades do operador ε de Hilbert são os que articulam as suas relações com o operador ι de Russell e com o símbolo de quantificação. Quanto ao primeiro resultado a idéia é que se é possível introduzir o operador ι para uma fórmula Ax, então $\iota_x Ax = \varepsilon_x Ax$. O argumento é o seguinte: se o operador de Russell se pode introduzir, então tem-se o termo descritivo A $(\iota_x Ax)$. Se agora no axioma ε de Hilbert se inserir A no lugar de F e a descrição $\iota_x Ax$ no lugar de y, tem-se a fórmula A $(\iota_x Ax) \to$ A $(\varepsilon_x Ax)$ e assim por *modus ponens* A $(\varepsilon_x Ax)$. Desta forma a descrição e o termo ε satisfazem o mesmo predicado A. Logo, $\varepsilon_x Ax = \iota_x Ax$.

O axioma ε de Hilbert permite a eliminabilidade do quantificador existencial e do quantificador universal. A derivação é feita utilizando o axioma ε como fórmula de saída, de modo que ambos os quantificadores podem então ser introduzidos por meio de definições explícitas: $\exists x\, Fx \leftrightarrow F\,(\varepsilon_x Fx)$ e $\forall x\, Fx \leftrightarrow \neg\neg F\,(\varepsilon_x \neg Fx)$. A fórmula *dictum de omni* é igualmente derivável do axioma ε. *Ver também* TEORIA DAS DESCRIÇÕES DEFINIDAS. **MSL**

CARRION, Rejane e DA COSTA, Newton. *Introdução à lógica elementar com o símbolo de Hilbert*. Porto Alegre: Ed. da UFRGS, 1988.

Hilbert, D. e Bernays, P. *Grundlagen der Mathematik*. Berlim: Springer, 1968, 2 vols.

Kneebone, G. T. *Mathematical Logic and the Foundations of Mathematics*. Londres: Van Nostrand, 1963.

operador de minimização

Seja f uma função n + 1-ária. Para cada $x_1,..., x_n, \in N$, $\mu_y f(x_1,..., x_n, y)$ denota o menor natural y tal que $f(x_1,..., x_n, y) = 0$ se, para aquela ênupla, existe pelo menos um y que torna f nula e tal que f está definida para todos os valores inferiores a y; caso contrário, f denota ∞.

μ diz-se o operador de minimização ou o operador de mínimo ilimitado e a variável que o segue, dita a variável de recorrência, é uma variável muda, que pode ser substituída por qualquer outra variável que não figure na expressão. Assim $\mu_y f(x_1,..., x_n, y) = \mu_z f(x_1,..., x_n, z)$.

Informalmente, para calcular o valor $\mu_w f(x_1,..., x_n, w)$, vão-se calculando os sucessivos valores de f para $w = 0, 1, 2,...$, isto é, $f(x_1,..., x_n, 0), f(x_1,..., x_n, 1), f(x_1,..., x_n, 2),...$ até que ou a) aparece primeiro um valor para o qual a função f é nula (estando definida para todos os valores anteriores) e, nesse caso, aquele valor é o valor de g, ou b) aparece primeiro um valor para o qual a função f não está definida (sem se ter anulado anteriormente) e, nesse caso, g tem valor ∞, ou c) f está sempre definida mas nunca se anula, caso em que o processo de cálculo nunca termina e em que o valor de g é também ∞. Quando f é uma função total, a situação se simplifica, pois o último caso não tem lugar.

P. ex., se $g(x, y) = \mu_z (x + z - y)^2$, então $g(x, y) = y - x$, se $y \geq x$, e $g(x, y) = \infty$ no caso contrário.

Alguns autores usam uma notação mais sugestiva, mas também mais longa, escrevendo $\mu_y [f(x_1,..., x_n, y) = 0]$ em vez de $\mu_y f(x_1,..., x_n, y)$.

O operador de mínimo limitado tem a forma $\mu_{z<y}$, onde z e y são variáveis quaisquer.

Seja f uma função n + 1-ária. Para cada $x_1,..., x_n \in N$, $\mu_{z<y} f(x_1,..., x_n, z)$ denota o menor natural z inferior a y, tal que $f(x_1,..., x_n, z) = 0$ se, para aquela ênupla, existe pelo menos um $z < y$ que torna f nula e tal que f está definida para todos os valores inferiores a z; denota y se f está definida para todos os valores inferiores a y mas não se anula; caso contrário, denota ∞.

Para calcular o valor $\mu_{z<y} f(x_1,..., x_n, z)$, temos de calcular, quando muito, os valores de f para $w = 0, 1,..., y - 1$, isto é, $f(x_1,..., x_n, 0), f(x_1,..., x_n, 1), ..., f(x_1,..., x_n, y - 1)$. $\mu_{z \leq y} f(x_1,..., x_n, y)$ é, por definição, $\mu_{z<y} f(x_1,..., x_n, y)$. NG

Cutland, N. J. *Computability*. Cambridge: Cambridge University Press, 1980.

Hermes, H. *Enumerability, Decidability and Computability*. Berlim: Springer, 1969.

Kleene, S. C. *Introduction to Metamathematics*. Amsterdam: North-Holland, 1967.

Kleene, S. S. "Recursive Predicates and Quantifiers", *in Trans. AMS*, n.º 53, 1943, pp. 41-73.

operador iota

Operador monádico de ligação de variáveis individuais cuja contraparte na língua natural é o artigo definido no singular "o", "a". O operador ι, ou operador descritivo, que ocorre associado a uma variável individual ν de modo a constituir um prefixo da forma ιν, opera sobre uma frase ou fórmula aberta e gera como resultado um termo descritivo. Assim, se Φν é uma fórmula com pelo menos uma ocorrência livre de uma variável ν, então o resultado de lhe aplicar o operador iota é um termo descritivo cuja forma geral é ινΦν. P. ex., uma aplicação do operador iota à frase aberta (ou predicado) "x é um filósofo e x bebeu a cicuta" gera o termo descritivo ou descrição definida "ιx (x é um filósofo e x bebeu a cicuta)", que se lê "O único x tal que x é um filósofo e x bebeu a cicuta" (ou simplesmente "O filósofo que bebeu a cicuta"). *Ver também* teoria das descrições definidas. JB

operador lambda

O operador lambda é um prefixo que, aposto a uma expressão numérica, resulta em uma fórmula que designa uma função.

Na filosofia da matemática, Frege foi o primeiro a exigir uma distinção forte entre uma função e os valores da mesma função. Seja f uma função tal que para todo número real x, $fx = x^2 + 1$. Então f é, por definição, o conjunto de todos os pares ordenados da forma $<x, x^2 + 1>$, em que x é um número real. Mas em todo caso, para um número real x dado, fx é o número real $x^2 + 1$. Assim, do ponto de vista de Frege, não é correto escrever "a função fx", mas sim "a função f". P. ex., seja p o conjunto dos pares ordenados {<1, Mercúrio>, <2, Vênus>, <3, Terra>}. É óbvio que p é uma função e que para todo o x no domínio de p, $p(x)$ é um planeta do sistema solar. É absurdo usar agora o termo "a função $p(x)$", uma vez que Mercúrio, Vênus e Terra são objetos e não funções. Um exemplo ainda mais típico é o de formas de expressão como "o inverso da função x^{-1} existe", quando o que se deveria dizer é que "o inverso da função f tal que, para todo o número real x, $fx = x^{-1}$ existe".

A notação lambda de Church tem por fim evitar a impropriedade mencionada por meio da prefixação a uma expressão numérica de um operador que faz com que toda fórmula designe agora uma função. Assim se $x + \sqrt{2}$ é um termo, a fórmula "$(\lambda x)(x + \sqrt{2})$" designa a função f tal que para todo o número real x, $fx = x + \sqrt{2}$.

Nessas condições diz-se que se abstraiu a função $(\lambda x)(x + \sqrt{2})$ da expressão numérica $x + \sqrt{2}$ e classifica-se o prefixo λx como um operador de abstração. O operador de abstração tem uma função análoga à do quantificador, uma vez que com ele também se obtém um processo de ligar variáveis, e assim na fórmula $(\lambda x)(x + \sqrt{2})$ ambas as ocorrências de x são ligadas. Se M é um domínio de objetos, o princípio de abstração a respeito de M tem a seguinte forma: Se x é uma variável e T um termo, então a fórmula (λx) (T) designa a função cujo valor para $x \in$ M é representada pelo resultado da substituição de x em T por um símbolo que designe x.

Assim para qualquer fórmula, o domínio da função representada por (λx) (T) é M. A analogia com o quantificador pode ser agora ampliada, porquanto apenas uma variável (e nunca um objeto) pode ocorrer após o prefixo lambda. Além disso, há para o operador lambda um equivalente da regra de redenominação de variáveis ligadas.

Considerando agora o caso em que o símbolo T tem mais que uma variável, só se obtém uma função quando às variáveis, além da que é ligada pelo operador lambda, é atribuído um valor. É assim que da fórmula $a x + b$ se pode abstrair a função $(\lambda x) (a x + b)$, que é agora uma função para qualquer número real a e b.

No caso da redenominação das variáveis ligadas pelo operador, vale a pena reparar que há variáveis que não estão livres para a redenominação. P. ex., se $(\lambda x) (x + k)$ designa uma função para todo número real k, então $(\lambda y) (y + k)$ designa uma função equivalente. A substituição de x por k, no entanto, dá origem à função $(\lambda k) (k + k)$ que já não é idêntica a $(\lambda y) (y + k)$.

A fórmula $(\lambda x) (\pi)$ é a função k cujo domínio é o conjunto dos números reais e tal que, para todo número real x, $k(x) = \pi$. No caso de funções desse gênero, chamadas funções constantes, a distinção entre a função e o seu valor é bem representada pelo fato de "π" ser o nome de um número real e $(\lambda x) (\pi)$ ser o nome de um conjunto de pares ordenados $<x, y>$, tais que x é um número real e $y = \pi$.

Se $(\lambda x) (\sqrt{x})$ é uma função, então a notação $(\lambda x) (\sqrt{x})$ (2) denota o valor da função para o argumento 2. Se a expressão lambda contém uma variável livre como em $[(\lambda x) (\sqrt{x + y})]$ (2), o seu valor é calculado como sendo $\sqrt{2} + y$. Mas essa variável pode ser ligada por um novo operador (λy), dando origem à fórmula $(\lambda y) (\lambda x) (\sqrt{x + y})$.

Essa fórmula é conceptualmente diferente da de uma função de duas variáveis, uma vez que designa uma função cujo domínio é o conjunto dos números reais e cujo contradomínio é o conjunto das funções $(\lambda x)(\sqrt{x} + y)$]. Uma descrição dos seus pares ordenados seria assim {<1, $(\lambda x)(\sqrt{x} + y)$>, <2, $(\lambda x)(\sqrt{x} + 2)$>,...}. No sentido usual de f como uma função de duas variáveis tal que para todos os números reais x e y, $fx = \sqrt{x} + y$, os seus pares seriam {<<1, 1>, 2>, <<1, 2>, 3>,...}.

A notação lambda de Church é um aspecto apenas do seu cálculo de conversão lambda, que é um sistema formal sintaticamente definido acerca da noção de função. A idéia geral é a seguinte. Quanto ao alfabeto do sistema há três gêneros de símbolos: I) letras latinas minúsculas a, b,...; II) parênteses, colchetes e chaves; e III) a letra grega lambda. Para construir fórmulas bem-formadas, há dois processos básicos: 1) Se M e N são fórmulas bem-formadas, então {M}(N) é também uma fórmula bem-formada; 2) Se M é uma fórmula bem-formada e x uma variável que ocorre livre em M, então λx[M] é uma fórmula bem-formada e x é uma variável ligada em λx[M].

Quanto à substituição, sejam X e Y duas expressões e x uma variável; então a notação $S_y^x X|$ denota a expressão que é obtida quando x é substituída por y em X. Finalmente o cálculo lambda não tem axiomas.

Antes de apresentar o conceito de conversão de uma fórmula em outra, é necessário introduzir os processos por meio dos quais uma fórmula bem-formada pode ser reformulada. A esses processos Church chama *rules of procedure*, e têm a seguinte forma: 1. A substituição de qualquer segmento λx[F] de uma fórmula por $\lambda y[S_y^x F|]$, em que y é uma variável que não ocorre em F; 2. A substituição de qualquer segmento {λx[F]} (K) de uma fórmula por $S_y^x F|$, desde que as variáveis ligadas em F sejam diferentes não só de x, mas também das variáveis livres em K; 3. A substituição de qualquer segmento $S_k^x F|$ que não ocorra a seguir a λ de uma fórmula por {λx[F]} (K), desde que as variáveis ligadas em F sejam diferentes não só de x, mas das variáveis livres em k.

Se uma fórmula Y pode ser obtida de uma fórmula X por uma sucessão finita das operações 1., 2., 3., então a notação "X conv Y" denota o fato de a fórmula X ser convertível na fórmula Y. À sucessão finita de operações chama-se uma conversão. **MSL**

CHURCH, A. "An Unsolvable Problem of Elementary Number Theory", *in Amer. J. Math.*, n.º 58, 1936.

____. *Introduction to Mathematical Logic*. Princeton University Press, 1956.

FREGE, G. "Function and Concept" [1879], *in* Geach, P. e Black, M. (orgs.). *The Philosophical Writings of Gottlob Frege*, Oxford: Blackwell 1952. Trad. bras. "Função e conceito", *in* Frege, G. *Lógica e filosofia da linguagem*. Trad. Paulo Alcoforado. São Paulo: Cultrix/Edusp, 1978, pp. 33-57.

KNEEBONE, G. T. *Mathematical Logic and the Foundations of Mathematics*. Princeton: Van Nostrand, 1963.

oposição, quadrado de

Ver QUADRADO DE OPOSIÇÃO.

ordens

Uma relação binária R num conjunto X diz-se uma ordem (parcial) se for reflexiva, anti-simétrica e transitiva, isto é, respectivamente: 1. para todo $x \in$ X, R(x, x); 2. para todos x, $y \in$ X, se R(x, y) e R(y, x), então $x = y$; 3. para todos x, y, $z \in$ X, se R(x, y) e R(y, z), então R(x, z).

Ao conjunto X chama-se o suporte da ordem. Como exemplos de ordens podemos adiantar as ordens "x é menor ou igual a y" e "x divide y" nos números naturais, ou a ordem "x é um subconjunto de y" no conjunto das partes de um dado conjunto.

Eis algumas noções notáveis que se definem numa ordem: um elemento a de X diz-se maximal (com respeito à ordem R) se não existir $x \in$ X tal que R(a, x) e $x \neq a$; um elemento a de X diz-se máximo se, para todo $x \in$ X, R(x, a). Observe-se que, se existir o máximo de uma ordem, ele será único e, nesse caso, existirá apenas um elemento maximal (que é o elemento máximo). Entretanto, não havendo máximo, podem coexistir vários elementos maximais. Analogamente, definem-se as noções de elemento minimal e mínimo: um elemento a diz-se minimal se não existir $x \in$ X tal que R(x, a) e $x \neq a$; um elemento a diz-se mínimo se, para todo $x \in$ X, R(a, x). Dois elementos x, $y \in$ X dizem-se comparáveis se ou R(x, y) ou R(y, x). Uma ordem R no conjunto X diz-se total ou linear, ou (fortemente) conexa, se todos os elementos de X forem comparáveis dois a dois. Finalmente, definimos as seguintes noções: diz-se que um elemento $a \in$ X é uma majorante de um subconjunto Y de X se, para todo $y \in$ Y, R(y, a); diz-se que a é o supremo de Y (dentro da ordem R cujo suporte é X), se a for o "menor" dos majorantes de Y, isto é, se a for majorante de Y e se R(a, x), para todo elemento $x \in$ X que é majorante de Y. Utilizamos o artigo definido a quando da definição de supremo porque, se existir, o supremo de um conjunto Y é único. Analogamente, definem-se as noções de elemento minorante e ínfimo de um subconjunto Y de X: a é um tal minorante se, para todo $y \in$ Y, R(a, y); a é o ínfimo de Y, se a for o "maior" dos minorantes de Y, isto é, se a for majorante de Y e se R(x, a) para todo o elemento $x \in$ X que é minorante de Y.

Por vezes fala-se em ordens estritas. Ordem estrita é uma relação binária R em um conjunto X que é transitiva e irreflexiva. Segue-se a definição de irreflexividade: 1.ª Não se tem R(x, x) para nenhum $x \in$ X.

Se R é uma ordem estrita, então a relação R(x, y) $\vee$ $x = y$ é uma ordem (parcial). Reciprocamente, se R é uma ordem (parcial), então a relação R(x,y) $\wedge$ $x \neq y$ é uma ordem estrita. *Ver também* RELAÇÃO; BOA ORDEM. **FF**

FRANCO DE OLIVEIRA, A. J. *Teoria dos conjuntos.* Lisboa: Livraria Escolar, 1982.
GARCIA, N. *Notas dispersas em análise real.* Lisboa: Serviços Sociais da Universidade Técnica de Lisboa, 1991.
HRBACEK, K. e JECH, T. *Introduction to Set Theory.* Nova York: Marcel Dekker, 1984.

ordinal

A noção de ordinal é uma noção da teoria dos conjuntos intimamente ligada à noção de BOA ORDEM. De acordo com Cantor, podemos abstrair de toda boa ordem M o seu tipo, denotado por $\bar{M}$ que é o que há de comum em todas as boas ordens isomorfas a M. Os ordinais finitos são aqueles que se abstraem das boas ordens do tipo 0 < 1 < 2 < 3 <... < n, onde n é um número natural. Imediatamente a seguir a todos os ordinais finitos, há o primeiro ordinal infinito ω, que é o tipo da ordem infinita: 0 < 1 < 2 < 3 < ... Seguidamente temos o ordinal ω + 1, que provém da boa ordem 0 < 1 < 2 < 3 ... < ω. Depois vem ω + 2, ω + 3, etc. até chegar ao segundo ordinal limite ω + ω, que está associado à boa ordem 0 < 1 < 2 < 3... < ω < ω + 1 < ω + 2 < ω + 3 < ... O próximo ordinal é o ω + ω + 1, depois vem o ω + ω + 2, etc. Cantor fala de uma "geração dialética de conceitos, que continua sempre e, no entanto, está livre de qualquer arbitrariedade, sendo necessária e lógica", e descreve dois princípios de geração para os ordinais. O primeiro é a adição de uma unidade a um número já formado, p. ex., como quando se passa de ω para ω + 1. O segundo princípio permite passar de um segmento inicial não-vazio de ordinais sem máximo, previamente formado, para o número que lhe vem "imediatamente a seguir". P. ex., quando se obtém ω ou ω + ω. Os ordinais que se obtêm por meio da aplicação do segundo princípio chamam-se ordinais-limite (os restantes, à exceção do 0, são os ordinais sucessor).

Os números ordinais têm propriedades interessantes. Em primeiro lugar, dados dois ordinais distintos, um deles constitui um segmento inicial do outro (é menor que o outro). Por outras palavras, a CLASSE dos ordinais está munida de uma ordem linear (está mesmo munida de uma boa ordem). Em segundo lugar, há uma forma de indução válida nos ordinais, a INDUÇÃO TRANSFINITA. Em terceiro lugar, é possível desenvolver uma aritmética de ordinais, que coincide com a aritmética usual no caso dos ordinais finitos. Finalmente, se aceitarmos O AXIOMA DA ESCOLHA, todo conjunto pode ser bem ordenado ainda que, no caso infinito, por mais de uma maneira (isto é, em um dado conjunto é possível obter boas ordenações não-isomorfas).

A operação cantoriana de "abstração" referida não é satisfatória do ponto de vista matemático. Em 1928, Von Neumann desenvolveu rigorosamente uma teoria dos ordinais. De acordo com essa teoria, o ordinal 0 é – literalmente – o conjunto vazio; o ordinal sucessor de um ordinal x é o conjunto $x \cup \{x\}$; e o ordinal que vem imediatamente a seguir a um segmento inicial não-vazio δ de ordinais é o conjunto $\cup\ \delta$. A teoria de Von Neumann tornou-se canônica entre os especialistas de teoria dos conjuntos e usa crucialmente o axioma da substituição. *Ver também* BOA ORDEM; INDUÇÃO TRANSFINITA; AXIOMA DA ESCOLHA; PARADOXO DE BURALI-FORTI; CLASSE. **FF**

CANTOR, G. "Beiträge zur Begründung der transfiniten Mengenlehre", *in Mathematische Annalen*, n.° 46, pp. 481-512, e n.° 49, pp. 207-46, 1896. Trad. ingl. *Contributions to the Founding of the Theory of Transfinite Numbers.* Introd. P. Jourdain. Nova York: Dover, 1955.

FRANCO DE OLIVEIRA, A. J. *Teoria dos conjuntos.* Lisboa: Livraria Escolar, 1982.

HRBACEK, K. e JECH, T. *Introduction to Set Theory.* Nova York: Marcel Dekker, 1984.

VON NEUMANN, John. "Eine Axiomatisierung der Mengenlehre", *in Journal für die reine und angewandte Mathematik*, n.° 154, 1925, pp. 219-40. Correções a esse artigo: *Ibid.*, n.° 155, p. 128. Trad. ingl. "An Axiomatization of Set Theory". Trad. Stefan Bauer-Mengelberg e Dagfinn Føllesdal, *in* Van Heijenoort, Jean (org.). *From Frege to Gödel: a Source Book in Mathematical Logic, 1879-1931.* 4.ª reimp. Cambridge/Londres: Harvard University Press, 1981, pp. 394-413.

OU

Ver DISJUNÇÃO.

par ordenado

É um conceito da TEORIA DOS CONJUNTOS, importante para a SEMÂNTICA LÓGICA e para a filosofia da linguagem.

Como conceito, pretende capturar a intuição segundo a qual existem pares de indivíduos que satisfazem determinadas relações, se pensarmos nesses indivíduos por certa ordem (primeiro um e depois o outro), e não satisfazem essa mesma relação, se invertermos a sua ordem (se trocarmos o primeiro com o segundo). A relação "ser parente de", sendo reflexiva, pode ser satisfeita por quaisquer dois indivíduos (digamos, primos, irmãos, pai e filho) independentemente da ordem pela qual imaginarmos que esses indivíduos "estão" nessa relação. João é parente de Guilherme se, e somente se, Guilherme é parente de João. Com efeito, se tivermos a frase aberta "x é parente de y" e soubermos que João e Guilherme são parentes, é irrelevante qual dos nomes, se o de João ou o de Guilherme, substituímos a x e y: a frase que obtemos quando fazemos essa substituição, seja "João é parente de Guilherme", seja "Guilherme é parente de João", é, em ambos os casos, uma frase verdadeira. Mas, para a relação "ser pai de" a ordem pela qual estabelecemos que os indivíduos satisfazem essa relação faz uma enorme diferença. Se João for pai de Guilherme, então esses dois indivíduos satisfazem essa relação por essa ordem e não pela ordem inversa. Em particular, a frase aberta "x é pai de y" dará origem a uma frase verdadeira se substituirmos x por "João" e y por "Guilherme", obtendo assim a frase "João é pai de Guilherme"; mas ela dará origem a uma frase falsa se substituirmos x por "Guilherme" e y por "João", obtendo assim a frase "Guilherme é pai de João".

Suponhamos agora que temos uma LINGUAGEM FORMAL (ou uma linguagem parcialmente regimentada em notação de primeira ordem; *ver* NOTAÇÃO CANÔNICA) e queremos dar a interpretação de dado predicado diádico dessa linguagem, p. ex., *Pxy* (podemos continuar a pensar nele como "__ é pai de ..."). De acordo com o valor semântico (*ver* INTERPRETAÇÃO) próprio dos predicados, essa interpretação consistirá então na especificação de um conjunto que dê a extensão desse predicado. Mas um conjunto de quê? Se fosse um predicado unário, p. ex., *Gx* (pensemos nesse predicado como "__ é gordo"), o conjunto seria um conjunto de indivíduos: todos e só aqueles indivíduos que satisfazem o predicado *Gx*, os gordos. Mas, para um predicado diádico como *Pxy*, precisamos de um conjunto de pares de indivíduos: o conjunto de pares de indivíduos tais que o primeiro indivíduo do par e o segundo indivíduo do par satisfazem por essa ordem o predicado *Pxy*. Nesses casos, precisamos de um instrumento que nos permita tratar dois objetos ao mesmo tempo, os dois membros do par, como se estivéssemos tratando de um só objeto, o par ordenado (formado por esses dois membros). Essa é uma motivação possível para o conceito de par ordenado. É óbvio que o par ordenado pertence à metalinguagem na qual estamos construindo a interpretação da nossa linguagem de primeira ordem, e não a essa última linguagem. Nem precisa mesmo pertencer ao domínio no qual as variáveis dessa linguagem recebem o seu valor: ele é um *constructo* da metalinguagem.

O par ordenado é introduzido, em teoria de conjuntos, pela seguinte notação: <x, y>. x e y são variáveis individuais que podem ser substituídas por nomes (ou outros termos singulares). A notação < , > diz-nos que a ordem pela qual se consideram os indivíduos referidos dentro de < , > conta. Tal como {...}, para conjuntos, nos diz que a ordem pela qual se consideram os indivíduos que serão aí referidos não conta. O conjunto {3, 6}, p. ex., é o mesmo que o conjunto {6, 3}; mas o par ordenado <3, 6> não é o mesmo que o par <6, 3>. Por outras palavras, <3, 6> codifica mais informação que {3, 6}.

É possível definir o par ordenado em termos conjuntistas. Em termos gerais, queremos definir um conjunto, <x, y>, que codifique que x e y pertencem a esse conjunto, mas pela ordem que se indicou. Uma definição que é hoje de uso corrente e que se deve a Kazimierz Kuratowski (1921) é a Def. 1: <x, y> é definido como sendo {{x}, {x, y}}.

A primeira definição conjuntista adequada de par ordenado foi, no entanto, proposta, em 1914, por Norbert Wiener, mas caiu em desuso. Ela é a Def. 2: <x, y> é definido como sendo {{{x}, ∅}, {{y}}}. Outras definições são possíveis.

Tendo construído o par ordenado, podemos construir um triplo ordenado, <x, y, w>, de modo óbvio, como sendo o par ordenado: <<x, y>, w>. E, depois um quádruplo ordenado <x, y, w, z> como: <<<x, y>, w>, z>. Por esse expediente podemos construir, em geral, uma ênupla ordenada: uma seqüência de n indivíduos. JS

KURATOWSKI, K. "Sur la notion d'ordre dans la théorie des ensembles", in *Fundamenta Mathematicae*, 2, 1921, pp. 161-71.
WIENER, Norbert. "A Simplification of the Logic of Relations", in *Proceedings of the Cambridge Philosophical Society*, 17, 1914, pp. 387-90. Reimp. *in* Van Heijenoort, Jean (org.). *From Frege to Gödel: a Source Book in Mathematical Logic, 1879-1931*. 4.ª reimp. Cambridge/Londres, 1981, pp. 224-7.

para-aspas

Os símbolos ⌜ ⌝ conhecidos como para-aspas (*quasi-quotes*), cantos (*corner quotes*) ou aspas seletivas (*selective quotes*) – foram introduzidos por Willard Quine para desempenhar o papel de dispositivos especiais de citação, ou melhor, de quase-citação. Um exemplo simples, o caso da habitual linguagem formal da lógica proposicional clássica (a linguagem LP), servirá perfeitamente para ilustrar a maneira como esses símbolos funcionam. Suponhamos que queremos nos referir, de maneira econômica, por meio de uma expressão pertencente a uma metalinguagem adequada para LP (a linguagem MLP), a uma frase arbitrária de LP que consista em quaisquer duas frases de LP conectadas pelo operador de disjunção. E suponhamos que usemos em MLP as letras p, q como metavariáveis sobre frases da linguagem-objeto, que nos permitem assim falar de quaisquer frases de LP. A expressão de MLP que queremos para o efeito não pode consistir na simples citação "$p \vee q$", pois as letras p, q não pertencem à linguagem-objeto (apesar de o símbolo de disjunção a ela pertencer). Citações, como, p. ex., "A ∨ B", são meios adequados de referência em MLP a frases individuais de LP; mas não são obviamente apropriadas quando queremos fazer generalizações, quando queremos falar de todas as frases de LP com certa estrutura. Por outro lado, também não podemos para o efeito escrever simplesmente $p \vee q$, sem nenhuma aspa, pois o símbolo de disjunção não pertence à metalinguagem (apesar de as letras p, q pertencerem). Temos assim, em geral, uma mistura de símbolos metalingüísticos (as variáveis metalingüísticas frásicas) com símbolos da linguagem-objeto (os diversos símbolos dos operadores, parênteses, etc.). Uma maneira de resolver o problema, aquela que foi adotada por Quine e tem hoje uma grande aplicação, consiste então em colocar cantos ou para-aspas à esquerda e à direita da expressão "híbrida", escrevendo no nosso caso ⌜$p \vee q$⌝; essa expressão é então interpretada no sentido de uma abreviatura em MLP de uma descrição complexa de uma forma de frase de LP, ou seja, como referindo uma frase arbitrária da linguagem-objeto LP que consiste em uma frase qualquer de LP, imediatamente seguida de uma ocorrência do símbolo de disjunção, imediatamente seguido de uma frase qualquer de LP. As para-aspas são de grande utilidade na formulação metalingüística de regras sintáticas, p. ex., regras de dedução; assim, p. ex., a regra MODUS TOLLENS poderia ser especificada da seguinte maneira: de frases dadas ⌜$p \to q$⌝ e ⌜$\neg q$⌝ inferir ⌜$\neg p$⌝. O dispositivo é também de enorme utilidade para o propósito de especificar esquemas frásicos, ou seja, formas de frases de uma linguagem dada (p. ex., padrões de frases em português). Ilustrando, podemos especificar a forma geral comum as todas as frases portuguesas que consistem em atribuições de crenças por meio de um esquema frásico como ⌜s acredita que p⌝, em que s é uma letra esquemática substituível por um designador em português de uma pessoa (ou, em geral, de um organismo) e p é uma letra esquemática substituível por uma frase em português. Exemplos do esquema são dados em frases como "O papa acredita que dois mais dois são cinco" e "Willard Quine acredita que o uso de para-aspas permite evitar certas falácias". *Ver também* USO/MENÇÃO; SISTEMA FORMAL. JB

FORBES, G. *Modern Logic*. Oxford: Oxford University Press, 1994, pp. 40-3.
QUINE, W. V. O. *Mathematical Logic*. Nova York: W. W. Norton, 1940, pp. 33-7.

paraconsistência

Poucas são as disciplinas do conhecimento humano que apresentam desenvolvimento histórico tão *sui generis* como a lógica. De maneira grosseira, pode-se dizer que, após breve, e um tanto conturbado, período de formação, a lógica encontraria nas mãos de um hábil filósofo, Aristóteles, sua primeira grande sistematização conceitual; sistematização esta – e esse é justamente um dos aspectos característicos e surpreendentes da história dessa disciplina – que permaneceria, em linhas gerais, sem nenhuma alteração significativa, por mais de dois milênios!

Ao longo de todo esse período, e mesmo depois dele – isto é, mesmo depois de Frege introduzir algumas das idéias básicas da lógica matemática –, determinado princípio permaneceria incólume, inabalável no desenvolvimento histórico: o princípio de NÃO-CONTRADIÇÃO. Por diversas e variadas razões, aos teóricos que formaram e, ao longo de séculos, desenvolveram essa disciplina sempre pareceu que (e eis uma de suas possíveis formulações) era decididamente ilegítimo afirmar, sobre um mesmo objeto, que ele a um só tempo possuía e deixava de possuir determinada propriedade. No interior desse quadro, o surgimento de uma lógica que qualificasse ou restringisse esse princípio representaria drástica reformulação teórica no contexto de uma disciplina que, por centenas de anos, se caracterizou pela pouquíssima variabilidade conceitual – sobretudo no que se refere a seus princípios básicos.

Nesse sentido, também sob uma perspectiva histórica, a lógica paraconsistente é *sui generis*. Pois o que será não apenas considerada mas plenamente desenvolvida é justamente a possibilidade de se derrogar, ainda que sob certas restrições, o princípio de não-contradição.

O fato de apenas ter considerado essa possibilidade não torna certo teórico, *ipso facto*, um criador da lógica paraconsistente. De um ponto de vista lógico, cumpre que ao menos a elaboração de um cálculo proposicional e de predicados de primeira ordem e, se possível, de uma TEORIA DOS CONJUNTOS (de modo que se articule uma semântica minimamente sensata para esses cálculos) tenha sido proporcionada. Todavia, essa última consideração não desmerece o trabalho de análise conceitual prévia, no qual se examinam as diversas alternativas provenientes das possíveis qualificações a serem operadas sobre determinado princípio lógico – no contexto presente, o princípio de não-contradição.

É precisamente nesse quadro que os trabalhos pioneiros do polonês Jan Łukasiewicz (1878-1956) e do russo Nicolai Vasiliev (1880-1940) devem ser considerados. Entre 1910 e 1913, de maneira independente, ambos salientaram a importância de uma revisão de algumas leis da lógica aristotélica, contribuindo, desse modo, para a possibilidade do desenvolvimento – em analogia com as geometrias não-euclidianas – de lógicas não-aristotélicas, sobretudo aquelas nas quais o princípio de não-contradição encontra-se qualificado de algum modo.

Em seu célebre trabalho de 1910, *Sobre o princípio de contradição em Aristóteles*, bem como em artigo do mesmo período, Łukasiewicz examinou três formulações distintas do princípio de não-contradição – uma ontológica, uma lógica e uma psicológica –, e rejeitou cada uma delas, argumentando que tal princípio não é válido sem restrições. De maneira mais geral, no seu entender, como salienta Ayda Arruda (1989, p. 101), o mesmo ocorreria com relação a várias outras leis da lógica clássica – que desempenhariam, de um ponto de vista heurístico, função bastante semelhante ao postulado das paralelas em geometria. Como conseqüência, um precedente foi criado para o estudo daquelas lógicas nas quais tais leis não se encontram satisfeitas – possibilitando, desse modo, que o surgimento de lógicas não-clássicas se encetasse.

Entretanto, como Łukasiewicz não elaborou, naquele período, nenhum tipo de sistema lógico, esse precedente, em certa medida, se perdeu. Passo delicado no sentido de uma reformulação conceitual da própria lógica já havia sido esboçado.

No contexto específico do surgimento da lógica paraconsistente, apesar de o trabalho do lógico polonês ter se revelado de indiscutível relevância para a formulação das lógicas não-clássicas em geral, ele acabou por não encontrar a mesma repercussão nesse domínio de modo a constituir-se em um dos precursores diretos e decisivos dessa área. Todavia, como veremos, influenciado pelas idéias de Łukasiewicz, Stanislaw Jaśkowski (1906-1965) construiria, 38 anos depois, com base na lógica discursiva, um tipo específico de sistema paraconsistente.

Diferentemente do lógico polonês, todavia, o russo Vasiliev, embora também não tendo proposto nenhum sistema específico, em virtude de suas idéias relacionadas à lógica imaginária, apresentadas em 1912 e 1913, é corretamente considerado precursor das teorias paraconsistentes. De modo similar a Łukasiewicz, embora de maneira independente, Vasiliev também encontrou, nos trabalhos de Lobachevsky sobre a geometria não-euclidiana, fonte de profunda inspiração: mais do que seu nome (naquela época, esta era conhecida como geometria imaginária), as motivações heurísticas para sua construção eram as mesmas que o lógico russo posteriormente empregaria. Além disso, como Arruda não deixa de observar (Arruda, 1977), Vasiliev acreditava que, similarmente à geometria de Lobachevsky, sua lógica também poderia possuir uma interpretação clássica.

Entretanto, seria somente em 1948 que Jaśkowski, sob a influência de Łukasiewicz, proporia o primeiro cálculo proposicional paraconsistente. Desse modo, é provável que ele tenha sido o primeiro a formular, no interior de teorias inconsistentes, os problemas vinculados à não-trivialidade. Com efeito, uma das condições básicas a ser satisfeita por seu sistema consistia no fato de que, ao ser aplicado a teorias contraditórias, nem todas as fórmulas deveriam tornar-se teoremas; isto é, diferentemente da lógica clássica, a presença de contradições de modo algum deve acarretar a trivialização do sistema (*ver* TRIVIALIDADE).

Em íntima conexão com esse ponto, a lógica paraconsistente de Jaśkowski, como Arruda faz questão de mencionar (Arruda, 1980), foi desenvolvida, em linhas gerais, de modo a preencher três motivações básicas: 1) oferecer maquinaria conceitual que possibilitasse abordar o problema da sistematização dedutiva de teorias que contêm contradições; considerando-se, em particular, 2) aquelas cujas contradições são geradas por vaguidade (*ver* VAGUEZA); e, finalmente, 3) estudar algumas teorias empíricas que contenham postulados contraditórios.

Não obstante a importância do trabalho de Jaśkowski, desde 1954 Newton C. A. da

Costa tem formulado, de maneira independente, diversos sistemas paraconsistentes, incluindo desde o cálculo proposicional até o de predicados (com ou sem identidade), como também cálculos de descrições e numerosas aplicações à teoria de conjuntos.

No trabalho de Da Costa, uma das principais motivações para a formulação da lógica paraconsistente provém justamente da teoria de conjuntos. A razão para tanto não é difícil de perceber. Como se sabe, o desenvolvimento dessa teoria se encontra intimamente relacionado a inconsistências encontradas na base de princípios conjuntistas bastante naturais. Considere, p. ex., a teoria ingênua de Cantor (ver PARADOXO DE CANTOR). Essa teoria se baseia em dois princípios fundamentais: o postulado de extensionalidade (segundo o qual, se dois conjuntos possuem os mesmos elementos, então são iguais), e o postulado de compreensão (a saber, toda propriedade determina um conjunto, constituído pelos objetos que possuem tal propriedade). Esse último postulado, na linguagem usual da teoria de conjuntos, pode ser expresso pela seguinte fórmula (ou esquema de fórmulas): 1) $\exists y \forall x (x \in y \leftrightarrow F(x))$.

Ora, basta que se substitua a fórmula $F(x)$, em 1, por $x \notin x$ para se derivar o PARADOXO DE RUSSELL. Isto é, o princípio de compreensão 1 é inconsistente. Assim, se se acrescenta 1 à lógica clássica de primeira ordem, concebida como a lógica da teoria de conjuntos, obtém-se uma teoria trivial. Há ainda outros paradoxos, tais como os de Curry e de Moh Schaw-Kwei, que indicam que 1 é trivial ou, mais precisamente, trivializa a linguagem da teoria de conjuntos, caso a lógica subjacente seja a clássica – mesmo que se ignore a negação. Em outras palavras, a lógica positiva clássica é incompatível com 1; e o mesmo vale para diversas outras lógicas, como a LÓGICA INTUICIONISTA.

As teorias de conjuntos clássicas distinguem-se pelas restrições impostas a 1, de forma a evitar paradoxos. Para que a teoria assim obtida não se torne demasiadamente fraca, alguns axiomas adicionais, além dos de extensionalidade e compreensão (com as devidas restrições), são acrescentados. P. ex., no caso da teoria de Zermelo-Fraenkel (ZF), o axioma de compreensão é formulado da seguinte maneira: 2) $\exists y \forall x (x \in y \leftrightarrow (F(x) \land x \in z))$, onde as variáveis se encontram sujeitas a condições óbvias. Em ZF, então, $F(x)$ determina o subconjunto de elementos do conjunto z que possuem a propriedade F (ou satisfazem a fórmula $F(x)$). No sistema de Kelly-Morse, por outro lado, o princípio de compreensão é formulado da seguinte maneira: 3) $\exists y \forall x (x \in y \leftrightarrow (F(x) \land \exists z (x \in z)))$.

Finalmente, em NF de Quine, a noção de estratificação é empregada, e o esquema de compreensão possui a forma 4) $\exists y \forall x (x \in y \leftrightarrow F(x))$, contanto que a fórmula $F(x)$ seja estratificável (além das condições usuais acerca das variáveis).

Dado esse contexto, é perfeitamente legítimo indagar se seria possível examinar o problema sob uma perspectiva diferente: o que é necessário para manter o esquema 1 sem restrições (desconsiderando as condições sobre as variáveis)? A resposta é imediata: deve-se alterar a lógica subjacente, de tal modo que 1 não leve inevitavelmente à trivialização. Afinal, o esquema de compreensão, sem "grandes" restrições, conduz a contradições. Conseqüentemente, tal lógica deverá ser paraconsistente.

Verificou-se lentamente que há infinitas maneiras de enfraquecer as restrições clássicas ao esquema de compreensão, cada uma delas correspondendo a categorias distintas de lógicas paraconsistentes. Além disso, formularam-se lógicas extremamente fracas, e, com base nelas, é possível empregar, sem trivialização, o esquema 1. Algumas teorias de conjuntos, nas quais as formulações 2, 3 e 4 do princípio de compreensão encontram-se combinadas ou adotadas isoladamente, também foram construídas. (Para maiores detalhes sobre a teoria paraconsistente de conjuntos, vejam-se Da Costa, Béziau e Bueno, 1998.)

Ponto importante, embora talvez algo surpreendente, é que diversas teorias paraconsistentes de conjuntos contêm as clássicas, nas formulações de Zermelo-Fraenkel, Kelly-Morse ou Quine. Logo, a paraconsistência transcende o domínio clássico e permite, entre outros desdobramentos, a reconstrução da matemática tradicional. É lícito, pois, afirmar que as teorias paraconsistentes estendem as clássicas, da mesma forma que a geometria imaginária de Poncelet abrange a geometria "real" padrão.

As considerações acima indicam algo surpreendente: uma APORIA encontrada nos fundamentos mesmos da lógica. A lógica clássica elementar (com efeito, apenas sua parte positiva) e o postulado de compreensão são ambos evidentes – talvez sejam mesmo igualmente evidentes. No entanto, são mutuamente incompatíveis! Trata-se, portanto, de um caso de evidências incompatíveis – uma aporia que, sem dúvida alguma, traria deleite aos filósofos eleatas ou sofistas.

Tais considerações também indicam que as teorias clássicas adotam uma linha particular de abordagem, ao passo que a paraconsistente emprega outra. A exploração de todas essas possibilidades é importante e legítima. E enfatizamos: semelhante exploração contribui para uma melhor compreensão mesmo da própria posição clássica – um entendimento mais claro da negação, a consciência da possibilidade do discurso, mesmo diante da rejeição parcial do princípio de não-contradição, uma prova de que tal princípio é ao menos parcialmente verdadeiro, etc. Todos esses aspectos resultam da elaboração, desenvolvimento e aplicação da lógica paraconsistente.

Um campo de pesquisa autônomo e progressivo, a lógica paraconsistente desde então tem crescido muito – tanto sob uma perspectiva exclusivamente teórica, como em termos de diversas aplicações externas (em inteligência artificial, matemática, filosofia e em outras áreas tecnológicas e de ciência aplicada). A título de exemplo, podem-se mencionar, no domínio dos sistemas especialistas, o emprego da lógica paraconsistente aos problemas da manipulação de informações inconsistentes, bem como da programação lógica com cláusulas contraditórias.

Para maiores detalhes, o leitor interessado pode consultar, p. ex., Arruda (1980) e D'Ottaviano (1990) (ambos os trabalhos, interessantes e bastante informativos, que foram amplamente empregados na articulação deste esboço histórico, contêm listas detalhadas de referências bibliográficas), ou ainda: Priest *et al.* (1989), Arruda (1977), Grana (1983), Marconi (1979) e Da Costa (1997a). Para uma análise global durante a década de 1980, vejam-se Da Costa e Marconi (1989). Algumas considerações filosóficas podem ainda ser encontradas em Da Costa (1982). Em Da Costa *et al.* (1995), alguns resultados recentes sobre determinado sistema paraconsistente foram apresentados. Desse artigo, além disso, foram extraídos certos trechos do presente trabalho (vejam-se também, a esse respeito, Da Costa [1997b] e Da Costa e Bueno [2001]). **NdC/OB**

ARRUDA, A. "Aspects of the Historical Development of Paraconsistent Logic", *in* Priest, G., Routley, R. e Norman, J. (orgs.) *Paraconsistent Logic*. Munique: Philosophia, 1989, pp. 99-130.

____. "A Survey of Paraconsistent Logic", *in* Arruda, A., Da Costa, N. e Chuaqui, R. (orgs.). *Mathematical Logic in Latin America*. Amsterdam: North-Holland, 1980, pp. 1-41.

____. "On the Imaginary Logic of N. A. Vasiliev", *in* Arruda, A., Da Costa, N. e Chuaqui, R. (orgs.). *Non-Classical Logics, Model Theory and Computability*. Amsterdam: North-Holland, 1977, pp. 3-24.

____, DA COSTA, N. e CHUAQUI, R. (orgs.). *Mathematical Logic in Latin America*. Amsterdam: North-Holland, 1980.

____, ____ e ____ (orgs.). *Non-Classical Logics, Model Theory and Computability*. Amsterdam: North-Holland, 1977.

DA COSTA, N. *Logiques classiques et non classiques*. Paris: Masson, 1997a.

____. *O conhecimento científico*. São Paulo: Discurso Editorial, 1997b.

____. "The Philosophical Import of Paraconsistent Logic", *in The Journal of Non-Classical Logic*, n.º 1, 1982, pp. 1-19.

____ e BUENO, O. "Paraconsistency: Towards a Tentative Interpretation", *in Theoria*, n.º 16, 2001, pp. 119-45.

DA COSTA e MARCONI, D. "An Overview of Paraconsistent Logic in the 80's", *in The Journal of Non-Classical Logic*, n.° 6, 1989, pp. 5-31.
_____, BÉZIAU, J.-Y. e BUENO, O. "Aspects of Paraconsistent Logic", *in Bulletin of the Interest Group in Pure and Applied Logics*, n.° 3, 1995, pp. 597-614.
_____, _____ e _____. *Elementos de teoria paraconsistente de conjuntos*. Campinas: Centro de Lógica, Epistemologia e História da Ciência,1998, Coleção CLE.
D'OTTAVIANO, I. "On the Development of Paraconsistent Logic and Da Costa's Work", *in The Journal of Non-Classical Logic*, n.° 7, 1990, pp. 89-152.
GRANA, N. *Logica paraconsistente*. Nápolis: Loffredo, 1983.
JAŚKOWSKI, S. "Rachunek zdan dla systemów dedukcyjnych sprzecznych", *in Studia Societatis Scientiarum Torunensis* A, 1, 1948, pp. 57-77.
ŁUKASIEWICZ, Jan. *O zasadzie sprzeczności u Arystotelesa. Studium krytyczne*. Cracóvia: Polska Akademia Umiejetności [1910]. Trad. al. *Über den Satz des Widerspruchs bei Aristoteles*. Trad. J. Barski. Hildesheim/Zurique/Nova York: Georg Olms, 1994.
_____. "Über den Satz des Widerspruchs bei Aristoteles", *in Bulletin International de l'Académie des Sciences de Cracovie*, Classe de philologie, Classe de l'histoire de la philosophie, 1910, pp. 15-38. Trad. ingl. "On the Principle of Contradiction of Aristotle". Trad. Vernon Wedin, *in The Review of Metaphysics*, XXIV, 1970-1971, pp. 487-509.
MARCONI, D. *La formalizzazione della dialettica*. Turim: Rosenberg & Sellier, 1979.
PRIEST, G., ROUTLEY, R. e NORMAN, J. (orgs.). *Paraconsistent Logic*. Munique: Philosophia, 1989.

parada

Ver PROBLEMA DA PARADA.

paradoxo

O termo "paradoxo" começou por significar "contrário à opinião recebida e comum", mas as acepções díspares em que tem sido usado pela tradição lógica e filosófica não permitem identificar um conjunto de características ou de temas suficientemente coerentes para tornar esclarecedora uma definição geral. As idéias de conflito ou de dificuldade insuperável parecem acompanhar de maneira estável a idéia de paradoxo, mas, para além de demasiado gerais, podem servir também para caracterizar "antinomia" (que originariamente significava conflito entre duas leis) ou "aporia" ("caminho sem saída"). Na literatura lógica atual, em que o termo "antinomia" é usado freqüentemente como sinônimo ou como caso extremo de "paradoxo", é possível encontrar uma noção mais consensual e precisa (o que não implica necessariamente uma explicação mais consensual e precisa), que no entanto não é universalmente aplicável, pelo menos em sentido estrito ou fora do domínio da lógica, embora constitua uma referência. Ela servirá também aqui como referência, em que "paradoxo", salvo indicação contrária, deve ser entendido como referindo paradoxo lógico, assim caracterizado: um paradoxo lógico consiste em duas proposições contrárias ou contraditórias derivadas conjuntamente a partir de argumentos que não se revelaram incorretos fora do contexto particular que gera o paradoxo. Ou seja, partindo de premissas geralmente aceitas e utilizadas, é (pelo menos aparentemente) possível, em certas condições específicas, inferir duas proposições que ou afirmam exatamente o inverso uma da outra ou não podem ser ambas verdadeiras.

Assim, a noção lógica de paradoxo fornece um critério preciso para identificar os casos em que o "caminho sem saída" resulta apenas de uma falácia ou de um problema mal colocado, critério que consiste na existência ou não de relações lógicas precisas entre as proposições propostas como antinômicas. No entanto, quando se apresenta o problema, não da classificação em paradoxo e não-paradoxo, mas da própria classificação dos paradoxos entre si, a diversidade de origem, de conteúdos, de tipos de contexto, etc. dificulta a introdução de critérios que permitam uma classificação isenta de arbitrariedade. **FM**

paradoxo da análise

Admitindo que o conceito de solteiro se deixa analisar como não-casado, ou o segundo conceito, a que se chama o *analysans*, é idêntico ao primeiro, o *analysandum*, ou não. No primeiro caso, uma vez que é ainda o mesmo conceito, não obtemos nenhuma informação; mas no segundo caso trata-se de um conceito diferente; logo, parece que a análise não é correta. Assim, aparentemente, uma análise não pode ser simultaneamente informativa e correta. O paradoxo foi apresentado como tal em 1942 por C. H. Langford, mas não é claro se se trata realmente de um paradoxo. *Ver* ANÁLISE. **DM**

LANGFORD, C. H. "The Notion of Analysis in Moore", *in* Schilpp, P. (org.). *The Philosophy of G. E. Moore* [1942]. Chicago: Open Court, 1971.

paradoxo da confirmação

Ver PARADOXO DOS CORVOS.

paradoxo da pedra

Um dos mais antigos e famosos paradoxos acerca da onipotência divina. Em uma versão habitual, o paradoxo é formulado da seguinte maneira. Pode Deus criar uma pedra tão pesada que ninguém, nem sequer Ele próprio, a consiga levantar? Aparentemente, a resposta a essa pergunta deve ser positiva, pois Deus é onipotente e logo pode fazer o que quer que seja; assim, Deus pode criar tal pedra. Mas isso significa que Ele não pode levantar a pedra em questão. Logo, há algo que Deus não pode fazer, e a conclusão paradoxal segue-se de que Deus não é onipotente. Esse argumento é válido, como pode ser facilmente verificado pelos meios da lógica proposicional clássica; conseqüentemente, a única maneira de rejeitar a conclusão é rejeitar uma das premissas (o que, para dizer o mínimo, não é uma tarefa de execução simples e imediata). **JB**

paradoxo da previsão

Ver PARADOXOS EPISTÊMICOS.

paradoxo das classes

Ver PARADOXO DE RUSSELL.

paradoxo de Banach-Tarski

Ver AXIOMA DA ESCOLHA.

paradoxo de Burali-Forti

Trata-se do seguinte paradoxo da teoria dos conjuntos. Sabe-se que a toda BOA ORDEM corresponde um único número ORDINAL. Também se sabe que todo segmento inicial de ordinais forma uma boa ordem cujo número ordinal correspondente excede todos os ordinais desse conjunto. Considere-se a coleção de todos os ordinais. Essa coleção é uma boa ordem e, portanto, corresponde-lhe um ordinal A. Logo, A excede todos os ordinais e, em particular, excede-se a si próprio, o que é uma contradição.

Na raiz desse paradoxo está o uso irrestrito do princípio da abstração, que permite formar o conjunto A. *Ver também* PRINCÍPIO DA ABSTRAÇÃO; PARADOXO DE RUSSELL; TEORIA DOS CONJUNTOS; ORDINAL; BOA ORDEM. **FF**

GARCIADIEGO, A. R. "The Set-Theoretic Paradoxes", *in* Grattan-Guinness, I. (org.). *Companion Encyclopaedia of the History and Philosophy of the Mathematical Sciences*. Londres/Nova York: Routledge, 1994, vol. 1.

paradoxo de Cantor

É o paradoxo da teoria dos conjuntos que se obtém devido a considerar-se a CARDINALIDADE do conjunto V de todos os conjuntos. Por um lado, essa cardinalidade não pode ser inferior à cardinalidade do conjunto das partes de V, pois todas as partes de V são conjuntos e, portanto, formam um subconjunto de V. Por outro lado, o TEOREMA DE CANTOR diz – precisamente – que a cardinalidade de um conjunto qualquer é inferior à cardinalidade do conjunto das partes desse conjunto. Na raiz desse paradoxo está o uso irrestrito do PRINCÍPIO DA ABSTRAÇÃO, que permite formar o conjunto V. *Ver também* PRINCÍPIO DA ABSTRAÇÃO; PARADOXO DE RUSSELL; TEORIA DOS CONJUNTOS; CONJUNTO; CARDINAL; TEOREMA DE CANTOR; PARACONSISTÊNCIA. **FF**

GARCIADIEGO, A. R. "The Set-Theoretic Paradoxes", *in* Grattan-Guinness, I. (org.). *Companion Encyclopaedia of the History and Philosophy of the Mathematical Sciences*. Londres/Nova York: Routledge, 1994, vol. 1.

paradoxo de Chisholm

Ver LÓGICA DEÔNTICA.

paradoxo de Electra

Não é um verdadeiro paradoxo, mas apenas o resultado de certos termos por nós usados serem intensionais e não extensionais. O nome do "paradoxo" deriva-se da situação em que Electra não sabe que o homem que tem perante si é seu irmão, apesar de saber que Orestes é seu irmão e apesar de esse homem que está perante si ser efetivamente Orestes (só que ela não o sabe). Isso significa que estamos perante um contexto opaco e que Electra não tem uma CRENÇA *DE RE*, mas sim *de dicto*. *Ver* OPACIDADE REFERENCIAL. **DM**

paradoxo de Epimênides

Ver PARADOXO DO MENTIROSO.

paradoxo de Goodman

Tomem-se os seguintes argumentos indutivos: 1) "Todas as esmeraldas observadas até hoje são verdes; logo, todas as esmeraldas são verdes"; 2) "Todas as esmeraldas observadas até hoje são 'verduis'; logo, todas as esmeraldas são 'verduis'". Define-se "verdul" do seguinte modo: um objeto é "verdul" se, e somente se, tiver sido observado pela primeira vez até hoje e for verde, ou for observado pela primeira vez a partir de amanhã e for azul. Assim, as premissas dos argumentos são verdadeiras: dada a definição de "verde" e de "verdul", todas as esmeraldas observadas até hoje são verdes. Contudo, as conclusões dos argumentos são contraditórias: o primeiro argumento declara que todas as esmeraldas são verdes; o segundo, que algumas esmeraldas não são verdes. As esmeraldas que não são verdes são as que forem pela primeira vez observadas amanhã: serão azuis. Logo, temos um paradoxo: dois argumentos indutivos aparentemente válidos com premissas aparentemente verdadeiras e conclusões contraditórias.

Não se pode atacar o predicado "verdul" com o argumento de que é artificial, introduzindo um parâmetro temporal inaceitável na definição da cor, pois os predicados "verde" e "verdul" são interdefiníveis. Na "linguagem 'verdul'" define-se a cor verde do seguinte modo: um objeto é verde se, e somente se, tiver sido observado pela primeira vez até hoje e for "verdul", ou for observado pela primeira vez a partir de amanhã e for "azerde".

Note-se: afirmar que todas as esmeraldas são "verduis" não é afirmar que as esmeraldas mudarão de cor amanhã. É apenas afirmar que até hoje todas as esmeraldas observadas são verdes, mas as novas esmeraldas observadas a partir de amanhã serão azuis. O predicado "verdul" tem na sua extensão objetos com cores diferentes, tal como o predicado "veículo" tem na sua extensão automóveis, motos, etc.

Não é necessário um exemplo tão dramático e artificioso para gerar perplexidades. Considere-se o seguinte argumento: 3) "Todas as esmeraldas observadas até hoje foram observadas por alguém; logo, todas as esmeraldas serão observadas por alguém." Esse argumento é evidentemente mau. Contudo, tem a mesma forma lógica dos argumentos 1 e 2. Isso significa que a forma lógica não é suficiente para determinar a validade dos argumentos indutivos. Dois argumentos indutivos podem ter precisamente a mesma forma lógica, mas um deles ser bom e o outro mau. Assim, pode-se defender que não há nenhum paradoxo porque os argumentos 1 e 2 não são indutivamente válidos; pelo menos um deles é inválido. O problema é estabelecer critérios que permitam distinguir os argumentos indutivamente válidos dos inválidos. Goodman defende que o predicado "verdul" não está enraizado ou entranhado na nossa linguagem porque dá origem a más induções. Assim, defende que o "novo enigma da indução" é saber quais predicados podem ser usados para fazer induções e por quê. *Ver* INDUÇÃO; LÓGICA INFORMAL. **DM**

GOODMAN, N. *Facto, ficção e* previsão [1954]. Trad. D. Falcão. Lisboa: Presença, 1991.

paradoxo de Grelling

Um dos paradoxos semânticos relacionados com a auto-referência, introduzido por Kurt Grelling (1886-1942). Algumas palavras aplicam-se a si mesmas: a palavra "substantivo" é um substantivo. Outras palavras não se aplicam a si mesmas: a palavra "verbo" não é um verbo. Chamam-se "autológicas" às palavras que se aplicam a si mesmas e "heterológicas" às que não se aplicam a si mesmas. Mas a palavra "heterológica" não pode ser autológica nem heterológica. Imaginemos que é autológica; nesse caso, aplica-se a si mesma; mas aplicar a palavra a si mesma é dizer que ela é heterológica. Temos, pois, de abandonar essa hipótese.

Resta pensar que a palavra "heterológica" não se aplica a si mesma. Por definição, qualquer palavra que não se aplique a si mesma é heterológica. Mas, nesse caso, a palavra aplica-se a si mesma. Logo, é autológica. Estamos perante um paradoxo: a palavra "heterológica" é heterológica se, e somente se, não for heterológica. *Ver* PARADOXO DO MENTIROSO. **DM**

paradoxo de Moore

O paradoxo de Moore é ilustrado em (ou, mais exatamente, na elocução de) frases do seguinte tipo 1) "Paulo Coelho é brasileiro, mas eu não acredito nisso". Frases como 1 (isto é, da forma "*p*, mas eu não acredito que *p*") apresentam certamente uma anomalia e podem mesmo ser classificadas como "paradoxais". Por um lado, alguém que profira uma frase dessas está comprometido com uma contradição: está ao mesmo tempo comprometido com a crença em *p* (por IMPLICATURA CONVERSACIONAL) e com a descrença em *p* (uma vez que afirma explicitamente essa descrença). Por outro lado, "eu não acredito que *p*" não é, estritamente, contraditória com *p* – e, logo, a elocução da conjunção de ambas não é a elocução de uma contradição. Portanto, o locutor de frases dessa forma por um lado está e por outro não está comprometido com uma contradição, o que é paradoxal.

A solução para o paradoxo parece ter de passar pela análise das razões pelas quais frases da forma de 1 não podem ser descritas como CONTRADIÇÕES. A razão básica parece ser a de que ambas as orações conjuntas podem ser simultaneamente verdadeiras, sendo, portanto, a conjunção verdadeira também em tais circunstâncias. Isso é sobretudo visível a partir da versão de 1 na terceira pessoa, isto é, 2) "Paulo Coelho é brasileiro, mas ela não acredita nisso", cujo pronome pessoal "ela" pode ser interpretado como tendo a mesma referência que o pronome "eu" de 1 (p. ex., a Teresa). Sob essa hipótese, a asserção de 1 pela Teresa e a asserção de 2 pelo João exprimem exatamente a mesma PROPOSIÇÃO (a de que Coelho é brasileiro mas a Teresa não acredita nisso), e portanto têm as mesmas CONDIÇÕES DE VERDADE. Logo, uma vez que 2 não é autocontraditória (pois há estados de coisas que a tornam verdadeira), segue-se que 1 também não (pois esses mesmos estados de coisas a tornam verdadeira também).

Como foi feito notar, porém, 1 é de algum modo "anômala", ao passo que 2 não. A razão para isso parece ser de caráter conversacional: se alguém assere *p*, então está implicitamente se comprometendo com a crença de que *p* é verdadeira (dada a MÁXIMA CONVERSACIONAL da qualidade). O problema com 1 é, portanto, que a pessoa que a assere está ao mesmo tempo asserindo que Coelho é brasileiro e negando o compromisso implícito que essa asserção transporta (por IMPLICATURA CONVERSACIONAL). Por outras palavras, se o locutor não acredita que Coelho é brasileiro, então ao asserir a primeira oração conjunta de 1 comete a infração conversacional que consiste em fazer asserções em cuja veracidade não acredita (isto é, infringe qualidade). Nessas circunstâncias, a asserção de 1 resulta conversacionalmente inadequada (apesar de ser verdadeira, visto que seus dois conjuntos são nesse caso verdadeiros – Paulo Coelho é de fato brasileiro). Por outro lado, se o locutor acredita que Coelho é brasileiro, a segunda oração conjunta é falsa (uma vez que nega essa crença), e a conjunção resulta, nesse caso, falsa também; mas o locutor não pode deixar de saber que é falsa – logo, a sua asserção dessa frase infringe também qualidade e resulta também conversacionalmente anômala. Logo, em qualquer dos casos 1 é conversacionalmente anômala (embora não estritamente uma contradição). Pelo contrário, 2 não tem, evidentemente, esse caráter: a asserção pelo João de que Coelho é brasileiro e de que a Teresa não acredita nisso não infringe por princípio nenhuma máxima conversacional (pode acontecer que infrinja qualidade ou outra máxima, mas não tem de infringir) – o que explica que ela não seja, ao contrário de 1, classificável como intrinsecamente anômala.

Essas observações fornecem uma pista de resolução do paradoxo. Com efeito, o locutor de 1 está comprometido com uma contradição (e sua elocução dessa frase é anômala) porque a implicatura conversacional associada a sua elocução de *p* contradiz o significado explícito de sua elocução de "eu não acredito que *p*"; mas as duas orações de 1 não contam como mutuamente contraditórias, porque as proposições que exprimem podem ser simultaneamente verdadeiras. Portanto, o locutor de 1 está (conversacionalmente) comprometido com uma contradição e não está (semanticamente) comprometido com uma contradição.

O fato de a asserção de frases da forma de 1 não poder deixar de infringir a máxima da qualidade é um indício de que as máximas podem ser assimiladas àquilo a que Austin chamou as CONDIÇÕES DE FELICIDADE de um ATO DE FALA. Assim como ao produzirem-se frases declarativas como 1 ou 2 se está conversacionalmente comprometido com a crença na sua veracidade, quando se fazem promessas está-se conversacionalmente comprometido com a intenção de as cumprir (é por isso que uma frase como "prometo chegar na hora mas não tenciono fazê-lo", p. ex., soa tão anômala como 1). Esse último tipo de restrição é descritível como decorrendo da força ilocutória do ato de fala em causa; e as elocuções que a infringem são, por sua vez, classificáveis como "infelicidades". Ora, parece razoável identificar as máximas conversacionais de Grice como um tipo especial de restrições do mesmo gênero. A máxima da qualidade, em particular, é identificável como uma restrição aplicável sobre atos de fala ASSERTIVOS (*ver* ATO ILOCUTÓRIO) e derivável, justamente, da força ilocutória que os identifica como assertivos. Infrações a essa máxima são, portanto, classificáveis como "infelicidades" também, e frases cuja elocução não pode deixar de a infringir, como 1, podem ser descritas como gerando infelicidades sistematicamente. *Ver também* PARADOXOS EPISTÊMICOS; ATO DE FALA; ATO ILOCUTÓRIO; CONDIÇÕES DE ASSERTIBILIDADE; CONDIÇÕES DE VERDADE; CONDIÇÕES DE FELICIDADE; CONTRADIÇÃO; IMPLICATURA CONVERSACIONAL; INDEXICAIS; MÁXIMAS CONVERSACIONAIS; PARADOXO; PROPOSIÇÃO. **PS**

paradoxo de Richard

Não se trata de um verdadeiro PARADOXO, mas da demonstração de Jules Richard (1862-1956), por redução ao absurdo, de que as expressões em português (ou de outra língua ou linguagem qualquer) que denotam números não podem ser enumeradas numa lista alfabética infinita. A demonstração usa um argumento de DIAGONALIZAÇÃO.

Tentemos formar o conjunto que enumera todas as expressões em português que denotam números. Poderíamos usar uma lista como $E_1,\ldots, E_n,\ldots$, mas podemos também usar uma matriz, M:

0. $\boldsymbol{E_{00}}, E_{01}, E_{02}, E_{03}, \ldots$
1. $E_{10}, \boldsymbol{E_{11}}, E_{12}, E_{13}, \ldots$
2. $E_{20}, E_{21}, \boldsymbol{E_{22}}, E_{23}, \ldots$
3. $E_{30}, E_{31}, E_{32}, \boldsymbol{E_{33}}, \ldots$
$\vdots$

Por definição, em M estão representadas todas as expressões em português que denotam números. Tome-se agora a seqüência diagonal $E_{00}, E_{11}, E_{22}, E_{33},\ldots$ e substitua-se todos os 8 e 9 por 1 e todos os E_{xx} por $E_{xx} + 1$. Essa nova seqüência não pertence a M. Mas a expressão "Tome-se agora a seqüência diagonal $E_{00}, E_{11}, E_{22}, E_{33},\ldots$ e substituam-se todos os 8 e 9 por 1 e todos os E_{xx} por $E_{xx} + 1$" designa um número. Logo, em M não estão todas as expressões que designam números. **DM**

paradoxo de Ross

Ver LÓGICA DEÔNTICA.

paradoxo de Russell

Em *Grundgesetze der Arithmetik* (1893) Gottlob Frege tenta reduzir a aritmética à lógica (*ver* LOGICISMO). Ora, em 1901, Bertrand Russell descobre uma contradição no sistema de Frege. Considere-se o CONJUNTO y de todas as entidades que não são membros de si próprias, isto é, $x \in y$ se, e somente se, $x \notin x$ (a coleção de Russell). Deduz-se que $y \in y$ se, e somente se, $y \notin y$. Esse paradoxo também foi descoberto independentemente por Ernst Zermelo em 1902.

Segundo Russell, o paradoxo surge por haver uma violação do PRINCÍPIO DO CÍRCULO VICIOSO. Em colaboração com Alfred North Whitehead, Russell reformula e recupera o programa logicista de Frege, baseando-se para isso no bloqueio dos círculos viciosos por meio da doutrina dos tipos lógicos. Resulta a denominada TEORIA DOS TIPOS, que se revelou uma forma problemática de desenvolver a teoria dos conjuntos. Modernamente, evita-se o paradoxo porque se abstém de considerar que a propriedade "$x \notin x$" defina um conjunto. Dito de outro modo, a coleção de Russell não é um conjunto, é uma CLASSE *Ver também* PRINCÍPIO DA ABSTRAÇÃO; CONJUNTO; CLASSE; TEORIA DOS CONJUNTOS; PRINCÍPIO DO CÍRCULO VICIOSO; LOGICISMO; TEORIA DOS TIPOS. **FF**

FREGE, G. *Grundgesetze der Arithmetik* I/II. Hildesheim/Zurique/Nova York: Georg Olms, 1998 [1.º vol. Jena: Hermann Pohle, 1893; 2.º vol. 1903].

GARCIADIEGO, A. R. "The Set-Theoretic Paradoxes", *in* Grattan-Guinness, I. (org.). *Companion Encyclopaedia of the History and Philosophy of the Mathematical Sciences*. Londres/Nova York: Routledge, 1994, vol. 1.

RUSSELL, B. *My Philosophical Development*. Londres: George Allen and Unwin, 1959, cap. VII. Trad. bras. *Meu pensamento filosófico*. Trad. Breno Silveira. São Paulo: Companhia Editora Nacional, 1960.

paradoxo de Skolem

Ver TEOREMA DE LÖWENHEIM-SKOLEM.

paradoxo do barbeiro

Forma popular de ilustrar o PARADOXO DE RUSSELL. Há em Sevilha um barbeiro que reúne as duas condições seguintes: 1) faz a barba de todas as pessoas de Sevilha que não fazem a barba de si próprias e 2) só faz a barba de quem não faz a barba de si próprio. O aparente paradoxo surge quando tentamos saber se o desventurado barbeiro faz a barba de si próprio ou não. Se fizer a barba de si próprio, não pode fazer a barba de si próprio, para não violar a condição 2; mas se não fizer a barba de si próprio, então tem de fazer a barba de si próprio, pois essa é a condição 1 para que ele se decida a desempenhar o seu ofício. Não se trata de um verdadeiro paradoxo, mas apenas da demonstração por redução ao absurdo de que não existe tal barbeiro. DM

paradoxo do bom samaritano

Ver LÓGICA DEÔNTICA.

paradoxo do conceito

Ver CONCEITO/OBJETO.

paradoxo do enforcado

Ver PARADOXOS EPISTÊMICOS.

paradoxo do exame surpresa

Ver PARADOXOS EPISTÊMICOS.

paradoxo do mentiroso

Tome-se a seguinte frase: "Esta frase é falsa." Será esta frase verdadeira? Imaginemos que sim. Se a frase for verdadeira, verifica-se aquilo que ela afirma. Mas a frase afirma que ela mesma é falsa. Logo, se for verdadeira, é falsa. E se for falsa? Se for falsa, não se verifica aquilo que ela afirma. Dado que frase afirma dela mesma que é falsa, a frase é verdadeira. Logo, se for falsa, é verdadeira. Assim, a frase é verdadeira se, e somente se, for falsa. Esse resultado é paradoxal por considerarmos que o seguinte argumento é válido e tem premissas verdadeiras:

> Todas as frases declarativas com sentido são verdadeiras ou falsas.
> A frase "Esta frase é falsa" é declarativa e tem sentido.
> Logo, a frase "Esta frase é falsa" é verdadeira ou falsa.

A conclusão desse argumento é falsa: a frase "Esta frase é falsa" não é verdadeira nem falsa, dado que é verdadeira se, e somente se, for falsa, como vimos. Dado que é impossível um argumento válido com premissas verdadeiras ter uma conclusão falsa, estamos perante um paradoxo.

O simples fato de uma frase não ter valor de verdade não é, em si, paradoxal. Há muitas frases declarativas que não têm valor de verdade, como frases absurdas ("A cor azul dos átomos verdes é estridente") ou frases que violam pressuposições. Mas essas são frases obviamente sem sentido. Ora, a frase "Esta frase é falsa" parece ter sentido – compare-se com "Esta frase é em português", que não produz nenhum paradoxo.

Algumas formulações do paradoxo estão erradas. Na sua formulação tradicional, é Epimênides, o cretense, que afirma que todos os cretenses são mentirosos. Convencionando, artificiosamente, que um mentiroso é alguém que só diz falsidades, pensa-se que a afirmação de Epimênides seria paradoxal porque não seria verdadeira nem falsa. Mas isto é um erro.

Admitamos que o que Epimênides disse é verdade; daí segue-se que todos os cretenses são mentirosos; logo, o que ele diz, porque é cretense, é falso. Logo, se o que ele diz é verdade, é falso. Até agora não temos nenhum paradoxo: temos apenas uma afirmação auto-refutante. Se admitirmos, por hipótese, que a afirmação de Epimênides é verdadeira, concluímos que é falsa. Para termos um paradoxo é também necessário que ao partir da hipótese de que ela é falsa sejamos conduzidos à conclusão de que é verdadeira. Mas isso não acontece.

Admitamos que o que Epimênides disse é falso. Nesse caso, não somos forçados a concluir coisa alguma; não se segue que o que ele disse é verdadeiro. Compreende-se isso melhor pensando assim: Se o que ele disse é falso, a negação do que ele disse é verdade. A negação do que ele disse é "Alguns cretenses não são mentirosos". Ora, não há nenhum problema em admitir que Epimênides é cretense e que alguns cretenses não sejam mentirosos. Só haveria um problema se fôssemos forçados a admitir que nenhum cretense é mentiroso – pois isso iria colidir com a nossa hipótese de partida de que Epimênides está mentindo, isto é, que está dizendo uma falsidade. Assim, quando partimos da hipótese de que Epimênides está dizendo uma falsidade não somos forçados a concluir que está dizendo uma verdade; é perfeitamente possível que seja falso que todos os cretenses são mentirosos, isto é, que seja verdade que alguns cretenses não são mentirosos. De fato, ao afirmar que todos os cretenses são mentirosos, Epimênides está forçosamente mentindo: pois se admitirmos que ele está dizendo a verdade, temos de concluir que está dizendo uma falsidade; e se admitirmos que está dizendo uma falsidade, nada se segue. Logo, em qualquer caso, Epimênides está dizendo uma falsidade e portanto é mentiroso – ele pertence ao grupo dos cretenses mentirosos, havendo outros que não o são.

Logo, não se trata de um paradoxo. Se argumentarmos cuidadosamente, descobriremos que a afirmação de Epimênides é falsa. A razão pela qual se errava tradicionalmente ao formular o paradoxo do mentiroso é muito simples: errava-se ao raciocinar. A negação da afirmação "Todos os cretenses são mentirosos" é "Alguns cretenses não são mentirosos"; mas é fácil errar e pensar que a sua negação é "Nenhum cretense é mentiroso", caso em que se geraria um paradoxo. DM

paradoxo dos corvos

Não se trata de um verdadeiro paradoxo, mas de um resultado gerador de perplexidades, também conhecido por "paradoxo da confirmação". Esse paradoxo ocorre no âmbito dos problemas associados à INDUÇÃO. É natural pensar que de cada vez que descubro um corvo preto estou confirmando a generalização "Todos os corvos são pretos". Se a confirmação funciona assim, a generalização "Todas as coisas não-pretas são não-corvos" é confirmada sempre que avisto algo não-preto que não seja um corvo, como o meu automóvel verde. Mas as duas generalizações são logicamente equivalentes: as suas formalizações respectivas são $\forall x \, (Cx \rightarrow Px)$ e $\forall x \, (\neg Px \rightarrow \neg Cx)$. Logo, sempre que vejo carros verdes, estou confirmando que todos os corvos são pretos. Mas esse resultado parece falso. Logo, ou algo está errado com a noção intuitiva de confirmação, ou o resultado não é falso, apesar de o parecer. DM

paradoxo sorites

Ver SORITES.

paradoxos da implicação estrita

Os seqüentes válidos da lógica proposicional modal clássica com implicação estrita 1) $\Box q \vdash p \mapsto q$; 2) $\neg \Diamond p \vdash p \mapsto q$ são, de modo presumivelmente incorreto, designados como paradoxos da implicação estrita. 1 estabelece que de uma proposição necessariamente verdadeira dada como premissa se pode inferir como conclusão qualquer proposição condicional estrita cujo conseqüente consista naquela proposição. 2 estabelece que de uma proposição necessariamente falsa dada como premissa se pode inferir como conclusão qualquer proposição condicional estrita cujo antecedente consista naquela proposição. *Ver também* IMPLICAÇÃO; IMPLICAÇÃO ESTRITA. JB

paradoxos da implicação material

Os seqüentes válidos da lógica proposicional clássica 1) $q \vdash p \rightarrow q$ e 2) $\neg p \vdash p \rightarrow q$ são, de forma presumivelmente incorreta, designados como paradoxos da implicação material. 1 estabelece que de uma proposição verdadeira dada como premissa se pode inferir como conclusão qualquer proposição condicional cujo conseqüente consista naquela proposição. 2 estabelece que de uma proposição falsa dada como premissa se pode inferir como conclusão qualquer proposição condicional cujo antecedente consista naquela proposição. *Ver também* IMPLICAÇÃO; IMPLICAÇÃO MATERIAL. JB

paradoxos epistêmicos

Paradoxos epistêmicos, como a denominação sugere, são aqueles que envolvem as noções de conhecimento e crença, bem como outras relacionadas, como opinião e dúvida. O mais conhecido dos paradoxos epistêmicos é o PARADOXO DE MOORE, mas há vários outros, como o paradoxo do exame surpresa (também denominado paradoxo do enforcado, ou paradoxo da previsão) e o paradoxo do conhecedor. No que segue consideraremos brevemente alguns desses paradoxos.

Comecemos pelo paradoxo de Moore. Ainda que seja perfeitamente aceitável que alguém afirme a frase "Miranda é uma lua, mas Cláudia não acredita nisso", fica muito estranho se a própria Cláudia afirma "Miranda é uma lua, mas eu não acredito nisso". Essa frase pode ser transcrita para a linguagem de uma lógica epistêmica usual da seguinte forma: 1) $p \land \neg B_c p$, onde p representa a frase "Miranda é uma lua", e B_c o operador epistêmico "Cláudia acredita que".

O paradoxo de Moore se deve ao fato de que, embora a frase citada seja consistente (isto é, não é autocontraditória), parece-nos que Cláudia não pode consistentemente afirmá-la. Como Jaakko Hintikka já mostrou (cf. Hintikka, 1962, pp. 65 ss.), esse é um paradoxo aparente, pois Cláudia não pode acreditar na frase 1 citada. Suponhamos que ela o fizesse. Teríamos então 2) $B_c(p \land \neg B_c p)$. Por outro lado, é uma tese nas lógicas epistêmicas usuais que $B(\varphi \land \psi) \to (B\varphi \land B\psi)$. Disso se segue que $B_c p \land B_c \neg B_c p$.

Usando um outro princípio epistêmico, $B\varphi \to BB\varphi$, concluiríamos 3) $B_c B_c p \land B_c \neg B_c p$. E finalmente, fazendo uso do princípio $B\varphi \to \neg B \neg \varphi$, que proíbe aos agentes terem crenças contraditórias, concluiríamos $\neg B_c \neg B_c p \land B_c \neg B_c p$, que é, obviamente, uma contradição. Segue-se que Cláudia não pode acreditar em 1.

A estranheza de 1 decorre de algumas convenções pragmáticas. P. ex., se alguém afirma a proposição p, dá a entender a seus ouvintes que está convencido de que p é o caso. Assim, quando Cláudia afirma 1, seus ouvintes acham que ela acredita que 1 é o caso, e a fórmula que representa isso, 2, acarreta uma contradição.

A solução de Hintikka é aceitável; contudo, autores que argumentam contra a aceitação de princípios iterativos como $B\varphi \to BB\varphi$ podem rejeitar a conclusão de que a fórmula 3 seja contraditória. Lembremos que a derivação da contradição envolve três princípios que, embora usualmente aceitos nas lógicas epistêmicas, têm sido objeto de críticas (ver, p. ex., Lenzen, 1978).

Um outro paradoxo é o exame surpresa (ou paradoxo do enforcado, ou ainda paradoxo da previsão). A formulação (para simplificar) pode ser como segue: em certo dia, uma professora anuncia a seus alunos que haverá um exame surpresa na próxima quinta ou sexta-feira. (Um exame surpresa significa que os alunos não sabem em que dia ele será realizado.) Os alunos então raciocinam da seguinte maneira: suponhamos que o exame será realizado na sexta-feira. Nesse caso, não seria realizado na quinta, e, portanto, na quinta-feira, no final das aulas, saberíamos disso, caso em que o exame na sexta-feira não seria surpresa. Segue-se que, para satisfazer o anúncio da professora, ele teria de ter sido realizado na quinta-feira. Mas como sabemos agora desse fato, um exame surpresa na quinta-feira não poderia ser realizado. Portanto, a professora não poderá realizar um exame surpresa. Satisfeitos com o raciocínio acima, os alunos ficam descansados. Chega então a quinta-feira, e a professora aplica o exame, para grande surpresa dos alunos, que já não contavam com ele.

Há várias soluções propostas para esse aparente paradoxo. Uma das mais simples, já indicada por Quine (1966, pp. 21-3), consiste em mostrar que os alunos cometeram o erro a seguir. Seja p a frase "O exame acontece na quinta-feira", e q a frase "O exame acontece na sexta-feira", e seja G o grupo dos alunos. O anúncio da professora pode ser então representado da seguinte maneira φ) $(p \leftrightarrow \neg q) \land (p \to \neg B_G p) \land (q \to \neg B_G q)$. O primeiro elemento dessa conjunção indica que o exame acontece na quinta ou na sexta-feira, mas não em ambos os dias. ($p \to \neg q$ é uma das maneiras de representar uma disjunção exclusiva.) Os outros dois elementos indicam que o exame é surpresa: se ele ocorre na quinta, o grupo não acredita que ocorre na quinta, p. ex.

Voltemos ao raciocínio dos alunos. Supondo-se que o exame seja realizado na sexta-feira, q; na quinta, no fim das aulas, o grupo tem certeza, claro, de que ele não ocorre na quinta. Ou seja, temos $B_G \neg p$. Assim, o grupo acredita que o exame ocorre na sexta, $B_G q$. Porém, do terceiro elemento da conjunção em φ segue-se também que $\neg B_G q$, o que nos dá uma contradição, e assim a hipótese φ deve ser rejeitada – não é possível realizar o exame surpresa. Onde está o erro?

Os alunos erram, em primeiro lugar, porque $B_G q$ não se segue logicamente de φ e de $B_G \neg p$. Para isso, seria necessário que o grupo acreditasse em $p \leftrightarrow \neg q$, isto é, que $B_G(p \leftrightarrow \neg q)$ fosse o caso. Tendo isso, deduzimos

1. q Hipótese
2. $B_G(p \to \neg q)$ Hipótese adicional
3. $\neg p$ de 1 e φ

Fazendo este raciocínio, os alunos se convencem de $\neg p$, ou seja, temos

4. $B_G \neg p$

Por outro lado, a fórmula

5. $(B_G(p \leftrightarrow \neg q) \wedge B_G \neg p) \to B_G q$

é um princípio válido nas lógicas epistêmicas usuais. Pode-se concluir portanto que

6. $B_G q$

Assim, o primeiro erro cometido pelos alunos foi confundir a suposição de que $p \leftrightarrow \neg q$ com a suposição de que o grupo acredita que $p \leftrightarrow \neg q$, isto é, de que $B_G(p \leftrightarrow \neg q)$.

Contudo, mesmo essa suposição adicional, ainda que seja razoável, não resolverá o problema. Como vimos, supondo que temos $B_G(p \leftrightarrow \neg q)$ podemos concluir $B_G q$ e derivar uma contradição a partir da hipótese de que q. Logo, p deve ser o caso. Como sabemos que φ, assim, leva a p, teríamos $B_G p$. Como temos $p \to B_G p$ em φ, teríamos outra vez a contradição

O erro dessa vez está na suposição de que podemos concluir $B_G p$ a partir de φ, mas isso não é possível. Temos, de fato, que φ leva a p e, assim, $B_G(\varphi \to p)$. Mas, sem a hipótese adicional (mais uma vez) de que $B_G \varphi$, $B_G p$ não se segue. E, é claro, os alunos não podem acreditar em φ, uma vez que $B_G \varphi \to \neg \varphi$. Disso se segue que $B_G \varphi \to B_G \neg \varphi$, e também que $B_G \varphi \to \neg B_G \varphi$. Logo, supor $B_G \varphi$ leva a $\neg B_G \varphi$, e o argumento não se sustenta.

É interessante notar uma conexão entre o paradoxo do exame surpresa e o paradoxo de Moore. Suponhamos que, em vez de anunciar o exame para uma quinta ou sexta-feira, a professora anunciasse um exame surpresa na próxima quinta. O anúncio da professora seria representado da seguinte maneira: ξ) $p \wedge \neg B_G p$. Vimos, no caso anterior, que o grupo só deduz a impossibilidade do exame na hipótese de que acreditasse em φ. O caso correspondente agora é ξ, e, como acima exposto, é impossível ter $B_G(p \wedge \neg B_G p)$.

Considerações a respeito das (dis)soluções do paradoxo do exame surpresa levaram David Kaplan e Richard Montague à formulação de um novo paradoxo, conhecido como o "paradoxo do conhecedor" (cf. Kaplan e Montague [1960], também Montague [1963]). Esse paradoxo apresenta problemas para teorias que representam conhecimento e crença não como operadores, como feito na exposição dos paradoxos até aqui mencionados, mas como predicados de frases da linguagem da própria teoria. Ou seja, em vez de representarmos "Cláudia sabe que p" por $K_c p$, temos $K(c, [p])$, em que $[p]$ é um nome da frase p – seu número de Gödel, p. ex., ou um nome estrutural-descritivo à maneira de Tarski (1956). No caso, o símbolo K expressa uma relação entre Cláudia e o nome de uma frase.

Seja então T uma teoria com recursos sintáticos suficientes para representar frases de sua própria linguagem – p. ex., uma extensão da aritmética de Peano ou de Robinson. Suponhamos ainda que T tenha entre seus axiomas os seguintes princípios epistêmicos: 1) $K([\varphi]) \to \varphi$; 2) Se φ é uma fórmula logicamente válida, então $K([\varphi])$ é teorema de T; 3) $K([\varphi \to \psi]) \to (K([\varphi]) \to K([\psi]))$; 4) $K([K([\varphi] \to \varphi)])$. Segue-se que T é inconsistente.

Finalmente, ainda tendo relação com o paradoxo de Moore, mesmo que seja possível que ninguém saiba nada, uma posição cética extremada, pode-se mostrar que estar convencido de que não se sabe nada leva a uma contradição.

A tese de que ninguém sabe nada poderia ser representada pela fórmula σ) $\forall x \forall p \neg K_x p$, onde $\forall$ é o quantificador universal, x uma variável para indivíduos e p uma variável proposicional. O que a fórmula σ diz é que, qualquer o indivíduo x, qualquer a proposição p, x não sabe que p. Tomemos Cláudia como exemplo. De σ pode-se derivar $\forall p \neg K_c p$ e, como σ é uma proposição, $\neg K_c \sigma$. Assim, afirmar σ leva-a a estar convencida de que não sabe que σ, ou seja, $C_c \neg K_c \sigma$, onde C representa um operador de convicção.

Por outro lado, ao afirmar σ Cláudia dá a entender estar convencida de que σ, ou seja, temos $C_c \sigma$. Usando um dos axiomas usuais que envolvem convicção, $C\varphi \to CK\varphi$, derivamos $C_c K_c \sigma$, o que deixa Cláudia com convicções contraditórias.

É interessante notar que essa argumentação não refuta o ceticismo extremado, mas apenas a possibilidade de se estar convencido disso. (Cf., porém, Griffin e Harton [1981] para uma discussão de várias fórmulas em lógica epistêmica que se propõe a representar posições céticas, bem como Schlesinger [1985].) **CAM**

GRIFFIN, N. e HARTON, M. "Sceptical Arguments", in *Philosophical Quarterly*, n.º 31, 1981, pp. 17-30.
HINTIKKA, J. *Knowledge and Belief*. Ithaca: Cornell University Press, 1962.
KAPLAN, D. e MONTAGUE, R. "A Paradox Regained" [1960], in *Notre Dame Journal of Formal Logic*, n.º 1, pp. 79-90. Reimp. *in* Montague, R. *Formal Philosophy*. New Haven/Londres: Yale University Press, 1974.
LENZEN, W. *Glauben, Wissen und Wahrscheinlichkeit*. Viena/Nova York: Springer, 1980.
LENZEN, W. "Recent Work in Epistemic Logic", in *Acta Philosophica Fennica*, n.º 30, 1978, pp. 1-219.
MONTAGUE, R. *Formal Philosophy*. New Haven/Londres: Yale University Press, 1974.
———. "Syntactical Treatmens of Modality, with Corollaries on Reflexion Principles and Finite Axiomatizability" [1963], *in Acta Philosophica Fennica*, n.º 16, pp. 153-67. Reimp. *in* Montague, R. *Formal Philosophy*. New Haven/Londres: Yale University Press, 1974.
QUINE, W. V. O. "On a Supposed Antinomy", in *The Ways of Paradox*. Nova York: Random House, 1966, pp. 21-3.
SCHLESINGER, G. *The Range of Epistemic Logic*. Aberdeen: Aberdeen University Press, 1985.
TARSKI, A. "The Concept of Truth in Formalized Languages" [1956], *in Logic, Semantics, Metamathematics*. Indianápolis: Hackett, 1983, pp. 152-278.

paralelismo

Doutrina dualista acerca do PROBLEMA DA MENTE-CORPO, habitualmente associada a Leibniz. Segundo a doutrina, o mental e o físico constituem domínios causalmente inertes um em relação ao outro: nem é o caso em que estados e eventos mentais possam ser causas de estados e eventos físicos nem é o caso em que estados e eventos do primeiro gênero possam ser efeitos de estados e eventos do último gênero.

Ver também DUALISMO; FISICALISMO; EPIFENOMENALISMO. **JB**

pares, axioma dos

Ver AXIOMA DOS PARES.

parte própria

Um conjunto x é uma parte própria de um conjunto y quando x está estritamente incluído em y, ou seja, quando x é um subconjunto de y e x e y são distintos: $x \subseteq y \land$

¬ $x = y$. P. ex., o conjunto dos números pares é uma parte própria do conjunto dos inteiros. *Ver* INCLUSÃO. JB

partes, axioma das

Ver AXIOMA DAS PARTES.

partição

Divisão de um conjunto dado em subconjuntos não-vazios tais que: *a*) cada um dos elementos do conjunto original pertence a pelo menos um dos subconjuntos; *b*) nenhum dos elementos do conjunto original pertence a dois subconjuntos. Por outras palavras, a partição de um conjunto é uma coleção de subconjuntos não-vazios que são mutuamente exclusivos e conjuntamente exaustivos. Em símbolos, k é uma partição de um conjunto x se, e somente se, satisfaz as seguintes condições: I) $\forall v\, (v \in k \to v \neq \emptyset)$; II) $\forall v\, \forall u\, (v \in k \wedge u \in k \wedge v \neq u \to v \cap u = \emptyset)$; III) $\cup k = x$.

Uma RELAÇÃO DE EQUIVALÊNCIA definida num conjunto gera uma partição do conjunto em CLASSES DE EQUIVALÊNCIA. *Ver* TEORIA DOS CONJUNTOS. JB

particular

Ver UNIVERSAL, PROPRIEDADE.

particular, proposição

Ver PROPOSIÇÃO PARTICULAR.

particular egocêntrico

Termo introduzido por Bertrand Russell (veja-se Russell, 1940, cap. VII) para cobrir uma classe de palavras e expressões cujas propriedades semânticas e referenciais são fortemente sensíveis a determinados aspectos do contexto extralingüístico em que são empregadas e às quais é hoje mais freqüente chamar INDEXICAIS.

A razão da designação é a de que, aparentemente, uma especificação da referência de um uso particular de uma dessas palavras ou expressões num contexto dado, o qual consiste na produção de um ESPÉCIME OU EXEMPLAR da palavra (no sentido de palavra-TIPO), envolve necessariamente uma referência ao sujeito ou agente da elocução ou inscrição em questão. Por outras palavras, há aparentemente uma referência não-eliminável ao locutor da palavra-espécime ou exemplar. Esse gênero de fato é exibido nas regras de referência características de palavras ou expressões da categoria em questão, como se pode ver nos seguintes três exemplos de regras envolvendo os termos indexicais "ele", "aqui" e "esta mesa" (a formulação dada aqui é, naturalmente, incompleta): 1) um espécime *e* da palavra-tipo "ele" designa a pessoa do sexo masculino que o locutor de *e* indica ou tem em mente; 2) um espécime *e* da palavra-tipo "aqui" designa o local em que o locutor de *e* está situado; 3) um espécime *e* da expressão-tipo "esta mesa" designa a mesa apontada pelo locutor de *e*.

Na realidade, a teoria original de Russell é mais do que uma simples teoria da referência para indexicais, no sentido de uma teoria acerca dos mecanismos de determinação da referência de um termo indexical em dado contexto de uso. Com efeito, ele defendeu uma teoria mais forte – a do significado para indexicais, segundo a qual o significado de cada termo indexical é dado em certa descrição definida que contém uma referência, não propriamente ao locutor, mas a determinado *datum* sensível ou experiência particular privada que ocorre na mente do locutor na ocasião da elocução. Russell defende a doutrina de que todos os termos indexicais são analisáveis em termos do pronome demonstrativo "isto" tomado para designar um episódio mental daquele gênero; a palavra "isto" é (nesta acepção) aquilo a que Russell chama um nome logicamente próprio, um nome para o qual está *a priori* garantida uma referência. P. ex., a palavra "eu" é vista como sinônima da descrição "a biografia à qual isto pertence", em que a expressão em itálico tem o tipo de referência indicado e a biografia em questão é uma pessoa, certa coleção de *data* sensíveis; do mesmo modo, a palavra "agora" é vista como sinônima da descrição "o tempo em que isto acontece". Todavia, é hoje reconhecido que a teoria de Russell enfrenta dificuldades sérias, e talvez essa seja a razão de a designação "particular egocêntrico" tenha caído em relativo desuso. Com efeito, e em geral, é simplesmente pouco provável que tal projeto de análise pudesse ser executado de modo completamente satisfatório. Em segundo lugar, muita gente não acharia plausível uma redução a entidades como *data* sensíveis. Em terceiro lugar, e tomando como exemplo o pronome pessoal na primeira pessoa do singular, se o seu significado fosse tomado como dado na descrição *supra*, então a frase de identidade "Eu sou a biografia à qual isto pertence" seria uma frase analítica, uma frase verdadeira graças ao significado das palavras componentes, e logo uma frase necessariamente verdadeira; ora isto não é argumentativamente o caso: há uma situação contrafactual admissível na qual eu existo e não tenho a experiência particular em questão, na qual o episódio mental designado pelo termo "isto" simplesmente não existe; e aquela frase de identidade poderia ser avaliada como falsa nessa situação. *Ver* INDEXICAIS. JB

RUSSELL, B. *An Inquiry into Meaning and Truth*. Londres: Allen & Unwin, 1940. Trad. bras. *Significado e verdade*. Trad. Alberto Oliva. Rio de Janeiro: Zahar Editores, 1978.

passo indutivo

Ver INDUÇÃO MATEMÁTICA.

pedra, paradoxo da

Ver PARADOXO DA PEDRA.

pensamento

O que se segue é um compêndio de lugares-comuns. Nenhum é inteiramente incontroverso. Nenhum merece sê-lo. Devemos selecionar e escolher, e usar o nosso discernimento.

O pensamento é o fenômeno de pensar: ou exemplos seus, ou, por vezes, coleções suas – o pensamento do papa, o pensamento corrente sobre cuidados pré-natais. Um pensamento é aquilo que é, foi ou poderá ser pensado; é aquilo que pensamos, em que o que pensamos é que tal e tal é o caso. (Por vezes, pensar algo não precisa ser uma atividade.) O verbo "pensar" (em português) pode ser nominalizado de pelo menos duas maneiras diferentes que soam da mesma forma. A primeira traduz-se em um TERMO DE MASSA; a segunda em um TERMO CONTÁVEL. (Frege indicou a diferença correspondente no alemão.) É o termo contável que aqui nos interessa.

Aquilo que pensamos, quando pensamos algo, é, intuitivamente, que tal e tal é o caso. Mas "pensamento", o termo contável, contém outras sugestões. Podemos pensar que, se há pensamentos para pensar, então há um domínio ou conjunto definido de itens que são os pensamentos – as coisas que há para pensar; a totalidade dessas coisas. Esse seria um domínio determinado de objetos (coisas) capazes de servir como referentes dos objetos (acusativos) do verbo "pensar" (e de termos aparentados).

Se há um domínio de pensamentos, como devemos contá-los? Que aspectos distinguem cada um deles de todos os outros? Ou seja, que aspectos o identificam desta maneira: será que algum outro pensamento não possui um desses aspectos? Aqui está uma idéia. Os pensamentos são aquilo que pensamos; aquilo que pensamos é que tal e tal é o caso; logo, cada pensamento distingue-se de cada um dos outros por aquilo que é o caso de acordo com ele. Pensamentos diferentes representam coisas diferentes, ou pelo menos correspondem a coisas diferentes, consoante o que é o caso de acordo com eles: quando pensamos um deles, aquilo que se pensa que é o caso é diferente do que se pensa que é o caso quando pensamos outro. Onde há um pensamento, isso mostra que tipo de diferença o distinguiria de outro.

Mas vejamos outra idéia. Cada um de nós têm as suas maneiras de representar as coisas para si próprio. Quando pensamos um pensamento – que uma coisa específica é o caso – ligamo-nos a uma dessas maneiras (ou talvez a um conjunto definido delas): o nosso pensar, que consiste em representar as coisas para nós próprios dessa maneira. Suponhamos que isto é verdade. Sendo assim, podemos tentar supor que cada pensamento é identificado com, ou pelo menos por, uma forma específica de representar coisas (como sendo de certa maneira): para maneiras diferentes de representar as coisas como sendo de certa maneira, temos pensamentos diferentes. Sob essa perspectiva, os pensamentos são formas de representar coisas – representações, coisas que representam tal e tal como sendo o caso. No mínimo, essa é uma idéia que a gramática dificilmente autoriza. Se os pensamentos são o que pensamos, então nada aqui autoriza a idéia de que pensamos representações. Mas na filosofia nem todos aceitam a perspectiva austiniana de que a gramática geralmente tenta dizer-nos algo. Considera-se com freqüência que as sutilezas gramaticais não têm grande importância.

Será que essas duas perspectivas sobre como contar pensamentos produzem os mesmos resultados – o mesmo domínio de pensamentos diferentes para pensar? Essa é uma questão filosófica por resolver. Mas a segunda perspectiva parece abrir a seguinte possibilidade. Suponhamos que as coisas são de certa maneira. Então pode haver várias formas de representar as coisas como sendo dessa maneira. Suponhamos que o pensamento é sobre Fred e sobre ele ser gordo. Bem, há muitas formas diferentes de pensar sobre Fred quando se pensa sobre ele ser de certa maneira; e, talvez, muitas formas diferentes de pensar sobre ser gordo quando se pensa sobre algo ou alguém ser gordo. Por isso, talvez existam muitos pensamentos diferentes segundo os quais Fred é gordo. Se essa idéia estiver correta, então a segunda idéia sobre contar pensamentos dar-nos-á uma estrutura de distinções mais fina que a primeira.

Em qualquer caso, se os pensamentos são aquilo que pensamos, e se são itens que formam uma totalidade definida, ou domínio, então os princípios corretos para contá-los devem satisfazer certos *desiderata*. Deve haver pensamentos diferentes para pensar sempre que aquilo que uma pessoa pensa não é aquilo que outra pensa; e também sempre que haja coisas reconhecivelmente diferentes, ou distinguíveis, que uma pessoa pense, ou possa pensar. Conversamente, deve haver um único pensamento sempre que duas pessoas pensam ou possam pensar o mesmo, e sempre que uma pessoa continue a pensar o mesmo que já pensou. Se há uma coleção determinada de fatos que nos diz quando as pessoas fazem tais coisas, então podemos pensar que esses fatos impõem uma maneira definida de contar os pensamentos. Por outro lado, se os fatos assim o determinarem, pode também verificar-se que estes *desiderata* não podem ser simultaneamente satisfeitos por nenhuma maneira de contar pensamentos. O problema filosófico de saber se isso acontece também se está por resolver.

Há pensamentos diferentes sempre que há coisas diferentes para pensar. Plausivelmente, há coisas diferentes para pensar sempre que uma coisa pode ser o caso mas a outra não. Isso sugere uma conexão entre os pensamentos e a verdade. Se o que alguém pensa ao pensar tal e tal é verdadeiro enquanto o que alguém pensa ao pensar tal e tal é falso, então o pensar mencionado em primeiro lugar é o pensar de um pensamento diferente do que é pensado no pensar mencionado em segundo lugar. Quando uma pessoa pode ter razão ao passo que outra não tem razão, há dois pensamentos diferentes para ser pensados.

Em todo caso, quando pensamos que certas coisas são tal e tal, podemos pensar verdades ou falsidades. Isso sugere que aquilo que pensamos – os pensamentos – são, pelo menos em condições favoráveis, ou verdadeiros ou falsos. A última idéia a sublinhar é então a seguinte: pensamentos que são verdadeiros sob condições diferentes são pensamentos diferentes. Ou, em uma formulação mais sucinta, para cada pensamento há as condições sob as quais ele é verdadeiro. Podemos também pensar que essas condições fazem parte daquilo que o identifica na qualidade de pensamento. Quando a verdade entra em cena dessa maneira, os pensamentos tornam-se itens representacionais genuínos – exatamente o contrário do que a gramática sugere quanto ao que são as coisas que pensamos. Isso acontece porque um item só pode ser verdadeiro ou falso ao fazer um compromisso apropriado sobre como as coisas são; só pode ser verdadeiro ou falso ao representar as coisas como sendo de certa maneira, ao ser de tal forma que as coisas são assim de acordo com ele. Tal item, se não for uma pessoa, tem de ser uma representação.

Essa conexão com a verdade sugere, mas não impõe, a seguinte idéia. Por um lado, um pensamento identifica-se por uma forma representacional que, entre os pensamentos, é sua e apenas sua. Expressá-lo é apenas ter essa forma. Por outro lado, um pensamento tem uma condição de verdade única – um conjunto único de condições no qual, ou do qual, ele é verdadeiro. Há assim uma, e apenas uma, condição de verdade que aquilo que o expressa pode ter: duas expressões suas não podem diferir nas condições sob as quais são verdadeiras. Isso acontece porque, se elas pudessem diferir, haveria duas coisas para pensar ao pensar esse pensamento, estando cada uma delas expressa em cada uma dessas expressões. Mas o nosso ponto de partida foi que há duas coisas para pensar apenas onde há dois pensamentos diferentes; nunca onde há apenas um. Por isso, um pensamento, e também a forma que o identifica, determina inexoravelmente aquilo de que ele é verdadeiro. Podemos chamar luteranos a tais pensamentos: em questões de verdade, permanecem como estão, e, se forem verdadeiros, não há nada a fazer; mas, se não forem verdadeiros, também não há nada a fazer.

Se os pensamentos são representações e respeitamos a gramática, então temos de deixar de dizer que os pensamentos são aquilo que as pessoas pensam. Ainda assim, os pensamentos podem identificar aquilo que as pessoas pensam da seguinte maneira: há uma relação que as pessoas mantêm com os pensamentos ao pensar aquilo que pensam, de tal modo que as pessoas mantêm essa relação com o mesmo pensamento quando, e apenas quando, pensam o mesmo. Podemos avançar no sentido de identificar essa relação se dissermos o seguinte: sempre que uma pessoa pensa tal e tal, há uma maneira com a qual ela representa as coisas tal como são para ela mesma. O pensamento com que ela se relaciona por meio dessa relação é um pensamento segundo o qual as coisas são precisamente dessa maneira. Um pouco mais de teoria conduz-nos mais longe. Suponhamos que dizemos que, sempre que uma pessoa pensa que as coisas são tal e tal, há uma coisa que é a sua maneira de representar as coisas para si própria dessa maneira. O pensamento com que ela se relaciona por meio da relação relevante representa assim a maneira como as coisas são dessa maneira.

Com eloqüência suficiente, podemos dizer aquilo que pensamos. Com sinceridade suficiente, podemos por vezes pensar e querer dizer aquilo que dizemos. Se isso é verdade, então, sempre que dizemos algo ao dizer certas palavras, há uma relação específica entre essas palavras e certo pensamento: há um pensamento para o qual o que elas dizem é aquilo que pensamos quando esse pensamento é aquilo que pensamos. Podemos dizer que elas exprimem esse pensamento.

Se estivermos atraídos pela idéia de que os pensamentos são maneiras de representar coisas (tal e tal como sendo o caso), então temos de aceitar que as palavras que exprimem um pensamento são uma representação – e, na verdade, é isso que elas são: palavras que dizem algo, representam algo como sendo o caso. Mas as palavras são representações em um sentido diferente daquele em que os pensamentos o são; na verdade, o são em um sentido diferente de "representação", pois as palavras têm uma identidade não-representacional. Há uma maneira pela qual as vemos ou ouvimos. Isso é estabelecido por aspectos não-representacionais: aspectos que elas têm independentemente de representarem ou não, e independentemente de como o fazem. E por meio dos seus aspectos não-representacionais podemos – nas circunstâncias apropriadas – reconhecê-las como as palavras que são. Para além disso, as palavras representam em virtude de estar sujeitas a certo esquema particular no qual tem de se considerar que elas, ou alguns dos seus aspectos não-representacionais, representam de uma maneira específica. Esses mesmos aspectos não-representacionais – essa mesma aparência, digamos – poderiam ter sido sujeitos a um esquema diferente. Mas enquanto a palavra "gato", p. ex., poderia ter significado *cão*, um pensamento não tem nenhuma identidade não-representacional. Ser esse pensamento é precisamente ser um pensamento que representa da maneira que o faz. Por isso, os pensamentos devem tolerar uma variação indefinida em formas não-representacionais – em aparências, p. ex. Um pensamento exprimível em palavras com certa aparência também é exprimível em palavras com qualquer uma de um número indefinidamente vasto de aparências. Se podemos exprimi-lo em muitas palavras, p. ex., então podemos abreviar a expressão para uma palavra. Se os pensamentos são maneiras de representar, então tem de haver itens, identificáveis de outro modo, que, no sentido em que as palavras o fazem, podem representar dessas maneiras. (Ao pensarmos sobre coisas, representamo-las para nós próprios como sendo o caso. Mas isso não faz de nós

representações; certamente não na maneira em que as palavras podem ser representações.) As palavras, ou seqüências de palavras ditas, são os únicos itens desse tipo com que estamos familiarizados.

Se os pensamentos são apenas maneiras de representar, então o que as palavras para pensamentos exprimem depende apenas de como elas representam as coisas. Palavras que representam da mesma maneira devem exprimir o mesmo pensamento, caso exprimam algum; são palavras que representam da maneira que certo pensamento exprime. Mas não se deve entender o modo como as palavras representam as coisas simplesmente a partir dos seus aspectos não-representacionais. O simples fato de as palavras "os porcos grunhem" terem essa aparência não implica que elas representam os porcos como grunhidores. O modo como as palavras representam depende de como se têm de considerar os seus aspectos não-representacionais. Se certas palavras dizem algo, e não sabemos como se tem ou tinha de considerar que elas representam, então não conseguimos compreendê-las. Se consideramos que elas representam de alguma outra maneira, então compreendemo-las mal. Essa idéia sugere algo sobre quando havemos de dizer que duas seqüências de palavras exprimem o mesmo pensamento, e, por esse meio, sobre como identificar o pensamento que essas palavras exprimem (caso exprimam algum pensamento).

As palavras exprimem pensamentos diferentes apenas se representam de maneira diferente. As palavras representam de maneira diferente apenas quando se tem de considerá-las como representando de maneira diferente. Compreender palavras é considerá-las da maneira correta, é entender como se tem de considerá-las. Como compreendemos as palavras freqüentemente, o que estamos preparados para reconhecer na qualidade de sujeitos que compreendem palavras pode ser suficiente para aceder aos fatos que determinam quando duas seqüências de palavras representam de maneira diferente, e quando duas seqüências fariam ou poderiam fazer isso – aos fatos que determinam quais diferenças poderia haver entre duas maneiras de as palavras representarem as coisas. Mas há uma série de idéias – atraentes, mas que não têm de ser aceitas – que podem parecer colocar o projeto de detectar tais diferenças em uma base mais segura.

A primeira idéia dessa série é a seguinte: se avaliarmos palavras erroneamente – considerando-as verdadeiras quando não são, ou vice-versa –, então o nosso erro tem duas fontes possíveis. Podemos estar enganados quanto à maneira como o mundo é, quanto às condições efetivas das coisas que as palavras descrevem. Pensamos que a relva era verde, mas na verdade tornou-se vermelha. Ou podemos estar enganados quanto ao modo como as palavras representam as coisas. Pensamos que eles disseram que a relva era vermelha, mas na verdade eles disseram que a parede era lilás. É concebível que possamos estar simultaneamente enganados de ambas as maneiras, mas a idéia é que os nossos erros dividem-se, ou decompõem-se, em erros do primeiro tipo e erros do segundo tipo.

A segunda idéia diz apenas que compreender palavras é saber ou ser capaz de avaliá-las (como verdadeiras ou falsas, quando essas noções são apropriadas). A isso podemos acrescentar que, se a nossa compreensão das palavras for perfeita, então qualquer avaliação errada que façamos sobre elas só poderá ser um erro do primeiro tipo: um erro factual, um erro quanto ao modo como de fato é o mundo que as palavras descrevem. Uma terceira idéia é então a seguinte. Se sabemos como avaliar palavras, como saberíamos ao compreendê-las, então, em condições suficientemente favoráveis, somos capazes de determinar se a maneira como as coisas são é ou não a maneira como as palavras representam as coisas. Se ocorrem os fatos certos, e vemos que eles ocorrem, então podemos reconhecer aí a maneira como as palavras representam as coisas. (Se esses fatos ocorrem e não reconhecemos isso, tal acontece por não nos termos apercebido de pelo menos um deles.) Em uma formulação ligeiramente diferente, digamos que há uma maneira de as coisas serem tal que, se considerarmos que as coisas são dessa forma, poderemos reconhecer imediatamente que a maneira como consideramos as coisas é aquela como essas palavras representam as coisas. Ou talvez haja várias dessas maneiras de as coisas serem.

A idéia final é a seguinte. Se duas seqüências de palavras representam de modo diferente a maneira como as coisas são, então, mesmo que compreendamos bem uma seqüência, há uma maneira de estar enganado quanto à sua verdade, sem que isso também aconteça em relação à outra seqüência. Partindo da terceira idéia, o pensamento é que há maneiras de as coisas serem tal que, se considerarmos que as coisas são de uma dessas maneiras, poderemos ainda assim avaliar erroneamente uma seqüência sem que a compreendamos mal – podemos simplesmente não conseguir reconhecer um fato indispensável para que as coisas sejam como a seqüência as representa. Mas podemos também não avaliar erroneamente a outra seqüência. Se a avaliássemos erroneamente ao mesmo tempo que considerássemos que as coisas eram dessa maneira, isso só poderia acontecer por não termos conseguido ver como devíamos considerar que ela representa as coisas, por não termos conseguido compreendê-la. Podemos agora dizer isto: duas seqüências diferem na sua maneira de representar as coisas se, e somente se, é possível que alguém esteja nessa posição relativamente a elas, ou seja, que alguém considere que as coisas são de tal maneira que possa ainda avaliar erroneamente uma delas, mas não a outra, por meio de um erro ou ignorância factual. Essa idéia é uma versão daquilo que é conhecido por "teste de Frege" (embora a conexão com Frege seja tênue).

As palavras representam de certa maneira porque se tem de considerar que elas representam de certa maneira. Estamos agora tentando defender uma outra idéia: para qualquer seqüência de palavras que representa as coisas como tal e tal, há uma maneira que é a sua maneira de representar; existem, correspondentemente, as maneiras que há para as palavras representarem. Isso é assim porque as palavras representarem à sua maneira é o mesmo que terem uma forma representacional especificável, ou seja, uma forma identificada por um dado conjunto de aspectos representacionais que são seus, e que a marcam como forma, de tal modo que entre as formas representacionais ela é a única que os tem a todos. Quaisquer palavras representam da maneira que é a sua se, e somente se, têm essa forma, se, e somente se, tiverem os aspectos que a identificam. Há um domínio definido de formas que são aquelas que podem ser a maneira de representar de algumas palavras. Fixa-se cada forma do domínio por meio de um conjunto especificável de aspectos. Para vermos o que pode contribuir para distinguir dois pensamentos, e assim determinar quais pensamentos há para as palavras exprimirem, precisamos de uma perspectiva abrangente quanto a quais aspectos identificam uma forma que as palavras podem ter ao exprimir certo pensamento.

Os fatos que determinam quando duas seqüências representam de modo diferente, estabelecidos como acabamos de descrever, prometem uma maneira de dizer, relativamente a palavras dadas, qual é a sua maneira de representar, e, por esse meio, uma maneira de dizer quais maneiras há para as palavras representarem a maneira como as coisas são, para representar as coisas como sendo o caso. Consideremos quaisquer duas seqüências que representem de modo diferente. Podemos então encontrar um aspecto que faça parte da maneira de representar de uma das seqüências, mas que não faça parte da maneira de representar da outra. Podemos considerar esse aspecto como elemento potencial de um conjunto que identificaria uma forma relevante, como parte de uma coleção de aspectos a partir do quais podem se construir conjuntos que fazem tais identificações. Esse aspecto constitui uma maneira na qual a maneira de representar de algumas palavras pode diferir da de representar de outras palavras. Encontremos agora, se é que se pode encontrar tal coisa, duas seqüências que tenham esse aspecto, mas que mesmo assim difiram na sua maneira de representar as coisas. Uma vez mais, podemos encontrar um aspecto que caracterize uma das maneiras de representar e a distinga da outra. Temos agora dois aspectos que podem conjuntamente fazer parte de um conjunto que identifique uma forma que pode ser a maneira de representar de algumas palavras. Avancemos agora do mesmo modo até chegarmos a um conjunto de aspectos de uma forma para o qual não possamos encontrar nenhuma seqüência contrastante: quaisquer duas seqüências que tenham todos esses aspectos, mas que mesmo assim difiram na sua maneira de representar as coisas. Poderemos chamar a esse conjunto uma desambiguação. Ele identifica precisamente uma única maneira de as palavras representarem; não pode haver duas maneiras tais que as palavras podem representar de ambas as maneiras ao mesmo tempo que têm todos esses aspectos.

Em certa concepção sobre o que é um pensamento, podemos agora considerar que uma desambiguação identifica um pensamento, e que um pensamento é aquilo que uma desambiguação, e nada mais, identifica: as palavras exprimem um pensamento só no caso em que têm uma forma que se ajusta a uma desambiguação, e quaisquer palavras exprimem esse pensamento se, e somente se, essa desambiguação ajusta-se a elas. As considerações que Frege aduz para mostrar que devemos reconhecer que as palavras, para além de referência, têm sentido, dão origem a alguma pressão a favor dessa concepção sobre o que é um pensamento, embora essa pressão não seja propriamente irresistível. Se exprimir dado pensamento é o mesmo que ser compatível com um, e apenas um, conjunto de condições sob as quais aquilo que o exprime é verdadeiro, então esta é também a melhor maneira de entender o que são os pensamentos. Vale a pena notar, ainda assim, que se queremos que os pensamentos tenham certo papel na qualidade de objetos de atitudes – pensar, duvidar, acreditar e outras –, então o fato evidente de haver pessoas que pensam a mesma coisa, ou de uma pessoa continuar a acreditar no que já acreditava, dá origem a uma pressão considerável contra essa concepção sobre o que é um pensamento.

Até agora consideramos o que os pensamentos podem ser, ou têm de ser, dados certos papéis que podemos esperar que eles desempenhem em relação ao que as palavras dizem ou à compreensão que elas produzem, e ainda em relação a atitudes como pensar. Pode também parecer que os pensamentos desempenham certo papel na lógica. E pode também parecer que isso nos impõe certa concepção sobre o que é um pensamento. Há duas idéias principais. A primeira é que os pensamentos são itens entre os quais ocorrem relações inferenciais: a partir dos pensamentos de que tal e tal é o caso, de que tal e tal também é o caso, e assim por diante, pode acontecer que possamos inferir corretamente o pensamento de que tal e tal é o caso. Essa é uma maneira de falar sobre inferências, embora não seja a única. A segunda idéia é que a lógica é a teoria das boas inferências. Uma teoria lógica específica lida com certo domínio de formas que um pensamento, ou uma afirmação, pode tomar, e diz-nos que a partir de itens com certas formas do domínio (caso esses itens caiam no âmbito da teoria) podemos inferir corretamente, ou seguem-se, itens com outras formas do domínio (que também caiam no âmbito da teoria). Os itens que caem no âmbito das teorias da lógica clássica têm valores de verdade – ou são verdadeiros ou falsos.

Se os pensamentos são os itens entre os quais ocorrem relações inferenciais, e se a lógica é sobre boas inferências, então de uma maneira ou de outra a lógica é sobre pensamentos. Segundo uma concepção de como a lógica é sobre pensamentos, esta diz-nos que pensamentos, em particular, estão inferencialmente relacionados com outros pensamentos; diz-nos assim que inferências, em particular, são efetivamente boas, considerando todas as que possamos fazer ou estar tentados a fazer. A lógica deve assim identificar um conjunto específico de itens que sejam aqueles que mantêm entre si relações inferenciais, e, para fazer isso, deve identificar precisamente os itens apropriados para manter entre si as relações inferenciais de que fala. Deve assim identificar os pensamentos que há para pensar ou para exprimir; as formas representacionais que são as formas de maneiras de representar a partir das quais podemos inferir outras ou inferi-las a partir de outras.

A correção ou incorreção do que a lógica tem a dizer não pode depender de nenhuma contingência; não pode depender de maneira alguma de como simplesmente aconteceu de o mundo ser. Por isso, se a lógica faz compromissos quanto a que pensamentos existem, e se os pensamentos devem ser ou verdadeiros ou falsos para que a lógica seja sobre eles, então nenhum pensamento pode ter valor de verdade de modo meramente contingente. Seja o mundo como for, qualquer pensamento deve ter garantido um valor de verdade. Mas um compromisso quanto a que pensamentos existem é um compromisso quanto a que formas representacionais identificam um pensamento, e, sendo assim, quanto a que maneiras de representar as coisas são maneiras de representá-las ou como são ou como não são. Tudo isso requer uma concepção específica sobre o que é um pensamento, pois a lógica só pode fazer esses tipos de compromisso se existirem formas representacionais que garantam que tudo o que tenha essas formas terá sempre um valor de verdade. Essas formas não serão apenas daquilo que, tal como as coisas se encontram, representa as coisas ou como são ou como não são, mas também do que teria de representar as coisas ou como são ou como não são – de uma, e apenas de uma, dessas maneiras – seja o mundo como for. Isso requer maneiras inexoráveis de representar: seja o mundo como for, essas maneiras ditam exatamente o nosso veredicto quanto a se é ou não assim que elas representam as coisas.

Pensar dessa última maneira é conceber os pensamentos como aquilo a que Wittgenstein chamou sombras. Podemos, tal como Wittgenstein, considerar que essa concepção sobre o que é um pensamento está sujeita a objeções. Nesse caso, para a evitarmos basta ter uma perspectiva ligeiramente diferente sobre o objeto da lógica, pois a correção de uma teoria lógica assenta realmente naquilo que ela diz sobre certas formas de um pensamento ou de uma afirmação, em que estas consistem em relacionar-se de certas maneiras com afirmações de outras formas especificadas. P. ex., uma teoria lógica pode ocupar-se das formas possíveis de um item que consistem no seu valor de verdade ser dada função dos valores de verdade de certos outros itens. Tal teoria diz-nos que certas relações ocorrem entre certas formas destas e certas outras formas. Uma dessas relações pode ser a seguinte: se tais e tais formas são as formas de certos itens verdadeiros, então isso garante a verdade de um item com outra dessas formas. Outra pode ser: se certas formas dessas são as formas de itens verdadeiros ou falsos, então há outro item, com uma outra forma especificada das que a teoria se ocupa, que se segue dos primeiros. A teoria não precisa fazer mais compromissos quanto a quais itens, em particular, têm as formas de que se ocupa, ou quanto a quais itens têm uma forma correta e são verdadeiros ou falsos. Haverá ainda um sentido em que a teoria é sobre pensamentos. Mas como, ao ser sobre eles nesse sentido, não faz compromissos quanto a que pensamentos existem em particular, basta que os itens (pensamentos) de que ela se ocupa tenham valor de verdade contingentemente. Se não tiverem nenhum, a lógica não será sobre eles, mas nem eles nem a lógica ficarão em pior posição por causa disso.

A lógica pode ser relevante para uma concepção sobre o que é um pensamento de mais uma maneira. A lógica é sobre pensamentos só na medida em que os pensamentos são o tipo de coisas que se seguem umas das outras. Quando reparamos que os pensamentos mantêm entre si esse tipo de relação, podemos pensar que um pensamento identifica-se em parte por aquilo de que ele se segue e por aquilo que se segue dele, pelas conseqüências de ele ser um pensamento correto. Essa idéia proporciona-nos o material para nos libertar da idéia de que se deve identificar um pensamento por meio de uma forma representacional, ou de uma maneira de representar as coisas, que é a sua. Consideremos essa idéia em certo contexto. Todas as expressões possíveis de dado pensamento têm algo em comum. A questão é: o que há de comum a todas as expressões de dado pensamento? A idéia de que um pensamento se identifica por dada forma de representação proporciona uma resposta para essa questão: o que há de comum é uma forma representacional especificada, estabelecida por dado conjunto de aspectos representacionais que todas as expressões do pensamento possuem. A idéia de que um pensamento identifica-se pelas suas conseqüências (e por aquilo de que ele é uma conseqüência) é uma alternativa que pelo menos deixa espaço para uma resposta diferente. Admite que pode não haver uma maneira única de representar as coisas que seja comum a todas as expressões de dado pensamento, havendo antes apenas um conjunto de conseqüências, para todas essas expressões de um pensamento, que resultam de terem representado as coisas corretamente. Esse fato pode tornar reconhecível uma maneira de as coisas serem, representável de maneiras bastante diversas, que seja precisamente a maneira que tem todas essas conseqüências.

Segundo a alternativa que acabamos de delinear, não há nenhuma razão para que duas expressões do mesmo pensamento devam mencionar os mesmos objetos e propriedades; nem o fato de que ambas são expressões do mesmo pensamento têm de se seguir de relações puramente conceptuais entre os objetos e propriedades que cada uma delas menciona. Frege avança um pouco no sentido de desenvolver essa noção de pensamento no seu ensaio "Über Begriff und Gegenstand", em que diz que "podemos analisar um pensamento de muitas maneiras, e ao longo delas – agora esta, agora aquela – ele aparece como sujeito e como predicado. O próprio pensamento não determina o que tem de ser visto como sujeito. Se dissermos 'o sujeito deste pensamento' [Frege usa a palavra *Urtheil* – 'juízo'. Mas ele usa aqui *Urtheil* e *Gedanke* de forma quase intersubstituível, e o faz certamente para denotar a mesma coisa], só designamos algo definido se ao mesmo tempo indicarmos uma maneira definida de análise [...]. Mas não podemos esquecer que frases diferentes podem exprimir o mesmo pensamento [...]. Não é assim impossível que o mesmo pensamento deva aparecer como singular em uma análise, particular em outra e geral numa terceira" (Frege, 1892, p. 74).

Nesse artigo, Frege limita-se a oferecer uma versão modesta dessa concepção, mas em um ensaio posterior diz uma coisa intrigante sobre como a identidade dos pensamentos pode tolerar, e mesmo exigir, diferenças nos meios usados para representar. No seu ensaio "Der Gedanke", diz: "Se alguém quiser dizer hoje o mesmo que exprimiu ontem ao usar a palavra 'hoje', substituirá essa palavra por 'ontem'. Embora o pensamento seja o mesmo, a expressão verbal deve ser diferente para compensar a mudança de sentido que de outro modo ocorreria devido à diferença no momento de elocução" (Frege, 1918, p. 38).

A idéia é que "Hoje está um belo dia", dito ontem, e "Ontem estava um belo dia", dito hoje, podem exprimir o mesmo pensamento, embora cada frase tenha uma maneira marcadamente diferente de apresentar o dia a que diz respeito. Por alguma razão uma delas, mas não a outra, coloca em cena um segundo dia. Essas diferenças na forma de representar são necessárias, diz Frege, para compensar mudanças decorridas em outro lugar. Preserva-se assim a descrição de uma maneira como as coisas eram (se o dia esteve bom) ou não eram (se o dia não esteve bom). Preserva-se também, sob a concepção correta de conseqüência, todas as conseqüências de as coisas serem tal como foram representadas em ambas as ocasiões.

Os últimos dois parágrafos apontam para uma concepção fértil de pensamento que é de um gênero bastante diferente do das concepções consideradas antes. Mas este não é o lugar para desenvolvê-la. Consideramos já três papéis importantes que uma noção de pensamento tem de desempenhar: um papel na linguagem, ao identificar as coisas que se dizem nas afirmações; um papel nas atitudes, ao identificar o que as pessoas pensam, duvidam e assim por diante; e um papel (ou dois) na lógica. Vimos também algumas idéias canônicas, e outras um pouco menos canônicas, sobre como os pensamentos, segundo certa noção sobre eles, podem desempenhar esse papel. Disto resultou uma rica variedade de noções; cada uma delas merece ser examinada cuidadosamente antes de ser subscrita. **CT**

FREGE, G. "Der Gedanke" [1918], *in* Patzig, G. (org.). *Logische Untersuchungen*. Gottingen: Vandenhoeck und Ruprecht, 1993, pp. 30-53. Trad. bras. "O pensamento. Uma investigação lógica", *in* Frege, G. *Investigações filosóficas*. Trad. Paulo Alcoforado. Porto Alegre: EDIPUCRS, 2002, pp. 9-39.
____. "Über Begriff und Gegenstand" [1892], *in* Patzig, G. (org.). *Funktion, Begriff, Bedeutung*. Gottingen: Vandenhoeck und Ruprecht, 1986. Trad. bras. "Sobre o conceito e o objeto", *in* Frege, G. *Lógica e filosofia da linguagem*. Trad. Paulo Alcoforado. São Paulo: Cultrix/Edusp, 1978, pp. 87-103.

pensamento, leis do
Ver LEIS DO PENSAMENTO.

performativo
Ver ATO DE FALA.

perlocutório
Ver ATO PERLOCUTÓRIO.

permissão
Ver LÓGICA DEÔNTICA.

permutação de quantificadores
Ver FALÁCIA DA PERMUTAÇÃO DE QUANTIFICADORES.

perspectiva da primeira pessoa

A propósito da perspectiva da primeira pessoa, ou do modo subjetivo de representação, colocam-se no recente contexto filosófico dois problemas maiores: em primeiro lugar, saber se existem leis gerais que governem a representação subjetiva e, em segundo, se é possível aceder a uma forma objetiva de representar, isto é, a uma perspectiva da terceira pessoa. Desses dois problemas deriva ainda um terceiro, que é o de saber em que medida a perspectiva da primeira pessoa entra na concepção ou construção de uma descrição objetiva do mundo, ou se esta elimina necessariamente qualquer elemento de representação subjetiva. Diversos foram os filósofos que trabalharam esses temas, ainda que aplicando terminologia diferente ou por meio da exploração de temas conexos. Temas conexos serão as qualidades primárias/secundárias, a relação mente-corpo ou o uso dos INDEXICAIS. Na literatura mais recente, no entanto, deverão destacar-se, pelo tratamento autônomo dado ao conhecimento da primeira pessoa e à relação entre este e a perspectiva da terceira pessoa, as obras de Collin McGinn e de Thomas Nagel.

Para McGinn as duas instâncias que caracterizam a perspectiva da primeira pessoa são justamente as qualidades secundárias e os indexicais. Assim, demonstrar que existem leis gerais da subjetividade equivalerá a demonstrar que há leis gerais que regulam aquelas qualidades, assim como significa ainda demonstrar que existem ligações *A PRIORI* entre "eu" e outros indexicais, como "aqui", "agora", etc. Verdades *a priori* como "eu não sou você", "o que está aqui não está ali", "o que acontece agora não aconteceu no passado", etc. são formas necessárias de apresentação das coisas a uma consciência, leis fenomenológicas, que configuram em geral o ponto de vista do sujeito. A demonstração do seu caráter *a priori* possui, sem dúvida, um aspecto intuitivo (poder-se-ia nesse caso falar de intuições *a priori*, para utilizar uma terminologia kantiana), mas também passa por uma argumentação que leva em conta estarmos perante verdades, independentemente da diferença das perspectivas e da variedade dos contextos de uso. Ainda um outro passo da demonstração da validade *a priori* de certos enunciados indexicais é aquele em que a equivalente descrição do ponto de vista da terceira pessoa não é uma verdade *a priori*. A mesma referência de "eu não sou você", dada pelo enunciado "o Antônio não é o mesmo que o João", não salvaguarda a validade *a priori* desse último enunciado, que não é evidentemente conhecido *a priori*.

Assim, podemos ver, na demonstração em favor do estatuto *a priori* de certas verdades indexicais por parte de McGinn, três diferentes tipos de argumentação: um primeiro, intuitivo *a priori*, um segundo que assume para determinados enunciados indexicais uma validade lógica constante, independente dos contextos de uso, e por último uma argumentação que desmente a validade *a priori* das descrições que correspondem a enunciados indexicais, esses sim com essa validade, tal como vimos no exemplo anterior (cf. McGinn, 1983, pp. 41-2). Se a mente aplica então um filtro subjetivo e necessário ao mundo, conforme fica demonstrado a partir do momento em que também se demonstra a existência de leis gerais da subjetividade, teremos de admitir o caráter inelimínável da perspectiva da primeira pessoa. A partir daí, seremos pois conduzidos à questão de saber quais as conseqüências epistemológicas dessa característica, ou até que ponto ela é relevante para o pensamento e para a constituição de uma descrição objetiva da terceira pessoa.

Uma direção em que esse tema pode ser explorado acentuará a improbabilidade de eliminar uma perspectiva subjetiva a favor de uma objetividade total, conseguida a partir da terceira pessoa. Um conhecimento direto da primeira pessoa, mesmo reconhecendo nele um conjunto de leis *a priori*, não possuirá o valor epistemológico incluído em um ponto de vista externo e objetivo. Esse será sempre no entanto um conhecimento externo, e o modelo limite desse conhecimento direto equivaleria à perspectiva de Deus ou ao conhecimento absoluto direto. Porém tal conhecimento direto, para ser absoluto, teria de prescindir do uso de quaisquer indexicais ou qualidades secundárias, pelo que um conhecimento direto absoluto da primeira pessoa é pois contraditório, já que teria de prescindir de indexicais e de qualidades secundárias, sendo estes no entanto que asseguram a possibilidade do conhecimento direto em geral. Todos os enunciados introduzidos pelo termo "eu" indiciam uma relatividade que não é possível eliminar e passam a formar o conjunto de enunciados verdadeiros ou falsos por referência a esse termo. "Eu vejo neste momento uma cor amarela que apareceu nesse preciso momento no céu, à noite" será um enunciado verdadeiro de um conhecimento direto da primeira pessoa, independentemente de um conhecimento objetivo, da terceira pessoa, descrever o mesmo acontecimento com o seguinte enunciado: "A. M. vê, no momento t, o fenômeno y, que se produziu a partir de uma colisão entre meteoros, há quatro anos-luz." Essa frase, consistente com as leis da física, apresenta de modo diferente o mesmo acontecimento. O primeiro enunciado remete para regras constantes da subjetividade, o segundo para uma constante física, a velocidade da luz. Percebe-se que, pelo menos nesse caso, as duas perspectivas sejam descontínuas e que apontem para dois tipos de pensamento intrinsecamente diferentes.

É a esse propósito epistemologicamente relevante que se revela inaceitável a tese empirista que vê na descrição objetiva uma representação mais abstrata, mas mesmo assim contínua relativamente aos dados sensíveis. Um ponto de vista externo é por isso assimétrico e descontínuo em relação ao ponto de vista da primeira pessoa, e a seleção de alguns elementos da experiência subjetiva não serve para, por assim dizer, construir um modelo de representação da terceira pessoa. McGinn faz notar que "assumir esta atitude dividida é comprometer-se a si mesmo em uma descontinuidade radical entre percepção e conceptualização (*conception*): não podemos continuar a olhar a conceptualização como uma espécie de 'cópia enfraquecida' da percepção" (C. McGinn, 1983, pp. 80-1).

Estando nós perante formas descontínuas de representar a realidade, põe-se a questão de saber se alguma (e nesse caso parece ter de se apontar para o conhecimento da primeira pessoa) deve estar subordinada à outra. Por um lado, se quisermos adotar critérios epistemológicos usuais, parece óbvio que o ponto de vista da terceira pessoa anula o da primeira. Por outro lado, o fato de se ter demonstrado que este último é ineliminável e possui leis *a priori* que regulam o uso de qualidades secundárias e de indexicais, parece conferir direitos próprios à primeira pessoa. Para McGinn, a descontinuidade não implica contrariedade ou impossibilidade de coexistência. Assim não há verdadeira incompatibilidade entre aquilo que é afirmado pela ciência (sistema de perspectivas externas) e o que é afirmado pelo senso comum (conjunto de perspectivas da primeira pessoa). Se, p. ex., a ciência nega que as cores sejam intrínsecas aos objetos, não é verdade que o senso comum defenda a posição contrária, isto é, que as cores pertençam realmente aos objetos.

Por isso as cores não são simplesmente concebidas, pelo senso comum, independentemente do sujeito ou, pelo menos, não serão forçosamente confundidas com as qualidades primárias. Em geral, o fato de um objeto deixar de parecer vermelho não implica o seu desaparecimento, embora possa indiciar (mas nem sempre) uma mudança de estado. McGinn defende, pois, a estrita descontinuidade, mas não a incompatibilidade entre as perspectivas subjetiva e objetiva, representando cada uma um estilo diferente de pensamento, e acaba por não se decidir no que respeita à superioridade de uma perspectiva sobre a outra. "Se nos pedissem para escolher entre a imagem manifesta e a imagem científica, segundo o critério da superioridade representacional, responderia da seguinte maneira: não há um sentido claro em que uma tenha maior verossimilhança do que outra. A perspectiva objetiva não possui a relatividade da subjetiva, mas adquire este caráter absoluto a custo de se retirar a si mesma do ponto de vista perceptivo. Não podemos pôr o problema de selecionar uma espécie de perspectiva e de abandonar a outra: abandonar a perspectiva objetiva equivale a abandonar a idéia da realidade unitária de um observador independente. Nenhuma das perspectivas pode servir os propósitos da outra e também não pode ser construída como colocando um padrão, que sirva para criticar a outra no caso de não lhe obedecer" (McGinn, 1983, p. 126).

A diferença e mesmo a descontinuidade entre as perspectivas interna e externa têm conseqüências importantes em ética. Particularmente a questão da autonomia e a própria possibilidade do juízo de responsabilidade ou imputação adquirem aspectos filosoficamente interessantes. De uma perspectiva externa, o agente e as circunstâncias que estão na gênese da sua ação tendem a ser "engolidos" na totalidade de acontecimentos, ligados por causas físico-naturais. Desse ponto de vista, o eu destaca-se de si mesmo e descreve-se como um eu objetivo. Para Thomas Nagel esse ponto de vista "sem centro" (*centerless view*), diante do qual qualquer perspectiva da primeira pessoa ou interna se transforma em um acontecimento, entre uma miríade de outros, revela superioridade epistemológica. No entanto, essa superioridade vai, no campo da ética, corroer inevitavelmente a idéia de autonomia que apenas a perspectiva interna parece assegurar. "A perspectiva externa forneceria um ponto de vista mais completo, superior ao interno. Aceitamos uma subordinação paralela da aparência subjetiva à realidade objetiva em outras áreas" (Nagel, 1986, p. 114). De fato, quanto maior for a imersão na perspectiva interna, quanto mais absorto estiver o agente no seu ponto de vista, nas suas motivações e interesses, maior lhe parece ser o seu grau de autonomia. No entanto, o sentimento assim gerado de autonomia depressa se desvanece, logo que o sujeito for impelido a colocar-se na perspectiva externa. Deve sublinhar-se que essa necessidade de passar de um ponto de vista para outro é uma necessidade racional que se sobrepõe a uma espécie de permanência cômoda, mas ilusória na autonomia da primeira pessoa. Em ética, a perspectiva interna ou da primeira pessoa, quando isolada ou abstraída da perspectiva externa, cria a idéia de autonomia, que, no entanto, se desvanece assim que as circunstâncias internas passam a ser examinadas do exterior. "Apenas nos é possível atuar a partir do interior do mundo, mas quando nos vemos a nós mesmos do exterior, a autonomia que experimentamos do interior surge como uma ilusão e nós que nos observamos do exterior não podemos em absoluto atuar" (McGinn, 1983, p. 120).

O dilema consiste no fato de a adoção do ponto de vista externo, sendo racionalmente necessária, corroer a idéia de autonomia, mas por sua vez esta apenas tem sentido se corresponder à faculdade de escolher uma entre várias alternativas possíveis, o que só acontece no âmbito de uma perspectiva interna. O que parece inevitável é, pois, estabelecer qualquer modo de conexão entre os dois pontos de vista, se é que queremos preservar o próprio conceito de uma moral racional: compatibilizar o impulso racional de nos colocarmos em um ponto de vista externo, a partir do qual compreendemos as nossas ações, com o caráter inelutavelmente subjetivo das nossas escolhas. Autonomia não deve, pois, significar simplesmente a representação de nós próprios como seres dotados de uma vontade livre que coloca a si mesma objetivos absolutos. O seu conceito pode e deve envolver a capacidade de incorporar pontos de vista externos na perspectiva subjetiva. Nesse sentido será possível reduzir os riscos de uma autonomia ilusória e, ao mesmo tempo, não desistir do ponto de vista da primeira pessoa, que em ética tem sempre de justificar uma escolha entre alternativas. Em ética, o ponto de vista da primeira pessoa deve incorporar a maior quantidade de determinantes da ação, fornecidas pela perspectiva da terceira pessoa, mas é o ponto de vista interno que permanece o fulcro dessa ação. Em epistemologia, o ponto de vista da terceira pessoa deve incorporar a maior quantidade possível de informação subjetiva, permanecendo o ponto de vista externo como o mais decisivo. *Ver também* INDEXICAIS. **AM**

McGINN, C. *The Subjective View*. Oxford: Oxford University Press, 1983.
NAGEL, T. *The View From Nowhere*. Oxford: Oxford University Press, 1986. Trad. bras. *Visão a partir de lugar nenhum*. Trad. Silvana Vieira. São Paulo: Martins Fontes, 2004.

pertença

Ver MEMBRO.

petição de princípio

O mesmo que *PETITIO PRINCIPII*.

petitio principii

(lat., petição de princípio) FALÁCIA INFORMAL cujo erro está em pressupor nas premissas o que queremos provar. Costuma-se associar essa falácia ao conjunto das FALÁCIAS DA RELEVÂNCIA, porque a informação de que dispomos não é relevante para provar aquilo que queremos, uma vez que essa informação consiste em pressupor a verdade do que queremos provar. Note-se que, apesar de a *petitio principii* ser considerada uma falácia informal, formalmente trata-se (no caso típico) de um argumento válido do tipo, $P, Q \vdash P$. Contudo, essa validade é irrelevante e não-informativa (*ver* LÓGICA INFORMAL). A *petitio principii* é um tipo de raciocínio que incorre num CÍRCULO VICIOSO. Um exemplo clássico, ilustrativo desse tipo de falácia, é o seguinte: "A indução funciona porque, se sempre funcionou no passado, não há nenhum motivo para que deixe de funcionar no futuro." Esse é claramente um argumento que incorre em petição de princípio, pois para provar a credibilidade da indução usa-se um raciocínio indutivo quando é precisamente isso que está em causa. *Ver também* FALÁCIAS. **CTe**

platonismo

Termo introduzido inicialmente na filosofia da matemática por Paul Bernays. Denota a doutrina segundo a qual os objetos da matemática têm uma existência real. É, na filosofia da matemática, a doutrina equivalente ao REALISMO na teoria do conhecimento. Tem ainda no entanto uma componente metafísica, uma vez que se refere à natureza (ou espécie) de existência que os objetos do pensamento matemático devem ter. Quanto à natureza da evidência do conhecimento matemático, é a doutrina oposta ao construtivismo, para a qual a existência dos objetos do pensamento (matemático) é concebida como uma criação do sujeito cognitivo.

Como nota Kreisel, o platonismo é a doutrina dominante na prática (matemática) corrente, embora essa prática seja obscurecida pelo fato de, em teoria, ser em geral proposta uma atitude construtivista. Acaba-se assim por se estar diante de uma discrepância entre a teoria e a experiência, que seria sofrível em outro segmento da filosofia, mas que é intolerável naquele cujo único objetivo é estabelecer justamente a estrutura do conhecimento (matemático).

Os antecedentes do platonismo atual são a *República*, de Platão (596 A), e a posição realista na questão dos universais. É pela primeira vez formulado rigorosamente na filosofia de Frege, p. ex., *Os fundamentos da aritmética*, § 47, em que a objetividade dos conceitos é explicada em termos da sua independência da capacidade cognitiva. Em geral, uma formulação adequada da doutrina platônica contém pelo menos as seguintes teses: 1. Os objetos matemáticos existem realmente; 2. A existência dos objetos matemáticos é independente do sujeito cognitivo. Essa independência inclui: independência da capacidade de cognição, independência da linguagem (usada pelo sujeito cognitivo), independência do esquema conceptual (em que o sujeito está inserido); 3. O sentido das proposições matemáticas são as condições de verdade correspondentes, uma vez que são descrições da realidade (matemática), os fatos que as podem fazer verdadeiras ou falsas; 4. A verdade das proposições matemáticas não depende da possibilidade da sua verificação, quer efetiva, quer apenas em princípio.

Nessas circunstâncias existem totalidades de objetos matemáticos, que se consideram bem definidas quando as proposições formuladas com quantificação sobre elas têm um valor de verdade. Isso equivale a considerar-se bem definida uma aplicação do *tertium non datur* a tais proposições.

No ensaio de Bernays (1953) desempenha um papel crucial a distinção entre diversos graus de platonismo. O grau de platonismo de uma teoria é o gênero de totalidades admitidas, que são por sua vez também consideradas objetos matemáticos. A teoria de grau mais elementar é a que aceita a totalidade dos números naturais e, como foi dito, que considera bem definida a aplicação do *tertium non datur* a proposições com quantificação sobre todos os números naturais.

Mas a análise matemática clássica, que tem um grau maior, admite a totalidade dos pontos do contínuo, ou a totalidade de todos os subconjuntos de números naturais. Enquanto a teoria dos números inteiros e racionais pode ser reduzida à noção de PAR ORDENADO, que por sua vez é representável aritmeticamente, a concepção clássica de um número real exige o conceito de uma sucessão de números naturais ou de um conjunto de números naturais, aos quais os conceitos usados na definição (sucessão de números naturais, respectivamente conjunto de números naturais) podem ser por sua vez reduzidos. No seu ensaio, Bernays mostra como a totalidade dos conjuntos de números naturais pode ser considerada uma extensão da concepção da totalidade dos subconjuntos de um conjunto finito. Se são dados os números 1... n, cada conjunto é fixado por n determinações independentes, se um número m pertence ou não ao conjunto e, pelo teorema de Cantor, há 2^n maneiras possíveis de realizar essa determinação. Nessas condições, a concepção de um subconjunto "arbitrário" de números naturais pode ser fixada por um número infinito de determinações que fixa, para cada m, se pertence ou não ao subconjunto.

Assim a admissão desse grau de platonismo, o da aplicação do *tertium non datur* à totalidade dos subconjuntos arbitrários de números, justifica a utilização de definições impredicativas. Essas são definições de conjuntos ou funções em termos de uma totalidade das quais elas próprias são elementos. Essas definições foram inicialmente rejeitadas como circulares, mas, como observa Gödel, deixam de o ser se considerarmos os conjuntos como existindo independentemente (da sua definição lingüística – ver 2 acima) em vez de os considerarmos como criações do sujeito cognitivo.

O *punctum dolens* criado por essa situação é que definições impredicativas são necessárias nos estádios mais elementares da análise clássica, p. ex., na definição de corte de Dedekind. Em todo caso, já foi possível a H. Weyl propor uma construção da análise clássica compatível com o grau mínimo de platonismo mencionado, o da admissão apenas da totalidade dos números naturais e, para uma reelaboração moderna da análise clássica no âmbito de um platonismo moderado, o leitor deve consultar o artigo PREDICATIVISMO. **MSL**

BERNAYS, P. "Sur le platonisme dans les mathématiques", *in L'enseignement mathématique*, n.º 34, 1953, pp. 52-69.

FREGE, G. *Die Grundlagen der Arithmetik: Eine logisch-mathematische Untersuchung über den Begriff der Zahl* [Breslau: Wilhelm Koebner, 1884]. Hildesheim: Georg Olms, 1961. Trad. bras. "Os fundamentos da aritmética". Trad. Luiz Henrique dos Santos, *in Peirce/Frege*. São Paulo: Abril Cultural, 1974 (Coleção Os Pensadores). Trad. port. *Os fundamentos da aritmética*. Trad. António Zilhão. Lisboa: Imprensa Nacional Casa da Moeda, 1992.

GÖDEL, K. *O teorema de Gödel e a hipótese do contínuo*. Org. de M. S. Lourenço. Lisboa: Gulbenkian, 1979.

PLATÃO. "Respublica", *in* Burnet, Ioannes (org.). *Platonis Opera*. Oxford: Oxford University Press, 1903. Trad. port. *A República*. Trad. Maria Helena Rocha Pereira. Lisboa: Gulbenkian, 1993.

WEYL, H. *Philosophy of Mathematics and Natural Science*. Princeton: Princeton University Press. 1949.

polissilogismo

Um argumento complexo, com pelo menos duas premissas, que pode ser representado como consistindo em uma cadeia de SILOGISMOS relacionados entre si de tal maneira que a conclusão de um deles é utilizada como premissa de outro. Chama-se "prossilogismo" a qualquer silogismo na cadeia cuja conclusão é usada como premissa de outro silogismo na cadeia; e chama-se "epissilogismo" a qualquer silogismo na cadeia no qual é empregada como premissa a conclusão de outro silogismo na cadeia. Naturalmente, essa é uma classificação meramente funcional, podendo assim existir polissilogismos em que um e o mesmo silogismo desempenha simultaneamente o papel de prossilogismo, relativamente a certo silogismo na cadeia, e o papel de epissilogismo, relativamente a outro silogismo na cadeia. Convém mencionar igualmente o fato de que, na literatura lógica tradicional, o termo SORITES é muitas vezes empregado como sinônimo de "polissilogismo" (veja-se Lewis Carroll, 1976, p. 1242).

Uma ilustração é dada no seguinte argumento válido com quatro premissas introduzido por Charles Dodgson (veja-se Lewis Carroll, 1976, p. 1250): 1) Todos os meus filhos são magros; 2) Nenhuma das minhas crianças que não faça exercício é saudável; 3) Todo glutão, que seja uma das minhas crianças, é gordo; 4) Nenhuma das minhas filhas faz exercício; 5) ∴ Todo o glutão, que seja uma das minhas crianças, é não saudável.

É possível representar esse argumento sob a forma de um polissilogismo do seguinte gênero. Em primeiro lugar, tomando o termo geral "magro" como equivalente ao termo geral "não-gordo", podemos reformular por OBVERSÃO a proposição 1 na proposição equivalente 1': "Nenhum dos meus filhos é gordo"; e, tomando essa proposição e a proposição 3 como premissas, obtemos o seguinte silogismo válido: I – 1') Nenhum dos meus filhos é gordo; 3) Todo glutão, que seja uma das minhas crianças, é gordo; 6) ∴ Nenhum glutão, que seja uma das minhas crianças, é meu filho.

Em segundo lugar, por CONVERSÃO e depois OBVERSÃO, podemos reformular a proposição 2 na proposição equivalente 2': "Todas as minhas crianças saudáveis fazem exercício." Por outro lado, tomando (no contexto) o termo geral "filha" como equivalente ao termo geral "não-filho", e, de novo por CONVERSÃO e depois OBVERSÃO, podemos reformular a proposição 4 na proposição equivalente 4': "Todas as minhas crianças que fazem exercício são meus filhos." Juntando essas duas proposições como premissas, obtemos o seguinte silogismo válido: II – 2') Todas as minhas crianças saudáveis fazem exercício; 4') Todas as minhas crianças que fazem exercício são meus filhos; 7) ∴ Todas as minhas crianças saudáveis são meus filhos.

Finalmente, tomamos as conclusões dos silogismos I e II como premissas e obtemos o seguinte silogismo válido: III – 7) Todas as minhas crianças saudáveis são meus filhos; 6) Nenhum glutão, que seja uma das minhas crianças, é meu filho; 5') ∴ Nenhum glutão, que seja uma das minhas crianças, é saudável.

A proposição 5' é, por obversão, reformulável na conclusão geral 5. Nessa cadeia de silogismos, os silogismos I e II são ambos prossilogismos relativamente ao silogismo III; e esse último é um epissilogismo relativamente a cada um daqueles silogismos. *Ver também* SILOGISMO; QUADRADO DE OPOSIÇÃO. JB

CARROLL, L. *Complete Works*. Nova York: Random House, 1976.

positivismo lógico

Um dos movimentos mais importantes do pensamento filosófico analítico, conhecido também por "neopositivismo" e por "empirismo lógico". Tendo surgido nos anos 1920 com o Círculo de Viena, o positivismo lógico manteve uma vasta influência durante cerca de trinta anos. Os elementos desse movimento, unidos por uma postura radicalmente empirista e antimetafísica – apresentada como a "concepção científica do mundo" –, procuraram revolucionar a filosofia por meio do uso dos recursos da lógica simbólica na análise da linguagem científica.

Liderado por Moritz Schlick (1882-1936), o Círculo de Viena funcionou inicialmente como um simples grupo de discussão animado pela presença de diversos filósofos e cientistas. Rudolf Carnap (1891-1970) e Otto Neurath (1882-1945) foram, ao lado de Schlick, os filósofos do Círculo que mais se destacaram. A partir de 1929, o Círculo estruturou-se com o objetivo de tornar o positivismo lógico um movimento filosófico verdadeiramente internacional. Desse esforço consciente, conduzido em grande parte por meio da realização de congressos internacionais, resultaram contatos e alianças com filósofos escandinavos, poloneses, britânicos e norte-americanos. O pequeno grupo de filósofos da Escola de Berlim foi especialmente influente no desenvolvimento do positivismo lógico. Para além de Carl Hempel (1905-1997) e de Richard von Mises (1883-1953), destacou-se nesse grupo Hans Reichenbach (1891-1953), que dirigiu com Carnap a revista *Erkenntnis*, o órgão principal do movimento.

Ao longo dos anos 1930, embora o movimento estivesse em plena ascensão, o Círculo de Viena conheceu um declínio que culminou no seu desaparecimento. A morte de Schlick, assassinado por um ex-aluno, contribuiu para esse declínio. O clima de hostilidade política provocou a dispersão dos elementos do Círculo, e o grupo de Berlim também não resistiu à emergência do nazismo. O palco da atividade do positivismo lógico deslocou-se assim para os Estados Unidos e também para Inglaterra, onde em 1936 A. J. Ayer (1910-1989) publicou *Language, Truth and Logic* (*Linguagem, verdade e lógica*, 1991), a introdução clássica à posição filosófica avançada pelos filósofos do Círculo de Viena.

A filosofia do positivismo lógico, embora se tenha apresentado explicitamente em ruptura com a maior parte da filosofia tradicional, não deixa de refletir um vasto espectro de influências. Em aspectos cruciais, ela consiste no desenvolvimento de teses características do empirismo britânico, sobretudo do de David Hume (1711-1776), o que se traduziu em uma oposição radical à epistemologia kantiana. A esse respeito, afirma-se no manifesto do Círculo de Viena, publicado em 1929: "A concepção científica do mundo não reconhece nenhum conhecimento incondicionalmente válido obtido a partir da pura razão, sem 'juízos sintéticos *a priori*' [...]. A tese fundamental do empirismo moderno consiste precisamente na rejeição da possibilidade do conhecimento sintético *a priori*."

Para a defesa dessa tese, os positivistas encontraram um apoio significativo no convencionalismo de Henri Poincaré (1854-1912), segundo o qual as proposições da geometria não são sintéticas *a priori* e necessárias, como Kant (1724-1804) julgara, pois a geometria usada na descrição do mundo resulta de uma escolha meramente convencional. O uso da geometria não-euclidiana na teoria da relatividade geral de Einstein, que evidenciou o erro de considerar a geometria euclidiana como a única descrição possível do espaço, foi interpretado por Schlick em termos convencionalistas, ainda antes da sua ida para Viena.

A influência do logicismo de Frege (1848-1925) e Russell (1872-1970) pesou também no sentido da aceitação do convencionalismo em relação à matemática. A realização do programa logicista, conduzido essencialmente pelo uso da nova lógica simbólica, foi ainda influente na formação do positivismo lógico por exemplificar uma maneira científica de filosofar. O mesmo pode ser dito do *Tratactus Logico-Philosophicus* de Wittgenstein (1889-1951), em que os positivistas puderam reconhecer-se em uma concepção de filosofia como atividade de análise da linguagem, atividade essa distinta de qualquer investigação empírica. O *Tratactus* foi também inspirador na elaboração da teoria central do positivismo lógico: a teoria verificacionista do significado.

Inicialmente, o verificacionismo foi apresentado como uma tese sobre aquilo em que consiste o significado de uma asserção. Essa tese foi condensada na seguinte fórmula: "O significado de uma frase é o método da sua verificação." No entanto, o verificacionismo acabou por ser entendido primariamente como um critério para distinguir as asserções com significado das asserções sem significado. Segundo esse critério, uma asserção tem significado se, e somente se, 1) é analítica ou contraditória; ou 2) é empiricamente verificável. Reconhecem-se assim apenas dois tipos de proposições genuínas: as proposições analíticas *a priori* e as proposições sintéticas *a posteriori*. As primeiras, exemplificadas especialmente pela lógica e pela matemática pura, são também necessárias, enquanto as segundas, próprias das ciências empíricas, são contingentes. As asserções identificadas com a "metafísica" não têm por isso nenhum significado, ou, pelo menos, são destituídas de significado cognitivo. Podem ter algum significado emotivo, mas não afirmam nada que seja verdadeiro ou falso, sendo assim meras "pseudoproposições" que resultam de "pseudoproblemas". Para além de asserções claramente metafísicas como "a realidade é espiritual", foram incluídas nessa categoria todas as asserções típicas da ética e da estética. Mesmo a epistemologia não ficou imune à devastação imposta pelo critério da verificabilidade. Na medida em não se deixa reconduzir à psicologia empírica, também ela deve dar lugar à atividade de análise lógica da linguagem. Não nos devemos impressionar demasiado com toda essa hostilidade perante a filosofia tradicional. A verdade é que muitos dos problemas filosóficos tradicionais foram recuperados e amplamente discutidos no contexto da "análise lógica" considerada legítima.

O problema de saber o que significa ao certo "empiricamente verificável" deu origem a inúmeras versões do critério positivista, mas pelo menos nesse aspecto prevaleceu sempre o consenso: mesmo que, devido a limitações tecnológicas, uma asserção não possa ser verificada na prática, ela não deixa de ter significado desde que possa ser verificada em princípio. Por isso, uma asserção como "existem planetas em outras galáxias", embora, nas circunstâncias atuais, não possa ser verificada, exprime uma proposição genuína, porque podemos indicar condições empíricas relevantes para determinar o seu valor de verdade. O mesmo não acontece, p. ex., com "a realidade é espiritual", já que essa asserção e a sua negação não diferem em conseqüências empíricas.

Tal como foi defendido por Schlick, esse critério de significado traduziu-se na exigência de "verificabilidade forte". Nessa versão, o critério da verificabilidade diz-nos que uma asserção é empiricamente verificável se, e somente se, 1) é uma proposição elementar observacional ou 2) é equivalente a uma conjunção finita logicamente consistente dessas proposições. Uma asserção não-analítica só tem assim significado quando é conclusivamente verificável, ou seja, quando, em princípio, podemos verificá-la definitivamente por meio do conhecimento das proposições elementares que determinam o seu significado. Essa exigência de verificabilidade conclusiva foi muito criticada, sobretudo por se mostrar demasiado restritiva. Ela parece excluir da classe das asserções com significado diversos tipos de asserções vistos como legítimos pela maior parte dos positivistas. As asserções estritamente universais, como não se deixam reduzir a um conjunto finito de proposições observacionais, não podem ser conclusivamente verificadas nem em princípio. Entre essas asserções contam-se as leis científicas, e por isso considerá-las destituídas de significado seria colocá-las no mesmo plano da metafísica. As asserções puramente existenciais também suscitam dificuldades porque, mesmo admitindo que estas são conclusivamente verificáveis, suas negações não o são, já que a negação de uma asserção existencial é uma asserção universal. Isso tem a conseqüência estranha de existirem asserções com significado cuja negação não tem significado, o que contraria o princípio do terceiro excluído. Para além dessas objeções, que se apóiam na forma lógica das asserções consideradas, os críticos da "verificabilidade forte" defenderam também que não é possível verificar conclusivamente asserções sobre o passado ou sobre experiências de outras pessoas, embora essas asserções tenham significado cognitivo.

Carnap e Ayer contam-se entre os positivistas que rejeitaram a exigência de verificabilidade conclusiva, tendo proposto no seu lugar um critério de "verificabilidade fraca" ou "confirmabilidade". Nesse tipo de versão do critério positivista, declara-se que uma asserção não tem de ser implicada por um conjunto de proposições elementares observacionais para ter significado. É antes necessário que exista um conjunto dessas proposições que possa simplesmente confirmar em certo grau de probabilidade a asserção em causa. Ayer tentou formular esse critério nos seguintes termos: "a característica principal de uma proposição factual genuína não é que esta deva ser equivalente a uma proposição da experiência, nem a qualquer número finito de proposições da experiência, mas simplesmente é o fato de algumas proposições da experiência poderem ser deduzidas a partir dela em conjunção com determinadas outras premissas, sem serem dedutíveis apenas a partir destas" (Ayer, 1946, p. 15).

Essa versão do critério positivista admite que as asserções universais podem ter significado – de uma asserção com a forma $\forall x \, (Ax \to Bx)$, p. ex., podemos deduzir uma proposição observacional Ba fazendo uso da premissa adicional Aa –, mas tem a grande desvantagem de implicar que qualquer asserção tem significado. Da asserção "o Absoluto é preguiçoso", ou de qualquer outra escolhida arbitrariamente, podemos deduzir a proposição observacional "esta rosa é vermelha" se usarmos a premissa adicional "se o Absoluto é preguiçoso, esta rosa é vermelha", que por si mesma não implica a conclusão. Ayer reformulou então o seu critério para corrigir essa abrangência excessiva, mas não conseguiu evitar o mesmo tipo de crítica, e a discussão em torno da versão exata do critério da verificabilidade encaminhou-se assim para formulações com uma complexidade verdadeiramente ptolomaica.

A plausibilidade inicial do critério, que chegou a ser considerado por Schlick um simples truísmo, foi enfraquecendo e tornando manifesta a importância de esclarecer esta questão: o que acontece ao critério da verificabilidade quando o aplicamos a si mesmo? Se é uma asserção com significado, então, pelo que diz, tem de ser analítica ou empiricamente verificável. No primeiro caso, parece que devemos interpretá-la como uma simples estipulação para o uso do termo "significado cognitivo", mas assim perde-se todo o fundamento para rejeitar a "metafísica". Será então que o critério da verificabilidade é uma hipótese factual empiricamente verificável? Nesse caso, parece que devemos concebê-lo como uma hipótese sobre como certas pessoas usam de fato termos como "significado" ou "significado cognitivo", o que também não é muito promissor, já que nenhum positivista conduziu nenhum tipo de investigação empírica para saber se tinha razão. O estatuto do critério da verificabilidade permanece assim perigosamente indefinido, recaindo sobre si a suspeita de ser auto-refutante.

Importa ainda notar que o critério da verificabilidade pressupõe a existência de certas proposições elementares observacionais, capazes de servir de base para o processo de verificação. Mas qual será a natureza dessas proposições? Essa questão suscitou uma das maiores polêmicas internas no movimento positivista. Se, como Schlick supunha, as proposições elementares se referem a experiências privadas, como poderão elas constituir uma base objetiva para o conhecimento científico? Neurath opôs uma perspectiva fisicalista ao fenomenismo de Schlick, defendendo que as proposições elementares se referem a objetos e acontecimentos físicos, mas acabou por ser acusado de abandonar o empirismo (ver PROPOSIÇÕES PROTOCOLARES).

Os filósofos do positivismo lógico, embora sustentassem que as ciências formais – lógica e matemática – e as ciências factuais empíricas são radicalmente distintas, afirmaram sempre a unidade dessas últimas. Entre a física e a psicologia, ou entre a biologia e a sociologia, todas as diferenças cognitivamente relevantes são de grau e não de natureza. Essa tese da unidade da ciência desenvolveu-se em grande parte por meio do fisicalismo defendido por Neurath, um amplo programa de investigação que deu origem ao projeto, só parcialmente realizado, da *International Encyclopedia of Unified Science*. Neurath acreditava que o ideal da unificação da ciência devia ser promovido pela instauração de uma linguagem fisicalista comum a todas as ciências. Importa notar que o objetivo não era reduzir as asserções da psicologia e da sociologia a asserções da física, mas apenas reduzir as primeiras a asserções expressas em uma linguagem mais básica, especialmente exemplificada pela física. As asserções sobre estados mentais, p. ex., deviam ser redutíveis a asserções sobre o comportamento físico. Mesmo aqueles que, como Ayer, rejeitaram explicitamente o fisicalismo aceitaram a existência de uma unidade metodológica fundamental nas ciências empíricas. Esse tipo de unidade foi pressuposto, p. ex., nos estudos sobre probabilidade, a que os positivistas dedicaram muita atenção.

Reichenbach e Von Mises destacaram-se nesse domínio por terem desenvolvido a teoria freqüencista da probabilidade, na qual se concebe a probabilidade como a freqüência relativa de um acontecimento em uma longa série de ensaios. Essa concepção parece ir contra a idéia de que a probabilidade corresponde a certo grau de confirmação de uma hipótese, mas Carnap esclareceu a situação afirmando que não há aqui nenhuma incompatibilidade, já que existem dois conceitos bem distintos de probabilidade. Carnap investigou então o conceito de probabilidade como confirmação – sendo a confirmação uma relação que ocorre entre uma hipótese e um conjunto de dados que a apóiam em certo grau –, procurando desenvolver um sistema de lógica indutiva capaz de determinar quantitativamente a probabilidade de uma hipótese ser verdadeira à luz de certos dados. Hempel também investigou o conceito de confirmação, mas fê-lo sobretudo na perspectiva de saber quando é que certos da-

possibilia

dos confirmam uma hipótese. Essas investigações foram substancialmente conduzidas por meio do uso de linguagens artificiais, pressupondo-se assim que os resultados obtidos podem ser indiferenciadamente aplicados a todas as hipóteses de todas as disciplinas científicas.

O estudo do conceito de explicação científica, protagonizado por Hempel em diversos artigos amplamente discutidos, proporciona outro exemplo importante da defesa da unidade da ciência. Nos seus modelos de cobertura por leis, Hempel sustentou que explicar cientificamente um acontecimento é mostrar que ele ocorreu de acordo com certas leis, em virtude da realização de certas condições prévias. Quando se explica um acontecimento na história ou na física, é sempre isso que se faz, mesmo que na história as explicações obtidas estejam geralmente mais afastadas desse ideal de subsunção por leis do que o estão as explicações da física.

A radicalidade das teses associadas à unidade da ciência e ao conceito de significado faz com que hoje seja muito difícil encontrar um filósofo que se considere estritamente neopositivista. O positivismo lógico não resistiu às críticas que lhe foram dirigidas por filósofos com as mais diversas orientações e interesses, como Karl Popper (1902-1994) e Willard Quine (1908-2000), mas o interesse pelos problemas discutidos no Círculo de Viena continua a persistir. O positivismo lógico permanece assim como um ponto de referência incontornável na discussão dos problemas centrais da filosofia da linguagem, da matemática e da ciência. *Ver também* PROPOSIÇÕES PROTOCOLARES; HOLISMO. **PG**

AYER, A. J. *Language, Truth and Logic* [1946]. Trad. port. *Linguagem, verdade e lógica*. Trad. A. Mirante. Lisboa: Presença, 1991.
____ (org.). *Logical Positivism*. Westport: Free Press, 1959.
HANFLING, O. (org.). *Essential Readings in Logical Positivism*. Oxford: Blackwell, 1981.
HEMPEL, C. *Aspects of Scientific Explanation*. Nova York: Free Press, 1956.
SCHILPP, P. (org.). *The Philosophy of Rudolf Carnap*. La Salle: Open Court, 1963.
SCHLICK, M. *Philosophical Papers*. Dordrecht: Reidel, 1979, 2 vols.
WITTGENSTEIN, L. *Tractatus Logico-Philosophicus*. Trad. al.-ingl. C. K. Ogden. Londres: Routledge/Kegan Paul, 1922. Nova trad. bil. D. F. Pears e B. F. McGuiness. Londres: Routledge/Kegan Paul, 1961. Orig. em al. "Logisch-philosophische Abhandlung", *in Annalen der Naturphilosophie*, 1921. Trad. bras. *Tractatus Logico-Philosophicus*. 2ª ed. Trad., apres. e ensaio introdutório Luiz Henrique Lopes dos Santos. São Paulo: Edusp, 1994.

possibilia

(lat., objetos possíveis) Itens que poderiam existir, isto é, cuja existência é metafisicamente possível. Meros *possibilia* são itens que poderiam existir, mas não existem. A questão fundamental acerca de *possibilia* é a de saber se há quaisquer meros *possibilia*. Nos sentidos relevantes dos termos, o possibilismo diz que há; o ATUALISMO diz que não. Suponha-se, p. ex., que os animais de qualquer espécie dada não poderiam ter existido sem pertencer a essa espécie. Dado que poderiam ter existido animais de uma espécie diferente da de qualquer animal atualmente existente, poderiam ter existido animais que atualmente não existem. Se há esses animais possíveis, então há meros *possibilia*, e o possibilismo está correto. De acordo com o atualismo, a expressão "esses animais possíveis" é, neste contexto, vazia de referência; todavia, se tivessem existido animais que atualmente não existem, a expressão "esses animais" poderia ter sido usada para os referir.

O possibilismo distingue o ser da existência, uma vez que implica que há *possibilia* não-existentes. Uma motivação para o atualismo é o desejo de evitar tal distinção (mas note-se que é natural dizer que, embora haja acontecimentos, eles não existem: ocorrem). No entanto, o possibilismo não está comprometido com outras doutrinas associadas àquela distinção na obra de

Meinong, em particular a doutrina de que qualquer descrição definida "o F" denota o F. P. ex., os possibilistas podem negar que "o mamífero com dez asas sedento" denote o mamífero com dez asas sedento, com base no fato de a descrição ser vazia. Poderia ter havido um mamífero com dez asas sedento; dado o possibilismo, segue-se que algo poderia ter sido um mamífero com dez asas sedento, mas não se segue que algo seja um mamífero com dez asas sedento. Um F possível não é algo que seja possível e seja um F, mas algo que poderia ser um F. Os possibilistas podem mesmo negar que "o possível mamífero com dez asas sedento" denote o possível mamífero com dez asas sedento, com base no fato de a descrição não ser única. Em tal ponto de vista não-meinongiano, os meros *possibilia* são objetos abstratos que poderiam ter sido concretos; uma outra motivação para o atualismo é uma intuição essencialista no sentido de que nenhum objeto abstrato poderia não ter sido abstrato.

Embora seja difícil fazer uma referência singular a meros *possibilia*, tal não é obviamente impossível. Suponha-se, para simplificar, que um terno consiste em um paletó e um par de calças; e que, necessariamente, aquele existe se, e somente se, o alfaiate põe estes juntos. Considerem-se dois paletós P1 e P2 e dois pares de calças C1 e C2, que constituem atualmente dois ternos, P1 + C1 e P2 + C2. Se o alfaiate tivesse posto P1 juntamente com C2, teria criado um terno P1 + C2, que atualmente não existe, mas ao qual podemos atualmente referir (como "P1 + C2"). Em resposta à objeção de que P1 + C2 existe, só que não é um terno, mas sim a soma mereológica de P1 e C2, a réplica pode ser a de que um terno não é uma soma mereológica: porque esta, mas não aquele, não teria existido se mesmo apenas um dos seus átomos constituintes não tivesse existido. Intuitivamente, a questão "Quantos ternos possíveis consistiriam em P1 ou P2 e C1 ou C2?" tem uma interpretação na qual a resposta é pelo menos quatro; o atualismo tem dificuldade em dar sentido a essa interpretação.

Mesmo que não pudéssemos fazer uma referência singular a meros *possibilia*, não se seguiria que não haja algum deles. Se podemos fazer uma referência geral a tudo aquilo que tem uma propriedade P, não se segue que possamos fazer uma referência singular a algo que tem P (considere-se a propriedade de nunca ser singularmente referido). Um possibilista pode igualmente dizer que, quando fazemos uma referência singular a coisas contingentemente existentes, referimo-nos a meros *possibilia* possíveis; pois elas teriam sido meros *possibilia* se não tivessem existido (esta inferência usa o assim chamado axioma brouweriano da lógica modal; segundo esse axioma, plausível relativamente à modalidade metafísica, aquilo que é o caso é, necessariamente, possivelmente o caso). Note-se que, embora a suposição de que nenhum cavalo poderia ter sido um cavalo meramente possível viole a intuição essencialista de que nenhum cavalo poderia não ter sido um cavalo, não viola a intuição essencialista mais moderada de que nenhum cavalo poderia ter existido sem ser um cavalo.

Na semântica kripkiana padronizada para a lógica modal quantificada, a cada mundo é atribuído o seu próprio domínio "interior", considerado como contendo tudo aquilo que existe nesse mundo. Uma fórmula da forma $\exists x\, Ax$ é verdadeira em um mundo w sob uma atribuição s de objetos às variáveis se, e somente se, A é verdadeira em w sob alguma atribuição que atribua a x um membro do domínio de w e difira de s no máximo no que respeita a x. Assim, a quantificação na linguagem-objeto é sobre aquilo que existe; é atualista. A possibilidade é tratada da maneira habitual: $\lozenge A$ é verdadeira em w sob s se, e somente se, A é verdadeira em algum mundo acessível a partir de w sob s. A FÓRMULA DE BARCAN $\lozenge \exists x\, Ax \to \exists x\, \lozenge Ax$ (nomeada com origem em Ruth Barcan Marcus) não é válida, a menos que se estipule que, sempre que um mundo w^* seja acessível a partir de um mundo w, o domínio de w^* esteja incluído no domínio de w. A conversa da fórmula de Barcan, $\exists x \Diamond Ax \to \Diamond \exists x Ax$, não é válida, a menos que se estipule que, sempre que w^* seja acessível a partir de w, o domínio de w esteja incluído no domínio de w^*. Todavia, tais quantificações metalingüísticas são sobre um único domínio "exterior" que inclui todos os domínios interiores; é possibilista (o possibilismo, tal como antes definido, não implica que os itens que existem sejam constantes ao longo dos mundos; mas as versões mais atraentes do possibilismo têm esta conseqüência). Se a quantificação possibilista faz sentido na metalinguagem, então faz sentido na linguagem-objeto, pois toda metalinguagem é uma linguagem-objeto potencial. A quantificação possibilista valida a fórmula de Barcan e sua conversa, porque o domínio é constante ao longo dos mundos. Os quantificadores atualistas podem ser definidos como quantificadores possibilistas restritos por um predicado de existência. A lógica modal quantificada simplifica-se, desse modo, significativamente. Em resposta, o atualista poderia ou defender que aquilo que existe é constante ao longo dos mundos, ou recorrer a quantificadores atualistas em uma metalinguagem modal. A primeira resposta é filosoficamente implausível. A segunda enfrenta problemas técnicos; não é claro que eles possam ser superados.

O possibilismo não implica que há apenas *possibilia*. Talvez os acontecimentos sejam metafisicamente incapazes de existir, podendo apenas ocorrer. Se esse é o caso, então os acontecimentos são *impossibilia*. E não são os únicos candidatos. *Ver também* BARCAN, FÓRMULA DE; ATUALISMO; MUNDO POSSÍVEL; MODALIDADES. TW

BARCAN MARCUS, R. "*Possibilia* and Possible Worlds", *in Grazer Philosophische Studien*, n.ºs 25-6, 1985-1986, pp. 107-33. Reimp. *in Modalities: Philosophical Essays*. Oxford: Oxford University Press, 1993.

CRESSWELL, M. "In Defence of the Barcan Formula", *in Logique et Analyse*, n.ºs 135-6, 1991, pp. 271-82.

FORBES, G. *Languages of Possibility*. Oxford: Blackwell, 1989.

LEWIS, D. *On the Plurality of Worlds*. Oxford: Blackwell, 1986.

PLANTINGA, A. *The Nature of Necessity*. Oxford: Clarendon Press, 1974.

SALMON, N. "Existence", *in Philosophical Perspectives* 1, 1987.

possibilidade

Uma proposição *p* diz-se ser possível em pelo menos três sentidos diferentes: possibilidade causal ou nomológica, possibilidade metafísica e possibilidade lógica. *p* é logicamente possível se sua negação não é nem implica uma CONTRADIÇÃO (no sentido técnico do termo). *p* é metafisicamente possível se é consistente com as "leis" metafísicas (sejam elas quais forem). *p* é nomologicamente possível se é consistente com as leis da ciência. Em termos das relações lógicas entre os três tipos de possibilidade, obtém-se o seguinte esquema: a possibilidade metafísica é uma parte própria da possibilidade lógica e a possibilidade nomológica, uma parte própria da possibilidade metafísica. Visto de outra maneira, tudo o que for nomologicamente possível é metafisicamente possível, mas não o contrário, e tudo o que for metafisicamente possível é logicamente possível, mas não o contrário. Dado que "possibilidade" e "necessidade" são modalidades interdefiníveis, esse esquema pode ser lido ao contrário da seguinte maneira: as proposições necessárias do ponto de vista lógico formam um subconjunto das proposições necessárias do ponto de vista metafísico, sendo estas um subconjunto das proposições necessárias do ponto de vista nomológico. P. ex., se for fisicamente possível dar a volta ao mundo em um minuto, então essa será uma situação possível do ponto de vista metafísico ou lógico. Não é, no entanto, fisicamente possível dar a volta ao mundo em um microssegundo, uma vez que isso não é compatível com as leis da física (nada viaja mais rápido do que a luz). No entanto, tal é metafisicamente possível e, logo, também logicamente possível. Segundo Kripke, é metafisicamente impossível a água não ser H₂O (se a água for, de fato, H₂O). Contudo, a proposição que descreve o estado de coisas em que a água é (digamos) XYZ não é (nem implica) uma contradição, pelo que é logicamente possível. Essa proposição não é uma falsidade lógica, uma proposição falsa apenas em virtude da lógica. Do ponto de vista kripkiano, a motivação para a tese de que tudo o que é nomologicamente necessário é metafisicamente necessário resulta da admissão de verdades necessárias *a posteriori*. Ver também NECESSIDADE; *A PRIORI*; MODALIDADES; *POSSIBILIA*; MUNDO POSSÍVEL. ACD

possibilidade, eliminação da
Ver ELIMINAÇÃO DA POSSIBILIDADE.

possibilidade, introdução da
Ver INTRODUÇÃO DA POSSIBILIDADE.

possibilidade relativa
Ver ACESSIBILIDADE.

possibilismo
Ver ATUALISMO.

possibilitação
O mesmo que INTRODUÇÃO DA POSSIBILIDADE.

post hoc, ergo propter hoc
(lat., depois disto, logo por causa disto) Falácia informal, também conhecida como falácia da causa falsa, que consiste em inferir, a partir da simples existência de uma correlação ou variação sistemática entre dois acontecimentos, a conclusão de que um deles é uma causa do outro. P. ex., certas variedades de *Angst* (angústia existencial) poderiam bem ocorrer invariavelmente acompanhadas (p. ex., precedidas) pela ingestão de doses liberais de suco de tomate; mas, presumivelmente, não se diria nesse caso que fenômenos do segundo gênero causam fenômenos do primeiro gênero. JB

postulado de sentido
Expressão cunhada por R. Carnap no início dos anos 1950 e que se destinava a promover, nomeadamente contra os ataques de Willard Quine e Morton White, a noção de verdade analítica (*ver* ANALÍTICO). Trata-se de uma noção semântica, visto que desde os anos 1940 Carnap já deixara de considerar a sintaxe lógica como terreno exclusivo da investigação filosófica.

No essencial, um postulado de sentido estabelece uma relação de sinonímia entre duas expressões não-lógicas de dada linguagem e alarga assim, na opinião de Carnap, a cadeia de inferências lógicas que se podem fazer nessa linguagem. Autores como Quine continuaram a duvidar da inteligibilidade trazida à noção de analiticidade pela noção de postulado de sentido. *Ver* SIGNIFICADO; SINONÍMIA. JS

CARNAP, R. "Meaning Postulates", *in Philosophical Studies*, n.º 3, 1952, pp. 65-73.
QUINE, W. V. O. "Two Dogmas of Empiricism" [1951], *in From Logical Point of View*. Cambridge: Harvard University Press, 1980. Trad. bras. "Dois dogmas do empirismo", *in Ryle / Austin / Quine / Strawson*. Coleção Os Pensadores. Trad. M. G. da Silva Lima. São Paulo: Abril Cultural, 1975, pp. 237-54.

potência, conjunto
Ver CONJUNTO-POTÊNCIA.

praeclarum theorema
A fórmula tautológica da lógica proposicional clássica $((p \to r) \land (q \to s)) \to ((p \land q) \to (r \land s))$ e a forma de inferência correspondente $p \to r, q \to s \vdash (p \land q) \to (r \land s)$.

pragmática
Charles Morris (1901-1979), que introduziu o termo (no seu *Foundations of the Theory of Signs*, de 1938) e R. Carnap (1891-1970) foram os primeiros proponentes da tese de que existe um campo de investigação a explorar cujo tópico é a relação entre a linguagem e os seus falantes, ou a lin-

guagem do ponto de vista do modo como é usada por eles (por oposição à SEMÂNTICA, definida como a disciplina que estuda a relação entre a linguagem e a realidade, e a SINTAXE, entendida como a disciplina que estuda a relação entre as expressões lingüísticas). Essa caracterização da pragmática, apesar de exprimir a idéia interessante de que o SIGNIFICADO lingüístico não se esgota nos fenômenos semânticos observáveis nas línguas naturais, tem no entanto desvantagens sérias. Não distingue, designadamente, a pragmática daquilo a que hoje se poderia chamar psicolingüística ou sociolingüística, sendo pouco elucidativa quanto ao tipo de fenômenos que se supõe que a disciplina investigue.

Em parcial consonância com essa primeira caracterização está a conhecida definição de Gazdar do domínio de estudo da pragmática como dizendo respeito àquelas componentes do significado que a semântica (tomada tipicamente como uma disciplina formal – *ver* SEMÂNTICA FORMAL) deixa de fora. Essa caracterização padece do defeito óbvio de ser formulada negativamente; e se tivermos má vontade, ela nos dá alguma liberdade para a interpretarmos como afirmando que a pragmática estuda exatamente aqueles fenômenos relativos ao significado que a semântica é incapaz de analisar – o que, para além de encarar a pragmática como uma espécie de vazadouro, nos comprometeria com a tese de que, à medida que certos fenômenos relativos ao significado revelassem ser afinal tratáveis semanticamente, a pragmática veria o seu campo de análise diminuído e um dia, talvez, reduzido a nada. No entanto, se interpretada sem essa intenção destrutiva, a definição de Gazdar tem méritos que não podem ser ignorados. Pois o que ela parece de fato estar dizendo é que há fenômenos relativos ao significado que nenhuma teoria semântica tem vocação para analisar, isto é, fenômenos que por definição estão fora do âmbito da investigação semântica. E, apesar de haver casos de fronteira, esse ponto de vista é ainda hoje consensual entre os praticantes de ambas as disciplinas.

Evidentemente que se põe então a questão de saber como podem os fenômenos relativos ao significado de que é suposto que a pragmática se ocupe ser caracterizados de modo positivo; e para esse efeito torna-se útil aproveitar, com vista a torná-la mais precisa, a intuição de Morris e Carnap mencionada, segundo a qual a pragmática é a disciplina que estuda os aspectos do significado decorrentes do uso que os falantes da linguagem fazem dela. O nosso problema agora é, evidentemente, delimitar quer o conceito de significado, quer o conceito de uso incluídos nessa caracterização. Uma primeira observação acerca do primeiro conceito é que ele exclui certamente o significado convencional (aquele inferível a partir da componente semântica da gramática de uma língua – *ver* GRAMÁTICA DE MONTAGUE; para uma frase, argumentativamente a PROPOSIÇÃO expressa por ela), identificando-se antes com a informação indireta inferível do fato de certa frase-tipo ou seqüência de frases-tipo terem sido proferidas em determinado contexto com certas intenções comunicativas. A referência à intenção comunicativa do locutor é fundamental para delimitar o tipo de significado (e, portanto, o conceito de pragmática) que temos em mente, evitando a demasiada abrangência da definição de Morris-Carnap. Com efeito, existe informação indiretamente transmitida ao proferirem-se certas frases em certos contextos, sem que isso seja identificável com algum significado pragmaticamente analisável. P. ex., em uma história policial, o fato de se inferir da elocução (inadvertida) de uma frase *f* pelo criminoso que ele esteve no local do crime na hora a que ele foi cometido, justifica que se diga que essa elocução transmite essa informação ou (em uma acepção abrangente do termo "significado") que tem esse significado; mas não justifica que tal significado seja classificável como pragmático – e a razão para isto é, justamente, o fato de a informação inferível da elocução de *f* não ser identificável com nenhuma intenção do locutor. Essa caracterização do significado pragmático como dizendo respeito à informação inferível da intenção do locutor ao proferir certa frase *f* (ou seqüência de frases) em certo contexto de elocução estabelece claramente a distinção entre o significado semântico convencional (ou da frase(-tipo), *sentence meaning*) e o significado pragmático (ou da elocução da frase, *utterance meaning*). O segundo não pode ser analisado em termos do primeiro pela razão básica de que, para computá-lo, é necessário ter acesso a algo mais (a intenção comunicativa do locutor) do que aquilo que as palavras que a constituem significam isoladamente ou do que o significado que elas – composicionalmente – determinam para *f* (*ver* PRINCÍPIO DA COMPOSICIONALIDADE).

Essa análise tem conseqüências conceptuais importantes. Dela segue-se que, ao proferir uma frase *f* num contexto C com o fim de transmitir o significado S, o locutor tem não só a intenção de transmitir o significado S, mas também sabe que o alocutário é induzido a inferir S dessa elocução de *f* – e sabe, portanto, que a sua intenção de transmitir S é em princípio bem-sucedida se proferir *f* em C. Mas esse tipo de inferências do alocutário e a intenção do locutor de as desencadear não poderiam ter lugar sem que quer o alocutário, quer o locutor conhecessem as regras pelas quais elas são desencadeáveis. Por outras palavras, não faz sentido falar da inferência do significado das elocuções das frases a partir do significado convencional dessas frases sem admitir a existência de regras ou princípios (ou algoritmos, em uma acepção não necessariamente metafórica do termo) que tornem certas inferências desse gênero legítimas (e portanto suscetíveis de serem previstas ou intencionadas pelo locutor) e outras ilegítimas. É em função desses princípios que o alocutário não pode, legitimamente, deixar de interpretar a elocução de *f* como significando S, e que o locutor sabe que esse é o caso; por outras palavras, é em função do conhecimento partilhado desses princípios que o locutor consegue transmitir sua intenção comunicativa de modo a que ela seja apreendida pelo alocutário. Tais princípios de uso lingüístico foram, designadamente, objeto da investigação de Austin (1911-1960), Grice (1913-1988) e Searle (1932-) e identificados por eles (usando arsenais conceptuais não completamente coincidentes) como determinando o conjunto das elocuções proferíveis em contextos determinados (*ver também* ATO DE FALA; CONDIÇÕES DE ASSERTIBILIDADE; CONDIÇÕES DE FELICIDADE; MÁXIMAS CONVERSACIONAIS; PRINCÍPIO DE COOPERAÇÃO).

O significado pragmático de uma frase *f* (ou significado da elocução de *f*) acabou de ser caracterizado como obtido a partir do significado intrínseco (semântico) de *f* e da consideração desse último à luz dos referidos princípios de assertibilidade. Como é facilmente detectável, essa caracterização implica que os falantes conhecem inconscientemente esses princípios e estão tacitamente se comprometendo com o seu cumprimento sempre que proferem uma frase ou seqüência de frases em certo contexto de elocução. Por outras palavras, se essa caracterização estiver correta, então a computação do significado pragmático implica a posse daquilo que se poderia descrever como certo tipo de COMPETÊNCIA lingüística (em uma acepção lata mas ainda assim rigorosa do termo introduzido por Chomsky), designadamente aquela competência que consiste no conhecimento tácito desse conjunto de princípios de boa formação discursiva. Desse ponto de vista, portanto, a idéia de Chomsky de que a competência lingüística deve, em geral, ser distinguida do uso (ou desempenho, *performance*) lingüístico tem de ser relativizada: o uso da competência gramatical em sentido estrito (*ver* GRAMÁTICA GENERATIVA) – isto é, fonológica, morfológica, sintática e também semântica, enriquecendo a idéia inicial de Chomsky com as aquisições da semântica formal – é ainda regulado por um conjunto de princípios (pragmáticos) cujo conhecimento pelos falantes não é excessivo classificar também de competência lingüística.

Os fenômenos normalmente identificados como objeto de estudo da pragmática não constituem um conjunto homogêneo e consensual, dada a relativa indeterminação do conceito (isto é, dada a mencionada existência de fenômenos que podem ser vistos como casos de fronteira na delimitação dos campos de estudo da semântica e da pragmática – como a PRESSUPOSIÇÃO, a IMPLICATURA CONVENCIONAL e a interpretação dêitica – *ver* INDEXICAIS). A implicatura conversacional e os atos de fala são, porém, em geral considerados tópicos inquestionavelmente pragmáticos. *Ver também* ATOS DE FALA; CONDIÇÕES DE ASSERTIBILIDADE; CONDIÇÕES DE FELICIDADE; GRAMÁTICA DE MONTAGUE; IMPLICATURA CONVENCIONAL; IMPLICATURA CONVERSACIONAL; INDEXICAIS; MÁXIMAS CONVERSACIONAIS; PRESSUPOSIÇÃO; PRINCÍPIO DE COOPERAÇÃO; SEMÂNTICA; SEMÂNTICA FORMAL. **PS**

DAVIS, S. (org.). *Pragmatics*. Oxford: Oxford University Press, 1991.
GAZDAR, G. *Pragmatics*. Nova York: Academic Press, 1979.
LEVINSON, S. *Pragmatics*. Cambridge: Cambridge University Press, 1983.
MORRIS, Charles. "Foundations of the Theory of Signs" [1938], *in* Neurath, Otto, Carnap, Rudolf e Morris, Charles (orgs.). *Foundations of the Unity of Science* [1955]. 3.ª imp. Chicago/Londres: The University of Chicago Press, 1971, vol. 1., pp. 77-137.

predicação

Ver PROPRIEDADE, PREDICADO.

predicado

Trata-se aqui da noção de predicado em sentido lógico, e não no sentido da gramática tradicional ou mesmo generativa. Predicado é a expressão lingüística de uma linguagem natural ou formal. P. ex., nas frases 1) "João é gordo"; 2) "Sara gosta de Paulo"; e 3) "Jorge está entre Maria e Carlos", as expressões, "é gordo", "gosta de" e "está entre ... e __" são os predicados respectivos dessas frases. Para determinar o que seja um predicado temos de ter como primitiva a noção de frase, de frase atômica em particular. Sendo dada uma frase atômica (isto é, uma frase na qual não ocorram expressões lógicas), um predicado é o que fica nessa frase quando retiramos dela os nomes. Vemos, assim, que a noção de predicado em sentido lógico engloba categorias que a gramática tradicional distingue (adjetivos como "gordo" e verbos como "gostar"), ou não considera como tais (é o caso da expressão "está entre ... e __").

A contraparte formal de 1-3 será, p. ex. (usando abreviaturas óbvias e regras sintáticas conhecidas para a construção de fbf): 1a) Ga; 2a) Acd; 3a) $Eefg$. Nessas fbf, G, A e E são, respectivamente, os predicados. Se a linguagem formal em questão não estiver interpretada, chamaremos a G, A e E letras esquemáticas de predicados, isto é, letras que marcam o lugar que poderá vir a ser ocupado por predicados em uma fbf, uma vez que a linguagem formal a que ela pertence receba uma interpretação.

O aspecto sintático mais importante da noção de predicado é o seu grau, ou aridade. Ele é dado pelo número de nomes necessários para, com dado predicado, formar uma frase (atômica). P. ex., "é gordo" é um predicado de grau (ou aridade) 1, visto que um nome basta para formar com ele uma frase (ver exemplo 1); "gosta de" é de grau 2; "está entre ... e __" é de grau 3. Em geral, um predicado de grau n é aquele que precisa de n ocorrências de nomes para com elas formar uma frase. Ocorrências de nomes, mais propriamente, visto que os nomes podem não ser distintos (como em "Sara gosta de Sara", uma versão pouco elegante, mas gramaticalmente correta, de "Sara gosta de si própria"). Surge por vezes a expressão "predicado de n lugares", com "lugar" a ser usado aqui como sinônimo de "grau" ou de "aridade".

Fazendo o movimento em sentido inverso daquele que foi descrito, podemos dizer que um predicado é uma expressão lingüística tal que, combinada com um número apropriado de (ocorrências de) nomes, dá origem a uma frase. Agora construímos a noção de frase atômica, mas fizemo-lo graças à noção de predicado, a qual, por sua vez, construímos a partir da noção de frase atômica. Essa circularidade é inevitável, mas não parece grave.

O aspecto semântico mais importante da noção de predicado é a sua extensão. Isto é, a sua SATISFATIBILIDADE por (seqüências, ou ênuplas ordenadas) de indivíduos. "é gordo", p. ex., é satisfeito por todos e só aqueles indivíduos que são gordos. Dito de outra forma: a extensão de "é gordo" é o conjunto dos indivíduos que são gordos. "gosta de". Por sua vez, é satisfeito por todos e só aqueles pares de indivíduos tais que o primeiro membro do par gosta do segundo (ver PAR ORDENADO). Dito de outra forma: a extensão do predicado "gosta de" é o conjunto dos pares ordenados de indivíduos tais que o primeiro membro do par gosta do segundo. É óbvio que a ordem dos indivíduos no par conta; os pares são ordenados. Esse raciocínio é facilmente extensível a predicados de grau 3 e a conjuntos de triplos ordenados de indivíduos, a predicados de grau 4 e a conjuntos de quádruplos ordenados de indivíduos, e, em geral, a predicados de grau n e a conjuntos de ênuplas ordenadas de indivíduos.

Agora, e assumindo a noção de frase atômica, podemos considerar as frases abertas como aquelas nas quais algumas ocorrências de nomes foram substituídas por variáveis sem que tenham sido introduzidos quantificadores que as liguem. P. ex., "x é gordo", "x gosta de y", etc. E, liberalizando a noção de frase de modo a incluir também a noção de frase aberta, podemos agora definir predicado como uma expressão lingüística que produz uma frase quando combinada com um número apropriado de (ocorrências de) nomes ou variáveis. (Essas considerações são extensíveis a outros termos singulares.)

Por fim, podemos analisar uma frase na qual ocorre um predicado de grau n (para $n > 1$) de modo a extrair dela um predicado de grau menor que n e, em particular, até extrair dela um predicado de grau 1. Considere-se, p. ex., o caso de 2. Se extrairmos dessa frase, como já fizemos, o predicado "gosta de", obtemos um predicado de grau 2. Mas podemos também extrair o predicado "gosta de Paulo". Esse é um predicado de grau 1. Sua extensão é o conjunto dos indivíduos x tais que x gosta de Paulo. Sara pertence a esse conjunto, se a frase 2 for verdadeira. Mas também podem pertencer a esse conjunto Maria, Raquel, Ana, Noêmia, etc., se Paulo tiver muitas amigas. Por outro lado, podemos também extrair de 2 o predicado "Sara gosta de". Esse é um predicado de um lugar. Sua extensão é o conjunto dos indivíduos x tais que Sara gosta de x. Paulo pertence a esse conjunto, se a frase 2 for verdadeira. Mas também podem pertencer a esse conjunto João, Francisco, Antônio, Pedro, Artur, etc., se Sara for volúvel ou, se preferir, se Sara tiver um grande coração. Ver FRASE ABERTA. JS

predicado diádico

Um predicado de ARIDADE 2, p. ex., o predicado "__ assassinou...". O termo "diádico" também se aplica a expressões funcionais, p. ex., o functor "A mãe de __ e ...", e ainda (se os quisermos admitir) a itens extralingüísticos como propriedades, caso em que temos relações diádicas como a relação de assassinar. JB

predicado monádico

Um predicado de ARIDADE 1, p. ex., o predicado "__ está sentado". O termo "monádico" também se aplica a expressões funcionais, p. ex., o functor "O amante de __" e ainda (se os quisermos admitir) a itens extralingüísticos como propriedades, caso em que temos ATRIBUTOS como o de ser ignorante. JB

predicado n-ádico

Um predicado de ARIDADE n, com n maior ou igual a 0 (um predicado de aridade 0 é simplesmente uma frase ou FÓRMULA FECHADA). O termo também se aplica a expressões funcionais e ainda (se os quisermos admitir) a itens extralingüísticos como propriedades. JB

predicativismo

Na literatura sobre fundamentos e filosofia da matemática existe uma divergência quanto ao âmbito do termo "predicativismo". Tomado em sentido amplo, o predicativismo é uma das correntes construtivistas que, juntamente com o intuicionismo, se opõe à concepção clássica ou platônica da matemática. Tomado em sentido estrito, o predicativismo não é uma forma de construtivismo, mas antes a posição nos fundamentos e na filosofia da matemática cujo programa se define, *in limine*, pela rejeição categórica da definição impredicativa, respectivamente do princípio do círculo vicioso, usados quer na matemática platônica, quer nas correntes construtivistas. É útil dividir a história do predicativismo em duas épocas, uma clássica, que contém a crítica de Poincaré ao uso da definição impredicativa, assim como o trabalho pioneiro de Bertrand Russell sobre o princípio do círculo vicioso e a teoria ramificada, e uma segunda época que começa em 1960 com o trabalho de Georg Kreisel e cujo tema tem sido principalmente a reformulação predicativa da análise clássica e a determinação dos limites dessa reformulação.

O princípio do círculo vicioso foi definido nos *Principia Mathematica* essencialmente sob a seguinte forma: Nenhuma totalidade pode conter elementos definíveis apenas em termos da totalidade; tudo o que é definível apenas em termos de todos os elementos de uma totalidade não pode ser um elemento da totalidade.

Exemplo: para poder falar predicativamente de um conjunto M de números naturais é necessário estar de posse de um predicado φx graças ao qual M possa ser definido pelo esquema $\forall x \, (x \in M \leftrightarrow \varphi x)$.

O que é típico da concepção predicativa é que o predicado φx tem de ter um sentido independente do conhecimento da existência de um conjunto M que satisfaça o esquema. Se uma decisão acerca da satisfazibilidade de φx dependesse de saber quais são os elementos de M, então à questão sobre a definição dos elementos de M não se poderia responder com φx. Esse seria o círculo vicioso. Assim, o princípio do círculo vicioso é essencialmente negativo, no sentido em que explicita as formas de definição que devem ser recusadas como ilegítimas. Esse caráter negativo torna difícil a tarefa em si mais interessante de especificar a classe de todas as definições que o princípio poderia justificar. Essa última tarefa seria essencial para uma decisão sobre os princípios a usar na definição da existência de classes. As duas possibilidades extremas seriam: I) excluir as definições que ferem o princípio do círculo vicioso; II) admitir definições que ferem o princípio, mas podem ser justificadas em outros princípios universalmente aceitos.

A posição II é incompatível com o predicativismo em sentido estrito e torna-se por isso necessário entrar na parte positiva da teoria de Russell.

No seu ensaio sobre a lógica matemática de Russell, Gödel (1944) chama a atenção para o fato de a formulação do princípio do círculo vicioso ser um problema pelo menos tão difícil como o da sua avaliação. Em passos diferentes dos *Principia*, Russell apresenta formulações diferentes do princípio, que são por ele intencionadas como equivalentes. Ao contrário, Gödel vê, nas (três) formulações apresentadas, princípios diferentes que conduzem a avaliações divergentes.

Princípio do Círculo Vicioso I: Nenhuma totalidade pode conter elementos definíveis apenas em termos da totalidade.

Princípio do Círculo Vicioso II: Tudo que envolve todos os elementos de uma totalidade não pode ser um elemento da totalidade.

Princípio do Círculo Vicioso III: Tudo o que pressupõe todos os elementos de uma totalidade não pode ser um elemento da totalidade.

Para Gödel, só o princípio do círculo vicioso I torna impossível a derivação da matemática da lógica tal como tinha sido realizada por Dedekind e por Frege. Em todo caso, o princípio só tem aplicação se se partir de uma atitude anti-realista, uma vez que, se se adotar, ao contrário, o ponto de vista de que os conjuntos e os conceitos têm uma existência independente, não se pode impedir a descrição de alguns deles por referência a todos.

Em contraste, as definições impredicativas não ferem o princípio do círculo vicioso II, se se interpretar "todos" como uma conjunção infinita. Nesse caso, uma definição impredicativa que caracterize univocamente um objeto não envolve a totalidade. As definições impredicativas também não ferem o princípio do círculo vicioso III, se se interpretar "pressupor" como uma presunção para a existência e não como uma presunção para a cognoscibilidade, no sentido em que se diz que um conjunto pressupõe os seus elementos para a sua existência, embora não para a sua cognoscibilidade.

O primeiro contributo para uma caracterização formal do raciocínio predicativo foi a teoria ramificada dos tipos, já mencionada, na qual se combina o tipo de uma variável (*ver* TEORIA DOS TIPOS) com uma classificação dos predicados em ordens. Com o benefício da visão retrospectiva, podemos hoje distinguir na teoria ramificada duas partes componentes diferentes:

I) uma primeira representação parcial da concepção predicativa de conjunto;
II) um instrumento para a derivação da análise clássica.

A primeira parte desperta maior interesse do que a segunda. (Para a parte II *ver* AXIOMA DA REDUCIBILIDADE.) Feferman esboça a idéia básica da seguinte maneira: os números naturais são de tipo 0 e denotados por variáveis latinas minúsculas, x, y, z,... Conjuntos de números naturais são de tipo 1 e denotados por variáveis latinas maiúsculas M, N,... De tipo 2 são as classes de conjuntos de números naturais, denotados por letras gregas minúsculas, α, β,... Nessas condições, diz-se que um predicado φx é aritmético se só contém quantificação de tipo 0. Admitindo os números naturais (veja-se a qualificação a seguir), esses predicados permitem construir a classe α_0 dos conjuntos M definidos pelo esquema $\forall x (x \in M \leftrightarrow \varphi x)$, em que φx é um predicado aritmético. Assim, dado um predicado φx é possível formar um conjunto M pelo esquema $\forall x (x \in M \leftrightarrow \varphi_{\alpha_0} x)$. O predicado indexado interpreta-se como denotando a restrição de todos os predicados de tipo 1 que ocorram em φ a α_0. Os conjuntos assim obtidos são de ordem 1 e representam-se por α_1. A idéia geral é definir $\Omega\alpha$ como formado por todos os conjuntos M tais que, para um predicado φx, é válido o esquema $\forall x (x \in M \leftrightarrow \varphi_\alpha x)$.

A tese de Russell é que a classe que corresponde à enumeração das classes de números naturais de ordem k determinada por fórmulas bem-formadas da teoria ramificada dos tipos é de ordem $k + 1$. Assim, α_0 é constituído por todos os conjuntos aritmeticamente definíveis e $\Omega\alpha_k = \alpha_{k+1}$. Se o número de ordem for representado como expoente de uma variável de conjunto, o esquema axiomático da compreensão tem a forma geral $\exists M^i \forall x (x \in M^i \leftrightarrow \varphi x)$, com a condição de que M^i não ocorra livre em φ. A definição de números reais por meio de predicados, como o corte, fica agora relativizada a uma ordem. Em geral, se os números referidos na definição são de ordem k, a ordem do conjunto de números criado pela definição é $k + 1$.

No que diz respeito propriamente ao conteúdo filosófico da doutrina predicativista, dois gêneros de questões podem ser mencionados, o primeiro sobre o seu significado epistemológico e o segundo sobre a sua ontologia. Na teoria do conhecimento a posição predicativista tanto pode ser uma forma de fundacionalismo como uma forma de nominalismo. No primeiro caso, a teoria aceita como "o dado" os números naturais. Na sua versão nominalista nem mesmo os números naturais são aceitos como objetos abstratos. Associada a essa forma de nominalismo está também a posição pragmatista da doutrina, segundo a qual os conjuntos devem ser vistos apenas como abstrações "úteis", tipicamente suscetíveis de ser obtidas a partir da extensão de um predicado.

Na ontologia, a posição crucial diz respeito ao estatuto da totalidade de todos os conjuntos (de números naturais), que não é considerada como existindo *actualiter*, mas apenas como uma totalidade potencial. Nessas condições, o conteúdo integral de tal totalidade nunca pode vir a ser conhecido. Existe no entanto uma compreensão gradual do que é o seu conteúdo durante as fases de construção dessa totalidade. Essa noção é em si informal, mas é de esperar que satisfaça a caracterização seguinte: I) Existe uma relação primitiva, "afirmar T em α", em que α é um número ordinal que denota um estádio; II) A relação "afirmar T em α" é decidível, para cada T e para cada α; III) Se α < β, "afirmar T em α" implica "afirmar T em β. *Ver também* PLATONISMO; FUNDAMENTOS DA MATEMÁTICA; TEORIA DOS CONJUNTOS; NÚMERO. **MSL**

FEFERMAN, S. "Sistemas de análise predicativa" [1964], *in O teorema de Gödel e a hipótese do contínuo*. Trad. e org. M. S. Lourenço. Lisboa: Gulbenkian, 1979, pp. 791-866.
GÖDEL, K. "A lógica matemática de Russell" [1944], *in O teorema de Gödel e a hipótese do contínuo*. Trad. e org. M. S. Lourenço. Lisboa: Gulbenkian, 1979, pp. 183-216.
KREISEL, G. "La prédicativité", *in Bulletin de la Société Mathématique de France*, n.º 88, 1960.
____. "Informal Rigour and Completeness Proofs" [1965], *in Problems in the Philosophy of Mathematics*. Proceedings of the International Colloquium in the Philosophy of Science. Amsterdam: North-Holland, 1967.
RUSSELL, B. *Principia Mathematica* [1910-1913]. 2.ª ed. Cambridge: Cambridge University Press, 1927.

premissa

Ver ARGUMENTO.

premissa adicional

O mesmo que SUPOSIÇÃO.

premissa maior

Ver SILOGISMO.

premissa menor

Ver SILOGISMO.

pressuposição

A pressuposição é um tipo de relação semântico-pragmática entre uma FRASE-ESPÉCIME e uma frase-tipo (ou, em algumas versões, PROPOSIÇÃO) que, apesar de apresentar semelhanças com a IMPLICAÇÃO, com a IMPLICATURA CONVERSACIONAL e com a IMPLICATURA CONVENCIONAL, exibe características que a distinguem de todas elas.

Em termos bastante informais, diz-se que (a elocução de) *p* pressupõe *q* se quer a elocução de *p*, quer a elocução da contraditória de *p* comprometem o falante com a admissão (da veracidade) de *q*. Uma versão mais rigorosa dessa caracterização é a seguinte: *p* pressupõe *q* se, e somente se, caso *q* seja falsa, *p* não será nem verdadeira nem falsa (o que freqüentemente é tido como significando que é destituída de valor de verdade; *ver*, no entanto, LÓGICAS POLIVALENTES e VALOR DE VERDADE). Isso encontra-se exemplificado em 1: quer 1a quer 1b comprometem o falante com a admissão de 1c: 1a) "O João deixou de fumar"; 1b) "O João não deixou de fumar"; 1c) "Houve um período no passado em que o João fumou".

Visto que a contraditória de 1b ("Não é verdade que o João não deixou de fumar") é equivalente a 1a, a definição anterior conduz facilmente ao resultado de que 1b, ela própria, também pressupõe 1c (e, em geral, claro, se *p* pressupõe *q*, então a contraditória de *p* também pressupõe).

Uma razão conspícua pela qual essa relação difere da de implicação é o fato de que, apesar de *p* implicar *q* significar que se *p* é verdadeira então *q* é verdadeira, o mesmo não se aplica à contraditória de *p*. Isso é visível em 2, onde a relação de implicação entre 2a e 2c não se verifica entre 2b e 2c: 2a) "O João tem dois livros de semântica"; 2b) "O João não tem dois livros de semântica" (interpretada como "Não é verdade que o João tenha dois livros de semântica"); 2c) "O João tem pelo menos um livro de semântica".

Essa discrepância é usualmente captada por meio da afirmação de que a pressuposição sobrevive ao teste da negação (frásica), ao passo que a implicação não sobrevive. Outros contextos em que tipicamente as pressuposições, mas não as implicações são preservadas são os contextos interrogativos e os de antecedentes de condicionais: 1a′) "Será que o João deixou de fumar?"; 1b′) "Se o João deixou de fumar, então começou a engordar"; 2a′) "Será que o João tem dois livros de semântica?"; 2b′) "Se o João tem dois livros de semântica, então faz uma tese excelente".

É fácil verificar que qualquer das frases de 1′ leva à admissão de 1c, enquanto nenhuma das frases de 2′ compromete com a admissão de 2c.

Em segundo lugar, podemos verificar que, enquanto a pressuposição entre, p. ex., 1b e 1c é revogável (*defeasible*), o mesmo não acontece com a implicação entre 2a e 2c: 1″) "O João não deixou de fumar, *porque o João não fumava*"; 2″) "O João tem dois livros de semântica, porque o João não tem nenhum livro de semântica".

1″ mostra que é possível dar seqüência a 1b com a contraditória da sua pressuposição 1c sem gerar uma contradição (o que indicia que a pressuposição em causa foi revogada). 2″ mostra o inverso relativamente à implicação: não é possível continuar 2a com a contraditória da sua implicação 2b sem dar origem a uma frase contraditória (o que indicia que a implicação não foi revogada).

Em resumo, preservação em certos contextos, por um lado, e revogabilidade, por outro lado, são propriedades da relação de pressuposição que parecem estar ausentes da relação de implicação e que a distinguem dessa última.

No que diz respeito à distinção entre pressuposição e implicatura conversacional, alguns autores têm apontado como distinção principal o fato de, ao contrário do que acontece com as implicaturas conversacionais, as pressuposições serem separáveis (*detachable*). Isso significa que, enquanto no caso das implicaturas parece ser impossível encontrar frases f' com as mesmas condições de verdade de dada frase f que não apresentem as mesmas implicaturas de f, no caso das pressuposições a substituição da frase g (a que a pressuposição está associada) por frases g' com as mesmas condições de verdade de g pode levar à remoção da pressuposição de g. Essa diferença parece dever-se ao seguinte fato. Enquanto a implicatura conversacional de dada frase resulta do efeito combinado das condições de verdade dessa frase com as MÁXIMAS CONVERSACIONAIS, a pressuposição parece encontrar-se mais estreitamente associada à informação lexical correspondente a determinadas expressões e aos aspectos superficiais da construção sintática que estas integram (*ver* ESTRUTURA DE SUPERFÍCIE; ESTRUTURA PROFUNDA).

Quanto às implicaturas convencionais, alguns autores têm apontado para o fato de, ao contrário das pressuposições, essas implicaturas não serem revogáveis. 3*) "O Pedro convidou a Cristina mas não convidou a Gabriela, *embora não se esperasse que ele devesse convidar a Gabriela*".

No exemplo de 3 a oração subordinada em itálico contradiz o que é implicitado em resultado da ocorrência da conjunção *mas* na oração principal. O resultado, ao contrário do que acontece, p. ex., em 1″, em que a pressuposição é revogada, é uma frase em que a tentativa de revogação da implicatura convencional leva a uma construção semanticamente anômala.

A seguir apresenta-se uma lista de alguns tipos de expressões que têm sido discutidos como sendo indutores de pressuposição, seguidos de alguns exemplos ilustrativos. 1) Descrições definidas: "O irmão do Pedro", "O jornalista que encontrei" (embora quem adotar a teoria de Russell acerca de

DESCRIÇÕES DEFINIDAS tenha de defender que o compromisso existencial induzido pelo artigo definido seja um caso de implicação, e não de pressuposição); 2) Verbos factivos: "lamentar", "orgulhar-se"; 3) Verbos implicativos: "conseguir", "esquecer-se"; 4) Verbos de mudança de estado: "parar de", "continuar a"; 5) Iterativos: "de novo", "outra vez", "voltar"; 6) Orações clivadas: "Foi o João que beijou a Maria"; 7) Comparações: "O Pedro é melhor jornalista que o Júlio."

Uma característica das pressuposições que decorre da sua revogabilidade é a de não serem COMPOSICIONAIS, uma vez que as pressuposições não são apenas revogáveis em certos contextos de asserção, como já ilustrado, mas também em certos tipos de frases complexas. Seja S_0 uma frase complexa e $S_1,..., S_n$ as suas frases componentes com, respectivamente, pressuposições $P_1,..., P_n$. Então é possível que S_0 não tenha alguma P_i de entre $P_1,..., P_n$. As frases de 4 ilustram esse fenômeno: 4a) "Não foi o João que assassinou ontem o Jorge"; 4b) "Não foi o João que assassinou ontem o Jorge, porque eu vi o Jorge hoje na leiteria"; 4c) "O Jorge foi assassinado".

Se asserida isoladamente, 4a tem a pressuposição 4c. No entanto, se asserida no contexto mais lato de 4b (que acrescenta material contraditório com 4c), tal pressuposição é revogada.

O mesmo comportamento verifica-se em outros tipos de contextos lingüísticos, como as condicionais e as orações disjuntivas: 5) "Se o Jorge foi assassinado, então foi o João que o assassinou"; 6) "Ou o Jorge não foi assassinado ou foi o João que o assassinou".

No caso do condicional 5, o conseqüente "foi o João que o assassinou" tem a pressuposição de que o Jorge foi assassinado, mas o condicional, ele próprio, não tem, visto que o seu antecedente o suspende. Em 6, a primeira disjunta contradiz a pressuposição da segunda de que o Jorge foi assassinado, o que impede que toda a disjuntiva a herde.

É notório, apesar disso, que existem outros contextos lingüísticos em que as pressuposições das orações componentes se projetam para a oração complexa de que fazem parte. Os casos ilustrados em 1' são talvez os mais óbvios, mas há outros (incluindo a maior parte das orações disjuntivas e dos conseqüentes de condicionais): 7) "A Ana sabe que foi o João que assassinou o Jorge"; 8) "Se o Jorge não telefonou à mulher antes do jantar, então foi o João que o assassinou"; 9) "Ou o Jorge telefonou à mulher antes do jantar ou foi o João que o assassinou".

É impossível asserir 7 sem assumir o compromisso com a pressuposição da oração encaixada (isto é, a de que alguém assassinou o Jorge). E, ao contrário do que acontece em 5 e 6, em 8 e 9 essa mesma pressuposição (desencadeada respectivamente pelo conseqüente e pela segunda disjunta) projeta-se para toda a construção. Por conter o verbo FACTIVO "saber", 7 pertence ao grupo de construções que apresentam sempre esse comportamento, sendo canonicamente tais construções por isso designadas de buracos (*holes*) – deixam sempre passar as pressuposições. Por sua vez, os conectivos condicional e disjuntivo alternam essa permissibilidade (visível em 8 e 9) com o comportamento inverso verificado em 5 e 6, razão pela qual pertencem ao grupo de itens normalmente designados de filtros (*filters*) – selecionam as pressuposições que deixam passar. Verbos do tipo declarativo (como "dizer") ou alguns de ATITUDE PROPOSICIONAL (como "pensar"), por outro lado, são às vezes classificados como "rolhas" (*plugs*), visto que, argumentativamente, nunca deixam passar nenhuma pressuposição (embora em Levinson (1983) se mostre que isso não é assim em todos os casos, pelo menos no inglês).

Essa variedade de comportamentos (conspicuamente contrastante, mais uma vez, com o da implicação) apresenta o problema conceptual de saber sob que condições uma pressuposição é ou não projetada para uma construção complexa – o chamado "problema da projeção" – um tópico de debate atual.

Dadas as discrepâncias verificadas quanto à (não-) revogabilidade, parece haver razões suficientes para dizer que, ao contrário do que chegou a ser defendido, o conceito de pressuposição não é suscetível de uma definição em termos do conceito semântico de implicação. Uma caracterização formal de pressuposição que seja suficientemente robusta para cobrir (entre outros) os comportamentos ilustrados nesse verbete é atualmente objeto de discussão. *Ver também* ASSERÇÃO; TEORIA DAS DESCRIÇÕES DEFINIDAS; IMPLICAÇÃO; IMPLICATURA; PRINCÍPIO DE COOPERAÇÃO; ESTRUTURA DE SUPERFÍCIE; ESTRUTURA PROFUNDA; MÁXIMAS CONVERSACIONAIS; PRAGMÁTICA. **AHB/PS**

BEAVER, D. "Presupposition, *in* Van Benthem, Johan F. A. K. & Ter Meulen, G. B. Alice (orgs.). *Handbook of Logic and Language.* Amsterdam: North-Holland, 1997, pp. 939-1008.
CHIERCHIA, G. e McCONNELL-GINET, S. *Meaning and Grammar.* Cambridge: The MIT Press, 1990.
LEVINSON, S. *Pragmatics.* Cambridge: Cambridge University Press, 1983.
SOAMES, S. "Presupposition", *in* Gabbay, D. e Günthner, F. (orgs.). *Handbook of Philosophical Logic.* Dordrecht: Kluwer, 1989, vol. IV, pp. 553-616.

primeira pessoa

Ver PERSPECTIVA DA PRIMEIRA PESSOA.

princípio da abstração

Ver ABSTRAÇÃO, PRINCÍPIO DA.

princípio da bivalência

Ver BIVALÊNCIA, PRINCÍPIO DA.

princípio da caridade

Ver INTERPRETAÇÃO RADICAL.

princípio da composicionalidade

Ver COMPOSICIONALIDADE, PRINCÍPIO DA.

princípio da compreensão

Ver ABSTRAÇÃO, PRINCÍPIO DA.

princípio da cooperação

Ver COOPERAÇÃO, PRINCÍPIO DA.

princípio da existência

Ver EXISTÊNCIA, PRINCÍPIO DA.

princípio da indução matemática

Ver INDUÇÃO MATEMÁTICA.

princípio da não-contradição

Ver NÃO-CONTRADIÇÃO, PRINCÍPIO DA.

princípio do círculo vicioso

Na virada para o século XX descobriram-se paradoxos na teoria dos conjuntos. Uma das primeiras tentativas de lidar com eles deve-se a Bertrand Russell e ao seu princípio do círculo vicioso (também proposto por Henri Poincaré). Nas palavras de Russell: "Se, admitindo que dada coleção tem um total, ela tivesse membros apenas definíveis em termos desse total, então a dita coleção não tem total." Por outras palavras, não se pode formar um conjunto cujos membros necessitem desse conjunto para se definir. Esse princípio bloqueia o aparecimento dos paradoxos a que aludimos, p. ex., bloqueia o PARADOXO DE RUSSELL. Com efeito, o princípio do círculo vicioso tem como conseqüência não aceitar a asserção $x \in x$, já que ela informa que o conjunto x tem um membro (a saber, o próprio x) cuja definição – que passa por saber quais são os membros de x – depende de x.

O princípio do círculo vicioso está na base de duas formas de axiomatizar a teoria dos conjuntos: a TEORIA DOS TIPOS do próprio Russell, e a *NEW FOUNDATIONS* (NF) de Willard Quine. Também está na base da escola do PREDICATIVISMO. *Ver também* PARADOXO DE RUSSELL; PREDICATIVISMO; PARADOXO DE BURALI-FORTI; PARADOXO DE CANTOR; CONJUNTO; TEORIA DOS TIPOS; *NEW FOUNDATIONS*. **FF**

GÖDEL, K. "Russell's Mathematical Logic", *in* Schilpp P. (org.). *The Philosophy of Bertrand Russell*. Chicago: Northwestern University, 1944. The Library of Living Philosophers. Nova York: Harper and Row, 1963. Trad. port. "A lógica matemática de Russell". Trad. M. S. Lourenço, *in O teorema de Gödel e a hipótese do contínuo*. Lisboa: Gulbenkian, 1979, pp. 183-216.

RUSSELL, B. "Mathematical Logic as Based on the Theory of Types", *in American Journal of Mathematics*, n.º 30, 1919, pp. 222-62. Reimp. in Van Heijenoort, J. (org.). *From Frege to Gödel*. Cambridge: Harvard University Press, 1967, pp. 150-82.

princípio do contato

Ver ATOMISMO LÓGICO.

princípio do contexto

Princípio formulado por Frege nos *Grundlagen der Arithmetik* segundo o qual uma palavra só tem significado no contexto de uma FRASE. À primeira vista trata-se de uma óbvia falsidade, na medida em que o conteúdo semântico de uma palavra é apreensível independentemente de qualquer frase específica em que ocorra; é razoável dizer, até, que é essa circunstância que faz com o significado das frases em que ocorre seja, ele próprio, compreensível (*ver* PRINCÍPIO DA COMPOSICIONALIDADE). Mas uma pista para compreender o alcance do princípio está no fato de Frege o ter usado para argumentar contra o PSICOLOGISMO. Se considerarmos cada palavra *per se*, argumenta Frege, temos tendência para identificar o seu significado com as imagens mentais que lhe associamos e, assim, confundir o seu conteúdo semântico objetivo com os seus efeitos psicológicos em nós. O alcance do princípio é justamente o de identificar esse conteúdo semântico objetivo apenas com o contributo que a palavra (p. ex., TERMO, PREDICADO) faz para as condições de verdade das frases em que ocorre.

Quando formulou o princípio do contexto, Frege não tinha ainda feito a sua famosa distinção entre SENTIDO e REFERÊNCIA (*Sinn* e *Bedeutung*, em alemão) e, portanto, o fato de ele ter usado o termo *Bedeutung* ao formulá-lo pode não significar que tivesse em mente que o princípio fosse válido apenas para a referência das palavras – caso em que quer dizer que a referência de uma palavra é não mais do que o contributo que ela faz para a computação da referência da frase (segundo Frege, o seu valor de verdade). De fato, uma outra interpretação razoável é a de que ele diga respeito também ao sentido – caso em que quer dizer que o sentido de uma expressão é não mais do que o contributo que ela faz para a computação do sentido da frase (isto é, segundo Frege, a PROPOSIÇÃO que ela exprime).

Independentemente dessa distinção, no entanto, o princípio desempenhou historicamente o papel de contribuir para estabelecer a fronteira entre o conteúdo semântico (público e objetivo) e o conteúdo psicológico (privado e incomunicável) das expressões lingüísticas, sugerindo que investigar o comportamento semântico das palavras é uma tarefa puramente lingüística (e não introspectiva, p. ex.). Foi pioneiro em atribuir, além disso, um papel privilegiado à frase em análise semântica – um privilégio que perdeu força nas obras posteriores de Frege, devido à sua caracterização das frases como um tipo especial de nomes complexos, mas que perdurou na filosofia da linguagem e mesmo na lingüística posteriores. *Ver também* FRASE; PRINCÍPIO DE COMPOSICIONALIDADE; PSICOLOGISMO; SENTIDO/REFERÊNCIA. **PS**

DUMMETT, M. *The Interpretation of Frege's Philosophy*. Londres: Duckworth, 1981.
FREGE, G. *Os Fundamentos da aritmética* [1884]. Trad. A. Zilhão. Lisboa: Imprensa Nacional/Casa da Moeda, 1992. Trad. bras. "Os fundamentos da aritmética: uma investigação lógico-matemática sobre o conceito de número", *in Peirce/Frege*. Coleção Os Pensadores. Trad. Luiz Henrique dos Santos. São Paulo: Abril Cultural, 1974, pp. 201-91.

princípio do supremo

Ver CONTÍNUO.

princípio do terceiro excluído

Ver TERCEIRO EXCLUÍDO, PRINCÍPIO DO.

princípio KK

Princípio de sabor cartesiano segundo o qual o conhecimento é epistemicamente transparente: se um sujeito cognitivo está no estado de conhecimento relativamente a dada proposição, então não pode deixar de estar no estado de conhecimento relativamente a esse conhecimento. Por outras palavras, trata-se da seguinte forma de inferência, reconhecida como válida em diversos sistemas de lógica epistémica: se um sujeito cognitivo x sabe que p, então x sabe que x sabe que p; em símbolos, $K_x p$ ∴ $K_x K_x p$.

O princípio é argumentativamente falso para alguns valores de x e p (presumivelmente só é satisfeito por agentes ideais de conhecimento). Pode-se argumentar, p. ex., que há casos em que o conhecimento de certas verdades é atribuível a certas pessoas, sem que lhes seja no entanto atribuível qualquer conhecimento desse conhecimento. Note-se que a contraparte modal do princípio KK, isto é, a forma de inferência $\Box p$ ∴ $\Box\Box p$, está de algum modo menos sujeita à disputa, sendo válida em todos os sistemas em cuja semântica a relação de ACESSIBILIDADE entre mundos seja TRANSITIVA. Ver LÓGICA EPISTÉMICA. **JB**

prisioneiro, dilema do

Ver DILEMA DO PRISIONEIRO.

problema da consistência

Ver CONSISTÊNCIA, PROBLEMA DA.

problema da mente-corpo

Como a própria expressão indica, o "problema da mente-corpo" é determinar as relações entre mente e corpo.

De um ponto de vista dualista, o que se procura elucidar é que espécie de relação causal (se alguma) há entre essas duas substâncias; essa elucidação, por seu lado, depende do esclarecimento do seguinte problema: como é possível (se é que é de todo possível) que entre duas substâncias pertencentes a regiões ontológicas distintas se possa verificar qualquer trânsito causal? (*ver* DUALISMO).

Do ponto de vista do monismo materialista, ou FISICALISMO, a relação que se procura elucidar pode ser considerada de dois modos. Em primeiro lugar, como sendo uma relação entre géneros de discurso, nomeadamente, o físico e o mental. Desse ponto de vista, a realidade subjacente seria uma só e seria adequadamente descrita pelo discurso físico; o uso do discurso mental nos contextos relevantes necessitaria assim de um esclarecimento suplementar. As diferentes sensibilidades fisicalistas dividem-se precisamente a respeito de qual género de relação que há entre os objetos e propriedades referidos no discurso mental e certos objetos e propriedades referidos no discurso físico. As diferentes alternativas são basicamente as seguintes: identidade tipo-tipo simples, identidade tipo-tipo relativizada a espécies, identidade exemplar-exemplar, sobreveniência e inexistência de qualquer relação sistemática. Ver FISICALISMO; MONISMO; SOBREVENIÊNCIA.

O segundo modo possível de examinar o problema mente-corpo do interior do ponto de vista fisicalista é o de considerar os termos mentais como referindo propriedades autónomas do discurso físico, nomeadamente, propriedades de uma ordem lógica superior, que se encontrariam em uma relação de "realização" com certas propriedades de uma ordem lógica inferior referidas no discurso tradicionalmente considerado físico; tanto as propriedades (mentais) de ordem superior como as propriedades (físicas) de ordem inferior seriam porém propriedades de objetos físicos. Ver FISICALISMO; FUNCIONALISMO; MONISMO. **AZ**

problema da parada

Podendo a máquina de Turing ser adotada como modelo para processos computacionais, surge naturalmente a pretensão de discutir, em maior minudência, a questão da sua utilidade prática.

Dado um problema matemático, quando é possível construir uma máquina de Turing capaz de o resolver?

Dada (dado um programa para) uma máquina de Turing, quais os problemas matemáticos que podem ser resolvidos ou quais questões podem ser respondidas por meio dela?

Essa última pergunta leva a uma questão mais direta:

Conhecendo o programa de uma máquina de Turing e conhecida a ênupla $<x_1,..., x_n>$ de entrada inscrita na fita, o que é que o programa realmente calcula? A soma das entradas, o seu produto, decide qual a maior das entradas...?

Uma questão de natureza fundamental é logo levantada pelas questões anteriores: Será que a máquina calcula realmente algum valor, ou seja, será que a máquina realmente conclui sua tarefa?

Compreende-se que ligar a máquina naquelas condições e esperar para ver o que acontece não é uma abordagem prática. Quanto tempo precisaremos esperar para receber uma resposta a essa questão? Se a máquina não pára, podemos ter de esperar indefinidamente.

A questão de natureza prática que se põe é então a seguinte:

Existirá algum algoritmo que permita decidir, para qualquer programa de código z e entidades $x_1,..., x_n$, se a máquina de Turing operando com aquele programa e com aquelas entidades vem eventualmente a parar, no fim de um número finito de passos?

Essa questão é conhecida por problema da parada para máquinas de Turing.

Trata-se de um PROBLEMA DE DECISÃO que, como seria de esperar, pode ser reformulado em termos da própria máquina de Turing:

Existirá alguma (algum programa para uma) máquina de Turing tal que, para z, $x_1,..., x_n$ arbitrariamente dados, se esses valores constituem as $n + 1$ entradas da máquina, a máquina vem a parar apresentando como resultado o valor 0 ou o valor 1, consoante a máquina com programa de código z e entradas $x_1,..., x_n$ vem a parar ou não?

Prova-se que o problema de parada é insolúvel; por outras palavras a resposta à questão é negativa, não existindo nenhum processo efetivo de decidir se a máquina vem a parar ou não.

O problema da parada tem um papel preponderante entre os problemas insolúveis: muitas vezes prova-se que um dado problema é insolúvel, mostrando que se o não fosse, o problema da parada seria solúvel. Efetua-se assim uma redução do problema dado ao problema da parada. *Ver* MÁQUINA DE TURING; PROBLEMAS DE DECISÃO. **NG**

BELL, J. L. e MACHOVER, M. *A Course in Mathematical Logic*. Amsterdam: North-Holland, 1977.

DAVIS, M. *Computability and Unsolvability*. Nova York: McGraw-Hill, 1958.

problemas de decisão

Um dos problemas que preocupou os antigos matemáticos e que continua ainda a ser de capital importância é o seguinte: Dada uma classe de proposições (em geral infinita) envolvendo objetos matemáticos conhecidos, existirá algum algoritmo que permita saber, para qualquer proposição da classe e no fim de certo número de passos, se a proposição é verdadeira ou falsa?

Questões desse tipo são conhecidas por "problemas de decisão", que não devem ser confundidos com problemas envolvendo a veracidade ou falsidade de uma simples proposição. P. ex., será o número 312415727 primo ou não? Trata-se de um problema envolvendo uma única proposição. Em contrapartida considere a questão: "Existirá algum algoritmo que permita saber, para dado número arbitrário, se é primo ou não?"

Trata-se de um problema de decisão. Aqui a classe de proposições em jogo é formada pelas proposições da forma $P(n)$, onde $P(x)$ é uma fórmula que exprime que x é primo. Cada vez que se dá um valor a x obtém-se uma proposição concreta, mas o que pretendemos saber é se somos capazes de resolver a questão qualquer que seja x.

Uma resposta afirmativa a um problema de decisão ou, como também se diz, uma solução positiva, consiste em fornecer um algoritmo para resolver o problema. Nesse caso diz-se que o problema é solúvel ou decidível. Uma resposta negativa, ou uma solução negativa, consiste em mostrar que nenhum algoritmo existe. Diz-se nesse caso que o problema é insolúvel ou indecidível.

Grande parte dos problemas de decisão pode ser reduzida a problemas envolvendo números naturais. Somos conduzidos à seguinte forma suficientemente geral: dado um predicado n-ário P nos naturais, existirá um algoritmo que permita decidir para cada ênupla de números naturais $<x_1,..., x_n>$ se $P(x_1,..., x_n)$ é verdadeira ou falsa?

Uma questão desse tipo diz-se um problema de decisão para o predicado P e leva-nos à seguinte terminologia: o problema da decisão para o predicado n-ário P é recursivamente solúvel se, e somente se, a correspondente relação n-ária é recursiva. (relação que toma o valor 0 quando o predicado é verdadeiro e o valor 1 quando é falso). Caso contrário, diz-se recursivamente insolúvel.

Dada a equivalência entre funções recursivas e funções computáveis por máquinas de Turing, tem-se equivalentemente: o problema de decisão para o predicado P é recursivamente solúvel se, e somente se, existe (um programa para) uma máquina de Turing, tal que, para qualquer ênupla $<x_1,..., x_n>$ de números naturais, operando a máquina com aquele programa e com entradas $x_1,..., x_n$, a máquina pára no fim de certo número de passos exibindo 0 na saída se o predicado é verdadeiro e 1 se o predicado é falso. Caso contrário é recursivamente insolúvel.

Aceitando a TESE DE CHURCH, ser recursivamente solúvel (insolúvel) é o mesmo que ser decidível (indecidível).

Existem problemas de decisão largamente conhecidos: 1) O décimo problema de Hilbert (de uma famosa lista de problemas apresentada por Hilbert em 1900): Decidir se uma equação polinominal com coeficientes inteiros $P(x_1,..., x_n) = 0$ tem soluções inteiras. Após longa luta com esse problema, que envolveu os nomes de M. Davis (1953), H. Putnam (1953), R. M. Robinson (1952) e J. Matijasevic (1970), o problema só foi resolvido em 1970, tendo sido mostrado que é insolúvel. O famoso teorema que afirma isso é por vezes designado por "teorema MRDP" em memória daqueles matemáticos.

2) O problema da palavra para sistemas semi-Thue e Thue. Qualquer desses problemas é insolúvel.

3) O problema de decisão para um dado sistema formal consiste em saber se dada fórmula é ou não um teorema (p. ex., esse problema é solúvel para o cálculo das proposições, mas não para a aritmética de primeira ordem).

4) O PROBLEMA DA PARADA, que tem um verbete próprio nesta enciclopédia. NG

BELL, J. L. e MACHOVER, M. *A Course in Mathematical Logic*. Amsterdam: North-Holland, 1977.

DAVIS, M. *Computability and Unsolvability*. Nova York: McGraw-Hill, 1958.

HERMES, H. *Enumerability, Decidability and Computability*. Berlim: Springer, 1969.

HILBERT, David. "Mathematische Probleme. Vortrag, gehalten auf dem internationalen Mathematiker-Kongress zu Paris 1900", *in Nachrichten von der Königlichen Gesellschaft der Wissenschaften zu Göttingen*, 1900, pp. 253-97.

KLEENE, S. C. *Introduction to Metamathematics*. Amsterdam: North-Holland, 1967.

MATIJASEVIC, J. *What Should We Do Having Proved a Decision Problem to Be Unsolvable?* Berlim: Springer, *in* Ershov, A. P. & Knuth, D. E. (orgs.). *Algorithms in Modern Mathematics and Computer Science, Lecture Notes in Computer Science*, n.º 122, 1981.

ROBINSON, R. M. "An Essentially Undecidable Axiom System", *in Proceedings of the International Congress of Mathematicians*. Cambridge, 1950 (American Mathematical Society, Providence, R. I., 1952), vol. I, pp. 729-30.

problemático, juízo

Tradicionalmente, dizia-se que os juízos problemáticos afirmam a POSSIBILIDADE, contrastando com os apodícticos, que afirmam a NECESSIDADE, e com os assertivos, que afirmam a atualidade (*ver* ATUAL). Por exemplo, "Sócrates era chinês" exprime um juízo problemático, se aceitarmos que Sócrates era possivelmente chinês, apesar de ter sido efetivamente grego (no MUNDO ATUAL Sócrates era grego, mas há alguns MUNDOS POSSÍVEIS nos quais era chinês); "Sócrates era um ser humano" exprime um juízo apodíctico, se aceitarmos que Sócrates era necessariamente um ser humano (era um ser humano em todos os mundos possíveis em que existiu); e "Sócrates era grego" exprime um juízo assertivo, porque Sócrates era efetivamente grego (era grego no mundo atual). Esta terminologia foi usada por Kant e outros filósofos do passado, mas caiu em desuso. **DM**

produtividade

Diz-se das LÍNGUAS NATURAIS que apresentam a propriedade da produtividade (ou da criatividade) no sentido em que permitem, por meio da concatenação gramaticalmente correta de um número finito de sinais sonoros discretos (da ordem das dezenas), a produção de um número não finito de expressões (*ver* GRAMÁTICA GENERATIVA).

Alguns autores defendem a tese de ser essa uma das características pelas quais as línguas humanas naturais se distinguem dos sistemas de comunicação de outras espécies animais (p. ex., a dança das abelhas, o canto das aves, o movimento das pinças dos caranguejos), os quais dispõem apenas de um elenco finito de mensagens.

Assinalar essa propriedade é uma forma interessante de colocar em destaque a possibilidade de um objeto finito, o cérebro humano, se relacionar com um objeto não-finito, o conjunto de todas as frases de uma língua. *Ver também* LÍNGUA NATURAL; COMPOSICIONALIDADE, PRINCÍPIO DA. **AHB**

produto cartesiano

O produto cartesiano de dois conjuntos x e y, que se denota freqüentemente por $x \times y$, é o conjunto cujos elementos são todos aqueles, e só aqueles, PARES ORDENADOS de objetos tais que o seu primeiro membro pertence a x e o seu segundo pertence a y; em símbolos, $x \times y = \{<a, b>: a \in x \land b \in y\}$. P. ex., o produto cartesiano dos conjuntos {Platão, Aristóteles} e {Leibniz, Kant} é o conjunto {<Platão, Leibniz>, <Platão, Kant>, <Aristóteles, Leibniz>, <Aristóteles, Kant>}.

A noção é generalizável a um número n de conjuntos. O produto cartesiano dos conjuntos $x_1, x_2,..., x_n$, que se denota por $x_1 \times x_2 \times ... \times x_n$, é o conjunto $\{<a_1, a_2,..., a_n>: a_j \in x_j$ para todo o $j = 1, 2,..., n\}$. Quando $x_1 = x_2 = ... = x_n$, escreve-se x^n. *Ver* TEORIA DOS CONJUNTOS. **JB**

produto lógico

Um produto lógico de n proposições (ou frases) $p_1,..., p_n$ é simplesmente a conjunção dessas proposições, ou seja, a proposição complexa $p_1 \land ... \land p_n$; assim, um produto lógico de proposições é verdadeiro exatamente no caso de cada uma das proposições componentes p_i ser verdadeira. Analogamente, um produto lógico de n predicados (ou das propriedades por eles expressas) $P_1,..., P_n$ é simplesmente a conjunção desses predicados, ou seja, o predicado complexo $P_1 \land ... \land P_n$; assim, um produto lógico de predicados é satisfeito por um objeto exatamente no caso de cada um dos predicados componentes P_i ser satisfeito por esse objeto (e um produto lógico de propriedades é exemplificado por um objeto exatamente no caso de todas as propriedades componentes serem exemplificadas por esse objeto).

O termo "produto lógico", empregado no sentido acima indicado, foi (ao que parece) introduzido por Charles Peirce, presumivelmente com base na existência de uma analogia estrutural entre a operação lógica de conjunção realizada sobre proposições e a operação aritmética de multiplicação realizada sobre números.

Todavia, o termo caiu em desuso na literatura lógica e filosófica mais recente. Note-se que a analogia invocada quebra em alguns pontos: p. ex., enquanto a conjunção satisfaz a lei da IDEMPOTÊNCIA (a fórmula $p \wedge p \leftrightarrow p$ é uma tautologia), o produto não satisfaz o princípio correspondente (obviamente, não se tem $x . x = x$). Ver CONJUNÇÃO, CONECTIVOS. JB

programa de Hilbert

Na reflexão sobre OS FUNDAMENTOS DA MATEMÁTICA utiliza-se este termo para designar o conjunto de idéias que Hilbert, a partir dos anos 1920 e até a publicação dos *Grundlagen der Mathematik*, em 1934, desenvolveu individualmente e em colaboração com Paul Bernays, com o fim de defender e legitimar o raciocínio matemático clássico. Esse sistema de pensamento também é conhecido pelo nome de formalismo, embora Hilbert não seja um formalista no sentido que o termo tinha no tempo de Frege ou que veio a ter depois com a filosofia formalista de Haskell Curry. Para ter uma idéia das diferenças, consultar o verbete FORMALISMO.

Antes da publicação dos *Grundlagen der Mathematik* a gestação do pensamento de Hilbert pode-se seguir nos seus ensaios de 1922 "Uma nova fundamentação da matemática" e "Os fundamentos lógicos da matemática" e os três textos em conjunto servem de base para que a seguinte sinopse possa ser construída.

Em contraste com o conhecido *dictum* de Russell nos *Principles of Mathematics*, segundo o qual a matemática pura é a classe de todas as proposições da forma "p implica q", em que p e q só contém constantes lógicas, Hilbert concebeu a matemática como uma criação específica e por isso irredutível do intelecto. A sua concepção é compatível com a tendência da época a favor da redescoberta do método axiomático e, assim, já na fase madura do seu pensamento, Hilbert foi levado a ter de caracterizar rigorosamente as diferenças entre aquele método, tal como foi praticado até então, e a sua própria concepção. No primeiro volume dos *Grundlagen* encontramos a distinção fundamental a fazer entre esses dois sentidos do termo "axiomático", que se podem captar nos adjetivos "concreto" e "formal", no sentido da distinção tradicional entre forma e conteúdo. Uma utilização do método axiomático no sentido de conteúdo toma lugar, segundo Hilbert e Bernays, quando, em relação a um corpo de doutrina estabelecida, se tenta idealizar os conceitos nela contidos e individualizar um pequeno número de proposições das quais todo o corpo de doutrina possa ser logicamente derivado, sendo exemplo clássico a formulação axiomática da geometria de Euclides. Em contraste, uma utilização do método axiomático no sentido da forma toma lugar quando se começa por construir uma teoria abstrata, desligada de qualquer corpo conhecido de doutrina, propondo conceitos primitivos e proposições arbitrárias, cujas conseqüências não dependem de nenhuma referência a um sentido para as expressões que as representam.

Sem querer minimizar o interesse do problema prático da aplicação de uma teoria axiomática formal, a questão crucial para Hilbert é a de saber se a teoria é intrinsecamente significativa, mesmo como teoria abstrata. Tal teoria é apenas um conjunto de proposições dedutíveis, por métodos previamente fixados, de outras proposições a que chamamos axiomas; e não é assim significativa no mesmo sentido em que uma teoria construída a partir do método axiomático concreto, cujo significado se obtém imediatamente da experiência que a teoria deve captar. Assim, para demonstrar que uma teoria axiomática formal não é um jogo arbitrário ou trivial, é necessário demonstrar que a estrutura conceptual da teoria existe em um domínio especificável, que é possível mostrar que a teoria tem aquilo a que hoje chamaríamos um modelo. Mas como um número considerável de teorias matemáticas não tem uma tradução direta na experiência sensível, o modelo que a teoria tem de satisfazer não tem de ser concretamente especificável, é suficiente que o seja apenas em princípio. Assim, a questão é saber se os conceitos primitivos da teoria podem ser interpretados como conceitos específicos de certo domínio de tal modo que todos os axiomas se tornem verdadeiros. Tal interpretação dos conceitos primitivos constitui por isso uma realização da teoria abstrata. Assim como no cálculo de predicados de primeira ordem se diz que uma fórmula é satisfazível em uma interpretação dada se as letras predicativas, as letras funcionais e os símbolos individuais ao serem interpretados dão origem a uma fórmula verdadeira, também dizemos que uma teoria é realizável se se pode especificar uma interpretação na qual todos os axiomas resultam em proposições verdadeiras. É importante sublinhar a diferença entre a especificação em princípio e a especificação na prática, de uma realização da teoria, pois só em um número restrito de casos se torna possível apresentar a realização na prática, nomeadamente só naqueles casos em que o domínio da interpretação é finito. É possível produzir concretamente a realização da estrutura abstrata de um grupo escolhendo um grupo finito especificável por uma tabela que possa ser completamente preenchida, e esse modelo finito demonstra a realizabilidade da estrutura. O problema começa quando nos deparamos com sistemas de axiomas consideravelmente simples e para os quais não pode haver um modelo finito, como se vê pelo exemplo seguinte: A_1: $\forall x \neg Rxx$; A_2: $\forall x \forall y \forall z\ Rxy \land Ryz \to Rxz$; A_3: $\forall x \exists y\ Rxy$.

Para ver que esse sistema de axiomas não pode ser satisfeito por um domínio finito de objetos, o argumento é o seguinte: Supondo que o domínio não é vazio, existe um objeto a que podemos chamar simbolicamente "1". Então, pelo axioma 3, existe um objeto "2" em relação ao qual $R(\text{"1"}, \text{"2"})$ é verdadeira. Pelo axioma 1, "2" é assim diferente de "1". Mas uma nova aplicação do axioma 3 mostra que tem de existir um objeto "3", para o qual $R(\text{"2"},\text{"3"})$ seja verdadeira. Logo, pelo axioma 2, $R(\text{"1"}, \text{"3"})$ é verdadeira e pelo axioma 1 "3" é assim diferente de "2". Assim, em um domínio finito a reiteração desse argumento não é possível e os axiomas A_1-A_3 não são satisfatíveis. Para os satisfazer é necessário introduzir um domínio infinito, p. ex., o dos números inteiros, e interpretar R como sendo a relação "x é menor do que y": então os axiomas A_1-A_3 são satisfeitos. Mas um domínio infinito de objetos já não constitui uma totalidade perceptível, de modo que sua existência carece tanto de uma justificação como o sistema abstrato que deveria ser justificado pela construção de modelos.

Poderia à primeira vista parecer que a DEFINIÇÃO IMPLÍCITA dos números naturais por meio dos axiomas de Dedekind-Peano seria um paradigma a seguir para a introdução de totalidades infinitas. Mas essa definição seria por sua vez dependente de uma teoria axiomática abstrata cuja realizabilidade seria de novo questionável e logo incapaz de por si legitimar a introdução do conjunto dos números naturais. A idéia de Hilbert e Bernays é que, se se pretende usar os números naturais como domínio de objetos para obter uma realização para uma teoria abstrata, é necessário que esse conjunto seja objeto de uma percepção direta, não-mediada. Assim, embora não seja possível produzir esse conjunto de modo a que todos os seus elementos sejam simultaneamente perceptíveis, é possível construir segmentos de qualquer comprimento em qualquer momento. A idéia básica é a de conceber os indivíduos do domínio a construir representados por símbolos convencionais como 1,11,111,... que são suscetíveis de ser obtidos começando com um primeiro símbolo e a seguir obter um segundo por aposição de um símbolo idêntico à direita do primeiro e assim sucessivamente. Esses símbolos são designados por numerais e podemos a seguir introduzir variáveis que denotem um numeral qualquer, p. ex., letras latinas minúsculas $m, n,...$ A relação de ordem entre os numerais *m* e *n* deixa-se reduzir à inspeção do comprimento comparado de *m* e *n*: em um número finito de passos podemos decidir acerca do seu comprimento e identificar o maior, no caso de não terem o mesmo comprimento, e assim *m* < *n* quando o numeral *m* tem menos símbolos que *n*. Do mesmo modo, se *m* e *n* são dois numerais, a soma de *m* com *n*, que se denota por *m* + *n*, é o numeral obtido quando *n* é aposto à direita de *m*. Finalmente o produto de *m* por *n*, que se denota por *m* . *n*, é o numeral que se obtém pela substituição de cada símbolo de *n* por *m*.

Essencial no novo método é que o pensamento matemático toma a forma de experiências conceptuais feitas com objetos que se consideram conteúdo de uma percepção concreta: na aritmética são os números, dos quais se considera ter essa percepção, e na álgebra são expressões simbólicas com coeficientes numéricos. Para esse novo gênero de raciocínio Hilbert e Bernays adotaram a designação de "dedução finitista", em que o termo "finitista" deve exprimir que a reflexão matemática se desenvolve dentro de limites impostos não só pela efetiva exeqüibilidade dos processos, mas também pelo seu exame concreto. Podemos assim caracterizar o raciocínio finitista pelo fato de os seus objetos serem construídos e não apenas hipoteticamente postulados, e que os processos de cálculo ou definição só são legítimos se se garante que terminam em um número finito de passos e que para esse número um limite pode ser previamente especificado. Vale a pena esboçar rapidamente o significado finitista de dois desses processos fundamentais, a indução e a recursão.

Começando pela indução, seja P uma proposição com um conteúdo elementar e intuitivo acerca de um numeral. Seja P válida para 1, e sabe-se que, se P é válida para *n*, então é válida para *n* + 1. Conclui-se assim que P é válida para qualquer numeral *k*. O significado finitista do princípio da indução consiste no fato de *k* ser construído a partir de 1 pelo processo da aposição do símbolo 1. Se se verifica que P é válida para 1 e, a cada aposição de 1, P é válida para o novo símbolo, então quando terminar a construção de *k* verifica-se que P é válida para *k*. Nessas condições, a indução não é um princípio autônomo, mas uma conseqüência que se segue da construção concreta dos símbolos.

O objetivo da definição recursiva de uma função consiste na introdução de um novo símbolo funcional, p. ex., *f*, e a definição é feita a partir de duas equações com o seguinte conteúdo:

$$f(1) = k$$
$$f(n + 1) = g(f(n), n)$$

em que *k* é um numeral e *g* uma função já construída de tal modo que *g*(*a*, *b*) para numerais *a* e *b* pode ser calculada e tem como valor também um numeral. Assim, também no caso da definição por recursão estamos perante não um princípio autônomo de definição, mas de uma descrição abreviada de certos processos de construção por meio dos quais de um ou mais numerais dados se obtém de novo um numeral.

Sem entrar agora em pormenores, Hilbert e Bernays mostram a seguir como com esses processos básicos se pode dar um conteúdo finitista às propriedades conhecidas da adição e da multiplicação, ao conceito de número primo e à representação unívoca de qualquer inteiro como um produto de fatores primos.

Para fazer um esboço dos princípios de lógica que resultam da adoção do ponto de vista finitista começamos por supor que as proposições P_1, P_2,... são proposições acerca de numerais. Para o caso de uma proposição em que não ocorrem quantificadores, como *m* + *n* = *k*, a questão deixa-se imediatamente resolver por meio de uma investigação direta cujo fim é a decisão acerca da adequação do juízo expresso, isto é, se *m* + *n* representa o mesmo numeral que *k* ou se, ao contrário, *m* + *n* e *k* não são representações do mesmo numeral. Passando agora ao caso de proposições com quantificadores, uma proposição da forma $\forall x\, Ax$ é para ser interpretada como um juízo hipotético, isto é, como uma asserção acerca de cada um dos numerais sob consideração. Esse juízo é de fato a articulação de uma lei ou princípio geral que pode efetivamente ser verificada para cada caso individual. Uma proposição da forma $\exists x\, Ax$ é para ser interpretada como um juízo parcial, isto é, como uma parte incompleta de uma proposição mais rigorosamente determinada e completamente enunciada. Essa determinação pode consistir ou na imediata apresentação de um numeral x tal que Ax, ou na apresentação de um processo que permita a efetiva construção de um numeral x tal que Ax. Requer-se ainda, de harmonia com a exigência de efetividade essencial dos processos a utilizar, que, na apresentação de um processo que permita a construção de um x tal que Ax, o número de passos tenha de ser menor ou igual a um dado inteiro k. No caso da quantificação dupla, uma asserção como $\forall k\, \exists m\, Ak \rightarrow Bkm$ é para ser interpretada como uma parte incompleta de uma proposição que determina a existência de um processo que permita para qualquer numeral k para o qual Ak determinar um numeral m que está com k na relação Bkm.

A negação em sentido finitista não coincide sempre com a negação em sentido clássico. Nas proposições em que não ocorrem quantificadores, chamadas proposições elementares, a negação consiste de fato em estabelecer diretamente a inadequação do juízo expresso, p. ex., $m + n = 1$. A negação desse juízo afirma apenas que o resultado da inspeção direta não coincide com o resultado expresso na proposição, e assim, para proposições decidíveis, o princípio do *tertium non datur* pode ser sempre usado. O mesmo já não se pode dizer nos casos em que a negação precede quantificadores, e assim, do novo ponto de vista, não é imediatamente óbvio o que se deve entender pela negação do juízo expresso com quantificadores.

No caso de $\exists x\, Ax$, o fato de o numeral x tal que Ax não existir pode ser interpretado como querendo significar que não se conhece um numeral x tal que Ax, caso em que essa interpretação se limita a constatar um estado de conhecimento puramente contingente. Para superar essa contingência, a inexistência de um numeral x tal que Ax tem de ser concebida como uma asserção acerca da impossibilidade de construir tal x. É-se assim levado a introduzir para uma proposição A o conceito da sua negação finitista ¬ A, que no entanto já não é exatamente a proposição contraditória de A. $\exists x\, Ax$ e ¬$\exists x\, Ax$ não são, como é o caso em $m + n = k$ e $m + n \neq k$, asserções acerca de uma mesma decisão, mas antes representam dois estados de conhecimento diferentes: por um lado o conhecimento que permite determinar um x tal que Ax e, por outro lado, o conhecimento de uma lei geral acerca de numerais. Ora não é imediatamente óbvio que um desses estados de conhecimento tenha de ser alcançado, e assim a disjunção $\exists x\, Ax \lor \neg \exists x\, Ax$ deixa de ser uma fórmula finitisticamente válida.

Considerando agora o caso da negação do juízo universal $\forall x\, Ax$, não é de todo óbvio o que deva ser a interpretação de $\neg \forall x\, Ax$. Por um lado pode-se interpretar como sendo a refutação do juízo universal por meio de um contra-exemplo. Mas nesse caso existe a mesma dificuldade que encontramos no juízo existencial, uma vez que deixa de ser aparente que ou uma lei geral acerca de numerais x tais que Ax, ou a existência de um contra-exemplo, tenham de ser expressos por proposições mutuamente exclusivas; também a disjunção $\forall x\, Ax \lor \neg \forall x\, Ax$ deixa de ser uma fórmula finitisticamente válida. Poder-se-ia argumentar que uma refutação de $\forall x\, Ax$ não tem de ser feita por meio de um contra-exemplo, que pode ser feita por meio da demonstração que $\forall x\, Ax$ conduz eventualmente a uma contradição. Mas essa solução não é melhor que a anterior, uma vez que também não é imediatamente óbvio que ou uma lei geral acerca de numerais, ou a derivação da conseqüência absurda que permite a sua refutação, tenham de ser mutuamente exclusivas.

Se voltarmos agora ao problema do significado intrínseco de uma teoria matemática vemos que ele é muito mais acessível quando se trata de uma teoria axiomática abstrata, uma vez que tal teoria poderá ser considerada significativa se se pode mostrar um modelo. Se se dispõe de uma realização finita da teoria, então o problema do seu significado é imediatamente dado; se se dispõe de uma realização infinita, mas construída na base de princípios finitistas como os que acabamos de descrever, então também temos uma solução para o problema do seu significado. O problema crucial é que esses meios finitistas, tais como definidos anteriormente, têm um âmbito de aplicação relativamente pequeno, e, logo, na aritmética dos números inteiros é preciso lançar mão de processos não-finitistas, como, p. ex., no princípio do mínimo de uma propriedade aritmética. Assim, o método de assegurar o significado de uma teoria tem de ser revisto, e a idéia de Hilbert foi a de que a fonte de significado deve ser a demonstração da consistência da teoria. Assim, qualquer teoria axiomática abstrata teria significado, isto é, seria capaz de descrever uma estrutura, se houvesse uma demonstração de que dos axiomas por meio das regras de inferência não poderia derivar uma contradição. Assim, o foco de todo o programa passa para a formulação, para cada teoria matemática, de que os processos de demonstração permitidos não dão origem a uma contradição. Para esse corpo de doutrina Hilbert criou o nome "teoria da demonstração", ou "metamatemática", que portanto neste momento se define como o estudo sistemático do domínio de validade das diversas formas de inferência. Em particular, para a demonstração de consistência seria exigido que o argumento metamatemático fosse ele por sua vez finitista. E enquanto, ao tempo dos fundamentos da geometria, Hilbert estava interessado em demonstrar a consistência da geometria euclidiana, nos FUNDAMENTOS DA MATEMÁTICA o seu plano é legitimar toda a matemática clássica por meio do raciocínio finitista.

Para isso Hilbert teve de representar uma teoria matemática dada em um sistema dedutivo muito mais rigoroso, procedendo assim à formalização da teoria ou à sua representação em um sistema formal. Esse sistema formal seria completo no sentido de reproduzir a teoria matemática subjacente, em particular a totalidade dos seus teoremas. Essas teorias formais eram concebidas por Hilbert de um ponto de vista puramente sintático; a teoria seria fundada em um domínio postulado de objetos, um número finito de fórmulas iniciais seria separado e as regras de inferência teriam de ser explicitamente formuladas. Portanto, são fórmulas deriváveis em um sistema assim construído todas aquelas que se obtêm das fórmulas de saída ou iniciais por meio de um número finito de aplicações das regras de inferência. Desse modo será de esperar que a cada teorema da teoria matemática subjacente corresponda uma fórmula derivável do novo sistema formal. E assim, se se dispuser da demonstração de consistência do sistema formal, a legitimação da teoria matemática subjacente está realizada.

Em todo caso, o uso freqüente do raciocínio não-finitista em teorias matemáticas faz com que Hilbert tenha de, nos sistemas formais que devem justificar essas teorias, introduzir regras de derivação que correspondam à parte não-finitista da inferência. Suponhamos agora que um sistema formal F representa uma teoria T com inferências não-finitistas, que serão por isso representadas em F. Para Hilbert essa situação não é paradoxal pelo fato de o sistema F ser ele próprio construtivamente definido, e por isso ele próprio ser suscetível de tratamento finitista, visto que F é um conjunto de sucessões de fórmulas formadas a partir de regras. Nessas condições o programa finitista parece oferecer a possibilidade de legitimar o raciocínio não-finitista.

Para não dar a impressão de que o finitismo e o intuicionismo de Brouwer são uma e a mesma coisa, apesar de terem em comum alguns pontos de doutrina, como a rejeição do *tertium non datur*, Hilbert permite o uso de considerações lógicas gerais, ainda que interpretadas de maneira mais restritiva do que no realismo clássico; como permite também o uso dos fatos da experiência combinatória, que são o paradigma da percepção finitista. No intuicionismo domina a noção de que o objeto matemático é essencialmente uma experiência mental, que consiste na execução de uma demonstração, enquanto no finitismo de Hilbert encontramos a noção de que o objeto matemático é produzido por uma experiência levada a efeito com objetos concretos, concebidos como formados por partes discretas e de cuja estrutura se pode ter uma percepção de conjunto. Assim, é claro que o intuicionismo inclui o finitismo, uma vez que a imagem de um objeto concreto pode ser usada em uma construção mental; mas excede o âmbito do finitismo ao permitir asserções acerca de todas as construções possíveis, que não constituem uma totalidade em sentido finitista.

Se F for, como nos FUNDAMENTOS DA MATEMÁTICA, a teoria que formaliza a aritmética, *ver* o verbete TEOREMA DA INCOMPLETUDE DE GÖDEL sobre a impossibilidade de representar em F todos os teoremas da teoria subjacente e de demonstrar a consistência de F pelos meios da própria teoria. Sobre a possibilidade de uma extensão do ponto de vista finitista de modo a permitir a demonstração de consistência da aritmética, veja-se na bibliografia o ensaio de Gödel "Über eine bisher noch nicht benützte Erweiterung des finiten Standpunktes". *Ver também* INTUICIONISMO; FORMALISMO; PLATONISMO; FUNDAMENTOS DA MATEMÁTICA. **MSL**

BERNAYS, P. e HILBERT, D. *Grundlagen der Mathematik*. Berlim: Springer, 1968, vol. 2.
GÖDEL, K. "Über eine bisher noch nicht benützte Erweiterung des finiten Standpunktes", *in Dialectica*, vol. 12, 1958, pp. 280-7.
HILBERT, D. "Die logischen Grundlagen der Mathematik", *in Mathematische Annalen*, 1922.
——. "Neubegrundung der Mathematik", *in Hambuger Math. Seminarabhandlungen*, Hamburgo, 1922. *Nota da edição brasileira*: Há uma tradução portuguesa do livro de Hilbert: *Grundlagen der Geometrie* (1899), de Paulino Lima Fortes, com revisão de A. J. Franco de Oliveira: *Fundamentos da geometria*, Lisboa: Gradiva, 2003. Essa edição contém apêndices, entre os quais uma versão do texto de Hilbert, "Os fundamentos da matemática" (pp. 256-75).
KREISEL, G. "Hilbert's Programme", *in Dialectica*, n.º 12, 1958.

proibição

Ver LÓGICA DEÔNTICA.

proposição

O pensamento literalmente expresso por uma frase declarativa com sentido. A diferença entre proposições e frases é facilmente compreendida se considerarmos as frases "Sócrates era um filósofo" e "Socrates was a philosopher". É claro que se trata de dois objetos lingüísticos, mas não é menos claro que exprimem o mesmo pensamento. São de fato duas frases que exprimem uma única proposição. Tal como duas frases distintas podem exprimir uma única proposição, também uma única frase pode exprimir proposições diferentes. P. ex., a frase "Eu sou português", dita por António Franco, exprime a proposição, verdadeira, que António Franco Alexandre é português; mas dita por João Ubaldo Ribeiro exprime a proposição, falsa, que esse escritor brasileiro é português. As frases-tipo, por sua vez, distinguem-se das proposições. Quando afirmamos que duas frases constituem uma só frase-tipo, afirmamos apenas que agrupamos ambas na mesma classe de frases. **DM**

proposição, argumentos e teorias da

Argumentos: Uma proposição é, segundo as diferentes teorias propostas, o significado, o sentido, a intensão ou o conteúdo informativo de uma frase declarativa. Os diferentes argumentos apresentados para assumir a sua existência explicitam as diferentes funções atribuídas às proposições:

1. Portadores dos valores de verdade: Poder-se-ia atribuir verdade e falsidade a frases declarativas. A dificuldade seria, então, a determinação do valor de verdade de frases com termos indexicais. A frase "Eu sou português", p. ex., não é em si verdadeira nem falsa, pois seu valor de verdade depende do contexto pragmático do proferimento, neste caso especificamente, de quem a proferiu. Proposições são um artifício de neutralização do efeito de ambigüidade gerado pelos termos indexicais. A frase exemplo é utilizada para exprimir diferentes proposições: quando Goethe a profere, ele afirma a proposição *Goethe é português* e quando José Saramago a profere, ele afirma a proposição *José Saramago é português*.

2. Constante de traduções: Normalmente se concebe a tradução como o procedimento de substituição de uma frase f_1 de uma língua por uma frase f_2 de uma outra língua mantendo preservado o conteúdo expresso por f_1. Esse processo pode ser bem explicado com auxílio da teoria das proposições: traduzir é permutar frases que expressam a mesma proposição. "A neve é branca" e "snow is white" são frases distintas, pertencentes a diferentes línguas, mas exprimem a mesma proposição.

3. Constante de paráfrases: A paráfrase é o método filosófico de permuta de frases, semelhante ao processo de tradução, com o intuito de apresentar no final uma frase que seja, do ponto de vista informacional, equivalente à frase original, mas que torne mais explícita a forma lógica e assim também o comprometimento ontológico implícitos nesta. O paradigma clássico de análise é a teoria das descrições de Russell, que concebe a frase aparentemente simples "o rei da França é careca" como sendo a conjunção das frases "a França tem um rei", "a França não tem mais de um rei" e "esse rei é careca". As proposições são necessárias como elemento constante de uma paráfrase: a proposição é o que permanece durante todo o processo de permutação de frases.

4. Significado de frases falsas: Para uma teoria semântica que só admite o nível da linguagem e do mundo não haveria dificuldade em explicar o que é o significado de uma frase declarativa verdadeira. Pode-se identificar o significado de tal frase com o fato correspondente no mundo. O significado da frase "a neve é branca" é o fato de que *a neve é branca*. A dificuldade para tal teoria seria, no entanto, explicar o significado de uma frase falsa. Nesse caso, não há um fato correspondente no mundo real, mas mesmo assim há de se admitir que a frase tenha um significado, pois ela "diz algo". A noção de proposição resolve o problema, assumindo que tanto frases verdadeiras como frases falsas dizem algo, na medida em que expressam proposições. Proposições são estados de coisas que podem ou não subsistir no mundo real.

5. Objetos de atitudes proposicionais: São designados contextos de atitudes proposicionais aqueles que descrevem uma relação entre um sujeito falante ou pensante e um conteúdo proposicional, relação essa que é indicada por verbos como dizer, afirmar, crer, pensar e outros. P. ex.: "Frege disse que a estrela vespertina é a estrela matutina." É claro que Frege não disse a frase "a estrela vespertina é a estrela matutina", pois ele não falava português. Mas é igualmente claro que a frase é verdadeira, em certo sentido, pois Frege realmente disse isso. Além disso, é claro que a afirmação de Frege não é uma trivialidade, a saber, o fato de que o planeta Vênus é idêntico a si mesmo. Logo, há de se supor que entre o nível dos sinais (frase) e o nível ontológico (fato) existe a dimensão do sentido. Em um contexto de atitude proposicional, o sujeito falante ou pensante tem uma relação intensional com o sentido de uma frase, ou seja, com uma proposição, e não com a frase ou com o fato.

Objeções: Willard van Orman Quine é o maior adversário da noção de proposição. Segundo ele, os proponentes das proposições não foram capazes de apresentar um critério de identidade para entidades intensionais, especificamente para proposições e, por isso, estas não devem ser admitidas em uma ontologia rigorosa, pois, segundo seu famoso *slogan, no entity without identity*. As funções atribuídas a proposições poderiam, com algum recurso lógico, ser assumidas pelas próprias frases: 1. somente frases eternas (cuja indexicalidade é explicitada) são verdadeiras ou falsas; 2. não há constante de tradução, por isso tampouco há uma única tradução correta possível – toda tradução é fundamentalmente subdeterminada; 3. paráfrases são procedimentos puramente lingüísticos orientados por princípios operatórios pragmáticos; 4. frases falsas expressam disposições verbais cujas condições empíricas (segundo Quine: estrutura de estímulos sensíveis) de assentimento não ocorrem; e 5. atitudes proposicionais são interpretadas como relações entre um sujeito e uma frase *em uma língua*: No exemplo citado: Frege disse *em alemão* "a estrela vespertina é a estrela matutina". A adição de novas entidades não resolve, mas sim traz novos problemas: Qual seu estatuto ontológico? Qual relação subsiste entre a proposição e o pensamento, e entre ela e a frase que a expressa?

Teorias: Proposições são basicamente complexos de conceitos estruturados por uma forma lógica própria. Não existe unanimidade entre os teóricos sobre o seu estatuto ontológico, já tendo sido consideradas entidades mentais, intensionais, semânticas ou até mesmo platônicas.

1. *Teorias pré-analíticas*: A lógica proposicional estóica conhecia a noção de proposição (grego: *lékton*): uma proposição é aquilo que se afirma, o enunciado utilizado em uma inferência lógica. O termo latino *propositio* foi introduzido por Cícero para indicar a premissa maior de um silogismo. Na Idade Média também se fazia a distinção entre os níveis signativo (*vox*), ontológico (*res*) e intensional (*intellectus*), no qual estão localizados os conceitos, expressos por palavras, e as proposições, expressas por frases. No *Diálogo sobre a relação entre as coisas e as palavras* (*Dialog über die Verknüpfung zwischen Dingen und Worten*, 1677) Leibniz defende uma semântica intensional, ou seja, um nível proposicional entre frases e fatos, que é fundamental para a lógica reduplicativa que distinguiria, em um exemplo moderno: Vênus *qua estrela matutina* e Vênus *qua estrela vespertina*. Também a escola austríaca conhecia as entidades proposicionais como *Satz an sich* ("frases em si" de Bolzano), *Sachverhalt* ("estados de coisas" de A. Reinach, C. Stumpf e A. Marty) e *Objetive* ("objetivos" de A. Meinong). A teoria dos objetivos de Meinong é responsável pela introdução da noção de proposição na filosofia analítica de Moore e Russell.

2. *Moore e Russell*: George Edward Moore e Bertrand Russell são os pioneiros na introdução das proposições na filosofia analítica anglo-saxônica. A substituição do termo *judgment* (juízo) pelo termo *proposition* a partir de 1898 marcou a passagem de uma atitude idealista para uma posição realista, primeiro em uma perspectiva fortemente platônica e depois de 1905 em uma forma mais crítico-reducionista. Ambos foram influenciados pela noção dos *Objektive* de Meinong, que parecia adequada para superar o psicologismo do idealismo britânico do fim do século XIX. Para o platonismo ou realismo proposicional de Moore e Russell também é fundamental o argumento de pressuposição de existência de Meinong: dizer de qualquer entidade *x* que *x* não existe é falso ou contraditório. Embora as proposições possam ser objeto tanto de atos cognitivos quanto de atos lingüísticos, elas são consideradas ontologicamente independentes do pensamento e da linguagem. Segundo o realismo proposicional, proposições não são entidades lingüísticas nem mentais, mas sim entidades abstratas, subsistentes em um mundo platônico. Em *Principles of Mathematics* (§ 16) Russell de-

fine proposições a partir da sua função lógica: p é uma proposição $=_{df} p \rightarrow p$. Uma proposição (p. ex., *Sócrates é mortal*) também pode ser definida como valor de uma função proposicional (*é mortal*) para determinado argumento (*Sócrates*).

3. *Frege*: No famoso artigo *Über Sinn und Bedeutung* (1892) Frege defende a existência de uma dimensão intermediária entre o signo e a sua referência, designada por ele de sentido (*Sinn*). A distinção entre sentido e denotação é aplicada a todas as expressões lingüísticas extralógicas; o sentido de uma frase declarativa é o *Gedanke* (literalmente "pensamento"; melhor, hoje: proposição). As proposições pertencem ao que Frege chama de Terceiro Reino. Frege distingue três momentos diferentes: 1) apreendemos uma proposição quando entendemos o sentido de uma frase; 2) julgamos quando decidimos sobre o seu valor de verdade; e 3) afirmamos quando enunciamos a frase correspondente.

4. *Teorias modais*: Na semântica contemporânea dos mundos possíveis, elaborada por autores como S. Kripke, R. Montague, J. Hintikka e D. Lewis, tornou-se usual definir uma proposição como a classe de todos os mundos possíveis nas quais ela é verdadeira. A proposição *a neve é branca* é assim definida como a classe de todos os mundos nos quais a neve é branca. Definidos os mundos possíveis como classes máximas de proposições COMPOSSÍVEIS, diferenciam-se proposições de acordo com seu estatuto modal: proposição necessária: verdadeira em todos os mundos possíveis; proposição possível: verdadeira em pelo menos um mundo possível; proposição impossível: falsa em todos os mundos possíveis; proposição contingente: verdadeira no nosso mundo, mas falsa em pelos menos um outro mundo possível. GI

FREGE, G. "Der Gedanke" [1918-1919]. Reimp. *in Logische Untersuchungen*. Göttingen: Vandenhoeck & Ruprecht, 1993. Trad. bras. "O pensamento. Uma investigação lógica", *in* Frege, G. *Investigações lógicas*. Trad. Paulo Alcoforado. Porto Alegre: EDIPUCRS, 2002, pp. 9-39.

FREGE, G. "Über Sinn und Bedeutung" [1892]. Reimp. *in Funktion, Begriff, Bedeutung*. Göttingen: Vandenhoeck & Ruprecht, 1994. Trad. bras. "Sobre o sentido e a referência", *in* Frege, G. *Lógica e filosofia da linguagem*. Trad. Paulo Alcoforado. São Paulo: Cultrix/Edusp, 1978, pp. 59-86.

LEIBNIZ, G. W. "Dialog über die Verknüpfung zwischen Dingen und Worten" [1677], *in Hauptschriften zur Grundlegung der Philosophie*, Hamburgo: Felix Meiner, 1966, Band I.

QUINE, W. V. O. *Word and Object*. Cambridge: The MIT Press, 1960.

RUSSELL, B. "On Denoting" [1905]. Reimp. *in Logic and Knowledge*. Londres/Nova York: Routledge, 1992. Trad. bras. "Da denotação", *in Russell/Moore*. Coleção Os Pensadores. Trad. Pablo Mariconda. São Paulo: Abril Cultural, 1974, pp. 9-20.

____. *Principles of Mathematics*. Londres: Routledge, 1903.

proposição afirmativa

Na lógica SILOGÍSTICA, uma proposição como "Todos os homens são mortais", ou "Alguns homens são altos", opondo-se às proposições negativas, como "Nenhum homem é imortal", ou "Alguns homens não são altos". A lógica clássica não oferece nenhum fundamento para essa distinção, uma vez que a primeira frase é equivalente a afirmar que não existem homens que não sejam mortais. *Ver* QUADRADO DE OPOSIÇÃO. DM

proposição básica

Ver PROPOSIÇÃO PROTOCOLAR.

proposição categórica

Tradicionalmente, aquelas frases declarativas da forma sujeito-predicado com uma expressão de quantidade no início. Essas proposições têm a característica de poderem ser analisadas em termos de classes de coisas, afirmando ou negando que uma classe S está ou não contida, quer em parte, quer no seu todo, em uma classe P. Na lógica SILOGÍSTICA, que apenas estuda proposições categóricas, estas são divididas em quatro tipos: A: Universal afirmativa – Todo o S é P; E: Universal negativa – Nenhum S é P; I: Particular afirmativa – Algum S é P; O: Particular negativa – Algum S não é P.

Se substituirmos, em cada uma das proposições categóricas, o termo sujeito S por "político" e o termo predicado P por "corrupto", ficamos com os seguintes exemplos: A: Todos os políticos são corruptos; E: Nenhum político é corrupto; I: Alguns políticos são corruptos; O: Alguns políticos não são corruptos.

Ao analisarmos as frases em termos de classes, podemos distinguir duas classes, a dos políticos e a das pessoas corruptas; o nosso universo de discurso é o das pessoas.

O primeiro exemplo – o da proposição universal afirmativa (A) – diz-nos que a classe dos políticos está contida na classe das pessoas corruptas, ou seja, que todos os elementos da classe dos políticos são elementos da classe das pessoas corruptas. Ou seja, que a classe dos políticos que não são corruptos é vazia. Podemos generalizar e aplicar esse tipo de análise a toda proposição do tipo A. Desse modo, a interseção da classe associada ao termo sujeito S com o complemento da classe associada ao termo predicado P é vazia. Simbolicamente, usando a notação da teoria de conjuntos, ficamos com a seguinte fórmula: $S \cap \overline{P} = \emptyset$ (a interseção de S com não-P, $\overline{P}$, é vazia).

O segundo exemplo – o da proposição universal negativa (E) – diz-nos que a interseção entre a classe dos políticos e a classe das pessoas corruptas é vazia. Isso porque o que é afirmado é a não-existência de pessoas que pertençam a ambas as classes, a dos políticos e a das pessoas corruptas. Ao generalizarmos esse tipo de análise a todas as proposições do tipo E, temos que a interseção entre a classe associada a S (termo sujeito) e a classe associada a P (termo predicado) é vazia. Simbolicamente: $S \cap P = \emptyset$.

A proposição particular afirmativa do terceiro exemplo (tipo I) garante-nos a existência de alguns elementos da classe dos políticos que também pertencem à classe das pessoas corruptas. Logo, a interseção entre a classe dos políticos e a classe das pessoas corruptas não é vazia. Generalizando esse tipo de análise a todas as frases do tipo I, ficamos com a seguinte fórmula: $S \cap P \neq \emptyset$.

Por último, o exemplo da proposição particular negativa (tipo O) estabelece a existência de alguns elementos da classe dos políticos que não pertencem à classe das pessoas corruptas. Logo, a interseção entre a classe dos políticos e a classe das pessoas que não são corruptas não é vazia. Mais uma vez, ao generalizar esse tipo de análise, aplicando-a a todas as frases do tipo O, ficamos com a seguinte fórmula: $S \cap \overline{P} \neq \emptyset$. Os DIAGRAMAS DE VENN representam graficamente o que acabamos de explicar. *Ver também* QUADRADO DE OPOSIÇÃO; SILOGISMO. **CTe**

proposição geral/singular

Frases como "Todos os gatos são pretos", "Alguns homens são mortais", etc., exprimem proposições gerais. Em oposição, frases como "Sócrates é mortal", "Boby é bonito", etc. exprimem proposições singulares. A diferença é que, ao passo que as proposições gerais não mencionam nenhum indivíduo em particular, como Sócrates ou Boby, as proposições singulares o fazem. Desse modo, podemos definir uma proposição singular da forma sujeito-predicado como uma proposição que afirma que um indivíduo específico possui ou não certo atributo. No caso da proposição singular "Sócrates é mortal", atribui-se ao indivíduo designado por "Sócrates" a propriedade ou o atributo de ser mortal. Essas proposições são habitualmente simbolizadas usando letras maiúsculas para representar os atributos e letras minúsculas para representar os indivíduos; às letras minúsculas chamam-se "constantes individuais". Assim, podemos simbolizar a proposição "Sócrates é mortal" por Ms, em que s denota Sócrates e M representa o atributo de ser mortal.

No caso das proposições gerais, em vez de se atribuir uma propriedade a determinado indivíduo, atribui-se a propriedade a certo número de indivíduos (alguns, todos, muitos, a maioria, etc.). Assim, tipicamente, elas podem ser universais ou particulares. P. ex., a proposição "todos os homens são mortais" afirma, acerca de todos os indivíduos da classe dos homens, que eles têm a propriedade de ser mortais (não é acerca de nenhum indivíduo em particular). Quanto à proposição particular "alguns homens são mortais" ela atribui a alguns elementos da classe dos homens a propriedade de ser mortal. Apesar de ser suficiente a existência de um único indivíduo que seja mortal para a proposição ser verdadeira, ela, no entanto, não menciona nenhum indivíduo em particular, daí chamar-se proposição geral. A mesma idéia aplica-se às proposições negativas. Tal como no caso das proposições singulares, as proposições gerais também têm um tratamento simbólico na lógica clássica. Para tal recorre-se ao uso de quantificadores: o universal e o existencial, simbolizados respectivamente por $\forall$ e $\exists$.

Na lógica aristotélica, não se faz essa distinção entre proposições gerais e singulares, mas as PROPOSIÇÕES CATEGÓRICAS não são mais do que proposições gerais. No caso do silogismo:

1) Todos os homens são mortais
2) Sócrates é homem
∴ Sócrates é mortal

A premissa 2 e a conclusão, apesar de mencionar um indivíduo particular, Sócrates, são muitas vezes tratadas como PROPOSIÇÕES CATEGÓRICAS universais afirmativas (tipo A). Os lógicos medievais defendem o tratamento dessas proposições como universais com base na idéia de que tanto a premissa como a conclusão se referem à totalidade da "substância Sócrates". **CTe**

proposição hipotética

Tradicionalmente, qualquer frase da forma ⌜se p, então q⌝ (em que p e q são frases). Habitualmente, elas são designadas por proposições ou frases condicionais. *Ver* CONDICIONAL; IMPLICAÇÃO MATERIAL. **CTe**

proposição negativa

Ver PROPOSIÇÃO AFIRMATIVA.

proposição particular

Na lógica aristotélica, uma proposição como *Alguns homens são altos*, ou *Alguns homens não são altos*. Opõe-se a PROPOSIÇÃO UNIVERSAL. *Ver* QUADRADO DE OPOSIÇÃO.

proposição protocolar

(do al., *Protokollsatz*) Proposição básica que resulta da observação. No artigo "Protokollsatz" (1932-1933), Otto Neurath (1882-1945) investigou o estatuto dessas proposições, opondo-se ao fenomenismo que então prevalecia no Círculo de Viena (*ver* POSITIVISMO LÓGICO). Segundo Neurath, as proposições protocolares não se referem aos dados sensoriais de um observador. Se as proposições da ciência são intersubjetivas e se baseiam em proposições protocolares, também elas devem ser intersubjetivas. Por isso, não descrevem experiências privadas, mas objetos ou acontecimentos físicos publicamente acessíveis. Uma proposição protocolar completa contém o nome ou uma descrição do observador, e relata um ato de observação na linguagem fisicalista, tida por Neurath como a linguagem própria de toda a ciência. Neurath apresenta o seguinte exemplo de proposição protocolar: "Protocolo de Otto às 3:17: [às 3:16, o pensamento lingüístico de Otto era: (às 3:15 havia uma mesa no quarto percebida por Otto)]."

As proposições protocolares, como quaisquer outras asserções sobre o mundo físico, não são incorrigíveis, e por isso não podem constituir uma base absolutamente segura para o conhecimento científico. Neurath apresentou essa idéia por meio da inspiradora metáfora do barco:

"Não existe nenhuma maneira de usar proposições protocolares puras conclusivamente estabelecidas como ponto de partida para as ciências. Não existe nenhuma *tabula rasa*. Somos como marinheiros que têm de reconstruir o seu barco no alto-mar, por nunca poderem desmantelá-lo em um porto e reconstruí-lo aí a partir dos melhores materiais" (Neurath, 1932-1933, p. 201).

Quando estamos perante proposições protocolares mutuamente incompatíveis, devemos rejeitar alguma delas. Neurath imagina um observador que, enquanto escreve com a mão esquerda que nada há no quarto exceto uma mesa, escreve com a mão direita que nada há no quarto exceto um pássaro. Nessas circunstâncias, pelo menos um dos protocolos deve ser rejeitado. Quando uma proposição protocolar entra em conflito com uma proposição de ordem superior – como uma hipótese geral –, também uma delas deve ser rejeitada, mas não necessariamente a proposição protocolar. Interessa sobretudo assegurar a coerência do conhecimento científico, e a rejeição de proposições protocolares pode ser útil para esse efeito. Essa tese, associada à idéia de que as proposições só podem ser legitimamente comparadas com outras proposições, e não com "experiências" ou com "o mundo", fez com que Neurath defendesse a teoria da verdade como coerência (*ver* VERDADE, TEORIAS DA).

Os pontos de vista de Neurath suscitaram uma grande divisão no movimento positivista. Carnap (1932-1933) aceitou o fisicalismo e tentou mesmo estendê-lo às asserções da psicologia, mas Schlick (1934), para além de ter criticado duramente a teoria da verdade como coerência, manteve-se fiel ao fenomenismo e continuou a defender a existência de certas proposições básicas incorrigíveis, conhecidas por "*Konstatierungen*" ou "constatações". Segundo Schlick (1882-1936), essas proposições constituem o fundamento inabalável de todo o conhecimento factual, e consistem na descrição imediata de experiências privadas de um observador. Como exemplos de confirmações, Schlick indica as frases "aqui coincidem dois pontos escuros", "aqui azul com amarelo à volta" e "aqui agora dor". Devido à ocorrência de termos demonstrativos nessas frases, Schlick defende que só podemos compreendê-las ostensivamente: "'Isto aqui' só tem significado em conexão com um gesto. Por isso, para compreendermos o significado de uma afirmação observacional como essa, devemos executar o gesto simultaneamente, devemos apontar de alguma maneira para a realidade" (Schlick, 1934, p. 225).

As constatações distinguem-se assim de todas as outras proposições empíricas na medida em que compreender o seu significado não difere do processo de as verificar. Quando compreendemos uma confirmação, reconhecemos que ela é verdadeira, mas parece que só podemos compreender as constatações que se referem às nossas próprias experiências. Por essa razão, não é surpreendente que Schlick tenha sido acusado de estar comprometido com uma versão de solipsismo, e de não conseguir explicar como é possível a comunicação. Neurath, aliás, estava consciente dessa dificuldade inerente ao fenomenismo, pois defendeu que a comparação entre proposições protocolares requer uma linguagem intersubjetiva: "qualquer linguagem enquanto tal é intersubjetiva. Os protocolos de um momento devem ser submetidos a uma incorporação nos do momento seguinte, tal como os protocolos de A devem ser submetidos a uma incorporação nos protocolos de B. Logo, não faz sentido falar [...] de uma linguagem privada" (Neurath 1932-1933, p. 205).

Karl Popper (1934) viu na tese da corrigibilidade das proposições protocolares um avanço notável, mas criticou Neurath por este não ter apresentado nenhum conjunto de regras que limitem a arbitrariedade na aceitação e rejeição de protocolos. Qualquer teoria torna-se defensável se permitirmos a rejeição de todas as proposições protocolares inconvenientes. Segundo Popper (1902-1994), as proposições básicas servem para testar teorias, e uma proposição básica pode sempre ser sujeita a novos testes. Embora seja logicamente possível testar indefinidamente uma proposição básica, esse procedimento não é exeqüível do ponto de vista da prática científica. Qualquer teste de uma teoria deve terminar em certas afirmações básicas que decidimos aceitar, mas uma decisão desse tipo não é inteiramente arbitrária, pois os cientistas aceitam como básicas proposições que podem ser testadas com facilidade. No entanto, geralmente, é muito mais fácil testar uma proposição como "uma mesa está colocada no meu quarto" do que uma proposição tipicamente protocolar.

A influência do artigo de Neurath ultrapassou largamente a esfera do movimento positivista. O HOLISMO de Quine (1908-2000) desenvolve o pensamento formulado na metáfora do barco. Supõe-se também que Wittgenstein (1889-1951) terá sido influenciado por Neurath quanto à rejeição da possibilidade de uma linguagem privada. Ver POSITIVISMO LÓGICO. **PG**

CARNAP, R. "Psychology in Physical Language" [1932-1933]. Reimp. *in* Ayer, A. J. (org.). *Logical Positivism*. Westport: Free Press, 1959, pp. 165-98.

NEURATH, O. "Protokollsätze", *in Erkenntnis* (1932-1933), vol. 3, pp. 204-14. Trad. ingl. "Protocol Sentences" [1932-1933]. Reimp. *in* Ayer, A. J. (org.). *Logical Positivism*. Westport: Free Press, 1959, pp. 199-208.

POPPER, K. *The Logic of Scientific Discovery* [1934]. 14.ª imp. rev. da trad. ingl. de 1959. Londres: Unwin Hyman, 1990. Trad. bras. *A lógica da pesquisa científica*. Trad. L. Hegenberg e O. Silveira da Mota. São Paulo: Cultrix/Edusp, 1975.

SCHLICK, M. "The Foundation of Knowledge" [1934]. Reimp. *in* Ayer, A. J. (org.). *Logical Positivism*. Westport: Free Press, 1959, pp. 209-27. *Nota da edição brasileira*. Existe uma tradução para o espanhol da acima mencionada antologia de A. J. Ayer (org.): *El positivismo lógico*. México: Fondo de Cultura Económica, 1965.

proposição-sistema

Ver POSITIVISMO LÓGICO.

proposição universal

Uma proposição universalmente quantificada. Na SILOGÍSTICA há dois tipos de proposições universais: as afirmativas, p. ex., "Todos os homens são mortais", $\forall x\, (Hx \rightarrow Mx)$; e as negativas, p. ex., "Nenhum homem é imortal", $\forall x\, (Hx \rightarrow \neg Ix)$. Opõe-se a PROPOSIÇÃO PARTICULAR. Ver QUADRADO DE OPOSIÇÃO.

propriedade

Em geral, uma propriedade é um atributo, um aspecto, uma característica, ou uma qualidade que algo pode ter.

Propriedades são tradicionalmente descritas como constituindo uma categoria de entidades que se distingue de uma outra categoria ontológica, a de particulares ou indivíduos. *Grosso modo*, a distinção proposta é a seguinte. Propriedades formam aquela categoria de entidades que se caracterizam por serem predicáveis de, ou exemplificáveis por, algo. P. ex., a propriedade de ser oval é predicável de, ou exemplificável por, objetos ovais; e diz-se desses objetos que são exemplos ou espécimes da propriedade, que é assim vista como um tipo ou universal (*ver* TIPO-ESPÉCIME). Predicação consiste assim na atribuição de uma propriedade a um indivíduo; a predicação será verdadeira se o indivíduo exemplifica a propriedade, e falsa se a não exemplifica. Por outro lado, os indivíduos formam aquela categoria de entidades que se caracterizam por serem sujeitos (potenciais) de predicações ou exemplos (potenciais) de propriedades, mas que não são por sua vez predicáveis de, ou exemplificáveis por, o que quer que seja. P. ex., minha mão esquerda exemplifica certas propriedades, designadamente a propriedade de ter um número ímpar de dedos, e não exemplifica outras propriedades, designadamente a propriedade de ser solúvel; mas não é predicável do que quer que seja.

Naturalmente, essa descrição rude da divisão de entidades em objetos (particulares) e propriedades (universais) não é de

propriedade

modo algum inconsistente com a circunstância de muitas propriedades poderem por sua vez ser sujeitos de predicações e exemplificar outras propriedades. P. ex. (presumivelmente) a propriedade de ser um político honesto, da qual certas pessoas são exemplos, exemplifica igualmente a propriedade de ser (uma propriedade) rara. É usual chamar a propriedades desse gênero propriedades de segunda ordem; trata-se assim de propriedades que têm como exemplos propriedades predicáveis de indivíduos, sendo essas últimas propriedades por sua vez designadas como de primeira ordem. Em geral, e ignorando certas complicações, pode-se dizer que uma propriedade de ordem n é exemplificável apenas por propriedades de ordem $n-1$ ou inferior, se $n \geq 2$, e por indivíduos, se $n = 1$. Isso nos dá uma hierarquia de entidades na base da qual estão entidades de nível 0 (indivíduos), seguidas de entidades de nível 1 (propriedades de primeira ordem), seguidas de entidades de nível 2 (propriedades de segunda ordem), e assim por diante. A adoção de uma estratificação desse gênero constitui uma das maneiras de bloquear uma versão simples do PARADOXO DE RUSSELL aplicado a propriedades. Simplificadamente, o paradoxo é o seguinte. Por um lado, certas propriedades parecem ter a propriedade de não se exemplificar a si mesmas; p. ex., a propriedade de ser oval não se exemplifica a si mesma, isto é, não tem ela própria a propriedade de ser oval. Por outro lado, outras propriedades parecem ter a propriedade de se exemplificar a si mesmas; p. ex., a propriedade de ser abstrata exemplifica-se a si mesma, isto é, tem ela própria a propriedade de ser abstrata. Considere-se agora a propriedade de ser uma propriedade que não se exemplifica a si mesma. Nós perguntamos o seguinte: essa propriedade exemplifica a si mesma? Se respondermos afirmativamente, concluímos que a propriedade em questão não se exemplifica a si mesma. Se respondermos negativamente, concluímos que a propriedade em questão se exemplifica a si mesma. Obtemos assim uma contradição formal: aquela propriedade exemplifica-se a si mesma e não se exemplifica a si mesma. Naturalmente, o paradoxo não é gerado se impusermos sobre propriedades a restrição antes introduzida de que uma propriedade só pode ser predicável de propriedades de ordem inferior.

Note-se ainda que é plausível introduzir propriedades (p. ex., de primeira ordem) que, de acordo com a maneira como as coisas são, não têm nenhum exemplo ou não são exemplificadas por nenhum objeto; um caso é dado na propriedade de ser uma pessoa com mais de oito metros de altura. E parece ser plausível introduzir mesmo propriedades que, necessariamente, não são exemplificadas por nenhum objeto; casos são dados na propriedade de ser uma pessoa mais baixa do que ela própria, cuja exemplificação por algo é metafisicamente impossível, e na propriedade de ser um habitante do sexo masculino do Cartaxo que barbeia todos aqueles, e só aqueles, habitantes do sexo masculino do Cartaxo que não se barbeiam a si próprios, cuja exemplificação por algo é logicamente impossível.

Em filosofia da linguagem e em semântica, propriedades são muitas vezes concebidas como aquilo que é expresso por predicados monádicos ou de grau (ou ARIDADE) 1; ou, em outra terminologia, como sendo o significado ou o conteúdo semântico atribuído a predicados monádicos. Diz-se, p. ex., que o predicado "(é) oval" exprime a propriedade de ser oval, e que o predicado "(é um) admirador do papa" exprime a propriedade de ser um admirador do papa. Para aqueles propósitos, é ainda freqüente relativizar propriedades a instantes de tempo de tal maneira que, p. ex., é possível o mesmo objeto exemplificar em dada ocasião a propriedade temporalmente indexada de ser oval em t e não exemplificar nessa ocasião a propriedade, distinta daquela se t e t' são tempos diferentes, de ser oval em t'. Naquela concepção de

propriedade

propriedades, estas são vistas como entidades intensionais no seguinte sentido. A propriedade de ser água e a propriedade de ter dois átomos de hidrogênio e um de oxigênio, p. ex., são contadas como propriedades distintas, apesar de ser exemplificadas exatamente pelos mesmos objetos (líquidos) e de ter assim a mesma EXTENSÃO (ou determinar o mesmo conjunto de objetos). Do ponto de vista semântico, predicados como "é água" e "é H$_2$O" não são considerados sinônimos, pois exprimem desse modo propriedades (INTENSÕES) distintas, muito embora tenham a mesma extensão (ou sejam co-extensionais). Do ponto de vista do aparato da semântica de mundos possíveis, é uma prática corrente identificar a propriedade expressa por um predicado monádico F (a intensão de F) com uma função cujos argumentos são um mundo possível *m* e um tempo *t* e cujo valor para esses argumentos é a classe de todos aqueles, e só daqueles, objetos existentes em *m* que satisfazem em *m* o predicado F em *t* (ou que exemplificam em *m* a propriedade de ser F em *t*); p. ex., a propriedade expressa pelo predicado "(é) sábio" é vista como sendo aquela função que, dadas uma situação contrafactual e uma ocasião, determina a classe das pessoas existentes nessa situação que são aí sábias nessa ocasião (obviamente, a classe determinada poderá variar de mundo para mundo ou de ocasião para ocasião).

Todavia, convém referir que tal construção de propriedades como entidades intensionais não é de modo algum consensual; alguns filósofos adotam um ponto de vista puramente extensional no qual propriedades são antes vistas como aquilo que é referido ou designado por predicados monádicos e no qual, p. ex., as propriedades de ser água e ter dois átomos de hidrogênio e um de oxigênio são contadas como uma única propriedade (os predicados "é água" e "é H$_2$O" podem no entanto estar associados a conceitos diferentes, ou representações mentais diferentes, dessa propriedade).

Para além de poderem ser caracterizadas como aquilo que é expresso por predicados monádicos, propriedades podem também ser caracterizadas como aquilo que é designado ou referido por certas nominalizações ou termos singulares de certo tipo. Trata-se de termos complexos que resultam da aplicação a predicados monádicos, ou a frases abertas com uma variável livre, de um OPERADOR DE ABSTRAÇÃO de propriedades (o símbolo λ tem sido usado para o efeito); esse operador liga a variável livre e produz designadores das propriedades expressas pelos predicados monádicos (ou frases abertas) em questão. P. ex., dado o predicado ou frase aberta "x é oval", a prefixação do operador de abstração λ gera o termo singular "λx (x é oval)", que se lê simplesmente "A propriedade de ser oval"; e, dado o predicado "x é sábio", a aplicação daquele operador gera o termo "λx (x é sábio)", que se lê "A propriedade de ser sábio" ou (se quisermos) "a sabedoria". Uma PREDICAÇÃO – isto é, uma atribuição a um indivíduo, p. ex., Sócrates, de uma propriedade, p. ex., a sabedoria – pode ser então representada por meio de uma fórmula do gênero E (Sócrates, λx (x é sábio)) (em que E é a relação de exemplificação); obviamente, tem-se o seguinte: E (Sócrates, λx (x é sábio)) se, e somente se, Sócrates é sábio.

Supondo que predicados como "(é um) ser humano" e "(é um) bípede sem penas" exprimem diferentes propriedades (intensionalmente concebidas), os termos singulares "λx (x é um ser humano)" e "λx (x é um bípede sem penas)" não serão correferenciais e designarão propriedades co-exemplificáveis, mas distintas (nomeadamente, e por hipótese, aquelas que são expressas por aqueles predicados).

A noção geral de uma propriedade é invocada em certas formulações correntes de dois princípios tradicionais acerca da identidade de objetos. Um deles, conhecido por "princípio da INDISCERNIBILIDADE DE IDÊNTICOS", estabelece que uma condição necessária para objetos serem idênticos é eles exemplificarem exatamente as mesmas propriedades; em símbolos, tem-se $\forall \Phi \forall x \forall y (x = y \to \Phi x \leftrightarrow \Phi y)$ (em que x, y são variáveis objetuais e Φ toma valores em um domínio de propriedades). O outro, conhecido por "princípio da IDENTIDADE DE INDISCERNÍVEIS", estabelece que aquela condição é suficiente para a identidade de objetos; em símbolos, tem-se a fórmula conversa daquela: $\forall \Phi \forall x \forall y (\Phi x \leftrightarrow \Phi y \to x = y)$.

O estatuto desses princípios é dissemelhante. A indiscernibilidade de idênticos é normalmente considerada uma verdade lógica; e alegados contra-exemplos têm sido afastados como inadequados. Mas a identidade de indiscerníveis só pode ser considerada uma verdade lógica se, contrariamente àquilo que foi explicitamente assumido por alguns dos seus defensores (p. ex., aparentemente, Leibniz), nenhuma restrição for imposta sobre as propriedades em que a variável Φ deve tomar valores; em particular, se os valores da variável forem limitados a propriedades puramente qualitativas e/ou não-relacionais de objetos (ver a seguir), o princípio não será uma verdade lógica (na melhor das hipóteses, trata-se de uma verdade contingente). Que o princípio irrestrito é uma verdade lógica é simples de estabelecer. Assuma-se $\Phi x \leftrightarrow \Phi y$. Substituindo Φz por $x = z$, obtém-se $x = x \leftrightarrow x = y$; e, como se tem $x = x$ pela reflexividade da identidade, deduz-se $x = y$.

Para além da classificação acima mencionada de propriedades quanto à ordem, existem diversas outras maneiras de agrupar propriedades (muito embora algumas das noções propostas sejam notoriamente difíceis de definir ou de caracterizar de modo completamente preciso).

Em primeiro lugar, é habitual distinguir entre propriedades (logicamente) simples e propriedades (logicamente) complexas. No mínimo, uma propriedade logicamente complexa pode ser obtida a partir de propriedades dadas por meio de dispositivos lógicos conhecidos; por outras palavras, trata-se de uma propriedade em cuja especificação figura (de modo explícito ou implícito) pelo menos uma ocorrência de um operador sobre frases (abertas ou fechadas), p. ex., um conectivo proposicional ou um quantificador. Caso contrário, a propriedade será logicamente simples. Assim, exemplos de propriedades logicamente complexas são as seguintes: a propriedade de ser um político honesto (representável por λx (Político $x \wedge$ Honesto x)), a propriedade de ser sábio se Sócrates o for (λx (Sábio Sócrates $\to$ Sábio x)), a propriedade de ser Sócrates ou Aristóteles (λx (x = Sócrates $\vee$ x = Aristóteles)), a propriedade de não ser sábio a menos que 2 + 2 = 5 (λx ($\neg$ Sábio x $\vee$ 2 + 2 = 5)), a propriedade de ser casado (λx ($\exists y$ Casado x, y)), e a propriedade de admirar todos os políticos honestos (λx ($\forall y$ (Político $y \wedge$ Honesto $y \to$ Admirar x, y))). As propriedades de ser oval, ser mais sábio que Sócrates (λx (Mais Sábio x, Sócrates)), e ser uma boa atriz (λx (Boa Atriz x)) são exemplos (o último dos quais menos óbvio) de propriedades logicamente simples.

Diversos critérios de identidade para propriedades têm sido propostos. Uma sugestão habitualmente feita é a seguinte (relativamente a propriedades de primeira ordem). Propriedades são idênticas se, e somente se, são necessariamente co-exemplificáveis (isto é, são exemplificadas exatamente pelos mesmos objetos em qualquer mundo possível); em símbolos, tem-se $\Phi = \Psi \leftrightarrow \Box \forall x (\Phi x \leftrightarrow \Psi x)$.

À luz desse critério, as propriedades de ser solteiro e de ser uma pessoa do sexo masculino não-casada serão obviamente idênticas; e o mesmo se pode plausivelmente dizer das propriedades de ser água e ser H_2O e das propriedades de ser Túlio e ser Cícero. Todavia, alega-se muitas vezes que um princípio daquele gênero não discrimina onde deveria discriminar. P. ex., o critério torna idênticas todas as propriedades cuja exemplificação é metafísica ou logicamente impossível (o que é o mesmo que dizer que só há uma dessas propriedades), e torna também idênticas todas as propriedades cuja exemplificação é metafísica ou logicamente necessária; para além disso, o critério não permite distinguir entre propriedades como as de ser sábio e ser sábio a menos que 2 + 2 = 5 (estas são necessariamente co-exemplificáveis). Para evitar tais dificuldades, defende-se por vezes a idéia de que o critério é apenas aplicável a propriedades logicamente simples (ou a propriedades puramente qualitativas, ou a propriedades não-relacionais, ou a ambas).

Em segundo lugar, existe também uma distinção intuitiva entre propriedades puramente qualitativas (ou gerais) e propriedades não-qualitativas, e uma distinção intuitiva entre propriedades relacionais e propriedades não-relacionais (por vezes, os termos extrínsecas e intrínsecas são usados para o mesmo efeito). *Grosso modo*, a propriedade qualitativa de um objeto é uma propriedade em cuja especificação não é feita nenhuma referência a um indivíduo ou objeto particular (p. ex., por meio do uso de um nome próprio ou de outro tipo de designador). Assim, a propriedade de ser sábio, a propriedade de estar à beira de um ataque de nervos, e a propriedade de ser um filósofo português gago e mais presunçoso do que todos os outros são propriedades puramente qualitativas (de pessoas que as exemplifiquem); e a propriedade de ser Cícero, a propriedade de ter atravessado o Guadiana em uma noite escura, e a propriedade de admirar alguns físicos que admirem Feynman e detestem Gellmann são propriedades não-qualitativas (de pessoas que as exemplifiquem). Por outro lado, a propriedade relacional de um objeto é uma propriedade em cuja especificação é feita uma menção a certa relação entre objetos (p. ex., por meio do uso de um predicado diádico). Assim, a propriedade de ser casado, a propriedade de estar sentado entre Clinton e Bush, e a propriedade de ser o mais presunçoso filósofo português são propriedades relacionais (de pessoas que as exemplifiquem); enquanto a propriedade de ser um filósofo gago presunçoso será uma propriedade não-relacional (de uma pessoa, se existe, que a exemplifique). Naturalmente, dadas essas caracterizações das noções, existirão propriedades simultaneamente qualitativas e relacionais, p. ex., a propriedade de ser idolatrado ou a propriedade de ser dono de um cão de guarda (por vezes, aquilo que se tem em mente quando se fala de uma propriedade intrínseca de um objeto é uma propriedade qualitativa e não-relacional desse objeto).

Alguns filósofos defendem (e outros rejeitam) uma classificação das propriedades exemplificadas por um objeto (ou por objetos de certas categorias) em, de um lado, propriedades essenciais do objeto, e, do outro, propriedades acidentais do objeto. A idéia é a seguinte. A propriedade Φ de um objeto x é uma propriedade essencial de x se, e somente se, x exemplifica Φ em qualquer mundo possível (ou situação contrafactual) no qual x exista; intuitivamente, trata-se não apenas de uma propriedade que o objeto de fato tem, mas de uma propriedade tal que se o objeto não a exemplificasse deixaria simplesmente de existir. Em símbolos, Φ é uma propriedade essencial de x no caso de a seguinte condição modal se verificar: $\Box\,(Ex \rightarrow \Phi x)$ (em que Ex se lê "x existe"). Por outro lado, a propriedade Φ de um objeto x é uma propriedade acidental de x se, e somente se, x não exemplifica Φ em pelo menos um mundo possível (ou situação contrafactual) no qual x exista; intuitivamente, trata-se de uma propriedade que o objeto de fato tem, mas que poderia não ter tido e continuar a existir. Em símbolos, Φ é uma propriedade acidental de x no caso de a seguinte condição se verificar: $\Diamond\,(Ex \wedge \neg \Phi x)$.

Assim, p. ex., as seguintes propriedades de Sócrates poderiam ser vistas como propriedades essenciais de Sócrates: a propriedade de ser *este* indivíduo (Sócrates) ($\lambda x\,(x = $ Sócrates$)$), a propriedade de ser uma pessoa ($\lambda x\,($Pessoa $x)$), a propriedade de não ser Aristóteles ($\lambda x\,(\neg\,x = $ Aristóteles$)$), a propriedade de ser idêntico a si mesmo ($\lambda x\,(x = x)$), e a propriedade de ter certo par de pessoas particulares *a* e *b* como progenitores (λx (Prog *a*, *x* ∧ Prog *b*, *x*)). Dessas propriedades essenciais de Sócrates, a primeira (tradicionalmente conhecida como a *haecceitas* de Sócrates) é também uma essência individual de Sócrates (isto é, uma propriedade que só Sócrates exemplifica em qualquer mundo possível em que exista); a segunda, a terceira e a quinta são propriedades essenciais que Sócrates partilha com outros membros da espécie humana (no primeiro caso com todos, no segundo com todos menos Aristóteles, e no terceiro apenas com seus irmãos e irmãs caso existam); por último, a quarta é uma propriedade essencial que Sócrates partilha com qualquer objeto (de qualquer categoria). Por outro lado, as seguintes propriedades de Sócrates poderiam ser vistas como propriedades acidentais de Sócrates: a propriedade de ser um filósofo, a propriedade de ter bebido a cicuta, e a propriedade de ser casado com Xantipa. Note-se que, dada tal caracterização das noções, as propriedades essenciais de um objeto não coincidem necessariamente com as suas propriedades intrínsecas (não-relacionais e/ou puramente qualitativas); com efeito, a propriedade anteriormente mencionada de ter as pessoas *a* e *b* como progenitores é (argumentativamente) uma propriedade essencial de Sócrates, apesar de se tratar de uma propriedade extrínseca, relacional e não qualitativa, de Sócrates.

Finalmente, a literatura filosófica recente contém diversas referências a propriedades de certo modo artificiais conhecidas como "propriedades Cambridge". A idéia é basicamente a seguinte. A exemplificação por um objeto em uma ocasião de uma propriedade que o objeto não exemplificava anteriormente envolve normalmente certa mudança ou modificação no objeto em questão. P. ex., ao tomar posse e passar assim a exemplificar a propriedade de ser chefe de Estado, uma mudança certamente ocorre no indivíduo *i* correspondente. No entanto, nem sempre é esse o caso. Na ocasião em que esse indivíduo *i* passar a exemplificar aquela propriedade, *eu* passo também a ter uma propriedade que anteriormente não tinha, designadamente a propriedade de ser tal que *i* é chefe de Estado. Essa propriedade é um exemplo de uma propriedade Cambridge que eu exemplifico naquela ocasião (embora não seja uma propriedade Cambridge do indivíduo *i*). Trata-se assim de propriedades de algum modo não genuínas de um objeto, que não envolvem nenhuma mudança no objeto (apesar de poderem envolver mudanças em outro objeto).

É ainda conveniente observar que "ATRIBUTO" é às vezes utilizado como termo genérico que cobre quer propriedades (no sentido anteriormente introduzido), quer ainda RELAÇÕES. Assim, um atributo é freqüentemente caracterizado como aquilo que é expresso (ou, em certos pontos de vista, referido) por um predicado com qualquer número de argumentos ou *n*-ádico (com $n \geq 1$). Desse modo, a predicados monádicos (p. ex., "(é) oval") estão associados atributos monádicos ou propriedades (p. ex., o atributo monádico, ou a propriedade, de ser oval); a predicados diádicos (p. ex., "admira") estão associados atributos diádicos ou relações binárias (p. ex., o atributo diádico, ou a relação binária, de admirar), exemplificáveis por pares ordenados de objetos; a predicados triádicos (p. ex., "... estar a leste de... e a norte de...") estão associados atributos triádicos ou relações ternárias, exemplificáveis por triplos ordenados de objetos; e assim por diante. *Ver também* EXTENSÃO/INTENSÃO; RELAÇÃO; MUNDO POSSÍVEL; ABSTRAÇÃO, PRINCÍPIO DA; PREDICADO; PARADOXO DE RUSSELL; TEORIA DOS TIPOS; OBJETO; IDENTIDADE DE INDISCERNÍVEIS; INDISCERNIBILIDADE DE IDÊNTICOS. **JB**

BEALER, G. *Quality and Concept*. Oxford: Clarendon Press, 1982.

CARNAP, R. *Meaning and Necessity*. 5.ª ed. Chicago: University of Chicago Press, 1958.

FREGE, G. "Function and Concept" [1891], *in* Geach, P. e Black, M. *Translations from the Philosophical Writings of Gottlob Frege*. 3.ª ed. Oxford: Blackwell, 1980, pp.

21-41. Trad. bras. "Função e conceito", *in* Frege, Gottlob. *Lógica e filosofia da linguagem*. Trad. Paulo Alcoforado. São Paulo: Cultrix/Edusp, 1978, pp. 33-57.

KIM, J. e SOSA, E. (orgs.). *A Companion to Metaphysics*. Oxford: Blackwell, 1995.

KRIPKE, S. *Naming and Necessity*. Oxford: Blackwell, 1980.

MONTAGUE, R. "On the Nature of Certain Philosophical Entities", *in Monist*, n.º 53, 1969, pp. 159-94.

OLIVER, A. "The Metaphysics of Properties", *in Mind*, n.º 105, 1996, pp. 1-80.

SALMON, N. *Reference and Essence*. Oxford: Blackwell, 1982.

propriedade acidental

Ver PROPRIEDADE ESSENCIAL/ACIDENTAL.

propriedade Cambridge

Suponhamos que, em certa ocasião, o Antônio ganha na Mega Sena, ou que se apaixona loucamente pela Cláudia. A aquisição por alguém de propriedades destas, propriedades como a propriedade de ter ganho na Mega Sena e a propriedade de estar apaixonado pela Cláudia, envolve seguramente a ocorrência de mudanças significativas nessa pessoa; tê-las ou não faz certamente imensa diferença: pense-se só nas conseqüências causais que a sua posse traria para a vida cotidiana do Antônio (provavelmente, abandonaria a esposa, mudaria de casa, etc.). Suponhamos também que, na mesma ocasião, o Ricardo perde a orelha direita, ou que se apaixona loucamente pela Júlia. Pode certamente dizer-se que, nessa ocasião, o Antônio passa a ter a propriedade de o Ricardo ter perdido a orelha direita, ou a propriedade de o Ricardo estar apaixonado pela Júlia. Mas a aquisição de propriedades destas por alguém como o Antônio, que não é por hipótese o Ricardo, não envolve seguramente a ocorrência de nenhuma mudança significativa na pessoa em questão (a quem tenha ainda dúvidas, talvez por subscrever algo como a chamada "teoria das catástrofes", recomenda-se simplesmente a consideração de propriedades, que o Antônio certamente possui, como a propriedade de dois mais dois serem quatro ou a propriedade de a aritmética formal ser incompleta). Propriedades dessa última variedade, propriedades causalmente inertes relativamente a dado objeto, são conhecidas como "propriedades Cambridge". Ver PROPRIEDADE. JB

propriedade categórica

Ver DISPOSIÇÃO.

propriedade disposicional

Ver DISPOSIÇÃO.

propriedade essencial/acidental

Propriedade essencial de um objeto é uma propriedade sem a qual esse objeto não poderia existir. Se P é uma propriedade essencial do objeto *o*, então não há nenhum mundo possível no qual *o* exista e P não seja uma propriedade de *o*, isto é, em qualquer mundo possível no qual *o* exista P é uma propriedade de *o*. Propriedade acidental de um objeto é uma propriedade sem a qual esse objeto pode existir. Se P é uma propriedade acidental do objeto *o*, então há pelo menos um mundo possível no qual *o* existe e P não é uma propriedade de *o*. Se se aquecer um pedaço de cera (para dar o famoso exemplo de Descartes nas *Meditações*), ele continua a existir mas perde sua rigidez e sua forma, o que mostra que essas últimas são propriedades acidentais do pedaço de cera. Pelo contrário, a propriedade de ser extenso ou de ocupar espaço é, segundo Descartes, uma propriedade essencial do pedaço de cera, dado que não é possível que o pedaço de cera não ocupe espaço sem deixar de existir, isto é, não é possível que o pedaço de cera exista e não ocupe espaço. *Ver também* PROPRIEDADE; MUNDO POSSÍVEL; EXISTÊNCIA. MF

DESCARTES, René. *Meditationes de prima philosophia. In quibus Dei existentia & animæ humanæ a corpore distinctio, demonstrantur. His adjunctæ sunt variæ objectiones doctorum virorum in istas de Deo & anima demonstrationes; cum res-*

ponsionibus auctoris. Editio ultima prioribus auctior & emendatur. Amstelodami, *apud* L. &. D. Elzevirios, 1663. Trad. bras. "Meditações concernentes à primeira filosofia, nas quais a existência de Deus e a distinção real entre a alma e o corpo do homem são demonstradas", *in* Descartes, René. *Obra escolhida.* Trad. J. Guinsburg e Bento Prado Júnior. São Paulo: Difusão Européia do Livro, 1962, pp. 105-293. Reimp. "Meditações", *in Descartes.* 3.ª ed. Coleção Os Pensadores, São Paulo: Abril Cultural, 1983, pp. 72-203.

propriedade extrínseca/intrínseca

Grosso modo, a propriedade P de um objeto x é uma propriedade intrínseca de x quando x tem P em virtude da própria natureza de x, em virtude de x ser o que é (e não em virtude da natureza de outros objetos); caso contrário, P é uma propriedade extrínseca de x. Assim, a propriedade de se conhecer a si mesmo, a propriedade de ser um filósofo e a propriedade de ser uma pessoa são (presumivelmente) propriedades intrínsecas de Sócrates. Enquanto a propriedade de admirar Teeteto, a propriedade de ser baixo e a propriedade de gostar de ostras são (presumivelmente) propriedades extrínsecas de Sócrates. Naturalmente, nem sempre é claro quando determinada propriedade é intrínseca de um objeto (a propriedade de uma pessoa ser temperamental talvez seja um exemplo disso); mas, aqui como em outros casos, tal indeterminação não torna inútil a distinção. Note-se que esta não é coextensiva com a distinção, algo aparentada, entre PROPRIEDADES RELACIONAIS e propriedades não-relacionais de um objeto; com efeito, há propriedades intrínsecas relacionais (p. ex., a famosa propriedade que Sócrates tinha de conhecer a si mesmo). Tampouco se deve confundir o conceito ora em pauta com a distinção entre propriedades acidentais e propriedades essenciais de um objeto; com efeito, há propriedades intrínsecas acidentais (p. ex., a propriedade que Sócrates tinha de ser um filósofo). *Ver* PROPRIEDADE. JB

propriedade geral/singular

Grosso modo, uma propriedade P de um objeto x é geral, ou (puramente) qualitativa, de x quando P não envolve nenhuma referência a um indivíduo ou objeto específico (incluindo o próprio x); caso contrário, diz-se que P é uma propriedade singular de x. Assim, a propriedade de ser um filósofo, a propriedade de não gostar de nenhum sofista, a propriedade de ser baixo e a propriedade de se conhecer a si mesmo são todas elas propriedades gerais de Sócrates (a última de forma menos óbvia). Enquanto a propriedade de ser (idêntico a) Sócrates, a propriedade de admirar Teeteto, a propriedade de conhecer Sócrates, e a propriedade de ter ensinado o autor de *A República* são propriedades singulares de Sócrates (a última de forma menos óbvia). Naturalmente, nem sempre é claro quando dada propriedade é uma propriedade geral de um objeto (a propriedade que Teeteto aparentemente tinha de admirar o filósofo grego que bebeu a cicuta talvez seja um exemplo disso); mas, aqui como em outros casos, tal indeterminação não torna inútil a distinção. *Ver* PROPRIEDADE. JB

propriedade hereditária

Uma propriedade P é hereditária com respeito a uma RELAÇÃO R, ou é R-hereditária, se, e somente se, para quaisquer objetos a e b, se b tem a propriedade P e a está em R com b, então a tem a propriedade P; em símbolos, P é R-hereditária se, e somente se, $\forall a \forall b (Pb \wedge Rab \rightarrow Pa)$. JB

propriedade relacional/não-relacional

Grosso modo, a propriedade P de um objeto x é uma propriedade relacional de x quando x tem P em virtude de estar em certa RELAÇÃO com um ou mais objetos (entre os quais pode estar o próprio x); caso contrário, P é uma propriedade não-relacional de x. Assim, a propriedade de ser casado com Xantipa, a de se conhecer a si mesmo e a de ser baixo são todas elas propriedades relacionais de Sócrates (a última de forma menos óbvia). Enquanto a propriedade de ser um filósofo, a propriedade de ser uma pessoa e a propriedade de, freqüentemente, roer as unhas são propriedades não-relacionais de Sócrates. Naturalmente, nem sempre é claro quando dada propriedade é uma relacional de um objeto (a propriedade que Sócrates aparentemente tinha de ter um enorme nariz talvez seja um exemplo disso); mas, aqui como em outros casos, tal indeterminação não torna inútil a distinção. Note-se que a distinção não é coextensiva com a distinção, algo aparentada, entre PROPRIEDADES EXTRÍNSECAS e propriedades intrínsecas de um objeto; com efeito, há propriedades relacionais intrínsecas (p. ex., a propriedade que Sócrates tinha de se conhecer a si mesmo). *Ver* PROPRIEDADE. **JB**

prossilogismo

Ver POLISSILOGISMO.

prótase

A ANTECEDENTE de uma frase CONDICIONAL.

protocolar, proposição

Ver PROPOSIÇÃO PROTOCOLAR.

proto-elemento

Certas TEORIAS DOS CONJUNTOS admitem a existência de objetos que não contêm elementos, que são elementos de algum conjunto e que, não obstante, não são o conjunto vazio. A esses elementos chamam-se proto-elementos (*Urelemente*), ou átomos. A formalização de uma teoria de conjuntos que admita proto-elementos tem um predicado unário extra U, cuja extensão consiste, precisamente, nos proto-elementos. Os axiomas da teoria dos conjuntos têm de ser modificados com vista a acomodar os novos elementos. O exemplo mais notável é o axioma da extensionalidade, que fica assim: $(\neg Ux \land \neg Uy) \to (\forall z\,(z \in x \leftrightarrow z \in y) \to x = y)$. Observe-se que a antecedente da asserção citada é necessária para que os proto-elementos não se confundam entre si. À teoria dos conjuntos sem proto-elementos dá-se, por vezes, o nome "teoria pura dos conjuntos". *Ver* TEORIA DOS CONJUNTOS. **FF**

psicologismo

Em relação à lógica, a doutrina que defende que esta é uma disciplina empírica acerca da maneira como as pessoas raciocinam de fato. Do ponto de vista psicologista, a lógica não sistematiza a inferência válida, mas apenas o modo como as pessoas raciocinam de fato. Assim, se determinado raciocínio é considerado válido pela maioria das pessoas, tem de ser considerado válido pelo partidário do psicologismo, ainda que seja falacioso. Frege (1848-1925) opôs-se firmemente ao psicologismo em lógica. Também Russell (1872-1970) não aceitava o psicologismo. Todavia, filósofos como Wittgenstein (1889-1951) e os positivistas lógicos defendiam teorias convencionalistas sobre a natureza da lógica, não muito longe do psicologismo e igualmente implausíveis. *Ver* VERDADE LÓGICA. **DM**

Q.E.D.

Abreviatura da expressão latina "Quod erat demonstrandum": o que era preciso demonstrar ou como queríamos demonstrar (c.q.d.). *Ver* DEDUÇÃO NATURAL.

quadrado de oposição

Nome geral dado a um conjunto de doutrinas essencialmente expostas no *Peri hermeneias*, do *Organon*, de Aristóteles, em que certa visão de conjunto é depois representável sob a forma de um quadrado. Essas doutrinas referem-se a problemas na lógica proposicional e na lógica de predicados, que vale a pena expor separadamente.

O interesse de Aristóteles gira em primeiro lugar em torno de uma proposição com a forma "X é Y" chamada proposição predicativa, em que X é o sujeito, Y, o predicado e "é", a cópula. O sujeito e o predicado constituem os termos da proposição, e um termo ser singular é equivalente a ser um nome de um objeto, e ser universal é equivalente a ser o nome de uma totalidade. Assim, são exemplos de proposições predicativas "Sócrates é sábio" ou "Os atenienses são impiedosos". A qualidade de uma proposição predicativa é negativa se a cópula contém uma ocorrência de "não" e é positiva se não há ocorrência de "não" na cópula.

A intensão de um termo universal é a propriedade atribuída aos elementos da totalidade e a extensão do termo é o conjunto de todos os objetos aos quais a propriedade é atribuída. Assim, diz-se que um termo é universal quando denota a totalidade de sua extensão; se isso não acontecer, diz-se então que o termo é particular. Assim, a quantidade de uma proposição predicativa é universal se o termo na posição de sujeito é um termo universal e é particular se o termo na posição de sujeito é particular.

As expressões da linguagem corrente "todo", "algum" e "não" podem ser usadas para representar as diversas combinações possíveis da qualidade e da quantidade das proposições predicativas. É-se assim conduzido a quatro formas de base: 1. Todo X é Y; 2. Algum X é Y; 3. Todo o X não é Y; 4. Algum X não é Y.

A proposição de tipo 1 é conhecida por "universal afirmativa" e será a partir de agora abreviada pela letra latina maiúscula A; a de tipo 2 é conhecida por "particular afirmativa", e será abreviada por I; a de tipo 3, universal negativa, e será abreviada por E; e a de tipo 4, particular negativa, e será abreviada pala letra O. Do ponto de vista proposicional, o interesse principal de Aristóteles foi o estudo das relações entre os valores de verdade de pares dessas proposições e de uma terminologia para essas relações. Assim, os pares de proposições (A, O) e (E, I) são caracterizados pelo fato de, se um elemento do par for verdadeiro, o outro será falso, e esses pares têm o nome de "proposições contraditórias", um conceito que corresponde ao conceito moderno de NEGAÇÃO.

Em contraste, o par (A, E) caracteriza-se pelo fato de ambas as proposições não poderem ser verdadeiras, mas poderem ser ambas falsas. O par (I, O) caracteriza-se pelo fato de poderem ser ambas as proposições verdadeiras, mas não poderem ser ambas falsas, e é por isso conhecido como contraditórias das contrárias. Finalmente, os pares (A, I) e (E, O) caracterizam-se pelo fato de, se o primeiro elemento do par for verdadeiro, o segundo não pode ser falso, e são conhecidos pelo nome de proposições subalternas. Assim, o diagrama a que se é levado é um quadrado em que os vértices são as letras A, E, I, O e as diagonais representam as proposições contraditórias, o lado AE as proposições contrárias, os lados AI e

quadrado de oposição

EO as proposições subalternas e o lado IO as contraditórias das contrárias.

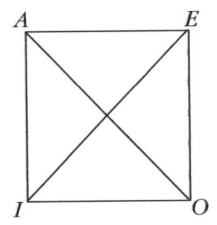

```
A --------- E
 |\       /|
 | \     / |
 |  \   /  |
 |   \ /   |
 |   / \   |
 |  /   \  |
 | /     \ |
 |/       \|
I --------- O
```

Com essas proposições, Aristóteles estudou também o mais simples problema de inferência, nomeadamente o problema de saber qual conseqüência se segue de uma dessas proposições permutando as posições de sujeito e de predicado. A essa permutação chama-se uma conversão da proposição dada, e o resultado a que se é conduzido, a conversa da proposição inicial.

Uma conversão é chamada simples se os termos são permutados sem ser alterados. Assim "Algum X é Y" converte-se em "Algum Y é X" e "Todo X não é Y" converte-se em "Todo Y não é X". As proposições de tipo A e O não podem ser convertidas de modo simples. Para a proposição de tipo A, a conversão só se pode fazer pelo método conhecido por conversão *per accidens* (conversão acidental), em que o sujeito da proposição conversa é particular. Logo "Todo X é Y" converte-se em "Algum Y é X". Para a proposição de tipo O a conversão obtém-se pelo método chamado obversão, que consiste em transferir a negação da cópula da proposição original para o sujeito da proposição conversa. Assim "Algum X não é Y" converte-se em "Algum não Y é X". Se se fizer agora a interpretação dos quatro tipos da proposição predicativa na linguagem da TEORIA DOS CONJUNTOS, é fácil ver que as proposições de tipo I e E são a expressão da interseção entre X e Y. E como a interseção é comutativa, a chamada conversão simples é apenas um outro nome para a comutatividade da interseção. Em particular, no caso da proposição E, a interseção é nula, mas de qualquer modo tanto se tem $X \cap Y = \emptyset$ como $Y \cap X = \emptyset$. Para o caso da conversão *per accidens* (conversão acidental), a idéia tradicional é que a proposição de tipo A tem de ser limitada a uma proposição de tipo I. Esta converte-se simplesmente, e é assim também um caso de comutatividade da interseção. A proposição de tipo O é expressa também como uma interseção $\exists x \, (x \in X \wedge x \notin Y)$ e daí que sua conversa seja agora $\exists x \, (x \notin Y \wedge x \in X)$, que é representada na linguagem corrente, como se disse, por "Algum não Y é X".

Quando se faz a representação das proposições do quadrado de oposição na notação do cálculo de predicados, a proposição de tipo A, "Todo o X é Y", recebe a forma $\forall x \, (Xx \rightarrow Yx)$, e a proposição de tipo I, $\exists x \, (Xx \wedge Yx)$. A idéia de Aristóteles era a de que a proposição de tipo I se segue sempre da proposição de tipo A, isto é, que a proposição universal A implica sempre a proposição existencial I. Assim a idéia de Aristóteles, expressa na nossa notação, é a de que a fórmula $\forall x \, (Xx \rightarrow Yx) \rightarrow \exists x \, (Xx \wedge Yx)$ é sempre verdadeira.

Essa última fórmula no entanto deixa de ser verdadeira se for interpretada em um domínio vazio de objetos. É fácil ver que se não há objetos no domínio, a proposição existencial que serve de conseqüente à implicação anterior tem de ser falsa, uma vez que nenhum objeto satisfaz $Xx \wedge Yx$. Mas pelo mesmo argumento a implicação $\forall x \, (Xx \rightarrow Yx)$ é verdadeira, uma vez que ambos os membros da implicação são também falsos. Logo, a implicação total (de A para I) tem a antecedente verdadeira e a conseqüente falsa, e por isso é falsa.

Assim, para recuperar a inferência de A para I torna-se necessário postular a existência de objetos no domínio da interpretação. Essa exigência é conhecida pelo nome de IMPLICAÇÃO EXISTENCIAL. **MSL**

ARISTÓTELES. *Categoriae et liber de interpretatione*. Oxford: Minio-Paluello, 1949.
____. "Peri hermeneias (On interpretation)", in Barnes, Jonathan (org.). *The Complete Works of Aristotle: the Revised Oxford Translation*. Princeton: Princeton University Press, 1984.
KNEALE, W. e KNEALE, M. *O desenvolvimento da lógica* [1962]. Trad. M. S. Lourenço. Lisboa: Gulbenkian, 1974.

quadrado modal de oposição

Uma extensão do QUADRADO DE OPOSIÇÃO que sistematiza as relações lógicas dos diversos conceitos modais. As linhas verticais indicam relações de subalternação ou implicação: $\Box p$ implica $\Diamond p$. As barras diagonais indicam relações de contradição: se for verdade que $\Box p$, será falso que $\Diamond \neg p$. A barra horizontal superior indica a relação de contrariedade e a inferior de subcontrariedade: as fórmulas $\Box p$ e $\Box \neg p$ não podem ser ambas verdadeiras, mas podem ser ambas falsas; as fórmulas $\Diamond p$ e $\Diamond \neg p$ não podem ser ambas falsas, mas podem ser ambas verdadeiras.

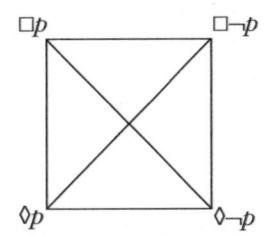

Se expandirmos o quadrado de oposição modal, podemos incluir as relações entre ∇p (contingentemente p) e $\neg \nabla p$ (não contingentemente p). ∇p é a contraditória de $\neg \nabla p$ (e vice-versa) e implica tanto $\Diamond p$ como $\Diamond \neg p$. Tanto $\Box p$ como $\Box \neg p$ implicam $\neg \nabla p$. Ver QUADRADO DE OPOSIÇÃO; MODALIDADES. **DM**

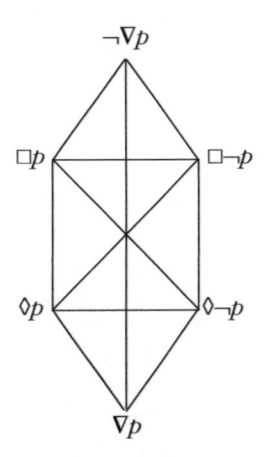

qualia

Ver CONSCIÊNCIA; FUNCIONALISMO.

qualidade

Ver PROPRIEDADE.

qualidade, máxima da

Ver MÁXIMAS CONVERSACIONAIS.

qualidade primária/secundária

Qualidades secundárias dos corpos como cor, odor, características obtidas pelo tato, etc., opõem-se tradicionalmente às qualidades primárias, como a figura ou a extensão. A oposição significa, ao mesmo tempo, uma divisão entre qualidades ontológicas (as primárias), consideradas intrínsecas dos corpos, e todas as outras qualidades que, não pertencendo à natureza dos corpos, se caracterizam pela mutabilidade e transitoriedade. Foi geralmente certa filosofia racionalista que, na época moderna, mais fortemente argumentou a favor dessa dualidade, em especial o cartesianismo. O modelo subjacente é sempre o da física matemática, ciência por excelência das qualidades primárias. No que respeita às qualidades secundárias, argumenta-se em geral que: 1. são subjetivas, no sentido em que a experiência entra na sua análise: para apreender o conceito de vermelho é necessário saber o que é algo parecer vermelho, enquanto apreender o significado de quadrado não requer que este seja sentido ou percebido; 2. há uma relatividade entre as qualidades secundárias, de modo que entre elas não existe desacordo genuíno: um objeto possui tantas cores quantos os diferentes modos em que ele aparece aos órgãos de percepção dos diferentes indivíduos ou espécies, mas tal não acontece, p. ex., com a figura; 3. não existe uma experiência-padrão das qualidades secundárias: percebo sempre tonalidades de vermelho, mas nunca diferentes aspectos de quadrado; 4. incompatibilidades de cor são necessidades da percepção, na qualidade de incompatibilidades, p. ex., de figura serão necessidades ontológicas.

Já nos limites da filosofia dos séculos XVII e XVIII argumentou-se contra 1, particularmente Berkeley, no sentido de tornar igualmente subjetivas as qualidades primárias. No entanto, poder-se-á defender que o sujeito *a* consegue descrever ao sujeito *b* uma qualidade primária ou um conjunto de qualidades primárias (p. ex., as medidas exatas dos lados de um corpo triangular), enquanto *a* não consegue descrever a *b* a cor ou conjunto de cores desse corpo. Essa incapacidade de descrição terá sua razão de ser na natureza irredutivelmente subjetiva das qualidades secundárias, o que as diferencia das primárias. Nesse sentido, sua experiência procede de disposições individuais que, por assim dizer, são a base da irredutibilidade da perspectiva subjetiva. Será impossível, no caso das qualidades secundárias, desligar a qualidade percebida do aparelho de percepção particular que a percebe. Do ponto de vista da modalidade, é lícito dizer-se que, p. ex., uma cor não pode parecer verde e vermelha ao mesmo tempo, enquanto uma figura não pode ser quadrada e triangular ao mesmo tempo. No caso das qualidades secundárias, falaremos de uma necessidade fenomenológica, e por isso haverá justificação para considerar legítimas leis A PRIORI do aparecer.

Assim, Collin McGinn vê nomeadamente, na impossibilidade de uma superfície branca transparente, a confirmação da existência de tais leis. Tal necessidade não é, como pretendia Wittgenstein, nas suas *Observações sobre a cor*, algo que seja compreensível por meio de leis físicas. Dada a relação de dependência entre qualidade secundária, uma cor, p. ex., e o tipo de percepção correspondente, marcianos poderiam perceber como verde aquilo que para nós é uma superfície branca e, nesse caso, a incompatibilidade entre branco e transparente desapareceria. Se a incompatibilidade tivesse uma base apenas física, esta seria uma situação impossível, já que na realidade a superfície seria ela própria branca, e o marciano a veria de outra maneira. Mas se pelo aparelho perceptivo do marciano, o que a nós aparece como branco lhe aparecer como verde, então não tem sentido referirmos uma incompatibilidade relacionada com uma cor que *de facto* não lhe aparece. No entanto o branco transparente será uma incompatibilidade, mesmo para o marciano, pura e simplesmente, porque ele não pode, tal como nós, perceber uma cor branca que seja ao mesmo tempo transparente. A incompatibilidade reside na percepção ela própria e não na qualidade física intrínseca da cor. Essa necessidade é, pois, de tipo fenomenológico e não ontológico: "são verdades necessárias que governam a forma da experiência perceptiva e devem ser contrastadas com as verdades necessárias de um caráter superficialmente semelhante, respeitante às qualidades primárias" (McGinn, 1983, p. 34).

Mas será que uma incompatibilidade de ordem física e ontológica não é aplicável às cores? Nesse caso tornar-se-ia supérflua a incompatibilidade *a priori* fenomenológica, própria das qualidades secundárias, e de uma forma mais correta compreender-se-ia que a verdadeira incompatibilidade seria entre qualidades primárias. Por outras palavras, a incompatibilidade entre essas últimas é que denotaria uma verdade necessária e *a priori*. Colin McGinn argumenta a favor da existência de leis gerais fenomenológicas que regulam o aparecimento dos fenômenos a uma subjetividade, as quais possuem sua autonomia própria. A argumentação de McGinn recorre muitas vezes à analogia com as regras que determinam o uso dos INDEXICAIS. A impossibilidade de algo parecer verde e vermelho ao mesmo tempo é equivalente à impossibilidade de algo estar aqui e ali simultaneamente ou de ser impossível a asserção: eu sou tu. As qualidades secundárias partilham então com os indexicais três características *a priori*, que são uma grade universal que a mente impõe ao mundo: a subjetividade, a incorrigibilidade e a constância.

Quanto à subjetividade, e como já se notou, a forma de aparecimento direto dessas qualidades secundárias, a incompatibilidade entre si, no contexto desse aparecimento, supõe sempre que estejamos nos referindo a uma perspectiva, ao ponto de vista de um eu. É um conhecimento direto que não suporta abstrações: não conheço o vermelho, mediante abstração de diversas tonalidades de vermelho, mas só posso dizer que o conheço como algo que de que naquele momento tenho a percepção. No respeitante à incorrigibilidade, as qualidades secundárias não são suscetíveis de correção, no sentido em que a percepção de encarnado não é corrigível como o será a atribuição de uma forma quadrangular a um objeto. É infalível como a afirmação "eu estou aqui" o é, já que não é possível enganar-me acerca de quem está aqui, se é que me refiro a mim mesmo. As qualidades primárias não gozam desse tipo de incorrigibilidade, já que "é sempre logicamente possível que a nossa experiência possa induzir-nos em erro acerca das qualidades primárias que um objeto possui" (McGinn, 1983, p. 47).

Essa assimetria é *a priori*, verificando-se que é possível afirmar que a minha percepção de vermelho é infalivelmente certa, enquanto a minha percepção de quadrado pode não o ser. Quanto à permanência, ou constância, ela não surge contingentemente ligada à subjetividade: as qualidades secundárias não dependem de mudanças ocorridas nas primárias. P. ex., mudanças objetivas de forma não acarretam necessariamente mudanças de cor, e estas podem mesmo adequar-se a uma variedade sempre aberta de formas. Aquilo que aparece como verde pode sustentar figuras diferentes, o que também vale como lei *a priori* da subjetividade.

Outro problema clássico, que se coloca no que respeita às qualidades primárias ou secundárias dos corpos, é saber se umas podem existir sem as outras. Nomeadamente saber se as qualidades primárias poderão existir sem as secundárias é uma questão essencial para o empirismo clássico, e, enquanto Locke não vê uma dependência, quer epistemológica, quer ontológica, das últimas em relação às primárias, para Berkeley, se é verdade que o ser depende do aparecer a uma mente (em geral), a inseparabilidade das qualidades é uma tese *a priori*. Em *The Principles of Human Knowledge* (1710), Berkeley escreve o seguinte: "Desejo que qualquer pessoa reflita se é capaz, mediante qualquer abstração do pensamento, de conceber a extensão e o movimento de um corpo sem qualquer das outras qualidades sensíveis. Pela minha parte, percebo com evidência que não está no meu poder apresentar uma idéia de um corpo extenso e em movimento, mas tenho de, em qualquer caso, lhe dar alguma cor ou qualquer outra qualidade sensível que reconhecemos existir na mente. Em uma palavra, extensão, figura e movimento, abstraídos de todas as outras qualidades, são inconcebíveis" (Berkeley, *Principles*, I, § 10).

A tese da inseparabilidade é epistemologicamente relevante, já que nos coloca perante o problema da abstração, isto é, da possibilidade de uma perspectiva do mundo, que por mais abstrata que seja não abandona totalmente traços da subjetividade. Efetivamente, do ponto de vista empirista radical de Berkeley, segundo o qual as leis do ser subordinam-se às do aparecer, a abstração das qualidades primárias que constituem primordialmente a imagem científica do mundo (as qualidades primárias são o material objetivo com que a física trabalha) nunca poderá apresentar-se como imagem descontaminada das qualidades secundárias. Por outras palavras, a perspectiva da primeira pessoa estará sempre envolvida na construção de imagens científicas, ainda que esta possa alimentar-se predominantemente das qualidades que se correlacionam com a perspectiva externa. *Ver também* PERSPECTIVA DA PRIMEIRA PESSOA. AM

BERKELEY, G. *A Treatise Concerning the Principles of Human Knowledge*. Londres: J. M. Dent & Sons, 1710. Trad. bras. "Tratado sobre os princípios do conhecimento humano", *in Berkeley / Hume*. 2.ª ed. Coleção Os Pensadores. Trad. Antônio Sérgio. São Paulo: Abril Cultural, 1980, pp. 6-44.

McGINN, C. *The Subjective View*. Oxford: Clarendon Press, 1983.

WITTGENSTEIN, L. "Bemerkungen über die Farben". Org. G. E. M. Anscombe, *in Wittgenstein: Über Gewissheit*. Frankfurt: Suhrkamp,

1989, Werkausgabe, vol. 8, pp. 7-112. Trad. ingl. *Remarks on Colour*. Org. G. E. M. Anscombe. Oxford: Blackwell, 1974.

quantidade, máxima da

Ver MÁXIMAS CONVERSACIONAIS.

quantificação atualista

Ver ATUALISMO.

quantificação generalizada

A noção de quantificador generalizado deve-se a Mostowski (1957). Seja φ uma FUNÇÃO BIJETIVA de um conjunto I para um conjunto I', não necessariamente diferente de I. Se $x = (x_1, x_2,...) \in I^*$, então denota-se por φ(x) a seqüência $(\varphi(x_1), \varphi(x_2),...)$. Se F é uma função proposicional em I, então denota-se por F_φ a função proposicional em I' tal que $F_\varphi(\varphi(x)) = F(x)$.

Um quantificador (generalizado) limitado a I é uma função Q que: I) atribui um dos valores de verdade Verdade ou Falsidade a qualquer função proposicional F definida em I; e II) para qualquer F e cada permutação φ de I satisfaz a seguinte condição: $Q(F) = Q(F_\varphi)$.

Cabe notar que a primeira parte da definição expressa o requisito de que quantificadores constroem proposições a partir de FUNÇÕES PROPOSICIONAIS. A segunda parte garante que os quantificadores não permitem fazer distinções entre diferentes elementos de I.

Desde o início dos anos 1980 (vejam-se Barwise e Cooper, 1981) tem tomado corpo uma forte linha de investigação no seio da semântica formal que analisa a denotação de um sintagma nominal (SN) como um quantificador generalizado. No quadro dessa linha tem sido possível, entre outras coisas, elaborar uma análise composicional do significado (*ver* COMPOSICIONALIDADE) das frases das LÍNGUAS NATURAIS e delimitar, por meio da definição de propriedades que os quantificadores denotados por SN satisfazem, propriedades formais que caracterizam em todas as línguas naturais a semântica dos SN.

Exemplificando, temos que, sendo E o conjunto dos estudantes, a denotação de um SN como [*a maioria dos estudantes*]$_{SN}$ é o quantificador

$$M(X) = \begin{cases} \text{Verdade} & \text{se } |X \cap E| > \frac{|E|}{2} \\ \text{Falsidade} & \text{caso contrário} \end{cases}$$

Daqui resulta que o determinante *a maioria* denota uma função que toma como argumento um conjunto (no exemplo, o conjunto dos estudantes E) e devolve uma FUNÇÃO PROPOSICIONAL (no exemplo, a função M que devolve o valor Verdade quando toma como argumento um conjunto cuja interseção com E tem mais de metade dos elementos de E). *Ver também* FUNÇÃO PROPOSICIONAL; COMPOSICIONALIDADE; QUANTIFICADOR; VALOR DE VERDADE; LÍNGUA NATURAL. **AHB/PS**

BARWISE, J. e COOPER, R. "Generalized Quantifiers and Natural Language", *in Linguistics and Philosophy*, n.º 4, 1981, pp. 159-219.

KEENAN, E. e WESTERSTAHL, D. "Generalized Quantifiers in Linguistics and Logic", *in* Van Benthem, J. e Ter Meulen, A. (orgs.). *Handbook of Logic and Language*. Amsterdam: Elsevier, 1987.

MOSTOWSKI, A. "On a Generalization of Quantifiers", *in Fundamenta Mathematicae*, n.º 44, 1957, pp. 12-36.

quantificação "para dentro"

Ver DE DICTO/DE RE.

quantificação possibilista

Ver ATUALISMO.

quantificação substitutiva

Os QUANTIFICADORES da usual lógica clássica, ∀ e ∃, recebem habitualmente a designação de quantificadores objetuais. A razão é que, nessa lógica, uma frase da forma ∀x φx, em que (para simplificar) φ é um predicado monádico, é verdadeira em uma interpretação *i* se, e somente se, todos os objetos no domínio de *i* pertencem à extensão do predicado φ em *i*; e uma frase da forma

∃x φx é verdadeira em uma interpretação *i* se, e somente se, pelo menos um objeto no domínio de *i* pertence à extensão de φ em *i*. Assim, o valor de verdade que uma frase quantificada recebe em uma interpretação depende da maneira como se comportam os objetos pertencentes ao domínio da interpretação (relativamente às subclasses do domínio que a interpretação faz corresponder aos predicados como sendo as suas extensões).

Uma forma alternativa de quantificação, a chamada quantificação substitutiva, tem sido proposta por diversos lógicos e filósofos, entre os quais Ruth Barcan Marcus. A idéia central é a de introduzir dois quantificadores substitutivos: o quantificador universal substitutivo, para o qual usamos o símbolo U, e o quantificador existencial substitutivo, para o qual usamos o símbolo E. Esses quantificadores são, *grosso modo*, governados pelo seguinte gênero de regras semânticas: *a*) uma frase da forma U*x* φ*x* é verdadeira em uma interpretação *i* se, e somente se, para qualquer nome *n*, a frase φ*n* é verdadeira em *i*, em que φ*n* resulta de φ*x* pela substituição da variável *x* pelo nome *n*; *b*) uma frase da forma E*x* φ*x* é verdadeira em uma interpretação *i* se, e somente se, para algum nome *n*, a frase φ*n* é verdadeira em *i*, em que φ*n* é como acima.

Assim, o valor de verdade que uma frase quantificada recebe em uma interpretação depende dos valores de verdade de frases que dela resultam pela eliminação do quantificador e pela substituição da variável quantificada por um nome. Note-se que, em contraste com o que ocorre com a semântica habitual para as quantificações objetuais, as condições de verdade para quantificações substitutivas são dadas em termos da noção de verdade para frases atômicas.

Suponhamos, p. ex., que nossa linguagem contém apenas dois nomes, *a* e *b*. Então a frase U*x* F*x* é verdadeira em uma interpretação *i* se, e somente se, todos os seus exemplos de substituição, F*a* e F*b*, são frases verdadeiras em *i*; e a frase E*x*F*x* é verdadeira em *i* se, e somente se, pelo menos um dos seus exemplos de substituição, F*a* ou F*b*, é uma frase verdadeira em *i*. Suponhamos ainda que o domínio de *i* consiste em apenas dois indivíduos, Aníbal e Mário, os quais são (respectivamente) as extensões em *i* dos nomes *a* e *b*; e que a extensão de F em *i* é a classe-unidade de Aníbal. Então a frase U*x* F*x* será falsa em *i*, e a frase E*x* F*x* será verdadeira em *i*. Nesse caso, as condições de verdade da quantificação universal objetual ∀*x* F*x* coincidem com as da correspondente quantificação universal substitutiva U*x* F*x*; e as condições de verdade das quantificações existencial objetual e existencial substitutiva são igualmente coincidentes.

Em geral, uma quantificação substitutiva coincide, do ponto de vista das condições de verdade, com a quantificação objetual correspondente somente se as seguintes duas condições são satisfeitas: *a*) a linguagem contém um nome para cada objeto no domínio de uma interpretação, o que exige que o domínio seja numerável (ou finito ou numeravelmente infinito); *b*) a linguagem não contém nenhum nome para um objeto que não pertença ao domínio da interpretação.

Assim, se o domínio de uma interpretação *i* contiver objetos não-nomeáveis (números reais, p. ex.), então é possível ter uma quantificação universal substitutiva U*x* F*x* como verdadeira em *i*, mas não ter a correspondente quantificação objetual ∀*x* F*x* como verdadeira em *i*. Por outro lado, se a linguagem contiver pelo menos um nome cuja extensão em uma interpretação *i* não é um objeto no domínio de *i*, então é possível ter uma quantificação universal objetual ∀*x* F*x* como verdadeira em *i*, mas não ter a correspondente quantificação substitutiva U*x* F*x* como verdadeira em *i*.

Existem dois casos relativamente aos quais a divergência entre as noções de quantificação objetual e quantificação substitutiva é mais acentuada, e que tornam interessante a segunda noção.

O primeiro resulta da introdução, na linguagem, de nomes vazios. Com efeito, suponhamos que nossa linguagem contém um nome *a* ao qual uma interpretação *i* não faz corresponder nenhum objeto no domínio de *i*. E suponhamos ainda, no estilo de uma LÓGICA LIVRE, que uma frase atômica da forma *Fa* conta como falsa em *i*; e logo que a frase ¬*Fa* conta como verdadeira em *i*. Então a quantificação existencial substitutiva E*x* ¬*Fx* será necessariamente verdadeira em *i*; mas a correspondente quantificação existencial objetual $\exists x \neg Fx$ poderá ser falsa em *i*. P. ex., suponhamos que a frase "Vulcano não existe" é verdadeira; segue-se que "E*x* ¬Existe *x*" (que não pode, obviamente, ser lida como "Existe pelo menos um objeto *x* tal que *x* não existe") é verdadeira, mas "$\exists x$ ¬Existe *x*" (que é lida daquela maneira) é manifestamente falsa.

O segundo caso resulta da introdução, na linguagem, de contextos intensionais, p. ex., contextos de crença. Suponhamos que a frase "O antigo astrônomo acreditava que a Estrela da Manhã é um planeta" é verdadeira, e que a frase "O antigo astrônomo acreditava que a Estrela da Tarde é um planeta" é falsa (e contemos ainda as expressões "A Estrela da Manhã" e "A Estrela da Tarde" como nomes). Segue-se que as quantificações existenciais substitutivas "E*x* (o antigo astrônomo acreditava que *x* é um planeta)" e "E*x* ¬(o antigo astrônomo acreditava que *x* é um planeta)" são ambas verdadeiras. Todavia, as quantificações existenciais objetuais correspondentes, "$\exists x$ (o antigo astrônomo acreditava que *x* é um planeta)" e "$\exists x$ ¬(o antigo astrônomo acreditava que *x* é um planeta)", serão argumentativamente inconsistentes: o mesmo objeto (Vênus) não pode ser tal que, por um lado, o antigo astrônomo acredite que ele é um planeta, e, por outro, o antigo astrônomo não acredite que ele é um planeta. *Ver* QUANTIFICADOR; SEMÂNTICA LÓGICA. **JB**

MARCUS, R. B. "Modalities and Intensional Languages", *in Modalities. Philosophical Essays*. Oxford: Oxford University Press, 1994.

QUINE, W. V. O. "Existence and Quantification", *in Ontological Relativity and Other Essays*. Nova York: Columbia University Press, 1969.

SAINSBURY, M. *Logical Forms*. Oxford: Blackwell, 1991.

quantificador

Um quantificador é um operador que, prefixado a uma fórmula aberta *Fx*, a transforma em uma fórmula fechada, com um valor de verdade fixo, verdadeiro ou falso. O quantificador universal que tenha *x* como sua variável é em geral denotado por $\forall x$, e é essa a expressão que se prefixa à fórmula. O sentido que resulta depois da prefixação é o seguinte: $\forall x\ Fx$ recebe o valor de verdade Verdadeiro se este é também o valor de *Fx* para todos os valores de *x*; $\forall x$ recebe o valor de verdade Falso se existe pelo menos um valor de *x* para o qual *Fx* recebe o valor de verdade Falso. Em particular, se *Fx* é uma frase M, então o resultado da prefixação de $\forall x$ a M, que se denota por $\forall x$ M é verdadeiro se, e somente se, M é verdadeira. A expressão dual de $\forall x$ é $\exists x$, e esta denota o quantificador existencial, que também é prefixado a uma fórmula. Nesse caso $\exists x\ Fx$ recebe o valor de verdade Verdadeiro se este é também o valor de verdade de *Fx* para pelo menos um valor de *x*; finalmente $\exists x\ Fx$ recebe o valor de verdade Falso se o valor de *Fx* é Falso para todos os valores de *x*. Em particular, se *Fx* é uma frase M, então o resultado da prefixação de $\exists x$ a M, que se denota por $\exists x$ M, é verdadeiro se, e somente se, M é verdadeira. As expressões da linguagem corrente que correspondem à notação $\forall x$ e $\exists x$ são respectivamente "para todo *x*" e "existe um *x*".

A prefixação de $\forall x$ ou $\exists x$ pode ser reiterada, caso em que se passará a falar de quantificação dupla, tripla ou em geral múltipla. É importante reconhecer que, no caso da quantificação dupla por quantificadores diferentes, as fórmulas que resultam da permuta dos quantificadores não são equivalentes. Se a fórmula *F(x,y)* for interpretada no conjunto dos números reais como $x > y$, as fórmulas $\forall x\ \exists y\ (x > y)$ e $\exists y\ \forall x\ (x > y)$ não são equivalentes no sentido em que não têm o mesmo valor de verdade. A primeira fórmula afirma que, dado qualquer número real *x*, existe um número real *y*, tal que *x* é maior do que *y*. A segunda afirma a existência de um número real *y* que é menor do que qualquer número dado, o que faz com que a primeira afirmação seja verdadeira e a segunda, falsa (*ver* FALÁCIA DA PERMUTAÇÃO DE QUANTIFICADORES).

Em teorias formais é freqüente ver apenas a ocorrência de um dos quantificadores, supondo-se que o cálculo proposicional da teoria contém a negação. Nesse caso $\forall x\, Fx$ pode ser sempre expresso pela fórmula $\neg \exists x\, \neg Fx$ e, analogamente, $\exists x\, Fx$ pode ser expresso pela fórmula $\neg \forall x\, \neg Fx$. Em geral o termo "Quantificação" é usado para designar a prefixação de um ou mais quantificadores a uma fórmula. O emprego de quantificadores para representar a quantificação é uma descoberta de Frege. *Ver também* QUANTIFICAÇÃO GENERALIZADA. **MSL**

quantificador existencial, eliminação do

Ver ELIMINAÇÃO DO QUANTIFICADOR EXISTENCIAL.

quantificador existencial, introdução do

Ver INTRODUÇÃO DO QUANTIFICADOR EXISTENCIAL.

quantificador universal, eliminação do

Ver ELIMINAÇÃO DO QUANTIFICADOR UNIVERSAL.

quantificador universal, introdução do

Ver INTRODUÇÃO DO QUANTIFICADOR UNIVERSAL.

quase-verdade

A investigação de certo domínio do conhecimento envolve, em geral, a elaboração e o emprego de certas estruturas matemáticas. Essas estruturas podem ser caracterizadas de diversas maneiras, proporcionando, por assim dizer, diferentes formatos de aplicação para a ciência (vejam-se, p. ex., Bourbaki [1950 e 1968]; Suppes [2002]; e Da Costa e Chuaqui [1988]). Seja Δ o domínio a ser investigado. Para estudarmos o comportamento dos objetos de Δ, devemos introduzir certos elementos conceptuais que nos auxiliem a representar e a sistematizar as informações a respeito dos objetos em consideração. Para tanto, associamos a Δ um conjunto D, contendo tanto objetos "reais" (p. ex., em física de partículas, linhas espectrais) como objetos "ideais" (tais como *quarks* e ondas de probabilidade). Esses últimos auxiliam-nos, em particular, no processo de sistematização de nossas informações acerca de Δ. Se tais objetos "ideais" correspondem a entidades físicas existentes em Δ, isso constitui um dos pontos de separação entre interpretações realistas e anti-realistas do conhecimento científico. Como se sabe, de acordo com as propostas realistas, a ciência busca construir teorias verdadeiras – ou, ao menos, aproximadamente verdadeiras (vejam-se Popper [1963 e 1983], Putnam [1975 e 1979], e Boyd [1990]). Por outro lado, propostas anti-realistas enfatizam outros objetivos para a ciência, tais como a construção de teorias empiricamente adequadas (cf. Van Fraassen [1980 e 1989]), ou com alta capacidade de solucionar problemas (cf. Laudan [1977, 1984, e 1996]).

Haveria, contudo, alguma forma de capturar, ao menos em parte e de um ponto de vista formal, certas intuições acerca da ciência partilhadas tanto por concepções realistas como anti-realistas? Além disso, ao desenvolver tal referencial formal, seria possível capturar importantes aspectos da prática científica (em particular, o fato de que geralmente lidamos com informações parciais, e os campos de investigação científica são, num importante sentido, "abertos")? Para responder positivamente a ambas as questões, as noções de quase-verdade e estruturas parciais foram introduzidas (cf. Da Costa [1986], Mikenberg, Da Costa e Chuaqui [1986], Da Costa e French [1989 e 1990]).

O que a abordagem baseada em estruturas parciais assume, tal como os realistas mais sofisticados e os anti-realistas, é que, ao estudarmos certo domínio Δ, estamos interessados em certas relações entre os objetos do acima mencionado conjunto D, que intuitivamente representam a informação que possuímos (em dado momento) sobre Δ. Há um componente pragmático nesse ponto, já que tais informações são relativas a nossos interesses, e são obtidas de acordo com o que se toma como relevante em determinado contexto. Além disso, há em certo sentido uma "incompletude" nessas informações, na medida em que, com freqüência, não sabemos se determinadas relações entre os objetos do conjunto D se estabelecem ou não (cf. Mikenberg, Da Costa e Chuaqui [1986], e Da Costa e French [1990]). À medida que obtemos mais informações sobre D, podemos determinar se certas relações de fato se dão, o que representa um aumento em nosso conhecimento sobre Δ. Tais relações são parciais no sentido em que não estão necessariamente definidas para todas as ênuplas de objetos de D. Tal "incompletude" constitui-se numa das principais motivações para a introdução da abordagem baseada em estruturas parciais. Com efeito, trata-se de proporcionar um quadro conceptual que possibilite acomodar o emprego de estruturas em ciência onde haja "incompletude" informacional. Tais contextos são, é claro, bastante típicos na prática científica. Não há, pois, nenhuma incompatibilidade entre tal "incompletude" e o uso de estruturas conjuntistas, como fica claro com a introdução do conceito de relação parcial (vejam-se Da Costa e French [1990, p. 255, nota 2]).

De modo mais formal, cada relação parcial R_i em D pode ser caracterizada como uma tripla ordenada $<R_1, R_2, R_3>$, onde R_1, R_2 e R_3 são conjuntos disjuntos, com $R_1 \cup R_2 \cup R_3 = D^n$, e tais que R_1 é o conjunto das ênuplas que sabemos que satisfazem R_i; R_2 das ênuplas que sabemos que não satisfazem R_i; e R_3 daquelas ênuplas para as quais não está definido se satisfazem ou não R_i. (Vale notar que se R_3 for vazio, R_i será uma relação n-ária usual, que pode ser identificada com R_1.) Com essa noção de relação parcial, representamos as informações de que dispomos acerca de certo domínio do conhecimento, e mapeamos as regiões que necessitam de investigação adicional (representadas pelo componente R_3). Desse modo, é possível, em certa medida, acomodar formalmente a "incompletude" das informações existentes no domínio científico. Esse se constitui no papel "epistêmico" das relações parciais, que pode ser explorado tanto por realistas como por anti-realistas. Há ainda, contudo, um aspecto "semântico", a ser empregado para se definir uma generalização do conceito tarskiano de verdade: a quase-verdade.

Para formularmos esse último conceito, necessitamos de duas noções auxiliares. A primeira delas, intimamente relacionada com o conceito de relação parcial, é a noção de estrutura parcial (ou estrutura pragmática simples). Uma estrutura parcial é uma estrutura matemática do seguinte tipo: $A = <D, R_i, P>_{i \in I}$, onde D é um conjunto não-vazio, $(R_i)_{i \in I}$ é uma família de relações parciais definidas em D, e P é um conjunto de proposições acerca de D aceitas como verdadeiras, no sentido da teoria da correspondência da verdade (cf. Mikenberg, Da Costa e Chuaqui [1986]). De acordo com a interpretação do conhecimento científico que se adote, os elementos de P poderão incluir leis ou mesmo teorias (no caso de uma proposta realista), ou enunciados de observação (no caso dos empiristas). De qualquer modo, e essa é a razão pela qual o conjunto P foi introduzido, a cada momento particular há sempre um conjunto de proposições aceitas em certo domínio e que proporcionam restrições acerca das possíveis extensões do conhecimento científico. Intuitivamente, as estruturas parciais modelam aspectos de nosso conhecimento acerca desse domínio.

A segunda noção a ser introduzida relaciona-se intimamente com o objetivo de formular um conceito mais amplo de verdade. Tal como no caso da caracterização tarskiana (cf., p. ex., Tarski [1933 e 1954]), segundo a qual a verdade é definida em uma estrutura, a quase-verdade também será formulada em termos estruturais. Para tanto, dada uma estrutura parcial $A = <D, R_i, P>_{i \in I}$, dizemos que $B = <D', R'_i, P'>_{i \in I}$ é uma estrutura A-normal se 1) $D = D'$; 2) cada R'_i "estende" a relação parcial correspondente R_i a uma relação total (isto é, diferentemente de R_i, R'_i está definida para todas as ênuplas de objetos de D'); 3) se c é uma constante da linguagem interpretada por A e por B, em ambas as estruturas, c é associada ao mesmo objeto de D; 4) se α é uma proposição de P, então α é verdadeira em B. O emprego de estruturas A-normais na formulação da quase-verdade é similar ao do conceito de interpretação no caso da proposta de Tarski.

A partir dessas considerações, podemos finalmente definir o conceito de quase-verdade (cf. Mikenberg, Da Costa e Chuaqui [1986]). Dizemos que uma proposição α é quase-verdadeira na estrutura parcial A de acordo com B se: 1) A é uma estrutura parcial (na acepção apresentada acima); 2) B é uma estrutura A-normal; e 3) α é verdadeira em B (segundo a definição tarskiana de verdade). Se α não é quase-verdadeira em A de acordo com B, dizemos que α é quase-falsa (em S de acordo com B). Assim, uma proposição α é quase-verdadeira em uma estrutura parcial A se existe uma estrutura A-normal (total) B em que α é verdadeira.

Deve-se notar, todavia, que não é sempre o caso que, dada uma estrutura parcial, é possível estendê-la a uma total. Condições necessárias e suficientes para tanto podem ser apresentadas, esquematicamente, da seguinte maneira (cf. Mikenberg, Da Costa e Chuaqui [1986]). Dada uma estrutura parcial $A = <D, R_i, P>_{i \in I}$, para cada relação parcial R_i, construímos um conjunto M_i de proposições atômicas e de negações de proposições atômicas de tal modo que as primeiras correspondem às ênuplas que satisfazem R_i, e as últimas às ênuplas que não satisfazem R_i. Seja M o conjunto $\cup_{i \in I} M_i$. Desse modo, uma estrutura pragmática simples A admite uma estrutura A-normal se, e somente se, o conjunto $M \cup P$ é consistente. Em outras palavras, a extensão de uma estrutura pragmática simples A a uma estrutura A-normal B é possível sempre que o processo de extensão das relações parciais é realizado de tal forma que se assegure a consistência entre as novas relações estendidas e as proposições básicas aceitas (P).

Vale notar que esse resultado proporciona evidência para que se interprete o conceito de quase-verdade como uma noção do tipo *como se*. Se α é uma proposição quase-verdadeira, podemos afirmar que α descreve o domínio em questão *como se* sua descrição fosse verdadeira. Por ser consistente com o conhecimento básico disponível no domínio em exame (representado pelo conjunto P), α permite a representação de algumas das principais informações a respeito desse último, sem todavia comprometer-nos com a aceitação da verdade dos demais itens de informação (formulados pela estrutura A-normal). Com efeito, há diversas estruturas A-normais compatíveis com dada estrutura parcial A, e que estendem essa última a uma estrutura total. Em outras palavras, em virtude das definições apresentadas, uma proposição quase-verdadeira (em uma estrutura parcial A) não é necessariamente verdadeira; ela é apenas verdadeira, por assim dizer, no domínio restrito delimitado por A. Por outro lado, segue-se de maneira imediata que toda proposição verdadeira é quase-verdadeira. Assim, é claro em que medida essa definição representa uma generalização da noção de verdade proposta por Tarski; as duas definições coincidem quando a primeira é restrita a estruturas totais. Além disso, embora talvez não possamos afirmar que certas teorias sejam verdadeiras (tais como a teoria newtoniana da gravitação), podemos afirmar que tais teorias são quase-verdadeiras (quando consideramos objetos que não estejam sujeitos a campos gravitacionais muito intensos; cuja velocidade seja pequena em comparação à velocidade da luz, etc.). Há, dessa maneira, um claro papel para a quase-verdade na ciência, permitindo, em particular, a comparação de teorias que não são verdadeiras. (Para uma definição alternativa de quase-verdade e discussões adicionais sobre o tema, vejam-se Bueno e De Souza (1996);

vejam-se também Da Costa, Bueno e French (1998a) e Da Costa e French (1989, 1993a, 1993b, 1995 e 2002.)

Tendo-se caracterizado a noção de quase-verdade, inúmeras aplicações foram desenvolvidas. Em particular, vale notar as seguintes:

a) Em termos da noção de quase-verdade, uma nova interpretação da probabilidade foi elaborada, articulando-se o conceito de probabilidade pragmática (vejam-se Da Costa [1986] e Da Costa e French [1989]). A idéia básica consiste em notar que, em diversos contextos, embora a probabilidade de que certas teorias científicas sejam verdadeiras é zero, a probabilidade de que tais teorias sejam quase-verdadeiras é positiva. Em linhas gerais, a noção de probabilidade pragmática consiste na avaliação da probabilidade na quase-verdade de uma teoria (em vez da verdade). Como resultado, pode-se avaliar a probabilidade pragmática de teorias científicas mesmo quando a probabilidade na verdade delas seja nula. Desse modo, uma nova interpretação da probabilidade pode ser articulada, interpretação esta que desenvolve uma nova versão da concepção subjetivista da probabilidade – permitindo a avaliação da probabilidade de teorias científicas – sem gerar as dificuldades presentes em suas versões usuais (cf. Da Costa [1986]).

b) Além disso, mostrou-se também como a noção de probabilidade pragmática pode funcionar como base para uma lógica indutiva e para uma concepção unificada das ciências empíricas. Em particular, mostrou-se o papel desempenhado por uma lógica indutiva na ciência (vejam-se Da Costa e French [1989] e Da Costa [1997]).

c) Importantes aspectos da prática científica foram então reinterpretados em termos da noção de quase-verdade: incluindo critérios de aceitação de teorias científicas (Da Costa e French [1993a]), uma nova formulação da concepção semântica de teorias (Da Costa e French [1990]) e uma nova caracterização da noção de adequação empírica, compatível com uma versão empirista construtiva da ciência (Bueno [1997 e 1999c]).

d) Estudou-se também o papel de inconsistências na formação de crenças em diversos tipos de comunidades, científicas ou não (Da Costa e French [1993b e 1995] e Da Costa, Bueno e French [1998b]).

e) Novos modelos de caracterização da dinâmica de teorias científicas foram também elaborados empregando-se a noção de quase-verdade (Bueno [1999a] e Da Costa e French [2002]); em particular, explorou-se a relação entre mudança de teorias em ciência e em matemática (Bueno [2000, 2002 e 1999b]).

Desse modo, uma concepção unificada do conhecimento científico pode ser articulada com base na noção de quase-verdade (vejam-se Da Costa [1997] e Da Costa e French [2002]). A noção gerou, dessa maneira, um verdadeiro programa de pesquisa, e como resultado, uma nova forma de examinar a natureza do conhecimento científico foi elaborada. Há muito ainda a ser explorado. **NdC/OB**

BOURBAKI, N. "The Architecture of Mathematics", *in American Mathematical Monthly*, nº 57, 1950, pp. 231-42.

____. *Theory of Sets*. Trad. do orig. fr. de 1957. Boston: Addison-Wesley, 1968.

BOYD, R. "Realism, Approximate Truth, and Philosophical Method", *in* Savage, C. W. (org.). *Scientific Theories*. Minneápolis: University of Minnesota Press, 1990. Minnesota Studies in the Philosophy of Science, nº 14, pp. 355-91. Reimp. *in* Papineau, D. (org.). *The Philosophy of Science*. Oxford: Oxford University Press, 1996, pp. 215-55.

BUENO, O. "Empirical Adequacy: a Partial Structures Approach", *in Studies in History and Philosophy of Science*, nº 28, 1997, pp. 585-610.

____. "Empiricism, Conservativeness and Quasi-Truth", *in Philosophy of Science*, nº 66, 1999b, pp. 474-85.

____. "Empiricism, Mathematical Change and Scientific Change", *in Studies in History and Philosophy of Science*, nº 31, 2000, pp. 269-96.

____. "Mathematical Change and Inconsistency: a Partial Structures Approach" [2002], *in* Meheus, J. (org.). *Inconsistency in Science*. Dordrecht: Kluwer, 2000.

Bueno, O. *O empirismo construtivo*. Campinas: Unicamp. Centro de Lógica, Epistemologia e História da Ciência, 1999. Coleção CLE, 1999c.

____. "What is Structural Empiricism?", *in Scientific Change in an Empiricist Setting*. *Erkenntnis*, n.º 50, 1999a, pp. 59-85.

____ e De Souza, E.. "The Concept of Quasi-Truth", *in Logique et Analyse*, n.ºs 153-4, 1996, pp. 183-99.

Da Costa, N. *O conhecimento científico*. São Paulo: Discurso, 1997.

____. "Pragmatic Probability", *in Erkenntnis*, n.º 25, 1986, pp. 141-62.

____, Bueno, O. e French, S. "Is there a Zande Logic", *in History and Philosophy of Logic*, n.º 19, 1998b, pp. 41-54.

____, ____ e ____. "The Logic of Pragmatic Truth", *in Journal of Philosophical Logic*, n.º 27, 1998a, pp. 603-20.

____ e Chuaqui, R. "On Suppes' Set Theoretical Predicates", *in Erkenntnis*, n.º 29, 1988, pp. 95-112.

____ e French, S. "A Model Theoretic Approach to 'Natural Reasoning'", *in International Studies in Philosophy of Science*, n.º 7, 1993b, pp. 177-90.

____ e ____. "Partial Structures and the Logic of Azande", *in American Philosophical Quarterly*, n.º 32, 1995, pp. 325-39.

____ e ____. *Science and Partial Truth: a Unitary Approach to Models and Scientific Reasoning*. Oxford: Oxford University Press, 2003.

____ e ____. "Pragmatic Truth and the Logic of Induction", *in British Journal for the Philosophy of Science*, n.º 40, 1989, pp. 333-56.

____ e ____. "The Model-Theoretic Approach in the Philosophy of Science", *in Philosophy of Science*, n.º 57, 1990, pp. 248-65.

____ e ____. "Towards an Acceptable Theory of Acceptance: Partial Structures and the General Correspondence Principle" [1993a], *in* French, S. e Kamminga, H. (orgs.). *Correspondence, Invariance and Heuristics*. Dordrecht: Reidel, 1993, pp. 137-58.

French, S. e Kamminga, H. (orgs.). *Correspondence, Invariance and Heuristics*. Dordrecht: Reidel, 1993.

Laudan, L. *Beyond Positivism and Relativism*. Oxford: Westview Press, 1996.

____. *Progress and Its Problems*. Berkeley: University of California Press, 1977.

____. *Science and Values*. Berkeley: University of California Press, 1984.

Mikenberg, I., Da Costa, N. e Chuaqui, R. "Pragmatic Truth and Approximation to Truth", *in The Journal of Symbolic Logic*, n.º 51, 1986, pp. 201-21.

Papineau, D. (org.). *The Philosophy of Science*. Oxford: Oxford University Press, 1996.

Popper, K. R. *Conjectures and Refutations*. Londres: Routledge and Kegan Paul, 1963. Trad. bras. *Conjecturas e refutações*. Trad. Sérgio Bath. Brasília: UnB, 1982.

____. *Realism and the Aim of Science*. Org. W. W. Bartley, III. Londres: Routledge, 1983.

Putnam, H. *Mathematics, Matter and Method*. 2.ª ed. ampl. Cambridge: Cambridge University Press, 1979.

____. *Mind, Language and Reality*. Cambridge: Cambridge University Press, 1975, vol. 2.

Savage, C. W. (org.). *Scientific Theories*. Minnesota: University of Minnesota Press, 1990. Col. Minnesota Studies in the Philosophy of Science, n.º 14.

Suppes, P. *Set-Theoretical Structures in Science*. Chicago: University of Chicago Press, 2003.

Tarski, A. "Contributions to the Theory of Models I", *in Nederl. Akad. Wetensch. Proc.*, Ser. A, n.º 57, 1954, pp. 572-81.

____. *Logic, Semantic, Metamathematics*. 2.ª ed. Org. J. Corcoran. Trad. J. H. Woodger. Indianápolis: Hackett, 1983.

____. "The Concept of Truth in Formalized Languages" [1933], *in* Tarski, A. *Logic, Semantic, Metamathematics*. 2.ª ed. Org. J. Corcoran. Trad. J. H. Woodger. Indianápolis: Hackett, 1983, pp. 152-278.

Van Fraassen, B. C. *Laws and Symmetry*. Oxford: Oxford University Press, 1989.

____. *The Scientific Image*. Oxford: Clarendon Press, 1980.

quatro termos, falácia dos

Ver falácia do equívoco.

racionalidade

Racionalidade Normativa – Na medida em que uma decisão ou crença sejam racionais devem ser adotadas, *ceteris paribus*; as decisões e crenças irracionais devem ser evitadas. De acordo com o ponto de vista tradicional, essa obrigação é estrita, isto é, diz respeito apenas àquelas razões para a aceitação de crenças e formulação de decisões que constituem uma boa justificação ou uma garantia da confiabilidade das mesmas. Modelos recentes alargam esse ponto de vista, levando-o a incluir também outros tipos de considerações de caráter prático, como o princípio de acordo com o qual o agente deve fazer o melhor uso possível dos seus recursos limitados.

No que diz respeito à racionalidade nas ciências dedutivas, como a lógica, as inconsistências (p. ex., o PARADOXO DE RUSSELL da teoria intuitiva dos conjuntos) constituem o paradigma de irracionalidade e são convencionalmente consideradas males a ser remediados a todo custo. Todavia, estudos psicológicos recentes sugerem que o raciocínio humano vulgar é em larga e surpreendente medida formalmente incorreto (Tversky e Kahneman, 1974). Pode-se dar sentido a tal irracionalidade "local" se esta for encarada como o produto de uma troca; isto é, seria um sintoma do nosso uso de processos heurísticos "atabalhoados" formalmente incorretos mas computacionalmente mais eficientes do que processos heurísticos formalmente adequados (Cherniak, 1986). As antinomias que se escondem no núcleo do nosso esquema conceptual podem assim ser interpretadas simplesmente como parte do preço a pagar para se poder dispor de um sistema cognitivo que funcione.

No que diz respeito à racionalidade na ciência em geral, uma abordagem clássica é a do método cartesiano da dúvida universal, que recomenda a reconstrução de todo o nosso esquema conceptual a partir de uma *tabula rasa*: a gestão racional da cognição tem de começar pela rejeição de tudo (Descartes, 1641). Todavia, o ponto de vista simplista e perfeccionista, de acordo com o qual não podem ser racionais aquelas crenças que possam de algum modo imaginável ser postas em causa, tem ultimamente dado lugar a uma visão mais moderada, de acordo com a qual a racionalidade das crenças só é posta em causa se for possível descortinar um conjunto reduzido de contrapossibilidades apropriadas. Este anticartesianismo é o ponto de partida do pragmatismo (Peirce, 1868) e de fato acompanha o desenvolvimento independente recente de pontos de vista menos perfeccionistas acerca da racionalidade dedutiva, cuja caracterização foi esboçada no parágrafo anterior.

Finalmente, as persistentes linhas céticas de desafio à racionalidade de toda a estrutura de processos humanos de formação de crenças concluem que nunca poderemos ter nenhuma boa razão, por mínima que seja, para aceitar mesmo os nossos pressupostos mais centrais. As abordagens recentes que "naturalizam" a epistemologia transformando-a em um ramo da ciência (Quine, 1960) tendem a excluir tais dúvidas gerais por serem insignificantes ou sem sentido; mas se as questões distintamente filosóficas não se deixarem de fato reduzir inteiramente a questões científicas normais, os desafios de tipo cético à racionalidade podem ter, ao contrário, de ficar conosco como parte permanente da condição humana. Apesar de podermos não ter outro remédio senão empregar o único sistema cognitivo que possuímos, nosso próprio sistema total pode fornecer uma base para dúvidas em larga escala acerca de sua própria adequação – essa é uma perspectiva kantiana (Kant, 1783).

Racionalidade Constitutiva do Agente – Na filosofia da mente surge uma concepção mais fraca de racionalidade. Trata-se da perspectiva de que a racionalidade seria um requisito necessário de coerência para a identidade pessoal: essa consideração encontra-se expressa, em traços largos, no *slogan* "Se não há racionalidade, não há agente". Tal racionalidade constitutiva do agente tem de ser mais flexível do que a definida pelos padrões normativos, uma vez que os sistemas cognitivos dos agentes não só podem como costumam não exibir uma racionalidade epistemicamente inatacável, sem que se considere que, por esse motivo, tais agentes carecem de mentes.

Não obstante, a perspectiva de acordo com a qual os agentes possuem tal racionalidade é mais do que uma hipótese empírica; p. ex., se um conjunto putativo de crenças for acumulando inconsistências sobre inconsistências, acabará por deixar de contar como um conjunto de crenças e desintegrar-se-á em um simples conjunto de frases. O modelo-padrão de racionalidade (p. ex., Hempel, 1965) é uma idealização que requer que o agente disponha de capacidades cognitivas perfeitas para adequar suas ações a seus fins, de acordo com as suas crenças. Tal racionalidade ideal tornaria triviais segmentos consideráveis das ciências dedutivas, ao mesmo tempo que exigiria que dispuséssemos de recursos computacionais ilimitados – o que não constitui de maneira alguma um quadro psicologicamente realista. No fim das contas, não somos senão humanos.

Todavia, depois reconhecer que nada poderia ser considerado um agente ou uma pessoa se não satisfizesse nenhum limite de racionalidade, podemos parar para pensar se, em virtude disso, teremos realmente de saltar para uma conclusão de acordo com a qual um agente tem de ser idealmente racional. Será a racionalidade um caso de tudo ou nada, ou haverá antes qualquer via média cognitiva entre a perfeita unidade cartesiana da mente e a total desintegração caótica da personalidade? Tais concepções moderadas da racionalidade deixam, por um lado, espaço para os supracitados fenômenos de raciocínio humano subótimo, largamente observados na investigação empírica, e, por outro lado, podem explicá-los como indicadores do nosso uso de processos heurísticos mais eficientes, embora imperfeitos. *Ver também* AGÊNCIA. **CC**

CHERNIAK, C. *Minimal Rationality*. Cambridge: MIT Press, 1986.
DESCARTES, R. *Meditações sobre a filosofia primeira* [1641]. Trad. G. Fraga. Coimbra: Almedina, 1985. Trad. bras. "Meditações", in *Descartes*. 3.ª Coleção Os Pensadores. Trad. J. Guinsburg e Bento Prado Júnior. São Paulo: Abril Cultural, 1983, pp. 73-211.
HEMPEL, C. G. "Aspects of Scientific Explanation", *in Aspects of Scientific Explanation and Other Essays*. Nova York: The Free Press, 1965.
KANT, I. *Prolegômenos a toda a metafísica futura* [1783]. Trad. A. Mourão. Lisboa: Edições 70, 1982.
PEIRCE, C. S. "Some Consequences of Four Incapacities" [1868], *in Collected Papers*. Cambridge: Harvard University Press, 1932, vol. 5.
QUINE, W. V. O. *Word and Object*. Cambridge: MIT Press, 1960.
TVERSKY, A. e KAHNEMAN, D. "Judgment Under Uncertainty: Heuristics and Biases", *in Science*, n.º 185, 1974, pp. 1124-31.

ramseyficação

O termo tem sua origem no nome de Frank Plumpton Ramsey (1903-1930), um matemático e filósofo inglês que viveu e lecionou em Cambridge, onde trabalhou com Russell, Keynes e Wittgenstein. Esse termo é usado tanto em filosofia da ciência como em filosofia da mente para designar determinado processo, introduzido por Ramsey e divulgado por Carnap, de reconstrução formal de uma teoria de tal modo que nela deixem de ocorrer termos teóricos, isto é, termos não-lógicos para os quais não é possível encontrar um conteúdo observacional. A dada teoria T reconstruída de acordo com esse processo chama-se "frase de Ramsey da teoria T".

O processo de construção da frase de Ramsey de uma teoria T a partir da formulação original da teoria T pode ser sumariamente descrito do seguinte modo: o primeiro passo consiste na transformação da teoria em uma conjunção em que os conjuntos são constituídos pelos postulados da teoria (isto é, aquelas frases nas quais os termos teóricos são introduzidos) e pelas suas regras de correspondência (isto é, aquelas frases nas quais os termos teóricos são correlacionados com os termos com conteúdo observacional); o segundo passo consiste na substituição de todos os termos teóricos t_1, t_2,..., t_n em todos os postulados e regras de correspondência da teoria por variáveis para classes e relações X_1, X_2,..., X_n; o terceiro passo consiste em quantificar todas as variáveis assim obtidas por intermédio de um quantificador existencial.

O que a frase de Ramsey da teoria afirma é então que existem pelo menos uma classe e uma relação do tipo especificado por cada variável quantificada que satisfazem as condições expressas pela fórmula. Desse modo, as entidades referidas pelos termos teóricos deixam de ser diretamente referidas por eles e passam a ser representadas na teoria por definições implícitas dadas pela rede de relações em que as variáveis que substituíram os termos teóricos se encontram umas com as outras e com os termos observacionais. Ao mesmo tempo que preserva todo o poder explicativo e previsivo da teoria, esse processo de reconstrução formal dela tem o mérito – não negligenciável do ponto de vista da semântica neo-empirista – de permitir a manutenção de uma linguagem baseada na observação, que não elimina todavia a referência implícita a entidades e fenômenos inobserváveis. A eliminação do interior das frases da teoria da referência explícita a essas mesmas entidades e fenômenos tem, por seu lado, a vantagem de eliminar o problema semântico posto pela questão de saber o que os termos teóricos da teoria referem.

Embora a idéia da ramseyficação de uma teoria não tenha surgido associada a questões de filosofia da mente, ela tem todavia desempenhado um papel relevante nessa disciplina filosófica desde que os filósofos funcionalistas (David Lewis, em particular) introduziram a tese de acordo com a qual o discurso psicológico vulgar é um discurso teórico no qual os termos para estados e processos mentais desempenham o papel que, de acordo com o ponto de vista de Ramsey e Carnap, é desempenhado pelos termos teóricos em uma teoria científica qualquer. Uma conseqüência dessa tese é a de que é possível e desejável substituir os termos para estados e processos mentais do discurso psicológico vulgar pelas suas definições funcionais implícitas; uma vez esse processo levado a efeito, obter-se-ia a frase de Ramsey do discurso psicológico vulgar, na qual não ocorreria nenhum termo mental. David Lewis introduziu, todavia, algumas alterações no esquema de formalização anteriormente apresentado por Ramsey e Carnap. Em primeiro lugar, e para evitar ter de recorrer a uma quantificação de segunda ordem sobre termos para classes e relações, estes são substituídos na versão de Lewis por nomes combinados com uma relação de exemplificação; em segundo lugar, e de acordo com as críticas de Quine a Carnap, a distinção terminológica estabelecida por D. Lewis deixa de ser entre termos observacionais e termos teóricos e passa agora a ser entre termos estabelecidos, isto é, termos já usados anteriormente à introdução da nova teoria, e termos novos, isto é, termos introduzidos pela nova teoria; em terceiro lugar, enquanto, tanto para Ramsey como para Carnap, uma teoria formalizada na respectiva frase de Ramsey admite ser multiplamente realizada, isto é, admite ser exemplificada por qualquer seqüência de propriedades e relações que satisfaçam os limites impostos pela definição formal da teoria, para Lewis a teoria formalizada na frase de Ramsey respectiva só pode ser considerada efetivamente realizada se houver um e apenas um exemplo efetivo dela. Desse modo, os termos teóricos de uma teoria T são na realidade vistos por David Lewis como DESCRIÇÕES DEFINIDAS dos seus referentes.

A reconstrução formal do discurso psicológico vulgar por meio da sua ramseyficação, tal como concebida por Lewis, deveria assim manter exatamente as mesmas capacidades explicativas e previsivas da hipotética teoria de que ela seria expressão, ao mesmo tempo que possuiria a enorme vantagem de usar apenas termos cujo conteúdo não suscitaria perplexidades, isto é, termos associados a fenômenos físicos e comportamentos externos. O problema ontológico de saber a que espécie de objetos e fenômenos os termos mentais se refeririam seria assim removido do âmbito da discussão acerca do sentido dos termos usados no discurso psicológico, sem que nenhuma violência tivesse de ser exercida sobre os nossos hábitos de descrever e explicar a realidade psicológica. *Ver também* FUNCIONALISMO; POSITIVISMO LÓGICO. AZ

CARNAP, R. "The Ramsey Sentence", *in Philosophical Foundations of Physics*. Nova York: Basic Books, 1974, pp. 247-56.
LEWIS, D. "How to Define Theoretical Terms", *in Journal of Philosophy*, n.º 67, 1970, pp. 427-46.
____. "Psychophysical and Theoretical Identifications", *in Australasian Journal of Philosophy*, n.º 50, 1972, pp. 249-58.
RAMSEY, F. P. "The Foundations of Mathematics" [1925], *in Philosophical Papers*. Cambridge: Cambridge University Press, 1990, pp. 164-224.

realismo

O realismo, como posição filosófica, defende a existência de entidades independentes do espírito ou do nosso repertório lingüístico. Também pode ser interpretado como simples crença partilhada na existência de certos objetos de que falamos. Nesse sentido, admitir a existência de objetos fora de nós, com tais e tais características próprias, equivale a uma atitude em geral qualificada como realismo externo. Acresce que tal atitude parece estar implicada no próprio ato de comunicação com os outros e na interação cotidiana com objetos de diversa ordem. Note-se como esse realismo poderá ser mesmo uma condição para a comunicação: ela não seria possível, no caso de, constantemente, no ato da comunicação revelarmos ceticismo acerca da existência das entidades de que falamos. A noção intuitiva da existência de coisas no exterior com características próprias terá também raiz no fato de apontarmos para coisas que possuem certamente a sua identidade, posição, na possibilidade de poderem ser contadas, etc.

Esse será um nível de abordagem das fontes da atitude realista que não esgota todavia a sua caracterização, como, digamos, atitude natural e ainda não sujeita a reflexão. De fato o realismo como crença partilhada acerca da existência de certas entidades estende-se ao mundo das idéias ou dos conceitos, como quando designamos valores, p. ex. Percebe-se que essa forma de realismo nos é ainda praticamente imposta pela comunicação. Se descrevermos alguém a alguém, falamos de sua honestidade e coragem como coisas, entidades realmente existentes. Se eu disser que aquilo de que falo parece ser real, estou, nessa advertência, enfraquecendo o que pretendo transmitir e permitindo a dúvida sobre o que afirmo como qualidades. Por outro lado, se definirmos o realismo como a defesa da existência de entidades no mundo, independentes quer da percepção, quer do pensamento, então uma posição realista em filosofia da comunicação e da linguagem será aquela que defende que o sentido é algo independente dos interesses particulares, motivações ou intenções dos indivíduos interatuantes, independente enfim das práticas ou da vida cotidiana, com as suas componentes múltiplas. Embora tendencialmente a filosofia contemporânea valorize os fatores contextuais, o uso e a situação comunicacional, tal não significa que rejeite maciçamente uma atitude realista. Esta é, no entanto, diferenciada, e pode ir desde a aceitação de um realismo forte (tipo realismo das essências) até um realismo mais moderado que introduz funções de natureza pragmática, já referidas. Sobretudo o que está em causa para os autores que se assumem realistas é a distância no que respeita a versões possíveis de relativismo.

Definindo o realismo externo como o ponto de vista segundo o qual "a realidade existe independentemente das representações que dela fazemos", Searle (1995, p. 161) defende o realismo contra as posições do relativismo conceptual, do verificacionismo e do que ele designa o argumento da coisa em si (*Ding an sich*). Quanto ao primeiro, que afirma que todas as representações são conseqüência de conjuntos de conceitos, por nós instituídos mais ou menos arbitrariamente, Searle não vê incompatibilidade com a afirmação de um mundo real externo ao sujeito e às suas representações.

A argumentação própria do relativismo conceptual tem uma exemplificação na mereologia (cálculo do todo e das partes) do lógico polonês Leśniewski, que é utilizada por Putnam (p. ex., em *Representation and Reality* e *The Many Faces of Realism*, 1987). Consideremos um mundo de três objetos – Mundo 1: x_1, x_2, x_3. Será certamente possível, como sugere o lógico polonês, pensar como igualmente legítimo um mundo 2 constituído por sete objetos – Mundo 2: x_1, x_2, x_3, $x_1 + x_2$, $x_1 + x_3$, $x_2 + x_3$, $x_1 + x_2 + x_3$. Basta pensar que para quaisquer dois particulares existe sempre um objeto que é a sua soma, para que um mundo constituído inicialmente por três objetos singulares, unos e separados, se converta em um mundo de sete objetos. A idéia é que de algum modo o chamado mundo real "não resiste" à intervenção da nossa rede ou esquema conceptual. O relativismo conceptual pretende assim desmentir o realismo externo por meio da dissolução da ontologia. No entanto, para Searle o relativismo conceptual não será incompatível com o realismo externo que ele defende. "O realismo externo permite um número infinito de descrições verdadeiras da mesma realidade relacionável com diferentes esquemas conceptuais" (Searle, 1995, p. 165).

A verdade é que a diversidade de esquemas conceptuais parece pressupor uma mesma realidade, independente da mente. O esquema conceptual organiza algo que lhe preexiste e Searle fala de uma espécie de falácia maciça respeitante ao uso e menção. "Do fato de que uma descrição apenas pode ser feita relativamente a um conjunto de categorias lingüísticas, não se segue que fatos/objetos/estados de coisas, etc. descritos apenas possam existir relativamente a um conjunto de categorias" (Searle, 1995, p. 166).

Por sua vez, o VERIFICACIONISMO argumenta contra a existência de uma realidade externa, quer invocando que os objetos não são mais do que coleções de idéias (Berkeley), quer identificando os objetos como permanentes possibilidades de sensações (Stuart Mill). Trata-se sempre de um anti-realismo baseado na convicção de que a experiência é tudo aquilo que temos a nosso dispor, e que não faz sentido pretender ter acesso a coisas para além da experiência. O argumento verificacionista, independentemente das variantes possíveis, apresenta-se geralmente do seguinte modo: 1. Tudo aquilo a que temos acesso na percepção são os conteúdos das nossas experiências; 2. A única base epistêmica que poderemos ter para afirmações acerca do mundo externo são as nossas experiências perceptivas; donde 3. A única realidade de que podemos falar com sentido é a das experiências perceptivas.

Mas a favor do realismo externo, objetar-se-á que 2 não implica 3, isto é, não é seguro que não possamos falar com sentido de outras entidades que não sejam as nossas percepções ou representações.

O terceiro argumento contra o realismo externo é aquele que entende essa forma de realismo como uma reafirmação do velho conceito kantiano de uma coisa-em-si, isto é, de uma entidade inacessível à forma de representação humana. Hoje, essa crítica é protagonizada sobretudo por Hilary Putnam, sob a designação de realismo interno. Este opõe-se ao realismo externo que Searle defende, invocando curiosamente algumas razões apresentadas pelo relativismo conceptual. Se há uma realidade, ela é resultante de um particular esquema conceptual. Apenas se adotássemos o ponto de vista de Deus (*God's-eye view*), seria imaginável ver o mundo sem ponto de vista. Mas o mundo sem ponto de vista é uma contradição, uma noção vazia, como é vazia a noção de coisa em si kantiana. A posição de Putnam consistirá então em reabilitar o realismo, mas contrapondo um realismo externo (a que também chama metafísico) a um realismo interno, isto é, à afirmação de uma realidade particular, aspectual, vista de "dentro" de um esquema conceptual determinado. Diz Putnam que a alternativa ao realismo externo (metafísico, no seu entender) "poderá ser uma espécie de pragmatismo [ainda que a palavra 'pragmatismo' tenha sido tão mal compreendida que se desespera em reabilitar o termo], 'realismo interno': um realismo que reconhece uma diferença p e 'eu penso que p', entre estar certo e apenas pensar estar certo, sem colocar aquela objetividade, seja em uma correspondência transcendental, seja em um mero consenso" (Putnam, 1986, pp. 225-6).

Afinal, o realismo interno, segundo Putnam, não será mais do que a tese que afirma a existência de fatos, como entidades dependentes das nossas escolhas conceptuais. A alternativa entre um realismo metafísico (externo) e um nominalismo que defende que tudo é apenas linguagem está em um realismo interno. "Podemos e devemos insistir que alguns fatos aí estão para ser descobertos e não para ser por nós legislados. Mas isso é para defender quando se adotou um modo de falar, uma linguagem, um esquema conceptual" (Putnam, 1987, p. 36).

Os argumentos do realismo interno terão alguma dificuldade em demarcar-se claramente do relativismo conceptual, no sentido em que a ontologia é formada pelo esquema conceptual. A afirmação da existência dos objetos ou da "factualidade" correlata do esquema conceptual parece não diferenciar suficientemente o realismo interno de um relativismo conceptual já conhecido. Para além da pressuposição de uma realidade externa em geral, pouco ou quase nada mais o realismo interno consegue especificar acerca da ontologia dos objetos de que fala, já que não há ontologia separada da rede conceptual. O realismo interno também não propugna nenhuma espécie de verificacionismo, pelo que nenhum método de apuramento da ontologia é sugerido por Putnam.

Michael Dummett propõe uma teoria do sentido correta e trabalhável para obviar os círculos e petições de princípio das diferentes formas de realismo concorrentes entre si. Tal teoria remete para o esclarecimento do domínio e aprendizagem de uma língua, condições que o realismo em geral desvaloriza. Quais noções pressupõe uma teoria do sentido (*meaning-theory*)? "Obviamente aquelas expressas por tais palavras como 'verdadeiro', 'asserção', 'denota' e 'equivalente', mas também as de atitudes proposicionais como 'intenção' e, particularmente, 'crença', pelo menos. Excetuam-se as espécies mais simples de intenção e de crença" (Dummett, 1991, p. 340).

Explicitar essa teoria significa tornar claras as características do domínio de uma linguagem e da aprendizagem desse domínio. Ora o realista, ainda que admita que não existe algo como uma correspondência biunívoca entre os pormenores do quadro lingüístico e as características observáveis do fenômeno, invoca o princípio da BIVALÊNCIA e as leis da lógica clássica em apoio de um ISOMORFISMO entre os nossos quadros lingüísticos e características constantes da realidade que falam a favor de um realismo. Dummett tem em mente as posições de uma teoria pictórica da linguagem à maneira de Wittgenstein I. O principal argumento do realismo metafísico reside na capacidade de compreendermos as CONDIÇÕES DE VERDADE, mesmo de enunciados de nível mais elevado e a que *de facto* não temos acesso, dadas nossas capacidades cognitivas. No entanto, argumenta o realista, por analogia com essas capacidades, chegamos à compreensão desses enunciados. Dummett esclarece do seguinte modo a atitude realista: "tendo aprendido, por meio de um processo efetivo, o significado da quantificação sobre um domínio finito e delimitável, estendemos a nossa compreensão da quantificação a um domínio indelimitável ou mesmo infinito, apelando para uma concepção daquilo que poderia ser a determinação da verdade ou da falsidade de enunciados, envolvendo tais quantificações por meios análogos em princípio àqueles que nos ensinaram a empregar para pequenos domínios" (Dummett, 1991, p. 344).

Mas esse processo por analogia só funciona com a pressuposição de capacidades sobre-humanas, tais como o "de inspecionar cada membro de um conjunto em um tempo finito, mesmo se o conjunto é numeravelmente infinito".

A prova de uma realidade exterior será o que exige um realismo mínimo, que não se aventura, no entanto, em uma ontologia dos objetos. A prova dessa realidade é uma argumentação transcendental clássica, cujo paradigma podemos encontrar na "Refutação do idealismo", inserida na *Crítica da razão pura*, no fim do capítulo da Analítica transcendental. A estrutura da argumentação é a seguinte: 1. A consciência da minha própria existência é determinada no tempo; 2. Essa determinação é de tipo empírico, isto é, implica a afetação da minha sensibilidade; 3. A condição explícita em 2 apenas pode ser produzida por algo que permanece fora de mim, e não por um objeto da minha imaginação. *Ver também* NOMINALISMO, PERSPECTIVA DA PRIMEIRA PESSOA; UNIVERSAIS; VERIFICACIONISMO. **AM**

DUMMETT, M. *The Logical Basis of Metaphysics*. Londres: Duckworth, 1991.
KANT, I. *Crítica da razão pura* [1787]. Trad. M. P. dos Santos *et al*. Lisboa: Gulbenkian, 1985.
PUTNAM, H. *Philosophical Papers*. Cambridge: Cambridge University Press, 1986, vol. 3.
____. *Representation and Reality*. Cambridge: MIT Press, 1988.
____. *The Many Faces of Realism*. La Salle: Open Court, 1987.

SEARLE, J. R. *The Construction of Social Reality*. Nova York/Londres: The Free Press, 1995.

recorrência primitiva

Diz-se freqüentemente que uma função está definida por recorrência, quando, para o cálculo de grande parte dos valores da função, há que recorrer ao cálculo prévio de outros valores da função.

Um dos processos mais simples de definir uma função por recorrência é o de recorrência primitiva.

Quando a função f a definir é unária, isso é feito com o auxílio de um número natural e de uma função binária. Em uma das suas formas mais gerais a definição tem o aspecto seguinte (para obter a outra forma geral pode trocar-se y com $f(y)$ em h):

$$\begin{cases} f(0) = a \\ f(y+1) = h(y, f(y)) \end{cases} \quad (1)$$

em que a é um número natural e h é uma função binária. h pode não depender da primeira variável, o que equivale a dizer que existe uma função unária χ, tal que $\chi(z) = h(y,z)$ para todo o $y, z \in N$. Nesse caso h pode ser substituída pela função unária χ, vindo $f(y+1) = \chi(f(y))$.

Se h não depende de z, não temos propriamente uma definição por recorrência, em sentido estrito do termo, pois os valores de f podem ser obtidos *ab initio*. Contudo, há situações em que continua sendo interessante continuar falando de recorrência primitiva, como acontece na teoria das funções recursivas.

Se a função a definir é $n + 1$-ária, com $n > 0$, define-se com o auxílio de uma função n-ária g e de uma função $n + 2$-ária h, e a definição pode assumir a forma:

$$\begin{cases} f(0, x_1, \ldots, x_n) = g(x_1, \ldots, x_n) \\ f(y+1, x_1, \ldots, x_n) = h(y, f(y, x_1, \ldots, x_n), \\ \quad x_1, \ldots, x_n) \end{cases} \quad (2)$$

Nessa definição, a variável y diz-se variável de recorrência, e as outras variáveis $x_1, \ldots, x_n$ dizem-se parâmetros.

Essa definição de uma função a partir de g e h parece circular, porque, para obter um valor de f, precisamos saber outro valor de f, e para isso, aparentemente, teríamos de conhecer f. Note-se, contudo, que o valor de f que precisamos saber é para um valor inferior da variável de recorrência que já foi anteriormente calculado. P. ex., para o primeiro esquema 1, para determinar $f(4)$, começamos por calcular $f(0)$ pela primeira igualdade, em seguida calculamos $f(1)$ pela segunda igualdade, a qual nos exige o conhecimento de $f(0)$ já calculado, em seguida calculamos $f(2)$, depois $f(3)$ e finalmente $f(4)$, sempre pela segunda igualdade.

Se h não depende da segunda variável, não há recorrência em sentido estrito, mas tal como no caso $n = 0$, pode haver interesse em continuar falando de definição por recorrência primitiva.

A posição da variável de recorrência relativamente aos parâmetros pode não coincidir com a forma anterior, mas por uma questão de elegância é habitual que ela seja ou a primeira ou a última variável de f. Por uma razão análoga, a ordem relativa da variável de recorrência e dos parâmetros em h é habitual ser a mesma que em f, mas já a posição da variável que será substituída por $f(x_1,..., x_n)$ pode ser a primeira, a última ou ficar entre a variável de recorrência e os parâmetros. P. ex., a forma a seguir é também uma definição por recorrência primitiva.

$$\begin{cases} f(x_1, ..., x_n, 0) = g(x_1, ..., x_n) \\ f(x_1, ..., x_n, y+1) = h(y, f(x_1, ..., x_n, y), \\ \quad x_1, ..., x_n, y) \end{cases} \quad (3)$$

Aliás, em certo sentido, as diferentes formas de recorrência primitiva são equivalentes, e na prática, quando podemos escolher a ordem das variáveis, adaptamo-nos a qualquer delas. P. ex., na seguinte definição de potenciação por recorrência primitiva

$$\begin{cases} x^0 = 1 \\ x^{y+1} = x^y . x \end{cases}$$

$n = 1$, y é a variável de recorrência e x é o parâmetro.

Fazendo $f(y, x) = x^y$, $g(x) = 1$ e $h(y, z, x) = z . x$, a definição obedece ao esquema 2. Porém, fazendo $f(x, y) = x^y$, $g(x) = 1$ e $h(z, x, y) = z . x$, a definição obedece ao esquema 3.

Para calcular 4^3 de acordo com a definição, teríamos sucessivamente

$4^0 = 1$
$4^1 = 4^0 . 4 = 1 . 4 = 4$
$4^2 = 4^1 . 4 = 4 . 4 = 16$
$4^3 = 4^2 . 4 = 16 . 4 = 64$

Ver também RELAÇÕES RECURSIVAS; FUNÇÕES RECURSIVAS. **NG**

DEDEKIND, R. *Essays on the Theory of Numbers*. Nova York: Dover, 1963.
KLEENE, S. C. "General Recursive Functions of Natural Numbers", *in Math. Ann.*, n.º 112, 1936, pp. 727-47.
____. *Introduction to Metamathematics*. Amsterdam: North-Holland, 1967.
PÉTER, R. *Recursive Functions*. Nova York: Academic Press, 1969.

recorrência transfinita

Ver INDUÇÃO TRANSFINITA.

recursão

Ver RECORRÊNCIA.

recursiva, função

Ver FUNÇÕES RECURSIVAS.

recursiva, relação

Ver RELAÇÃO RECURSIVA.

recursivo, conjunto

Ver RELAÇÃO RECURSIVA.

redução ao absurdo

Ver REDUCTIO AD ABSURDUM.

reducibilidade, axioma da

Ver AXIOMA DA REDUCIBILIDADE.

reductio ad absurdum

(lat., redução ao absurdo) É um processo de inferência por meio do qual se pode derivar uma proposição $\neg X$ a partir do fato de uma hipótese X conduzir a uma contradição. A idéia subjacente é a de que, se uma contradição pode ser deduzida de uma proposição X, então X não pode ser verdadeira e pode-se por isso afirmar $\neg X$. É um processo útil para derivar conclusões negativas. A hipótese a partir da qual a contradição é derivada é conhecida por hipótese da *reductio*.

No sistema de dedução natural de Gentzen a hipótese da *reductio* distingue-se das outras hipóteses por não ser incluída no conjunto de premissas de que a conclusão depende, comportando-se assim como a hipótese na demonstração condicional.

Suponha-se que se tem como hipótese $x_1 \to \neg x_1$ e se pretende derivar $\neg x_1$. Usando o método da *reductio ad absurdum* pode-se supor como hipótese da *reductio* x_1 e assim por *modus ponens* obter $\neg x_1$. Logo tem-se $x_1 \wedge \neg x_1$, que é a contradição a que se é conduzido. Logo é possível afirmar $\neg x_1$. O aspecto da derivação é o seguinte:

{1}	(1)	$x_1 \to \neg x_1$	Hip.
{2}	(2)	x_1	Hip. *reductio*
{1,2}	(3)	$\neg x_1$	1,2 *modus ponens*
{1,2}	(4)	$x_1 \wedge \neg x_1$	2,3 I$\wedge$
{1}	(5)	$\neg x_1$	2,4 *reductio*

Nos *Primeiros analíticos*, I. 23 (41a 26), Aristóteles compara o método da *reductio ad absurdum*, usado por Euclides na sua demonstração da irracionalidade do número $\sqrt{2}$, ao seu método da *reductio ad impossibile*, para a redução à primeira figura dos silogismos Baroco e Bocardo. Para esses silogismos o problema de Aristóteles consiste em que ambos têm uma premissa de tipo O, que nem se converte simplesmente nem por conversão acidental. Ambos os modos têm de ser reduzidos pelo processo de redução indireta ou *reductio ad impossibile*.

O silogismo Baroco tem a seguinte forma: S1) Todo o X é M; Algum Y não é M; ∴ Algum Y não é X.

Para proceder à sua redução toma-se agora como premissa a contraditória da conclusão do silogismo S1: Todo o Y é X, juntamente com a premissa maior de S1: Todo o X é M. Fica-se assim com o silogismo Barbara da primeira figura: S2) Todo o X é M; Todo o Y é X; ∴ Todo o Y é M.

Mas a conclusão de S2 é a negação da premissa menor de S1. Logo, a hipótese de que a conclusão de S1 é falsa conduz a uma contradição e considera-se por isso estabelecida indiretamente por meio do silogismo Barbara.

Trata-se assim de um novo sentido do conceito de redução, e é nesse novo sentido que se diz que Baroco é redutível a Barbara. O mesmo argumento aplica-se a Bocardo. *Ver* INTRODUÇÃO DA NEGAÇÃO; SILOGISMO; BARBARA. **MSL**

ARISTÓTELES. *Aristotle's Prior and Posterior Analytics*. Oxford: W. D. Ross, 1949.
KNEALE, W. e KNEALE, M. *O desenvolvimento da lógica* [1962]. Trad. M. S. Lourenço. Lisboa: Gulbenkian, 1974.

reductio ad impossibile

Ver REDUCTIO AD ABSURDUM; ANTILOGISMO.

redundância, teoria da

Ver VERDADE COMO REDUNDÂNCIA, TEORIA DA.

referência

De acordo com determinado sistema de classificação, a relação de REFERÊNCIA pode ser tomada como a mais inclusiva estabelecida entre a linguagem e a realidade, entre as palavras e as coisas. Trata-se de uma relação que se verifica entre expressões lingüísticas (de certas categorias), de um lado, e objetos ou itens extralingüísticos no mundo, do outro; desses últimos diz-se que são referidos por aquelas, e daquelas que se referem a esses.

É possível distinguir entre as seguintes duas espécies ou modos de referência. Por um lado, temos a chamada referência singular, dada na relação de DESIGNAÇÃO OU DENOTAÇÃO. Essa é uma relação que se verifica entre um designador (simples ou complexo) e o item por ele designado ou denotado. Pode-se assim dizer, p. ex., que o nome próprio "Lisboa" refere-se (em português) à cidade de Lisboa, e ainda que a descrição definida "O número par primo" refere-se (em português) ao número 2. Por outro lado, temos a chamada referência geral, dada na relação de aplicação ou satisfação. Essa é uma relação que se verifica entre um PREDICADO e um objeto, ou objetos, quando o predicado se aplica ao(s) objeto(s), ou quando o predicado é satisfeito pelo(s) objeto(s). Se o predicado é monádico ou de grau 1 – ou seja, aquilo a que se costuma chamar um termo geral –, então a relação de aplicação se estabelece entre o predicado e um objeto de cada vez. P. ex., o predicado monádico ou termo geral "mamífero" (ou "__ é um mamífero") aplica-se a (ou é satisfeito por) Moby Dick, aplica-se a (ou é satisfeito por) Luís de Camões, aplica-se a (ou é satisfeito por) Pluto, etc. Pode então dizer-se que um predicado monádico se refere a cada um dos diversos objetos aos quais se aplica: o predicado "mamífero" refere-se a Moby Dick, refere-se a Luís de Camões, refere-se a Pluto, etc. E também há predicados monádicos que não se aplicam ao que quer que seja e que, logo, têm referência nula, p. ex., "unicórnio" e "quadrado redondo". Se o predicado é n-ádico ou de grau n, então a relação de aplicação se estabelece entre o predicado e uma seqüência de n objetos, ou ênupla ordenada de objetos. P. ex., o predicado diádico ou de grau 2 "é mais alto do que" (ou "__ é mais alto do que...") aplica-se ao (ou é satisfeito pelo) par ordenado <Michael Jordan, Bill Clinton>, aplica-se ao par ordenado <Serra da Estrela, Mosteiro dos Jerônimos>, etc. Pode então dizer-se, embora tal terminologia seja menos habitual do que no caso monádico, que um predicado n-ádico se refere a cada uma das seqüências de n objetos aos quais se aplica: o predicado "é mais alto que" refere-se ao par <Michael Jordan, Bill Clinton>, refere-se ao par <Serra da Estrela, Mosteiro dos Jerônimos>, etc.

A noção de EXTENSÃO de um predicado pode ser então introduzida, em termos da RELAÇÃO de aplicação ou satisfação, do seguinte modo: a extensão de um predicado é a classe de todos aqueles (e só aqueles) objetos, ou a classe de todas aquelas (e só aquelas) seqüências de objetos, aos quais (ou às quais) o predicado se aplica. Assim, a extensão de um predicado monádico é uma classe (possivelmente vazia) de objetos; a extensão de um predicado diádico é uma classe (possivelmente vazia) de pares ordenados de objetos; e assim por diante. *Ver também* DESIGNAÇÃO; DENOTAÇÃO; EXTENSÃO/INTENSÃO. JB

referência, inescrutabilidade da

Ver RELATIVIDADE ONTOLÓGICA.

referência, teorias da

Podemos chamar conteúdo semântico ou significado àquilo que em português corrente dizemos ser, de modo mais ou menos vago, o que as palavras querem dizer. Chamemos ainda termos singulares a expressões tais como nomes próprios, DESCRIÇÕES DEFINIDAS (p. ex. "A última Coca-Cola no deserto"), termos INDEXICAIS, pronomes pessoais, pronomes demonstrativos, etc., isto é, expressões que servem para referir ou designar uma coisa ou item determinado. Podemos assim dizer que o conteúdo semântico de termos singulares deve contribuir de algum modo para o conteúdo semântico das frases em que esses termos ocorrem, para aquilo que as frases querem dizer e para como as entendemos. Que conteúdo (se é que existe algum) tem termos como nomes próprios? O que compreendemos ao compreendermos um nome ou uma descrição? Qual a contribuição que termos singulares trazem aos contextos em que ocorrem? Como se determina aquilo a que um termo singular se refere? Essas são algumas questões que uma teoria da referência em geral tenta responder. Possíveis respostas podem, todavia, levantar novos problemas e exigir que uma nova posição seja tomada quanto a essas questões.

Uma maneira simples de responder a tais questões consiste em identificar o conteúdo semântico de um termo singular com o objeto ou item a que o termo se aplica, isto é, com o referente do termo. O que "Eça de Queirós" significa é o próprio Eça de Queirós, "A última Coca-Cola no deserto" significa a última Coca-Cola no deserto. A função de um termo singular é indicar o único objeto a que ele se aplica, é uma marca ou sinal de um objeto. A essa teoria chamaremos teoria ingênua da referência ou teoria ingênua da referência direta.

Os exemplos que se seguem demonstram de que modo a teoria ingênua interpreta o papel desempenhado por termos singulares no contexto de frases declarativas. Tomem-se as frases "Clark Kent ama Lois Lane" e "O Super-Homem ama Lois Lane". Quer "O Super-Homem" seja entendido como um nome próprio ou como uma descrição definida, tanto a primeira como a segunda frase nos dão a mesma informação – que aquela pessoa a que chamamos Clark Kent ou Super-Homem ama alguém, e ambas as frases têm o mesmo valor de verdade. Nessa teoria, a única contribuição que termos singulares dão às frases em que ocorrem é o referente dos próprios termos. Termos singulares que refiram o mesmo item, ou termos correferenciais, tais como "Clark Kent" e "O Super-Homem", ou "Eça de Queirós" e "O autor de *Os Maias*" poderão assim ser substituídos entre si quando ocorrem em uma expressão maior sem alteração do que essa expressão quer dizer; no caso de uma frase declarativa, sem alteração do significado da frase.

Essa teoria ingênua suscita uma primeira reação intuitiva, pelo menos no que respeita ao papel que descrições definidas e nomes próprios desempenham em frases. Consideremos o caso de "Eça de Queirós é irônico" e "O autor de *Os Maias* é irônico". Alegadamente, a descrição definida é semanticamente mais complexa que o nome próprio "Eça de Queirós", pois nela estão envolvidas noções como ser autor de algo, ser o autor de *Os Maias*, e um outro termo singular – o nome próprio *"Os Maias"*, enquanto o nome "Eça de Queirós" não envolve, pelo menos aparentemente, nenhum atributo como o da autoria de alguma coisa e tampouco está associado à autoria de uma obra literária específica. Daí que as frases "O autor de *Os Maias* é irônico" e "Eça de Queirós é irônico", ainda que sejam verdadeiras ou falsas sob as mesmas condições, possam ser tomadas como divergindo no seu significado ou conteúdo semântico.

John Stuart Mill (1843) apresenta na sua teoria uma revisão da versão da teoria ingênua que começamos por apresentar, refletindo as diferenças entre nomes próprios e descrições definidas anteriormente caracterizada. Aquilo que designamos "conteúdo semântico" ou "significado" é distinguido em dois conceitos semânticos diferentes: denotação e conotação. A denotação de um termo singular corresponde ao seu referente. A CONOTAÇÃO de um termo singular, ao conjunto de atributos ou conceitos que estão associados com o termo. Essa distinção abrange tanto termos singulares como termos gerais (p. ex., "gato", "humano", "ser racional"). A denotação de um termo geral pode ser identificada com a sua extensão (o conjunto de itens ao qual o termo se aplica corretamente, ou, em outras palavras, dos quais o predicado é verdadeiro), e a conotação de um termo geral é o seu conteúdo conceptual ou intensão. O que há a notar na teoria de Mill é que, ao contrário do que acontecia na teoria ingênua que mencionamos, as descrições definidas satisfazem as duas relações semânticas de denotação e conotação, enquanto os nomes próprios apenas denotam. A teoria de Mill continua a encarar um nome como uma marca que está no lugar de um objeto, mas que não conota um conjunto de atributos ou propriedades.

Há um conjunto de problemas ou quebra-cabeças clássicos que surgem em qualquer teoria da referência. A solução desses quebra-cabeças tem constituído um desafio para diferentes teorias. A solução de um ou mais quebra-cabeças resulta normalmente de uma proposta de como entender a relação semântica de referência entre certas palavras e os objetos a que se aplicam. Gottlob Frege desenvolve uma teoria elaborada que responde aos dilemas acerca da referência de termos como nomes próprios e descrições definidas quando inseridos em contextos como os de afirmações de identidade e de atribuição de ATITUDES PROPOSICIONAIS. Frege não aborda todos os quebra-cabeças acerca da referência explicitamente, mas é possível induzir algumas soluções a partir das teses fundamentais da sua teoria. Gottlob Frege é considerado com justiça um dos fundadores e um dos mais fundamentais autores da filosofia da linguagem contemporânea. Sua abordagem de conceitos tais como o de referência constitui um marco do qual teorias posteriores partiram e contra o qual muitas se debatem. Em *Über Sinn und Bedeutung* (Frege, 1892) podemos encontrar o fundamental da teoria fregiana da referência.

É de Frege um dos quatro quebra-cabeças clássicos acerca da referência, sendo também conhecido como o problema do caráter informativo de afirmações de identidade. Pode ser exposto da seguinte forma: segundo a tese de que o conteúdo semântico de um termo singular equivale ao referente do termo, duas afirmações como $a = a$ e $a = b$ deveriam ser iguais em todos os aspectos (desde que a segunda expressão seja verdadeira). Use-se o exemplo de Frege e faça-se a ser "Véspero" e b ser "Fósforo". Assim, obtemos as afirmações de identidade "Véspero é Véspero", frase necessariamente verdadeira e *a priori*, e a frase "Véspero é Fósforo". Todavia, facilmente se concebem circunstâncias nas quais uma pessoa acredita na verdade da primeira frase, mas não na verdade da segunda frase (p. ex., os antigos astrônomos que chamavam à Estrela da Manhã "Fósforo" e à Estrela da Tarde "Véspero", ignorando que ambos os corpos celestes são o planeta Vênus, não acreditariam que Véspero é Fósforo, e caso viessem a saber que assim é, teriam tido conhecimento dessa identidade apenas *a posteriori*). A questão que se levanta é a seguinte: como pode uma afirmação de identidade entre dois nomes ser informativa se nomes próprios só significam os seus referentes? Como são as frases "Véspero é Fósforo" e "Véspero é Véspero" diferentes do ponto de vista cognitivo? Se uma atribui a propriedade de ser idêntico a Véspero ao referente de "Fósforo" e a outra a propriedade de ser idêntico a Véspero ao referente de "Véspero", então a informação contida em ambas as frases devia ser a mesma: a mesma PROPRIEDADE é predicada do mesmo objeto em ambas as frases. Todavia, a óbvia diferença no caráter cognitivo nas duas frases requer, de acordo com Frege, uma abordagem diferente ao conteúdo semântico associado a termos singulares.

Para evitar o problema que se levanta com o diferente caráter informativo de duas afirmações de identidade que contenham termos correferenciais, Frege distingue o referente (*Bedeutung*) de um nome do seu sentido (*Sinn*). O objeto ao qual o termo singular ou nome próprio se aplica é o seu referente, mas com um nome está também associado um sentido. O sentido de um nome é, por assim dizer, o seu conteúdo conceptual, isto é, um conjunto de propriedades associadas a um nome próprio que determinam univocamente qual o objeto nomeado ou referido. O sentido de um termo contém o modo de apresentação da sua referência.

A distinção feita entre os dois aspectos semânticos de expressões como nomes próprios permite dissolver o quebra-cabeça acerca do caráter informativo de afirmações de identidade que contenham dois nomes correferenciais. O mesmo valor de verdade de ambas as frases, "Véspero é Fósforo" e "Véspero é Véspero", resulta de ambas atribuírem a mesma propriedade ao mesmo indivíduo. A diferença de caráter cognitivo entre as duas frases deve-se, segundo Frege, aos diferentes sentidos associados com o nome "Véspero" e com o nome "Fósforo" (podendo o sentido de um dos nomes ser algo como "O corpo celeste que aparece a oeste quando o Sol se põe", e o do outro "O corpo celeste que aparece a leste quando o Sol se levanta"). A mesma referência pode ser apresentada por sentidos diferentes.

A tese de que expressões têm sentido e referência não se restringe a termos singulares, mas é alargada a todo tipo de expressões, incluindo termos gerais e frases declarativas. A referência de um TERMO GERAL é a sua extensão ou o conjunto de objetos ao qual ele se aplica (a referência de "gato" é o conjunto dos gatos, p. ex.), e o seu sentido a sua intensão, ou conjunto de conceitos associado. Essa perspectiva é complementada por dois PRINCÍPIOS DE COMPOSICIONALIDADE: o princípio de composicionalidade da referência e o princípio de composicionalidade do sentido. Segundo Frege, o sentido de uma expressão é constituído pelos sentidos dos elementos que compõem essa expressão, e, do mesmo modo, a referência de uma expressão é o resultado da contribuição da referência das partes ocorrentes nessa expressão.

No caso específico de frases declarativas, Frege identifica o sentido de uma frase com um PENSAMENTO (*Gedanke*) ou PROPOSIÇÃO. Diz-se que uma frase expressa um pensamento, e que o referente de uma frase é o seu valor de verdade, a circunstância de a frase ser verdadeira ou falsa. Na realidade, o que propriamente se diz ser verdadeiro ou falso são os pensamentos (ou proposições), e não as frases que os expressam (pois uma frase pode expressar diferentes pensamentos em diferentes ocasiões).

Ambos os princípios de composicionalidade para cada uma das relações semânticas de referência e de sentido permitem explicar de que modo termos singulares contribuem para os contextos em que ocorrem. A noção de composicionalidade tem, entre outros resultados, os seguintes: I) A igualdade de sentido entre duas expressões implica a igualdade de referência, mas não o contrário. Uma referência pode ser apresentada por diferentes sentidos. II) Um termo pode não ter referência, e ainda assim expressar um sentido; ter sentido não implica necessariamente referir. Exemplo de uma frase com sentido, na qual ocorre um termo singular vazio, é "Orfeu é poeta". III) A intersubstituição de termos correferenciais ocorrentes em contextos maiores tem uma de duas soluções possíveis: *a*) um termo é substituído por outro com o mesmo referente e com o mesmo sentido, pelo que a frase resultante da substituição tem o mesmo valor de verdade e expressa o mesmo sentido que a frase original; ou *b*) um termo é substituído por outro termo com o mesmo referente mas com sentido diferente, pelo que a frase resultante da substituição tem o mesmo valor de verdade que a frase original, mas expressa um pensamento diferente.

Se se generalizar o problema abordado no quebra-cabeças de Frege a outros contextos em que termos singulares correferenciais não são intersubstituíveis, geram-se novos *quebra-cabeças*. Contextos particularmente problemáticos são os de frases que relatam ATITUDES PROPOSICIONAIS, p. ex., 1) "O José sabe que Vênus é um planeta"; 2) "O José sabe que Fósforo é um planeta"; 3) "O José sabe que a Estrela da Manhã é um planeta". Segundo a teoria ingênua, as frases 1, 2 e 3 deviam não só ter o mesmo conteúdo, dar-nos a mesma informação, como ter o mesmo valor de verdade. Aparentemente devia ser possível inferir, da verdade de 1, que 2 e 3 são frases verdadeiras, dado que tanto o nome próprio "Fósforo" como a descrição "a Estrela da Manhã" referem o mesmo objeto, Vênus. Contudo, do fato de José saber que Vênus é um planeta não se segue que José saiba que Fósforo é um planeta. Parece assim que deparamos com um caso que viola a lei de Leibniz da substitutibilidade de idênticos, pelo menos se identificarmos o significado de termos singulares com os seus referentes. Contextos de crença, de discurso indireto, contextos de citações, p. ex., "Ele disse que Vênus é um planeta" ou "Ele disse

'Vênus é um planeta'" parecem levantar a mesma dificuldade à substituição de termos singulares com a mesma referência, sejam esses termos nomes próprios ou descrições definidas.

O caso de descrições definidas que ocorrem em contextos modais cria o último dos *quebra-cabeças*. Um exemplo desse problema é apresentado por Quine. Se considerarmos as frases "O número de planetas do sistema solar é nove" e "O número nove é necessariamente ímpar", temos duas frases verdadeiras, das quais não se segue "O número de planetas do sistema solar é necessariamente ímpar".

Alguns dos problemas resultantes da generalização do quebra-cabeças de Frege encontram uma solução na própria teoria fregiana. No caso de contextos das atitudes proposicionais e no caso do discurso indireto, em que as frases ocorrem citadas ou ocorrem como uma oração em uma frase maior a seguir à conjunção "que" (o exemplo que demos de "O José sabe que Vênus é um planeta"), Frege defende que o sentido e a referência das frases deixam de ser os comuns, passando as frases a ter referência indireta, ou seja, aí a sua referência é o seu sentido comum. Frege não aborda o caso de descrições definidas inseridas em contextos modais, nem um *quebra-cabeças* que Russell abordará, o de frases existenciais negativas, isto é, frases em que se nega a existência de um objeto nomeado.

Bertrand Russell assume que, se uma teoria da referência quer ser bem-sucedida, tem de apresentar uma solução aos três quebra-cabeças que ele próprio apresenta em *On Denoting* (Russell, 1905). Um deles foi já apresentado e consiste no problema do caráter informativo de afirmações de identidade contendo nomes próprios comuns ou descrições definidas. O problema do valor de verdade de frases com termos singulares vazios (como "Orfeu é poeta") é de novo levantado, dado que Russell pensa que Frege estava enganado ao defender que toda a frase em que ocorra qualquer tipo de termo singular vazio é destituída de valor de verdade. Russell apresenta um novo problema, o de frases existenciais negativas, que Frege não havia abordado. Pode-se argumentar que esses dois últimos problemas são duas faces do mesmo problema, pois envolvem a questão de saber como avaliar a contribuição que nomes ou descrições vazias dão ao valor de verdade e ao significado das frases em que ocorrem. A dificuldade de avaliar uma frase em que ocorre uma descrição vazia revela-se no exemplo seguinte: como avaliar "O rei da França é careca"? Não pode ser uma frase verdadeira, pois não existe alguém que seja o atual e único rei da França. Mas se não é verdadeira, esperar-se-ia que fosse uma frase falsa, pelo que sua negação devia ser uma frase verdadeira. Contudo, "O rei da França não é careca" apresenta as mesmas dificuldades, pois se é tomada como verdadeira, não se terá de assumir que existe alguém que não é careca e que é o rei da França para que a frase seja verdadeira? O último quebra-cabeças diz respeito a frases verdadeiras nas quais se nega a existência de um objeto nomeado, p. ex., "Orfeu não existe". Se se esperar que o papel desempenhado por termos singulares em uma frase consista na indicação de um referente, como pode um nome apresentar um referente em uma frase que nega a existência do objeto que se pretende designar? Russell propõe resolver estes quebra-cabeças apresentando uma solução inesperada quanto à função de termos singulares em uma frase, que ele designa por "expressões denotativas". Russell chama expressões denotativas àquelas que contêm quantificadores universais ou existenciais, negando que sua função em uma frase seja primariamente denotar ou referir um objeto, mas sugerindo antes que essas expressões não têm nenhum significado em si (só quando ocorrentes no contexto de uma frase). Uma expressão denotativa é uma expressão tal como "todos os homens", "alguns cães", "uns gatos".

Um caso especial entre expressões denotativas são as descrições definidas (descrições que contenham o artigo definido "o" ou "a"), tal como "a última vedete de Hollywood"; como todas as expressões denotativas, estas são tratadas como destituídas de sentido isoladamente, contribuindo no entanto para o significado da frase em que ocorrem. Uma frase que contenha descrição definida só na sua aparência gramatical tem uma estrutura predicativa, isto é, só aparentemente está predicando algo de um objeto, uma vez que a descrição definida na realidade não é o sujeito gramatical da frase. P. ex., a frase "O autor de *Os Maias* é irônico" é apenas indiretamente acerca de Eça de Queirós, e pode ser analisada como a conjunção das seguintes condições: a condição de que exista pelo menos um autor de *Os Maias*, a condição de que exista no máximo um autor de *Os Maias* e a condição de que qualquer autor de *Os Maias* seja irônico. Como resultado da análise obtêm-se três frases que são generalizações quantificadas sem nenhuma ocorrência de uma descrição definida e sem nenhuma ocorrência de um termo singular cuja função seja denotar ou referir. São frases indiretamente acerca de um indivíduo, mas diretamente acerca da complexa função proposicional ou propriedade de ser o único indivíduo a exemplificar as propriedades que lhe são atribuídas na expressão.

Como a teoria resolve os quebra-cabeças? Frases em que ocorrem expressões denotativas e expressões existenciais negativas têm soluções semelhantes. Considere-se primeiro o caso de existenciais negativas verdadeiras, p. ex., a frase "A última Coca-Cola no deserto não existe". Essa frase é analisada da seguinte maneira: não existe algo que seja uma Coca-Cola no deserto, ou não existe apenas uma única última Coca-Cola no deserto. A negação de frases falsas em que aparentemente se predica uma propriedade de um indivíduo designado com uma descrição, como a frase "O atual rei da França é careca", têm duas interpretações possíveis, porque o âmbito da negação é ambíguo. A teoria de Russell prevê essa ambigüidade. Na leitura da frase negada em que a descrição tem âmbito longo, obtemos "O atual rei da França não é careca", analisada pela teoria das descrições como uma conjunção das frases: I) Existe alguém que atualmente é o rei da França; II) Existe no máximo uma pessoa que atualmente seja o rei da França; e III) Essa pessoa não é careca.

Mas tal leitura resulta em uma interpretação falsa também, pelo que não é aceitável que essa frase seja a negação da frase original. A interpretação correta da frase negada é a sua leitura com ÂMBITO curto, a saber: "Não é o caso que o atual rei da França seja careca", frase analisada da forma seguinte: I) Não é o caso que exista alguém que atualmente seja o rei da França; ou II) Não existe uma única pessoa que seja atualmente rei da França; ou III) Tal pessoa não é careca.

A teoria das descrições de Russell resolve também o problema da não-substituição de termos singulares no contexto de frases que relatam atitudes proposicionais. P. ex., da verdade das frases "O José acredita que a Estrela da Tarde aparece à noite" e "A Estrela da Tarde é a Estrela da Manhã", não é permitido inferir "O José acredita que a Estrela da Manhã aparece à noite". Frases como as que relatam atitudes proposicionais também apresentam ambigüidade de âmbito, e a teoria apenas bloqueia a substituição de "a Estrela da Noite" por "a Estrela da Manhã" no caso em que a expressão tem âmbito curto. Mas se a frase fosse lida interpretando a expressão "a Estrela da Tarde aparece à noite" com âmbito longo (a frase seria "a Estrela da Tarde aparece à Noite e o José acredita nisso"), e dado que a Estrela da Tarde é a Estrela da Manhã, a substituição de "a Estrela da Tarde" por "a Estrela da Manhã" seria de fato válida.

Os casos de identidade entre dois nomes próprios são resolvidos de modo semelhante, pelo tratamento dado a nomes próprios comuns. Russell resolve os quebra-cabeças ao combinar a teoria das descrições com a tese de que termos comumente tomados como nomes próprios são na realidade descrições definidas abreviadas ou disfarçadas, e não nomes próprios ou termos singulares genuínos (termos que refiram necessariamente). A solução dos problemas de nomes próprios em contextos de atitudes proposicionais é reduzida ao caso das descrições definidas. Uma vez que descrições definidas não têm o estatuto de termos singulares, a lei da substitutividade de idênticos de Leibniz não se aplica a esses termos em todos os contextos.

A teoria de Russell diverge obviamente da teoria de Frege em um aspecto fundamental – a teoria russelliana define aquilo que designamos termos singulares em termos de expressões de quantificação, eliminando da linguagem aqueles termos cujo papel seria, essencialmente, referir. Para Frege os termos singulares são expressões cuja função é referir, se bem que o façam por meio do sentido que expressam. Apesar dos aspectos divergentes, ambas as perspectivas pressupõem que a adequação de um termo singular a um item é mediada por um conjunto de propriedades ou atributos exemplificáveis pelo item referido, que garantem, por assim dizer, que o item a satisfazer unicamente as propriedades associadas com o termo seja o referente da expressão dada. A perspectiva de que termos singulares, incluindo nomes próprios, referem indiretamente, por meio de um sentido, conotação ou conteúdo conceptual associado, pode designar-se teoria ortodoxa da referência. Nessa medida tanto a teoria de Frege como a de Russell são ortodoxas, uma vez que sustentam que não apenas as descrições definidas, mas também os nomes próprios comuns contêm um conteúdo conceptual associado (quando são usados em certo contexto possível).

Existem objeções às teorias ortodoxas da referência, com origem em propostas alternativas de teses ou teorias ditas teorias da referência direta. Os argumentos contra as teses da teoria ortodoxa classificam-se em três tipos: argumentos modais, argumentos epistemológicos e argumentos semânticos.

Saul Kripke é o principal responsável pelos argumentos modais. Em *Naming and Necessity* (1980), ele apresenta argumentos contra a teoria ortodoxa. De acordo com essa teoria, como já vimos, a um nome corresponde um conteúdo conceptual ou descritivo, que consiste no seu sentido ou no seu conteúdo semântico. Sendo assim, se n é um nome próprio e d a descrição correspondente ao conteúdo do nome, uma frase do tipo ⌜n é d⌝ deveria ser, se verdadeira, *a priori*, ANALÍTICA e NECESSÁRIA. "Eça de Queirós é o autor de *Os Maias*, de *O primo Basílio* e membro da Geração de 1870" deveria ser um exemplo de tal frase. Aliás, a descrição "O autor de *Os Maias*, de *O primo Basílio* e membro da Geração de 1870" deveria ser sinônima de "Eça de Queirós", de tal modo que deveria ser necessário que Eça de Queirós fosse o autor de *Os Maias*, de *O primo Basílio* e membro da Geração de 1870, e deveria ser igualmente necessário que a pessoa que escreveu *Os Maias*, *O primo Basílio* e era membro da Geração de 1870 fosse Eça de Queirós. Mas parece muito contra-intuitivo que Eça de Queirós necessariamente tenha escrito as obras literárias que escreveu. Se, como parece possível, Eça de Queirós tivesse tido uma carreira diplomática tão intensa que não lhe deixasse tempo livre para escrever, não teria produzido nenhuma das obras cuja autoria lhe é atribuída. Além do mais, podia ter sido o caso que um contemporâneo de Eça de Queirós, p. ex., Teófilo Braga, tivesse escrito *Os Maias* e *O primo Basílio*, caso em que Teófilo Braga seria a pessoa a quem a descrição atribuída a Eça de Queirós se aplicaria. Portanto, a descrição que se pretende sinônima do nome "Eça de Queirós", de fato, não expressa o significado do nome. Sendo assim, não é uma verdade necessária que Eça de Queirós seja o autor das obras que na realidade escreveu. A intuição modal a que se apela nesse exemplo é apoiada pela suposição de que "Eça de Queirós" se refere ao mesmo indivíduo em qualquer situação ou MUNDO POSSÍVEL, enquanto a descrição mencionada se refere à pessoa que satisfaz certos atributos. Pretende-se mostrar assim não só que nomes próprios não significam aquilo que ortodoxamente se considera seu conteúdo, mas também que a relação de referência que nomes próprios têm com seus referentes é de um tipo bastante diverso daquela que as descrições definidas apresentam. Nomes próprios são ditos serem DESIGNADORES RÍGIDOS (referem o mesmo indivíduo ou item em qualquer situação ou mundo possível em que ele exista) enquanto muitas descrições definidas são designadores flácidos.

O argumento epistemológico deve-se também principalmente a Kripke e dirige-se contra a tese de que as frases que associam um nome com a descrição que devia fornecer o sentido ou a análise do nome podem ser conhecidas *a priori*, quer dizer, podem ser conhecidas por um simples processo de análise conceptual. Contudo, se Teófilo Braga tivesse escrito *Os Maias*, ter-se-ia descoberto que: I) "Eça de Queirós escreveu *Os Maias*" seria uma frase falsa; e II) "Teófilo Braga escreveu *Os Maias*" seria uma frase verdadeira e *a posteriori*.

De qualquer modo, "Eça de Queirós escreveu *Os Maias*" é verdadeira *a posteriori*, pelo simples fato de que alguém pode conhecer toda a carreira política de Eça de Queirós, mas desconhecer que ele alguma vez escreveu *Os Maias*, e vir a descobrir esse fato depois de já ser um falante competente do nome "Eça de Queirós".

O argumento semântico diverge dos dois argumentos anteriores por não tentar decidir qual o referente de um termo singular em relação a um mundo possível, avaliando antes qual o referente real de um nome. Esse argumento deve-se a Keith Donnellan. Suponha-se um aluno chamado Manuel que apresenta um ensaio de final de curso de grande qualidade, de título *A religião dos índios da Patagônia*. Manuel é assim referido como "o autor de *A religião dos índios da Patagônia*". Contudo, Manuel plagiou o seu ensaio do trabalho de um colega estrangeiro, de nome Alexei. Qual o referente da descrição "O autor do ensaio *A religião dos índios na Patagônia*"? O referente dessa descrição é Alexei, e não Manuel, se bem que a descrição seja usada por todos os elementos do departamento a que Manuel pertence para se referirem a Manuel, e não a Alexei. De acordo com Donnellan, ainda que a descrição seja usada com a intenção de designar Manuel, o referente semântico da descrição é aquela pessoa, caso ela exista, que satisfaz o que é mencionado na descrição. Determinado o uso que é dado à descrição, Manuel é apenas seu referente intencional. Assim, a descrição comumente associada ao nome não refere de fato o mesmo item que o nome refere, portanto não pode dar o conteúdo ou significado do nome. Se esses argumentos são corretos, então deve-se decidir o que determina o referente de um nome próprio.

As teorias diretas da referência não são totalmente equivalentes à supramencionada teoria ingênua. Outra designação para essas teorias é a de teorias causais da referência, devido à sugestão apresentada pelos proponentes dessas teorias relativa à maneira como um termo singular, em especial um nome, refere o item que é o seu referente. Kripke e Donnellan, p. ex., sugerem soluções do problema de determinar o referente de um nome propondo o seguinte: I) As descrições podem ser usadas para fixar a referência de um nome ou apresentar, por assim dizer, a referência do nome a alguém que a desconheça; mas II) O significado de um nome não é identificado com as descrições; ao contrário, sua referência é determinada por meio de uma cadeia histórica de comunicação, que tem início no "batismo" do item nomeado. A determinação da referência de um nome não depende exclusivamente do conhecimento individual por parte de um locutor do conteúdo descritivo associado ao nome.

Hilary Putnam apresenta uma abordagem semelhante de certos termos gerais, ou termos para tipos naturais (p. ex., "água" ou "tigre"), cuja referência ou extensão é determinada não por meio de certos conceitos associados com o termo, cujo conhecimento por um locutor permitiria determinar a extensão ou referência do termo (de que objetos é o termo/predicado verdadeiro), mas, antes, graças à divisão do trabalho lingüístico em uma comunidade, por meio da cooperação entre peritos e leigos. De modo semelhante à sugestão de Kripke, Putnam admite que uma descrição ou um conjunto de conceitos possam servir ao propósito de introduzir um termo a um locutor que o desconheça, mas não podem ser identificados com o significado do termo. Esse depende tanto da comunidade lingüística que utiliza a linguagem à qual pertence dada palavra, como da maneira como as coisas de fato são no mundo. *Ver* REFERÊNCIA; DENOTAÇÃO; TIPO NATURAL; SIGNIFICADO. **TM**

DONNELLAN, K. "Reference and Definite Descriptions", *in The Philosophical Review*, nº 75, 1966, pp. 281-304.

FREGE, G. "On Sense and Reference" [1892], *in* Geach, P. e Black, M. (orgs.). *Translations From the Philosophical Writings of Gottlob Frege*. Oxford: Blackwell, 1960. Trad. bras. "Sobre o sentido e a referência", *in* Frege, Gottlob. *Lógica e filosofia da linguagem*. Trad. Paulo Alcoforado. São Paulo: Cultrix/Edusp, pp. 59-86.

KRIPKE, S. *Naming and Necessity*. Oxford: Blackwell, 1980.

MILL, J. S. "Of Names" [1843], *in A System of Logic, Ratiocinative and Inductive, Being a Connected View of the Principles of Evidence and the Methods of Scientific Investigation* [1843]. Londres: Longman's and Green, 1929.

PUTNAM, H. "The Meaning of 'Meaning'", *in Mind, Language and Reality*. Cambridge: Cambridge University Press, 1975.

RUSSELL, B. "On Denoting" [1905], *in* Marsh, R. C. (org.). *Logic and Knowledge*. Londres: Allen and Unwin, 1956. Trad. bras. "Da denotação", *in Russell/Moore*. Coleção Os Pensadores. Trad. Pablo Mariconda. São Paulo: Abril Cultural, 1974, pp. 9-20.

SALMON, N. *Reference and Essence*. Princeton: Princeton University Press, 1981.

referência direta

Ver REFERÊNCIA, TEORIAS DA.

referencial, expressão

Ver DESIGNADOR.

referencial, uso

Ver ATRIBUTIVO/REFERENCIAL.

reflexividade

R é uma RELAÇÃO reflexiva se, e somente se, $\forall x\, Rxx$. Ou seja, uma relação é reflexiva quando todas as coisas estão nessa relação consigo mesmas. P. ex., a relação "ter o mesmo peso que" é reflexiva. Se R é reflexiva em dado DOMÍNIO, é para-reflexiva ou uma relação reflexiva fraca; se é reflexiva em todos os domínios, é uma relação reflexiva forte ou estrita. A IDENTIDADE é uma relação reflexiva estrita.

R é irreflexiva se, e somente se, $\forall x\, \neg Rxx$. Ou seja, uma relação é irreflexiva quando nenhuma coisa está nessa relação consigo mesma. P. ex., a relação de paternidade é irreflexiva porque ninguém é pai de si mesmo.

R é não-reflexiva se, e somente se, $\neg \forall x\, Rxx \wedge \neg \forall x\, \neg Rxx$, isto é, se não é reflexiva nem irreflexiva. Ou seja, uma relação é irreflexiva quando algumas coisas estão nessa relação consigo mesmas e outras não. P. ex., a relação de crítica é não-reflexiva porque algumas pessoas exercem a autocrítica, mas outras preferem restringir o domínio de objetos a criticar aos outros, aparentemente para garantir a reflexividade do respeito, mas arriscando-se assim a perder a sua SIMETRIA. *Ver também* TRANSITIVIDADE. **DM**

regra da adição

Ver ADIÇÃO, REGRA DA.

regra de inferência

Uma forma argumentativa válida elementar, que pode ser usada para justificar outras formas argumentativas mais complexas. P. ex., pode-se usar o *modus ponens* para justificar a dedução em cadeia:

Prem	(1)	$p \to q$	
Prem	(2)	$q \to r$	
Sup	(3)	p	
1,3	(4)	q	1, 3, MP
1,2,3	(5)	r	2, 4, MP
1,2	(6)	$p \to r$	3, 5, I$\to$

As regras de inferência distinguem-se dos AXIOMAS e dos TEOREMAS. Esses últimos são formas proposicionais, e não formas argumentativas ou inferenciais. Assim, as regras de inferência são válidas, mas os axiomas e os teoremas são verdadeiros.

A distinção entre regras e axiomas é fundamental, como foi demonstrado pelo célebre artigo de Lewis Carroll, "What the Tortoise said to Achilles"). Se não se distinguirem claramente as regras de inferência dos axiomas, a cada vez que procurarmos inferir algo seremos empurrados para uma regressão *ad infinitum*. Imaginemos que procuro inferir q a partir de $p \to q$ e de p. Preciso de um axioma que me garanta que $(p \to q) \wedge p$ implica q. Mas, depois de adicionar esse axioma a meu sistema, ainda não posso inferir q: preciso agora garantir que $((p \to q) \wedge p) \wedge (((p \to q) \wedge p) \to q)$ implica q. Esse processo repete-se para cada novo axioma. As regras de inferência são, assim, um elemento indispensável em qualquer sistema dedutivo. Contrariamente, os axiomas são dispensáveis – o que acontece na dedução natural, que dispõe apenas de regras de inferência. DM

CARROLL, L. "What the tortoise said to Achilles", in *Mind*, vol. 4, n.º 14, 1895, pp. 278-80.

regras de dedução natural

Ver DEDUÇÃO NATURAL, REGRAS DE.

regras de formação

Regras sintáticas que definem, indutiva ou recursivamente, a noção de frase ou fórmula bem-formada de uma linguagem formal. Ver SISTEMA FORMAL; SINTAXE LÓGICA.

regressão *ad infinitum*

Quando a aceitação de certas premissas dá origem a uma regressão infinita ou *ad infinitum*, admite-se freqüentemente que esse resultado é indesejável e apresenta-se então o problema de o evitar. Muitos argumentos filosóficos têm o objetivo de mostrar que, se não aceitarmos sua conclusão, ficaremos com uma regressão infinita.

O argumento da primeira causa, p. ex., parte da afirmação de que qualquer acontecimento natural é causado por um acontecimento anterior, e tenta convencer-nos que é necessário postular a existência de Deus de modo a introduzir uma causa primeira que impeça uma regressão infinita de causas. Pressupõe-se assim que tal regressão é inadmissível. Aqui esse pressuposto pode parecer arbitrário, mas em questões epistemológicas costuma haver consenso quanto à rejeição da possibilidade de regressões infinitas.

O problema de saber se as inferências indutivas são justificáveis deu origem a um argumento de regressão interessante. Nesse argumento, assume-se que para justificar as inferências indutivas é necessário recorrer a um princípio de indução, e que não é viável justificar um princípio como esse independentemente da experiência. No entanto, se tentarmos justificá-lo indutivamente a partir da experiência, entramos em um círculo vicioso, pois qualquer inferência indutiva depende do princípio de indução. Para evitar essa circularidade, poderíamos tentar justificá-lo por meio de um princípio de indução de ordem superior, mas esse segundo princípio teria depois de ser justificado por meio de um terceiro princípio, e assim por diante. Devido a essa regressão infinita, qualquer tentativa de justificar um princípio indutivo a partir da experiência parece estar condenada desde o início.

O argumento de regressão mais persistente e discutido diz respeito à natureza da justificação epistêmica. Os fundacionistas defendem a existência de crenças básicas, ou seja, de crenças que podem servir para justificar crenças não-básicas, mas que não estão justificadas por nenhuma outra crença. Segundo o argumento de regressão a favor do fundacionismo, devemos aceitar a existência de crenças básicas para evitar uma regressão infinita. O argumento diz-nos que se qualquer crença justificada devesse a sua justificação a outra crença justificada, produzir-se-ia uma regressão infinita de justificações. Mas tal regressão é impossível. Logo, algumas crenças justificadas não devem sua justificação a outras crenças justificadas. Elas constituem a base de todo o nosso conhecimento.

Esse argumento pode parecer plausível, mas, na verdade, está longe de estabelecer conclusivamente a existência de crenças justificadas básicas, pois é possível evitar uma regressão infinita de justificações sem aceitar o fundacionismo. Para esclarecer a situação, suponhamos que 1) Não existe uma seqüência infinita de crenças justificadas em que cada crença está justificada pela sua predecessora.

Tanto os fundacionistas como os seus adversários aceitam 1. No entanto, a negação de 1, que nos compromete com uma regressão infinita de justificações, segue-se validamente das premissas 2-5: 2) Para qualquer crença justificada x, existe uma crença justificada y, tal que x está justificada por y; 3) A relação de justificação é irreflexiva; 4) A relação de justificação é transitiva; 5) Existem crenças justificadas.

Para evitar a regressão infinita, o fundacionista rejeitará 2, afirmando que nem todas as crenças justificadas estão justificadas por outras crenças, e, eventualmente, também rejeitará 3, declarando que algumas crenças se justificam a si próprias. No entanto, um cético só terá de rejeitar 5, e um coerentista limitar-se-á a rejeitar 4. Ambos conseguem evitar a regressão sem ceder ao fundacionismo.

Esse exemplo mostra claramente que muitas vezes os argumentos de regressão ficam aquém das pretensões dos seus proponentes. Em um bom argumento de regressão, ela tem de ser realmente inadmissível, e a tese defendida deve ser a única maneira satisfatória de evitar a regressão. O argumento da primeira causa parece um caso perdido em ambos os aspectos, e tanto o argumento antiindutivista como o fundacionista parecem menosprezar a viabilidade de algumas alternativas. *Ver também* VERDADE, TEORIAS DA. **PG**

regularidade, axioma da

Ver AXIOMA DA FUNDAÇÃO.

relação

Do ponto de vista da teoria dos conjuntos, uma relação R é simplesmente um tipo particular de conjunto cujos elementos são PARES ORDENADOS de objetos (naturalmente, esses objetos podem por sua vez ser conjuntos de objetos). Por outras palavras, R é uma relação se, e somente se, R é um conjunto de pares ordenados. Assim, de acordo com essa noção de relação, à qual é habitual chamar "extensional" (por oposição a "intensional"), a relação "ser mais alto do que" entre pessoas é identificada com o conjunto de todos aqueles pares ordenados <x, y> tais que x e y são pessoas e x é mais alta do que y; pares ordenados que pertencem certamente a essa relação, ou que a exemplificam, são os seguintes: <Golias, Davi>, <Otelo, Desdêmona>, <Dom Quixote, Sancho Pança>, etc. E a relação de identidade (estrita) entre objetos é identificada com o conjunto de todos aqueles pares ordenados <x, y> de objetos tais que x e y são numericamente o mesmo objeto; pares ordenados que pertencem certamente a essa relação, ou que a exemplificam, são os seguintes: <Davi, Davi>, <O gigante filisteu abatido por um pequeno israelita, Golias>, <A Estrela da Manhã, A Estrela da Tarde>, etc.

Aos objetos entre os quais uma relação R se estabelece chama-se os *relata* da relação R. E a ARIDADE n (com n maior ou igual a 2) de uma relação R é definida como o número de *relata* de R. Os exemplos mais habituais de relações, como os dados anteriormente, são os de relações binárias ou de aridade 2. Mas há também relações ternárias ou de aridade 3, como, p. ex., a relação "estar entre" estabelecida entre particulares espaciotemporais (cidades, pessoas sentadas a uma mesa, etc.); relações quaternárias ou de aridade 4, como, p. ex., a relação "ser mais parecido com (fulano) do que (sicrano) é com (beltrano)" estabelecida entre pessoas (trata-se do conjunto de todos os 4-tuplos ordenados <x, y, u, v> de pessoas tais que x é mais parecida com y do que u é parecida com v); relações de aridade 5, etc. Todavia, há um sentido no qual se pode dizer que qualquer relação é binária; pois é possível identificar qualquer relação de aridade arbitrária n com certa relação de aridade 2: basta notar que qualquer conjunto de ênuplas ordenadas de objetos, $<x_1,..., x_n>$, é definível como um conjunto de pares ordenados, $<<x_1,..., x_{n-1}>, x_n>$.

Do ponto de vista filosófico – e em particular na disciplina filosófica em que as relações são objeto de estudo, a metafísica –, a noção relevante de relação é tal que, apesar de ser ainda uma noção extensional no sentido em que qualquer relação é tomada como sendo um conjunto de ênuplas ordenadas de objetos, nem todo conjunto de ênuplas ordenadas é visto como constituindo uma relação. P. ex., um conjunto de pares ordenados de itens como o conjunto {<o número 2, o meu dedo indicador direito>, <Bill Clinton, o planeta Saturno>, <o rio Tejo, este computador>}, dificilmente poderia ser tomado como introduzindo uma relação em qualquer sentido substantivo ou metafisicamente interessante do termo.

Como as relações são conjuntos (de ênuplas ordenadas), segue-se que o critério de identidade para relações é o critério usual de identidade para conjuntos, isto é, o AXIOMA DA EXTENSIONALIDADE. Assim, se R e R' são relações então R = R' se, somente se, para toda a ênupla ordenada de objetos $<x_1,..., x_n>$, tem-se o seguinte: $<x_1,..., x_n> \in R \leftrightarrow <x_1,..., x_n> \in R'$. É basicamente por satisfazer um princípio desse gênero que se diz que a noção de relação utilizada é extensional: uma relação é completamente identificada com sua EXTENSÃO, ou seja, com o conjunto de seqüências de objetos que estão entre si na relação. Objeta-se freqüentemente a esse gênero de concepção de relação argumentando que o princípio de individuação empregado não discrimina onde deveria discriminar. Suponha-se, contrafactualmente, que o peso e a altura das pessoas estavam de tal maneira correlacionados que a seguinte generalização era invariavelmente o caso: para quaisquer pessoas x e y, x é mais alta que y se, e somente se, x é mais pesada do que y. A concepção extensional obrigar-nos-ia, nesse caso, a identificar as relações envolvidas, as relações "ser mais alto do que" e "ser mais pesado do que", o que a muita gente parece antiintuitivo. Com efeito, muita gente diria que não estamos perante uma única relação apresentada por meio de dois conceitos diferentes, mas simplesmente de relações liminarmente distintas. Todavia, é possível fortalecer o critério de identidade anteriormente dado para relações de tal maneira que: *a*) a concepção extensional é de certo modo preservada; e *b*) são no entanto bloqueados resultados aparentemente antiintuitivos daquele tipo. Assim, em vez de dizer que relações são extensionais no sentido em que relações coextensionais são idênticas, passa-se a dizer que relações são extensionais no sentido em que apenas aquelas relações necessariamente coextensionais são idênticas. Uma relação binária R é aqui vista como incluindo não apenas todos os pares ordenados de objetos que estão de fato (no mundo atual) em R uns com os outros, mas também todos os pares ordenados de objetos que poderiam ter estado (em cada mundo possível acessível a partir do mundo atual) em R uns com os outros. O princípio de individuação que governa essa noção é pois de natureza modal e deixa-se formular do seguinte modo: se R e R' são relações então R = R' se, e somente se, necessariamente, para toda a ênupla ordenada de objetos $<x_1,..., x_n>$, tem-se o seguinte: $<x_1,..., x_n> \in R \leftrightarrow <x_1,..., x_n> \in R'$. Note-se que mesmo esse princípio pode ser controverso. Argumenta-se por vezes que também ele não discrimina onde deveria discriminar. P. ex., o princípio modal identifica a relação "é filho de" e a relação "é filho de, caso a aritmética formal seja incompleta"; porém, algumas pessoas partilham a intuição de que há aqui duas relações. Esse tipo de oposição ao princípio é normalmente acompanhado da preferência por uma concepção intensional de relação, à cuja luz relações distintas podem determinar o mesmo conjunto de pares ordenados de objetos (o modo de identificação do conjunto é tomado como relevante para a identidade das relações).

As propriedades mais familiares que podem ser atribuídas a relações (binárias) deixam-se classificar em três grupos: *a*) o grupo da reflexividade – uma relação pode ser REFLEXIVA, irreflexiva ou não-reflexiva; *b*) o grupo da simetria – uma relação pode ser SIMÉTRICA, ASSIMÉTRICA, ANTI-SIMÉTRICA OU NÃO-SIMÉTRICA; *c*) o grupo da transitividade – uma relação pode ser TRANSITIVA, intransitiva ou não-TRANSITIVA.

De particular interesse são as relações de equivalência. *Ver também* EXTENSÃO/INTENSÃO; ARIDADE; EQUIVALÊNCIA, RELAÇÃO DE; PAR ORDENADO; CONJUNTO. **JB**

relação conexa

Ver CONEXA, RELAÇÃO.

relação conversa

A relação conversa (ou inversa) de uma relação dada R, habitualmente denotada por C(R), é o conjunto de todos aqueles PARES ORDENADOS <*b, a*> tais que *Rab*. A relação conversa da relação "ser pai de" é a relação "ser filho de".

relação de equivalência

Ver EQUIVALÊNCIA, RELAÇÃO DE.

relação inversa

O mesmo que RELAÇÃO CONVERSA.

relação recursiva

Uma relação *n*-ária em N denota aqui uma função *n*-ária total R que toma apenas os valores 0 e 1, ou seja $R(x_1,..., x_n) \leq 1$, para todo $x_1,..., x_n \in N$. Também tem sido designada por "predicado numérico" ou abreviadamente "predicado".

Um conjunto *n*-dimensional é um subconjunto de $N^n = N \times ... \times N$ (*n* vezes), ou seja, um conjunto de ênuplas <$x_1,..., x_n$> em que $x_1,..., x_n$ são números naturais. (Alguns autores usam o termo RELAÇÃO *n*-ária para conjunto *n*-dimensional, o que tem a virtude de estar de acordo com a terminologia usada em teoria dos conjuntos.) Existe uma correspondência biunívoca entre relações *n*-árias e conjuntos *n*-dimensionais. À relação *n*-ária P corresponde o conjunto $\{<x_1,..., x_n> \in N^n: P(x_1,..., x_n) = 1\}$, dito a extensão de P. Reciprocamente ao conjunto *n*-dimensional A corresponde a relação *n*-ária χ_A, definida por $\chi_A(x_1,..., x_n) = 1$, se <$x_1,..., x_n$> ∈ A e por $\chi_A(x_1,..., x_n) = 0$, se <$x_1,..., x_n$> ∉ A. Tal relação é a função característica de A.

Por meio dessa correspondência, conceitos que são introduzidos para relações estendem-se a conjuntos e vice-versa.

Como uma relação *n*-ária é uma função *n*-ária, uma relação *n*-ária é recursiva se, e somente se, como função, é recursiva. Usando a correspondência citada: um conjunto diz-se recursivo se, e somente se, a sua função característica é uma função recursiva. Em sentido inverso pode-se agora dizer: uma relação é recursiva se, e somente se, a sua extensão é um conjunto recursivo. *Ver também* RECURSIVAMENTE ENUMERÁVEL. **NG**

BELL, J. L. e MACHOVER, M. *A Course in Mathematical Logic*. Amsterdam: North-Holland, 1977.

CUTLAND, N. J. *Computability*. Cambridge: Cambridge University Press, 1980.

relação recursivamente enumerável

Também designada por "semi-recursiva" ou "semicomputável" (sobre a noção de relação usada na teoria das funções recursivas, *ver* RELAÇÃO RECURSIVA). Um conjunto de naturais diz-se recursivamente enumerável (r.e.) se, e somente se, ou é o conjunto vazio ou existe uma função unária recursiva e total φ, que enumera o conjunto, isto é, tal que a sucessão φ(0), φ(1), φ(2),... φ(*n*),... constitui uma enumeração dos elementos do conjunto (eventualmente com repetição).

Mais geralmente, um conjunto *m*-dimensional (um subconjunto de N^m) diz-se r.e. se, e somente se, ou é o conjunto vazio ou pode ser enumerado por *m* funções de uma variável $\varphi_1, \ldots, \varphi_m$, recursivas e totais, ou seja, tais que $<\varphi_1(0), \ldots, \varphi_m(0)>$, $<\varphi_1(1), \ldots, \varphi_m(1)>, \ldots, <\varphi_1(n), \ldots, \varphi_m(n)>, \ldots$ constitui uma enumeração dos elementos do conjunto.

Substituindo "recursivas e totais" por "primitivamente recursivas" obtém-se uma definição equivalente. Permitindo funções recursivas parciais, o caso do conjunto vazio não precisa ser considerado à parte: A é r.e. enumerável se, e somente se, existem m funções unárias recursivas que enumeram o conjunto.

A é recursivamente enumerável se, e somente se, a sua extensão pode ser obtida por quantificação existencial de uma relação recursiva, ou seja, existe uma relação recursiva P tal que $<x_1, \ldots, x_n> \in$ A se, e somente se, $\exists_y P(x_1, \ldots, x_n)$.

Se o conjunto é unidimensional (A $\subseteq$ N) tem-se ainda, A é r.e. se, e somente se, é o codomínio (ou contradomínio) de uma função recursiva, isto é, existe um $n > 0$ e uma função recursiva n-ária f, tal que A = $\{f(x_1, \ldots, x_n): <x_1, \ldots, x_n> \in$ dom $f\}$. Isso inclui o caso já considerado em que a função é unária, em que o codomínio é o mesmo que o conjunto enumerado pela função.

Se A $\subseteq \mathbb{N}^{n+1}$ é o gráfico de uma função n-ária f, isto é, $<x_1, \ldots, x_n, y> \in$ A se, e somente se, $f(x_1, \ldots, x_n) = y$, então A é r.e. se, e somente se, f é recursiva.

A partir da noção de conjunto r.e. pode obter-se a noção de relação r.e.: uma relação é recursivamente enumerável se, e somente se, a sua extensão é um conjunto r.e.

As noções de recursivo e r.e. estão estreitamente ligadas. Todo conjunto recursivo é recursivamente enumerável, mas não a recíproca. De fato tem-se: um conjunto A é recursivo se ele e o seu complementar (isto é, A e $\mathbb{N}^n \setminus A$) são ambos r.e.

Um conjunto recursivo unidimensional também pode ser caracterizado por uma propriedade de enumeração: um conjunto de naturais é recursivo se, e somente se, é finito ou pode ser enumerado por uma função recursiva estritamente crescente. *Ver também* RELAÇÃO RECURSIVA. **NG**

BELL, J. L. e MACHOVER, M. *A Course in Mathematical Logic*. Amsterdam: North-Holland, 1977.
CUTLAND, N. J. *Computability*. Cambridge: Cambridge University Press, 1980.
DAVIES, M. *Computability and Unsolvability*. Nova York: McGraw-Hill, 1958.
POST, E. "Recursively Enumerable Sets of Positive Integers and their Decision Problems", in *Bull. Amer. Math. Soc.*, n.º 50, 1944, pp. 284-316.

relação total

Ver RELAÇÃO CONEXA.

relação tricotômica

Ver RELAÇÃO CONEXA.

relacional, crença

Ver CRENÇA *DE RE*.

relacional, propriedade

Ver PROPRIEDADE RELACIONAL/NÃO-RELACIONAL.

relações

Uma proposição como "Sócrates é um homem" pode ser analisada em sujeito "Sócrates" e predicado "é um homem". O mesmo predicado pode ser aplicado a diversos sujeitos, p. ex., "Camões é um homem" e "Picasso é um homem". Todas essas expressões, no linguajar do português, têm uma estrutura semelhante, que é evidenciada escrevendo "x é um homem".

O predicado pode então ser encarado como uma função proposicional na variável x: a cada vez que se substitui x pelo nome de um indivíduo pertencente a certa classe D, dita o domínio da variável x, obtém-se o que se chama uma proposição, que é verdadeira ou falsa. (Nos exemplos anteriores a classe não foi especificada, mas podemos supor que se tratava da classe de todos os animais que habitaram a Terra. Nos três exemplos as proposições são verdadeiras.)

Se essa classe for, p. ex., o conjunto das personagens que ocorrem na mitologia grega, então se x é substituído por "Narciso" obtém-se "Narciso é um homem" que é verdadeira e se x for substituído por "Zeus" obtém-se "Zeus é um homem", que é falsa.

Em lógica, tal função proposicional tem o nome de "predicado unário" e é por vezes abreviado por uma letra (com ou sem índice) chamada então "símbolo predicativo". Assim se $H(x)$ abrevia "x é um homem", n denota Narciso e z Zeus, então $H(n)$ não é mais do que a proposição "Narciso é um homem" e $H(z)$ a proposição "Zeus é um homem".

Sob o ponto de vista aqui adotado, o predicado não é a expressão "x é um homem" ou a sua forma abreviada $H(x)$, mas a abstração resultante, que é uma propriedade que pode ser compartilhada por diversos indivíduos (a propriedade "ser um homem"). O predicado é a função proposicional que, para simplificar, identificamos com a letra predicativa H ("ser um homem"), enquanto a $H(x)$ chamaremos "expressão predicativa".

Consideremos agora a afirmação "Daniel é o tutor de Sara". Pode também ser analisada em sujeito "Daniel" e predicado "é o tutor de Sara". Do ponto de vista lógico temos o predicado unário T e $T(x)$ abrevia "x é o tutor de Sara". Em gramática as abstrações que resultam de "Daniel é o tutor de y" e "x é o tutor de y" não são vistas como predicados. Em todo caso, ambos determinam funções proposicionais, que são verdadeiras ou falsas quando as variáveis são substituídas por elementos de certas classes. Do ponto de vista lógico é isso que interessa. Neste exemplo, temos dois predicados unários (dependem de uma variável) T e S e um predicado binário (depende de duas variáveis) U: $T(x)$ abrevia "x é o tutor de Sara"; $S(y)$ abrevia "Daniel é o tutor de y"; $U(x,y)$ abrevia "x é o tutor de y".

Note-se que os dois primeiros predicados podem ser definidos com o auxílio do segundo, se d denotar o indivíduo Daniel de que estamos falando e s denotar Sara.

Então $T(x) \leftrightarrow U(x,s)$ e $S(y) \leftrightarrow U(d, s)$.

Para especificar um predicado ou uma relação binária P devem-se indicar, além da expressão que o define, dois conjuntos (ou classes) A e B, que indicam o domínio de variação das duas variáveis: em $P(x,y)$, x toma valores em A e y em B. Assim, substituindo x por um elemento $a \in A$ e y por um elemento $b \in B$, obtém-se a proposição $P(a,b)$, que é verdadeira ou falsa. Pode-se ter $B = A$, caso em que se diz que se tem um predicado binário em A. P. ex., ao especificar o predicado binário U acima pode-se convencionar $A = B =$ conjunto das pessoas.

Mais geralmente podemos considerar predicados n-ários ($n \geq 0$) de n variáveis $P(x_1, ..., x_n)$ (binário se $n = 2$, ternário se $n = 3,...$). O caso $n = 0$ é por vezes permitido (aqui P não depende de nenhuma variável, é por assim dizer um predicado constante), denotando simplesmente uma proposição que é verdadeira ou falsa.

Resumindo:

Uma proposição é uma expressão em alguma linguagem a que pode ser atribuído um significado preciso, e que é então verdadeira ou falsa.

Uma função proposicional é uma expressão, tal como no caso anterior, que contém uma ou mais variáveis (por vezes pode-se admitir zero variáveis, como se disse) e que se transforma em uma proposição sempre que cada variável é substituída pelo nome de uma entidade (ou indivíduo) de tipo apropriado.

Em vez de "função proposicional" prefere-se hoje a designação "predicado".

Se o número de variáveis do predicado é n, o predicado diz-se n-ário (unário se $n = 1$, binário se $n = 2$, ternário se $n = 3,...$).

Se P é um símbolo predicativo associado com determinado predicado n-ário, então $P(x_1, ..., x_n)$ transforma-se em uma proposição, sempre que $x_1, ..., x_n$ são substituídos convenientemente por indivíduos.

Para especificar um predicado n-ário devemos indicar, além da expressão que o define, n conjuntos (ou classes) $D_1, ..., D_n$, que indicam o domínio de variação das variáveis $x_1,..., x_n$ respectivamente. Assim, substituindo x_1 por um elemento $a_1 \in D_1,..., x_n$ por um elemento $a_n \in D_n$, obtém-se a proposição $P(a_1,..., a_n)$.

Quando P é binário, além dessa escrita convencional (dita prefixa), usa-se também, em vez de $P(x_1,x_2)$, a escrita infixa x_1Px_2, que tem a vantagem de dispensar parênteses e uma vírgula. P. ex., para o predicado binário < (menor), que conduz a $x < y$ em que x, y variam no conjunto dos naturais e em que $x < y$ abrevia "x é menor que y", então $7 < 3$ é falso e $3 < 7$ é verdadeiro.

Intuitivamente, uma relação binária R em dado conjunto A estabelece uma ligação entre pares de elementos de A. A diz-se o universo da relação. Para indicar que dois elementos x e y de A estão relacionados por R pode escrever-se xRy. Podem-se entender x e y como uma proposição que é verdadeira se x e y estão relacionados por R (também se pode dizer R-relacionados) e de contrário é falsa. Sob esse ponto de vista, se x e y não estão relacionados, pode-se negar a proposição escrevendo $\neg xRy$. P. ex., se $A = \{p_1, p_2,..., p_6\}$ é o conjunto das seis pessoas que vivem em um mesmo andar, uma relação binária entre elas é xHy, que afirma que "x e y habitam no mesmo apartamento". Assim, p_1Hp_2 afirma que as pessoas p_1 e p_2 habitam no mesmo apartamento, enquanto $\neg p_1Hp_6$ afirma que p_1 e p_6 não habitam no mesmo apartamento.

No mesmo conjunto A podem coexistir diversas relações. Entre elas incluem-se as chamadas relações de parentesco, como sejam, p. ex.: xFy "x e y são da mesma família (são parentes)"; xPy "x é pai de y"; xNy "x é neto de y". Ou outras como xDy "x deve dinheiro a y" e xCy "x e y freqüentam o mesmo café".

Em matemática as relações proliferam, e relação é um conceito de tal modo importante que não seria exagerado afirmar que, na teoria intuitiva dos conjuntos, a noção mais importante a seguir à noção de conjunto é a de relação binária. A própria relação de pertença, $\in$, que serve de base à moderna formulação axiomática da teoria dos conjuntos, é uma relação binária, $x \in y$ abrevia "x pertence a y". Exemplos de relações binárias em matemática são no conjunto N dos naturais: $x < y$ "x é menor que y", $x|y$ "x divide y"; e no conjunto das retas de um plano: $x\|\,y$ "x é paralela a y", $x \perp y$ "x é perpendicular a y".

A idéia da relação descrita anteriormente traduz o ponto de vista intensional. Há outro ponto de vista que se revelou particularmente eficaz em matemática é o chamado ponto de vista extensional, aqui adotado.

Para evitar confusões usaremos o termo "predicado ou propriedade n-ário" (para alguns autores propriedade é um predicado unário) quando se adota o ponto de vista intensional (expressão proposicional a n-variáveis), sendo relação usado em sentido extensional (conjunto de ênuplas ordenadas). Há autores que ainda hoje usam o termo "relação" no sentido intensional, isto é, como o significado aqui atribuído a predicado. Vejamos como surge esse ponto de vista.

Para descrever uma relação binária basta indicar quais os pares relacionados pela relação. Por outras palavras, uma relação pode ser descrita por um conjunto de pares ordenados.

O par ordenado de elementos de a e b será aqui denotado por $<a, b>$, mas é freqüente usar-se também (a, b) e mais geralmente uma ênupla ordenada $<a_1,..., a_n>$ é com freqüência escrita como $(a_1,..., a_n)$.

No nosso primeiro exemplo, se as três primeiras pessoas habitam um apartamento, as duas seguintes em outro e a última vive sozinha, a relação pode ser descrita pelo conjunto: R = {$<p_1, p_1>$, $<p_1, p_2>$, $<p_1, p_3>$, $<p_2, p_1>$, $<p_2, p_2>$, $<p_2, p_3>$, $<p_3, p_1>$, $<p_3, p_2>$, $<p_3, p_3>$, $<p_4, p_4>$, $<p_4, p_5>$, $<p_5, p_4>$, $<p_5, p_5>$, $<p_6, p_6>$}.

A noção extensional empresta uma clareza tal à noção de relação que o passo seguinte em matemática foi identificar o conjunto dos pares ordenados que descreve a relação com a própria relação. Uma relação entre dois objetos é, então, um conjunto dos pares ordenados.

Mesmo quando se adota o ponto de vista intensional, faz-se muitas vezes uso do conjunto dos pares ordenados que descreve a relação, que nesse contexto se chama "extensão da relação" (em lógica da primeira ordem tal conjunto seria chamado "interpretação da relação", a relação entendida como um predicado binário).

Até agora, o termo "relação" foi usado no sentido da relação binária, mas há relações que estabelecem relações entre triplos ordenados (relações ternárias), entre quádruplos ordenados (quaternárias), etc.

Além da notação xRy para uma relação binária (dita notação infixa), pode-se também usar a notação $R(x,y)$ (notação prefixa) ou $<x,y> \in R$.

Do conceito de relação binária, passa-se de um modo natural para a noção de relação ternária (conjunto de ternos ordenados), relação quaternária (conjunto de quádruplas ordenadas) e mais geralmente: relação n-ária (binária se $n = 2$, ternária se $n = 3$, quaternária se $n = 4$...) conjunto de ênuplas ordenadas.

P. ex., se os elementos do nosso conjunto $A = \{p_1, p_2,..., p_6\}$ são profissionais de circo, então $R(x,y,z)$ que abrevia "x, y e z fazem o mesmo número do trapézio" é uma relação ternária.

Exemplos matemáticos:

1) No conjunto dos números reais a relação E de interposição: $<x, y, z> \in E \leftrightarrow z$ está entre x e y é uma relação ternária.

2) No plano euclidiano a relação de colinearidade: $<x, y, z> \in P$ se, e somente se, x, y, z são colineares, isto é, se x, y, z estão sobre a mesma reta, é também uma relação ternária.

Vamos definir a terminologia ora adotada.

i) Uma relação (binária) é um conjunto de pares ordenados. R é uma relação se, e somente se:

$$\forall z (z \in R \rightarrow \exists_x \exists_y z = <x,y>)$$

ii) Uma relação (binária) no conjunto A é uma relação R em que as componentes dos pares ordenados são elementos de A, ou equivalentemente em que $R \subseteq A^2 = A \times A$.

iii) Quando $<x, y> \in R$, diremos que x e y estão relacionados por R ou são R-relacionados. Por vezes também usaremos xRy em vez de $<x, y> \in R$. Quando x e y verificam a relação R, isto é, quando $<x,y> Œ R$ ou xRy, x é por vezes denominado o referente e y o relato.

iv) Uma relação n-ária é um conjunto de ênuplas ordenadas. A é uma relação n-ária se, e somente se:

$$\forall z (z \in A \rightarrow \exists x_1...\exists x_n (z = <x_1,..., x_n>)).$$

Exemplo: em qualquer conjunto A, pode-se definir uma relação binária I_A, que é a relação de igualdade. $I_A =_{df} \{<x, y> \in A \times A: x = y\}$.

Definições: inversa de uma relação; composta de duas relações.

i) A inversa de uma relação R denota-se por R^{-1}. Ela define-se da seguinte maneira:

$$<x, y> \in R^{-1} \text{ se, e somente se, } <y, x> \in R;$$

A inversa da relação "x é pai de y" definida no conjunto dos seres humanos masculinos, é a relação "x é filho de y". A inversa da relação $\leq$, no conjunto dos números naturais, é a relação $\geq$.

ii) A composta de duas relações R e S denota-se por $S \circ R$. Seja Y um conjunto, tal que $y \in Y$. Nesses termos, temos a seguinte definição:

$$S \circ R =_{df} \{<x, z>: \exists y (<x, y> \in R \land <y, z> \in S)\}.$$

A relação composta combina duas relações R e S, de tal modo que o contradomínio de R esteja incluído em S. A relação "ser parente do filho de x" é exemplo de relação composta, pois x é pai de y, que é parente de z.

Definições de domínio, contradomínio e campo de uma relação.

i) O domínio de uma relação R denota-se por dom R. Ele é o conjunto de todos os primeiros elementos dos pares ordenados que constituem R:

dom $R =_{df} \{x: \exists y <x, y> \in R\}$.

O domínio da relação "*x* é pai de *y*" é o conjunto dos pais.

ii) O contradomínio (há quem diga codomínio) de uma relação R denota-se por con R. Ele é o conjunto de todos os segundos elementos dos pares ordenados que constituem R:

con $R =_{df} \{y: \exists x <x, y> \in R\}$

O contradomínio da relação "*x* é pai de *y*" é o conjunto dos filhos.

iii) O campo de uma relação R será denotado por cam R. Ele é o conjunto de todos os elementos que figuram nos pares de R, ou, por outras palavras, é a união do domínio e do contradomínio:

cam $R =_{df}$ dom $R \cup$ con R.

O campo da relação "*x* é pai de *y*" é o conjunto de todos os seres humanos, pois abarca todos os que são pais ou filhos de alguém.

Quando a relação R é finita, ou seja, quando o conjunto R é finito, podemos descrevê-la listando todos os seus membros. P. ex., em A = {1, 2, 3, 4, 5, 6}, a relação definida por $xRy \leftrightarrow x$ divide $y \wedge x \neq y$, pode ser descrita por R = {<1, 2>, <1, 3>, <1, 4>, <1, 5>, <1, 6>, <2, 4>, <2, 6>, <3, 6>}.

Propriedades das relações.

Vejamos as propriedades mais freqüentes das relações. Seja <A, R> um conjunto com uma relação R.

i.a) R é reflexiva quando todo elemento está relacionado com ele próprio, ou seja:

R é reflexiva se, e somente se, para todo $x \in A$, temos: xRx

A relação "ser idêntico a" é reflexiva, pois qualquer entidade é idêntica a si mesma.

i.b) R é irreflexiva quando nenhum elemento está relacionado com ele próprio, ou seja:

R é irreflexiva se, e somente se, para todo $x \in A$, temos: $\neg xRx$.

A relação "ser diferente de" é irreflexiva, pois nada é diferente de si mesmo.

ii.a) R é simétrica se quando um elemento está relacionado com o outro, o segundo está relacionado com o primeiro, ou seja:

R é simétrica se, e somente se, para todo *x* e para todo *y* que pertençam a *A*, temos $xRy \rightarrow yRx$

"Ser irmão de" é uma relação simétrica, pois, se João é irmão de Pedro, Pedro é irmão de João.

ii.b) R é assimétrica quando sempre que um elemento está relacionado com o outro, o segundo não está relacionado com o primeiro, ou seja:

R é assimétrica se, e somente se, para quaisquer *x* e *y* que pertençam a *A*, temos $xRy \rightarrow \neg yRx$

A relação "ser pai de" é assimétrica, pois, se Carlos é pai de Roberto, Roberto não é pai de Carlos.

ii.c) R é anti-simétrica quando sempre que um elemento está relacionado com um outro e este com o primeiro, os dois são iguais, ou seja:

R é anti-simétrica se, e somente se, para todo *x* e para todo *y* que pertençam a *A*, temos $xRy \wedge yRx \rightarrow x = y$.

Se A e B são conjuntos, então a relação "estar incluído em" é anti-simétrica, pois, se $A \subseteq B$ e $B \subseteq A$, então $A = B$.

iii.a) R é transitiva quando sempre que um elemento está relacionado com um segundo e este com um terceiro, o primeiro está relacionado com o terceiro, ou seja:

R é transitiva se, e somente se, para quaisquer x, y e z que pertençam a A, temos o seguinte: $xRy \land yRz \rightarrow xRz$

A relação "ser maior que" é transitiva, pois, se x é maior do que y e y é maior do que z, então x é maior do que z.

iii.b) R é intransitiva quando, sempre que um elemento está relacionado com um segundo e este com um terceiro, o primeiro não está relacionado com o terceiro, ou seja:

R é intransitiva se, e somente se, para quaisquer x, y e z que pertençam a A, temos: $xRy \land yRz \rightarrow \neg xRz$.

A relação "ser mãe de" é intransitiva, pois, se Maria é mãe de Lúcia e Lúcia é mãe de Sandra, então Maria não é mãe de Sandra.

iv.a) R é fortemente conexa quando dois elementos estão sempre relacionados, ou seja:

R é fortemente conexa se, e somente se, para quaisquer x e y que pertençam a A, temos: $xRy \lor yRx$

Os parentes consangüíneos que são membros de uma mesma família relacionam-se de modo fortemente conexo, pois, se x e y pertencem a tal grupo, entre eles existe relação de parentesco.

iv.b) R é conexa quando dois elementos quaisquer distintos estão relacionados, ou seja:

R é conexa se, e somente se, para quaisquer x e y que pertençam a A, temos o seguinte: $xRy \lor yRx \lor x = y$.

O conjunto $\{<1, 1>\}$ é uma relação conexa, pois $1 = 1$.

Algumas relações gozam de mais de uma dentre as citadas propriedades, razão por que elas têm nome especial. P. ex., uma relação é uma pré-ordem se, e somente se, é reflexiva e transitiva. Três tipos de relação revelam capital importância: A) relações funcionais ou funções; B) relações de ordem; C) relações de equivalência.

Tais relações caracterizam-se da seguinte maneira:

A) Uma função binária, no conjunto A, diz-se funcional, ou é uma função se, e somente se, para quaisquer x, y e z que pertençam a A, temos:

$$xRy \land xRz \rightarrow y = z.$$

A característica do conceito de função é essa: a cada elemento do respectivo domínio corresponde um, e apenas um, elemento no contradomínio. No conjunto dos números naturais, "ser o quadrado de" é uma função, pois a cada número natural corresponde um quadrado, e apenas um. É comum dizer-se que, numa função, cada argumento (isto é, a cada elemento do domínio) toma valores no contradomínio (isto é, relaciona-se univocamente com um membro deste último).

B) Quanto às relações de ordem, temos de definir a ordem parcial e total, lata e estrita, assim como os conjuntos parcial ou totalmente ordenados:

i.a) R diz-se uma relação de ordem parcial lata se, e somente se, R é reflexiva, anti-simétrica e transitiva. A relação de inclusão ($\subseteq$), p. ex., é uma ordem parcial lata, pois, se B, C e D são conjuntos (incluídos em A), temos: $B \subseteq B$ (reflexividade), $B \subseteq C \land C \subseteq B \rightarrow B = C$ (anti-simetria) e $B \subseteq C \land C \subseteq D \rightarrow B \subseteq D$ (transitividade);

i.b) R diz-se uma relação de ordem parcial estrita se, e somente se, R é irreflexiva, assimétrica e transitiva. Vejamos um exemplo, sendo B, C e D conjuntos (incluídos em A). A notação $B \subset C$ (B é subconjunto próprio de C) indica que B está incluído em C, mas que B e C são diferentes, ou seja, em C existe ao menos um membro que não está em B. Nesses termos a inclusão própria ($\subset$) é uma ordem parcial estrita, pois: $\neg(B \subset B)$ (irreflexividade), $B \subset C \to \neg(C \subset B)$ (assimetria) e $B \subset C \wedge C \subset D \to B \subset D$ (transitividade);

i.c) R diz-se uma relação de ordem total lata se, e somente se, R é uma relação de ordem parcial lata que é fortemente conexa. Suponhamos que A seja um conjunto de participantes de um jogo, definido por certas regras. Convencionemos que o jogo tem lugar numa espécie de labirinto, de tal modo que: a) cada jogador sabe qual é a sua posição (xRx); b) se um jogador sabe a posição de um outro, este último não saberá a posição daquele primeiro ($xRy \wedge yRx \to x = y$, isto é: se x sabe a posição de y e vice-versa, então x e y não são dois jogadores diferentes); c) se um primeiro jogador sabe a posição do segundo e o segundo sabe a posição de um terceiro, então o primeiro sabe a posição do terceiro ($xRy \wedge yRz \to xRz$); d) dados dois jogadores diversos, um deles sabe a posição de um outro ($xRy \vee yRx$). Graças ao item (a), a regra do jogo é reflexiva; graças a (b), ela é anti-simétrica; graças a (c), ela é transitiva. Portanto, R estabelece uma ordem parcial lata. Graças ao item (d), essa ordem é fortemente conexa. Logo, R é uma relação de ordem total lata;

i.d) R é uma relação de ordem total estrita se, e somente se, R é uma relação de ordem parcial estrita que é conexa. P. ex., seja A o conjunto dos números naturais. Seja R a relação "é maior que" (>), definida em A. Ora, para quaisquer números naturais x, y ou z, temos: a) $\neg(x > x)$, que caracteriza a irreflexividade; b) $x > y \to \neg(y > x)$, que garante a assimetria; c) $x > y \wedge y > z \to x > z$, que estabelece a transitividade. Os itens (a), (b) e (c) determinam que R seja uma relação de ordem parcial estrita. Ora, para quaisquer números naturais x e y, $x > y \vee y > x \vee x = y$ (conexão). Logo, R é um exemplo de relação de ordem total estrita;

i.e) um conjunto no qual existe uma relação de ordem total (estrita ou lata) diz-se um conjunto totalmente ordenado. Os casos particulares de conjuntos totalmente ordenados são aqueles que se enquadram como exemplos de (i.c) ou (i.d).

C) Uma relação binária no conjunto A diz-se ser uma relação de equivalência se, e somente se, é reflexiva, simétrica e transitiva. No conjunto dos seres humanos, a relação "ter a mesma idade que" é uma relação de equivalência: Pedro tem a mesma idade que Pedro, de sorte que a relação é reflexiva; se Pedro tem a idade de João, então João tem a idade de Pedro, o que torna a relação simétrica; se Pedro tem a mesma idade que João e João tem a mesma idade que Roberto, então Pedro tem a mesma idade que Roberto, de sorte que a relação é transitiva. **NG**

CLEAVE, J. P. *A Study of Logics*. Oxford: Clarendon Press, 1991.
FRANCO DE OLIVEIRA, A. J. *Teoria de conjuntos: intuitiva e axiomática (ZFC)*. Lisboa: Livraria Escolar Editora, 1982.
HALMOS, P. R. *Naive Set Theory*. Princeton: D. V. Nostrand, 1960. Trad. bras. *Teoria ingênua dos conjuntos*. Trad. Lázaro Coutinho. Rio de Janeiro: Ciência Moderna, 2003.
STOLL, R. R. *Set Theory and Logic*. San Francisco: W. E. Freemand and Company, 1963.
SUPPES, P. *Axiomatic Set Theory*. Princeton: D. V. Nostrand, 1960.

relatividade, teoria da

Ver TEORIA DA RELATIVIDADE.

relatividade ontológica

Noção que assume um caráter bastante dúbio na filosofia de Quine (1908-2000), especialmente nos seus desenvolvimentos mais recentes, parecendo confundir-se aí com a idéia de inescrutabilidade da referência. Originalmente, Quine introduziu uma diferença clara entre as duas, mas depois pareceu interessado em dissipá-la, e o próprio termo "relatividade ontológica" tendeu a desaparecer em favor da noção de inescrutabilidade. As duas doutrinas, tal como originalmente se apresentavam, serão aqui apresentadas.

Inescrutabilidade da Referência – A tese da inescrutabilidade da referência decorre diretamente da indeterminação da tradução; tal como as frases são indeterminadas quanto a seu sentido, os termos são indeterminados quanto a sua referência. O que está em causa na indeterminação da tradução é a possibilidade de manuais alternativos, isto é, estabelecendo diferentes relações semânticas entre duas quaisquer linguagens, estarem ambos de acordo com todos os dados disponíveis e serem, por isso, corretos. Embora aí a indeterminação se estabeleça, de modo mais direto, em nível intensional (isto é, em nível do sentido imputado às frases), Quine estende posteriormente essa indeterminação ao próprio nível extensional dos termos, fazendo ver que, p. ex., as expressões em português "coelho" e "parte não destacável de coelho", candidatas à tradução de determinada expressão alienígena (p. ex., "gavagai"), são diferentes não apenas no seu sentido, mas também na sua referência; "coelho" e "parte não destacável de coelho" são verdadeiros de coisas diferentes.

O que está em causa na tese da inescrutabilidade da referência é que a indeterminação também afeta as condições de satisfatibilidade dos termos. Supondo que formalizávamos em primeira ordem um fragmento do português, poderíamos ter as seguintes funções proposicionais: *Cx* e *Px* correspondendo respectivamente a "*x* é um coelho" e "*x* é uma parte não-destacada de coelho". Se adotássemos agora um domínio para as variáveis constituído por um conjunto (provavelmente infinito) de porções de espaço-tempo, então teríamos, seguindo a formulação de Tarski, que *Cx* e *Px* seriam satisfatíveis por diferentes seqüências de objetos do domínio. Assim, enquanto *Cx* seria satisfatível por porções de espaço-tempo ocupados por coelhos inteiros, *Px* seria satisfatível apenas por partes dessas porções.

Relatividade Ontológica – A partir do fato de que dada uma teoria T formalizada em primeira ordem, podemos "transformá-la" em uma teoria T' substituindo o domínio das variáveis por outro e reinterpretando assim os seus predicados nesse novo domínio, mantendo os valores de verdade das frases de T, Quine conclui que só podemos falar de certa ontologia relativamente à escolha de dada teoria T com um domínio fixo D; tal é a tese da relatividade ontológica.

O requisito técnico comumente utilizado por Quine para caracterizar essa situação consiste nas chamadas "funções de substituição" (*proxy functions*). Uma função de substituição dá conta da relação entre duas ontologias (domínios); mais precisamente, será uma função que estabelece uma relação um-a-um entre elementos de um domínio e elementos de outro domínio, constituindo os primeiros os argumentos da função e os segundos, os seus valores. Assim, para cada predicado aberto de *n* lugares de uma teoria T com um domínio D podemos reinterpretá-lo em uma teoria T' com um domínio D' por meio de uma função de substituição que substitui a ênupla de argumentos da função, pertencentes a D, pela ênupla de valores correspondente pertencentes a D'. A única restrição imposta às funções de substituição é que elas preservem os valores de verdade de todas as frases na transformação de T para T', e com isso preserve-se a "estrutura" de T.

Na verdade, a estrutura de uma teoria é tudo o que interessa, e podemos mudar sua ontologia preservando a estrutura e mantendo assim os valores de verdade intocáveis. Os objetos não são mais do que meros "nódulos" nessa estrutura.

As Relações entre a Relatividade Ontológica e a Inescrutabilidade da Referência – Existirá uma diferença entre a tese da inescrutabilidade e a da relatividade? À primeira vista tal diferença é notória e foi assinalada pelo próprio Quine; enquanto a inescrutabilidade remete para a possibilidade de diferentes condições de satisfatibilidade de diferentes predicados, a relatividade ontológica joga com a noção de diferentes domínios para reinterpretar predicados de uma teoria. Tomemos de novo o caso das frase abertas "*x* é um coelho" e "*x* é uma parte não-destacada de coelho" – elas assumem diferentes condições de satisfatibilidade em um mesmo domínio fixo, p. ex., de objetos físicos; essa é a situação com que lida a inescrutabilidade. Suponhamos que reduzimos o nosso domínio de objetos físicos para um domínio de "lugares-tempo". Por meio de uma função de substituição podemos permutar cada objeto físico pelo seu correspondente "lugar-tempo". Assim, para a frase aberta "*x* é um coelho", procedemos a uma reinterpretação, por meio da função, como "*x* é um lugar-tempo de um coelho". Essa situação de relatividade é manifestamente diferente daquela com que lida a inescrutabilidade. A situação pode ser resumida da seguinte maneira: enquanto a inescrutabilidade depende da confrontação de diferentes manuais de tradução, a relatividade pode ser demonstrada relativamente a um único manual.

Embora Quine tivesse a princípio adotado a perspectiva anteriormente descrita, nos seus mais tardios escritos tendeu a esbater a diferença entre relatividade e inescrutabilidade e a fazer quase como que uma identificação entre as duas. Na verdade, há casos em que, de modo evidente, a adoção de diferentes manuais ou de diferentes ontologias acaba por equivaler. Tome-se o exemplo dos "complementos cósmicos". Eu poderia reinterpretar o discurso do meu interlocutor como referindo-se a complementos cósmicos de objetos físicos (isto é, a totalidade do cosmos menos esse objeto físico), e não aos próprios objetos. Ora, nesse caso, estamos tanto perante uma situação de tradução, e portanto de inescrutabilidade da referência (os termos denotam coisas diferentes se traduzirmos "gavagai" por "coelho" ou por "complemento cósmico de coelho"), como de relatividade ontológica; podemos adotar uma função de substituição que reinterprete cada objeto de uma ontologia fisicalista num objeto de uma ontologia de complementos cósmicos. Esse último tipo de consideração parece ser a razão que encorajou Quine a não estabelecer uma diferença substancial entre relatividade ontológica e inescrutabilidade da referência. *Ver* INDETERMINAÇÃO DA TRADUÇÃO. JF

QUINE, W. V. O. "Ontological Relativity", *in Ontological Relativity and Other Essays*. Nova York: Columbia University Press, 1969, pp. 26-68.
____. "Ontological Relativity and the World of Numbers", *in The Ways of Paradox and Other Essays*. Cambridge: Harvard University Press, 1964, pp. 212-20.
____. *Pursuit of Truth*. Ed. rev. Cambridge: Harvard University Press, 1992.
____. "Three Indeterminacies", *in* Barret, R. e Gibson, R. (orgs.). *Perspectives on Quine*. Cambridge: Blackwell, 1990, pp. 1-16.

relevância, máxima da

Ver MÁXIMAS CONVERSACIONAIS.

representação

A noção mais intuitiva de representação liga-se à faculdade subjetiva de um sujeito tomar conhecimento do mundo ou dos objetos que o rodeiam. Apenas em um sentido derivado transitamos para uma representação no sentido semiótico: *a* representa *b* para um sujeito *s*. Repare-se que, em todo caso, a relação de representação é em última análise mediada por um sujeito. Isso é o mesmo sustentado na formulação triádica de representação, segundo Peirce, a qual estipula *a priori* um interpretante, que é sempre da ordem do mental e que relaciona *a* com *b*, fazendo com que este seja representado por aquele. Mas é precisamente porque a representação pertence à esfera do mental ou ainda do psicológico, que a filosofia contemporânea da linguagem a desqualificou como conceito operatório no contexto de uma teoria consistente acerca das relações entre mundo, linguagem e mente.

representação

Se a filosofia pretende descrever as leis objetivas, tanto do pensamento como do ser, então essa carga de subjetividade, de mentalismo, aliada ao conceito não forneceria base sólida de trabalho. Nessa desqualificação juntam-se linhas filosóficas muito diferentes e até antagônicas, bastando pensar no hegelianismo, para o qual a filosofia da representação não poderá nunca dar conta das verdadeiras leis do espírito, que são leis reais e não mentais, assim como na filosofia da linguagem inaugurada por Frege. Ele estava interessado em primeiro lugar em PENSAMENTOS, que são o mesmo que o SENTIDO (*Sinn*) de proposições ou frases declarativas. Apenas destas se pode dizer que são da ordem do público e não do privado, por isso suscetíveis de ser consideradas verdadeiras ou falsas. Pelo contrário, a representação (*Vorstellung*) é sempre privada, dependente do sujeito e de algum modo intransmissível. Não posso substituir a minha representação por outra de alguém, por mais coincidentes que sejam os pontos de vista e por mais semelhantes que fisicamente se imaginem os sujeitos. Porém, devo poder substituir uma frase do tipo "A catedral de Colônia fica na Alemanha" por uma outra, p. ex., em alemão, desde que corretamente traduzida. Acontece ainda que a minha representação da catedral de Colônia é privada, ainda que, por analogia, eu possa imaginar que outra pessoa possa ter uma representação sua, privada, muito semelhante. Assim entendida a representação, surgem conseqüências importantes para uma teoria da verdade. Desta forma, Frege dirá que nos perguntarmos pela verdade desta representação – p. ex., "a catedral de Colônia fica na Alemanha" – não conduziria a nada mais do que eventualmente aproximar o mais possível a representação do objeto representado, até que aquela seja praticamente cópia, coisa que não se pretende; pois que sempre, por definição, aquilo que representa é diferente do que é representado. Por outro lado, segunda conseqüência, cada representação representa consoante este ou aquele aspecto o objeto representado, de modo que nunca se poderia falar de uma verdade total da representação. Mas poderá a verdade ser algo que admite o mais ou o menos? Sem dúvida, ao qualificarmos algo como verdadeiro, estamos dizendo que é assim de um modo absoluto e não relativo. Mas no caso da representação, ou existe sempre uma desadequação, mesmo que mínima, da representação relativamente ao representado, ou, como se referiu, a adequação é total, e nesse caso não haverá diferença entre representação e representado, o que contraria o próprio conceito de representação. Assim, dificilmente a representação será algo relevante para a filosofia, que pretende em todo caso apurar a verdade e a objetividade do pensamento e dos enunciados. É por isso que Frege radicaliza a distinção entre representação e pensamento, ao afirmar o estatuto impessoal e público deste, por oposição ao estatuto pessoal e privado da representação. De algum modo pode-se dizer que o pensamento não necessita de portador e que se contrafactualmente admitirmos um sujeito ou uma mente como "lugar" do pensamento, incorreremos em contradições insustentáveis. Na terminologia de Frege um pensamento é o sentido expresso em uma proposição, uma proposição que deve poder ser usada para realizar uma asserção. Ainda, por outras palavras, um pensamento é o mesmo que o ato de apreender (*fassen*) o sentido de uma proposição, o que, por sua vez, é o mesmo que conhecer as condições sob as quais essa proposição é verdadeira ou falsa. A supremacia do ponto de vista epistemológico do pensamento sobre a representação é, p. ex., assim atestada por Frege: "Se o pensamento fosse algo interior, espiritual, tal como a representação, então a sua verdade poderia consistir certamente em uma relação com algo que não fosse em absoluto nenhum interior, espiritual. Sempre que alguém desejasse saber se um pensamento era verdadeiro, ter-se-ia que perguntar se essa relação teria lugar; por conseguinte, se era verdadeiro o pensamento que essa relação ocorresse. E assim ficaríamos na situação de um homem em um tambor. Dá um passo adiante e para cima, mas o degrau a que ele sobe cede continuamente, e acaba por descer ao degrau anterior. O pensamento é algo impessoal. Se escrevermos em uma parede a frase "2 + 3 = 5", conhecemos desse modo, de forma completa, o pensamento expresso, e é absolutamente indiferente para a compreensão saber quem a escreveu" (Frege, 1969, p. 146).

A desvalorização epistemológica da representação e correlativa valorização da expressão proposicional do pensamento, como unicamente aquilo a que podemos atribuir um valor de verdade, parece ser uma tendência irreversível da filosofia contemporânea, e Frege aparece-nos aqui como um autor decisivo na origem dessa atitude geral. (Não é apenas a filosofia analítica que seguiu esse princípio metodológico de abandono da representação e da consciência. Também parte importante da chamada filosofia continental o fez, em especial nas variantes da hermenêutica e a partir das obras de Heidegger, Gadamer ou Ricoeur.) O que está em causa é o caráter irredutivelmente subjetivo das representações, o perigo de transformar a filosofia em um psicologismo incapaz sequer de formular as questões clássicas da filosofia. No entanto, a tradição clássica mais relevante nunca separou o conceito de representação da expressão lingüística, particularmente nunca a separou do juízo. Na *Crítica da razão pura*, p. ex., a primeira dedução que Kant faz das categorias do entendimento é feita a partir de um quadro das principais formas lógicas do juízo. Se toda relação de conceitos com objetos se faz por meio do juízo, segundo suas várias formas, é natural que apenas no quadro do juízo tenha sentido falar da representação *qua* entidade com valor cognitivo. Em uma formulação consagrada, o "juízo é o conhecimento mediato de um objeto, portanto a representação de uma representação, referindo-se essa última imediatamente ao objeto" (Kant, 1985, p. 102). Diversos problemas podem cruzar-se nesse ponto, nomeadamente saber como existem as representações de primeiro nível ou imediatas – na terminologia de Kant, intuições empíricas – ou se devem considerar uma mera estipulação para explicar como se gera o conhecimento, que nunca prescinde de conceitos relacionados com qualquer coisa, um *datum* primitivo. O que no entanto se deve ressaltar é o fato de o juízo, como ligação de objetos e conceitos e atividade primordial da vida cognitiva, não poder deixar de ser uma mediação de representações, "uma representação de representações", dizia Kant, e, por outro lado, como essa ligação é ao mesmo tempo um quadro organizativo, uma moldura conceptual que configura e sustenta. Na verdade, o que acontece é que a filosofia se interessou pela representação, na medida em que esta tenha relevância no conhecimento objetivo do mundo e também na medida em que supostamente intervém na estrutura conceptual. Nesse caso não continuamos a considerá-la isoladamente, e deixa de fazer sentido falar de representação, independentemente do juízo ou da predicação ou de uma descrição lingüística particular. Imagine-se alguém diante de um objeto de arte em uma exposição. O único que poderá ser considerado relevante é qualquer comportamento lingüístico por parte do observador e não as representações mentais interiores, espirituais de que falava Frege. De algum modo estas são lidas na expressão verbal, que, por assim dizer, as transforma em material acessível e com significado. As representações lingüísticas de que falamos são sempre o resultado de comportamentos cognitivos de utilizadores de conceitos e de formadores de juízos, na terminologia de P. F. Strawson. Qual é, para esses utilizadores de conceitos e formadores de juízos, a estrutura elementar das suas representações lingüísticas? Segundo Strawson, essa estrutura é "uma imagem (*picture*) do mundo, no qual coisas estão separadas e relacionadas no espaço e no tempo; no qual diferentes objetos particulares coexistem e têm histórias; na qual diferentes acontecimentos particulares acontecem sucessiva e simultaneamente; no qual diferentes processos se completam a si mesmos no tempo" (P. F. Strawson, 1959, p. 55). É a introdução das noções de espaço e de tempo que permite que a representação lingüística ou que o juízo tenha uma referência ao mundo objetivo. O cruzamento do espaço e do tempo é tido como condição essencial. Aquilo, pois, que nas expressões lingüísticas é marcado pelos INDEXICAIS ou demonstrativos "este", "aquele", "agora", etc., vai diferenciá-las quanto ao estatuto cognitivo. Para Strawson tem primazia epistemológica (e também ontológica) a representação que, por intermédio de demonstrativos, permite a identificação de PARTICULARES. Toda representação com valor informativo sobre a realidade objetiva apresenta a característica fundamental da identificação de particulares em expressões formadas pelos marcadores espaciotemporais. São eles que confirmam a qualidade da expressão lingüística como representação acerca do mundo, no qual os utilizadores de conceitos e formadores de juízos se encontram. Mas precisamente as expressões constituídas por conceitos gerais não deverão ser consideradas mais abrangentes, não fornecem mais amplo conhecimento acerca do mundo? Expressões marcadas por demonstrativos ou indexicais não são, afinal, apenas exemplos de expressões formadas por conceitos gerais? A resposta deverá ser que uma representação lingüística, em que o espaço e o tempo não desempenhem nenhum papel, só ilusoriamente fornece mais amplo conhecimento do que uma representação indexicalmente constituída. Acrescenta-se ainda que o sentido das primeiras depende, em última instância, de uma referência possível a qualquer instância particular de conceitos gerais. A compreensão de um conceito geral supõe o conhecimento prévio dos seus exemplos. Por isso, juízos ou descrições lingüísticas que não contenham, ainda que implicitamente, elementos indexicais, serão desprovidos de um ponto de vista que precede a generalidade sem ponto de vista. Autores como Strawson sublinham a natureza *a priori* dos juízos com conteúdo indexical, na qualidade de representações de instâncias particulares. São juízos de perspectiva ou de ponto de vista aqueles que também permitem qualquer reconhecimento ou identificação de particulares. Mais precisamente, são juízos que incluem a PERSPECTIVA DA PRIMEIRA PESSOA. O princípio de um juízo de perspectiva, cognitivamente relevante, é o da possibilidade da identificação/reconhecimento de um ou mais particulares. Tal princípio articula-se com outro princípio *a priori*, isto é, a distinção ontológica entre indivíduos espaciotemporais (sujeitos de predicação) e conceitos gerais (predicados).

Assim, sempre que haja necessidade de esclarecer um juízo ou proposição para um ouvinte, aquilo que o falante faz é referir os conceitos que utiliza a exemplos mais particulares. Strawson argumenta a favor da existência de particulares básicos, que são condições *a priori* para representações cognitivamente relevantes (com significado empírico). Grande parte da argumentação transcendental de Strawson tem como objetivo demonstrar a natureza *a priori* de tais particulares básicos, pelo que, em certo sentido, o problema da representação nos limites do juízo será esclarecido no âmbito de uma discussão acerca da existência de tais particulares básicos. De qualquer modo, a compreensão de uma representação simbólica de conceitos gerais, p. ex., do conjunto de símbolos em uma alegoria, supõe a possibilidade de representação de instâncias particulares menos sofisticadas de que dependem. O processo de discussão e esclarecimento entre falantes e ouvintes desenvolve-se por isso em grande medida nas formas de exemplificação dos conceitos gerais e na definição do que sejam particulares fundamentais. *Ver também* INDEXICAIS; PERSPECTIVA DA PRIMEIRA PESSOA; PENSAMENTO. **AM**

FREGE, G. *Nachgelassene Schriften*. Hamburgo: Felix Meiner, 1969.

KANT, I. "Kritik der reinen Vernunft". 2.ª ed. 1787, *in Kants Werke*. Berlim: Walter de Gruyter, 1968, vol. III. Trad. port. *Crítica da razão pura* [1787]. Trad. M. P. dos Santos *et al*. Lisboa: Gulbenkian, 1985. Trad. bras. "Crítica da razão pura", *in Kant*(I), 2.ª ed. Coleção Os Pensadores. Trad. Valério Rohden e Udo Moosburger. São Paulo: Abril Cultural, 1983.

STRAWSON, P. F. *Individuals: An Essay in Descriptive Metaphysics*. Londres: Methuen, 1959.

Richard, paradoxo de
Ver PARADOXO DE RICHARD.

rígido, designador
Ver DESIGNADOR RÍGIDO.

Russell, paradoxo de
Ver PARADOXO DE RUSSELL.

S4, sistema de lógica modal

Ver LÓGICA MODAL, SISTEMAS DE.

S5, sistema de lógica modal

Ver LÓGICA MODAL, SISTEMAS DE.

salva veritate

(lat., preservando a verdade) Ver ELIMINAÇÃO DA IDENTIDADE.

satisfatibilidade

Ver VERDADE DE TARSKI, TEORIA DA.

secundum quid

Ver A DICTO SECUNDUM QUID AD DICTO SIMPLICITER; A DICTO SIMPLICITER AD DICTUM SECUNDUM QUID.

semântica

1. Disciplina que tem por objetivo o estudo do SIGNIFICADO. 2. A semântica de uma língua, natural ou formal, é o conjunto de regras e princípios de acordo com os quais as expressões dessa língua são interpretadas. 3. A semântica de dada expressão é o seu SIGNIFICADO. Ver também GRAMÁTICA DE MONTAGUE; INTERPRETAÇÃO; PRAGMÁTICA; SEMÂNTICA FORMAL; SINTAXE. **PS/AHB**

semântica de mundos possíveis

Ver MUNDOS POSSÍVEIS; FÓRMULA DE BARCAN.

semântica lógica

Em geral, a semântica tem que ver com a interpretação de uma linguagem. Essa interpretação consiste em estabelecer: 1) o sentido das diversas expressões (simples ou compostas) de uma linguagem; e, sendo o caso, 2) a referência dessas mesmas expressões. Em especial, a semântica lógica tem que ver com a interpretação de linguagens formais. A forma como o problema do sentido e da referência se põe para essas linguagens é *sui generis*, como veremos em seguida.

Uma interpretação de uma LINGUAGEM FORMAL dá o "sentido" das expressões simples dessa linguagem apenas na medida em que esse sentido determina a verdade das fórmulas que contêm essas expressões. Para ilustrar essa idéia, vamos tomar como exemplo uma linguagem, L, de primeira ordem, cuja SINTAXE elementar é a seguinte:

A) Base primitiva de L: 1. Conectivos: ¬, →; 2. Quantificadores: ∀; 3. Letras esquemáticas de frases (letras de frases): p, q, r, s, etc. (eventualmente com subscritos numéricos: p_1, r_5, s_2, etc.); 4. Letras esquemáticas de predicado (letras de predicado): A, B, C, etc. (eventualmente com subscritos numéricos: A_1, B_5, F_2, etc.); 5. Letras esquemáticas de nomes (letras de nomes): a, b, c, etc. (eventualmente com subscritos numéricos: a_1, b_5, d_2, etc.); 6. Variáveis individuais: v, x, y, w, z, etc. (eventualmente com subscritos numéricos: x_1, w_5, z_2, etc.); 7. Sinais de pontuação (parênteses): (,); Termos: as letras esquemáticas de nomes e as variáveis individuais são termos.

B) Fórmulas de L (fbf de L): 1. Uma letra de frase isolada é uma fbf. 2. Uma letra de PREDICADO de grau n seguida de n termos é uma fbf, em particular, é uma fórmula atômica de L. 3. Se X e Y são fbf, então também o são ¬X, (X → Y), ∀α X. 4. Nada mais é uma fbf, a não ser que possa ser obtido por iteração de 1-3.

Em B3, X e Y são usados como metavariáveis que referem qualquer fbf de L; e α é uma metavariável que refere qualquer variável de L.

O que pretendemos agora é dar uma interpretação das expressões, lógicas e não-lógicas, de L tal que, por meio dessa interpretação, possamos definir o conceito de verdade em L para uma interpretação. Tendo esse conceito podemos, depois, definir os restantes conceitos da semântica lógica, tomando como primitivo o conceito de verdade (em L para uma interpretação).

Considerando a base primitiva de L, vemos que as expressões não-lógicas de L são: as letras de frase, as letras de predicado e os termos. Vamos agora dar, por definição, o tipo de interpretação que convém a uma delas para podermos definir o conceito de verdade em L para uma interpretação:

Def. 1: Interpretação de L. 1) Expressões não-lógicas. Uma interpretação, I, de L consiste na especificação de um domínio, D, da interpretação e nas seguintes atribuições: 1. A cada letra de frase é atribuído um e um só valor de verdade, verdadeiro (⊤) ou falso (⊥); 2. A cada letra de nome é atribuído um e um só membro de D; 3. A cada predicado de grau n é atribuído um conjunto (possivelmente vazio) de ênuplas ordenadas de indivíduos de D; 4. Às variáveis não é dada nenhuma interpretação para além daquela que estipula que elas tomam valores em D.

Esses são os tipos de interpretações adequados a cada um dos tipos de expressões não-lógicas de L.

A título de ilustração, vamos agora dar duas interpretações diferentes de L*. L* é uma linguagem formal em tudo igual a L, exceto pelo fato de L* ter apenas duas letras de frases, p e q; quatro letras de nomes, a, b, c e d; e duas letras de PREDICADOS F e G, o primeiro dos quais é de grau 1 e o segundo de grau 2. Uma vez interpretadas essas expressões, elas perdem o caráter de letras esquemáticas, sejam elas de frase, nome ou predicado, e tornam-se, via interpretação, frases, nomes ou predicados de uma linguagem (interpretada). Temos assim:

I1 – 1. D: {João, Maria, Sara, Paulo}; 2. p é ⊤ para I1 e q é ⊤ para I1; 3. I) a a é atribuída como referência Paulo; II) a b é atribuída como referência Sara; III) a c é atribuída como referência João; IV) a d é atribuída como referência Maria; 4. I) a F é atribuída como referência {Sara, Maria}; II) a G é atribuída como referência {<Sara, Maria>, <Sara, Paulo>, <Paulo, Paulo>}.

Uma outra interpretação para L* pode ser a seguinte:

I2 – 1. D: {1, 2, 3, 4}; 2. p é ⊥ para I2 e q é ⊥ para I2; 3. I) a a é atribuída como referência 2; II) a b é atribuída como referência 4; III) a c é atribuída como referência 3; IV) a d é atribuída como referência 1; 4. I) a F é atribuída como referência {2, 4}; II) a G é atribuída como referência {<2, 1>, <3, 2>, <4,3>}.

Tendo essas interpretações podemos imediatamente determinar a verdade ou falsidade de todas as frases atômicas de L* para qualquer uma das interpretações. A frase *Fa*, p. ex., é falsa para I1 e é verdadeira para I2. Na interpretação I1 ela atribui a Paulo o predicado F e Paulo não se encontra na referência desse predicado. Na interpretação I2 ela atribui ao número 2 o predicado F e o número 2 encontra-se na extensão desse predicado. Esse exemplo apenas é suficiente para mostrar também o caráter *sui generis* da semântica lógica. Com efeito, em ambos os casos, I1 e I2, sabemos como é que o predicado F contribui para determinar o valor de verdade das frases em que ocorre e, nessa acepção, determino o seu significado. Mas note-se, contudo, que em I1 F pode simbolizar, p. ex., "é mulher", "é bonita", "é magra" ou qualquer outro predicado comum a Sara e Maria e não satisfeito por João e Paulo; e em I2 F tanto pode significar, p. ex., "é par" como qualquer outro predicado comum a 2 e a 4 e não satisfeito por 1 e 3.

Mas o que dizer da verdade ou falsidade das frases que envolvam ¬, → ou ∀? Para respondermos a essa questão temos de completar a nossa def. 1. Considerando, de novo, a base primitiva de L vemos que os conectivos e os quantificadores são as únicas expressões lógicas de L. A interpretação dessas expressões é a seguinte:

Def. 1: Interpretação de L. 2) Expressões lógicas: 1. ¬X é ⊤ para uma I se, e somente se, X é ⊥ para essa I; 2. X → Y é ⊤ para uma I se, e somente se, X é ⊥ para essa I ou Y é ⊤ para essa I; 3. ∀αX é verdadeira para uma I se, e somente se, o resultado de substituir todas as ocorrências livres de α em X pelo nome de qualquer um dos indivíduos de D dá uma frase verdadeira para essa I.

Repare-se que a cláusula 3 da def. 1 supõe que podemos atribuir um nome a cada um dos indivíduos de D, visto que se não for assim pode haver indivíduos em D que não satisfaçam X e, mesmo assim, $\forall \alpha X$ resultar verdadeira, se todos os indivíduos para os quais temos nomes satisfizerem X. Ora dá-se o caso de isso nem sempre ser possível. No entanto, é possível ultrapassar essa dificuldade reformulando a cláusula 3 por meio da noção de SATISFATIBILIDADE. *Ver* VERDADE DE TARSKI, TEORIA DA.

Comparando a parte I e a parte II da def. 2 vemos que enquanto o contributo que as expressões não-lógicas dão para a verdade das frases nas quais ocorrem varia de interpretação para interpretação (*vide* I1 e I2, *supra*), o contributo das expressões lógicas é definido de uma vez por todas e mantém-se constante para todas as interpretações (*ver* CONSTANTE LÓGICA). É, por isso, corrente quando se dá uma interpretação de um linguagem formal para a qual já se definiu a interpretação das suas expressões lógicas, dizer simplesmente, uma vez dada a interpretação: "Os conectivos e os quantificadores recebem o seu sentido habitual."

Usando agora a interpretação (fixa) das expressões lógicas de L* (dada na parte II da def. 1) e as interpretações I1 e I2, vemos que, p. ex., as frases 1) $p \rightarrow \forall x\ Fx$ e 2) $\neg q \rightarrow \exists x\ \forall y\ Gxy$ têm valores de verdade diferentes conforme a interpretação que se tem em vista, I1 ou I2. Com efeito, 1 será $\bot$ para I1, mas será $\top$ para I2. Ao passo que 2 será $\top$ para I1, mas será $\bot$ para I2.

Deixemos a linguagem L* e passemos a considerar uma linguagem formal de primeira ordem, L. Isso nos obriga a generalizar os diversos aspectos que já vimos. Assim: a tarefa central da interpretação de uma linguagem formal é a construção do conceito de verdade para uma interpretação. No caso dessa linguagem formal ter, ao contrário de L*, um domínio com uma infinidade de indivíduos e apenas um número finito de letras de nomes, então a definição de verdade em L para uma interpretação passa obrigatoriamente pela noção de satisfatibilidade. Tendo o conceito de verdade em L para uma interpretação, podemos definir os conceitos restantes da semântica lógica como se segue:

Def. 2: Modelo. Uma interpretação I de L é um modelo de um conjunto, Γ, de fórmulas de L se, e somente se, todas as fórmulas de Γ resultam $\top$ para I.

Def. 3: Consistência. Um conjunto Γ de fbf de L é consistente se, e somente se, Γ tem um modelo.

Def. 4: Fórmula logicamente válida. Uma fórmula X de L é uma fórmula logicamente válida ($\vDash_L X$) se, e somente se, X é $\top$ para toda a I.

Def. 5: Conseqüência semântica. Uma fbf, X, de L é uma conseqüência semântica de um conjunto Γ de fbf de L (em símbolos: $\Gamma \vDash_L X$) se, e somente se, em todas as I que são modelos de Γ X é $\top$.

Definidos dessa forma os conceitos básicos da semântica lógica, a investigação semântica pode prosseguir, na metateoria, demonstrando, p. ex., a CONSISTÊNCIA e a COMPLETUDE semânticas da LÓGICA DE PRIMEIRA ORDEM. Em geral, ela prosseguirá no âmbito da teoria dos modelos (*ver* MODELOS, TEORIA DOS).

Vimos, nos seus traços gerais, aspectos da semântica lógica para as linguagens de primeira ordem. Essa caracterização pode (e deve) ser completada em três sentidos: 1) Analisando o conceito de satisfatibilidade; 2) Alargando a base primitiva das linguagens de primeira ordem de modo a incluir símbolos funcionais e, portanto, termos singulares sintaticamente complexos, e o predicado da IDENTIDADE; e 3) Considerando aspectos da semântica de lógicas que não são de primeira ordem, p. ex., lógicas de ordem superior a 1 e a LÓGICA MODAL. O impacto de um desenvolvimento desse terceiro aspecto sobre o que se disse é muito grande (*ver também* INCOMPLETUDE *e* SINTAXE LÓGICA). JS

sensação

Ver ATITUDE PROPOSICIONAL.

senso diviso/composito

(modalidade) Ver DE DICTO/DE RE.

sentido/referência

(*Sinn/Bedeutung*) Distinção introduzida por Frege (1848-1925) na análise da linguagem. Considere-se o par de frases "Alceu de Amoroso Lima é Alceu de Amoroso Lima" e "Alceu de Amoroso Lima é Tristão de Ataíde". A primeira é trivial, mas a segunda, informativa. No entanto, "Alceu de Amoroso Lima" refere a mesma pessoa que "Tristão de Ataíde". Logo, a diferença informativa detectada entre as duas frases não se pode explicar unicamente por meio da referência dos nomes "Tristão de Ataíde" e "Alceu de Amoroso Lima". A solução fregiana do problema consiste em defender que, apesar de ambos os nomes não diferirem quanto à referência, diferem quanto ao sentido. O sentido é o modo de apresentação de um objeto associado a um termo, nesse caso um nome. Não se devem confundir o sentido (na acepção de Frege) com o SIGNIFICADO. *Ver também* BEDEUTUNG. **DM**

separação, axioma da

Ver AXIOMA DA SEPARAÇÃO.

separadamente necessárias, condições

Certo número de condições são separadamente necessárias relativamente a algo quando cada uma delas representa uma condição necessária relativamente a esse algo. P. ex., estar em Portugal e estar na Europa são duas condições separadamente necessárias para estar em Lisboa: qualquer uma delas é, separadamente, uma condição necessária para estar em Lisboa. *Ver também* CONDIÇÃO NECESSÁRIA; CONJUNTAMENTE SUFICIENTES; CONDIÇÕES. **DM**

seqüência

Uma seqüência finita de comprimento n (onde n é um número natural) é uma FUNÇÃO cujo domínio é o conjunto dos números naturais menores que n. É costume apresentar tal seqüência por meio da notação $(s_k)_{k<n}$, onde s_k denota a k-ésima entrada da seqüência em questão.

Mais geralmente, dado um número ORDINAL λ, seqüência é uma função cujo domínio é o conjunto dos ordinais inferiores a λ. É costume apresentar uma seqüência λ por meio da notação $(s_\alpha)_{\alpha<\lambda}$. Essas seqüências, com λ um ordinal infinito, também são conhecidas por seqüências transfinitas. No caso particular em que λ é o menor ordinal infinito (isto é, quando λ é ω), cai-se na noção de SUCESSÃO. *Ver também* SUCESSÃO; ORDINAL; FUNÇÃO. **FF**

seqüente

Ver CÁLCULO DE SEQÜENTES.

ser

Ver EXISTÊNCIA.

Sheffer, conectivo de

Ver CONECTIVO DE SHEFFER.

significado

Saber qual o significado de uma frase declarativa é saber quais são suas CONDIÇÕES DE VERDADE, ou seja, saber como o mundo deverá ser para que a frase seja verdadeira, pelo que o significado das expressões subfrásicas consiste na contribuição destas para a definição das condições de verdade da frase que integram.

Essa concepção do significado tem sua raiz na semântica de condições de verdade. Essa última foi explorada por Richard Montague (*ver* GRAMÁTICA DE MONTAGUE) no sentido de dotar as línguas naturais de uma semântica formal. Tal é conseguido por meio da atribuição de significados formais a cada item lexical, construídos no quadro da teoria dos conjuntos (*ver* POSTULADO DE SENTIDO), e por meio da definição de regras que estabelecem a combinação dessas entidades em função da forma como as expressões a que correspondem se encontram sintaticamente combinadas (*ver* COMPOSICIONALIDADE).

Apesar de essa concepção do significado ter se tornado predominante no quadro dos estudos acerca da semântica das línguas naturais, é possível encontrar concepções alternativas, das quais se destaca a defendida por Jerry Fodor. Seguindo esse autor, e forçando uma síntese das suas teses, o significado de uma expressão consiste na expressão da LINGUAGEM DO PENSAMENTO que lhe corresponde.

Para além do desafio apresentado por perspectivas alternativas, a concepção vericondicional do significado enfrenta os desafios apresentados pelas suas fragilidades no tratamento de alguns aspectos centrais da semântica das línguas naturais. Essas fragilidades notam-se, entre outros aspectos, no que diz respeito a uma análise satisfatória da distinção EXTENSÃO/INTENSÃO (*ver* ATITUDE PROPOSICIONAL; DENOTAÇÃO; OPACIDADE REFERENCIAL; SENTIDO/REFERÊNCIA), à elaboração de um modelo empiricamente adequado para o processo de compreensão do significado de enunciados por parte de falantes humanos, com capacidades mentais finitas (*ver* SEMÂNTICA DE MUNDOS POSSÍVEIS), assim como à elaboração de um modelo do processo dinâmico de interação discursiva entre múltiplos falantes. *Ver também* CONOTAÇÃO; INDETERMINAÇÃO DA TRADUÇÃO; INTERPRETAÇÃO RADICAL; REFERÊNCIA; REFERÊNCIA, TEORIAS DA; VERDADE DE TARSKI, TEORIA DA. **AHB**

CHIERCHIA, G. e MCCONNELL-GINET, S. *Meaning and Grammar*. Cambridge: MIT Press, 1990.
KAMP, H. *From Discourse to Logic*. Dordrecht: Kluwer, 1993.
LYONS, J. *Semantics*. Cambridge: Cambridge University Press, 1977.

silogismo

O silogismo é uma forma tradicional de inferência em que a conclusão é estabelecida a partir de um par de premissas. Duas proposições em forma predicativa contêm quatro termos, dois sujeitos e dois predicados. O problema de Aristóteles na inferência silogística consiste em determinar a conclusão que se segue do par de premissas quando elas têm um termo em comum – e assim um total de três termos – e tal que a conclusão não contenha o termo comum. Diz-se por isso que o silogismo é a forma de inferência que procede pela eliminação do termo comum. O termo comum às duas premissas chama-se termo médio (representável por M); o predicado da conclusão, termo maior (T>); e o sujeito da conclusão, termo menor (T<). A premissa maior (respectivamente menor) é aquela em que ocorre o termo maior (respectivamente menor).

O silogismo é representado convencionalmente sob a forma:

Premissa maior
Premissa menor
∴ Conclusão

O seguinte exemplo freqüentemente é citado como ilustração de raciocínio silogístico:

Todo homem é mortal   (Premissa maior)
Ora, todo grego é homem   (Premissa menor)
Logo, todo grego é mortal (Conclusão)

Se o termo maior e o termo menor de um silogismo são conhecidos, ficam determinados o sujeito e o predicado da conclusão. Mas fica em aberto qual dos dois termos, M e T<, é sujeito (respectivamente predicado) da premissa menor (e o mesmo se diz de M e de T>). Mas os dois pares de termos, M e T> e M e T<, só podem ser combinados sem repetições de quatro maneiras diferentes. Cada uma delas é conhecida pelo nome de figura do silogismo. Usando agora * para a cópula da proposição predicativa e a notação indicada anteriormente, as quatro figuras têm o seguinte aspecto:

Figura I	Figura II
M * T>	T> * M
T< * M	T< * M
∴ T< * T>	∴ T< * T>

Figura III	Figura IV
M * T>	T> * M
M * T<	M * T<
∴ T< * T>	∴ T< * T>

silogismo

Quando um silogismo é atribuído a uma figura, fica determinado qual dos dois termos em cada proposição é o sujeito e qual é o predicado. Mas a qualidade e a quantidade de cada uma das três proposições não fica determinada com essa atribuição. Para cada uma das três proposições há quatro possibilidades, A, E, I e O, de modo que para cada figura existe um total de $4 \times 4 \times 4$ possibilidades. Cada uma delas é conhecida pelo nome de modo do silogismo, e assim cada figura tem 64 modos. Nesses termos é possível calcular o número total de combinações que são silogismos como sendo o produto do número de modos pelo número de figuras, e assim esse número é 64×4.

A inferência silogística é controlada por um conjunto de regras, algumas das quais regulam o uso dos termos e outras o das proposições. Assim, o número de termos admissível é 3, o termo médio tem de ter pelo menos uma ocorrência universal, e nenhum termo pode ter uma ocorrência universal na conclusão sem a ter tido em pelo menos uma das premissas. O número total de proposições também é 3, de duas premissas negativas não se segue nenhuma conclusão, e se pelo menos uma premissa é negativa a conclusão tem de ser negativa. Resta mencionar, ainda no que diz respeito às premissas, que de duas premissas particulares não se segue nenhuma conclusão e que, se pelo menos uma premissa é particular, a conclusão tem de ser particular.

Se os $64 \times 4 = 256$ silogismos são avaliados a partir desse conjunto de regras, 232 não as satisfazem. Restam assim apenas 24 combinações que são silogismos válidos. Desses 24, ainda se podem eliminar 5 por estabelecerem uma conclusão mais fraca do que outra conclusão derivada a partir das mesmas premissas. Um exemplo típico: de duas premissas universais afirmativas segue-se uma conclusão universal afirmativa e também uma conclusão particular afirmativa. Essa última é redundante em relação à primeira, visto ser implicada por ela. Nesse sentido o número total de silogismos válidos e não-redundantes é 19, cuja distribuição pelas figuras é a seguinte:

Figura I	Figura II	Figura III	Figura IV
A, A ⊢ A	E, A ⊢ E	A, A ⊢ I	A, A ⊢ I
E, A ⊢ E	A, E ⊢ E	I, A ⊢ I	A, E ⊢ E
A, I ⊢ I	E, I ⊢ O	A, I ⊢ I	I, A ⊢ I
E, I ⊢ O	A, O ⊢ O	E, A ⊢ O	E, A ⊢ O
		O, A ⊢ O	E, I ⊢ O
		E, I ⊢ O	

Os silogismos válidos redundantes são os seguintes: A, A ⊢ I e E, A ⊢ O (Figura I), E, A ⊢ O e A, E ⊢ O (Figura II) e A, E ⊢ O (Figura IV).

Só a figura I é capaz de proporcionar conclusões em qualquer dos quatro tipos clássicos da proposição predicativa A, E, I e O. Essa desvantagem aparente das figuras II, III e IV pode, no entanto, ser relativizada se usarmos os fatos conhecidos acerca da comutatividade da conjunção e da implicação da proposição subalterna no QUADRADO DE OPOSIÇÃO. É então possível ver que cada silogismo válido das figuras II, III e IV é implicado por um silogismo da figura I. Nesses termos é possível fazer uma dedução das figuras II, III e IV a partir da figura I. O resultado dessa dedução é o seguinte:

Figura I	Figura II	Figura III	Figura IV
(1) A, A ⊢ A	I (2)	I (1)	I (1)
(2) E, A ⊢ E	I (2)	I (3)	I (2)
(3) A, I ⊢ I	I (4)	I (3)	I (3)
(4) E, I ⊢ O	I (2)	I (2)	I (2)
		I (2)	I (4)
		I (4)	

Na doutrina tradicional, em vez da dedução a partir da figura I de um silogismo das outras figuras, existe o conceito de redução à figura I com o seguinte conteúdo: a redução de um silogismo das figuras II e seguintes consiste na transformação do silogismo em um que lhe seja equivalente na figura I, no sentido em que a mesma conclusão pode ser deduzida a partir das mesmas premissas. Em geral os processos de transformação usados são os da conversão e da permutação de premissas. Cada modo tem sua forma de redução, que pode ser cifrada a partir de um código latino dado. Em cada nome nesse código as vogais A,

E, I e O referem o modo do silogismo, a consoante inicial o modo na figura I ao qual o silogismo é redutível, e as consoantes restantes denotam os processos necessários à redução. Daqui resulta a seguinte tabela: *c* – *reductio ad impossibile*; *m* – permutação de premissas; *p* – conversão *per accidens*; *s* – conversão simples. O código total é o seguinte:

Figura I	Figura II	Figura III	Figura IV
Barbara	Cesare	Darapti	Bramantip
Celarent	Camestres	Disamis	Calemes
Darii	Festino	Datisi	Dimatis
Ferio	Baroco	Felapton	Fesapo
Bocardo	Fresison		
Ferison			

Característica da doutrina tradicional do silogismo é a interpretação de uma proposição predicativa universal como só sendo válida se o termo na posição de sujeito não tem extensão nula, uma exigência feita para conservar a implicação da proposição particular pela proposição universal. Se essa exigência não for cumprida e se admitem termos na posição de sujeito com extensão nula, então os 19 silogismos reduzir-se-ão a 15, uma vez que nestes assim deixaremos de considerar válidos os silogismos A, A ⊢ I das figuras III e IV e os silogismos E, A ⊢ O das figuras III e IV. É esclarecedor ler os verbetes QUADRADO DE OPOSIÇÃO e IMPLICAÇÃO EXISTENCIAL. **MSL**

HILBERT, D. e ACKERMANN, W. *Grundzüge der theoretischen Logik, 2. Verbesserte Auflage* [1928]. 2.ª ed. rev. Berlim: Julius Springer, 1938. Trad. ingl. *Principles of Mathematical Logic*. Trad. L. M. Hammond *et al*. Nova York: Chelsea, 1950.
LEMMON, E. J. *Beginning Logic*. Nairóbi: Thomas Nelson and Sons, 1965.
MARITAIN, J. *Lógica menor*. 13.ª ed. Trad. Ilza das Neves. Rio de Janeiro: Agir, 2001.
QUINE, W. V. O. *Methods of Logic*. Londres: Routledge, 1962.
TELLES JÚNIOR, G. *Tratado da conseqüência*. 2.ª ed. São Paulo: José Bushatski, 1962. (Este livro chama-se *Curso de lógica formal*, em edições mais recentes.)

silogismo disjuntivo

A inferência da lógica proposicional clássica que consiste em deduzir uma frase q (respectivamente, p) como conclusão a partir das premissas $p \vee q$ e $\neg p$ (respectivamente, $\neg q$). Por outras palavras, os seqüentes válidos $p \vee q, \neg p \vdash q$ e $p \vee q, \neg q \vdash p$.

silogismo hipotético

A inferência da lógica proposicional clássica que consiste em deduzir uma frase condicional da forma $p \to r$ das frases condicionais $p \to q$ e $q \to r$ dadas como premissas. Por outras palavras, o seqüente válido $p \to q, q \to r \vdash p \to r$.

silogismo prático

Ver AGÊNCIA.

símbolo de asserção

Uma das doutrinas lógico-semânticas caracteristicamente defendidas por Gottlob Frege é a de que uma linguagem logicamente perfeita deveria conter um símbolo especial para assinalar o ato lingüístico de asserção; ou seja, tal linguagem deveria estar dotada de um dispositivo que indique quando uma proposição está sendo afirmada ou asserida (em contraste com ela estar sendo simplesmente considerada, ou conjecturada, ou introduzida como hipótese, ou dada como exemplo).

Frege usou o símbolo ⊢ para o efeito. Ilustrando, o esquema de inferência por *MODUS PONENS* seria especificado da seguinte maneira, com a indicação explícita de que premissas e conclusão estão sendo empregadas com força assertórica: $\vdash p \to q, \vdash p \therefore \vdash q$. Em contraste com isso, numa demonstração por *REDUCTIO AD ABSURDUM*, nem a proposição assumida para fins de *reductio*, p, nem obviamente a proposição contraditória dela deduzida, $q \wedge \neg q$, teriam o símbolo de asserção prefixado, embora tal ocorresse com a conclusão estabelecida nessa base, $\vdash \neg p$.

Nas línguas naturais, o modo indicativo do verbo principal é o meio convencionalmente utilizado para indicar que a elocução (ou uma inscrição) de uma frase constitui uma asserção. Mas, como Frege mostrou, o meio é falível e há uma pluralidade de casos em que é manifestamente insuficiente; daí a necessidade (para lá dos meios disponíveis nas línguas naturais) de um dispositivo para assinalar força assertórica. Eis alguns dos casos discutidos por Frege. Primeiro, há uma família de situações em que frases indicativas são empregadas no âmbito de contextos ou atividades especiais (peças de teatro, filmes, histórias, etc.). Se, em um palco e no contexto de uma peça de teatro, um ator diz "O teto está caindo", é óbvio que sua elocução não é uma asserção: ele não está de forma alguma afirmando que o teto está caindo (caso contrário, entre outras coisas, o público movimentar-se-ia de forma apropriada). Em segundo lugar, há o fenômeno da mentira, a elocução por uma pessoa de uma frase indicativa, que ela sabe que exprime uma falsidade, com a intenção de induzir na audiência uma crença falsa; se eu sei que Porto não é a capital de Portugal e digo a alguém "Porto é a capital de Portugal" com aquele gênero de intenção, então é óbvio que não estou afirmando que Porto é a capital de Portugal. Em terceiro lugar, há a ocorrência de frases no modo indicativo como segmentos próprios de frases complexas; sucede muitas vezes que, apesar de essas últimas estarem sendo usadas com força assertórica, tal não é de forma alguma o caso das frases constituintes. Alguém que diga "Sempre que neva, faz frio" (com força assertórica) não está seguramente afirmando (por meio disso) que neva ou que faz frio. Por último, frases cujo verbo principal está no modo indicativo podem ser usadas para executar outros atos de fala, para além do ato de asserção; p. ex., a frase "A janela está fechada" pode ser empregada para dar uma ordem, para mandar alguém abrir a janela. (Para além disso, frases não indicativas podem ser utilizadas para fazer asserções: certas elocuções de frases no modo interrogativo são assertóricas.) **JB**

símbolo do absurdo

Uma CONSTANTE LÓGICA, habitualmente o símbolo $\bot$ (ou, por vezes, o símbolo $\land$), introduzida como primitiva no léxico de algumas linguagens para a LÓGICA DE PRIMEIRA ORDEM. Sintaticamente, o símbolo do absurdo é uma letra proposicional (ou, se preferirmos, um operador frásico de aridade zero), e logo constitui em si mesmo uma fórmula bem-formada atômica da linguagem da lógica de primeira ordem; pode desse modo ser combinado com outras fórmulas bem formadas por meio dos habituais conectores, dando origem a fórmulas complexas como $((P \lor \bot) \to Q)$. Semanticamente, e isso o torna em uma constante lógica, o símbolo do absurdo é dotado de um valor semântico constante ao longo de interpretações; em particular, é-lhe invariavelmente atribuído o valor de verdade *falsidade* em cada interpretação. Assim, p. ex., dada a usual semântica para o operador de negação, a fórmula $\neg \bot$ é uma validade da lógica de primeira ordem (isto é, uma fórmula verdadeira em todas as interpretações). Em uma linguagem que contenha o símbolo do absurdo e o condicional material, a negação torna-se dispensável; com efeito, qualquer fórmula da forma $\neg p$ (em que p é uma fórmula) seria aí contextualmente definível em termos de $p \to \bot$. Por vezes, o símbolo do absurdo é designado como "constante da falsidade" ou *falsum*. **JB**

símbolo do verdadeiro

Símbolo dual do símbolo do ABSURDO. Trata-se de uma CONSTANTE LÓGICA, habitualmente representada pela letra $\top$, introduzida como primitiva no léxico de algumas linguagens para a lógica de primeira ordem. Sintaticamente, o símbolo do verdadeiro é uma letra proposicional (ou, se preferirmos, um operador frásico de aridade zero), e logo constitui por si próprio uma fórmula bem formada atômica da linguagem da LÓGICA DE PRIMEIRA ORDEM; pode desse modo ser combinado com outras fórmulas bem formadas por meio dos habituais conectores, dando origem a fórmulas complexas como $((P \to \top) \to Q)$. Semanticamente, e isso o torna uma constante lógica, o símbolo do verdadeiro é dotado de um valor semântico constante ao longo de interpretações; em particular, é-lhe invariavelmente atribuído o valor *verdade* em cada interpretação. Assim, p. ex., dada a usual semântica para a condicional material, uma fórmula da forma $p \to \top$ é uma validade da lógica de primeira ordem (isto é, uma fórmula verdadeira em todas as interpretações). O símbolo do verdadeiro também é designado como "constante da verdade" ou simplesmente *verum*. JB

simetria

R é uma RELAÇÃO simétrica se, e somente se, $\forall x \, \forall y \, (Rxy \to Ryx)$. Ou seja, uma relação entre duas coisas é simétrica quando ambas estão nessa relação entre si. P. ex., a relação "ser irmão de" é simétrica: se João é irmão de Pedro, então Pedro é irmão de João. Mas a relação "ser filho de" não é simétrica, dado que Bruto é filho de César, mas César não é filho de Bruto.

R é assimétrica se, e somente se, $\forall x \, \forall y \, (Rxy \to \neg Ryx)$. Ou seja, uma relação entre duas coisas é assimétrica quando o fato de a primeira estar nessa relação com a segunda implica que a segunda não está nessa relação com a primeira. P. ex., a relação "ser filho de" é assimétrica: se Bruto é filho de César, então César não é filho de Bruto.

R é não-simétrica se, e somente se, $\neg \forall x \, \forall y \, (Rxy \to Ryx) \land \neg \forall x \, \forall y \, (Rxy \to \neg Ryx)$, isto é, se não é simétrica nem assimétrica. Ou seja, uma relação é não simétrica quando algumas coisas não satisfazem a simetria e outras a satisfazem. Isso significa que se x está em uma relação não-simétrica com y não podemos inferir nem que y está nessa relação com x nem que não está: ficamos nesse limbo de incertezas que os amantes de todos os tempos têm de enfrentar, pois a relação de amor é, infelizmente, não-simétrica.

R é anti-simétrica se, e somente se, $\forall x \, \forall y \, ((Rxy \land Ryx) \to x = y)$. Ou seja, uma relação é anti-simétrica quando só a mesma coisa pode estar nessa relação consigo mesma. P. ex., no domínio dos números, a relação "não ser maior que" é anti-simétrica: se x não é maior que y e se y não é maior que x, então x e y são o mesmo número.

Todas as relações assimétricas são anti-simétricas; mas nem todas as relações anti-simétricas são assimétricas. Nenhuma relação assimétrica é não-simétrica. A não-simetria é logicamente independente da anti-simetria. *Ver também* TRANSITIVIDADE, REFLEXIVIDADE. DM

simplificação, lei da

O mesmo que ELIMINAÇÃO DA CONJUNÇÃO.

sincategoremático

Uma expressão lingüística diz-se sincategoremática quando não é possível atribuir-lhe um significado independente, ou seja, em abstração de uma sua possível combinação com outras palavras ou expressões; caso contrário, a expressão diz-se categoremática. Exemplos típicos de expressões sincategoremáticas são as chamadas CONSTANTES LÓGICAS: os conectores frásicos, p. ex., "se", "não", "e" e "mas"; os quantificadores, p. ex., "a maioria dos", "bastantes", "muitos", e "alguns"; o predicado de identidade ("é o mesmo que"); o operador descritivo, "o"/"a"; etc. Predicados conhecidos, como "vermelho", "mamífero" e "voa", termos singulares, como "Teeteto", "O atual Rei da França" e "O meu lápis", e frases, como "A neve é branca" e "A grama é verde", são exemplos de expressões categoremáticas. A propriedade saliente de uma expressão sincategoremática é a de poder ser combinada com uma ou mais expressões categoremáticas para dar origem a uma expressão categoremática (especialmente uma frase). Assim, a partícula "e", combinada com as duas frases *supra*, dá origem à frase "A neve é branca e a grama é verde"; e o quantificador "alguns", adequadamente combinado com os predicados "é um mamífero" e "voa", dá origem à frase "Alguns mamíferos voam". *Ver também* CONSTANTE LÓGICA; DEFINIÇÃO CONTEXTUAL; CONECTIVO. JB

singular, conjunto

Ver CONJUNTO SINGULAR.

singular, proposição

Ver PROPOSIÇÃO GERAL/SINGULAR.

Sinn

Ver SENTIDO/REFERÊNCIA.

sinonímia

Duas expressões são sinônimas quando se encontram associadas ao mesmo SIGNIFICADO. Sinonímia é, por conseguinte, o tipo de relação entre forma e significado recíproca da relação de AMBIGÜIDADE.

Os seguintes exemplos ilustram diferentes pares de expressões sinônimas: 1*a*) Este/Leste; 1*b*) O Pedro ama a Maria / A Maria é amada pelo Pedro; 1*c*) Homem / *Man*; 1*d*) Tudo é imortal / $\forall x$ imortal(x).

Em contextos não-opacos (*ver* ATITUDE PROPOSICIONAL; OPACIDADE REFERENCIAL), a intuição acerca da sinonímia de duas expressões E e E′ de uma mesma língua pode ser verificada com o auxílio da verificação da intuição acerca da sinonímia de expressões mais complexas C e C′ que as contêm, em que C′ resulta de C pela substituição da ocorrência de E por E′ em C. P. ex., fazendo E igual a "Este", E′ igual a "Leste", C igual a 2a e C′ igual a 2b, pode-se testar empiricamente a intuição acerca da sinonímia entre as palavras "Este" e "Leste", verificando se ocorre a intuição acerca da sinonímia entre as frases 2*a*) "Vasco da Gama navegou para Este a partir de Moçambique" e 2*b*) "Vasco da Gama navegou para Leste a partir de Moçambique".

Para expressões frásicas F1 e F2, a intuição semântica acerca da sinonímia entre as duas pode também ser verificada com o auxílio da intuição semântica acerca das relações condicionais entre elas, de acordo com o seguinte esquema: "F1" e "F2" são sinônimas se, e somente se, se F1, então F2, e se F2, então F1. *Ver também* SIGNIFICADO; AMBIGÜIDADE. **AHB**

sintaxe

1. Disciplina da lingüística que tem por objeto de estudo a estrutura da unidade sintática máxima, a FRASE, como resultado de relações de concatenação que se estabelecem entre as unidades sintáticas mínimas e intermédias, palavras e sintagmas, independentemente do SIGNIFICADO dessas últimas, isto é, apenas em virtude da sua forma. 2. A sintaxe de uma língua, natural ou formal, é o conjunto de regras e princípios de acordo com os quais as unidades sintáticas dessa língua se encontram concatenadas. 3. A sintaxe de dada expressão é a estrutura dessa expressão como resultado de relações de concatenação que se estabelecem entre as suas subexpressões apenas em virtude da forma dessas últimas. *Ver também* GRAMÁTICA GENERATIVA; PRODUTIVIDADE; FÓRMULA. **AHB**

MATEUS, M. H., BRITO, A., DUARTE, I. e FARIA, I. *Gramática da língua portuguesa*. 2.ª ed. Lisboa: Caminho, 1994.
QUIRK, R., GREENBAUM, S., LEECH, G. e SVARTVIK, J. *A Grammar of Contemporary English*. Londres: Longman, 1972.

sintaxe lógica

É o estudo da parte puramente formal de uma LINGUAGEM FORMAL, ou de um SISTEMA FORMAL, abstraindo da interpretação dos seus símbolos e fórmulas. Deve distinguir-se entre sintaxe elementar e sintaxe teórica. Um uso mais restritivo das expressão a torna sinônimo de REGRAS DE FORMAÇÃO (ver adiante).

A Noção de "Puramente Formal" – Uma linguagem formal é uma entidade abstrata composta de expressões (entre as quais estão as fórmulas, ou frases, dessa linguagem), que são elas próprias entidades abstratas. Os elementos últimos de que são compostas as expressões são os símbolos, que são também entidades abstratas. Para podermos ter desses símbolos uma representação visual torna-se necessário estabelecer uma relação TIPO-ESPÉCIME entre, respectivamente, essa entidade abstrata (tipo) que o símbolo é, e certa marca escrita (espécime ou exem-

sintaxe lógica

plar) que possui, a cada vez que ocorre, uma forma visualizável que a distingue de outras marcas escritas. P. ex., as marcas ¬ e → são dois exemplares de dois símbolos (tipo) diferentes; e as marcas →, → e → são três exemplares do mesmo símbolo (tipo).

Quando dizemos que a sintaxe trata da parte puramente formal de uma linguagem (ou de um sistema) formal estamos lhe atribuindo quatro tarefas de importância e dificuldade desiguais: *a*) Estabelecer quais são os diferentes símbolos dessa linguagem formal. Ela realiza esta tarefa determinando um conjunto de marcas escritas que serão, nas suas diversas ocorrências, os exemplares desses símbolos. Seremos assim capazes de reconhecer "à vista", p. ex., a diferença entre ¬ e → e de associar à primeira, a cada vez que ocorre, regras sintáticas diferentes das que associamos à segunda; *b*) Determinar o modo como se podem combinar os símbolos em expressões bem-formadas (e, em particular, em fórmulas) dessa linguagem. As expressões bem-formadas serão assim determinadas como certas seqüências de símbolos. Nem todas as combinações de símbolos em seqüências de símbolos serão consideradas expressões bem-formadas. A estipulação de quais dessas seqüências terão o estatuto de expressões bem-formadas deverá ser levada a cabo por meio de regras. Essas regras são elaboradas de modo a permitir determinar as seqüências que são expressões bem-formadas apenas a partir das formas dos (exemplares dos) símbolos e da ordem em que eles ocorrem em tais seqüências; *c*) Determinar o modo como podemos transformar certas seqüências de símbolos (expressões ou fórmulas) em outras. Essas transformações devem ser explicitamente autorizadas por regras. Uma vez mais, as regras devem referir apenas as expressões pelas formas dos exemplares dos símbolos que nelas ocorrem e pela ordem em que ocorrem nas expressões; e *d*) Estabelecer e demonstrar quais as propriedades lógicas que a linguagem (ou sistema) formal construída (ou construído) de acordo com *a-d* tem (ou deve poder ter) apenas por virtude da estrutura formal que as regras estipuladas em *b* e *c* lhe conferiram.

As tarefas descritas em *a* e *b* correspondem à acepção mais estrita de sintaxe elementar. As tarefas descritas em *a*, *b* e *c* correspondem à acepção mais lata de sintaxe elementar. A tarefa descrita em *d* corresponde à sintaxe teórica. No ponto seguinte ilustrar-se-á, nas suas duas acepções, uma sintaxe elementar. No último ponto, estabelecer-se-ão mais algumas considerações sobre a sintaxe elementar e elaborar-se-á um pouco mais a tarefa da sintaxe teórica.

Um exemplo: vamos agora construir uma linguagem e um sistema formais que designaremos, respectivamente, por LF1 e SF1. Essa construção será feita em rigorosa conformidade com o modo pelo qual foram formuladas as tarefas *a*, *b* e *c* do ponto anterior, omitindo-se, assim, qualquer referência ao "sentido" dos símbolos, mais exatamente à sua interpretação.

A sintaxe elementar de LF1 e SF1 será descrita na metalinguagem. Usaremos na metalinguagem uma porção do português suficiente para a descrição que se tem em vista, a ser suplementada por certos símbolos – *p*, *q*, *r*, etc. – que serão explicados à medida que forem sendo introduzidos. Os símbolos da linguagem-objeto serão referidos ou por meio de metavariáveis – de novo, *p*, *q*, *r*, etc.; ou por meio do recurso às aspas – p. ex., "→" é o nome do símbolo → (*ver* VARIÁVEL; USO/MENÇÃO).

Executando a tarefa *a* temos:

A) Definição 1: dos símbolos que pertencem a LF1: A1: símbolos completos. Entende-se por "símbolo completo" aquele que, ocorrendo isoladamente, é suscetível de constituir uma fórmula de LF1. E dá-se dos símbolos completos a seguinte definição indutiva:

Def. 1.1: I) A é um símbolo completo de LF1; II) se *p* é um símbolo completo de LF1, então *p′* é um símbolo completo de LF1; III) nada mais é um símbolo completo de LF1, a não ser que possa ser obtido por I) e II).

Explicação: O uso que se faz da letra *p* nessa definição é como uma metavariável que refere qualquer símbolo completo de LF1, e só esses.

Ilustração 1: de acordo com a definição A, A″, e A″″″, são símbolos completos de LF1.

Convenção informal: para facilitar a escrita desta linguagem A′ pode ser substituído por B, A″ pode ser substituído por C, e assim sucessivamente para as letras restantes do alfabeto, se estiverem disponíveis.

Ilustração 2: de acordo com a definição e com a convenção informal A, B, C, H, são símbolos completos de LF1. Em particular, H substitui-se a A″″″″.

Observação: o passo indutivo, II, da definição 1 assegura-nos que LF1 tem a virtualidade de possuir uma infinidade de símbolos completos.

A2: Símbolos incompletos: Entende-se por símbolo incompleto aquele que, ocorrendo isoladamente, não é suscetível de constituir uma fórmula de LF1. E dá-se dos símbolos incompletos uma definição por lista (*ver* DEFINIÇÃO):

Def. 1.2: Os símbolos incompletos de LF1 são os que se mencionam a seguir: ¬, →, (,).

Conjuntamente, as defs. 1.1 e 1.2 constituem a definição dos símbolos de LF1, a nossa definição 1.

Agora, executando a tarefa *b* temos:

B) Definição 2: das expressões bem-formadas (ebf) e das fórmulas bem-formadas de LF1. B.1. Uma seqüência de símbolos é uma ebf de LF1 se, e somente se, essa expressão é uma fbf de LF1. Por outras palavras: não existe uma expressão bem-formada em LF1 que não seja uma fórmula. B.2. As fbf de LF1: Dá-se das fbf de LF1 a seguinte definição indutiva:

Def. 2: I) Um símbolo completo de LF1 é uma fbf; II) Se p é uma fbf, então $\neg p$ é uma fbf; III) Se p e q são fbf, então $(p \to q)$ é uma fbf. IV) nada mais é uma fbf, a não ser que possa ser obtido por I) a III).

Explicação: p e q são metavariáveis que referem qualquer fbf de LF1.

Ilustração: A é uma fbf, por I; (A → B) é uma fbf, por I e III; (¬A → B) é uma fbf por I para A e B, por II para ¬A e por III para (¬A → B). A → B → C não é uma fbf, visto que não se consegue gerar essa seqüência de símbolos a partir da definição.

Observação: os passos indutivos II e III da definição asseguram-nos que LF1 tem a virtualidade de possuir uma infinidade de fórmulas compostas (de mais de um símbolo).

As definições 1 e 2 são suficientes para definirem sintaticamente, do ponto de vista elementar, uma linguagem formal, LF1. Elas dão-nos respectivamente o conjunto de símbolos primitivos de LF1 e o conjunto de fórmulas (ou frases) de LF1. Suponhamos agora que quiséssemos acrescentar aos símbolos primitivos de LF1 outros símbolos, p. ex., ∧ e ∨. Poderíamos fazê-lo por meio das seguintes definições: Def. 3: ∧. $(p \land q) \equiv_{df} \neg (p \to \neg q)$; Def. 4: ∨. $(p \lor q) \equiv_{df} (\neg p \to q)$ (O símbolo $\equiv_{df}$ lê-se: "é equivalente por definição a").

As definições 3 e 4 permitem um enriquecimento da nossa lista de símbolos incompletos e das nossas fbf de LF1. Podemos substituir sempre que quisermos as fbf que possam ser referidas pelas fórmulas de um dos lados dessas definições por fbf que possam ser referidas pelas fórmulas do outro lado das mesmas definições. Podemos, p. ex., substituir (¬A ∨ ¬B) por (¬¬A → ¬B) pela definição 4; e podemos substituir ¬¬(¬A → ¬B) por ¬(¬A ∧ B) pela definição 3.

Um outro modo de determinar o papel de cada símbolo na definição de fbf pode ser realizado com a introdução da noção de categoria sintática. Um símbolo pertence a tal ou tal categoria sintática de acordo com o modo como contribui para a formação das expressões, no nosso caso das fbf, de dada linguagem. Categoria sintática é, pois, um conjunto de símbolos que contribuem da mesma maneira para a construção das expressões (ou fbf) de dada linguagem. No nosso caso, os símbolos primitivos e definidos de LF1 distribuem-se pelas seguintes três categorias: C1) Frase: os símbolos completos; C2) Functores: *a*) Operadores: ¬; *b*) Conectivos: →, ∧, ∨; C3) Sinais de pontuação: (,).

sintaxe lógica

A categoria C2 tem duas subcategorias, que correspondem ao comportamento diferente de ¬, por um lado, e de →, ∧ e ∨, por outro, na construção de fbf.

Mencionando essas categorias ou subcategorias poderíamos agora descrever como cada uma delas contribui para a construção de uma fbf. P. ex., o resultado de prefixar um operador a uma fbf é sempre uma fbf; ou, o resultado de escrever duas fbf, respectivamente, à esquerda e à direita de um conectivo, colocando-se entre parênteses a expressão que assim se obtém, é sempre uma fbf. Uma característica conspícua dos membros de uma mesma categoria ou subcategoria, com ressalva óbvia para a dos sinais de pontuação, é aquela segundo a qual sua intersubstituição em uma fbf (ou em uma ebf) é sempre uma fbf (ou uma ebf). P. ex., a substituição de → por ∧ em (¬A → C) é (¬A ∧ C), que é também uma fbf. Linguagens mais ricas do que LF1 do ponto de vista expressivo terão, além dessas, outras categorias de símbolos; p. ex., nomes, símbolos para relações n-ádicas, símbolos funcionais, etc. (*ver também* NOTAÇÃO).

Passemos agora para a acepção mais ampla de sintaxe elementar. Para esse fim, temos de associar às definições 1 e 2 um conjunto de axiomas e (ou) regras de transformação (ou de inferência) que nos dizem como gerar certas fórmulas a partir de outras dadas. Uma vez conjugados os axiomas e (ou) regras de transformação com as regras de formação (definições 1 e, sobretudo, 2) aquilo que obtemos já não é uma sintaxe de uma LINGUAGEM FORMAL em sentido estrito, mas uma sintaxe de um SISTEMA FORMAL (também chamado sistema logístico ou cálculo). Dito de outra forma: um sistema formal é uma linguagem formal à qual se associou um conjunto de axiomas e (ou) regras de transformação. Vamos agora dar uma ilustração de um sistema formal. Chamar-lhe-emos SF1, visto que ele é uma expansão natural da linguagem LF1.

Assim, executando a tarefa *c*, temos:

C) O Sistema SF1. Observações preliminares: 1) Como já se sabe, as regras de formação (*supra*, def. 2) também nos permitem gerar fórmulas a partir de outras dadas. Mas não no mesmo sentido em que as geramos por meio dos axiomas e (ou) das regras de transformação. As primeiras definem o conceito de fbf em LF1; mas no segundo caso definimos o conceito conseqüência sintática ou teorema em SF1. Uma fbf é conseqüência sintática ou teorema em SF1 se, e somente se, essa fbf resulta de um conjunto de aplicações das regras de transformação sobre os axiomas de SF1 ou sobre os teoremas, entrementes gerados, de SF1. Podemos, pois, gerar teoremas a partir de axiomas ou a partir de teoremas, sempre pela aplicação das regras de transformação. 2) Tal como fizemos para a parte restrita da sintaxe elementar de LF1, a sintaxe do sistema SF1 será dada na metalinguagem (cuja caracterização geral é idêntica à que se deu anteriormente). Esse fato tem como conseqüência a formulação dos axiomas na metalinguagem e não diretamente em SF1 (a linguagem objeto). Eles serão formulados recorrendo a metavariáveis – p, q, r – que referem qualquer fbf na acepção que essa expressão adquiriu desde a definição 2. O nome que convém aos axiomas de um sistema formal quando eles são formulados dessa forma é axiomas-esquema.

C.1: Axiomas-esquema para SF1: A1) $(p \rightarrow (q \rightarrow p))$; A2) $((p \rightarrow (q \rightarrow r)) \rightarrow ((p \rightarrow q) \rightarrow (p \rightarrow r))$; A3) $((\neg q \rightarrow \neg p) \rightarrow ((\neg q \rightarrow p) \rightarrow q))$.

C.2: Regras de transformação para SL1. R1) Se $(p \rightarrow q)$ e p são ou axiomas ou teoremas de SF1, então q é um teorema de SF1 (também chamada regra da separação ou *modus ponens*). R2) Se p é um axioma ou um teorema em SF1, então qualquer fbf pode ser substituída por qualquer símbolo completo de p, contanto que sejam substituídas todas as ocorrências desse último por essa fbf (também chamada regra de substituição).

Ilustração: alguns teoremas de SF1: 1) (A → (B → A)) – resulta de A1 por R2; 2) (A → ((B → A) → A)) – resulta de 1 por R2: B foi substituído por (B → A); 3) ((A → (B

→ C)) → ((A → B) → (A → C))) – resulta de A2 por R2; 4) ((A → ((B → A) → A)) → ((A → (B → A)) → (A → A))) – resulta de 3 por R2: B é substituído por (B → A) e C é substituído por A; 5) (((A → (B → A)) → (A → A)) – resulta de 2 e de 4 por R1; 6) (A → A) – resulta de 1 e de 5 por R1.

Da Sintaxe Elementar à Sintaxe Teórica – Depois do exemplo estudado no ponto anterior, os seguintes aspectos relativos à sintaxe elementar seguem-se, de modo óbvio: I) Os símbolos primitivos de uma linguagem (ou sistema) formal são indivisíveis em um duplo sentido: 1) cada símbolo não é divisível em partes; e 2) uma seqüência finita de símbolos, uma fbf, só tem uma direção. II) As noções de "símbolo", "expressão bem-formada", "fórmula (ou fbf)", "axioma", "regra de transformação" e "teorema" são, tal como foram definidas, noções sintáticas. III) A sintaxe elementar de uma linguagem ou sistema formal permite-nos determinar, de uma vez por todas, por meio de um procedimento de inspeção sistemático se: 1) dada marca escrita é ou não um símbolo (primitivo ou não) dessa linguagem ou sistema; 2) dada seqüência de símbolos é ou não uma expressão bem-formada ou uma fórmula dessa linguagem ou sistema; 3) quais os axiomas do sistema; 4) quais as regras das regras de transformação do sistema; e 5) quais os seus teoremas. Nesse último caso estamos dependentes para essa determinação da existência de uma prova, que nos permitirá ver como, em um número finito de passos, podemos obter a fbf a que chamamos "teorema" a partir dos axiomas e (ou) regras de inferência. Diremos de uma sintaxe que permite tais determinações que ela é efetiva no que diz respeito a elas.

Diremos de cada uma das noções (p. ex., fórmula, axioma, teorema, etc.) assim determinadas que elas são construtivas. Vemos que as propriedades de ser efetiva, a propósito da sintaxe, ou de ser construtiva, a propósito de certa noção sintaticamente definida, estão associadas à noção de "um procedimento de inspeção sistemático", supramencionado em nível intuitivo, mas não entraremos aqui em maiores explicações acerca dessa última noção (*ver* DECIDIBILIDADE).

A sintaxe teórica é uma teoria lógico-matemática que desenvolve a tarefa *d* do primeiro ponto. É uma teoria geral acerca de um sistema formal (ou de uma família de sistemas formais). Trata de todas as propriedades lógicas desse sistema que possam ser determinadas apenas por o sistema ter a estrutura formal que advém de ele ter uma dada sintaxe elementar (em sentido lato). Em particular, a sintaxe desse sistema formal (ou família de sistemas) tem de ser efetiva e, portanto, as noções de "fórmula", "axioma" e "teorema" serão construtivas nesse sistema (ou família de sistemas).

Como é óbvio, a sintaxe teórica constrói-se na metalinguagem. Mas essa última pode agora conter (além do que já continha a metalinguagem da sintaxe elementar) toda a matemática que se julgar necessária para levar a cabo o estudo das propriedades lógicas do sistema.

Dão-se seguidamente, e para terminar, três exemplos de problemas relevantes da sintaxe teórica, por grau crescente de complexidade (para facilitar a compreensão formulam-se os problemas para SF1). 1) Serão os axiomas A1, A2 e A3 independentes, no sentido em que nenhum deles pode ser obtido como um teorema a partir dos outros dois e das regras R1 e R2? 2) Será o sistema SF1 consistente, no sentido em que os seus axiomas e as suas regras de transformação não permitam derivar como teoremas uma fbf, digamos *p*, e também a sua negação, ¬*p*? 3) Será que o sistema SF1 é completo?

Para determinar o conteúdo desse terceiro problema vamos introduzir uma noção que não pertence já à sintaxe de LF1, mas à sua SEMÂNTICA. Trata-se da noção de interpretação de um símbolo. Para o que nos interessa, é suficiente estabelecer que interpretamos um símbolo quando estipulamos como ele contribui para determinar o valor de verdade das frases em que ocorre. É claro que quando construímos para fins lógicos, ou em geral dedutivos, a sintaxe de dada linguagem o fazemos tendo em vista dada interpretação dos símbolos que estamos determinando sintaticamente. O que chamamos LF1, p. ex., é uma linguagem cuja sintaxe foi construída tendo em vista uma possível interpretação dos seus símbolos na teoria das funções de verdade ou lógica proposicional. (No que se segue assume-se que o leitor está familiarizado com a parte elementar dessa teoria e que, portanto, essa interpretação que se tem em vista se lhe afigura óbvia.) Ora, existe, *inter alia*, um método tabular (também chamado método das TABELAS DE VERDADE, aplicável a qualquer fórmula (fbf) dessa teoria e que permite determinar se, sim ou não, essa fórmula é uma tautologia, isto é, se ela resulta verdadeira para todas as atribuições de *verdadeiro* e de *falso* aos símbolos completos dessa fórmula. Esse é, p. ex., o caso da fbf (A → (¬A → A)) e, também, de qualquer fbf obtida por R2 a partir dos axiomas A1, A2 ou A3, do nosso sistema SF1. Em conformidade com essas considerações, o conteúdo do nosso terceiro problema pode ser assim determinado: será que todas fbf de LF1 que são tautologias (pelo método tabular, semântico) podem ser demonstradas como teoremas em SF1? Se a resposta se vier a revelar afirmativa, SF1 é um sistema completo para a teoria das funções de verdade; se a resposta se vier a revelar negativa, não é. A resposta certa é: o sistema SF1 é completo. Mas a demonstração lógico-matemática desse resultado é do âmbito da sintaxe teórica, ou TEORIA DA DEMONSTRAÇÃO. *Ver também* LINGUAGEM FORMAL; PROGRAMA DE HILBERT; SISTEMA FORMAL. JS

sintético

Ver ANALÍTICO.

sistema formal

1. É o conceito central do PROGRAMA DE HILBERT. A palavra "sistema" é a usada por Hilbert e Bernays nos *Grundlagen der Mathematik*. A sua expressão sinônima mais usada é "teoria formal".

Uma teoria formal está especificada quando é estipulado um conjunto contável de símbolos (do alfabeto), que passa a ser o conjunto dos símbolos da teoria, e assim uma sucessão finita de símbolos deste conjunto passa a ser uma expressão na ou da teoria. Dessas expressões existe um subconjunto também especificável que constitui o conjunto das fórmulas bem-formadas da teoria formal em questão. Em geral existe um processo construtivo para decidir se uma expressão da teoria pertence ou não ao conjunto das fórmulas bem-formadas da teoria.

É isolado um subconjunto das fórmulas bem-formadas, o conjunto dos axiomas da teoria, e se existe um processo construtivo para decidir se uma fórmula bem-formada da teoria é também um axioma, diz-se que se está diante de uma teoria axiomática. As fórmulas bem-formadas da teoria ligam-se entre si por meio de um conjunto finito de relações, o conjunto das regras de inferência da teoria. Existe um processo de decisão para determinar se uma fórmula X da teoria é uma consequência direta de um conjunto M de fórmulas bem-formadas por meio de uma das regras do conjunto das regras de inferência.

Nesses termos, em uma teoria formal, demonstração é uma sucessão de fórmulas bem-formadas (da teoria). Cada elemento da sucessão e, logo, cada fórmula, ou é um axioma da teoria ou é uma consequência direta de outras fórmulas bem-formadas já introduzidas por meio das regras de inferência da teoria. Um teorema de uma teoria formal é uma fórmula bem-formada X para a qual existe uma demonstração, tal que a última fórmula da demonstração é justamente X.

Do fato de uma teoria ser axiomática não se pode inferir que a noção de teorema da teoria seja construtiva, isto é, que se esteja de posse de um processo construtivo para determinar para uma fórmula bem-formada arbitrária X se existe uma demonstração de X. Mas uma teoria para a qual existe um processo construtivo que verifica se uma fórmula bem-formada arbitrária X tem uma demonstração é uma teoria decidível.

sistema formal

Se esse processo não existe, a teoria é indecidível. Para que uma fórmula bem-formada da teoria seja uma conseqüência na teoria de um conjunto de fórmulas bem formadas H é necessário e suficiente que exista uma sucessão de fórmulas bem-formadas tal que cada elemento da sucessão ou seja um axioma, ou uma fórmula do conjunto H ou uma conseqüência direta de outras fórmulas bem-formadas por meio das regras de inferência. É claro que tal sucessão é uma demonstração, que se diz por isso ser uma demonstração de uma fórmula a partir de H, em que cada elemento de H é o que se chama uma premissa em uma derivação informal.

No programa de Hilbert, o estudo das teorias formais tem o nome de "TEORIA DA DEMONSTRAÇÃO", e nela são em particular isoladas propriedades das teorias formais consideradas relevantes para uma substituição segura do raciocínio informal pela teoria formal. A substituição do conceito informal de "verdade" é feita com o auxílio do conceito formal de "teorema", e uma teoria formal em que a equivalência entre os dois conceitos seja demonstrável diz-se ser uma teoria completa. Foi possível a Bernays demonstrar essa equivalência para o cálculo proposicional em 1918 e, para o cálculo de predicados de primeira ordem, essa equivalência constituía, no tempo dos *Grundzüge der theoretischen Logik*, de Hilbert e Ackermann, um problema em aberto, cuja solução foi encontrada por Gödel em 1930. No ano seguinte, Gödel demonstrou no entanto que para a aritmética de primeira ordem tal equivalência não é demonstrável, o que torna qualquer teoria formal para a aritmética de primeira ordem incompleta, caso ela seja consistente.

Uma teoria formal diz-se ser consistente se, e somente se, não existe uma fórmula bem-formada X da teoria tal que X seja um teorema da teoria e não-X também seja um teorema da teoria. No sentido dessa definição é possível demonstrar que o cálculo proposicional e o cálculo de predicados de primeira ordem são consistentes. Para a aritmética de primeira ordem, Gödel provou que a consistência de uma teoria formal que a represente não pode ser demonstrada apenas com os meios da teoria. Em uma teoria formal um subconjunto do conjunto A de axiomas da teoria diz-se ser independente, se existe uma fórmula bem-formada X do subconjunto tal que X não pode ser demonstrada a partir do conjunto A–X, por meio das regras de inferência disponíveis na teoria. O leitor interessado deve consultar os verbetes AXIOMA DA ESCOLHA e HIPÓTESE DO CONTÍNUO para as demonstrações de independência dessas proposições.

Um objeto formal é uma sucessão finita de símbolos acerca dos quais nenhuma propriedade é constitutiva, a não ser a identidade. Assim, é necessário assumir que, para que um objeto seja formalmente definido, haja condições de reconhecer a sua IDENTIDADE. Um objeto formal só pode diferir de um outro objeto formal ou pela sua posição na sucessão ou pela sua própria configuração física. Uma operação formal sobre objetos formais pode ser especificada logo que sejam definidas regras que permitam efetuar o cálculo do resultado da operação.

Nessas condições torna-se possível fazer a representação do pensamento por meio de um sistema formal, a qual na verdade consiste na especificação do sistema juntamente com uma interpretação para o sistema. *Summa Summarum*, o sistema formal consiste em uma linguagem ou em uma sucessão de símbolos juntamente com as regras para a formação de novas sucessões de símbolos a partir das que já foram construídas. A interpretação pode ser vista como uma realização concreta dessa linguagem em um domínio (informal) do pensamento.

Se uma fórmula dessa linguagem tem pelo menos uma ocorrência de uma variável livre representa uma relação; de outro modo, uma proposição. A fórmula é uma representação extensional da proposição quando ambas, a interpretação da fórmula e a proposição, são equivalentes. Para o caso da relação, sua representação extensional significa que se abstrai dos sentidos dos termos usados na definição da relação e se conta apenas com os objetos que estão entre si na relação dada. Paralelamente, a fórmula é uma representação intensional quando a interpretação da fórmula e a proposição têm o mesmo sentido, em particular quando são o mesmo conceito. Aqui os sentidos dos termos usados na definição da relação são considerados.

Tal representação do pensamento induz uma relação sintática entre as palavras usadas no domínio informal e os objetos formais (do sistema formal) com o mesmo sentido. A existência dessa relação sintática não é óbvia, essencialmente devido ao fato de a linguagem natural ter algumas características que não são logicamente relevantes. A representação do pensamento esboçada conserva o sentido, mas não espelha todas as propriedades sintáticas da linguagem natural. Kreisel distingue entre uma representação total e uma representação parcial do pensamento. Uma representação total só é obtida por meio de uma relação de conseqüência C tal que C(F, G) é verdadeira se, e somente se, a proposição G', expressa pela fórmula G, se segue da proposição expressa pela fórmula F. Uma representação parcial é obtida por meio da mesma relação de conseqüência, se existe no sistema formal uma derivação da fórmula G a partir da fórmula F. *Ver também* PROGRAMA DE HILBERT; SINTAXE LÓGICA; TEOREMA DA INCOMPLETUDE DE GÖDEL; CONSISTÊNCIA. **MSL**

HILBERT, D. e ACKERMANN, W. *Grundzüge der theoretischen Logik, 2. Verbesserte Auflage* [1928]. 2.ª ed. rev. Berlim: Julius Springer, 1938. Trad. ingl. *Principles of Mathematical Logic*. Trad. L. M. Hammond *et al.* Nova York: Chelsea, 1950.

____ e BERNAYS, P. *Grundlagen der Mathematik*. Berlim: Springer, 1968, 2 vols.

KLEENE, S. *Introduction to Metamathematics*. Amsterdam: North-Holland, 1964.

KREISEL, G. "Die formalistisch-positivistische Doktrin der mathematischen Präzision im Lichte der Erfahrung" [1970], *in Zentralblatt für Mathematik und ihre Grenzgebiete*, n.º 196. *Post scriptum*: 1974.

sistemas de lógica modal

Ver LÓGICA MODAL, SISTEMAS DE.

sobreveniência

O conceito de sobreveniência foi divulgado pelo filósofo norte-americano Donald Davidson para caracterizar a relação que, segundo ele, existe entre caracterizações mentais de acontecimentos e caracterizações físicas de acontecimentos. Davidson considera que o caráter mental ou físico de um acontecimento depende do gênero de descrição por meio da qual o acontecimento em causa é apresentado. Todavia, enquanto muitos, aliás, a maioria, dos acontecimentos que admitem ser descritos por meio de descrições físicas não admitem, por princípio, ser descritos por meio de descrições mentais, todos os acontecimentos que admitem ser descritos por meio de descrições mentais admitem, em princípio, ainda que não na prática, ser descritos por meio de descrições físicas. A relação de sobreveniência consiste, então, na relação de dependência que, do ponto de vista de Davidson, existe entre descrições mentais de acontecimentos e descrições físicas de acontecimentos. Essa relação de dependência pode ser definida com o auxílio da seguinte conjunção de condições: I) É impossível que dois acontecimentos concordem em todos os aspectos da sua descrição física e discordem em algum aspecto da sua descrição mental, isto é, dois acontecimentos fisicamente idênticos terão de ser, caso seja possível descrevê-los mentalmente, mentalmente idênticos; II) A dois acontecimentos que admitam ser descritos mentalmente por meio de descrições mentais diferentes tem de corresponder uma diferença qualquer na descrição física, isto é, dois acontecimentos mentalmente distintos terão de ser fisicamente distintos.

Note-se que essa relação não é uma relação de redução, isto é, ela não estabelece um meio de reduzir descrições mentais a descrições físicas. Com efeito, o conhecimento de que essa relação se verifica, em geral, entre descrições mentais e descrições físicas de acontecimentos não autoriza nenhuma inferência quanto à identidade ou diferença das descrições mentais de dois acontecimentos cujas descrições físicas sejam discordantes nem quanto à identidade ou diferença das descrições físicas de dois acontecimentos cujas descrições mentais sejam concordantes. *Ver também* FUNCIONALISMO; PROBLEMA DA MENTE-CORPO. **AZ**

DAVIDSON, D. "The Material Mind", *in Essays on Actions and Events*. Oxford: Clarendon Press, 1980, pp. 245-59.

sofisma

Um argumento falacioso especificamente apresentado para enganar o interlocutor. *Ver* FALÁCIA.

solipsismo

O solipsismo distingue-se do ceticismo por afirmar a inexistência do que este apenas duvida: as outras mentes para além da minha. Apesar de o ceticismo, quanto à existência de outras mentes, ser defensável, já o solipsismo parece ser mais difícil de sustentar.

O solipsismo é geralmente uma conseqüência do problema metafísico da existência do mundo exterior, mas pode ser formulado sem recorrer a ele. O problema metafísico quanto à existência da realidade exterior formula-se em um argumento clássico, usado na verdade por Descartes nas *Meditações sobre a filosofia primeira*, e que consiste em duvidar da natureza da relação entre os dados dos sentidos e a realidade exterior. Usualmente, acreditamos que aos dados dos sentidos corresponde uma realidade exterior, mais ou menos mimética em relação àqueles. Mas o problema começa logo na caracterização desse mimetismo. No famoso § 8 do *Tratado do conhecimento humano*, Berkeley usa precisamente essa dificuldade para argumentar contra a existência do que tradicionalmente é conhecido como a "matéria", ou seja, a existência de objetos exteriores independentes de agentes cognitivos que os pensem. O mimetismo entre a realidade exterior às sensações e as próprias sensações é difícil de caracterizar, porque consiste afinal na idéia de que uma sensação pode ser semelhante a algo que não é sequer uma sensação (e vice-versa, uma vez que a relação lógica de semelhança é simétrica). Mas essa idéia é tão absurda como defender que um cheiro pode ser semelhante a um som (ou vice-versa).

Uma vez caracterizada a dificuldade da tese do mimetismo entre a realidade exterior e a nossa percepção dela, compreendemos que qualquer que seja a relação entre a realidade exterior e a nossa percepção dela, o caráter realista da nossa crença acerca da adequação do conhecimento já não pode ser mantido. Isto é, a "realidade exterior", ou o que corresponde às nossas sensações, pode ser qualquer coisa, e não necessariamente o mundo tal como estamos habituados a pensar. Pior ainda, o mundo exterior pode nem sequer existir, não passando tudo de um sonho do qual não é possível acordar.

Uma vez que o único acesso que tenho às mentes alheias é através das suas manifestações exteriores, duvidar da existência do mundo exterior implica a dúvida na existência de mentes alheias. Mas a dúvida sobre a existência de mentes alheias não depende da dúvida sobre a existência do mundo exterior. Podemos duvidar da existência de mentes alheias apesar de não duvidarmos da existência do mundo exterior, porque nunca podemos saber se o comportamento das outras pessoas é o resultado da existência de uma mente como a nossa, ou apenas o resultado de uma imitação sofisticada do comportamento consciente.

Os fenômenos mentais caracterizam-se por serem incontornavelmente privados em certo sentido: a dor-espécime que sinto não é a mesma dor-espécime que outra pessoa qualquer sente. E não posso sentir a dor-espécime de qualquer outra pessoa, nem ela pode sentir a minha. Esse fenômeno da privacidade é próprio dos fenômenos mentais.

São essas considerações que levam o solipsista a afirmar a inexistência de outras mentes para além da sua. No entanto, sua conclusão parece carecer de dados: tudo o que podemos argumentativamente dizer é que nunca poderemos saber se existem outras mentes; mas não se segue daí que não existam de fato outras mentes.

A mais forte "refutação" do solipsismo é o argumento contra a LINGUAGEM PRIVADA de Wittgenstein. *Ver também* REALISMO; ARGUMENTO POR ANALOGIA. **DM**

BERKELEY, George. "A Treatise Concerning the Principles of Human Knowledge Wherein the Chief Causes of Error and Difficulty in the Sciences, with the Grounds of Scepticism, Atheism, and Irreligion, Are Inquired Into" [1734], *in George Berkeley: Philosophical Works, Including the Works on Vision*. Ed. M. R. Ayers. Londres: J. M. Dent/Vermont: Charles E. Tuttle, 2000, pp. 71-153. Trad. bras. "Tratado sobre os princípios do conhecimento humano". Trad. Antônio Sérgio, *in Berkeley/Hume*. 2.ª ed. Coleção Os Pensadores. São Paulo: Abril Cultural, 1980, pp. 1-44.

DESCARTES, René. *Meditationes de prima philosophia. In quibus Dei existentia, & animæ humanæ a corpore distinctio, demonstrantur. His adjunctæ sunt variæ objectiones doctorum virorum in istas de Deo & anima demonstrationes; cum responsibus auctoris. Editio ultima prioribus auctior & emendatur*. Amstelodami, Apud L. & D. Elzevirios, 1663. Trad. bras. "Meditações concernentes à primeira filosofia, nas quais a existência de Deus e a distinção real entre a alma e o corpo do homem são demonstradas", *in Descartes: obra escolhida*. Trad. J. Guinsburg e Bento Prado Júnior. São Paulo: Difusão Européia do Livro, 1962, pp. 105-293. Reimp.: *Descartes*. 3.ª ed. Coleção Os Pensadores. São Paulo: Abril Cultural, 1983, pp. 73-211.

solipsismo metodológico

Ver TERRA GÊMEA.

soma lógica

Uma soma lógica de n proposições (ou frases) $p_1,\ldots, p_n$ é simplesmente a disjunção inclusiva dessas proposições, ou seja, a proposição complexa $p_1 \vee \ldots \vee p_n$; assim, uma soma lógica de proposições é verdadeira exatamente no caso de pelo menos uma das proposições componentes p_i ser verdadeira. Analogamente, uma soma lógica de n predicados (ou das propriedades por eles expressas) $P_1,\ldots, P_n$ é simplesmente a disjunção inclusiva desses predicados, ou seja, o predicado complexo $P_1 \vee \ldots \vee P_n$; assim, uma soma lógica de predicados é satisfeita por um objeto exatamente no caso de pelo menos um dos predicados componentes P_i ser satisfeito por esse objeto (e uma soma lógica de propriedades é exemplificada por um objeto exatamente no caso de pelo menos uma das propriedades componentes ser exemplificada por esse objeto).

O termo "soma lógica", empregado no sentido acima indicado, foi (ao que parece) introduzido por Charles Peirce, presumivelmente com base na existência de uma analogia estrutural entre a operação lógica de disjunção realizada sobre proposições e a operação aritmética de adição realizada sobre números.

Todavia, o termo caiu em desuso na literatura lógica e filosófica mais recente. Note-se que a analogia invocada claudica em alguns pontos: p. ex., enquanto a disjunção satisfaz a lei da IDEMPOTÊNCIA (a fórmula $p \vee p \leftrightarrow p$ é uma tautologia), a adição não satisfaz o princípio correspondente (obviamente, não se tem $x + x = x$); e, enquanto a disjunção satisfaz a lei DISTRIBUTIVA relativamente à conjunção (a fórmula $p \vee (q \wedge r) \leftrightarrow (p \vee q) \wedge (p \vee r)$ é uma tautologia), a adição não satisfaz o princípio correspondente (obviamente, não se tem $x + (y \cdot z) = (x + y) \cdot (x + z)$). *Ver também* DISJUNÇÃO; PRODUTO LÓGICO. **JB**

sorites

O PARADOXO "sorites" (ou grupo de paradoxos com o mesmo nome, que não diferem nas características básicas) foi, aparentemente, formulado pela primeira vez pelo filósofo grego Eubulides. Foi durante séculos, em geral, ignorado pelos filósofos, tendo sido recuperado para a discussão filosófica no século XX. É exemplificável num raciocínio acerca de homens calvos – um raciocínio aparentemente imaculado (isto é, cujas premissas parecem ser verdadeiras e o qual parece ser logicamente VÁLIDO), mas cuja conclusão não parece poder ser aceita como verdadeira. Tome-se um homem totalmente calvo, isto é, totalmente destituído de revestimento capilar. Se ele tivesse um cabelo, seria ainda calvo; se tivesse dois, também; e se tivesse três, também. Parece que, se ele for calvo (qualquer que seja o número de cabelos que tenha) acrescentar-lhe um cabelo não pode fazer com que ele deixe de ser calvo. Por outras palavras, estamos usando como premissas de um argumento indutivo (*ver* INDUÇÃO MATEMÁTICA) as seguintes cláusulas razoáveis: Base – Alguém com 0 (zero) cabelos é calvo; Passo Indutivo – Se alguém com *n* cabelos é calvo, então alguém com *n*+1 cabelos também é calvo. Essas cláusulas são desdobráveis em uma cadeia de raciocínios da forma MODUS PONENS, cujo primeiro elo é "Se alguém com zero cabelos é calvo, então alguém com um cabelo é calvo. Alguém com zero cabelos é calvo. Logo, alguém com um cabelo é calvo", e cujos elos subseqüentes são versões do elo imediatamente anterior, em que em vez de *n* ocorre *n*+1. É razoavelmente óbvio que, pela iteração de raciocínios desse tipo (designadamente pela aplicação sucessiva de MODUS PONENS), tem de se concluir que um homem que ostente 10 mil cabelos é também classificável como calvo – uma conclusão certamente inaceitável.

O paradoxo é formulável usando outros PREDICADOS VAGOS: em vez de "calvo" poderíamos ter escolhido o exemplo original (aparentemente) de Eubulides, que envolvia um monte (ou, como é muitas vezes dito, uma pilha) de grãos de areia; outros exemplos de predicados ou expressões relacionais com essa característica são "alto", "frio", "perto", "montanha". Além disso, pode ser formulado em duas direções: p. ex., poderíamos ter começado o nosso raciocínio com um homem cabeludo e, por um raciocínio iterado do tipo mencionado, chegar à conclusão de que um homem sem nenhum cabelo é ainda cabeludo. Essas diferenças de formulação não ofuscam o essencial. Partimos de duas premissas que é difícil não considerar verdadeiras: i) A que atribui uma propriedade denotada por um predicado vago (p. ex., "calvo" ou "não-calvo") a um indivíduo (p. ex., sem nenhum cabelo ou com 10 mil cabelos); e ii) A que exprime o princípio razoável segundo o qual operar uma diferença (mensurável) mínima nesse indivíduo (p. ex., acrescentar-lhe ou retirar-lhe um cabelo) não faz com que essa propriedade deixe de ser-lhe corretamente atribuível. E deduzimos de i e de ii uma conclusão inaceitável: a de que a propriedade inicial tem de continuar a ser-lhe atribuível mesmo quando a diferença resultante do número de reiterações do princípio é demasiado grande para que isso possa ser o caso.

O cerne do problema é que, por um lado, parece ter de existir um ponto (isto é, um número de cabelos) que marca a fronteira entre ser calvo e ser não-calvo – uma vez que começamos o raciocínio com uma situação em que um dos predicados inequivocamente tem aplicação e acabamos em uma em que inequivocamente não tem. Por outro lado, tal fronteira não pode existir, uma vez que não há nenhum número de cabelos *n* que marque a diferença entre ser calvo e ser não-calvo – pelo menos se aceitarmos o princípio ii, segundo o qual uma diferença capilar mínima não pode acarretar nenhuma mudança no estatuto de calvície em quem quer que seja.

Uma estratégia que poderíamos adotar para resolver o problema seria a de reconhecer a existência de áreas "sombra" sempre que temos um predicado vago como os mencionados. Trata-se de predicados para os quais não há apenas duas possibilidades no que diz respeito à correção com que são aplicados: podem ser inquestionavelmente aplicáveis, inquestionavelmente não-aplicáveis, e questionavelmente aplicáveis. Há muitas pessoas às quais o predicado "é calvo" não pode ser (ou deixar de ser) aplicado inequivocamente. Será que o príncipe Charles é calvo, p. ex.? Por outras palavras, há, no domínio de indivíduos classificáveis quanto à calvície, uma área de indeterminação, isto é, um conjunto de indivíduos acerca dos quais não é determinadamente verdadeiro ou falso dizer que são calvos (ou, para aglomerados de grãos de areia, que são montes); e isso explica que não passemos da calvície para a não-calvície (ou de uma pilha para algo que já não é uma pilha) atravessando uma "fronteira" que estabeleça os limites do que é ser calvo (ou do que é ser uma pilha).

Isso é uma descrição correta do comportamento desse tipo de predicados vagos; mas ajuda-nos a eliminar o paradoxo? Como pode agora o nosso raciocínio inicial ser reformulado de modo a não o gerar? Parece que de nenhum. Se aceitarmos o princípio ii (e até agora ele não foi falsificado), continuamos com a mesma dificuldade que tínhamos antes em estabelecer fronteiras que balizem a aplicação dos nossos predicados vagos. O problema agora já não é o da inexistência de uma fronteira entre as zonas de aplicabilidade e de não-aplicabilidade desses predicados (uma vez que a zona de indeterminação explica essa inexistência), mas entre a zona de indeterminação e qualquer uma das zonas determinadas. Se um cabelo ou grão de areia a menos ou a mais não é suficiente para operar qualquer diferença na aplicabilidade de predicados como "calvo" e "monte", como pode qualquer um desses outros dois tipos de fronteira existir também? Não há nenhum número de cabelos-padrão tal que, se me for acrescentado um, eu deixe o meu estatuto de calvo inequívoco e me torne nem-calvo-nem-não-calvo; e também não há nenhum número de cabelos-padrão tal que, se me for retirado um, eu deixe o meu estatuto de não-calvo inequívoco e me torne também nem-calvo-nem-não-calvo. Em conclusão, acrescentar uma (ou mais, se tivermos uma tendência para o pormenor) zona de indeterminação na aplicabilidade de um predicado vago não resolve a contradição de que, por um lado, tem de haver fronteiras que delimitem quaisquer zonas de aplicabilidade desse predicado (e que justifiquem distingui-las umas das outras) e por outro (dado o princípio ii) não pode. Acrescentar tais zonas apenas multiplica o problema que já tínhamos.

Como deve ter ficado claro, o paradoxo só é gerado quando temos predicados vagos do tipo exemplificado. Predicados que não têm zonas de aplicação indeterminadas como "ministro" ou "de nacionalidade holandesa" não produzem o tipo de dificuldade mencionada – justamente porque se pode estabelecer uma fronteira entre o conjunto dos indivíduos que os satisfazem e o dos que não os satisfazem. Uma análise SEMÂNTICA EXTENSIONAL possível para esses predicados será, portanto, na linha de "a extensão de um predicado P não vago é o conjunto de todos os indivíduos que têm a propriedade denotada por ele" (ou, equivalentemente, "o conjunto de todos os indivíduos que são a REFERÊNCIA dos TERMOS que, combinados com esses predicados, resultam em frases verdadeiras"; *ver* PRINCÍPIO DO CONTEXTO). O problema dos predicados vagos é, justamente, o de que eles não se deixam analisar dessa maneira, uma vez que o conjunto dos indivíduos a que se aplicam é indeterminado. Por outras palavras, a vagueza dos predicados em causa não só desencadeia o seu comportamento paradoxal, mas também faz que não seja óbvio qual o tratamento semântico apropriado para eles. Uma boa solução para o paradoxo sorites deverá, portanto, proporcionar também um tratamento semântico para esse tipo de predicados, isto é, identificar o tipo de contributo que eles fazem para as condições de verdade das frases em que ocorrem.

Uma solução tradicional (e radical) para o paradoxo, inspirada sobretudo em Frege (e adotada por Russell), parte da constatação de que a existência de predicados vagos (isto é, que não exprimam CONCEITOS bem definidos) em uma linguagem dá, para além do sorites, origem a inconsistências, pelo menos se aceitarmos (e Frege aceitava) o princípio da BIVALÊNCIA. Por bivalência, qualquer frase – e, logo, uma que contenha um predicado aplicado a um TERMO SINGULAR – ou é verdadeira ou é falsa. E isso é válido também para frases com predicados vagos, como "o príncipe Charles é calvo". Mas se "o príncipe Charles é calvo" é verdadeira, então a sua contraditória "o príncipe Charles não é calvo" tem de ser falsa. Infelizmente há tantos motivos para considerar esta verdadeira como para considerar a original, afirmativa, verdadeira (supondo que o príncipe Charles é um "caso de fronteira" no que diz respeito a calvície). Logo, se "o príncipe Charles é calvo" é verdadeira, então a sua CONTRADITÓRIA é também verdadeira; mas nesse caso é verdadeira e falsa ao mesmo tempo. Mas se, por outro lado, "o príncipe Charles é calvo" é falsa, a sua contraditória é de novo verdadeira (porque é a sua contraditória) e falsa (porque há tantos motivos para a considerar falsa como a original). Logo, ou há frases simultaneamente verdadeiras e falsas (absurdo) ou então, para começar, a nossa frase original não é verdadeira nem falsa – o que, de um ponto de vista fregiano, é totalmente inaceitável. A solução fregiana para essa situação insustentável (que, por transposição, é também uma solução para o paradoxo sorites) consiste então em eliminar a referida inconsistência exterminando os predicados vagos de qualquer linguagem a considerar para efeitos de análise lógica e semântica. A idéia era que, se se dispusesse de uma linguagem alternativa às linguagens naturais, da qual tais predicados estivessem ausentes (p. ex., O CÁLCULO DE PREDICADOS), o princípio da bivalência poderia continuar a ser sustentado sem problemas. A adoção desse tipo de atitude prescritiva ou "regimentadora" da linguagem natural significa, no entanto, que os problemas postos pela existência de predicados vagos são considerados próprios de uma linguagem defeituosa e geradora de contradições (e, daí, imprópria para a investigação lógica e semântica) e, logo, como não-genuínos. Uma objeção básica a essa solução fregiana é, evidentemente, a de que, em vez de resolver o paradoxo, ela se limita a varrê-lo para debaixo do tapete.

Uma solução mais moderada é a de defender que frases em que um predicado vago esteja sendo aplicado a termos que denotem casos de fronteira (do mesmo modo que frases com DESCRIÇÕES DEFINIDAS vazias para um strawsoniano, p. ex.) não fazem nenhuma afirmação e, portanto, tais frases não têm um valor de verdade – e, logo, frases às quais os princípios de validade lógica não se aplicam. Em particular, *modus ponens* (essencial para gerar o paradoxo) não se lhes aplica; logo, o paradoxo não pode ser gerado. Um comentário que se pode fazer a essa solução mitigadamente regimentadora é o de que todas as frases gramaticais com predicados vagos são logicamente relevantes, na medida em que os princípios de validade lógica são aplicáveis a argumentos em que elas ocorrem. Tais argumentos podem, segundo esses princípios, ser classificados como válidos ou inválidos – justamente parte do nosso problema está em que parece ter de se classificar de válidos argumentos sorites como aquele acerca de homens calvos. Parece excessivo, portanto, eliminá-las simplesmente do domínio da investigação lógica e semântica. A objeção de há pouco à solução fregiana é, portanto, também operativa aqui: qualquer candidata a solução que consista em excluir do domínio da consideração lógica as frases em que esses predicados ocorrem equivale a desistir de explicar o paradoxo e, portanto, dificilmente pode contar como uma solução realmente satisfatória para ele.

Uma linha de raciocínio mais promissora consiste em questionar uma das três assunções que, conjuntamente, geram o paradoxo. Como qualquer paradoxo, o sorites é, aparentemente, um raciocínio: a) que é logicamente válido; b) cujas premissas são verdadeiras; e c) cuja conclusão é falsa. a-c são paradoxais, porque não podem ser aceitos conjuntamente. Portanto, como em qualquer paradoxo, há três tipos de soluções satisfatórias possíveis: pode-se defender que o raciocínio que leva das primeiras à segunda não é afinal válido – p. ex., questionando a aplicação de *modus ponens* nesses casos; pode-se questionar a verdade das premissas das quais a conclusão falsa é derivada – isto é, questionarem-se i e ii; e pode-se questionar que a conclusão seja, para começar, falsa. Por outras palavras, uma solução satisfatória para o paradoxo que as assunções a-c geram tem de consistir na demonstração de que pelo menos uma delas, apesar de aparentar ser intocável, não pode afinal ser aceita.

A idéia de que a conclusão do sorites é falsa (p. ex., se usarmos o exemplo da calvície, a idéia de que alguém com 10 mil cabelos é calvo) não é, compreensivelmente, aceitável por muitos como solução, uma vez que tem a conseqüência imediata de forçar uma interpretação nova para o predicado vago envolvido (p. ex., se alguém com 10 mil cabelos for calvo, então esse predicado "calvo" tem certamente um significado diferente do predicado "calvo" que estamos discutindo). Uma estratégia de resolução mais razoável é negar b, isto é, classificar a veracidade das premissas como ilusória. Tal estratégia é tipicamente apoiada na técnica de análise semântica (introduzida por Von Wright) das sobreatribuições (*supervaluations*), que define a semântica dos predicados vagos geradores do sorites (e, em particular, o modo como contribuem para o valor de verdade das frases em que ocorrem), apelando ao conjunto dos modos aceitáveis (isto é, *grosso modo*, não-contraditórios com o seu significado) de os tornar precisos – isto é, de os transformar em predicados sem zonas de indeterminação. Para cada *a*, tal que *a* é o nome próprio de um objeto pertencente à zona de indeterminação de P, a técnica das sobreatribuições prevê então atribuições de valores de verdade a *Pa* do seguinte modo: *Pa* é verdadeira para algumas dessas atribuições e falsa para as restantes. O fato básico a formalizar, convém não esquecer, é que, para cada predicado vago *Px* e cada objeto denotado por *a*, existe um conjunto de atribuições de valores de verdade aceitáveis a *Pa*; p. ex., no caso de "calvo", consoante o referente do nome próprio a que esse predicado seja aplicado; assim, frases da forma "... é calvo" serão verdadeiras, falsas, ou – se ele pertencer à zona de indeterminação do predicado – nenhuma das duas coisas. As sobreatribuições definem cada uma dessas alternativas da seguinte maneira. Se *Pa* for verdadeira, isso é feito equivaler à circunstância de *Pa* ser verdadeira para todas as atribuições de valores de verdade que correspondam a modos aceitáveis de tornar P preciso. Se *Pa* for falsa, isso é feito equivaler à circunstância de *Pa* ser falsa para todas as atribuições de valores de verdade com essa característica. Finalmente, se *Pa* não for nem verdadeira nem falsa (devido ao referente de *a* ser um caso de fronteira), isso é feito equivaler à circunstância de ser verdadeira para algumas dessas precisões e falsa para outras. Por outras palavras, os casos de aplicação equívoca de predicados vagos (e portanto os casos em que *Pa* não é nem verdadeira nem falsa) são analisados como casos em que os diversos modos pelos quais o predicado poderia ser tornado preciso produzem ora um ora outro dos valores de verdade clássicos.

Isso produz imediatamente uma solução para o paradoxo, segundo a estratégia de negar a veracidade de pelo menos uma das premissas. Suponha-se que o nosso predicado vago é "calvo" e substitua-se o termo singular *a* no exemplo anterior por um número natural *n* representativo do número de cabelos ostentados pelo referente de *a*. Nesse caso, para toda atribuição de valores de verdade A a *Pn* (com *n* pertencente à zona de indeterminação de P), existe um *m* (possivelmente idêntico a *n*) tal que $Pm \to Pm+1$ é falsa – justamente aquele *m* tal que A estabelece entre *m* e *m*+1 a fronteira entre as zonas de aplicabilidade e de não-aplicabilidade de P. Por outras palavras, se aceitarmos a análise da semântica dos predicados vagos em termos de sobreatribuições, estamos comprometidos com a tese de que o passo indutivo do sorites (ou, na outra formulação, uma das condicionais que é usada para o gerar) é falsa.

A técnica das sobreatribuições tem, aparentemente, o mérito óbvio de unificar o tratamento semântico dos predicados vagos e não-vagos. Com efeito, ela está comprometida com a tese de que a existência de uma zona de indeterminação quanto à aplicabilidade de um predicado vago não exclui a possibilidade de analisar a semântica desse tipo de predicados por meio da semântica daqueles predicados em cuja aplicabilidade não se observa a existência de tal zona de indeterminação. Cada uma das atribuições de valores de verdade previstas pela técnica limita-se a identificar o conjunto dos objetos que são abrangidos pelo predicado, distinguindo-o do conjunto daqueles que não são abrangidos (isto é, em cada uma dessas atribuições o predicado vago é transformado em um predicado preciso). Por outras palavras, adotá-la como solução para o sorites parece ter a vantagem de formalizar o comportamento semântico dos predicados vagos atribuindo às frases em que eles ocorrem valores de verdade, segundo a semântica não-paradoxal dos predicados precisos.

No entanto, essa solução tem algumas desvantagens assinaláveis que a tornam menos recomendável do que poderia parecer à primeira vista. Em primeiro lugar, a tradução do comportamento semântico de um predicado vago em um conjunto de predicados precisos alternativos ignora o fato de que as zonas de aplicabilidade de um predicado vago não são determinadas arbitrariamente, sendo portanto dificilmente definíveis com o auxílio de uma variação arbitrária em um domínio de alternativas (precisas); não é arbitrário, p. ex., quais são os indivíduos aos quais "calvo" se aplica de forma correta, equívoca ou incorreta. Em segundo lugar, a solução das sobreatribuições implica que disjunções da forma ⌈Pn ou não-Pn⌉ (com P vago e n um número natural segundo a convenção mencionada acima) sejam sempre verdadeiras – mesmo que n pertença à zona de indeterminação de P. De fato, para cada versão precisa de P, Pn é ou verdadeira ou falsa; e, em cada um desses casos, não-Pn é, respectivamente, ou falsa ou verdadeira. Logo, para cada versão precisa de P, exatamente um dos disjuntos de ⌈Pn ou não-Pn⌉ é verdadeiro, o que torna a disjunção verdadeira em todas essas versões. Essa preservação do TERCEIRO EXCLUÍDO mesmo no caso de frases com predicados vagos pode ser vista como uma vantagem (sobretudo para os adeptos da lógica clássica), mas tem o defeito sério de admitir que as disjunções da forma mencionada sejam verdadeiras até nos casos em que nenhum dos seus disjuntos o é: se n pertencer à zona de indeterminação de P, então nem Pn nem não-Pn são verdadeiras (segundo a própria análise em termos de sobreatribuições), mas, pelo raciocínio anterior, Pn ou não-Pn continua a ser. Em terceiro lugar, e mais definitivamente, o conceito de sobreatribuição implica que, dado um predicado vago P, existe um conjunto de versões precisas dele tais que: 1) são "adequadas", isto é, não "contradizem" o significado do predicado; 2) para cada uma dessas versões, existe um n tal que Pn é verdadeira e $Pn+1$ é falsa. Mas o traço distintivo de um predicado vago P (aquilo que o torna vago) é justamente o fato de que nenhum n na zona de indeterminação de P tem a característica 2) – a vagueza implica (por definição) a ausência de fronteiras distinguindo entre as várias zonas de aplicabilidade de um predicado. Logo, nenhuma das mencionadas versões precisas de P pode ser considerada "adequada" ou "consistente com o seu significado"; todas o contradizem. Logo, esse comportamento não pode ser definido por meio delas.

Uma quarta objeção à solução baseada nas sobreatribuições é de caráter metodológico e diz respeito ao fato, já mencionado, de que a fronteira entre os casos de aplicação indeterminada de um predicado vago P e os casos inequívocos (de objetos que são inequivocamente P ou não-P) é, ela própria, indeterminada. Nem sempre é inequívoco quando um objeto é indeterminadamente *P*; por outras palavras, o predicado "determinadamente *P*" é tão indeterminado como o próprio *P* – é a chamada vagueza de segunda ordem. Por outras palavras, para *P* vago, a noção de *Pa* ser verdadeira é ela própria vaga; e a redução da semântica da vagueza à semântica da precisão por meio do método das sobreatribuições não é capaz de iludir esse fato. Portanto, o anunciado mérito desse método de proporcionar um tratamento preciso dos predicados vagos parece ter de ser classificado como fictício.

Um segundo tipo de solução para o paradoxo consiste em negar a, isto é, em negar a validade do raciocínio que estabelece a conclusão inaceitável. A estratégia, nesse caso, consiste em usar a idéia de que verdade é um conceito gradual: para além das frases que são inequivocamente verdadeiras ou falsas, existem as frases que podem ser mais ou menos verdadeiras (sendo o seu grau de verdade mensurável em termos do intervalo [0,1] de números reais). Essa idéia tem aplicação imediata ao caso dos predicados vagos: consoante um objeto que pertença à zona de indeterminação de um predicado vago *P* estiver mais ou menos próximo de satisfazer o predicado, assim frases do tipo *Pa* (onde *a* é o nome próprio desse objeto) terão maior ou menor grau de verdade; para os objetos que são (ou não) inequivocamente abrangidos pelo predicado, o valor de verdade de tais frases será, evidentemente V (na versão numérica, 1) ou F (na versão numérica, 0). Essa idéia intuitivamente razoável tem a seguinte conseqüência: para cada premissa do sorites (resultante do desdobramento do passo indutivo) que seja da forma *Pa* → *Pa'*, é o caso de que *Pa* tem um grau de verdade maior do que *Pa'*. Isso não é suficiente para dizer que cada uma dessas premissas é falsa – apenas para dizer que tem um grau de verdade ligeiramente menor do que 1 (V), visto que o grau de verdade do conseqüente é apenas ligeiramente menor do que o do antecedente (está-se aqui tomando como modelo de cálculo o caso inquestionável em que uma condicional é falsa, designadamente aquele em que o antecedente é verdadeiro e o conseqüente falso). Mas, por sua vez, isso produz o seguinte resultado. No nosso raciocínio sorites, as premissas têm ou valor de verdade 1 ou valores de verdade muito próximos de 1; e a conclusão tem valor de verdade 0 (F). Logo, somos obrigados a concluir que o raciocínio em causa não é válido. Na prática, uma vez que a única regra de inferência usada (em sucessivas aplicações) é *modus ponens*, ficamos comprometidos com a tese de que *modus ponens* não é válido para frases com predicados vagos às quais seja atribuível um grau de verdade inferior a 1 e superior a 0 (nos outros casos nenhum paradoxo é gerado; logo essa restrição não se lhes aplica).

Essa solução, adotada tipicamente pelos adeptos das chamadas lógicas difusas (*fuzzy logics*) – *ver* LÓGICAS NÃO-CLÁSSICAS – é, no entanto, pouco motivada. Ela produz, de fato, uma resposta à pergunta "o que há de errado com os raciocínios sorites?" – a de que há passos nesses raciocínios que resultam de aplicações ilegítimas de *modus ponens*. Mas permanece obscura a razão pela qual, apesar de ser válido para todos os outros tipos de frases, *modus ponens* é inválido quando os argumentos envolvidos contêm frases com valores de verdade diferentes de V ou F. E sem motivação independente a favor da tese de que *modus ponens* é nesses casos inválido, a solução não parece sólida.

Uma objeção talvez mais definitiva a essa solução do paradoxo é a de que, ao presumir a existência de graus de verdade (mensuráveis), ela presume que há um último objeto para o qual *Pa* tem o grau de verdade 1 e um primeiro para o qual tem um grau de verdade menor de que 1, isto é, um primeiro objeto pertencente à zona de indeterminação do predicado. Por outras palavras, presume injustificadamente que há uma fronteira entre o conjunto dos objetos que são abrangidos pelo predicado e o conjunto dos objetos pertencentes à zona de indeterminação (e o mesmo, claro, para a fronteira entre a zona de indeterminação e o conjunto dos objetos que não são abrangidos pelo predicado). Assim, a idéia de introduzir graus de verdade é também inconsistente com a vagueza de segunda ordem; e, logo, ela não pode proporcionar uma boa solução para o sorites.

Uma solução arrojada, trazida para a discussão por Timothy Williamson, é aquela segundo a qual existem de fato fronteiras delimitando o domínio de aplicação dos predicados a que chamamos vagos, exatamente como no caso dos predicados precisos – acontecendo apenas que no primeiro caso o nosso equipamento cognitivo é insuficiente para que saibamos onde essa fronteira reside (daí que esse ponto de vista seja designado "epistêmico"). O argumento que sustenta essa tese é simples e parece razoável: em um raciocínio sorites, a premissa de base (p. ex., P0 ou "uma pessoa com 0 cabelos é calva") é verdadeira; a conclusão (p. ex., P10.000 ou "uma pessoa com 10 mil cabelos é calva") é falsa; uma vez que a aplicabilidade do predicado depende basicamente do número de cabelos, conclui-se daqui que algures no meio da progressão numérica tem de haver um n tal que Pn é verdadeira e $Pn+1$ é falsa. Uma vez que, em geral, os falantes da linguagem (nós) que contém o predicado vago P são incapazes de descortinar tal fronteira, segue-se que esse fato resulta de uma incapacidade cognitiva desses falantes.

Se essa tese puder ser aceita, então ela nos proporciona uma solução simples para o paradoxo – correspondendo, como no caso das sobreatribuições, à estratégia de resolução que consiste em questionar a verdade das suas premissas. De fato, se existe uma fronteira ao longo da progressão, segue-se que uma das premissas condicionais do sorites (ou, alternativamente, o passo indutivo) é falsa (ao contrário, argumentativamente, do que a nossa limitada capacidade cognitiva nos levaria a supor). Logo, o paradoxo não pode ser derivado.

A tese epistêmica não é, porém, imune a objeções. A mais óbvia é a de que ela contradiz o comportamento semântico dos predicados vagos. Pelo menos no caso daqueles que são "observacionais", isto é, identificam objetos de acordo com as propriedades observáveis desses objetos ("vermelho", "calvo", etc.), a sua caracterização semântica tem de ser feita segundo um critério observacional. Mas isso significa que, se não houver alguma diferença observável entre dois objetos quanto à aplicabilidade de um predicado (p. ex., se duas pessoas forem ambas igualmente calvas tanto quanto é possível observar, ainda que uma delas tenha mais um cabelo do que a outra), então ambas ou nenhuma são abrangidas pelo predicado; por outras palavras, não pode existir uma fronteira entre essas duas pessoas no que diz respeito à aplicabilidade desse predicado. E essas considerações não são válidas apenas para predicados puramente observacionais. Tome-se "criança", p. ex. (apenas parcialmente observacional). O comportamento semântico desse predicado contradiz também a tese da existência de uma fronteira: se ele determinasse tal fronteira, teria de ter uma semântica semelhante à de "menor", isto é, teria de ser possível identificar um ponto de corte entre ser uma criança e ser um adolescente (tal como é possível fazer para "menor" e "maior", pela estipulação de uma fronteira etária). Não é apenas o caso de que não sabemos em que ponto a infância acaba e a adolescência começa, como a teoria epistêmica defende; de acordo com o que "criança" e "adolescente" significam, não há um ponto que assinale a passagem da zona de aplicação de um para a zona de aplicação de outro dos predicados (mesmo presumindo uma regularidade universal na progressão de um para outro).

O âmago da questão parece ser que, dadas a nossas limitadas capacidades cognitivas (designadamente perceptivas), as linguagens naturais – que usamos para descrever as propriedades (pelo menos parcialmente observacionais) dos objetos – têm de fazer uso de predicados vagos. É por isso que a língua portuguesa contém o predicado "calvo" e não outro predicado relativo à pilosidade capilar que significasse algo como "indivíduo com menos de 4.835 cabelos", p. ex. Mas se predicados vagos desse tipo produzem inevitavelmente a semântica expressa nas premissas condicionais (ou no passo indutivo) do sorites – como parece ser o caso –, então nenhuma delas parece poder ser classificada como falsa.

A imagem que ressalta das observações precedentes é a de que as soluções canônicas para o sorites necessitam de alguma reformulação, com vista a eliminar as objeções apresentadas. Seria, no entanto, abusivo retirar daqui a conclusão de que o paradoxo é irresolúvel, e que, como pensava Frege, a existência de predicados vagos mostra que as línguas naturais são irremediavelmente paradoxais e insuscetíveis de análise formal. O máximo que é possível dizer é que nenhuma das referidas soluções parece ainda mostrar méritos suficientes para a estabelecer como melhor do que as outras. *Ver também* AMBIGÜIDADE; BIVALÊNCIA; FILOSOFIA DA LINGUAGEM COMUM; LÓGICA; LÓGICAS NÃO-CLÁSSICAS; LÓGICAS POLIVALENTES; TERCEIRO EXCLUÍDO, PRINCÍPIO DO; VAGUEZA. **PS**

BURNS, C. *Vagueness*. Dordrecht: Kluwer, 1991.
READ, S. *Thinking About Logic*. Oxford: Oxford University Press, 1991, cap. 7.
SAINSBURY, R. M. *Paradoxes*. Oxford: Oxford University Press, 1988. pp. 25-50.
____ e WILLIAMSON, T. "Sorites", *in* Hale, B. e Wright, C. (orgs.). *A Companion to the Philosophy of Language*. Cambridge: Cambridge University Press, 1997, pp. 458-84.
WILLIAMSON, T. *Vagueness*. Londres: Routledge, 1994.

sse

Abreviatura de "se, e somente se". *Ver* BICONDICIONAL; EQUIVALÊNCIA; CONECTIVO.

subalternas, proposições

Uma proposição *q* é subalterna de uma proposição *p*, se sempre que *p* for verdadeira, *q* também o for, mas não vice-versa. A relação em causa é uma relação de implicação lógica no sentido em que a verdade da proposição que se encontre em uma relação de subalternidade com outra implica a verdade da sua subalterna, mas não de modo inverso.

A relação de subalternidade é usada no QUADRADO DE OPOSIÇÃO para descrever o alegado fato de que uma proposição universal – tipo A (universal afirmativa) ou E (universal negativa) – implica logicamente a proposição particular correspondente – respectivamente, I (particular afirmativa) ou O (particular negativa). P. ex., à proposição universal afirmativa (tipo A) "Todos os gatos são pretos" afirma-se corresponder como subalterna a proposição particular (tipo I) "Alguns gatos são pretos". Ao aplicarmos a relação de subalternação a essas proposições ficamos com o seguinte resultado: se todos os gatos são pretos, então também é verdade que alguns o são. Isto é, se atribuímos corretamente uma propriedade a todos os elementos de uma classe, então essa propriedade também se verifica para alguns elementos dessa classe. Podemos assim compreender por que razão a relação de subalternação não se verifica da proposição particular para a universal. Pois, mesmo que seja verdade que alguns gatos são pretos, isso não implica que todos o sejam (afinal existem gatos brancos, castanhos, etc.). Como dissemos, no quadrado de oposição, essa relação também é aplicada às proposições negativas – tipo E e O. Assim, à proposição universal negativa (E) "Nenhum gato é preto" afirma-se corresponder como subalterna a proposição particular (tipo O) "Alguns gatos não são pretos". Desse modo, se é verdade que nenhum elemento da classe dos gatos possui a propriedade da pretidão, então também é verdade que alguns não a possuem. Mas, certamente que a partir do fato de alguns gatos não serem pretos (afinal, existem gatos brancos, etc.), não podemos inferir que nenhum o seja. Na lógica silogística, à relação de subalternação correspondem inferências válidas imediatas, às quais se chama leis da subalternação (S representa o termo-sujeito e P o termo-predicado):

1) $\dfrac{\text{SAP}}{\therefore \text{SIP}}$ 2) $\dfrac{\text{SEP}}{\therefore \text{SOP}}$

Note-se que, na habitual lógica de primeira ordem, essas inferências são inválidas. *Ver também* IMPLICAÇÃO EXISTENCIAL. **CTe**

subconjunto

Diz-se que um conjunto x é um subconjunto de um conjunto y, e escreve-se $x \subseteq y$, se todo o elemento de x é elemento de y. Simbolicamente: $\forall z\,(z \in x \rightarrow z \in y)$. Alguns autores usam a notação $x \subset y$ em vez de $x \subseteq y$. Na nossa notação, reserva-se $x \subset y$ para afirmar que x é um subconjunto de y, diferente de y. Para evitar possíveis confusões terminológicas, usa-se freqüentemente a notação $x \subsetneq y$ para exprimir esse último conceito. *Ver também* CONJUNTO. **FF**

subcontrárias, proposições

Duas proposições que não podem ser ambas falsas, mas podem ser ambas verdadeiras. Distinguem-se assim das CONTRADITÓRIAS, que não podem ser ambas verdadeiras nem ambas falsas, e das CONTRÁRIAS, que não podem ser ambas verdadeiras, mas podem ser ambas falsas. P. ex., as frases "Alguns portugueses são poetas" e "Alguns portugueses não são poetas" não podem ser ambas falsas, mas são ambas verdadeiras. *Ver* QUADRADO DE OPOSIÇÃO. **DM**

substituição, axioma da

Ver AXIOMA DA SUBSTITUIÇÃO.

substituição *salva veritate*

Ver ELIMINAÇÃO DA IDENTIDADE.

sucessão

Uma sucessão é uma FUNÇÃO cujo domínio é o conjunto dos NÚMEROS naturais. É costume apresentar as sucessões por meio da notação $(s_n)_{n \in N}$ ou, com abuso de linguagem, simplesmente por s_n. *Ver também* NÚMERO; FUNÇÃO; SEQÜÊNCIA. **FF**

CAMPOS FERREIRA, J. *Introdução à análise matemática*. Lisboa: Gulbenkian, 1990.

suficiente, condição

Ver CONDIÇÃO SUFICIENTE.

suporte

Ver DOMÍNIO.

suposição

Nos sistemas de dedução natural, uma proposição admitida como verdadeira para efeitos dedutivos, mas que não faz parte das premissas dadas nem é uma verdade lógica. Se não se eliminar a proposição que supusemos, a derivação é improcedente por depender de algo do qual não deveria depender. Considere-se a seguinte derivação do seqüente $p \rightarrow q \vdash (p \wedge r) \rightarrow q$:

Prem	(1)	$p \rightarrow q$	
Sup	(2)	$p \wedge r$	
2	(3)	p	2, E$\wedge$
1,2	(4)	q	1,3 E$\rightarrow$
1	(5)	$(p \wedge r) \rightarrow q$	2,4 I$\rightarrow$

A suposição do passo 2 foi eliminada no passo 5, ficando o resultado dependente unicamente da premissa original. *Ver* DEDUÇÃO NATURAL, REGRAS DE. **DM**

T, sistema de lógica modal

Ver LÓGICA MODAL, SISTEMAS DE.

tabela de verdade

O método das tabelas de verdade (ou matrizes lógicas) é um dos processos de decisão para o cálculo proposicional, o que significa que se trata de um processo mecânico tal que, para toda fórmula Φ desse cálculo, permite sempre responder à pergunta sobre se Φ é ou não uma tautologia. Esse método, concebido independentemente por Post e por Wittgenstein em 1921, baseia-se no fato de o valor de verdade de uma proposição depender exclusivamente dos valores de verdade das proposições mais elementares que a compõem (princípio da extensionalidade). Assim, quando se pretende testar uma fórmula Φ (ou frase declarativa vertida para uma linguagem adequada do cálculo proposicional), constrói-se uma tabela, fazendo figurar nas primeiras colunas todas as combinações possíveis de valores de verdade das subfórmulas elementares (ou atômicas) que compõem Φ (isto é, das subfórmulas em que não ocorre nenhum conectivo) e, em cada linha das colunas seguintes, o valor de verdade correspondente a cada uma daquelas combinações para subfórmulas de Φ com crescente grau de complexidade.

Nós ilustramos este método usando os símbolos V e F para representar os valores de verdade, verdadeiro e falso, respectivamente, mas outros símbolos possíveis são freqüentemente usados, como 1 e 0 e ⊤ e ⊥; a fórmula Φ que ora testamos no nosso exemplo é a seguinte:

$$(\neg p \vee q) \leftrightarrow (\neg q \rightarrow \neg p).$$

Nas colunas 1 e 2 da tabela I, constam todas as combinações possíveis de valores de verdade para as duas subfórmulas elementares de Φ, p e q. Nesse caso, porque

TABELA I

	1	2	3	4	5	6	7
	p	q	$\neg p$	$\neg q$	$\neg p \vee q$	$\neg q \rightarrow \neg p$	$(\neg p \vee q) \leftrightarrow (\neg q \rightarrow \neg p)$
1	V	V	F	F	V	V	V
2	V	F	F	V	F	F	V
3	F	V	V	F	V	V	V
4	F	F	V	V	V	V	V

A numeração das linhas e colunas serve apenas de referência à exposição.

são duas as subfórmulas elementares, são quatro (VV, VF, FV, FF) as combinações possíveis, mas o número destas para quaisquer n subfórmulas elementares é 2^n. Uma vez que p e q ocorrem negadas em Φ, determinamos, em seguida, os valores de $\neg p$ e $\neg q$, escrevendo em cada linha da coluna 3 o valor da função negação quando toma como argumento o valor de verdade que figura na mesma linha da coluna correspondente a p; procedemos do mesmo modo para construir a coluna 4, utilizando os valores da coluna 2 como argumentos. Estamos agora em condições de determinar os valores das subfórmulas que figuram nas colunas 5 e 6, uma vez que, sendo estas as subfórmulas de Φ, de complexidade imediatamente superior a ¬p e ¬q, os seus valores só dependem dos valores já encontrados nas colunas construídas. Assim, socorrendo-nos da função ∨ e das colunas 2 e 3, determinamos os valores que preenchem a coluna 5 e procedemos de igual modo para preencher a coluna 6 (servindo-nos da função → e das colunas 3 e 4). Finalmente, não existindo mais nenhuma subfórmula de Φ para além da própria Φ, determinamos a coluna 7, que exibe os valores de verdade possíveis de Φ para todas as combinações de valores de verdade das suas subfórmulas elementares.

Assim, a última coluna a ser construída em uma tabela de verdade fornece-nos a lista exaustiva de todos os valores de verdade possíveis da fórmula em análise. Se nessa coluna figurar em todas as linhas o símbolo para o valor verdadeiro é porque se trata de uma tautologia; se figurar apenas o símbolo para o valor falso, trata-se de uma contradição (ou fórmula identicamente falsa); se figurarem ambos os símbolos, trata-se de uma fórmula neutra, isto é, de uma fórmula verdadeira em determinadas condições e falsa em outras. No nosso exemplo, e porque só o símbolo V figura na coluna correspondente a Φ, concluímos que Φ é uma tautologia.

TABELA II

3	1	5	2	7	4	2	6	3	1
(¬	p	∨	q)	↔	(¬	q	→	¬	p)
1 F	V	V	V	V	F	V	V	F	V
2 F	V	F	F	V	V	F	F	F	V
3 V	F	V	V	F	F	V	V	V	F
4 V	F	F	F	V	V	F	V	V	F

Um modo mais econômico de executar uma tabela de verdade é exemplificado pela tabela II, onde as colunas foram numeradas de acordo com as suas correspondentes na tabela I, sendo os valores em cada uma determinados exatamente do modo já descrito. *Ver também* FÓRMULA; TAUTOLOGIA; VALOR DE VERDADE; DECIDIBILIDADE. **FM**

Tarski, bicondicional de
Ver FRASE V.

Tarski, teoria da verdade de
Ver VERDADE DE TARSKI, TEORIA DA.

tautologia
No seu sentido comum, "tautologia" designa a repetição de um mesmo argumento sob forma diferente. No seu sentido lógico, e nomeadamente no CÁLCULO PROPOSICIONAL, tautologia designa uma FÓRMULA (ou frase declarativa vertida para a linguagem do cálculo) que é verdadeira para todas as atribuições de VALORES DE VERDADE ÀS VARIÁVEIS proposicionais que nela ocorrem (ou às frases declarativas que compõem a frase principal). A introdução do termo "tautologia" com o sentido preciso que lhe é dado na lógica proposicional deve-se a Wittgenstein, mas existem outras designações possíveis para as tautologias, tais como "fórmulas (ou frases declarativas) tautologicamente válidas" ou "fórmulas (ou frases declarativas) identicamente verdadeiras".

Sendo a lógica proposicional decidível e sendo o método das TABELAS DE VERDADE um dos seus processos de decisão, podemos utilizá-lo para testar uma fórmula e saber se é ou não uma tautologia.

As tautologias são em número infinito e, embora todas sejam leis lógicas e constituam o objeto do cálculo proposicional, habitualmente, selecionam-se para axiomas algumas dentre elas que representem as leis mais importantes e derivam-se as restantes sob a forma de TEOREMAS. É o caso das tautologias que listamos em seguida, e que exprimem algumas das leis mais fundamentais da lógica proposicional clássica: Dupla negação: ¬¬A ↔ A; Não-contradição: ¬(A ∧ ¬A); Terceiro excluído: A ∨ ¬A; Associatividade: [(A ∧ B) ∧ C] ↔ [A ∧ (B ∧ C)]; [(A ∨ B) ∨ C) ↔ (A ∨ (B ∨ C)]; Comutatividade: (A ∧ B) ↔ (B ∧ A); (A ∨

B) ↔ (B ∨ A); Idempotência: (A ∧ A) ↔ A; (A ∨ A) ↔ A; De Morgan: ¬(A ∧ B) ↔ (¬A ∨ ¬B); ¬(A ∨ B) ↔ (¬A ∧ ¬B); Distributividade: [A ∧ (B ∨ C)] ↔ [(A ∧ B) ∨ (A ∧ C)]; [A ∨ (B ∧ C)] ↔ [(A ∨ B) ∧ (A ∨ C)]. *Ver também* VALOR DE VERDADE; FÓRMULA; TEOREMA; TABELA DE VERDADE; VARIÁVEL; CÁLCULO PROPOSICIONAL; VERDADE DE TARSKI, TEORIA DA; DECIDIBILIDADE. **FM**

tautologia, leis da

Ver IDEMPOTÊNCIA, LEIS DA.

teleo-semântica

A perspectiva teleo-semântica típica acerca da representação mental pode ser decomposta nas seguintes três idéias. (Versões da teoria teleo-semântica podem encontrar-se em Dennett, 1969, 1987; Millikan, 1984, 1993; Papineau, 1984, 1987, 1993.) 1) Teleologia: Diz-se que uma representação mental ocorre sempre que algum estado cognitivo tem a finalidade de covariar com alguma condição. 2) Biologia: A finalidade deve ser entendida aqui do mesmo modo em que é entendida em biologia. 3) Etiologia: Um traço T tem a finalidade biológica P apenas se T se encontrar agora presente porque um mecanismo de seleção passado favoreceu T em virtude de T fazer P. A seguir analisa-se a teoria teleo-semântica através da explicação seqüencial dessas três idéias.

Teleologia – O problema da representação mental é por vezes chamado do problema da "acerqüidade". Como pode uma coisa estar por, ou ser acerca de, outra? Esse problema consiste simplesmente na transposição para o reino mental do problema mais familiar da representação lingüística. Como podem as palavras, que, no fim de contas, nada mais são senão padrões sonoros ou traços no papel, estar por outras coisas diferentes delas próprias? A resposta natural a esse problema lingüístico é dizer que as palavras têm sentidos porque as pessoas as tomam como tendo sentidos. A palavra "banana" está por bananas porque as pessoas pensam que esse é o caso. Mas isso remete-nos de imediato para o problema da representação mental. Como pode um pensamento ser acerca de bananas (e acerca da palavra "bananas")?

Uma primeira tentativa para responder a essa questão poderia consistir no desenvolvimento de uma simples teoria causal da representação. Por que não dizer que o conteúdo representacional de uma crença é aquela circunstância que tipicamente a causa? De acordo com essa perspectiva, minha crença é acerca de bananas porque essa crença é, em geral, causada por bananas. De forma similar, podemos dizer que o conteúdo de um desejo é aquela circunstância que, como regra, dele resulta. O meu desejo é de bananas porque a minha obtenção de bananas é o resultado típico desse desejo (cf. Stampe [1977] e Dretske [1981]).

Essa manobra encontra-se, todavia, fatalmente afetada pela doença conhecida como "disjuntivite" (cf. Fodor, 1984, 1990). A crença de que tendes uma banana à vossa frente poder ser causada não apenas por uma banana real, mas também por uma banana de plástico, ou um holograma de uma banana, ou assim sucessivamente. Logo, de acordo com a presente sugestão, a crença em questão deveria representar ou-uma-banana-real-ou-uma-banana-de-plástico-ou-uma-das-outras-coisas capazes de vos enganar. O que evidentemente ela não faz.

O mesmo se passa com os desejos. Os resultados subseqüentes à ocorrência de um desejo específico qualquer incluem não apenas o objeto real do desejo, mas também várias conseqüências não pretendidas. Por conseguinte, a presente sugestão implicaria que o objeto de qualquer desejo é a disjunção do seu objeto real com todas essas conseqüências não pretendidas. Algo que, evidentemente, ele não é.

Aqui entra o apelo à teleologia. Podemos dizer que o conteúdo de uma crença, a condição que ela realmente representa, é não apenas o que quer que seja que a causa, mas antes aquela circunstância que deve causá-la, aquela condição para covariar com a qual ela foi projetada. Uma vez que, presumivelmente, a minha crença de que uma banana se encontra à minha frente deve ocorrer quando lá estiver uma banana real, e não em outras circunstâncias, essa manobra produzirá a conclusão desejada de que a minha crença é acerca de uma banana. E de modo semelhante o objeto real de um desejo pode ser explicado como aquele resultado que o desejo deve produzir, em contraste com todos os outros resultados que ele produz, pura e simplesmente.

Biologia – À primeira vista, pode parecer que a sugestão que acabei de fazer se limita a trocar uma idéia obscura por outra. Acabei de sugerir que podemos explicar a representação em termos de finalidade. Mas então e a "finalidade" ela própria (equivalentemente, "dever" ser "projetado")? Será que essa noção não é tão obscura como a noção de representação?

É claro que há uma noção bem conhecida de finalidade humana, de acordo com a qual um agente consciente projeta deliberadamente algum plano ou artefato com a intenção de alcançar determinado fim, ao qual podemos então chamar a "finalidade" do agente. Mas esse modelo não se aplica aqui. Partindo do princípio de que o criacionismo é falso, nenhum agente consciente projetou deliberadamente os mecanismos cognitivos dos seres humanos. Portanto, esses mecanismos não têm, nesse sentido, mais "finalidade" que pedras ou estrelas. (E, seja como for, de nada serviria explicar "finalidades" em termos de intenções conscientes, uma vez que as intenções dependem, por sua vez, de crenças e desejos com conteúdo, e a possibilidade da ocorrência de tais estados mentais representacionais é precisamente o que estou tentando explicar.)

É nesse ponto que os teóricos teleo-semânticos se voltam para a biologia. A "finalidade" do pêlo branco dos ursos-polares é camuflá-los das suas presas. A "função" das glândulas mamárias é fornecer alimento às crias. Temos plaquetas no nosso sangue "para" facilitar a coagulação.

Essas afirmações lembram-nos que o uso de noções finalistas se encontra espalhado em todas as ciências biológicas. Tais noções são invocadas sempre que os biólogos analisam os traços biológicos em termos das suas "funções", dos efeitos que que eles devem produzir. Nenhum apelo a um projetista consciente parece ser necessário aqui. Talvez tenha havido um tempo, há alguns séculos, em que a maioria dos estudiosos de história natural eram criacionistas. Mas hoje não sobram muitos criacionistas, e todavia a conversa acerca de finalidades e funções mantém-se tão comum como antes.

Os teleo-semânticos defendem que devemos simplesmente buscar uma página no livro dos biólogos. Quando dizemos que a finalidade das crenças é covariar com determinados estados de coisas, ou que os desejos devem dar origem a certos resultados, essas frases devem simplesmente ser entendidas da maneira como elas são entendidas quando um biólogo fala acerca da função de um traço biológico qualquer.

Etiologia – Mas que maneira é essa? Talvez os biólogos gostem especialmente de expressões como "finalidade" ou "função". Mas não é inteiramente claro o que essas expressões significam, nem sequer se se pode fazer delas expressões filosoficamente respeitáveis. No fim de contas, há algo de muito suspeito acerca dessa terminologia aparentemente teleológica. Parece estar explicando traços presentes (o pêlo branco, digamos) em termos de efeitos futuros (ser invisível para as presas). Mas esse gênero de explicação aponta na direção temporal errada. Explicamos normalmente fatos presentes em termos de causas passadas, não em termos de efeitos futuros. Se falar de "funções" e "finalidades" em biologia nos compromete com explicações que apelam para o que está por vir, então talvez se trate de um cálice envenenado que o teleo-semântico faria bem em recusar.

Nesse ponto, a estratégia típica consiste em apelar para histórias de seleção natural. Em geral, o discurso finalista em biologia pode ser lido como referindo-se implicitamente a processos passados de seleção. Assim, quando dizemos que o traço T (o pêlo branco) tem a função F (camuflagem), tudo o que queremos realmente dizer é que T se encontra agora presente porque no passado ajudou indivíduos a sobreviver e a reproduzir-se em virtude de ter feito F. De acordo com essa perspectiva, a explicação aponta na direção temporal adequada. Estamos querendo explicar o traço presente em termos do processo passado que o selecionou (Wright [1973], Millikan [1989], Neander [1991a e 1991b]).

A razão pela qual usamos termos finalistas nesse contexto é presumivelmente a de que a seleção natural funciona bastante como um projetista consciente. O seu "objetivo" é projetar organismos que possam sobreviver e reproduzir-se, e escolhe para esse efeito quaisquer meios que "creia" (como resultado de um processo de tentativa e erro) serem efetivos para o alcançar. É claro que essa não é uma analogia perfeita. Mas isso não tem conseqüências relevantes desde que nos lembremos de que o discurso acerca de "finalidades" na biologia tem sempre de acabar por ser trocado por um discurso acerca de processos passados de seleção natural. Desde que tenhamos claro aquilo acerca de que estamos falando, não interessa muito que palavras usamos para o fazer.

O que é verdade na biologia em geral é também na teoria teleo-semântica da representação. Os teleo-semânticos também querem que o seu discurso acerca das "finalidades" ou "funções" das crenças e dos desejos seja entendida como fazendo referência implícita a processos passados de seleção natural. Dizer que uma crença ou desejo tem a "finalidade" de covariar com dada condição, como o fiz há pouco, deve ser lido como uma afirmação de que a crença ou desejo se encontra agora presente por causa dos resultados seletivamente vantajosos que produziu quando covariou dessa forma.

Com isso se completa a explicação dos componentes 1-3 da perspectiva teleo-semântica. Apelos a noções como "finalidade", "dever", e "projeto" na explicação da representação mental são legitimados pela referência a histórias passadas de seleção natural, tal como o são na biologia em geral.

Concluirei respondendo a duas objeções típicas da teleo-semântica: 1) Crenças e Desejos Não-Inatos – A teleo-semântica tem a implicação implausível de que todas as crenças e desejos são inatos; 2) Homem do Pântano – A teleo-semântica tem a implicação implausível de que criaturas sem uma história de evolução não terão estados representacionais.

Considerarei tais objeções em seqüência.

Crenças e Desejos Não-Inatos – Contrariamente a esta objeção, a teoria teleo-semântica não implica que todas as representações mentais sejam biologicamente inatas. Talvez algumas crenças, tais como as crenças ocasionadas pela presença próxima de cobras e aranhas, dependam de genes que foram selecionados para essa finalidade. Mas a maioria das outras crenças, tais como aquelas acerca de carros a motor e táticas futebolísticas, não é assim inata. A teleo-semântica pode dar conta disso chamando a atenção para o fato de que nem toda seleção natural é seleção intergeracional de genes. Também ocorre seleção natural no decurso do desenvolvimento individual ("Darwinismo neural"); esta tem lugar à medida que o cérebro adquire disposições para responder a *inputs* apropriados com *outputs* apropriados. Certo padrão de cognição pode ser reforçado pela aprovação dos pais, ou outras contingências, precisamente na altura em que produz comportamento apropriado à presença de tal e tal circunstância. Como resultado disso a teoria teleo-semântica considerará que ele representa essa circunstância (cf. Papineau, 1987, cap. 4.2.).

Homem do Pântano – A essa objeção é normalmente dado um conteúdo visual por meio da fábula do "Homem do Pântano". Imaginemos que um raio fulmina um coto de árvore em um pântano cheio de água estagnada e tem como efeito, graças a uma fantástica ação da natureza, que algumas das moléculas do pântano se agrupem e formem um duplo físico perfeito de David Papineau. Esse "Homem do Pântano" é exatamente como eu em todos os detalhes físicos. Do alto da sua cabeça às pontas dos dedos dos seus pés, ele é feito exatamente das mesmas moléculas que eu, cada uma delas no lugar exato (cf. Millikan [1984] e Papineau [1984]).

O problema para a teoria teleo-semântica é suficientemente óbvio. Se o Homem do Pântano é uma cópia física perfeita de mim, então a intuição indica que ele deveria igualmente ser uma cópia mental. Presumivelmente ele partilhará meu entusiasmo pelo jogo do críquete, digamos, ou minha crença de que o Sol tem nove planetas. Todavia, sua posse de tais estados mentais representacionais é inconsistente com a teoria teleo-semântica. Com efeito, a teoria teleo-semântica considera que a representação deriva de histórias passadas de seleção natural, e o Homem do Pântano não tem tal história. Nenhum dos traços do Homem do Pântano e, em particular, nenhum dos seus estados cognitivos, foi selecionado por causa de quaisquer vantagens que tivessem oferecido no passado. O Homem do Pântano é inteiramente uma criação do acaso. Desse modo, a teoria teleo-semântica implica, contrariamente à intuição, que o Homem do Pântano não tem nenhum estado representacional.

Os defensores da teoria teleo-semântica podem responder que ela não é concebida como um trabalho de análise conceptual, mas antes como uma redução teórica, afim da identificação científica da água com H_2O, ou da temperatura com a energia cinética média. Isso deveria ter estado claro desde o princípio. Se é verdade que as pessoas vulgares usam uma noção comum de representação, é claro que a posse de tal noção não exige que elas apreendam o que quer que seja acerca de processos de seleção natural, uma vez que poucas pessoas pensam acerca de processos de seleção natural e ainda menos os associam com a representação. Assim, a teoria teleo-semântica só pode ser concebida como um acréscimo ao pensamento do dia-a-dia, o gênero de acréscimo que a ciência nos dá quando identifica a natureza subjacente (H_2O, energia cinética média) de algum fenômeno que o pensamento do dia-a-dia apreende em termos mais comuns (água, temperatura).

Uma vez que vejamos a teoria teleo-semântica sob essa luz, então o problema do Homem do Pântano desaparece. Na medida em que a teoria teleo-semântica não é concebida como pretendendo capturar a estrutura da nossa noção cotidiana de representação, a incapacidade da teoria teleo-semântica em concordar com essa noção cotidiana acerca de todos os casos possíveis não milita contra ela. No fim das contas, se a nossa noção cotidiana de água classificasse diferentes líquidos possíveis incolores, inodoros e potáveis como água, mesmo que eles não fossem feitos de H_2O, isso seria uma objeção irrelevante contra a identificação teórica da água com H_2O. As identificações teóricas são concebidas para identificar a natureza subjacente que certos gêneros de coisas realmente têm, e não para explicar como o pensamento do dia-a-dia reagiria a quaisquer circunstâncias possíveis.

Reparemos como é importante aqui que os Homens do Pântano sejam meros casos imaginários, tal como o são os líquidos incolores, inodoros e potáveis que não são H_2O. Se Homens do Pântano (ou água não-H_2O) fossem de fato encontrados no mundo atual, então precisaríamos de uma teoria diferente da natureza subjacente às representações (ou à água) atuais. Mas, o Homem do Pântano é um ser meramente possível, os teleo-semânticos podem alegremente considerá-lo irrelevante para a redução teórica que propõem. **DP**

DENNETT, D. *Content and Consciousness*. Londres: Routledge, 1969.
____. *The Intentional Stance*. Cambridge: MIT Press, 1987.
DRETSKE, F. *Knowledge and the Flow of Information*. Oxford: Blackwell, 1981.

FODOR, J. *A Theory of Content*. Cambridge: MIT Press, 1990.

―――. "Semantics, Winsconsin Style", *in Synthèse*, n.º 59, 1984.

MILLIKAN, R. G. "Biosemantics", *in Journal of Philosophy*, vol. 86, 1989. Reimp. *in* MacDonald e MacDonald (orgs.). *Philosophy of Psychology: Debates on Psychological Explanation*. Oxford: Blackwell, 1995, pp. 253-76.

―――. *Language, Thought, and Other Biological Categories*. Cambridge: MIT Press, 1984.

―――. *White Queen Psychology and other Essays for Alice*. Cambridge: MIT Press, 1993.

NEANDER, K. "Functions as Selected Effects: the Conceptual Analyst's Defence", *in Philosophy of Science*, n.º 58, 1991a.

―――. "The Teleological Notion of a Function", *in Australasian Journal of Philosophy*, n.º 69, 1991b.

PAPINEAU, D. *Philosophical Naturalism*. Oxford: Blackwell, 1993.

―――. *Reality and Representation*. Oxford: Blackwell, 1987.

―――. "Representation and Explanation", *in Philosophy of Science*, n.º 51.

STAMPE, D. "Towards a Causal Theory of Linguistic Representation", *in Midwest Studies in Philosophy*, n.º 2, 1977.

WRIGHT, L. "Functions", *in Philosophical Review*, n.º 82, 1973.

teorema

Um teorema pode ser caracterizado do ponto de vista informal como uma proposição derivada a partir de resultados e processos de INFERÊNCIA previamente admissíveis em um domínio teórico particular. Cada novo teorema assim obtido passa a integrar o conjunto de resultados disponíveis como base para novas derivações. O "domínio teórico" a que essa caracterização alude é, tipicamente, algum fragmento da matemática, mas se pode igualmente falar em teoremas noutros domínios, nomeadamente naqueles que podem ser formalizadas ou, pelo menos, axiomatizados. Foi nesses domínios que o conceito de teorema adquiriu uma formulação precisa, associada à de DEMONSTRAÇÃO (formal), mas na qual são facilmente reconhecíveis as analogias com a caracterização intuitiva.

Assim, do ponto de vista formal, sendo subsidiária da noção de demonstração e, como esta, da de conseqüência imediata, a noção de teorema é identificável com a de FÓRMULA (formalmente) demonstrável, que pode ser definida indutivamente como segue: 1. Se F é um axioma, então F é demonstrável; 2. Se F é uma conseqüência imediata de uma ou mais fórmulas demonstráveis, então F é demonstrável; 3. Uma fórmula só é demonstrável como estipulado em 1-3. *Ver também* DEMONSTRAÇÃO; INFERÊNCIA; FÓRMULA; LINGUAGEM FORMAL; SISTEMA FORMAL; TEORIAS AXIOMÁTICAS. **FM**

teorema da adequação

O mesmo que TEOREMA DA CORREÇÃO.

teorema da compacidade

Um dos teoremas fundamentais da teoria dos modelos da LÓGICA DE PRIMEIRA ORDEM. Diz que um conjunto arbitrário Σ de frases de uma linguagem de primeira ordem é compatível (isto é, tem um modelo) se, e somente se, toda a parte finita de Σ é compatível. Equivalentemente, diz que uma frase A é conseqüência semântica de um conjunto Σ (em símbolos $\Sigma \models A$) se, e somente se, existe uma parte finita Σ_0 de Σ tal que A é conseqüência de Σ_0 ($\Sigma_0 \models A$). As versões para as linguagens proposicionais (clássicas) têm exatamente o mesmo enunciado, só mudando o significado de "modelo". Em geral, o teorema serve para mostrar que um conjunto de frases (p. ex., os axiomas de uma teoria de primeira ordem) é compatível, mostrando que toda parte finita tem um modelo, o que é, em geral, relativamente mais fácil de fazer. É por essa via, p. ex., que pode ser obtida a existência de modelos não-padrão da aritmética (de Peano) e da análise. Além disso, o teorema da compacidade tem muitas outras aplicações matemáticas interessantes.

O teorema é uma conseqüência quase imediata do metateorema da completude semântica de Gödel e, sob forma implícita, está presente na memória original de Gödel, mas também pode ser demonstrado independentemente. Pode-se dizer que o teorema da compacidade é a versão semântica da PROPRIEDADE DE FINITUDE dos sistemas dedutivos, propriedade esta que nos diz que, em dado sistema dedutivo, uma frase A é dedutível de um conjunto Σ de hipóteses (em símbolos $\Sigma \vdash A$) se, e somente se, existe uma parte finita Σ_0 de Σ tal que A é dedutível de Σ_0 ($\Sigma_0 \vdash A$). Equivalentemente, um conjunto Σ é consistente (ou não contraditório) se, e somente se, toda a parte finita de Σ é consistente. *Ver* LÓGICA DE PRIMEIRA ORDEM; MODELOS, TEORIA DOS. **AJFO**

teorema da completude

A completude é uma importante propriedade lógica que possuem alguns SISTEMAS FORMAIS e TEORIAS DE PRIMEIRA ORDEM.

Em termos intuitivos, um sistema (ou teoria) é completo se tudo aquilo que pretendemos que seja um TEOREMA desse sistema (ou teoria) é um teorema de tal sistema (ou teoria). Como observa Church (1956, p. 109), "A noção de completude de um sistema lógico tem uma motivação semântica que consiste, *grosso modo*, na intenção de que o sistema tenha todos os possíveis teoremas que não entrem em conflito com a interpretação [...] isto conduz a diversas definições puramente sintáticas de completude".

Veremos de seguida algumas delas, mas antes vamos tornar precisa a noção semântica de completude.

Def. 1. Completude Semântica – Um sistema formal S (ou uma teoria de primeira ordem T), com uma LINGUAGEM FORMAL, L, é completo, se, e somente se, todas as frases válidas de L são também teoremas de S (ou T). Em símbolos: se $\vDash_L A$, então $\vdash_S A$.

Podemos, em seguida, definir completude semântica em sentido forte, tomando como primitiva a noção de CONSEQUÊNCIA.

Def. 2. Completude Semântica Forte – Um sistema formal S (ou uma teoria de primeira ordem T), com uma linguagem formal L, é completo, se, e somente se, sempre que A é uma consequência semântica em L de um conjunto de fbf, Γ, então A é derivável em S a partir de Γ. Em símbolos: se $\Gamma \vDash_L A$, então $\Gamma \vdash_S A$.

Voltamo-nos agora para os conceitos sintáticos de completude. O primeiro é o de completude quanto à negação.

Def. 3. Completude Quanto à Negação – Um sistema formal, S, é completo quanto à negação se, e somente se, para cada fbf A (da linguagem do sistema), ou A ou $\neg$A são teoremas de S.

Nenhum sistema (ou teoria) exclusivamente lógico (isto é, sem axiomas próprios, não-lógicos) de primeira ordem é completo quanto à negação.

Def. 4. Completude Quanto à Consistência – Um sistema S é completo quanto à consistência se, e somente se, nenhuma fbf não demonstrável pode ser adicionada a S, sob pena de inconsistência.

Apenas um fragmento da lógica de primeira ordem é completa no sentido da def. 4: a sua parte essencialmente VEROFUNCIONAL (isto é, o CÁLCULO PROPOSICIONAL).

Um teorema de completude é, então, suscetível de ter várias formulações. Na sua formulação mais importante, consiste na demonstração de que um sistema de primeira ordem é completo no sentido das definições 1 e 2. Na sua formulação para o fragmento essencialmente verofuncional da lógica de primeira ordem, ele consiste na demonstração de que essa parte do sistema de primeira ordem é completa no sentido das definições 1, 2 e 4. *Ver também* COMPLETUDE; TEOREMA DA INCOMPLETUDE DE GÖDEL. **JS**

CHURCH, A. *Introduction to Mathematical Logic I*. Princeton: Princeton University Press, 1956.

teorema da correção

A correção é uma importante propriedade lógica que devem ter os SISTEMAS FORMAIS em geral, e que possuem, em especial, as TEORIAS DE PRIMEIRA ORDEM. Essa propriedade pode ser demonstrada. A expressão "teorema da correção" refere essa demonstração.

Um sistema (ou teoria) é correto se todos os TEOREMAS desse sistema são verdadeiros para qualquer interpretação, isto é, se todos os teoremas são verdades lógicas (*ver* SEMÂNTICA LÓGICA; VERDADE DE TARSKI, TEORIA DA). Ou seja, se para esse sistema (ou teoria) a seguinte frase é verdadeira: Se $\vdash$ X, então $\vDash$ X (*ver* CONSEQUÊNCIA). Vemos, assim, que a correção de uma sistema (ou teoria) é a propriedade simétrica da completude desse sistema (ou teoria), isto é: Se $\vDash$ X, então $\vdash$ X (*ver* TEOREMA DA COMPLETUDE).

Para demonstrarmos a correção de um sistema (ou teoria) não é necessário demonstrar que cada um dos seus teoremas é uma verdade lógica. É suficiente mostrar que cada um dos seus axiomas (se houver) é uma verdade lógica e que cada uma das suas regras de inferência (se houver) preserva verdade. Como os teoremas do sistema são gerados por aplicação iterada das regras de inferência sobre os axiomas ou sobre os teoremas entrementes gerados, temos que a correção que se estabeleceu para os axiomas e regras de inferência vale para todos os teoremas do sistema (ou teoria).

Sem pretendermos apresentar aqui a demonstração da correção para uma teoria de primeira ordem, podemos, no entanto, dar um esboço dessa demonstração para um fragmento dessa teoria, conhecido como "cálculo proposicional" ou "teoria das funções de verdade".

Vamos considerar um sistema, SF, composto pelos seguintes três axiomas e por uma regra de inferência.

Axiomas para SF: A1) $(p \to (q \to p))$; A2) $((p \to (q \to r)) \to ((p \to q) \to (p \to r))$; A3) $(\neg p \to \neg q) \to (q \to p)$. Regra de inferência para SF: RI) Se $(p \to q)$ e p são ou axiomas ou teoremas de SF1, então q é um teorema de SF1 obtido delas (também chamada "regra da separação" ou *modus ponens*).

Para demonstrarmos agora a correção de SF usaríamos o método tabular (*ver* TABELA DE VERDADE) para mostrar que A1, A2 e A3 são verdades lógicas (no caso, portanto, são TAUTOLOGIAS). Usaríamos, também, o mesmo método para mostrar que sempre que $(p \to q)$ e p são verdadeiros para dada interpretação, q também resulta verdadeiro para essa interpretação e que, portanto, RI preserva a verdade. Sendo assim (e desprezando algumas complicações irrelevantes para a presente ilustração), teríamos obtido a correção de SF. *Ver também* TEOREMA DA COMPLETUDE. JS

teorema da dedução

O teorema da dedução foi inicialmente demonstrado por Herbrand e, simplificando o seu conteúdo, pode-se dizer que se num sistema de axiomas da lógica proposicional e predicativa uma fórmula B pode ser demonstrada a partir de premissas $H_1,..., H_n$, então existe uma demonstração da fórmula $H_n \to B$ a partir das premissas $H_1,..., H_{n-1}$.

Para se proceder a uma formulação mais rigorosa do teorema da dedução torna-se útil analisar o comportamento das variáveis livres do cálculo de predicados diante das regras de inserção ou dos esquemas de quantificação. Na verdade, em qualquer derivação do cálculo de predicados, qualquer passo diferente do primeiro resulta de um passo anterior por inserção, ou por um dos esquemas de quantificação, ou por redenominação de variáveis ligadas, ou por um par de passos anteriores devido a uma aplicação de *MODUS PONENS*. Em tal derivação torna-se possível distinguir aquelas variáveis livres que efetivamente são alteradas pela derivação daquelas que permanecem inalteradas durante a derivação.

Seja $f_1,..., f_n$ a derivação de uma fórmula B no cálculo de predicados e f_i um passo na derivação de B. Diz-se que uma variável livre que permanece inalterada na derivação de f_i dos passos anteriores é um parâmetro na derivação de f_i. Assim, em uma aplicação da regra de inserção todas as variáveis livres da fórmula original são parâmetros, exceto aquela que é de fato substituída pela inserção. Em uma aplicação de *modus ponens*, todas as variáveis livres são parâmetros. Em aplicações dos esquemas de quantificação, a variável sobre a qual se quantifica não é um parâmetro e diz-se nesse caso ser uma variável operatória; todas as restantes são parâmetros. Na redenominação de variáveis ligadas todas as variáveis livres são parâmetros. Se na derivação de uma fórmula B no cálculo de predicados uma variável permanece como parâmetro até a fórmula de chegada, ou se é eliminada por uma aplicação de *modus ponens*, então diz-se que a variável livre é um parâmetro para a derivação de B.

Nesses termos, o teorema de dedução pode receber a seguinte formulação: se uma fórmula B é derivável de uma fórmula A de tal modo que as variáveis livres que ocorrem em A permanecem fixas como parâmetros durante a derivação, então a fórmula A → B é derivável sem utilizar A.

A demonstração do teorema consiste na verdade na construção da fórmula A → B a partir da já existente derivação de B a partir de A. A existência dessa construção é estabelecida se se fizer a indução completa sobre o comprimento da derivação de B. A forma da derivação é A ⊢ $f_1,…,f_n$ = B e a variável da indução é o índice i em f_i. Se a demonstração pode ser obtida para deduções de comprimento k, com $k < i$ e assim A → f_k, então também pode ser obtida para f_i e logo A → f_i.

Na base da indução, se $i = 1, f_1$ só pode ser um axioma ou uma hipótese ou a própria fórmula A. Utilizando o axioma X → (Y → X) e se f_i é uma hipótese ou um axioma, a regra de inserção dá-nos imediatamente f_i → (A → f_i) e uma aplicação de *modus ponens* dá-nos imediatamente a fórmula desejada A → f_i. Se f_i é a própria fórmula A, então a mesma regra aplicada sobre o teorema X → X dá-nos a fórmula A → f_i.

A hipótese indutiva é que, se j e k são menores do que i, A → f_j e A → f_k. Em particular, se $j < i$ e se $f_k = f_j → f_i$, então f_i é uma conseqüência de f_j e de f_k por MODUS PONENS. Nesse caso, a derivação de A → f_i é garantida pelo argumento seguinte: a fórmula A → ($f_j → f_i$) resulta da hipótese A → f_k por inserção. Mas, pela autodistributividade da implicação, a fórmula a que se chegou pela inserção mencionada pode ser usada para uma aplicação de *modus ponens* sobre a fórmula que representa a autodistributividade e assim obter (A → f_j) → (A → f_i). Uma nova aplicação de *modus ponens* sobre essa fórmula usando uma das hipóteses nos dá a fórmula desejada.

Resta considerar a possibilidade de f_i resultar de f_j pela prefixação de quantificadores. Como ∃x Fx é equivalente a ¬∀x ¬Fx, é suficiente considerar apenas o caso da quantificação universal, e assim $f_i = ∀x f_j$. Como as variáveis livres de A permanecem fixas como parâmetros, ou f_j não depende dedutivamente de A ou a variável a ligar não é uma variável livre de A.

No primeiro caso, de f_j pode obter-se ∀$x f_j$, que é igual a f_i. Assim, na fórmula f_i → (A → f_i) uma aplicação de *modus ponens* nos dá a fórmula desejada, A → f_i.

No segundo caso, da hipótese A → f_j pode-se obter ∀x (A → f_j). Essa fórmula pode ser agora aplicada à antecedente do teorema do cálculo de predicados ∀x (A → f_j) → (A → ∀$x f_j$), e obter assim A → ∀$x f_j$. Mas ∀$x f_j$ é igual a f_i e, assim, A → f_i. *Ver também* DEMONSTRAÇÃO CONDICIONAL. **MSL**

HILBERT, D. e BERNAYS, P. *Grundlagen der Mathematik*. Berlim: Springer, 1968, 2 vols.
KLEENE, S. *Introduction to Metamathematics*. Amsterdam: North-Holland, 1964.

teorema da eliminação do corte

A regra do corte, uma das regras de inferência do CÁLCULO DE SEQÜENTES formulado por Gerhard Gentzen, estabelece o seguinte: dada uma dedução de uma fórmula B ou de uma fórmula K, a partir de uma fórmula A, e dada ainda uma dedução de B a partir de K e A, podemos "cortar" K e inferir uma dedução de B, apenas a partir de A; em símbolos, se temos A ⊢ B, K e K, A ⊢ B, então podemos inferir A ⊢ B. O teorema da eliminação do corte, demonstrado por Gentzen e generalizado por Stephen Kleene, estabelece que no cálculo de seqüentes a regra do corte é dispensável, no sentido em que tudo aquilo demonstrável com sua ajuda pode ser demonstrado sem a sua ajuda. *Ver* CÁLCULO DE SEQÜENTES. **JB**

teorema da forma normal

Esse importante teorema pode ser assim enunciado: existe uma função unária U e, para cada $n > 0$, existe um predicado $n + 2$-ário T_n primitivamente recursivo, tais que: para qualquer função recursiva $f(x_1,..., x_n)$, pode-se determinar um número e, dito índice da função f, verificando: 1) $\forall x_1... \forall x_n \exists y (T_n (e, x_1,..., x_n, y))$; 2) $f(x_1,..., x_n) = U(\mu y T_n (e, x_1,..., x_n, y))$. O teorema deve-se a Kleene (1936) e tem interessantes conseqüências, das quais mencionaremos algumas: *a*) De 1 conclui-se que o domínio de uma função recursiva é um conjunto recursivamente enumerável; *b*) Ao construir uma função recursiva, pode-se fazer uso de um número finito, contudo arbitrariamente grande do operador T. Porém, de 2 tem-se: para qualquer definição de uma função recursiva, existe uma definição equivalente em que se faz uso apenas uma vez do operador T. Se chamarmos a uma definição verificando essa condição da forma normal, 2 afirma que toda função recursiva tem pelo menos uma forma normal; *c*) De 2 obtém-se também $f(x_1,..., x_n) = y \leftrightarrow \exists_t T_n(e, x_1,..., x_n, t) \wedge U(t) = y$, ou seja, o gráfico de uma função recursiva é um conjunto recursivamente enumerável; *d*) Entre outras coisas, o teorema da forma normal diz-nos que qualquer função recursiva tem pelo menos um índice e. De fato, pode-se tomar para e o código de um programa de uma máquina de Turing para computar f e pode-se então escrever $\{e\}_n (x_1,..., x_n) = f(x_1,..., x_n)$. Em sentido inverso, tomando qualquer número e, obtemos uma função recursiva n-ária, a função $\{e\}_n$, com índice $\hat{e}$, onde $\hat{e}$ é o próprio e, se $\hat{e}$ já é o código de um programa, ou é o código previamente fixado de um programa (digamos, o que faz parar de imediato a máquina e nada faz). Isso assegura que $\hat{e}$ é sempre o código de um programa; *e*) Ocorre perguntar o que acontece se fizermos variar e? Obtemos uma função $n + 1$-ária, que é recursiva sempre que fixamos a primeira variável. Isso porém não basta para assegurar que uma função seja recursiva. Contudo, o teorema da forma normal garante a recursividade dessa função $n + 1$-ária.

A função $n + 1$-ária D_n onde $D_n (z, x_1,..., x_n) = \{z\}(x_1,..., x_n)$ é recursiva.

Basta ver que $D_n(z, x_1,..., x_n) = U(\mu_t T_n(z, x_1,..., x_n, t))$.

A função $n + 1$-ária D_n é uma função que enumera todas as funções recursivas n-árias, o que significa que:

Para cada número e a função n-ária $\lambda_x D_n(e, x_1,..., x_n)$ é recursiva. Para qualquer função recursiva f n-ária, pode-se determinar um número e, tal que $f(x_1,..., x_n) = D_n(e, x_1,..., x_n)$.

Contraste essa situação com o seguinte: não existe nenhuma função recursiva total $n + 1$-ária, que enumera todas as funções recursivas totais n-árias. P. ex., para $n = 1$, se a função binária E recursiva e total enumerasse todas as funções recursivas unárias totais, então a função f, definida por $f(x_1,..., x_n) = E(x, x) + 1$, seria recursiva e total. Existiria então um número e tal que $f(x_1,..., x_n) = E(e, x)$ para todo x. Em particular para $x = e$, $E(e, e) = E(e, e) + 1$, o que é absurdo.

O mesmo raciocínio não é viável com funções parciais, pois a igualdade $E(e, e) = E(e, e) + 1$ pode se verificar se ambos os lados estiverem indefinidos.

A versão, em termos de máquinas, da propriedade enumeradora de D_n, é a seguinte: existe um programa universal para as funções computáveis n-árias, isto é, um programa que permite computar qualquer função computável n-ária pelo simples conhecimento de um número, que identifica o programa, e dos argumentos.

Com efeito, seja d_n um índice da função recursiva D_n. Então, dada uma função computável n-ária, sendo e um índice da função $\{e\}(x_1,..., x_n) = \{d_n\}(e, x_1,..., x_n)$.

Esse programa funciona deste modo: dada uma função computável n-ária, a ela corresponde-lhe um número e, na biblioteca de programas das funções n-árias, ordenada convenientemente. Fornecendo esse número ao programa universal (de código

d_n) e os argumentos da função, o programa universal computa o valor da função, quaisquer que sejam os argumentos. *Ver também* FORMA NORMAL. NG

BELL, J. L. e MACHOVER, M. *A Course in Mathematical Logic*. Amsterdam: North-Holland, 1977.

DAVIES, M. *Computability and Unsolvability*. Nova York: McGraw-Hill, 1958.

KLEENE, S. C. "General Recursive Functions of Natural Numbers", *in Math. Ann.*, n.º 112, 1936, pp. 727-47.

____. *Introduction to Metamathematics*. Amsterdam: North-Holland, 1967.

teorema da incompletude de Gödel

Na sua forma original o teorema de Gödel encontra-se no seu trabalho "Acerca de Proposições Indecidíveis dos *Principia Mathematica* e Sistemas Relacionados". Simplificando o seu resultado, o teorema diz que se se adotar para a ARITMÉTICA um sistema formal como foi aí apresentado, se esse sistema for consistente (em um sentido a ser definido adiante) existe uma proposição que é verdadeira e não-demonstrável no sistema. Desse resultado segue-se ainda um segundo teorema, agora acerca da consistência do sistema, segundo o qual não é possível realizar uma demonstração da consistência do sistema formal recorrendo apenas aos meios do próprio sistema.

Seria completamente surpreendente se esses teoremas fossem apresentáveis sem um mínimo de recursos terminológicos e técnicos, e nesse sentido torna-se necessário começar pela introdução do predicado metamatemático $D(y, x)$ que se interpreta como sendo a asserção "y é o número de Gödel de uma demonstração de uma fórmula com o número de Gödel x". Em particular, na teoria formal Z (*ver* ARITMÉTICA), esse predicado aparece também sob a forma $D^+(u, y)$ com a interpretação "u é o número de Gödel de uma fórmula bem formada $\varphi(x_1)$ em que x_1 ocorre livre e y é o número de Gödel de uma demonstração de $\varphi(\bar{u})$". Finalmente $D^\neg(u, y)$ tem a interpretação "u é o número de Gödel de uma fórmula bem-formada $\varphi(x_1)$ em que x_1 ocorre livre e y é o número de Gödel de uma demonstração da fórmula $\neg\varphi(\bar{u})$". Nestes termos, torna-se necessário explicar em que condições essas fórmulas ocorrem em Z, e assim uma relação aritmética $R(x_1,..., x_n)$ ser exprimível em Z equivale a existir em Z uma fórmula bem-formada $\varphi(x_1,..., x_n)$ com n variáveis livres e tal que, para qualquer ênupla de números naturais $k_1,..., k_n$, as duas seguintes condições são satisfeitas: I) Se $R(k_1,..., k_n)$ é verdadeira, então $\vdash_Z \varphi(\bar{k}_1, ..., \bar{k}_2)$; e II) se a relação é falsa, então $\vdash_Z \varphi(\bar{k}_1, ..., \bar{k}_n)$.

Se em vez de uma relação se trata de uma função aritmética $f(x_1,..., x_n)$, dizer que esta função é representável em Z é equivalente a dizer que existe uma fórmula bem-formada de Z $\varphi(x_1,..., x_n, x_{n+1})$ com $x_1,..., x_{n+1}$ variáveis livres tal que, para qualquer $k_1,..., k_{n+1}$ números naturais, as duas condições são satisfeitas: I) Se $f(k_1,..., k_n) = k_{n+1}$, então $\vdash_Z \varphi(\bar{k}_1, ..., \bar{k}_{n+1})$; II) $\vdash_Z \exists_1 x_{n+1} \varphi(\bar{k}_1, ..., \bar{k}_n, \bar{k}_{n+1})$.

Dois teoremas principais regulam as relações entre os conceitos de expressão, representação e o sistema formal Z dos quais faremos uso a seguir: 1. Uma relação aritmética é recursiva se, e somente se, é exprimível em Z; 2. O conjunto das funções recursivas é igual ao conjunto das funções representáveis em Z.

Na hipótese de consistência do teorema de Gödel já mencionada, Gödel faz uso do conceito inicialmente descoberto por Tarski de CONSISTÊNCIA-ω, que tem essencialmente o seguinte sentido. Dir-se-á que a teoria Z é ω-inconsistente se, e somente se, existe uma fórmula bem-formada $\varphi(x)$ tal que se tem para qualquer número natural n a demonstração em Z de $\varphi(\bar{n})$ e ao mesmo tempo uma demonstração da fórmula $\exists x \neg\varphi(x)$. Se ao contrário não é possível em Z derivar para qualquer número natural n a fórmula $\varphi(\bar{n})$ e ao mesmo tempo a fórmula $\exists x \neg\varphi(x)$, então diz-se que Z é uma teoria ω-consistente. Um argumento simples mostra que se Z é ω-consistente, então é também simplesmente consistente. Para o ver, basta fazer $\varphi(x)$ ser a fórmula bem formada

teorema da incompletude de Gödel

de Z $\forall x \, (x = x) \to (x = x)$. Em particular tem-se para qualquer número natural n a demonstração em Z de $(\bar{n} = \bar{n}) \to (\bar{n} = \bar{n})$. Logo, não existe em Z a demonstração da fórmula $\exists x \, \neg((x = x) \to (x = x))$. Logo, Z é simplesmente consistente. Colocando-nos agora no ponto de vista semântico, se a teoria Z for interpretada no modelo-padrão, então é ω-consistente.

A idéia condutora da demonstração da existência da proposição indecidível é a de que os predicados "demonstrável" e "refutável" são equivalentes às expressões "existe um número y tal que y é o número de Gödel de uma demonstração da fórmula com número de Gödel m" e "existe um número y tal que y é o número de Gödel de uma demonstração da negação de uma fórmula com o número de Gödel m" respectivamente. O seguinte esquema conceptual, adaptado do volume II do *Grundlagen* de Hilbert e Bernays, mostra-nos como se constrói a proposição indecidível:

1. Seja $\varphi(x_1)$ uma fórmula bem-formada em que a variável x_1 ocorre livre e seja u o número de Gödel da fórmula $\varphi(x_1)$.

2. De $\varphi(x_1)$ pode-se obter por inserção no lugar de x_1 a fórmula $\varphi(\bar{u})$ e seja y o número de Gödel de $\varphi(\bar{u})$.

3. Estamos assim em condições de formar o predicado $D^+(u, y)$, que é uma relação recursiva e por isso exprimível em Z por uma fórmula bem-formada $\Delta \, (x_1, x_2)$, com x_1 e x_2 livres.

4. Pela definição de expressão tem-se que se a relação é verdadeira e, portanto, $D(k_1, k_2)$ é verdadeira, então $\vdash_Z \Delta \, (\bar{k}_1, \bar{k}_2)$.

5. Se a relação é falsa e, portanto, $\neg D \, (k_1, k_2)$, então $\vdash_Z \neg \Delta \, (\bar{k}_1, \bar{k}_2)$.

6. Considerando agora o caso em que a relação é falsa e, portanto, $\vdash_Z \neg \Delta \, (\bar{k}_1, \bar{k}_2)$, é possível a partir de 3, por cálculo de predicados, obter a fórmula $\forall x_2 \, \neg \Delta \, (x_1, x_2)$ em que x_1 continua livre.

7. Seja então m o número de Gödel da fórmula $\forall x_2 \, \neg \Delta \, (x_1, x_2)$.

8. Sua interpretação é a de que, qualquer que seja o número x_2, ele não é o número de Gödel de uma demonstração da fórmula com o número de Gödel x_1.

9. Assim, se não existe um número que seja o número de Gödel de uma demonstração da fórmula com número de Gödel x_1, isso equivale a dizer que a fórmula não tem uma demonstração.

10. Como x_1 ocorre livre, pode ser substituído pelo numeral que representa o número de Gödel da fórmula * $\forall x_2 \, \neg \Delta \, (x_1, x_2)$.

11. Obtém-se assim a seguinte fórmula bem-formada fechada: **) $\forall x_2 \, \neg \Delta \, (\bar{m}, x_2)$.

12. Mas como foi dito antes (1-3), o predicado $D^+(u, y)$ é satisfeito se, e somente se, u é o número de Gödel de uma fórmula bem-formada $\varphi(x_1)$, com x_1 livre e y o número de Gödel de $\vdash_Z \varphi(\bar{u})$.

13. Como a fórmula ** provém da fórmula * pela substituição de x_1 por m, é-se conduzido à proposição seguinte: o predicado $D^+(m, y)$ é satisfeito se, e somente se, y é o número de Gödel $\vdash_Z$ **.

No seu primeiro teorema, Gödel estabelece que se Z é consistente, então a fórmula ** não é demonstrável em Z, e que se Z é ω-consistente, então a fórmula ¬** não é demonstrável em Z. O argumento é o seguinte: Supor Z consistente e k o número de Gödel de uma demonstração em Z da fórmula **. Então, por 13, tem-se $D^+(m, k)$. Ora, como Δ exprime D^+ em Z, tem-se $D^+(m, k)$ e pela definição de expressão $\vdash_Z \Delta \, (\bar{m}, \bar{k})$.

Mas, por cálculo de predicados a fórmula ** implica $\neg \Delta \, (\bar{m}, \bar{k})$. Essa implicação e a suposição de que ** é demonstrável em Z permitem concluir $\vdash_Z \neg \Delta \, (\bar{m}, \bar{k})$. Logo, Z não é consistente.

Suponha-se agora que Z é ω-consistente e que existe em Z uma demonstração de $\vdash_Z \neg \forall x_2 \, \neg \Delta \, (\bar{m}, x_2)$. Mas como já foi visto, se Z é ω-consistente, então também é simplesmente consistente. Logo, $\neg \vdash_Z \forall x_2 \, \neg \Delta \, (\bar{m}, x_2)$. Assim, para todo n, n não é o número de Gödel de uma demonstração em Z de **. Logo, por 13 acima $\forall n \, D^+(m, n)$ é falsa. Tem-se assim em Z $\vdash_Z \neg \Delta \, (\bar{m}, \bar{n})$. Se agora na definição de ω-consistência fizermos $\varphi(x)$ ser a fórmula $\neg \Delta \, (\bar{m}, x_2)$ tem-se $\neg \vdash_Z \exists x_2 \Delta \, (\bar{m}, x_2)$. Logo, $\neg \vdash_Z \exists x_2 \Delta \, (\bar{m}, x_2)$. Mas, por cálculo de predicados, $\vdash_Z \neg \forall x_2 \, \neg \Delta \, (\bar{m}, x_2) \leftrightarrow \vdash_Z \exists x_2 \Delta \, (\bar{m}, x_2)$. Logo, Z não é ω-consistente.

Nessas condições, nem a fórmula ** nem a fórmula ¬** têm uma demonstração em Z. Tal fórmula chama-se por isso "indecidível".

Como já foi dito, o predicado Δ exprime a relação D^+ em Z, e assim a proposição **, ao ser interpretada no modelo-padrão, resulta na asserção de que $D^+(m, x_2)$ é falsa para todo número natural x_2. Mas como vimos isso significa que não existe em Z uma demonstração da fórmula fechada **, isto é, essa fórmula afirma sua própria indemonstrabilidade. Por outro lado, se Z é consistente, não existe em Z uma demonstração da fórmula **. Logo, ** é indemonstrável em Z e portanto é verdadeira no modelo-padrão. Assim, existe uma proposição que é verdadeira no modelo-padrão e para a qual não existe uma demonstração em Z. A conseqüência a que se é conduzido é que o conjunto das demonstrações de Z não contém todas as proposições verdadeiras no modelo-padrão. Como uma teoria formal é completa se, e somente se, para qualquer fórmula bem-formada se tem dela uma demonstração ou uma demonstração da sua negação, a teoria formal Z é assim incompleta.

Para fazer agora um esboço do que é o segundo teorema de Gödel, a primeira parte do primeiro teorema desempenha um papel essencial. Aí, como se viu, o argumento é que se Z é consistente, então ** é indemonstrável. Nesses termos, se a essa implicação juntássemos uma demonstração da consistência de Z obteríamos também o resultado do primeiro teorema, isto é, a indemonstrabilidade da proposição indecidível. A idéia geral da concepção de Gödel pode ser expressa do seguinte modo.

Seja U uma fórmula arbitrária, sem variáveis livres e demonstrável em Z. É claro que a teoria Z só é consistente se não existe ao mesmo tempo uma demonstração da fórmula ¬U. Seja k o número de Gödel da fórmula ¬U. Pelo que vimos do primeiro teorema podemos representar em Z a proposição de que ¬U é indemonstrável por meio da fórmula $\Theta \forall x_2 \neg \Delta^-(\bar{n}, x_2)$, e assim dizer que não existe um número que seja o número de Gödel da demonstração de uma fórmula com número de Gödel k. Logo, a primeira parte do primeiro teorema pode ser expressa pela proposição ≠) se {Z é consistente}, então {** é indemonstrável}. Recorrendo ao processo da representação dos objetos de Z por meio dos seus números de Gödel, toda a demonstração da fórmula ≠ pode ser expressa em Z. Assim, onde ocorre a primeira expressão entre colchetes, {Z é consistente}, insere-se a fórmula ≠, e onde ocorre a segunda expressão entre colchetes, {** é indemonstrável}, insere-se a própria fórmula **, uma vez que essa fórmula afirma precisamente sua própria indemonstrabilidade. É-se assim conduzido à fórmula seguinte: ≠≠) $\Theta \rightarrow$ **.

Uma demonstração completa dessa implicação encontra-se no volume II dos *Grundlagen* de Hilbert e Bernays, cap. VII.

Uma vez de posse de uma demonstração em Z da implicação acima se pode formular o segundo teorema de Gödel como afirmando que, se Z é consistente, então a fórmula Θ não é demonstrável em Z. O argumento que o demonstra é essencialmente o seguinte: por hipótese Z é consistente. Logo, pela proposição ≠≠, tem-se que $\Theta \rightarrow$ **. Mas pela definição de Θ essa é precisamente a hipótese do teorema. Logo, por *modus ponens*, tem-se em Z uma demonstração de **, o que contradiz o primeiro teorema. Esse resultado pode interpretar-se como afirmando que, se Z é consistente, então não existe uma demonstração da consistência de Z por meios que sejam eles próprios formalizáveis em Z. É claro que a hipótese da consistência do segundo teorema é necessária porque, se Z não fosse consistente, então, como se sabe, qualquer fórmula seria demonstrável. O teorema pode ainda ser visto como aduzindo indícios negativos contra uma parte essencial do PROGRAMA DE HILBERT. A concepção de Hilbert era a de que os processos de dedução evidentes, os processos finitistamente evidentes, eram apenas uma parte do raciocínio clássico, sendo uma outra parte formada por processos de dedução não-finitista. Assim, seguir-se-ia naturalmente que para a demonstração da consistência de Z os conceitos necessários seriam apenas uma parte de todos os conceitos que se podem formalizar em Z. O segundo teorema de Gödel prova que esses fins são inatingíveis, porque a demonstração de consistência é irrealizável mesmo utilizando todos os processos de Z, os mais e os menos evidentes. *A fortiori* é irrealizável utilizando apenas os processos finitistamente evidentes de Z. Ver também PROGRAMA DE HILBERT; TEOREMA DA COMPACIDADE; NÚMEROS DE GÖDEL; ARITMÉTICA. **MSL**

GÖDEL, Kurt. "Über formal unentscheidbare Sätze der *Principia Mathematica* und verwandter Systeme I", in *Monatshefte für Mathematik und Physik*, vol. 38, 1931, pp. 173-98. Reimp. *in* Van Heijenoort, Jean (org.). *From Frege to Gödel: a Source Book in Mathematical Logic, 1879-1931* [1967]. 4.ª reimp. Cambridge/Londres: Harvard University Press, 1981, pp. 596-616. Trad. port. "Acerca de proposições formalmente indecidíveis nos *Principia Mathematica* e sistemas relacionados", in *Kurt Gödel: o teorema de Gödel e a hipótese do contínuo*. Org., pref. e trad. Manuel Lourenço. Lisboa: Gulbenkian, 1979, pp. 245-90.

——— et al. *O teorema de Gödel e a hipótese do contínuo*. Trad. e org. M. S. Lourenço. Lisboa: Gulbenkian, 1979.

HILBERT, D. e BERNAYS, P. *Grundlagen der Mathematik*. 2.ª ed. Berlim: Springer, 1968, 2 vols.

KLEENE, S. C. *Introduction to Metamathematics*. Amsterdam: North-Holland, 1964.

teorema da indecidibilidade de Church

São dois, na verdade, os metateoremas de indecidibilidade conotados com A. Church: um relativo à indecidibilidade da aritmética de Peano (aritmética formal, ou aritmética de primeira ordem) PA (Church, 1936b) e outro relativo à indecidibilidade da lógica de primeira ordem (Church, 1936a).

Informalmente, a indecidibilidade de PA significa que o PROBLEMA DE DECISÃO para PA tem solução negativa, quer dizer, não existe algum método ou ALGORITMO geral que, aplicado a toda e qualquer frase na linguagem de PA, decida se essa frase é ou não um teorema de PA. A indecidibilidade da lógica de primeira ordem significa, por seu turno, que não existe nenhum método ou algoritmo que, aplicado a qualquer frase numa linguagem de primeira ordem com, pelo menos, um símbolo relacional binário, decida se essa frase é ou não universalmente válida (ou, equivalentemente, decida se ela é ou não um teorema lógico puro).

O primeiro dos resultados referidos foi reforçado por Rosser (1936) no sentido seguinte: toda a extensão consistente da aritmética de Peano é indecidível, dizendo-se, por essa razão, que a aritmética de Peano é essencialmente indecidível. Por outro lado, esses resultados foram posteriormente generalizados a certos fragmentos de PA, nomeadamente à teoria Q de Mostowski e Tarski em 1949 e à mais fraca teoria R de R. M. Robinson em 1950, e a teorias nas quais estas são interpretáveis como, por exemplo, a teoria axiomática dos conjuntos de Zermelo-Fraenkel. Ver LÓGICA DE PRIMEIRA ORDEM; PROBLEMAS DE DECISÃO. **AJFO**

CHURCH, A. "A Note on the Entscheidungsproblem", in *Journal of Symbolic Logic*, n.º 1, 1936a, pp. 40-1. Correction. *Ibid.*, pp. 101-2.

——— "An Unsolvable Problem of Elementary Number Theory", in *American Journal of Mathematics*, n.º 58, 1936b, pp. 345-63.

ROSSER, J. B. "Extensions of Some Theorems of Gödel and Church", in *Journal of Symbolic Logic*, vol. I, 1936, pp. 87-91.

TARSKI, A., MOSTOWSKI, A. e ROBINSON, R. M. *Undecidable Theories*. Amsterdam: North-Holland, 1953.

teorema da indefinibilidade da verdade

Teorema que se deve a Alfred Tarski (1901/2-1983) e que estabelece o seguinte: o conjunto dos números de Gödel das frases da linguagem da aritmética formal que são verdadeiras no modelo dos números naturais não é um CONJUNTO ARITMÉTICO. **JB**

teorema de Cantor

Esse teorema da teoria dos conjuntos diz que não existe nenhuma CORRESPONDÊNCIA BIUNÍVOCA entre um conjunto x e o conjunto $\mathcal{P}(x)$ dos subconjuntos de x. No caso em que x é um conjunto infinito, esse teorema diz – surpreendentemente – que x e $\mathcal{P}(x)$ são conjuntos infinitos de diferentes cardinalidades. Um caso particular desse teorema – demonstrado previamente por Cantor – assevera que o conjunto dos números naturais ω tem cardinalidade inferior à cardinalidade do CONTÍNUO real: esse caso é conseqüência do caso geral, porque o contínuo real está em correspondência biunívoca com $\mathcal{P}(\omega)$. Tanto no caso geral como na demonstração seminal do caso particular, Cantor utiliza um argumento de DIAGONALIZAÇÃO. *Ver também* DIAGONALIZAÇÃO; CARDINAL; HIPÓTESE DO CONTÍNUO; CORRESPONDÊNCIA BIUNÍVOCA. FF

teorema de Church

Ver TEOREMA DA INDECIDIBILIDADE DE CHURCH.

teorema de Löwenheim-Skolem

Se um conjunto de frases do cálculo de predicados tem um MODELO, então tem um modelo cujo domínio é um subconjunto do conjunto dos números naturais. Esse teorema parece endossar uma espécie de pitagorismo, segundo o qual toda a ontologia (vista aqui como o domínio de modelos) se pode reduzir a uma ontologia de números naturais. Willard Quine insurge-se contra essa conclusão na parte final de "Ontological Relativity".

Como se sabe, a TEORIA DOS CONJUNTOS pode se axiomatizar na linguagem do cálculo de predicados e, admitindo que é consistente, tem (segundo o TEOREMA DA COMPLETUDE) um MODELO. Pelo teorema de Lowenhein-Skolem tem, então, um modelo S cujo domínio é o conjunto dos números naturais. No entanto, em teoria de conjuntos, demonstra-se que a cardinalidade do contínuo real excede a cardinalidade dos números naturais (*ver* TEOREMA DE CANTOR). Este é o denominado "paradoxo de Skolem". Não se trata realmente de um paradoxo, pois ele apenas afirma que o conjunto dos números reais de S, isto é, o conjunto $\bar{C}$ dos elementos do domínio de S que estão na relação de "pertença" (interpretada segundo S) com o contínuo de (acordo com) S não está em CORRESPONDÊNCIA BIUNÍVOCA por meio de uma função de S com os números naturais $\bar{N}$ de S. Se bem que seja verdade que ambos os conjuntos $\bar{C}$ e $\bar{N}$ sejam numeráveis e, portanto, estejam em correspondência biunívoca, o que se conclui é que essa correspondência biunívoca não tem uma contrapartida no modelo S.

O paradoxo de Skolem é relativamente superficial, mas o teorema de Löwenheim-Skolem que lhe dá origem nos ensina uma lição fundamental: o cálculo de predicados de primeira ordem não permite exprimir de forma absoluta asserções de não-numerabilidade.

O teorema de Löwenheim-Skolem tem variadíssimas extensões e variantes. Eis um exemplo de um fortalecimento do teorema original (o denominado teorema de Löwenheim-Skolem descendente): dada uma estrutura qualquer infinita para uma linguagem do cálculo de predicados, existe uma sua substrutura numerável que modela exatamente as mesmas frases. Dito de outro modo, se uma teoria é verdadeira em um domínio infinito, então é possível restringir o domínio de variação das variáveis a uma sua parte numerável sem falsificar nenhuma das frases da teoria. Essa versão do teorema de Löwenheim-Skolem necessita do AXIOMA DA ESCOLHA para a sua demonstração. *Ver também* MODELO; NUMERÁVEL; TEOREMA DE CANTOR; CORRESPONDÊNCIA BIUNÍVOCA; TEORIA DOS CONJUNTOS; TEOREMA DA COMPLETUDE. FF

BOOLOS, G. e JEFFREY, R. *Computability and Logic*. 2.ª ed. Cambridge: Cambridge University Press, 1980.

QUINE, W. V. O. "Ontological Relativity", *in Ontological Relativity and Other Essays*. Nova York: Columbia University Press, 1969.

teorema de Stone

Ver ÁLGEBRA DE BOOLE.

teoria categórica

Ver MODELOS, TEORIA DOS.

teoria da decisão

O modelo do silogismo prático apresenta, como modelo de ação racional, uma importante lacuna. Trata-se de um modelo que não estabelece nenhuma conexão entre o conteúdo da crença C, acerca de qual é a melhor maneira de agir para alcançar a realização do conteúdo E do desejo D do agente e a caracterização da ação que é, *de facto*, de acordo com as diferentes crenças que esse agente tem acerca do mundo e com os outros desejos do agente, a ação mais apropriada para alcançar E.

Para ilustrar essa lacuna, consideremos a seguinte situação: um indivíduo encontra-se no Cais das Colunas, em Lisboa, e quer deslocar-se até Almada, do outro lado do rio Tejo. Se ele engendrar a crença de que o melhor modo de satisfazer seu desejo é percorrer toda a margem direita desse rio, até sua nascente, na serra de Albarracín (Espanha), contorná-la e, depois, descer a margem esquerda em sentido inverso, até chegar a Almada, sua ação será racional se, e somente se, o indivíduo agir de acordo com essa sua crença. Todavia, é antiintuitivo considerar tal ação como racional, se o indivíduo em tela acredita na existência de transporte direto do Terreiro do Paço para Almada, ligando em dez minutos as duas margens do rio. O mesmo vale se ele acredita que, entre Alcântara e Pragal, existe uma ponte rodoviária em boas condições de uso, etc., e se, na sua coleção de desejos, se incluir igualmente o desejo de não gastar muito do seu tempo para chegar até Almada. Desse modo, apenas podemos compreender tal ação como racional se o agente em causa tiver, na sua respectiva coleção, crenças acerca do mundo que correspondem a situações de exceção (a crença de que todas as pontes foram destruídas, a crença de que um exército inimigo patrulha exaustivamente a margem esquerda do rio para impedir qualquer pessoa vinda da margem direita de desembarcar, etc.) e tiver, na correspondente coleção de desejos, alguns muito particulares (o de levar a cabo com êxito uma missão secreta, leve ela o tempo que levar, etc.).

Em resumo, a consideração de uma ação como racional parece fazer-se não apenas em função da comparação da sua definição com o conteúdo da crença C do agente acerca de qual é a melhor forma de realizar o conteúdo E do seu desejo D, mas também em função da avaliação do conteúdo de C como representando realmente a melhor maneira de agir, dadas as crenças acerca do mundo e os outros desejos que o agente em questão igualmente tem.

A uma teoria que formalize um modelo de ação racional baseado tanto na consideração dos desejos e das crenças acerca do mundo de um agente tomados na sua globalidade como na consideração das diferentes possibilidades de os combinar de forma útil em cada circunstância uns com os outros chama-se, precisamente, uma teoria da decisão. A moderna teoria da decisão, a chamada teoria bayesiana da decisão, foi formulada em primeiro lugar por Ramsey, em 1926, em "Truth and Probability".

O princípio fundamental dessa teoria é o de que um agente age racionalmente se, e somente se, agir de forma a maximizar a utilidade esperada. O conceito de utilidade esperada obtém-se, por sua vez, da seguinte forma. Considera-se que cada agente dispõe, em cada situação, de uma escala, em que se encontram, seriadas por ordem de desiderabilidade, as possíveis conseqüências das diferentes ações que o agente poderá empreender em determinada situação; dada a pressuposição dessa seriação, é possível então construir para cada agente uma função de utilidade que faz corresponder cada possível conseqüência pertencente à escala com um número real, que representará a utilidade dessa conseqüência. Considera-se igualmente que cada agente dispõe, em cada situação, de um conjunto de crenças acerca dos diferentes estados do mundo que poderão ser o caso quando a ação for empreendida e que poderão influir na definição das suas conseqüências; esse conjunto, por sua vez, é considerado encontrando-se igualmente ordenado por meio da representação através de valores numéricos de cada uma das possibilidades consideradas, de tal modo que tais valores representem a probabilidade que o agente confere à hipótese de que esse possível estado do mundo seja o real e de tal modo que a soma de todos os valores particulares seja 1. O conceito de utilidade esperada de uma ação obtém-se, então, primeiro, pela multiplicação da probabilidade da obtenção de cada estado do mundo considerado como possível com a utilidade de cada uma das possíveis conseqüências dessa ação; e, segundo, pela soma dos produtos obtidos nessas multiplicações. O valor indicado nessa soma constituirá, assim, a utilidade esperada de empreender dada ação. Por conseguinte, quando se diz que um agente age racionalmente se, e somente se, maximizar a utilidade esperada aquilo que se está dizendo, é que um agente racional é aquele que escolhe empreender aquela ação cuja utilidade esperada seja a mais elevada.

Se os conceitos de utilidade e probabilidade envolvidos numa teoria da decisão construída em torno do princípio da maximização da utilidade esperada forem os conceitos de probabilidade subjetiva e utilidade subjetiva, diz-se que a teoria da decisão em causa é uma teoria bayesiana da decisão. Na realidade, a teoria bayesiana da decisão é hoje praticamente a única que tem aceitabilidade teórica. Teorias da decisão baseadas nos conceitos de utilidade objetiva e probabilidade objetiva (a chamada teoria da expectativa matemática) e nos conceitos de utilidade subjetiva e probabilidade objetiva (a teoria clássica da decisão de Von Neumann e Morgenstern) foram igualmente propostas no passado, mas encontram-se hoje desacreditadas, por serem excessivamente irrealistas.

Uma vez que lida com utilidades e probabilidades subjetivas, a teoria bayesiana da decisão necessita introduzir algum processo por meio do qual se possam realmente fazer atribuições confiáveis de utilidades e probabilidades subjetivas a um agente. Um desses processos é precisamente aquele introduzido por Ramsey. Consiste na seguinte seqüência de procedimentos.

Suponhamos que, quando confrontado com uma escolha entre duas possíveis conseqüências A e B, um agente mostra claramente preferir uma à outra, p. ex., B a A. A idéia de Ramsey é então a de que deverá ser possível encontrar um estado do mundo possível P tal que, quando confrontado com a possibilidade de escolher entre as apostas 1 e 2 a seguir, o agente se mostre indiferente a ambas as alternativas. A aposta 1 terá o seguinte conteúdo: se P for o caso, então B; se P não for o caso, então A. A aposta 2 terá o seguinte conteúdo: se P for o caso, então A; se P não for o caso, então B. Uma vez que sabemos de antemão que o agente prefere claramente B a A, então, se o agente for racional, sua indiferença só poderá ser explicada pelo fato de ele atribuir uma probabilidade $1/2$ à hipótese de que P seja efetivamente o caso. Com efeito, se o agente atribuísse a P uma probabilidade superior à que atribuiria a não-P, então deveria ter escolhido a aposta 1; de modo inverso, se ele atribuísse a não-P uma probabilidade superior à que atribuiria a P, então deveria ter escolhido a aposta 2. Se ele atribui a P e a não-P a mesma probabilidade e se a soma dos valores das probabilidades particulares tem de ser igual a 1, então ele atribui necessariamente a probabilidade $1/2$ a P.

Uma vez determinada a condição P à qual o agente atribui uma probabilidade $1/2$, as utilidades do agente podem ser determinadas pelo seguinte processo. Em primeiro lugar, atribuem-se a B e a A os dois valores extremos 1 e 0. Em segundo lugar, procura-se uma situação em que o agente se mostre indiferente na escolha entre as seguintes apostas. Aposta 3: se P for o caso, então A; se P não for o caso, então B. Aposta 4: C, quer P seja o caso, quer não. Uma vez que tal situação tenha sido encontrada, a utilidade da conseqüência C e as utilidades esperadas das apostas 3 e 4 ficam todas dadas como $^1/_2$. Para encontrar a conseqüência cuja utilidade é $^1/_4$ basta então conseguir encontrar uma situação tal que o agente se mostre indiferente na escolha entre as seguintes apostas. Aposta 5: se P for o caso, então A; se P não for o caso, então C. Aposta 6: D, quer P seja o caso quer não. Uma vez que tal situação tenha sido encontrada, tanto a utilidade da conseqüência D como a utilidade esperada das apostas 5 e 6 se encontra dada como $^1/_4$. Como é óbvio, esse processo pode ser continuado até se obterem as utilidades $^3/_4$, $^1/_8$, $^3/_8$, $^5/_8$, $^7/_8$ e assim sucessivamente, até trazer à luz toda a escala de utilidades do agente.

Uma vez determinada a escala de utilidades do agente, as probabilidades diferentes de $^1/_2$, atribuídas por esse último às hipóteses de realização de diferentes estados possíveis do mundo, são determináveis como expressões fracionárias cujos numeradores são diferenças entre utilidades esperadas de apostas e utilidades de conseqüências e cujos denominadores são diferenças entre utilidades de conseqüências. Os valores das parcelas dessas diferenças são, por hipótese, já conhecidos. Desse modo, as probabilidades subjetivas do agente podem igualmente ser determinadas e o modelo pode ser utilizado para dar conta das ações protagonizadas por um agente racional em situações de incerteza.

Questão fundamental que se levanta na apreciação da teoria bayesiana da decisão é determinar seu valor epistemológico. As opiniões a esse respeito dividem-se entre aqueles que atribuem à teoria um valor epistemológico positivo e aqueles que lhe atribuem um valor epistemológico negativo. Entre os primeiros podem-se distinguir três correntes. Em primeiro lugar, a daqueles que defendem ter essa teoria um valor descritivo, isto é, que defendem que ela modela, de modo mais ou menos adequado, os processos por meio dos quais os seres humanos agem em situações envolvendo incerteza; essa corrente considera, assim, que essa teoria é, antes de mais nada, psicológica. Em segundo lugar, a daqueles que defendem ter essa teoria um valor prescritivo, isto é, em lugar de descrever, o modelo definido pela teoria ensina o modo como deveremos agir caso queiramos ser racionais em situações envolvendo incerteza; essa corrente considera, assim, que essa teoria é, antes de mais nada, normativa. Em terceiro lugar, a daqueles que defendem ter essa teoria um valor constitutivo, isto é, que os princípios sobre os quais a teoria assenta têm o estatuto de verdades sintéticas *a priori* acerca do comportamento humano, concebido como um comportamento de seres racionais; essa corrente considera, assim, que essa teoria é, antes de mais nada, interpretativa. Entre os que atribuem à teoria um valor epistemológico negativo podem-se distinguir dois casos. Em primeiro lugar, o daqueles que defendem que a teoria nem é descritivamente adequada nem é normativamente adequada, isto é, que, como teoria empírica, a teoria bayesiana da decisão é falsa e que, como teoria normativa, a teoria bayesiana da decisão não fornece, em geral, os algoritmos por meio do seguimento dos quais seria realmente possível aos decisores escolher as melhores ações possíveis em cada circunstância. Em segundo lugar, o daqueles que defendem um negativismo mais moderado, que considera que a teoria não é, no geral, nem descritiva nem normativamente adequada, mas que existe todavia um número limitado de situações nas quais é adequado proceder do modo por ela estipulado.

A polêmica acerca de qual é o valor epistemológico da teoria bayesiana da decisão deveria, em princípio, ser fundamentalmente empírica. Com efeito, para decidir se dada teoria descreve adequadamente um conjunto de fatos psicológicos ou se as decisões tomadas pelos decisores que a seguem são efetivamente as melhores, o que se deveria, em princípio, fazer era observar a realidade correspondente e decidir em consonância com os resultados dessa observação. O problema é, porém, não ser claro quais os fatos com que a teoria poderia ou deveria ser hipoteticamente comparada.

O processo por meio do qual Ramsey mostra que é possível determinar a escala de utilidades de um agente e de que modo ele efetua a sua distribuição de probabilidades é aquele que já supõe ser a teoria descritivamente verdadeira acerca dos indivíduos aos quais se pretende aplicá-la, isto é, que já supõe serem os indivíduos em questão racionais. Mas será essa suposição em geral verdadeira? O conceito de racionalidade implícito no pensamento de Ramsey é aquele que resulta da formalização do comportamento necessário para que se possa ter êxito em um jogo de apostas. Essa formalização levou à formulação por Ramsey de um conjunto de axiomas, do qual o princípio da maximização da utilidade esperada se segue como um teorema. Como a derivação desse teorema a partir dos axiomas da teoria é matematicamente impecável, a avaliação da validade ou invalidade descritiva da teoria tem que se fazer por meio da avaliação da validade ou invalidade descritiva dos axiomas que formalizam o comportamento em questão. Por outro lado, o conjunto desses princípios de racionalidade encontra-se cristalizado nos axiomas das diferentes versões da teoria bayesiana da decisão, mesmo nos daquelas que divergem formalmente da versão de Ramsey em alguns aspectos importantes. Esse é o caso, p. ex., da versão de Jeffrey, que, diferentemente de Ramsey, considera que a relação de preferência se dá entre proposições e não entre conseqüências, substitui as escalas de desiderabilidade de conseqüências por escalas de desiderabilidade da verdade de proposições e substitui o método das apostas pelo uso das operações da lógica proposicional na determinação da função de utilidade e da distribuição de probabilidades dos sujeitos. Desse modo, a questão crucial é, de fato, a seguinte: serão esses axiomas verdades básicas do comportamento humano ou suposições abusivas?

Dois dos axiomas em questão têm sido alvo de insistente polêmica. O primeiro deles estipula que dada relação, a que se chama relação de preferência, dá-se entre os elementos de qualquer par de conseqüências (ou de proposições cuja verdade possa ser desejada) passível de, em qualquer circunstância dada, ser posto à consideração do agente, e que essa relação binária goza da propriedade da transitividade. É precisamente esse axioma que permite que se construa uma função de utilidade para cada agente, isto é, que se estabeleça uma correspondência biunívoca entre cada termo da escala de conseqüências do agente e um número real que permite que estes representem aquelas de modo tal que seus lugares na escala e as diferenças intrínsecas de valor que se dão entre elas sejam preservados. Esse axioma tem sido posto em causa por um conjunto de experiências psicológicas que parecem mostrar que, numa série de situações reais, os sujeitos humanos têm padrões de preferências aparentemente intransitivos. Com base nessas experiências, alguns autores defendem que os sujeitos humanos têm efetivamente padrões intransitivos de preferências; enquanto outros defendem que as intransitividades que se detectam surgem porque não é o caso que antes da ação o sujeito humano tenha uma escala de conseqüências, ou de proposições cuja verdade deseja, perfeitamente determinada; essa escala iria sendo construída pragmaticamente à medida das necessidades, pelo que conjuntos de escolhas seqüenciais poderiam dar uma imagem de inconsistência, se consideradas como expressões de uma escala de preferências predeterminada. Em ambos os casos, porém, o axioma antes mencionado não representaria adequadamente a psicologia humana, seja porque atribuiria ficticiamente escalas de conseqüências (ou de proposições cuja verdade seria desejada) a agentes que não as teriam, seja porque estipularia que as escalas de conseqüências, respectivamente, proposições cuja verdade seria desejada, que os agentes efetivamente teriam, estariam estruturadas de modo não-real.

Tanto os defensores da validade descritiva como os defensores da validade interpretativa da teoria alegam, porém, que a detecção de padrões intransitivos de preferências só pode ser efetuada num processo que decorre no tempo, pelo que é sempre possível defender que, em vez de intransitividades, aquilo que se observa nas experiências são na realidade mudanças, ocorridas no período de tempo sob consideração, da opinião dos sujeitos quanto ao grau de desiderabilidade de certas conseqüências. Essas experiências seriam, então, na melhor das hipóteses, apenas inconclusivas. Os defensores da validade normativa da teoria alegam que, mesmo que as intransitividades detectadas sejam reais, é fundamental é que, quando confrontados de maneira explícita com o caráter aparentemente intransitivo dos seus padrões de escolha, os sujeitos revelem uma tendência natural no sentido de os corrigirem de acordo com o axioma da transitividade; ora, essa tendência parece ter sido detectada, pelo menos em alguns casos.

O segundo axioma alvo de contestação tem diversas versões. Iremos aqui considerar a introduzida por Savage. Expresso informalmente, esse axioma afirma que se uma opção A é pelo menos tão preferida como uma opção B e se as opções C e D resultam das opções A e B, respectivamente, por uma alteração das conseqüências comuns a ambas, então a opção C tem de ser pelo menos tão preferida como a opção D. A mais célebre das objeções a esse axioma foi apresentada por Allais e ficou conhecida como "problema de Allais".

O problema de Allais consiste no seguinte: um conjunto de sujeitos é confrontado com o seguinte problema. Primeiro, pede-se que escolham entre as seguintes duas opções. Opção A: uma aposta na qual o sujeito ganha 1.000.000,00 garantidos; opção B: uma aposta na qual o sujeito tem uma probabilidade 0,89 de ganhar 1.000.000,00, uma probabilidade 0.10 de ganhar 5.000.000,00 e uma probabilidade 0,01 de nada ganhar. Segundo, o mesmo conjunto de sujeitos é posto perante as seguintes opções. Opção C: uma aposta na qual o sujeito tem uma probabilidade 0,11 de ganhar 1.000.000,00 e uma probabilidade 0,89 de nada ganhar; opção D: uma aposta na qual o sujeito tem uma probabilidade 0,10 de ganhar 5.000.000,00 e uma probabilidade 0,90 de nada ganhar. Os resultados que se observam em repetidos testes psicológicos são bastante estáveis e mostram que, na generalidade, os sujeitos optam pela opção A contra a opção B e pela opção D contra a C. Ora, esse conjunto de escolhas viola o axioma apresentado antes. Com efeito, as opções C e D resultam das opções A e B, respectivamente, por uma alteração das conseqüências comuns a ambas. Logo, de acordo com o axioma, se os sujeitos preferem A a B, então teriam de preferir C a D, o que não é, de modo geral, o caso.

Diferentes interpretações têm sido apresentadas para dar conta de resultados psicológicos como o apresentado no problema de Allais. De modo geral, porém, quem aceita que os sujeitos consideram as conseqüências como integralmente caracterizadas pelos seus valores monetários não pode deixar de aceitar que o axioma é violado em casos como esse. Os defensores da validade descritiva ou interpretativa da teoria argumentam, porém, que as conseqüências não se encontram integralmente caracterizadas pelos seus valores monetários e que não é, por conseguinte, líquido que os sujeitos violem efetivamente a teoria em experiências como as que implementam o problema de Allais. Ao contrário, os defensores da validade normativa da teoria argumentam que, mesmo que se aceitem os resultados psicológicos tal como apresentados na formulação do problema de Allais, isso não impede que, uma vez que mostremos aos sujeitos que eles cometeram um erro, eles concordem conosco e modifiquem seu comportamento em consonância.

Essas respostas ao problema de Allais e a outros semelhantes que, entretanto, foram igualmente sendo formulados, admitem ser criticadas da seguinte forma. Os defensores da validade descritiva da teoria (p. ex., Papineau) ficam nos devendo a apresentação de um conjunto de critérios não-circulares, na base dos quais se possa efetivamente considerar que os sujeitos caracterizam as conseqüências, e que portanto permitam aferir experimentalmente a validade ou invalidade descritiva da teoria. Essa parece, porém, ser uma tarefa que ninguém se encontra em condições de levar a cabo. Os defensores da validade interpretativa da teoria (p. ex., Davidson), isto é, aqueles que defendem que não há critérios de interpretação da ação mais poderosos que os propostos pelos próprios axiomas da teoria, e que defendem, portanto, que as escolhas dos sujeitos devem ser interpretadas de modo a salvaguardar a integridade da teoria, para além de incorrer na suspeita de estar sistematicamente gerando epiciclos, ficam igualmente a dever-nos uma clarificação da fonte de legitimidade na base da qual consideram que os princípios da teoria são verdades *a priori* acerca do comportamento humano. Essa clarificação tampouco se encontra nos seus escritos. Finalmente, os defensores do ponto de vista normativo (p. ex., Savage) ficam igualmente nos devendo uma explicação para a normatividade que atribuem à teoria. Essa justificação torna-se especialmente necessária porque alguns dos críticos da teoria bayesiana da decisão (p. ex., Tversky e Kahneman) criticam-na precisamente porque defendem que uma atuação conseqüente de acordo com ela na tomada de decisões em problemas de alguma complexidade sobrecarregaria de maneira insuportável o aparelho cognitivo humano. Se isso é verdade, então uma tentativa consciente de procurar agir de acordo com as prescrições da teoria poderia ser deveras contraproducente, de modo especial naqueles casos em que o agente teria à sua disposição apenas um período de tempo limitado. Por conseguinte, uma reivindicação de normatividade não pode ser completamente separada da consideração dos aspectos psicológico-cognitivos relacionados com a factibilidade das soluções propostas. Ora, a consideração desses aspectos não parece realmente favorecer as pretensões dos normativistas. Por outro lado, dado o aspecto eminentemente prático de que uma teoria da decisão se reveste, a retirada dos defensores desse ponto de vista para um terreno de pura idealidade não seria muito digna de crédito. *Ver também* AGÊNCIA; RACIONALIDADE. **AZ**

ALLAIS, M. "Le comportement de l'homme rationnel devant le risque: critique des postulats et axiomes de l'école américaine", in *Econometrica*, n.º 21, 1953, pp. 503-46.
DAVIDSON, D. "Could There Be a Science of Rationality?", in *International Journal of Philosophical Studies*, n.º 3, 1995, pp. 1-16.
____. "Hempel on Explaining Action" [1976], in *Essays on Actions and Events*. Oxford: Clarendon Press, 1980.
____. "Psychology as Philosophy" [1974], in *Essays on Actions and Events*. Oxford: Clarendon Press, 1980.
JEFFREY, R. C. *The Logic of Decision*. 2.ª ed. Chicago: Chicago University Press, 1983.
KAHNEMAN, D. e TVERSKY, A. "The Psychology of Preferences", in *Scientific American*, n.º 246, 1982, pp. 160-73.
MACHINA, M. "Generalized Expected Utility Analysis and the Nature of the Observed Violations of the Independence Axiom", in Stigum, B. P. e Wenstøp, F. (orgs.). *Foundations of Utility and Risk Theory with Applications*. Dordrecht: Reidel, 1983, pp. 263-93.
PAPINEAU, D. *For Science in the Social Sciences*. Londres: MacMillan, 1978.
____. *Philosophical Naturalism*. Oxford: Blackwell, 1993.
RAMSEY, F. P. "Truth and Probability" [1926], in Braithwaite, R. B. (org.). *The Foundations of Mathematics and other Logical Essays*. Londres: Routledge, 1931, pp. 156-98.

teoria da relatividade

SAVAGE, L. J. *The Foundations of Statistics*. Nova York: Wiley and Sons, 1953.

SHAFER, G. "Savage Revisited", *in Statistical Science*, n.º 1, 1986, pp. 463-85.

TVERSKY, A. "A Critique of Expected Utility Theory: Descriptive and Normative Considerations", *Erkenntnis*, n.º 9, 1975, pp. 163-74.

____. "Intransitivity of Preferences", *in Psychological Review*, n.º 76, 1969, pp. 31-48.

____ e KAHNEMAN, D. "Rational Choice and the Framing of Decisions", *in* Bell, D. E., Raiffa, H. e Tversky, A. (orgs.). *Decision Making*. Cambridge: Cambridge University Press, 1988, pp. 167-92.

VON NEUMANN, J. e MORGENSTERN, O. *Theory of Games and Economic Behavior*. Princeton: Princeton University Press, 1944.

teoria da demonstração

Ver PROGRAMA DE HILBERT.

teoria da relatividade

Introdução – A expressão "teoria da relatividade" refere-se, na verdade, a duas teorias da física. A primeira, de 1905 (Einstein, 1905a, ed. 2001), quando Albert Einstein (1879-1955) propõe a teoria da relatividade especial, ou restrita, e a segunda, de 1915 (Einstein, 1915), quando ele estabelece a teoria da relatividade geral. Se a primeira formulação proporciona uma ruptura com as noções clássicas de espaço e tempo da mecânica newtoniana, a segunda substitui a antiga concepção de *força à distância* da física de Isaac Newton por uma nova concepção de interação das massas fundada na explicação espacial. Na física de Galileu e de Newton o movimento era considerado tendo como referência um espaço e um tempo absolutos; como afirmava o próprio Newton, um espaço sempre "semelhante e imóvel" e um tempo "fluindo uniformemente sem relação com nada externo" (Newton, *Philosophiae Naturalis Principia Mathematica*, 1687, I, def. 8.). A hipótese de um éter como suporte para a propagação da luz e como sistema de referência para o movimento dos corpos celestes corresponde a uma situação física análoga àquela proposta por Newton, pois esse desempenhava também o papel de um referencial fixo. No entanto, os experimentos realizados por Albert Abraham Michelson (1852-1931) e Edward Williams Morley (1838-1923), em 1887, para medir a velocidade relativa da Terra em relação ao éter conduziram a um resultado inesperado: essa velocidade era nula. Para solucionar tal dificuldade, Hendrik Antoon Lorentz (1853-1928) propôs sua famosa transformação ("transformação de Lorentz"), segundo a qual os objetos sofrem uma contração quando se movem no éter na direção do movimento. Surgia aqui uma primeira alteração nas noções de invariância para medidas espaciais. Mas apenas com a teoria da relatividade é que essas mudanças adquiriram pleno significado, sendo explicadas no contexto de uma teoria física que transformou profundamente os alicerces de toda a ciência da natureza.

A Teoria da Relatividade Especial – A teoria da relatividade especial parte de dois princípios fundamentais e da *definição* de intervalo de tempo. O primeiro princípio afirma que as leis da natureza são as mesmas para observadores que se deslocam em movimento retilíneo uniforme. Em termos mais técnicos: todos os sistemas de inércia são equivalentes para exprimir os fenômenos da natureza, ou, ainda, a forma das leis físicas é invariante para referenciais inerciais. Rigorosamente, o enunciado de Einstein em seu artigo de 1905 (1905a, ed. 2001, p. 148) é o seguinte: "as leis que descrevem a mudança dos estados dos sistemas físicos são independentes de qualquer um dos dois sistemas de coordenadas que estão em movimento de translação uniforme, um em relação ao outro, e que são utilizados para descrever essas mudanças". O segundo pressuposto é que a velocidade da luz no vácuo é constante, independentemente do movimento dos referenciais. Para esse princípio, ainda segundo a formulação de Einstein, temos: "Todo raio de luz move-se no sistema de coordenadas de 'repouso' com uma velocidade fixa V, independentemente do fato de esse raio de luz ter sido emitido por um corpo em repouso ou movimento" (*id.*, *ibid.*). A velocidade da luz é o valor máximo de velocidade associado a fenômenos que possuem algum tipo de energia correspondente. No que se refere ao *intervalo de tempo* (dados dois relógios, um localizado em um ponto A e outro em um ponto B), a definição é a seguinte: "o 'tempo' necessário para a luz ir de A até B é igual ao 'tempo' necessário para ir de B até A". Dessa maneira, tem-se uma definição de simultaneidade, pois se o raio de luz que parte de A para B, no instante de tempo A de t_A, é refletido de B para A, no instante de tempo B de t_B e chega de volta a A, no instante de tempo A de t_A, os dois relógios estão sincronizados, por definição, se $t_B - t_A = t'_A - t_B$. Para essa definição utilizaram-se relógios idênticos no sistema de repouso.

O segundo princípio obteve comprovação experimental já na época de Einstein, mas a literatura é bastante unânime sobre a influência praticamente nula que o experimento de Michelson e Morley exerceu sobre aquele físico. Essa questão é analisada de maneira detalhada por Abraham Pais. Segundo o autor, as próprias manifestações de Einstein sobre essa influência são dúbias, prevalecendo a pouca importância que o experimento de Michelson e Morley possa ter tido na elaboração da versão especial (Pais, 1982, pp. 200-1). Para melhor compreender esse último pressuposto (a constância da velocidade da luz), o próprio Einstein propõe uma experiência mental em seu livro de divulgação sobre a história da física no século XX (Einstein e Infeld, 1938): um observador, por mais depressa que viaje, não poderá ver um raio de luz estacionário, o que significa que a velocidade tem sempre um valor inalterado de 299.792.458 km/s – o valor usualmente utilizado na literatura é de 300.000 km/s. A justificativa, segundo o próprio Einstein, é que isso violaria as relações causais: caso ultrapassássemos o raio de luz, veríamos eventos já passados, se existisse uma velocidade superior à da luz, o que não pode ocorrer.

A aplicação dos dois postulados anteriores é, então, suficiente para a obtenção de uma eletrodinâmica dos corpos em movimento, baseada na teoria de James Clerk Maxwell (1831-1879) para corpos em repouso. Em 1873, Maxwell propôs as equações que governariam as ondas de luz; unificando a eletricidade e o magnetismo, essas equações antecipavam a existência das ondas eletromagnéticas, detectadas posteriormente, em 1887, por Heinrich Hertz (1857-1894). Esses postulados são aparentemente contraditórios. Entretanto, influenciado pela crítica de Ernst Mach (1838-1916) à mecânica, Einstein concluiu que a nova noção de simultaneidade poderia conciliá-los, desde que as antigas concepções de um tempo e de um espaço absoluto fossem abandonadas e, portanto, a de "éter luminífero". Dessa maneira, dos dois postulados anteriores obtêm-se as conseqüências que marcaram a crítica às concepções newtonianas. A primeira é que cada evento físico necessita de um referencial quadridimensional para ser localizado, não se limitando apenas às coordenadas espaciais, mas necessitando-se incorporar a coordenada temporal. Esse referencial quadridimensional constitui o contínuo quadridimensional ou o *espaço de Minkowski*. Dessa maneira, os fenômenos físicos são descritos nesse contínuo e não mais em um espaço tridimensional.

A segunda conseqüência é que a aplicação dos dois princípios anteriores às teorias físicas levará às alterações conhecidas como *contração espacial* e *dilatação temporal*. A modificação apropriada de coordenadas para efetuar a mudança de referencial, de tal maneira que a invariância apontada seja respeitada, exprime-se pelas transformações de Lorentz e não mais pelas transformações de Galileu da mecânica pré-relativista. Essa modificação pode ser expressa da seguinte maneira: Lorentz e Henri Poincaré (1854-1912) propõem, independentemente um do outro, em 1904, as chamadas "transformações de Lorentz". Einstein obteve as mesmas transformações independentemente de Lorentz e, ao contrário desse último, não necessitava de movimentos relativos ao éter nem de explicações mecânicas (sobre esse aspecto, ver o minucioso estudo de Paty, 1993, pp. 110-27).

Na teoria newtoniana, as experiências realizadas em dois referenciais, K e K', em movimento retilíneo uniforme com velocidade v um em relação ao outro, fornecem o mesmo resultado, e as variáveis são expressas da seguinte maneira: $x' = x - vt$, $y' = y$, $z' = z$, $t' = t$. Ou seja, tem-se um tempo absoluto.

Porém, considerando o princípio de relatividade e a constância da velocidade da luz, teremos para os dois referenciais supra-estipulados a seguinte situação: Sejam P_1 e P_2 dois pontos de K, a distância r um do outro. Se um sinal luminoso é emitido de um para outro, a propagação da luz satisfaz a equação $r = c.\Delta t$, onde c é a velocidade da luz no vácuo. Sendo $r^2 = \Delta x_1^2 + \Delta x_2^2 + \Delta x_3^2 = \Sigma (\Delta x_v^2)$, podemos escrever a equação acima da seguinte maneira: $\Sigma (\Delta x_v^2) - c\Delta t^2 = 0$. Essa equação admite o princípio da constância da velocidade da luz relativamente a K, qualquer que seja o movimento da fonte luminosa que emite o sinal. Para o sistema K', como também é válido o princípio anterior, temos $\Sigma (\Delta x'_v{}^2) - c\Delta t'^2 = 0$.

As equações de transformação de coordenadas que permitem passar da primeira para a segunda equação são as transformações de Lorentz, expressas da seguinte maneira:

$$x' = \gamma(x - vt),\ y' = y,\ z' = z,$$

$$t' = \gamma(t - \frac{vx}{c^2})$$

onde

$$\gamma = 1 \Big/ \sqrt{1 - \frac{v^2}{c^2}}$$

é hoje chamado *fator relativístico*. Dessas relações segue uma lei de composição de velocidades dada por:

$$u = \frac{u' + v}{1 + \frac{u'v}{c^2}}$$

Ou seja, há uma nova relação entre espaço e tempo inexistente na física newtoniana. Como diz o próprio Einstein, "não há nenhuma relação absoluta no espaço (independente do espaço de referência), e também nenhuma relação absoluta no tempo entre dois acontecimentos, mas há uma relação absoluta (independente do espaço de referência) no espaço e no tempo". Dessa maneira, "as leis da natureza assumirão uma forma logicamente mais satisfatória quando expressas em termos do referido contínuo quadridimensional" (Einstein, 1950a, pp. 30-1).

Finalmente, vale observar que a teoria da relatividade especial levou também a uma nova concepção do conceito de massa e energia, diferindo, mais uma vez, da física newtoniana. Na verdade, é a partir dessa teoria que Einstein obtém sua famosa equação $E = mc^2$ e conclui que massa e energia são, portanto, equivalentes – Einstein utiliza a expressão "idênticas" (*alike*) (*id., ibid.*, p. 47). Elas seriam apenas expressões diferentes da mesma entidade, não sendo mais a massa de um corpo constante, mas uma função da relação entre a sua velocidade e a velocidade da luz, e seria então dada por:

$$m = \frac{m_0}{\sqrt{1 - \frac{v^2}{c^2}}} = \gamma m_0$$

onde m_0 é a massa de repouso.

A Teoria da Relatividade Geral – Embora a teoria da relatividade geral seja, como o próprio nome indica, uma generalização da teoria da relatividade especial, os primeiros passos em sua direção são dados logo após o artigo de 1905. Einstein enuncia, também em 1905 (Einstein, 1905b), a equivalência entre massa e energia, mostrando que ambas constituem um só conceito, por meio de sua famosa equação $E = mc^2$ – cuja expressão em toda sua generalização aparece em 1907 (Einstein, 1907a); nesse mesmo ano, Einstein anuncia outra equivalência, fundamental para a formulação generalizada da teoria, a de massa gravitacional e massa inercial (Einstein, 1907b), elevada à categoria de princípio em 1912 (Einstein, 1912), equivalência que já havia sido utilizada por Newton e verificada pelo físico húngaro Loránd Eötvos (1848-1919). Isso permitirá a Einstein propor ainda outra equivalência, base da construção da relatividade geral: a equivalência entre o campo gravitacional e a aceleração. Com esses conceitos devidamente consolidados, o princípio de covariância geral, o cálculo tensorial elaborado por Gregorio Ricci (1853-1925) e Georg Riemann (1826-1866), e um cuidadoso apoio nos resultados consolidados da expressão gravitacional newtoniana, a teoria da relatividade geral surge como uma das teorias mais profundas da física do século XX. O princípio de covariância geral afirma a equivalência de todos os sistemas de coordenadas para as leis físicas e suas equações. Ou seja, não existem referenciais privilegiados para descrever as leis da natureza. A equivalência entre campo gravitacional e aceleração mostra a importância do conceito de curvatura, pois a curvatura do espaço será considerada uma propriedade do próprio espaço, determinada pela presença das massas em sua vizinhança.

Essa última equivalência pode ser compreendida da seguinte maneira: em um campo gravitacional (de pequena extensão espacial), os objetos comportam-se do mesmo modo que no espaço livre de gravitação, se introduzirmos nele, em vez de um "sistema de inércia", uma estrutura de referência com aceleração em relação ao primeiro. Para campos difusos, não restritos *a priori* por condições de limites espaciais, então o conceito de "sistema de inércia" perde o sentido. Esse resultado permite estabelecer a associação da curvatura com a existência de campos gravitacionais. Temos aqui o cerne da idéia einsteiniana da relação entre espaço-tempo curvo e campo gravitacional. É esse também o significado da afirmação segundo a qual as transformações de Lorentz são muito limitadas para expressar a existência de sistemas não-inerciais. Isso leva à procura de equações invariantes sob transformações não-lineares de coordenadas do contínuo quadridimensional, o que foi conseguido por Einstein usando a geometria riemanniana em sua forma tensorial.

Para obter as equações da teoria da relatividade geral, parte-se da física newtoniana e da teoria da relatividade restrita. Essa última nos informa de um caso especial: o caso do espaço de "campo livre", ou o espaço-tempo de Minkowski. Como é bem conhecido, o espaço-tempo da relatividade restrita caracteriza-se pelo fato de que, para um sistema de coordenadas adequadamente escolhido, a expressão $ds^2 = dx_1^2 + dx_2^2 + dx_3^2 - dx_4^2$ representa uma quantidade mensurável de dois pontos vizinhos. Para Einstein, a equação anterior tem um significado físico real. A generalização para um sistema arbitrário é então imediata: $ds^2 = g_{\nu\mu} \, dx^\nu \, dx^\mu$ (com os índices variando de 1 a 4).

Como Einstein enfatiza mais uma vez, $g_{\nu\mu}$ forma um tensor simétrico real. Se após uma transformação no campo as primeiras derivadas não desaparecem em relação às coordenadas, existe um campo gravitacional.

Utilizando-se então a equação de Newton para a gravitação (pois a experiência mostra sua validade para pequenas regiões do espaço e para campos fracos) e considerando o que foi dito sobre o princípio de equivalência (e sua relação com a curvatura e com a geometria riemanniana), Einstein obtém a expressão matemática da teoria da relatividade geral. Vejamos resumidamente esse desenvolvimento. A equação de Newton pode ser escrita na sua forma potencial: $\nabla^2 \Phi = 4\pi\rho$. A generalização da equação acima é dada por O(g) = kT, onde k é uma constante e O o operador diferencial (função do tensor métrico g) generalização de Φ, e T a fonte do campo gravitacional. Como o próprio Einstein observa, mais uma vez a teoria da relatividade restrita é de extrema utilidade, pois ela nos mostrou a relação entre a densidade de massa e a densidade de energia, ou seja, a inércia de um corpo depende de seu conteúdo de energia. O cálculo tensorial, como bem observa Bernard Schultz, com tensores de segunda ordem (Schultz, 1985, p. 175), torna-se o mais adequado. Como demonstra Steven Weinberg (1972, p. 133), o tensor de Riemann é o *único* que pode ser construído a partir do tensor métrico e das primeira e segunda derivadas, e é linear nas segundas derivadas; com esse tensor chegamos *ao mesmo tempo* à curvatura nula do espaço-tempo de Minkowski ($R_{\nu\mu\kappa\lambda} = 0$, para pequenas extensões espaciais; $g_{\nu\mu}$ = constante) e à curvatura não-nula para campos gravitacionais difusos. A partir do tensor de Riemann, obtemos o tensor de Ricci (único obtido a partir do tensor de Riemann) que, de modo geral, fornece a equação de campo de gravitação: $R_{\nu\mu} - 1/2 g_{\nu\mu} R = -kT_{\nu\mu}$. Essa última é válida em quaisquer sistemas de coordenadas e relaciona a densidade de energia total do campo com a curvatura.

A teoria da relatividade geral foi confirmada por vários experimentos, explicando fatos ainda obscuros, segundo a concepção newtoniana (como o avanço do periélio de Mercúrio), e prevendo novos, como a curvatura da luz próxima de corpos de grande massa. Proporcionou, ainda, uma nova compreensão sobre o universo, na medida em que suas equações podem ser aplicadas ao conjunto dos corpos celestes. Nesse sentido, os desenvolvimentos oriundos da concepção de um universo em expansão – resultado obtido por De Sitter, já em 1917, como uma solução para as equações de Einstein, levaram diretamente a problemas de fronteira na física. Na verdade, esses desenvolvimentos deram origem a um novo ramo das ciências naturais (a cosmologia), que se ocupa da origem e da evolução do universo, particularmente da interação da matéria e das chamadas forças fundamentais da natureza.

Relatividade e Filosofia – A teoria da relatividade, em suas duas formulações, proporcionou problemas filosóficos vinculados com nossa concepção espaçotemporal, com a concepção newtoniana de massa, além das novas noções sobre o universo, como apontado anteriormente. Mas forneceu também novos elementos para várias filosofias da ciência – dos neokantianos aos realistas, das visões popperianas às kuhnianas. No que se refere ao primeiro grupo, foi questionado o lugar da intuição pura nos termos apresentados por Kant, que privilegiava um espaço euclidiano e um tempo newtoniano absoluto, o que foi sabidamente negado pela teoria, em sua formulação generalizada. Contudo, neokantianos (como Cassirer e, de certa maneira, Brunschvicg) interpretaram a teoria da relatividade como a confirmação de aspectos importantes do pensamento kantiano, especialmente, segundo esses autores, no que se refere a um predomínio da matemática. As concepções realistas são, em geral, defendidas por físicos, como Richard Feynman (Feynman, 1964) que, acompanhando o próprio Einstein, consideram que as duas formulações, particularmente a relatividade geral, apontam para uma compreensão do próprio universo.

No que se refere às concepções de Karl Popper e Thomas Kuhn, poderíamos dizer que a teoria da relatividade aparece como *falseadora* da teoria newtoniana da gravitação ou, então, como um novo *paradigma*. Conforme a interpretação popperiana, a teoria da relatividade seria falseadora, pois as concepções newtonianas de espaço e de tempo absolutos não são mais válidas após as formulações einsteinianas. Consoante a concepção de Kuhn, a teoria da relatividade apareceria como *revolucionária*, marcando o nascimento de um novo *paradigma* (o relativístico), em contraposição ao velho paradigma newtoniano. Há ainda a visão de Imre Lakatos, que considera que a teoria da relatividade se insere em um "programa de pesquisa", sendo esse um dos principais aspectos que caracterizariam as ciências (Lakatos, 1970).

Finalmente, vale destacar uma importante articulação entre experiência e matemática nos trabalhos sobre a relatividade. A primeira sempre ocupou um papel fundamental em todas as investigações de Einstein, servindo com um guia para a construção das teorias físicas. No entanto, a matemática surge como um elemento de alargamento da própria experiência, uma espécie de revelação da estrutura profunda do real, segundo a visão einsteiniana, embora os conceitos físicos a ela associados fossem, na concepção de Einstein, "postulados livremente escolhidos" (Einstein, 1949, ed. 1982, p. 23).

Os trabalhos científicos de Einstein, incluindo suas cartas, estão parcialmente reunidos nas várias edições de *Collected Works*, ainda em elaboração. Para referências sobre esses e outros trabalhos, consultar os *sites* www.albert-einstein.org e www.alberteinstei.info – o segundo contém vários textos disponíveis *on-line*. Para uma referência completa sobre os trabalhos de Einstein, consultar Paty, 1993, pp. 490-514. No endereço http://plato.stanford.edu/entries/einstein-philscience/ há um bom estudo sobre a filosofia da ciência de Einstein. SS

CARNAP, R. *Philosophical Foundations of Physics*. Nova York: Basic Books, 1966.

CASSIRER, E. *Zur Einsteinschen Relativitästheorie. Erkenntnistheoretische Betrachtungen*. Berlim: Bruno Cassirer, 1923. Trad. ingl. *Substance and Function & Einstein's Theory of Relativity*. Trad. Willian Curtis Swabey e Mary Collins Swabey. Chicago: Open Court, 1923; Nova York: Dover, 1953.

EDDINGTON, A. S. *Space, Time and Gravitation*. Cambridge: Cambridge University Press, 1920.

EINSTEIN, A. *Autobiographisches. Autobiographical notes*, in Schilpp, P. A. *Albert Einstein: Philosopher and Scientist*. La Salle: Open Court, pp. 1-95. Col. The Library of Living Philosophers. Trad. bras. *Notas autobiográficas*. Trad. A. S. Rodrigues. Rio de Janeiro: Nova Fronteira, 1982.

EINSTEIN, A. "Die Grundlage der allgemeinen Relativitätstheorie", *in Annalen der Physik*, ser. 4, XLIX, 1916, pp. 769-822.

____. "Elektrodynamik bewegter Körper", *in Annalen der Physik*, ser. 4, XVII, 1905a, pp. 891-921. Trad. bras. "Sobre a eletrodinâmica dos corpos em movimento", *in* Stachel, J. *O ano miraculoso de Einstein*. Trad. A. C. Tort. Rio de Janeiro: UFRJ, 2001, pp. 143-80.

____. "Geometrie und Erfahrung", *in Preussische Akademie der Wissenchaften*, 1921, Relatórios de sessões. Trad. fr. *La géométrie et l'expérience*. Trad. M. Solovine. Paris: Gauthier-Villars, 1934 [1921].

____. "Ist die Trägheit eines Körpers von seinem Energieinhalt abhängig?", *in Annalen der Physik*, ser. 4, XVIII, 1905b, pp. 639-41.

____. "Lichtgeschwindigkeit und Statik des Gravitationsfeldes", *in Annalen der Physik*, ser. 4, XXXVIII, 1912, pp. 355-9.

____. "On the Generalized Theory of Gravitation", *in Scientific American*, vol. 188, n.° 4, 1950b, pp. 13-7.

____. *The Meaning of Relativity*. 3.ª ed. Princeton: Princeton University Press, 1950a (incl. *The Generalized Theory of Gravitation*).

____. *Über die spezielle und die allgemeine Relativitätstheorie gemeinverständlich*. Braunschveig: Veiweg, 1954. Trad. fr. *Théorie de la relativité restreinte et générale. La relativité et le problème de l'espace*. Trad. Maurice Solovine. Paris: Gauthier-Villars, 1956; Paris: Payot, 1963.

____. "Über die vom Relativitätsprinzip gefordete Trägheit der Energie", *in Annalen der Physik*, ser. 4, XXIII, 1907a, pp. 371-84.

____. "Über die vom Relativitätsprinzip und die aus demselben gezogenen Folgerungen", *in Jahrbuch der Radioaktivität*, IV, 1907b, pp. 411-62; V, 1908, pp. 98-9 (erratas).

____. "Zur allgemeinen Relativitätstheorie", *in Preussische Akademie der Wissenschaften*; Relatórios de sessões, 1915 part. 2, pp. 844-7.

____ e INFELD, L. *The Evolution of Physics* [1938]. Nova York: Simon and Schuster, 1976.

FEYNMAN, R. *Lectures on Physics*. Londres: Addison-Wesley, 1964.

JAMMER, M. *Concepts of Space: the History of the Theories of Space in Physics.* Cambridge: Harvard University Press, 1957.

KUHN, T. S. *The Structure of Scientific Revolutions.* 2.ª ed. Chicago: University of Chicago Press, 1970.

LAKATOS, I. "Falsification and the Methodology of Scientific Research Programmes", *in* Lakatos, Imre e Musgrave, Alan (orgs.). *Criticism and the Growth of Knowledge.* Cambridge: Cambridge University Press, 1970, pp. 91-196. Trad. bras. "O falseamento e a metodologia dos programas de pesquisa científica", *in* Lakatos, Imre e Musgrave, Alan (orgs.). *A crítica e o desenvolvimento do conhecimento.* Trad. Otávio Mendes Cajado. São Paulo: Cultrix, 1979, pp. 109-243.

MEYERSON, É. *La déduction relativiste.* Paris: Payot, 1925.

NEWTON, Isaac. *Philosophiæ Naturalis Principia Mathematica.* Londini, 1687, 3 vols. Ed. fac-símile: Koyré, Alexandre e Cohen, I. Bernard (orgs.). *Philosophiæ Naturalis Principia Mathematica.* Cambridge: Cambridge University Press, 1972, 3 vols. Trad. bras. *Principia. Princípios matemáticos da filosofia natural.* Trad. Trieste Ricci *et al.* São Paulo: Nova Stella/Edusp, 1990, vol. I.

PAIS, A. *Subtle is the Lord: the Science and Life of Albert Einstein.* Oxford: Oxford University Press, 1982.

PATY, M. *Einstein philosophe: la physique comme pratique philosophique.* Paris: Presses Universitaires de France, 1993.

POINCARÉ, H. *La mécanique nouvelle: conférence et note sur la théorie de relativité.* Paris: Gauthier-Villars, 1924.

POPPER, K. R. *Logik der Forschung.* Viena: Springer, 1935. Trad. ingl. *The Logic of Scientific Discovery.* Londres: Hutchinson, 1968. Trad. bras. *A lógica da pesquisa científica.* Trad. Leônidas Hegenberg e O. Silveira da Mota. São Paulo: Cultrix/Edusp, 1975.

REICHENBACH, H. *The Philosophy of Space & Time.* Notas introdutórias de Rudolf Carnap. Nova York: Dover, 1958.

SCHILPP, P. A. *Albert Einstein: Philosopher and Scientist.* La Salle: Open Court, 1949. Col. The Library of Living Philosophers.

SCHLICK, M. *Raum und Zeit in der gegenwärtigen Physik. Zur Einführung in das Verständnis der Relativitäts-und Gravitationstheorie.* Berlim: Springer, 1919 (versão ampliada do artigo "Raum und Zeit in der gegenwärtigen Physik. Zur Einführung in das Verständnis der allgemeinen Relativitätstheorie", *in Die Naturwissenschaften,* 1917, vol. 5, pp. 161-7, 177-86). (Trad. ingl. *Space and Time in Contemporary Physics: an Introduction to the Theory of Relativity and Gravitation.* Trad. Henry L. Brose. Oxford: Oxford University Press, 1920); reed. Nova York: Dover, 2005.

SCHUTZ, B. *A First Course in General Relativity.* Cambridge: Cambridge University Press, 1985.

STACHEL, J. *Einstein's Miraculous Year: Five Papers that Changed the Face of Physics.* Princeton: Princeton University Press, 1998. Trad. bras. *O ano miraculoso de Einstein.* Trad. A. C. Tort. Rio de Janeiro: UFRJ, 2001.

WEINBERG, S. *Gravitation and Cosmology: Principles and Applications of the General Theory of Relativity.* Nova York: John Wiley & Sons, 1972.

WILL, C. *Was Einstein Right? Putting General Relativity to the Test.* Oxford: Oxford University Press, 1986.

teoria da verdade como coerência

Ver VERDADE COMO COERÊNCIA, TEORIA DA.

teoria da verdade como correspondência

Ver VERDADE COMO CORRESPONDÊNCIA, TEORIA DA.

teoria da verdade como redundância

Ver VERDADE COMO REDUNDÂNCIA, TEORIA DA.

teoria da verdade de Tarski

Ver VERDADE DE TARSKI, TEORIA DA.

teoria das categorias

A teoria das categorias é uma teoria que aborda, de forma abstrata e geral, as estruturas matemáticas e as relações entre elas. Por conta de sua própria concepção e de sua linguagem, ela permite conceber o que há de geral em uma família de estruturas de uma dada espécie e como tais estruturas de diferentes tipos estão inter-relacionadas.

A teoria das categorias surge em 1945, em um artigo de Samuel Eilenberg (1913-1998) e Saunders MacLane (1909-2005) intitulado *General Theory of Natural Equivalences*. O próprio título do artigo já indica o que poderia ser uma apresentação mínima do conceito ora em tela: uma teoria geral das equivalências naturais (*ver* EQUIVALÊNCIA). O problema que conduziu à criação da teoria das categorias era o da caracterização precisa dos isomorfismos naturais que ocorriam entre estruturas (*ver* ISOMORFISMO). Segundo os próprios criadores, o objetivo de definir o conceito de isomorfismo natural que capturava o que diferentes estruturas em diferentes áreas da matemática partilhavam levou-os a definir FUNCTOR, que, por sua vez, exigia a idéia de categoria. Isto porque functor era pensado em termos de função que exigia DOMÍNIO e CONTRADOMÍNIO para a sua formulação; um functor é uma FUNÇÃO de uma categoria em outra que leva OBJETOS a objetos e morfismos a morfismos, de maneira que a composição de morfismos e as identidades sejam preservadas. Assim, as categorias tinham de ser pensadas como CONJUNTOS ou CLASSES de estruturas. Mas é importante notar que Eilenberg e MacLane viam o conceito de categoria como meramente auxiliar, ou seja, como uma forma de poder definir o conceito de functor, este sim essencial para a teoria.

Na primeira década e meia de sua história, ainda na esteira do trabalho original de Eilenberg e MacLane, a teoria das categorias era vista quando muito como uma linguagem conveniente, às vezes como uma teoria vazia, sem conteúdo matemático, apesar da forma profícua pela qual seus próprios criadores a utilizavam em suas pesquisas sobre topologia algébrica e álgebra homológica. O desenvolvimento posterior mostrou, principalmente a partir do trabalho de Alexander Grothendieck (1928-), *Sur Quelques Points d'Algèbre Homologique* (1957) e a tese de doutorado de Francis William Lawvere, *Functorial Semantics of Algebraic Theories* (1963), que a teoria das categorias, mais do que uma linguagem conveniente, era uma importante e produtiva teoria matemática. As novas pesquisas mostraram como a teoria das categorias poderia trazer perspectivas originais em lógica, sistemas lógicos, fundamentos da matemática, descrição dos aspectos gerais de uma teoria, ciência da computação, etc.

A própria filosofia, que emprestou dois de seus termos à teoria, os de categoria e functor, tomados de Aristóteles e Carnap, respectivamente, não ficou imune aos seus desenvolvimentos. A teoria das categorias hoje tanto é objeto de interesse filosófico quanto instrumento das investigações que tratam dos aspectos sintáticos, semânticos e, principalmente, os aspectos epistemológicos e ontológicos que acompanham os sistemas lógicos. Para dar um exemplo, a polaridade clássica da filosofia entre o singular e o UNIVERSAL ou, entre o nível ontológico mais elementar e sua apreensão conceptual, e a da matemática entre pontos e espaços (espaços são feitos de pontos ou pontos são extraídos do espaço?) é tratada hoje de forma muito profícua no âmbito da teoria das categorias que assume o que se convencionou chamar perspectiva *top-down* da questão, ou seja, o interesse não é mais pelo que sejam os objetos e os homomorfismos, mas apenas pela estrutura de homomorfismos que existe entre os objetos. Isto seria uma espécie de adaptação do princípio do contexto de Frege: nunca pergunte pelo significado de um conceito matemático de maneira isolada, mas sempre no contexto de uma categoria (cf. Landry e Marquis, p. 7).

Uma definição de categoria que pode ser encontrada na maioria dos livros textos sobre a teoria é a seguinte (Lang, p. 25). Uma *categoria* $\mathcal{E}$ é uma estrutura que consiste de:

- uma coleção de objetos Ob($\mathcal{E}$);
- para cada par de objetos $A, B \in$ Ob($\mathcal{E}$), um conjunto Mor(A, B) chamado de *morfismos* ou *setas* de A em B;

- para cada três objetos A, B e $C \in \text{Ob}$ ($\mathcal{E}$), uma lei de composição $\text{Mor}(B, C) \times \text{Mor}(A, B) \to \text{Mor}(A, C)$ satisfazendo os seguintes axiomas:

  A1: Dois conjuntos $\text{Mor}(A, B)$ e $\text{Mor}(A', B')$ são ou disjuntos ou iguais, o que ocorre quando $A = A'$ e $B = B'$.

  A2: Para cada objeto A de $\mathcal{E}$, existe o morfismo *identidade* $id_A \in \text{Mor}(A, A)$, que atua como identidade à esquerda e à direita para os elementos de $\text{Mor}(A, B)$ e $\text{Mor}(B, A)$, respectivamente, para todo $B \in \text{Ob}(\mathcal{E})$.

  A3: Uma operação de *composição* que é associativa quando definida, isto é, dado $f \in \text{Mor}(A, B)$, $g \in \text{Mor}(B, C)$ e $h \in \text{Mor}(C, D)$ então $(h \circ g) \circ f = h \circ (g \circ f)$ para todos os objetos A, B, C e D de $\mathcal{E}$.

Alguns exemplos de categorias: a *categoria dos conjuntos*, os objetos são conjuntos e os morfismos são as diversas aplicações entre conjuntos; a *categoria dos grupos*, os objetos são grupos e os morfismos são os homomorfismos de grupos; a *categoria dos espaços* topológicos, os objetos são os espaços topológicos e os morfismos as aplicações contínuas; a *categoria dos espaços vetoriais*, os objetos são os espaços vetoriais e os morfismos as transformações lineares. Qualquer sistema dedutivo pode ser entendido categorialmente, bastando tomar como objetos as suas fórmulas e como morfismos as suas provas. Este último exemplo mostra a extrema versatilidade da teoria das categorias e a sua estreita relação com as pesquisas em lógica e fundamentação da matemática.

Essa definição de categoria como conjunto (ou classe) tem sido alterada ao longo dos anos. Nos anos 1960 Lawvere institui o conceito de *categoria de categorias* que fornece o aparato conceptual mais adequado para a utilização da teoria das categorias no exame das questões metamatemáticas e filosóficas mencionadas acima. *Ver também* CONJUNTO; FUNÇÃO; FUNCTOR; TEORIA DOS CONJUNTOS; UNIVERSAL. **FRN**

BLAUTH MENEZES, P. e HAEUSLER, E. H. *Teoria das categorias para ciência da computação*, Porto Alegre, Editora Sagra-Luzzatto, 2001.

EILENBERG, S. e MACLANE, S. "General Theory of Natural Equivalences", *in Transactions of the American Mathematical Society*, 58, 1945, pp. 231-94.

LANG, S. *Algebra*. Addison-Wesley Publishing Company, 1970.

LAWVERE, F. W. e SCHANUEL, S. *Conceptual Mathematics: A First Introduction to Categories*. Cambridge: Cambridge University Press, 1997.

LANDRY, E. e MARQUIS, J.-P. "Categories in Context: Historical, Foundational and Philosophical", *in Philosophia Mathematica*, 13, 2005, pp. 1-43.

teoria das contrapartes

Ver CONTRAPARTES, TEORIA DAS.

teoria das descrições definidas

Em uma teoria de primeira ordem com igualdade suficientemente desenvolvida, um objeto tanto pode ser representado por um nome, como "2", no domínio dos números inteiros positivos, como por uma expressão complexa como "a raiz quadrada de quatro", em que o número 2 nem sequer é explicitamente usado. A diferença entre os dois processos consiste em que a expressão complexa nos torna possível falar acerca de um objeto que tem certa propriedade, mesmo quando não se sabe seu nome.

O primeiro tratamento desse processo lógico fundamental foi feito por Bertrand Russell no artigo "On Denoting", nos *Principia Mathematica* e na *Introduction to Mathematical Philosophy*, em que a expressões do tipo "o objeto x tal que Fx" Russell deu o nome de "descrições". Embora na *Introduction to Mathematical Philosophy* Russell faça uma distinção entre descrições definidas, como nos exemplos apresentados, e descrições indefinidas como "um objeto x tal que Fx", a teoria lógica que se lhe seguiu tem se ocupado essencialmente das descrições definidas.

Nesses termos, enquanto um nome é um símbolo arbitrário atribuído a um objeto do domínio, o qual passa a ser a sua denotação, uma descrição é uma especificação que se aplica a qualquer objeto do domínio que satisfaça a condição formulada. Em uma descrição (definida), o objeto é assim caracterizado pelo fato de certo predicado ser satisfeito por ele e só por ele. A condição de que o predicado Fa é satisfeito por um único objeto é representada nas chamadas fórmulas da univocidade de Fa, com a seguinte forma: $\exists x\, Fx$; $\forall x\, \forall y\, ((Fx \wedge Fy) \to x = y)$. A extensão do predicado Fa determina o objeto que satisfaz univocamente F, e por essa razão o argumento do predicado desempenha o papel de uma variável ligada. Nos *Principia* é introduzida a notação para a descrição definida, a qual é constituída por um OPERADOR, representado pela letra grega iota com a letra x em índice, seguido do predicado ao qual o operador se aplica: $\iota x\, Fx$. É a essa expressão que Russell chama uma descrição. Uma descrição pode ocorrer na posição de argumento, dando origem a uma fórmula como $B(\iota x\, Fx)$, que se pode interpretar como representando a asserção "Existe um único objeto que satisfaz Fa, o qual também satisfaz Ba". Com essa teoria Russell está em condições de resolver o problema filosófico da existência de um valor de verdade para proposições em que ocorram descrições vazias, como "o atual rei da França", em proposições como "o atual rei da França é pálido". Uma fórmula em que ocorre uma descrição representa uma asserção falsa, quando as condições estipuladas pelas fórmulas de univocidade não são satisfeitas.

A interpretação da fórmula $B(\iota x\, Fx)$ não é uma definição explícita da descrição $\iota x\, Fx$, uma vez que não há para esse símbolo uma expressão definidora, mas antes uma especificação semântica para as fórmulas em que a descrição ocorre na posição de termo, como uma parte constituinte da fórmula. Se existe uma derivação das fórmulas de univocidade de Fa, então o símbolo $\iota x\, Fx$ é um termo, justamente o que representa o objeto único que satisfaz Fa.

O operador iota de Russell é regulado pelo que podemos chamar a regra iota com o seguinte conteúdo: se as fórmulas de univocidade para Fa foram derivadas, então a descrição $\iota x\, Fx$ é um termo, e a fórmula $F(\iota x\, Fx)$ pode agora ser derivada por meio do esquema seguinte:

$$\exists x\, Fx$$
$$\forall x\, \forall y\, ((Fx \wedge Fy) \to x = y)$$
$$\therefore F(\iota x\, Fx)$$

A regra da redenominação de variáveis ligadas para os quantificadores é aplicável à variável ligada pelo operador iota. Mas a colisão entre variáveis ligadas, que é necessário impedir quando se usam quantificadores, tem também de ser impedida na utilização do operador iota. *Ver também* OPERADOR; QUANTIFICADOR; VARIÁVEL. **MSL**

OSTERTAG, G. (org.): *Definite Descriptions: A Reader*. Cambridge (Massachusetts): The MIT Press/Londres (Reino Unido): A Bradford Book, 1998. (O artigo "On Denoting" está reimpresso nesse livro, às pp. 35-49.)

RUSSELL, B. "On Denoting". *Mind*, 14, 1905, pp. 479-93. Reimp. em: Bertrand Russell. *Logic and Knowledge: Essays 1901-1950*. Ed. Robert Charles Marsh. Londres: George Allen & Unwin/Nova York: The Macmillan Company, 5.ª reimp. 1971 [1956], pp. 41-56. Trad. bras. "Da denotação", in *Russell/Moore*. Coleção Os Pensadores. Trad. Pablo Mariconda. São Paulo: Abril Cultural, 1974, pp. 9-20.

_____. *Introduction to Mathematical Philosophy*. Londres: George Allen & Unwin, 1919. Trad. bras. *Introdução à filosofia matemática*. Trad. Giasone Rebuá. Rio de Janeiro: Zahar, 1974.

_____ e WHITEHEAD, A. N. *Principia Mathematica*. Cambridge: Cambridge University Press, 1910-3, 3 vols.

SILVA GRAÇA, A. *Referência e denotação: um ensaio acerca do sentido e da referência de nomes e descrições*. Lisboa: Fundação Calouste Gulbenkian, 2003.

teoria dos condicionais

Ver CONDICIONAIS, TEORIAS DOS.

teoria dos conjuntos

A criação da teoria dos conjuntos é obra do matemático Georg Cantor (1845-1918) e nasceu da tentativa de solucionar um problema técnico de matemática na teoria das séries trigonométricas. Essa tentativa levou Cantor a introduzir a noção de ORDINAL e, mais tarde, a de CARDINAL. Cantor demonstrou teoremas de grande alcance, notavelmente o seu célebre teorema (ver TEOREMA DE CANTOR). Ele lidava intuitivamente com os conjuntos, tomando-os como agregados arbitrários de elementos – ainda que juntos de um modo intuitivamente artificial –, que podiam ser tanto em número finito como infinito. Cada conjunto constituía um objeto único, bem determinado pelos seus elementos (ver AXIOMA DA EXTENSIONALIDADE) e do mesmo gênero dos seus constituintes (um conjunto pode, por sua vez, ser um elemento de outro conjunto). O desenvolvimento da noção de conjunto veio a revelar-se de tal maleabilidade e eficácia que acomodou as construções matemáticas então conhecidas e, inclusivamente, possibilitou novas construções. Esses feitos vieram naturalmente ao encontro de uma clarificação conceptual da matemática, já em curso com – p. ex. – a substituição da problemática idéia de infinitesimal pela noção rigorosa de limite devida a Karl Weierstrass (1815-1897). Finalmente, mas não menos importante, a teoria dos conjuntos providenciou um enquadramento para a unificação das várias disciplinas da matemática (álgebra, geometria, análise, etc.). Podemos dizer que a maleabilidade das construções da teoria dos conjuntos, o seu contributo para a clarificação conceptual e para a unificação da matemática e, por fim, a teoria do infinito de Cantor – hoje amplamente admitida, ou pelo menos admirada – contribuíram para a progressiva aceitação da teoria dos conjuntos.

A principal maneira de formar um conjunto é por meio de uma propriedade: esta unifica como conjunto o agregado das entidades que a possuem. É o chamado PRINCÍPIO DA ABSTRAÇÃO. Na virada para o século XX, descobriu-se que o uso irrestrito desse princípio origina paradoxos, como é o caso do PARADOXO DE RUSSELL, do paradoxo de Cantor ou do paradoxo de Burali-Forti. O aparecimento desses paradoxos põe fim a uma fase ingênua do desenvolvimento da teoria e dá início a uma busca dos princípios consistentes que subjazem à formação dos conjuntos.

As duas primeiras tentativas sistemáticas de axiomatização da teoria dos conjuntos devem-se a Russell e a Zermelo. A tentativa de Russell baseia-se na suposição de que os paradoxos são fruto de violações do PRINCÍPIO DO CÍRCULO VICIOSO e que, para as evitar, é mister distinguir de forma sistemática vários tipos lógicos (ver TEORIA DOS TIPOS). Deve-se, no entanto, apontar que a teoria dos tipos de Russell não é, literalmente, uma teoria de conjuntos: é antes uma teoria lógica de FUNÇÕES PROPOSICIONAIS. A idéia da teoria de Zermelo é totalmente diferente: é a de que os paradoxos surgem porque se admitem agregados demasiado grandes (uma idéia similar também ocorreu a Russell em 1906). Modernamente, a teoria de Zermelo formula-se na linguagem do CÁLCULO DE PREDICADOS com igualdade munida de um símbolo relacional binário não-lógico $\in$ (o símbolo de pertença), cuja interpretação intuitiva é "ser elemento de". A teoria de Zermelo-Fraenkel (ZF) é hoje amplamente aceita pelos especialistas da teoria dos conjuntos. Antes de passar a descrever com certo detalhe essa teoria (e outras a ela associadas), queremos brevemente mencionar a existência de mais quatro teorias dos conjuntos. Duas delas, NBG (Von Neumann-Bernays-Gödel) e KM (Kelley-Morse), são extensões de ZF especialmente elaboradas para admitir coleções grandes – as CLASSES. As outras duas, devidas a Quine, não são extensões de ZF e, na raiz, baseiam-se ainda na intuição original de Russell, no que diz respeito ao papel do princípio do círculo vicioso. Sobre essas duas últimas teorias, NF e ML (*ver NEW FOUNDATIONS*), aplica-se exemplarmente o seguinte comentário de Russell: "nem o mais inteligente dos lógicos teria pensado nelas se não soubesse das contradições".

A pedra de toque da axiomática de Zermelo de 1908 é o axioma de separação (*Aussonderungsaxiom*). Esse axioma é, na formulação moderna, um axioma-esquema, $\forall w \exists y \forall x (x \in y \rightarrow (\pi x \wedge x \in w))$, onde πx é uma fórmula da linguagem na qual a variável y não ocorre livre. Esse esquema de axiomas (um para cada fórmula π) diz-nos que, dado um conjunto w e uma fórmula π, é possível separar os elementos de w em dois conjuntos – no conjunto dos elementos de w que satisfazem π e no conjunto dos elementos de w que não satisfazem π (essa última parte obtém-se da formulação acima com a fórmula $\neg\pi$ em vez de π). Ao contrário do princípio da abstração que leva a contradições, o *Aussonderunsgaxiom* evita as contradições conhecidas, ao limitar *a priori* por um conjunto dado w o tamanho do conjunto y a formar. É claro que o axioma da separação só é eficaz se houver muitos desses conjuntos w para começar, ou seja, só temos realmente uma teoria de conjuntos digna desse nome se assegurarmos de início a existência de um suprimento razoável de conjuntos. É esse o papel dos chamados axiomas de existência de ZF. São eles os seguintes: 3. Axioma dos Pares – $\forall x \forall y \exists z (x \in z \wedge y \in z)$; 4. Axioma da União – $\forall x \exists y \forall z (\exists w (w \in x \wedge z \in w) \rightarrow z \in y)$; 5. Axioma das Partes – $\forall x \exists y \forall z (z \subseteq x \rightarrow z \in y)$; 6. Axioma do Infinito – $\exists x (\emptyset \in x \wedge \forall y (y \in x \rightarrow y \cup \{y\} \in x))$.

Os axiomas 1 e 2, conspícuos pela sua ausência, são respectivamente o axioma de extensionalidade e o *Aussonderungsaxiom*. Também se considera um axioma 0, da existência do conjunto vazio: $\exists x \forall y\ y \notin x$. A leitura dos axiomas 3, 4, e 5 é simples: eles permitem-nos, respectivamente, formar (com a ajuda do axioma da separação) os conjuntos $\{x, y\}$, $\cup x$ e $\mathcal{P}(x)$. O AXIOMA DO INFINITO permite-nos formar o conjunto ω dos números naturais.

Em 1922 e independentemente, Thoralf Skolem e Abraham Fraenkel propuseram um novo axioma-esquema, denominado "axioma-esquema da substituição". Dada uma fórmula $\Phi(x, y)$ da linguagem da teoria dos conjuntos e um conjunto w, dizemos que a fórmula $\Phi(x, y)$ tem caráter funcional em w se, para qualquer elemento $x \in w$, existir um, e somente um, elemento y tal que $\Phi(x, y)$ vale. O axioma da substituição diz-nos que, nesse caso, podemos constituir como conjunto a coleção dos elementos y para os quais existe $x \in w$ tal que $\Phi(x, y)$ vale. Simbolicamente, para cada fórmula $\Phi(x, y)$ da linguagem da teoria dos conjuntos, tem-se o axioma: 2'. Axioma da Substituição – $\forall x \exists^1 y\ \Phi(x, y) \rightarrow \forall w \exists z \forall y (y \in z \leftrightarrow \exists x (x \in w \wedge \Phi(x, y)))$.

Tanto Skolem como Fraenkel observaram que, sem esse axioma, não se pode demonstrar a existência de um conjunto de cardinalidade $\aleph_\omega$. Mais tarde, Von Neumann (1928) desenvolveu a teoria dos ordinais usando à saciedade o axioma da substituição (sem esse axioma não é possível construir o ordinal Von Neumann $\omega + \omega$ nem é possível mostrar que toda BOA ORDEM é isomorfa a um ordinal Von Neumann). Finalmente, na presença do axioma da substituição, o *Aussonderunsgaxiom* é redundante (deve, contudo, observar-se que esse não é o caso para certas formulações alternativas do axioma da substituição).

A axiomática da teoria dos conjuntos ZF (de Zermelo-Fraenkel) consiste nos axiomas 0, 1, 2', 3, 4, 5, 6 e no seguinte axioma, denominado AXIOMA DA FUNDAÇÃO (*Fundierungsaxiom*): 7. Axioma da Fundação – $\forall x (x \neq \emptyset \rightarrow \exists y (y \in x \wedge \neg\exists z (z \in x \wedge z \in zy)))$.

Esse axioma aparece num trabalho de Zermelo de 1930 e baseia-se em idéias anteriores de Von Neumann (1928) e Mirimanoff (1917). O axioma da fundação espelha fielmente a chamada concepção iterativa dos conjuntos (ou concepção cumulativa dos conjuntos, se quisermos utilizar uma metáfora espacial em vez de temporal). De acordo com essa concepção, conjunto é uma coleção que aparece em alguma das seguintes etapas. A etapa 0 é formada pelo conjunto dos átomos ou PROTO-ELEMENTOS (*Urelemente*) e a etapa 1 contém os proto-elementos (as etapas se acumulam) e todos os conjuntos de proto-elementos. Por exemplo, se houver dois proto-elementos *a* e *b*, a etapa 0 é o conjunto {*a, b*} e a etapa 1 é o conjunto {*a, b*, ∅, {*a*}, {*b*}, {*a, b*}}. Se não houver proto-elementos, a etapa 0 reduz-se ao conjunto vazio e a etapa 1 ao conjunto {∅}. A etapa 2 é constituída pelos elementos da etapa 1 e por todos os conjuntos formados com esses elementos, e assim sucessivamente. Para cada número natural temos definido um conjunto E_n das entidades formadas até a etapa *n*. Depois de todas as etapas indexadas nos números naturais, define-se a etapa E_ω, que consiste na reunião de todas essas etapas, isto é, $E_\omega = \cup_n E_n$. Continuamos, definindo a etapa $E_{\omega+1}$ como aquela cujos elementos são os da etapa anterior (a etapa E_ω) em reunião com todos os seus subconjuntos; depois vêm as etapas $E_{\omega+2}, E_{\omega+3}$, etc., $E_{\omega+\omega}, E_{\omega+\omega+1}$,... Para além da etapa inicial – a dos proto-elementos – há dois princípios geradores de etapas. O primeiro diz que existe uma etapa imediatamente a seguir a dada etapa e que essa última se obtém da precedente juntando aos seus elementos os conjuntos que se podem formar com esses elementos. O segundo princípio permite passar de um segmento inicial de etapas sem máximo, previamente formado, para a etapa que lhe vem imediatamente a seguir – que consiste na união de todas as etapas anteriores.

A concepção iterativa dos conjuntos – em que estes são as coleções que aparecem, mais cedo ou mais tarde, em uma das etapas descritas – é menos simples que a concepção ingênua – ligada ao uso irrestrito do princípio da abstração –, mas, ao contrário desta, evita os paradoxos conhecidos. A concepção iterativa pode espelhar-se formalmente na teoria ZF: nessa formalização, os índices das etapas são os números ordinais e as etapas (denotadas freqüentemente por R_α) definem-se por RECORRÊNCIA TRANSFINITA: 1. $R_0 = \emptyset$; 2. $R_{\alpha+1} = \mathcal{P}(R_\alpha)$; 3. Dado α um ordinal limite, $R_\alpha = \cup_{\lambda \in \alpha} R_\lambda$. (Demonstra-se que $R_\alpha \subseteq R_{\alpha+1}$ e que, portanto, esta hierarquia é cumulativa.) O *Fundierungsaxiom* é, na presença dos restantes axiomas de ZF, equivalente a dizer que todo conjunto está em algum R_α, para algum ordinal α. Simbolicamente: $\forall x \exists \alpha (x \in R_\alpha)$.

A teoria ZF é uma teoria pura de conjuntos, ao passo que a axiomática de Zermelo de 1908 permitia a existência de proto-elementos. Por outro lado, Zermelo também incluiu outro axioma de existência na sua axiomática, o denominado AXIOMA DA ESCOLHA. A existência ou não de proto-elementos não levanta problemas conceptuais maiores, ao contrário do axioma da escolha, polêmico pelo seu caráter não-construtivo. Modernamente, se quisermos incluir o axioma da escolha em uma teoria de conjuntos, é costume notacional juntar à sua sigla a letra "C" (de "*choice*"): a teoria ZFC é a teoria ZF com o axioma da escolha.

Em 1938, Kurt Gödel demonstra a consistência relativa do axioma da escolha e da HIPÓTESE DO CONTÍNUO (HC). Gödel define, por recorrência transfinita, a denominada hierarquia dos conjuntos construtíveis: 1. $L_0 = \emptyset$; 2. $L_{\alpha+1} = \mathcal{D}(L_\alpha)$; 3. Dado α um ordinal limite, $L_\alpha = \cup_{\lambda \in \alpha} L_\lambda$, onde $\mathcal{D}(X)$ é uma noção técnica de definibilidade: grosseiramente, $\mathcal{D}(X)$ é o conjunto dos subconjuntos de X que são definíveis com parâmetros em X por uma fórmula da linguagem da teoria dos conjuntos. A classe $L = \cup_\alpha L_\alpha$ denomina-se universo dos conjuntos construtíveis. Gödel mostrou que L é um modelo (denominado, tecnicamente, de interno) da teoria dos conjuntos. Mais precisamente, Gödel mostrou que as relativizações dos axiomas da teoria dos conjuntos ZF a L são demonstráveis em ZF. Adicionalmente, as relativizações do axioma da escolha e da hipótese generalizada do contínuo também se demonstram em ZF. É esse o cerne das demonstrações de consistência de Gödel.

A construção de Gödel mostra, mais fortemente, que o seguinte axioma da construtibilidade (abreviado habitualmente pela sigla V = L), $\forall x \exists \alpha \, (x \in L_\alpha)$ é consistente relativamente a ZF. Poucos autores (e, certamente, não o próprio Gödel) vêem nesse axioma algo mais do que um instrumento de estudo matemático.

Se bem que investigações em teoria dos cardinais inacessíveis (*ver* CARDINAL) e do universo construtível de Gödel tenham obtido alguns resultados matemáticos interessantes, pode-se dizer que o trabalho em teoria dos conjuntos esteve em um impasse desde os resultados de Gödel até 1963. Uma ilustração desse impasse é a descoberta por Shepherdson, no início da década de 1950, de que o método dos modelos internos (usado por Gödel para demonstrar as consistências relativas do axioma da escolha e da hipótese do contínuo) nunca poderia providenciar uma demonstração da independência relativa da hipótese do contínuo. Em 1963, um brilhante novo método foi inventado por Paul Cohen, um novato em teoria dos conjuntos. Ao contrário do método dos modelos internos que restringe o universo, o novo método de *forcing* expande o universo. Esta "expansão" merece ser comentada, pois põe o problema conceitual de expandir o universo de todos os conjuntos. Há várias maneiras de contornar essa dificuldade. P. ex., o que o método de *forcing* produz são expansões de modelos de conjuntos finitos de axiomas de ZF (a teoria ZF não demonstra a existência de modelos de todos os axiomas de ZF, a menos que seja inconsistente, pois tal implicaria que ZF demonstraria sua própria consistência, o que contradiz o TEOREMA DA INCOMPLETUDE DE GÖDEL). Ora, para se obter resultados de independência basta trabalhar com subconjuntos finitos arbitrários da axiomática, pois se uma frase é conseqüência de um conjunto de axiomas, então é conseqüência de uma parte finita desse conjunto.

O método inventado por Cohen revelou-se muito fecundo, pois não só permitiu mostrar a independência relativa da hipótese do contínuo, como também permitiu responder a uma série de outras questões de independência. Se nos colocarmos em uma perspectiva meramente dedutivista ("*if-thenism*"), um resultado de independência relativa de uma frase diz o seguinte: é uma questão de gosto ou arbítrio adicionar essa frase à teoria, ou adicionar a negação dessa frase. Assim (a parte questões de gosto), seria arbitrário trabalhar na teoria cantoriana ZFC + HC ou na teoria não-cantoriana ZFC + ¬HC. Porém, já no final da década de 1940, Gödel insurgia-se contra essa posição. Segundo Gödel, a independência relativa da hipótese do contínuo mostra que a axiomática ZFC não descreve completamente a realidade do universo dos conjuntos. Essa posição realista (ou platônica) de Gödel tem moldado a investigação em teoria dos conjuntos desde os anos 1970, nomeadamente na consideração cuidadosa de novos candidatos a axiomas para a teoria dos conjuntos. O próprio Gödel tinha em mente determinado tipo de axiomas: os axiomas que postulam a existência de cardinais inacessíveis.

Mais recentemente surgiu um tipo de axiomas que também tem desempenhado papel central em teoria dos conjuntos. São os axiomas de determinação. Esse gênero de axiomas foi introduzido em 1962 por Jan Mycielsky e Hugo Steinhaus. Para melhor motivar os axiomas da determinação fixemos um número natural n e consideremos X um conjunto de seqüências binárias (isto é, de 0_s e 1_s) de comprimento n. Vamos descrever um jogo G_X entre dois jogadores I e II: os jogadores escolhem alternadamente 0 ou 1 e a iniciativa pertence ao jogador I. No caso de n ser ímpar o jogo tem o seguinte aspecto:

I escolhe	s_0		s_2		...	s_{n-2}
II escolhe		s_1		s_3	...	s_{n-1}

Diz-se que I ganha o jogo G_X se a seqüência $s_0, s_1, s_2, s_3, ..., s_{n-2}, s_{n-1}$ estiver em X. Caso contrário, é o jogador II que ganha.

Diz-se que o jogador I tem uma estratégia vencedora para o jogo G_X se há um x_0 (0 ou 1) tal que para qualquer escolha x_1 de II, há um x_3 tal que para qualquer escolha x_4 de II,..., etc. a seqüência $x_0, x_1, x_3, x_4,..., x_{n-1}$ está em X; isto é, se: 1) $\exists x_0\, \forall x_1\, \exists x_2\, \forall x_3$ ... $\exists x_{n-2}\, \forall x_{n-1}\, (x_k)_{k<n} \in X$.

Analogamente, diz-se que o jogador II tem uma estratégia vencedora para o jogo G_X se: 2) $\forall x_0\, \exists x_1\, \forall x_2\, \exists x_3$ ... $\forall x_{n-2} \exists x_{n-1}$ $(x_k)_{k<n} \notin X$.

Observe-se que as frases 1 e 2 são a negação uma da outra. Conclusão: ou o jogador I tem uma estratégia vencedora para o jogo G_X, ou o jogador II tem uma estratégia vencedora para o jogo G_X.

Seja agora X um conjunto de sucessões ("seqüências infinitas") binárias. Nesse caso o jogo G_X tem um número infinito de jogadas:

I escolhe s_0 s_2 ... s_{n-2} ...
II escolhe s_1 s_3 ... s_{n-1} ...

De maneira análoga ao caso finito, I ganha se a sucessão alternada de jogadas $(s_k)_{k \in \omega}$ estiver em X. Caso contrário ganha II. Há uma maneira formal de definir estratégia vencedora para I e estratégia vencedora para II que segue os traços intuitivos do caso finito. Observe-se, no entanto, que no caso infinito não se pode formular o conceito de estratégia vencedora por meio de uma seqüência alternada de quantificações existenciais e universais, pois tal seqüência é infinita e, portanto, não constitui uma fórmula da linguagem da teoria dos conjuntos. Em particular, não se pode argumentar como no caso finito para mostrar que ou I tem uma estratégia vencedora ou II tem. Nessa conformidade, diz-se que o conjunto X é determinado se no jogo G_X algum dos jogadores tem uma estratégia vencedora.

O axioma da determinação é a asserção de que todo o conjunto X de sucessões binárias é determinado. Esse axioma tem conseqüências muito fortes e estruturantes no estudo dos subconjuntos do contínuo real (a disciplina que estuda esses assuntos intitula-se teoria descritiva dos conjuntos). Sabe-se, no entanto, que o axioma da determinação é incompatível com o axioma da escolha. No entanto, certas formas enfraquecidas do axioma da determinação (cujas formulações exigem um apetrecho técnico que não cabe neste verbete) poderão ser compatíveis com o axioma da escolha e, ainda assim, ter muitas das conseqüências desejadas.

Donald Martin, uma figura proeminente na investigação em teoria dos conjuntos desde os anos 1970, escreveu em 1978 as seguintes linhas (referindo-se pela sigla PD a uma forma enfraquecida do axioma da determinação): "É PD verdadeiro? Não é, certamente, auto-evidente. Alguns investigadores de teoria dos conjuntos consideram os axiomas dos cardinais inacessíveis auto-evidentes, ou que pelo menos se seguem de princípios *a priori* que são conseqüência do conceito de conjunto. Formas fracas de PD [...] são conseqüência de certos axiomas de cardinais inacessíveis. É mesmo possível que PD seja conseqüência de cardinais inacessíveis, mas isso ainda não foi demonstrado."

O autor considera PD uma hipótese com estatuto similar às hipóteses teóricas da física. Têm-se produzido três tipos de indícios quase empíricos a favor de PD: 1) O mero fato de ainda não se ter refutado uma asserção tão poderosa constitui algum indício da sua verdade; 2) Alguns casos particulares de PD foram verificados; 3) As conseqüências de PD no domínio da teoria descritiva dos conjuntos são tão plausíveis e coerentes que elas dão força ao princípio que as implica.

De fato, no auge de um esforço de investigação, foi demonstrado em meados da década de 1980 que PD é conseqüência da existência de certo cardinal inacessível!

Em 1994, W. Hugh Woodin escreveu: "Há escassos indícios *a priori* de que PD é um axioma plausível ou mesmo de que é consistente. No entanto, a teoria que se segue de PD é tão rica que, *a posteriori*, o axioma é consistente e verdadeiro. Essa é uma importante lição. Os axiomas não necessitam ser verdadeiros *a priori.*"

Termino, no entanto, com uma nota baixa. Ao contrário do que Gödel esperava, essas investigações ainda não lançaram uma luz definitiva sobre a hipótese do contínuo. Com efeito, sabe-se que os axiomas até agora propostos nem demonstram nem refutam essa hipótese. *Ver também* TEOREMA DE CANTOR; AXIOMA DA EXTENSIONALIDADE; PRINCÍPIO DA ABSTRAÇÃO; PARADOXO DE RUSSELL; PRINCÍPIO DO CÍRCULO VICIOSO; TEORIA DOS TIPOS; CÁLCULO DE PREDICADOS; QUANTIFICADOR; CLASSE; *NEW FOUNDATIONS*; AXIOMA DO INFINITO; AXIOMA DA ESCOLHA; AXIOMA DA FUNDAÇÃO; PROTO-ELEMENTO; CARDINAL; ORDINAL; BOA ORDEM; RECORRÊNCIA TRANSFINITA; HIPÓTESE DO CONTÍNUO; TEOREMA DA INCOMPLETUDE DE GÖDEL; TEORIA DAS CATEGORIAS. **FF**

BOOLOS, G. "The Iterative Conception of a Set", *in Journal of Philosophy*, n.º 68, 1971, pp. 215-32. Reimp. *in* Putnam, H. e Benacerraf, P. (orgs.). *Philosophy of Mathematics.* Cambridge: Cambridge University Press, 1983.

CANTOR, G. "Beiträge zur Begründung der transfiniten Mengenlehre", *in Mathematische Annalen*, n.ºs 46, 1896, pp. 481-512; e 49, pp. 207-46. Trad. ingl. *Contributions to the Founding of the Theory of Transfinite Numbers*. Trad. P. Jourdain. Nova York: Dover, 1955.

COHEN, P. *Set Theory and the Continuum Hypothesis.* Nova York: Benjamim/Cummings, 1966. Trad. port. "A teoria dos conjuntos e a hipótese do contínuo", *in* Gödel Kurt, *O teorema de Gödel e a hipótese do contínuo.* Trad. M. S. Lourenço. Lisboa: Fundação Calouste Gulbenkian, 1979, pp. 1-182.

FERREIRA, F. "Teoria dos conjuntos: uma vista", *in Boletim da Sociedade Portuguesa de Matemática*, n.º 38, 1998, pp. 29-47.

GÖDEL, K. *Collected Works*. Org. S. Feferman *et al.* Oxford: Oxford University Press, 1990, vol. II.

HALLETT, M. *Cantorian Set Theory and Limitation of Size.* Oxford: Clarendon Press, 1984.

KUNEN, K. *Set Theory. An Introduction to Independence Proofs.* Amsterdam: North-Holland, 1980.

MADDY, P. "Believing the Axioms I", *in Journal of Symbolic Logic*, n.º 53, 1988a, pp. 481-511.

———. "Believing the Axioms II", *in Journal of Symbolic Logic*, n.º 53, 1988b, pp. 736-64.

———. *Realism in Mathematics.* Oxford: Clarendon Press, 1990, cap. 4.

MIRIMANOFF, D. "Les antinomies de Russell et de Burali-Forti et le problème fondamental de la théorie des ensembles", *in L'Enseignement Mathématique*, vol. 19, 1917, pp. 37-52.

MYCIELSKY, J. e STEINHAUS, H. "A Mathematical Axiom Contradicting the Axiom of Choice", *in Bulletin de l'Académie Polonaise des Science*, vol. 10, 1962, pp. 1-3.

RUSSELL, B. "The Paradox of the Liar", inédito, 1906. Mencionado em HYLTON, P. *Russell, Idealism and the Emergence of Analytic Philosophy.* Oxford: Clarendon Press, 1990, p. 399.

VAN DALEN, D. "Set Theory from Cantor to Cohen", *in Sets and Integration.* Groningen: Wolters-Noordhoff, 1972.

VON NEUMANN, John. "Die Axiomatisierung der Mengenlehre", *in Mathematische Zeitschrift*, vol. 27, 1928, pp. 669-752. Reimp. *in* Von Neumann, John. *Collected Works.* Nova York: Pergamon Press, 1961, vol. I.

———. "Über Grenzzahlen und Mengenbereiche", *in Fundamenta Mathematicæ*, vol. 16, 1930, pp. 29-47.

ZERMELO, E. "Untersuchungen über die Grundlagen der Mengenlehre I", *in Mathematische Annalen*, n.º 65, 1908, pp. 261-81. Trad. ingl. "Investigations in the Foundations of Set Theory I", *in* Heijenoort, J. (org.). *From Frege to Gödel* [1967]. 4.ª reimp. Cambridge: Harvard University Press, 1981, pp. 201-15.

teoria dos modelos

Ver MODELOS, TEORIA DOS.

teoria dos tipos

No artigo em que expôs a teoria dos tipos (Russell, 1908), Russell define o PRINCÍPIO DO CÍRCULO VICIOSO como aquele que estipula que nenhuma totalidade pode conter elementos definidos em termos de si mesma. A teoria simples dos tipos procura resolver os problemas levantados por uma das formas possíveis de violação desse princípio.

A Teoria Simples dos Tipos – Segundo Whitehead e Russell, uma função denota "ambiguamente" certa totalidade, a dos valores que pode assumir (e portanto também a dos seus argumentos), o que é inaceitável se esses valores não estiverem previamente bem definidos (Whitehead e Russell , 1962, vol. I, pp. 232 ss.). Ou seja, é a função que pressupõe os seus valores e não o contrário, pelo que a totalidade destes não pode incluir elementos cuja definição envolva a função, sob pena de se violar o princípio do círculo vicioso. Logo $\phi(\phi)$ (ou $\phi(\phi x)$, na notação de Russell), em que ϕ designa uma função proposicional, não é uma proposição falsa, mas sim desprovida de sentido, visto que não existe nada que seja o valor de ϕ para o argumento ϕ. Assim, nem todos os argumentos são legítimos para uma função proposicional dada, sendo necessário delimitar o conjunto dos seus "argumentos possíveis" por meio da especificação de um "domínio de sentido", ou tipo lógico, que Russell define como sendo a coleção de argumentos para os quais a função assume valores. Uma vez que uma função proposicional pode por sua vez ser argumento de outra função proposicional, a definição dessas coleções de argumentos fará com que a toda função corresponda um tipo determinado, a acrescentar àquele que corresponde aos indivíduos.

Uma função proposicional faz parte da totalidade das funções proposicionais que utilizam argumentos de certo tipo, e essa totalidade não pode ser pressuposta na definição de um argumento desse tipo. Se esse argumento for uma função proposicional, o mesmo se pode dizer dessa função relativamente aos seus argumentos, e assim sucessivamente. Mas isso significa que a divisão em "domínios de sentido" ou tipos constitui forçosamente uma hierarquia, em que cada nível se distingue dos restantes pelas totalidades que se podem legitimamente pressupor na definição dos seus membros – ou pela ausência de tais totalidades, no caso dos indivíduos –, e que portanto uma função proposicional só pode ter argumentos de tipo mais baixo que o seu.

Se designarmos por meio de *i* o tipo que corresponde aos indivíduos e por meio de (*i*) o tipo que corresponde às funções proposicionais unárias com argumentos de tipo *i*, podemos representar os restantes tipos por (*i, i*) (funções proposicionais binárias que apenas tomam indivíduos como argumentos), ((*i*), *i*) (funções proposicionais binárias cujo primeiro argumento é de tipo (*i*) e o segundo de tipo *i*), etc.

A Teoria Ramificada dos Tipos – A esta estratificação vem sobrepor-se uma outra que é determinada pela necessidade de se ter em conta novas formas sob as quais podem aparecer ilegitimamente totalidades como argumentos de funções proposicionais. Ou seja, segundo Russell a teoria simples dos tipos não é ainda suficiente para eliminar todas as transgressões possíveis do princípio do círculo vicioso, sendo necessária uma sofisticação da teoria por meio da introdução de uma divisão em ordens. A teoria resultante ficou conhecida como teoria ramificada dos tipos.

Considerem-se as duas funções proposicionais seguintes: 1) $\phi_{(i)}(x_i)$ e 2) $\forall \phi_i\ \phi_{((i),\ i)}(\phi_{(i)},\ x_i)$, em que os índices estão de acordo com o que ficou estipulado no que respeita à notação na teoria simples dos tipos. Ambas as funções proposicionais correspondem a predicados unários de indivíduos, mas 2 envolve a totalidade das funções $\phi_{(i)}$, quer dizer, a totalidade dos valores possíveis para a variável $\phi_{(i)}$. Essa totalidade não pode integrar todas as funções de tipo (*i*), porque no caso contrário 2 poderia ser um desses valores, e isso seria uma violação do princípio do círculo vicioso análoga àquela que consideramos anteriormente. Surge assim a necessidade de uma divisão complementar por ordens, após a qual 1 será de ordem diferente de 2.

Russell define proposições e funções proposicionais de primeira ordem como aquelas em que não ocorrem funções (isto é, símbolos de função) como VARIÁVEIS aparentes; essas funções formam uma totalidade bem definida, pelo que podem aparecer como variáveis aparentes em proposições e funções proposicionais de ordem superior, entre as quais as proposições e funções proposicionais de segunda ordem são aquelas em que não ocorrem variáveis aparentes de ordem superior a 1; e, em geral, define proposições e funções proposicionais de ordem n como aquelas em que apenas intervêm variáveis aparentes de ordem igual ou inferior a n-1. Uma função proposicional é predicativa se, sendo n a ordem mais alta de algum dos seus argumentos, a função é de ordem $n + 1$ (Russell, 1908, nomeadamente § IV).

Assim 1 e 2, sendo ambas de tipo 1, são de ordens diferentes: em 1 não ocorrem variáveis ligadas de qualquer espécie, logo é de ordem 1, e é predicativa porque é de uma ordem imediatamente superior à do seu argumento (só os tipos que estão acima daquele dos indivíduos estão sujeitos à divisão por ordens. O tipo mais baixo na hierarquia coincide com a ordem 0, a mais baixa); em 2 ocorre uma variável ligada de ordem 1, logo é de ordem 2; mas como o seu argumento é de ordem 0, é impredicativa.

A teoria dos tipos permite a resolução dos PARADOXOS conhecidos na época de Russell (embora levante novos problemas, quer quanto às limitações excessivas que introduz e que afetam a formulação, e *a fortiori* a demonstração, de alguns teoremas da matemática, quer quanto ao seu acordo com as nossas intuições lógicas). Após a resolução do paradoxo com o seu nome, Russell mostra, nos *Principia Mathematica*, como a teoria simples dos tipos resolve outro paradoxo semelhante. Quanto à teoria ramificada, os paradoxos de Berry e de Richard, p. ex., são resolvidos pela divisão em ordens, que delimitam o âmbito dos "nomes de inteiro" de Berry e das "definições de números reais" de Richard. O que parecia existir de comum nos paradoxos era alguma forma de circularidade cuja reconstituição se impediria quando, ao hierarquizar as entidades lógicas, deixasse de ser possível o recurso indiscriminado a totalidades (de indivíduos, de propriedades de indivíduos, de relações, etc.). Em qualquer dos casos o princípio fundamental que preside à construção da teoria dos tipos, quer na sua "forma simples", quer na "ramificada", é o princípio do círculo vicioso. *Ver também* PRINCÍPIO DO CÍRCULO VICIOSO; PARADOXO; VARIÁVEL; FUNÇÃO PROPOSICIONAL. **FM**

RUSSELL, B. "Mathematical Logic as Based on the Theory of Types", *in American Journal of Mathematics*, vol. 30, 1908, pp. 222-62. Reimp. *in* Marsh, Robert Charles (org.). *Bertrand Russell: Logic and Knowledge: Essays 1901-1950* [1956]. 5.ª impr. Londres/Nova York: George Allen & Unwin/The Macmillan Company, 1971, pp. 57-102.

WHITEHEAD, A. N. e RUSSELL, B. *Principia Mathematica* [1910-1913]. Cambridge: Cambridge University Press, 1927 (2.ª ed.), 1978 (7.ª reimp. da 2.ª ed.), 3 vols.

teoria formal

Ver SISTEMA FORMAL.

teorias axiomáticas

O sentido original do termo axioma (do grego ἀξίωμα) era o de uma proposição verdadeira que ocupa lugar de destaque em um sistema de proposições. Para Aristóteles, os axiomas devem possuir um caráter de evidência imediata, constituindo por isso o fundamento de toda a ciência. Essa concepção de axioma visava proposições como "duas coisas iguais a uma terceira são iguais entre si" ou "o todo é maior que a parte". A terminologia tradicional foi se estabelecendo a partir dessa concepção, associando aos axiomas as características de princípio geral, de evidência imediata e de indemonstrabilidade. Outros tipos notáveis de proposições eram os teoremas – entendidos como proposições que carecem de demonstração – e os postulados – entendidos como proposições indemonstráveis, mas sem o caráter evidente dos axiomas.

Atualmente não se exige que os axiomas sejam evidentes nem, em sentido estrito, verdadeiros, e a propriedade de ser demonstrável é ela própria relativa a um conjunto particular de axiomas (*ver* DEMONSTRAÇÃO). Desapareceu portanto a distinção tradicional entre postulado e axioma. Os axiomas "postulam-se" com o objetivo de identificar ou de estabelecer as hipóteses independentes em um domínio teórico particular. Em vez de dizer que não são demonstráveis (em geral) é preferível dizer que não são demonstrados (em um contexto particular), porque nada impede que uma proposição demonstrável em dado contexto possa ser escolhida em outro como hipótese irredutível, quer dizer, como axioma.

Axiomatizar uma teoria é escolher um conjunto de proposições que devem desempenhar o papel de hipóteses do raciocínio nessa teoria, mas que não são elas próprias resultados do raciocínio no interior da teoria. As noções de axiomatização e de formalização andam freqüentemente associadas, mas a axiomatização de uma teoria não pressupõe a sua formalização. A geometria euclidiana só recentemente foi formalizada, mas seus axiomas estavam formulados desde o início na linguagem natural. *Ver também* TEOREMA; LINGUAGEM FORMAL; SISTEMA FORMAL. FM

teorias causais da referência

Ver REFERÊNCIA, TEORIAS DA.

teorias das condicionais

Ver CONDICIONAIS, TEORIAS DOS.

teorias descritivistas da referência

Ver REFERÊNCIA, TEORIAS DA.

terceiro excluído, princípio do

Princípio lógico segundo o qual a disjunção de qualquer frase ou proposição, *p*, com a sua negação, *não-p*, é invariavelmente verdadeira. Formulado com respeito à linguagem da lógica clássica de primeira ordem, o princípio estabelece que qualquer frase da forma $p \vee \neg p$ (em que *p* é uma frase dessa linguagem) é uma VERDADE LÓGICA OU TAUTOLOGIA. Nessa lógica, mas não na LÓGICA INTUICIONISTA (p. ex.), o princípio do terceiro excluído e o princípio da NÃO-CONTRADIÇÃO são logicamente equivalentes. *Ver* BIVALÊNCIA, PRINCÍPIO DA. JB

termo

De modo apropriado, dizemos que um termo, em lógica e também em filosofia da linguagem, é uma expressão simples ou complexa de dada linguagem (natural ou formal). Há duas grandes classes de termos: gerais e singulares. A noção de termo geral pode ser identificada com a de PREDICADO e não será aqui explicada. Certas ocorrências de um termo geral em um SILOGISMO qualificam esse termo como termo médio de um silogismo. Em filosofia da linguagem usa-se a expressão TERMO DE MASSA para designar expressões como "água", "vermelho", etc. que têm a propriedade semântica de denotar cumulativamente: qualquer soma das partes que são água é também água.

O uso da expressão "termo" é hoje mais freqüente e, talvez, mais apropriado nas linguagens formais, e é reservado exclusivamente para os termos singulares. É esta acepção, isto é, termo singular de uma LINGUAGEM FORMAL, que a seguir será explicada.

Considere-se uma linguagem formal (de primeira ordem), L, que contenha, *inter alia*, os seguintes cinco símbolos: $x\ a\ f'\ *$.

Certas combinações de símbolos de L (as que para o caso nos interessam) recebem os seguintes nomes: I) Variáveis individuais (ou, simplesmente, variáveis): x', x'', x''',....; Ia) Uma ocorrência de uma variável à qual não está prefixado um quantificador, nem está sob o âmbito de um quantificador associado a essa variável, diz-se livre; a variável diz-se ligada se não estiver livre; II) Constantes individuais (ou, simplesmente, constantes): a', a'', a''',...; III) Símbolos funcionais: $f^{*'}$, $f^{*''}$,..., $f^{**'}$, $f^{**''}$,... (Ou seja: o símbolo f seguido de

termo categorial

um ou mais símbolos * seguidos de um ou mais símbolos ', é um símbolo funcional); IIIa) Símbolo funcional n-ário (ou, símbolo funcional de n-lugares): um símbolo f seguido de exatamente n símbolos *.

Seguidamente, definimos termo para L.

Termos: 1. uma constante individual é um termo; 2. uma variável individual é um termo; 3. um símbolo funcional n-ário seguido de exatamente n termos é um termo; 4. nada mais é um termo.

Em seguida, definimos termo fechado para L. Termos fechados: um termo é fechado se, e somente se, não ocorrem variáveis livres nesse termo.

Os termos podem entrar na composição das expressões bem-formadas (ebf) ou fórmulas bem-formadas (fbf) de L. P. Ex.: um símbolo de predicado n-ário seguido de n termos é uma ebf (ou fbf, se admitirmos frases abertas) de L; um símbolo de predicado n-ário, seguido de n termos fechados, é uma ebf (e, em particular, fbf) de L, em particular é uma frase (ou fórmula) de L.

Intuitivamente, vemos que os termos tal como foram definidos para L correspondem à parte em itálico das seguintes expressões: "*x* é alto", "*Guilherme* gosta de *Isabel*", "*4* é um número par", "*O pai de Guilherme* é gordo", "*O sucessor de 4* é *5*", "*A soma de 4 e 5* são *9*". Desses, todos, exceto o primeiro, são termos fechados. Os nomes de pessoas ou números que ocorrem nessas expressões são simbolizáveis por constantes individuais. As expressões "O pai de", "O sucessor de", "A soma de… e…" são simbolizáveis por símbolos funcionais. Usando abreviaturas óbvias, essas expressões simbolizar-se-iam assim em L (omitem-se as aspas de menção das expressões, que se subentendem): x é alto: Ax; Guilherme gosta de Isabel: $Ga'a'''$; 4 é um número par: Pa'''; O pai de Guilherme é gordo: $Gf^{*''}a'$; O sucessor de 4 é 5: $f^{*''}a''' = a''''$; A soma de 4 e 5 é 9: $f^{**'}a'''a'''' = a''''$.

Para facilitar a leitura das expressões simbolizadas poderíamos agora, convencionalmente, abreviar a', por a, a'', por b, etc., eliminar os asteriscos quando tal não se prestasse a confusão e substituir f' por f, f'' por g, etc. Usando essas convenções informais obteríamos as seguintes simbolizações das mesmas expressões: Ax, Gab, Pc, Gfa, $gc = d$, $hcd = e$.

Em geral, os termos singulares são expressões (simples, como as constantes individuais e as variáveis) ou complexas (como os termos com símbolos funcionais) que servem para denotar (ou referir) indivíduos de dado domínio (o domínio das pessoas, dos números, etc.). Esse é o seu valor semântico. Mais precisamente, para qualquer interpretação de L, temos que: I) A cada constante individual é atribuído um e um só membro do domínio dessa interpretação; II) A cada símbolo funcional é atribuída uma FUNÇÃO com argumentos e valores no domínio; III) Uma variável livre recebe valores no domínio, mas não denota nenhum indivíduo em particular, a não ser que este lhe seja atribuído por dada interpretação (se, p. ex., houver uma enumeração efetiva das variáveis de L e à i-ésima variável de L for atribuído, como denotação o i-ésimo termo de um seqüência, s, de membros do domínio dessa interpretação).

Os termos fechados têm como denotação um e um só indivíduo de dado domínio (no entanto, *ver* LÓGICA LIVRE). *Ver também* LINGUAGEM FORMAL; CONSTANTE INDIVIDUAL; DESIGNADOR. **JS**

termo categorial

Ver CATEGORIAL.

termo contável/termo de massa

Nomes comuns como "estudante" e "mesa" e agregados nominais como "estudante de história" e "mesa de cozinha" são termos contáveis, ao passo que outros, como "água", "madeira", "água da torneira" e "madeira com caruncho" são termos de massa (também chamados por vezes "massivos" ou "não-contáveis"). A diferença pode ser formulada morfossintaticamente. Os do primeiro tipo podem ocorrer com numerais (p. ex., "dois estudantes") e os do segundo em princípio não podem (p. ex., "duas madeiras" é um sintagma nominal agramatical). Uma formulação mais elucidativa, no entanto, é a semântica, segundo a qual os termos contáveis denotam conjuntos de objetos discretos, ao passo que os termos de massa denotam substâncias ou porções de substâncias (ou matéria, *stuff*) não identificáveis pela associação de elementos discretos – de tal modo que dividir uma porção que pertença à referência do termo de massa "água", p. ex., resulta em geral na obtenção de porções que pertencem ainda a essa referência (manifestamente, o mesmo não acontece no caso dos termos contáveis: o braço de um estudante não é um estudante). De qualquer modo, a distinção não é tão escorreita como pode parecer à primeira vista, uma vez que i) Alguns termos contáveis podem ter interpretação de massa (p. ex., "havia mesa por todo lado depois da explosão"); ii) Alguns termos de massa podem ter interpretação contável (p. ex., "duas águas, por favor").

Lingüistas como Link e Krifka têm proposto análises formais da referência das expressões nominais com termos contáveis e com termos de massa de acordo com a idéia de que ambos os tipos de referência são representáveis por meio de estruturas reticulares (isto é, tipos especiais de ORDENS parciais), também chamadas estruturas "parte-de". Essa consonância estrutural permite que sejam definíveis regras semânticas que fazem (funcionalmente) corresponder à referência típica de um termo contável t (respectivamente, de massa) a referência típica de um termo de massa (respectivamente, contável); tais regras são a contraparte semântica das regras sintáticas que permitem ocorrências de massa para termos contáveis como "mesa" e ocorrências contáveis para termos de massa como "água". Assim, a ontologia das mesas, p. ex., tem uma correspondente ontologia de porções de mesa. Isso dá conta da possibilidade de ambos os tipos de interpretação para um mesmo termo, sem que seja necessário dizer que esse termo é ambíguo (o que seria antiintuitivo).

Ver também GENÉRICAS; ORDENS; SEMÂNTICA; SEMÂNTICA FORMAL; TERMO GERAL; TIPO NATURAL. **PS**

KRIFKA, M. "Four Thousand Ships Passed Through the Lock", *in Linguistics and Philosophy*, n.º 13, 1990.
LANDMAN, F. *Structures for Semantics*. Dordrecht: Kluwer, 1991.
LINK, G. "The Logical Analysis of Plurals and Mass Terms: a Lattice-Theoretical Approach", *in* Bäuerle, R. C. *et al.* (orgs.). *Meaning, Use and Interpretation of Language*. Berlim: De Gruyter, 1983, pp. 302-23.
PELLETIER, J. e SCHUBERT, L. "Mass Expressions", *in* Gabbay, D. e Günthner, F. (orgs.). *Handbook of Philosophical Logic*. Dordrecht: Kluwer, 1989, vol. IV, cap. 20.

termo geral

Um termo diz-se singular se pretende referir um único objeto ("isto", "Zeus", "o meu *t-shirt* preferido") e geral se pretende referir um ou mais ("tigre", "cadeira"). Em termos de forma lógica, os termos singulares são representados por CONSTANTES INDIVIDUAIS (a, b) ou VARIÁVEIS livres (x, y) e os termos gerais são representados por letras predicativas a elas associadas (Fx, Ga). Os termos gerais são assim expressões que se podem ligar aos termos singulares para formar frases. A frase "Sócrates é mortal" apresenta essa estrutura. Do ponto de vista da lógica moderna, o termo geral "mortal" constitui uma parte indissociável do predicado "x é mortal"; um termo geral é, muitas vezes, simplesmente identificado com um predicado monádico.

À distinção sintática corresponde uma distinção semântica entre nomes e predicados. Um termo singular pretende nomear um único objeto. Assim, "Zeus" ou "o atual rei da França" são termos singulares porque têm essa função na linguagem, independentemente de existir ou não uma única entidade que lhes corresponda. A um termo geral está associada a função de predicação, isto é, ele introduz uma condição a ser satisfeita ou não por um objeto arbitrário.

Por outro lado, os termos (singulares ou gerais) são concretos ou abstratos. Essa classificação não é de natureza estritamente lógica, uma vez que diz respeito ao tipo de objeto referido. Os termos singulares podem referir objetos concretos (é o caso do termo "isto" ou "o meu *t-shirt* preferido") ou abstratos (p. ex., "sete" ou "a classe das coisas vermelhas"). Do mesmo modo, os termos gerais podem aplicar-se a objetos concretos ("*t-shirt* vermelho") ou abstratos ("número primo", "espécie zoológica"). Assim, os termos gerais concretos ("coisas vermelhas") distinguem-se dos termos para ATRIBUTOS ("vermelhidão") e dos termos para CLASSES ("a classe das coisas vermelhas") correspondentes, devido ao fato de os últimos serem termos singulares abstratos. Como tal, são nomes de um único objeto, ainda que abstrato (a propriedade ou a classe), pelo que se distinguem do termo geral correspondente não só do ponto de vista do tipo de objeto referido, mas também do ponto de vista lógico. *Ver também* TERMO SINGULAR; DESIGNADOR; TERMO CONTÁVEL/TERMO DE MASSA; PREDICADO; VARIÁVEL. **ACD**

QUINE, W. V. O. *Methods of Logic*. Holt: Minehort and Winston, 1972.

termo maior

Ver SILOGISMO.

termo médio

Ver SILOGISMO.

termo menor

Ver SILOGISMO.

termo não-distribuído, falácia do

Ver FALÁCIA DO TERMO NÃO-DISTRIBUÍDO.

termo singular

Ver DESIGNADOR.

Terra Gêmea

O argumento da Terra Gêmea foi apresentado pela primeira vez por Hilary Putnam no artigo "The Meaning of "Meaning"" (1975). O argumento tem a forma de uma experiência mental que consiste em imaginar um planeta virtualmente indiscernível da Terra, por isso "gêmeo", que dela difere em um aspecto importante: nesse planeta existe um líquido, que apesar de exibir todas as propriedades superficiais da água, tem uma composição química diferente – XYZ (digamos) e não H_2O. A Terra Gêmea é habitada por cópias molecularmente idênticas, pelo que também neurologicamente idênticas a nós. Chame-se Oscar 1 a um dos habitantes da Terra e Oscar 2 ao seu duplo na Terra Gêmea. Ambos os Oscares têm o mesmo tipo de contato com o líquido incolor, inodoro, bebível, que corre nos rios e preenche os oceanos em cada um dos seus planetas. Suponha-se que Oscar 2, tal como Oscar 1, também fala português. Ambos usam a palavra "água" para mencionar certo líquido e ambos estão dispostos a aceitar como verdadeiras frases como "a água mata a sede" ou "a água molha". O problema consiste em saber se ambos se referem à água quando utilizam a palavra "água". Imagine-se ainda que uma nave espacial do nosso planeta visita a Terra Gêmea. É razoável supor que, à chegada, os visitantes se refiram ao líquido fenomenologicamente idêntico à nossa água como "água". No entanto, após realizados os testes químicos adequados, podemos imaginá-los corrigindo seus relatórios da seguinte forma: "Na Terra Gêmea, a palavra "água" significa XYZ". Por outras palavras, "água" não tem o mesmo significado nos dois planetas, apesar de as descrições associadas ao termo serem as mesmas ("o líquido incolor, bebível, que corre nos rios"). Melhor ainda, não há água na Terra Gêmea. Nos lábios de Oscar 2, a palavra "água" não se refere à água, mas sim ao líquido XYZ.

Putnam pretendeu mostrar com essa experiência mental que a teoria tradicional acerca da natureza do significado das palavras é falsa. Em particular, não se pode defender conjuntamente, como acontece nessa teoria, que: 1) compreender o significado de um termo consiste apenas em estar em certo estado psicológico (apreender a intensão do termo); e que 2) a intensão de um termo determina sua extensão (ver EXTENSÃO/INTENSÃO). Putnam defende certa versão de 2, mas rejeita 1.

De que modo o argumento da Terra Gêmea mostra que 1 é uma suposição falsa? Deve notar-se que se os Oscares são neurologicamente idênticos, e se não há estados psicológicos distintos sem que haja uma correspondente diferença de estados físicos (ver SOBREVENIÊNCIA), então os Oscares estão exatamente nos mesmos estados psicológicos. Logo, o estado psicológico em que Oscar 1 está quando compreende "água" é idêntico ao estado psicológico em que Oscar 2 está quando compreende "água". Assim, Oscar 1 e Oscar 2 associam ao termo "água" nos seus idioletos a mesma intensão (isto é, o mesmo conceito ou concepção de um líquido). Mas a extensão do termo "água" nos lábios de Oscar 1 é diferente da extensão do termo "água" nos lábios de Oscar 2. No primeiro caso, a extensão é o líquido água; no segundo caso, a extensão é o líquido XYZ. Por conseguinte, ou o princípio de que a intensão de um termo determina a sua extensão tem de ser abandonado, ou, então, a tese de que compreender o significado de um termo é apenas estar em certo estado psicológico tem de ser rejeitada. Dada a plausibilidade daquele princípio, Putnam rejeita a tese e conclui com o célebre *dictum*: "O significado não está apenas na cabeça" (*Meanings ain't just in the head*).

No entanto, pode-se tentar resistir a essa conclusão abandonando 2, o princípio de que a intensão determina a extensão, e defendendo 1, a tese de que compreender o significado de um termo consiste apenas em estar em certo estado psicológico. Nessa versão, a intensão associada a um termo seria algo de mental, no sentido em que o conceito de água é algo de mental. A motivação para defender essa idéia tem paralelo no caso dos termos indexicais como "isto" ou "agora". O termo "isto" pode ter extensões diferentes dependendo do contexto em que é usado, mas tem sempre o mesmo significado (intensão). Dado que o argumento da Terra Gêmea evidencia a semelhança entre esses termos e termos como "água", pode-se defender uma conclusão semelhante para esses últimos.

Com efeito, a idéia de que termos como "água" têm uma componente indexical é uma das contribuições do argumento para a filosofia da linguagem. A referência do termo "água" foi fixada a partir do contato com certas porções do líquido. A aplicação do termo a outras porções é assegurada por meio da satisfação da condição de ser o mesmo líquido do que o indicado nos contatos iniciais. Não há água na Terra Gêmea porque as porções do líquido fenomenologicamente idêntico à água não satisfazem a condição de ser o mesmo líquido que este, o líquido ostensivamente selecionado para a fixação da referência do termo. Por outras palavras, na Terra Gêmea não há a "nossa" água.

A réplica de Putnam consiste, por um lado, em mostrar que o termo "água" é um indexical do ponto de vista da fixação da referência, mas não um indexical como "agora" ou "isto", cuja referência varia de acordo com os contextos de uso. Por conseguinte, a tese de que a intensão não determina a extensão pode ser verdadeira acerca de certo tipo de indexicais (p. ex., "isto", "agora"), mas isso não mostra que o seja acerca de todos os termos com componentes indexicais, como é o caso do termo "água". Por outro lado, a idéia de que o termo "água" tenha a mesma intensão aqui e na Terra Gêmea, por analogia com os outros indexicais, é implausível por razões independentes. Imagine-se que a palavra "água" na Terra Gêmea se alterava foneticamente para "quaxel". Nesse caso, é bastante difícil negar que os termos têm dois significados distintos. Por um lado, os termos referem substâncias diferentes: "água" refere H_2O; "quaxel" refere XYZ. Por outro, os termos são foneticamente diferentes entre si. O fato de as palavras "água" nos lábios de Oscar 1 e nos lábios de Oscar 2 serem homônimas não significa que sejam a mesma palavra, pois referem substâncias diferentes. A ilusão de que são a mesma palavra, ou de que são dois termos com o mesmo significado (intensão), é dissipada com a alteração fonética de "água" para "quaxel".

A doutrina de que o termo "água" tem uma componente indexical (especificada na primeira parte da réplica de Putnam) tem paralelo na tese da designação rígida de Kripke (1980). Resumidamente, um termo é um designador rígido se refere o mesmo objeto que refere no mundo atual em todos os mundos possíveis em que esse objeto existe. P. ex., os nomes próprios, como "Kripke", são designadores rígidos, mas descrições definidas como "o primeiro diretor-geral dos Correios dos Estados Unidos" são designadores não-rígidos ou flácidos (é plausível supor que em um mundo em que Benjamin Franklin não tivesse nascido a descrição seria ainda assim satisfeita por outra pessoa). Do mesmo modo, Kripke defende que o termo "água" refere água em todos os mundos possíveis em que refere alguma coisa. Considerem-se dois mundos: o mundo atual, w_1, e um mundo possível, w_2. Suponha-se que em w_2 não há H_2O, mas, à semelhança da Terra Gêmea, apenas XYZ. Se for o caso em que a estrutura interna da água no mundo atual é H_2O, e se o termo "água" designa em todos os mundos possíveis a mesma substância que designa em w_1 – a substância cuja estrutura interna é H_2O –, então o termo "água" não refere XYZ em w_2. Segundo o que foi suposto, um mundo em que "água" refira XYZ não é um mundo possível.

Como se viu, a rejeição da tese 1, de que compreender o significado de um termo consiste apenas em estar em certo estado psicológico (apreender a intensão do termo), é resumida na tese de Putnam de que "os significados não estão apenas na cabeça". Essa tese é uma forma de externalismo em semântica: a doutrina de que o significado de algumas das nossas palavras não é determinado internamente, por aquilo que pensamos, mas é antes determinado externamente, pela maneira como as coisas são na realidade. Segundo as intuições de Putnam, partilhadas por muita gente, um predicado como "x acredita que a água molha" é verdadeiro de Oscar 1, mas falso de Oscar 2. Ou seja, Oscar 2 não tem o conceito de água (individualizado de modo externalista). Analogamente, uma atribuição como "x acredita que XYZ molha" é verdadeira de Oscar 2, mas falsa de Oscar 1. Oscar 1 não tem o conceito de XYZ.

No domínio da filosofia da mente, o externalismo assume a forma da tese de que o conteúdo de alguns dos nossos pensamentos ou crenças é determinado por fatores externos à mente do sujeito, em especial a aspectos do meio ambiente circundante. De modo particular, Oscar 1 e Oscar 2 têm crenças diferentes: Oscar 2 não tem crenças acerca da água, p. ex. A esse tipo de conteúdo, determinado por fatores externos, chama-se "CONTEÚDO LATO". Por outro lado, pode dizer-se que os Oscares partilham os mesmos "CONTEÚDOS ESTRITOS", isto é, os conteúdos dos pensamentos ou crenças que se identificam apenas em função do que os seus sujeitos "têm em mente", sem considerações sobre suas propriedades semânticas (referência, condições de verdade).

Putnam defende que quando os filósofos falam em "estados psicológicos" fazem uma suposição, por ele denominada "solipsismo metodológico", que consiste em tomar como relevante para efeitos de explicação psicológica apenas os conteúdos estritos dos referidos estados. Assim, p. ex., podemos dizer que, no caso da Terra Gêmea, Oscar 1 e Oscar 2 têm o mesmo comportamento porque partilham os mesmos conteúdos estritos, quer dizer, aqueles conteúdos individualizados sem ter em conta a diferença de condições de verdade das suas crenças. A explicação do comportamento depende assim da suposição do solipsismo metodológico. O argumento da Terra Gêmea refuta a pretensão da teoria semântica tradicional em afirmar, por um lado, a tese de que um termo com extensões diferentes tem significados diferentes e, por outro, a tese de que o conteúdo dos pensamentos (o seu significado) se determina em função de certos estados psicológicos tomados em sentido estrito. A identificação da compreensão do significado de um termo com estar em certo estado psicológico só é problemática devido à suposição solipsista de que o conteúdo deste é internamente individualizado. Assim, dado que é um argumento a favor do externalismo, e sendo o externalismo incompatível com esta suposição, a experiência da Terra Gêmea constitui um argumento indireto contra o solipsismo metodológico.

No entanto, Fodor (1981) defende que o argumento da Terra Gêmea não é contra a suposição do solipsismo metodológico, mas, paradoxalmente, um argumento indireto a favor dela, dado que o considera uma redução ao absurdo do projeto de uma psicologia naturalista, isto é, de uma psicologia externalista, interessada nos conteúdos latos dos estados psicológicos e na explicação das suas propriedades semânticas. Abreviadamente, a idéia é a de que, se para identificar os conteúdos das crenças de Oscar 1 e Oscar 2 temos de conhecer a estrutura interna, ou química, da água, o desenvolvimento da psicologia naturalista tem de esperar pelo total desenvolvimento das ciências (na expressão de Fodor, "a ciência de tudo"), o que é, para Fodor, absurdo. *Ver também* CONTEÚDO; ATITUDES PROPOSICIONAIS; REFERÊNCIA, TEORIAS DA. **ACD**

FODOR, J. A. "Methodological Solipsism Considered as a Research Strategy in Cognitive Psychology", in Fodor, J. A. *Representations*. Cambridge: The MIT Press, 1981, pp. 222-53.
KRIPKE, S. *Naming and Necessity*. Oxford: Blackwell, 1980.
PUTNAM, H. "Meaning and Reference", *in The Journal of Philosophy*, n.º 70, 1973, pp. 699-711.
____. "The Meaning of 'Meaning'", *in Mind, Language and Reality*. Cambridge: Cambridge University Press, 1975.

tertium non datur

O mesmo que TERCEIRO EXCLUÍDO.

tese de Church

Os matemáticos têm usado algoritmos desde os tempos mais remotos. Um dos mais antigos é o algoritmo de Euclides, para achar o máximo divisor comum de dois naturais positivos.

Contudo, uma resposta satisfatória à questão "Como definir rigorosamente um algoritmo?" só foi dada no século XX – referimo-nos à tese de Church, proposta por Alonzo Church (1903-1995) em artigo de 1936, embora enunciada em 1935.

Presume-se que os matemáticos têm uma noção mais ou menos intuitiva do que é um algoritmo e, quando confrontados no passado com a questão do parágrafo anterior, era muito possível que respondessem algo do gênero: um processo de cálculo cuja aplicação não deixa nada ao acaso nem ao engenho do executante, requerendo aplicações passo a passo de um conjunto de regras rígidas que são características do algoritmo.

Em um algoritmo distinguem-se dois conjuntos, um o conjunto $\mathcal{E}$ de todas as entradas possíveis, abreviadamente o conjunto das entradas ou dados, e outro $\mathcal{S}$ o conjunto de todas as saídas possíveis, abreviadamente o conjunto das saídas ou resultados. Esses conjuntos consistem, em geral, em expressões pertencentes a alguma linguagem.

Com qualquer algoritmo A podemos associar uma função f_A definida em um subconjunto do conjunto das entradas e com valores no conjunto das saídas, fato denotado por $f_A : \mathcal{E} \rightarrow \mathcal{S}$ (dom $f \subseteq$ A, com $f \subseteq$ B), e que é a função definida do modo seguinte:

Para $x \in \mathcal{E} \wedge y \in \mathcal{S}$, $f_A(x) = y$, se, e somente se, o agente computador, ao executar o algoritmo, a partir da entrada x, realiza uma computação bem-sucedida, em um número finito de passos, apresentando y como resultado; se a computação não for bem-sucedida, então f_A não está definida no ponto x, ou seja, x não pertence ao do-

tese de Church

mínio da função (um subconjunto de $\mathcal{E}$). Diz-se então que o algoritmo computa a função f_A. Uma função para a qual exista um algoritmo que a compute diz-se algorítmica.

A classe de funções algorítmicas de $\mathcal{E}$ para $\mathcal{S}$ é assim uma subclasse de todas as funções de $\mathcal{E}$ para $\mathcal{S}$. Nem toda função nessas circunstâncias precisa ser algorítmica.

Por outro lado, não se deve confundir o algoritmo com a função, pois, se bem que a todo o algoritmo corresponda uma única função que ele computa, a mesma função pode ser computada por diferentes algoritmos.

Freqüentemente, os conjuntos das entradas e saídas são contáveis (finitos ou enumeráveis) e (englobando o caso finito no caso enumerável) podem ser postos em correspondência biunívoca com o conjunto dos números naturais.

Por meio dessa correspondência uma função de n variáveis de argumentos em $\mathcal{E}$ e com valores em $\mathcal{S}$ pode ser substituída por uma função de n variáveis de argumentos em $\mathbf{N}$ e com valores em $\mathbf{N}$.

Sob certos pressupostos, que geralmente se verificam, pode-se concluir que nada se perde no essencial se centrarmos o nosso estudo nos algoritmos em que $\mathcal{E} = \mathcal{S} = \mathbf{N}$ (ou $\mathcal{E} = \mathbf{N}^n$ e $\mathcal{S} = \mathbf{N}$).

Desse modo os livros tratam muitas vezes de funções algorítmicas cujo domínio é um subconjunto de $\mathbf{N}$, ou um subconjunto de $\mathbf{N}^n = \mathbf{N} \times ... \times \mathbf{N}$, e com valores em $\mathbf{N}$.

Em vez de funções algorítmicas ou funções calculáveis por algoritmos, têm sido usadas também as designações funções efetivamente calculáveis, funções efetivamente computáveis, funções mecanicamente calculáveis, funções calculáveis por um procedimento efetivo, etc. Com base na noção intuitiva de algoritmo todos concordam que "Toda função computável de Turing é algorítmica" porque se reconhece que o programa para o cálculo da função é claramente um algoritmo.

Em vez de computável por máquina de Turing poderíamos igualmente ter escolhido computável por máquina de registros, função recursiva, etc. Assim: Toda função recursiva é algorítmica. Ora a recíproca dessa afirmação constitui precisamente a tese de Church: Toda função algorítmica é recursiva. Essa tese conduz a uma definição formal de função algorítmica, identificando a classe de funções algorítmicas com a classe de funções recursivas.

Que razões há para essa tese ser hoje largamente aceita? Passamos agora a descrever as razões que se têm apresentado para sustentar essa tese, com algumas adições de caráter pessoal:

1) Estabilidade: Diversas caracterizações foram propostas para especificar a classe das funções algorítmicas (em alguns casos ambicionando construir a maior classe possível), algumas delas partindo de idéias bastante diferentes.

1a) Funções computáveis por máquinas idealizadas, com um grau maior ou menor de semelhança com computadores reais ou passíveis de serem construídos; funções computáveis por máquinas de fitas (conhecidas por *máquinas de Turing*) (Turing, 1936); funções computáveis por máquinas de registros (Shepherdson e Sturgis, 1963).

1b) Funções geradas a partir de funções básicas (muito simples e claramente algorítmicas), por meio de operações que transformam funções algorítmicas em funções algorítmicas; funções definíveis por meio de esquemas (μ-recursivas) (Gödel [1936] e Kleene [1936]).

1c) Funções λ-definíveis (Church, 1936 e 1941).

1d) Cálculo equacional de Gödel-Herbrand e Kleene (Gödel, 1936).

1e) Funções definíveis por sistemas dedutivos (Post, 1943).

1f) Funções definíveis por meio de algoritmos atuando sobre palavras sobre um alfabeto: algoritmos de Markov (Markov, 1955).

Demonstrou-se que todas essas definições são equivalentes.

2) Redutibilidade às μ-recursivas: Podem-se dar demonstrações de equivalência, muito semelhantes nas idéias utilizadas,

entre as diferentes noções: a classe das funções recursivas funciona como sistema de referência. Cada noção conduz, por sua vez, a uma classe de funções. Primeiro, demonstra-se que toda função recursiva pertence à classe em consideração, construindo essa função dentro da classe e, em seguida, por meio de um processo de enumeração das entidades que intervêm na definição da classe, demonstra-se que toda função da classe é recursiva.

Depois de estudar algumas dessas demonstrações por enumeração, torna-se bastante razoável admitir que uma demonstração análoga vai funcionar, qualquer que seja a classe que venha a ser proposta. A conclusão seria de que toda função algorítmica seria recursiva, e as funções recursivas coincidiriam assim com as funções algorítmicas.

3) Imunidade à sofisticação das definições conhecidas: Certas generalizações mais ou menos sofisticadas de algumas das definições mencionadas, estabelecidas com o objetivo de ampliar a classe das funções algorítmicas, não vieram a conduzir a novas funções. P. ex., no caso da máquina de Turing, considerar alfabetos com qualquer número finito de símbolos em vez de 0 e 1, ou diversas fitas nas quais diversas computações podem ter lugar em paralelo não faz aumentar a classe de funções já definidas.

4) Extensividade da classe:

4.1) Inclusão de casos conhecidos: Todas as funções efetivamente calculáveis e todos os processos de definir funções efetivamente calculáveis, a partir de funções efetivamente calculáveis, que foram investigados conduziram sempre a funções recursivas.

A esse respeito uma grande quantidade de material foi analisada, não somente cobrindo funções e processos algorítmicos de definição já existentes, mas despendendo grande energia para obter novas funções e novos processos de definição. Porém todo o novo material acumulado conduziu ainda a funções recursivas.

4.2) Imunidade ao contra-exemplo: Embora a tese de Church não possa ser demonstrada, pode ser refutada se encontrarmos uma função efetivamente calculável e se mostrarmos que não é recursiva (contra-exemplo).

Fizeram-se tentativas para encontrar funções que fossem algorítmicas de um ponto de vista intuitivo, mas não pertencessem à classe das funções recursivas. Apesar de todos os esforços acumulados e dos anos que entretanto já se passaram desde que Church enunciou sua tese, nenhum exemplo apareceu até hoje que satisfizesse aquelas condições. Nem mesmo foi esboçado um processo plausível, que depois de longamente desenvolvido pudesse levar a um contra-exemplo.

Tanto o argumento 4.1 como o 4.2 afirmam no seu conjunto que a classe é suficientemente extensa, parecendo conter tudo o que é efetivamente calculável. O primeiro afirma isso pela positiva e o segundo pela negativa. Não são inteiramente independentes.

A equivalência das diversas definições também contribui para a idéia de que a classe é suficientemente extensiva porque automaticamente a classe é fechada para todos os processos de definir novas funções algorítmicas considerados nas diversas definições.

5) Argumento passo-a-passo: Esse argumento foi delineado por Church no seu artigo original, em que a tese é apresentada – veja-se, p. ex., a reimpressão em Davis (1965, pp. 100-1).

I) *Análise do Processo Geral de Cálculo* – Considere-se, para simplificar, um algoritmo para calcular uma função unária f e que pretendemos calcular o valor $f(x)$. Podemos admitir que o processamento do algoritmo consiste na escrita de uma seqüência de expressões $e_0, e_1,..., e_m,...$ em alguma linguagem: a) A primeira expressão e_0 pode ser obtida efetivamente a partir de x. b) Para qualquer j, a expressão e_j pode ser obtida efetivamente a partir de x e das expressões anteriores e_0, e_1,..., e_{j-1}, ou seja, existe uma função F tal que e_j = F ($<e_0$, e_1,..., $e_{j-1}>$). c) Existe um processo efetivo de decidir que a computação está concluída, caso em que o valor da função pode ser obtido efetivamente da última expressão. Por outras palavras, existe um predicado P tal que P($<e_0$, e_1,..., $e_j>$) é verdadeiro se o cálculo está completo, caso em que a partir da última expressão e_j se pode obter o valor da função, e é falso se o cálculo ainda não está completo.

Acontece que as expressões das linguagens que têm sido utilizadas podem ser codificadas atribuindo-se um número natural a toda a expressão da linguagem, de modo que expressões diferentes têm números diferentes. Sendo assim, não há perda de generalidade em admitir-se que as expressões usadas no cálculo são números naturais.

Tanto o passo de computação como o processo de decisão devem ser simples. Não parece pois desproposato admitir que F e P sejam recursivas. Sob essa hipótese, demonstra-se então que o algoritmo calcula uma função recursiva.

A força do argumento reside no seguinte: não é preciso admitir que toda função efetivamente computável é algorítmica. Basta admitir que o é o processo de decidir quando um cálculo (ou uma computação) deve parar e o processo de efetuar um simples passo do cálculo (ou computação).

Ora, se se revelou difícil até hoje imaginar uma função algorítmica que não é recursiva, mais difícil é imaginar "simples" passos de computação que não sejam recursivos.

II) *Análise da Definição por Sistemas Formais* – Seguindo de perto Church: Suponhamos que estamos lidando com um sistema formal de lógica simbólica que contém o símbolo = (igualdade entre naturais – Church trabalhava com inteiros positivos), um símbolo { }( ) de aplicação de funções aos seus argumentos e expressões 0, 1, 2,... que denotam os sucessivos números naturais.

Uma função f nos naturais (digamos unária, para simplificar) é calculável no sistema formal se existe uma expressão φ no sistema formal tal que $f(m) = n$ se, e somente se, {φ}(μ) = ν é um teorema, onde μ e ν são as expressões que denotam os naturais m e n respectivamente.

Sob condições bastante gerais, que se verificam para muitos sistemas, o conjunto de teoremas do sistema formal é recursivamente enumerável. Conclui-se então que toda função calculável dentro do sistema formal é também recursiva.

6) Argumento psicológico: O assunto parece ter chegado a uma fase de saturação. Nada essencialmente novo tem surgido desde há vários anos até hoje que possa pôr em causa a tese de Church nem se vislumbra a mais remota possibilidade de isso acontecer. Os métodos para mostrar que uma função efetivamente calculável é recursiva foram desenvolvidos a tal ponto que é pouco concebível que se possa encontrar um processo efetivo para determinar os valores de uma função e não se possa converter o processo em uma maneira de definir recursivamente a função.

Em breves palavras, há o sentimento na comunidade matemática de que, independentemente de qualquer outro argumento, mas apenas por uma razão de natureza empírica, toda a definição algorítmica pode ser transformada em uma recursiva, e que para obter uma função algorítmica não recursiva, se alguma existe, será necessária alguma estratégia genial.

A tese de Church não está nem pode ser demonstrada. Não é, pois, um teorema. Não pode ser demonstrada porque se escolhermos, p. ex., a caracterização de Turing para demonstrar que as funções computáveis por máquinas de Turing coincidem com as funções algorítmicas, precisamos ter uma noção prévia de função algorítmica, e todo o problema gira em torno de como estabelecer essa noção. Cairíamos na situação do cão que tenta morder a própria cauda.

Já se lhe chamou um princípio, uma proposta ou uma definição (*tout court*). Será uma crença, uma afirmação? Se dissermos que é uma definição, ela será muito especial: pretende identificar uma noção intuitiva, que é a noção fundamental de algoritmo, com uma noção formal, a noção formal de função recursiva ou de função computável por uma máquina de Turing. Kleene chamou-lhe uma tese, nome que prevaleceu, porque a identificação proposta está bem fundamentada.

Existem outros casos em matemática, como, p. ex., as noções de curva, de comprimento de uma curva, de área de uma superfície no espaço. Existem noções formais que precisam e delimitam o significado desses termos em matemática. Ao mesmo tempo, há uma noção intuitiva de curva, de comprimento de linha e de área.

Quando se introduzem as noções formais, está-se apenas introduzindo conceitos de utilidade prática, de algum modo convencionais, ou se está indo mais longe, garantindo que apenas noções são a contrapartida formal das noções intuitivas? Uma resposta afirmativa a essa questão requer uma fundamentação, uma tese. Convém observar que a noção formal de curva modificou-se ao longo do tempo (será a mais moderna a definitiva?) e que Schwartz, matemático do século XIX, encontrou uma situação paradoxal ligada com a noção de área lateral de uma superfície tão simples como um cilindro circular reto.

Hoje a generalidade dos matemáticos que estudam a questão aceitam a validade da tese de Church. Foram apresentados diversos argumentos para sustentar a tese com maior ou menor grau de persuasão. O argumento mais cogente pode não ser o mesmo para todas as pessoas, mas o conjunto deles parece ser altamente convincente.

Dois argumentos parecem ter sido determinantes para várias pessoas: a caracterização de Turing e a imunidade à diagonalização. O primeiro porque mostra claramente o caráter mecânico, rotineiro e finitista do cálculo dos valores de qualquer função computável e é independente de qualquer sistema formal. O segundo tem interesse porque a diagonalização é um instrumento poderoso, que a partir de dada classe de funções algorítmicas permite, sob condições bastante gerais, obter outra que contenha estritamente a anterior. P. ex., a classe das funções primitivamente recursivas parecia conter todas as funções que apareciam nos livros de teoria dos números. Ackerman mostrou que não constituíam todas as funções algorítmicas, construindo engenhosamente uma função fora da classe. Mas Péter mostrou que, enumerando as funções primitivamente recursivas, era fácil obter funções algorítmicas fora da classe por um argumento diagonal. O mesmo processo podia ser utilizado de novo para obter uma classe maior. A tese foi inicialmente enunciada para funções totais e depois ampliada para funções parciais.

A tese é de grande importância em matemática (Post refere-se a "uma descoberta fundamental nas limitações do poder de matematização do *Homo sapiens*"), o que explica que no início diversos matemáticos tivessem apresentado dúvidas e ceticismo sobre ela. (Gödel, inicialmente bastante cético, parece ter se convencido quando viu a abordagem de Turing. Kleene, conforme consta, convenceu-se do dia para a noite, quando verificou que a classe das funções computáveis era fechada para a diagonalização.) Diversos argumentos para contradizer a tese ou para a modificar apareceram e outros surgiram para os refutar.

A única objeção que parece notável é a de Rózsa Péter. O que ela faz é delimitar o alcance da tese: quando se diz que uma função algorítmica "é aquela para a qual existe uma (um programa para uma) máquina de Turing capaz de calcular valores da função", o "existe", diz Rózsa Péter, deve ser entendido em sentido construtivo, isto é, o programa tem de ser dado. P. ex., mostrar que uma função é algorítmica, demonstrando que, se não existisse, tal programa levaria a uma contradição, não é de modo algum um argumento aceitável.

Conclusão: observa-se que foi deveras notável ter sido possível estabelecer com precisão uma idéia dos processos que podem ser executados, por meios puramente mecânicos. Uma idéia que permitiu demonstrar a insolubilidade de importantes problemas em matemática, que se tornou uma ferramenta indispensável em lógica matemática e na ciência da computação e que deu origem a um ramo inteiramente novo e altamente criativo da matemática moderna. Extremamente importante foi também o ter permitido dar um fundamento à matemática construtiva. **NG**

CHURCH, A. "An Unsolvable Problem of Elementary Number Theory", *in American Journal of Mathematics*, vol. 58, 1936, pp. 345-63.

____. "An Unsolvable Problem of Elementary Number Theory (Abstract)", *in Bulletin of the American Mathematical Society*, vol. 41, 1935, pp. 332-3.

____. "The Calculi of Lambda-Conversion", *in Annals of Mathematics Studies*, n.º 6, 1941 (ed. litografada). 2.ª impr. Princeton: Princeton University Press, 1951.

DAVIS, M. *The Undecidable*. Nova York: Raven, 1965.

____. "Why Gödel Didn't Have Church's Thesis", *in Information and Control*, n.º 54, 1982, pp. 3-24.

GANDY, R. O. "The Confluence of Ideas in 1936", *in* Herken, Rolf (org.). *The Universal Turing Machine*. Viena: Springer, 1995, pp. 52-102.

GÖDEL, K. "Über die Länge von Beweisen", *in Ergebnisse eines mathematischen Kolloquiums*, vol. 7, 1936, pp. 23-4. Trad. port. "Acerca do comprimento das demonstrações", *in* Gödel, K.: *O teorema de Gödel e a hipótese do contínuo*. Antologia. Org., pref. e trad. Manuel Lourenço. Lisboa: Gulbenkian, 1979, pp. 371-5.

KLEENE, S. C. "A Note on Recursive Functions", *in Bulletin of the American Mathematical Society*, vol. 42, 1936, pp. 544-6.

____. "General Recursive Functions of Natural Numbers", *in Mathematische Annalen*, vol. 112, 1936, pp. 727-42.

____. *Introduction to Metamathematics*. Amsterdam: North-Holland, 1967.

____. "λ-Definability and Recursiveness", *in Duque Mathematical Journal*, vol. 2, 1936, pp. 340-53.

POST, E. "Formal Reductions of the General Combinatorial Decision Problem", *in American Journal of Mathematics*, vol. 65, 1943, pp. 197-215.

SHEPHERDSON, J. C. e STURGIS, H. E. "Computability of Recursive Functions", *in Journal of the Association for Computing Machinery*, vol. 10, 1963, pp. 217-55.

TURING, A. M. "On Computable Numbers, with an Application to the Entscheidungsproblem". *Proceedings of the London Mathematical Society*, Series 2, vol. 42, 1936-1937, pp. 230-65.

teste de Ramsey

Ver CONDICIONAIS, TEORIAS DOS.

teste de Turing

Ver MÁQUINA DE TURING.

tipo-espécime

Distinção também conhecida por "tipo-exemplar". Tomem-se as seguintes frases: 1) "A neve é branca"; 2) "A neve é branca". Há um sentido no qual estamos perante duas frases; mas há também um sentido no qual estamos perante uma única frase. Dizemos que estamos perante duas frases-espécime, mas perante uma só frase-tipo. Dizemos que estamos perante duas frases quando estamos pensando nas marcas no papel, isto é, quando estamos pensando nas frases como entidades físicas com dada localização espacio-temporal. No caso de uma frase proferida, em vez de escrita, estamos pensando não em marcas em um papel, mas em sons particulares. Dizemos que estamos perante uma só frase quando estamos pensando no tipo de frase exemplificado por 1 e 2. E, no nosso caso, o tipo de frase exemplificado é o mesmo. Podemos assim falar de duas ocorrências da mesma frase.

Duas frases-tipo distintas podem exprimir a mesma proposição: 3) "O céu é azul"; 4) "The sky is blue". 3 e 4 são duas frases-tipo diferentes, mas exprimem a mesma proposição.

A distinção entre tipo e espécime aplica-se não apenas a frases, mas também a palavras, letras, livros, dores, estados de coisas, etc. Quando dizemos que dois amigos compram o mesmo jornal todos os domingos referimo-nos ao jornal-tipo, mas não ao jornal-espécime. Na filosofia da mente distingue-se a ocorrência particular de uma dor (uma dor-espécime) do tipo a que essa dor pertence. Eu posso assim ter tido várias dores particulares do mesmo tipo. Nas discussões sobre a natureza dos fenómenos mentais, as teorias que identificam esses estados mentais com estados físicos têm de esclarecer se se referem a estados-tipo ou a estados-espécime. DM

tipo natural

Chamam-se "termos para tipos naturais" a termos gerais usados para designar espécies ou géneros animais, substâncias orgânicas, minerais ou químicas, etc. (isto é, para quaisquer tipos de itens que não sejam artefatos humanos); p. ex., "tigre", "ouro", "água", "ser humano". São termos que designam um conjunto de indivíduos, objetos ou substâncias agrupados em certa categoria natural.

Um problema central associado a esses termos é a dificuldade de explicar como uma palavra que designa um tipo natural adquire o poder de se aplicar a um número bastante grande de indivíduos. P. ex., como nos permite o significado de um termo como "tigre" referir só e apenas certos animais? É uma tese clássica encarar termos para tipos naturais como aplicáveis a certos objetos apenas na circunstância em que esses objetos exemplifiquem certas PROPRIEDADES. Essas propriedades são encaradas como CONDIÇÕES NECESSÁRIAS e suficientes para um objeto ser abrangido por certo termo geral ou comum. P. ex., é considerado uma condição para que algo seja um tigre que seja um mamífero, um felino, que tenha cerca de três metros de comprimento, que seja alaranjado com riscas pretas, que tenha grandes presas, etc.

Hilary Putnam (1975) pretende argumentar contra o que considera ser a abordagem tradicional à semântica dos termos para tipos naturais. Segundo Putnam, existem duas teses erradas que é necessário abandonar a favor de uma teoria correta do caráter semântico desses termos. Tradicionalmente supõe-se que: I) saber o significado de um termo ou palavra consiste em estar em certo estado psicológico ou mental; e que II) o significado de um termo determina sua EXTENSÃO (aquilo a que a palavra corretamente se aplica). Essas teses implicam que a extensão de uma palavra é determinável por um estado mental particular. Pretendendo mostrar que ambas as teses citadas são incorretas e que a extensão de um termo para um tipo natural está longe de ser determinável pelas capacidades cognitivas de um indivíduo em isolamento, Putnam recorre ao argumento da TERRA GÊMEA. Suponha-se que existe um planeta em outra galáxia em tudo igual à Terra, que tenha evoluído do mesmo modo, contendo exatamente os mesmos indivíduos, os mesmos países, e no qual se falam as mesmas línguas que as existentes na Terra, mas no qual aquilo a que os falantes da língua portuguesa (português da Terra Gêmea) chamam "água", não é molecularmente constituído por H_2O, mas tem outra constituição, mais complexa, XYZ. Aquilo que os terráqueos-gêmeos dizem ser água apresenta todas as características superficiais da água na Terra, isto é, de H_2O: enche oceanos e lagos e barragens, cai como chuva, é usado como gelo em bebidas, usa-se para lavagens e para cozinhar, as pessoas vão a termas de XYZ, etc. Putnam argumenta que: I) ainda que XYZ seja designado pela mesma palavra que H_2O ("água"), na realidade XYZ não é água, pois só aquilo que é constituído majoritariamente por H_2O é corretamente chamado "água"; e II) os terráqueos-gêmeos associam exatamente as mesmas propriedades com a água que os terrestres, possuindo os mesmos conceitos associados ao termo "água", estando no mesmo estado mental que os terrestres ao usarem "água", referindo-se contudo a uma substância diferente. "Água" não significa XYZ, ou melhor, água não é XYZ. Pretende-se assim demonstrar que a associação por parte de um indivíduo de certas propriedades com uma palavra não só não determina a extensão de uma palavra, como aquilo que uma palavra significa não pode depender unicamente das capacidades mentais de um indivíduo. Daí o *slogan* "os significados não se encontram na cabeça".

Putnam apresenta uma nova teoria para a semântica de termos para tipos naturais. A determinação da extensão de um termo para um tipo natural como "água" obedece a um padrão semelhante ao seguinte: apontando para um exemplar de um tipo natural (água) define-se ostensivamente o termo. O exemplar de água indicado tem uma relação de semelhança (ou a relação de ser a mesma substância ou tipo de coisa) com outros exemplares do mesmo tipo. A definição ostensiva constitui assim uma condição necessária e suficiente (mas falível, no caso de aquilo que é indicado não ser um exemplar do tipo designado, p. ex., alguém por engano apontar aguardente em vez de água) para que algo seja água: se algo é para ser tomado como água, tem de exemplificar a relação de ser o mesmo líquido que o exemplar indicado. Essa relação de semelhança é teórica, pois pode requerer intensa investigação científica para que seja estabelecida.

A relação associada aos termos para tipos naturais revela um aspecto fundamental da sua semântica. Putnam propõe que termos para tipos naturais são INDEXICAIS, tais como as palavras "agora" e "isto". (No exemplo de "água", conta como água aquilo que é a mesma substância da água que encontramos por aqui, e aquilo que se designará como "água" se for encontrado em outro planeta ou a séculos de distância.)

Na teoria de Putnam inclui-se a hipótese da divisão do trabalho lingüístico. Os membros de uma comunidade lingüística possuem meios de distinguir se algo é abrangido por certa designação, mas cada um não é necessariamente capaz de distinguir individualmente, com certeza absoluta, se um item é de certo tipo ou não – p. ex., se uma pedra é um diamante ou outra, um cristal. Para tal se requer a opinião de especialistas. A comunidade parece assim, na proposta de Putnam, dividir-se entre especialistas em certas áreas e leigos. A determinação do significado de um termo e da sua extensão requer a cooperação entre os diferentes membros da comunidade (especialistas e leigos). Os critérios que contam para determinar e reconhecer se algo pertence à extensão de um termo são comunidade lingüística como um todo, mas o trabalho de determinar quais as CONDIÇÕES NECESSÁRIAS e suficientes que fornecem o significado de um termo e, assim, aquilo a que o termo se aplica, é dividido pela comunidade. Normalmente, à determinação do significado de uma palavra estão associados o desenvolvimento científico e a descoberta da estrutura física dos exemplares de certo tipo natural, a qual pode passar a contar como condição necessária e suficiente para que algo seja considerado sob esse tipo; argumentavelmente, essa estrutura física constitui a essência desse tipo natural (*ver* ESSENCIALISMO).

Saul Kripke (1972) defende, em uma proposta semelhante à de Putnam quanto à indexicalidade de termos para tipos naturais, que esses termos são DESIGNADORES RÍGIDOS. Uma vez identificada a composição da água, p. ex., a palavra "água" refere (rigidamente) qualquer substância com a mesma composição molecular, mesmo nas circunstâncias contrafactuais em que se chama "água" a XYZ e não a H_2O. Um MUNDO POSSÍVEL em que aquilo que as pessoas designam por "água" seja XYZ, e no qual não exista H_2O, não é um mundo possível em que existe água. É admissível que os falantes de palavras como "tigre" ou "água" associem um conjunto de descrições com o termo que usam, e que essas propriedades ou descrições podem ter alguma utilidade para reconhecer os exemplares designados, mas essas palavras não fixam a referência ou a extensão de termos para tipos naturais. *Ver também* TERRA GÊMEA; INDEXICAIS; DESIGNADOR RÍGIDO. **TM**

KRIPKE, S. "Identity and Necessity", *in* Munitz, M. (org.). *Identity and Individuation*. Nova York: New York University Press, 1972.
____. *Naming and Necessity*. Oxford: Blackwell, 1980.
PUTNAM, H. "Is Semantics Possible?", *in* Kiefer, H. e Munitz, M. (orgs.). *Language, Belief and Metaphysics*. Albany: State University of New York University Press, 1970.
____. "The Meaning of 'Meaning'", *in Mind, Language and Reality*. Cambridge: Cambridge University Press, 1975.

tipos, teoria dos

Ver TEORIA DOS TIPOS.

todo

O QUANTIFICADOR universal da lógica clássica, ∀, lê-se "todo...". P. ex., ∀x Fx lê-se "todo objeto x tem a propriedade F". Essa frase só é verdadeira se todos os objetos de dado domínio tiverem a propriedade em causa.

tonk

Conector proposicional (binário) imaginário cujo inventor foi o lógico e filósofo neozelandês Arthur Prior, que o introduziu em um célebre ensaio de apenas duas páginas intitulado "The Runabout Inference-Ticket" (1960). Tudo o que é preciso saber acerca de tonk é que o seu significado é exaustivamente dado nas seguintes duas regras de inferência, que governam frases em que o conector possa ocorrer (como conector dominante):

A) Regra da eliminação de tonk:

$$\frac{p \text{ tonk } q}{q}$$

B) Regra da introdução de tonk:

$$\frac{p}{p \text{ tonk } q}$$

(em que p e q são letras esquemáticas substituíveis por quaisquer frases). A regra A permite inferir q de qualquer frase da forma p tonk q dada como premissa; e a regra B permite inferir p tonk q de qualquer frase p dada como premissa.

Ora, o problema com o conector tonk, assim especificado, é simplesmente o seguinte: não existe tal conector (supondo que a consistência é um requisito para a existência). Se ele fosse adicionado a qualquer um dos habituais sistemas de lógica, nos quais a relação de conseqüência lógica é transitiva, então, dada uma frase qualquer p como premissa, seria possível deduzir dela no sistema qualquer frase q como conclusão. Usando o exemplo de Prior, da verdade aritmética "2 + 2 = 4", tomada como premissa, seria dedutível, por B, a frase "2 + 2 = 4 tonk 2 + 2 = 5"; e dessa frase tomada como premissa seria dedutível, por A, a falsidade aritmética "2 + 2 = 5". Assim, assumindo a transitividade da relação de conseqüência lógica, a falsidade aritmética "2 + 2 = 5" seria dedutível da verdade aritmética "2 + 2 = 4".

Em particular, a adição de tonk a um sistema consistente de lógica proposicional clássica teria o efeito de tornar inconsistente o sistema resultante, no sentido em que uma frase da forma ⌜$r \wedge \neg r$⌝ passaria a ser um teorema do sistema; p. ex., como A → A é um teorema do sistema, A → A tonk B ∧ ¬B também o seria, e logo B ∧ ¬B seria um teorema do sistema (assumindo, como é habitual, o FECHO do conjunto dos teoremas sob a relação de conseqüência lógica).

O efeito dialético visado por Prior com o seu conector tonk é o de lançar dúvida sobre a doutrina segundo a qual o significado de um conector (ou, em geral, de uma palavra) é completamente dado em uma simples especificação do papel inferencial do conector (ou da palavra). Essa idéia, ou algo do gênero, é central àqueles pontos de vista semânticos que são por vezes subsumidos sob rótulos como *inferential role semantics* e *functional role se-*

mantics, e que são por vezes vistos como inspirados nas idéias de Wittgenstein sumarizadas no célebre *slogan* "O significado é o uso".

Especificar o papel inferencial de um conector é especificar um conjunto de regras de inferência que o governem, que tenham a propriedade de determinar o seguinte: I) quais frases podem ser validamente deduzidas de uma frase em que o conector em questão seja o conector dominante; II) de que frases uma frase desse gênero pode ser validamente deduzida.

Assim, p. ex., é freqüente a alegação de que o significado da palavra "e", no seu emprego conjuntivo, é exaustivamente dado nas habituais regras de introdução e eliminação da conjunção, designadamente:

$$\frac{p, q}{p \text{ e } q} \quad \frac{p \text{ e } q}{p} \quad \frac{p \text{ e } q}{q}$$

A idéia é, por conseguinte, a de que nada mais há a saber acerca do significado da constante lógica "e" do que reconhecer como válidas inferências desse gênero e ser capaz de as executar sob condições apropriadas.

O ponto de vista rival, implicitamente subscrito por Prior com base na consideração do caso de tonk, é o de que o significado de um conector (ou, em geral, de uma palavra) não pode ser completamente dado em uma simples especificação sintática do papel inferencial do conector (ou da palavra). Ao contrário, um conector tem de ter um significado previamente determinado de outra maneira, p. ex., por meio de uma TABELA DE VERDADE; e é de tal determinação independente do seu significado que emerge por sua vez o papel inferencial do conector, ou seja, a função por ele desempenhada na construção de inferências válidas em cujas premissas e conclusões ocorra como conector dominante. Assim, p. ex., a semântica da conjunção, "e", é primariamente dada na sua tabela de verdade, e é dela que emergem por sua vez as regras de inferência características do conector. Note-se que não é de maneira alguma possível construir uma tabela de verdade para tonk: por um lado, e com base em B, se *p* é verdadeira segue-se que *p* tonk *q* é verdadeira, e, *a fortiori*, tem-se que se *p* é verdadeira e *q* é falsa, então *p* tonk *q* é verdadeira; por outro lado, e com base em A, se *q* é falsa, segue-se que *p* tonk *q* é falsa, e *a fortiori*, tem-se que se *q* é falsa e *p* é verdadeira, então *p* tonk *q* é falsa.

Todavia, alguns filósofos rejeitam o gênero de moral acima extraída do caso de tonk, e tentam preservar ainda a idéia de que um conector é definível em termos do seu papel inferencial. Uma das maneiras de bloquear, de forma puramente sintática, a admissão de conectores como tonk é a proposta por Nuel Belnap na sua réplica ao artigo de Prior (Belnap, 1962). A sugestão de Belnap é, fazendo algumas adaptações e simplificando um pouco, a seguinte. Tome-se, como exemplo, um dos habituais sistemas de lógica proposicional clássica, digamos, o sistema S; e considere-se o sistema, digamos S', que dele resulta pela adição de um novo conector proposicional binário, digamos Plonk. Considera-se Plonk como completamente definido em termos do seu papel inferencial, ou seja, por meio de um conjunto de axiomas ou de regras de inferência que governem uma frase da forma *p* Plonk *q*, ao ocorrer como uma das premissas ou como conclusão de uma dedução executada em S'. O sistema de lógica resultante S' é uma extensão do sistema inicial S, no sentido em que consiste em uma ampliação de S pela introdução de novas frases da forma *p* Plonk *q* (em que *p* e *q* são frases) e de novos axiomas ou regras de inferência para Plonk. Ora, aquilo que é exigido em relação a tal extensão S', e cujo efeito é o de eliminar a possibilidade de admitir algo do gênero de tonk, é que S' seja uma extensão conservadora de S no seguinte sentido: se um seqüente $p_1,..., p_n \vdash q$, em que $p_1,..., p_n, q$ são frases de S, é dedutível em S', então esse seqüente tem de ser dedutível no sistema inicial S. Por outras palavras, qualquer novo seqüente –

ou seja, qualquer seqüente dedutível em S' mas não em S – deverá necessariamente conter (em pelo menos uma das suas premissas ou na conclusão) o conector Plonk. Desse modo, tonk não poderia ser adicionado a um sistema S de lógica proposicional clássica, pois a extensão resultante S' não seria conservadora: seria possível deduzir em S' um seqüente, p. ex., $A \vdash B$, que seria composto apenas por frases de S e não seria, no entanto, dedutível em S. (Note-se que a exigência de cada um dos novos seqüentes conter o novo conector deve ser entendida no sentido de este ocorrer como conector dominante em uma das premissas ou na conclusão do seqüente. Caso contrário, seria ainda possível adicionar tonk: p. ex., o seqüente $A \vdash (B$ tonk $B) \land \neg (B$ tonk $B)$ seria dedutível em S', mas não em S; e, no entanto, o seqüente contém tonk na conclusão, embora não como conector dominante.) *Ver também* CONECTIVO; TABELA DE VERDADE; DEDUÇÃO NATURAL. **JB**

BELNAP, N. D. "Tonk, Plonk and Plink", *in Analysis*, n.º 22, 1962, pp. 130-4. Reimp. *in* Strawson, P. F. (org.). *Philosophical Logic*. Oxford: Oxford University Press, 1967, pp. 133-7.

PRIOR, A. N. "The Runabout Inference-Ticket", *in Analysis*, n.º 21, 1960, pp. 38-9. Reimp. *in* Strawson, P. F. (org.). *Philosophical Logic*. Oxford: Oxford University Press, 1967, pp. 129-31.

traço de Sheffer

Ver CONECTIVO DE SHEFFER.

tradução, indeterminação da

Ver INDETERMINAÇÃO DA TRADUÇÃO.

tradução radical

Ver INTERPRETAÇÃO RADICAL.

transfinita, indução

Ver INDUÇÃO TRANSFINITA.

transitividade

R é uma RELAÇÃO transitiva se, e somente se, $\forall x \, \forall y \, \forall z \, ((Rxy \land Ryz) \to Rxz)$. Ou seja, uma relação transitiva transmite-se em cadeia, por assim dizer. P. ex., a relação "ser mais velho que" é transitiva porque se Sócrates é mais velho que Platão e Platão é mais velho que Aristóteles, então Sócrates é mais velho que Aristóteles.

R é intransitiva se, e somente se, $\forall x \, \forall y \, \forall z \, ((Rxy \land Ryz) \to \neg Rxz)$. Ou seja, uma relação é intransitiva quando a sua transmissão em cadeia, por assim dizer, é bloqueada. P. ex., a relação de paternidade é intransitiva porque se Afonso é pai de Carlos e Carlos pai de Joana, então Afonso não é pai de Joana.

R é não-transitiva se, e somente se, $\neg \forall x \forall y \forall z \, ((Rxy \land Ryz) \to Rxz) \land \neg \forall x \forall y \forall z \, ((Rxy \land Ryz) \to \neg Rxz)$, isto é, se não é transitiva nem intransitiva. Ou seja, uma relação é não-transitiva quando a transmissão em cadeia, por assim dizer, se dá em alguns casos, mas não em outros. P. ex., a relação de amizade é não-transitiva porque João é amigo de Pedro e Pedro de Carlos, mas João não é amigo de Carlos; e João é amigo de Pedro e Pedro de Maria, mas João é amigo de Maria. *Ver também* SIMETRIA; REFLEXIVIDADE. **DM**

transposição

O mesmo que CONTRAPOSIÇÃO.

tricotômica, relação

O mesmo que RELAÇÃO CONEXA.

trivialidade

Em lógica, diz-se que uma teoria ou sistema formal T, formulada em uma linguagem L, é trivial se qualquer frase de L é dedutível em T.

tropo

Ver ABSTRACTA.

um-em-muitos, argumento do

Ver UNIVERSAL.

um-para-um, correspondência

O mesmo que CORRESPONDÊNCIA BIUNÍVOCA. Não confundir com função um-um (o mesmo que FUNÇÃO INJETIVA).

um-um, função

O mesmo que FUNÇÃO INJETIVA.

união

Ver CONJUNTO UNIÃO.

união, axioma da

Ver AXIOMA DA UNIÃO.

universal

Distinção filosófica tradicional, que tem em traços gerais persistido ao longo da moderna literatura metafísica e lógico-filosófica. Divide a totalidade das entidades ou dos OBJETOS em duas grandes categorias mutuamente exclusivas e conjuntamente exaustivas: universais, objetos que são em essência repetíveis, exemplificáveis, ou predicáveis de algo; e particulares, objetos que em essência não são repetíveis, exemplificáveis, ou predicáveis do que quer que seja. OBJETOS ABSTRATOS COMO PROPRIEDADES E ATRIBUTOS, p. ex., a propriedade de ser sábio e o atributo da brancura, são ilustrações paradigmáticas de universais; e objetos concretos como o meu relógio e o atual papa são exemplos paradigmáticos de particulares.

A aceitação ou rejeição da distinção tem sido útil para a caracterização de alguns dos pontos de vista mais familiares disponíveis em ontologia. Assim, O NOMINALISMO é muitas vezes caracterizado como a doutrina segundo a qual não há universais; a doutrina segundo a qual, numa ontologia razoável, todos os objetos são necessariamente particulares; ou, em uma versão mais forte, a doutrina segundo a qual só há particulares concretos, objetos de algum modo localizáveis no espaço-tempo. O nominalismo também tem sido ocasionalmente descrito como a doutrina de que não há objetos abstratos, a doutrina de que, em uma ontologia razoável, todos os objetos são necessariamente *concreta*. Todavia, as duas caracterizações não são de todo equivalentes. Basta observar que há posições classificáveis como nominalistas que, no entanto, admitem objetos abstratos, p. ex., números e classes. A primeira caracterização é assim de longe preferível. O REALISMO, pelo menos como posição metafísica e não epistemológica, é muitas vezes caracterizado como a doutrina de que há universais; a doutrina de que, em uma ontologia razoável, pelo menos alguns objetos são necessariamente universais; ou, em uma versão mais forte, a doutrina – para a qual talvez seja mais apropriada a designação "platonismo" – de que tudo o que há são universais (note-se que essa doutrina pode assumir a forma particular de uma análise de particulares em termos de feixes de propriedades).

A distinção é muitas vezes introduzida em termos parcialmente lingüísticos, sendo a admissão de universais motivada com base em determinados argumentos de caráter semântico. Em geral, trata-se de argumentos que visam estabelecer a indispensabilidade de certas categorias de objetos exibindo o seu estatuto de correlatos semânticos de certas categorias de expressões lingüísticas. Assim, *grosso modo*, particulares têm sido descritos como as contrapartes extralingüísticas ou os valores semânticos de EXPRES-

SÕES REFERENCIAIS e de termos singulares concretos: objetos do gênero daqueles que são nomeados (em contextos dados) por expressões como "O meu relógio", "Esta casa", "Teeteto", "O rio Tejo", etc. E universais têm sido notoriamente descritos como sendo as contrapartes extralingüísticas ou os valores semânticos de TERMOS GERAIS – ou, mais em geral, de PREDICADOS – e de certos substantivos abstratos: objetos do gênero daqueles que são aparentemente designados (em contextos dados) por expressões como "Homem", "Branco", "Menor que", "Humildade", "Sabedoria", etc. Dada uma frase simples como "Teeteto é humilde", a idéia é a de que, tal como é necessário para fins semânticos reconhecer algo que o sujeito da frase – a palavra "Teeteto" – designa, isto é, a pessoa Teeteto em carne e osso, é também necessário reconhecer algo que o predicado da frase – a expressão "é humilde" – designa, isto é, a humildade ou a propriedade de ser humilde (só que aqui se perde a inocência, pois não se tem nada de carne e osso). Exemplos típicos de universais como valores semânticos de predicados são, portanto, os seguintes: 1) Atributos: os valores semânticos dos sujeitos de frases como "A sabedoria é uma virtude" e "A honradez é rara"; 2) Propriedades: os valores semânticos dos predicados monádicos que ocorrem em frases simples; e 3) Relações: os valores semânticos dos predicados diádicos em frases como "Sócrates ama Teeteto", dos predicados triádicos em frases como "São Paulo está entre Curitiba e Rio de Janeiro", etc.

A postulação de universais é julgada necessária com base na idéia de que uma especificação correta das condições de verdade de uma predicação monádica como "Teeteto é humilde", p. ex., envolve uma referência aos dois gêneros de objetos (particulares e também universais), bem como a uma relação especial que se verifica ou não entre eles, a relação de EXEMPLIFICAÇÃO ou PREDICAÇÃO. Assim, diz-se que aquela frase é verdadeira se, e somente se, o particular Teeteto exemplifica a propriedade de ser humilde ou o universal monádico humildade (se, e somente se, essa propriedade ou universal monádico é predicável de Teeteto). E a mesma estratégia é generalizável a predicações de aridade arbitrária. Diz-se, p. ex., que uma frase como "Brutus detesta César" é verdadeira se, e somente se, o par ordenado de particulares <Brutus, César> exemplifica a RELAÇÃO binária, ou o universal diádico, *Detestar* (se, e somente se, essa relação ou universal diádico é predicável desses dois particulares tomados nessa ordem).

Todavia, é cada vez mais consensual entre os atuais defensores dos universais a idéia de que a distinção lingüística é insuficiente ou mesmo deficiente; e que os argumentos de natureza semântica são em geral inconclusivos. Em particular, a crítica de Quine a argumentos com esse gênero de inspiração foi levada a sério e tornou-se extremamente influente, acabando por ter a vantagem de obrigar os realistas contemporâneos a uma maior sofisticação das suas posições. Objeta-se que os argumentos semânticos, pelo menos nas suas formulações mais correntes, dependem crucialmente de uma premissa muito pouco aceitável, em virtude de estar fundada em uma analogia claramente ilegítima. Essa premissa é a tese de que predicados e termos gerais funcionam na linguagem exatamente como nomes próprios e outros termos singulares. Presume-se incorretamente que ambos designam ou nomeiam determinados objetos, que a função de nomeação é comum a ambas as categorias de expressão. Note-se, todavia, que esse tipo de crítica é ineficaz contra argumentos semânticos centrados no comportamento de determinados termos singulares abstratos ao ocorrerem como sujeitos de predicações monádicas de ordem superior, como é, p. ex., o caso da frase "A honestidade é rara". A réplica nominalista habitual consiste em uma tentativa de parafrasear essas frases em outras frases nas quais já não há nenhuma referência nominal a alegados universais. Mas se a estratégia da paráfrase parece funcionar em relação a casos como "A honestidade é uma virtude", já não é claro que ela funcione em relação a casos como "A honestidade é rara" (*ver* a esse respeito o verbete COMPROMISSO ONTOLÓGICO).

Por outro lado, aquela objeção aos argumentos semânticos é por vezes complementada com a observação de que a maneira anteriormente adotada de especificar condições de verdade, utilizando o linguajar de propriedades e relações, está longe de ser compulsória e é perfeitamente evitável; por conseguinte, a argumentação a ela associada resulta extremamente frágil. Com efeito, um nominalista em termos de classes, como é, p. ex., o caso de David Lewis, pode sempre substituir satisfatoriamente uma aparente referência a universais, por parte dos predicados de predicações monádicas, por uma referência a classes; e estas são objetos particulares, embora abstratos. De fato, o seguinte tipo de especificação de condições de verdade é igualmente satisfatório: uma frase como "Teeteto é humilde" é verdadeira se, e somente se, o particular Teeteto pertence à classe das pessoas humildes. E mesmo as predicações de ordem superior podem ser do mesmo modo vistas como envolvendo uma referência apenas a classes, e não a universais; pode-se sempre dizer, p. ex., que uma frase como "A honestidade é rara" é verdadeira se, e somente se, a classe nomeada pelo sujeito, isto é, a classe das pessoas humildes, pertence à classe associada ao predicado, isto é, a classe de todas as classes que têm muito poucos elementos. Alternativamente, um nominalista em termos de classes poderia mesmo aceitar a especificação anterior de condições de verdade em termos de propriedades, mas insistir que propriedades se deixam afinal reduzir a classes de objetos, reais ou meramente possíveis; na metafísica de Lewis, p. ex., a propriedade de ser sábio é identificada com um particular abstrato: a classe das pessoas sábias, que inclui no entanto quer pessoas reais quer pessoas meramente possíveis (*ver* POSSIBILIA), quer Sócrates quer uma sua contraparte em certo mundo possível não-atual.

A moral da história é que, diante da vulnerabilidade dos argumentos semânticos, muitos realistas atuais preferem proceder a uma caracterização substantiva e essencialmente não-lingüística dos universais, acabando por rejeitar a tese de que todo predicado ou termo geral tem necessariamente certo universal como seu valor semântico ou correlato ontológico. P. ex., predicados como "é alto ou $2 + 2 = 4$", "frágil", "auto-idêntico", "unicórnio", "quadrado redondo", etc., não são vistos em algumas posições modernas como associados a quaisquer universais (por razões diferentes em cada caso). Há quem queira distinguir entre propriedades (em um sentido lato que inclui qualidades, atributos, relações, etc.) e universais, e defender a idéia de que, apesar de todos os universais serem propriedades, há bastantes propriedades que não são universais. Do ponto de vista do chamado realismo científico subscrito por David Armstrong e outros, apenas aquelas propriedades que sejam causalmente eficazes, no sentido de figurarem em generalizações típicas da ciência, têm o estatuto de universais. É assim possível excluir do domínio dos universais propriedades não-atômicas como a propriedade disjuntiva associada ao primeiro dos predicados acima, propriedades disposicionais como a propriedade associada ao segundo predicado, e propriedades meramente formais como a propriedade associada ao terceiro predicado; e é possível incluir nesse domínio propriedades, como a propriedade de ter estrutura molecular, ter certa forma, ter certa massa, etc.

Para além desse gênero de motivação para a introdução de universais, que consiste em geral na sua indispensabilidade para fins de explicação científica, uma outra linha de argumentação independente tem sido freqüentemente utilizada para o mesmo efeito. Trata-se do argumento, certamente dotado de uma longa história na tradição filosófica, conhecido como "argumento do um-em-muitos". De maneira simplificada, trata-se do argumento segundo o qual os universais, como entidades essencialmente repetíveis ou predicáveis de um grande número de particulares, são indispensáveis para explicar as semelhanças ou identidades qualitativas que se estabelecem entre particulares numericamente distintos. A semelhança entre particulares numericamente distintos, p. ex., a forte similaridade entre dois objetos físicos que são réplicas exatas um do outro (p. ex., duas fotocópias da mesma página), consiste na coincidência de propriedades; ou seja, no fato de esses particulares exemplificarem (numericamente) as mesmas propriedades (obviamente, sob pena de uma REGRESSÃO AD INFINITUM, não se poderia aqui invocar como explicação a mera semelhança entre propriedades!). Alega-se assim que *Um* e o mesmo universal, p. ex., o universal humildade (supondo que se trata de um universal), está presente em *muitos* particulares, p. ex., Sócrates, Teeteto, Cálias, etc., no sentido de todos esses particulares o exemplificarem; e é esse gênero de fato que permite explicar de forma satisfatória as relações de semelhança verificadas entre particulares. Naturalmente, tal linha de argumentação a favor dos universais pode ser, e tem sido, consistentemente combinada com argumentos do primeiro tipo, centrados na aparente indispensabilidade dos universais para fins de explicação científica.

Finalmente, é conveniente fazer uma referência a duas concepções distintas acerca da natureza dos universais que ocorrem com alguma freqüência na literatura mais recente. De um lado, há a doutrina segundo a qual os universais são essencialmente *ante rem*, ou seja, objetos completamente autosubsistentes, cuja natureza e existência são independentes da circunstância de serem exemplificáveis por particulares; essa posição tem sido descrita como concepção platônica dos universais. Do outro lado, há a doutrina segundo a qual os universais são essencialmente *in rebus*, objetos cuja natureza e existência são dependentes da circunstância de serem exemplificáveis por particulares; essa posição, a doutrina de que (em certo sentido) os universais apenas existem *nos* particulares, tem sido descrita como concepção aristotélica dos universais. Do ponto de vista aristotélico, não há universais que não sejam exemplificáveis, como as propriedades de ser um unicórnio e ser um quadrado redondo; do ponto de vista platônico, há tais universais. Do ponto de vista platônico, os universais são existentes necessários, objetos que existem em todos os mundos possíveis; do ponto de vista aristotélico, os universais são existentes contingentes, apenas existem naqueles mundos nos quais são predicáveis de algo. Naturalmente, o ponto de vista aristotélico é em geral adotado pelos proponentes do realismo científico e de posições afins acerca da natureza dos universais. *Ver também* ABSTRACTA; PROPRIEDADE; NOMINALISMO; REALISMO; RELAÇÃO. **JB**

ARMSTRONG, D. M. *Universals*. Boulder: Westview Press, 1989.
JUBIEN, M. "On Properties and Property Theory", *in* Chierchia, G. *et al. Properties, Types and Meaning*. Dordrecht: Kluwer, 1989, vol. 1, pp. 159-75.
LEWIS, D. "Against Structural Universals", *in Australasian Journal of Philosophy*, n.º 64, 1986, pp. 25-46.
LOUX, M. J. *Metaphysics – A Contemporary Introduction*. Londres e Nova York: Routledge, reimp. 2005 [1998].

universal, classe

Ver CLASSE UNIVERSAL.

universal, proposição

Ver PROPOSIÇÃO UNIVERSAL.

universal, quantificador

Ver QUANTIFICADOR.

universo

Ver DOMÍNIO.

uso/menção

Considerem-se as seguintes frases: 1) "Camões é uma palavra"; 2) "'Camões' é uma palavra". 1 é falsa e 2 é verdadeira. A diferença consiste no fato de a palavra "Camões" ser usada em 1, mas mencionada em 2. Distinguir o uso de uma palavra ou de uma frase da sua menção é crucial para evitar falácias. P. ex.: "Todas as palavras são compostas por letras; 'Sócrates' é uma palavra; logo, Sócrates é composto por letras." As palavras AUTOLÓGICAS dificultam a distinção: uma vez que a palavra "curta" é curta, podemos confundir uso com menção, o que não acontece com as palavras HETEROLÓGICAS: ninguém confunde uma banana com a palavra "banana". **DM**

vagueza

As línguas naturais contêm palavras (tipicamente PREDICADOS, denotando PROPRIEDADES OU RELAÇÕES) cujo domínio de aplicação é parcialmente indeterminado, isto é, em relação às quais os falantes competentes dessas línguas não estão certos em todos os casos de que determinado OBJETO (ou PAR ORDENADO de objetos) pertence ao conjunto denotado por elas (ou à relação). Exemplos são "alto", "competente", "careca", "vermelho" ou "perto (de)". A presença desses predicados torna as línguas naturais geradoras de inconsistências, pelo menos se se aceitarem o princípio do TERCEIRO EXCLUÍDO e a BIVALÊNCIA; além disso, eles são conhecidos por gerarem também o paradoxo SORITES. Uma maneira de resolver o primeiro tipo de problema é rejeitar os referidos princípios (o que implica rejeitar a lógica clássica de primeira ordem. Essa solução está associada à construção de sistemas de LÓGICA POLIVALENTE). E entre as soluções tradicionais para o segundo conta-se a técnica das sobreatribuições (*supervaluations*) ou, alternativamente, a adoção de lógicas difusas (*ver* LÓGICAS NÃO-CLÁSSICAS). Outra solução possível do paradoxo consiste em aproveitar a distinção de Strawson entre FRASES (*sentences*) e ASSERÇÕES de frases (*statements*) (*ver* PRESSUPOSIÇÃO) para dizer que os princípios da lógica clássica apenas se aplicam às segundas, e as frases que (por conterem predicados vagos) não têm um valor de verdade determinado não fazem nenhuma asserção – uma tese altamente antiintuitiva. Ainda outra solução, de inspiração fregiana (e a mais conservadora), é a de que os princípios da lógica apenas se aplicam a linguagens ideais, destituídas de predicados vagos e portanto depuradas de indeterminação e de inconsistência e não às linguagens naturais (*ver* FILOSOFIA DA LINGUAGEM COMUM). Uma solução polêmica, defendida em Williamson (1994), consiste em dizer que a indeterminação associada às frases com predicados vagos resulta não de qualquer indeterminação no mundo que o nosso conhecimento sobre ele e a linguagem que usamos para falar dele apenas reflitam, mas antes da nossa incapacidade cognitiva para saber quando tais predicados têm ou não aplicação. Isso implica que, quando vemos uma mesa acerca da qual temos dúvidas se é vermelha, se pudéssemos saber mais sobre ela ou do domínio de aplicação do predicado "vermelho", seríamos capazes de decidir o valor de verdade de "A mesa é vermelha".

Esse tipo de discussão é específica dos problemas postos pelos predicados vagos na acepção mencionada do termo e não se aplica a outros tipos de indeterminação ocorrente nas línguas naturais, como aquelas advindas da AMBIGÜIDADE ou do uso de formulações demasiado pouco informativas para o que seria conversacionalmente apropriado (*ver* MÁXIMAS CONVERSACIONAIS), como quando se responde "alguns estudantes faltaram" em resposta à pergunta "quantos estudantes faltaram?". *Ver também* AMBIGÜIDADE; BIVALÊNCIA; FILOSOFIA DA LINGUAGEM COMUM; LÓGICA; LÓGICAS NÃO-CLÁSSICAS; LÓGICAS POLIVALENTES; TERCEIRO EXCLUÍDO, PRINCÍPIO DO; SORITES. **PS**

BURNS, C. *Vagueness*. Dordrecht: Kluwer, 1991.
WILLIAMSON, T. *Vagueness*. Londres: Routledge, 1994.

validade

O conceito de validade lógica é coextensivo com o de VERDADE LÓGICA e possui por isso o mesmo grau de universalidade. No verbete VERDADE DE TARSKI é definido o conceito de satisfatibilidade e, por meio dele, o conceito de "verdade em uma estrutura (ou modelo, ou interpretação)" para uma linguagem formal L: diz-se que uma fórmula F de L é verdadeira em um modelo <D, R> se todas as atribuições de valores em D satisfazem F no modelo <D, R>. Uma vez pretendendo que a noção de validade tenha o grau máximo de universalidade, devemos defini-la sem relação com uma interpretação particular, e por isso se diz que uma fórmula de linguagem L é válida (ou universalmente válida) quando é verdadeira em todas as interpretações de L.

Pode-se igualmente definir um conceito de validade relativa, dependente do número de elementos do domínio de uma interpretação: dado um número inteiro positivo k, uma fórmula de uma linguagem formal L é k-válida quando é verdadeira em todas as interpretações de L cujos domínios contêm k elementos.

Da definição de validade decorre que a avaliação da validade de uma fórmula deve ser suficientemente abrangente para incluir todas as estruturas possíveis para L e todas as atribuições de valores às variáveis individuais em cada uma das estruturas. No cálculo proposicional essa exigência corresponde à da verificação de todos os casos possíveis de distribuição dos valores de verdade pelas letras proposicionais (ou proposições elementares), pelo que as fórmulas válidas desse cálculo são precisamente as tautologias. *Ver também* VERDADE DE TARSKI, TEORIA DA; SATISFATIBILIDADE; TAUTOLOGIA. **FM**

valor

(de uma função) *Ver* FUNÇÃO.

valor de verdade

O valor de verdade de uma frase ou proposição tanto pode ser o fato de essa frase ou proposição ser verdadeira como o fato de ser falsa. Na lógica clássica (e no pensamento científico, jurídico e comum) há dois valores de verdade (verdadeiro e falso), e uma proposição tem de ter um dos dois valores de verdade e apenas um. Em algumas lógicas recusa-se a idéia de que uma proposição tem de ter um dos dois valores de verdade: pode não ter valor de verdade, ou pode ter outros valores de verdade (*ver* LÓGICA POLIVALENTE). Do ponto de vista estritamente sintático podemos admitir o número de valores de verdade que desejarmos; mas teremos sempre de explicar seu significado, pois a lógica não é um mero formalismo sem nenhum significado. **DM**

variável

Segundo Łukasiewicz, a noção de variável tem os primeiros antecedentes em Aristóteles, que representava os termos da sua silogística por meio de letras que deveriam ser substituídas apenas por termos gerais. Também os estóicos usavam números como variáveis proposicionais da sua lógica. De modo geral, pode dizer-se que uma variável é um símbolo que, sem nomear nenhum objeto em particular, denota ambiguamente qualquer membro de uma classe especificada. Essa classe recebe o nome de domínio da variável e os seus membros são os valores da variável. Assim, supondo que se especificou para domínio das variáveis x e y um conjunto cujos membros são pessoas, podemos construir a expressão "x ama y, mas y não ama x", ou, em notação formal, 1) $Axy \land \neg Ayx$, expressão que só recebe um valor de verdade quando as ocorrências de x e y são substituídas por nomes (sempre o mesmo nome para diferentes ocorrências da mesma variável), nomes que denotem sem ambigüidade elementos do domínio de x e y. Obter-se-á assim uma frase declarativa a partir da expressão 1, que por vezes se qualifica como FUNÇÃO PROPOSICIONAL, precisamente por carecer de valor de verdade até que as variáveis recebam algum dos seus valores possíveis.

Podem-se distinguir diferentes categorias de variáveis de acordo com diferentes categorias de objetos que constituem seus domínios. No caso da expressão 1, o domínio de x e y é constituído pelos indivíduos (ou objetos) a que a expressão se refere, e por isso essas expressões (ou quaisquer outros símbolos sobre os quais se convencionasse serem variáveis com esse domínio) cabem na categoria das variáveis individuais. Mas, para além do domínio de indivíduos a que nos queremos referir em determinado contexto, podemos, p. ex., considerar um domínio de funções sobre esses indivíduos, ou dos seus predicados, ou ainda das proposições que se podem enunciar nesse contexto, e nesses casos poderíamos recorrer a outras categorias de variáveis, que se designam, respectivamente, como variáveis funcionais, variáveis predicativas (ou de predicado) e variáveis proposicionais. Diga-se de passagem que a existência dessas últimas categorias de variáveis, sobretudo quando consideradas do mesmo modo que as variáveis individuais, não é filsoficamente neutra, havendo autores que em certos casos preferem, p. ex., a noção de letras esquemáticas, reservando a noção de variável para aquelas passíveis de quantificação (veja-se, p. ex., Quine em *Philosophy of Logic*).

Também quanto às ocorrências de variáveis em expressões é preciso fazer uma distinção significativa, já que elas podem ser livres ou ligadas. Fala-se em ocorrência ligada de uma variável sempre que ela figure em um operador de certo tipo ou no âmbito de um operador de certo tipo que a inclua. Se uma ocorrência não está em nenhum desses casos diz-se que é uma ocorrência livre. Os quantificadores são exemplos típicos de operadores do mencionado tipo, mas existem outros possíveis, lógicos e não-lógicos, que podem dar origem à mesma distinção. Tomemos como exemplo as expressões seguintes, que resultam de diferentes modos de quantificar 1: 2) $\forall x (Axy \land \neg Ayx)$; 3) $\forall x Axy \land \neg Ayx$.

Em 2 todas as ocorrências de x são ligadas e todas as ocorrências de y são livres, por isso x é uma variável ligada (ou aparente) em 2 e y é uma variável livre (ou real, ou própria) em 2. Mas observe-se que em 3 a variável x tem ocorrências ligadas (as duas primeiras) e uma ocorrência livre (a última), já que o âmbito do quantificador se estende, em 2, até o fim da expressão, ao passo que em 3 consiste apenas em Axy.

Até agora temos considerado implicitamente a existência de uma única linguagem (ou de um único nível de linguagem) que, como a utilizada nas expressões 1, 2 e 3, serve como meio de expressão sobre objetos a que nos queremos referir em determinado contexto (que pode ser o de uma teoria formal rigorosamente regulamentada ou o de uma linguagem mais informal que resulte, p. ex., da inclusão de algum simbolismo técnico na linguagem natural). Assim, dado um domínio de objetos U sobre o qual queremos formular uma teoria T, precisamos de uma linguagem L na qual verter T, linguagem que pode incluir variáveis das categorias e nas condições anteriormente expostas. Mas torna-se igualmente necessário recorrer a uma outra linguagem que nos forneça novos meios de expressão, e nomeadamente meios que nos permitam falar sobre L sem ambigüidade. Surge assim a distinção entre linguagem-objeto – aquela sobre a qual queremos estatuir ou mencionar algo e de que nos servimos para formular asserções sobre U – e metalinguagem – a linguagem que usamos para nos referirmos à linguagem-objeto. Ora a metalinguagem pode também incluir variáveis próprias, que se denominam metavariáveis (ou variáveis metalingüísticas, ou ainda variáveis sintáticas), nas quais podemos distinguir também diferentes categorias. Mas essas diferentes categorias de metavariáveis têm agora como domínios diferentes categorias de expressões da linguagem-objeto: fórmulas, variáveis, termos, etc.

A necessidade de uma metalinguagem, e em particular das metavariáveis, torna-se evidente quando se pretende falar de fórmulas da respectiva linguagem-objeto especificando apenas alguns elementos da sua forma, como quando queremos estatuir regras de boa formação ou regras de inferência para expressões de L, ou ainda quando queremos formular esquemas axiomáticos. Na exposição de uma teoria T, a metalinguagem utilizada é freqüentemente a língua natural complementada com metavariáveis e outros símbolos metalingüísticos. Se no decurso da exposição de uma teoria da lógica proposicional, p. ex., pretendemos enunciar a lei do terceiro excluído, escrevemos A ∨ ¬A, onde A é uma metavariável cujo domínio é qualquer frase declarativa bem-formada expressa na linguagem objeto, e onde ¬ e ∨ funcionam como nomes das respectivas constantes na linguagem-objeto. *Ver também* DOMÍNIO; FUNÇÃO PROPOSICIONAL; METALINGUAGEM; LINGUAGEM FORMAL; SISTEMA FORMAL; QUANTIFICADOR. **FM**

QUINE, W. V. O. *Philosophy of Logic*. Englewood: Prentice Hall, 1970. Trad. bras. *Filosofia da lógica*. Trad. T. A. Cannabrava. Rio de Janeiro: Zahar, 1972.

vazio, conjunto

Ver CONJUNTO VAZIO.

Venn, diagramas de

Ver DIAGRAMAS DE VENN.

verdade, condições de

Ver CONDIÇÕES DE VERDADE.

verdade, função de

Ver CÁLCULO PROPOSICIONAL.

verdade, teorema da indefinibilidade da

Ver TEOREMA DA INDEFINIBILIDADE DA VERDADE.

verdade, teorias da

A noção de verdade ocorre com notável freqüência nas nossas reflexões sobre a linguagem, o pensamento e a ação. Estamos inclinados a supor, p. ex., que a verdade é o objetivo genuíno da investigação científica, que as crenças verdadeiras nos ajudam a atingir nossos fins, que compreender uma frase é saber quais circunstâncias a tornariam verdadeira, que a característica distintiva do raciocínio válido é a preservação fidedigna da verdade quando se raciocina sobre premissas para uma conclusão, que as afirmações morais não devem ser vistas como objetivamente verdadeiras, e assim por diante. Com vista a avaliar a plausibilidade de tais teses, e com vista a refiná-las e explicar por que elas são corretas (se forem corretas), precisamos de uma teoria acerca daquilo que a verdade é – uma teoria que explique suas propriedades e suas relações com outras matérias. Assim, na ausência de uma boa teoria da verdade, poderá haver pouca possibilidade de compreender as nossas faculdades mais importantes.

Todavia, tal coisa, a verdade, tem sido notoriamente evasiva. A antiga idéia de que a verdade é certo gênero de "correspondência com a realidade" ainda não foi articulada de modo satisfatório: a natureza da alegada "correspondência" e a da alegada "realidade" permanecem obscuras de modo objetável. Porém as sugestões alternativas familiares – de que as crenças verdadeiras são aquelas "mutuamente coerentes", ou "pragmaticamente úteis", ou "verificáveis em condições apropriadas" – têm sido confrontadas com CONTRA-EXEMPLOS persuasivos. Um ponto de vista que surgiu no século XX e que se afasta dessas análises tradicionais é o de que a verdade não é de forma alguma uma propriedade, que a forma sintática do predicado "é verdadeiro" distorce o seu caráter semântico real, o qual não é descrever proposições, e sim aprová-las. Mas essa perspectiva radical também enfrenta dificuldades e sugere, de modo algo antiintuitivo, que a verdade não pode ter o papel teórico vital na semântica, epistemologia e áreas afins, que estamos naturalmente inclinados a lhe atribuir. Desse modo, há a ameaça de a verdade permanecer uma das noções mais enigmáticas: uma teoria explícita da verdade pode parecer essencial, e, no entanto, estar fora do nosso alcance. Todavia, estudos recentemente realizados nos dão algumas razões para ser otimistas.

Teorias Tradicionais – A crença de que a neve é branca deve sua verdade a certa característica do mundo exterior: designadamente, o fato de a neve ser branca. Analogamente, a crença de que os cães ladram é verdadeira em virtude do fato de os cães ladrarem. Esse gênero de observação trivial conduz àquela que é talvez a explicação mais natural e popular da verdade, a teoria da verdade como correspondência, de acordo com a qual uma crença (afirmação, frase, proposição, etc.) é verdadeira justamente no caso de existir um fato que lhe corresponda (vejam-se Austin [1950] e Wittgenstein [1922]). Em si mesma, essa tese nada tem de excepcional. Todavia, se for vista como algo que proporciona uma teoria rigorosa, substancial e completa da verdade, se for considerada algo mais do que uma simples maneira pitoresca de afirmar todas as equivalências da forma ⌜A crença *de que p* é verdadeira ↔ *p*⌝, então tem de ser complementada por teorias acerca do que são fatos e acerca daquilo em que consiste uma proposição corresponder a um fato; e esses problemas têm causado o fracasso da teoria da verdade como correspondência. Note-se que está longe de ser claro que se adquira qualquer ganho significativo em compreensão ao reduzir-se "a crença de *que a neve é branca* é verdadeira" a "o fato *de a neve ser branca* existe"; pois essas expressões parecem ser igualmente resistentes à ANÁLISE e parecem ser demasiado próximas quanto ao significado para que uma delas nos dê uma explicação informativa da outra. Para além disso, a relação geral que se estabelece entre a crença de que a neve é branca e o fato de a neve ser branca, entre a crença de que os cães ladram e o fato de os cães ladrarem, e assim por diante, é muito difícil de identificar. A melhor tentativa até hoje é a de Wittgenstein (veja-se Wittgenstein, 1922), a chamada "teoria pictórica", na qual uma PROPOSIÇÃO elementar é uma configuração de constituintes primitivos e um fato atômico é uma configuração lógica de objetos simples; um fato atômico corresponde a uma proposição elementar (e torna-a verdadeira) quando as suas configurações são idênticas e quando os constituintes primitivos na proposição se referem aos objetos analogamente posicionados no fato,

e o valor de verdade de cada proposição complexa é implicado pelos valores de verdade das proposições elementares. Todavia, mesmo que essa explicação fosse correta tal como está, necessitaria ser completada com teorias plausíveis acerca de "configuração lógica", "proposição elementar", "REFERÊNCIA" e "IMPLICAÇÃO", sendo que nenhuma delas é fácil de ser formulada.

Uma característica central da verdade – uma característica que qualquer teoria adequada da verdade deve explicar – é a de que, quando uma proposição satisfaz as suas "condições de demonstração (ou verificação)", então é considerada verdadeira. Na medida em que a propriedade de corresponder à realidade for um mistério para nós, acharemos impossível ver por que razão aquilo que tomamos como verificando uma proposição deve indicar a posse dessa propriedade. Por conseguinte, uma alternativa tentadora à teoria da correspondência – que evita conceitos metafísicos, obscuros e que explica de modo bastante direto por que razão a verificabilidade implica a verdade – é a de simplesmente identificar a verdade com a verificabilidade (veja-se Peirce, 1932). Essa idéia pode assumir diversas formas. Uma das versões envolve a suposição adicional de que a verificação é HOLÍSTICA – isto é, de que uma crença é justificada (ou verificada) quando é parte de todo um sistema de crenças que seja consistente e "harmonioso" (vejam-se Bradley [1914] e Hempel [1935]). Esse ponto de vista é conhecido como teoria da verdade como coerência. Outra versão envolve a suposição de que, associado a cada proposição, há um processo específico para descobrir se se deve acreditar nela ou não. Nessa concepção, dizer que uma proposição é verdadeira é dizer que ela seria verificada pelo processo apropriado (vejam-se Dummett [1978] e Putnam [1981]). No contexto da matemática, isso é equivalente à identificação da verdade com a demonstrabilidade.

Os aspectos atraentes da concepção VERIFICACIONISTA da verdade são o de que ela é, do ponto de vista da clareza, uma lufada de ar fresco em comparação com a teoria da correspondência, e o de que ela consegue conectar a verdade com a verificação. O problema é que o elo por ela postulado entre essas duas noções é implausivelmente forte. Tomamos de fato a verificação como indicadora de verdade. Mas reconhecemos também a possibilidade de uma proposição ser falsa apesar de haver ótimas razões para acreditar nela, e de uma proposição poder ser verdadeira, mesmo se não formos capazes de descobrir que ela o é. A verificabilidade e a verdade estão sem dúvida fortemente correlacionadas, mas não são seguramente a mesma coisa.

Um terceiro ponto de vista famoso acerca da verdade é conhecido como "pragmatismo" (vejam-se James [1909] e Papineau [1987]). Como acabamos de ver, o verificacionista seleciona uma propriedade proeminente da verdade e a considera constituindo a essência da verdade. Analogamente, o pragmatista concentra-se em outra característica importante – designadamente, a de que as crenças verdadeiras são uma boa base para a ação – e a toma como sendo a própria natureza da verdade. Diz-se que as suposições verdadeiras são, por definição, aquelas que provocam ações com resultados desejáveis. Temos, mais uma vez, uma concepção com uma única característica explicativa atraente. Mas, de novo, a objeção central é a de que a relação que ela postula entre a verdade e o seu alegado *analysans* – nesse caso, a utilidade – é implausivelmente estreita. É certo que as crenças verdadeiras tendem a facilitar o êxito. Mas sucede regularmente que ações baseadas em crenças verdadeiras conduzem ao desastre, enquanto suposições falsas produzem, por puro acaso, resultados maravilhosos.

Teorias Deflacionistas – Um dos poucos fatos incontroversos acerca da verdade é o de que a proposição de que a neve é branca é verdadeira se, e somente se, a neve é branca, a proposição de que é errado mentir é verdadeira se, e somente se, é errado mentir, e assim por diante. As teorias tradicionais reconhecem esse fato, mas o consideram insuficiente; e, como vimos, inflacionam-no com certo princípio adicional da forma "X é verdadeiro se, e somente se, X tem a propriedade P" (tal como corresponder à realidade, ou ser verificável, ou ser adequado como uma base para a ação), que deve especificar aquilo que a verdade é. Algumas alternativas radicais às teorias tradicionais resultam de negar a necessidade de qualquer especificação adicional desse gênero (vejam-se Quine [1990], Ramsey [1927] e Strawson [1950]). P. ex., poderíamos supor que a teoria básica da verdade não contém nada mais senão equivalências da forma "a proposição *de que p* é verdadeira se, e somente se, *p*" (veja-se Horwich, 1990).

Esse tipo de proposta deflacionista é mais bem apresentada em conjunção com uma explicação da *raison d'être* da nossa noção de verdade, nomeadamente a de que ela nos permite exprimir atitudes em relação àquelas proposições que somos capazes de designar, mas que não somos capazes de formular explicitamente. Suponha, p. ex., que lhe dizem que as últimas palavras de Einstein exprimiram uma tese acerca da física, uma área na qual você pensa que ele era de absoluta confiança. Suponha que a tese de Einstein era a proposição de que a mecânica quântica está errada, mas que você não sabe isso. Que conclusão pode extrair? Exatamente qual proposição se torna o objeto apropriado da sua crença? Não é, obviamente, a proposição de que a mecânica quântica está errada; pois você não sabe que isso foi o que Einstein disse. Aquilo que é preciso é algo equivalente à conjunção infinita "Se aquilo que Einstein disse foi que $E = mc^2$, então $E = mc^2$, e se aquilo que ele disse foi que a mecânica quântica está errada, então a mecânica quântica está errada...", e assim por diante.

Ou seja, uma proposição K com as seguintes propriedades: de K e de qualquer premissa adicional da forma "a tese de Einstein era a proposição *de que p*", pode-se inferir "*p*" (seja esta qual for). Suponhamos agora que, tal como o deflacionista diz, nossa compreensão do predicado de verdade consiste na decisão estipulativa de aceitar em qualquer exemplo do esquema "a proposição *de que p* é verdadeira se, e somente se, *p*". Então o nosso problema está resolvido. Uma vez que se K for a proposição "a tese de Einstein é verdadeira", ela terá precisamente o poder inferencial que é exigido. A partir dela e de "a tese de Einstein é a proposição de que a mecânica quântica está errada" pode-se, por meio da lei de Leibniz, inferir "a proposição de que a mecânica quântica está errada é verdadeira", que, dado o axioma relevante da teoria deflacionista, permite derivar "a mecânica quântica está errada". Por conseguinte, um ponto a favor da teoria deflacionista é o de que ela se ajusta a uma história plausível acerca da função da nossa noção de verdade: os seus axiomas explicam essa função, sem ser necessária nenhuma análise adicional "daquilo que a verdade é".

Nem todas as variantes do deflacionismo têm esta virtude. De acordo com a teoria da verdade como redundância, ou teoria performativa da verdade, o par de frases "a proposição *de que p* é verdadeira" e a frase simples "*p*" têm exatamente o mesmo significado e exprimem a mesma afirmação; assim, é uma ilusão sintática pensar que "é verdadeira" atribua qualquer gênero de PROPRIEDADE a uma proposição (vejam-se Ramsey [1927] e Strawson [1950]). Mas, nesse caso, torna-se difícil explicar por que razão estamos autorizados a inferir "a proposição de que a mecânica quântica está errada é verdadeira" a partir de "a tese de Einstein é a proposição de que a mecânica quântica está errada" e de "a tese de Einstein é verdadeira". Uma vez que, se a verdade não é uma propriedade, então já não podemos explicar a inferência invocando a lei de que se X é idêntico a Y, então qualquer propriedade de X é uma propriedade de Y, e vice-versa. Assim, a teoria da redundância, ou teoria performativa, ao identificar os conteúdos de "a proposição *de que p* é verdadeira" e "*p*", em vez de se limitar a correlacioná-los, bloqueia a possibilidade de uma boa explicação de uma das mais significativas e úteis características da verdade. Por conseguinte, é melhor restringir a nossa pretensão ao esquema de equivalência (fraco): a proposição *de que p* é verdadeira se, e somente se, *p*.

Uma defesa do deflacionismo depende da possibilidade de mostrar que os seus AXIOMAS (exemplos do esquema de equivalência), sem serem complementados por qualquer análise adicional, são suficientes para explicar todos os fatos centrais acerca da verdade; p. ex., o fato de que a verificação de uma proposição indica que ela é verdadeira e o fato de que crenças verdadeiras têm um valor prático. O primeiro desses fatos segue-se trivialmente dos axiomas deflacionistas. Uma vez que, dado o nosso conhecimento A PRIORI da EQUIVALÊNCIA entre "*p*" e "a proposição *de que p* é verdadeira", qualquer razão para acreditar que *p* torna-se em uma razão igualmente boa para acreditar que a proposição de que *p* é verdadeira. O segundo fato pode também ser explicado em termos dos axiomas deflacionistas, mas de modo não tão fácil. Para começar, considerem-se crenças da forma B) Se eu executar o ato A, então os meus desejos serão realizados. Note-se que o papel psicológico de tal crença é, *grosso modo*, o de causar a execução de A. Por outras palavras, dado que eu tenho de fato a crença B, então, em princípio, executarei o ato A. E note-se também que, quando a crença é verdadeira, então, dados os axiomas deflacionistas, a execução de A conduzirá de fato à realização dos desejos da pessoa, isto é, se B é verdadeira, então, se eu executar A, os meus desejos serão realizados. Logo, se B é verdadeira, então os meus desejos serão realizados.

Assim, é bastante razoável valorizar crenças daquela forma. Mais tais crenças são derivadas por meio de uma inferência a partir de outras crenças, e pode-se esperar que sejam verdadeiras, caso essas outras crenças sejam verdadeiras. Assim, é razoável valorizar a verdade de qualquer crença que possa ser usada em tal inferência.

Na medida em que tais explicações deflacionistas possam ser dadas para todos os fatos que envolvem a verdade, as exigências explicativas impostas sobre uma teoria da verdade serão satisfeitas pela coleção de todas as frases declarativas como "A proposição de que a neve é branca é verdadeira se, e somente se, a neve é branca" e a idéia de que precisamos de uma análise profunda da verdade será rejeitada.

Todavia, há diversas objeções contra o deflacionismo. Uma razão de descontentamento é a de que a teoria tem um número infinito de axiomas, e logo não pode ser completamente formulada. Pode ser descrita (como a teoria cujos axiomas são as proposições da forma "p se, e somente se, é verdade que p"), mas não explicitamente formulada (*ver* DEFINIÇÃO EXPLÍCITA/IMPLÍCITA). Esse alegado defeito conduziu alguns filósofos a desenvolver teorias que mostram, em primeiro lugar, como a verdade de qualquer proposição se deriva das propriedades referenciais das suas partes constituintes; e, em segundo lugar, como as propriedades referenciais das constituintes primitivas são determinadas (vejam-se Tarski [1943] e Davidson [1969]). Porém, a suposição de que todas as proposições (incluindo atribuições de crença, leis da natureza e condicionais contrafactuais) dependem, quanto aos seus valores de verdade, daquilo a que as suas partes constituintes se referem, continua a ser uma suposição controversa. Para além disso, não há nenhuma possibilidade imediata de obter uma teoria da referência razoável e finita. Assim, está longe de ser claro que o caráter infinito, tipo lista, do deflacionismo possa ser evitado.

Outra causa de descontentamento com a teoria é que certos exemplos do esquema de equivalência são claramente falsos. Considere-se A) "A PROPOSIÇÃO EXPRESSA PELA FRASE EM MAIÚSCULAS NÃO É VERDADEIRA". Fazendo substituições no esquema, obtém-se uma versão do PARADOXO DO MENTIROSO; em particular, tem-se B) "A proposição de que a proposição expressa pela frase em maiúsculas não é verdadeira é verdadeira se, e somente se, a proposição expressa pela frase em maiúsculas não é verdadeira", a partir da qual uma contradição é facilmente derivável. (Dada B, a suposição que A é verdadeira implica que A não é verdadeira, e a suposição que ela não é verdadeira implica que é verdadeira.) Conseqüentemente, nem todo exemplo do esquema de equivalência pode ser incluído na teoria da verdade; mas não é uma tarefa simples especificar aqueles que devem ser excluídos (veja-se Kripke, 1975). Naturalmente, ao enfrentar esse problema, o deflacionismo está longe de estar sozinho.

Uma terceira objeção à versão da teoria deflacionista aqui apresentada diz respeito ao fato de ela se basear em proposições como veículos básicos da verdade. Muita gente sente que a noção de proposição é defeituosa e que não devia ser empregada em semântica. Se aceitarmos esse ponto de vista, a reação deflacionista natural é tentar uma reformulação que faça apelo apenas a frases; p. ex.,

"p" é verdadeira se, e somente se, p.

Mas essa teoria, denominada "teoria descitacionista da verdade" (veja-se Quine, 1990), enfrenta problemas sérios no caso de INDEXICAIS, demonstrativos e outros termos cujos referentes variam com o contexto de uso. Não é o caso, p. ex., que todo o exemplo de "eu tenho fome" seja verdadeiro se, e somente se, eu tenho fome. E não existe uma maneira simples de modificar o esquema descitacionista de maneira a resolver esse problema. Uma saída possível dessas dificuldades é resistir à crítica a proposições. Tais entidades podem bem exibir um grau indesejável de indeterminação, e podem bem desafiar qualquer redução a itens bem conhecidos. Todavia, oferecem de fato uma explicação plausível da crença (como uma relação com proposições) e, pelo menos na linguagem corrente, são de fato tomadas como portadoras primárias de verdade.

O Papel da Verdade na Metafísica e na Epistemologia – Supõe-se hoje que os problemas acerca da natureza da verdade estão intimamente ligados a questões relativas à acessibilidade e autonomia de fatos pertencentes a diversos domínios, a questões acerca de saber se os fatos podem ser conhecidos e se podem existir independentemente da nossa capacidade para os descobrir (vejam-se Dummett [1978] e Putnam [1981]). Poder-se-ia argumentar, p. ex., que se "T é verdadeira" não significa mais nada senão "T será verificada", então certas formas de ceticismo (em especial aquelas que duvidam da correção dos nossos métodos de verificação) serão bloqueadas, e que os fatos terão sido exibidos como algo que depende de práticas humanas. Alternativamente, poder-se-ia dizer que se a verdade fosse uma propriedade não-epistêmica, primitiva e inexplicável, então o fato de T ser verdadeira seria completamente independente de nós. Para além disso, poderíamos, nesse caso, não ter nenhuma razão para supor que as proposições nas quais acreditamos têm de fato essa propriedade. Assim, o ceticismo seria inevitável. De forma análoga, poder-se-ia pensar que uma característica especial (e talvez indesejável) do ponto de vista deflacionista é a de que se retiram à verdade quaisquer implicações metafísicas ou epistemológicas daquele gênero.

Todavia, um escrutínio mais rigoroso do problema revela que está longe de ser claro que exista qualquer concepção da verdade com conseqüências relativamente à acessibilidade e autonomia de matérias não-semânticas. Uma vez que, embora se possa esperar que uma teoria da verdade tenha tais implicações para fatos da forma "T é verdadeira", não se pode supor sem um argumento adicional que a mesma conclusão se aplica ao fato T. Pois, dada a teoria acerca do "verdadeiro" que está sendo usada, não se pode supor que T e "T é verdadeira" sejam equivalentes uma à outra. Naturalmente, se a verdade for definida da maneira que o deflacionista propõe, então a equivalência é válida por definição. Mas se a verdade for definida por meio de uma referência a certa característica metafísica ou epistemológica, então a dúvida é lançada sobre o esquema de equivalência, aguardando-se uma demonstração de que o predicado de verdade, no sentido suposto, o irá satisfazer. Na medida em que se pensa que há problemas epistemológicos à volta de T que não ameaçam "T é verdadeira", será difícil proporcionar a demonstração exigida. Analogamente, se "verdade" for definida de tal modo que o fato T seja visto como sendo mais (ou menos) independente de práticas humanas do que o fato "T é verdadeira", então não é de novo claro que o esquema de equivalência seja válido. Por conseguinte, parece que a tentativa de basear conclusões epistemológicas ou metafísicas em uma teoria da verdade teria de fracassar, uma vez que, em qualquer tentativa do gênero, o esquema de equivalência seria simultaneamente assumido e rejeitado. *Ver também* CONTEÚDO; REALISMO. **PH**

AUSTIN, J. L. "Truth", *in Proceedings of the Aristotelian Society*, supp., vol. 24, 1950, pp. 11-28.
BRADLEY, F. H. *Essays on Truth and Reality*. Oxford: Clarendon Press, 1914.
DAVIDSON, D. "The Structure and Content of Truth", *in Journal of Philosophy*, nº 87, 1990, pp. 279-328.
____. "True to the Facts", *in Journal of Philosophy*, nº 66, 1969, pp. 748-64.
____. "Truth and Meaning", *in Synthese*, nº 17, 1967, pp. 304-23.
DUMMETT, M. *Truth and Other Enigmas*. Londres: Duckworth, 1978.
HEMPEL, C. "On the Logical Positivist's Theory of Truth", *in Analysis*, nº 2, 1935, pp. 45-59.
HORWICH, P. G. *Truth*. Oxford: Blackwell,1990.
JAMES, W. *The Meaning of Truth*. Nova York: Longmans Green, 1909.
KIRKHAM, R. L. *Theories of Truth – A Critical Introduction*. Cambridge (Massachusetts): The MIT Press, 4ª reimp. 1997 [1995]. Trad. bras. *Teorias da verdade – uma introdução crítica*. Trad. Alessandro Zir. São Leopoldo: Ed. Unisinos, 2003.
KRIPKE, S. "Outline of a Theory of Truth", *in Journal of Philosophy*, nº 72, 1975, pp. 690-716.
PAPINEAU, D. *Reality and Representation*. Oxford: Blackwell, 1987.
PEIRCE, C. S. *Collected Papers*. Cambridge: Harvard University Press, 1932, vols. 2-4.

PUTNAM, H. *Razão, verdade e história* [1981]. Trad. A. Duarte. Lisboa: Dom Quixote, 1992.

QUINE, W. V. O. *Pursuit of Truth*. Cambridge: Harvard University Press, 1990.

RAMSEY, F. "Facts and Propositions", *in Proceedings of the Aristotelian Society*, supp., vol. 24, 1927, pp. 125-56.

STRAWSON, P. F. "On Referring", *in Mind*, vol. 59, 1950, pp. 320-44. Trad. bras. "Sobre referir", *in Ryle/Austin/Quine/Strawson*. Coleção Os Pensadores. Trad. Balthazar Barbosa Filho. São Paulo: Abril Cultural, 1975, pp. 267-86.

TARSKI, A. "The Semantic Conception of Truth", *in Philosophy and Phenomenological Research*, n.º 4, 1943, pp. 341-75.

WITTGENSTEIN, L. *Tratado lógico-filosófico* [1922]. 2ª ed. Trad. M. S. Lourenço. Lisboa: Gulbenkian, 1994. Trad. bras. *Tractatus Logico-Philosophicus*. Trad. Luiz Henrique Lopes dos Santos. São Paulo: Edusp, 1994.

verdade como coerência, teoria da

Doutrina segundo a qual o fato de uma CRENÇA, PROPOSIÇÃO OU FRASE ser verdadeira deve ser basicamente explicado em termos do fato de essa crença, proposição ou frase pertencer a determinada coleção coerente ou CONSISTENTE de crenças, frases ou proposições. *Ver* VERDADE, TEORIAS DA. **JB**

verdade como correspondência, teoria da

Doutrina segundo a qual o fato de dada crença, frase ou proposição ser verdadeira deve ser basicamente explicado em termos do fato de haver algo na realidade, uma situação ou um estado de coisas independente da mente e da linguagem, ao qual essa crença, frase ou proposição corresponde. Os pormenores são dados em VERDADE, TEORIAS DA. **JB**

verdade como redundância, teoria da

Nesta versão extremamente forte da teoria deflacionista da verdade nega-se que a verdade seja uma propriedade genuína. Ao apresentar a teoria da verdade como redundância, Ramsey (1927) declarou que "não há realmente nenhum problema distinto sobre a verdade, mas apenas uma confusão lingüística". Essa confusão consiste em supor que quando dizemos que uma proposição é verdadeira (ou falsa), estamos atribuindo certa propriedade a essa proposição.

Ramsey (1903-1930) considerou dois tipos de casos: aqueles em que a proposição é dada explicitamente e aqueles em que apenas se descreve a proposição. Para os casos do primeiro tipo, a teoria da redundância diz que "a proposição de que p é verdadeira" significa o mesmo que "p", em que p é substituível por uma frase. Afirmar "a proposição de que Deus existe é verdadeira", p. ex., é exatamente o mesmo que afirmar "Deus existe". A expressão "é verdadeira" serve para dar ênfase à afirmação "Deus existe", ou para indicar o lugar que essa afirmação ocupa em um argumento. Os casos do segundo tipo, no entanto, oferecem mais resistência à teoria da redundância. Consideremos a frase 1, que diz respeito a certo conjunto de proposições sem indicar explicitamente nenhuma delas: 1) "Todas as proposições que João defende são verdadeiras." Nessa frase, a expressão "são verdadeiras" não parece redundante. Para mostrar que ela é realmente redundante, Ramsey fez notar que 1 significa o mesmo que: 2) "Para qualquer proposição q, se João defende q, então q é verdadeira."

Usamos aqui a expressão "é verdadeira" para incluir um verbo no lugar gramaticalmente apropriado, mas isso é desnecessário, porque q já contém um verbo. Se q for a proposição de que Deus existe, ficamos com a expressão "se João defende que Deus existe, então Deus existe", eliminando assim a expressão "é verdadeira". Isso mostra que em 2 essa expressão é redundante.

Mesmo que consiga lidar com frases como 1, a teoria da verdade como redundância parece estar sujeita a uma objeção fatal. Consideremos o seguinte argumento: 3) "A afirmação de João = a proposição de que Deus existe"; 4) "A afirmação de João é verdadeira"; 5) "Logo, a proposição de que Deus existe é verdadeira". O princípio que autoriza esse argumento diz-nos que, se duas coisas são idênticas, têm as mesmas propriedades. No entanto, ao negar que a verdade seja uma propriedade, a teoria da redundância não nos permite invocar esse princípio para justificar o argumento, não conseguindo assim explicar por que podemos inferir 5 a partir de 3 e 4.

Essa objeção refuta a idéia de que a verdade não é uma propriedade de nenhum tipo, e por isso não refuta teorias deflacionistas como a de Paul Horwich (1990). Embora declare que a verdade não é uma propriedade natural, Horwich admite ainda assim que a verdade é uma propriedade de outro tipo. Por essa razão, não identifica o significado de "a proposição de que p é verdadeira" com o significado de "p". O esquema bicondicional "a proposição de que p é verdadeira se, e somente se, p" é verdadeiro, mas não analiticamente verdadeiro. *Ver* VERDADE, TEORIAS DA. **PG**

HORWICH, P. *Truth*. Oxford: Blackwell, 1990.
RAMSEY, F. "Facts and Propositions", *in Proceedings of the Aristotelian Society*, supp., vol. 7, 1927, pp. 153-70. Reimp. *in The Foundations of Mathematics*. Londres: Routledge, 1931, pp. 138-55.

verdade de Tarski, teoria da

Tarski pretendeu estabelecer uma teoria da verdade para as LINGUAGENS FORMAIS em conformidade com a idéia clássica de verdade, segundo a qual a verdade consiste em uma correspondência entre a realidade e o intelecto (*adequatio rei et intellectus*). (Ao longo do texto, deve-se entender "linguagem formal" no sentido de "teoria formal".) Considerando, como Tarski, que a verdade é uma propriedade de frases (declarativas), pode-se reformular essa exigência dizendo que a teoria deve mostrar como se pode dar uma definição de verdade para uma linguagem formal L que implique, para toda frase p de L, que "p" é verdadeira em L se, e somente se, p; por meio de um exemplo, que implique "a neve é branca" é verdadeira (na linguagem de "a neve é branca") se, e somente se, a neve é branca. O uso de uma frase deve poder constituir uma condição necessária e suficiente para que se possa afirmar a verdade (da menção) dessa frase (*ver* USO/MENÇÃO).

Para além de dever implicar todos os casos que se enquadram no esquema "p" é verdadeira em L se, e somente se, p, a definição de verdade para L deve também ser concebida de forma a impedir o aparecimento de paradoxos, como os que se geram nas linguagens que contêm de uma forma ou outra o predicado "verdadeiro (na respectiva linguagem)" – o PARADOXO DO MENTIROSO é paradigmático a esse respeito. Tarski resolveu o problema observando estritamente a distinção entre LINGUAGEM-OBJETO e METALINGUAGEM (ou, o que na acepção de linguagem formal que temos considerado é o mesmo, entre teoria e metateoria): se L for a linguagem para a qual se trata de apresentar a definição de verdade, o predicado "ser verdadeiro em L" é definido na metalinguagem de L, que contém L e nomes para as expressões de L.

Tendo em conta essas duas condições gerais, Tarski procede à definição de verdade para uma linguagem formal L introduzindo duas noções fundamentais: a de modelo e a de satisfatibilidade em um modelo. A verdade será definida primeiro em função de um modelo, mas atendendo a que um modelo para uma teoria é a especificação de uma realidade arbitrária em que se verificasse a teoria, fica também definida para o caso particular da realidade existente.

Suponhamos uma linguagem formal L que inclui apenas os conectivos ¬, ∧, ∨, →, cujos símbolos de predicado são unários e que não tem símbolos funcionais. A razão de ser dessas limitações é simplesmente a economia da exposição. Seguindo as mesmas linhas gerais, é possível estender a definição de satisfatível em <D, R> apresentada de modo a incluir novos símbolos lógicos e novas categorias de símbolos, como os símbolos funcionais.

Definiremos um modelo para L como um par ordenado <D, R>, em que D é o domínio (ou universo) não-vazio dos valores das variáveis individuais de L, e R é uma função que atribui a cada constante individual de L um elemento de D e a cada predicado de L um conjunto (possivelmente vazio) de elementos de D. De modo geral, pode dizer-se que uma ênupla ordenada de objetos satisfaz uma fórmula com n variáveis individuais livres, se a frase declarativa que resulta da substituição de cada uma delas pelo objeto correspondente da ênupla for verdadeira. Mas para uma caracterização formal da noção de satisfatibilidade precisamos ainda definir atribuição de valores no domínio D. Tal atribuição é uma função que faz corresponder a cada variável individual de L um elemento de D – e $V^r_{<D, R>}(t)$ (valor de um termo t de L no modelo <D, R> para a atribuição de valores f), que é $f(t)$ se t for uma variável e $R(t)$ se t for uma constante individual. Dado o modelo <D, R> para L e uma atribuição f de valores em D: 1. Se P for um predicado e t um termo de L, então f satisfaz $P(t)$ no modelo <D, R> se, e somente se, $V^r_{<D, R>}(t) \in R(P)$; 2. Se t e u forem termos de L, então f satisfaz $t = u$ no modelo <D, R> se, e somente se, $V^r_{<D, R>}(t)$ for igual a $V^r_{<D, R>}(u)$; 3. Se F for uma fórmula de L, então f satisfaz ¬F no modelo <D, R> se, e somente se, f não satisfaz F no modelo <D, R>; 4. Se F e G forem fórmulas de L, então f satisfaz F → G no modelo <D, R> se, e somente se, se f satisfaz F no modelo <D, R>, então f satisfaz G no modelo <D, R>; 5. Se F e G forem fórmulas de L, então f satisfaz F ∧ G no modelo <D, R> se, e somente se, f satisfaz F no modelo <D, R> e G no modelo <D, R>; 6. Se F e G forem fórmulas de L, então f satisfaz F ∨ G no modelo <D, R> se, e somente se, f satisfaz F no modelo <D, R> ou G no modelo <D, R>; 7. Se F é uma fórmula e x uma variável de L, então f satisfaz $\forall x\, Fx$ no modelo <D, R> se, e somente se, todas as atribuições de valores g tais que $g(y)$ é $f(y)$, para todas as variáveis y de L diferentes de x, satisfazem F no modelo <D, R>; 8. Se F é uma fórmula e x uma variável de L, então f satisfaz $\exists x\, Fx$ no modelo <D, R> se, e somente se, existe uma atribuição de valores g tal que $g(y)$ é $f(y)$ para todas as variáveis y de L diferentes de x e que satisfaz F no modelo <D, R>.

A definição de verdade no modelo é agora dada da seguinte forma: uma fórmula F de L é verdadeira no modelo <D, R> se todas as atribuições de valores em D satisfazem F no modelo <D, R>.

Pode-se ainda falar em interpretações de L. Note-se que um modelo para L é uma estrutura de acordo com a qual todas as proposições deriváveis na teoria são verdadeiras, mas é óbvio que a estrutura em si é definível independentemente dessa última condição; se associarmos uma estrutura definida como o modelo <D, R> a uma atribuição de valores no domínio D teremos aquilo a que se chama uma interpretação de L. No entanto, alguns autores definem interpretação independentemente da atribuição de valores no domínio D, ou seja, como sinônimo de uma estrutura <D, R>.

Sobre as conseqüências da teoria da verdade de Tarski, e em particular da noção de satisfatibilidade, para a definição de verdade lógica, *ver* VALIDADE. *Ver também* LINGUAGEM FORMAL; SISTEMA FORMAL; PARADOXO; METALINGUAGEM; VERDADE LÓGICA. **FM**

verdade lógica

Uma verdade que pode ser determinada por meios exclusivamente lógicos. Uma verdade lógica estrita pode ser determinada recorrendo exclusivamente à sua forma lógica: é o caso de "Se Sócrates é casado, é casado", cuja forma lógica é $Fn \rightarrow Fn$. As verdades analíticas são verdades lógicas em um sentido mais abrangente do termo, pois não podem ser determinadas recorrendo exclusivamente à sua forma lógica: é necessário recorrer também ao significado dos termos não-lógicos envolvidos. É o caso de "Se Sócrates é casado, não é solteiro", cuja forma lógica é $Fn \rightarrow \neg Gn$. Nesse caso, não basta a forma lógica da afirmação para determinar seu valor de verdade: é igualmente necessário conhecer o significado de "casado" e "solteiro". As verdades conceptuais constituem uma classe mais abrangente de verdades lógicas: a verdade de "Se a neve é branca, tem cor" não pode ser determinada recorrendo exclusivamente à sua forma lógica; é necessário ter em conta a relação conceptual existente entre a brancura e a cor (*ver* DETERMINÁVEL).

Há certa tendência para definir verdade lógica em termos de NECESSIDADE, mas depois se define necessidade em termos de verdade lógica, o que constitui um círculo vicioso. Os trabalhos recentes em metafísica da MODALIDADE sugerem que as noções de verdade lógica e de verdade necessária não são interdefiníveis porque não são sequer coextensionais.

A teoria positivista da verdade lógica entende-a como uma mera convenção: uma estipulação lingüística relativa ao uso de certas palavras ("e", "não", "todo", etc.). A essa teoria opõe-se o realismo lógico, segundo o qual as verdades lógicas são independentes da linguagem e dos agentes cognitivos. Afirmar que as verdades lógicas não dependem do mundo é diferente de afirmar que as verdades lógicas podem ser determinadas sem recorrer a informações empíricas. Dado que o esquema de Tarski tem de se aplicar a qualquer afirmação, tem de se aplicar também às verdades lógicas. Assim, a seguinte equivalência é verdadeira:

"Sócrates é Sócrates" é verdadeira se, e somente se, Sócrates é Sócrates.

A teoria positivista conduziu muitos filósofos à conclusão de que as identidades eram verdades lógicas, porque eram verdades acerca dos nomes envolvidos (no exemplo anterior, "Sócrates") e não acerca da coisa nomeada. Mas essa teoria viola claramente o esquema de Tarski e é implausível por esse motivo; além disso, é falso que o nome "Sócrates" seja idêntico ao nome "Sócrates", uma vez que nesse caso se trata de duas coisas tipograficamente semelhantes, mas numericamente diferentes. Aceitar que as verdades lógicas podem ser descobertas sem referência ao mundo, mas que apesar disso são verdades que respeitam o esquema de Tarski – pelo que são, em certo sentido, factuais ou acerca do mundo –, é o próximo passo teórico óbvio, mas que muitos filósofos ainda se recusam a dar (*ver* ANALÍTICO).

Pensar que $p \rightarrow p$ é uma verdade lógica é uma confusão, porque os símbolos indicados não constituem sequer uma proposição, mas apenas a representação de uma forma lógica. Só derivadamente e com certo abuso se pode dizer que as concatenações de símbolos da lógica formal são proposições, frases ou afirmações. Assim, a rigor, não é $p \rightarrow p$ que é uma verdade lógica, mas sim "Se a neve é branca, é branca"; os símbolos da lógica indicam apenas que há um número infinito de verdades lógicas com a mesma forma, como "Se Sócrates é casado, é casado". *Ver* FORMA LÓGICA. **DM**

verdadeiro, símbolo do

Ver SÍMBOLO DO VERDADEIRO.

verdul

Ver PARADOXO DE GOODMAN.

verificacionismo

É no contexto das discussões sobre os fundamentos metodológicos e epistemológicos das ciências, ocorridas nas décadas de 1920 e 1930 no chamado "Círculo de Viena" (*ver* POSITIVISMO LÓGICO), que o termo "verificacionismo" adquire um significado técnico particular e se define como tópico filosófico central. Não se pode entretanto afirmar que sobre o conceito exista um acordo entre as principais figuras daquele movimento, mas será antes correto notar que o verificacionismo aparece como um conceito diferentemente interpretado consoante as diversas, e freqüentemente antagônicas, atitudes teóricas. É verdade que é possível definir genericamente o verificacionismo como a posição epistemológica segundo a qual o significado de uma proposição depende da possibilidade de sua verificação, ou ainda do método escolhido para sua verificação. Na verdade é em grande parte a determina-

verificacionismo

ção de um critério de significação (*Bedeutungskriterium*) que está em causa para os filósofos do positivismo lógico, preocupados em grande medida com uma demarcação nítida dos enunciados científicos em relação aos enunciados metafísicos. Influenciados pelas idéias desenvolvidas no *Tractatus Logico-Philosophicus* (1921) de Wittgenstein, alguns autores defenderam inicialmente um critério de significação demasiado estreito, e é a discussão desse conceito que marcará posteriormente as acepções do termo "verificação".

No *Tractatus* uma proposição era entendida como verdadeira se, e somente se, representava um fato, e era falsa se não existisse nenhum fato representado. A possibilidade de representar ou não o fato determinava se a proposição tinha ou não sentido. Por isso mesmo, p. ex., uma tautologia (chove ou não chove), que não pode logicamente representar nenhum fato, não tem sentido (cf. *Tractatus*, 4.461 e 4.4611). Frases metafísicas, por sua vez, não apenas carecem de sentido, mas são contra-sensos, são absurdas lingüisticamente. Segundo o jovem Wittgenstein, fatos atômicos têm de existir, pois eles são os constituintes elementares do mundo, aos quais as proposições atômicas correspondem. Desses fatos elementares se compõem os outros fatos moleculares, também eles representados por correspondentes proposições moleculares, que são fundamentalmente funções de verdade de proposições atômicas. É crucial na filosofia do *Tractatus* que a proposição represente a realidade e possa ser com esta comparada: só desse modo poderá ela adquirir valores de verdade ou de falsidade. Por isso é indispensável que "a realidade seja comparada com a proposição" (4.05) e que "a proposição pode ser verdadeira ou falsa apenas pelo fato de ser uma imagem da realidade" (4.06).

Esses pressupostos, aceitos nos primeiros momentos da atividade do Círculo, definem uma robusta teoria da verdade como correspondência entre linguagem (proposicional) e realidade, o que acaba por originar posições críticas e distanciamento por parte de elementos proeminentes do movimento (cf. C. H. Hempel, 1980, pp. 96-108). Nesse contexto é o próprio conceito de verificação ou de verificação em princípio possível que é objeto de discussão. Destacam-se as posições de Neurath e de Carnap a esse respeito, cujas filosofias, ainda que não abandonem princípios verificacionistas, evoluem para uma epistemologia em que o pressuposto da correspondência dá lugar ao da coerência entre proposições de um mesmo sistema. A ciência é entendida como um sistema de proposições, e cada proposição pode ser combinada ou comparada com outras, no sentido de retirar conseqüências das proposições combinadas ou de confirmar se as proposições em causa são compatíveis entre si. Mas as proposições nunca são comparadas com uma "realidade" ou com "fatos". Para isso seria necessário ter definido previamente um critério de estrutura dos fatos a comparar, o que envolveria uma nítida petição de princípio. O primeiro autor dentro do positivismo lógico a desenvolver uma teoria alternativa ao verificacionismo, assente em uma teoria da correspondência segundo o modelo do *Tractatus*, foi Carnap, cuja idéia fundamental se pode traduzir no seguinte: se fosse possível determinar um conjunto de proposições elementares verdadeiras, sem recorrer ao princípio de uma comparação entre sistema de proposições e a realidade, ficar-se-ia com uma base consistente para definir com rigor os critérios de compatibilidade entre as proposições restantes do sistema. Essa classe de proposições é constituída por todas aquelas que exprimem uma experiência imediata, sem possuir por isso mesmo nenhum tipo de conteúdo teórico. Elas foram chamadas de PROPOSIÇÕES PROTOCOLARES, e originalmente pensou-se que não necessitavam de nenhuma espécie de prova. Se o critério de verdade do inteiro sistema de proposições verdadeiras passa a poder prescindir de um confronto ou comparação com a realidade uma por uma e o principal critério passa a ser a coerência direta ou indireta com o conjunto das proposições protocolares, então uma das conseqüências é uma modificação substancial do próprio conceito de verificação.

Acontece que este se alargou em relação ao modo como foi concebido no início do Círculo. Basta pensar-se que se o sentido das proposições dependesse da sua verificabilidade, nesse caso dificuldades surgiriam para validar as leis empíricas (Hempel, 1980, pp. 98-9). Um enunciado universal é comprovado na medida simplesmente em que se procurem as suas conseqüências singulares, sendo verdade que essa comprovação nunca se poderá realizar por completo. Assim, uma lei empírica universal não é uma função de verdade de proposições singulares, mas tem antes o caráter de uma hipótese. A conclusão é que uma lei daquele tipo não pode ser deduzida de verificação de uma quantidade finita de proposições singulares. Acontece que esse alargamento do conceito de verificação se processa a par da introdução de certo falibilismo: ao admitir-se que a validação de uma lei ou de uma regra assenta sempre na verificação de um número finito de casos regulados pela norma, abandona-se a idéia de uma verificação infalível. O falibilismo estende-se à classe de proposições elementares ou protocolares e que funcionam como garantia da validade de toda a teoria. Autores como Neurath e Carnap defendem que para cada proposição empírica é possível ordenar uma cadeia de testes, na qual não existe um último membro. Também no caso das proposições protocolares pode ser exigida uma confirmação ulterior: p. ex., um relatório psicológico acerca da confiabilidade do observador ou do seu perfil psicológico em geral. De qualquer modo, somos sempre nós que devemos decidir a altura em que se interrompe essa cadeia de provas, e é assim que a imagem que se passa a ter do edifício da ciência deixa de ser a de uma pirâmide assente em uma base firme. Em vez disso a imagem mais adequada é, no dizer de Neurath, a de um barco que permanentemente se reconstrói em alto-mar, já que não existe uma doca seca onde acostar para ser reconstituído na globalidade (cf. Hempel, 1980, p. 101).

Um dos objetivos do verificacionismo foi, como já se mencionou, traçar uma demarcação entre proposições com sentido (elegendo-se como critério do sentido o princípio da respectiva verificação) e aquelas proposições que pertencem ao domínio do contra-senso, isto é, à metafísica. Karl Popper vem contestar o conceito de verificacionismo. A rejeição radical que Popper faz do princípio da indução leva-o simultaneamente a rejeitar o conceito de verificação como validação das proposições empíricas. Se frases com a forma "todos os x são y" resultam de uma inferência indutiva, que por sua vez exige uma verificação em princípio, então é claro para Popper que a validade em causa é inevitavelmente caracterizada pela falibilidade. Defende por isso o ponto de vista de que "a inferência por meio da experiência de proposições particulares verificáveis para a teoria não é logicamente permitida, e por isso as teorias não são empiricamente verificáveis" (Popper, 1934, p. 121).

É assim que Popper propõe a substituição do conceito de verificabilidade pelo de falseabilidade, para que continue a ser possível um critério de demarcação entre o científico e o metafísico. Não se exige mais que uma teoria ou proposição de forma universal seja verificável para se diferenciar de uma mera proposição metafísica. Requer-se, sim, que a teoria ou proposição possam ser falseáveis. Daí que não se pretenda que o sistema de proposições possa ser positiva e definitivamente definido, mas sim que sua forma lógica possibilite metodologicamente uma comprovação negativa. Por outras palavras, um sistema científico empírico deve poder ser refutado pela experiência. Mas a esse princípio de demarcação foram levantadas objeções, a que o próprio Popper se refere, salientando sobretudo a terceira:
1. Parece estranho que se valorize o aspecto negativo da refutabilidade das leis empíricas e não o aspecto positivo da sua pos-

sível e necessária verificação; 2. A refutação do princípio da indução volta-se também contra a falseabilidade como critério de demarcação; 3. Uma assimetria como a que Popper propõe entre verificabilidade e falseabilidade e a valorização desta tem como conseqüência que seja possível nunca se chegar a definir o falseamento de uma teoria ou proposição, já que é sempre possível também escapar a um falseamento completo.

No entanto, Popper faz notar que a falseabilidade em princípio tem a ver sobretudo com a forma lógica das proposições empíricas e que aquele é o único critério que pode responder ao ceticismo de Hume quanto à validade da indução. **AM**

CARNAP, R. "Wahrheit und Bewährung", *in* G. Skinbekk (org.). *Wahrheitstheorien*. Frankfurt/M: Suhrkamp, 1989, pp. 89-95.
HEMPEL, C. G. "Zur Wahrheitstheorie des logischen Positivismus", *in* G. Skinbekk (org.). *Wahrheitstheorien*. Frankfurt/M: Suhrkamp, 1989, pp. 96-108.
POPPER, K. *Logik der Forschung*. Viena: Julius Springer, 1934. Trad. bras. *A lógica da pesquisa científica*. Trad. Leônidas Hegenberg e Octanny Silveira da Mota. São Paulo: Cultrix/Edusp, 1975.
WITTGENSTEIN, Ludwig. *Tractatus Logico-Philosophicus*. Trad. C. K. Ogden para o texto alemão-inglês. Londres: Routledge and Kegan Paul, 1922. Nova tradução para o texto bilíngüe de D. F. Pears e B. F. McGuiness. Londres: Routledge and Kegan Paul, 1961. (Original em alemão publicado nos *Annalen der Naturphilosophie*, em 1921, com o título *Logisch-philosophische Abhandlung*.) Trad. bras. *Tractatus Logico-Philosophicus*. 2.ª ed. Trad., apres. e ensaio introdutório de Luiz Henrique Lopes dos Santos. São Paulo: Edusp, 1994.

verofuncional

Quando o valor de verdade de uma frase com dado operador depende inteiramente do valor de verdade dessa frase sem o operador, o operador é verofuncional. P. ex., "não" é um operador verofuncional porque o valor de verdade de "Não chove" é inteiramente determinado pelo valor de verdade de "Chove". Os operadores da lógica proposicional clássica são verofuncionais; os operadores de necessidade e possibilidade da lógica modal não o são. Os operadores de crença não são verofuncionais, pois o valor de verdade de "Chove" não é suficiente para determinar o valor de verdade de "O João acredita que chove". *Ver* OPERADOR. **DM**

verum

(lat., verdadeiro) Nome dado ao SÍMBOLO DO VERDADEIRO.

virtual, classe

Ver CLASSE VIRTUAL.

ZF

Abreviatura habitual da teoria dos conjuntos de Zermelo-Fraenkel. *Ver* CONJUNTO.

ZFC

Abreviatura da teoria que resulta da teoria de conjuntos de Zermelo-Fraenkel (ZF) pela adição do axioma da escolha (C). *Ver* TEORIA DOS CONJUNTOS.

Zorn, lema de

Ver LEMA DE ZORN.